Arbeitsgesetze

dtv

Alphabetische Schnellübersicht

(Die fettgedruckten Zahlen kennzeichnen die Ordnungsnummern,
die kursiven Zahlen die entsprechende Seitenzahl)

allg. GleichbehandlungsG **14**, *65*
AltersteilzeitG **17**, *93*
Arbeitnehmer-EntsendeG **74**, *557*
ArbeitnehmerüberlassungsG **31**, *191*
ArbeitsgerichtsG **91**, *709*
ArbeitsplatzschutzG **21**, *133*
ArbeitsschutzG **51**, *393*
ArbeitssicherheitsG (Auszug) **52**, *405*
ArbeitszeitG **54**, *416*
AufenthaltsG (Auszug) **42a**, *299*
AufwendungsausgleichsG **18a**, *110*
Befristete Arbeitsverträge mit Ärzten in der Weiterbildung **16b**, *91*
BerufsbildungsG **32**, *204*
BetriebsrentenG (Auszug) **22**, *144*
BetriebsverfassungsG **81**, *565*
Bürgerliches Gesetzbuch (Auszug) **11**, *9*
Überleitungsvorschriften **11a**, *49*
BundesdatenschutzG (Auszug) **56**, *439*
Bundeselterngeld- und ElternzeitG **58**, *484*
BundeserziehungsgeldG **58a**, *499*
Bundes-ImmissionsschutzG (Auszug) **53**, *414*
BundesurlaubsG **19**, *117*
DrittelbeteiligungsG **89**, *704*
EG-Vertrag (Auszug) **3**, *5*
EinführungsG zum BGB (Auszug) **11a**, *49*
EinkommensteuerG (Auszug) **24**, *178*
EntgeltfortzahlungsG **18**, *104*
Europäische BetriebsräteG **85**, *656*
Feiertage, Übersicht **18b**, *115*
GerichtskostenG (Auszug) **93**, *777*
Gewerbeordnung (Auszug) **12**, *51*
Grundgesetz (Auszug) **1**, *1*
Handelsgesetzbuch (Auszug) **13**, *54*
HeimarbeitsG **60**, *532*
Insolvenzordnung (Auszug) **23**, *169*
JugendarbeitsschutzG (Auszug) **59**, *509*
KinderarbeitsschutzV **59a**, *530*
KündigungsschutzG **20**, *122*
LadenschlussG **55**, *430*
MindestarbeitsbedingungenG **73**, *553*
MitbestimmungsG **86**, *672*
MitbestimmungsergänzungsG **88**, *693*
Montan-MitbestimmungsG **87**, *687*
MutterschutzG (Auszug) **57**, *466*
Mutter-ArbeitsschutzV **57a**, *476*
NachweisG **15**, *78*
PflegezeitG **26**, *188*
Reichsversicherungsordnung (Auszug): Schwangerschaft und Mutterschaft **57b**, *481*
SchwarzarbeitsbekämpfungsG (Auszug) **25**, *184*
Sozialgesetzbuch
- II Grundsicherung (Auszug) **41**, *239*
- III Arbeitsförderung (Auszug) **42**, *240*
- IV Sozialversicherung allg. (Auszug) **43**, *307*
- V ges. Krankenversicherung (Auszug) **44**, *331*
- VI ges. Rentenversicherung (Auszug) **45**, *342*
- VII ges. Unfallversicherung (Auszug) **46**, *345*
- IX Reha und Schwerbehinderung (Auszug) **47**, *357*
- X Sozialverwaltungsverfahren (Auszug) **48**, *391*
SprecherausschußG **84**, *642*
Staatsvertrag (Auszug) **71**, *547*
TarifvertragsG **72**, *548*
Teilzeit- und BefristungsG **16**, *80*
UmwandlungsG (Auszug) **83**, *640*
UrlaubsG, s. BundesurlaubsG
Wahlordnung zum BetriebsverfassungsG (Auszug) **82**, *622*
WissenschaftszeitvertragsG **16a**, *88*
Zivilprozessordnung (Auszug) **92**, *753*

Arbeitsgesetze

mit den wichtigsten Bestimmungen zum Arbeitsverhältnis,
Kündigungsrecht, Arbeitsschutzrecht,
Berufsbildungsrecht, Tarifrecht, Betriebsverfassungsrecht,
Mitbestimmungsrecht und Verfahrensrecht

Textausgabe mit ausführlichem Sachverzeichnis
und einer Einführung von Professor Dr. Reinhard Richardi

73., neu bearbeitete Auflage
Stand: 1. Juli 2008

Deutscher Taschenbuch Verlag

Im Internet:
dtv.de
beck.de

Sonderausgabe
Deutscher Taschenbuch Verlag GmbH & Co. KG,
Friedrichstraße 1a, 80801 München
© 2008. Redaktionelle Verantwortung: Verlag C. H. Beck oHG
Gesamtherstellung: Druckerei C. H. Beck, Nördlingen
(Adresse der Druckerei: Wilhelmstraße 9, 80801 München)
Umschlagtypographie auf der Grundlage
der Gestaltung von Celestino Piatti

ISBN 978-3-423-05006-7 (dtv)
ISBN 978-3-406-58187-8 (C. H. Beck)

Inhaltsverzeichnis

Abkürzungsverzeichnis IX
Einführung von Prof. Dr. Reinhard Richardi XIII

I. Grundlagen

1. Grundgesetz für die Bundesrepublik Deutschland (GG) (Auszug) 1
3. Vertrag zur Gründung der Europäischen Gemeinschaft (EGV) (Auszug) 5

II. Arbeitsvertragsrecht

11. Bürgerliches Gesetzbuch (BGB) (Auszug) 9
11a. Einführungsgesetz zum Bürgerlichen Gesetzbuche (EGBGB) (Auszug) 49
12. Gewerbeordnung (GewO) (Auszug) 51
13. Handelsgesetzbuch (HGB) (Auszug) 54
14. Allgemeines Gleichbehandlungsgesetz (AGG) 65
15. Nachweisgesetz (NachwG) 78
16. Teilzeit- und Befristungsgesetz (TzBfG) 80
16a. Wissenschaftszeitvertragsgesetz (WissZeitVG) 88
16b. Gesetz über befristete Arbeitsverträge mit Ärzten in der Weiterbildung (ÄrzteBefrG) 91
17. Altersteilzeitgesetz (AltersteilzeitG) 93
18. Entgeltfortzahlungsgesetz (EntgeltfortzahlungsG) 104
18a. Aufwendungsausgleichsgesetz (AAG) 110
18b. Übersicht über die gesetzlichen Feiertage 115
19. Bundesurlaubsgesetz (BUrlG) 117
20. Kündigungsschutzgesetz (KSchG) 122
21. Arbeitsplatzschutzgesetz (ArbPlSchG) 133
22. Gesetz zur Verbesserung der betrieblichen Altersversorgung (Betriebsrentengesetz-BetrAVG) (Auszug) 144
23. Insolvenzordnung (InsO) (Auszug) 169
24. Einkommensteuergesetz (EStG) (Auszug) 178
25. Gesetz zur Bekämpfung der Schwarzarbeit und illegalen Beschäftigung (SchwarzArbG) (Auszug) 184
26. Pflegezeitgesetz 188

III. Sonderformen eines Arbeitsverhältnisses (Leiharbeit und Berufsausbildung)

31. Gesetz zur Regelung der gewerbsmäßigen Arbeitnehmerüberlassung (Arbeitnehmerüberlassungsgesetz – AÜG) 191
32. Berufsbildungsgesetz (BBiG) 204

Inhaltsverzeichnis

IV. Arbeitsrechtliche Bestimmungen im Sozialgesetzbuch

41.	Sozialgesetzbuch (SGB) – Zweites Buch (II). Grundsicherung für Arbeitsuchende (Auszug)	239
42.	Sozialgesetzbuch (SGB) – Drittes Buch (III). Arbeitsförderung (Auszug)	240
42a.	Aufenthaltsgesetz (AufenthG) (Auszug)	299
43.	Sozialgesetzbuch (SGB) – Viertes Buch (IV). Gemeinsame Vorschriften für die Sozialversicherung (Auszug)	307
44.	Sozialgesetzbuch (SGB) – Fünftes Buch (V). Gesetzliche Krankenversicherung (Auszug)	331
45.	Sozialgesetzbuch (SGB) – Sechstes Buch (VI). Gesetzliche Rentenversicherung (Auszug)	342
46.	Sozialgesetzbuch (SGB) – Siebtes Buch (VII) – Gesetzliche Unfallversicherung – (Auszug)	345
47.	Sozialgesetzbuch (SGB) – Neuntes Buch (IX). Rehabilitation und Teilhabe behinderter Menschen (Auszug)	357
48.	Sozialgesetzbuch (SGB) – Zehntes Buch (X) – Sozialverwaltungsverfahren und Sozialdatenschutz – (Auszug)	391

V. Technischer und sozialer Arbeitsschutz

51.	Gesetz über die Durchführung von Maßnahmen des Arbeitsschutzes zur Verbesserung der Sicherheit und des Gesundheitsschutzes der Beschäftigten bei der Arbeit (Arbeitsschutzgesetz – ArbSchG)	393
52.	Gesetz über Betriebsärzte, Sicherheitsingenieure und andere Fachkräfte für Arbeitssicherheit (Arbeitssicherheitsgesetz – ASiG) (Auszug)	405
53.	Gesetz zum Schutz vor schädlichen Umwelteinwirkungen durch Luftverunreinigungen, Geräusche, Erschütterungen und ähnliche Vorgänge (Bundes-Immissionsschutzgesetz – BImSchG) (Auszug)	414
54.	Arbeitszeitgesetz (ArbZG)	416
55.	Gesetz über den Ladenschluss (LadSchlG)	430
56.	Bundesdatenschutzgesetz (BDSG) (Auszug)	439
57.	Gesetz zum Schutze der erwerbstätigen Mutter (Mutterschutzgesetz – MuSchG) (Auszug)	466
57a.	Verordnung zum Schutze der Mütter am Arbeitsplatz (MuSchV)	476
57b.	Reichsversicherungsordnung (RVO) (Auszug: Leistungen bei Schwangerschaft und Mutterschaft)	481
58.	Bundeselterngeld- und Elternzeitgesetz (BEEG)	484
58a.	Gesetz zum Erziehungsgeld und zur Elternzeit (Bundeserziehungsgeldgesetz – BErzGG)	499
59.	Gesetz zum Schutze der arbeitenden Jugend (Jugendarbeitsschutzgesetz – JArbSchG) (Auszug)	509
59a.	Verordnung über den Kinderarbeitsschutz (Kinderarbeitsschutzverordnung – KindArbSchV)	530
60.	Heimarbeitsgesetz (HAG)	532

Inhaltsverzeichnis

VI. Koalitionsfreiheit und Tarifautonomie

71. Vertrag über die Schaffung einer Währungs-, Wirtschafts- und Sozialunion zwischen der Bundesrepublik Deutschland und der Deutschen Demokratischen Republik (Auszug) 547
72. Tarifvertragsgesetz (TVG) 548
73. Gesetz über die Festsetzung von Mindestarbeitsbedingungen 553
74. Gesetz über zwingende Arbeitsbedingungen bei grenzüberschreitenden Dienstleistungen (Arbeitnehmer-Entsendegesetz – AEntG) 557

VII. Mitbestimmung in Betrieb und Unternehmen

81. Betriebsverfassungsgesetz (BetrVG) (Auszug) 565
82. Erste Verordnung zur Durchführung des Betriebsverfassungsgesetzes (Wahlordnung – WO) (Auszug) 622
83. Umwandlungsgesetz (UmwG) (Auszug) 640
84. Gesetz über Sprecherausschüsse der leitenden Angestellten (Sprecherausschußgesetz – SprAuG) 642
85. Gesetz über Europäische Betriebsräte (Europäische Betriebsräte-Gesetz – EBRG) 656
86. Gesetz über die Mitbestimmung der Arbeitnehmer (Mitbestimmungsgesetz – MitbestG) 672
87. Gesetz über die Mitbestimmung der Arbeitnehmer in den Aufsichtsräten und Vorständen der Unternehmen des Bergbaus und der Eisen und Stahl erzeugenden Industrie [Montan-Mitbestimmungsgesetz – Montan-MitbestG] 687
88. Gesetz zur Ergänzung des Gesetzes über die Mitbestimmung der Arbeitnehmer in den Aufsichtsräten und Vorständen der Unternehmen des Bergbaus und der Eisen und Stahl erzeugenden Industrie [Montan-Mitbestimmungsergänzungsgesetz – MontMitBestErgG] 693
89. Gesetz über die Drittelbeteiligung der Arbeitnehmer im Aufsichtsrat (Drittelbeteiligungsgesetz – DrittelbG) 704

VIII. Verfahrensrecht

91. Arbeitsgerichtsgesetz (ArbGG) 709
92. Zivilprozessordnung (ZPO) (Auszug) 753
93. Gerichtskostengesetz (GKG) (Auszug) 777

Sachverzeichnis 791

Abkürzungsverzeichnis

AAG	Aufwendungsausgleichsgesetz
ÄArbVtrG	Gesetz über befristete Verträge mit Ärzten in der Weiterbildung
Abs.	Absatz
AEntG	Arbeitnehmer-Entsendegesetz
AFRG	Arbeitsförderungs-Reformgesetz
AGB	Arbeitsgesetzbuch der Deutschen Demokratischen Republik
AGG	Allgemeines Gleichbehandlungsgesetz
Anm.	Anmerkung
AO	Anordnung
AP	Nachschlagewerk des Bundesarbeitsgerichts – Arbeitsrechtliche Praxis (Sammlung von Gerichtsentscheidungen, Verlag C. H. Beck)
ArbGG	Arbeitsgerichtsgesetz
ArbPlSchG	Arbeitsplatzschutzgesetz
ArbSchG	Arbeitsschutzgesetz
ArbZG	Arbeitszeitgesetz
ArbZRG	Arbeitszeitrechtsgesetz
ASiG	Arbeitssicherheitsgesetz
AÜG	Arbeitnehmerüberlassungsgesetz
AufenthG	Aufenthaltsgesetz
AusfVO	Ausführungsverordnung
AVG	Angestelltenversicherungsgesetz
BA	Bundesanstalt für Arbeit
BAG	Bundesarbeitsgericht
BAnz.	Bundesanzeiger
BArbBl.	Bundesarbeitsblatt
BBiG	Berufsbildungsgesetz
BDSG	Bundesdatenschutzgesetz
BEEG	Bundeselterngeld- und Elternzeitgesetz
BErzGG	Bundeserziehungsgeldgesetz
BeschFG	Beschäftigungsförderungsgesetz
BetrAVG	Gesetz zur Verbesserung der betrieblichen Altersversorgung
BetrVG	Betriebsverfassungsgesetz
BGB	Bürgerliches Gesetzbuch
BGBl. I	Bundesgesetzblatt Teil I
BGBl. III	Bereinigte Sammlung des Bundesrechts, abgeschlossen am 28. 12. 1968 (in Nachweisform fortgeführt durch FNA)
BImSchG	Bundes-Immissionsschutzgesetz
BUrlG	Bundesurlaubsgesetz
BVerfG	Bundesverfassungsgericht

Abkürzungsverzeichnis

DrittelbG	Drittelbeteiligungsgesetz
DVO	Durchführungsverordnung
EBRG	Europäische Betriebsräte-Gesetz
EEÄndG	Entlassungsentschädigungs-Änderungsgesetz
EGBGB	Einführungsgesetz zum Bürgerlichen Gesetzbuche
EGInsO	Einführungsgesetz zur Insolvenzordnung
EGStGB	Einführungsgesetz zum Strafgesetzbuch
EinfG	Einführungsgesetz
Erl.	Erlaß
EStG	Einkommensteuergesetz
EU-ArbR	EU-Arbeitsrecht (Beck-Texte im dtv, Nr. 5751), 1. Aufl. 2001
FNA	Bundesgesetzblatt Teil I, Fundstellennachweis A (Bundesrecht ohne völkerrechtliche Vereinbarungen)
G	Gesetz
GewO	Gewerbeordnung
GG	Grundgesetz
GKG	Gerichtskostengesetz
HAG	Heimarbeitsgesetz
HGB	Handelsgesetzbuch
i. d. F.	in der Fassung
InsO	Insolvenzordnung
JArbSchG	Jugendarbeitsschutzgesetz
JuMiG	Justizmitteilungsgesetz und Gesetz zur Änderung kostenrechtlicher und anderer Gesetze
KSchG	Kündigungsschutzgesetz
LadSchlG	Ladenschlußgesetz
lt.	laut, gemäß
MinBlFin	Ministerialblatt des Bundesministers der Finanzen
MitbestG	Mitbestimmungsgesetz; Mitbestimmungsgesetze (Beck-Texte im dtv, Nr. 5524), 7. Aufl. 2002
MuSchG	Mutterschutzgesetz
m. W. v.	mit Wirkung vom
NachwG	Nachweisgesetz
Nipperdey I	Arbeitsrecht, Loseblatt-Textsammlung, begründet von Professor Dr. H. C. Nipperdey (Verlag C. H. Beck)
Nipperdey II	Arbeitssicherheit, Loseblatt-Textsammlung, Bd. II zu der von Professor Dr. H. C. Nipperdey begründeten Textsammlung „Arbeitsrecht" (Verlag C. H. Beck)
Nr.	Nummer
PflegeVG	Pflegeversicherungsgesetz
PflegeZG	Pflegezeitgesetz
RGBl.	Reichsgesetzblatt
RRG	Rentenreformgesetz
RVO	Reichsversicherungsordnung

Abkürzungsverzeichnis

S.	Seite
Schönfelder	Deutsche Gesetze, Loseblatt-Textsammlung, begründet von Dr. Heinrich Schönfelder (Verlag C. H. Beck)
SchwarzArbG	Gesetz zur Bekämpfung der Schwarzarbeit und illegalen Beschäftigung
SchwbG	Schwerbehindertengesetz
SGB II	Sozialgesetzbuch (SGB) – Zweites Buch (II). Grundsicherung für Arbeitsuchende
SGB III	Sozialgesetzbuch (SGB) – Drittes Buch (III). Arbeitsförderung
SGB IV	Sozialgesetzbuch (SGB) – Viertes Buch (IV). Gemeinsame Vorschriften für die Sozialversicherung
SGB V	Sozialgesetzbuch (SGB) – Fünftes Buch (V). Gesetzliche Krankenversicherung
SGB VI	Sozialgesetzbuch (SGB) – Sechstes Buch (VI). Gesetzliche Rentenversicherung
SGB VII	Sozialgesetzbuch (SGB) – Siebtes Buch (VII). Gesetzliche Unfallversicherung
SGB IX	Sozialgesetzbuch (SGB) – Neuntes Buch (IX). Rehabilitation und Teilhabe behinderter Menschen
SGB X	Sozialgesetzbuch (SGB) – Zehntes Buch (X). Verwaltungsverfahren
SprAuG	Sprecherausschußgesetz
1. StrRG	Erstes Gesetz zur Reform des Strafrechts
TVG	Tarifvertragsgesetz
TzBfG	Teilzeit- und Befristungsgesetz
UmwG	Umwandlungsgesetz
vgl.	vergleiche
V	Verordnung
VwGO	Verwaltungsgerichtsordnung
WissZeitVG ...	Wissenschaftszeitvertragsgesetz
WO	Wahlordnung (nach dem Betriebsverfassungsgesetz)
ZPO	Zivilprozessordnung

Einführung

von
Professor Dr. Reinhard Richardi

I. Begriff des Arbeitsrechts

1. Das Arbeitsrecht ist das für die Rechtsbeziehungen zwischen Arbeitgeber und Arbeitnehmer geltende Recht. Sein Grundtatbestand ist die *abhängige Arbeit*. Nicht jeder, der in einem Vertragsverhältnis Arbeit für andere leistet, fällt unter das Arbeitsrecht, sondern nur, wer die Arbeit im Dienst eines anderen, in einem Abhängigkeitsverhältnis, leistet.

2. Der Begriff des *Arbeitnehmers* hat deshalb für die Anwendung arbeitsrechtlicher Normen zentrale Bedeutung. Dennoch gibt es keine gesetzliche Begriffsbestimmung. Einige Gesetze definieren die Arbeitnehmer im Sinne ihrer Regelung als Arbeiter und Angestellte (z. B. § 622 Abs. 1 BGB). Diese Umschreibung ersetzt aber keine Begriffsbestimmung. Wer Arbeiter und wer Angestellter ist, wird nämlich ebenfalls nicht im Gesetzesrecht definiert. Die Rechtsprechung bestimmt die Zugehörigkeit zu den Arbeitnehmern nach dem Grad der *persönlichen Abhängigkeit*. Eine wirtschaftliche Abhängigkeit ist weder erforderlich noch ausreichend, sondern entscheidend ist, dass ein Arbeitnehmer *fremdbestimmte Arbeit* zu leisten hat. Wer selbständig bestimmen kann, wie er seine Arbeit gestaltet, ist kein Arbeitnehmer. Er ist vielmehr als Selbständiger tätig, wie der Rechtsanwalt, der Arzt, der Handelsvertreter oder der Spediteur. Bei wirtschaftlicher Abhängigkeit von einem Auftraggeber (sog. Scheinselbständigkeit) kann er doch möglicherweise zu den sog. *arbeitnehmerähnlichen Personen* zählen, die teilweise in den Geltungsbereich arbeitsrechtlicher Gesetze einbezogen werden (z. B. für den Erholungsurlaub durch § 2 BUrlG).

3. Vertragspartner des Arbeitnehmers ist der *Arbeitgeber*. Obwohl typischerweise die Arbeit in einem Betrieb geleistet wird, werden die rechtlichen Beziehungen des Arbeitnehmers nicht mit dem *Betrieb* verbunden. Für unser Arbeitsrecht ist vielmehr maßgebend, dass das Rechtsverhältnis mit einem Arbeitgeber besteht. Die Rechtsbeziehungen des Arbeitgebers gehören aber nur insoweit dem Arbeitsrecht an, als sie sich auf den Arbeitnehmer beziehen. Die Beschäftigung von Arbeitnehmern ist freilich nicht Selbstzweck, sondern geschieht, um einen sonstigen, meist wirtschaftlichen Zweck zu erreichen. Für das Arbeitsrecht hat jedoch diese Zweckbestimmung keine konstitutive Bedeutung, sondern es handelt sich insoweit um eine verschiedene Funktion. Regelmäßig wird der Arbeitgeber auch Unternehmer sein; seine Rechtsbeziehungen haben aber insoweit ihren Schwerpunkt im Wirtschaftsrecht.

4. Das Arbeitsverhältnis wird durch *privatrechtlichen Vertrag* begründet. Wer Arbeit im Dienst eines anderen auf Grund eines öffentlich-rechtlichen Dienstverhältnisses leistet, wie der Beamte, Richter oder Soldat, ist kein Arbeitnehmer. Das gilt insbesondere auch für die Beschäftigung erwerbsfähiger Hilfebe-

Einführung

dürftiger, die dafür neben dem Arbeitslosengeld II eine Entschädigung für Mehraufwendungen erhalten (Ein-Euro-Job nach Hartz IV – § 16 Abs. 3 SGB II). Das Arbeitsrecht enthält aber nicht nur *privatrechtliche,* sondern auch *öffentlich-rechtliche* Bestandteile, weil die Durchsetzung bestimmter Gestaltungen nicht von den Beteiligten selbst abhängen, sondern unmittelbar in staatlicher Verantwortung stehen soll, wie der Gefahrenschutz, der Arbeitszeitschutz, der Mutterschutz und der Jugendarbeitsschutz. Zum Privatrecht gehört dagegen das Arbeitsvertragsrecht. Dennoch wäre es verfehlt, das Arbeitsvertragsrecht und das Arbeitnehmerschutzrecht als sich ausschließende Gegensätze anzusehen; denn das Arbeitnehmerschutzrecht will auch auf den privatrechtlichen Inhalt der Arbeitsverhältnisse einwirken und nicht nur eine öffentlich-rechtliche Bindung des Arbeitgebers oder Arbeitnehmers herbeiführen.

II. Entstehung des modernen Arbeitsrechts

1. Das moderne Arbeitsrecht verdankt seine Entstehung vor allem zwei sozioökonomischen Voraussetzungen: der *Liberalisierung* der Wirtschaftsordnung und der *Industrialisierung* im 19. Jahrhundert. Zwar hat es auch in den vorhergehenden geschichtlichen Epochen eine Arbeitsverfassung gegeben; denn jede Kultur beruht auf dem Grundsatz der Arbeitsteilung. Diese war aber durch eine rechtlich gesicherte soziale Herrschaftsgewalt über Personen verwirklicht worden: Das Recht auf die Dienstleistung stand demjenigen zu, dem Herrschaftsgewalt über die *Person* gegeben war. Eine gleichberechtigte Mitgestaltung der Lohn- und Arbeitsbedingungen war nicht einmal formal gewährt.

Erst allmählich brach unter naturrechtlichem Einfluss der Gedanke durch, diese Abhängigkeitsverhältnisse der *Vertragsfreiheit* zu unterstellen, durch die allein die Freiheit und Gleichheit aller Personen rechtlich gewährleistet schien. Mit dieser rechtlichen Grundentscheidung war die Voraussetzung dafür geschaffen, die abhängige Arbeit in ihrer ökonomischen Funktion unabhängig von der Person des Arbeiters zu erfassen. Man glaubte, dass das freie Spiel der Kräfte ausreiche, um eine harmonische Ordnung herbeizuführen. Die Anerkennung der Freiheit und Gleichheit für alle Menschen brachte aber keine herrschaftsfreie und soziale Arbeitsverfassung, sondern führte zur Ausbildung des *Vierten Standes*. Wer befreit von den Fesseln herrschaftlicher Verhältnisse nicht den Anschluss an das Bürgertum fand, sank auf das Niveau der bisherigen unterständischen Schichten, die zwar formal frei, aber außerhalb der ständischen Ordnung und deshalb ohne jeden sozialen Schutz waren: Aus dem Pöbelstand entwickelte sich das *Proletariat*. Ihm gegenüber hatte das Recht des freien Arbeitsvertrags lediglich die Bedeutung eines Herrschaftstitels, der sich als Konnexinstitut aus dem privaten Eigentum über die Produktionsmittel ergab, ohne mit ihm den sozialen Schutz zu verbinden, zu dem der Feudalherr in der ständischen Ordnung verpflichtet war.

Aber nicht die Liberalisierung der Wirtschaft allein, sondern erst die durch sie geförderte Industrialisierung brachte die sozioökonomische Voraussetzung, dass ein Stand rechtlich freier, tatsächlich aber abhängiger Lohnarbeiter entstehen konnte. Zwar gab es eine soziale Frage auch vor der Industrialisierung; denn Deutschland befand sich seit dem Dreißigjährigen Krieg in großer Massenarmut. Sie war eine Folge der mangelnden Versorgungskraft des vorindustriellen Systems. Die soziale Frage, die ursprünglich nur ein *Massenarmutsproblem* war, konnte daher nur durch die Liberalisierung des Gewerbes und die

Einführung

industrielle Produktionsweise gelöst werden. Dennoch haben gerade die Liberalisierung und die Industrialisierung zunächst zu einer besonders unerfreulichen Gestaltung der sozialen Verhältnisse geführt. Erst durch sie wurde das Massenarmutsproblem zur *sozialen Frage*.

2. Der Staat versuchte zunächst eine Lösung durch ein sozialkonservatives Instrumentarium, die *Arbeiterschutzgesetzgebung* und den Ausbau der *Sozialversicherung*. Entscheidend war aber, dass die Arbeiter sich zu kollektiver Selbsthilfe in *Gewerkschaften* zusammenschlossen. Durch sie wurde es möglich, Arbeitskämpfe mit Erfolg zu führen und durch den Abschluss von *Tarifverträgen* Einfluss auf die Gestaltung der Arbeitsbedingungen zu nehmen.

Erst in der Weimarer Zeit entfaltete sich das Arbeitsrecht. Deutschland war nicht den Weg der Räterepublik gegangen, sondern hatte sich für die repräsentative parlamentarische Demokratie entschieden. Nur zur Ordnung der wirtschaftlichen Beziehungen hatte die Weimarer Verfassung den Ausbau eines Rätesystems versprochen. Es wurde aber nur auf der obersten Stufe durch die Einsetzung eines Reichswirtschaftsrats und auf der untersten Stufe durch die Bildung von *Betriebsräten* verwirklicht. Das Arbeitsrecht der Weimarer Zeit ist vor allem dadurch gekennzeichnet, dass die *kollektiven Beziehungen* der Arbeitgeber und Arbeitnehmer erstmals eine angemessene rechtliche Ordnung erhielten. Durch die Tarifvertragsverordnung vom 23. 12. 1918 wurde der *Vorrang des Tarifvertrags* vor dem individuellen Arbeitsvertrag anerkannt. Durch das Betriebsrätegesetz vom 4. 2. 1920 wurde erstmals eine *Betriebsverfassung* geschaffen. Der Arbeitgeber sollte nicht mehr länger „Herr im eigenen Haus" sein. Die Betriebsvertretung erhielt deshalb im sozialen und personellen Bereich Mitwirkungs- und Mitbestimmungsrechte.

Nach der Machtergreifung durch den Nationalsozialismus wurde die Arbeitsverfassung insgesamt unter staatliche Herrschaft gestellt. Das gesamte, gerade entwickelte kollektive Arbeitsrecht wurde vernichtet, und an seine Stelle trat das Gesetz zur Ordnung der nationalen Arbeit vom 20. 1. 1934. Mittelpunkt der rechtlichen Ordnung des Arbeitsverhältnisses sollte die *Betriebsgemeinschaft* sein, in der das *Führerprinzip* herrschte. Der Unternehmer wurde der Führer des Betriebs, die Angestellten und Arbeiter seine Gefolgschaft. Auf überbetrieblicher Ebene wurden Arbeitgeber und Arbeitnehmer in der *Deutschen Arbeitsfront* zusammengefasst. An die Stelle der Tarifverträge traten *Tarifordnungen*, die nicht autonomes Recht enthielten, sondern Rechtsverordnungen waren. Die autoritäre Ordnung verdrängte allmählich die Reste einer freiheitlichen Gestaltung des Arbeitsverhältnisses. Mit Ausbruch des Zweiten Weltkrieges wurde die freie Wahl des Arbeitsplatzes überhaupt beseitigt und durch die Lohnstoppverordnung die Gestaltungsfreiheit für die Regelung des Arbeitsverdienstes aufgehoben. Eine derartige Umwälzung musste auch auf die Entwicklung des Individualarbeitsrechts Einfluss haben, obwohl äußerlich keine nennenswerten Veränderungen vorgenommen wurden. In den Mittelpunkt der Rechtsbetrachtung trat der Gedanke, das Arbeitsverhältnis als von Fürsorge und Treue geprägte konkrete Ordnung zu erfassen. Das Arbeitsverhältnis erschien als *personenrechtliches Gliedschaftsverhältnis* innerhalb einer autoritär nach dem Führerprinzip gestalteten Gemeinschaftsverfassung.

3. Nach dem Zweiten Weltkrieg ist Deutschland auch im Arbeitsrecht geteilt worden. Die sowjetische Besatzungsmacht errichtete in ihrer Zone eine sozialistische Ordnung auf der Grundlage des Marxismus-Leninismus. Nach

Einführung

Gründung der DDR verschwand die Rechtseinheit; es entstand die sozialistische Diktatur des SED-Staats. Das Bürgerliche Gesetzbuch wurde aufgehoben. Instrument staatlicher Reglementierung zur Herstellung einer sozialistischen Zwangsordnung im Arbeitsleben war das Arbeitsgesetzbuch vom 16. 6. 1977.

In der Bundesrepublik Deutschland wurde dagegen mit der Einführung der sozialen Marktwirtschaft die Grundlage für eine freiheitliche Arbeitsverfassung geschaffen. Im Oktober/November 1989 haben die Bürger der DDR in einer friedlichen und demokratischen Revolution die sozialistische Diktatur des SED-Staats beseitigt und die Einheit der Nation gefordert. Die Bundesrepublik Deutschland und die DDR schlossen am 18. 5. 1990 einen Staatsvertrag über die Schaffung einer Währungs-, Wirtschafts- und Sozialunion zum 1. 7. 1990. In der DDR galten von diesem Zeitpunkt an Koalitionsfreiheit, Tarifautonomie, Arbeitskampfrecht, Betriebsverfassung, Unternehmensmitbestimmung und Kündigungsschutz entsprechend dem Recht der Bundesrepublik Deutschland. Seit der Herstellung der staatlichen Einheit Deutschlands am 3. 10. 1990 gibt es wieder ein gesamtdeutsches Arbeitsrecht. Die Rechtsgrundlage bildet insoweit der am 31. 8. 1990 mit der DDR abgeschlossene Staatsvertrag über die Herstellung der Einheit Deutschlands (Einigungsvertrag).

III. Grundgedanken und System des Arbeitsrechts

1. Das Arbeitsrecht dient der Herstellung *sozialer Gerechtigkeit* bei *freiheitsrechtlicher Gestaltung* der Arbeitsbedingungen. Die wechselseitige Abhängigkeit in der modernen Industriegesellschaft schließt eine autonome Existenz des einzelnen aus. Daher ist es Aufgabe der Rechtsordnung, den Gedanken der Freiheit und Gleichheit unter den Funktionsvoraussetzungen arbeitsteiliger Produktionsweise zu verwirklichen.

2. Für das Arbeitsrecht gilt in besonderem Maße, dass das Grundgesetz die Aufgabe gestellt hat, die freiheitliche Ordnung mit dem *Sozialstaatsgedanken* zu verbinden. Bei diesem Bemühen spielt der Grundsatz der *sozialen Selbstverwaltung* eine wichtige Rolle. Das Grundrecht der Arbeitsverfassung ist daher die in Art. 9 Abs. 3 GG gewährleistete *Koalitionsfreiheit*. Diese umfasst nicht nur das Recht der einzelnen (Individualgrundrecht), sich zu einer Koalition zusammenzuschließen oder ihr beizutreten (positive Koalitionsfreiheit) oder ihr fernzubleiben (negative Koalitionsfreiheit), sondern auch das kollektive Recht der Koalition auf Bestand und ihr Recht zu spezifisch koalitionsgemäßer Betätigung (kollektive Koalitionsfreiheit). Das Bundesverfassungsgericht hat anerkannt, dass die Koalitionsfreiheit das Recht der Koalitionen gewährleistet, die Arbeits- und Wirtschaftsbedingungen durch *Tarifvertrag* festzulegen, und auch die Betätigung der Gewerkschaften im Rahmen der *Betriebsverfassung,* insbesondere die Werbung vor Betriebsrats- und Personalratswahlen, sowie die *Mitgliederwerbung* im Betrieb oder in der Dienststelle schützt.

3. Nach der verfassungsrechtlichen Kompetenzverteilung erfolgt die Regelung der Löhne und Arbeitsbedingungen vor allem durch den Abschluss von *Tarifverträgen* zwischen den Gewerkschaften und den Arbeitgeberverbänden oder einzelnen Arbeitgebern. Rechtsgrundlage ist das Tarifvertragsgesetz vom

Einführung

9. 4. 1949 i. F. vom 25. 8. 1969. Dieses Gesetz enthält aber keine Bestimmungen über Inhalt und Umfang der Tarifautonomie, so dass die Grenzziehung hier im wesentlichen durch die Rechtsprechung des Bundesarbeitsgerichts vorgenommen wird.

Bei Tarifkonflikten gibt es keine staatliche Zwangsschlichtung. Daher ist als Komplementärgarantie der Tarifautonomie auch der *Arbeitskampf* gewährleistet. Streik und Aussperrung sind zulässig, soweit Kampfziel ein durch Tarifvertrag regelbarer Gegenstand ist und das Gebot der Verhältnismäßigkeit beachtet wird.

4. Neben dem freiwilligen Zusammenschluss in Koalitionen, die durch kollektive Vereinbarung Einfluss auf die Gestaltung der Arbeits- und Wirtschaftsbedingungen nehmen, hat die Gesetzgebung den tatsächlich bestehenden Zusammenschluss der Arbeitnehmer in der Belegschaft des einzelnen Betriebs berücksichtigt und eine *Betriebsverfassung* geschaffen, um den Gedanken der *Mitbestimmung* zu verwirklichen. Das Betriebsverfassungsgesetz vom 11. 10. 1952 ist durch das Betriebsverfassungsgesetz vom 15. 1. 1972 abgelöst worden, das die Rechtsstellung der Arbeitnehmerrepräsentanten im Betrieb verbessert und die Beteiligungsrechte erheblich erweitert hat. Das Gesetz zur Reform des Betriebsverfassungsgesetzes vom 23. 7. 2001 hat vor allem für die Organisation der Arbeitnehmervertretung ergänzende Regelungen getroffen; es hat aber nicht die Struktur der Betriebsverfassung geändert.

Repräsentant der Belegschaft innerhalb des einzelnen Betriebs ist der *Betriebsrat*. Er wird von den Arbeitnehmern des Betriebs gewählt. Besteht ein Unternehmen aus mehreren Betrieben, so ist ein *Gesamtbetriebsrat* zu bilden. Für einen Konzern kann ein *Konzernbetriebsrat* errichtet werden. Die Belegschaft kann zu *Betriebsversammlungen* zusammentreten und dort Beschlüsse fassen, die für den Betriebsrat aber keine unmittelbar bindende Wirkung haben, sondern nur die Bedeutung einer Anregung.

Für Arbeitgeber und Betriebsrat gilt das *Gebot der vertrauensvollen Zusammenarbeit*. Maßnahmen des Arbeitskampfes zwischen ihnen sind unzulässig. Der Betriebsrat kann als Repräsentant der Belegschaft mit dem Arbeitgeber eine Vereinbarung zur Regelung betrieblicher Arbeitsbedingungen, die *Betriebsvereinbarung,* schließen. Er hat *Mitwirkungs-* und *Mitbestimmungsrechte* in sozialen, personellen und wirtschaftlichen Angelegenheiten. Die Beteiligungsrechte sind in ihrer Intensität gestuft: Sie reichen von Anhörungs- und Beratungsrechten (Mitwirkungsrechten) bis zu Mitbestimmungsrechten, die teils nur ein Zustimmungs- oder Zustimmungsverweigerungsrecht, teils auch ein Initiativrecht geben, in jedem Fall aber ein Recht zur Mitentscheidung enthalten, so dass bei einer Nichteinigung entweder die Einigungsstelle oder das Arbeitsgericht verbindlich entscheidet.

Neben der Betriebsverfassung steht die *Mitbestimmung innerhalb der Unternehmensordnung,* die durch Einschaltung von Arbeitnehmervertretern in Organe des Unternehmens verwirklicht wird. Nach der Gründung der Bundesrepublik Deutschland wurde zunächst das Mitbestimmungsgesetz (Montan-MitbestG) vom 21. 5. 1951 erlassen, das für die Unternehmen des Bergbaus und der Eisen und Stahl erzeugenden Industrie die paritätische Mitbestimmung einführte. Das Betriebsverfassungsgesetz vom 11. 10. 1952, das die Vereinheitlichung des Betriebsverfassungsrechts brachte, regelte zugleich auch die Beteiligung der Arbeitnehmervertreter im Aufsichtsrat der Unternehmen, die nicht zur Montanindustrie gehören. Durch das Mitbestimmungsgesetz

Einführung

vom 4. 5. 1976 wurde die Mitbestimmung in Unternehmen mit mehr als 2000 Arbeitnehmern erweitert. Der Aufsichtsrat einer Kapitalgesellschaft oder Genossenschaft, dem die Auswahl und Kontrolle der Unternehmensleitung obliegt, muss sich je zur Hälfte aus Vertretern der Anteilseigner und der Arbeitnehmer zusammensetzen. Wird diese Beschäftigtenzahl nicht erreicht, so gilt das Drittelbeteiligungsgesetz vom 18. 5. 2004: Der Aufsichtsrat muss einem Drittel aus Vertretern der Arbeitnehmer bestehen; er hat die Befugnis zur Auswahl der Unternehmensleitung nur, wenn das für das Unternehmen maßgebliche Gesellschaftsrecht sie vorsieht, also nicht bei der GmbH. Das Mitbestimmungsrecht gehört rechtssystematisch nur noch in einem weiteren Sinne zum Arbeitsrecht; es ist Bestandteil des Unternehmensrechts und modifiziert vor allem das Gesellschaftsrecht.

5. Das Recht des Arbeitsverhältnisses und das Arbeitsschutzrecht bezeichnet man als *Individualarbeitsrecht*, weil beide Rechtskomplexe in den Mittelpunkt der rechtlichen Regelung den Arbeitnehmer als einzelnen stellen. Für ihn und gegen ihn werden privatrechtliche bzw. öffentlichrechtliche Rechte und Pflichten begründet.

Im Koalitions-, Tarifvertrags- und Arbeitskampfrecht sowie im Betriebsverfassungsrecht und Mitbestimmungsrecht wird dagegen der einzelne Arbeitnehmer nur mittelbar als Mitglied einer Koalition oder der Belegschaft des Betriebs oder Unternehmens erfasst. Auf der Arbeitgeberseite steht beim Tarifvertrag entweder auch ein Verband (Arbeitgeberverband) oder ein oder mehrere einzelne Arbeitgeber, im Betriebsverfassungsrecht selbstverständlich nur ein Arbeitgeber, nämlich der Inhaber des Betriebs. Auf Seiten der Arbeitnehmer steht aber immer ein *Kollektiv*. Das gilt auch für das Mitbestimmungsrecht, wenn Arbeitnehmerrepräsentanten in den Organen des Unternehmens vertreten sind. Deshalb wird die Regelung all dieser Rechtsbeziehungen als kollektives Arbeitsrecht *(Kollektivarbeitsrecht)* bezeichnet.

IV. Gesetzeszersplitterung und Richterrecht

Obwohl bereits die Weimarer Reichsverfassung ein einheitliches Arbeitsrecht versprochen hatte, gibt es in der Bundesrepublik Deutschland noch keine Kodifikation des Arbeitsrechts, *kein einheitliches Gesetzbuch der Arbeit*. Man hat zwar immer wieder geplant, das unübersichtlich gewordene Arbeitsrecht in einem Arbeitsgesetzbuch zusammenzufassen. Die Bemühungen hatten bisher aber keinen Erfolg.

Gelungen ist bisher nicht einmal eine Kodifikation des Arbeitsvertragsrechts, obwohl der Reichstag schon bei Verabschiedung des Bürgerlichen Gesetzbuchs 1896 in einer Resolution die Erwartung ausgesprochen hatte, dass das Recht der Arbeitsverträge „baldthunlichst" einheitlich geregelt werde. Bei der Wiedervereinigung Deutschlands sah man darin einen so erheblichen Mangel, dass der Einigungsvertrag dem gesamtdeutschen Gesetzgeber die Aufgabe zuwies, das Arbeitsvertragsrecht möglichst bald zu kodifizieren (Art. 30 Abs. 1). Dennoch hat seitdem die Zahl der Einzelgesetze, die punktuell in das Arbeitsleben eingreifen, noch zugenommen. Veraltete Gesetze wurden zwar abgelöst, aber es fehlt eine übergreifende Rechtskonzeption. Gesetze, die arbeitsrechtliche Beziehungen regeln, sind häufig in Gesetzen mit anderem Regelungsinhalt. Nach wie vor sind weite Bereiche sogar überhaupt

Einführung

nicht gesetzlich geregelt, z. B. das Recht der Arbeitnehmerhaftung und vor allem das Arbeitskampfrecht.

Das Arbeitsrecht ist deshalb weitgehend Richterrecht. Dennoch führt kein Weg daran vorbei, dass der Richter Recht nicht *setzt,* sondern *anwendet.* Die Vorgaben des Gesetzgebers bilden die Grundlagen seiner Rechtsfindung, und er muss bei unzureichenden Vorgaben das „materielle Recht mit den anerkannten Methoden der Rechtsfindung aus den Rechtsgrundlagen ableiten, die für die betreffende Rechtsverhältnis maßgeblich sind" (so Bundesverfassungsgericht vom 26. 6. 1991 in BVerfGE 84, 212, 226 f.).

Diese Textausgabe bezweckt, durch die systematische Zusammenstellung maßgeblicher Arbeitsgesetze den roten Faden zu geben, der eine Orientierung im Labyrinth des Arbeitsrechts ermöglicht.

V. Inhalt dieser arbeitsrechtlichen Textausgabe

A. Grundlagen

1. Das **Grundgesetz** (hier Nr. **1**) enthält keinen Abschnitt über die Arbeits- und Sozialordnung. Der Grundrechtsteil ist aber für das Arbeitsrecht von erheblicher Bedeutung. Das gilt vor allem für die in Art. 9 Abs. 3 GG gewährleistete *Koalitionsfreiheit.* Spezifisch arbeitsrechtliche Bedeutung haben auch der *Gleichberechtigungsgrundsatz* in Art. 3 Abs. 2 GG, der unter anderem die Lohngleichheit von Mann und Frau bei gleicher Arbeit fordert, und das Grundrecht der *Berufsfreiheit* in Art. 12 GG, der die Freiheit der Arbeitsplatzwahl garantiert. Außerdem enthält die *Sozialstaatsentscheidung* in Art. 20 Abs. 1, Art. 28 Abs. 1 GG einen Rechtsgrundsatz von gesellschaftsordnender Dimension.

2. Durch die Zugehörigkeit der Bundesrepublik Deutschland zur **Europäischen Union** erlangt deren Recht zunehmend Bedeutung für das Arbeitsrecht. Es garantiert die Freizügigkeit der Arbeitnehmer innerhalb der Gemeinschaft. Im Mittelpunkt der Gemeinschaftsgesetzgebung steht aber nicht der Erlass unmittelbar geltenden Rechts, sondern eine Angleichung der verschiedenen Arbeitsrechtsordnungen. Doch gibt es auch Gemeinschaftsrecht, das unmittelbare Rechtswirkungen für den einzelnen Marktbürger entfaltet. Steht es zu innerstaatlichem Gesetzesrecht in Widerspruch, so hat es Anwendungsvorrang. Zu ihm gehört insbesondere **Art. 141 EG-Vertrag** (hier Nr. **3**), der das Gebot gleichen Entgelts für Männer und Frauen bei gleicher Arbeit enthält. Eine ausführliche Zusammenstellung des EU-Arbeitsrechts enthält die dtv-Textausgabe EU-Arbeitsrecht.

B. Arbeitsvertragsrecht

1. Da für das Arbeitsverhältnis die Privatautonomie gilt, ist seine wichtigste Rechtsquelle das **Bürgerliche Gesetzbuch.** Maßgebend sind insbesondere seine Regeln über den Dienstvertrag (§§ 611–630; hier Nr. **11**).

a) Das **Dienstvertragsrecht des BGB** war schon bei dessen Erlass und ist erst recht heute von einer **Kodifikation des Arbeitsvertragsrechts weit entfernt.** Das Gesetz zur Modernisierung des Schuldrechts vom 26. 11. 2001 (BGBl. I S. 3138) hat daran nichts geändert; es hat aber nicht nur das Kauf-

Einführung

und Werkvertragsrecht, sondern vor allem auch das **Verjährungsrecht** und das **Recht der Leistungsstörungen** grundlegend geändert. Deshalb hat es insoweit auch Auswirkungen auf das Arbeitsverhältnis. Das Schuldrechtsmodernisierungsgesetz hat außerdem das **Recht der Allgemeinen Geschäftsbedingungen** bei seiner Einbeziehung in das BGB (§§ 305–310) im Gegensatz zur bisherigen Gesetzeslage auch auf Arbeitsverträge erstreckt (§ 310 Abs. 4). Das Dienstvertragsrecht selbst blieb, wenn man von der Einfügung eines Satz 3 in § 615 und § 619 a absieht, unverändert. Es bildet nach wie vor den Eckpfeiler des Arbeitsverhältnisses.

b) In § 611 werden die **Arbeitspflicht** und die **Vergütungspflicht** als die zwei Hauptelemente des Arbeitsvertrages gekennzeichnet. Gegenstand eines Arbeitsverhältnisses können Dienste jeder Art sein. § 612 enthält als Grundsatz: Jede Arbeit ist ihres Lohnes wert. Für den Abschluss des Arbeitsvertrags, durch den das Arbeitsverhältnis begründet wird, genügt daher in der Regel die formlose Einigung über die Erbringung der Dienstleistung, während eine Abrede über das Arbeitsentgelt fehlen kann, wenn „die Dienstleistung den Umständen nach nur gegen eine Vergütung zu erwarten ist". Der Vertragsschluss ist nach dem Bürgerlichen Gesetzbuch an keine besondere Form gebunden. Geht ein Betrieb oder Betriebsteil durch Rechtsgeschäft auf einen anderen Inhaber über, so sichert § 613 a zwingend, dass der Erwerber in die Rechte und Pflichten aus den im Zeitpunkt des Übergangs bestehenden Arbeitsverhältnissen eintritt.

Wenn keine andere Regelung getroffen wird, ist die Vergütung nach der Leistung der Dienste zu entrichten (§ 614). Arbeitsleistung und Arbeitsentgelt stehen in einem Gegenseitigkeitsverhältnis; es gilt für sie als Grundsatz: *Ohne Arbeit kein Lohn.* Doch bestehen gerade insoweit erhebliche Ausnahmen. Da der Arbeitnehmer dem Arbeitgeber seine Dienste für eine Zeit zur Disposition stellt, er also keinen durch Dienstleistung herbeizuführenden Erfolg schuldet, behält er den Anspruch auf das Arbeitsentgelt, wenn der Arbeitgeber die ihm vertragsgerecht angebotene Dienstleistung nicht annimmt, ohne zur Nachleistung verpflichtet zu sein (§ 615). Das gilt nicht nur, wenn der Arbeitgeber den Arbeitnehmer nicht beschäftigen will, sondern auch dann, wenn er ihn nicht beschäftigen kann. Er trägt das Betriebsrisiko. Das Schuldrechtsmodernisierungsgesetz hat deshalb ausdrücklich klargestellt, dass der Arbeitnehmer die vereinbarte Vergütung in den Fällen verlangen kann, in denen der Arbeitgeber das Risiko des Arbeitsausfalls trägt (Satz 3 des § 615).

Der Arbeitnehmer wird weiterhin des Anspruchs auf das Arbeitsentgelt nicht dadurch verlustig, dass er für eine verhältnismäßig nicht erhebliche Zeit durch einen in seiner Person liegenden Grund ohne sein Verschulden an der Dienstleistung verhindert wird (§ 616). Den wichtigsten Fall, die Arbeitsunfähigkeit infolge Krankheit, regelt das Entgeltfortzahlungsgesetz (hier Nr. **18**). §§ 617–619 betreffen die sog. Fürsorgepflicht des Arbeitgebers. Diese Bestimmungen haben Rechtsprechung und Lehre weit über ihren engen Wortlaut hinaus zu einer allgemeinen Fürsorgepflicht ausgebaut, die sich auch auf das vom Arbeitnehmer in den Betrieb eingebrachte Sacheigentum erstreckt.

c) Für die **Verpflichtung zum Schadensersatz** gelten im Rahmen eines Arbeitsverhältnisses besondere Grundsätze. Die Grundsatzregelung des BGB, nach der bei Vorsatz und Fahrlässigkeit unabhängig von deren Grad der Schädiger für den gesamten Schaden einzustehen hat, berücksichtigt nicht die Fremdbestimmtheit der Arbeitsleistung, die der Arbeitnehmer bei einer be-

Einführung

trieblichen Tätigkeit zu verrichten hat. Die Rechtsprechung hat deshalb bei ihr die Haftung des Arbeitnehmers für fahrlässig verursachte Schäden abgemildert: Fällt ihm grobe Fahrlässigkeit zur Last, so hat er für den Schaden grundsätzlich in vollem Umfang einzustehen; bei mittlerer Fahrlässigkeit erfolgt eine Schadensteilung, und bei leichtester Fahrlässigkeit haftet er überhaupt nicht, so dass in diesem Fall der Schaden allein vom Arbeitgeber zu tragen ist. Entwickelt wurde die Beschränkung der Arbeitnehmerhaftung für gefahrgeneigte Arbeit, also für Tätigkeiten, die wegen ihrer Eigenart eine besonders große Wahrscheinlichkeit mit sich bringen, dass dem Arbeitnehmer gelegentlich einmal ein Versehen unterläuft, auch wenn er in aller Regel bei seiner Arbeit die im Verkehr erforderliche Sorgfalt einhält. Die Rechtsprechung verlangt nicht mehr die Gefahrgeneigtheit der Arbeit, sondern lässt für die Begrenzung der Arbeitnehmerhaftung genügen, dass der Arbeitnehmer den Schaden durch eine *betriebliche Tätigkeit* verursacht hat. Die Gefahrgeneigtheit der Arbeit bildet nur noch, soweit der Arbeitnehmer haftet, einen Abwägungsfaktor für die Schadensteilung zwischen dem Arbeitgeber und dem Arbeitnehmer.

Seit dem Inkrafttreten des **Schuldrechtsmodernisierungsgesetzes** am 1. 1. 2002 gilt die durch dieses Gesetz eingeführte **zentrale Schadensersatznorm** des § 280 auch für das Arbeitsverhältnis. Der Haftungsmaßstab ergibt sich aus § 276 Abs. 1 Satz 1, der seit der Neufassung bestimmt, dass der Schuldner Vorsatz und Fahrlässigkeit nur zu vertreten hat, wenn eine strengere oder mildere Haftung weder bestimmt noch dem Inhalt des Schuldverhältnisses zu entnehmen ist. Darauf lässt sich aber die richterrechtlich entwickelte Haftungserleichterung für Arbeitnehmer nicht stützen. Nach wie vor hat sie im Gesetzesrecht keine Grundlage. Klargestellt ist aber, dass abweichend von § 280 Abs. 1 der Arbeitnehmer dem Arbeitgeber Ersatz für den aus der Verletzung einer Pflicht aus dem Arbeitsverhältnis bestehenden Schaden nur zu leisten hat, wenn er die Pflichtverletzung zu vertreten hat (§ 619 a). Für den Arbeitgeber ergibt sich eine Haftungserleichterung aus der gesetzlichen Regelung der Unfallversicherung; denn sie ist, da die Beiträge allein von den Unternehmern aufgebracht werden, zugleich eine gesetzliche Haftpflichtversicherung besonderer Art (s. unten D 5).

d) Die §§ 620–628 beschäftigen sich mit der **Beendigung des Arbeitsverhältnisses.** § 620 unterscheidet, ob ein Arbeitsverhältnis *befristet* oder *auf unbestimmte Zeit* eingegangen ist. Im ersteren Fall endet es mit Zeitablauf, ohne dass es einer Kündigung bedarf; es gilt das Teilzeit- und Befristungsgesetz (hier Nr. **16**). Im letzteren Fall kann jeder Teil das Arbeitsverhältnis durch Kündigung, die sog. *ordentliche Kündigung,* auflösen, die für den Arbeitgeber durch den Kündigungsschutz eingeschränkt ist (s. unten B 9). Für die Kündigung enthält hinsichtlich der Kündigungsfristen und -termine § 622 eine zwingende Regelung.

Da eine ordentliche Kündigung nur unter Beachtung dieser Bestimmung erklärt werden kann und bei Befristung des Arbeitsverhältnisses zu einem früheren Zeitpunkt nur möglich ist, wenn dies einzelvertraglich oder im anwendbaren Tarifvertrag vereinbart ist, besteht in beiden Fällen das Problem, dass Umstände eintreten können, die es der einen oder anderen Seite unzumutbar machen, an dem Vertragsverhältnis festzuhalten. Diese Einschränkung der Vertragstreue durch das Prinzip der Zumutbarkeit hat ihre gesetzliche Ausgestaltung durch das Rechtsinstitut der *außerordentlichen Kündigung* erhalten: Durch sie kann ohne Einhaltung einer Kündigungsfrist das Arbeitsver-

Einführung

hältnis von jedem Vertragsteil aufgelöst werden, wenn ein wichtiger Grund vorliegt, der es ausschließt, dass ihm die Fortsetzung des Arbeitsverhältnisses – beim befristeten Arbeitsverhältnis bis zum Zeitablauf und bei einem Arbeitsverhältnis auf unbestimmte Zeit bzw. bei Zulässigkeit einer Kündigung während des befristeten Arbeitsverhältnisses bis zum Ablauf der Kündigungsfrist – zugemutet werden kann (§ 626).

Die Kündigung, und zwar sowohl die ordentliche als auch die außerordentliche Kündigung, und ein Auflösungsvertrag, durch den das Arbeitsverhältnis im Einvernehmen von Arbeitgeber und Arbeitnehmer beendet werden soll, bedürfen zu ihrer Wirksamkeit der Schriftform, die nicht durch die elektronische Form ersetzt werden kann (§ 623).

Vor Beendigung des Arbeitsverhältnisses muss der Arbeitgeber dem Arbeitnehmer auf Verlangen angemessene Zeit zum Aufsuchen einer neuen Stelle gewähren (§ 629). Den Anspruch auf Erteilung des Zeugnisses regelt § 109 der Gewerbeordnung (hier Nr. **13**; s. Verweis in § 630 Satz 4 BGB).

2. Das älteste Gesetz, das sich mit dem Arbeitsverhältnis befasst, ist die **Gewerbeordnung,** deren Bestimmungen z. T. schon als Gesetz des Norddeutschen Bundes vom 21. 6. 1869 erlassen worden sind. In den §§ 105 ff. (hier Nr. **12**) waren ursprünglich Sondervorschriften nur für die Arbeitnehmer in Gewerbebetrieben enthalten. Die Novellierung der Gewerbeordnung durch Gesetz vom 24. 8. 2002 (BGBl. I S. 3412) hat unter der Überschrift „Allgemeine Arbeitsrechtliche Grundsätze" eine grundlegende Änderung herbeigeführt. Die Bestimmungen finden auf alle Arbeitnehmer Anwendung (§ 6 Abs. 2); sie sind in der Neufassung am 1. 1. 2003 in Kraft getreten. Bei ihnen handelt es sich um Regelungen zur Vertragsfreiheit (§ 105), zum Weisungsrecht des Arbeitgebers (§ 106), zur Entgeltzahlung (§§ 107 und 108), zum Zeugnis (§ 109) und zum nachvertraglichen Wettbewerbsverbot (§ 110).

Soweit die hier ursprünglich enthaltenen Bestimmungen arbeitsschutzrechtlichen Charakter hatten, fand eine erste Rechtsbereinigung bereits 1996 statt. Die grundlegenden Arbeitsschutzvorschriften wurden branchenübergreifend in das **Arbeitsschutzgesetz** vom 7. 8. 1996 (hier Nr. **51**) übernommen. Die Novellierung hat nunmehr die Gewerbeordnung als Standort von Arbeitsschutzvorschriften materiell komplett abgelöst.

3. Für kaufmännische Angestellte (Handlungsgehilfen) enthalten die §§ 59 ff. des **Handelsgesetzbuchs** (hier Nr. **13**) Sondervorschriften. Nach §§ 60, 61 besteht für sie während des Arbeitsverhältnisses ein Wettbewerbsverbot, das insoweit restriktiv zu interpretieren ist, als der Handlungsgehilfe ohne Einwilligung seines Arbeitgebers nur in dessen Handelszweig kein Handelsgewerbe betreiben darf. § 62 regelt, ähnlich wie die §§ 617–619 BGB, die Fürsorgepflicht des Arbeitgebers. Die Bestimmung des § 65 über Provision verweist auf das Recht der Handelsvertreter.

Die §§ 74–75 f enthalten sehr eingehende Schutzbestimmungen für die kaufmännischen Angestellten, die eine Konkurrenzklausel für die Zeit nach Beendigung des Arbeitsverhältnisses abgeschlossen haben. Nachdem das Bundesarbeitsgericht sie seit 1969 in ständiger Rechtsprechung auf alle Arbeitnehmer angewandt hatte, hat der Gesetzgeber dies nunmehr ausdrücklich in Satz 2 des neu gefassten § 110 GewO klargestellt.

4. Das **Allgemeine Gleichbehandlungsgesetz (AGG;** hier Nr. **14**), das als Art. 1 des Gesetzes zur Umsetzung europäischer Richtlinien zur Verwirkli-

chung des Grundsatzes der Gleichbehandlung vom 14. 8. 2006 (BGBl. I S. 1897) ergangen ist, enthält in seinem Ersten Abschnitt den Allgemeinen Teil mit Bestimmungen, die für alle von Gesetz betroffenen Rechtsgebiete gleichermaßen gelten (§§ 1–5). § 1 nennt als Ziel des Gesetzes „Benachteiligungen aus Gründen der Rasse oder wegen der ethnischen Herkunft, des Geschlechts, der Religion oder der Weltanschauung, einer Behinderung, des Alters oder der sexuellen Identität zu verhindern oder zu beseitigen". Für das Arbeitsrecht einschlägig ist vor allem der Zweite Abschnitt mit der Überschrift „Schutz der Beschäftigten vor Benachteiligung" (§§ 6–18). Der Dritte Abschnitt regelt den „Schutz vor Diskriminierungen im Zivilrechtsverkehr", soweit nicht bereits der Zweite Abschnitt einschlägig ist (§§ 19–21). Es folgen in weiteren Abschnitten noch Regelungen über den Rechtsschutz und für öffentlich-rechtliche Dienstverhältnisse. Das Gesetz hat die Regelung über das Verbot geschlechtsbezogener Benachteiligung in § 611 a, § 611 und? § 612 Abs. 3 BGB ersetzt. Die gleiche Regelung ergibt sich nunmehr aus §§ 1, 2, 7 f. AGG, wobei sich Erweiterungen daraus ergeben, dass auf den Begriff des Beschäftigten abgestellt wird, der auch arbeitnehmerähnliche Personen umfasst (§ 6 Abs. 1 AGG).

5. Das **Gesetz über den Nachweis der für ein Arbeitsverhältnis geltenden wesentlichen Bedingungen (Nachweisgesetz – NachwG;** hier Nr. **15**) verpflichtet den Arbeitgeber, spätestens einen Monat nach dem vereinbarten Beginn des Arbeitsverhältnisses die wesentlichen Vertragsbedingungen schriftlich niederzulegen, die Niederschrift zu unterzeichnen und dem Arbeitnehmer auszuhändigen. Das Gesetz zur Anpassung der Formvorschriften des Privatrechts an den modernen Rechtsgeschäftsverkehr vom 13. 7. 2001 (BGBl. I S. 1542) hat klargestellt, dass die durch dieses Gesetz eingeführte Möglichkeit einer Ersetzung durch die elektronische Form hier keine Anwendung findet.

Die Nichterfüllung der Nachweispflicht berührt nicht die Rechtswirksamkeit des Arbeitsvertrags. Das Bestehen eines Arbeitsverhältnisses hängt also nicht davon ab, dass der Arbeitnehmer einen schriftlichen Arbeitsvertrag erhält. Da der Arbeitgeber aber eine Pflicht aus dem Arbeitsverhältnis verletzt, haben nachteilig betroffene Arbeitnehmer einen Anspruch auf Schadensersatz.

6. Das **Teilzeit- und Befristungsgesetz (TzBfG;** hier Nr. **16**) regelt die **Teilzeitarbeit.** Als Prinzip gilt, dass ein teilzeitbeschäftigter Arbeitnehmer wegen der Teilzeitarbeit nicht schlechter behandelt werden darf als ein vergleichbarer vollzeitbeschäftigter Arbeitnehmer, wenn keine sachlichen Gründe eine unterschiedliche Behandlung rechtfertigen (§ 4 Abs. 1 Satz 1). Konkretisierend ist festgelegt, dass Entgeltleistungen einem teilzeitbeschäftigten Arbeitnehmer mindestens in dem Umfang zu gewähren sind, der dem Anteil seiner Arbeitszeit an der Arbeitszeit eines vergleichbaren vollzeitbeschäftigten Arbeitnehmers entspricht (§ 4 Abs. 1 Satz 2). § 8 räumt Arbeitnehmern einen Anspruch auf Teilzeitarbeit ein. Er beschränkt sich nicht auf die Verringerung der Arbeitszeit (Arbeitszeitmenge), sondern erstreckt sich auch auf deren Verteilung (Arbeitszeitlage). Neben dieser Bestimmung gilt für Arbeitnehmer in Elternzeit die Sonderregelung in § 15 Abs. 5–7 BEEG (hier Nr. **58**). Für Schwerbehinderte ergibt sich ergänzend ein Anspruch auf Teilzeitarbeit aus § 81 Abs. 5 Satz 3 SGB IX (hier Nr. **47**).

Einführung

Damit das Risiko, dass dem Arbeitgeber ausreichend Arbeitskräfte zur Verfügung stehen, nicht auf die Teilzeitbeschäftigten verlagert wird, bestehen Mindestbestimmungen für eine sozial verträgliche Ausgestaltung, wenn Arbeitgeber und Arbeitnehmer vereinbaren, dass der Arbeitnehmer seine Arbeitsleistung entsprechend dem Arbeitsanfall zu erbringen hat (Arbeit auf Abruf, § 12), und für den Fall, dass mehrere Arbeitnehmer sich die Arbeitszeit an einem Arbeitsplatz teilen (Arbeitsplatzteilung, § 13).

Das **Altersteilzeitgesetz** (hier Nr. **17**), das als Art. 1 des Gesetzes zur Förderung eines gleitenden Übergangs in den Ruhestand vom 23. 7. 1996 (BGBl. I S. 1078) ergangen ist, wirkt der Frühverrentungspraxis entgegen; es fördert durch den Einsatz von Altersteilzeitarbeit notwendige betriebliche Personalanpassungsmaßnahmen.

Neben der Teilzeitarbeit trifft das Teilzeit- und Befristungsgesetz Bestimmungen für den **befristeten Arbeitsvertrag.** Die Befristung ist stets zulässig, wenn sie durch einen sachlichen Grund gerechtfertigt ist (§ 14 Abs. 1). Die Befristung mit Sachgrund bildet den Regelfall; sie ist ohne zeitliche Grenzen zulässig. Keines Sachgrundes bedarf sie bis zur Dauer von zwei Jahren, wobei innerhalb dieses Zeitraums eine dreimalige Verlängerung zulässig ist (§ 14 Abs. 2 Satz 1). Voraussetzung ist allerdings, dass mit demselben Arbeitgeber zuvor kein befristetes oder unbefristetes Arbeitsverhältnis bestanden hat (§ 14 Abs. 2 Satz 2). Die zeitlichen Grenzen für die Befristung ohne Sachgrund sind nach Gründung eines Unternehmens erweitert (§ 14 Abs. 2 a). Hat ein Arbeitnehmer das 52. Lebensjahr vollendet und war er zuvor mindestens vier Monate arbeitslos, so ist die Befristung ohne Sachgrund bis zu einer Dauer von fünf Jahren zulässig (§ 14 Abs. 3).

Die Befristung bedarf zu ihrer Wirksamkeit der Schriftform (§ 14 Abs. 4). Wird gegen die Formvorschrift verstoßen, so ist gleichwohl ein Arbeitsverhältnis begründet. Rechtsunwirksam ist nur die Befristung, wie auch in den Fällen, in denen die Grenzen zulässiger Befristung nicht beachtet werden. Der befristete Arbeitsvertrag gilt als auf unbestimmte Zeit geschlossen (§ 15 Satz 1 Halbsatz 1). Die Rechtsfolgen einer unzulässigen Befristung und der Unwirksamkeit der Befristung wegen Mangels der Schriftform sind differenziert geregelt: Ist die Befristung wegen des Fehlens eines sachlichen Grundes oder wegen Nichtvorliegens der Voraussetzungen für eine Befristung ohne Sachgrund unzulässig und damit rechtsunwirksam, so ist nur der Arbeitgeber, nicht aber der Arbeitnehmer an die vereinbarte Befristungsdauer gebunden. Der Arbeitgeber kann das Arbeitsverhältnis frühestens zum vereinbarten Ende ordentlich kündigen, sofern nicht einzelvertraglich oder im anwendbaren Tarifvertrag vereinbart ist, dass die ordentliche Kündigung auch zu einem früheren Zeitpunkt möglich ist (§ 16 Satz 1 Halbsatz 2). Ist dagegen die Befristung nur wegen des Mangels der Schriftform unwirksam, so gilt ohne diese Schranke, dass auch der Arbeitgeber den Arbeitsvertrag vor dem vereinbarten Ende ordentlich kündigen kann, wobei er neben der Kündigungsfrist die sonstigen Kündigungsvorschriften, insbesondere das Kündigungsschutzgesetz, einhalten muss (§ 16 Satz 2).

Die Rechtsunwirksamkeit einer Befristungsabrede muss der Arbeitnehmer innerhalb von drei Wochen durch Klage vor dem Arbeitsgericht geltend machen (§ 17).

Neben diesem Gesetz gibt es noch weitere Gesetze, die für einen bestimmten Personenkreis befristete Arbeitsverträge zulassen, so für das wissenschaftliche und künstlerische Personal an Hochschulen und Forschungseinrichtungen

Einführung

das **Wissenschaftszeitvertragsgesetz** (**WissZeitVG**; hier Nr. **16 a**), für Ärzte in der Weiterbildung zum Facharzt das **Gesetz über befristete Arbeitsverträge mit Ärzten in der Weiterbildung** (hier Nr. **16 b**) und zur Vertretung während der Elternzeit § 21 BEEG (hier Nr. **58**).

7. Ein besonders häufiger Fall der Arbeitsverhinderung ist die **Erkrankung des Arbeitnehmers**. Das **Gesetz über die Zahlung des Arbeitsentgelts an Feiertagen und im Krankheitsfall (Entgeltfortzahlungsgesetz)** (hier Nr. **18**), das als Art. 53 des Gesetzes zur sozialen Absicherung des Risikos der Pflegebedürftigkeit (Pflege-Versicherungsgesetz – PflegeVG) vom 26. 5. 1994 (BGBl. I S. 1014) ergangen ist, regelt für Arbeiter und Angestellte einheitlich (§ 1) den Anspruch auf Fortzahlung des Arbeitsentgelts für die Dauer von sechs Wochen, wenn ein Arbeitnehmer durch Arbeitsunfähigkeit infolge Krankheit an seiner Arbeitsleistung verhindert wird, ohne dass ihn ein Verschulden trifft (§§ 3–8).

Der Arbeitnehmer hat den Anspruch auf Fortzahlung des Arbeitsentgelts auch bei Arbeitsverhinderung infolge einer Maßnahme der medizinischen Versorgung oder Rehabilitation, die ein Träger der gesetzlichen Renten-, Kranken- oder Unfallversicherung oder ein sonstiger Sozialleistungsträger bewilligt hat, sofern diese Kur stationär durchgeführt wird (§ 9).

Arbeitgebern, die in der Regel nicht mehr als 30 Arbeitnehmer beschäftigen, werden auf der Grundlage einer Umlagepflicht 80 Prozent der Entgeltfortzahlung erstattet. Einzelheiten regelt das **Aufwendungsausgleichsgesetz** (hier Nr. **18 a**).

Soweit Bestimmungen des Sozialgesetzbuchs über die gesetzliche Krankenversicherung für die Fortzahlung des Arbeitsentgelts im Krankheitsfall eine Rolle spielen können, sind sie unter Nr. **44** und **48** abgedruckt.

Das Entgeltfortzahlungsgesetz regelt nicht nur die Fortzahlung des Arbeitsentgelts im Krankheitsfall, sondern auch die **Feiertagslohnzahlung**. Es hat deshalb ebenfalls mit Wirkung zum 1. 6. 1994 das Gesetz zur Regelung der Lohnzahlung an Feiertagen vom 2. 8. 1951 ersetzt. Da der Sonntag als Tag der Arbeitsruhe verfassungsrechtlich garantiert ist (Art. 140 GG i. V. mit Art. 139 WRV), ist die regelmäßige Nichtbeschäftigung an diesem Tag kein Arbeitsausfall. Fällt dagegen ein Feiertag auf einen Werktag der Woche, so unterbricht die Arbeitsruhe den normalen Wochenrhythmus. Für Arbeitszeit, die infolge eines gesetzlichen Feiertages ausfällt, gibt deshalb das Gesetz dem Arbeitnehmer einen Anspruch auf Zahlung des Arbeitsentgelts, das er ohne den Arbeitsausfall erhalten hätte, wobei der Anspruch entfällt, wenn der Arbeitnehmer am letzten Arbeitstag vor oder am ersten Arbeitstag nach Feiertagen unentschuldigt der Arbeit fernbleibt (§ 2). Diese Regelung gilt auch, wenn Arbeitnehmer ausnahmsweise an einem Sonntag beschäftigt werden und der gesetzliche Feiertag auf den Sonntag fällt.

Die Festlegung der gesetzlichen Feiertage fällt in die Gesetzgebungskompetenz der Bundesländer. Eine Übersicht ist hier unter Nr. **18 b** abgedruckt.

8. Ein Anspruch der Arbeitnehmer auf **bezahlten Erholungsurlaub** bestand ursprünglich nur, wenn er im Arbeitsvertrag vorgesehen war. Für Arbeiter wurde er deshalb im allgemeinen erst durch tarifvertragliche Regelungen in den zwanziger Jahren eingeführt. Nach 1945 wurde ein Urlaubsanspruch auch ohne besondere Rechtsgrundlage anerkannt. Fast alle alten Bundesländer erließen besondere Urlaubsgesetze. Erst durch das Mindesturlaubsgesetz für Arbeit-

Einführung

nehmer vom 8. 1. 1963, das **Bundesurlaubsgesetz** (hier Nr. **19**), ist eine bundeseinheitliche Regelung erfolgt: Jeder Arbeitnehmer hat im Kalenderjahr Anspruch auf einen bezahlten Erholungsurlaub in Höhe von mindestens 24 Werktagen.

Das Bundesurlaubsgesetz regelt die Wartezeiten, den Teilurlaub, den Ausschluss von Doppelansprüchen, Zeitpunkt, Übertragbarkeit und Abgeltung des Urlaubs, das Verbot der Erwerbstätigkeit während des Urlaubs, Erkrankung, Kur- und Heilverfahren im Urlaub, den Urlaub im Bereich der Heimarbeit. Kann der Urlaub nicht zusammenhängend gewährt werden, so muß, wenn der Arbeitnehmer Anspruch auf Urlaub von mehr als zwölf Werktagen hat, einer der Urlaubsteile mindestens zwölf aufeinander folgende Werktage umfassen. Das Urlaubsentgelt bemisst sich nach dem durchschnittlichen Arbeitsverdienst, den der Arbeitnehmer in den letzten 13 Wochen vor Beginn des Urlaubs erhalten hat, mit Ausnahme des zusätzlich für Überstunden gezahlten Arbeitsverdienstes. Das Urlaubsentgelt ist vor Antritt des Urlaubs auszuzahlen. Das Verhältnis des Gesetzes zu tariflichen Regelungen ist in § 13 abgegrenzt: Es gilt als Grundsatz der Vorrang des Tarifvertrages.

9. Die **Kündigung** von Arbeitsverhältnissen ist in §§ 620–627 BGB (hier Nr. **11**) geregelt.

Die **Kündigungsfreiheit des Arbeitgebers** ist durch den **allgemeinen** und **besonderen Kündigungsschutz** eingeschränkt. Zur Sicherung des Kündigungsschutzes bestimmt § 613 a BGB, dass bei rechtsgeschäftlicher Übertragung eines Betriebs oder Betriebsteils der Erwerber von Gesetzes wegen in die Rechte und Pflichten aus den im Zeitpunkt des Übergangs bestehenden Arbeitsverhältnissen eintritt. Der Arbeitnehmer kann dem Übergang des Arbeitsverhältnisses innerhalb eines Monats nach Zugang der Unterrichtung durch den Arbeitgeber oder den neuen Inhaber über den Übergang schriftlich widersprechen (§ 613 a Abs. 6 BGB).

Will ein Arbeitnehmer geltend machen, dass eine Kündigung, die der Arbeitgeber unter Beachtung der Schriftform (§ 623 BGB) erklärt hat, rechtsunwirksam ist, so muss er innerhalb von drei Wochen nach Zugang der Kündigung Klage beim Arbeitsgericht auf Feststellung erheben, dass das Arbeitsverhältnis durch die Kündigung nicht aufgelöst ist. Diese Ausschlussfrist beschränkte sich bis zum Gesetz zu Reformen am Arbeitsmarkt vom 24. 12. 2003 auf den Kündigungsschutz. Die Regelung ist daher im Kündigungsschutzgesetz (hier Nr. **20**) enthalten (§ 4 Satz 1 und 4, §§ 5–7, § 13 Abs. 1 Satz 2); sie gilt aber auch, soweit kein Kündigungsschutz besteht (§ 23 Abs. 1 Satz 2 und 3).

10. Das wichtigste Gesetz zur Begrenzung der Kündigungsfreiheit des Arbeitgebers ist das **Kündigungsschutzgesetz** (hier Nr. **20**). Es sichert in seinem Geltungsbereich (§ 23) für den Arbeitnehmer einen Bestands- und Vertragsinhaltsschutz seines Arbeitsverhältnisses. Das Gesetz regelt den allgemeinen Kündigungsschutz (§§ 1–14), den Kündigungsschutz im Rahmen der Betriebsverfassung und Personalvertretung (§§ 15, 16), den Kündigungsschutz bei Massenentlassungen (§§ 17–22) und gibt Schlussbestimmungen (§§ 23–26).

a) Der **allgemeine Kündigungsschutz** gilt nicht in Kleinbetrieben. Seit dem Gesetz zu Reformen am Arbeitsmarkt ist dies der Fall, wenn in einem Betrieb in der Regel zehn oder weniger Arbeitnehmer ausschließlich der zu ihrer Berufsbildung Beschäftigten beschäftigt werden, wobei teilzeitbeschäftigte Arbeitnehmer von nicht mehr als 20 Stunden zur Hälfte und von nicht mehr als

Einführung

30 Stunden zu 75 Prozent berücksichtigt werden (§ 23 Abs. 1 Satz 3 und 4). Für Arbeitnehmer, deren Arbeitsverhältnis vorher begonnen hat, liegt die Grenze wie bisher bei fünf Arbeitnehmern (§ 23 Abs. 1 Satz 2). Durch die Erhöhung des Schwellenwerts verlieren aber auch sie den Kündigungsschutz, wenn von ihnen nur noch fünf beschäftigt werden, auch wenn durch Neueinstellungen diese Zahl überschritten wird. Bei verfassungskonformer Interpretation kommt die Bereichsausnahme außerdem, wie des Bundesverfassungsgericht klargestellt hat, nur „kleinen Arbeitgebern" zugute (vgl. BVerfGE 97, 169 ff.); sie gilt also nicht für den Kleinbetrieb in einem Großunternehmen.

Soweit das Arbeitsverhältnis vom Geltungsbereich erfasst wird, ist die Kündigung gegenüber einem Arbeitnehmer, dessen Arbeitsverhältnis in demselben Betrieb oder Unternehmen ohne Unterbrechung länger als sechs Monate bestanden hat, rechtsunwirksam, wenn sie sozial nicht gerechtfertigt ist (§ 1). Der Arbeitgeber muss also einen Kündigungsgrund haben, der entweder in der Person oder im Verhalten des Arbeitnehmers liegt oder durch dringende betriebliche Erfordernisse bedingt ist, die einer Weiterbeschäftigung entgegenstehen; im letzteren Fall muss der Arbeitgeber bei der Auswahl des Arbeitnehmers soziale Gesichtspunkte ausreichend berücksichtigen. Das Arbeitsmarktreformgesetz 2003 hat die Sozialauswahl auf die vier Kriterien Lebensalter, Betriebszugehörigkeit, Unterhaltspflichten und Schwerbehinderung beschränkt. Außerdem hat es die Möglichkeit eröffnet, dass Arbeitnehmer, denen aus betriebsbedingten Gründen gekündigt wurde, beim entsprechenden Angebot des Arbeitgebers zugunsten einer Abfindung auf eine Klage vor dem Arbeitsgericht verzichten (§ 1 a). Der Mangel der Sozialwidrigkeit ist geheilt, wenn der Arbeitnehmer versäumt, ihn rechtzeitig gerichtlich geltend zu machen (§§ 4 Satz 1, 7).

Der Kündigungsschutz gilt auch für eine **Änderungskündigung.** Von ihr spricht man, wenn der Arbeitgeber mit der Kündigung ein Vertragsangebot verbindet, das Arbeitsverhältnis zu geänderten Arbeitsbedingungen fortzusetzen. Er ist nämlich nicht berechtigt, einseitig den Vertragsinhalt des Arbeitsverhältnisses zu ändern. Kann oder will der Arbeitgeber aber den Arbeitnehmer nicht mehr zu den bisherigen Arbeitsbedingungen beschäftigen, so bleibt ihm, wenn der Arbeitnehmer nicht sein Einverständnis erklärt, nur die Möglichkeit, das Arbeitsverhältnis zu kündigen, obwohl er nicht dessen Auflösung, sondern nur eine Änderung des Vertragsinhalts bezweckt. Bei einer Änderungskündigung kann der Arbeitnehmer wählen, ob er die Kündigungsschutzklage erheben oder nur gegen die Änderung der Arbeitsbedingungen vorgehen will; in letzterem Fall muss er das Angebot des Arbeitgebers innerhalb der Kündigungsfrist, spätestens jedoch innerhalb von drei Wochen nach Zugang der Kündigung unter dem Vorbehalt annehmen, dass die Änderung der Arbeitsbedingungen nicht sozial ungerechtfertigt ist, und er muß sodann innerhalb der Dreiwochenfrist die Klage auf Feststellung erheben, dass die Änderung der Arbeitsbedingungen sozial ungerechtfertigt ist (§§ 2, 4 Satz 2). Der Vorteil dieser Befugnis liegt darin, dass der Arbeitnehmer nicht seinen Arbeitsplatz verliert, wenn sich herausstellt, dass der Arbeitgeber im Recht ist.

b) Der individualrechtliche Kündigungsschutz wird durch den **betriebsverfassungsrechtlichen Kündigungsschutz** ergänzt: Der Betriebsrat ist vor jeder – ordentlichen oder außerordentlichen – Kündigung zu hören; eine ohne Anhörung des Betriebsrats ausgesprochene Kündigung ist unwirksam (§ 102 BetrVG; hier Nr. **81**).

c) Das Gesetz enthält neben dem allgemeinen Kündigungsschutz den **besonderen Kündigungsschutz im Rahmen der Betriebsverfassung und**

Einführung

Personalvertretung: Mitgliedern eines Betriebsrats, einer Personalvertretung und einer Jugend- und Auszubildendenvertretung gegenüber ist grundsätzlich nur eine außerordentliche Kündigung aus wichtigem Grund zulässig (§§ 15, 16 KSchG). Der besondere Kündigungsschutz besteht noch innerhalb eines Jahres nach Erlöschen der Mitgliedschaft. Er besteht weiterhin für Mitglieder des Wahlvorstands und für Wahlbewerber, hier allerdings nur in einem Nachwirkungszeitraum von sechs Monaten nach Bekanntgabe des Wahlergebnisses. Außerdem wird durch § 103 BetrVG bzw. §§ 47, 108 Bundespersonalvertretungsgesetz angeordnet, dass die nach dem Kündigungsschutzgesetz zulässige außerordentliche Kündigung dieses Personenkreises während ihrer Amtszeit bzw. Kandidatur der Zustimmung des Betriebsrats bzw. der zuständigen Personalvertretung bedarf.

11. Mit dem durch den Wehrdienst bedingten Kündigungsschutz befaßt sich das Gesetz über den Schutz des Arbeitsplatzes bei Einberufung zum Wehrdienst **(Arbeitsplatzschutzgesetz)** i. F. vom 14. 2. 2001 (hier Nr. **21**). Es gilt auch für Wehrdienstverweigerer, die Zivildienst leisten (§ 78 Zivildienstgesetz).

12. Durch das **Gesetz zur Verbesserung der betrieblichen Altersversorgung** vom 19. 12. 1974 (hier Nr. **22**), geändert durch das Altersvermögensgesetz vom 26. 6. 2001 (BGBl. I S. 1310), wird gesichert, dass ein Arbeitnehmer, dem Leistungen der betrieblichen Altersversorgung zugesagt werden, also insbesondere ein Ruhegeld, seine *Anwartschaft* behält, auch wenn sein Arbeitsverhältnis vor Eintritt des Versorgungsfalles endet, sofern er in diesem Zeitpunkt mindestens das 30. Lebensjahr vollendet hat und die Versorgungszusage zu diesem Zeitpunkt mindestens fünf Jahre bestanden hat. Außerdem begrenzt das Gesetz die Möglichkeit einer Anrechnung der Leistungen aus der gesetzlichen Rentenversicherung auf die Leistungen der betrieblichen Altersversorgung, und es wird die Auswirkung der flexiblen Altersgrenze auf die Leistungen der betrieblichen Altersversorgung geregelt. Das Gesetz enthält weiterhin ein System der *Insolvenzsicherung,* damit eine Ruhegeldanwartschaft und der Anspruch erhalten bleiben. Träger der Insolvenzsicherung ist der Pensions-Sicherungs-Verein, den die Bundesvereinigung der Deutschen Arbeitgeberverbände bereits vor Inkrafttreten des Gesetzes mit dem Bundesverband der Deutschen Industrie und dem Verband der Lebensversicherungsunternehmen gegründet hat.

13. Die **Insolvenz eines Arbeitgebers** hat Auswirkungen auf das Arbeitsverhältnis und die Betriebsverfassung. Die **Insolvenzordnung** (InsO) vom 5. 10. 1994 (hier Nr. **23**), die am 1. 1. 1999 in Kraft getreten ist, enthält Sondervorschriften, die im Insolvenzverfahren von den sonst geltenden Bestimmungen des Arbeitsrechts abweichen. Sie ergeben sich aus §§ 113–128 InsO. Der allgemeine und besondere Kündigungsschutz gilt aber auch im Insolvenzverfahren. Modifiziert ist nur der Kündigungsschutz bei betriebsbedingten Kündigungen durch §§ 125–128 InsO.

Hat ein Arbeitnehmer bei Insolvenz seines Arbeitgebers für die letzten ihr vorausgehenden drei Monate des Arbeitsverhältnisses noch Ansprüche auf Arbeitsentgelt, so kann er vom Arbeitsamt **Insolvenzgeld** als Ausgleich seines ausgefallenen Arbeitsentgelts verlangen. Die Regelung ist in §§ 183 ff. SGB III enthalten (hier Nr. **42**).

Einführung

14. Durch illegale Beschäftigung werden Arbeitsplätze gefährdet und die Chancen von Arbeitsuchenden verschlechtert, ein Arbeitsverhältnis mit arbeits- und sozialrechtlichem Schutz zu begründen. Dem entgegenzutreten dient das **Gesetz zur Bekämpfung der Schwarzarbeit und illegalen Beschäftigung** (hier Nr. **25**).

15. Das **Gesetz über die Pflegezeit (Pflegezeitgesetz – PflegeZG)** vom 28. 5. 2008 (hier Nr. **26**) gibt Beschäftigten das Recht, bis zu zehn Arbeitstage der Arbeit fernzubleiben, wenn dies erforderlich ist, um für einen pflegebedürftigen nahen Angehörigen in einer akut aufgetretenen Pflegesituation eine bedarfsgerechte Pflege zu organisieren oder eine pflegerische Versorgung in dieser Zeit sicherzustellen (§ 2). Außerdem haben sie gegenüber einem Arbeitgeber mit in der Regel mehr als 15 Beschäftigten Anspruch auf Pflegezeit zur Pflege eines nahen Angehörigen in häuslicher Umgebung bis zu einer Höchstzeit von sechs Monaten §§ 3, 4).

C. Sonderformen eines Arbeitsverhältnisses (Leiharbeit und Berufsausbildung)

1. Zur Sicherung einer Abgrenzung von der Arbeitsvermittlung ist das **Arbeitnehmerüberlassungsgesetz** vom 7. 8. 1972 (hier Nr. **31**) ergangen: Die gewerbsmäßige Arbeitnehmerüberlassung bedarf der Erlaubnis durch die Bundesagentur für Arbeit. Das Arbeitnehmerüberlassungsgesetz ist ein gewerberechtliches Spezialgesetz; es enthält aber auch arbeitsrechtliche Bestimmungen für das Leiharbeitsverhältnis. Sein § 14 regelt die betriebsverfassungsrechtliche Zuordnung: Leiharbeitnehmer bleiben Angehörige des Verleiherbetriebs; sie sind bei der Wahl des Betriebsrats im Entleiherbetrieb nicht wählbar, aber wahlberechtigt, wenn sie länger als drei Monate im Betrieb eingesetzt werden (§ 7 Satz 2 BetrVG, hier Nr. **81**). Vor der Übernahme eines Leiharbeitnehmers zur Arbeitsleistung ist aber der Betriebsrat des Entleiherbetriebs nach § 99 des Betriebsverfassungsgesetzes (hier Nr. **81**) zu beteiligen. Als Schranke des Arbeitsvertrags ist konzipiert, dass der Leiharbeitnehmer vom Verleiher für die Zeit der Überlassung grundsätzlich die im Betrieb des Entleihers gewährten Entgeltleistungen verlangen kann; jedoch kann ein Tarifvertrag abweichende Regelungen zulassen, die auch bei Fehlen der Voraussetzungen für eine normative Geltung (s. unten F 2) im Geltungsbereich des Tarifvertrags verbindlich sind, wenn der Verleiher und der Leiharbeitnehmer als Parteien des Arbeitsvertrags ihre Anwendung vereinbaren (§ 10 Abs. 4 i. V. mit § 9 Nr. 2; vgl. auch § 3 Abs. 1 Nr. 3).

2. Die Berufsbildung, insbesondere die Berufsausbildung regelt das **Berufsbildungsgesetz**, das als Art. 1 des Berufsbildungsreformgesetzes vom 23. 3. 2005 ergangen ist (hier Nr. **32**). Es hat das Berufsbildungsgesetz vom 14. 8. 1969 ersetzt. Für die vertragsrechtliche Seite der Berufsausbildung enthalten §§ 10–26 Sondervorschriften. Soweit sich aus ihnen nichts anderes ergibt, sind die für den Arbeitsvertrag geltenden Rechtsvorschriften und Rechtsgrundsätze anzuwenden (§ 10 Abs. 2).

Einführung

D. Arbeitsrechtliche Bestimmungen im Sozialgesetzbuch

Das Sozialgesetzbuch hat in seinen Büchern das Sozialrecht vereinheitlicht. Es enthält eine Vielzahl arbeitsrechtlicher Bestimmungen, die sich einer systematischen Zusammenstellung entziehen. Sie werden deshalb hier nach den einzelnen Büchern des Sozialgesetzbuches wiedergegeben.

1. Durch die vier Gesetze für moderne Dienstleistungen am Arbeitsmarkt vom 23./24. 12. 2003 wurde das Recht der Arbeitsförderung grundlegend reformiert, insbesondere die Arbeitslosen- und Sozialhilfe zusammengelegt. Die **Grundsicherung für Arbeitsuchende** regelt das SGB II, das durch das letzte der vier Gesetze geschaffen wurde (Hartz IV). Für erwerbsfähige Hilfebedürftige, die keine Arbeit finden können, sieht es vor, dass ihnen Gelegenheiten für im öffentlichen Interesse liegende, zusätzliche Arbeiten gegeben werden sollen. Werden sie auf dieser Basis beschäftigt, so erhalten sie zuzüglich zum Arbeitslosengeld II eine angemessene Entschädigung für Mehraufwendungen **(Ein-Euro-Job)**; diese Arbeiten begründen **kein Arbeitsverhältnis im Sinne des Arbeitsrechts,** die Vorschriften über den Arbeitsschutz und das Bundesurlaubsgesetz sind aber entsprechend anzuwenden, und für Schäden bei der Ausübung ihrer Tätigkeit haften die Beschäftigten nur wie Arbeitnehmer (§ 16 Abs. 3 SGB II; hier Nr. **41**).

2. Das **Dritte Buch des Sozialgesetzbuchs (SGB III; hier Nr. 42)** regelt die Arbeitsförderung, insbesondere die Arbeitslosenversicherung, deren Hauptleistungen das **Arbeitslosengeld** (§§ 117 ff.) und das **Kurzarbeitergeld** (§§ 169 ff.).

Für **Ausländer**, die nicht aus einem EU-Staat kommen, regelt das SGB III nicht mehr die Zulassung zur Beschäftigung, sondern das Zuwanderungsgesetz vom 30. 7. 2004, das am 1. 1. 2005 in Kraft trat, hat für diese Ausländer die **Arbeitserlaubnis in das Aufenthaltsrecht integriert.** Bestandteil des Zuwanderungsgesetzes ist das **Aufenthaltsgesetz (AufenthG; hier Nr. 42 a).** Als Prinzip gilt, dass eine Aufenthaltserlaubnis zur Ausübung einer Beschäftigung vorliegen muss. Innerhalb der **Europäischen Union** ist dagegen die **Freizügigkeit der Arbeitnehmer** gewährleistet; eine Sonderregelung gilt nur für Staatsangehörige der Staaten, die nach dem Vertrag von 16. 4. 2003 der Europäischen Union beigetreten sind (Tschechien, Estland, Zypern, Lettland, Litauen, Ungarn, Malta, Polen, Slowenien und Slowakei); sie ist in § 284 SGB III enthalten.

3. Das **Vierte Buch des Sozialgesetzbuchs (SGB IV; hier Nr. 43)** enthält gemeinsame Vorschriften für die Sozialversicherung. Grundbegriff für sie ist nicht das Arbeitsverhältnis, sondern das Beschäftigungsverhältnis, für das § 7 eine Grundregelung trifft.

4. Das **Vierte Buch des Sozialgesetzbuchs (SGB V; hier Nr. 44)** regelt die gesetzliche Krankenversicherung und das **Sechste Buch des Sozialgesetzbuchs (SGB VI; hier Nr. 45)** die gesetzliche Rentenversicherung. Durch Gesetz vom 9. 12. 2004 wurde auch § 133, der umschrieb, wer zu den Angestellten gehört, aufgehoben und durch eine andere Regelung ersetzt. Die Unterscheidung in Arbeiter und Angestellte war in der arbeitsrechtlichen Gesetzgebung bereits beseitigt, obwohl Definitionen des Arbeitnehmerbegriffs häufig noch Arbeiter und Angestellte nennen (z. B. § 622 Abs. 1 BGB).

Einführung

5. Das **Siebte Buch des Sozialgesetzbuchs** (**SGB VII;** hier Nr. **46**) enthält die Regelung der gesetzlichen Unfallversicherung. Unmittelbar arbeitsrechtlich von Bedeutung ist, dass der Arbeitgeber bei einem Arbeitsunfall für einen Personenschaden, also einen Schaden wegen Verletzung von Leben und Gesundheit, nur bei Vorsatz haftet, sofern der Arbeitsunfall nicht bei der Teilnahme am allgemeinen Verkehr eingetreten ist (§ 104). Diese Regelung gilt auch für die Haftung eines Arbeitnehmers gegenüber seinen Arbeitskollegen (§ 105). Keine Sonderregelung enthält das Gesetz für Sachschäden.

6. Das **Neunte Sozialgesetzbuch** (**SGB IX;** hier Nr. **47**) trifft in seinem Ersten Teil sozialrechtliche Regelungen für behinderte und von Behinderung bedrohte Menschen; in seinem Zweiten Teil enthält es das **Schwerbehindertenrecht,** das rechtsdogmatisch dem öffentlich-rechtlichen Arbeitsschutz zugeordnet wird. Es war bis zu seiner Eingliederung in das SGB IX in einem eigenen Gesetz, dem Schwerbehindertengesetz, enthalten.

Die gesetzliche Regelung gibt eine besondere Sicherung für die Eingliederung schwerbehinderter Menschen in den Arbeitsprozess und enthält Sonderregelungen zu deren Schutz. Zu den schwerbehinderten Menschen zählt, wer unter einer auf einem regelwidrigen körperlichen, geistigen oder seelischen Zustand beruhenden Funktionsbeeinträchtigung leidet, bei der der Grad der durch sie verursachten Minderung der Erwerbsfähigkeit wenigstens 50 Prozent beträgt (§ 2 Abs. 1 und 2), wobei ihnen Personen mit einem Grad der Behinderung von weniger als 50, aber wenigstens 30 Prozent gleichgestellt werden sollen, wenn sie infolge ihrer Behinderung ohne die Gleichstellung einen geeigneten Arbeitsplatz nicht erlangen oder nicht behalten können (§ 2 Abs. 3). Die Feststellung der Behinderung erfolgt durch das Versorgungsamt (§ 69), die Gleichstellung behinderter Menschen mit den Schwerbehinderten durch das Arbeitsamt (§ 68 Abs. 2).

Arbeitgeber, die über mindestens 20 Arbeitsplätze verfügen, haben auf wenigstens fünf Prozent der Arbeitsplätze schwerbehinderte Menschen zu beschäftigen (§ 71). Der Pflichtsatz kann sich vom 1. 1. 2004 an auf sechs Prozent erhöhen. Die Beschäftigungspflicht gibt dem einzelnen Schwerbehinderten keinen Anspruch auf Beschäftigung bei einem bestimmten Arbeitgeber. Es besteht auch nicht die Möglichkeit einer Zwangseinstellung, sondern bei Nichterfüllung der Pflicht hat der Arbeitgeber für jeden unbesetzten Pflichtplatz monatlich eine Ausgleichsabgabe zu entrichten (§ 77). Außerdem haben schwerbehinderte Menschen einen Anspruch auf Teilzeitbeschäftigung, wenn die kürzere Arbeitszeit wegen Art oder Schwere der Behinderung notwendig ist (§ 81 Abs. 5 Satz 3).

Für schwerbehinderte Menschen besteht ein *besonderer Kündigungsschutz,* der wie der allgemeine Kündigungsschutz erst nach einer Beschäftigung von sechs Monaten einsetzt (§§ 85–92). Er besteht darin, dass die Kündigung eines Schwerbehinderten durch den Arbeitgeber der vorherigen Zustimmung des Integrationsamtes bedarf; dies gilt auch bei einer außerordentlichen Kündigung, und zwar unabhängig davon, ob die Kündigung ihre Ursache in der Behinderung hat oder nicht. Die Kontrolle, ob das Integrationsamt zu Recht die Zustimmung erteilt oder verweigert hat, erfolgt im verwaltungsgerichtlichen Verfahren. Die Kontrolle, ob die Kündigung wirksam ist, obliegt dagegen wie auch sonst den Arbeitsgerichten.

Einführung

Schwerbehinderte Menschen sind auf ihr Verlangen von Mehrarbeit freizustellen (§ 124). Außerdem haben sie Anspruch auf Zusatzurlaub, der im Regelfall fünf Arbeitstage beträgt (§ 125).

Zur Förderung der Eingliederung schwerbehinderter Menschen in den Betrieb besteht eine Schwerbehindertenvertretung (§§ 93–100). Die Vertrauenspersonen besitzen gegenüber dem Arbeitgeber die gleiche persönliche Rechtsstellung wie ein Mitglied des Betriebs- oder Personalrats. Die Schwerbehindertenvertretung übt aber nicht die Mitwirkungs- und Mitbestimmungsrechte für die Schwerbehinderten aus, sondern auch für sie ist deren Repräsentant allein der Betriebs- oder Personalrat.

7. Das **Zehnte Buch des Sozialgesetzbuchs** (**SGB X;** hier Nr. **48**) enthält unter anderem die Bestimmung, dass der Anspruch des Arbeitnehmers gegen den Arbeitgeber auf den Leistungsträger bis zur Höhe der erbrachten Sozialleistungen übergeht, soweit der Arbeitgeber den Anspruch des Arbeitnehmers auf Arbeitsentgelt nicht erfüllt und deshalb ein Leistungsträger Sozialleistungen erbracht hat (§ 115).

E. Technischer und sozialer Arbeitsschutz

1. Das **Arbeitnehmerschutzrecht** ist die Gesamtheit der Rechtsnormen, die vor allem den Arbeitgebern, zum Teil auch den Arbeitnehmern, öffentlich-rechtlich, durch Zwang und Strafe gesicherte Pflichten zum Schutz der Arbeitnehmer auferlegen. Hierher gehören vor allem die zahlreichen Vorschriften, die dem **technischen Arbeitsschutz** (auch Betriebs- oder Gefahrenschutz genannt) gewidmet sind. Das **Arbeitsschutzgesetz** vom 7. 8. 1996 (hier Nr. **51**) hat die EG-Rahmenrichtlinie Arbeitsschutz in deutsches Recht umgesetzt. Es enthält die Grundsatzregelung für die Pflichten des Arbeitgebers und der Beschäftigten.

Bestehen blieb das **Gesetz über Betriebsärzte, Sicherheitsingenieure und andere Fachkräfte für Arbeitssicherheit** vom 12. 12. 1973 (hier Nr. **52**). Betriebsärzte und Fachkräfte für Arbeitssicherheit sind zu bestellen, soweit dies wegen der Betriebsart und der damit für die Arbeitnehmer verbundenen Unfall- und Gesundheitsgefahren, der Zahl der beschäftigten Arbeitnehmer und der Zusammensetzung der Arbeitnehmerschaft und der Betriebsorganisation, insbesondere im Hinblick auf die Zahl und die Art der für den Arbeitsschutz und die Unfallverhütung verantwortlichen Personen erforderlich ist. Die Aufgaben werden im einzelnen in diesem Gesetz geregelt, wobei von Bedeutung ist, dass die Betriebsärzte und Fachkräfte für Arbeitssicherheit mit Zustimmung des Betriebsrats zu bestellen und abzuberufen sind. In Betrieben, in denen Betriebsärzte oder Fachkräfte für Arbeitssicherheit bestellt sind, hat der Arbeitgeber einen *Arbeitsschutzausschuss* zu bilden. Dieser Ausschuss besteht aus dem Arbeitgeber oder einem von ihm Beauftragten, zwei vom Betriebsrat bestimmten Betriebsratsmitgliedern, den nach dem Arbeitssicherheitsgesetz bestellten Betriebsärzten und Fachkräften für Arbeitssicherheit und den Sicherheitsbeauftragten nach § 22 SGB VII.

Das **Bundes-Immissionsschutzgesetz** i. F. vom 14. 5. 1990 (hier Nr. **53**) enthält in den §§ 58, 58 d einen besonderen Kündigungsschutz für den Immissionsschutzbeauftragten und den Störfallbeauftragten.

Einführung

2. Vom technischen Arbeitsschutz unterscheidet man den **sozialen Arbeitsschutz,** für den der **Arbeitszeitschutz** einen wichtigen Bestandteil bildet. Gesetzesgrundlage für ihn ist das **Arbeitszeitgesetz (ArbZG)** vom 6. 6. 1994 (hier Nr. **54**). Es regelt die Höchstdauer der werktäglichen Arbeitszeit (§ 3); es legt fest, wann die Arbeit durch Ruhepausen von einer bestimmten Mindestdauer zu unterbrechen sind (§ 4), und es trifft eine Anordnung über die Ruhezeit nach Beendigung der täglichen Arbeitszeit (§ 5). Es enthält Schutzvorschriften für Nacht- und Schichtarbeit (§ 6). Wie der Arbeitszeitschutz sich im einzelnen gestaltet, überträgt der Gesetzgeber weitgehend den Tarifvertragsparteien (§ 7). Außerdem sichert das Gesetz die Sonn- und Feiertagsruhe (§§ 9–13).

Zum Arbeitszeitschutz gehören auch die Vorschriften des **Ladenschlussgesetzes** (hier Nr. **55**). Seit der Föderalismusreform fällt die Gesetzgebung in die Zuständigkeit der Länder, die eigene Gesetze erlassen.

3. Nicht zum Arbeitsschutz im eigentlichen Sinn gehört der **Datenschutz,** für den das **Bundesdatenschutzgesetz** i. F. vom 14. 1. 2003 (hier Nr. **56**) gilt. Es dient dem Persönlichkeitsschutz und regelt die Erhebung, Verarbeitung und Nutzung personenbezogener Daten, nicht nur für öffentliche Stellen, sondern auch für nichtöffentliche Stellen und damit auch für Arbeitgeber (§ 1 Abs. 2 BDSG).

4. Zweck des **Mutterschutzrechts** ist die Festlegung eines besonderen arbeitsrechtlichen Schutzes für die Frauen während der Zeit vor und nach der Entbindung. Um diesen Zweck zu erreichen, gewährt das **Mutterschutzgesetz** i. F. vom 20. 6. 2002 (hier Nr. **57**) einen *Gesundheitsschutz* durch Verhinderung übermäßiger körperlicher Anstrengungen *(individuelle Beschäftigungsverbote),* Freistellung von der Arbeit in den letzten sechs Wochen vor der Entbindung bis zum Ablauf von acht bzw. zwölf Wochen nach der Geburt *(generelles Beschäftigungsverbot)* sowie Gewährung von Stillzeiten. Eine Konkretisierung der individuellen Beschäftigungsverbote enthält die Verordnung zum Schutze der Mütter am Arbeitsplatz (hier Nr. **57 a**), die zur Umsetzung der EG-Mutterschutz-Richtlinie durch Art. 1 Mutterschutzrichtlinienverordnung (MuSchRiV) vom 15. 4. 1997 (BGBl. I S. 782) ergangen ist.

Damit die erwerbstätige Frau durch die Beschäftigungsverbote, Schutz- und Stillfristen keinen Einkommensverlust erleidet, besteht ein besonders gestalteter *Entgeltschutz:* Während der Schutzfristen vor und nach der Entbindung erhalten Frauen *Mutterschaftsgeld* von der Krankenkasse (§ 13 Abs. 1 i. V. mit § 200 Abs. 1–3 RVO, hier Nr. **57 b**) bzw. vom Bundesversicherungsamt (§ 13 Abs. 2). Ergänzend besteht für die Zeiten der Schutzfristen gegen den Arbeitgeber ein Anspruch auf *Zuschuss zum Mutterschaftsgeld* (§ 14). Bei den sonstigen Beschäftigungsverboten und für die Stillzeit ist der Arbeitgeber verpflichtet, das bisherige Arbeitsentgelt fortzuzahlen; man spricht hier von *Mutterschaftslohn* (§ 11).

Während der Schwangerschaft und bis zum Ablauf von vier Monaten nach der Entbindung besteht ein umfassender *Kündigungsschutz* (§ 9). Er verbietet dem Arbeitgeber nicht nur eine ordentliche, sondern auch eine außerordentliche Kündigung aus wichtigem Grund, wenn ihm zur Zeit der Kündigung die Schwangerschaft oder Entbindung bekannt war oder innerhalb von zwei Wochen nach Zugang der Kündigung mitgeteilt wird. Es genügt, dass die Arbeitnehmerin mitteilt, eine Schwangerschaft sei wahrscheinlich oder werde

Einführung

vermutet, sofern sie den Nachweis in angemessener Frist erbringt. Das Überschreiten der Frist ist unschädlich, wenn sie ohne ihr Verschulden dem Arbeitgeber nicht innerhalb zweier Wochen mitteilen kann, dass sie schwanger ist, dies aber unverzüglich nachholt.

5. Das **Bundeselterngeld- und Elternzeitgesetz (BEEG)** vom 5. 12. 2006 (hier Nr. **58**) hat mit Wirkung zum 1. 1. 2007 das Bundeserziehungsgeldgesetz ersetzt. Neu ist die Regelung des Elterngeldes (§§ 2–11). Es kann in der Zeit vom Tag der Geburt bis zur Vollendung des 14. Lebensmonats des Kindes bezogen werden. Ein Elternteil kann allerdings das Elterngeld im Regelfall höchstens für 12 Monate erhalten. Das Gesetz gewährt wie bisher einen Anspruch auf Elternzeit bis zur Vollendung des dritten Lebensjahres eines Kindes (§ 15). Bei Erwerbstätigkeit beider Elternteile kann sie statt der Mutter der Vater nehmen, um das Kind zu betreuen und zu erziehen. Die Eltern können die Elternzeit auch gemeinsam nehmen. Unter den in § 15 Abs. 7 genannten Voraussetzungen besteht ein Anspruch auf Teilzeitarbeit, verbunden mit dem Recht auf Rückkehr zur alten Arbeitszeit nach der Elternzeit. Ergänzt wird die Regelung durch einen besonderen Kündigungsschutz: Der Arbeitgeber darf das Arbeitsverhältnis ab Verlangen und während der Elternzeit nicht kündigen (§ 18).

6. Das Verbot der Kinderarbeit und der Jugendschutz bilden den zeitlich ältesten Teil des öffentlich-rechtlichen Arbeitnehmerschutzes. Die maßgebliche Rechtsquelle ist das **Jugendarbeitsschutzgesetz** vom 12. 4. 1976 (hier Nr. **59**). Es ist der EG-Richtlinie über den Jugendarbeitsschutz angepasst. Das Gesetz unterscheidet zwischen Kindern und Jugendlichen: Kind ist, wer noch nicht 15 Jahre alt ist, Jugendlicher, wer zwar 15, aber noch nicht 18 Jahre alt ist. Die *Beschäftigung von Kindern* ist *verboten*. Auf Jugendliche, die der Vollzeitschulpflicht unterliegen, finden die für Kinder geltenden Vorschriften Anwendung. Soweit sich nicht Ausnahmen bereits aus dem Gesetz ergeben (§ 5 Abs. 2–5, §§ 6, 7), sind sie in der **Verordnung über den Kinderarbeitsschutz (Kinderarbeitsschutzverordnung – KindArbSchV)** vom 23. 6. 1998 (hier Nr. **59 a**) niedergelegt.

Für Jugendliche ist der *Arbeitszeitschutz* verschärft (§§ 8 ff.). Sie dürfen nicht mehr als 8 Stunden täglich und nicht mehr als 40 Stunden wöchentlich beschäftigt werden. Der Gesetzgeber hat aber diese starre Regelung dahingehend abgeschwächt, dass Jugendliche an einzelnen Werktagen auch $8^{1}/_{2}$ Stunden beschäftigt werden dürfen, wenn an den übrigen Werktagen derselben Woche die Arbeitszeit entsprechend auf weniger als 8 Stunden verkürzt wird. Jugendliche dürfen nur an fünf Tagen in der Woche beschäftigt werden, wobei eine Tätigkeit an Samstagen und an Sonn- und Feiertagen grundsätzlich ausscheidet.

Damit den Jugendlichen der Übergang von der Schulzeit mit den langen Ferien in das Erwerbsleben erleichtert wird, besteht eine besondere gesetzliche Regelung über die Dauer des *Jahresurlaubs*. Besondere *Beschäftigungsverbote* und *-beschränkungen* verstärken für Jugendliche den öffentlich-rechtlichen Gefahrenschutz.

7. Das Recht der **Heimarbeit** ist im Heimarbeitsgesetz vom 14. 3. 1951 (hier Nr. **60**) geregelt. Heimarbeiter sind regelmäßig keine Arbeitnehmer, aber wegen ihrer wirtschaftlichen Abhängigkeit ein besonders schutzbedürftiger Personenkreis; sie gehören zu den *arbeitnehmerähnlichen Personen*.

Einführung

Das Heimarbeitsgesetz enthält Bestimmungen über die Aufsichtsbehörden, den Arbeitszeitschutz und den Gefahrenschutz. Sein wichtigster Teil ist die *Entgeltregelung*. Fehlt es an Gewerkschaften oder Vereinigungen von Auftraggebern oder umfassen diese nur eine Minderheit der Beteiligten, so kann der Heimarbeitsausschuss Entgelte und sonstige Vertragsbedingungen mit bindender Wirkung für alle Beteiligten festsetzen, wenn die Entgelte oder sonstigen Vertragsbedingungen unzulänglich sind, also insbesondere unter den tarifvertraglich festgelegten Arbeitsbedingungen für gleiche oder gleichwertige Betriebsarbeit liegen. Die so festgesetzten Bestimmungen wirken wie Tarifnormen. Durch besondere Bestimmungen werden auch die tatsächliche Auszahlung dieser Entgelte und die Erfüllung der sonstigen Vertragsbedingungen sichergestellt. Auch die Heimarbeiter genießen einen besonderen, allerdings ziemlich beschränkten *Kündigungsschutz*.

F. Koalitionsfreiheit und Tarifautonomie

1. Das moderne Arbeitsrecht wird vor allem vom **Grundsatz der sozialen Selbstverwaltung** geprägt. Das Grundrecht der Arbeitsverfassung ist die *Koalitionsfreiheit* (Art. 9 Abs. 3 GG; hier Nr. **1**). Die sozio-ökonomische Basis der geltenden Arbeitsrechtsordnung ist die soziale Marktwirtschaft. Zu einer ihr entsprechenden Arbeitsrechtsordnung gehören das durch die Koalitionsfreiheit verfassungsrechtlich gewährleistete Tarifvertragssystem mit dem Recht zum Arbeitskampf und als Besonderheit der deutschen Rechtsentwicklung die Betriebsverfassung sowie die Unternehmensmitbestimmung. Die Hervorhebung dieser Rechtsgebiete im Staatsvertrag über die Schaffung einer Währungs-, Wirtschafts- und Sozialunion mit der DDR zeigt, dass sie den wesentlichen Bestandteil der Arbeitsverfassung der Bundesrepublik Deutschland darstellen, weil ohne sie eine Sozialunion nicht entstehen konnte. Während aber der Staatsvertrag sich für die Betriebsverfassung und die Unternehmensmitbestimmung darauf beschränken konnte, dass die DDR insoweit die Gesetze der Bundesrepublik Deutschland in Kraft setzte, musste er für die Koalitionsfreiheit, die Tarifautonomie und das Arbeitskampfrecht, sieht man vom Tarifvertragsgesetz ab, erst festlegen, was in der Bundesrepublik Deutschland gilt. In einem gemeinsamen Protokoll sind deshalb in Ergänzung des Staatsvertrags Leitsätze festgelegt, die diese Lücke schließen (hier Nr. **71**). Bei ihnen handelt es sich um den Versuch, Leitprinzipien zu kodifizieren, die nur durch die Rechtsprechung abgesichert sind. Das Leitsatzprotokoll enthält deshalb insoweit Aussagen über das Arbeitsrecht, die den Willen des Gesetzgebers inhaltlich unzweifelhaft dokumentieren. Obwohl der Staatsvertrag über die Schaffung einer Währungs-, Wirtschafts- und Sozialunion mit der Herstellung der staatlichen Einheit Deutschlands durch den Einigungsvertrag seinen Zweck erfüllt hat, bilden die Leitsätze zur Sozialunion einen Bestandteil der gesamtdeutschen Rechtseinheit.

Die für die soziale Selbstverwaltung maßgeblichen Gesetze sind vor allem das Tarifvertragsgesetz (hier Nr. **72**), das Betriebsverfassungsgesetz (hier Nr. **81**) und die Gesetze, die die unternehmensbezogene Mitbestimmung gestalten: das Mitbestimmungsgesetz (hier Nr. **86**), das Montan-Mitbestimmungsgesetz (hier Nr. **87**), das Mitbestimmungsergänzungsgesetz (hier Nr. **88**) und das Drittelbeteiligungsgesetz (hier Nr. **89**). Der Arbeitskampf ist nicht gesetzlich geregelt. Nur vereinzelt beziehen sich Gesetzesvorschriften auf

Einführung

ihn. Unter ihnen verdient besondere Beachtung § 146 SGB III, der die Verpflichtung des Staats zur Neutralität in Arbeitskämpfen konkretisiert (hier Nr. 24).

2. Das **Tarifvertragsgesetz** (hier Nr. 72) regelt zunächst Inhalt und Form des Tarifvertrages. Der Tarifvertrag besteht in der Regel aus zwei verschiedenen Teilen, dem *schuldrechtlichen* oder obligatorischen Teil, der Rechte und Pflichten der Tarifvertragsparteien bestimmt, und dem *normativen Teil,* der Rechtsnormen enthält, die den Inhalt, den Abschluss und die Beendigung von Arbeitsverhältnissen sowie betriebliche und betriebsverfassungsrechtliche Fragen ordnen können. Die Tarifverträge bedürfen der Schriftform. Inhalt des obligatorischen Teils ist namentlich die tarifliche *Friedenspflicht*. Tarifvertragsparteien sind Gewerkschaften sowie Vereinigungen von Arbeitgebern und einzelne Arbeitgeber. Danach unterscheidet man Verbandstarifverträge und Firmentarifverträge.

Die auf das Einzelarbeitsverhältnis bezüglichen Normen eines Tarifvertrages gelten nur, wenn Arbeitgeber und Arbeitnehmer *tarifgebunden* sind. Tarifgebunden sind die Mitglieder der Tarifvertragsparteien und der Arbeitgeber, der selbst Partei des Tarifvertrages ist. Bei Rechtsnormen über betriebliche und betriebsverfassungsrechtliche Fragen genügt es für die Tarifgeltung im Betrieb, dass der Arbeitgeber tarifgebunden ist. Die Rechtsnormen des Tarifvertrages gelten unmittelbar und zwingend *(Unabdingbarkeit)*. Abweichende Abmachungen sind nur zulässig, soweit sie durch den Tarifvertrag gestattet sind oder eine Änderung der Regelung zugunsten des Arbeitnehmers enthalten *(Günstigkeitsprinzip)*. Ein Verzicht auf entstandene tarifliche Rechte ist nur in einem von den Tarifvertragsparteien gebilligten Vergleich zulässig. Die Verwirkung von tariflichen Rechten ist ausgeschlossen. Ausschlussfristen für die Geltendmachung tariflicher Rechte können nur im Tarifvertrag vereinbart werden. Der Tarifvertrag hat in seinem normativen Teil nach Ablauf Nachwirkung, bis seine Rechtsnormen durch eine andere Abmachung ersetzt werden. In § 5 ist die Allgemeinverbindlicherklärung des Tarifvertrages vorgesehen. Ist diese ausgesprochen, so erfassen die Rechtsnormen des Tarifvertrages in seinem Geltungsbereich auch die bisher nicht tarifgebundenen Arbeitgeber und Arbeitnehmer.

3. Für den Fall, dass es nicht zu Tarifverträgen kommt, kann das **Gesetz über die Festsetzung von Mindestarbeitsbedingungen** (hier Nr. 73) eingreifen. Das Gesetz ist bisher nie angewandt worden. Bei einer geplanten Einführung von Mindestlöhnen wird es als Rechtsgrundlage diskutiert.

4. Zur Bekämpfung eines Sozialdumping beim Einsatz ausländischer Arbeitnehmer durch ausländische Bauunternehmen auf Baustellen in Deutschland erging das **Arbeitnehmer-Entsendegesetz** vom 26. 2. 1996 (hier Nr. 74). Dadurch soll gewährleistet werden, dass das Arbeitsentgelt nicht die zur Umsetzung dieses Gesetzes vereinbarten Mindestlohntarifverträge unterschreitet. Da Arbeitgeber und Arbeitnehmer in diesen Fällen im Allgemeinen nicht den tarifschließenden Verbänden angehören, hängt die Tarifgeltung von einer Allgemeinverbindlicherklärung des Tarifvertrages oder sie anordnenden Rechtsverordnung ab. Zur Sicherung von Mindestlöhnen wurde das Gesetz auch auf inländische Dienstleistungen (Gebäudereinigerhandwerk und Briefdienstleistungen) erstreckt.

Einführung

G. Mitbestimmung in Betrieb und Unternehmen

1. Das **Betriebsverfassungsgesetz** (hier Nr. **81**) regelt die Betriebsverfassung für die Privatwirtschaft. Bei ihm handelt es sich um das Gesetz vom 15. 1. 1972, das auf Grund des Gesetzes zur Reform des Betriebsverfassungsgesetzes vom 23. 7. 2001 in einer Neufassung vom 25. 9. 2001 bekannt gemacht wurde.

a) Die nach dem Gesetz maßgebliche Organisationseinheit für eine Repräsentation der Arbeitnehmer ist der Betrieb. Hat er in der Regel mindestens fünf ständige wahlberechtigte Arbeitnehmer, von denen drei wählbar sind, so wird in ihm ein *Betriebsrat* gebildet. Durch Tarifvertrag können andere Organisationseinheiten zur Errichtung der Arbeitnehmervertretung bestimmt werden (§ 3). Nicht zur Belegschaft, die vom Betriebsrat repräsentiert wird, gehören die leitenden Angestellten (§ 5 Abs. 3 und 4).

Das Gesetz regelt die Zusammensetzung und Wahl des Betriebsrats (§§ 7–20). Es legt für alle Betriebe einheitlich den Zeitpunkt für die regelmäßigen Betriebsratswahlen fest, die alle vier Jahre in der Zeit vom 1. März bis 31. Mai stattfinden. Die nächsten regelmäßigen Betriebsratswahlen finden im Frühjahr 2010 statt. Für die Wahl gilt ergänzend die **Wahlordnung 2001** (hier Nr. **82**).

Das Gesetz regelt die Amtszeit, Organisation und Geschäftsführung des Betriebsrats (§§ 21–41). Jeder Betriebsrat hat einen Vorsitzenden und einen Stellvertreter. Gehören ihm mindestens neun Mitglieder an, so bildet er einen Betriebsausschuss, der die laufenden Geschäfte führt. Er kann ihm mit Ausnahme des Abschlusses von Betriebsvereinbarungen Aufgaben zur selbständigen Erledigung übertragen und zu diesem Zweck auch weitere Ausschüsse bilden. In Betrieben mit mehr als hundert Arbeitnehmern kann der Betriebsrat Aufgaben zur selbständigen Erledigung auf Arbeitsgruppen übertragen, die mit dem Arbeitgeber Vereinbarungen abschließen können, die für die Gruppenmitglieder die Rechtswirkung einer Betriebsvereinbarung haben. Die Bestimmungen über die Geschäftsführung sichern, dass der Betriebsrat seine Beteiligungsrechte nur durch Beschlussfassung in ordnungsgemäß einberufenen Sitzungen, nicht im Umlaufverfahren ausüben kann.

Das Betriebsratsamt ist ein *unentgeltliches Ehrenamt*. Soweit die Betriebsratsmitglieder durch ihre Amtstätigkeit Arbeitszeit versäumen, sollen sie aber keinen Einkommensverlust erleiden; sie behalten für notwendige Arbeitsversäumnis den Anspruch auf ihr Arbeitsentgelt. Nach der Betriebsgröße richtet sich, wie viel Betriebsratsmitglieder von ihrer beruflichen Tätigkeit freizustellen sind, um sich ausschließlich dem Betriebsratsamt zu widmen. Der äußeren Unabhängigkeit dienen ein *besonderer Kündigungsschutz,* der in §§ 15, 16 KSchG verankert ist (hier Nr. **12**), und ein *besonderer Versetzungsschutz* (§ 103).

Besteht ein Unternehmen aus mehreren Betrieben, so haben die Betriebsräte durch Entsendung einen *Gesamtbetriebsrat* zu bilden (§ 47). Außerdem eröffnet das Gesetz die Möglichkeit, für einen Konzern, also bei Zusammenfassung mehrerer selbständiger Unternehmen unter der einheitlichen Leitung eines herrschenden Unternehmens, einen *Konzernbetriebsrat* zu errichten (§ 54). Gesamtbetriebsrat und Konzernbetriebsrat sind ebenfalls Arbeitnehmerrepräsentanten innerhalb der betriebsverfassungsrechtlichen Mitbestimmungsordnung. Der Betriebsrat hat einmal in jedem Kalendervierteljahr eine *Betriebsversammlung* einzuberufen und in ihr einen Tätigkeitsbericht zu erstatten (§§ 42–46).

Einführung

Eine zusätzliche betriebsverfassungsrechtliche Vertretung ist die *Jugend- und Auszubildendenvertretung* (§§ 60–73 b). Damit wird den jugendlichen Arbeitnehmern und den zu ihrer Berufsausbildung Beschäftigten, die bereits älter als 18 Jahre sind, eine gemeinsame Vertretung gewährleistet, die sich für ihre speziellen Belange gegenüber dem Betriebsrat einsetzt.

b) Der Vierte Teil des Gesetzes ist der **Mitwirkung und Mitbestimmung der Arbeitnehmer** gewidmet. Er bringt allgemeine Bestimmungen für die Zusammenarbeit zwischen Arbeitgeber und Betriebsrat und enthält Bestimmungen über die *Betriebsvereinbarung,* durch die Arbeitgeber und Betriebsrat Bestimmungen mit unmittelbarer und zwingender Wirkung auf das Arbeitsverhältnis treffen können, soweit es sich nicht um Arbeitsentgelte und sonstige Arbeitsbedingungen handelt, die durch Tarifvertrag geregelt sind oder üblicherweise geregelt werden (§ 77). Systematisch nicht zum Betriebsverfassungs-, sondern zum Individualarbeitsrecht gehören die Bestimmungen über das Mitwirkungs- und Beschwerderecht des Arbeitnehmers; von besonderer Bedeutung ist vor allem das Recht zur Einsicht in die Personalakten, die über den Arbeitnehmer geführt werden (§ 83). Das Gesetz regelt sodann die Mitwirkung und Mitbestimmung des Betriebsrats in sozialen Angelegenheiten (§ 87), bei der Gestaltung von Arbeitsplatz, Arbeitsablauf und Arbeitsumgebung (§§ 90, 91), in personellen Angelegenheiten (§§ 92–105) und in wirtschaftlichen Angelegenheiten (§§ 106–113).

Der Betriebsrat hat in *sozialen Angelegenheiten,* soweit eine gesetzliche oder tarifvertragliche Regelung nicht besteht, mitzubestimmen über Fragen der Ordnung des Betriebs oder des Verhaltens der Arbeitnehmer im Betrieb, über die Lage der Arbeitszeit, die vorübergehende Verkürzung oder Verlängerung der betriebsüblichen Arbeitszeit und insbesondere über Fragen der betrieblichen Lohngestaltung. Soweit durch Tarifvertrag die Arbeitszeit verkürzt wird, ist er deshalb bei deren Flexibilisierung zu beteiligen. Gewährt der Arbeitgeber vermögenswerte Leistungen, so hat er über das Bemessungssystem, nicht aber über den finanziellen Umfang mitzubestimmen. Kommt keine Einigung mit dem Arbeitgeber zustande, so wird eine Einigungsstelle gebildet, die verbindlich entscheidet. Die Kosten trägt der Arbeitgeber. Der Bundesminister für Arbeit und Sozialordnung kann eine Vergütungsordnung erlassen, in der Höchstsätze festzusetzen sind.

In *personellen Angelegenheiten* hat der Betriebsrat das Recht, über die Personalplanung rechtzeitig und umfassend unterrichtet zu werden. Er kann verlangen, dass die Arbeitsplätze vor ihrer Besetzung innerhalb des Betriebs ausgeschrieben werden. Personalfragebogen und die Aufstellung allgemeiner Beurteilungsgrundsätze sowie Richtlinien über die personelle Auswahl bei Einstellungen, Versetzungen, Umgruppierungen und Kündigungen bedürfen seiner Zustimmung. Zur Beschäftigungssicherung hat der Betriebsrat ein Vorschlagsrecht, und er hat über die Einführung von Bildungsmaßnahmen zur Sicherung des Arbeitsplatzes mitzubestimmen.

In Unternehmen mit in der Regel mehr als zwanzig wahlberechtigten Arbeitnehmern hat der Betriebsrat ein Mitbestimmungsrecht bei *Einstellungen* und *Versetzungen* sowie bei der Einstufung in die für den Arbeitnehmer maßgebliche Lohn- oder Vergütungsordnung (*Eingruppierung* und *Umgruppierung*). Er kann die Zustimmung zwar nur aus bestimmten Gründen verweigern; der Arbeitgeber muss aber die Zustimmungsverweigerung durch Beschluss des Arbeitsgerichts ersetzen lassen, wenn er geltend macht, dass kein Grund für die Zustimmungsverweigerung vorliegt. Die Verletzung des Mitbestimmungs-

Einführung

rechts hat nicht zur Folge, dass der Arbeitsvertrag nichtig ist. Der Arbeitgeber darf aber den Arbeitnehmer nicht beschäftigen. Er riskiert daher, ihm das Arbeitsentgelt ohne Arbeit zahlen zu müssen.

Vor *Kündigungen* ist der Betriebsrat zu hören, d. h. er hat ein Recht zur Stellungnahme (§ 102). Wird er nicht oder nicht ordnungsgemäß beteiligt, so ist die Kündigung unwirksam. Gründe, die ihm nicht mitgeteilt werden, können in einem Rechtsstreit über die Wirksamkeit der Kündigung nicht zu deren Rechtfertigung verwertet werden. Der Betriebsrat kann aus bestimmten Gründen einer ordentlichen Kündigung widersprechen. In diesem Fall muss der Arbeitgeber, wenn der Arbeitnehmer die Kündigungsschutzklage erhebt, ihn auf dessen Verlangen auch nach Ablauf der Kündigungsfrist bis zum rechtskräftigen Abschluss des Rechtsstreits bei unveränderten Arbeitsbedingungen weiterbeschäftigen. Außerdem führt der Widerspruch dazu, dass die Kündigung nicht sozial gerechtfertigt ist, wenn der Widerspruchsgrund vorliegt (§ 1 Abs. 2 Satz 2 und 3 KSchG).

In *wirtschaftlichen Angelegenheiten* ist der Betriebsrat nur bei *Betriebsänderungen* (§ 111) zu beteiligen. In Unternehmen mit in der Regel mehr als zwanzig wahlberechtigten Arbeitnehmern ist der Versuch zu unternehmen, mit ihm über die Betriebsänderung einen Interessenausgleich herbeizuführen. Führt der Unternehmer eine Betriebsänderung durch, ohne über sie einen Interessenausgleich mit dem Betriebsrat versucht zu haben, so ist er den Arbeitnehmern, die infolge der Maßnahme entlassen werden oder andere wirtschaftliche Nachteile erleiden, von Gesetzes wegen zum Nachteilsausgleich verpflichtet (§ 113 Abs. 3). Kommt trotz einer Beteiligung des Betriebsrats kein Interessenausgleich zustande, so kann der Unternehmer die Betriebsänderung so durchführen, wie er sie für richtig hält. Für die wirtschaftlichen Nachteile, die den Arbeitnehmern infolge der Betriebsänderung entstehen, kann der Betriebsrat aber stets, wenn man von der Einschränkung durch § 112 a absieht, die Aufstellung eines Sozialplans durch die Einigungsstelle erzwingen.

Für die Pflicht, den Betriebsrat an einer Betriebsänderung zu beteiligen, spielt keine Rolle, ob sie durch eine Insolvenz des Unternehmers veranlasst wird. Nach *Eröffnung eines Insolvenzverfahrens* über dessen Vermögen tritt an dessen Stelle der Insolvenzverwalter. Plant er eine Betriebsänderung, so ergibt sich eine *Modifizierung des Beteiligungsverfahrens* aus §§ 121, 122 InsO (hier Nr. 23). Außerdem besteht eine *Sonderregelung für den Sozialplan* (§§ 123, 124 InsO). Die Regelung hat zum 1. 1. 1999 das Gesetz über den Sozialplan im Konkurs- und Vergleichsverfahren vom 20. 2. 1985 (BGBl. I S. 369), das nicht auf das Gebiet der ehemaligen DDR übergeleitet worden war, abgelöst. Es ist daher auch insoweit die Rechtseinheit in Deutschland hergestellt.

2. Das **Umwandlungsgesetz**, das als Art. 1 des Gesetzes zur Bereinigung des Umwandlungsrechts vom 28. 10. 1994 (BGBl. I S. 3210) erging, trifft in seinen §§ 322–325 (hier Nr. 83) ergänzende Vorschriften für die Betriebsverfassung sowie den Kündigungsschutz, den Betriebsübergang und die Mitbestimmungsbeibehaltung. Die Bestimmungen greifen unmittelbar nur im Zusammenhang mit der Spaltung oder Vermögensübertragung eines Rechtsträgers ein, der gegenüber dem Arbeitnehmer die Funktion des Arbeitgebers hat.

3. Dem Betriebsverfassungsrecht entspricht im **öffentlichen Dienst** das **Personalvertretungsrecht:** Für den Bund gilt das Bundespersonalvertre-

Einführung

tungsgesetz vom 15. 3. 1974; auf der Ebene der Länder bestehen entsprechende Landespersonalvertretungsgesetze. Sie passen die Gestaltung der Betriebsverfassung den besonderen Erscheinungen und Bedürfnissen des öffentlichen Dienstes an. Von einem Abdruck dieser Gesetze ist hier Abstand genommen.

4. Das **Gesetz über Sprecherausschüsse der leitenden Angestellten** vom 20. 12. 1988 (hier Nr. **84**) regelt die Bildung von Sprecherausschüssen der leitenden Angestellten. Sprecherausschüsse gab es zwar auch schon vorher auf freiwilliger Grundlage. Die Besonderheit der Gesetzesregelung besteht darin, dass sie institutionell vorgesehen werden und daher alle leitenden Angestellten repräsentieren.

Die Repräsentativvertretung ist nach dem Vorbild der Betriebsverfassung gegliedert. In Betrieben mit in der Regel mindestens zehn leitenden Angestellten werden Sprecherausschüsse gewählt (§ 1), wenn sich die Mehrheit der leitenden Angestellten des Betriebs hierfür ausgesprochen hat (§ 7 Abs. 2 Satz 4). Die regelmäßigen Wahlen finden zeitgleich mit den regelmäßigen Betriebsratswahlen statt. Gliedert sich ein Unternehmen in mehrere Betriebe und bestehen in ihm deshalb mehrere Sprecherausschüsse, so ist ein Gesamtsprecherausschuss zu bilden (§ 16). Außerdem besteht nach dem Vorbild der Betriebsverfassung die Möglichkeit, einen Konzernsprecherausschuss zu errichten (§ 21). Statt der Betriebssprecherausschüsse und des Gesamtsprecherausschusses kann ein Unternehmenssprecherausschuss gewählt werden, wenn dies die Mehrheit der leitenden Angestellten des Unternehmens verlangt (§ 20). Diese Möglichkeit besteht auch, wenn keinem Betrieb, aber dem Unternehmen in der Regel insgesamt mindestens zehn leitende Angestellte angehören.

Das Sprecherausschussgesetz enthält kein Mitbestimmungsrecht, sondern nur wenige Mitwirkungsrechte. Von Bedeutung ist, dass Arbeitgeber und Sprecherausschuss Richtlinien über den Inhalt, den Abschluss oder die Beendigung von Arbeitsverhältnissen der leitenden Angestellten aufstellen können und dass der Inhalt dieser Richtlinien für die Arbeitsverhältnisse unmittelbar und zwingend gilt, soweit sie dies vereinbaren (§ 28). Außerdem ist der Sprecherausschuss vor jeder Kündigung eines leitenden Angestellten zu hören (§ 31 Abs. 2). Eine ohne Anhörung des Sprecherausschusses ausgesprochene Kündigung ist unwirksam, und entsprechend muss man auch annehmen, dass Gründe, die dem Sprecherausschuss nicht mitgeteilt werden, in einem Rechtsstreit über die Wirksamkeit der Kündigung nicht zu deren Rechtfertigung verwertet werden können.

5. Das **Gesetz über die Europäischen Betriebsräte** vom 28. 10. 1996 (hier Nr. **85**) hat die vom Ministerrat der Europäischen Union beschlossene Richtlinie über die Einsetzung eines Europäischen Betriebsrats oder die Schaffung eines Verfahrens zur Unterrichtung und Anhörung der Arbeitnehmer in gemeinschaftsweit operierenden Unternehmen und Unternehmensgruppen in nationales Recht umgesetzt. Dadurch erhielt das deutsche Betriebsverfassungsrecht eine europarechtliche Ergänzung. Trotz der Bezeichnung als „Gesetz über Europäische Betriebsräte" handelt es sich bei ihnen nicht um Betriebsräte mit einem Aufgaben- und Zuständigkeitsbereich, wie er dem deutschen BetrVG entspricht; der Funktion nach geht es vielmehr um Aufgaben, die nach § 106 BetrVG der Wirtschaftsausschuss wahrnimmt. Entsprechend sieht daher das Gesetz auch zwei Beteiligungsformen vor: die Errichtung eines

Einführung

Europäischen Betriebsrats kraft Gesetzes oder ein anderes Verfahren zur Unterrichtung und Anhörung der Arbeitnehmer.

6. Das Betriebsverfassungsgesetz 1972 regelt im Gegensatz zu seinem Vorläufer nicht mehr die **Mitbestimmung in der Unternehmensordnung.** Man hat sie vielmehr ausgeklammert, weil sie rechtssystematisch zur *Unternehmensverfassung* gehört.

Durch das **Mitbestimmungsgesetz** vom 4. 5. 1976 (hier Nr. **86**) wurde in allen Kapitalgesellschaften und Genossenschaften, die in der Regel mehr als 2000 Arbeitnehmer beschäftigen, die *paritätische Mitbestimmung* durch die *gleiche Zahl* der Anteilseigner- und Arbeitnehmervertreter im Aufsichtsrat verwirklicht. Die Mitbestimmungsregelung gilt auch für die sog. GmbH & Co. KG. Bei einem Konzern unterliegt das herrschende Unternehmen dem MitbestG, wenn der Konzern insgesamt in der Regel mehr als 2000 Arbeitnehmer beschäftigt. Bei der Zusammensetzung des Aufsichtsrats unterscheidet das Gesetz je nach der Größe des Unternehmens drei verschiedene Zahlengrößen: In Unternehmen mit in der Regel nicht mehr als 10 000 Arbeitnehmern besteht der Aufsichtsrat aus je sechs Aufsichtsratsmitgliedern der Anteilseigner und der Arbeitnehmer, in Unternehmen mit in der Regel mehr als 10 000, jedoch nicht mehr als 20 000 Arbeitnehmern aus je acht, in Unternehmen mit in der Regel mehr als 20 000 Arbeitnehmern aus je zehn Aufsichtsratsmitgliedern der Anteilseigner und der Arbeitnehmer. Der *Arbeitnehmerbank* gehört *mindestens* ein *leitender Angestellter* an. Besteht die Arbeitnehmerbank aus sechs oder acht Aufsichtsratsmitgliedern, so müssen ihr zwei, besteht sie aus zehn Mitgliedern, so müssen ihr drei *Vertreter der Gewerkschaften* angehören. Bei der Wahl der Arbeitnehmervertreter unterscheidet das Gesetz zwei Stufen: In Unternehmen bis zu 8000 Arbeitnehmern ist die unmittelbare Wahl die Regel, in Unternehmen mit mehr als 8000 Arbeitnehmern die Wahl durch Delegierte; die Arbeitnehmer können sich aber jeweils auch für das gegenteilige Wahlverfahren entscheiden. Die Unterscheidung in Arbeiter und Angestellte hat das Gesetz zur Reform des Betriebsverfassungsgesetzes vom 23. 7. 2001 aufgehoben. Die leitenden Angestellten haben bei der Wahl insoweit einen Minderheitsschutz, als ihnen obliegt, aus ihrer Mitte mit Mehrheit mindestens zwei Bewerber vorzuschlagen, von denen einen die Arbeitnehmer in den Aufsichtsrat wählen.

Da dem Aufsichtsrat kein neutrales Mitglied angehört, wird eine *mögliche Pattsituation* zwischen der Anteilseigner- und Arbeitnehmerbank dadurch aufgelöst, dass nach verfahrensmäßigen Vorkehrungen, die eine mitbestimmte Entscheidung ermöglichen sollen, dem Aufsichtsratsvorsitzenden eine *Zweitstimme* eingeräumt wird. Da bei Geschlossenheit der Anteilseignervertreterbank der Aufsichtsratsvorsitzende stets ein Vertreter der Anteilseigner sein kann, wird dadurch ein leichtes Übergewicht der Anteilseignerseite verwirklicht, um die Funktionsfähigkeit der mitbestimmten Unternehmen zu gewährleisten. Das Bundesverfassungsgericht hat deshalb im Mitbestimmungsurteil vom 1. 3. 1979 die Vereinbarkeit des MitbestG mit dem Grundgesetz anerkannt (vgl. BVerfGE 50, 290 ff.).

In einem mitbestimmten Unternehmen hat der Aufsichtsrat nicht nur die Kompetenz zur *Kontrolle,* sondern wie im Aktienrecht auch die Kompetenz zur *Auswahl der Unternehmensleitung.* Das gilt deshalb auch für die GmbH. Außerdem muss dem Vorstand als gleichberechtigtes Mitglied ein *Arbeitsdirektor* angehören, der sich vornehmlich um die sozialen Belange der Arbeitneh-

Einführung

merschaft zu kümmern hat. Seine Bestellung erfolgt aber nach den gleichen Grundsätzen wie die der sonstigen Vorstandsmitglieder.

7. Das Mitbestimmungsgesetz hat die Mitbestimmung in der Unternehmensorganisation nicht vereinheitlicht. Ausgeklammert sind die Unternehmen, die unter das **Montan-Mitbestimmungsgesetz** (hier Nr. **87**) und das **Mitbestimmungsergänzungsgesetz** (hier Nr. **88**) fallen. Diese Gesetze verwirklichen für die *Unternehmen des Bergbaus und der Eisen und Stahl erzeugenden Industrie* bzw. für *Konzernobergesellschaften* solcher Unternehmen die paritätische Mitbestimmung ebenfalls durch die gleiche Zahl der Arbeitnehmervertreter im Aufsichtsrat der Kapitalgesellschaften, schalten aber die Möglichkeit einer Pattsituation dadurch aus, dass außerdem noch ein *neutrales Mitglied,* das das Vertrauen beider Seiten hat, dem Aufsichtsrat angehört. Dem Vorstand muß auch hier ein *Arbeitsdirektor* als gleichberechtigtes Mitglied angehören, der nach dem Montan-Mitbestimmungsgesetz nicht gegen die Stimmen der Mehrheit der Arbeitnehmervertreter im Aufsichtsrat bestellt werden kann, während nach dem Mitbestimmungsergänzungsgesetz wie nach dem Mitbestimmungsgesetz für seine Bestellung nichts anderes wie für die sonstigen Vorstandsmitglieder gilt.

Für eine Konzernobergesellschaft gilt das Montan-Mitbestimmungsgesetz, wenn dessen Anwendungsvoraussetzungen bei ihr nach ihrem eigenen überwiegenden Betriebszweck vorliegen. Dies ist bei keiner Konzernobergesellschaft mehr der Fall. Zur Sicherung der Montanmitbestimmung ist deshalb durch Gesetz vom 20. 12. 1988 das Mitbestimmungsergänzungsgesetz dahin geändert worden, dass es bereits Anwendung findet, wenn die unter das Montan-Mitbestimmungsgesetz fallenden Konzernunternehmen und abhängigen Unternehmen mindestens ein Fünftel der Umsätze sämtlicher Konzernunternehmen und abhängigen Unternehmen erzielen.

8. Für Unternehmen, die bis zu 2000 Arbeitnehmer beschäftigen und nicht unter das Montan-Mitbestimmungsgesetz oder Mitbestimmungsergänzungsgesetz fallen, gilt das **Gesetz über die Drittelbeteiligung der Arbeitnehmer im Aufsichtsrat** (Drittelbeteiligungsgesetz – DrittelbG) vom 18. 5. 2004 (hier Nr. 89). Es hat ohne wesentliche Änderung die bisher unter der amtlichen Bezeichnung „Betriebsverfassungsgesetz 1952" aufrechterhaltenen Vorschriften des Betriebsverfassungsgesetzes vom 11. 10. 1952 ersetzt. Der Aufsichtsrat besteht nach diesem Gesetz bei Aktiengesellschaften und Kommanditgesellschaften auf Aktien – mit Ausnahme von Familiengesellschaften unabhängig von der Arbeitnehmerzahl, wenn sie vor dem 10. 8. 1994 entstanden, – sowie bei Gesellschaften mit beschränkter Haftung, Versicherungsvereinen auf Gegenseitigkeit und Genossenschaften mit in der Regel mehr als 500 Arbeitnehmern zu einem *Drittel aus Vertretern der Arbeitnehmer.* Haben die Arbeitnehmer nur ein oder zwei Aufsichtsratsmitglieder zu wählen, so müssen diese Vertreter Arbeitnehmer des Unternehmens sein; erst wenn mehr als zwei zu wählen sind, also erst bei einem Aufsichtsrat von neun oder mehr Mitgliedern, können auch andere Personen, also Gewerkschaftsvertreter, als Arbeitnehmervertreter gewählt werden.

Einführung

H. Verfahrensrecht

1. Das **Arbeitsgerichtsgesetz** i. F. vom 2. 7. 1979 (hier Nr. **91**) bringt allgemeine Vorschriften vor allem über die Zuständigkeit der Arbeitsgerichte, die Besetzung, den Gang des Verfahrens sowie die Parteifähigkeit und Prozessvertretung. Alsdann wird der dreistufige Aufbau der Gerichte für Arbeitssachen: Arbeitsgerichte, Landesarbeitsgerichte, Bundesarbeitsgericht, geregelt. Der Dritte Teil enthält die Bestimmungen über das Verfahren vor den Gerichten für Arbeitssachen. Es bestehen zwei – ihrem Wesen und ihren Aufgaben nach – verschiedene Verfahrensarten, und zwar das *Urteilsverfahren,* das in den §§ 46 ff. geregelt ist, und das *Beschlussverfahren,* das in betriebsverfassungsrechtlichen Streitigkeiten stattfindet (§§ 80 ff.). Sie unterscheiden sich dadurch, dass im Urteilsverfahren die gleichen Verfahrensgrundsätze gelten wie auch sonst in einem zivilprozessualen Verfahren. Im Beschlussverfahren erforscht dagegen das Arbeitsgericht den Sachverhalt im Rahmen der gestellten Anträge von Amts wegen; es gilt hier der Untersuchungsgrundsatz. Gegen Entscheidungen der Arbeitsgerichte findet im Urteilsverfahren die Berufung, im Beschlussverfahren die Beschwerde an das Landesarbeitsgericht statt. Gegen dessen Entscheidungen ist unter den im Gesetz genannten Voraussetzungen die Revision bzw. die Rechtsbeschwerde an das Bundesarbeitsgericht zulässig.

2. Soweit es um das Verfahren geht, verweist das Arbeitsgerichtsgesetz auf die **Zivilprozessordnung.** Materiellrechtlich von Bedeutung sind vor allem die Bestimmungen über die **Pfändungsbeschränkungen des Arbeitseinkommens** (§§ 850 ff.; hier Nr. **92**). Soweit eine Forderung der Pfändung nicht unterworfen ist, kann sie auch nicht abgetreten werden (§ 400 BGB), und es kann gegen sie der Arbeitgeber auch nicht mit einer Gegenforderung aufrechnen (§ 394 BGB).

Red. Hinweis: In einigen Fällen der nur auszugsweise wiedergegebenen Normen wurde ausschließlich auf den Abdruck des amtlichen Inhaltsverzeichnisses verzichtet. Die Paragrafen sind hingegen vollständig enthalten.

I. *Grundlagen*

1. Grundgesetz für die Bundesrepublik Deutschland

Vom 23. Mai 1949

(BGBl. S. 1)

100-1

zuletzt geänd. durch Art. 1 ÄndG v. 28. 8. 2006 (BGBl. I S. 2034)

– Auszug[1]) –

I. Die Grundrechte

Art. 1 [Schutz der Menschenwürde] (1) [1]Die Würde des Menschen ist unantastbar. [2]Sie zu achten und zu schützen ist Verpflichtung aller staatlichen Gewalt.

(2) Das Deutsche Volk bekennt sich darum zu unverletzlichen und unveräußerlichen Menschenrechten als Grundlage jeder menschlichen Gemeinschaft, des Friedens und der Gerechtigkeit in der Welt.

(3) Die nachfolgenden Grundrechte binden Gesetzgebung, vollziehende Gewalt und Rechtsprechung als unmittelbar geltendes Recht.

Art. 2 [Persönliche Freiheitsrechte] (1) Jeder hat das Recht auf die freie Entfaltung seiner Persönlichkeit, soweit er nicht die Rechte anderer verletzt und nicht gegen die verfassungsmäßige Ordnung oder das Sittengesetz verstößt.

(2) [1]Jeder hat das Recht auf Leben und körperliche Unversehrtheit. [2]Die Freiheit der Person ist unverletzlich. [3]In diese Rechte darf nur auf Grund eines Gesetzes eingegriffen werden.

Art. 3 [Gleichheit vor dem Gesetz] (1) Alle Menschen sind vor dem Gesetz gleich.

(2) [1]Männer und Frauen sind gleichberechtigt. [2]Der Staat fördert die tatsächliche Durchsetzung der Gleichberechtigung von Frauen und Männern und wirkt auf die Beseitigung bestehender Nachteile hin.

(3) [1]Niemand darf wegen seines Geschlechtes, seiner Abstammung, seiner Rasse, seiner Sprache, seiner Heimat und Herkunft, seines Glaubens, seiner religiösen oder politischen Anschauungen benachteiligt oder bevorzugt werden. [2]Niemand darf wegen seiner Behinderung benachteiligt werden.

---

[1]) Vollständig abgedruckt in **Grundgesetz** (dtv 5003) Nr. **1**.

Art. 4 [Glaubens-, Gewissens- und Bekenntnisfreiheit] (1) Die Freiheit des Glaubens, des Gewissens und die Freiheit des religiösen und weltanschaulichen Bekenntnisses sind unverletzlich.

(2) Die ungestörte Religionsausübung wird gewährleistet.

(3) ¹Niemand darf gegen sein Gewissen zum Kriegsdienst mit der Waffe gezwungen werden. ²Das Nähere regelt ein Bundesgesetz.

Art. 5 [Recht der freien Meinungsäußerung] (1) ¹Jeder hat das Recht, seine Meinung in Wort, Schrift und Bild frei zu äußern und zu verbreiten und sich aus allgemein zugänglichen Quellen ungehindert zu unterrichten. ²Die Pressefreiheit und die Freiheit der Berichterstattung durch Rundfunk und Film werden gewährleistet. ³Eine Zensur findet nicht statt.

(2) Diese Rechte finden ihre Schranken in den Vorschriften der allgemeinen Gesetze, den gesetzlichen Bestimmungen zum Schutze der Jugend und in dem Recht der persönlichen Ehre.

(3) ¹Kunst und Wissenschaft, Forschung und Lehre sind frei. ²Die Freiheit der Lehre entbindet nicht von der Treue zur Verfassung.

Art. 6 [Ehe, Familie, nichteheliche Kinder] (1) Ehe und Familie stehen unter dem besonderen Schutze der staatlichen Ordnung.

(2) ¹Pflege und Erziehung der Kinder sind das natürliche Recht der Eltern und die zuvörderst ihnen obliegende Pflicht. ²Über ihre Betätigung wacht die staatliche Gemeinschaft.

(3) Gegen den Willen der Erziehungsberechtigten dürfen Kinder nur auf Grund eines Gesetzes von der Familie getrennt werden, wenn die Erziehungsberechtigten versagen oder wenn die Kinder aus anderen Gründen zu verwahrlosen drohen.

(4) Jede Mutter hat Anspruch auf den Schutz und die Fürsorge der Gemeinschaft.

(5) Den *unehelichen*[1] Kindern sind durch die Gesetzgebung die gleichen Bedingungen für ihre leibliche und seelische Entwicklung und ihre Stellung in der Gesellschaft zu schaffen wie den ehelichen Kindern.

Art. 9 [Vereinigungsfreiheit] (1) Alle Deutschen haben das Recht, Vereine und Gesellschaften zu bilden.

(2) Vereinigungen, deren Zwecke oder deren Tätigkeit den Strafgesetzen zuwiderlaufen oder die sich gegen die verfassungsmäßige Ordnung oder gegen den Gedanken der Völkerverständigung richten, sind verboten.

(3) ¹Das Recht, zur Wahrung und Förderung der Arbeits- und Wirtschaftsbedingungen Vereinigungen zu bilden, ist für jedermann und für alle Berufe gewährleistet. ²Abreden, die dieses Recht einschränken oder zu behindern suchen, sind nichtig, hierauf gerichtete Maßnahmen sind rechtswidrig. ³Maßnahmen nach den Artikeln 12a, 35 Abs. 2 und 3, Artikel 87a Abs. 4 und Artikel 91 dürfen sich nicht gegen Arbeitskämpfe richten, die zur Wahrung und Förderung der Arbeits- und Wirtschaftsbedingungen von Vereinigungen im Sinne des Satzes 1 geführt werden.

---

[1] Der Begriff „unehelich" ist durch Art. 9 § 2 G zur Neuregelung des Rechts der elterlichen Sorge v. 18. 7. 1979 (BGBl. I S. 1061) durch den Begriff „nicht ehelich" ersetzt worden.

Art. 12 [Berufsfreiheit] (1) ¹Alle Deutschen haben das Recht, Beruf, Arbeitsplatz und Ausbildungsstätte frei zu wählen. ²Die Berufsausübung kann durch Gesetz oder auf Grund eines Gesetzes geregelt werden.

(2) Niemand darf zu einer bestimmten Arbeit gezwungen werden, außer im Rahmen einer herkömmlichen allgemeinen, für alle gleichen öffentlichen Dienstleistungspflicht.

(3) Zwangsarbeit ist nur bei einer gerichtlich angeordneten Freiheitsentziehung zulässig.

Art. 14 [Eigentum, Erbrecht und Enteignung] (1) ¹Das Eigentum und das Erbrecht werden gewährleistet. ²Inhalt und Schranken werden durch die Gesetze bestimmt.

(2) ¹Eigentum verpflichtet. ²Sein Gebrauch soll zugleich dem Wohle der Allgemeinheit dienen.

(3) ¹Eine Enteignung ist nur zum Wohle der Allgemeinheit zulässig. ²Sie darf nur durch Gesetz oder auf Grund eines Gesetzes erfolgen, das Art und Ausmaß der Entschädigung regelt. ³Die Entschädigung ist unter gerechter Abwägung der Interessen der Allgemeinheit und der Beteiligten zu bestimmen. ⁴Wegen der Höhe der Entschädigung steht im Streitfalle der Rechtsweg vor den ordentlichen Gerichten offen.

Art. 15 [Sozialisierung] ¹Grund und Boden, Naturschätze und Produktionsmittel können zum Zwecke der Vergesellschaftung durch ein Gesetz, das Art und Ausmaß der Entschädigung regelt, in Gemeineigentum oder in andere Formen der Gemeinwirtschaft überführt werden. ²Für die Entschädigung gilt Artikel 14 Abs. 3 Satz 3 und 4 entsprechend.

II. Der Bund und die Länder

Art. 20 [Bundesstaatliche Verfassung; Widerstandsrecht] (1) Die Bundesrepublik Deutschland ist ein demokratischer und sozialer Bundesstaat.

(2)–(4) ...

Art. 28 [Verfassung der Länder] (1) ¹Die verfassungsmäßige Ordnung in den Ländern muß den Grundsätzen des republikanischen, demokratischen und sozialen Rechtsstaates im Sinne dieses Grundgesetzes entsprechen. ²In den Ländern, Kreisen und Gemeinden muß das Volk eine Vertretung haben, die aus allgemeinen, unmittelbaren, freien, gleichen und geheimen Wahlen hervorgegangen ist. ³Bei Wahlen in Kreisen und Gemeinden sind auch Personen, die die Staatsangehörigkeit eines Mitgliedstaates der Europäischen Gemeinschaft besitzen, nach Maßgabe von Recht der Europäischen Gemeinschaft wahlberechtigt und wählbar. ⁴In Gemeinden kann an die Stelle einer gewählten Körperschaft die Gemeindeversammlung treten.

(2), (3) ...

VII. Die Gesetzgebung des Bundes

Art. 74 [Gegenstände der konkurrierenden Gesetzgebung] (1) Die konkurrierende Gesetzgebung erstreckt sich auf folgende Gebiete:

1.–11 a. ...

12. das Arbeitsrecht einschließlich der Betriebsverfassung, des Arbeitsschutzes und der Arbeitsvermittlung sowie die Sozialversicherung einschließlich der Arbeitslosenversicherung;

13.–33. ...

(2) ...

in der bis 31. 12. 2008 geltenden Fassung:

3. Vertrag zur Gründung der Europäischen Gemeinschaft[1]

25. März 1957[2]

(Internationale Quelle UNTS[3] Bd. 298 S. 11)

EU-Dok.-Nr. 1 1957 E

zuletzt geänd. durch Art. 2 Vertrag von Lissabon v. 13. 12. 2007 (ABl. 2007 Nr. C 306 S. 1)

– Auszug[4] –

Dritter Teil. Die Politiken der Gemeinschaft

Titel III. Die Freizügigkeit, der freie Dienstleistungs- und Kapitalverkehr

Kapitel 1. Die Arbeitskräfte

Art. 39 [Freizügigkeit der Arbeitnehmer] (1) Innerhalb der Gemeinschaft ist die Freizügigkeit der Arbeitnehmer gewährleistet.

(2) Sie umfaßt die Abschaffung jeder auf der Staatsangehörigkeit beruhenden unterschiedlichen Behandlung der Arbeitnehmer der Mitgliedstaaten in bezug auf Beschäftigung, Entlohnung und sonstige Arbeitsbedingungen.

(3) Sie gibt – vorbehaltlich der aus Gründen der öffentlichen Ordnung, Sicherheit und Gesundheit gerechtfertigten Beschränkungen – den Arbeitnehmern das Recht,

a) sich um tatsächlich angebotene Stellen zu bewerben;

b) sich zu diesem Zweck im Hoheitsgebiet der Mitgliedstaaten frei zu bewegen;

c) sich in einem Mitgliedstaat aufzuhalten, um dort nach den für die Arbeitnehmer dieses Staates geltenden Rechts- und Verwaltungsvorschriften eine Beschäftigung auszuüben;

---

[1] Die Verweise/Bezugnahmen auf Vorschriften des EUV/EGV sind bereits gemäß Art. 12 des Amsterdamer Vertrags in Verbindung mit der Übereinstimmungstabelle an die neue Nummerierung angepasst worden.
[2] Die Bundesrepublik Deutschland hat dem Vertrag mit G v. 27. 7. 1957 (BGBl. II S. 753) zugestimmt. Inkrafttreten gemäß Bek. v. 27. 12. 1957 (BGBl. 1958 II S. 1) am **1. 1. 1958**. Die durch den Amsterdamer Vertrag konsolidierte Fassung des Vertrages trat am 1. 5. 1999 in Kraft, siehe Bek. v. 6. 4. 1999 (BGBl. II S. 296); in seiner durch den Vertrag von Nizza geänderten Fassung ist er am 1. 2. 2003 in Kraft getreten, siehe Bek. v. 20. 8. 2003 (BGBl. II S. 1477); in seiner durch die EU-Beitrittsakte 2003 geänderten Fassung ist er am 1. 5. 2004 in Kraft getreten, siehe Bek. v. 28. 6. 2004 (BGBl. II S. 1102); in seiner durch die EU-Beitrittsakte 2005 geänderten Fassung ist er am 1. 1. 2007 in Kraft getreten, siehe Bek. v. 26. 1. 2007 (BGBl. II S. 127).
[3] **United Nations Treaty Series**.
[4] Vollständig abgedruckt in **Europäischer Unionsvertrag** (dtv 5572).

d) nach Beendigung einer Beschäftigung im Hoheitsgebiet eines Mitgliedstaats unter Bedingungen zu verbleiben, welche die Kommission in Durchführungsverordnungen festlegt.

(4) Dieser Artikel findet keine Anwendung auf die Beschäftigung in der öffentlichen Verwaltung.

Titel XI. Sozialpolitik, allgemeine und berufliche Bildung und Jugend

Kapitel 1. Sozialvorschriften

Art. 141 [**Gleiches Entgelt für Männer und Frauen**] (1) Jeder Mitgliedstaat stellt die Anwendung des Grundsatzes des gleichen Entgelts für Männer und Frauen bei gleicher oder gleichwertiger Arbeit sicher.

(2) Unter „Entgelt" im Sinne dieses Artikels sind die üblichen Grund- oder Mindestlöhne und -gehälter sowie alle sonstigen Vergütungen zu verstehen, die der Arbeitgeber auf Grund des Dienstverhältnisses dem Arbeitnehmer unmittelbar oder mittelbar in bar oder in Sachleistungen zahlt.

Gleichheit des Arbeitsentgelts ohne Diskriminierung auf Grund des Geschlechts bedeutet:
a) daß das Entgelt für eine gleiche nach Akkord bezahlte Arbeit auf Grund der gleichen Maßeinheit festgesetzt wird,
b) daß für eine nach Zeit bezahlte Arbeit das Entgelt bei gleichem Arbeitsplatz gleich ist.

(3) Der Rat beschließt gemäß dem Verfahren des Artikels 251 und nach Anhörung des Wirtschafts- und Sozialausschusses Maßnahmen zur Gewährleistung der Anwendung des Grundsatzes der Chancengleichheit und der Gleichbehandlung von Männern und Frauen in Arbeits- und Beschäftigungsfragen, einschließlich des Grundsatzes des gleichen Entgelts bei gleicher oder gleichwertiger Arbeit.

(4) Im Hinblick auf die effektive Gewährleistung der vollen Gleichstellung von Männern und Frauen im Arbeitsleben hindert der Grundsatz der Gleichbehandlung die Mitgliedstaaten nicht daran, zur Erleichterung der Berufstätigkeit des unterrepräsentierten Geschlechts oder zur Verhinderung bzw. zum Ausgleich von Benachteiligungen in der beruflichen Laufbahn spezifische Vergünstigungen beizubehalten oder zu beschließen.

Fünfter Teil. Die Organe der Gemeinschaft

Titel I. Vorschriften über die Organe

Kapitel I. Die Organe

Abschnitt 4. Der Gerichtshof

Art. 234 [**Vorabentscheidung**] Der Gerichtshof entscheidet im Wege der Vorabentscheidung
a) über die Auslegung dieses Vertrags,
b) über die Gültigkeit und die Auslegung der Handlungen der Organe der Gemeinschaft und der EZB,

c) über die Auslegung der Satzungen der durch den Rat geschaffenen Einrichtungen, soweit diese Satzungen dies vorsehen.

Wird eine derartige Frage einem Gericht eines Mitgliedstaates gestellt und hält dieses Gericht eine Entscheidung darüber zum Erlaß seines Urteils für erforderlich, so kann es diese Frage dem Gerichtshof zur Entscheidung vorlegen.

Wird eine derartige Frage in einem schwebenden Verfahren bei einem einzelstaatlichen Gericht gestellt, dessen Entscheidungen selbst nicht mehr mit Rechtsmitteln des innerstaatlichen Rechts angefochten werden können, so ist dieses Gericht zur Anrufung des Gerichtshofes verpflichtet.

II. Arbeitsvertragsrecht

11. Bürgerliches Gesetzbuch (BGB)[1]

In der Fassung der Bekanntmachung vom 2. Januar 2002[2]
(BGBl. I S. 42, ber. S. 2909 und BGBl. 2003 I S. 738)

FNA 400-2

zuletzt geänd. durch Art. 1 G zur Klärung der Vaterschaft unabhängig vom Anfechtungsverfahren v. 26. 3. 2008 (BGBl. I S. 441)

– Auszug[3] –

Buch 1. Allgemeiner Teil

Abschnitt 1. Personen

Titel 1. Natürliche Personen, Verbraucher, Unternehmer

§ 13[4] **Verbraucher.** Verbraucher ist jede natürliche Person, die ein Rechtsgeschäft zu einem Zwecke abschließt, der weder ihrer gewerblichen noch ihrer selbständigen beruflichen Tätigkeit zugerechnet werden kann.

§ 14[4] **Unternehmer.** (1) Unternehmer ist eine natürliche oder juristische Person oder eine rechtsfähige Personengesellschaft, die bei Abschluss eines Rechtsgeschäfts in Ausübung ihrer gewerblichen oder selbständigen beruflichen Tätigkeit handelt.

---

[1] **Amtl. Anm.:** Dieses Gesetz dient der Umsetzung folgender Richtlinien:
1. Richtlinie 76/207/EWG **[EU-Arbeitsrecht (dtv 5751) Nr. 42]** des Rates vom 9. Februar 1976 zur Verwirklichung des Grundsatzes der Gleichbehandlung von Männern und Frauen hinsichtlich des Zugangs zur Beschäftigung, zur Berufsbildung und zum beruflichen Aufstieg sowie in Bezug auf die Arbeitsbedingungen (ABl. EG Nr. L 39 S. 40),
2. Richtlinie 77/187/EWG des Rates vom 14. Februar 1977 zur Angleichung der Rechtsvorschriften der Mitgliedstaaten über die Wahrung von Ansprüchen der Arbeitnehmer beim Übergang von Unternehmen, Betrieben oder Betriebsteilen (ABl. EG Nr. L 61 S. 26),
3. Richtlinie 85/577/EWG des Rates vom 20. Dezember 1985 betreffend den Verbraucherschutz im Falle von außerhalb von Geschäftsräumen geschlossenen Verträgen (ABl. EG Nr. L 372 S. 31),
4., 5. …
6. Richtlinie 93/13/EWG des Rates vom 5. April 1993 über missbräuchliche Klauseln in Verbraucherverträgen (ABl. EG Nr. L 95 S. 29),
7., 8. …
9. Richtlinie 97/7/EG des Europäischen Parlaments und des Rates vom 20. Mai 1997 über den Verbraucherschutz bei Vertragsabschlüssen im Fernabsatz (ABl. EG Nr. L 144 S. 19),
10., –13. …

[2] Neubekanntmachung des BGB v. 18. 8. 1896 (RGBl. S. 195) in der ab 1. 1. 2002 geltenden Fassung.

[3] Vollständig abgedruckt in **BGB** (dtv 5001) Nr. **1**.

[4] **Amtl. Anm.:** Diese Vorschriften dienen der Umsetzung der eingangs zu den Nummern 3, 4, 6, 7, 9 und 11 genannten Richtlinien.

(2) Eine rechtsfähige Personengesellschaft ist eine Personengesellschaft, die mit der Fähigkeit ausgestattet ist, Rechte zu erwerben und Verbindlichkeiten einzugehen.

Abschnitt 3. Rechtsgeschäfte

Titel 1. Geschäftsfähigkeit

§ 113 Dienst- oder Arbeitsverhältnis. (1) [1]Ermächtigt der gesetzliche Vertreter den Minderjährigen, in Dienst oder in Arbeit zu treten, so ist der Minderjährige für solche Rechtsgeschäfte unbeschränkt geschäftsfähig, welche die Eingehung oder Aufhebung eines Dienst- oder Arbeitsverhältnisses der gestatteten Art oder die Erfüllung der sich aus einem solchen Verhältnis ergebenden Verpflichtungen betreffen. [2]Ausgenommen sind Verträge, zu denen der Vertreter der Genehmigung des Vormundschaftsgerichts bedarf.

(2) Die Ermächtigung kann von dem Vertreter zurückgenommen oder eingeschränkt werden.

(3) [1]Ist der gesetzliche Vertreter ein Vormund, so kann die Ermächtigung, wenn sie von ihm verweigert wird, auf Antrag des Minderjährigen durch das Vormundschaftsgericht ersetzt werden. [2]Das Vormundschaftsgericht hat die Ermächtigung zu ersetzen, wenn sie im Interesse des Mündels liegt.

(4) Die für einen einzelnen Fall erteilte Ermächtigung gilt im Zweifel als allgemeine Ermächtigung zur Eingehung von Verhältnissen derselben Art.

Titel 2. Willenserklärung

§ 116 Geheimer Vorbehalt. [1]Eine Willenserklärung ist nicht deshalb nichtig, weil sich der Erklärende insgeheim vorbehält, das Erklärte nicht zu wollen. [2]Die Erklärung ist nichtig, wenn sie einem anderen gegenüber abzugeben ist und dieser den Vorbehalt kennt.

§ 117 Scheingeschäft. (1) Wird eine Willenserklärung, die einem anderen gegenüber abzugeben ist, mit dessen Einverständnis nur zum Schein abgegeben, so ist sie nichtig.

(2) Wird durch ein Scheingeschäft ein anderes Rechtsgeschäft verdeckt, so finden die für das verdeckte Rechtsgeschäft geltenden Vorschriften Anwendung.

§ 118 Mangel der Ernstlichkeit. Eine nicht ernstlich gemeinte Willenserklärung, die in der Erwartung abgegeben wird, der Mangel der Ernstlichkeit werde nicht verkannt werden, ist nichtig.

§ 119 Anfechtbarkeit wegen Irrtums. (1) Wer bei der Abgabe einer Willenserklärung über deren Inhalt im Irrtum war oder eine Erklärung dieses Inhalts überhaupt nicht abgeben wollte, kann die Erklärung anfechten, wenn anzunehmen ist, dass er sie bei Kenntnis der Sachlage und bei verständiger Würdigung des Falles nicht abgegeben haben würde.

(2) Als Irrtum über den Inhalt der Erklärung gilt auch der Irrtum über solche Eigenschaften der Person oder der Sache, die im Verkehr als wesentlich angesehen werden.

§ 120 Anfechtbarkeit wegen falscher Übermittlung. Eine Willenserklärung, welche durch die zur Übermittelung verwendete Person oder Einrichtung unrichtig übermittelt worden ist, kann unter der gleichen Voraussetzung angefochten werden wie nach § 119 eine irrtümlich abgegebene Willenserklärung.

§ 121 Anfechtungsfrist. (1) [1]Die Anfechtung muss in den Fällen der §§ 119, 120 ohne schuldhaftes Zögern (unverzüglich) erfolgen, nachdem der Anfechtungsberechtigte von dem Anfechtungsgrund Kenntnis erlangt hat. [2]Die einem Abwesenden gegenüber erfolgte Anfechtung gilt als rechtzeitig erfolgt, wenn die Anfechtungserklärung unverzüglich abgesendet worden ist.

(2) Die Anfechtung ist ausgeschlossen, wenn seit der Abgabe der Willenserklärung zehn Jahre verstrichen sind.

§ 122 Schadensersatzpflicht des Anfechtenden. (1) Ist eine Willenserklärung nach § 118 nichtig oder auf Grund der §§ 119, 120 angefochten, so hat der Erklärende, wenn die Erklärung einem anderen gegenüber abzugeben war, diesem, andernfalls jedem Dritten den Schaden zu ersetzen, den der andere oder der Dritte dadurch erleidet, dass er auf die Gültigkeit der Erklärung vertraut, jedoch nicht über den Betrag des Interesses hinaus, welches der andere oder der Dritte an der Gültigkeit der Erklärung hat.

(2) Die Schadensersatzpflicht tritt nicht ein, wenn der Beschädigte den Grund der Nichtigkeit oder der Anfechtbarkeit kannte oder infolge von Fahrlässigkeit nicht kannte (kennen musste).

§ 123 Anfechtbarkeit wegen Täuschung oder Drohung. (1) Wer zur Abgabe einer Willenserklärung durch arglistige Täuschung oder widerrechtlich durch Drohung bestimmt worden ist, kann die Erklärung anfechten.

(2) [1]Hat ein Dritter die Täuschung verübt, so ist eine Erklärung, die einem anderen gegenüber abzugeben war, nur dann anfechtbar, wenn dieser die Täuschung kannte oder kennen musste. [2]Soweit ein anderer als derjenige, welchem gegenüber die Erklärung abzugeben war, aus der Erklärung unmittelbar ein Recht erworben hat, ist die Erklärung ihm gegenüber anfechtbar, wenn er die Täuschung kannte oder kennen musste.

§ 124 Anfechtungsfrist. (1) Die Anfechtung einer nach § 123 anfechtbaren Willenserklärung kann nur binnen Jahresfrist erfolgen.

(2) [1]Die Frist beginnt im Falle der arglistigen Täuschung mit dem Zeitpunkt, in welchem der Anfechtungsberechtigte die Täuschung entdeckt, im Falle der Drohung mit dem Zeitpunkt, in welchem die Zwangslage aufhört. [2]Auf den Lauf der Frist finden die für die Verjährung geltenden Vorschriften der §§ 206, 210 und 211 entsprechende Anwendung.

(3) Die Anfechtung ist ausgeschlossen, wenn seit der Abgabe der Willenserklärung zehn Jahre verstrichen sind.

§ 125 Nichtigkeit wegen Formmangels. [1]Ein Rechtsgeschäft, welches der durch Gesetz vorgeschriebenen Form ermangelt, ist nichtig. [2]Der Mangel der durch Rechtsgeschäft bestimmten Form hat im Zweifel gleichfalls Nichtigkeit zur Folge.

§ 126 Schriftform. (1) Ist durch Gesetz schriftliche Form vorgeschrieben, so muss die Urkunde von dem Aussteller eigenhändig durch Namensunterschrift oder mittels notariell beglaubigten Handzeichens unterzeichnet werden.

(2) [1]Bei einem Vertrag muss die Unterzeichnung der Parteien auf derselben Urkunde erfolgen. [2]Werden über den Vertrag mehrere gleichlautende Urkunden aufgenommen, so genügt es, wenn jede Partei die für die andere Partei bestimmte Urkunde unterzeichnet.

(3) Die schriftliche Form kann durch die elektronische Form ersetzt werden, wenn sich nicht aus dem Gesetz ein anderes ergibt.

(4) Die schriftliche Form wird durch die notarielle Beurkundung ersetzt.

§ 126 a Elektronische Form. (1) Soll die gesetzlich vorgeschriebene schriftliche Form durch die elektronische Form ersetzt werden, so muss der Aussteller der Erklärung dieser seinen Namen hinzufügen und das elektronische Dokument mit einer qualifizierten elektronischen Signatur nach dem Signaturgesetz versehen.

(2) Bei einem Vertrag müssen die Parteien jeweils ein gleichlautendes Dokument in der in Absatz 1 bezeichneten Weise elektronisch signieren.

§ 126 b Textform. Ist durch Gesetz Textform vorgeschrieben, so muss die Erklärung in einer Urkunde oder auf andere zur dauerhaften Wiedergabe in Schriftzeichen geeignete Weise abgegeben, die Person des Erklärenden genannt und der Abschluss der Erklärung durch Nachbildung der Namensunterschrift oder anders erkennbar gemacht werden.

§ 127 Vereinbarte Form. (1) Die Vorschriften des § 126, des § 126 a oder des § 126 b gelten im Zweifel auch für die durch Rechtsgeschäft bestimmte Form.

(2) [1]Zur Wahrung der durch Rechtsgeschäft bestimmten schriftlichen Form genügt, soweit nicht ein anderer Wille anzunehmen ist, die telekommunikative Übermittlung und bei einem Vertrag der Briefwechsel. [2]Wird eine solche Form gewählt, so kann nachträglich eine dem § 126 entsprechende Beurkundung verlangt werden.

(3) [1]Zur Wahrung der durch Rechtsgeschäft bestimmten elektronischen Form genügt, soweit nicht ein anderer Wille anzunehmen ist, auch eine andere als in § 126 a bestimmte elektronische Signatur und bei einem Vertrag der Austausch von Angebots- und Annahmeerklärung, die jeweils mit einer elektronischen Signatur versehen sind. [2]Wird eine solche Form gewählt, so kann nachträglich eine dem § 126 a entsprechende elektronische Signierung oder, wenn diese einer der Parteien nicht möglich ist, eine dem § 126 entsprechende Beurkundung verlangt werden.

§ 127 a Gerichtlicher Vergleich. Die notarielle Beurkundung wird bei einem gerichtlichen Vergleich durch die Aufnahme der Erklärungen in ein nach den Vorschriften der Zivilprozessordnung errichtetes Protokoll ersetzt.

§ 130 Wirksamwerden der Willenserklärung gegenüber Abwesenden. (1) ¹Eine Willenserklärung, die einem anderen gegenüber abzugeben ist, wird, wenn sie in dessen Abwesenheit abgegeben wird, in dem Zeitpunkt wirksam, in welchem sie ihm zugeht. ²Sie wird nicht wirksam, wenn dem anderen vorher oder gleichzeitig ein Widerruf zugeht.

(2) Auf die Wirksamkeit der Willenserklärung ist es ohne Einfluss, wenn der Erklärende nach der Abgabe stirbt oder geschäftsunfähig wird.

(3) Diese Vorschriften finden auch dann Anwendung, wenn die Willenserklärung einer Behörde gegenüber abzugeben ist.

§ 138 Sittenwidriges Rechtsgeschäft; Wucher. (1) Ein Rechtsgeschäft, das gegen die guten Sitten verstößt, ist nichtig.

(2) Nichtig ist insbesondere ein Rechtsgeschäft, durch das jemand unter Ausbeutung der Zwangslage, der Unerfahrenheit, des Mangels an Urteilsvermögen oder der erheblichen Willensschwäche eines anderen sich oder einem Dritten für eine Leistung Vermögensvorteile versprechen oder gewähren lässt, die in einem auffälligen Missverhältnis zu der Leistung stehen.

§ 142 Wirkung der Anfechtung. (1) Wird ein anfechtbares Rechtsgeschäft angefochten, so ist es als von Anfang an nichtig anzusehen.

(2) Wer die Anfechtbarkeit kannte oder kennen musste, wird, wenn die Anfechtung erfolgt, so behandelt, wie wenn er die Nichtigkeit des Rechtsgeschäfts gekannt hätte oder hätte kennen müssen.

Titel 3. Vertrag

§ 145 Bindung an den Antrag. Wer einem anderen die Schließung eines Vertrags anträgt, ist an den Antrag gebunden, es sei denn, dass er die Gebundenheit ausgeschlossen hat.

§ 146 Erlöschen des Antrags. Der Antrag erlischt, wenn er dem Antragenden gegenüber abgelehnt oder wenn er nicht diesem gegenüber nach den §§ 147 bis 149 rechtzeitig angenommen wird.

§ 147 Annahmefrist. (1) ¹Der einem Anwesenden gemachte Antrag kann nur sofort angenommen werden. ²Dies gilt auch von einem mittels Fernsprechers oder einer sonstigen technischen Einrichtung von Person zu Person gemachten Antrag.

(2) Der einem Abwesenden gemachte Antrag kann nur bis zu dem Zeitpunkt angenommen werden, in welchem der Antragende den Eingang der Antwort unter regelmäßigen Umständen erwarten darf.

§ 148 Bestimmung einer Annahmefrist. Hat der Antragende für die Annahme des Antrags eine Frist bestimmt, so kann die Annahme nur innerhalb der Frist erfolgen.

§ 149 Verspätet zugegangene Annahmeerklärung. ¹Ist eine dem Antragenden verspätet zugegangene Annahmeerklärung dergestalt abgesendet worden, dass sie bei regelmäßiger Beförderung ihm rechtzeitig zugegangen sein würde, und musste der Antragende dies erkennen, so hat er die Verspätung dem Annehmenden unverzüglich nach dem Empfang der Erklärung anzuzeigen, sofern es nicht schon vorher geschehen ist. ²Verzögert er die Absendung der Anzeige, so gilt die Annahme als nicht verspätet.

§ 150 Verspätete und abändernde Annahme. (1) Die verspätete Annahme eines Antrags gilt als neuer Antrag.

(2) Eine Annahme unter Erweiterungen, Einschränkungen oder sonstigen Änderungen gilt als Ablehnung verbunden mit einem neuen Antrag.

§ 151 Annahme ohne Erklärung gegenüber dem Antragenden. ¹Der Vertrag kommt durch die Annahme des Antrags zustande, ohne dass die Annahme dem Antragenden gegenüber erklärt zu werden braucht, wenn eine solche Erklärung nach der Verkehrssitte nicht zu erwarten ist oder der Antragende auf sie verzichtet hat. ²Der Zeitpunkt, in welchem der Antrag erlischt, bestimmt sich nach dem aus dem Antrag oder den Umständen zu entnehmenden Willen des Antragenden.

§ 157 Auslegung von Verträgen. Verträge sind so auszulegen, wie Treu und Glauben mit Rücksicht auf die Verkehrssitte es erfordern.

Titel 5. Vertretung und Vollmacht

§ 164 Wirkung der Erklärung des Vertreters. (1) ¹Eine Willenserklärung, die jemand innerhalb der ihm zustehenden Vertretungsmacht im Namen des Vertretenen abgibt, wirkt unmittelbar für und gegen den Vertretenen. ²Es macht keinen Unterschied, ob die Erklärung ausdrücklich im Namen des Vertretenen erfolgt oder ob die Umstände ergeben, dass sie in dessen Namen erfolgen soll.

(2) Tritt der Wille, in fremdem Namen zu handeln, nicht erkennbar hervor, so kommt der Mangel des Willens, im eigenen Namen zu handeln, nicht in Betracht.

(3) Die Vorschriften des Absatzes 1 finden entsprechende Anwendung, wenn eine gegenüber einem anderen abzugebende Willenserklärung dessen Vertreter gegenüber erfolgt.

§ 165 Beschränkt geschäftsfähiger Vertreter. Die Wirksamkeit einer von oder gegenüber einem Vertreter abgegebenen Willenserklärung wird nicht dadurch beeinträchtigt, dass der Vertreter in der Geschäftsfähigkeit beschränkt ist.

§ 166 Willensmängel; Wissenszurechnung. (1) Soweit die rechtlichen Folgen einer Willenserklärung durch Willensmängel oder durch die Kenntnis oder das Kennenmüssen gewisser Umstände beeinflusst werden, kommt nicht die Person des Vertretenen, sondern die des Vertreters in Betracht.

(2) ¹Hat im Falle einer durch Rechtsgeschäft erteilten Vertretungsmacht (Vollmacht) der Vertreter nach bestimmten Weisungen des Vollmachtgebers

gehandelt, so kann sich dieser in Ansehung solcher Umstände, die er selbst kannte, nicht auf die Unkenntnis des Vertreters berufen. ²Dasselbe gilt von Umständen, die der Vollmachtgeber kennen musste, sofern das Kennenmüssen der Kenntnis gleichsteht.

§ 167 Erteilung der Vollmacht. (1) Die Erteilung der Vollmacht erfolgt durch Erklärung gegenüber dem zu Bevollmächtigenden oder dem Dritten, dem gegenüber die Vertretung stattfinden soll.

(2) Die Erklärung bedarf nicht der Form, welche für das Rechtsgeschäft bestimmt ist, auf das sich die Vollmacht bezieht.

§ 168 Erlöschen der Vollmacht. ¹Das Erlöschen der Vollmacht bestimmt sich nach dem ihrer Erteilung zugrunde liegenden Rechtsverhältnis. ²Die Vollmacht ist auch bei dem Fortbestehen des Rechtsverhältnisses widerruflich, sofern sich nicht aus diesem ein anderes ergibt. ³Auf die Erklärung des Widerrufs findet die Vorschrift des § 167 Abs. 1 entsprechende Anwendung.

§ 169 Vollmacht des Beauftragten und des geschäftsführenden Gesellschafters. Soweit nach den §§ 674, 729 die erloschene Vollmacht eines Beauftragten oder eines geschäftsführenden Gesellschafters als fortbestehend gilt, wirkt sie nicht zugunsten eines Dritten, der bei der Vornahme eines Rechtsgeschäfts das Erlöschen kennt oder kennen muss.

§ 170 Wirkungsdauer der Vollmacht. Wird die Vollmacht durch Erklärung gegenüber einem Dritten erteilt, so bleibt sie diesem gegenüber in Kraft, bis ihm das Erlöschen von dem Vollmachtgeber angezeigt wird.

§ 171 Wirkungsdauer bei Kundgebung. (1) Hat jemand durch besondere Mitteilung an einen Dritten oder durch öffentliche Bekanntmachung kundgegeben, dass er einen anderen bevollmächtigt habe, so ist dieser auf Grund der Kundgebung im ersteren Falle dem Dritten gegenüber, im letzteren Falle jedem Dritten gegenüber zur Vertretung befugt.

(2) Die Vertretungsmacht bleibt bestehen, bis die Kundgebung in derselben Weise, wie sie erfolgt ist, widerrufen wird.

§ 172 Vollmachtsurkunde. (1) Der besonderen Mitteilung einer Bevollmächtigung durch den Vollmachtgeber steht es gleich, wenn dieser dem Vertreter eine Vollmachtsurkunde ausgehändigt hat und der Vertreter sie dem Dritten vorlegt.

(2) Die Vertretungsmacht bleibt bestehen, bis die Vollmachtsurkunde dem Vollmachtgeber zurückgegeben oder für kraftlos erklärt wird.

§ 173 Wirkungsdauer bei Kenntnis und fahrlässiger Unkenntnis. Die Vorschriften des § 170, des § 171 Abs. 2 und des § 172 Abs. 2 finden keine Anwendung, wenn der Dritte das Erlöschen der Vertretungsmacht bei der Vornahme des Rechtsgeschäfts kennt oder kennen muss.

§ 174 Einseitiges Rechtsgeschäft eines Bevollmächtigten. ¹Ein einseitiges Rechtsgeschäft, das ein Bevollmächtigter einem anderen gegenüber vornimmt, ist unwirksam, wenn der Bevollmächtigte eine Vollmachtsurkunde nicht vorlegt und der andere das Rechtsgeschäft aus diesem Grunde unverzüglich zurückweist. ²Die Zurückweisung ist ausgeschlossen, wenn der Vollmachtgeber den anderen von der Bevollmächtigung in Kenntnis gesetzt hatte.

§ 175 Rückgabe der Vollmachtsurkunde. Nach dem Erlöschen der Vollmacht hat der Bevollmächtigte die Vollmachtsurkunde dem Vollmachtgeber zurückzugeben; ein Zurückbehaltungsrecht steht ihm nicht zu.

§ 176 Kraftloserklärung der Vollmachtsurkunde. (1) ¹Der Vollmachtgeber kann die Vollmachtsurkunde durch eine öffentliche Bekanntmachung für kraftlos erklären; die Kraftloserklärung muss nach den für die öffentliche Zustellung einer Ladung geltenden Vorschriften der Zivilprozessordnung veröffentlicht werden. ²Mit dem Ablauf eines Monats nach der letzten Einrückung in die öffentlichen Blätter wird die Kraftloserklärung wirksam.

(2) Zuständig für die Bewilligung der Veröffentlichung ist sowohl das Amtsgericht, in dessen Bezirk der Vollmachtgeber seinen allgemeinen Gerichtsstand hat, als das Amtsgericht, welches für die Klage auf Rückgabe der Urkunde, abgesehen von dem Wert des Streitgegenstands, zuständig sein würde.

(3) Die Kraftloserklärung ist unwirksam, wenn der Vollmachtgeber die Vollmacht nicht widerrufen kann.

§ 177 Vertragsschluss durch Vertreter ohne Vertretungsmacht.
(1) Schließt jemand ohne Vertretungsmacht im Namen eines anderen einen Vertrag, so hängt die Wirksamkeit des Vertrags für und gegen den Vertretenen von dessen Genehmigung ab.

(2) ¹Fordert der andere Teil den Vertretenen zur Erklärung über die Genehmigung auf, so kann die Erklärung nur ihm gegenüber erfolgen; eine vor der Aufforderung dem Vertreter gegenüber erklärte Genehmigung oder Verweigerung der Genehmigung wird unwirksam. ²Die Genehmigung kann nur bis zum Ablaufe von zwei Wochen nach dem Empfang der Aufforderung erklärt werden; wird sie nicht erklärt, so gilt sie als verweigert.

§ 178 Widerrufsrecht des anderen Teils. ¹Bis zur Genehmigung des Vertrags ist der andere Teil zum Widerruf berechtigt, es sei denn, dass er den Mangel der Vertretungsmacht bei dem Abschluss des Vertrags gekannt hat. ²Der Widerruf kann auch dem Vertreter gegenüber erklärt werden.

§ 179 Haftung des Vertreters ohne Vertretungsmacht. (1) Wer als Vertreter einen Vertrag geschlossen hat, ist, sofern er nicht seine Vertretungsmacht nachweist, dem anderen Teil nach dessen Wahl zur Erfüllung oder zum Schadensersatz verpflichtet, wenn der Vertretene die Genehmigung des Vertrags verweigert.

(2) Hat der Vertreter den Mangel der Vertretungsmacht nicht gekannt, so ist er nur zum Ersatz desjenigen Schadens verpflichtet, welchen der andere Teil dadurch erleidet, dass er auf die Vertretungsmacht vertraut, jedoch nicht über den Betrag des Interesses hinaus, welches der andere Teil an der Wirksamkeit des Vertrags hat.

(3) ¹Der Vertreter haftet nicht, wenn der andere Teil den Mangel der Vertretungsmacht kannte oder kennen musste. ²Der Vertreter haftet auch dann nicht, wenn er in der Geschäftsfähigkeit beschränkt war, es sei denn, dass er mit Zustimmung seines gesetzlichen Vertreters gehandelt hat.

§ 180 Einseitiges Rechtsgeschäft. ¹Bei einem einseitigen Rechtsgeschäft ist Vertretung ohne Vertretungsmacht unzulässig. ²Hat jedoch derjenige, welchem gegenüber ein solches Rechtsgeschäft vorzunehmen war, die von dem Vertreter behauptete Vertretungsmacht bei der Vornahme des Rechtsgeschäfts nicht beanstandet oder ist er damit einverstanden gewesen, dass der Vertreter ohne Vertretungsmacht handele, so finden die Vorschriften über Verträge entsprechende Anwendung. ³Das Gleiche gilt, wenn ein einseitiges Rechtsgeschäft gegenüber einem Vertreter ohne Vertretungsmacht mit dessen Einverständnis vorgenommen wird.

§ 181 Insichgeschäft. Ein Vertreter kann, soweit nicht ein anderes ihm gestattet ist, im Namen des Vertretenen mit sich im eigenen Namen oder als Vertreter eines Dritten ein Rechtsgeschäft nicht vornehmen, es sei denn, dass das Rechtsgeschäft ausschließlich in der Erfüllung einer Verbindlichkeit besteht.

Abschnitt 4. Fristen, Termine

§ 186 Geltungsbereich. Für die in Gesetzen, gerichtlichen Verfügungen und Rechtsgeschäften enthaltenen Frist- und Terminsbestimmungen gelten die Auslegungsvorschriften der §§ 187 bis 193.

§ 187 Fristbeginn. (1) Ist für den Anfang einer Frist ein Ereignis oder ein in den Lauf eines Tages fallender Zeitpunkt maßgebend, so wird bei der Berechnung der Frist der Tag nicht mitgerechnet, in welchen das Ereignis oder der Zeitpunkt fällt.

(2) ¹Ist der Beginn eines Tages der für den Anfang einer Frist maßgebende Zeitpunkt, so wird dieser Tag bei der Berechnung der Frist mitgerechnet. ²Das Gleiche gilt von dem Tage der Geburt bei der Berechnung des Lebensalters.

§ 188 Fristende. (1) Eine nach Tagen bestimmte Frist endigt mit dem Ablaufe des letzten Tages der Frist.

(2) Eine Frist, die nach Wochen, nach Monaten oder nach einem mehrere Monate umfassenden Zeitraume – Jahr, halbes Jahr, Vierteljahr – bestimmt ist, endigt im Falle des § 187 Abs. 1 mit dem Ablauf desjenigen Tages der letzten Woche oder des letzten Monats, welcher durch seine Benennung oder seine Zahl dem Tage entspricht, in den das Ereignis oder der Zeitpunkt fällt, im Falle des § 187 Abs. 2 mit dem Ablauf desjenigen Tages der letzten Woche oder des letzten Monats, welcher dem Tage vorhergeht, der durch seine Benennung oder seine Zahl dem Anfangstag der Frist entspricht.

(3) Fehlt bei einer nach Monaten bestimmten Frist in dem letzten Monat der für ihren Ablauf maßgebende Tag, so endigt die Frist mit dem Ablauf des letzten Tages dieses Monats.

§ 189 Berechnung einzelner Fristen. (1) Unter einem halben Jahr wird eine Frist von sechs Monaten, unter einem Vierteljahr eine Frist von drei Monaten, unter einem halben Monat eine Frist von fünfzehn Tagen verstanden.

(2) Ist eine Frist auf einen oder mehrere ganze Monate und einen halben Monat gestellt, so sind die 15 Tage zuletzt zu zählen.

§ 190 Fristverlängerung. Im Falle der Verlängerung einer Frist wird die neue Frist von dem Ablauf der vorigen Frist an berechnet.

§ 191 Berechnungen von Zeiträumen. Ist ein Zeitraum nach Monaten oder nach Jahren in dem Sinne bestimmt, dass er nicht zusammenhängend zu verlaufen braucht, so wird der Monat zu 30, das Jahr zu 365 Tagen gerechnet.

§ 192 Anfang, Mitte, Ende des Monats. Unter Anfang des Monats wird der erste, unter Mitte des Monats der 15., unter Ende des Monats der letzte Tag des Monats verstanden.

§ 193 Sonn- und Feiertag; Sonnabend. Ist an einem bestimmten Tage oder innerhalb einer Frist eine Willenserklärung abzugeben oder eine Leistung zu bewirken und fällt der bestimmte Tag oder der letzte Tag der Frist auf einen Sonntag, einen am Erklärungs- oder Leistungsort staatlich anerkannten allgemeinen Feiertag oder einen Sonnabend, so tritt an die Stelle eines solchen Tages der nächste Werktag.

Abschnitt 5. Verjährung

Titel 1. Gegenstand und Dauer der Verjährung

§ 194 Gegenstand der Verjährung. (1) Das Recht, von einem anderen ein Tun oder Unterlassen zu verlangen (Anspruch), unterliegt der Verjährung.

(2) Ansprüche aus einem familienrechtlichen Verhältnis unterliegen der Verjährung nicht, soweit sie auf die Herstellung des dem Verhältnis entsprechenden Zustands für die Zukunft oder auf die Einwilligung in eine genetische Untersuchung zur Klärung der leiblichen Abstammung gerichtet sind.

§ 195 Regelmäßige Verjährungsfrist. Die regelmäßige Verjährungsfrist beträgt drei Jahre.

§ 196 Verjährungsfrist bei Rechten an einem Grundstück. Ansprüche auf Übertragung des Eigentums an einem Grundstück sowie auf Begründung, Übertragung oder Aufhebung eines Rechts an einem Grundstück oder auf Änderung des Inhalts eines solchen Rechts sowie die Ansprüche auf die Gegenleistung verjähren in zehn Jahren.

§ 197 Dreißigjährige Verjährungsfrist. (1) In 30 Jahren verjähren, soweit nicht ein anderes bestimmt ist,
1. Herausgabeansprüche aus Eigentum und anderen dinglichen Rechten,
2. familien- und erbrechtliche Ansprüche,

Bürgerliches Gesetzbuch §§ 198–201 BGB 11

3. rechtskräftig festgestellte Ansprüche,
4. Ansprüche aus vollstreckbaren Vergleichen oder vollstreckbaren Urkunden,
5. Ansprüche, die durch die im Insolvenzverfahren erfolgte Feststellung vollstreckbar geworden sind, und
6. Ansprüche auf Erstattung der Kosten der Zwangsvollstreckung.
(2) Soweit Ansprüche nach Absatz 1 Nr. 2 regelmäßig wiederkehrende Leistungen oder Unterhaltsleistungen und Ansprüche nach Absatz 1 Nr. 3 bis 5 künftig fällig werdende regelmäßig wiederkehrende Leistungen zum Inhalt haben, tritt an die Stelle der Verjährungsfrist von 30 Jahren die regelmäßige Verjährungsfrist.

§ 198 Verjährung bei Rechtsnachfolge. Gelangt eine Sache, hinsichtlich derer ein dinglicher Anspruch besteht, durch Rechtsnachfolge in den Besitz eines Dritten, so kommt die während des Besitzes des Rechtsvorgängers verstrichene Verjährungszeit dem Rechtsnachfolger zugute.

§ 199 Beginn der regelmäßigen Verjährungsfrist und Höchstfristen.
(1) Die regelmäßige Verjährungsfrist beginnt mit dem Schluss des Jahres, in dem
1. der Anspruch entstanden ist und
2. der Gläubiger von den den Anspruch begründenden Umständen und der Person des Schuldners Kenntnis erlangt oder ohne grobe Fahrlässigkeit erlangen müsste.
(2) Schadensersatzansprüche, die auf der Verletzung des Lebens, des Körpers, der Gesundheit oder der Freiheit beruhen, verjähren ohne Rücksicht auf ihre Entstehung und die Kenntnis oder grob fahrlässige Unkenntnis in 30 Jahren von der Begehung der Handlung, der Pflichtverletzung oder dem sonstigen, den Schaden auslösenden Ereignis an.
(3) ¹Sonstige Schadensersatzansprüche verjähren
1. ohne Rücksicht auf die Kenntnis oder grob fahrlässige Unkenntnis in zehn Jahren von ihrer Entstehung an und
2. ohne Rücksicht auf ihre Entstehung und die Kenntnis oder grob fahrlässige Unkenntnis in 30 Jahren von der Begehung der Handlung, der Pflichtverletzung oder dem sonstigen, den Schaden auslösenden Ereignis an.
²Maßgeblich ist die früher endende Frist.
(4) Andere Ansprüche als Schadensersatzansprüche verjähren ohne Rücksicht auf die Kenntnis oder grob fahrlässige Unkenntnis in zehn Jahren von ihrer Entstehung an.
(5) Geht der Anspruch auf ein Unterlassen, so tritt an die Stelle der Entstehung die Zuwiderhandlung.

§ 200 Beginn anderer Verjährungsfristen. ¹Die Verjährungsfrist von Ansprüchen, die nicht der regelmäßigen Verjährungsfrist unterliegen, beginnt mit der Entstehung des Anspruchs, soweit nicht ein anderer Verjährungsbeginn bestimmt ist. ²§ 199 Abs. 5 findet entsprechende Anwendung.

§ 201 Beginn der Verjährungsfrist von festgestellten Ansprüchen.
¹Die Verjährung von Ansprüchen der in § 197 Abs. 1 Nr. 3 bis 6 bezeichne-

ten Art beginnt mit der Rechtskraft der Entscheidung, der Errichtung des vollstreckbaren Titels oder der Feststellung im Insolvenzverfahren, nicht jedoch vor der Entstehung des Anspruchs. ²§ 199 Abs. 5 findet entsprechende Anwendung.

§ 202 Unzulässigkeit von Vereinbarungen über die Verjährung.
(1) Die Verjährung kann bei Haftung wegen Vorsatzes nicht im Voraus durch Rechtsgeschäft erleichtert werden.

(2) Die Verjährung kann durch Rechtsgeschäft nicht über eine Verjährungsfrist von 30 Jahren ab dem gesetzlichen Verjährungsbeginn hinaus erschwert werden.

Titel 2. Hemmung, Ablaufhemmung und Neubeginn der Verjährung

§ 203 Hemmung der Verjährung bei Verhandlungen. ¹Schweben zwischen dem Schuldner und dem Gläubiger Verhandlungen über den Anspruch oder die den Anspruch begründenden Umstände, so ist die Verjährung gehemmt, bis der eine oder der andere Teil die Fortsetzung der Verhandlungen verweigert. ²Die Verjährung tritt frühestens drei Monate nach dem Ende der Hemmung ein.

§ 204 Hemmung der Verjährung durch Rechtsverfolgung. (1) Die Verjährung wird gehemmt durch
1. die Erhebung der Klage auf Leistung oder auf Feststellung des Anspruchs, auf Erteilung der Vollstreckungsklausel oder auf Erlass des Vollstreckungsurteils,
2. die Zustellung des Antrags im vereinfachten Verfahren über den Unterhalt Minderjähriger,
3. die Zustellung des Mahnbescheids im Mahnverfahren,
4. die Veranlassung der Bekanntgabe des Güteantrags, der bei einer durch die Landesjustizverwaltung eingerichteten oder anerkannten Gütestelle oder, wenn die Parteien den Einigungsversuch einvernehmlich unternehmen, bei einer sonstigen Gütestelle, die Streitbeilegungen betreibt, eingereicht ist; wird die Bekanntgabe demnächst nach der Einreichung des Antrags veranlasst, so tritt die Hemmung der Verjährung bereits mit der Einreichung ein,
5. die Geltendmachung der Aufrechnung des Anspruchs im Prozess,
6. die Zustellung der Streitverkündung,
7. die Zustellung des Antrags auf Durchführung eines selbständigen Beweisverfahrens,
8. den Beginn eines vereinbarten Begutachtungsverfahrens oder die Beauftragung des Gutachters in dem Verfahrens nach § 641 a,
9. die Zustellung des Antrags auf Erlass eines Arrests, einer einstweiligen Verfügung oder einer einstweiligen Anordnung, oder, wenn der Antrag nicht zugestellt wird, dessen Einreichung, wenn der Arrestbefehl, die einstweilige Verfügung oder die einstweilige Anordnung innerhalb eines Monats seit Verkündung oder Zustellung an den Gläubiger dem Schuldner zugestellt wird,

10. die Anmeldung des Anspruchs im Insolvenzverfahren oder im Schifffahrtsrechtlichen Verteilungsverfahren,
11. den Beginn des schiedsrichterlichen Verfahrens,
12. die Einreichung des Antrags bei einer Behörde, wenn die Zulässigkeit der Klage von der Vorentscheidung dieser Behörde abhängt und innerhalb von drei Monaten nach Erledigung des Gesuchs die Klage erhoben wird; dies gilt entsprechend für bei einem Gericht oder bei einer in Nummer 4 bezeichneten Gütestelle zu stellende Anträge, deren Zulässigkeit von der Vorentscheidung einer Behörde abhängt,
13. die Einreichung des Antrags bei dem höheren Gericht, wenn dieses das zuständige Gericht zu bestimmen hat und innerhalb von drei Monaten nach Erledigung des Gesuchs die Klage erhoben oder der Antrag, für den die Gerichtsstandsbestimmung zu erfolgen hat, gestellt wird, und
14. die Veranlassung der Bekanntgabe des erstmaligen Antrags auf Gewährung von Prozesskostenhilfe; wird die Bekanntgabe demnächst nach der Einreichung des Antrags veranlasst, so tritt die Hemmung der Verjährung bereits mit der Einreichung ein.

(2) ¹Die Hemmung nach Absatz 1 endet sechs Monate nach der rechtskräftigen Entscheidung oder anderweitigen Beendigung des eingeleiteten Verfahrens. ²Gerät das Verfahren dadurch in Stillstand, dass die Parteien es nicht betreiben, so tritt an die Stelle der Beendigung des Verfahrens die letzte Verfahrenshandlung der Parteien, des Gerichts oder der sonst mit dem Verfahren befassten Stelle. ³Die Hemmung beginnt erneut, wenn eine der Parteien das Verfahren weiter betreibt.

(3) Auf die Frist nach Absatz 1 Nr. 9, 12 und 13 finden die §§ 206, 210 und 211 entsprechende Anwendung.

§ 205 Hemmung der Verjährung bei Leistungsverweigerungsrecht. Die Verjährung ist gehemmt, solange der Schuldner auf Grund einer Vereinbarung mit dem Gläubiger vorübergehend zur Verweigerung der Leistung berechtigt ist.

§ 208 Hemmung der Verjährung bei Ansprüchen wegen Verletzung der sexuellen Selbstbestimmung. ¹Die Verjährung von Ansprüchen wegen Verletzung der sexuellen Selbstbestimmung ist bis zur Vollendung des 21. Lebensjahrs des Gläubigers gehemmt. ²Lebt der Gläubiger von Ansprüchen wegen Verletzung der sexuellen Selbstbestimmung bei Beginn der Verjährung mit dem Schuldner in häuslicher Gemeinschaft, so ist die Verjährung auch bis zur Beendigung der häuslichen Gemeinschaft gehemmt.

§ 209 Wirkung der Hemmung. Der Zeitraum, während dessen die Verjährung gehemmt ist, wird in die Verjährungsfrist nicht eingerechnet.

§ 212 Neubeginn der Verjährung. (1) Die Verjährung beginnt erneut, wenn
1. der Schuldner dem Gläubiger gegenüber den Anspruch durch Abschlagszahlung, Zinszahlung, Sicherheitsleistung oder in anderer Weise anerkennt oder

2. eine gerichtliche oder behördliche Vollstreckungshandlung vorgenommen oder beantragt wird.

(2) Der erneute Beginn der Verjährung infolge einer Vollstreckungshandlung gilt als nicht eingetreten, wenn die Vollstreckungshandlung auf Antrag des Gläubigers oder wegen Mangels der gesetzlichen Voraussetzungen aufgehoben wird.

(3) Der erneute Beginn der Verjährung durch den Antrag auf Vornahme einer Vollstreckungshandlung gilt als nicht eingetreten, wenn dem Antrag nicht stattgegeben oder der Antrag vor der Vollstreckungshandlung zurückgenommen oder die erwirkte Vollstreckungshandlung nach Absatz 2 aufgehoben wird.

Titel 3. Rechtsfolgen der Verjährung

§ 214 Wirkung der Verjährung. (1) Nach Eintritt der Verjährung ist der Schuldner berechtigt, die Leistung zu verweigern.

(2) [1]Das zur Befriedigung eines verjährten Anspruchs Geleistete kann nicht zurückgefordert werden, auch wenn in Unkenntnis der Verjährung geleistet worden ist. [2]Das Gleiche gilt von einem vertragsmäßigen Anerkenntnis sowie einer Sicherheitsleistung des Schuldners.

§ 215 Aufrechnung und Zurückbehaltungsrecht nach Eintritt der Verjährung. Die Verjährung schließt die Aufrechnung und die Geltendmachung eines Zurückbehaltungsrechts nicht aus, wenn der Anspruch in dem Zeitpunkt noch nicht verjährt war, in dem erstmals aufgerechnet oder die Leistung verweigert werden konnte.

Buch 2. Recht der Schuldverhältnisse

Abschnitt 1. Inhalt der Schuldverhältnisse

Titel 1. Verpflichtung zur Leistung

§ 241 Pflichten aus dem Schuldverhältnis. (1) [1]Kraft des Schuldverhältnisses ist der Gläubiger berechtigt, von dem Schuldner eine Leistung zu fordern. [2]Die Leistung kann auch in einem Unterlassen bestehen.

(2) Das Schuldverhältnis kann nach seinem Inhalt jeden Teil zur Rücksicht auf die Rechte, Rechtsgüter und Interessen des anderen Teils verpflichten.

§ 242 Leistung nach Treu und Glauben. Der Schuldner ist verpflichtet, die Leistung so zu bewirken, wie Treu und Glauben mit Rücksicht auf die Verkehrssitte es erfordern.

§ 249 Art und Umfang des Schadensersatzes. (1) Wer zum Schadensersatz verpflichtet ist, hat den Zustand herzustellen, der bestehen würde, wenn der zum Ersatz verpflichtende Umstand nicht eingetreten wäre.

(2) [1]Ist wegen Verletzung einer Person oder wegen Beschädigung einer Sache Schadensersatz zu leisten, so kann der Gläubiger statt der Herstellung den

dazu erforderlichen Geldbetrag verlangen. ²Bei der Beschädigung einer Sache schließt der nach Satz 1 erforderliche Geldbetrag die Umsatzsteuer nur mit ein, wenn und soweit sie tatsächlich angefallen ist.

§ 252 Entgangener Gewinn. ¹Der zu ersetzende Schaden umfasst auch den entgangenen Gewinn. ²Als entgangen gilt der Gewinn, welcher nach dem gewöhnlichen Lauf der Dinge oder nach den besonderen Umständen, insbesondere nach den getroffenen Anstalten und Vorkehrungen, mit Wahrscheinlichkeit erwartet werden konnte.

§ 253 Immaterieller Schaden. (1) Wegen eines Schadens, der nicht Vermögensschaden ist, kann Entschädigung in Geld nur in den durch das Gesetz bestimmten Fällen gefordert werden.

(2) Ist wegen einer Verletzung des Körpers, der Gesundheit, der Freiheit oder der sexuellen Selbstbestimmung Schadensersatz zu leisten, kann auch wegen des Schadens, der nicht Vermögensschaden ist, eine billige Entschädigung in Geld gefordert werden.

§ 254 Mitverschulden. (1) Hat bei der Entstehung des Schadens ein Verschulden des Beschädigten mitgewirkt, so hängt die Verpflichtung zum Ersatz sowie der Umfang des zu leistenden Ersatzes von den Umständen, insbesondere davon ab, inwieweit der Schaden vorwiegend von dem einen oder dem anderen Teil verursacht worden ist.

(2) ¹Dies gilt auch dann, wenn sich das Verschulden des Beschädigten darauf beschränkt, dass er unterlassen hat, den Schuldner auf die Gefahr eines ungewöhnlich hohen Schadens aufmerksam zu machen, die der Schuldner weder kannte noch kennen musste, oder dass er unterlassen hat, den Schaden abzuwenden oder zu mindern. ²Die Vorschrift des § 278 findet entsprechende Anwendung.

§ 273 Zurückbehaltungsrecht. (1) Hat der Schuldner aus demselben rechtlichen Verhältnis, auf dem seine Verpflichtung beruht, einen fälligen Anspruch gegen den Gläubiger, so kann er, sofern nicht aus dem Schuldverhältnis sich ein anderes ergibt, die geschuldete Leistung verweigern, bis die ihm gebührende Leistung bewirkt wird (Zurückbehaltungsrecht).

(2) Wer zur Herausgabe eines Gegenstands verpflichtet ist, hat das gleiche Recht, wenn ihm ein fälliger Anspruch wegen Verwendungen auf den Gegenstand oder wegen eines ihm durch diesen verursachten Schadens zusteht, es sei denn, dass er den Gegenstand durch eine vorsätzlich begangene unerlaubte Handlung erlangt hat.

(3) ¹Der Gläubiger kann die Ausübung des Zurückbehaltungsrechts durch Sicherheitsleistung abwenden. ²Die Sicherheitsleistung durch Bürgen ist ausgeschlossen.

§ 274 Wirkungen des Zurückbehaltungsrechts. (1) Gegenüber der Klage des Gläubigers hat die Geltendmachung des Zurückbehaltungsrechts nur die Wirkung, dass der Schuldner zur Leistung gegen Empfang der ihm gebührenden Leistung (Erfüllung Zug um Zug) zu verurteilen ist.

(2) Auf Grund einer solchen Verurteilung kann der Gläubiger seinen Anspruch ohne Bewirkung der ihm obliegenden Leistung im Wege der Zwangsvollstreckung verfolgen, wenn der Schuldner im Verzug der Annahme ist.

§ 275[1] **Ausschluss der Leistungspflicht.** (1) Der Anspruch auf Leistung ist ausgeschlossen, soweit diese für den Schuldner oder für jedermann unmöglich ist.

(2) ¹Der Schuldner kann die Leistung verweigern, soweit diese einen Aufwand erfordert, der unter Beachtung des Inhalts des Schuldverhältnisses und der Gebote von Treu und Glauben in einem groben Missverhältnis zu dem Leistungsinteresse des Gläubigers steht. ²Bei der Bestimmung der dem Schuldner zuzumutenden Anstrengungen ist auch zu berücksichtigen, ob der Schuldner das Leistungshindernis zu vertreten hat.

(3) Der Schuldner kann die Leistung ferner verweigern, wenn er die Leistung persönlich zu erbringen hat und sie ihm unter Abwägung des seiner Leistung entgegenstehenden Hindernisses mit dem Leistungsinteresse des Gläubigers nicht zugemutet werden kann.

(4) Die Rechte des Gläubigers bestimmen sich nach den §§ 280, 283 bis 285, 311a und 326.

§ 276 Verantwortlichkeit des Schuldners. (1) ¹Der Schuldner hat Vorsatz und Fahrlässigkeit zu vertreten, wenn eine strengere oder mildere Haftung weder bestimmt noch aus dem sonstigen Inhalt des Schuldverhältnisses, insbesondere aus der Übernahme einer Garantie oder eines Beschaffungsrisikos, zu entnehmen ist. ²Die Vorschriften der §§ 827 und 828 finden entsprechende Anwendung.

(2) Fahrlässig handelt, wer die im Verkehr erforderliche Sorgfalt außer Acht lässt.

(3) Die Haftung wegen Vorsatzes kann dem Schuldner nicht im Voraus erlassen werden.

§ 277 Sorgfalt in eigenen Angelegenheiten. Wer nur für diejenige Sorgfalt einzustehen hat, welche er in eigenen Angelegenheiten anzuwenden pflegt, ist von der Haftung wegen grober Fahrlässigkeit nicht befreit.

§ 278 Verantwortlichkeit des Schuldners für Dritte. ¹Der Schuldner hat ein Verschulden seines gesetzlichen Vertreters und der Personen, deren er sich zur Erfüllung seiner Verbindlichkeit bedient, in gleichem Umfang zu vertreten wie eigenes Verschulden. ²Die Vorschrift des § 276 Abs. 3 findet keine Anwendung.

§ 279 (weggefallen)

§ 280 Schadensersatz wegen Pflichtverletzung. (1) ¹Verletzt der Schuldner eine Pflicht aus dem Schuldverhältnis, so kann der Gläubiger Ersatz

---

[1] Amtl. Anm.: Diese Vorschrift dient auch der Umsetzung der Richtlinie 1999/44/EG des Europäischen Parlaments und des Rates vom 25. Mai 1999 zu bestimmten Aspekten des Verbrauchsgüterkaufs und der Garantien für Verbrauchsgüter (ABl. EG Nr. L 171 S. 12).

des hierdurch entstehenden Schadens verlangen. ²Dies gilt nicht, wenn der Schuldner die Pflichtverletzung nicht zu vertreten hat.

(2) Schadensersatz wegen Verzögerung der Leistung kann der Gläubiger nur unter der zusätzlichen Voraussetzung des § 286 verlangen.

(3) Schadensersatz statt der Leistung kann der Gläubiger nur unter den zusätzlichen Voraussetzungen des § 281, des § 282 oder des § 283 verlangen.

§ 281 Schadensersatz statt der Leistung wegen nicht oder nicht wie geschuldet erbrachter Leistung. (1) ¹Soweit der Schuldner die fällige Leistung nicht oder nicht wie geschuldet erbringt, kann der Gläubiger unter den Voraussetzungen des § 280 Abs. 1 Schadensersatz statt der Leistung verlangen, wenn er dem Schuldner erfolglos eine angemessene Frist zur Leistung oder Nacherfüllung bestimmt hat. ²Hat der Schuldner eine Teilleistung bewirkt, so kann der Gläubiger Schadensersatz statt der ganzen Leistung nur verlangen, wenn er an der Teilleistung kein Interesse hat. ³Hat der Schuldner die Leistung nicht wie geschuldet bewirkt, so kann der Gläubiger Schadensersatz statt der ganzen Leistung nicht verlangen, wenn die Pflichtverletzung unerheblich ist.

(2) Die Fristsetzung ist entbehrlich, wenn der Schuldner die Leistung ernsthaft und endgültig verweigert oder wenn besondere Umstände vorliegen, die unter Abwägung der beiderseitigen Interessen die sofortige Geltendmachung des Schadensersatzanspruchs rechtfertigen.

(3) Kommt nach der Art der Pflichtverletzung eine Fristsetzung nicht in Betracht, so tritt an deren Stelle eine Abmahnung.

(4) Der Anspruch auf die Leistung ist ausgeschlossen, sobald der Gläubiger statt der Leistung Schadensersatz verlangt hat.

(5) Verlangt der Gläubiger Schadensersatz statt der ganzen Leistung, so ist der Schuldner zur Rückforderung des Geleisteten nach den §§ 346 bis 348 berechtigt.

§ 282 Schadensersatz statt der Leistung wegen Verletzung einer Pflicht nach § 241 Abs. 2. Verletzt der Schuldner eine Pflicht nach § 241 Abs. 2, kann der Gläubiger unter den Voraussetzungen des § 280 Abs. 1 Schadensersatz statt der Leistung verlangen, wenn ihm die Leistung durch den Schuldner nicht mehr zuzumuten ist.

§ 283 Schadensersatz statt der Leistung bei Ausschluss der Leistungspflicht. ¹Braucht der Schuldner nach § 275 Abs. 1 bis 3 nicht zu leisten, kann der Gläubiger unter den Voraussetzungen des § 280 Abs. 1 Schadensersatz statt der Leistung verlangen. ²§ 281 Abs. 1 Satz 2 und 3 und Abs. 5 findet entsprechende Anwendung.

§ 286[1] Verzug des Schuldners. (1) ¹Leistet der Schuldner auf eine Mahnung des Gläubigers nicht, die nach dem Eintritt der Fälligkeit erfolgt, so kommt er durch die Mahnung in Verzug. ²Der Mahnung stehen die Erhe-

---

[1] **Amtl. Anm.:** Diese Vorschrift dient zum Teil auch der Umsetzung der Richtlinie 2000/35/EG des Europäischen Parlaments und des Rates vom 29. Juni 2000 zur Bekämpfung von Zahlungsverzug im Geschäftsverkehr (ABl. EG Nr. L 200 S. 35).

bung der Klage auf die Leistung sowie die Zustellung eines Mahnbescheids im Mahnverfahren gleich.

(2) Der Mahnung bedarf es nicht, wenn
1. für die Leistung eine Zeit nach dem Kalender bestimmt ist,
2. der Leistung ein Ereignis vorauszugehen hat und eine angemessene Zeit für die Leistung in der Weise bestimmt ist, dass sie sich von dem Ereignis an nach dem Kalender berechnen lässt,
3. der Schuldner die Leistung ernsthaft und endgültig verweigert,
4. aus besonderen Gründen unter Abwägung der beiderseitigen Interessen der sofortige Eintritt des Verzugs gerechtfertigt ist.

(3) [1]Der Schuldner einer Entgeltforderung kommt spätestens in Verzug, wenn er nicht innerhalb von 30 Tagen nach Fälligkeit und Zugang einer Rechnung oder gleichwertigen Zahlungsaufstellung leistet; dies gilt gegenüber einem Schuldner, der Verbraucher ist, nur, wenn auf diese Folgen in der Rechnung oder Zahlungsaufstellung besonders hingewiesen worden ist. [2]Wenn der Zeitpunkt des Zugangs der Rechnung oder Zahlungsaufstellung unsicher ist, kommt der Schuldner, der nicht Verbraucher ist, spätestens 30 Tage nach Fälligkeit und Empfang der Gegenleistung in Verzug.

(4) Der Schuldner kommt nicht in Verzug, solange die Leistung infolge eines Umstands unterbleibt, den er nicht zu vertreten hat.

§ 287 Verantwortlichkeit während des Verzugs. [1]Der Schuldner hat während des Verzugs jede Fahrlässigkeit zu vertreten. [2]Er haftet wegen der Leistung auch für Zufall, es sei denn, dass der Schaden auch bei rechtzeitiger Leistung eingetreten sein würde.

§ 288[1)] **Verzugszinsen.** (1) [1]Eine Geldschuld ist während des Verzugs zu verzinsen. [2]Der Verzugszinssatz beträgt für das Jahr fünf Prozentpunkte über dem Basiszinssatz.

(2) Bei Rechtsgeschäften, an denen ein Verbraucher nicht beteiligt ist, beträgt der Zinssatz für Entgeltforderungen acht Prozentpunkte über dem Basiszinssatz.

(3) Der Gläubiger kann aus einem anderen Rechtsgrund höhere Zinsen verlangen.

(4) Die Geltendmachung eines weiteren Schadens ist nicht ausgeschlossen.

Titel 2. Verzug des Gläubigers

§ 293 Annahmeverzug. Der Gläubiger kommt in Verzug, wenn er die ihm angebotene Leistung nicht annimmt.

§ 294 Tatsächliches Angebot. Die Leistung muss dem Gläubiger so, wie sie zu bewirken ist, tatsächlich angeboten werden.

[1)] **Amtl. Anm.:** Diese Vorschrift dient zum Teil auch der Umsetzung der Richtlinie 2000/35/EG des Europäischen Parlaments und des Rates vom 29. Juni 2000 zur Bekämpfung von Zahlungsverzug im Geschäftsverkehr (ABl. EG Nr. L 200 S. 35).

§ 295 Wörtliches Angebot. ¹Ein wörtliches Angebot des Schuldners genügt, wenn der Gläubiger ihm erklärt hat, dass er die Leistung nicht annehmen werde, oder wenn zur Bewirkung der Leistung eine Handlung des Gläubigers erforderlich ist, insbesondere wenn der Gläubiger die geschuldete Sache abzuholen hat. ²Dem Angebot der Leistung steht die Aufforderung an den Gläubiger gleich, die erforderliche Handlung vorzunehmen.

§ 296 Entbehrlichkeit des Angebots. ¹Ist für die von dem Gläubiger vorzunehmende Handlung eine Zeit nach dem Kalender bestimmt, so bedarf es des Angebots nur, wenn der Gläubiger die Handlung rechtzeitig vornimmt. ²Das Gleiche gilt, wenn der Handlung ein Ereignis vorauszugehen hat und eine angemessene Zeit für die Handlung in der Weise bestimmt ist, dass sie sich von dem Ereignis an nach dem Kalender berechnen lässt.

§ 297 Unvermögen des Schuldners. Der Gläubiger kommt nicht in Verzug, wenn der Schuldner zur Zeit des Angebots oder im Falle des § 296 zu der für die Handlung des Gläubigers bestimmten Zeit außerstande ist, die Leistung zu bewirken.

§ 298 Zug-um-Zug-Leistungen. Ist der Schuldner nur gegen eine Leistung des Gläubigers zu leisten verpflichtet, so kommt der Gläubiger in Verzug, wenn er zwar die angebotene Leistung anzunehmen bereit ist, die verlangte Gegenleistung aber nicht anbietet.

§ 299 Vorübergehende Annahmeverhinderung. Ist die Leistungszeit nicht bestimmt oder ist der Schuldner berechtigt, vor der bestimmten Zeit zu leisten, so kommt der Gläubiger nicht dadurch in Verzug, dass er vorübergehend an der Annahme der angebotenen Leistung verhindert ist, es sei denn, dass der Schuldner ihm die Leistung eine angemessene Zeit vorher angekündigt hat.

§ 300 Wirkungen des Gläubigerverzugs. (1) Der Schuldner hat während des Verzugs des Gläubigers nur Vorsatz und grobe Fahrlässigkeit zu vertreten.

(2) Wird eine nur der Gattung nach bestimmte Sache geschuldet, so geht die Gefahr mit dem Zeitpunkt auf den Gläubiger über, in welchem er dadurch in Verzug kommt, dass er die angebotene Sache nicht annimmt.

§ 301 Wegfall der Verzinsung. Von einer verzinslichen Geldschuld hat der Schuldner während des Verzugs des Gläubigers Zinsen nicht zu entrichten.

§ 302 Nutzungen. Hat der Schuldner die Nutzungen eines Gegenstands herauszugeben oder zu ersetzen, so beschränkt sich seine Verpflichtung während des Verzugs des Gläubigers auf die Nutzungen, welche er zieht.

§ 303 Recht zur Besitzaufgabe. ¹Ist der Schuldner zur Herausgabe eines Grundstücks oder eines eingetragenen Schiffs oder Schiffsbauwerks verpflichtet, so kann er nach dem Eintritt des Verzugs des Gläubigers den Besitz aufgeben. ²Das Aufgeben muss dem Gläubiger vorher angedroht werden, es sei denn, dass die Androhung untunlich ist.

§ 304 Ersatz von Mehraufwendungen. Der Schuldner kann im Falle des Verzugs des Gläubigers Ersatz der Mehraufwendungen verlangen, die er für das erfolglose Angebot sowie für die Aufbewahrung und Erhaltung des geschuldeten Gegenstands machen musste.

Abschnitt 2.[1] Gestaltung rechtsgeschäftlicher Schuldverhältnisse durch Allgemeine Geschäftsbedingungen

§ 305 Einbeziehung Allgemeiner Geschäftsbedingungen in den Vertrag. (1) ¹Allgemeine Geschäftsbedingungen sind alle für eine Vielzahl von Verträgen vorformulierten Vertragsbedingungen, die eine Vertragspartei (Verwender) der anderen Vertragspartei bei Abschluss eines Vertrags stellt. ²Gleichgültig ist, ob die Bestimmungen einen äußerlich gesonderten Bestandteil des Vertrags bilden oder in die Vertragsurkunde selbst aufgenommen werden, welchen Umfang sie haben, in welcher Schriftart sie verfasst sind und welche Form der Vertrag hat. ³Allgemeine Geschäftsbedingungen liegen nicht vor, soweit die Vertragsbedingungen zwischen den Vertragsparteien im Einzelnen ausgehandelt sind.

(2) Allgemeine Geschäftsbedingungen werden nur dann Bestandteil eines Vertrags, wenn der Verwender bei Vertragsschluss

1. die andere Vertragspartei ausdrücklich oder, wenn ein ausdrücklicher Hinweis wegen der Art des Vertragsschlusses nur unter unverhältnismäßigen Schwierigkeiten möglich ist, durch deutlich sichtbaren Aushang am Orte des Vertragsschlusses auf sie hinweist und

2. der anderen Vertragspartei die Möglichkeit verschafft, in zumutbarer Weise, die auch eine für den Verwender erkennbare körperliche Behinderung der anderen Vertragspartei angemessen berücksichtigt, von ihrem Inhalt Kenntnis zu nehmen,

und wenn die andere Vertragspartei mit ihrer Geltung einverstanden ist.

(3) Die Vertragsparteien können für eine bestimmte Art von Rechtsgeschäften die Geltung bestimmter Allgemeiner Geschäftsbedingungen unter Beachtung der in Absatz 2 bezeichneten Erfordernisse im Voraus vereinbaren.

§ 305 a Einbeziehung in besonderen Fällen. Auch ohne Einhaltung der in § 305 Abs. 2 Nr. 1 und 2 bezeichneten Erfordernisse werden einbezogen, wenn die andere Vertragpartei mit ihrer Geltung einverstanden ist,

1. die mit Genehmigung der zuständigen Verkehrsbehörde oder auf Grund von internationalen Übereinkommen erlassenen Tarife und Ausführungsbestimmungen der Eisenbahnen und die nach Maßgabe des Personenbeförderungsgesetzes genehmigten Beförderungsbedingungen der Straßenbahnen, Obusse und Kraftfahrzeuge im Linienverkehr in den Beförderungsvertrag,

---

[1] **Amtl. Anm.:** Dieser Abschnitt dient auch der Umsetzung der Richtlinie 93/13/EWG des Rates vom 5. April 1993 über missbräuchliche Klauseln in Verbraucherverträgen (ABl. EG Nr. L 95 S. 29).

2. die im Amtsblatt der Bundesnetzagentur für Elektrizität, Gas, Telekommunikation, Post und Eisenbahnen veröffentlichten und in den Geschäftsstellen des Verwenders bereitgehaltenen Allgemeinen Geschäftsbedingungen
   a) in Beförderungsverträge, die außerhalb von Geschäftsräumen durch den Einwurf von Postsendungen in Briefkästen abgeschlossen werden,
   b) in Verträge über Telekommunikations-, Informations- und andere Dienstleistungen, die unmittelbar durch Einsatz von Fernkommunikationsmitteln und während der Erbringung einer Telekommunikationsdienstleistung in einem Mal erbracht werden, wenn die Allgemeinen Geschäftsbedingungen der anderen Vertragspartei nur unter unverhältnismäßigen Schwierigkeiten vor dem Vertragsschluss zugänglich gemacht werden können.

§ 305 b Vorrang der Individualabrede. Individuelle Vertragsabreden haben Vorrang vor Allgemeinen Geschäftsbedingungen.

§ 305 c Überraschende und mehrdeutige Klauseln. (1) Bestimmungen in Allgemeinen Geschäftsbedingungen, die nach den Umständen, insbesondere nach dem äußeren Erscheinungsbild des Vertrags, so ungewöhnlich sind, dass der Vertragspartner des Verwenders mit ihnen nicht zu rechnen braucht, werden nicht Vertragsbestandteil.

(2) Zweifel bei der Auslegung Allgemeiner Geschäftsbedingungen gehen zu Lasten des Verwenders.

§ 306 Rechtsfolgen bei Nichteinbeziehung und Unwirksamkeit.
(1) Sind Allgemeine Geschäftsbedingungen ganz oder teilweise nicht Vertragsbestandteil geworden oder unwirksam, so bleibt der Vertrag im Übrigen wirksam.

(2) Soweit die Bestimmungen nicht Vertragsbestandteil geworden oder unwirksam sind, richtet sich der Inhalt des Vertrags nach den gesetzlichen Vorschriften.

(3) Der Vertrag ist unwirksam, wenn das Festhalten an ihm auch unter Berücksichtigung der nach Absatz 2 vorgesehenen Änderung eine unzumutbare Härte für eine Vertragspartei darstellen würde.

§ 306 a Umgehungsverbot. Die Vorschriften dieses Abschnitts finden auch Anwendung, wenn sie durch anderweitige Gestaltungen umgangen werden.

§ 307 Inhaltskontrolle. (1) [1]Bestimmungen in Allgemeinen Geschäftsbedingungen sind unwirksam, wenn sie den Vertragspartner des Verwenders entgegen den Geboten von Treu und Glauben unangemessen benachteiligen. [2]Eine unangemessene Benachteiligung kann sich auch daraus ergeben, dass die Bestimmung nicht klar und verständlich ist.

(2) Eine unangemessene Benachteiligung ist im Zweifel anzunehmen, wenn eine Bestimmung
1. mit wesentlichen Grundgedanken der gesetzlichen Regelung, von der abgewichen wird, nicht zu vereinbaren ist oder

2. wesentliche Rechte oder Pflichten, die sich aus der Natur des Vertrags ergeben, so einschränkt, dass die Erreichung des Vertragszwecks gefährdet ist.

(3) ¹Die Absätze 1 und 2 sowie die §§ 308 und 309 gelten nur für Bestimmungen in Allgemeinen Geschäftsbedingungen, durch die von Rechtsvorschriften abweichende oder diese ergänzende Regelungen vereinbart werden. ²Andere Bestimmungen können nach Absatz 1 Satz 2 in Verbindung mit Absatz 1 Satz 1 unwirksam sein.

§ 308 Klauselverbote mit Wertungsmöglichkeit. In Allgemeinen Geschäftsbedingungen ist insbesondere unwirksam

1. (Annahme- und Leistungsfrist)
eine Bestimmung, durch die sich der Verwender unangemessen lange oder nicht hinreichend bestimmte Fristen für die Annahme oder Ablehnung eines Angebots oder die Erbringung einer Leistung vorbehält; ausgenommen hiervon ist der Vorbehalt, erst nach Ablauf der Widerrufs- oder Rückgabefrist nach § 355 Abs. 1 und 2 und § 356 zu leisten;
2. (Nachfrist)
eine Bestimmung, durch die sich der Verwender für die von ihm zu bewirkende Leistung abweichend von Rechtsvorschriften eine unangemessen lange oder nicht hinreichend bestimmte Nachfrist vorbehält;
3. (Rücktrittsvorbehalt)
die Vereinbarung eines Rechts des Verwenders, sich ohne sachlich gerechtfertigten und im Vertrag angegebenen Grund von seiner Leistungspflicht zu lösen; dies gilt nicht für Dauerschuldverhältnisse;
4. (Änderungsvorbehalt)
die Vereinbarung eines Rechts des Verwenders, die versprochene Leistung zu ändern oder von ihr abzuweichen, wenn nicht die Vereinbarung der Änderung oder Abweichung unter Berücksichtigung der Interessen des Verwenders für den anderen Vertragsteil zumutbar ist;
5. (Fingierte Erklärungen)
eine Bestimmung, wonach eine Erklärung des Vertragspartners des Verwenders bei Vornahme oder Unterlassung einer bestimmten Handlung als von ihm abgegeben oder nicht abgegeben gilt, es sei denn, dass
    a) dem Vertragspartner eine angemessene Frist zur Abgabe einer ausdrücklichen Erklärung eingeräumt ist und
    b) der Verwender sich verpflichtet, den Vertragspartner bei Beginn der Frist auf die vorgesehene Bedeutung seines Verhaltens besonders hinzuweisen;
dies gilt nicht für Verträge, in die Teil B der Verdingungsordnung für Bauleistungen insgesamt einbezogen ist;
6. (Fiktion des Zugangs)
eine Bestimmung, die vorsieht, dass eine Erklärung des Verwenders von besonderer Bedeutung dem anderen Vertragsteil als zugegangen gilt;
7. (Abwicklung von Verträgen)
eine Bestimmung, nach der der Verwender für den Fall, dass eine Vertragspartei vom Vertrag zurücktritt oder den Vertrag kündigt,
    a) eine unangemessen hohe Vergütung für die Nutzung oder den Gebrauch einer Sache oder eines Rechts oder für erbrachte Leistungen oder
    b) einen unangemessen hohen Ersatz von Aufwendungen verlangen kann;

Bürgerliches Gesetzbuch § 309 BGB 11

8. (Nichtverfügbarkeit der Leistung)
die nach Nummer 3 zulässige Vereinbarung eines Vorbehalts des Verwenders, sich von der Verpflichtung zur Erfüllung des Vertrags bei Nichtverfügbarkeit der Leistung zu lösen, wenn sich der Verwender nicht verpflichtet,
   a) den Vertragspartner unverzüglich über die Nichtverfügbarkeit zu informieren und
   b) Gegenleistungen des Vertragspartners unverzüglich zu erstatten.

§ 309 Klauselverbote ohne Wertungsmöglichkeit. Auch soweit eine Abweichung von den gesetzlichen Vorschriften zulässig ist, ist in Allgemeinen Geschäftsbedingungen unwirksam
1. (Kurzfristige Preiserhöhungen)
eine Bestimmung, welche die Erhöhung des Entgelts für Waren oder Leistungen vorsieht, die innerhalb von vier Monaten nach Vertragsschluss geliefert oder erbracht werden sollen; dies gilt nicht bei Waren oder Leistungen, die im Rahmen von Dauerschuldverhältnissen geliefert oder erbracht werden;
2. (Leistungsverweigerungsrechte)
eine Bestimmung, durch die
   a) das Leistungsverweigerungsrecht, das dem Vertragspartner des Verwenders nach § 320 zusteht, ausgeschlossen oder eingeschränkt wird oder
   b) ein dem Vertragspartner des Verwenders zustehendes Zurückbehaltungsrecht, soweit es auf demselben Vertragsverhältnis beruht, ausgeschlossen oder eingeschränkt, insbesondere von der Anerkennung von Mängeln durch den Verwender abhängig gemacht wird;
3. (Aufrechnungsverbot)
eine Bestimmung, durch die dem Vertragspartner des Verwenders die Befugnis genommen wird, mit einer unbestrittenen oder rechtskräftig festgestellten Forderung aufzurechnen;
4. (Mahnung, Fristsetzung)
eine Bestimmung, durch die der Verwender von der gesetzlichen Obliegenheit freigestellt wird, den anderen Vertragsteil zu mahnen oder ihm eine Frist für die Leistung oder Nacherfüllung zu setzen;
5. (Pauschalierung von Schadensersatzansprüchen)
die Vereinbarung eines pauschalierten Anspruchs des Verwenders auf Schadensersatz oder Ersatz einer Wertminderung, wenn
   a) die Pauschale den in den geregelten Fällen nach dem gewöhnlichen Lauf der Dinge zu erwartenden Schaden oder die gewöhnlich eintretende Wertminderung übersteigt oder
   b) dem anderen Vertragsteil nicht ausdrücklich der Nachweis gestattet wird, ein Schaden oder eine Wertminderung sei überhaupt nicht entstanden oder wesentlich niedriger als die Pauschale;
6. (Vertragsstrafe)
eine Bestimmung, durch die dem Verwender für den Fall der Nichtabnahme oder verspäteten Abnahme der Leistung, des Zahlungsverzugs oder für den Fall, dass der andere Vertragsteil sich vom Vertrag löst, Zahlung einer Vertragsstrafe versprochen wird;

7. (Haftungsausschluss bei Verletzung von Leben, Körper, Gesundheit und bei grobem Verschulden)
   a) (Verletzung von Leben, Körper, Gesundheit)
   ein Ausschluss oder eine Begrenzung der Haftung für Schäden aus der Verletzung des Lebens, des Körpers oder der Gesundheit, die auf einer fahrlässigen Pflichtverletzung des Verwenders oder einer vorsätzlichen oder fahrlässigen Pflichtverletzung eines gesetzlichen Vertreters oder Erfüllungsgehilfen des Verwenders beruhen;
   b) (Grobes Verschulden)
   ein Ausschluss oder eine Begrenzung der Haftung für sonstige Schäden, die auf einer grob fahrlässigen Pflichtverletzung des Verwenders oder auf einer vorsätzlichen oder grob fahrlässigen Pflichtverletzung eines gesetzlichen Vertreters oder Erfüllungsgehilfen des Verwenders beruhen;
   die Buchstaben a und b gelten nicht für Haftungsbeschränkungen in den nach Maßgabe des Personenbeförderungsgesetzes genehmigten Beförderungsbedingungen und Tarifvorschriften der Straßenbahnen, Obusse und Kraftfahrzeuge im Linienverkehr, soweit sie nicht zum Nachteil des Fahrgasts von der Verordnung über die Allgemeinen Beförderungsbedingungen für den Straßenbahn- und Obusverkehr sowie den Linienverkehr mit Kraftfahrzeugen vom 27. Februar 1970 abweichen; Buchstabe b gilt nicht für Haftungsbeschränkungen für staatlich genehmigte Lotterie- oder Ausspielverträge;
8. (Sonstige Haftungsausschlüsse bei Pflichtverletzung)
   a) (Ausschluss des Rechts, sich vom Vertrag zu lösen)
   eine Bestimmung, die bei einer vom Verwender zu vertretenden, nicht in einem Mangel der Kaufsache oder des Werkes bestehenden Pflichtverletzung das Recht des anderen Vertragsteils, sich vom Vertrag zu lösen, ausschließt oder einschränkt; dies gilt nicht für die in der Nummer 7 bezeichneten Beförderungsbedingungen und Tarifvorschriften unter den dort genannten Voraussetzungen;
   b) (Mängel)
   eine Bestimmung, durch die bei Verträgen über Lieferungen neu hergestellter Sachen und über Werkleistungen
      aa) (Ausschluss und Verweisung auf Dritte)
   die Ansprüche gegen den Verwender wegen eines Mangels insgesamt oder bezüglich einzelner Teile ausgeschlossen, auf die Einräumung von Ansprüchen gegen Dritte beschränkt oder von der vorherigen gerichtlichen Inanspruchnahme Dritter abhängig gemacht werden;
      bb) (Beschränkung auf Nacherfüllung)
   die Ansprüche gegen den Verwender insgesamt oder bezüglich einzelner Teile auf ein Recht auf Nacherfüllung beschränkt werden, sofern dem anderen Vertragsteil nicht ausdrücklich das Recht vorbehalten wird, bei Fehlschlagen der Nacherfüllung zu mindern oder, wenn nicht eine Bauleistung Gegenstand der Mängelhaftung ist, nach seiner Wahl vom Vertrag zurückzutreten;
      cc) (Aufwendungen bei Nacherfüllung)
   die Verpflichtung des Verwenders ausgeschlossen oder beschränkt wird, die zum Zwecke der Nacherfüllung erforderlichen Aufwen-

dungen, insbesondere Transport-, Wege-, Arbeits- und Materialkosten, zu tragen;

    dd) (Vorenthalten der Nacherfüllung)
der Verwender die Nacherfüllung von der vorherigen Zahlung des vollständigen Entgelts oder eines unter Berücksichtigung des Mangels unverhältnismäßig hohen Teils des Entgelts abhängig macht;

    ee) (Ausschlussfrist für Mängelanzeige)
der Verwender dem anderen Vertragsteil für die Anzeige nicht offensichtlicher Mängel eine Ausschlussfrist setzt, die kürzer ist als die nach dem Doppelbuchstaben ff zulässige Frist;

    ff) (Erleichterung der Verjährung)
die Verjährung von Ansprüchen gegen den Verwender wegen eines Mangels in den Fällen des § 438 Abs. 1 Nr. 2 und des § 634a Abs. 1 Nr. 2 erleichtert oder in den sonstigen Fällen eine weniger als ein Jahr betragende Verjährungsfrist ab dem gesetzlichen Verjährungsbeginn erreicht wird; dies gilt nicht für Verträge, in die Teil B der Verdingungsordnung für Bauleistungen insgesamt einbezogen ist;

9. (Laufzeit bei Dauerschuldverhältnissen)
bei einem Vertragsverhältnis, das die regelmäßige Lieferung von Waren oder die regelmäßige Erbringung von Dienst- oder Werkleistungen durch den Verwender zum Gegenstand hat,

  a) eine den anderen Vertragsteil länger als zwei Jahre bindende Laufzeit des Vertrags,

  b) eine den anderen Vertragsteil bindende stillschweigende Verlängerung des Vertragsverhältnisses um jeweils mehr als ein Jahr oder

  c) zu Lasten des anderen Vertragsteils eine längere Kündigungsfrist als drei Monate vor Ablauf der zunächst vorgesehenen oder stillschweigend verlängerten Vertragsdauer;

dies gilt nicht für Verträge über die Lieferung als zusammengehörig verkaufter Sachen, für Versicherungsverträge sowie für Verträge zwischen den Inhabern urheberrechtlicher Rechte und Ansprüche und Verwertungsgesellschaften im Sinne des Gesetzes über die Wahrnehmung von Urheberrechten und verwandten Schutzrechten;

10. (Wechsel des Vertragspartners)
eine Bestimmung, wonach bei Kauf-, Dienst- oder Werkverträgen ein Dritter anstelle des Verwenders in die sich aus dem Vertrag ergebenden Rechte und Pflichten eintritt oder eintreten kann, es sei denn, in der Bestimmung wird

  a) der Dritte namentlich bezeichnet oder

  b) dem anderen Vertragsteil das Recht eingeräumt, sich vom Vertrag zu lösen;

11. (Haftung des Abschlussvertreters)
eine Bestimmung, durch die der Verwender einem Vertreter, der den Vertrag für den anderen Vertragsteil abschließt,

  a) ohne hierauf gerichtete ausdrückliche und gesonderte Erklärung eine eigene Haftung oder Einstandspflicht oder

b) im Falle vollmachtsloser Vertretung eine über § 179 hinausgehende Haftung
auferlegt;
12. (Beweislast)
eine Bestimmung, durch die der Verwender die Beweislast zum Nachteil des anderen Vertragsteils ändert, insbesondere indem er
   a) diesem die Beweislast für Umstände auferlegt, die im Verantwortungsbereich des Verwenders liegen, oder
   b) den anderen Vertragsteil bestimmte Tatsachen bestätigen lässt;
   Buchstabe b gilt nicht für Empfangsbekenntnisse, die gesondert unterschrieben oder mit einer gesonderten qualifizierten elektronischen Signatur versehen sind;
13. (Form von Anzeigen und Erklärungen)
eine Bestimmung, durch die Anzeigen oder Erklärungen, die dem Verwender oder einem Dritten gegenüber abzugeben sind, an eine strengere Form als die Schriftform oder an besondere Zugangserfordernisse gebunden werden.

§ 310 Anwendungsbereich. (1) [1]§ 305 Abs. 2 und 3 und die §§ 308 und 309 finden keine Anwendung auf Allgemeine Geschäftsbedingungen, die gegenüber einem Unternehmer, einer juristischen Person des öffentlichen Rechts oder einem öffentlich-rechtlichen Sondervermögen verwendet werden. [2]§ 307 Abs. 1 und 2 findet in den Fällen des Satzes 1 auch insoweit Anwendung, als dies zur Unwirksamkeit von in den §§ 308 und 309 genannten Vertragsbestimmungen führt; auf die im Handelsverkehr geltenden Gewohnheiten und Gebräuche ist angemessen Rücksicht zu nehmen.

(2) [1]Die §§ 308 und 309 finden keine Anwendung auf Verträge der Elektrizitäts-, Gas-, Fernwärme- und Wasserversorgungsunternehmen über die Versorgung von Sonderabnehmern mit elektrischer Energie, Gas, Fernwärme und Wasser aus dem Versorgungsnetz, soweit die Versorgungsbedingungen nicht zum Nachteil der Abnehmer von Verordnungen über Allgemeine Bedingungen für die Versorgung von Tarifkunden mit elektrischer Energie, Gas, Fernwärme und Wasser abweichen. [2]Satz 1 gilt entsprechend für Verträge über die Entsorgung von Abwasser.

(3) Bei Verträgen zwischen einem Unternehmer und einem Verbraucher (Verbraucherverträge) finden die Vorschriften dieses Abschnitts mit folgenden Maßgaben Anwendung:
1. Allgemeine Geschäftsbedingungen gelten als vom Unternehmer gestellt, es sei denn, dass sie durch den Verbraucher in den Vertrag eingeführt wurden;
2. § 305c Abs. 2 und die §§ 306 und 307 bis 309 dieses Gesetzes sowie Artikel 29a des Einführungsgesetzes zum Bürgerlichen Gesetzbuche finden auf vorformulierte Vertragsbedingungen auch dann Anwendung, wenn diese nur zur einmaligen Verwendung bestimmt sind und soweit der Verbraucher auf Grund der Vorformulierung auf ihren Inhalt keinen Einfluss nehmen konnte;
3. bei der Beurteilung der unangemessenen Benachteiligung nach § 307 Abs. 1 und 2 sind auch die den Vertragsschluss begleitenden Umstände zu berücksichtigen.

(4) [1]Dieser Abschnitt findet keine Anwendung bei Verträgen auf dem Gebiet des Erb-, Familien- und Gesellschaftsrechts sowie auf Tarifverträge, Betriebs- und Dienstvereinbarungen. [2]Bei der Anwendung auf Arbeitsverträge sind die im

Bürgerliches Gesetzbuch §§ 311–312 BGB 11

Arbeitsrecht geltenden Besonderheiten angemessen zu berücksichtigen; § 305 Abs. 2 und 3 ist nicht anzuwenden. ³Tarifverträge, Betriebs- und Dienstvereinbarungen stehen Rechtsvorschriften im Sinne von § 307 Abs. 3 gleich.

Abschnitt 3. Schuldverhältnisse aus Verträgen

Titel 1. Begründung, Inhalt und Beendigung

Untertitel 1. Begründung

§ 311 Rechtsgeschäftliche und rechtsgeschäftsähnliche Schuldverhältnisse. (1) Zur Begründung eines Schuldverhältnisses durch Rechtsgeschäft sowie zur Änderung des Inhalts eines Schuldverhältnisses ist ein Vertrag zwischen den Beteiligten erforderlich, soweit nicht das Gesetz ein anderes vorschreibt.

(2) Ein Schuldverhältnis mit Pflichten nach § 241 Abs. 2 entsteht auch durch
1. die Aufnahme von Vertragsverhandlungen,
2. die Anbahnung eines Vertrags, bei welcher der eine Teil im Hinblick auf eine etwaige rechtsgeschäftliche Beziehung dem anderen Teil die Möglichkeit zur Einwirkung auf seine Rechte, Rechtsgüter und Interessen gewährt oder ihm diese anvertraut, oder
3. ähnliche geschäftliche Kontakte.

(3) ¹Ein Schuldverhältnis mit Pflichten nach § 241 Abs. 2 kann auch zu Personen entstehen, die nicht selbst Vertragspartei werden sollen. ²Ein solches Schuldverhältnis entsteht insbesondere, wenn der Dritte in besonderem Maße Vertrauen für sich in Anspruch nimmt und dadurch die Vertragsverhandlungen oder den Vertragsschluss erheblich beeinflusst.

§ 311a Leistungshindernis bei Vertragsschluss. (1) Der Wirksamkeit eines Vertrags steht es nicht entgegen, dass der Schuldner nach § 275 Abs. 1 bis 3 nicht zu leisten braucht und das Leistungshindernis schon bei Vertragsschluss vorliegt.

(2) ¹Der Gläubiger kann nach seiner Wahl Schadensersatz statt der Leistung oder Ersatz seiner Aufwendungen in dem in § 284 bestimmten Umfang verlangen. ²Dies gilt nicht, wenn der Schuldner das Leistungshindernis bei Vertragsschluss nicht kannte und seine Unkenntnis auch nicht zu vertreten hat. ³§ 281 Abs. 1 Satz 2 und 3 und Abs. 5 findet entsprechende Anwendung.

Untertitel 2. Besondere Vertriebsformen[1)]

§ 312 Widerrufsrecht bei Haustürgeschäften. (1) ¹Bei einem Vertrag zwischen einem Unternehmer und einem Verbraucher, der eine entgeltliche Leistung zum Gegenstand hat und zu dessen Abschluss der Verbraucher

---

[1)] **Amtl. Anm.:** Dieser Untertitel dient der Umsetzung
1. der Richtlinie 85/577/EWG des Rates vom 20. Dezember 1985 betreffend den Verbraucherschutz im Falle von außerhalb von Geschäftsräumen geschlossenen Verträgen (ABl. EG Nr. L 372 S. 31),
2. der Richtlinie 97/7/EG des Europäischen Parlaments und des Rates vom 20. Mai 1997 über den Verbraucherschutz bei Vertragsabschlüssen im Fernabsatz (ABl. EG Nr. L 144 S. 19) und
3. der Artikel 10, 11 und 18 der Richtlinie 2000/31/EG des Europäischen Parlaments und des Rates vom 8. Juni 2000 über bestimmte rechtliche Aspekte der Dienste der Informationsgesellschaft, insbesondere des elektronischen Geschäftsverkehrs, im Binnenmarkt („Richtlinie über den elektronischen Geschäftsverkehr", ABl. EG Nr. L 178 S. 1).

1. durch mündliche Verhandlungen an seinem Arbeitsplatz oder im Bereich einer Privatwohnung,
2. anlässlich einer vom Unternehmer oder von einem Dritten zumindest auch im Interesse des Unternehmers durchgeführten Freizeitveranstaltung oder
3. im Anschluss an ein überraschendes Ansprechen in Verkehrsmitteln oder im Bereich öffentlich zugänglicher Verkehrsflächen

bestimmt worden ist (Haustürgeschäft), steht dem Verbraucher ein Widerrufsrecht gemäß § 355 zu. ²Dem Verbraucher kann anstelle des Widerrufsrechts ein Rückgaberecht nach § 356 eingeräumt werden, wenn zwischen dem Verbraucher und dem Unternehmer im Zusammenhang mit diesem oder einem späteren Geschäft auch eine ständige Verbindung aufrechterhalten werden soll.

(2) Die erforderliche Belehrung über das Widerrufs- oder Rückgaberecht muss auf die Rechtsfolgen des § 357 Abs. 1 und 3 hinweisen.

(3) Das Widerrufs- oder Rückgaberecht besteht unbeschadet anderer Vorschriften nicht bei Versicherungsverträgen oder wenn
1. im Falle von Absatz 1 Nr. 1 die mündlichen Verhandlungen, auf denen der Abschluss des Vertrags beruht, auf vorhergehende Bestellung des Verbrauchers geführt worden sind oder
2. die Leistung bei Abschluss der Verhandlungen sofort erbracht und bezahlt wird und das Entgelt 40 Euro nicht übersteigt oder
3. die Willenserklärung des Verbrauchers von einem Notar beurkundet worden ist.

§ 312 a Verhältnis zu anderen Vorschriften. Steht dem Verbraucher zugleich nach Maßgabe anderer Vorschriften ein Widerrufs- oder Rückgaberecht nach § 355 oder § 356 dieses Gesetzes, nach § 126 des Investmentgesetzes zu, ist das Widerrufs- oder Rückgaberecht nach § 312 ausgeschlossen.

Untertitel 3. Anpassung und Beendigung von Verträgen

§ 313 Störung der Geschäftsgrundlage. (1) Haben sich Umstände, die zur Grundlage des Vertrags geworden sind, nach Vertragsschluss schwerwiegend verändert und hätten die Parteien den Vertrag nicht oder mit anderem Inhalt geschlossen, wenn sie diese Veränderung vorausgesehen hätten, so kann Anpassung des Vertrags verlangt werden, soweit einem Teil unter Berücksichtigung aller Umstände des Einzelfalls, insbesondere der vertraglichen oder gesetzlichen Risikoverteilung, das Festhalten am unveränderten Vertrag nicht zugemutet werden kann.

(2) Einer Veränderung der Umstände steht es gleich, wenn wesentliche Vorstellungen, die zur Grundlage des Vertrags geworden sind, sich als falsch herausstellen.

(3) ¹Ist eine Anpassung des Vertrags nicht möglich oder einem Teil nicht zumutbar, so kann der benachteiligte Teil vom Vertrag zurücktreten. ²An die Stelle des Rücktrittsrechts tritt für Dauerschuldverhältnisse das Recht zur Kündigung.

§ 314 Kündigung von Dauerschuldverhältnissen aus wichtigem Grund. (1) ¹Dauerschuldverhältnisse kann jeder Vertragsteil aus wichtigem Grund ohne Einhaltung einer Kündigungsfrist kündigen. ²Ein wichtiger

Grund liegt vor, wenn dem kündigenden Teil unter Berücksichtigung aller Umstände des Einzelfalls und unter Abwägung der beiderseitigen Interessen die Fortsetzung des Vertragsverhältnisses bis zur vereinbarten Beendigung oder bis zum Ablauf einer Kündigungsfrist nicht zugemutet werden kann.

(2) [1]Besteht der wichtige Grund in der Verletzung einer Pflicht aus dem Vertrag, ist die Kündigung erst nach erfolglosem Ablauf einer zur Abhilfe bestimmten Frist oder nach erfolgloser Abmahnung zulässig. [2]§ 323 Abs. 2 findet entsprechende Anwendung.

(3) Der Berechtigte kann nur innerhalb einer angemessenen Frist kündigen, nachdem er vom Kündigungsgrund Kenntnis erlangt hat.

(4) Die Berechtigung, Schadensersatz zu verlangen, wird durch die Kündigung nicht ausgeschlossen.

Untertitel 4. Einseitige Leistungsbestimmungsrechte

§ 315 **Bestimmung der Leistung durch eine Partei.** (1) Soll die Leistung durch einen der Vertragschließenden bestimmt werden, so ist im Zweifel anzunehmen, dass die Bestimmung nach billigem Ermessen zu treffen ist.

(2) Die Bestimmung erfolgt durch Erklärung gegenüber dem anderen Teil.

(3) [1]Soll die Bestimmung nach billigem Ermessen erfolgen, so ist die getroffene Bestimmung für den anderen Teil nur verbindlich, wenn sie der Billigkeit entspricht. [2]Entspricht sie nicht der Billigkeit, so wird die Bestimmung durch Urteil getroffen; das Gleiche gilt, wenn die Bestimmung verzögert wird.

§ 316 **Bestimmung der Gegenleistung.** Ist der Umfang der für eine Leistung versprochenen Gegenleistung nicht bestimmt, so steht die Bestimmung im Zweifel demjenigen Teil zu, welcher die Gegenleistung zu fordern hat.

§ 317 **Bestimmung der Leistung durch einen Dritten.** (1) Ist die Bestimmung der Leistung einem Dritten überlassen, so ist im Zweifel anzunehmen, dass sie nach billigem Ermessen zu treffen ist.

(2) Soll die Bestimmung durch mehrere Dritte erfolgen, so ist im Zweifel Übereinstimmung aller erforderlich; soll eine Summe bestimmt werden, so ist, wenn verschiedene Summen bestimmt werden, im Zweifel die Durchschnittssumme maßgebend.

§ 318 **Anfechtung der Bestimmung.** (1) Die einem Dritten überlassene Bestimmung der Leistung erfolgt durch Erklärung gegenüber einem der Vertragschließenden.

(2) [1]Die Anfechtung der getroffenen Bestimmung wegen Irrtums, Drohung oder arglistiger Täuschung steht nur den Vertragschließenden zu; Anfechtungsgegner ist der andere Teil. [2]Die Anfechtung muss unverzüglich erfolgen, nachdem der Anfechtungsberechtigte von dem Anfechtungsgrund Kenntnis erlangt hat. [3]Sie ist ausgeschlossen, wenn 30 Jahre verstrichen sind, nachdem die Bestimmung getroffen worden ist.

§ 319 **Unwirksamkeit der Bestimmung; Ersetzung.** (1) [1]Soll der Dritte die Leistung nach billigem Ermessen bestimmen, so ist die getroffene Bestimmung für die Vertragschließenden nicht verbindlich, wenn sie offenbar unbillig ist. ²Die Bestimmung erfolgt in diesem Falle durch Urteil; das Gleiche gilt, wenn der Dritte die Bestimmung nicht treffen kann oder will oder wenn er sie verzögert.

(2) Soll der Dritte die Bestimmung nach freiem Belieben treffen, so ist der Vertrag unwirksam, wenn der Dritte die Bestimmung nicht treffen kann oder will oder wenn er sie verzögert.

Titel 2. Gegenseitiger Vertrag

§ 320 Einrede des nichterfüllten Vertrags. (1) ¹Wer aus einem gegenseitigen Vertrag verpflichtet ist, kann die ihm obliegende Leistung bis zur Bewirkung der Gegenleistung verweigern, es sei denn, dass er vorzuleisten verpflichtet ist. ²Hat die Leistung an mehrere zu erfolgen, so kann dem einzelnen der ihm gebührende Teil bis zur Bewirkung der ganzen Gegenleistung verweigert werden. ³Die Vorschrift des § 273 Abs. 3 findet keine Anwendung.

(2) Ist von der einen Seite teilweise geleistet worden, so kann die Gegenleistung insoweit nicht verweigert werden, als die Verweigerung nach den Umständen, insbesondere wegen verhältnismäßiger Geringfügigkeit des rückständigen Teils, gegen Treu und Glauben verstoßen würde.

§ 321 Unsicherheitseinrede. (1) ¹Wer aus einem gegenseitigen Vertrag vorzuleisten verpflichtet ist, kann die ihm obliegende Leistung verweigern, wenn nach Abschluss des Vertrags erkennbar wird, dass sein Anspruch auf die Gegenleistung durch mangelnde Leistungsfähigkeit des anderen Teils gefährdet wird. ²Das Leistungsverweigerungsrecht entfällt, wenn die Gegenleistung bewirkt oder Sicherheit für sie geleistet wird.

(2) ¹Der Vorleistungspflichtige kann eine angemessene Frist bestimmen, in welcher der andere Teil Zug um Zug gegen die Leistung nach seiner Wahl die Gegenleistung zu bewirken oder Sicherheit zu leisten hat. ²Nach erfolglosem Ablauf der Frist kann der Vorleistungspflichtige vom Vertrag zurücktreten. ³§ 323 findet entsprechende Anwendung.

§ 322 Verurteilung zur Leistung Zug-um-Zug. (1) Erhebt aus einem gegenseitigen Vertrag der eine Teil Klage auf die ihm geschuldete Leistung, so hat die Geltendmachung des dem anderen Teil zustehenden Rechts, die Leistung bis zur Bewirkung der Gegenleistung zu verweigern, nur die Wirkung, dass der andere Teil zur Erfüllung Zug um Zug zu verurteilen ist.

(2) Hat der klagende Teil vorzuleisten, so kann er, wenn der andere Teil im Verzug der Annahme ist, auf Leistung nach Empfang der Gegenleistung klagen.

(3) Auf die Zwangsvollstreckung findet die Vorschrift des § 274 Abs. 2 Anwendung.

§ 323[1]**) Rücktritt wegen nicht oder nicht vertragsgemäß erbrachter Leistung.** (1) Erbringt bei einem gegenseitigen Vertrag der Schuldner eine

---

[1]) **Amtl. Anm.:** Diese Vorschrift dient auch der Umsetzung der Richtlinie 1999/44/EG des Europäischen Parlaments und des Rates vom 25. Mai 1999 zu bestimmten Aspekten des Verbrauchsgüterkaufs und der Garantien für Verbrauchsgüter (ABl. EG Nr. L 171 S. 12).

fällige Leistung nicht oder nicht vertragsgemäß, so kann der Gläubiger, wenn er dem Schuldner erfolglos eine angemessene Frist zur Leistung oder Nacherfüllung bestimmt hat, vom Vertrag zurücktreten.

(2) Die Fristsetzung ist entbehrlich, wenn
1. der Schuldner die Leistung ernsthaft und endgültig verweigert,
2. der Schuldner die Leistung zu einem im Vertrag bestimmten Termin oder innerhalb einer bestimmten Frist nicht bewirkt und der Gläubiger im Vertrag den Fortbestand seines Leistungsinteresses an die Rechtzeitigkeit der Leistung gebunden hat oder
3. besondere Umstände vorliegen, die unter Abwägung der beiderseitigen Interessen den sofortigen Rücktritt rechtfertigen.

(3) Kommt nach der Art der Pflichtverletzung eine Fristsetzung nicht in Betracht, so tritt an deren Stelle eine Abmahnung.

(4) Der Gläubiger kann bereits vor dem Eintritt der Fälligkeit der Leistung zurücktreten, wenn offensichtlich ist, dass die Voraussetzungen des Rücktritts eintreten werden.

(5) ¹Hat der Schuldner eine Teilleistung bewirkt, so kann der Gläubiger vom ganzen Vertrag nur zurücktreten, wenn er an der Teilleistung kein Interesse hat. ²Hat der Schuldner die Leistung nicht vertragsgemäß bewirkt, so kann der Gläubiger vom Vertrag nicht zurücktreten, wenn die Pflichtverletzung unerheblich ist.

(6) Der Rücktritt ist ausgeschlossen, wenn der Gläubiger für den Umstand, der ihn zum Rücktritt berechtigen würde, allein oder weit überwiegend verantwortlich ist oder wenn der vom Schuldner nicht zu vertretende Umstand zu einer Zeit eintritt, zu welcher der Gläubiger im Verzug der Annahme ist.

§ 324 Rücktritt wegen Verletzung einer Pflicht nach § 241 Abs. 2. Verletzt der Schuldner bei einem gegenseitigen Vertrag eine Pflicht nach § 241 Abs. 2, so kann der Gläubiger zurücktreten, wenn ihm ein Festhalten am Vertrag nicht mehr zuzumuten ist.

§ 325 Schadensersatz und Rücktritt. Das Recht, bei einem gegenseitigen Vertrag Schadensersatz zu verlangen, wird durch den Rücktritt nicht ausgeschlossen.

§ 326[1] **Befreiung von der Gegenleistung und Rücktritt beim Ausschluss der Leistungspflicht.** (1) ¹Braucht der Schuldner nach § 275 Abs. 1 bis 3 nicht zu leisten, entfällt der Anspruch auf die Gegenleistung; bei einer Teilleistung findet § 441 Abs. 3 entsprechende Anwendung. ²Satz 1 gilt nicht, wenn der Schuldner im Falle der nicht vertragsgemäßen Leistung die Nacherfüllung nach § 275 Abs. 1 bis 3 nicht zu erbringen braucht.

(2) ¹Ist der Gläubiger für den Umstand, auf Grund dessen der Schuldner nach § 275 Abs. 1 bis 3 nicht zu leisten braucht, allein oder weit überwiegend verantwortlich oder tritt dieser vom Schuldner nicht zu vertretende Umstand zu einer Zeit ein, zu welcher der Gläubiger im Verzug der Annahme ist, so

---

[1] **Amtl. Anm.:** Diese Vorschrift dient auch der Umsetzung der Richtlinie 1999/44/EG des Europäischen Parlaments und des Rates vom 25. Mai 1999 zu bestimmten Aspekten des Verbrauchsgüterkaufs und der Garantien für Verbrauchsgüter (ABl. EG Nr. L 171 S. 12).

behält der Schuldner den Anspruch auf die Gegenleistung. ²Er muss sich jedoch dasjenige anrechnen lassen, was er infolge der Befreiung von der Leistung erspart oder durch anderweitige Verwendung seiner Arbeitskraft erwirbt oder zu erwerben böswillig unterlässt.

(3) ¹Verlangt der Gläubiger nach § 285 Herausgabe des für den geschuldeten Gegenstand erlangten Ersatzes oder Abtretung des Ersatzanspruchs, so bleibt er zur Gegenleistung verpflichtet. ²Diese mindert sich jedoch nach Maßgabe des § 441 Abs. 3 insoweit, als der Wert des Ersatzes oder des Ersatzanspruchs hinter dem Wert der geschuldeten Leistung zurückbleibt.

(4) Soweit die nach dieser Vorschrift nicht geschuldete Gegenleistung bewirkt ist, kann das Geleistete nach den §§ 346 bis 348 zurückgefordert werden.

(5) Braucht der Schuldner nach § 275 Abs. 1 bis 3 nicht zu leisten, kann der Gläubiger zurücktreten; auf den Rücktritt findet § 323 mit der Maßgabe entsprechende Anwendung, dass die Fristsetzung entbehrlich ist.

§ 327 (weggefallen)

Titel 5. Rücktritt; Widerrufs- und Rückgaberecht bei Verbraucherverträgen

Untertitel 2.[1) **Widerrufs- und Rückgaberecht bei Verbraucherverträgen**

§ 355 Widerrufsrecht bei Verbraucherverträgen. (1) ¹Wird einem Verbraucher durch Gesetz ein Widerrufsrecht nach dieser Vorschrift eingeräumt, so ist er an seine auf den Abschluss des Vertrags gerichtete Willenserklärung nicht mehr gebunden, wenn er sie fristgerecht widerrufen hat. ²Der Widerruf muss keine Begründung enthalten und ist in Textform oder durch Rücksendung der Sache innerhalb von zwei Wochen gegenüber dem Unternehmer zu erklären; zur Fristwahrung genügt die rechtzeitige Absendung.

(2) ¹Die Frist beginnt mit dem Zeitpunkt, zu dem dem Verbraucher eine deutlich gestaltete Belehrung über sein Widerrufsrecht, die ihm entsprechend den Erfordernissen des eingesetzten Kommunikationsmittels seine Rechte deutlich macht, in Textform mitgeteilt worden ist, die auch Namen und Anschrift desjenigen, gegenüber dem der Widerruf zu erklären ist, und einen Hinweis auf den Fristbeginn und die Regelung des Absatzes 1 Satz 2 enthält.[2) ²Wird die Belehrung nach Vertragsschluss mitgeteilt, beträgt die Frist abweichend von Absatz 1 Satz 2 einen Monat. ³Ist der Vertrag schriftlich abzuschließen, so beginnt die Frist nicht zu laufen, bevor dem Verbraucher auch eine Vertragsurkunde, der schriftliche Antrag des Verbrauchers oder eine Ab-

---

[1) **Amtl. Anm.:** Dieser Untertitel dient der Umsetzung
1. Richtlinie 85/577/EWG des Rates vom 20. Dezember 1985 betreffend den Verbraucherschutz im Falle von außerhalb von Geschäftsräumen geschlossenen Verträgen (ABl. EG Nr. L 372 S. 31),
2. Richtlinie 94/47/EG des Europäischen Parlaments und des Rates vom 26. Oktober 1994 zum Schutz der Erwerber im Hinblick auf bestimmte Aspekte von Verträgen über den Erwerb von Teilzeitnutzungsrechten an Immobilien (ABl. EG Nr. L 280 S. 82) und
3. Richtlinie 97/7/EG des Europäischen Parlaments und des Rates vom 20. Mai 1997 über den Verbraucherschutz bei Vertragsabschlüssen im Fernabsatz (ABl. EG Nr. L 144 S. 19).
[2) S. hierzu § 14 BGB-InfoV, **BGB** (dtv 5001) Nr. **10**.

schrift der Vertragsurkunde oder des Antrags zur Verfügung gestellt werden. ⁴Ist der Fristbeginn streitig, so trifft die Beweislast den Unternehmer.

(3) ¹Das Widerrufsrecht erlischt spätestens sechs Monate nach Vertragsschluss. ²Bei der Lieferung von Waren beginnt die Frist nicht vor dem Tag ihres Eingangs beim Empfänger. ³Abweichend von Satz 1 erlischt das Widerrufsrecht nicht, wenn der Verbraucher nicht ordnungsgemäß über sein Widerrufsrecht belehrt worden ist, bei Fernabsatzverträgen über Finanzdienstleistungen ferner nicht, wenn der Unternehmer seine Mitteilungspflichten gemäß § 312 c Abs. 2 Nr. 1 nicht ordnungsgemäß erfüllt hat.

§ 357 Rechtsfolgen des Widerrufs und der Rückgabe. (1) ¹Auf das Widerrufs- und das Rückgaberecht finden, soweit nicht ein anderes bestimmt ist, die Vorschriften über den gesetzlichen Rücktritt entsprechende Anwendung. ²§ 286 Abs. 3 gilt für die Verpflichtung zur Erstattung von Zahlungen nach dieser Vorschrift entsprechend; die dort bestimmte Frist beginnt mit der Widerrufs- und Rückgabeerklärung des Verbrauchers. ³Dabei beginnt die Frist im Hinblick auf eine Erstattungsverpflichtung des Verbrauchers mit Abgabe dieser Erklärung, im Hinblick auf eine Erstattungsverpflichtung des Unternehmers mit deren Zugang.

(2)–(4) ...

Abschnitt 8. Einzelne Schuldverhältnisse

Titel 8. Dienstvertrag[1]

§ 611 Vertragstypische Pflichten beim Dienstvertrag. (1) Durch den Dienstvertrag wird derjenige, welcher Dienste zusagt, zur Leistung der versprochenen Dienste, der andere Teil zur Gewährung der vereinbarten Vergütung verpflichtet.

(2) Gegenstand des Dienstvertrags können Dienste jeder Art sein.

§§ 611 a, 611 b *(aufgehoben)*

§ 612 Vergütung. (1) Eine Vergütung gilt als stillschweigend vereinbart, wenn die Dienstleistung den Umständen nach nur gegen eine Vergütung zu erwarten ist.

(2) Ist die Höhe der Vergütung nicht bestimmt, so ist bei dem Bestehen einer Taxe die taxmäßige Vergütung, in Ermangelung einer Taxe die übliche Vergütung als vereinbart anzusehen.

---

[1] **Amtl. Anm.:** Dieser Titel dient der Umsetzung
1. der Richtlinie 76/207/EWG **[EU-Arbeitsrecht (dtv 5751) Nr. 42]** des Rates vom 9. Februar 1976 zur Verwirklichung des Grundsatzes der Gleichbehandlung von Männern und Frauen hinsichtlich des Zugangs zur Beschäftigung, zur Berufsbildung und zum beruflichen Aufstieg sowie in Bezug auf die Arbeitsbedingungen (ABl. EG Nr. L 39 S. 40) und
2. der Richtlinie 77/187/EWG des Rates vom 14. Februar 1977 zur Angleichung der Rechtsvorschriften der Mitgliedstaaten über die Wahrung von Ansprüchen der Arbeitnehmer beim Übergang von Unternehmen, Betrieben oder Betriebsteilen (ABl. EG Nr. L 61 S. 26).

§ 612 a Maßregelungsverbot. Der Arbeitgeber darf einen Arbeitnehmer bei einer Vereinbarung oder einer Maßnahme nicht benachteiligen, weil der Arbeitnehmer in zulässiger Weise seine Rechte ausübt.

§ 613 Unübertragbarkeit. [1]Der zur Dienstleistung Verpflichtete hat die Dienste im Zweifel in Person zu leisten. [2]Der Anspruch auf die Dienste ist im Zweifel nicht übertragbar.

§ 613 a Rechte und Pflichten bei Betriebsübergang. (1) [1]Geht ein Betrieb oder Betriebsteil durch Rechtsgeschäft auf einen anderen Inhaber über, so tritt dieser in die Rechte und Pflichten aus den im Zeitpunkt des Übergangs bestehenden Arbeitsverhältnissen ein. [2]Sind diese Rechte und Pflichten durch Rechtsnormen eines Tarifvertrags oder durch eine Betriebsvereinbarung geregelt, so werden sie Inhalt des Arbeitsverhältnisses zwischen dem neuen Inhaber und dem Arbeitnehmer und dürfen nicht vor Ablauf eines Jahres nach dem Zeitpunkt des Übergangs zum Nachteil des Arbeitnehmers geändert werden. [3]Satz 2 gilt nicht, wenn die Rechte und Pflichten bei dem neuen Inhaber durch Rechtsnormen eines anderen Tarifvertrags oder durch eine andere Betriebsvereinbarung geregelt werden. [4]Vor Ablauf der Frist nach Satz 2 können die Rechte und Pflichten geändert werden, wenn der Tarifvertrag oder die Betriebsvereinbarung nicht mehr gilt oder bei fehlender beiderseitiger Tarifgebundenheit im Geltungsbereich eines anderen Tarifvertrags dessen Anwendung zwischen dem neuen Inhaber und dem Arbeitnehmer vereinbart wird.

(2) [1]Der bisherige Arbeitgeber haftet neben dem neuen Inhaber für Verpflichtungen nach Absatz 1, soweit sie vor dem Zeitpunkt des Übergangs entstanden sind und vor Ablauf von einem Jahr nach diesem Zeitpunkt fällig werden, als Gesamtschuldner. [2]Werden solche Verpflichtungen nach dem Zeitpunkt des Übergangs fällig, so haftet der bisherige Arbeitgeber für sie jedoch nur in dem Umfang, der dem im Zeitpunkt des Übergangs abgelaufenen Teil ihres Bemessungszeitraums entspricht.

(3) Absatz 2 gilt nicht, wenn eine juristische Person oder eine Personenhandelsgesellschaft durch Umwandlung erlischt.

(4) [1]Die Kündigung des Arbeitsverhältnisses eines Arbeitnehmers durch den bisherigen Arbeitgeber oder durch den neuen Inhaber wegen des Übergangs eines Betriebs oder eines Betriebsteils ist unwirksam. [2]Das Recht zur Kündigung des Arbeitsverhältnisses aus anderen Gründen bleibt unberührt.

(5) Der bisherige Arbeitgeber oder der neue Inhaber hat die von einem Übergang betroffenen Arbeitnehmer vor dem Übergang in Textform zu unterrichten über:
1. den Zeitpunkt oder den geplanten Zeitpunkt des Übergangs,
2. den Grund für den Übergang,
3. die rechtlichen, wirtschaftlichen und sozialen Folgen des Übergangs für die Arbeitnehmer und
4. die hinsichtlich der Arbeitnehmer in Aussicht genommenen Maßnahmen.

(6) [1]Der Arbeitnehmer kann dem Übergang des Arbeitsverhältnisses innerhalb eines Monats nach Zugang der Unterrichtung nach Absatz 5 schriftlich widersprechen. [2]Der Widerspruch kann gegenüber dem bisherigen Arbeitgeber oder dem neuen Inhaber erklärt werden.

§ 614 Fälligkeit der Vergütung. ¹Die Vergütung ist nach der Leistung der Dienste zu entrichten. ²Ist die Vergütung nach Zeitabschnitten bemessen, so ist sie nach dem Ablauf der einzelnen Zeitabschnitte zu entrichten.

§ 615 Vergütung bei Annahmeverzug und bei Betriebsrisiko. ¹Kommt der Dienstberechtigte mit der Annahme der Dienste in Verzug, so kann der Verpflichtete für die infolge des Verzugs nicht geleisteten Dienste die vereinbarte Vergütung verlangen, ohne zur Nachleistung verpflichtet zu sein. ²Er muss sich jedoch den Wert desjenigen anrechnen lassen, was er infolge des Unterbleibens der Dienstleistung erspart oder durch anderweitige Verwendung seiner Dienste erwirbt oder zu erwerben böswillig unterlässt. ³Die Sätze 1 und 2 gelten entsprechend in den Fällen, in denen der Arbeitgeber das Risiko des Arbeitsausfalls trägt.

§ 616 Vorübergehende Verhinderung. ¹Der zur Dienstleistung Verpflichtete wird des Anspruchs auf die Vergütung nicht dadurch verlustig, dass er für eine verhältnismäßig nicht erhebliche Zeit durch einen in seiner Person liegenden Grund ohne sein Verschulden an der Dienstleistung verhindert wird. ²Er muss sich jedoch den Betrag anrechnen lassen, welcher ihm für die Zeit der Verhinderung aus einer auf Grund gesetzlicher Verpflichtung bestehenden Kranken- oder Unfallversicherung zukommt.

§ 617 Pflicht zur Krankenfürsorge. (1) ¹Ist bei einem dauernden Dienstverhältnis, welches die Erwerbstätigkeit des Verpflichteten vollständig oder hauptsächlich in Anspruch nimmt, der Verpflichtete in die häusliche Gemeinschaft aufgenommen, so hat der Dienstberechtigte ihm im Falle der Erkrankung die erforderliche Verpflegung und ärztliche Behandlung bis zur Dauer von sechs Wochen, jedoch nicht über die Beendigung des Dienstverhältnisses hinaus, zu gewähren, sofern nicht die Erkrankung von dem Verpflichteten vorsätzlich oder durch grobe Fahrlässigkeit herbeigeführt worden ist. ²Die Verpflegung und ärztliche Behandlung kann durch Aufnahme des Verpflichteten in eine Krankenanstalt gewährt werden. ³Die Kosten können auf die für die Zeit der Erkrankung geschuldete Vergütung angerechnet werden. ⁴Wird das Dienstverhältnis wegen der Erkrankung von dem Dienstberechtigten nach § 626 gekündigt, so bleibt die dadurch herbeigeführte Beendigung des Dienstverhältnisses außer Betracht.

(2) Die Verpflichtung des Dienstberechtigten tritt nicht ein, wenn für die Verpflegung und ärztliche Behandlung durch eine Versicherung oder durch eine Einrichtung der öffentlichen Krankenpflege Vorsorge getroffen ist.

§ 618 Pflicht zu Schutzmaßnahmen. (1) Der Dienstberechtigte hat Räume, Vorrichtungen oder Gerätschaften, die er zur Verrichtung der Dienste zu beschaffen hat, so einzurichten und zu unterhalten und Dienstleistungen, die unter seiner Anordnung oder seiner Leitung vorzunehmen sind, so zu regeln, dass der Verpflichtete gegen Gefahr für Leben und Gesundheit soweit geschützt ist, als die Natur der Dienstleistung es gestattet.

(2) Ist der Verpflichtete in die häusliche Gemeinschaft aufgenommen, so hat der Dienstberechtigte in Ansehung des Wohn- und Schlafraums, der Verpflegung sowie der Arbeits- und Erholungszeit diejenigen Einrichtungen und

Anordnungen zu treffen, welche mit Rücksicht auf die Gesundheit, die Sittlichkeit und die Religion des Verpflichteten erforderlich sind.

(3) Erfüllt der Dienstberechtigte die ihm in Ansehung des Lebens und der Gesundheit des Verpflichteten obliegenden Verpflichtungen nicht, so finden auf seine Verpflichtung zum Schadensersatz die für unerlaubte Handlungen geltenden Vorschriften der §§ 842 bis 846 entsprechende Anwendung.

§ 619 Unabdingbarkeit der Fürsorgepflichten. Die dem Dienstberechtigten nach den §§ 617, 618 obliegenden Verpflichtungen können nicht im Voraus durch Vertrag aufgehoben oder beschränkt werden.

§ 619a Beweislast bei Haftung des Arbeitnehmers. Abweichend von § 280 Abs. 1 hat der Arbeitnehmer dem Arbeitgeber Ersatz für den aus der Verletzung einer Pflicht aus dem Arbeitsverhältnis entstehenden Schaden nur zu leisten, wenn er die Pflichtverletzung zu vertreten hat.

§ 620 Beendigung des Dienstverhältnisses. (1) Das Dienstverhältnis endigt mit dem Ablauf der Zeit, für die es eingegangen ist.

(2) Ist die Dauer des Dienstverhältnisses weder bestimmt noch aus der Beschaffenheit oder dem Zwecke der Dienste zu entnehmen, so kann jeder Teil das Dienstverhältnis nach Maßgabe der §§ 621 bis 623 kündigen.

(3) Für Arbeitsverträge, die auf bestimmte Zeit abgeschlossen werden, gilt das Teilzeit- und Befristungsgesetz[1].

§ 621 Kündigungsfristen bei Dienstverhältnissen. Bei einem Dienstverhältnis, das kein Arbeitsverhältnis im Sinne des § 622 ist, ist die Kündigung zulässig,
1. wenn die Vergütung nach Tagen bemessen ist, an jedem Tag für den Ablauf des folgenden Tages;
2. wenn die Vergütung nach Wochen bemessen ist, spätestens am ersten Werktag einer Woche für den Ablauf des folgenden Sonnabends;
3. wenn die Vergütung nach Monaten bemessen ist, spätestens am 15. eines Monats für den Schluss des Kalendermonats;
4. wenn die Vergütung nach Vierteljahren oder längeren Zeitabschnitten bemessen ist, unter Einhaltung einer Kündigungsfrist von sechs Wochen für den Schluss eines Kalendervierteljahrs;
5. wenn die Vergütung nicht nach Zeitabschnitten bemessen ist, jederzeit; bei einem die Erwerbstätigkeit des Verpflichteten vollständig oder hauptsächlich in Anspruch nehmenden Dienstverhältnis ist jedoch eine Kündigungsfrist von zwei Wochen einzuhalten.

§ 622 Kündigungsfristen bei Arbeitsverhältnissen. (1) Das Arbeitsverhältnis eines Arbeiters oder eines Angestellten (Arbeitnehmers) kann mit einer Frist von vier Wochen zum Fünfzehnten oder zum Ende eines Kalendermonats gekündigt werden.

(2) [1]Für eine Kündigung durch den Arbeitgeber beträgt die Kündigungsfrist, wenn das Arbeitsverhältnis in dem Betrieb oder Unternehmen

---

[1] Nr. 16.

1. zwei Jahre bestanden hat, einen Monat zum Ende eines Kalendermonats,
2. fünf Jahre bestanden hat, zwei Monate zum Ende eines Kalendermonats,
3. acht Jahre bestanden hat, drei Monate zum Ende eines Kalendermonats,
4. zehn Jahre bestanden hat, vier Monate zum Ende eines Kalendermonats,
5. zwölf Jahre bestanden hat, fünf Monate zum Ende eines Kalendermonats,
6. 15 Jahre bestanden hat, sechs Monate zum Ende eines Kalendermonats,
7. 20 Jahre bestanden hat, sieben Monate zum Ende eines Kalendermonats.
[2]Bei der Berechnung der Beschäftigungsdauer werden Zeiten, die vor der Vollendung des 25. Lebensjahrs des Arbeitnehmers liegen, nicht berücksichtigt.

(3) Während einer vereinbarten Probezeit, längstens für die Dauer von sechs Monaten, kann das Arbeitsverhältnis mit einer Frist von zwei Wochen gekündigt werden.

(4) [1]Von den Absätzen 1 bis 3 abweichende Regelungen können durch Tarifvertrag vereinbart werden. [2]Im Geltungsbereich eines solchen Tarifvertrags gelten die abweichenden tarifvertraglichen Bestimmungen zwischen nicht tarifgebundenen Arbeitgebern und Arbeitnehmern, wenn ihre Anwendung zwischen ihnen vereinbart ist.

(5) [1]Einzelvertraglich kann eine kürzere als die in Absatz 1 genannte Kündigungsfrist nur vereinbart werden,
1. wenn ein Arbeitnehmer zur vorübergehenden Aushilfe eingestellt ist; dies gilt nicht, wenn das Arbeitsverhältnis über die Zeit von drei Monaten hinaus fortgesetzt wird;
2. wenn der Arbeitgeber in der Regel nicht mehr als 20 Arbeitnehmer ausschließlich der zu ihrer Berufsbildung Beschäftigten beschäftigt und die Kündigungsfrist vier Wochen nicht unterschreitet.

[2]Bei der Feststellung der Zahl der beschäftigten Arbeitnehmer sind teilzeitbeschäftigte Arbeitnehmer mit einer regelmäßigen wöchentlichen Arbeitszeit von nicht mehr als 20 Stunden mit 0,5 und nicht mehr als 30 Stunden mit 0,75 zu berücksichtigen. [3]Die einzelvertragliche Vereinbarung längerer als der in den Absätzen 1 bis 3 genannten Kündigungsfristen bleibt hiervon unberührt.

(6) Für die Kündigung des Arbeitsverhältnisses durch den Arbeitnehmer darf keine längere Frist vereinbart werden als für die Kündigung durch den Arbeitgeber.

§ 623 Schriftform der Kündigung. Die Beendigung von Arbeitsverhältnissen durch Kündigung oder Auflösungsvertrag bedürfen zu ihrer Wirksamkeit der Schriftform; die elektronische Form ist ausgeschlossen.

§ 624 Kündigungsfrist bei Verträgen über mehr als fünf Jahre. [1]Ist das Dienstverhältnis für die Lebenszeit einer Person oder für längere Zeit als fünf Jahre eingegangen, so kann es von dem Verpflichteten nach dem Ablauf von fünf Jahren gekündigt werden. [2]Die Kündigungsfrist beträgt sechs Monate.

§ 625 Stillschweigende Verlängerung. Wird das Dienstverhältnis nach dem Ablauf der Dienstzeit von dem Verpflichteten mit Wissen des anderen Teiles fortgesetzt, so gilt es als auf unbestimmte Zeit verlängert, sofern nicht der andere Teil unverzüglich widerspricht.

§ 626 Fristlose Kündigung aus wichtigem Grund. (1) Das Dienstverhältnis kann von jedem Vertragsteil aus wichtigem Grund ohne Einhaltung einer Kündigungsfrist gekündigt werden, wenn Tatsachen vorliegen, auf Grund derer dem Kündigenden unter Berücksichtigung aller Umstände des Einzelfalles und unter Abwägung der Interessen beider Vertragsteile die Fortsetzung des Dienstverhältnisses bis zum Ablauf der Kündigungsfrist oder bis zu der vereinbarten Beendigung des Dienstverhältnisses nicht zugemutet werden kann.

(2) [1]Die Kündigung kann nur innerhalb von zwei Wochen erfolgen. [2]Die Frist beginnt mit dem Zeitpunkt, in dem der Kündigungsberechtigte von den für die Kündigung maßgebenden Tatsachen Kenntnis erlangt. [3]Der Kündigende muss dem anderen Teil auf Verlangen den Kündigungsgrund unverzüglich schriftlich mitteilen.

§ 627 Fristlose Kündigung bei Vertrauensstellung. (1) Bei einem Dienstverhältnis, das kein Arbeitsverhältnis im Sinne des § 622 ist, ist die Kündigung auch ohne die in § 626 bezeichnete Voraussetzung zulässig, wenn der zur Dienstleistung Verpflichtete, ohne in einem dauernden Dienstverhältnis mit festen Bezügen zu stehen, Dienste höherer Art zu leisten hat, die auf Grund besonderen Vertrauens übertragen zu werden pflegen.

(2) [1]Der Verpflichtete darf nur in der Art kündigen, dass sich der Dienstberechtigte die Dienste anderweit beschaffen kann, es sei denn, dass ein wichtiger Grund für die unzeitige Kündigung vorliegt. [2]Kündigt er ohne solchen Grund zur Unzeit, so hat er dem Dienstberechtigten den daraus entstehenden Schaden zu ersetzen.

§ 628 Teilvergütung und Schadensersatz bei fristloser Kündigung.
(1) [1]Wird nach dem Beginn der Dienstleistung das Dienstverhältnis auf Grund des § 626 oder des § 627 gekündigt, so kann der Verpflichtete einen seinen bisherigen Leistungen entsprechenden Teil der Vergütung verlangen. [2]Kündigt er, ohne durch vertragswidriges Verhalten des anderen Teiles dazu veranlasst zu sein, oder veranlasst er durch sein vertragswidriges Verhalten die Kündigung des anderen Teiles, so steht ihm ein Anspruch auf die Vergütung insoweit nicht zu, als seine bisherigen Leistungen infolge der Kündigung für den anderen Teil kein Interesse haben. [3]Ist die Vergütung für eine spätere Zeit im Voraus entrichtet, so hat der Verpflichtete sie nach Maßgabe des § 346 oder, wenn die Kündigung wegen eines Umstands erfolgt, den er nicht zu vertreten hat, nach den Vorschriften über die Herausgabe einer ungerechtfertigten Bereicherung zurückzuerstatten.

(2) Wird die Kündigung durch vertragswidriges Verhalten des anderen Teiles veranlasst, so ist dieser zum Ersatz des durch die Aufhebung des Dienstverhältnisses entstehenden Schadens verpflichtet.

§ 629 Freizeit zur Stellungssuche. Nach der Kündigung eines dauernden Dienstverhältnisses hat der Dienstberechtigte dem Verpflichteten auf Verlangen angemessene Zeit zum Aufsuchen eines anderen Dienstverhältnisses zu gewähren.

§ 630 Pflicht zur Zeugniserteilung. [1]Bei der Beendigung eines dauernden Dienstverhältnisses kann der Verpflichtete von dem anderen Teil ein schriftliches Zeugnis über das Dienstverhältnis und dessen Dauer fordern. [2]Das Zeugnis ist auf Verlangen auf die Leistungen und die Führung im Dienst zu erstrecken. ³Die Erteilung des Zeugnisses in elektronischer Form ist ausgeschlossen. ⁴Wenn der Verpflichtete ein Arbeitnehmer ist, findet § 109 der Gewerbeordnung Anwendung.

Titel 9. Werkvertrag und ähnliche Verträge

Untertitel 1. Werkvertrag

§ 631 Vertragstypische Pflichten beim Werkvertrag. (1) Durch den Werkvertrag wird der Unternehmer zur Herstellung des versprochenen Werkes, der Besteller zur Entrichtung der vereinbarten Vergütung verpflichtet.

(2) Gegenstand des Werkvertrags kann sowohl die Herstellung oder Veränderung einer Sache als auch ein anderer durch Arbeit oder Dienstleistung herbeizuführender Erfolg sein.

Titel 12. Auftrag und Geschäftsbesorgungsvertrag

Untertitel 1. Auftrag

§ 670 Ersatz von Aufwendungen. Macht der Beauftragte zum Zwecke der Ausführung des Auftrags Aufwendungen, die er den Umständen nach für erforderlich halten darf, so ist der Auftraggeber zum Ersatz verpflichtet.

Titel 27. Unerlaubte Handlungen

§ 823 Schadensersatzpflicht. (1) Wer vorsätzlich oder fahrlässig das Leben, den Körper, die Gesundheit, die Freiheit, das Eigentum oder ein sonstiges Recht eines anderen widerrechtlich verletzt, ist dem anderen zum Ersatz des daraus entstehenden Schadens verpflichtet.

(2) ¹Die gleiche Verpflichtung trifft denjenigen, welcher gegen ein den Schutz eines anderen bezweckendes Gesetz verstößt. ²Ist nach dem Inhalt des Gesetzes ein Verstoß gegen dieses auch ohne Verschulden möglich, so tritt die Ersatzpflicht nur im Falle des Verschuldens ein.

§ 826 Sittenwidrige vorsätzliche Schädigung. Wer in einer gegen die guten Sitten verstoßenden Weise einem anderen vorsätzlich Schaden zufügt, ist dem anderen zum Ersatz des Schadens verpflichtet.

§ 831 Haftung für den Verrichtungsgehilfen. (1) ¹Wer einen anderen zu einer Verrichtung bestellt, ist zum Ersatz des Schadens verpflichtet, den der andere in Ausführung der Verrichtung einem Dritten widerrechtlich zufügt. ²Die Ersatzpflicht tritt nicht ein, wenn der Geschäftsherr bei der Auswahl der bestellten Person und, sofern er Vorrichtungen oder Gerätschaften zu beschaffen oder die Ausführung der Verrichtung zu leiten hat, bei der Beschaffung oder der Leitung die im Verkehr erforderliche Sorgfalt beobachtet oder wenn der Schaden auch bei Anwendung dieser Sorgfalt entstanden sein würde.

(2) Die gleiche Verantwortlichkeit trifft denjenigen, welcher für den Geschäftsherrn die Besorgung eines der im Absatz 1 Satz 2 bezeichneten Geschäfte durch Vertrag übernimmt.

11a. Einführungsgesetz zum Bürgerlichen Gesetzbuche

In der Fassung der Bekanntmachung vom 21. September 1994[1]
(BGBl. I S. 2494, ber. BGBl. 1997 I S. 1061)

FNA 400-1

zuletzt geänd. durch Art. 5 G zur Klärung der Vaterschaft unabhängig vom Anfechtungsverfahren v. 26. 3. 2008 (BGBl. I S. 441)

– Auszug[2] –

Erster Teil. Allgemeine Vorschriften

Zweites Kapitel. Internationales Privatrecht

Fünfter Abschnitt. Schuldrecht

Erster Unterabschnitt. Vertragliche Schuldverhältnisse

Art. 27 Freie Rechtswahl. (1) [1]Der Vertrag unterliegt dem von den Parteien gewählten Recht. [2]Die Rechtswahl muß ausdrücklich sein oder sich mit hinreichender Sicherheit aus den Bestimmungen des Vertrages oder aus den Umständen des Falles ergeben. [3]Die Parteien können die Rechtswahl für den ganzen Vertrag oder nur für einen Teil treffen.

(2) [1]Die Parteien können jederzeit vereinbaren, daß der Vertrag einem anderen Recht unterliegen soll als dem, das zuvor auf Grund einer früheren Rechtswahl oder auf Grund anderer Vorschriften dieses Unterabschnitts für ihn maßgebend war. [2]Die Formgültigkeit des Vertrages nach Artikel 11 und Rechte Dritter werden durch eine Änderung der Bestimmung des anzuwendenden Rechts nach Vertragsabschluß nicht berührt.

(3) Ist der sonstige Sachverhalt im Zeitpunkt der Rechtswahl nur mit einem Staat verbunden, so kann die Wahl des Rechts eines anderen Staates – auch wenn sie durch die Vereinbarung der Zuständigkeit eines Gerichts eines anderen Staates ergänzt ist – die Bestimmungen nicht berühren, von denen nach dem Recht jenes Staates durch Vertrag nicht abgewichen werden kann (zwingende Bestimmungen).

(4) Auf das Zustandekommen und die Wirksamkeit der Einigung der Parteien über das anzuwendende Recht sind die Artikel 11, 12 und 29 Abs. 3 und Artikel 31 anzuwenden.

---

[1] Neubekanntmachung des EGBGB v. 18. 8. 1896 (RGBl. S. 604) in der ab 1. 10. 1994 geltenden Fassung.
[2] Vollständig abgedruckt in **BGB** (dtv 5001) Nr. **2**.

Art. 30 Arbeitsverträge und Arbeitsverhältnisse von Einzelpersonen.
(1) Bei Arbeitsverträgen und Arbeitsverhältnissen darf die Rechtswahl der Parteien nicht dazu führen, daß dem Arbeitnehmer der Schutz entzogen wird, der ihm durch die zwingenden Bestimmungen des Rechts gewährt wird, das nach Absatz 2 mangels einer Rechtswahl anzuwenden wäre.

(2) Mangels einer Rechtswahl unterliegen Arbeitsverträge und Arbeitsverhältnisse dem Recht des Staates,
1. in dem der Arbeitnehmer in Erfüllung des Vertrages gewöhnlich seine Arbeit verrichtet, selbst wenn er vorübergehend in einen anderen Staat entsandt ist, oder
2. in dem sich die Niederlassung befindet, die den Arbeitnehmer eingestellt hat, sofern dieser seine Arbeit gewöhnlich nicht in ein und demselben Staat verrichtet,

es sei denn, daß sich aus der Gesamtheit der Umstände ergibt, daß der Arbeitsvertrag oder das Arbeitsverhältnis engere Verbindungen zu einem anderen Staat aufweist; in diesem Fall ist das Recht dieses anderen Staates anzuwenden.

Art. 34 Zwingende Vorschriften. Dieser Unterabschnitt berührt nicht die Anwendung der Bestimmungen des deutschen Rechts, die ohne Rücksicht auf das auf den Vertrag anzuwendende Recht den Sachverhalt zwingend regeln.

12. Gewerbeordnung

In der Fassung der Bekanntmachung vom 22. Februar 1999[1]
(BGBl. I S. 202)

FNA 7100-1

zuletzt geänd. durch Art. 9 G zur Vereinfachung und Anpassung statistischer Rechtsvorschriften v. 17. 3. 2008 (BGBl. I S. 399)

– Auszug[2] –

Titel I. Allgemeine Bestimmungen

§ 6 Anwendungsbereich. (1) ¹Dieses Gesetz findet keine Anwendung auf die Fischerei, die Errichtung und Verlegung von Apotheken, die Erziehung von Kindern gegen Entgelt, das Unterrichtswesen, auf die Tätigkeit der Rechtsanwälte und Notare, der Rechtsbeistände, der Wirtschaftsprüfer und Wirtschaftsprüfungsgesellschaften, der vereidigten Buchprüfer und Buchprüfungsgesellschaften, der Steuerberater und Steuerberatungsgesellschaften sowie der Steuerbevollmächtigten, auf den Gewerbebetrieb der Auswandererberater und das Seelotsenwesen. ²Auf das Bergwesen findet dieses Gesetz nur insoweit Anwendung, als es ausdrückliche Bestimmungen enthält; das gleiche gilt für den Gewerbebetrieb der Versicherungsunternehmen, die Ausübung der ärztlichen und anderen Heilberufe, den Verkauf von Arzneimitteln, den Vertrieb von Lotterielosen und die Viehzucht. ³Ferner findet dieses Gesetz mit Ausnahme des Titels XI auf Beförderungen mit Krankenkraftwagen im Sinne des § 1 Abs. 2 Nr. 2 in Verbindung mit Abs. 1 des Personenbeförderungsgesetzes keine Anwendung.

(2) Die Bestimmungen des Abschnitts I des Titels VII finden auf alle Arbeitnehmer Anwendung.

Titel VII. Arbeitnehmer

I. Allgemeine arbeitsrechtliche Grundsätze

§ 105 Freie Gestaltung des Arbeitsvertrages. ¹Arbeitgeber und Arbeitnehmer können Abschluss, Inhalt und Form des Arbeitsvertrages frei vereinbaren, soweit nicht zwingende gesetzliche Vorschriften, Bestimmungen eines anwendbaren Tarifvertrages oder einer Betriebsvereinbarung entgegenstehen. ²Soweit die Vertragsbedingungen wesentlich sind, richtet sich ihr Nachweis nach den Bestimmungen des Nachweisgesetzes[3].

---

[1] Neubekanntmachung der GewO idF der Bek. v. 1. 1. 1987 (BGBl. I S. 425) in der ab 1. 1. 1999 geltenden Fassung.
[2] Vollständig abgedruckt in **Gewerbeordnung** (dtv 5004) Nr. **1**.
[3] Nr. **15**.

§ 106 Weisungsrecht des Arbeitgebers. [1]Der Arbeitgeber kann Inhalt, Ort und Zeit der Arbeitsleistung nach billigem Ermessen näher bestimmen, soweit diese Arbeitsbedingungen nicht durch den Arbeitsvertrag, Bestimmungen einer Betriebsvereinbarung, eines anwendbaren Tarifvertrages oder gesetzliche Vorschriften festgelegt sind. [2]Dies gilt auch hinsichtlich der Ordnung und des Verhaltens der Arbeitnehmer im Betrieb. [3]Bei der Ausübung des Ermessens hat der Arbeitgeber auch auf Behinderungen des Arbeitnehmers Rücksicht zu nehmen.

§ 107 Berechnung und Zahlung des Arbeitsentgelts. (1) Das Arbeitsentgelt ist in Euro zu berechnen und auszuzahlen.

(2) [1]Arbeitgeber und Arbeitnehmer können Sachbezüge als Teil des Arbeitsentgelts vereinbaren, wenn dies dem Interesse des Arbeitnehmers oder der Eigenart des Arbeitsverhältnisses entspricht. [2]Der Arbeitgeber darf dem Arbeitnehmer keine Waren auf Kredit überlassen. [3]Er darf ihm nach Vereinbarung Waren in Anrechnung auf das Arbeitsentgelt überlassen, wenn die Anrechnung zu den durchschnittlichen Selbstkosten erfolgt. [4]Die geleisteten Gegenstände müssen mittlerer Art und Güte sein, soweit nicht ausdrücklich eine andere Vereinbarung getroffen worden ist. [5]Der Wert der vereinbarten Sachbezüge oder die Anrechnung der überlassenen Waren auf das Arbeitsentgelt darf die Höhe des pfändbaren Teils des Arbeitsentgelts nicht übersteigen.

(3) [1]Die Zahlung eines regelmäßigen Arbeitsentgelts kann nicht für die Fälle ausgeschlossen werden, in denen der Arbeitnehmer für seine Tätigkeit von Dritten ein Trinkgeld erhält. [2]Trinkgeld ist ein Geldbetrag, den ein Dritter ohne rechtliche Verpflichtung dem Arbeitnehmer zusätzlich zu einer dem Arbeitgeber geschuldeten Leistung zahlt.

§ 108 Abrechnung des Arbeitsentgelts. (1) [1]Dem Arbeitnehmer ist bei Zahlung des Arbeitsentgelts eine Abrechnung in Textform zu erteilen. [2]Die Abrechnung muss mindestens Angaben über Abrechnungszeitraum und Zusammensetzung des Arbeitsentgelts enthalten. [3]Hinsichtlich der Zusammensetzung sind insbesondere Angaben über Art und Höhe der Zuschläge, Zulagen, sonstige Vergütungen, Art und Höhe der Abzüge, Abschlagszahlungen sowie Vorschüsse erforderlich.

(2) Die Verpflichtung zur Abrechnung entfällt, wenn sich die Angaben gegenüber der letzten ordnungsgemäßen Abrechnung nicht geändert haben.

(3) [1]Das Bundesministerium für Arbeit und Soziales wird ermächtigt, das Nähere zum Inhalt und Verfahren einer Entgeltbescheinigung, die zu Zwecken nach dem Sozialgesetzbuch verwendet werden kann, durch Rechtsverordnung zu bestimmen. [2]Der Arbeitnehmer kann vom Arbeitgeber zu anderen Zwecken eine weitere Entgeltbescheinigung verlangen, die sich auf die Angaben nach Absatz 1 beschränkt.

§ 109 Zeugnis. (1) [1]Der Arbeitnehmer hat bei Beendigung eines Arbeitsverhältnisses Anspruch auf ein schriftliches Zeugnis. [2]Das Zeugnis muss mindestens Angaben zu Art und Dauer der Tätigkeit (einfaches Zeugnis) enthalten. [3]Der Arbeitnehmer kann verlangen, dass sich die Angaben darüber hinaus auf Leistung und Verhalten im Arbeitsverhältnis (qualifiziertes Zeugnis) erstrecken.

(2) ¹Das Zeugnis muss klar und verständlich formuliert sein. ²Es darf keine Merkmale oder Formulierungen enthalten, die den Zweck haben, eine andere als aus der äußeren Form oder aus dem Wortlaut ersichtliche Aussage über den Arbeitnehmer zu treffen.

(3) Die Erteilung des Zeugnisses in elektronischer Form ist ausgeschlossen.

§ 110 Wettbewerbsverbot. ¹Arbeitgeber und Arbeitnehmer können die berufliche Tätigkeit des Arbeitnehmers für die Zeit nach Beendigung des Arbeitsverhältnisses durch Vereinbarung beschränken (Wettbewerbsverbot). ²Die §§ 74 bis 75 f des Handelsgesetzbuches[1]) sind entsprechend anzuwenden.

Schlußbestimmungen

§ 155 Landesrecht, Zuständigkeiten. (1) Wo in diesem Gesetz auf die Landesgesetze verwiesen ist, sind unter den letzteren auch die verfassungs- oder gesetzmäßig erlassenen Rechtsverordnungen zu verstehen.

(2) Die Landesregierungen oder die von ihnen bestimmten Stellen bestimmen die für die Ausführung dieses Gesetzes und der nach diesem Gesetz ergangenen Rechtsverordnungen zuständigen Behörden, soweit in diesem Gesetz nichts anderes bestimmt ist.

(3) Die Landesregierungen werden ermächtigt, ihre Befugnis zum Erlaß von Rechtsverordnungen auf oberste Landesbehörden und auf andere Behörden zu übertragen und dabei zu bestimmen, daß diese ihre Befugnis durch Rechtsverordnung auf nachgeordnete oder ihrer Aufsicht unterstehende Behörden weiter übertragen können.

(4) (weggefallen)

(5) Die Senate der Länder Berlin, Bremen und Hamburg werden ermächtigt, zuständige öffentliche Stellen oder zuständige Behörden von mehreren Verwaltungseinheiten für Zwecke der Datenverarbeitung als einheitliche Stelle oder Behörde zu bestimmen.

---

[1]) Nr. **13**.

13. Handelsgesetzbuch

Vom 10. Mai 1897

(BGBl. S. 219)

FNA 4100-1

zuletzt geänd. durch Art. 17 InvestmentänderungsG v. 21. 12. 2007 (BGBl. I S. 3089)

– Auszug[1] –

Erstes Buch. Handelsstand

Fünfter Abschnitt. Prokura und Handlungsvollmacht

§ 48 [Erteilung der Prokura; Gesamtprokura] (1) Die Prokura kann nur von dem Inhaber des Handelsgeschäfts oder seinem gesetzlichen Vertreter und nur mittels ausdrücklicher Erklärung erteilt werden.

(2) Die Erteilung kann an mehrere Personen gemeinschaftlich erfolgen (Gesamtprokura).

§ 54 [Handlungsvollmacht] (1) Ist jemand ohne Erteilung der Prokura zum Betrieb eines Handelsgewerbes oder zur Vornahme einer bestimmten zu einem Handelsgewerbe gehörigen Art von Geschäften oder zur Vornahme einzelner zu einem Handelsgewerbe gehöriger Geschäfte ermächtigt, so erstreckt sich die Vollmacht (Handlungsvollmacht) auf alle Geschäfte und Rechtshandlungen, die der Betrieb eines derartigen Handelsgewerbes oder die Vornahme derartiger Geschäfte gewöhnlich mit sich bringt.

(2) Zur Veräußerung oder Belastung von Grundstücken, zur Eingehung von Wechselverbindlichkeiten, zur Aufnahme von Darlehen und zur Prozeßführung ist der Handlungsbevollmächtigte nur ermächtigt, wenn ihm eine solche Befugnis besonders erteilt ist.

(3) Sonstige Beschränkungen der Handlungsvollmacht braucht ein Dritter nur dann gegen sich gelten zu lassen, wenn er sie kannte oder kennen mußte.

Sechster Abschnitt. Handlungsgehilfen und Handlungslehrlinge

§ 59 [Handlungsgehilfe] ¹Wer in einem Handelsgewerbe zur Leistung kaufmännischer Dienste gegen Entgelt angestellt ist (Handlungsgehilfe), hat, soweit nicht besondere Vereinbarungen über die Art und den Umfang seiner Dienstleistungen oder über die ihm zukommende Vergütung getroffen sind, die dem Ortsgebrauch entsprechenden Dienste zu leisten sowie die dem Ortsgebrauch entsprechende Vergütung zu beanspruchen. ²In Ermangelung eines Ortsgebrauchs gelten die den Umständen nach angemessenen Leistungen als vereinbart.

---

[1] Vollständig abgedruckt in **HGB** (dtv 5002) Nr. 1.

§ 60 [Gesetzliches Wettbewerbsverbot] (1) Der Handlungsgehilfe darf ohne Einwilligung des Prinzipals weder ein Handelsgewerbe betreiben noch in dem Handelszweige des Prinzipals für eigene oder fremde Rechnung Geschäfte machen.

(2) Die Einwilligung zum Betrieb eines Handelsgewerbes gilt als erteilt, wenn dem Prinzipal bei der Anstellung des Gehilfen bekannt ist, daß er das Gewerbe betreibt, und der Prinzipal die Aufgabe des Betriebs nicht ausdrücklich vereinbart.

§ 61 [Verletzung des Wettbewerbsverbots] (1) Verletzt der Handlungsgehilfe die ihm nach § 60 obliegende Verpflichtung, so kann der Prinzipal Schadensersatz fordern; er kann statt dessen verlangen, daß der Handlungsgehilfe die für eigene Rechnung gemachten Geschäfte als für Rechnung des Prinzipals eingegangen gelten lasse und die aus Geschäften für fremde Rechnung bezogene Vergütung herausgebe oder seinen Anspruch auf die Vergütung abtrete.

(2) Die Ansprüche verjähren in drei Monaten von dem Zeitpunkt an, in welchem der Prinzipal Kenntnis von dem Abschluss des Geschäfts erlangt oder ohne grobe Fahrlässigkeit erlangen müsste; sie verjähren ohne Rücksicht auf diese Kenntnis oder grob fahrlässige Unkenntnis in fünf Jahren von dem Abschluss des Geschäfts an.

§ 62 [Fürsorgepflicht des Arbeitgebers] (1) Der Prinzipal ist verpflichtet, die Geschäftsräume und die für den Geschäftsbetrieb bestimmten Vorrichtungen und Gerätschaften so einzurichten und zu unterhalten, auch den Geschäftsbetrieb und die Arbeitszeit so zu regeln, daß der Handlungsgehilfe gegen eine Gefährdung seiner Gesundheit, soweit die Natur des Betriebs es gestattet, geschützt und die Aufrechterhaltung der guten Sitten und des Anstandes gesichert ist.

(2) Ist der Handlungsgehilfe in die häusliche Gemeinschaft aufgenommen, so hat der Prinzipal in Ansehung des Wohn- und Schlafraums, der Verpflegung sowie der Arbeits- und Erholungszeit diejenigen Einrichtungen und Anordnungen zu treffen, welche mit Rücksicht auf die Gesundheit, die Sittlichkeit und die Religion des Handlungsgehilfen erforderlich sind.

(3) Erfüllt der Prinzipal die ihm in Ansehung des Lebens und der Gesundheit des Handlungsgehilfen obliegenden Verpflichtungen nicht, so finden auf seine Verpflichtung zum Schadensersatze die für unerlaubte Handlungen geltenden Vorschriften der §§ 842 bis 846 des Bürgerlichen Gesetzbuchs entsprechende Anwendung.

(4) Die dem Prinzipal hiernach obliegenden Verpflichtungen können nicht im voraus durch Vertrag aufgehoben oder beschränkt werden.

§ 63 *(aufgehoben)*

§ 64 [Gehaltszahlung] [1]Die Zahlung des dem Handlungsgehilfen zukommenden Gehalts hat am Schlusse jedes Monats zu erfolgen. [2]Eine Vereinbarung, nach der die Zahlung des Gehalts später erfolgen soll, ist nichtig.

13 HGB §§ 65–74 b   II. Arbeitsvertragsrecht

§ 65 [Provision] Ist bedungen, daß der Handlungsgehilfe für Geschäfte, die von ihm geschlossen oder vermittelt werden, Provision erhalten solle, so sind die für die Handelsvertreter geltenden Vorschriften des § 87 Abs. 1 und 3 sowie der §§ 87 a bis 87 c anzuwenden.

§§ 66–73 *(aufgehoben)*

§ 74 [Vertragliches Wettbewerbsverbot; bezahlte Karenz] (1) Eine Vereinbarung zwischen dem Prinzipal und dem Handlungsgehilfen, die den Gehilfen für die Zeit nach Beendigung des Dienstverhältnisses in seiner gewerblichen Tätigkeit beschränkt (Wettbewerbverbot), bedarf der Schriftform und der Aushändigung einer vom Prinzipal unterzeichneten, die vereinbarten Bestimmungen enthaltenden Urkunde an den Gehilfen.

(2) Das Wettbewerbverbot ist nur verbindlich, wenn sich der Prinzipal verpflichtet, für die Dauer des Verbots eine Entschädigung zu zahlen, die für jedes Jahr des Verbots mindestens die Hälfte der von dem Handlungsgehilfen zuletzt bezogenen vertragsmäßigen Leistungen erreicht.

§ 74 a [Unverbindliches oder nichtiges Verbot] (1) [1]Das Wettbewerbverbot ist insoweit unverbindlich, als es nicht zum Schutze eines berechtigten geschäftlichen Interesses des Prinzipals dient. [2]Es ist ferner unverbindlich, soweit es unter Berücksichtigung der gewährten Entschädigung nach Ort, Zeit oder Gegenstand eine unbillige Erschwerung des Fortkommens des Gehilfen enthält. [3]Das Verbot kann nicht auf einen Zeitraum von mehr als zwei Jahren von der Beendigung des Dienstverhältnisses an erstreckt werden.

(2) [1]Das Verbot ist nichtig, wenn der Gehilfe zur Zeit des Abschlusses minderjährig ist oder wenn sich der Prinzipal die Erfüllung auf Ehrenwort oder unter ähnlichen Versicherungen versprechen läßt. [2]Nichtig ist auch die Vereinbarung, durch die ein Dritter an Stelle des Gehilfen die Verpflichtung übernimmt, daß sich nach der Beendigung des Dienstverhältnisses der Gehilfe in seiner gewerblichen Tätigkeit beschränken werde.

(3) Unberührt bleiben die Vorschriften des § 138 des Bürgerlichen Gesetzbuchs über die Nichtigkeit von Rechtsgeschäften, die gegen die guten Sitten verstoßen.

§ 74 b [Zahlung und Berechnung der Entschädigung] (1) Die nach § 74 Abs. 2 dem Handlungsgehilfen zu gewährende Entschädigung ist am Schlusse jedes Monats zu zahlen.

(2) [1]Soweit die dem Gehilfen zustehenden vertragsmäßigen Leistungen in einer Provision oder in anderen wechselnden Bezügen bestehen, sind sie bei der Berechnung der Entschädigung nach dem Durchschnitt der letzten drei Jahre in Ansatz zu bringen. [2]Hat die für die Bezüge bei der Beendigung des Dienstverhältnisses maßgebende Vertragsbestimmung noch nicht drei Jahre bestanden, so erfolgt der Ansatz nach dem Durchschnitt des Zeitraums, für den die Bestimmung in Kraft war.

(3) Soweit Bezüge zum Ersatze besonderer Auslagen dienen sollen, die infolge der Dienstleistung entstehen, bleiben sie außer Ansatz.

Handelsgesetzbuch §§ 74c–75c HGB 13

§ 74c [Anrechnung anderweitigen Erwerbs] (1) ¹Der Handlungsgehilfe muß sich auf die fällige Entschädigung anrechnen lassen, was er während des Zeitraums, für den die Entschädigung gezahlt wird, durch anderweite Verwertung seiner Arbeitskraft erwirbt oder zu erwerben böswillig unterläßt, soweit die Entschädigung unter Hinzurechnung dieses Betrags den Betrag der zuletzt von ihm bezogenen vertragsmäßigen Leistungen um mehr als ein Zehntel übersteigen würde. ²Ist der Gehilfe durch das Wettbewerbverbot gezwungen worden, seinen Wohnsitz zu verlegen, so tritt an die Stelle des Betrags von einem Zehntel der Betrag von einem Viertel. ³Für die Dauer der Verbüßung einer Freiheitsstrafe kann der Gehilfe eine Entschädigung nicht verlangen.

(2) Der Gehilfe ist verpflichtet, dem Prinzipal auf Erfordern über die Höhe seines Erwerbes Auskunft zu erteilen.

§ 75 [Unwirksamwerden des Wettbewerbsverbots] (1) Löst der Gehilfe das Dienstverhältnis gemäß den Vorschriften der §§ 70 und 71[1]) wegen vertragswidrigen Verhaltens des Prinzipals auf, so wird das Wettbewerbverbot unwirksam, wenn der Gehilfe vor Ablauf eines Monats nach der Kündigung schriftlich erklärt, daß er sich an die Vereinbarung nicht gebunden erachte.

(2) ¹In gleicher Weise wird das Wettbewerbverbot unwirksam, wenn der Prinzipal das Dienstverhältnis kündigt, es sei denn, daß für die Kündigung ein erheblicher Anlaß in der Person des Gehilfen vorliegt oder daß sich der Prinzipal bei der Kündigung bereit erklärt, während der Dauer der Beschränkung dem Gehilfen die vollen zuletzt von ihm bezogenen vertragsmäßigen Leistungen zu gewähren. ²Im letzteren Falle finden die Vorschriften des § 74b entsprechende Anwendung.

(3) *Löst der Prinzipal das Dienstverhältnis gemäß den Vorschriften der §§ 70 und 72 wegen vertragswidrigen Verhaltens des Gehilfen auf, so hat der Gehilfe keinen Anspruch auf die Entschädigung.*[2])

§ 75a [Verzicht des Prinzipals auf Wettbewerbsverbot] Der Prinzipal kann vor der Beendigung des Dienstverhältnisses durch schriftliche Erklärung auf das Wettbewerbverbot mit der Wirkung verzichten, daß er mit dem Ablauf eines Jahres seit der Erklärung von der Verpflichtung zur Zahlung der Entschädigung frei wird.

§ 75b *(aufgehoben)*

§ 75c [Vertragsstrafe] (1) ¹Hat der Handlungsgehilfe für den Fall, daß er die in der Vereinbarung übernommene Verpflichtung nicht erfüllt, eine Strafe versprochen, so kann der Prinzipal Ansprüche nur nach Maßgabe der Vorschriften des § 340 des Bürgerlichen Gesetzbuchs geltend machen. ²Die Vorschriften des Bürgerlichen Gesetzbuchs über die Herabsetzung einer unverhältnismäßig hohen Vertragsstrafe bleiben unberührt.

---

[1]) §§ 70 und 71 HGB aufgeh. durch G v. 14. 8. 1969 (BGBl. I S. 1106); vgl. jetzt § 626 BGB (Nr. **11**).
[2]) Nach dem Urteil des Bundesarbeitsgerichts vom 23. 2. 1977 – 3 AZR 620/75 – (AP Nr. 6 zu § 75 HGB = NJW 1977, 1357) verstößt § 75 Abs. 3 HGB gegen Art. 3 GG und ist daher nichtig.

(2) Ist die Verbindlichkeit der Vereinbarung nicht davon abhängig, daß sich der Prinzipal zur Zahlung einer Entschädigung an den Gehilfen verpflichtet, so kann der Prinzipal, wenn sich der Gehilfe einer Vertragsstrafe der in Absatz 1 bezeichneten Art unterworfen hat, nur die verwirkte Strafe verlangen; der Anspruch auf Erfüllung oder auf Ersatz eines weiteren Schadens ist ausgeschlossen.

§ 75 d [Abweichende Vereinbarungen] [1] Auf eine Vereinbarung, durch die von den Vorschriften der §§ 74 bis 75 c zum Nachteil des Handlungsgehilfen abgewichen wird, kann sich der Prinzipal nicht berufen. [2] Das gilt auch von Vereinbarungen, die bezwecken, die gesetzlichen Vorschriften über das Mindestmaß der Entschädigung durch Verrechnungen oder auf sonstige Weise zu umgehen.

§ 75 e *(aufgehoben)*

§ 75 f [Sperrabrede unter Arbeitgebern] [1] Im Falle einer Vereinbarung, durch die sich ein Prinzipal einem anderen Prinzipal gegenüber verpflichtet, einen Handlungsgehilfen, der bei diesem im Dienst ist oder gewesen ist, nicht oder nur unter bestimmten Voraussetzungen anzustellen, steht beiden Teilen der Rücktritt frei. [2] Aus der Vereinbarung findet weder Klage noch Einrede statt.

§ 75 g [Vermittlungsgehilfe] [1] § 55 Abs. 4 gilt auch für einen Handlungsgehilfen, der damit betraut ist, außerhalb des Betriebes des Prinzipals für diesen Geschäfte zu vermitteln. [2] Eine Beschränkung dieser Rechte braucht ein Dritter gegen sich nur gelten zu lassen, wenn er sie kannte oder kennen mußte.

§ 75 h [Unkenntnis des Mangels der Vertretungsmacht] (1) Hat ein Handlungsgehilfe, der nur mit der Vermittlung von Geschäften außerhalb des Betriebes des Prinzipals betraut ist, ein Geschäft im Namen des Prinzipals abgeschlossen, und war dem Dritten der Mangel der Vertretungsmacht nicht bekannt, so gilt das Geschäft als von dem Prinzipal genehmigt, wenn dieser dem Dritten gegenüber nicht unverzüglich das Geschäft ablehnt, nachdem er von dem Handlungsgehilfen oder dem Dritten über Abschluß und wesentlichen Inhalt benachrichtigt worden ist.

(2) Das gleiche gilt, wenn ein Handlungsgehilfe, der mit dem Abschluß von Geschäften betraut ist, ein Geschäft im Namen des Prinzipals abgeschlossen hat, zu dessen Abschluß er nicht bevollmächtigt ist.

§§ 76–82 *(aufgehoben)*

§ 83 [Andere Arbeitnehmer] Hinsichtlich der Personen, welche in dem Betrieb eines Handelsgewerbes andere als kaufmännische Dienste leisten, bewendet es bei den für das Arbeitsverhältnis dieser Personen geltenden Vorschriften.

Siebenter Abschnitt. Handelsvertreter

§ 84 [Begriff des Handelsvertreters] (1) ¹Handelsvertreter ist, wer als selbständiger Gewerbetreibender ständig damit betraut ist, für einen anderen Unternehmer (Unternehmer) Geschäfte zu vermitteln oder in dessen Namen abzuschließen. ²Selbständig ist, wer im wesentlichen frei seine Tätigkeit gestalten und seine Arbeitszeit bestimmen kann.

(2) Wer, ohne selbständig im Sinne des Absatzes 1 zu sein, ständig damit betraut ist, für einen Unternehmer Geschäfte zu vermitteln oder in dessen Namen abzuschließen, gilt als Angestellter.

(3) Der Unternehmer kann auch ein Handelsvertreter sein.

(4) Die Vorschriften dieses Abschnittes finden auch Anwendung, wenn das Unternehmen des Handelsvertreters nach Art oder Umfang einen in kaufmännischer Weise eingerichteten Geschäftsbetrieb nicht erfordert.

§ 87 [Provisionspflichtige Geschäfte] (1) ¹Der Handelsvertreter hat Anspruch auf Provision für alle während des Vertragsverhältnisses abgeschlossenen Geschäfte, die auf seine Tätigkeit zurückzuführen sind oder mit Dritten abgeschlossen werden, die er als Kunden für Geschäfte der gleichen Art geworben hat. ²Ein Anspruch auf Provision besteht für ihn nicht, wenn und soweit die Provision nach Absatz 3 dem ausgeschiedenen Handelsvertreter zusteht.

(2) ¹Ist dem Handelsvertreter ein bestimmter Bezirk oder ein bestimmter Kundenkreis zugewiesen, so hat er Anspruch auf Provision auch für die Geschäfte, die ohne seine Mitwirkung mit Personen seines Bezirkes oder seines Kundenkreises während des Vertragsverhältnisses abgeschlossen sind. ²Dies gilt nicht, wenn und soweit die Provision nach Absatz 3 dem ausgeschiedenen Handelsvertreter zusteht.

(3) ¹Für ein Geschäft, das erst nach Beendigung des Vertragsverhältnisses abgeschlossen ist, hat der Handelsvertreter Anspruch auf Provision nur, wenn
1. er das Geschäft vermittelt hat oder es eingeleitet und so vorbereitet hat, daß der Abschluß überwiegend auf seine Tätigkeit zurückzuführen ist, und das Geschäft innerhalb einer angemessenen Frist nach Beendigung des Vertragsverhältnisses abgeschlossen worden ist oder
2. vor Beendigung des Vertragsverhältnisses das Angebot des Dritten zum Abschluß eines Geschäfts, für das der Handelsvertreter nach Absatz 1 Satz 1 oder Absatz 2 Satz 1 Anspruch auf Provision hat, dem Handelsvertreter oder dem Unternehmer zugegangen ist.

²Der Anspruch auf Provision nach Satz 1 steht dem nachfolgenden Handelsvertreter anteilig zu, wenn wegen besonderer Umstände eine Teilung der Provision der Billigkeit entspricht.

(4) Neben dem Anspruch auf Provision für abgeschlossene Geschäfte hat der Handelsvertreter Anspruch auf Inkassoprovision für die von ihm auftragsgemäß eingezogenen Beträge.

§ 87 a [Fälligkeit der Provision] (1) ¹Der Handelsvertreter hat Anspruch auf Provision, sobald und soweit der Unternehmer das Geschäft ausgeführt hat. ²Eine abweichende Vereinbarung kann getroffen werden, jedoch hat der Handelsvertreter mit der Ausführung des Geschäfts durch den Unternehmer

Anspruch auf einen angemessenen Vorschuß, der spätestens am letzten Tag des folgenden Monats fällig ist. ³Unabhängig von einer Vereinbarung hat jedoch der Handelsvertreter Anspruch auf Provision, sobald und soweit der Dritte das Geschäft ausgeführt hat.

(2) Steht fest, daß der Dritte nicht leistet, so entfällt der Anspruch auf Provision; bereits empfangene Beträge sind zurückzugewähren.

(3) ¹Der Handelsvertreter hat auch dann einen Anspruch auf Provision, wenn feststeht, daß der Unternehmer das Geschäft ganz oder teilweise nicht oder nicht so ausführt, wie es abgeschlossen worden ist. ²Der Anspruch entfällt im Falle der Nichtausführung, wenn und soweit diese auf Umständen beruht, die vom Unternehmer nicht zu vertreten sind.

(4) Der Anspruch auf Provision wird am letzten Tag des Monats fällig, in dem nach § 87 c Abs. 1 über den Anspruch abzurechnen ist.

(5) Von Absatz 2 erster Halbsatz, Absätze 3 und 4 abweichende, für den Handelsvertreter nachteilige Vereinbarungen sind unwirksam.

§ 87 b [Höhe der Provision] (1) Ist die Höhe der Provision nicht bestimmt, so ist der übliche Satz als vereinbart anzusehen.

(2) ¹Die Provision ist von dem Entgelt zu berechnen, das der Dritte oder der Unternehmer zu leisten hat. ²Nachlässe bei Barzahlung sind nicht abzuziehen; dasselbe gilt für Nebenkosten, namentlich für Fracht, Verpackung, Zoll, Steuern, es sei denn, daß die Nebenkosten dem Dritten besonders in Rechnung gestellt sind. ³Die Umsatzsteuer, die lediglich auf Grund der steuerrechtlichen Vorschriften in der Rechnung gesondert ausgewiesen ist, gilt nicht als besonders in Rechnung gestellt.

(3) ¹Bei Gebrauchsüberlassungs- und Nutzungsverträgen von bestimmter Dauer ist die Provision vom Entgelt für die Vertragsdauer zu berechnen. ²Bei unbestimmter Dauer ist die Provision vom Entgelt bis zu dem Zeitpunkt zu berechnen, zu dem erstmals von dem Dritten gekündigt werden kann; der Handelsvertreter hat Anspruch auf weitere entsprechend berechnete Provisionen, wenn der Vertrag fortbesteht.

§ 87 c [Abrechnung über die Provision] (1) ¹Der Unternehmer hat über die Provision, auf die der Handelsvertreter Anspruch hat, monatlich abzurechnen; der Abrechnungszeitraum kann auf höchstens drei Monate erstreckt werden. ²Die Abrechnung hat unverzüglich, spätestens bis zum Ende des nächsten Monats, zu erfolgen.

(2) Der Handelsvertreter kann bei der Abrechnung einen Buchauszug über alle Geschäfte verlangen, für die ihm nach § 87 Provision gebührt.

(3) Der Handelsvertreter kann außerdem Mitteilung über alle Umstände verlangen, die für den Provisionsanspruch, seine Fälligkeit und seine Berechnung wesentlich sind.

(4) Wird der Buchauszug verweigert oder bestehen begründete Zweifel an der Richtigkeit oder Vollständigkeit der Abrechnung oder des Buchauszuges, so kann der Handelsvertreter verlangen, daß nach Wahl des Unternehmers entweder ihm oder einem von ihm zu bestimmenden Wirtschaftsprüfer oder vereidigten Buchsachverständigen Einsicht in die Geschäftsbücher oder die sonstigen Urkunden so weit gewährt wird, wie dies zur Feststellung der Rich-

tigkeit oder Vollständigkeit der Abrechnung oder des Buchauszuges erforderlich ist.

(5) Diese Rechte des Handelsvertreters können nicht ausgeschlossen oder beschränkt werden.

§ 87 d [Ersatz von Aufwendungen] Der Handelsvertreter kann den Ersatz seiner im regelmäßigen Geschäftsbetrieb entstandenen Aufwendungen nur verlangen, wenn dies handelsüblich ist.

§ 88 *(aufgehoben)*

§ 88 a [Zurückbehaltungsrecht] (1) Der Handelsvertreter kann nicht im voraus auf gesetzliche Zurückbehaltungsrechte verzichten.

(2) Nach Beendigung des Vertragsverhältnisses hat der Handelsvertreter ein nach allgemeinen Vorschriften bestehendes Zurückbehaltungsrecht an ihm zur Verfügung gestellten Unterlagen (§ 86 a Abs. 1) nur wegen seiner fälligen Ansprüche auf Provision und Ersatz von Aufwendungen.

§ 89 [Kündigung des Vertrages] (1) [1]Ist das Vertragsverhältnis auf unbestimmte Zeit eingegangen, so kann es im ersten Jahr der Vertragsdauer mit einer Frist von einem Monat, im zweiten Jahr mit einer Frist von zwei Monaten und im dritten bis fünften Jahr mit einer Frist von drei Monaten gekündigt werden. [2]Nach einer Vertragsdauer von fünf Jahren kann das Vertragsverhältnis mit einer Frist von sechs Monaten gekündigt werden. [3]Die Kündigung ist nur für den Schluß eines Kalendermonats zulässig, sofern keine abweichende Vereinbarung getroffen ist.

(2) [1]Die Kündigungsfristen nach Absatz 1 Satz 1 und 2 können durch Vereinbarung verlängert werden; die Frist darf für den Unternehmer nicht kürzer sein als für den Handelsvertreter. [2]Bei Vereinbarung einer kürzeren Frist für den Unternehmer gilt die für den Handelsvertreter vereinbarte Frist.

(3) [1]Ein für eine bestimmte Zeit eingegangenes Vertragsverhältnis, das nach Ablauf der vereinbarten Laufzeit von beiden Teilen fortgesetzt wird, gilt als auf unbestimmte Zeit verlängert. [2]Für die Bestimmung der Kündigungsfristen nach Absatz 1 Satz 1 und 2 ist die Gesamtdauer des Vertragsverhältnisses maßgeblich.

§ 89 a [Fristlose Kündigung] (1) [1]Das Vertragsverhältnis kann von jedem Teil aus wichtigem Grunde ohne Einhaltung einer Kündigungsfrist gekündigt werden. [2]Dieses Recht kann nicht ausgeschlossen oder beschränkt werden.

(2) Wird die Kündigung durch ein Verhalten veranlaßt, das der andere Teil zu vertreten hat, so ist dieser zum Ersatz des durch die Aufhebung des Vertragsverhältnisses entstehenden Schadens verpflichtet.

§ 89 b [Ausgleichsanspruch] (1) [1]Der Handelsvertreter kann von dem Unternehmer nach Beendigung des Vertragsverhältnisses einen angemessenen Ausgleich verlangen, wenn und soweit
1. der Unternehmer aus der Geschäftsverbindung mit neuen Kunden, die der Handelsvertreter geworben hat, auch nach Beendigung des Vertragsverhältnisses erhebliche Vorteile hat,

2. der Handelsvertreter infolge der Beendigung des Vertragsverhältnisses Ansprüche auf Provision verliert, die er bei Fortsetzung desselben aus bereits abgeschlossenen oder künftig zustande kommenden Geschäften mit den von ihm geworbenen Kunden hätte, und
3. die Zahlung eines Ausgleichs unter Berücksichtigung aller Umstände der Billigkeit entspricht.

²Der Werbung eines neuen Kunden steht es gleich, wenn der Handelsvertreter die Geschäftsverbindung mit einem Kunden so wesentlich erweitert hat, daß dies wirtschaftlich der Werbung eines neuen Kunden entspricht.

(2) Der Ausgleich beträgt höchstens eine nach dem Durchschnitt der letzten fünf Jahre der Tätigkeit des Handelsvertreters berechnete Jahresprovision oder sonstige Jahresvergütung; bei kürzerer Dauer des Vertragsverhältnisses ist der Durchschnitt während der Dauer der Tätigkeit maßgebend.

(3) Der Anspruch besteht nicht, wenn
1. der Handelsvertreter das Vertragsverhältnis gekündigt hat, es sei denn, daß ein Verhalten des Unternehmers hierzu begründeten Anlaß gegeben hat oder dem Handelsvertreter eine Fortsetzung seiner Tätigkeit wegen seines Alters oder wegen Krankheit nicht zugemutet werden kann, oder
2. der Unternehmer das Vertragsverhältnis gekündigt hat und für die Kündigung ein wichtiger Grund wegen schuldhaften Verhaltens des Handelsvertreters vorlag oder
3. auf Grund einer Vereinbarung zwischen dem Unternehmer und dem Handelsvertreter ein Dritter anstelle des Handelsvertreters in das Vertragsverhältnis eintritt; die Vereinbarung kann nicht vor Beendigung des Vertragsverhältnisses getroffen werden.

(4) ¹Der Anspruch kann im voraus nicht ausgeschlossen werden. ²Er ist innerhalb eines Jahres nach Beendigung des Vertragsverhältnisses geltend zu machen.

(5) ¹Die Absätze 1, 3 und 4 gelten für Versicherungsvertreter mit der Maßgabe, daß an die Stelle der Geschäftsverbindung mit neuen Kunden, die der Handelsvertreter geworben hat, die Vermittlung neuer Versicherungsverträge durch den Versicherungsvertreter tritt und der Vermittlung eines Versicherungsvertrages es gleichsteht, wenn der Versicherungsvertreter einen bestehenden Versicherungsvertrag so wesentlich erweitert hat, daß dies wirtschaftlich der Vermittlung eines neuen Versicherungsvertrages entspricht. ²Der Ausgleich des Versicherungsvertreters beträgt abweichend von Absatz 2 höchstens drei Jahresprovisionen oder Jahresvergütungen. ³Die Vorschriften der Sätze 1 und 2 gelten sinngemäß für Bausparkassenvertreter.

§ 90 [Geschäfts- und Betriebsgeheimnisse] Der Handelsvertreter darf Geschäfts- und Betriebsgeheimnisse, die ihm anvertraut oder als solche durch seine Tätigkeit für den Unternehmer bekanntgeworden sind, auch nach Beendigung des Vertragsverhältnisses nicht verwerten oder anderen mitteilen, soweit dies nach den gesamten Umständen der Berufsauffassung eines ordentlichen Kaufmannes widersprechen würde.

§ 90 a [Wettbewerbsabrede] (1) ¹Eine Vereinbarung, die den Handelsvertreter nach Beendigung des Vertragsverhältnisses in seiner gewerblichen Tätigkeit beschränkt (Wettbewerbsabrede), bedarf der Schriftform und der Aushändigung einer vom Unternehmer unterzeichneten, die vereinbarten Bestimmungen enthaltenden Urkunde an den Handelsvertreter. ²Die Abrede kann nur für längstens zwei Jahre von der Beendigung des Vertragsverhältnisses an getroffen werden; sie darf sich nur auf den dem Handelsvertreter zugewiesenen Bezirk oder Kundenkreis und nur auf die Gegenstände erstrecken, hinsichtlich deren sich der Handelsvertreter um die Vermittlung oder den Abschluß von Geschäften für den Unternehmer zu bemühen hat. ³Der Unternehmer ist verpflichtet, dem Handelsvertreter für die Dauer der Wettbewerbsbeschränkung eine angemessene Entschädigung zu zahlen.

(2) Der Unternehmer kann bis zum Ende des Vertragsverhältnisses schriftlich auf die Wettbewerbsbeschränkung mit der Wirkung verzichten, daß er mit dem Ablauf von sechs Monaten seit der Erklärung von der Verpflichtung zur Zahlung der Entschädigung frei wird.

(3) Kündigt ein Teil das Vertragsverhältnis aus wichtigem Grund wegen schuldhaften Verhaltens des anderen Teils, kann er sich durch schriftliche Erklärung binnen einem Monat nach der Kündigung von der Wettbewerbsabrede lossagen.

(4) Abweichende für den Handelsvertreter nachteilige Vereinbarungen können nicht getroffen werden.

§ 92 [**Versicherungs- und Bausparkassenvertreter**] (1) Versicherungsvertreter ist, wer als Handelsvertreter damit betraut ist, Versicherungsverträge zu vermitteln oder abzuschließen.

(2) Für das Vertragsverhältnis zwischen dem Versicherungsvertreter und dem Versicherer gelten die Vorschriften für das Vertragsverhältnis zwischen dem Handelsvertreter und dem Unternehmer vorbehaltlich der Absätze 3 und 4.

(3) ¹In Abweichung von § 87 Abs. 1 Satz 1 hat ein Versicherungsvertreter Anspruch auf Provision nur für Geschäfte, die auf seine Tätigkeit zurückzuführen sind. ² § 87 Abs. 2 gilt nicht für Versicherungsvertreter.

(4) Der Versicherungsvertreter hat Anspruch auf Provision (§ 87a Abs. 1), sobald der Versicherungsnehmer die Prämie gezahlt hat, aus der sich die Provision nach dem Vertragsverhältnis berechnet.

(5) Die Vorschriften der Absätze 1 bis 4 gelten sinngemäß für Bausparkassenvertreter.

§ 92 a [**Mindestarbeitsbedingungen**] (1) ¹Für das Vertragsverhältnis eines Handelsvertreters, der vertraglich nicht für weitere Unternehmer tätig werden darf oder dem dies nach Art und Umfang der von ihm verlangten Tätigkeit nicht möglich ist, kann das Bundesministerium der Justiz im Einvernehmen mit dem Bundesministerium für Wirtschaft und Technologie nach Anhörung von Verbänden der Handelsvertreter und der Unternehmer durch Rechtsverordnung, die nicht der Zustimmung des Bundesrates bedarf, die untere Grenze der vertraglichen Leistungen des Unternehmers festsetzen, um die notwendigen sozialen und wirtschaftlichen Bedürfnisse dieser Handelsvertreter oder einer bestimmten Gruppe von ihnen sicherzustellen. ²Die festgesetzten Leistungen können vertraglich nicht ausgeschlossen oder beschränkt werden.

(2) ¹Absatz 1 gilt auch für das Vertragsverhältnis eines Versicherungsvertreters, der auf Grund eines Vertrages oder mehrerer Verträge damit betraut ist,

Geschäfte für mehrere Versicherer zu vermitteln oder abzuschließen, die zu einem Versicherungskonzern oder zu einer zwischen ihnen bestehenden Organisationsgemeinschaft gehören, sofern die Beendigung des Vertragsverhältnisses mit einem dieser Versicherer im Zweifel auch die Beendigung des Vertragsverhältnisses mit den anderen Versicherern zur Folge haben würde. ²In diesem Falle kann durch Rechtsverordnung, die nicht der Zustimmung des Bundesrates bedarf, außerdem bestimmt werden, ob die festgesetzten Leistungen von allen Versicherern als Gesamtschuldnern oder anteilig oder nur von einem der Versicherer geschuldet werden und wie der Ausgleich unter ihnen zu erfolgen hat.

§ 92 b [Handelsvertreter im Nebenberuf] (1) ¹Auf einen Handelsvertreter im Nebenberuf sind §§ 89 und 89 b nicht anzuwenden. ²Ist das Vertragsverhältnis auf unbestimmte Zeit eingegangen, so kann es mit einer Frist von einem Monat für den Schluß eines Kalendermonats gekündigt werden; wird eine andere Kündigungsfrist vereinbart, so muß sie für beide Teile gleich sein. ³Der Anspruch auf einen angemessenen Vorschuß nach § 87 a Abs. 1 Satz 2 kann ausgeschlossen werden.

(2) Auf Absatz 1 kann sich nur der Unternehmer berufen, der den Handelsvertreter ausdrücklich als Handelsvertreter im Nebenberuf mit der Vermittlung oder dem Abschluß von Geschäften betraut hat.

(3) Ob ein Handelsvertreter nur als Handelsvertreter im Nebenberuf tätig ist, bestimmt sich nach der Verkehrsauffassung.

(4) Die Vorschriften der Absätze 1 bis 3 gelten sinngemäß für Versicherungsvertreter und für Bausparkassenvertreter.

14. Allgemeines Gleichbehandlungsgesetz (AGG)[1)][2)]

Vom 14. August 2006
(BGBl. I S. 1897)
FNA 402-40
zuletzt geänd. durch Art. 19 Abs. 10 G Neuregelung des Rechtsberatungsrechts v. 12. 12. 2007
(BGBl. I S. 2840)

Abschnitt 1. Allgemeiner Teil

§ 1 Ziel des Gesetzes. Ziel des Gesetzes ist, Benachteiligungen aus Gründen der Rasse oder wegen der ethnischen Herkunft, des Geschlechts, der Religion oder Weltanschauung, einer Behinderung, des Alters oder der sexuellen Identität zu verhindern oder zu beseitigen.

§ 2 Anwendungsbereich. (1) Benachteiligungen aus einem in § 1 genannten Grund sind nach Maßgabe dieses Gesetzes unzulässig in Bezug auf:
1. die Bedingungen, einschließlich Auswahlkriterien und Einstellungsbedingungen, für den Zugang zu unselbstständiger und selbstständiger Erwerbstätigkeit, unabhängig von Tätigkeitsfeld und beruflicher Position, sowie für den beruflichen Aufstieg,
2. die Beschäftigungs- und Arbeitsbedingungen einschließlich Arbeitsentgelt und Entlassungsbedingungen, insbesondere in individual- und kollektivrechtlichen Vereinbarungen und Maßnahmen bei der Durchführung und Beendigung eines Beschäftigungsverhältnisses sowie beim beruflichen Aufstieg,
3. den Zugang zu allen Formen und allen Ebenen der Berufsberatung, der Berufsbildung einschließlich der Berufsausbildung, der beruflichen Weiterbildung und der Umschulung sowie der praktischen Berufserfahrung,

---

[1)] **Amtl. Anm.:** Dieses Gesetz dient der Umsetzung der Richtlinien:
– 2000/43/EG **[EU-Arbeitsrecht (dtv 5751) Nr. 43]** des Rates vom 29. Juni 2000 zur Anwendung des Gleichbehandlungsgrundsatzes ohne Unterschied der Rasse oder der ethnischen Herkunft (ABl. EG Nr. L 180 S. 22),
– 2000/78/EG **[EU-Arbeitsrecht (dtv 5751) Nr. 41]** des Rates vom 27. November 2000 zur Festlegung eines allgemeinen Rahmens für die Verwirklichung der Gleichbehandlung in Beschäftigung und Beruf (ABl. EG Nr. L 303 S. 16),
– 2002/73/EG des Europäischen Parlaments und des Rates vom 23. September 2002 zur Änderung der Richtlinie 76/207/EWG des Rates zur Verwirklichung des Grundsatzes der Gleichbehandlung von Männern und Frauen hinsichtlich des Zugangs zur Beschäftigung, zur Berufsbildung und zum beruflichen Aufstieg sowie in Bezug auf die Arbeitsbedingungen (ABl. EG Nr. L 269 S. 15) und
– 2004/113/EG **[EU-Arbeitsrecht (dtv 5751) Nr. 47]** des Rates vom 13. Dezember 2004 zur Verwirklichung des Grundsatzes der Gleichbehandlung von Männern und Frauen beim Zugang zu und bei der Versorgung mit Gütern und Dienstleistungen (ABl. EU Nr. L 373 S. 37).
[2)] Verkündet als Art. 1 G zur Umsetzung europ. RLn zur Verwirklichung des Grundsatzes der Gleichbehandlung v. 14. 8. 2006 (BGBl. I S. 1897); Inkrafttreten gem. Art. 4 Satz 1 dieses G am 18. 8. 2006.

4. die Mitgliedschaft und Mitwirkung in einer Beschäftigten- oder Arbeitgebervereinigung oder einer Vereinigung, deren Mitglieder einer bestimmten Berufsgruppe angehören, einschließlich der Inanspruchnahme der Leistungen solcher Vereinigungen,
5. den Sozialschutz, einschließlich der sozialen Sicherheit und der Gesundheitsdienste,
6. die sozialen Vergünstigungen,
7. die Bildung,
8. den Zugang zu und die Versorgung mit Gütern und Dienstleistungen, die der Öffentlichkeit zur Verfügung stehen, einschließlich von Wohnraum.

(2) [1]Für Leistungen nach dem Sozialgesetzbuch gelten § 33c des Ersten Buches Sozialgesetzbuch und § 19a des Vierten Buches Sozialgesetzbuch. [2]Für die betriebliche Altersvorsorge gilt das Betriebsrentengesetz.

(3) [1]Die Geltung sonstiger Benachteiligungsverbote oder Gebote der Gleichbehandlung wird durch dieses Gesetz nicht berührt. [2]Dies gilt auch für öffentlich-rechtliche Vorschriften, die dem Schutz bestimmter Personengruppen dienen.

(4) Für Kündigungen gelten ausschließlich die Bestimmungen zum allgemeinen und besonderen Kündigungsschutz.

§ 3 Begriffsbestimmungen. (1) [1]Eine unmittelbare Benachteiligung liegt vor, wenn eine Person wegen eines in § 1 genannten Grundes eine weniger günstige Behandlung erfährt, als eine andere Person in einer vergleichbaren Situation erfährt, erfahren hat oder erfahren würde. [2]Eine unmittelbare Benachteiligung wegen des Geschlechts liegt in Bezug auf § 2 Abs. 1 Nr. 1 bis 4 auch im Falle einer ungünstigeren Behandlung einer Frau wegen Schwangerschaft oder Mutterschaft vor.

(2) Eine mittelbare Benachteiligung liegt vor, wenn dem Anschein nach neutrale Vorschriften, Kriterien oder Verfahren Personen wegen eines in § 1 genannten Grundes gegenüber anderen Personen in besonderer Weise benachteiligen können, es sei denn, die betreffenden Vorschriften, Kriterien oder Verfahren sind durch ein rechtmäßiges Ziel sachlich gerechtfertigt und die Mittel sind zur Erreichung dieses Ziels angemessen und erforderlich.

(3) Eine Belästigung ist eine Benachteiligung, wenn unerwünschte Verhaltensweisen, die mit einem in § 1 genannten Grund in Zusammenhang stehen, bezwecken oder bewirken, dass die Würde der betreffenden Person verletzt und ein von Einschüchterungen, Anfeindungen, Erniedrigungen, Entwürdigungen oder Beleidigungen gekennzeichnetes Umfeld geschaffen wird.

(4) Eine sexuelle Belästigung ist eine Benachteiligung in Bezug auf § 2 Abs. 1 Nr. 1 bis 4, wenn ein unerwünschtes, sexuell bestimmtes Verhalten, wozu auch unerwünschte sexuelle Handlungen und Aufforderungen zu diesen, sexuell bestimmte körperliche Berührungen, Bemerkungen sexuellen Inhalts sowie unerwünschtes Zeigen und sichtbares Anbringen von pornographischen Darstellungen gehören, bezweckt oder bewirkt, dass die Würde der betreffenden Person verletzt wird, insbesondere wenn ein von Einschüchterungen, Anfeindungen, Erniedrigungen, Entwürdigungen oder Beleidigungen gekennzeichnetes Umfeld geschaffen wird.

(5) [1]Die Anweisung zur Benachteiligung einer Person aus einem in § 1 genannten Grund gilt als Benachteiligung. [2]Eine solche Anweisung liegt in Be-

zug auf § 2 Abs. 1 Nr. 1 bis 4 insbesondere vor, wenn jemand eine Person zu einem Verhalten bestimmt, das einen Beschäftigten oder eine Beschäftigte wegen eines in § 1 genannten Grundes benachteiligt oder benachteiligen kann.

§ 4 Unterschiedliche Behandlung wegen mehrerer Gründe. Erfolgt eine unterschiedliche Behandlung wegen mehrerer der in § 1 genannten Gründe, so kann diese unterschiedliche Behandlung nach den §§ 8 bis 10 und 20 nur gerechtfertigt werden, wenn sich die Rechtfertigung auf alle diese Gründe erstreckt, derentwegen die unterschiedliche Behandlung erfolgt.

§ 5 Positive Maßnahmen. Ungeachtet der in den §§ 8 bis 10 sowie in § 20 benannten Gründe ist eine unterschiedliche Behandlung auch zulässig, wenn durch geeignete und angemessene Maßnahmen bestehende Nachteile wegen eines in § 1 genannten Grundes verhindert oder ausgeglichen werden sollen.

Abschnitt 2. Schutz der Beschäftigten vor Benachteiligung

Unterabschnitt 1. Verbot der Benachteiligung

§ 6 Persönlicher Anwendungsbereich. (1) [1]Beschäftigte im Sinne dieses Gesetzes sind
1. Arbeitnehmerinnen und Arbeitnehmer,
2. die zu ihrer Berufsbildung Beschäftigten,
3. Personen, die wegen ihrer wirtschaftlichen Unselbstständigkeit als arbeitnehmerähnliche Personen anzusehen sind; zu diesen gehören auch die in Heimarbeit Beschäftigten und die ihnen Gleichgestellten.

[2]Als Beschäftigte gelten auch die Bewerberinnen und Bewerber für ein Beschäftigungsverhältnis sowie die Personen, deren Beschäftigungsverhältnis beendet ist.

(2) [1]Arbeitgeber (Arbeitgeber und Arbeitgeberinnen) im Sinne dieses Abschnitts sind natürliche und juristische Personen sowie rechtsfähige Personengesellschaften, die Personen nach Absatz 1 beschäftigen. [2]Werden Beschäftigte einem Dritten zur Arbeitsleistung überlassen, so gilt auch dieser als Arbeitgeber im Sinne dieses Abschnitts. [3]Für die in Heimarbeit Beschäftigten und die ihnen Gleichgestellten tritt an die Stelle des Arbeitgebers der Auftraggeber oder Zwischenmeister.

(3) Soweit es die Bedingungen für den Zugang zur Erwerbstätigkeit sowie den beruflichen Aufstieg betrifft, gelten die Vorschriften dieses Abschnitts für Selbstständige und Organmitglieder, insbesondere Geschäftsführer oder Geschäftsführerinnen und Vorstände, entsprechend.

§ 7 Benachteiligungsverbot. (1) Beschäftigte dürfen nicht wegen eines in § 1 genannten Grundes benachteiligt werden; dies gilt auch, wenn die Person, die die Benachteiligung begeht, das Vorliegen eines in § 1 genannten Grundes bei der Benachteiligung nur annimmt.

(2) Bestimmungen in Vereinbarungen, die gegen das Benachteiligungsverbot des Absatzes 1 verstoßen, sind unwirksam.

(3) Eine Benachteiligung nach Absatz 1 durch Arbeitgeber oder Beschäftigte ist eine Verletzung vertraglicher Pflichten.

§ 8 Zulässige unterschiedliche Behandlung wegen beruflicher Anforderungen. (1) Eine unterschiedliche Behandlung wegen eines in § 1 genannten Grundes ist zulässig, wenn dieser Grund wegen der Art der auszuübenden Tätigkeit oder der Bedingungen ihrer Ausübung eine wesentliche und entscheidende berufliche Anforderung darstellt, sofern der Zweck rechtmäßig und die Anforderung angemessen ist.

(2) Die Vereinbarung einer geringeren Vergütung für gleiche oder gleichwertige Arbeit wegen eines in § 1 genannten Grundes wird nicht dadurch gerechtfertigt, dass wegen eines in § 1 genannten Grundes besondere Schutzvorschriften gelten.

§ 9 Zulässige unterschiedliche Behandlung wegen der Religion oder Weltanschauung. (1) Ungeachtet des § 8 ist eine unterschiedliche Behandlung wegen der Religion oder der Weltanschauung bei der Beschäftigung durch Religionsgemeinschaften, die ihnen zugeordneten Einrichtungen ohne Rücksicht auf ihre Rechtsform oder durch Vereinigungen, die sich die gemeinschaftliche Pflege einer Religion oder Weltanschauung zur Aufgabe machen, auch zulässig, wenn eine bestimmte Religion oder Weltanschauung unter Beachtung des Selbstverständnisses der jeweiligen Religionsgemeinschaft oder Vereinigung im Hinblick auf ihr Selbstbestimmungsrecht oder nach der Art der Tätigkeit eine gerechtfertigte berufliche Anforderung darstellt.

(2) Das Verbot unterschiedlicher Behandlung wegen der Religion oder der Weltanschauung berührt nicht das Recht der in Absatz 1 genannten Religionsgemeinschaften, der ihnen zugeordneten Einrichtungen ohne Rücksicht auf ihre Rechtsform oder der Vereinigungen, die sich die gemeinschaftliche Pflege einer Religion oder Weltanschauung zur Aufgabe machen, von ihren Beschäftigten ein loyales und aufrichtiges Verhalten im Sinne ihres jeweiligen Selbstverständnisses verlangen zu können.

§ 10 Zulässige unterschiedliche Behandlung wegen des Alters. [1]Ungeachtet des § 8 ist eine unterschiedliche Behandlung wegen des Alters auch zulässig, wenn sie objektiv und angemessen und durch ein legitimes Ziel gerechtfertigt ist. [2]Die Mittel zur Erreichung dieses Ziels müssen angemessen und erforderlich sein. [3]Derartige unterschiedliche Behandlungen können insbesondere Folgendes einschließen:

1. die Festlegung besonderer Bedingungen für den Zugang zur Beschäftigung und zur beruflichen Bildung sowie besonderer Beschäftigungs- und Arbeitsbedingungen, einschließlich der Bedingungen für Entlohnung und Beendigung des Beschäftigungsverhältnisses, um die berufliche Eingliederung von Jugendlichen, älteren Beschäftigten und Personen mit Fürsorgepflichten zu fördern oder ihren Schutz sicherzustellen,
2. die Festlegung von Mindestanforderungen an das Alter, die Berufserfahrung oder das Dienstalter für den Zugang zur Beschäftigung oder für bestimmte mit der Beschäftigung verbundene Vorteile,

3. die Festsetzung eines Höchstalters für die Einstellung auf Grund der spezifischen Ausbildungsanforderungen eines bestimmten Arbeitsplatzes oder auf Grund der Notwendigkeit einer angemessenen Beschäftigungszeit vor dem Eintritt in den Ruhestand,
4. die Festsetzung von Altersgrenzen bei den betrieblichen Systemen der sozialen Sicherheit als Voraussetzung für die Mitgliedschaft oder den Bezug von Altersrente oder von Leistungen bei Invalidität einschließlich der Festsetzung unterschiedlicher Altersgrenzen im Rahmen dieser Systeme für bestimmte Beschäftigte oder Gruppen von Beschäftigten und die Verwendung von Alterskriterien im Rahmen dieser Systeme für versicherungsmathematische Berechnungen,
5. eine Vereinbarung, die die Beendigung des Beschäftigungsverhältnisses ohne Kündigung zu einem Zeitpunkt vorsieht, zu dem der oder die Beschäftigte eine Rente wegen Alters beantragen kann; § 41 des Sechsten Buches Sozialgesetzbuch[1]) bleibt unberührt,
6. Differenzierungen von Leistungen in Sozialplänen im Sinne des Betriebsverfassungsgesetzes[2]), wenn die Parteien eine nach Alter oder Betriebszugehörigkeit gestaffelte Abfindungsregelung geschaffen haben, in der die wesentlich vom Alter abhängenden Chancen auf dem Arbeitsmarkt durch eine verhältnismäßig starke Betonung des Lebensalters erkennbar berücksichtigt worden sind, oder Beschäftigte von den Leistungen des Sozialplans ausgeschlossen haben, die wirtschaftlich abgesichert sind, weil sie, gegebenenfalls nach Bezug von Arbeitslosengeld, rentenberechtigt sind.

Unterabschnitt 2. Organisationspflichten des Arbeitgebers

§ 11 Ausschreibung. Ein Arbeitsplatz darf nicht unter Verstoß gegen § 7 Abs. 1 ausgeschrieben werden.

§ 12 Maßnahmen und Pflichten des Arbeitgebers. (1) ¹Der Arbeitgeber ist verpflichtet, die erforderlichen Maßnahmen zum Schutz vor Benachteiligungen wegen eines in § 1 genannten Grundes zu treffen. ²Dieser Schutz umfasst auch vorbeugende Maßnahmen.

(2) ¹Der Arbeitgeber soll in geeigneter Art und Weise, insbesondere im Rahmen der beruflichen Aus- und Fortbildung, auf die Unzulässigkeit solcher Benachteiligungen hinweisen und darauf hinwirken, dass diese unterbleiben. ²Hat der Arbeitgeber seine Beschäftigten in geeigneter Weise zum Zwecke der Verhinderung von Benachteiligung geschult, gilt dies als Erfüllung seiner Pflichten nach Absatz 1.

(3) Verstoßen Beschäftigte gegen das Benachteiligungsverbot des § 7 Abs. 1, so hat der Arbeitgeber die im Einzelfall geeigneten, erforderlichen und angemessenen Maßnahmen zur Unterbindung der Benachteiligung wie Abmahnung, Umsetzung, Versetzung oder Kündigung zu ergreifen.

(4) Werden Beschäftigte bei der Ausübung ihrer Tätigkeit durch Dritte nach § 7 Abs. 1 benachteiligt, so hat der Arbeitgeber die im Einzelfall geeig-

---
[1]) Nr. **45**.
[2]) Nr. **81**.

neten, erforderlichen und angemessenen Maßnahmen zum Schutz der Beschäftigten zu ergreifen.

(5) ¹Dieses Gesetz und § 61b des Arbeitsgerichtsgesetzes[1]) sowie Informationen über die für die Behandlung von Beschwerden nach § 13 zuständigen Stellen sind im Betrieb oder in der Dienststelle bekannt zu machen. ²Die Bekanntmachung kann durch Aushang oder Auslegung an geeigneter Stelle oder den Einsatz der im Betrieb oder der Dienststelle üblichen Informations- und Kommunikationstechnik erfolgen.

Unterabschnitt 3. Rechte der Beschäftigten

§ 13 Beschwerderecht. (1) ¹Die Beschäftigten haben das Recht, sich bei den zuständigen Stellen des Betriebs, des Unternehmens oder der Dienststelle zu beschweren, wenn sie sich im Zusammenhang mit ihrem Beschäftigungsverhältnis vom Arbeitgeber, von Vorgesetzten, anderen Beschäftigten oder Dritten wegen eines in § 1 genannten Grundes benachteiligt fühlen. ²Die Beschwerde ist zu prüfen und das Ergebnis der oder dem beschwerdeführenden Beschäftigten mitzuteilen.

(2) Die Rechte der Arbeitnehmervertretungen bleiben unberührt.

§ 14 Leistungsverweigerungsrecht. ¹Ergreift der Arbeitgeber keine oder offensichtlich ungeeignete Maßnahmen zur Unterbindung einer Belästigung oder sexuellen Belästigung am Arbeitsplatz, sind die betroffenen Beschäftigten berechtigt, ihre Tätigkeit ohne Verlust des Arbeitsentgelts einzustellen, soweit dies zu ihrem Schutz erforderlich ist. ²§ 273 des Bürgerlichen Gesetzbuchs[2]) bleibt unberührt.

§ 15 Entschädigung und Schadensersatz. (1) ¹Bei einem Verstoß gegen das Benachteiligungsverbot ist der Arbeitgeber verpflichtet, den hierdurch entstandenen Schaden zu ersetzen. ²Dies gilt nicht, wenn der Arbeitgeber die Pflichtverletzung nicht zu vertreten hat.

(2) ¹Wegen eines Schadens, der nicht Vermögensschaden ist, kann der oder die Beschäftigte eine angemessene Entschädigung in Geld verlangen. ²Die Entschädigung darf bei einer Nichteinstellung drei Monatsgehälter nicht übersteigen, wenn der oder die Beschäftigte auch bei benachteiligungsfreier Auswahl nicht eingestellt worden wäre.

(3) Der Arbeitgeber ist bei der Anwendung kollektivrechtlicher Vereinbarungen nur dann zur Entschädigung verpflichtet, wenn er vorsätzlich oder grob fahrlässig handelt.

(4) ¹Ein Anspruch nach Absatz 1 oder 2 muss innerhalb einer Frist von zwei Monaten schriftlich geltend gemacht werden, es sei denn, die Tarifvertragsparteien haben etwas anderes vereinbart. ²Die Frist beginnt im Falle einer Bewerbung oder eines beruflichen Aufstiegs mit dem Zugang der Ablehnung und in den sonstigen Fällen einer Benachteiligung zu dem Zeitpunkt, in dem der oder die Beschäftigte von der Benachteiligung Kenntnis erlangt.

---

[1]) Nr. **91**.
[2]) Nr. **11**.

(5) Im Übrigen bleiben Ansprüche gegen den Arbeitgeber, die sich aus anderen Rechtsvorschriften ergeben, unberührt.

(6) Ein Verstoß des Arbeitgebers gegen das Benachteiligungsverbot des § 7 Abs. 1 begründet keinen Anspruch auf Begründung eines Beschäftigungsverhältnisses, Berufsausbildungsverhältnisses oder einen beruflichen Aufstieg, es sei denn, ein solcher ergibt sich aus einem anderen Rechtsgrund.

§ 16 Maßregelungsverbot. (1) ¹Der Arbeitgeber darf Beschäftigte nicht wegen der Inanspruchnahme von Rechten nach diesem Abschnitt oder wegen der Weigerung, eine gegen diesen Abschnitt verstoßende Anweisung auszuführen, benachteiligen. ²Gleiches gilt für Personen, die den Beschäftigten hierbei unterstützen oder als Zeuginnen oder Zeugen aussagen.

(2) ¹Die Zurückweisung oder Duldung benachteiligender Verhaltensweisen durch betroffene Beschäftigte darf nicht als Grundlage für eine Entscheidung herangezogen werden, die diese Beschäftigten berührt. ²Absatz 1 Satz 2 gilt entsprechend.

(3) § 22 gilt entsprechend.

Unterabschnitt 4. Ergänzende Vorschriften

§ 17 Soziale Verantwortung der Beteiligten. (1) Tarifvertragsparteien, Arbeitgeber, Beschäftigte und deren Vertretungen sind aufgefordert, im Rahmen ihrer Aufgaben und Handlungsmöglichkeiten an der Verwirklichung des in § 1 genannten Ziels mitzuwirken.

(2) ¹In Betrieben, in denen die Voraussetzungen des § 1 Abs. 1 Satz 1 des Betriebsverfassungsgesetzes[1]) vorliegen, können bei einem groben Verstoß des Arbeitgebers gegen Vorschriften aus diesem Abschnitt der Betriebsrat oder eine im Betrieb vertretene Gewerkschaft unter der Voraussetzung des § 23 Abs. 3 Satz 1 des Betriebsverfassungsgesetzes[1]) die dort genannten Rechte gerichtlich geltend machen; § 23 Abs. 3 Satz 2 bis 5 des Betriebsverfassungsgesetzes[1]) gilt entsprechend. ²Mit dem Antrag dürfen nicht Ansprüche des Benachteiligten geltend gemacht werden.

§ 18 Mitgliedschaft in Vereinigungen. (1) Die Vorschriften dieses Abschnitts gelten entsprechend für die Mitgliedschaft oder die Mitwirkung in einer

1. Tarifvertragspartei,
2. Vereinigung, deren Mitglieder einer bestimmten Berufsgruppe angehören oder die eine überragende Machtstellung im wirtschaftlichen oder sozialen Bereich innehat, wenn ein grundlegendes Interesse am Erwerb der Mitgliedschaft besteht,

sowie deren jeweiligen Zusammenschlüssen.

(2) Wenn die Ablehnung einen Verstoß gegen das Benachteiligungsverbot des § 7 Abs. 1 darstellt, besteht ein Anspruch auf Mitgliedschaft oder Mitwirkung in den in Absatz 1 genannten Vereinigungen.

---

[1]) Nr. **81**.

Abschnitt 3. Schutz vor Benachteiligung im Zivilrechtsverkehr

§ 19 Zivilrechtliches Benachteiligungsverbot. (1) Eine Benachteiligung aus Gründen der Rasse oder wegen der ethnischen Herkunft, wegen des Geschlechts, der Religion, einer Behinderung, des Alters oder der sexuellen Identität bei der Begründung, Durchführung und Beendigung zivilrechtlicher Schuldverhältnisse, die

1. typischerweise ohne Ansehen der Person zu vergleichbaren Bedingungen in einer Vielzahl von Fällen zustande kommen (Massengeschäfte) oder bei denen das Ansehen der Person nach der Art des Schuldverhältnisses eine nachrangige Bedeutung hat und die zu vergleichbaren Bedingungen in einer Vielzahl von Fällen zustande kommen oder
2. eine privatrechtliche Versicherung zum Gegenstand haben,

ist unzulässig.

(2) Eine Benachteiligung aus Gründen der Rasse oder wegen der ethnischen Herkunft ist darüber hinaus auch bei der Begründung, Durchführung und Beendigung sonstiger zivilrechtlicher Schuldverhältnisse im Sinne des § 2 Abs. 1 Nr. 5 bis 8 unzulässig.

(3) Bei der Vermietung von Wohnraum ist eine unterschiedliche Behandlung im Hinblick auf die Schaffung und Erhaltung sozial stabiler Bewohnerstrukturen und ausgewogener Siedlungsstrukturen sowie ausgeglichener wirtschaftlicher, sozialer und kultureller Verhältnisse zulässig.

(4) Die Vorschriften dieses Abschnitts finden keine Anwendung auf familien- und erbrechtliche Schuldverhältnisse.

(5) [1]Die Vorschriften dieses Abschnitts finden keine Anwendung auf zivilrechtliche Schuldverhältnisse, bei denen ein besonderes Nähe- oder Vertrauensverhältnis der Parteien oder ihrer Angehörigen begründet wird. [2]Bei Mietverhältnissen kann dies insbesondere der Fall sein, wenn die Parteien oder ihre Angehörigen Wohnraum auf demselben Grundstück nutzen. [3]Die Vermietung von Wohnraum zum nicht nur vorübergehenden Gebrauch ist in der Regel kein Geschäft im Sinne des Absatzes 1 Nr. 1, wenn der Vermieter insgesamt nicht mehr als 50 Wohnungen vermietet.

§ 20 Zulässige unterschiedliche Behandlung. (1) [1]Eine Verletzung des Benachteiligungsverbots ist nicht gegeben, wenn für eine unterschiedliche Behandlung wegen der Religion, einer Behinderung, des Alters, der sexuellen Identität oder des Geschlechts ein sachlicher Grund vorliegt. [2]Das kann insbesondere der Fall sein, wenn die unterschiedliche Behandlung

1. der Vermeidung von Gefahren, der Verhütung von Schäden oder anderen Zwecken vergleichbarer Art dient,
2. dem Bedürfnis nach Schutz der Intimsphäre oder der persönlichen Sicherheit Rechnung trägt,
3. besondere Vorteile gewährt und ein Interesse an der Durchsetzung der Gleichbehandlung fehlt,
4. an die Religion eines Menschen anknüpft und im Hinblick auf die Ausübung der Religionsfreiheit oder auf das Selbstbestimmungsrecht der Religionsgemeinschaften, der ihnen zugeordneten Einrichtungen ohne Rück-

sicht auf ihre Rechtsform sowie der Vereinigungen, die sich die gemeinschaftliche Pflege einer Religion zur Aufgabe machen, unter Beachtung des jeweiligen Selbstverständnisses gerechtfertigt ist.

(2) ¹Eine unterschiedliche Behandlung wegen des Geschlechts ist im Falle des § 19 Abs. 1 Nr. 2 bei den Prämien oder Leistungen nur zulässig, wenn dessen Berücksichtigung bei einer auf relevanten und genauen versicherungsmathematischen und statistischen Daten beruhenden Risikobewertung ein bestimmender Faktor ist. ²Kosten im Zusammenhang mit Schwangerschaft und Mutterschaft dürfen auf keinen Fall zu unterschiedlichen Prämien oder Leistungen führen. ³Eine unterschiedliche Behandlung wegen der Religion, einer Behinderung, des Alters oder der sexuellen Identität ist im Falle des § 19 Abs. 1 Nr. 2 nur zulässig, wenn diese auf anerkannten Prinzipien risikoadäquater Kalkulation beruhen, insbesondere auf einer versicherungsmathematisch ermittelten Risikobewertung unter Heranziehung statistischer Erhebungen.

§ 21 Ansprüche. (1) ¹Der Benachteiligte kann bei einem Verstoß gegen das Benachteiligungsverbot unbeschadet weiterer Ansprüche die Beseitigung der Beeinträchtigung verlangen. ²Sind weitere Beeinträchtigungen zu besorgen, so kann er auf Unterlassung klagen.

(2) ¹Bei einer Verletzung des Benachteiligungsverbots ist der Benachteiligende verpflichtet, den hierdurch entstandenen Schaden zu ersetzen. ²Dies gilt nicht, wenn der Benachteiligende die Pflichtverletzung nicht zu vertreten hat. ³Wegen eines Schadens, der nicht Vermögensschaden ist, kann der Benachteiligte eine angemessene Entschädigung in Geld verlangen.

(3) Ansprüche aus unerlaubter Handlung bleiben unberührt.

(4) Auf eine Vereinbarung, die von dem Benachteiligungsverbot abweicht, kann sich der Benachteiligende nicht berufen.

(5) ¹Ein Anspruch nach den Absätzen 1 und 2 muss innerhalb einer Frist von zwei Monaten geltend gemacht werden. ²Nach Ablauf der Frist kann der Anspruch nur geltend gemacht werden, wenn der Benachteiligte ohne Verschulden an der Einhaltung der Frist verhindert war.

Abschnitt 4. Rechtsschutz

§ 22 Beweislast. Wenn im Streitfall die eine Partei Indizien beweist, die eine Benachteiligung wegen eines in § 1 genannten Grundes vermuten lassen, trägt die andere Partei die Beweislast dafür, dass kein Verstoß gegen die Bestimmungen zum Schutz vor Benachteiligung vorgelegen hat.

§ 23 Unterstützung durch Antidiskriminierungsverbände. (1) ¹Antidiskriminierungsverbände sind Personenzusammenschlüsse, die nicht gewerbsmäßig und nicht nur vorübergehend entsprechend ihrer Satzung die besonderen Interessen von benachteiligten Personen oder Personengruppen nach Maßgabe von § 1 wahrnehmen. ²Die Befugnisse nach den Absätzen 2 bis 4 stehen ihnen zu, wenn sie mindestens 75 Mitglieder haben oder einen Zusammenschluss aus mindestens sieben Verbänden bilden.

(2) ¹Antidiskriminierungsverbände sind befugt, im Rahmen ihres Satzungszwecks in gerichtlichen Verfahren als Beistände Benachteiligter in der Ver-

handlung aufzutreten. ²Im Übrigen bleiben die Vorschriften der Verfahrensordnungen, insbesondere diejenigen, nach denen Beiständen weiterer Vortrag untersagt werden kann, unberührt.

(3) Antidiskriminierungsverbänden ist im Rahmen ihres Satzungszwecks die Besorgung von Rechtsangelegenheiten Benachteiligter gestattet.

(4) Besondere Klagerechte und Vertretungsbefugnisse von Verbänden zu Gunsten von behinderten Menschen bleiben unberührt.

Abschnitt 5. Sonderregelungen für öffentlich-rechtliche Dienstverhältnisse

§ 24 Sonderregelung für öffentlich-rechtliche Dienstverhältnisse. Die Vorschriften dieses Gesetzes gelten unter Berücksichtigung ihrer besonderen Rechtsstellung entsprechend für

1. Beamtinnen und Beamte des Bundes, der Länder, der Gemeinden, der Gemeindeverbände sowie der sonstigen der Aufsicht des Bundes oder eines Landes unterstehenden Körperschaften, Anstalten und Stiftungen des öffentlichen Rechts,
2. Richterinnen und Richter des Bundes und der Länder,
3. Zivildienstleistende sowie anerkannte Kriegsdienstverweigerer, soweit ihre Heranziehung zum Zivildienst betroffen ist.

Abschnitt 6. Antidiskriminierungsstelle

§ 25 Antidiskriminierungsstelle des Bundes. (1) Beim Bundesministerium für Familie, Senioren, Frauen und Jugend wird unbeschadet der Zuständigkeit der Beauftragten des Deutschen Bundestages oder der Bundesregierung die Stelle des Bundes zum Schutz vor Benachteiligungen wegen eines in § 1 genannten Grundes (Antidiskriminierungsstelle des Bundes) errichtet.

(2) ¹Der Antidiskriminierungsstelle des Bundes ist die für die Erfüllung ihrer Aufgaben notwendige Personal- und Sachausstattung zur Verfügung zu stellen. ²Sie ist im Einzelplan des Bundesministeriums für Familie, Senioren, Frauen und Jugend in einem eigenen Kapitel auszuweisen.

§ 26 Rechtsstellung der Leitung der Antidiskriminierungsstelle des Bundes. (1) ¹Die Bundesministerin oder der Bundesminister für Familie, Senioren, Frauen und Jugend ernennt auf Vorschlag der Bundesregierung eine Person zur Leitung der Antidiskriminierungsstelle des Bundes. ²Sie steht nach Maßgabe dieses Gesetzes in einem öffentlich-rechtlichen Amtsverhältnis zum Bund. ³Sie ist in Ausübung ihres Amtes unabhängig und nur dem Gesetz unterworfen.

(2) Das Amtsverhältnis beginnt mit der Aushändigung der Urkunde über die Ernennung durch die Bundesministerin oder den Bundesminister für Familie, Senioren, Frauen und Jugend.

(3) ¹Das Amtsverhältnis endet außer durch Tod
1. mit dem Zusammentreten eines neuen Bundestages,

2. durch Ablauf der Amtszeit mit Erreichen der Altersgrenze nach § 41 Abs. 1 des Bundesbeamtengesetzes,
3. mit der Entlassung.
²Die Bundesministerin oder der Bundesminister für Familie, Senioren, Frauen und Jugend entlässt die Leiterin oder den Leiter der Antidiskriminierungsstelle des Bundes auf deren Verlangen oder wenn Gründe vorliegen, die bei einer Richterin oder einem Richter auf Lebenszeit die Entlassung aus dem Dienst rechtfertigen. ³Im Falle der Beendigung des Amtsverhältnisses erhält die Leiterin oder der Leiter der Antidiskriminierungsstelle des Bundes eine von der Bundesministerin oder dem Bundesminister für Familie, Senioren, Frauen und Jugend vollzogene Urkunde. ⁴Die Entlassung wird mit der Aushändigung der Urkunde wirksam.

(4) ¹Das Rechtsverhältnis der Leitung der Antidiskriminierungsstelle des Bundes gegenüber dem Bund wird durch Vertrag mit dem Bundesministerium für Familie, Senioren, Frauen und Jugend geregelt. ²Der Vertrag bedarf der Zustimmung der Bundesregierung.

(5) ¹Wird eine Bundesbeamtin oder ein Bundesbeamter zur Leitung der Antidiskriminierungsstelle des Bundes bestellt, scheidet er oder sie mit Beginn des Amtsverhältnisses aus dem bisherigen Amt aus. ²Für die Dauer des Amtsverhältnisses ruhen die aus dem Beamtenverhältnis begründeten Rechte und Pflichten mit Ausnahme der Pflicht zur Amtsverschwiegenheit und des Verbots der Annahme von Belohnungen oder Geschenken. ³Bei unfallverletzten Beamtinnen oder Beamten bleiben die gesetzlichen Ansprüche auf das Heilverfahren und einen Unfallausgleich unberührt.

§ 27 Aufgaben. (1) Wer der Ansicht ist, wegen eines in § 1 genannten Grundes benachteiligt worden zu sein, kann sich an die Antidiskriminierungsstelle des Bundes wenden.

(2) ¹Die Antidiskriminierungsstelle des Bundes unterstützt auf unabhängige Weise Personen, die sich nach Absatz 1 an sie wenden, bei der Durchsetzung ihrer Rechte zum Schutz vor Benachteiligungen. ²Hierbei kann sie insbesondere
1. über Ansprüche und die Möglichkeiten des rechtlichen Vorgehens im Rahmen gesetzlicher Regelungen zum Schutz vor Benachteiligungen informieren,
2. Beratung durch andere Stellen vermitteln,
3. eine gütliche Beilegung zwischen den Beteiligten anstreben.
³Soweit Beauftragte des Deutschen Bundestages oder der Bundesregierung zuständig sind, leitet die Antidiskriminierungsstelle des Bundes die Anliegen der in Absatz 1 genannten Personen mit deren Einverständnis unverzüglich an diese weiter.

(3) Die Antidiskriminierungsstelle des Bundes nimmt auf unabhängige Weise folgende Aufgaben wahr, soweit nicht die Zuständigkeit der Beauftragten der Bundesregierung oder des Deutschen Bundestages berührt ist:
1. Öffentlichkeitsarbeit,
2. Maßnahmen zur Verhinderung von Benachteiligungen aus den in § 1 genannten Gründen,
3. Durchführung wissenschaftlicher Untersuchungen zu diesen Benachteiligungen.

(4) ¹Die Antidiskriminierungsstelle des Bundes und die in ihrem Zuständigkeitsbereich betroffenen Beauftragten der Bundesregierung und des Deutschen Bundestages legen gemeinsam dem Deutschen Bundestag alle vier Jahre Berichte über Benachteiligungen aus den in § 1 genannten Gründen vor und geben Empfehlungen zur Beseitigung und Vermeidung dieser Benachteiligungen. ²Sie können gemeinsam wissenschaftliche Untersuchungen zu Benachteiligungen durchführen.

(5) Die Antidiskriminierungsstelle des Bundes und die in ihrem Zuständigkeitsbereich betroffenen Beauftragten der Bundesregierung und des Deutschen Bundestages sollen bei Benachteiligungen aus mehreren der in § 1 genannten Gründe zusammenarbeiten.

§ 28 Befugnisse. (1) Die Antidiskriminierungsstelle des Bundes kann in Fällen des § 27 Abs. 2 Satz 2 Nr. 3 Beteiligte um Stellungnahmen ersuchen, soweit die Person, die sich nach § 27 Abs. 1 an sie gewandt hat, hierzu ihr Einverständnis erklärt.

(2) ¹Alle Bundesbehörden und sonstigen öffentlichen Stellen im Bereich des Bundes sind verpflichtet, die Antidiskriminierungsstelle des Bundes bei der Erfüllung ihrer Aufgaben zu unterstützen, insbesondere die erforderlichen Auskünfte zu erteilen. ²Die Bestimmungen zum Schutz personenbezogener Daten bleiben unberührt.

§ 29 Zusammenarbeit mit Nichtregierungsorganisationen und anderen Einrichtungen. Die Antidiskriminierungsstelle des Bundes soll bei ihrer Tätigkeit Nichtregierungsorganisationen sowie Einrichtungen, die auf europäischer, Bundes-, Landes- oder regionaler Ebene zum Schutz vor Benachteiligungen wegen eines in § 1 genannten Grundes tätig sind, in geeigneter Form einbeziehen.

§ 30 Beirat. (1) ¹Zur Förderung des Dialogs mit gesellschaftlichen Gruppen und Organisationen, die sich den Schutz vor Benachteiligungen wegen eines in § 1 genannten Grundes zum Ziel gesetzt haben, wird der Antidiskriminierungsstelle des Bundes ein Beirat beigeordnet. ²Der Beirat berät die Antidiskriminierungsstelle des Bundes bei der Vorlage von Berichten und Empfehlungen an den Deutschen Bundestag nach § 27 Abs. 4 und kann hierzu sowie zu wissenschaftlichen Untersuchungen nach § 27 Abs. 3 Nr. 3 eigene Vorschläge unterbreiten.

(2) ¹Das Bundesministerium für Familie, Senioren, Frauen und Jugend beruft im Einvernehmen mit der Leitung der Antidiskriminierungsstelle des Bundes sowie den entsprechend zuständigen Beauftragten der Bundesregierung oder des Deutschen Bundestages die Mitglieder dieses Beirats und für jedes Mitglied eine Stellvertretung. ²In den Beirat sollen Vertreterinnen und Vertreter gesellschaftlicher Gruppen und Organisationen sowie Expertinnen und Experten in Benachteiligungsfragen berufen werden. ³Die Gesamtzahl der Mitglieder des Beirats soll 16 Personen nicht überschreiten. ⁴Der Beirat soll zu gleichen Teilen mit Frauen und Männern besetzt sein.

(3) Der Beirat gibt sich eine Geschäftsordnung, die der Zustimmung des Bundesministeriums für Familie, Senioren, Frauen und Jugend bedarf.

(4) ¹Die Mitglieder des Beirats üben die Tätigkeit nach diesem Gesetz ehrenamtlich aus. ²Sie haben Anspruch auf Aufwandsentschädigung sowie Reisekostenvergütung, Tagegelder und Übernachtungsgelder. ³Näheres regelt die Geschäftsordnung.

Abschnitt 7. Schlussvorschriften

§ 31 Unabdingbarkeit. Von den Vorschriften dieses Gesetzes kann nicht zu Ungunsten der geschützten Personen abgewichen werden.

§ 32 Schlussbestimmung. Soweit in diesem Gesetz nicht Abweichendes bestimmt ist, gelten die allgemeinen Bestimmungen.

§ 33 Übergangsbestimmungen. (1) Bei Benachteiligungen nach den §§ 611a, 611b und 612 Abs. 3 des Bürgerlichen Gesetzbuchs oder sexuellen Belästigungen nach dem Beschäftigtenschutzgesetz ist das vor dem 18. August 2006 maßgebliche Recht anzuwenden.

(2) ¹Bei Benachteiligungen aus Gründen der Rasse oder wegen der ethnischen Herkunft sind die §§ 19 bis 21 nicht auf Schuldverhältnisse anzuwenden, die vor dem 18. August 2006 begründet worden sind. ²Satz 1 gilt nicht für spätere Änderungen von Dauerschuldverhältnissen.

(3) ¹Bei Benachteiligungen wegen des Geschlechts, der Religion, einer Behinderung, des Alters oder der sexuellen Identität sind die §§ 19 bis 21 nicht auf Schuldverhältnisse anzuwenden, die vor dem 1. Dezember 2006 begründet worden sind. ²Satz 1 gilt nicht für spätere Änderungen von Dauerschuldverhältnissen.

(4) ¹Auf Schuldverhältnisse, die eine privatrechtliche Versicherung zum Gegenstand haben, ist § 19 Abs. 1 nicht anzuwenden, wenn diese vor dem 22. Dezember 2007 begründet worden sind. ²Satz 1 gilt nicht für spätere Änderungen solcher Schuldverhältnisse.

15. Gesetz über den Nachweis der für ein Arbeitsverhältnis geltenden wesentlichen Bedingungen (Nachweisgesetz – NachwG)[1]

Vom 20. Juli 1995
(BGBl. I S. 946)
FNA 800-25

zuletzt geänd. durch Art. 32 G zur Anp. der Formvorschriften des Privatrechts und anderer Vorschriften an den modernen Rechtsgeschäftsverkehr v. 13. 7. 2001 (BGBl. I S. 1542)

§ 1 Anwendungsbereich. Dieses Gesetz gilt für alle Arbeitnehmer, es sei denn, daß sie nur zur vorübergehenden Aushilfe von höchstens einem Monat eingestellt werden.

§ 2 Nachweispflicht. (1) ¹Der Arbeitgeber hat spätestens einen Monat nach dem vereinbarten Beginn des Arbeitsverhältnisses die wesentlichen Vertragsbedingungen schriftlich niederzulegen, die Niederschrift zu unterzeichnen und dem Arbeitnehmer auszuhändigen. ²In die Niederschrift sind mindestens aufzunehmen:
1. der Name und die Anschrift der Vertragsparteien,
2. der Zeitpunkt des Beginns des Arbeitsverhältnisses,
3. bei befristeten Arbeitsverhältnissen: die vorhersehbare Dauer des Arbeitsverhältnisses,
4. der Arbeitsort oder, falls der Arbeitnehmer nicht nur an einem bestimmten Arbeitsort tätig sein soll, ein Hinweis darauf, daß der Arbeitnehmer an verschiedenen Orten beschäftigt werden kann,
5. eine kurze Charakterisierung oder Beschreibung der vom Arbeitnehmer zu leistenden Tätigkeit,
6. die Zusammensetzung und die Höhe des Arbeitsentgelts einschließlich der Zuschläge, der Zulagen, Prämien und Sonderzahlungen sowie anderer Bestandteile des Arbeitsentgelts und deren Fälligkeit,
7. die vereinbarte Arbeitszeit,
8. die Dauer des jährlichen Erholungsurlaubs,
9. die Fristen für die Kündigung des Arbeitsverhältnisses,
10. ein in allgemeiner Form gehaltener Hinweis auf die Tarifverträge, Betriebs- oder Dienstvereinbarungen, die auf das Arbeitsverhältnis anzuwenden sind.

³Der Nachweis der wesentlichen Vertragsbedingungen in elektronischer Form ist ausgeschlossen. ⁴Bei Arbeitnehmern, die eine geringfügige Beschäftigung nach § 8 Abs. 1 Nr. 1 des Vierten Buches Sozialgesetzbuch ausüben, ist außerdem der Hinweis aufzunehmen, daß der Arbeitnehmer in der gesetzlichen Rentenversicherung die Stellung eines versicherungspflichtigen Arbeitnehmers

---

[1] Verkündet als Art. 1 des Gesetzes zur Anpassung arbeitsrechtlicher Bestimmungen an das EG-Recht vom 20. 7. 1995 (BGBl. I S. 946); Inkrafttreten gem. Art. 6 dieses G am 28. 7. 1995.

erwerben kann, wenn er nach § 5 Abs. 2 Satz 2 des Sechsten Buches Sozialgesetzbuch auf die Versicherungsfreiheit durch Erklärung gegenüber dem Arbeitgeber verzichtet.

(2) Hat der Arbeitnehmer seine Arbeitsleistung länger als einen Monat außerhalb der Bundesrepublik Deutschland zu erbringen, so muß die Niederschrift dem Arbeitnehmer vor seiner Abreise ausgehändigt werden und folgende zusätzliche Angaben enthalten:
1. die Dauer der im Ausland auszuübenden Tätigkeit,
2. die Währung, in der das Arbeitsentgelt ausgezahlt wird,
3. ein zusätzliches mit dem Auslandsaufenthalt verbundenes Arbeitsentgelt und damit verbundene zusätzliche Sachleistungen,
4. die vereinbarten Bedingungen für die Rückkehr des Arbeitnehmers.

(3) [1]Die Angaben nach Absatz 1 Satz 2 Nr. 6 bis 9 und Absatz 2 Nr. 2 und 3 können ersetzt werden durch einen Hinweis auf die einschlägigen Tarifverträge, Betriebs- oder Dienstvereinbarungen und ähnlichen Regelungen, die für das Arbeitsverhältnis gelten. [2]Ist in den Fällen des Absatzes 1 Satz 2 Nr. 8 und 9 die jeweilige gesetzliche Regelung maßgebend, so kann hierauf verwiesen werden.

(4) Wenn dem Arbeitnehmer ein schriftlicher Arbeitsvertrag ausgehändigt worden ist, entfällt die Verpflichtung nach den Absätzen 1 und 2, soweit der Vertrag die in den Absätzen 1 bis 3 geforderten Angaben enthält.

§ 3 Änderung der Angaben. [1]Eine Änderung der wesentlichen Vertragsbedingungen ist dem Arbeitnehmer spätestens einen Monat nach der Änderung schriftlich mitzuteilen. [2]Satz 1 gilt nicht bei einer Änderung der gesetzlichen Vorschriften, Tarifverträge, Betriebs- oder Dienstvereinbarungen und ähnlichen Regelungen, die für das Arbeitsverhältnis gelten.

§ 4 Übergangsvorschrift. [1]Hat das Arbeitsverhältnis bereits bei Inkrafttreten dieses Gesetzes bestanden, so ist dem Arbeitnehmer auf sein Verlangen innerhalb von zwei Monaten eine Niederschrift im Sinne des § 2 auszuhändigen. [2]Soweit eine früher ausgestellte Niederschrift oder ein schriftlicher Arbeitsvertrag die nach diesem Gesetz erforderlichen Angaben enthält, entfällt diese Verpflichtung.

§ 5 Unabdingbarkeit. Von den Vorschriften dieses Gesetzes kann nicht zuungunsten des Arbeitnehmers abgewichen werden.

16. Gesetz über Teilzeitarbeit und befristete Arbeitsverträge (Teilzeit- und Befristungsgesetz – TzBfG)[1) 2)]

Vom 21. Dezember 2000
(BGBl. I S. 1966)
FNA 800-26
zuletzt geänd. durch Art. 1 G zur Verbesserung der Beschäftigungschancen älterer Menschen
v. 19. 4. 2007 (BGBl. I S. 538)

Erster Abschnitt. Allgemeine Vorschriften

§ 1 Zielsetzung. Ziel des Gesetzes ist, Teilzeitarbeit zu fördern, die Voraussetzungen für die Zulässigkeit befristeter Arbeitsverträge festzulegen und die Diskriminierung von teilzeitbeschäftigten und befristet beschäftigten Arbeitnehmern zu verhindern.

§ 2 Begriff des teilzeitbeschäftigten Arbeitnehmers. (1) [1]Teilzeitbeschäftigt ist ein Arbeitnehmer, dessen regelmäßige Wochenarbeitszeit kürzer ist als die eines vergleichbaren vollzeitbeschäftigten Arbeitnehmers. [2]Ist eine regelmäßige Wochenarbeitszeit nicht vereinbart, so ist ein Arbeitnehmer teilzeitbeschäftigt, wenn seine regelmäßige Arbeitszeit im Durchschnitt eines bis zu einem Jahr reichenden Beschäftigungszeitraums unter der eines vergleichbaren vollzeitbeschäftigten Arbeitnehmers liegt. [3]Vergleichbar ist ein vollzeitbeschäftigter Arbeitnehmer des Betriebes mit derselben Art des Arbeitsverhältnisses und der gleichen oder einer ähnlichen Tätigkeit. [4]Gibt es im Betrieb keinen vergleichbaren vollzeitbeschäftigten Arbeitnehmer, so ist der vergleichbare vollzeitbeschäftigte Arbeitnehmer auf Grund des anwendbaren Tarifvertrages zu bestimmen; in allen anderen Fällen ist darauf abzustellen, wer im jeweiligen Wirtschaftszweig üblicherweise als vergleichbarer vollzeitbeschäftiger Arbeitnehmer anzusehen ist.

(2) Teilzeitbeschäftigt ist auch ein Arbeitnehmer, der eine geringfügige Beschäftigung nach § 8 Abs. 1 Nr. 1 des Vierten Buches Sozialgesetzbuch[3)] ausübt.

[1)] **Amtl. Anm.:** Dieses Gesetz dient der Umsetzung
– der Richtlinie 97/81/EG **[EU-Arbeitsrecht (dtv 5751) Nr. 35]** des Rates vom 15. Dezember 1997 zu der von UNICE, CEEP und EGB geschlossenen Rahmenvereinbarung über Teilzeitarbeit (ABl. EG 1998 Nr. L 14 S. 9)
und
– der Richtlinie 1990/70/EG des Rates vom 28. Juni 1999 zu der EGB-UNICE-CEEP-Rahmenvereinbarung über befristete Arbeitsverträge (ABl. EG 1999 Nr. L 175 S. 43).
[2)] Verkündet als Art. 1 G über Teilzeitarbeit und befristete Arbeitsverträge und zur Änd. und Aufhebung arbeitsrechtl. Bestimmungen v. 21. 12. 2000 (BGBl. I S. 1966); Inkrafttreten gem. Art. 4 dieses G am 1. 1. 2001.
[3)] Nr. 43.

§ 3 Begriff des befristet beschäftigten Arbeitnehmers. (1) ¹Befristet beschäftigt ist ein Arbeitnehmer mit einem auf bestimmte Zeit geschlossenen Arbeitsvertrag. ²Ein auf bestimmte Zeit geschlossener Arbeitsvertrag (befristeter Arbeitsvertrag) liegt vor, wenn seine Dauer kalendermäßig bestimmt ist (kalendermäßig befristeter Arbeitsvertrag) oder sich aus Art, Zweck oder Beschaffenheit der Arbeitsleistung ergibt (zweckbefristeter Arbeitsvertrag).

(2) ¹Vergleichbar ist ein unbefristet beschäftigter Arbeitnehmer des Betriebes mit der gleichen oder einer ähnlichen Tätigkeit. ²Gibt es im Betrieb keinen vergleichbaren unbefristet beschäftigten Arbeitnehmer, so ist der vergleichbare unbefristet beschäftigte Arbeitnehmer auf Grund des anwendbaren Tarifvertrages zu bestimmen; in allen anderen Fällen ist darauf abzustellen, wer im jeweiligen Wirtschaftszweig üblicherweise als vergleichbarer unbefristet beschäftigter Arbeitnehmer anzusehen ist.

§ 4 Verbot der Diskriminierung. (1) ¹Ein teilzeitbeschäftigter Arbeitnehmer darf wegen der Teilzeitarbeit nicht schlechter behandelt werden als ein vergleichbarer vollzeitbeschäftigter Arbeitnehmer, es sei denn, dass sachliche Gründe eine unterschiedliche Behandlung rechtfertigen. ²Einem teilzeitbeschäftigten Arbeitnehmer ist Arbeitsentgelt oder einer andere teilbare geldwerte Leistung mindestens in dem Umfang zu gewähren, der dem Anteil seiner Arbeitszeit an der Arbeitszeit eines vergleichbaren vollzeitbeschäftigten Arbeitnehmers entspricht.

(2) ¹Ein befristet beschäftigter Arbeitnehmer darf wegen der Befristung des Arbeitsvertrages nicht schlechter behandelt werden als ein vergleichbarer unbefristet beschäftigter Arbeitnehmer, es sei denn, dass sachliche Gründe eine unterschiedliche Behandlung rechtfertigen. ²Einem befristet beschäftigten Arbeitnehmer ist Arbeitsentgelt oder eine andere teilbare geldwerte Leistung, die für einen bestimmten Bemessungszeitraum gewährt wird, mindestens in dem Umfang zu gewähren, der dem Anteil seiner Beschäftigungsdauer am Bemessungszeitraum entspricht. ³Sind bestimmte Beschäftigungsbedingungen von der Dauer des Bestehens des Arbeitsverhältnisses in demselben Betrieb oder Unternehmen abhängig, so sind für befristet beschäftige Arbeitnehmer dieselben Zeiten zu berücksichtigen wie für unbefristet beschäftigte Arbeitsnehmer, es sei denn, dass eine unterschiedliche Berücksichtigung aus sachlichen Gründen gerechtfertigt ist.

§ 5 Benachteiligungsverbot. Der Arbeitgeber darf einen Arbeitnehmer nicht wegen der Inanspruchnahme von Rechten nach diesem Gesetz benachteiligen.

Zweiter Abschnitt. Teilzeitarbeit

§ 6 Förderung von Teilzeitarbeit. Der Arbeitgeber hat den Arbeitnehmern, auch in leitenden Positionen, Teilzeitarbeit nach Maßgabe dieses Gesetzes zu ermöglichen.

§ 7 Ausschreibung; Information über freie Arbeitsplätze. (1) Der Arbeitgeber hat einen Arbeitsplatz, den er öffentlich oder innerhalb des Betriebes ausschreibt, auch als Teilzeitarbeitsplatz auszuschreiben, wenn sich der Arbeitsplatz hierfür eignet.

(2) Der Arbeitgeber hat einen Arbeitnehmer, der ihm den Wunsch nach einer Veränderung von Dauer und Lage seiner vertraglich vereinbarten Arbeitszeit angezeigt hat, über entsprechende Arbeitsplätze zu informieren, die im Betrieb oder Unternehmen besetzt werden sollen.

(3) [1]Der Arbeitgeber hat die Arbeitnehmervertretung über Teilzeitarbeit im Betrieb und Unternehmen zu informieren, insbesondere über vorhandene oder geplante Teilzeitarbeitsplätze und über die Umwandlung von Teilzeitarbeitsplätzen in Vollzeitarbeitsplätze oder umgekehrt. [2]Der Arbeitnehmervertretung sind auf Verlangen die erforderlichen Unterlagen zur Verfügung zu stellen; § 92 des Betriebsverfassungsgesetzes[1)] bleibt unberührt.

§ 8 Verringerung der Arbeitszeit. (1) Ein Arbeitnehmer, dessen Arbeitsverhältnis länger als sechs Monate bestanden hat, kann verlangen, dass seine vertraglich vereinbarte Arbeitszeit verringert wird.

(2) [1]Der Arbeitnehmer muss die Verringerung seiner Arbeitszeit und den Umfang der Verringerung spätestens drei Monate vor deren Beginn geltend machen. [2]Er soll dabei die gewünschte Verteilung der Arbeitszeit angeben.

(3) [1]Der Arbeitgeber hat mit dem Arbeitnehmer die gewünschte Verringerung der Arbeitszeit mit dem Ziel zu erörtern, zu einer Vereinbarung zu gelangen. [2]Er hat mit dem Arbeitnehmer Einvernehmen über die von ihm festzulegende Verteilung der Arbeitszeit zu erzielen.

(4) [1]Der Arbeitgeber hat der Verringerung der Arbeitszeit zuzustimmen und ihre Verteilung entsprechend den Wünschen des Arbeitnehmers festzulegen, soweit betriebliche Gründe nicht entgegenstehen. [2]Ein betrieblicher Grund liegt insbesondere vor, wenn die Verringerung der Arbeitszeit die Organisation, den Arbeitsablauf oder die Sicherheit im Betrieb wesentlich beeinträchtigt oder unverhältnismäßige Kosten verursacht. [3]Die Ablehnungsgründe können durch Tarifvertrag festgelegt werden. [4]Im Geltungsbereich eines solchen Tarifvertrages können nicht tarifgebundene Arbeitgeber und Arbeitnehmer die Anwendung der tariflichen Regelungen über die Ablehnungsgründe vereinbaren.

(5) [1]Die Entscheidung über die Verringerung der Arbeitszeit und ihre Verteilung hat der Arbeitgeber dem Arbeitnehmer spätestens einen Monat vor dem gewünschten Beginn der Verringerung schriftlich mitzuteilen. [2]Haben sich Arbeitgeber und Arbeitnehmer nicht nach Absatz 3 Satz 1 über die Verringerung der Arbeitszeit geeinigt und hat der Arbeitgeber die Arbeitszeitverringerung nicht spätestens einen Monat vor deren gewünschtem Beginn schriftlich abgelehnt, verringert sich die Arbeitszeit in dem vom Arbeitnehmer gewünschten Umfang. [3]Haben Arbeitgeber und Arbeitnehmer über die Verteilung der Arbeitszeit kein Einvernehmen nach Absatz 3 Satz 2 erzielt und hat der Arbeitgeber nicht spätestens einen Monat vor dem gewünschten Beginn der Arbeitszeitverringerung die gewünschte Verteilung der Arbeitszeit schriftlich abgelehnt, gilt die Verteilung der Arbeitszeit entsprechend den Wünschen des Arbeitnehmers als festgelegt. [4]Der Arbeitgeber kann die nach Satz 3 oder Absatz 3 Satz 2 festgelegte Verteilung der Arbeitszeit wieder än-

---

[1)] Nr. 81.

dern, wenn das betriebliche Interesse daran das Interesse des Arbeitnehmers an der Beibehaltung erheblich überwiegt und der Arbeitgeber die Änderung spätestens einen Monat vorher angekündigt hat.

(6) Der Arbeitnehmer kann eine erneute Verringerung der Arbeitszeit frühestens nach Ablauf von zwei Jahren verlangen, nachdem der Arbeitgeber einer Verringerung zugestimmt oder sie berechtigt abgelehnt hat.

(7) Für den Anspruch auf Verringerung der Arbeitszeit gilt die Voraussetzung, dass der Arbeitgeber, unabhängig von der Anzahl der Personen in Berufsbildung, in der Regel mehr als 15 Arbeitnehmer beschäftigt.

§ 9 Verlängerung der Arbeitszeit. Der Arbeitgeber hat einen teilzeitbeschäftigten Arbeitnehmer, der ihm den Wunsch nach einer Verlängerung seiner vertraglich vereinbarten Arbeitszeit angezeigt hat, bei der Besetzung eines entsprechenden freien Arbeitsplatzes bei gleicher Eignung bevorzugt zu berücksichtigen, es sei denn, dass dringende betriebliche Gründe oder Arbeitszeitwünsche anderer teilzeitbeschäftigter Arbeitnehmer entgegenstehen.

§ 10 Aus- und Weiterbildung. Der Arbeitgeber hat Sorge zu tragen, dass auch teilzeitbeschäftigte Arbeitnehmer an Aus- und Weiterbildungsmaßnahmen zur Förderung der beruflichen Entwicklung und Mobilität teilnehmen können, es sei denn, dass dringende betriebliche Gründe oder Aus- und Weiterbildungswünsche anderer teilzeit- oder vollzeitbeschäftigter Arbeitnehmer entgegenstehen.

§ 11 Kündigungsverbot. [1]Die Kündigung eines Arbeitverhältnisses wegen der Weigerung eines Arbeitnehmers, von einem Vollzeit- in ein Teilzeitarbeitsverhältnis oder umgekehrt zu wechseln, ist unwirksam. [2]Das Recht zur Kündigung des Arbeitsverhältnisses aus anderen Gründen bleibt unberührt.

§ 12 Arbeit auf Abruf. (1) [1]Arbeitgeber und Arbeitnehmer können vereinbaren, dass der Arbeitnehmer seine Arbeitsleistung entsprechend dem Arbeitsanfall zu erbringen hat (Arbeit auf Abruf). [2]Die Vereinbarung muss eine bestimmte Dauer der wöchentlichen und täglichen Arbeitszeit festlegen. [3]Wenn die Dauer der wöchentlichen Arbeitszeit nicht festgelegt ist, gilt eine Arbeitszeit von zehn Stunden als vereinbart. [4]Wenn die Dauer der täglichen Arbeitszeit nicht festgelegt ist, hat der Arbeitgeber die Arbeitsleistung des Arbeitnehmers jeweils für mindestens drei aufeinander folgende Stunden in Anspruch zu nehmen.

(2) Der Arbeitnehmer ist nur zur Arbeitsleistung verpflichtet, wenn der Arbeitgeber ihm die Lage seiner Arbeitszeit jeweils mindestens vier Tage im Voraus mitteilt.

(3) [1]Durch Tarifvertrag kann von den Absätzen 1 und 2 auch zuungunsten des Arbeitnehmers abgewichen werden, wenn der Tarifvertrag Regelungen über die tägliche und wöchentliche Arbeitszeit und die Vorankündigungsfrist vorsieht. [2]Im Geltungsbereich eines solchen Tarifvertrages können nicht tarifgebundene Arbeitgeber und Arbeitnehmer die Anwendung der tariflichen Regelungen über die Arbeit auf Abruf vereinbaren.

§ 13 Arbeitsplatzteilung. (1) [1]Arbeitgeber und Arbeitnehmer können vereinbaren, dass mehrere Arbeitnehmer sich die Arbeitszeit an einem Arbeitsplatz teilen (Arbeitsplatzteilung). ²Ist einer dieser Arbeitnehmer an der Arbeitsleistung verhindert, sind die anderen Arbeitnehmer zur Vertretung verpflichtet, wenn sie der Vertretung im Einzelfall zugestimmt haben. ³Eine Pflicht zur Vertretung besteht auch, wenn der Arbeitsvertrag bei Vorliegen dringender betrieblicher Gründe eine Vertretung vorsieht und diese im Einzelfall zumutbar ist.

(2) ¹Scheidet ein Arbeitnehmer aus der Arbeitsplatzteilung aus, so ist die darauf gestützte Kündigung des Arbeitsverhältnisses eines anderen in die Arbeitsplatzteilung einbezogenen Arbeitnehmers durch den Arbeitgeber unwirksam. ²Das Recht zur Änderungskündigung aus diesem Anlass und zur Kündigung des Arbeitsverhältnisses aus anderen Gründen bleibt unberührt.

(3) Die Absätze 1 und 2 sind entsprechend anzuwenden, wenn sich Gruppen von Arbeitnehmern auf bestimmten Arbeitsplätzen in festgelegten Zeitabschnitten abwechseln, ohne dass eine Arbeitsplatzteilung im Sinne des Absatzes 1 vorliegt.

(4) ¹Durch Tarifvertrag kann von den Absätzen 1 und 3 auch zuungunsten des Arbeitnehmers abgewichen werden, wenn der Tarifvertrag Regelungen über die Vertretung der Arbeitnehmer enthält. ²Im Geltungsbereich eines solchen Tarifvertrages können nicht tarifgebundene Arbeitgeber und Arbeitnehmer die Anwendung der tariflichen Regelungen über die Arbeitsplatzteilung vereinbaren.

Dritter Abschnitt. Befristete Arbeitsverträge

§ 14 Zulässigkeit der Befristung. (1) ¹Die Befristung eines Arbeitsvertrages ist zulässig, wenn sie durch einen sachlichen Grund gerechtfertigt ist. ²Ein sachlicher Grund liegt insbesondere vor, wenn
1. der betriebliche Bedarf an der Arbeitsleistung nur vorübergehend besteht,
2. die Befristung im Anschluss an eine Ausbildung oder ein Studium erfolgt, um den Übergang des Arbeitnehmers in eine Anschlussbeschäftigung zu erleichtern,
3. der Arbeitnehmer zur Vertretung eines anderen Arbeitnehmers beschäftigt wird,
4. die Eigenart der Arbeitsleistung die Befristung rechtfertigt,
5. die Befristung zur Erprobung erfolgt,
6. in der Person des Arbeitnehmers liegende Gründe die Befristung rechtfertigen,
7. der Arbeitnehmer aus Haushaltsmitteln vergütet wird, die haushaltsrechtlich für eine befristete Beschäftigung bestimmt sind, und er entsprechend beschäftigt wird oder
8. die Befristung auf einem gerichtlichen Vergleich beruht.

(2) ¹Die kalendermäßige Befristung eines Arbeitsvertrages ohne Vorliegen eines sachlichen Grundes ist bis zur Dauer von zwei Jahren zulässig; bis zu dieser Gesamtdauer von zwei Jahren ist auch die höchstens dreimalige Verlängerung eines kalendermäßig befristeten Arbeitsvertrages zulässig. ²Eine Befristung nach Satz 1 ist nicht zulässig, wenn mit demselben Arbeitgeber bereits zuvor ein befristetes oder unbefristetes Arbeitsverhältnis bestanden hat. ³Durch Tarifvertrag kann die Anzahl der Verlängerungen oder die Höchstdauer der

Befristung abweichend von Satz 1 festgelegt werden. ⁴Im Geltungsbereich eines solchen Tarifvertrages können nicht tarifgebundene Arbeitgeber und Arbeitnehmer die Anwendung der tariflichen Regelungen vereinbaren.

(2 a) ¹In den ersten vier Jahren nach der Gründung eines Unternehmens ist die kalendermäßige Befristung eines Arbeitsvertrages ohne Vorliegen eines sachlichen Grundes bis zur Dauer von vier Jahren zulässig; bis zu dieser Gesamtdauer von vier Jahren ist auch die mehrfache Verlängerung eines kalendermäßig befristeten Arbeitsvertrages zulässig. ²Dies gilt nicht für Neugründungen im Zusammenhang mit der rechtlichen Umstrukturierung von Unternehmen und Konzernen. ³Maßgebend für den Zeitpunkt der Gründung des Unternehmens ist die Aufnahme einer Erwerbstätigkeit, die nach § 138 der Abgabenordnung der Gemeinde oder dem Finanzamt mitzuteilen ist. ⁴Auf die Befristung eines Arbeitsvertrages nach Satz 1 findet Absatz 2 Satz 2 bis 4 entsprechende Anwendung.

(3) ¹Die kalendermäßige Befristung eines Arbeitsvertrages ohne Vorliegen eines sachlichen Grundes ist bis zu einer Dauer von fünf Jahren zulässig, wenn der Arbeitnehmer bei Beginn des befristeten Arbeitsverhältnisses das 52. Lebensjahr vollendet hat und unmittelbar vor Beginn des befristeten Arbeitsverhältnisses mindestens vier Monate beschäftigungslos im Sinne des § 119 Abs. 1 Nr. 1 des Dritten Buches Sozialgesetzbuch[1]) gewesen ist, Transferkurzarbeitergeld bezogen oder an einer öffentlich geförderten Beschäftigungsmaßnahme nach dem Zweiten oder Dritten Buch Sozialgesetzbuch teilgenommen hat. ²Bis zu der Gesamtdauer von fünf Jahren ist auch die mehrfache Verlängerung des Arbeitsvertrages zulässig.

(4) Die Befristung eines Arbeitsvertrages bedarf zu ihrer Wirksamkeit der Schriftform.

§ 15 Ende des befristeten Arbeitsvertrages.

(1) Ein kalendermäßig befristeter Arbeitsvertrag endet mit Ablauf der vereinbarten Zeit.

(2) Ein zweckbefristeter Arbeitsvertrag endet mit Erreichen des Zwecks, frühestens jedoch zwei Wochen nach Zugang der schriftlichen Unterrichtung des Arbeitnehmers durch den Arbeitgeber über den Zeitpunkt der Zweckerreichung.

(3) Ein befristetes Arbeitsverhältnis unterliegt nur dann der ordentlichen Kündigung, wenn dies einzelvertraglich oder im anwendbaren Tarifvertrag vereinbart ist.

(4) ¹Ist das Arbeitsverhältnis für die Lebenszeit einer Person oder für längere Zeit als fünf Jahre eingegangen, so kann es von dem Arbeitnehmer nach Ablauf von fünf Jahren gekündigt werden. ²Die Kündigungsfrist beträgt sechs Monate.

(5) Wird das Arbeitsverhältnis nach Ablauf der Zeit, für die es eingegangen ist, oder nach Zweckerreichung mit Wissen des Arbeitgebers fortgesetzt, so gilt es als auf unbestimmte Zeit verlängert, wenn nicht der Arbeitgeber nicht unverzüglich widerspricht oder dem Arbeitnehmer die Zweckerreichung nicht unverzüglich mitteilt.

---

[1]) Nr. 42.

§ 16 Folgen unwirksamer Befristung. ¹Ist die Befristung rechtsunwirksam, so gilt der befristete Arbeitsvertrag als auf unbestimmte Zeit geschlossen; er kann vom Arbeitgeber frühestens zum vereinbarten Ende ordentlich gekündigt werden, sofern nicht nach § 15 Abs. 3 die ordentliche Kündigung zu einem früheren Zeitpunkt möglich ist. ²Ist die Befristung nur wegen des Mangels der Schriftform unwirksam, kann der Arbeitsvertrag auch vor dem vereinbarten Ende ordentlich gekündigt werden.

§ 17 Anrufung des Arbeitsgerichts. ¹Will der Arbeitnehmer geltend machen, dass die Befristung eines Arbeitsvertrages rechtsunwirksam ist, so muss er innerhalb von drei Wochen nach dem vereinbarten Ende des befristeten Arbeitsvertrages Klage beim Arbeitsgericht auf Feststellung erheben, dass das Arbeitsverhältnis auf Grund der Befristung nicht beendet ist. ²Die §§ 5 bis 7 des Kündigungsschutzgesetzes[1]) gelten entsprechend. ³Wird das Arbeitsverhältnis nach dem vereinbarten Ende fortgesetzt, so beginnt die Frist nach Satz 1 mit dem Zugang der schriftlichen Erklärung des Arbeitgebers, dass das Arbeitsverhältnis auf Grund der Befristung beendet sei.

§ 18 Information über unbefristete Arbeitsplätze. ¹Der Arbeitgeber hat die befristet beschäftigten Arbeitnehmer über entsprechende unbefristete Arbeitsplätze zu informieren, die besetzt werden sollen. ²Die Information kann durch allgemeine Bekanntgabe an geeigneter, den Arbeitnehmern zugänglicher Stelle im Betrieb und Unternehmen erfolgen.

§ 19 Aus- und Weiterbildung. Der Arbeitgeber hat Sorge zu tragen, dass auch befristet beschäftigte Arbeitnehmer an angemessenen Aus- und Weiterbildungsmaßnahmen zur Förderung der beruflichen Entwicklung und Mobilität teilnehmen können, es sei denn, dass dringende betriebliche Gründe oder Aus- und Weiterbildungswünsche anderer Arbeitnehmer entgegenstehen.

§ 20 Information der Arbeitnehmervertretung. Der Arbeitgeber hat die Arbeitnehmervertretung über die Anzahl der befristet beschäftigten Arbeitnehmer und ihren Anteil an der Gesamtbelegschaft des Betriebes und des Unternehmens zu informieren.

§ 21 Auflösend bedingte Arbeitsverträge. Wird der Arbeitsvertrag unter einer auflösenden Bedingung geschlossen, gelten § 4 Abs. 2, § 5, § 14 Abs. 1 und 4, § 15 Abs. 2, 3 und 5 sowie die §§ 16 bis 20 entsprechend.

Vierter Abschnitt. Gemeinsame Vorschriften

§ 22 Abweichende Vereinbarungen. (1) Außer in den Fällen des § 12 Abs. 3, § 13 Abs. 4 und § 14 Abs. 2 Satz 3 und 4 kann von den Vorschriften dieses Gesetzes nicht zuungunsten des Arbeitnehmers abgewichen werden.

(2) Enthält ein Tarifvertrag für den öffentlichen Dienst Bestimmungen im Sinne des § 8 Abs. 4 Satz 3 und 4, § 12 Abs. 3, § 13 Abs. 4, § 14 Abs. 2 Satz 3 und 4 oder § 15 Abs. 3, so gelten diese Bestimmungen auch zwischen

---

[1]) Nr. **20**.

nicht tarifgebundenen Arbeitgebern und Arbeitnehmern außerhalb des öffentlichen Dienstes, wenn die Anwendung der für den öffentlichen Dienst geltenden tarifvertraglichen Bestimmungen zwischen ihnen vereinbart ist und die Arbeitgeber die Kosten des Betriebes überwiegend mit Zuwendungen im Sinne des Haushaltsrechts decken.

§ 23 Besondere gesetzliche Regelungen. Besondere Regelungen über Teilzeitarbeit und über die Befristung von Arbeitsverträgen nach anderen gesetzlichen Vorschriften bleiben unberührt.

16 a. Gesetz über befristete Arbeitsverträge in der Wissenschaft (Wissenschaftszeitvertragsgesetz – WissZeitVG)[1)]

Vom 12. April 2007
(BGBl. I S. 506)
FNA 800-28

§ 1 Befristung von Arbeitsverträgen. (1) [1]Für den Abschluss von Arbeitsverträgen für eine bestimmte Zeit (befristete Arbeitsverträge) mit wissenschaftlichem und künstlerischem Personal mit Ausnahme der Hochschullehrerinnen und Hochschullehrer an Einrichtungen des Bildungswesens, die nach Landesrecht staatliche Hochschulen sind, gelten die §§ 2 und 3. [2]Von diesen Vorschriften kann durch Vereinbarung nicht abgewichen werden. [3]Durch Tarifvertrag kann für bestimmte Fachrichtungen und Forschungsbereiche von den in § 2 Abs. 1 vorgesehenen Fristen abgewichen und die Anzahl der zulässigen Verlängerungen befristeter Arbeitsverträge festgelegt werden. [4]Im Geltungsbereich eines solchen Tarifvertrages können nicht tarifgebundene Vertragsparteien die Anwendung der tariflichen Regelungen vereinbaren. [5]Die arbeitsrechtlichen Vorschriften und Grundsätze über befristete Arbeitsverträge und deren Kündigung sind anzuwenden, soweit sie den Vorschriften der §§ 2 bis 6 nicht widersprechen.

(2) Unberührt bleibt das Recht der Hochschulen, das in Absatz 1 Satz 1 bezeichnete Personal auch in unbefristeten oder nach Maßgabe des Teilzeit- und Befristungsgesetzes befristeten Arbeitsverhältnissen zu beschäftigen.

§ 2 Befristungsdauer; Befristung wegen Drittmittelfinanzierung.

(1) [1]Die Befristung von Arbeitsverträgen des in § 1 Abs. 1 Satz 1 genannten Personals, das nicht promoviert ist, ist bis zu einer Dauer von sechs Jahren zulässig. [2]Nach abgeschlossener Promotion ist eine Befristung bis zu einer Dauer von sechs Jahren, im Bereich der Medizin bis zu einer Dauer von neun Jahren zulässig; die zulässige Befristungsdauer verlängert sich in dem Umfang, in dem Zeiten einer befristeten Beschäftigung nach Satz 1 und Promotionszeiten ohne Beschäftigung nach Satz 1 zusammen weniger als sechs Jahre betragen haben. [3]Die nach den Sätzen 1 und 2 insgesamt zulässige Befristungsdauer verlängert sich bei Betreuung eines oder mehrerer Kinder unter 18 Jahren um zwei Jahre je Kind. [4]Innerhalb der jeweils zulässigen Befristungsdauer sind auch Verlängerungen eines befristeten Arbeitsvertrages möglich.

(2) [1]Die Befristung von Arbeitsverträgen des in § 1 Abs. 1 Satz 1 genannten Personals ist auch zulässig, wenn die Beschäftigung überwiegend aus Mitteln Dritter finanziert wird, die Finanzierung für eine bestimmte Aufgabe und Zeitdauer bewilligt ist und die Mitarbeiterin oder der Mitarbeiter überwiegend der Zweckbestimmung dieser Mittel entsprechend beschäftigt wird.

[1)] Verkündet als Art. 1 G zur Änderung arbeitsrechtlicher Vorschriften in der Wissenschaft v. 12. 4. 2007 (BGBl. I S. 506); Inkrafttreten gem. Art. 5 am 18. 4. 2007.

²Unter den Voraussetzungen des Satzes 1 ist auch die Befristung von Arbeitsverträgen des nichtwissenschaftlichen und nichtkünstlerischen Personals zulässig.

(3) ¹Auf die in Absatz 1 geregelte zulässige Befristungsdauer sind alle befristeten Arbeitsverhältnisse mit mehr als einem Viertel der regelmäßigen Arbeitszeit, die mit einer deutschen Hochschule oder einer Forschungseinrichtung im Sinne des § 5 abgeschlossen wurden, sowie entsprechende Beamtenverhältnisse auf Zeit und Privatdienstverträge nach § 3 anzurechnen. ²Angerechnet werden auch befristete Arbeitsverhältnisse, die nach anderen Rechtsvorschriften abgeschlossen wurden. ³Zeiten eines befristeten Arbeitsverhältnisses, die vor dem Abschluss des Studiums liegen, sind auf die nach Absatz 1 zulässige Befristungsdauer nicht anzurechnen.

(4) ¹Im Arbeitsvertrag ist anzugeben, ob die Befristung auf den Vorschriften dieses Gesetzes beruht. ²Fehlt diese Angabe, kann die Befristung nicht auf Vorschriften dieses Gesetzes gestützt werden. ³Die Dauer der Befristung muss bei Arbeitsverträgen nach Absatz 1 kalendermäßig bestimmt oder bestimmbar sein.

(5) ¹Die jeweilige Dauer eines befristeten Arbeitsvertrages nach Absatz 1 verlängert sich im Einverständnis mit der Mitarbeiterin oder dem Mitarbeiter um
1. Zeiten einer Beurlaubung oder einer Ermäßigung der Arbeitszeit um mindestens ein Fünftel der regelmäßigen Arbeitszeit, die für die Betreuung oder Pflege eines oder mehrerer Kinder unter 18 Jahren oder pflegebedürftiger sonstiger Angehöriger gewährt worden sind,
2. Zeiten einer Beurlaubung für eine wissenschaftliche oder künstlerische Tätigkeit oder eine außerhalb des Hochschulbereichs oder im Ausland durchgeführte wissenschaftliche, künstlerische oder berufliche Aus-, Fort- oder Weiterbildung,
3. Zeiten einer Inanspruchnahme von Elternzeit nach dem Bundeselterngeld- und Elternzeitgesetz[1]) und Zeiten eines Beschäftigungsverbots nach den §§ 3, 4, 6 und 8 des Mutterschutzgesetzes[2]) in dem Umfang, in dem eine Erwerbstätigkeit nicht erfolgt ist,
4. Zeiten des Grundwehr- und Zivildienstes und
5. Zeiten einer Freistellung im Umfang von mindestens einem Fünftel der regelmäßigen Arbeitszeit zur Wahrnehmung von Aufgaben in einer Personal- oder Schwerbehindertenvertretung, von Aufgaben eines oder einer Frauen- oder Gleichstellungsbeauftragten oder zur Ausübung eines mit dem Arbeitsverhältnis zu vereinbarenden Mandats.

²Eine Verlängerung nach Satz 1 wird nicht auf die nach Absatz 1 zulässige Befristungsdauer angerechnet. ³Sie soll in den Fällen des Satzes 1 Nr. 1, 2 und 5 die Dauer von jeweils zwei Jahren nicht überschreiten.

§ 3 Privatdienstvertrag. ¹Für einen befristeten Arbeitsvertrag, den ein Mitglied einer Hochschule, das Aufgaben seiner Hochschule selbständig wahrnimmt, zur Unterstützung bei der Erfüllung dieser Aufgaben mit überwiegend aus Mitteln Dritter vergütetem Personal im Sinne von § 1 Abs. 1 Satz 1 abschließt, gelten die Vorschriften der §§ 1, 2 und 6 entsprechend. ²Für nicht-

---
¹) Nr. **58**.
²) Nr. **57**.

wissenschaftliches und nichtkünstlerisches Personal gilt § 2 Abs. 2 Satz 2 und Abs. 4 Satz 1 und 2 entsprechend.

§ 4 Wissenschaftliches Personal an staatlich anerkannten Hochschulen. [1]Für den Abschluss befristeter Arbeitsverträge mit wissenschaftlichem und künstlerischem Personal an nach Landesrecht staatlich anerkannten Hochschulen gelten die Vorschriften der §§ 1 bis 3 und 6 entsprechend. [2]Für nichtwissenschaftliches und nichtkünstlerisches Personal gilt § 2 Abs. 2 Satz 2 und Abs. 4 Satz 1 und 2 entsprechend.

§ 5 Wissenschaftliches Personal an Forschungseinrichtungen. [1]Für den Abschluss befristeter Arbeitsverträge mit wissenschaftlichem Personal an staatlichen Forschungseinrichtungen sowie an überwiegend staatlich, an institutionell überwiegend staatlich oder auf der Grundlage von Artikel 91 b des Grundgesetzes finanzierten Forschungseinrichtungen gelten die Vorschriften der §§ 1 bis 3 und 6 entsprechend. [2]Für nichtwissenschaftliches Personal gilt § 2 Abs. 2 Satz 2 und Abs. 4 Satz 1 und 2 entsprechend.

§ 6 Rechtsgrundlage für bereits abgeschlossene Verträge; Übergangsregelung. (1) [1]Für die seit dem 23. Februar 2002 bis zum 17. April 2007 an staatlichen und staatlich anerkannten Hochschulen sowie an Forschungseinrichtungen im Sinne des § 5 abgeschlossenen Arbeitsverträge gelten die §§ 57a bis 57f des Hochschulrahmengesetzes in der ab 31. Dezember 2004 geltenden Fassung fort. [2]Für vor dem 23. Februar 2002 an staatlichen und staatlich anerkannten Hochschulen sowie an Forschungseinrichtungen im Sinne des § 5 abgeschlossene Arbeitsverträge gelten die §§ 57a bis 57e des Hochschulrahmengesetzes in der vor dem 23. Februar 2002 geltenden Fassung fort. [3]Satz 2 gilt entsprechend für Arbeitsverträge, die zwischen dem 27. Juli 2004 und dem 31. Dezember 2004 abgeschlossen wurden.

(2) [1]Der Abschluss befristeter Arbeitsverträge nach § 2 Abs. 1 Satz 1 und 2 mit Personen, die bereits vor dem 23. Februar 2002 in einem befristeten Arbeitsverhältnis zu einer Hochschule, einem Hochschulmitglied im Sinne von § 3 oder einer Forschungseinrichtung im Sinne von § 5 standen, ist auch nach Ablauf der in § 2 Abs. 1 Satz 1 und 2 geregelten jeweils zulässigen Befristungsdauer mit einer Laufzeit bis zum 29. Februar 2008 zulässig. [2]Satz 1 gilt entsprechend für Personen, die vor dem 23. Februar 2002 in einem Dienstverhältnis als wissenschaftlicher oder künstlerischer Assistent standen. [3]§ 2 Abs. 5 gilt entsprechend.

16 b. Gesetz über befristete Arbeitsverträge mit Ärzten in der Weiterbildung

Vom 15. Mai 1986
(BGBl. I S. 742)
FNA 800-24
zuletzt geänd. durch Art. 3 G zur Änd. arbeitsrechtl. Vorschriften in der Wissenschaft v. 12. 4. 2007
(BGBl. I S. 506)

§ 1 Befristung von Arbeitsverträgen. (1) Ein die Befristung eines Arbeitsvertrages mit einem Arzt rechtfertigender sachlicher Grund liegt vor, wenn die Beschäftigung des Arztes seiner zeitlich und inhaltlich strukturierten Weiterbildung zum Facharzt oder dem Erwerb einer Anerkennung für einen Schwerpunkt oder dem Erwerb einer Zusatzbezeichnung, eines Fachkundenachweises oder einer Bescheinigung über eine fakultative Weiterbildung dient.

(2) Die Dauer der Befristung des Arbeitsvertrages bestimmt sich im Rahmen der Absätze 3 und 4 ausschließlich nach der vertraglichen Vereinbarung; sie muß kalendermäßig bestimmt oder bestimmbar sein.

(3) ¹Ein befristeter Arbeitsvertrag nach Absatz 1 kann auf die notwendige Zeit für den Erwerb der Anerkennung als Facharzt oder den Erwerb einer Zusatzbezeichnung, höchstens bis zur Dauer von acht Jahren, abgeschlossen werden. ²Zum Zweck des Erwerbs einer Anerkennung für einen Schwerpunkt oder des an die Weiterbildung zum Facharzt anschließenden Erwerbs einer Zusatzbezeichnung, eines Fachkundenachweises oder einer Bescheinigung über eine fakultative Weiterbildung kann ein weiterer befristeter Arbeitsvertrag für den Zeitraum, der für den Erwerb vorgeschrieben ist, vereinbart werden. ³Wird die Weiterbildung im Rahmen einer Teilzeitbeschäftigung abgeleistet und verlängert sich der Weiterbildungszeitraum hierdurch über die zeitlichen Grenzen der Sätze 1 und 2 hinaus, so können diese um die Zeit dieser Verlängerung überschritten werden. ⁴Erfolgt die Weiterbildung nach Absatz 1 im Rahmen mehrerer befristeter Arbeitsverträge, so dürfen sie insgesamt die zeitlichen Grenzen nach den Sätzen 1, 2 und 3 nicht überschreiten. ⁵Die Befristung darf den Zeitraum nicht unterschreiten, für den der weiterbildende Arzt die Weiterbildungsbefugnis besitzt. ⁶Beendet der weiterzubildende Arzt bereits zu einem früheren Zeitpunkt den von ihm nachgefragten Weiterbildungsabschnitt oder liegen bereits zu einem früheren Zeitpunkt die Voraussetzungen für die Anerkennung im Gebiet, Schwerpunkt, Bereich sowie für den Erwerb eines Fachkundenachweises oder einer Bescheinigung über eine fakultative Weiterbildung vor, darf auf diesen Zeitpunkt befristet werden.

(4) Auf die jeweilige Dauer eines befristeten Arbeitsvertrages nach Absatz 3 sind im Einvernehmen mit dem zur Weiterbildung beschäftigten Arzt nicht anzurechnen:
1. Zeiten einer Beurlaubung oder einer Ermäßigung der Arbeitszeit um mindestens ein Fünftel der regelmäßigen Arbeitszeit, die für die Betreuung oder Pflege eines Kindes unter 18 Jahren oder eines pflegebedürftigen sonstigen

Angehörigen gewährt worden sind, soweit die Beurlaubung oder die Ermäßigung der Arbeitszeit die Dauer von zwei Jahren nicht überschreitet,
2. Zeiten einer Beurlaubung für eine wissenschaftliche Tätigkeit oder eine wissenschaftliche oder berufliche Aus-, Fort- oder Weiterbildung im Ausland, soweit die Beurlaubung die Dauer von zwei Jahren nicht überschreitet,
3. Zeiten einer Beurlaubung nach § 8a des Mutterschutzgesetzes[1]) oder § 15 Abs. 1 des Bundeselterngeld- und Elternzeitgesetzes[2]) und Zeiten eines Beschäftigungsverbots nach den §§ 3, 4, 6 und 8 des Mutterschutzgesetzes[1]), soweit eine Beschäftigung nicht erfolgt ist,
4. Zeiten des Grundwehr- und Zivildienstes und
5. Zeiten einer Freistellung zur Wahrnehmung von Aufgaben in einer Personal- oder Schwerbehindertenvertretung, soweit die Freistellung von der regelmäßigen Arbeitszeit mindestens ein Fünftel beträgt und die Dauer von zwei Jahren nicht überschreitet.

(5) Die arbeitsrechtlichen Vorschriften und Grundsätze über befristete Arbeitsverträge sind nur insoweit anzuwenden, als sie den Vorschriften der Absätze 1 bis 4 nicht widersprechen.

(6) Die Absätze 1 bis 5 gelten nicht, wenn der Arbeitsvertrag unter den Anwendungsbereich des Wissenschaftszeitvertragsgesetzes[3]) fällt.

§ 2 Berlin-Klausel. (gegenstandslos)

§ 3 Inkrafttreten. Dieses Gesetz tritt am Tage nach der Verkündung[4]) in Kraft.

---

[1]) Nr. 57.
[2]) Nr. 58.
[3]) Nr. 16a.
[4]) Verkündet am 23. Mai 1986.

17. Altersteilzeitgesetz[1)]

Vom 23. Juli 1996
(BGBl. I S. 1078)
FNA 810-36
zuletzt geänd. durch Art. 26a JahressteuerG 2008 v. 20. 12. 2007 (BGBl. I S. 3150)

§ 1 Grundsatz. (1) Durch Altersteilzeitarbeit soll älteren Arbeitnehmern ein gleitender Übergang vom Erwerbsleben in die Altersrente ermöglicht werden.

(2) Die Bundesagentur für Arbeit (Bundesagentur) fördert durch Leistungen nach diesem Gesetz die Teilzeitarbeit älterer Arbeitnehmer, die ihre Arbeitszeit ab Vollendung des 55. Lebensjahres spätestens ab 31. Dezember 2009 vermindern und damit die Einstellung eines sonst arbeitslosen Arbeitnehmers ermöglichen.

(3) ¹Altersteilzeit im Sinne dieses Gesetzes liegt unabhängig von einer Förderung durch die Bundesagentur auch vor bei einer Teilzeitarbeit älterer Arbeitnehmer, die ihre Arbeitszeit ab Vollendung des 55. Lebensjahres nach dem 31. Dezember 2009 vermindern. ²Für die Anwendung des § 3 Nr. 28 des Einkommensteuergesetzes kommt es nicht darauf an, dass die Altersteilzeit vor dem 1. Januar 2010 begonnen wurde und durch die Bundesagentur nach § 4 gefördert wird.

§ 2 Begünstigter Personenkreis. (1) Leistungen werden für Arbeitnehmer gewährt, die
1. das 55. Lebensjahr vollendet haben,
2. nach dem 14. Februar 1996 auf Grund einer Vereinbarung mit ihrem Arbeitgeber, die sich zumindest auf die Zeit erstrecken muß, bis eine Rente wegen Alters beansprucht werden kann, ihre Arbeitszeit auf die Hälfte der bisherigen wöchentlichen Arbeitszeit vermindert haben, und versicherungspflichtig beschäftigt im Sinne des Dritten Buches Sozialgesetzbuch sind (Altersteilzeitarbeit) und
3. innerhalb der letzten fünf Jahre vor Beginn der Altersteilzeitarbeit mindestens 1 080 Kalendertage in einer versicherungspflichtigen Beschäftigung nach dem Dritten Buch Sozialgesetzbuch oder nach den Vorschriften eines Mitgliedsstaates, in dem die Verordnung (EWG) Nr. 1408/71[2)] des Rates der Europäischen Union Anwendung findet, gestanden haben. Zeiten mit Anspruch auf Arbeitslosengeld oder Arbeitslosenhilfe, Zeiten des Bezuges von Arbeitslosengeld II sowie Zeiten, in denen Versicherungspflicht nach § 26 Abs. 2 des Dritten Buches Sozialgesetzbuch[3)] bestand, stehen der versicherungspflichtigen Beschäftigung gleich. § 427 Abs. 3 des Dritten Buches Sozialgesetzbuch gilt entsprechend.

[1)] Verkündet als Art. 1 des G zur Förderung eines gleitenden Übergangs in den Ruhestand v. 23. 7. 1996 (BGBl. I S. 1078); Inkrafttreten gem. Art. 10 Satz 1 dieses G am 1. 8. 1996.
[2)] **EU-Arbeitsrecht (dtv 5751) Nr. 20.**
[3)] Nr. 42.

(2) ¹Sieht die Vereinbarung über die Altersteilzeitarbeit unterschiedliche wöchentliche Arbeitszeiten oder eine unterschiedliche Verteilung der wöchentlichen Arbeitszeit vor, ist die Voraussetzung nach Absatz 1 Nr. 2 auch erfüllt, wenn

1. die wöchentliche Arbeitszeit im Durchschnitt eines Zeitraums von bis zu drei Jahren oder bei Regelung in einem Tarifvertrag, auf Grund eines Tarifvertrages in einer Betriebsvereinbarung oder in einer Regelung der Kirchen und der öffentlich-rechtlichen Religionsgesellschaften im Durchschnitt eines Zeitraums von bis zu sechs Jahren die Hälfte der bisherigen wöchentlichen Arbeitszeit nicht überschreitet und der Arbeitnehmer versicherungspflichtig beschäftigt im Sinne des Dritten Buches Sozialgesetzbuch ist und
2. das Arbeitsentgelt für die Altersteilzeitarbeit sowie der Aufstockungsbetrag nach § 3 Abs. 1 Nr. 1 Buchstabe a fortlaufend gezahlt werden.

²Im Geltungsbereich eines Tarifvertrages nach Satz 1 Nr. 1 kann die tarifvertragliche Regelung im Betrieb eines nicht tarifgebundenen Arbeitgebers durch Betriebsvereinbarung oder, wenn ein Betriebsrat nicht besteht, durch schriftliche Vereinbarung zwischen dem Arbeitgeber und dem Arbeitnehmer übernommen werden. ³Können auf Grund eines solchen Tarifvertrages abweichende Regelungen in einer Betriebsvereinbarung getroffen werden, kann auch in Betrieben eines nicht tarifgebundenen Arbeitgebers davon Gebrauch gemacht werden. ⁴Satz 1 Nr. 1, 2. Alternative gilt entsprechend. ⁵In einem Bereich, in dem tarifvertragliche Regelungen zur Verteilung der Arbeitszeit nicht getroffen sind oder üblicherweise nicht getroffen werden, kann eine Regelung im Sinne des Satzes 1 Nr. 1, 2. Alternative auch durch Betriebsvereinbarung oder, wenn ein Betriebsrat nicht besteht, durch schriftliche Vereinbarung zwischen Arbeitgeber und Arbeitnehmer getroffen werden.

(3) ¹Sieht die Vereinbarung über die Altersteilzeitarbeit unterschiedliche wöchentliche Arbeitszeiten oder eine unterschiedliche Verteilung der wöchentlichen Arbeitszeit über einen Zeitraum von mehr als sechs Jahren vor, ist die Voraussetzung nach Absatz 1 Nr. 2 auch erfüllt, wenn die wöchentliche Arbeitszeit im Durchschnitt eines Zeitraums von sechs Jahren, der innerhalb des Gesamtzeitraums der vereinbarten Altersteilzeitarbeit liegt, die Hälfte der bisherigen wöchentlichen Arbeitszeit nicht überschreitet, der Arbeitnehmer versicherungspflichtig beschäftigt im Sinne des Dritten Buches Sozialgesetzbuch ist und die weiteren Voraussetzungen des Absatzes 2 vorliegen. ²Die Leistungen nach § 3 Abs. 1 Nr. 1 sind nur in dem in Satz 1 genannten Zeitraum von sechs Jahren zu erbringen.

§ 3 Anspruchsvoraussetzungen. (1) Der Anspruch auf die Leistungen nach § 4 setzt voraus, daß

1. der Arbeitgeber auf Grund eines Tarifvertrages, einer Regelung der Kirchen und der öffentlich-rechtlichen Religionsgesellschaften, einer Betriebsvereinbarung oder einer Vereinbarung mit dem Arbeitnehmer
   a) das Regelarbeitsentgelt für die Altersteilzeitarbeit um mindestens 20 vom Hundert aufgestockt hat, wobei die Aufstockung auch weitere Entgeltbestandteile umfassen kann, und
   b) für den Arbeitnehmer zusätzlich Beiträge zur gesetzlichen Rentenversicherung mindestens in Höhe des Beitrags entrichtet hat, der auf 80 vom Hundert des Regelarbeitsentgelts für die Altersteilzeitarbeit, begrenzt auf den Unterschiedsbetrag zwischen 90 vom Hundert der monatlichen Bei-

tragsbemessungsgrenze und dem Regelarbeitsentgelt, entfällt, höchstens bis zur Beitragsbemessungsgrenze, sowie

2. der Arbeitgeber aus Anlass des Übergangs des Arbeitnehmers in die Altersteilzeitarbeit

   a) einen bei einer Agentur für Arbeit arbeitslos gemeldeten Arbeitnehmer, einen Bezieher von Arbeitslosengeld II oder einen Arbeitnehmer nach Abschluss der Ausbildung auf dem freigemachten oder auf einem in diesem Zusammenhang durch Umsetzung frei gewordenen Arbeitsplatz versicherungspflichtig im Sinne des Dritten Buches Sozialgesetzbuch beschäftigt; bei Arbeitgebern, die in der Regel nicht mehr als 50 Arbeitnehmer beschäftigen, wird unwiderleglich vermutet, dass der Arbeitnehmer auf dem freigemachten oder auf einem in diesem Zusammenhang durch Umsetzung frei gewordenen Arbeitsplatz beschäftigt wird, oder

   b) einen Auszubildenden versicherungspflichtig im Sinne des Dritten Buches Sozialgesetzbuch beschäftigt, wenn der Arbeitgeber in der Regel nicht mehr als 50 Arbeitnehmer beschäftigt

   und

3. die freie Entscheidung des Arbeitgebers bei einer über fünf vom Hundert der Arbeitnehmer des Betriebes hinausgehenden Inanspruchnahme sichergestellt ist oder eine Ausgleichskasse der Arbeitgeber oder eine gemeinsame Einrichtung der Tarifvertragsparteien besteht, wobei beide Voraussetzungen in Tarifverträgen verbunden werden können.

(1 a) Die Voraussetzungen des Absatzes 1 Nr. 1 Buchstabe a sind auch erfüllt, wenn Bestandteile des Arbeitsentgelts, die für den Zeitraum der vereinbarten Altersteilzeitarbeit nicht vermindert worden sind, bei der Aufstockung außer Betracht bleiben.

(2) Für die Zahlung der Beiträge nach Absatz 1 Nr. 1 Buchstabe b gelten die Bestimmungen des Sechsten Buches Sozialgesetzbuch über die Beitragszahlung aus dem Arbeitsentgelt.

(3) Hat der in Altersteilzeitarbeit beschäftigte Arbeitnehmer die Arbeitsleistung oder Teile der Arbeitsleistung im voraus erbracht, so ist die Voraussetzung nach Absatz 1 Nr. 2 bei Arbeitszeiten nach § 2 Abs. 2 und 3 erfüllt, wenn die Beschäftigung eines bei einer Agentur für Arbeit arbeitslos gemeldeten Arbeitnehmers oder eines Arbeitnehmers nach Abschluß der Ausbildung auf dem freigemachten oder durch Umsetzung freigewordenen Arbeitsplatz erst nach Erbringung der Arbeitsleistung erfolgt.

§ 4 Leistungen. (1) Die Bundesagentur erstattet dem Arbeitgeber für längstens sechs Jahre

1. den Aufstockungsbetrag nach § 3 Abs. 1 Nr. 1 Buchstabe a in Höhe von 20 vom Hundert des für die Altersteilzeitarbeit gezahlten Regelarbeitsentgelts und

2. den Betrag, der nach § 3 Abs. 1 Nr. 1 Buchstabe b in Höhe des Beitrags geleistet worden ist, der auf den Betrag entfällt, der sich aus 80 vom Hundert des Regelarbeitsentgelts für die Altersteilzeitarbeit ergibt, jedoch höchstens des auf den Unterschiedsbetrag zwischen 90 vom Hundert der monatlichen Beitragsbemessungsgrenze und dem Regelarbeitsentgelt entfallenden Beitrags.

(2) ¹Bei Arbeitnehmern, die nach § 6 Abs. 1 Satz 1 Nr. 1 oder § 231 Abs. 1 und 2 des Sechsten Buches Sozialgesetzbuch von der Versicherungspflicht befreit sind, werden Leistungen nach Absatz 1 auch erbracht, wenn die Voraussetzung des § 3 Abs. 1 Nr. 1 Buchstabe b nicht erfüllt ist. ²Dem Betrag nach Absatz 1 Nr. 2 stehen in diesem Fall vergleichbare Aufwendungen des Arbeitgebers bis zur Höhe des Beitrags gleich, den die Bundesagentur nach Absatz 1 Nr. 2 zu tragen hätte, wenn der Arbeitnehmer nicht von der Versicherungspflicht befreit wäre.

§ 5 Erlöschen und Ruhen des Anspruchs. (1) Der Anspruch auf die Leistungen nach § 4 erlischt

1. mit Ablauf des Kalendermonats, in dem der Arbeitnehmer die Altersteilzeitarbeit beendet hat,
2. mit Ablauf des Kalendermonats vor dem Kalendermonat, für den der Arbeitnehmer eine Rente wegen Alters oder, wenn er von der Versicherungspflicht in der gesetzlichen Rentenversicherung befreit ist, das 65. Lebensjahr vollendet hat oder eine der Rente vergleichbare Leistung einer Versicherungs- oder Versorgungseinrichtung oder eines Versicherungsunternehmens beanspruchen kann; dies gilt nicht für Renten, die vor dem für den Versicherten maßgebenden Rentenalter in Anspruch genommen werden können oder
3. mit Beginn des Kalendermonats, für den der Arbeitnehmer eine Rente wegen Alters, eine Knappschaftsausgleichsleistung, eine ähnliche Leistung öffentlich-rechtlicher Art oder, wenn er von der Versicherungspflicht in der gesetzlichen Rentenversicherung befreit ist, eine vergleichbare Leistung einer Versicherungs- oder Versorgungseinrichtung oder eines Versicherungsunternehmens bezieht.

(2) ¹Der Anspruch auf die Leistungen besteht nicht, solange der Arbeitgeber auf dem freigemachten oder durch Umsetzung freigewordenen Arbeitsplatz keinen Arbeitnehmer mehr beschäftigt, der bei Beginn der Beschäftigung die Voraussetzungen des § 3 Abs. 1 Nr. 2 erfüllt hat. ²Dies gilt nicht, wenn der Arbeitsplatz mit einem Arbeitnehmer, der diese Voraussetzungen erfüllt, innerhalb von drei Monaten erneut wiederbesetzt wird oder der Arbeitgeber insgesamt für vier Jahre die Leistungen erhalten hat.

(3) ¹Der Anspruch auf die Leistungen ruht während der Zeit, in der der Arbeitnehmer neben seiner Altersteilzeitarbeit Beschäftigungen oder selbständige Tätigkeiten ausübt, die die Geringfügigkeitsgrenze des § 8 des Vierten Buches Sozialgesetzbuch¹⁾ überschreiten oder auf Grund solcher Beschäftigungen eine Entgeltersatzleistung erhält. ²Der Anspruch auf die Leistungen erlischt, wenn er mindestens 150 Kalendertage geruht hat. ³Mehrere Ruhenszeiträume sind zusammenzurechnen. ⁴Beschäftigungen oder selbständige Tätigkeiten bleiben unberücksichtigt, soweit der altersteilzeitarbeitende Arbeitnehmer sie bereits innerhalb der letzten fünf Jahre vor Beginn der Altersteilzeitarbeit ständig ausgeübt hat.

(4) ¹Der Anspruch auf die Leistungen ruht während der Zeit, in der der Arbeitnehmer über die Altersteilzeitarbeit hinaus Mehrarbeit leistet, die den Umfang der Geringfügigkeitsgrenze des § 8 des Vierten Buches Sozialgesetzbuch überschreitet. ²Absatz 3 Satz 2 und 3 gilt entsprechend.

---

¹⁾ Nr. 43.

Altersteilzeitgesetz §§ 6–8 AltersteilzeitG 17

(5) § 48 Abs. 1 Nr. 3 des Zehnten Buches Sozialgesetzbuch findet keine Anwendung.

§ 6 Begriffsbestimmungen. (1) ¹Das Regelarbeitsentgelt für die Altersteilzeitarbeit im Sinne dieses Gesetzes ist das auf einen Monat entfallende vom Arbeitgeber regelmäßig zu zahlende sozialversicherungspflichtige Arbeitsentgelt, soweit es die Beitragsbemessungsgrenze des Dritten Buches Sozialgesetzbuch nicht überschreitet. ²Entgeltbestandteile, die nicht laufend gezahlt werden, sind nicht berücksichtigungsfähig.

(2) ¹Als bisherige wöchentliche Arbeitszeit ist die wöchentliche Arbeitszeit zugrunde zu legen, die mit dem Arbeitnehmer vor dem Übergang in die Altersteilzeitarbeit vereinbart war. ²Zugrunde zu legen ist höchstens die Arbeitszeit, die im Durchschnitt der letzten 24 Monate vor dem Übergang in die Altersteilzeit vereinbart war. ³Die ermittelte durchschnittliche Arbeitszeit kann auf die nächste volle Stunde gerundet werden.

§ 7 Berechnungsvorschriften. (1) ¹Ein Arbeitgeber beschäftigt in der Regel nicht mehr als 50 Arbeitnehmer, wenn er in dem Kalenderjahr, das demjenigen, für das die Feststellung zu treffen ist, vorausgegangen ist, für einen Zeitraum von mindestens acht Kalendermonaten nicht mehr als 50 Arbeitnehmer beschäftigt hat. ²Hat das Unternehmen nicht während des ganzen nach Satz 1 maßgebenden Kalenderjahrs bestanden, so beschäftigt der Arbeitgeber in der Regel nicht mehr als 50 Arbeitnehmer, wenn er während des Zeitraums des Bestehens des Unternehmens in der überwiegenden Zahl der Kalendermonate nicht mehr als 50 Arbeitnehmer beschäftigt hat. ³Ist das Unternehmen im Laufe des Kalenderjahrs errichtet worden, in dem die Feststellung nach Satz 1 zu treffen ist, so beschäftigt der Arbeitgeber in der Regel nicht mehr als 50 Arbeitnehmer, wenn nach der Art des Unternehmens anzunehmen ist, dass die Zahl der beschäftigten Arbeitnehmer während der überwiegenden Kalendermonate dieses Kalenderjahrs 50 nicht überschreiten wird.

(2) ¹Für die Berechnung der Zahl der Arbeitnehmer nach § 3 Abs. 1 Nr. 3 ist der Durchschnitt der letzten zwölf Kalendermonate vor dem Beginn der Altersteilzeitarbeit des Arbeitnehmers maßgebend. ²Hat ein Betrieb noch nicht zwölf Monate bestanden, ist der Durchschnitt der Kalendermonate während des Zeitraums des Bestehens des Betriebes maßgebend.

(3) ¹Bei der Feststellung der Zahl der beschäftigten Arbeitnehmer nach Absatz 1 und 2 bleiben schwerbehinderte Menschen und Gleichgestellte im Sinne des Neunten Buches Sozialgesetzbuch sowie Auszubildende außer Ansatz. ²Teilzeitbeschäftigte Arbeitnehmer mit einer regelmäßigen wöchentlichen Arbeitszeit von nicht mehr als 20 Stunden sind mit 0,5 und mit einer regelmäßigen wöchentlichen Arbeitszeit von nicht mehr als 30 Stunden mit 0,75 zu berücksichtigen.

(4) Bei der Ermittlung der Zahl der in Altersteilzeitarbeit beschäftigten Arbeitnehmer nach § 3 Abs. 1 Nr. 3 sind schwerbehinderte Menschen und Gleichgestellte im Sinne des Neunten Buches Sozialgesetzbuch zu berücksichtigen.

§ 8 Arbeitsrechtliche Regelungen. (1) Die Möglichkeit eines Arbeitnehmers zur Inanspruchnahme von Altersteilzeitarbeit gilt nicht als eine die Kündigung des Arbeitsverhältnisses durch den Arbeitgeber begründende Tatsache im Sinne des § 1 Abs. 2 Satz 1 des Kündigungsschutzgesetzes[1]; sie kann auch nicht bei der sozialen Auswahl nach § 1 Abs. 3 Satz 1 des Kündigungsschutzgesetzes zum Nachteil des Arbeitnehmers berücksichtigt werden.

(2) ¹Die Verpflichtung des Arbeitgebers zur Zahlung von Leistungen nach § 3 Abs. 1 Nr. 1 kann nicht für den Fall ausgeschlossen werden, daß der Anspruch des Arbeitgebers auf die Leistungen nach § 4 nicht besteht, weil die Voraussetzung des § 3 Abs. 1 Nr. 2 nicht vorliegt. ²Das gleiche gilt für den Fall, daß der Arbeitgeber die Leistungen nur deshalb nicht erhält, weil er den Antrag nach § 12 nicht, nicht richtig, nicht vollständig oder nicht rechtzeitig gestellt hat oder seinen Mitwirkungspflichten nicht nachgekommen ist, ohne daß dafür eine Verletzung der Mitwirkungspflichten des Arbeitnehmers ursächlich war.

(3) Eine Vereinbarung zwischen Arbeitnehmer und Arbeitgeber über die Altersteilzeitarbeit, die die Beendigung des Arbeitsverhältnisses ohne Kündigung zu einem Zeitpunkt vorsieht, in dem der Arbeitnehmer Anspruch auf eine Rente wegen Alters hat, ist zulässig.

§ 8 a Insolvenzsicherung. (1) ¹Führt eine Vereinbarung über die Altersteilzeitarbeit im Sinne von § 2 Abs. 2 zum Aufbau eines Wertguthabens, das den Betrag des Dreifachen des Regelarbeitsentgelts nach § 6 Abs. 1 einschließlich des darauf entfallenden Arbeitgeberanteils am Gesamtsozialversicherungsbeitrag übersteigt, ist der Arbeitgeber verpflichtet, das Wertguthaben einschließlich des darauf entfallenden Arbeitgeberanteils am Gesamtsozialversicherungsbeitrag mit der ersten Gutschrift in geeigneter Weise gegen das Risiko seiner Zahlungsunfähigkeit abzusichern. ²Bilanzielle Rückstellungen sowie zwischen Konzernunternehmen (§ 18 des Aktiengesetzes) begründete Einstandspflichten, insbesondere Bürgschaften, Patronatserklärungen oder Schuldbeitritte, gelten nicht als geeignete Sicherungsmittel im Sinne des Satzes 1.

(2) Bei der Ermittlung der Höhe des zu sichernden Wertguthabens ist eine Anrechnung der Leistungen nach § 3 Abs. 1 Nr. 1 Buchstabe a und b und § 4 Abs. 2 sowie der Zahlungen des Arbeitgebers zur Übernahme der Beiträge im Sinne des § 187a des Sechsten Buches Sozialgesetzbuch unzulässig.

(3) ¹Der Arbeitgeber hat dem Arbeitnehmer die zur Sicherung des Wertguthabens ergriffenen Maßnahmen mit der ersten Gutschrift und danach alle sechs Monate in Textform nachzuweisen. ²Die Betriebsparteien können eine andere gleichwertige Art und Form des Nachweises vereinbaren; Absatz 4 bleibt hiervon unberührt.

(4) ¹Kommt der Arbeitgeber seiner Verpflichtung nach Absatz 3 nicht nach oder sind die nachgewiesenen Maßnahmen nicht geeignet und weist er auf schriftliche Aufforderung des Arbeitnehmers nicht innerhalb eines Monats eine geeignete Insolvenzsicherung des bestehenden Wertguthabens in Textform nach, kann der Arbeitnehmer verlangen, dass Sicherheit in Höhe des bestehenden Wertguthabens geleistet wird. ²Die Sicherheitsleistung kann nur erfolgen durch Stellung eines tauglichen Bürgen oder Hinterlegung von Geld oder solchen Wertpapieren, die nach § 234 Abs. 1 und 3 des Bürgerlichen Gesetzbuchs zur Sicherheitsleistung geeignet sind. ³Die Vorschriften der §§ 233, 234

---

[1] Nr. 20.

Abs. 2, §§ 235 und 239 des Bürgerlichen Gesetzbuchs sind entsprechend anzuwenden.

(5) Vereinbarungen über den Insolvenzschutz, die zum Nachteil des in Altersteilzeitarbeit beschäftigten Arbeitnehmers von den Bestimmungen dieser Vorschrift abweichen, sind unwirksam.

(6) Die Absätze 1 bis 5 finden keine Anwendung gegenüber dem Bund, den Ländern, den Gemeinden, Körperschaften, Stiftungen und Anstalten des öffentlichen Rechts, über deren Vermögen die Eröffnung eines Insolvenzverfahrens nicht zulässig ist, sowie solchen juristischen Personen des öffentlichen Rechts, bei denen der Bund, ein Land oder eine Gemeinde kraft Gesetzes die Zahlungsfähigkeit sichert.

§ 9 Ausgleichskassen, gemeinsame Einrichtungen. (1) Werden die Leistungen nach § 3 Abs. 1 Nr. 1 auf Grund eines Tarifvertrages von einer Ausgleichskasse der Arbeitgeber erbracht oder dem Arbeitgeber erstattet, gewährt die Bundesagentur auf Antrag der Tarifvertragsparteien die Leistungen nach § 4 der Ausgleichskasse.

(2) Für gemeinsame Einrichtungen der Tarifvertragsparteien gilt Absatz 1 entsprechend.

§ 10 Soziale Sicherung des Arbeitnehmers. (1) [1]Beansprucht ein Arbeitnehmer, der Altersteilzeitarbeit (§ 2) geleistet hat und für den der Arbeitgeber Leistungen nach § 3 Abs. 1 Nr. 1 erbracht hat, Arbeitslosengeld oder Arbeitslosenhilfe, erhöht sich das Bemessungsentgelt, das sich nach den Vorschriften des Dritten Buches Sozialgesetzbuch ergibt, bis zu dem Betrag, der als Bemessungsentgelt zugrunde zu legen wäre, wenn der Arbeitnehmer seine Arbeitszeit nicht im Rahmen der Altersteilzeit vermindert hätte. [2]Kann der Arbeitnehmer eine Rente wegen Alters in Anspruch nehmen, ist von dem Tage an, an dem die Rente erstmals beansprucht werden kann, das Bemessungsentgelt maßgebend, das ohne die Erhöhung nach Satz 1 zugrunde zu legen gewesen wäre. [3]Änderungsbescheide werden mit dem Tag wirksam, an dem die Altersrente erstmals beansprucht werden konnte.

(2) [1]Bezieht ein Arbeitnehmer, für den die Bundesagentur Leistungen nach § 4 erbracht hat, Krankengeld, Versorgungskrankengeld, Verletztengeld oder Übergangsgeld und liegt der Bemessung dieser Leistungen ausschließlich die Altersteilzeit zugrunde oder bezieht der Arbeitnehmer Krankentagegeld von einem privaten Krankenversicherungsunternehmen, erbringt die Bundesagentur anstelle des Arbeitgebers die Leistungen nach § 3 Abs. 1 Nr. 1 in Höhe der Erstattungsleistungen nach § 4. [2]Satz 1 gilt soweit und solange nicht, als Leistungen nach § 3 Abs. 1 Nr. 1 vom Arbeitgeber erbracht werden. [3]Durch die Leistungen darf der Höchstförderzeitraum nach § 4 Abs. 1 nicht überschritten werden. [4]§ 5 Abs. 1 gilt entsprechend.

(3) Absatz 2 gilt entsprechend für Arbeitnehmer, die nur wegen Inanspruchnahme der Altersteilzeit nach § 2 Abs. 1 Nr. 1 und 2 des Zweiten Gesetzes über die Krankenversicherung der Landwirte versicherungspflichtig in der Krankenversicherung der Landwirte sind, soweit und solange ihnen Krankengeld gezahlt worden wäre, falls sie nicht Mitglied einer landwirtschaftlichen Krankenkasse geworden wären.

(4) Bezieht der Arbeitnehmer Kurzarbeitergeld, gilt für die Berechnung der Leistungen des § 3 Abs. 1 Nr. 1 und des § 4 das Entgelt für die vereinbarte Arbeitszeit als Arbeitsentgelt für die Altersteilzeitarbeit.

(5) [1]Sind für den Arbeitnehmer Aufstockungsleistungen nach § 3 Abs. 1 Nr. 1 Buchstabe a und b gezahlt worden, gilt in den Fällen der nicht zweckentsprechenden Verwendung von Wertguthaben für die Berechnung der Beiträge zur gesetzlichen Rentenversicherung der Unterschiedsbetrag zwischen dem Betrag, den der Arbeitgeber der Berechnung der Beiträge nach § 3 Abs. 1 Nr. 1 Buchstabe b zugrunde gelegt hat, und dem Doppelten des Regelarbeitsentgelts bis zum Zeitpunkt der nicht zweckentsprechenden Verwendung, höchstens bis zur Beitragsbemessungsgrenze, als beitragspflichtige Einnahme aus dem Wertguthaben; für die Beiträge zur Krankenversicherung, Pflegeversicherung oder nach dem Recht der Arbeitsförderung gilt § 23 b Abs. 2 bis 3 des Vierten Buches Sozialgesetzbuch. [2]Im Falle der Zahlungsunfähigkeit des Arbeitgebers gilt Satz 1 entsprechend, soweit Beiträge gezahlt werden.

§ 11 Mitwirkungspflichten des Arbeitnehmers. (1) [1]Der Arbeitnehmer hat Änderungen der ihn betreffenden Verhältnisse, die für die Leistungen nach § 4 erheblich sind, dem Arbeitgeber unverzüglich mitzuteilen. [2]Werden im Fall des § 9 die Leistungen von der Ausgleichskasse der Arbeitgeber oder der gemeinsamen Einrichtung der Tarifvertragsparteien erbracht, hat der Arbeitnehmer Änderungen nach Satz 1 diesen gegenüber unverzüglich mitzuteilen.

(2) [1]Der Arbeitnehmer hat der Bundesagentur die dem Arbeitgeber zu Unrecht gezahlten Leistungen zu erstatten, wenn der Arbeitnehmer die unrechtmäßige Zahlung dadurch bewirkt hat, daß er vorsätzlich oder grob fahrlässig
1. Angaben gemacht hat, die unrichtig oder unvollständig sind, oder
2. der Mitteilungspflicht nach Absatz 1 nicht nachgekommen ist.
[2]Die zu erstattende Leistung ist durch schriftlichen Verwaltungsakt festzusetzen. [3]Eine Erstattung durch den Arbeitgeber kommt insoweit nicht in Betracht.

§ 12 Verfahren. (1) [1]Die Agentur für Arbeit entscheidet auf schriftlichen Antrag des Arbeitgebers, ob die Voraussetzungen für die Erbringung von Leistungen nach § 4 vorliegen. [2]Der Antrag wirkt vom Zeitpunkt des Vorliegens der Anspruchsvoraussetzungen, wenn er innerhalb von drei Monaten nach deren Vorliegen gestellt wird, andernfalls wirkt er vom Beginn des Monats der Antragstellung. [3]In den Fällen des § 3 Abs. 3 kann die Agentur für Arbeit auch vorab entscheiden, ob die Voraussetzungen des § 2 vorliegen. [4]Mit dem Antrag sind die Namen, Anschriften und Versicherungsnummern der Arbeitnehmer mitzuteilen, für die Leistungen beantragt werden. [5]Zuständig ist die Agentur für Arbeit, in deren Bezirk der Betrieb liegt, in dem der Arbeitnehmer beschäftigt ist. [6]Die Bundesagentur erklärt eine andere Agentur für Arbeit für zuständig, wenn der Arbeitgeber dafür ein berechtigtes Interesse glaubhaft macht.

(2) [1]Die Höhe der Leistungen nach § 4 wird zu Beginn des Erstattungsverfahrens in monatlichen Festbeträgen für die gesamte Förderdauer festgelegt. [2]Die monatlichen Festbeträge werden nur angepasst, wenn sich das berücksichtigungsfähige Regelarbeitsentgelt um mindestens 10 Euro verringert. [3]Leistungen nach § 4 werden auf Antrag erbracht und nachträglich jeweils für

den Kalendermonat ausgezahlt, in dem die Anspruchsvoraussetzungen vorgelegen haben. ⁴Leistungen nach § 10 Abs. 2 werden auf Antrag des Arbeitnehmers oder, im Falle einer Leistungserbringung des Arbeitgebers an den Arbeitnehmer gemäß § 10 Abs. 2 Satz 2, auf Antrag des Arbeitgebers monatlich nachträglich ausgezahlt.

(3) ¹In den Fällen des § 3 Abs. 3 werden dem Arbeitgeber die Leistungen nach Absatz 1 erst von dem Zeitpunkt an ausgezahlt, in dem der Arbeitgeber auf dem freigemachten oder durch Umsetzung freigewordenen Arbeitsplatz einen Arbeitnehmer beschäftigt, der bei Beginn der Beschäftigung die Voraussetzungen des § 3 Abs. 1 Nr. 2 erfüllt hat. ²Endet die Altersteilzeitarbeit in den Fällen des § 3 Abs. 3 vorzeitig, erbringt die Agentur für Arbeit dem Arbeitgeber die Leistungen für zurückliegende Zeiträume nach Satz 3, solange die Voraussetzungen des § 3 Abs. 1 Nr. 2 erfüllt sind und soweit dem Arbeitgeber entsprechende Aufwendungen für Aufstockungsleistungen nach § 3 Abs. 1 Nr. 1 und § 4 Abs. 2 verblieben sind. ³Die Leistungen für zurückliegende Zeiten werden zusammen mit den laufenden Leistungen jeweils in monatlichen Teilbeträgen ausgezahlt. ⁴Die Höhe der Leistungen für zurückliegende Zeiten bestimmt sich nach der Höhe der laufenden Leistungen.

(4) ¹Über die Erbringung von Leistungen kann die Agentur für Arbeit vorläufig entscheiden, wenn die Voraussetzungen für den Anspruch mit hinreichender Wahrscheinlichkeit vorliegen und zu ihrer Feststellung voraussichtlich längere Zeit erforderlich ist. ²Aufgrund der vorläufigen Entscheidung erbrachte Leistungen sind auf die zustehende Leistung anzurechnen. ³Sie sind zu erstatten, soweit mit der abschließenden Entscheidung ein Anspruch nicht oder nur in geringerer Höhe zuerkannt wird.

§ 13 Auskünfte und Prüfung. ¹Die §§ 315 und 319 des Dritten Buches und das Zweite Kapitel des Zehnten Buches Sozialgesetzbuch gelten entsprechend. ²§ 2 Abs. 1 Nr. 3 des Schwarzarbeitsbekämpfungsgesetzes bleibt unberührt.

§ 14 Bußgeldvorschriften. (1) Ordnungswidrig handelt, wer vorsätzlich oder fahrlässig
1. entgegen § 11 Abs. 1 oder als Arbeitgeber entgegen § 60 Abs. 1 Nr. 2 des Ersten Buches Sozialgesetzbuch eine Mitteilung nicht, nicht richtig, nicht vollständig oder nicht rechtzeitig macht,
2. entgegen § 13 Satz 1 in Verbindung mit § 315 Abs. 1, 2 Satz 1, Abs. 3 oder 5 Satz 1 des Dritten Buches Sozialgesetzbuch eine Auskunft nicht, nicht richtig, nicht vollständig oder nicht rechtzeitig erteilt,
3. entgegen § 13 Satz 1 in Verbindung mit § 319 Abs. 1 Satz 1 des Dritten Buches Sozialgesetzbuch Einsicht oder Zutritt nicht gewährt oder
4. entgegen § 13 Satz 1 in Verbindung mit § 319 Abs. 2 Satz 1 des Dritten Buches Sozialgesetzbuch Daten nicht, nicht richtig, nicht vollständig, nicht in der vorgeschriebenen Weise oder nicht rechtzeitig zur Verfügung stellt.

(2) Die Ordnungswidrigkeit kann in den Fällen des Absatzes 1 Nr. 4 mit einer Geldbuße bis zu dreißigtausend Euro, in den übrigen Fällen mit einer Geldbuße bis zu tausend Euro geahndet werden.

(3) Verwaltungsbehörden im Sinne des § 36 Abs. 1 Nr. 1 des Gesetzes über Ordnungswidrigkeiten sind die Agenturen für Arbeit.

(4) ¹Die Geldbußen fließen in die Kasse der Bundesagentur. ²§ 66 des Zehnten Buches Sozialgesetzbuch gilt entsprechend.

(5) Die notwendigen Auslagen trägt abweichend von § 105 Abs. 2 des Gesetzes über Ordnungswidrigkeiten die Bundesagentur; diese ist auch ersatzpflichtig im Sinne des § 110 Abs. 4 des Gesetzes über Ordnungswidrigkeiten.

§ 15 Verordnungsermächtigung. ¹Das Bundesministerium für Arbeit und Soziales kann durch Rechtsverordnung die Mindestnettobeträge nach § 3 Abs. 1 Nr. 1 Buchstabe a in der bis zum 30. Juni 2004 gültigen Fassung bestimmen. ²Die Vorschriften zum Leistungsentgelt des Dritten Buches Sozialgesetzbuch gelten entsprechend. ³Das bisherige Arbeitsentgelt im Sinne des § 6 Abs. 1 in der bis zum 30. Juni 2004 gültigen Fassung ist auf den nächsten durch fünf teilbaren Euro-Betrag zu runden. ⁴Der Kalendermonat ist mit 30 Tagen anzusetzen.

§ 15 a Übergangsregelung nach dem Gesetz zur Reform der Arbeitsförderung. Haben die Voraussetzungen für die Erbringung von Leistungen nach § 4 vor dem 1. April 1997 vorgelegen, erbringt die Bundesagentur die Leistungen nach § 4 auch dann, wenn die Voraussetzungen des § 2 Abs. 1 Nr. 2 und Abs. 2 Nr. 1 in der bis zum 31. März 1997 geltenden Fassung vorliegen.

§ 15 b Übergangsregelung nach dem Gesetz zur Reform der gesetzlichen Rentenversicherung. Abweichend von § 5 Abs. 1 Nr. 2 erlischt der Anspruch auf die Leistungen nach § 4 nicht, wenn mit der Altersteilzeit vor dem 1. Juli 1998 begonnen worden ist und Anspruch auf eine ungeminderte Rente wegen Alters besteht, weil 45 Jahre mit Pflichtbeiträgen für eine versicherte Beschäftigung oder Tätigkeit vorliegen.

§ 15 c Übergangsregelung nach dem Gesetz zur Fortentwicklung der Altersteilzeit. Ist eine Vereinbarung über Altersteilzeitarbeit vor dem 1. Januar 2000 abgeschlossen worden, erbringt die Bundesagentur die Leistungen nach § 4 auch dann, wenn die Voraussetzungen des § 2 Abs. 1 Nr. 2 und 3 in der bis zum 1. Januar 2000 geltenden Fassung vorliegen.

§ 15 d Übergangsregelung zum Zweiten Gesetz zur Fortentwicklung der Altersteilzeit. ¹Ist eine Vereinbarung über Altersteilzeitarbeit vor dem 1. Juli 2000 abgeschlossen worden, gelten § 5 Abs. 2 Satz 2 und § 6 Abs. 2 Satz 2 in der bis zum 1. Juli 2000 geltenden Fassung. ²Sollen bei einer Vereinbarung nach Satz 1 Leistungen nach § 4 für einen Zeitraum von länger als fünf Jahren beansprucht werden, gilt § 5 Abs. 2 Satz 2 in der ab dem 1. Juli 2000 geltenden Fassung.

§ 15 e Übergangsregelung nach dem Gesetz zur Reform der Renten wegen verminderter Erwerbsfähigkeit. Abweichend von § 5 Abs. 1 Nr. 2 erlischt der Anspruch auf die Leistungen nach § 4 nicht, wenn mit der Altersteilzeit vor dem 17. November 2000 begonnen worden ist und Anspruch auf eine ungeminderte Rente wegen Alters besteht, weil die Voraussetzungen nach § 236a Satz 5 Nr. 1 des Sechsten Buches Sozialgesetzbuch vorliegen.

§ 15 f Übergangsregelung nach dem Zweiten Gesetz für moderne Dienstleistungen am Arbeitsmarkt. Wurde mit der Altersteilzeit vor dem 1. April 2003 begonnen, gelten Arbeitnehmer, die bis zu diesem Zeitpunkt in einer versicherungspflichtigen Beschäftigung nach dem Dritten Buch Sozialgesetzbuch gestanden haben, auch nach dem 1. April 2003 als versicherungspflichtig beschäftigt, wenn sie die bis zum 31. März 2003 geltenden Voraussetzungen für das Vorliegen einer versicherungspflichtigen Beschäftigung weiterhin erfüllen.

§ 15 g Übergangsregelung zum Dritten Gesetz für moderne Dienstleistungen am Arbeitsmarkt. [1]Wurde mit der Altersteilzeitarbeit vor dem 1. Juli 2004 begonnen, sind die Vorschriften in der bis zum 30. Juni 2004 geltenden Fassung mit Ausnahme des § 15 weiterhin anzuwenden. [2]Auf Antrag des Arbeitgebers erbringt die Bundesagentur abweichend von Satz 1 Leistungen nach § 4 in der ab dem 1. Juli 2004 geltenden Fassung, wenn die hierfür ab dem 1. Juli 2004 maßgebenden Voraussetzungen erfüllt sind.

§ 16 Befristung der Förderungsfähigkeit. Für die Zeit ab dem 1. Januar 2010 sind Leistungen nach § 4 nur noch zu erbringen, wenn die Voraussetzungen des § 2 erstmals vor diesem Zeitpunkt vorgelegen haben.

18. Gesetz über die Zahlung des Arbeitsentgelts an Feiertagen und im Krankheitsfall (Entgeltfortzahlungsgesetz)[1]

Vom 26. Mai 1994

(BGBl. I S. 1014)

FNA 800-19-3

zuletzt geänd. durch Art. 80 Drittes G für moderne Dienstleistungen am Arbeitsmarkt v. 23. 12. 2003 (BGBl. I S. 2848)

§ 1 Anwendungsbereich. (1) Dieses Gesetz regelt die Zahlung des Arbeitsentgelts an gesetzlichen Feiertagen und die Fortzahlung des Arbeitsentgelts im Krankheitsfall an Arbeitnehmer sowie die wirtschaftliche Sicherung im Bereich der Heimarbeit für gesetzliche Feiertage und im Krankheitsfall.

(2) Arbeitnehmer im Sinne dieses Gesetzes sind Arbeiter und Angestellte sowie die zu ihrer Berufsbildung Beschäftigten.

§ 2 Entgeltzahlung an Feiertagen. (1) Für Arbeitszeit, die infolge eines gesetzlichen Feiertages ausfällt, hat der Arbeitgeber dem Arbeitnehmer das Arbeitsentgelt zu zahlen, das er ohne den Arbeitsausfall erhalten hätte.

(2) Die Arbeitszeit, die an einem gesetzlichen Feiertag gleichzeitig infolge von Kurzarbeit ausfällt und für die an anderen Tagen als gesetzlichen Feiertagen Kurzarbeitergeld geleistet wird, gilt als infolge eines gesetzlichen Feiertages nach Absatz 1 ausgefallen.

(3) Arbeitnehmer, die am letzten Arbeitstag vor oder am ersten Arbeitstag nach Feiertagen unentschuldigt der Arbeit fernbleiben, haben keinen Anspruch auf Bezahlung für diese Feiertage.

§ 3 Anspruch auf Entgeltfortzahlung im Krankheitsfall. (1) [1]Wird ein Arbeitnehmer durch Arbeitsunfähigkeit infolge Krankheit an seiner Arbeitsleistung verhindert, ohne daß ihn ein Verschulden trifft, so hat er Anspruch auf Entgeltfortzahlung im Krankheitsfall durch den Arbeitgeber für die Zeit

---

[1] Verkündet als Art. 53 des Pflege-Versicherungsgesetzes vom 26. 5. 1994 (BGBl. I S. 1014); Inkrafttreten gem. Art. 68 Abs. 4 am 1. 6. 1994.

Art. 67 dieses Gesetzes lautet:

„**Art. 67 Überleitungsvorschriften** (1) Ist der Arbeitnehmer im Zeitpunkt des Inkrafttretens des Artikels 5 Nr. 5 sowie der Artikel 53 bis 66 arbeitsunfähig oder befindet er sich zu diesem Zeitpunkt in einer Maßnahme der medizinischen Vorsorge oder Rehabilitation, bleiben die bisherigen Vorschriften maßgebend, soweit diese günstigere Regelungen enthalten. Entsprechendes gilt, wenn im Zeitpunkt des Inkrafttretens des Artikels 5 Nr. 5 sowie der Artikel 53 bis 66 ein Verfahren vor den zuständigen Gerichten anhängig ist.

(2) Im Zeitpunkt des Inkrafttretens des Artikels 5 Nr. 5 sowie der Artikel 53 bis 66 bestehende, von ihren Vorschriften abweichende Vereinbarungen bleiben unberührt, soweit sie nach Artikel 53 § 4 und § 12 zulässig sind.

(3) Soweit in anderen Bestimmungen auf Vorschriften verwiesen wird oder Bezeichnungen verwendet werden, die durch dieses Gesetz aufgehoben oder geändert werden, treten an ihre Stelle die entsprechenden Vorschriften oder Bezeichnungen dieses Gesetzes."

der Arbeitsunfähigkeit bis zur Dauer von sechs Wochen. ²Wird der Arbeitnehmer infolge derselben Krankheit erneut arbeitsunfähig, so verliert er wegen der erneuten Arbeitsunfähigkeit den Anspruch nach Satz 1 für einen weiteren Zeitraum von höchstens sechs Wochen nicht, wenn

1. er vor der erneuten Arbeitsunfähigkeit mindestens sechs Monate nicht infolge derselben Krankheit arbeitsunfähig war oder

2. seit Beginn der ersten Arbeitsunfähigkeit infolge derselben Krankheit eine Frist von zwölf Monaten abgelaufen ist.

(2) ¹Als unverschuldete Arbeitsunfähigkeit im Sinne des Absatzes 1 gilt auch eine Arbeitsverhinderung, die infolge einer nicht rechtswidrigen Sterilisation oder eines nicht rechtswidrigen Abbruchs der Schwangerschaft eintritt. ²Dasselbe gilt für einen Abbruch der Schwangerschaft, wenn die Schwangerschaft innerhalb von zwölf Wochen nach der Empfängnis durch einen Arzt abgebrochen wird, die schwangere Frau den Abbruch verlangt und dem Arzt durch eine Bescheinigung nachgewiesen hat, daß sie sich mindestens drei Tage vor dem Eingriff von einer anerkannten Beratungsstelle hat beraten lassen.

(3) Der Anspruch nach Absatz 1 entsteht nach vierwöchiger ununterbrochener Dauer des Arbeitsverhältnisses.

§ 4 Höhe des fortzuzahlenden Arbeitsentgelts. (1) Für den in § 3 Abs. 1 bezeichneten Zeitraum ist dem Arbeitnehmer das ihm bei der für ihn maßgebenden regelmäßigen Arbeitszeit zustehende Arbeitsentgelt fortzuzahlen.

(1a) ¹Zum Arbeitsentgelt nach Absatz 1 gehören nicht das zusätzlich für Überstunden gezahlte Arbeitsentgelt und Leistungen für Aufwendungen des Arbeitnehmers, soweit der Anspruch auf sie im Falle der Arbeitsfähigkeit davon abhängig ist, daß dem Arbeitnehmer entsprechende Aufwendungen tatsächlich entstanden sind, und dem Arbeitnehmer solche Aufwendungen während der Arbeitsunfähigkeit nicht entstehen. ²Erhält der Arbeitnehmer eine auf das Ergebnis der Arbeit abgestellte Vergütung, so ist der von dem Arbeitnehmer in der für ihn maßgebenden regelmäßigen Arbeitszeit erzielbare Durchschnittsverdienst der Berechnung zugrunde zu legen.

(2) Ist der Arbeitgeber für Arbeitszeit, die gleichzeitig infolge eines gesetzlichen Feiertages ausgefallen ist, zur Fortzahlung des Arbeitsentgelts nach § 3 verpflichtet, bemißt sich die Höhe des fortzuzahlenden Arbeitsentgelts für diesen Feiertag nach § 2.

(3) ¹Wird in dem Betrieb verkürzt gearbeitet und würde deshalb das Arbeitsentgelt des Arbeitnehmers im Falle seiner Arbeitsfähigkeit gemindert, so ist die verkürzte Arbeitszeit für ihre Dauer als die für den Arbeitnehmer maßgebende regelmäßige Arbeitszeit im Sinne des Absatzes 1 anzusehen. ²Dies gilt nicht im Falle des § 2 Abs. 2.

(4) ¹Durch Tarifvertrag kann eine von den Absätzen 1, 1a und 3 abweichende Bemessungsgrundlage des fortzuzahlenden Arbeitsentgelts festgelegt werden. ²Im Geltungsbereich eines solchen Tarifvertrages kann zwischen nichttarifgebundenen Arbeitgebern und Arbeitnehmern die Anwendung der tarifvertraglichen Regelung über die Fortzahlung des Arbeitsentgelts im Krankheitsfalle vereinbart werden.

§ 4a Kürzung von Sondervergütungen. ¹Eine Vereinbarung über die Kürzung von Leistungen, die der Arbeitgeber zusätzlich zum laufenden Arbeitsentgelt erbringt (Sondervergütungen), ist auch für Zeiten der Arbeitsunfähigkeit infolge Krankheit zulässig. ²Die Kürzung darf für jeden Tag der Arbeitsunfähigkeit infolge Krankheit ein Viertel des Arbeitsentgelts, das im Jahresdurchschnitt auf einen Arbeitstag entfällt, nicht überschreiten.

§ 5 Anzeige- und Nachweispflichten. (1) ¹Der Arbeitnehmer ist verpflichtet, dem Arbeitgeber die Arbeitsunfähigkeit und deren voraussichtliche Dauer unverzüglich mitzuteilen. ²Dauert die Arbeitsunfähigkeit länger als drei Kalendertage, hat der Arbeitnehmer eine ärztliche Bescheinigung über das Bestehen der Arbeitsunfähigkeit sowie deren voraussichtliche Dauer spätestens an dem darauffolgenden Arbeitstag vorzulegen. ³Der Arbeitgeber ist berechtigt, die Vorlage der ärztlichen Bescheinigung früher zu verlangen. ⁴Dauert die Arbeitsunfähigkeit länger als in der Bescheinigung angegeben, ist der Arbeitnehmer verpflichtet, eine neue ärztliche Bescheinigung vorzulegen. ⁵Ist der Arbeitnehmer Mitglied einer gesetzlichen Krankenkasse, muß die ärztliche Bescheinigung einen Vermerk des behandelnden Arztes darüber enthalten, daß der Krankenkasse unverzüglich eine Bescheinigung über die Arbeitsunfähigkeit mit Angaben über den Befund und die voraussichtliche Dauer der Arbeitsunfähigkeit übersandt wird.

(2) ¹Hält sich der Arbeitnehmer bei Beginn der Arbeitsunfähigkeit im Ausland auf, so ist er verpflichtet, dem Arbeitgeber die Arbeitsunfähigkeit, deren voraussichtliche Dauer und die Adresse am Aufenthaltsort in der schnellstmöglichen Art der Übermittlung mitzuteilen. ²Die durch die Mitteilung entstehenden Kosten hat der Arbeitgeber zu tragen. ³Darüber hinaus ist der Arbeitnehmer, wenn er Mitglied einer gesetzlichen Krankenkasse ist, verpflichtet, auch dieser die Arbeitsunfähigkeit und deren voraussichtliche Dauer unverzüglich anzuzeigen. ⁴Dauert die Arbeitsunfähigkeit länger als angezeigt, so ist der Arbeitnehmer verpflichtet, der gesetzlichen Krankenkasse die voraussichtliche Fortdauer der Arbeitsunfähigkeit mitzuteilen. ⁵Die gesetzlichen Krankenkassen können festlegen, daß der Arbeitnehmer Anzeige- und Mitteilungspflichten nach den Sätzen 3 und 4 auch gegenüber einem ausländischen Sozialversicherungsträger erfüllen kann. ⁶Absatz 1 Satz 5 gilt nicht. ⁷Kehrt ein arbeitsunfähig erkrankter Arbeitnehmer in das Inland zurück, so ist er verpflichtet, dem Arbeitgeber und der Krankenkasse seine Rückkehr unverzüglich anzuzeigen.

§ 6 Forderungsübergang bei Dritthaftung. (1) Kann der Arbeitnehmer auf Grund gesetzlicher Vorschriften von einem Dritten Schadensersatz wegen des Verdienstausfalls beanspruchen, der ihm durch die Arbeitsunfähigkeit entstanden ist, so geht dieser Anspruch insoweit auf den Arbeitgeber über, als dieser dem Arbeitnehmer nach diesem Gesetz Arbeitsentgelt fortgezahlt und darauf entfallende vom Arbeitgeber zu tragende Beiträge zur Bundesagentur für Arbeit, Arbeitgeberanteile an Beiträgen zur Sozialversicherung und zur Pflegeversicherung sowie zu Einrichtungen der zusätzlichen Alters- und Hinterbliebenenversorgung abgeführt hat.

(2) Der Arbeitnehmer hat dem Arbeitgeber unverzüglich die zur Geltendmachung des Schadensersatzanspruchs erforderlichen Angaben zu machen.

(3) Der Forderungsübergang nach Absatz 1 kann nicht zum Nachteil des Arbeitnehmers geltend gemacht werden.

Entgeltfortzahlungsgesetz §§ 7–10 EntgeltfortzahlungsG 18

§ 7 Leistungsverweigerungsrecht des Arbeitgebers. (1) Der Arbeitgeber ist berechtigt, die Fortzahlung des Arbeitsentgelts zu verweigern,
1. solange der Arbeitnehmer die von ihm nach § 5 Abs. 1 vorzulegende ärztliche Bescheinigung nicht vorlegt oder den ihm nach § 5 Abs. 2 obliegenden Verpflichtungen nicht nachkommt;
2. wenn der Arbeitnehmer den Übergang eines Schadensersatzanspruchs gegen eine Dritten auf den Arbeitgeber (§ 6) verhindert.

(2) Absatz 1 gilt nicht, wenn der Arbeitnehmer die Verletzung dieser ihm obliegenden Verpflichtungen nicht zu vertreten hat.

§ 8 Beendigung des Arbeitsverhältnisses. (1) ¹Der Anspruch auf Fortzahlung des Arbeitsentgelts wird nicht dadurch berührt, daß der Arbeitgeber das Arbeitsverhältnis aus Anlaß der Arbeitsunfähigkeit kündigt. ²Das gleiche gilt, wenn der Arbeitnehmer das Arbeitsverhältnis aus einem vom Arbeitgeber zu vertretenden Grunde kündigt, der den Arbeitnehmer zur Kündigung aus wichtigem Grund ohne Einhaltung einer Kündigungsfrist berechtigt.

(2) Endet das Arbeitsverhältnis vor Ablauf der in § 3 Abs. 1 bezeichneten Zeit nach dem Beginn der Arbeitsunfähigkeit, ohne daß es einer Kündigung bedarf, oder infolge einer Kündigung aus anderen als den in Absatz 1 bezeichneten Gründen, so endet der Anspruch mit dem Ende des Arbeitsverhältnisses.

§ 9 Maßnahmen der medizinischen Vorsorge und Rehabilitation.

(1) ¹Die Vorschriften der §§ 3 bis 4a und 6 bis 8 und gelten entsprechend für die Arbeitsverhinderung infolge einer Maßnahme der medizinischen Vorsorge oder Rehabilitation, die ein Träger der gesetzlichen Renten-, Kranken- oder Unfallversicherung, eine Verwaltungsbehörde der Kriegsopferversorgung oder ein sonstiger Sozialleistungsträger bewilligt hat und die in einer Einrichtung der medizinischen Vorsorge oder Rehabilitation durchgeführt wird. ²Ist der Arbeitnehmer nicht Mitglied einer gesetzlichen Krankenkasse oder nicht in der gesetzlichen Rentenversicherung versichert, gelten die §§ 3 bis 4a und 6 bis 8 entsprechend, wenn eine Maßnahme der medizinischen Vorsorge oder Rehabilitation ärztlich verordnet worden ist und in einer Einrichtung der medizinischen Vorsorge oder Rehabilitation oder einer vergleichbaren Einrichtung durchgeführt wird.

(2) Der Arbeitnehmer ist verpflichtet, dem Arbeitgeber den Zeitpunkt des Antritts der Maßnahme, die voraussichtliche Dauer und die Verlängerung der Maßnahme im Sinne des Absatzes 1 unverzüglich mitzuteilen und ihm
a) eine Bescheinigung über die Bewilligung der Maßnahme durch einen Sozialleistungsträger nach Absatz 1 Satz 1 oder
b) eine ärztliche Bescheinigung über die Erforderlichkeit der Maßnahme im Sinne des Absatzes 1 Satz 2
unverzüglich vorzulegen.

§ 10 Wirtschaftliche Sicherung für den Krankheitsfall im Bereich der Heimarbeit. (1) ¹In Heimarbeit Beschäftigte (§ 1 Abs. 1 des Heimarbeitsgesetzes[1]) und ihnen nach § 1 Abs. 2 Buchstabe a bis c des Heimarbeitsgesetzes[1] Gleichgestellte haben gegen ihren Auftraggeber oder, falls sie

---
[1] Nr. 60.

von einem Zwischenmeister beschäftigt werden, gegen diesen Anspruch auf Zahlung eines Zuschlags zum Arbeitsentgelt. ²Der Zuschlag beträgt
1. für Heimarbeiter, für Hausgewerbetreibende ohne fremde Hilfskräfte und die nach § 1 Abs. 2 Buchstabe a des Heimarbeitsgesetzes[1]) Gleichgestellten 3,4 vom Hundert,
2. für Hausgewerbetreibende mit nicht mehr als zwei fremden Hilfskräften und die nach § 1 Abs. 2 Buchstabe b und c des Heimarbeitsgesetzes[1]) Gleichgestellten 6,4 vom Hundert

des Arbeitsentgelts vor Abzug der Steuern, des Beitrags zur Bundesagentur für Arbeit und der Sozialversicherungsbeiträge ohne Unkostenzuschlag und ohne die für den Lohnausfall an gesetzlichen Feiertagen, den Urlaub und den Arbeitsausfall infolge Krankheit zu leistenden Zahlungen. ³Der Zuschlag für die unter Nummer 2 aufgeführten Personen dient zugleich zur Sicherung der Ansprüche der von ihnen Beschäftigten.

(2) Zwischenmeister, die den in Heimarbeit Beschäftigten nach § 1 Abs. 2 Buchstabe d des Heimarbeitsgesetzes[1]) gleichgestellt sind, haben gegen ihren Auftraggeber Anspruch auf Vergütung der von ihnen nach Absatz 1 nachweislich zu zahlenden Zuschläge.

(3) Die nach den Absätzen 1 und 2 in Betracht kommenden Zuschläge sind gesondert in den Entgeltbeleg einzutragen.

(4) ¹Für Heimarbeiter (§ 1 Abs. 1 Buchstabe a des Heimarbeitsgesetzes[1])) kann durch Tarifvertrag bestimmt werden, daß sie statt der in Absatz 1 Satz 2 Nr. 1 bezeichneten Leistungen die den Arbeitnehmern im Falle ihrer Arbeitsunfähigkeit nach diesem Gesetz zustehenden Leistungen erhalten. ²Bei der Bemessung des Anspruchs auf Arbeitsentgelt bleibt der Unkostenzuschlag außer Betracht.

(5) ¹Auf die in den Absätzen 1 und 2 vorgesehenen Zuschläge sind die §§ 23 bis 25, 27 und 28 des Heimarbeitsgesetzes[1]), auf die in Absatz 1 dem Zwischenmeister gegenüber vorgesehenen Zuschläge außerdem § 21 Abs. 2 des Heimarbeitsgesetzes[1]) entsprechend anzuwenden. ²Auf die Ansprüche der fremden Hilfskräfte der in Absatz 1 unter Nummer 2 genannten Personen auf Entgeltfortzahlung im Krankheitsfall ist § 26 des Heimarbeitsgesetzes[1]) entsprechend anzuwenden.

§ 11 Feiertagsbezahlung der in Heimarbeit Beschäftigten. (1) ¹Die in Heimarbeit Beschäftigten (§ 1 Abs. 1 des Heimarbeitsgesetzes[1])) haben gegen den Auftraggeber oder Zwischenmeister Anspruch auf Feiertagsbezahlung nach Maßgabe der Absätze 2 bis 5. ²Den gleichen Anspruch haben die in § 1 Abs. 2 Buchstabe a bis d des Heimarbeitsgesetzes[1]) bezeichneten Personen, wenn sie hinsichtlich der Feiertagsbezahlung gleichgestellt werden; die Vorschriften des § 1 Abs. 3 Satz 3 und Abs. 4 und 5 des Heimarbeitsgesetzes[1]) finden Anwendung. ³Eine Gleichstellung, die sich auf die Entgeltregelung erstreckt, gilt auch für die Feiertagsbezahlung, wenn diese nicht ausdrücklich von der Gleichstellung ausgenommen ist.

(2) ¹Das Feiertagsgeld beträgt für jeden Feiertag im Sinne des § 2 Abs. 1 0,72 vom Hundert des in einem Zeitraum von sechs Monaten ausgezahlten reinen Arbeitsentgelts ohne Unkostenzuschläge. ²Bei der Berechnung des Fei-

---

[1]) Nr. 60.

ertagsgeldes ist für die Feiertage, die in den Zeitraum vom 1. Mai bis 31. Oktober fallen, der vorhergehende Zeitraum vom 1. November bis 30. April und für die Feiertage, die in den Zeitraum vom 1. November bis 30. April fallen, der vorhergehende Zeitraum vom 1. Mai bis 31. Oktober zugrunde zu legen. ³Der Anspruch auf Feiertagsgeld ist unabhängig davon, ob im laufenden Halbjahreszeitraum noch eine Beschäftigung in Heimarbeit für den Auftraggeber stattfindet.

(3) ¹Das Feiertagsgeld ist jeweils bei der Entgeltzahlung vor dem Feiertag zu zahlen. ²Ist die Beschäftigung vor dem Feiertag unterbrochen worden, so ist das Feiertagsgeld spätestens drei Tage vor dem Feiertag auszuzahlen. ³Besteht bei der Einstellung der Ausgabe von Heimarbeit zwischen den Beteiligten Einvernehmen, das Heimarbeitsverhältnis nicht wieder fortzusetzen, so ist dem Berechtigten bei der letzten Entgeltzahlung das Feiertagsgeld für die noch übrigen Feiertage des laufenden sowie für die Feiertage des folgenden Halbjahreszeitraumes zu zahlen. ⁴Das Feiertagsgeld ist jeweils bei der Auszahlung in die Entgeltbelege (§ 9 des Heimarbeitsgesetzes[1])) einzutragen.

(4) ¹Übersteigt das Feiertagsgeld, das der nach Absatz 1 anspruchsberechtigte Hausgewerbetreibende oder im Lohnauftrag arbeitende Gewerbetreibende (Anspruchsberechtigte) für einen Feiertag auf Grund des § 2 seinen fremden Hilfskräften (§ 2 Abs. 6 des Heimarbeitsgesetzes[1])) gezahlt hat, den Betrag, den er auf Grund der Absätze 2 und 3 für diesen Feiertag erhalten hat, so haben ihm auf Verlangen seine Auftraggeber oder Zwischenmeister den Mehrbetrag anteilig zu erstatten. ²Ist der Anspruchsberechtigte gleichzeitig Zwischenmeister, so bleibt hierbei das für die Heimarbeiter oder Hausgewerbetreibenden empfangene und weiter gezahlte Feiertagsgeld außer Ansatz. ³Nimmt ein Anspruchsberechtigter eine Erstattung nach Satz 1 in Anspruch, so können ihm bei Einstellung der Ausgabe von Heimarbeit die erstatteten Beträge auf das Feiertagsgeld angerechnet werden, das ihm auf Grund des Absatzes 2 und des Absatzes 3 Satz 3 für die dann noch übrigen Feiertage des laufenden sowie für die Feiertage des folgenden Halbjahreszeitraumes zu zahlen ist.

(5) Das Feiertagsgeld gilt als Entgelt im Sinne der Vorschriften des Heimarbeitsgesetzes über Mithaftung des Auftraggebers (§ 21 Abs. 2), über Entgeltschutz (§§ 23 bis 27) und über Auskunftspflicht über Entgelte (§ 28); hierbei finden die §§ 24 bis 26 des Heimarbeitsgesetzes[1]) Anwendung, wenn ein Feiertagsgeld gezahlt ist, das niedriger ist als das in diesem Gesetz festgesetzte.

§ 12 Unabdingbarkeit. Abgesehen von § 4 Abs. 4 kann von den Vorschriften dieses Gesetzes nicht zuungunsten des Arbeitnehmers oder der nach § 10 berechtigten Personen abgewichen werden.

§ 13 Übergangsvorschrift. Ist der Arbeitnehmer von einem Tag nach dem 9. Dezember 1998 bis zum 1. Januar 1999 oder darüber hinaus durch Arbeitsunfähigkeit infolge Krankheit oder infolge einer Maßnahme der medizinischen Vorsorge oder Rehabilitation an seiner Arbeitsleistung verhindert, sind für diesen Zeitraum die seit dem 1. Januar 1999 geltenden Vorschriften maßgebend, es sei denn, daß diese für den Arbeitnehmer ungünstiger sind.

---

[1]) Nr. **60**.

18 a. Gesetz über den Ausgleich der Arbeitgeberaufwendungen für Entgeltfortzahlung (Aufwendungsausgleichsgesetz – AAG)[1]

Vom 22. Dezember 2005
(BGBl. I S. 3686)
FNA 800-19-4
zuletzt geänd. durch Art. 41 GKV- WettbewerbsstärkungsG v. 26. 3. 2007 (BGBl. I S. 378)

§ 1 Erstattungsanspruch. (1) Die Krankenkassen mit Ausnahme der landwirtschaftlichen Krankenkassen erstatten den Arbeitgebern, die in der Regel ausschließlich der zu ihrer Berufsausbildung Beschäftigten nicht mehr als 30 Arbeitnehmer und Arbeitnehmerinnen beschäftigen, 80 Prozent
1. des für den in § 3 Abs. 1 und 2 und den in § 9 Abs. 1 des Entgeltfortzahlungsgesetzes[2] bezeichneten Zeitraum an Arbeitnehmer und Arbeitnehmerinnen fortgezahlten Arbeitsentgelts,
2. der auf die Arbeitsentgelte nach der Nummer 1 entfallenden von den Arbeitgebern zu tragenden Beiträge zur Bundesagentur für Arbeit und der Arbeitgeberanteile an Beiträgen zur gesetzlichen Kranken- und Rentenversicherung, zur sozialen Pflegeversicherung und nach § 172 Abs. 2 des Sechsten Buches Sozialgesetzbuch sowie der Beitragszuschüsse nach § 257 des Fünften und nach § 61 des Elften Buches Sozialgesetzbuch.

(2) Die Krankenkassen mit Ausnahme der landwirtschaftlichen Krankenkassen erstatten den Arbeitgebern in vollem Umfang
1. den vom Arbeitgeber nach § 14 Abs. 1 des Mutterschutzgesetzes[3] gezahlten Zuschuss zum Mutterschaftsgeld,
2. das vom Arbeitgeber nach § 11 des Mutterschutzgesetzes bei Beschäftigungsverboten gezahlte Arbeitsentgelt,
3. die auf die Arbeitsentgelte nach der Nummer 2 entfallenden von den Arbeitgebern zu tragendenBeiträge zur Bundesagentur für Arbeit und die Arbeitgeberanteile an Beiträgen zur gesetzlichen Kranken- und Rentenversicherung, zur sozialen Pflegeversicherung und nach § 172 Abs. 2 des Sechsten Buches Sozialgesetzbuch sowie der Beitragszuschüsse nach § 257 des Fünften und nach § 61 des Elften Buches Sozialgesetzbuch.

(3) Am Ausgleich der Arbeitgeberaufwendungen nach den Absätzen 1 (U1-Verfahren) und 2 (U2-Verfahren) nehmen auch die Arbeitgeber teil, die nur Auszubildende beschäftigen.

§ 2 Erstattung. (1) ¹Die zu gewährenden Beträge werden dem Arbeitgeber von der Krankenkasse ausgezahlt, bei der die Arbeitnehmer und Arbeitnehmerinnen, die Auszubildenden oder die nach § 11 oder § 14 Abs. 1 des Mutterschutzgesetzes[3] anspruchsberechtigten Frauen versichert sind. ²Für geringfügig Beschäftigte nach dem Vierten Buch Sozialgesetzbuch ist zuständige

---

[1] Verkündet als Art. 1 G v. 22. 12. 2005 (BGBl. I S. 3686); Inkrafttreten gem. Art. 4 Satz 1 dieses G **mWv 1. 10. 2005** (§ 2 Abs. 2 Satz 3, § 3 Abs. 3, § 7, § 8 Abs. 2 und § 9), im Übrigen gem. Art. 4 Satz 2 dieses G am 1. 1. 2006).
[2] Nr. **18**.
[3] Nr. **57**.

Krankenkasse die Deutsche Rentenversicherung Knappschaft-Bahn-See als Träger der knappschaftlichen Krankenversicherung. ³Für Arbeitnehmer und Arbeitnehmerinnen, die nicht Mitglied einer Krankenkasse sind, gilt § 175 Abs. 3 Satz 2 des Fünften Buches Sozialgesetzbuch entsprechend.

(2) ¹Die Erstattung wird auf Antrag erbracht. ²Sie ist zu gewähren, sobald der Arbeitgeber Arbeitsentgelt nach § 3 Abs. 1 und 2 und § 9 Abs. 1 des Entgeltfortzahlungsgesetzes¹⁾, Arbeitsentgelt nach § 11 des Mutterschutzgesetzes²⁾ oder Zuschuss zum Mutterschaftsgeld nach § 14 Abs. 1 des Mutterschutzgesetzes gezahlt hat.

(3) Die Verfahrensbeteiligten können vereinbaren, dass die für das Erstattungsverfahren maßgeblichen Unterlagen durch Datenübertragung ausgetauscht werden.

§ 3 Feststellung der Umlagepflicht. (1) ¹Die zuständige Krankenkasse hat jeweils zum Beginn eines Kalenderjahrs festzustellen, welche Arbeitgeber für die Dauer dieses Kalenderjahrs an dem Ausgleich der Arbeitgeberaufwendungen nach § 1 Abs. 1 teilnehmen. ²Ein Arbeitgeber beschäftigt in der Regel nicht mehr als 30 Arbeitnehmer und Arbeitnehmerinnen, wenn er in dem letzten Kalenderjahr, das demjenigen, für das die Feststellung nach Satz 1 zu treffen ist, vorausgegangen ist, für einen Zeitraum von mindestens acht Kalendermonaten nicht mehr als 30 Arbeitnehmer und Arbeitnehmerinnen beschäftigt hat. ³Hat ein Betrieb nicht während des ganzen nach Satz 2 maßgebenden Kalenderjahrs bestanden, so nimmt der Arbeitgeber am Ausgleich der Arbeitgeberaufwendungen teil, wenn er während des Zeitraums des Bestehens des Betriebs in der überwiegenden Zahl der Kalendermonate nicht mehr als 30 Arbeitnehmer und Arbeitnehmerinnen beschäftigt hat. ⁴Wird ein Betrieb im Laufe des Kalenderjahrs errichtet, für das die Feststellung nach Satz 1 getroffen ist, so nimmt der Arbeitgeber am Ausgleich der Arbeitgeberaufwendungen teil, wenn nach der Art des Betriebs anzunehmen ist, dass die Zahl der beschäftigten Arbeitnehmer und Arbeitnehmerinnen während der überwiegenden Kalendermonate dieses Kalenderjahrs 30 nicht überschreiten wird. ⁵Bei der Errechnung der Gesamtzahl der beschäftigten Arbeitnehmer und Arbeitnehmerinnen bleiben schwerbehinderte Menschen im Sinne des Neunten Buches Sozialgesetzbuch außer Ansatz. ⁶Arbeitnehmer und Arbeitnehmerinnen, die wöchentlich regelmäßig nicht mehr als 10 Stunden zu leisten haben, werden mit 0,25, diejenigen, die nicht mehr als 20 Stunden zu leisten haben, mit 0,5 und diejenigen, die nicht mehr als 30 Stunden zu leisten haben, mit 0,75 angesetzt.

(2) Der Arbeitgeber hat der nach § 2 Abs. 1 zuständigen Krankenkasse die für die Durchführung des Ausgleichs erforderlichen Angaben zu machen.

(3) Der Spitzenverband Bund der Krankenkassen regelt das Nähere über die Durchführung des Feststellungsverfahrens nach Absatz 1.

§ 4 Versagung und Rückforderung der Erstattung. (1) Die Erstattung kann im Einzelfall versagt werden, solange der Arbeitgeber die nach § 3 Abs. 2 erforderlichen Angaben nicht oder nicht vollständig macht.

---
¹⁾ Nr. **18**.
²⁾ Nr. **57**.

(2) ¹Die Krankenkasse hat Erstattungsbeträge vom Arbeitgeber insbesondere zurückzufordern, soweit der Arbeitgeber
1. schuldhaft falsche oder unvollständige Angaben gemacht hat oder
2. Erstattungsbeträge gefordert hat, obwohl er wusste oder wissen musste, dass ein Anspruch nach § 3 Abs. 1 und 2 oder § 9 Abs. 1 des Entgeltfortzahlungsgesetzes¹⁾ oder nach § 11 oder § 14 Abs. 1 des Mutterschutzgesetzes²⁾ nicht besteht.

²Der Arbeitgeber kann sich nicht darauf berufen, dass er durch die zu Unrecht gezahlten Beträge nicht mehr bereichert sei. ³Von der Rückforderung kann abgesehen werden, wenn der zu Unrecht gezahlte Betrag gering ist und der entstehende Verwaltungsaufwand unverhältnismäßig groß sein würde.

§ 5 Abtretung. Ist auf den Arbeitgeber ein Anspruch auf Schadenersatz nach § 6 des Entgeltfortzahlungsgesetzes¹⁾ übergegangen, so ist die Krankenkasse zur Erstattung nur verpflichtet, wenn der Arbeitgeber den auf ihn übergegangenen Anspruch bis zur anteiligen Höhe des Erstattungsbetrags an die Krankenkasse abtritt.

§ 6 Verjährung und Aufrechnung. (1) Der Erstattungsanspruch verjährt in vier Jahren nach Ablauf des Kalenderjahrs, in dem er entstanden ist.

(2) Gegen Erstattungsansprüche dürfen nur Ansprüche aufgerechnet werden auf
1. Zahlung von Umlagebeträgen, Beiträge zur gesetzlichen Krankenversicherung und solche Beiträge, die die Einzugsstelle für andere Träger der Sozialversicherung und die Bundesagentur für Arbeit einzuziehen hat,
2. Rückzahlung von Vorschüssen,
3. Rückzahlung von zu Unrecht gezahlten Erstattungsbeträgen,
4. Erstattung von Verfahrenskosten,
5. Zahlung von Geldbußen,
6. Herausgabe einer von einem Dritten an den Berechtigten bewirkten Leistung, die der Krankenkasse gegenüber wirksam ist.

§ 7 Aufbringung der Mittel. (1) Die Mittel zur Durchführung der U1- und U2-Verfahren werden von den am Ausgleich beteiligten Arbeitgebern jeweils durch gesonderte Umlagen aufgebracht, die die erforderlichen Verwaltungskosten angemessen berücksichtigen.

(2) ¹Die Umlagen sind jeweils in einem Prozentsatz des Entgelts (Umlagesatz) festzusetzen, nach dem die Beiträge zur gesetzlichen Rentenversicherung für die im Betrieb beschäftigten Arbeitnehmer, Arbeitnehmerinnen und Auszubildenden bemessen werden oder bei Versicherungspflicht in der gesetzlichen Rentenversicherung zu bemessen wären. ²Bei der Berechnung der Umlage für Aufwendungen nach § 1 Abs. 1 sind Entgelte von Arbeitnehmern und Arbeitnehmerinnen, deren Beschäftigungsverhältnis bei dem Arbeitgeber nicht länger als vier Wochen besteht und bei denen wegen der Art des Beschäftigungsverhältnisses auf Grund des § 3 Abs. 3 des Entgeltfortzahlungsgesetzes¹⁾ kein Anspruch auf Entgeltfortzahlung im Krankheitsfall entstehen kann, sowie einmalig gezahlte Arbeitsentgelte nach § 23 a des Vierten Buches Sozialgesetzbuch nicht zu berücksichtigen. ³Für die Zeit des Bezugs von

---
¹⁾ Nr. 18.
²⁾ Nr. 57.

Aufwendungsausgleichsgesetz §§ 8–11 AAG 18a

Kurzarbeitergeld bemessen sich die Umlagen nach dem tatsächlich erzielten Arbeitsentgelt bis zur Beitragsbemessungsgrenze in der gesetzlichen Rentenversicherung.

§ 8 Verwaltung der Mittel. (1) ¹Die Krankenkassen verwalten die Mittel für den Ausgleich der Arbeitgeberaufwendungen als Sondervermögen. ²Die Mittel dürfen nur für die gesetzlich vorgeschriebenen oder zugelassenen Zwecke verwendet werden.

(2) ¹Die Krankenkasse kann durch Satzungsregelung die Durchführung der U1- und U2-Verfahren auf eine andere Krankenkasse oder einen Landes- oder Bundesverband übertragen. ²Der Einzug der Umlagen obliegt weiterhin der übertragenden Krankenkasse, die die von den Arbeitgebern gezahlten Umlagen an die durchführende Krankenkasse oder den Verband weiterzuleiten hat. ³§ 90 des Vierten Buches Sozialgesetzbuch gilt entsprechend.

§ 9 Satzung. (1) Die Satzung der Krankenkasse muss insbesondere Bestimmungen enthalten über die
1. Höhe der Umlagesätze,
2. Bildung von Betriebsmitteln,
3. Aufstellung des Haushalts,
4. Prüfung und Abnahme des Rechnungsabschlusses.

(2) Die Satzung kann
1. die Höhe der Erstattung nach § 1 Abs. 1 beschränken und verschiedene Erstattungssätze, die 40 vom Hundert nicht unterschreiten, vorsehen,
2. eine pauschale Erstattung des von den Arbeitgebern zu tragenden Teils des Gesamtsozialversicherungsbeitrags für das nach § 11 des Mutterschutzgesetzes¹⁾ gezahlte Arbeitsentgelt vorsehen,
3. die Zahlung von Vorschüssen vorsehen,
4. *(aufgehoben)*
5. die Übertragung nach § 8 Abs. 2 enthalten.

(3) Die Betriebsmittel dürfen den Betrag der voraussichtlichen Ausgaben für drei Monate nicht übersteigen.

(4) In Angelegenheiten dieses Gesetzes wirken in den Selbstverwaltungsorganen nur die Vertreter der Arbeitgeber mit; die Selbstverwaltungsorgane der Ersatzkassen haben Einvernehmen mit den für die Vertretung der Interessen der Arbeitgeber maßgeblichen Spitzenorganisationen herzustellen.

(5) Die Absätze 1 bis 4 gelten auch für die durchführende Krankenkasse oder den Verband nach § 8 Abs. 2 Satz 1.

§ 10 Anwendung sozialversicherungsrechtlicher Vorschriften. Die für die gesetzliche Krankenversicherung geltenden Vorschriften finden entsprechende Anwendung, soweit dieses Gesetz nichts anderes bestimmt.

§ 11 Ausnahmevorschriften. (1) § 1 Abs. 1 ist nicht anzuwenden auf
1. den Bund, die Länder, die Gemeinden und Gemeindeverbände sowie sonstige Körperschaften, Anstalten und Stiftungen des öffentlichen Rechts sowie die Vereinigungen, Einrichtungen und Unternehmungen, die hinsichtlich der für die Beschäftigten des Bundes, der Länder oder der Gemeinden gel-

---

¹⁾ Nr. 57.

tenden Tarifverträge tarifgebunden sind, sowie die Verbände von Gemeinden, Gemeindeverbänden und kommunalen Unternehmen einschließlich deren Spitzenverbände,
2. zivile Arbeitskräfte, die bei Dienststellen und diesen gleichgestellten Einrichtungen der in der Bundesrepublik Deutschland stationierten ausländischen Truppen und der dort auf Grund des Nordatlantikpaktes errichteten internationalen militärischen Hauptquartiere beschäftigt sind,
3. Hausgewerbetreibende (§ 1 Abs. 1 Buchstabe b des Heimarbeitsgesetzes[1]) sowie die in § 1 Abs. 2 Satz 1 Buchstabe b und c des Heimarbeitsgesetzes bezeichneten Personen, wenn sie hinsichtlich der Entgeltregelung gleichgestellt sind,
4. die Spitzenverbände der freien Wohlfahrtspflege (Arbeiterwohlfahrt, Diakonisches Werk der Evangelischen Kirche in Deutschland, Deutscher Caritasverband, Deutscher Paritätischer Wohlfahrtsverband, Deutsches Rotes Kreuz und Zentralwohlfahrtsstelle der Juden in Deutschland) einschließlich ihrer selbstständigen und nichtselbstständigen Untergliederungen, Einrichtungen und Anstalten, es sei denn, sie erklären schriftlich und unwiderruflich gegenüber einer Krankenkasse mit Wirkung für alle durchführenden Krankenkassen und Verbände ihre Teilnahme am Umlageverfahren nach § 1 Abs. 1.

(2) § 1 ist nicht anzuwenden auf
1. die nach § 2 Abs. 1 Nr. 3 des Zweiten Gesetzes über die Krankenversicherung der Landwirte versicherten mitarbeitenden Familienangehörigen eines landwirtschaftlichen Unternehmers,
2. Dienststellen und diesen gleichgestellte Einrichtungen der in der Bundesrepublik Deutschland stationierten ausländischen Truppen und der dort auf Grund des Nordatlantikpaktes errichteten internationalen militärischen Hauptquartiere mit Ausnahme der in Absatz 1 Nr. 2 genannten zivilen Arbeitskräfte.

§ 12 Freiwilliges Ausgleichsverfahren. (1) [1]Für Betriebe eines Wirtschaftszweigs können Arbeitgeber Einrichtungen zum Ausgleich der Arbeitgeberaufwendungen errichten, an denen auch Arbeitgeber teilnehmen, die die Voraussetzungen des § 1 nicht erfüllen. [2]Die Errichtung und die Regelung des Ausgleichsverfahrens bedürfen der Genehmigung des Bundesministeriums für Gesundheit.

(2) Auf Arbeitgeber, deren Aufwendungen durch eine Einrichtung nach Absatz 1 ausgeglichen werden, finden die Vorschriften dieses Gesetzes keine Anwendung.

(3) Körperschaften, Personenvereinigungen und Vermögensmassen im Sinne des § 1 Abs. 1 des Körperschaftsteuergesetzes, die als Einrichtung der in Absatz 1 bezeichneten Art durch das Bundesministerium für Gesundheit genehmigt sind, sind von der Körperschaftsteuer, Gewerbesteuer und Vermögensteuer befreit.

---

[1] Nr. 60.

18 b. Übersicht über die Gesetzlichen Feiertage[1]

Die Feiertagsgesetze der Länder regeln zum Teil neben den gesetzlichen noch die (staatlich) geschützten (kirchlichen) Feiertage, an denen meist bis zum Ende des Hauptgottesdienstes die Läden geschlossen zu halten sind und den konfessionsangehörigen Arbeitnehmern Gelegenheit zu geben ist, am Hauptgottesdienst teilzunehmen.

	Baden-Württemberg	Bayern	Berlin	Brandenburg	Bremen	Hamburg	Hessen	Mecklenburg-Vorpommern
Neujahr, Karfreitag, Ostermontag, 1. Mai, Christi Himmelfahrt, Pfingstmontag, 3. Oktober, 1. und 2. Weihnachtsfeiertag	•	•	•	•	•	•	•	•
Heilige Drei Könige	•	•						
Fronleichnam	•	•					•	
Mariä Himmelfahrt		+						
Reformationstag				•				•
Allerheiligen	•	•						
Buß- und Bettag								
Zahl der Feiertage Insgesamt	**12**	**12 (13)**	**9**	**10**	**9**	**9**	**10**	**10**

• = gesetzlicher Feiertag
+ = gesetzlicher Feiertag nur in Gebieten mit überwiegend katholischer Bevölkerung

(Fortsetzung nächste Seite)

---

[1] Die Übersicht ist nicht amtlich.
In Bayern ist außerdem noch gesetzlicher Feiertag nur für den Stadtkreis Augsburg der 8. August – das Friedensfest.

18 b Übersicht Feiertage

Feiertage-Übersicht

	Nds.	NR-W.	Rh-Pf.	Saarland	Sachsen	Sachsen-Anhalt	Schleswig-Holstein	Thüringen
Neujahr, Karfreitag, Ostermontag, 1. Mai, Christi Himmelfahrt, Pfingstmontag, 3. Oktober, 1. und 2. Weihnachtsfeiertag	•	•	•	•	•	•	•	•
Heilige Drei Könige						•		
Fronleichnam		•	•	•	×			o
Mariä Himmelfahrt				•				
Reformationstag					•	•		•
Allerheiligen		•	•	•				+
Buß- und Bettag					•			
Zahl der Feiertage Insgesamt	9	11	11	12	11 (12)	11	9	10 (12)

- • = gesetzlicher Feiertag
- + = gesetzlicher Feiertag nur in Gemeinden mit überwiegend katholischer Bevölkerung
- × = gesetzlicher Feiertag nur in einigen Gemeinden der Landkreise Bautzen und Westlausitzkreis
- o = besonderer gesetzlicher Schutz in Gemeinden, in denen Fronleichnam als gesetzlicher Feiertag bestimmt ist.

19. Mindesturlaubsgesetz für Arbeitnehmer (Bundesurlaubsgesetz)[1)]

Vom 8. Januar 1963

(BGBl. I S. 2)

FNA 800-4

zuletzt geänd. durch Art. 7 PostbereinigungsG v. 7. 5. 2002 (BGBl. I S. 1529)

§ 1 Urlaubsanspruch. Jeder Arbeitnehmer hat in jedem Kalenderjahr Anspruch auf bezahlten Erholungsurlaub.

§ 2 Geltungsbereich. ¹Arbeitnehmer im Sinne des Gesetzes sind Arbeiter und Angestellte sowie die zu ihrer Berufsausbildung Beschäftigten. ²Als Arbeitnehmer gelten auch Personen, die wegen ihrer wirtschaftlichen Unselbständigkeit als arbeitnehmerähnliche Personen anzusehen sind; für den Bereich der Heimarbeit gilt § 12.

§ 3 Dauer des Urlaubs. (1) Der Urlaub beträgt jährlich mindestens 24 Werktage.

(2) Als Werktage gelten alle Kalendertage, die nicht Sonn- oder gesetzliche Feiertage sind.

§ 4 Wartezeit. Der volle Urlaubsanspruch wird erstmalig nach sechsmonatigem Bestehen des Arbeitsverhältnisses erworben.

§ 5 Teilurlaub. (1) Anspruch auf ein Zwölftel des Jahresurlaubs für jeden vollen Monat des Bestehens des Arbeitsverhältnisses hat der Arbeitnehmer
a) für Zeiten eines Kalenderjahres, für die er wegen Nichterfüllung der Wartezeit in diesem Kalenderjahr keinen vollen Urlaubsanspruch erwirbt;
b) wenn er vor erfüllter Wartezeit aus dem Arbeitsverhältnis ausscheidet;
c) wenn er nach erfüllter Wartezeit in der ersten Hälfte eines Kalenderjahres aus dem Arbeitsverhältnis ausscheidet.

(2) Bruchteile von Urlaubstagen, die mindestens einen halben Tag ergeben, sind auf volle Urlaubstage aufzurunden.

(3) Hat der Arbeitnehmer im Falle des Absatzes 1 Buchstabe c bereits Urlaub über den ihm zustehenden Umfang hinaus erhalten, so kann das dafür gezahlte Urlaubsentgelt nicht zurückgefordert werden.

§ 6 Ausschluß von Doppelansprüchen. (1) Der Anspruch auf Urlaub besteht nicht, soweit dem Arbeitnehmer für das laufende Kalenderjahr bereits von einem früheren Arbeitgeber Urlaub gewährt worden ist.

[1)] **Amtl. Anm.:** Ändert Bundesgesetzbl. III 9513-1.

(2) Der Arbeitgeber ist verpflichtet, bei Beendigung des Arbeitsverhältnisses dem Arbeitnehmer eine Bescheinigung über den im laufenden Kalenderjahr gewährten oder abgegoltenen Urlaub auszuhändigen.

§ 7 Zeitpunkt, Übertragbarkeit und Abgeltung des Urlaubs. (1) [1]Bei der zeitlichen Festlegung des Urlaubs sind die Urlaubswünsche des Arbeitnehmers zu berücksichtigen, es sei denn, daß ihrer Berücksichtigung dringende betriebliche Belange oder Urlaubswünsche anderer Arbeitnehmer, die unter sozialen Gesichtspunkten den Vorrang verdienen, entgegenstehen. [2]Der Urlaub ist zu gewähren, wenn der Arbeitnehmer dies im Anschluß an eine Maßnahme der medizinischen Vorsorge oder Rehabilitation verlangt.

(2) [1]Der Urlaub ist zusammenhängend zu gewähren, es sei denn, daß dringende betriebliche oder in der Person des Arbeitnehmers liegende Gründe eine Teilung des Urlaubs erforderlich machen. [2]Kann der Urlaub aus diesen Gründen nicht zusammenhängend gewährt werden, und hat der Arbeitnehmer Anspruch auf Urlaub von mehr als zwölf Werktagen, so muß einer der Urlaubsteile mindestens zwölf aufeinanderfolgende Werktage umfassen.

(3) [1]Der Urlaub muß im laufenden Kalenderjahr gewährt und genommen werden. [2]Eine Übertragung des Urlaubs auf das nächste Kalenderjahr ist nur statthaft, wenn dringende betriebliche oder in der Person des Arbeitnehmers liegende Gründe dies rechtfertigen. [3]Im Fall der Übertragung muß der Urlaub in den ersten drei Monaten des folgenden Kalenderjahres gewährt und genommen werden. [4]Auf Verlangen des Arbeitnehmers ist ein nach § 5 Abs. 1 Buchstabe a entstehender Teilurlaub jedoch auf das nächste Kalenderjahr zu übertragen.

(4) Kann der Urlaub wegen Beendigung des Arbeitsverhältnisses ganz oder teilweise nicht mehr gewährt werden, so ist er abzugelten.

§ 8 Erwerbstätigkeit während des Urlaubs. Während des Urlaubs darf der Arbeitnehmer keine dem Urlaubszweck widersprechende Erwerbstätigkeit leisten.

§ 9 Erkrankung während des Urlaubs. Erkrankt ein Arbeitnehmer während des Urlaubs, so werden die durch ärztliches Zeugnis nachgewiesenen Tage der Arbeitsunfähigkeit auf den Jahresurlaub nicht angerechnet.

§ 10 Maßnahmen der medizinischen Vorsorge oder Rehabilitation. Maßnahmen der medizinischen Vorsorge oder Rehabilitation dürfen nicht auf den Urlaub angerechnet werden, soweit ein Anspruch auf Fortzahlung des Arbeitsentgelts nach den gesetzlichen Vorschriften über die Entgeltfortzahlung im Krankheitsfall besteht.

§ 11 Urlaubsentgelt. (1) [1]Das Urlaubsentgelt bemißt sich nach dem durchschnittlichen Arbeitsverdienst, das der Arbeitnehmer in den letzten dreizehn Wochen vor dem Beginn des Urlaubs erhalten hat, mit Ausnahme des zusätzlich für Überstunden gezahlten Arbeitsverdienstes. [2]Bei Verdiensterhöhungen nicht nur vorübergehender Natur, die während des Berechnungszeitraums oder des Urlaubs eintreten, ist von dem erhöhten Verdienst auszugehen. [3]Verdienstkürzungen, die im Berechnungszeitraum infolge von Kurzarbeit, Arbeitsausfällen oder unverschuldeter Arbeitsversäumnis eintreten, bleiben für die Berechnung des Urlaubsentgelts außer Betracht. ⁴Zum Arbeitsentgelt gehörende Sachbezüge, die während des Urlaubs nicht weitergewährt werden, sind für die Dauer des Urlaubs angemessen in bar abzugelten.

(2) Das Urlaubsentgelt ist vor Antritt des Urlaubs auszuzahlen.

§ 12 Urlaub im Bereich der Heimarbeit. Für die in Heimarbeit Beschäftigten und die ihnen nach § 1 Abs. 2 Buchstaben a bis c des Heimarbeitsgesetzes[1]) Gleichgestellten, für die die Urlaubsregelung nicht ausdrücklich von der Gleichstellung ausgenommen ist, gelten die vorstehenden Bestimmungen mit Ausnahme der §§ 4 bis 6, 7 Abs. 3 und 4 und § 11 nach Maßgabe der folgenden Bestimmungen:

1. Heimarbeiter (§ 1 Abs. 1 Buchstabe a des Heimarbeitsgesetzes[1])) und nach § 1 Abs. 2 Buchstabe a des Heimarbeitsgesetzes[1]) Gleichgestellte erhalten von ihrem Auftraggeber oder, falls sie von einem Zwischenmeister beschäftigt werden, von diesem

   bei einem Anspruch auf 24 Werktage

   ein Urlaubsentgelt von 9,1 vom Hundert

   des in der Zeit vom 1. Mai bis zum 30. April des folgenden Jahres oder bis zur Beendigung des Beschäftigungsverhältnisses verdienten Arbeitsentgelts vor Abzug der Steuern und Sozialversicherungsbeiträge ohne Unkostenzuschlag und ohne die für den Lohnausfall an Feiertagen, den Arbeitsausfall infolge Krankheit und den Urlaub zu leistenden Zahlungen.

2. War der Anspruchsberechtigte im Berechnungszeitraum nicht ständig beschäftigt, so brauchen unbeschadet des Anspruches auf Urlaubsentgelt nach Nummer 1 nur so viele Urlaubstage gegeben zu werden, wie durchschnittliche Tagesverdienste, die er in der Regel erzielt hat, in dem Urlaubsentgelt nach Nummer 1 enthalten sind.

3. Das Urlaubsentgelt für die in Nummer 1 bezeichneten Personen soll erst bei der letzten Entgeltzahlung vor Antritt des Urlaubs ausgezahlt werden.

4. Hausgewerbetreibende (§ 1 Abs. 1 Buchstabe b des Heimarbeitsgesetzes[1])) und nach § 1 Abs. 2 Buchstaben b und c des Heimarbeitsgesetzes[1]) Gleichgestellte erhalten von ihrem Auftraggeber oder, falls sie von einem Zwischenmeister beschäftigt werden, von diesem als eigenes Urlaubsentgelt und zur Sicherung der Urlaubsansprüche der von ihnen Beschäftigten einen Betrag von 9,1 vom Hundert des an sie ausgezahlten Arbeitsentgelts vor Abzug der Steuern und Sozialversicherungsbeiträge ohne Unkostenzuschlag und ohne die für den Lohnausfall an Feiertagen, den Arbeitsausfall infolge Krankheit und den Urlaub zu leistenden Zahlungen.

5. Zwischenmeister, die den in Heimarbeit Beschäftigten nach § 1 Abs. 2 Buchstabe d des Heimarbeitsgesetzes[1]) gleichgestellt sind, haben gegen ihren Auftraggeber Anspruch auf die von ihnen nach den Nummern 1 und 4 nachweislich zu zahlenden Beträge.

6. Die Beträge nach den Nummern 1, 4 und 5 sind gesondert im Entgeltbeleg auszuweisen.

7. Durch Tarifvertrag kann bestimmt werden, daß Heimarbeiter (§ 1 Abs. 1 Buchstabe a des Heimarbeitsgesetzes[1])), die nur für einen Auftraggeber tätig

---

[1]) Nr. **60**.

sind und tariflich allgemein wie Betriebsarbeiter behandelt werden, Urlaub nach den allgemeinen Urlaubsbestimmungen erhalten.
8. Auf die in den Nummern 1, 4 und 5 vorgesehenen Beträge finden die §§ 23 bis 25, 27 und 28 und auf die in den Nummern 1 und 4 vorgesehenen Beträge außerdem § 21 Abs. 2 des Heimarbeitsgesetzes[1]) entsprechende Anwendung. Für die Urlaubsansprüche der fremden Hilfskräfte der in Nummer 4 genannten Personen gilt § 26 des Heimarbeitsgesetzes[1]) entsprechend.

§ 13 Unabdingbarkeit. (1) [1]Von den vorstehenden Vorschriften mit Ausnahme der §§ 1, 2 und 3 Abs. 1 kann in Tarifverträgen abgewichen werden. [2]Die abweichenden Bestimmungen haben zwischen nichttarifgebundenen Arbeitgebern und Arbeitnehmern Geltung, wenn zwischen diesen die Anwendung der einschlägigen tariflichen Urlaubsregelung vereinbart ist. [3]Im übrigen kann, abgesehen von § 7 Abs. 2 Satz 2, von den Bestimmungen dieses Gesetzes nicht zuungunsten des Arbeitnehmers abgewichen werden.

(2) [1]Für das Baugewerbe oder sonstige Wirtschaftszweige, in denen als Folge häufigen Ortswechsels der von den Betrieben zu leistenden Arbeit Arbeitsverhältnisse von kürzerer Dauer als einem Jahr in erheblichem Umfange üblich sind, kann durch Tarifvertrag von den vorstehenden Vorschriften über die in Absatz 1 Satz 1 vorgesehene Grenze hinaus abgewichen werden, soweit dies zur Sicherung eines zusammenhängenden Jahresurlaubs für alle Arbeitnehmer erforderlich ist. [2]Absatz 1 Satz 2 findet entsprechende Anwendung.

(3) Für den Bereich der Deutsche Bahn Aktiengesellschaft sowie einer gemäß § 2 Abs. 1 und § 3 Abs. 3 des Deutsche Bahn Gründungsgesetzes vom 27. Dezember 1993 (BGBl. I S. 2378, 2386) ausgegliederten Gesellschaft und für den Bereich der Nachfolgeunternehmen der Deutschen Bundespost kann von der Vorschrift über das Kalenderjahr als Urlaubsjahr (§ 1) in Tarifverträgen abgewichen werden.

§ 14 Berlin-Klausel. (gegenstandslos)

§ 15 Änderung und Aufhebung von Gesetzen. (1) Unberührt bleiben die urlaubsrechtlichen Bestimmungen des Arbeitsplatzschutzgesetzes vom 30. März 1957 (Bundesgesetzbl. I S. 293), geändert durch Gesetz vom 22. März 1962 (Bundesgesetzbl. I S. 169), des Neunten Buches Sozialgesetzbuch, *des Jugendarbeitsschutzgesetzes vom 9. August 1960 (Bundesgesetzbl. I S. 665), geändert durch Gesetz vom 20. Juli 1962 (Bundesgesetzbl. I S. 449),*[2]) und des Seemannsgesetzes vom 26. Juli 1957 (Bundesgesetzbl. II S. 713), geändert durch Gesetz vom 25. August 1961 (Bundesgesetzbl. II S. 1391), jedoch wird

a) in § 19 Abs. 6 Satz 2 des Jugendarbeitsschutzgesetzes der Punkt hinter dem letzten Wort durch ein Komma ersetzt und folgender Satzteil angefügt: „und in diesen Fällen eine grobe Verletzung der Treuepflicht aus dem Beschäftigungsverhältnis vorliegt.";

---

[1]) Nr. 60.
[2]) Siehe nun JugendarbeitsschutzG v. 12. 4. 1976 (BGBl. I S. 965).

b) § 53 Abs. 2 des Seemannsgesetzes[1]) durch folgende Bestimmung ersetzt:
„Das Bundesurlaubsgesetz vom 8. Januar 1963 (Bundesgesetzbl. I S. 2) findet auf den Urlaubsanspruch des Besatzungsmitglieds nur insoweit Anwendung, als es Vorschriften über die Mindestdauer des Urlaubs enthält."

(2) ¹Mit dem Inkrafttreten dieses Gesetzes treten die landesrechtlichen Vorschriften über den Erholungsurlaub außer Kraft. ²In Kraft bleiben jedoch die landesrechtlichen Bestimmungen über den Urlaub für Opfer des Nationalsozialismus und für solche Arbeitnehmer, die geistig oder körperlich in ihrer Erwerbsfähigkeit behindert sind.

§ 15 a Übergangsvorschrift. Befindet sich der Arbeitnehmer von einem Tag nach dem 9. Dezember 1998 bis zum 1. Januar 1999 oder darüber hinaus in einer Maßnahme der medizinischen Vorsorge oder Rehabilitation, sind für diesen Zeitraum die seit dem 1. Januar 1999 geltenden Vorschriften maßgebend, es sei denn, daß diese für den Arbeitnehmer ungünstiger sind.

§ 16 Inkrafttreten. Dieses Gesetz tritt mit Wirkung vom 1. Januar 1963 in Kraft.

---

[1]) **Amtl. Anm.:** Bundesgesetzbl. III 9513-1.

20. Kündigungsschutzgesetz (KSchG)
In der Fassung der Bekanntmachung vom 25. August 1969[1)]
(BGBl. I S. 1317)

FNA 800-2

zuletzt geänd. durch Art. 3 G zur Änd. des SozialgerichtsG und des ArbeitsgerichtsG v. 26. 3. 2008 (BGBl. I S. 444)

Erster Abschnitt. Allgemeiner Kündigungsschutz

§ 1 Sozial ungerechtfertigte Kündigungen. (1) Die Kündigung des Arbeitsverhältnisses gegenüber einem Arbeitnehmer, dessen Arbeitsverhältnis in demselben Betrieb oder Unternehmen ohne Unterbrechung länger als sechs Monate bestanden hat, ist rechtsunwirksam, wenn sie sozial ungerechtfertigt ist.

(2) [1]Sozial ungerechtfertigt ist die Kündigung, wenn sie nicht durch Gründe, die in der Person oder in dem Verhalten des Arbeitnehmers liegen, oder durch dringende betriebliche Erfordernisse, die einer Weiterbeschäftigung des Arbeitnehmers in diesem Betrieb entgegenstehen, bedingt ist. [2]Die Kündigung ist auch sozial ungerechtfertigt, wenn

1. in Betrieben des privaten Rechts
   a) die Kündigung gegen eine Richtlinie nach § 95 des Betriebsverfassungsgesetzes[2)] verstößt,
   b) der Arbeitnehmer an einem anderen Arbeitsplatz in demselben Betrieb oder in einem anderen Betrieb des Unternehmens weiterbeschäftigt werden kann

   und der Betriebsrat oder eine andere nach dem Betriebsverfassungsgesetz[2)] insoweit zuständige Vertretung der Arbeitnehmer aus einem dieser Gründe der Kündigung innerhalb der Frist des § 102 Abs. 2 Satz 1 des Betriebsverfassungsgesetzes[2)] schriftlich widersprochen hat,

2. in Betrieben und Verwaltungen des öffentlichen Rechts
   a) die Kündigung gegen eine Richtlinie über die personelle Auswahl bei Kündigungen verstößt,
   b) der Arbeitnehmer an einem anderen Arbeitsplatz in derselben Dienststelle oder in einer anderen Dienststelle desselben Verwaltungszweiges an demselben Dienstort einschließlich seines Einzugsgebietes weiterbeschäftigt werden kann

   und die zuständige Personalvertretung aus einem dieser Gründe fristgerecht gegen die Kündigung Einwendungen erhoben hat, es sei denn, daß die Stufenvertretung in der Verhandlung mit der übergeordneten Dienststelle die Einwendungen nicht aufrechterhalten hat.

[3]Satz 2 gilt entsprechend, wenn die Weiterbeschäftigung des Arbeitnehmers nach zumutbaren Umschulungs- oder Fortbildungsmaßnahmen oder eine Weiterbeschäftigung des Arbeitnehmers unter geänderten Arbeitsbedingungen möglich ist und der Arbeitnehmer sein Einverständnis hiermit erklärt hat. [4]Der Arbeitgeber hat die Tatsachen zu beweisen, die die Kündigung bedingen.

[1)] Neubekanntmachung des KSchG v. 10. 8. 1951 (BGBl. I S. 499) in der ab 1. 9. 1969 geltenden Fassung.
[2)] Nr. **81**.

Kündigungsschutzgesetz **§§ 1a, 2 KSchG 20**

(3) ¹Ist einem Arbeitnehmer aus dringenden betrieblichen Erfordernissen im Sinne des Absatzes 2 gekündigt worden, so ist die Kündigung trotzdem sozial ungerechtfertigt, wenn der Arbeitgeber bei der Auswahl des Arbeitnehmers die Dauer der Betriebszugehörigkeit, das Lebensalter, die Unterhaltspflichten und die Schwerbehinderung des Arbeitnehmers nicht oder nicht ausreichend berücksichtigt hat; auf Verlangen des Arbeitnehmers hat der Arbeitgeber dem Arbeitnehmer die Gründe anzugeben, die zu der getroffenen sozialen Auswahl geführt haben. ²In die soziale Auswahl nach Satz 1 sind Arbeitnehmer nicht einzubeziehen, deren Weiterbeschäftigung, insbesondere wegen ihrer Kenntnisse, Fähigkeiten und Leistungen oder zur Sicherung einer ausgewogenen Personalstruktur des Betriebes, im berechtigten betrieblichen Interesse liegt. ³Der Arbeitnehmer hat die Tatsachen zu beweisen, die die Kündigung als sozial ungerechtfertigt im Sinne des Satzes 1 erscheinen lassen.

(4) Ist in einem Tarifvertrag, in einer Betriebsvereinbarung nach § 95 des Betriebsverfassungsgesetzes[1)] oder in einer entsprechenden Richtlinie nach den Personalvertretungsgesetzen festgelegt, wie die sozialen Gesichtspunkte nach Absatz 3 Satz 1 im Verhältnis zueinander zu bewerten sind, so kann die Bewertung nur auf grobe Fehlerhaftigkeit überprüft werden.

(5) ¹Sind bei einer Kündigung auf Grund einer Betriebsänderung nach § 111 des Betriebsverfassungsgesetzes[1)] die Arbeitnehmer, denen gekündigt werden soll, in einem Interessenausgleich zwischen Arbeitgeber und Betriebsrat namentlich bezeichnet, so wird vermutet, dass die Kündigung durch dringende betriebliche Erfordernisse im Sinne des Absatzes 2 bedingt ist. ²Die soziale Auswahl der Arbeitnehmer kann nur auf grobe Fehlerhaftigkeit überprüft werden. ³Die Sätze 1 und 2 gelten nicht, soweit sich die Sachlage nach Zustandekommen des Interessenausgleichs wesentlich geändert hat. ⁴Der Interessenausgleich nach Satz 1 ersetzt die Stellungnahme des Betriebsrates nach § 17 Abs. 3 Satz 2.

§ 1a Abfindungsanspruch bei betriebsbedingter Kündigung.

(1) ¹Kündigt der Arbeitgeber wegen dringender betrieblicher Erfordernisse nach § 1 Abs. 2 Satz 1 und erhebt der Arbeitnehmer bis zum Ablauf der Frist des § 4 Satz 1 keine Klage auf Feststellung, dass das Arbeitsverhältnis durch die Kündigung nicht aufgelöst ist, hat der Arbeitnehmer mit dem Ablauf der Kündigungsfrist Anspruch auf eine Abfindung. ²Der Anspruch setzt den Hinweis des Arbeitgebers in der Kündigungserklärung voraus, dass die Kündigung auf dringende betriebliche Erfordernisse gestützt ist und der Arbeitnehmer bei Verstreichenlassen der Klagefrist die Abfindung beanspruchen kann.

(2) ¹Die Höhe der Abfindung beträgt 0,5 Monatsverdienste für jedes Jahr des Bestehens des Arbeitsverhältnisses. ²§ 10 Abs. 3 gilt entsprechend. ³Bei der Ermittlung der Dauer des Arbeitsverhältnisses ist ein Zeitraum von mehr als sechs Monaten auf ein volles Jahr aufzurunden.

§ 2 Änderungskündigung.
¹Kündigt der Arbeitgeber das Arbeitsverhältnis und bietet er dem Arbeitnehmer im Zusammenhang mit der Kündigung die Fortsetzung des Arbeitsverhältnisses zu geänderten Arbeitsbedingungen an, so kann der Arbeitnehmer dieses Angebot unter dem Vorbehalt annehmen, daß die Änderung der Arbeitsbedingungen nicht sozial ungerechtfertigt ist (§ 1

[1)] Nr. **81**.

Abs. 2 Satz 1 bis 3, Abs. 3 Satz 1 und 2). ²Diesen Vorbehalt muß der Arbeitnehmer dem Arbeitgeber innerhalb der Kündigungsfrist, spätestens jedoch innerhalb von drei Wochen nach Zugang der Kündigung erklären.

§ 3 Kündigungseinspruch. ¹Hält der Arbeitnehmer eine Kündigung für sozial ungerechtfertigt, so kann er binnen einer Woche nach der Kündigung Einspruch beim Betriebsrat einlegen. ²Erachtet der Betriebsrat den Einspruch für begründet, so hat er zu versuchen, eine Verständigung mit dem Arbeitgeber herbeizuführen. ³Er hat seine Stellungnahme zu dem Einspruch dem Arbeitnehmer und dem Arbeitgeber auf Verlangen schriftlich mitzuteilen.

§ 4 Anrufung des Arbeitsgerichtes. ¹Will ein Arbeitnehmer geltend machen, dass eine Kündigung sozial ungerechtfertigt oder aus anderen Gründen rechtsunwirksam ist, so muss er innerhalb von drei Wochen nach Zugang der schriftlichen Kündigung Klage beim Arbeitsgericht auf Feststellung erheben, dass das Arbeitsverhältnis durch die Kündigung nicht aufgelöst ist. ²Im Falle des § 2 ist die Klage auf Feststellung zu erheben, daß die Änderung der Arbeitsbedingungen sozial ungerechtfertigt oder aus anderen Gründen rechtsunwirksam ist. ³Hat der Arbeitnehmer Einspruch beim Betriebsrat eingelegt (§ 3), so soll er der Klage die Stellungnahme des Betriebsrates beifügen. ⁴Soweit die Kündigung der Zustimmung einer Behörde bedarf, läuft die Frist zur Anrufung des Arbeitsgerichtes erst von der Bekanntgabe der Entscheidung der Behörde an den Arbeitnehmer ab.

§ 5[1]) Zulassung verspäteter Klagen. (1) ¹War ein Arbeitnehmer nach erfolgter Kündigung trotz Anwendung aller ihm nach Lage der Umstände zuzumutenden Sorgfalt verhindert, die Klage innerhalb von drei Wochen nach Zugang der schriftlichen Kündigung zu erheben, so ist auf seinen Antrag die Klage nachträglich zuzulassen. ²Gleiches gilt, wenn eine Frau von ihrer Schwangerschaft aus einem von ihr nicht zu vertretenden Grund erst nach Ablauf der Frist des § 4 Satz 1 Kenntnis erlangt hat.

(2) ¹Mit dem Antrag ist die Klageerhebung zu verbinden; ist die Klage bereits eingereicht, so ist auf sie im Antrag Bezug zu nehmen. ²Der Antrag muß ferner die Angabe der die nachträgliche Zulassung begründenden Tatsachen und der Mittel für deren Glaubhaftmachung enthalten.

(3) ¹Der Antrag ist nur innerhalb von zwei Wochen nach Behebung des Hindernisses zulässig. ²Nach Ablauf von sechs Monaten, vom Ende der versäumten Frist an gerechnet, kann der Antrag nicht mehr gestellt werden.

(4) ¹Das Verfahren über den Antrag auf nachträgliche Zulassung ist mit dem Verfahren über die Klage zu verbinden. ²Das Arbeitsgericht kann das Verfahren zunächst auf die Verhandlung und Entscheidung über den Antrag beschränken. ³In diesem Fall ergeht die Entscheidung durch Zwischenurteil, das wie ein Endurteil angefochten werden kann.

(5) ¹Hat das Arbeitsgericht über einen Antrag auf nachträgliche Klagezulassung nicht entschieden oder wird ein solcher Antrag erstmals vor dem Landes-

---

[1]) In Verfahren, die am 1. 5. 2000 bereits anhängig sind, kann gem. Art. 4 des Gesetzes v. 30. 3. 2000 (BGBl. I S. 333) „der Beschluss der Kammer ohne mündliche Verhandlung ergehen, wenn die Parteien vor der Entscheidung darauf hingewiesen wurden, dass eine Entscheidung ohne mündliche Verhandlung beabsichtigt ist.".

arbeitsgericht gestellt, entscheidet hierüber die Kammer des Landesarbeitsgerichts. ²Absatz 4 gilt entsprechend.

§ 6 Verlängerte Anrufungsfrist. ¹Hat ein Arbeitnehmer innerhalb von drei Wochen nach Zugang der schriftlichen Kündigung im Klagewege geltend gemacht, dass eine rechtswirksame Kündigung nicht vorliege, so kann er sich in diesem Verfahren bis zum Schluss der mündlichen Verhandlung erster Instanz zur Begründung der Unwirksamkeit der Kündigung auch auf innerhalb der Klagefrist nicht geltend gemachte Gründe berufen. ²Das Arbeitsgericht soll ihn hierauf hinweisen.

§ 7 Wirksamwerden der Kündigung. Wird die Rechtsunwirksamkeit einer Kündigung nicht rechtzeitig geltend gemacht (§ 4 Satz 1, §§ 5 und 6), so gilt die Kündigung als von Anfang an rechtswirksam; ein vom Arbeitnehmer nach § 2 erklärter Vorbehalt erlischt.

§ 8 Wiederherstellung der früheren Arbeitsbedingungen. Stellt das Gericht im Falle des § 2 fest, daß die Änderung der Arbeitsbedingungen sozial ungerechtfertigt ist, so gilt die Änderungskündigung als von Anfang an rechtsunwirksam.

§ 9 Auflösung des Arbeitsverhältnisses durch Urteil des Gerichts; Abfindung des Arbeitnehmers. (1) ¹Stellt das Gericht fest, daß das Arbeitsverhältnis durch die Kündigung nicht aufgelöst ist, ist jedoch dem Arbeitnehmer die Fortsetzung des Arbeitsverhältnisses nicht zuzumuten, so hat das Gericht auf Antrag des Arbeitnehmers das Arbeitsverhältnis aufzulösen und den Arbeitgeber zur Zahlung einer angemessenen Abfindung zu verurteilen. ²Die gleiche Entscheidung hat das Gericht auf Antrag des Arbeitgebers zu treffen, wenn Gründe vorliegen, die eine den Betriebszwecken dienliche weitere Zusammenarbeit zwischen Arbeitgeber und Arbeitnehmer nicht erwarten lassen. ³Arbeitnehmer und Arbeitgeber können den Antrag auf Auflösung des Arbeitsverhältnisses bis zum Schluß der letzten mündlichen Verhandlung in der Berufungsinstanz stellen.

(2) Das Gericht hat für die Auflösung des Arbeitsverhältnisses den Zeitpunkt festzusetzen, an dem es bei sozial gerechtfertigter Kündigung geendet hätte.

§ 10 Höhe der Abfindung. (1) Als Abfindung ist ein Betrag bis zu zwölf Monatsverdiensten festzusetzen.

(2) ¹Hat der Arbeitnehmer das fünfzigste Lebensjahr vollendet und hat das Arbeitsverhältnis mindestens fünfzehn Jahre bestanden, so ist ein Betrag bis zu fünfzehn Monatsverdiensten, hat der Arbeitnehmer das fünfundfünfzigste Lebensjahr vollendet und hat das Arbeitsverhältnis mindestens zwanzig Jahre bestanden, so ist ein Betrag bis zu achtzehn Monatsverdiensten festzusetzen. ²Dies gilt nicht, wenn der Arbeitnehmer in dem Zeitpunkt, den das Gericht nach § 9 Abs. 2 für die Auflösung des Arbeitsverhältnisses festsetzt, das in der Vorschrift des Sechsten Buches Sozialgesetzbuch über die Regelaltersrente bezeichnete Lebensalter erreicht hat.

(3) Als Monatsverdienst gilt, was dem Arbeitnehmer bei der für ihn maßgebenden regelmäßigen Arbeitszeit in dem Monat, in dem das Arbeitsverhältnis endet (§ 9 Abs. 2), an Geld und Sachbezügen zusteht.

§ 11 Anrechnung auf entgangenen Zwischenverdienst. ¹Besteht nach der Entscheidung des Gerichts das Arbeitsverhältnis fort, so muß sich der Arbeitnehmer auf das Arbeitsentgelt, das ihm der Arbeitgeber für die Zeit nach der Entlassung schuldet, anrechnen lassen,

1. was er durch anderweitige Arbeit verdient hat,
2. was er hätte verdienen können, wenn er es nicht böswillig unterlassen hätte, eine ihm zumutbare Arbeit anzunehmen,
3. was ihm an öffentlich-rechtlichen Leistungen infolge Arbeitslosigkeit aus der Sozialversicherung, der Arbeitslosenversicherung, der Sicherung des Lebensunterhalts nach dem Zweiten Buch Sozialgesetzbuch oder der Sozialhilfe für die Zwischenzeit gezahlt worden ist. Diese Beträge hat der Arbeitgeber der Stelle zu erstatten, die sie geleistet hat.

§ 12 Neues Arbeitsverhältnis des Arbeitnehmers; Auflösung des alten Arbeitsverhältnisses. ¹Besteht nach der Entscheidung des Gerichts das Arbeitsverhältnis fort, ist jedoch der Arbeitnehmer inzwischen ein neues Arbeitsverhältnis eingegangen, so kann er binnen einer Woche nach der Rechtskraft des Urteils durch Erklärung gegenüber dem alten Arbeitgeber die Fortsetzung des Arbeitsverhältnisses bei diesem verweigern. ²Die Frist wird auch durch eine vor ihrem Ablauf zur Post gegebene schriftliche Erklärung gewahrt. ³Mit dem Zugang der Erklärung erlischt das Arbeitsverhältnis. ⁴Macht der Arbeitnehmer von seinem Verweigerungsrecht Gebrauch, so ist ihm entgangener Verdienst nur für die Zeit zwischen der Entlassung und dem Tage des Eintritts in das neue Arbeitsverhältnis zu gewähren. ⁵§ 11 findet entsprechende Anwendung.

§ 13 Außerordentliche, sittenwidrige und sonstige Kündigungen. (1) ¹Die Vorschriften über das Recht zur außerordentlichen Kündigung eines Arbeitsverhältnisses werden durch das vorliegende Gesetz nicht berührt. ²Die Rechtsunwirksamkeit einer außerordentlichen Kündigung kann jedoch nur nach Maßgabe des § 4 Satz 1 und der §§ 5 bis 7 geltend gemacht werden. ³Stellt das Gericht fest, dass die außerordentliche Kündigung unbegründet ist, ist jedoch dem Arbeitnehmer die Fortsetzung des Arbeitsverhältnisses nicht zuzumuten, so hat auf seinen Antrag das Gericht das Arbeitsverhältnis aufzulösen und den Arbeitgeber zur Zahlung einer angemessenen Abfindung zu verurteilen. ⁴Das Gericht hat für die Auflösung des Arbeitsverhältnisses den Zeitpunkt festzulegen, zu dem die außerordentliche Kündigung ausgesprochen wurde. ⁵Die Vorschriften der §§ 10 bis 12 gelten entsprechend.

(2) ¹Verstößt eine Kündigung gegen die guten Sitten, so finden die Vorschriften des § 9 Abs. 1 Satz 1 und Abs. 2 und der §§ 10 bis 12 entsprechende Anwendung.

(3) Im Übrigen finden die Vorschriften dieses Abschnitts mit Ausnahme der §§ 4 bis 7 auf eine Kündigung, die bereits aus anderen als den in § 1 Abs. 2 und 3 bezeichneten Gründen rechtsunwirksam ist, keine Anwendung.

§ 14 Angestellte in leitender Stellung. (1) Die Vorschriften dieses Abschnitts gelten nicht

1. in Betrieben einer juristischen Person für die Mitglieder des Organs, das zur gesetzlichen Vertretung der juristischen Person berufen ist,

Kündigungsschutzgesetz § 15 KSchG 20

2. in Betrieben einer Personengesamtheit für die durch Gesetz, Satzung oder Gesellschaftsvertrag zur Vertretung der Personengesamtheit berufenen Personen.

(2) ¹Auf Geschäftsführer, Betriebsleiter und ähnliche leitende Angestellte, soweit diese zur selbständigen Einstellung oder Entlassung von Arbeitnehmern berechtigt sind, finden die Vorschriften dieses Abschnitts mit Ausnahme des § 3 Anwendung. ²§ 9 Abs. 1 Satz 2 findet mit der Maßgabe Anwendung, daß der Antrag des Arbeitgebers auf Auflösung des Arbeitsverhältnisses keiner Begründung bedarf.

Zweiter Abschnitt. Kündigungsschutz im Rahmen der Betriebsverfassung und Personalvertretung

§ 15 Unzulässigkeit der Kündigung. (1) ¹Die Kündigung eines Mitglieds eines Betriebsrats, einer Jugend- und Auszubildendenvertretung, einer Bordvertretung oder eines Seebetriebsrats ist unzulässig, es sei denn, daß Tatsachen vorliegen, die den Arbeitgeber zur Kündigung aus wichtigem Grund ohne Einhaltung einer Kündigungsfrist berechtigen, und daß die nach § 103 des Betriebsverfassungsgesetzes[1]) erforderliche Zustimmung vorliegt oder durch gerichtliche Entscheidung ersetzt ist. ²Nach Beendigung der Amtszeit ist die Kündigung eines Mitglieds eines Betriebsrats, einer Jugend- und Auszubildendenvertretung oder eines Seebetriebsrats innerhalb eines Jahres, die Kündigung eines Mitglieds einer Bordvertretung innerhalb von sechs Monaten, jeweils vom Zeitpunkt der Beendigung der Amtszeit an gerechnet, unzulässig, es sei denn, daß Tatsachen vorliegen, die den Arbeitgeber zur Kündigung aus wichtigem Grund ohne Einhaltung einer Kündigungsfrist berechtigen; dies gilt nicht, wenn die Beendigung der Mitgliedschaft auf einer gerichtlichen Entscheidung beruht.

(2) ¹Die Kündigung eines Mitglieds einer Personalvertretung, einer Jugend- und Auszubildendenvertretung oder einer Jugendvertretung ist unzulässig, es sei denn, daß Tatsachen vorliegen, die den Arbeitgeber zur Kündigung aus wichtigem Grund ohne Einhaltung einer Kündigungsfrist berechtigen, und daß die nach dem Personalvertretungsrecht erforderliche Zustimmung vorliegt oder durch gerichtliche Entscheidung ersetzt ist. ²Nach Beendigung der Amtszeit der in Satz 1 genannten Personen ist ihre Kündigung innerhalb eines Jahres, vom Zeitpunkt der Beendigung der Amtszeit an gerechnet, unzulässig, es sei denn, daß Tatsachen vorliegen, die den Arbeitgeber zur Kündigung aus wichtigem Grund ohne Einhaltung einer Kündigungsfrist berechtigen; dies gilt nicht, wenn die Beendigung der Mitgliedschaft auf einer gerichtlichen Entscheidung beruht.

(3) ¹Die Kündigung eines Mitglieds eines Wahlvorstands ist vom Zeitpunkt seiner Bestellung an, die Kündigung eines Wahlbewerbers vom Zeitpunkt der Aufstellung des Wahlvorschlags an, jeweils bis zur Bekanntgabe des Wahlergebnisses unzulässig, es sei denn, daß Tatsachen vorliegen, die den Arbeitgeber zur Kündigung aus wichtigem Grund ohne Einhaltung einer Kündigungsfrist berechtigen, und daß die nach § 103 des Betriebsverfassungsgesetzes[1]) oder nach dem Personalvertretungsrecht erforderliche Zustimmung vorliegt oder durch eine gerichtliche Entscheidung ersetzt ist. ²Innerhalb von

---
[1]) Nr. **81**.

sechs Monaten nach Bekanntgabe des Wahlergebnisses ist die Kündigung unzulässig, es sei denn, daß Tatsachen vorliegen, die den Arbeitgeber zur Kündigung aus wichtigem Grund ohne Einhaltung einer Kündigungsfrist berechtigen; dies gilt nicht für Mitglieder des Wahlvorstands, wenn dieser durch gerichtliche Entscheidung durch einen anderen Wahlvorstand ersetzt worden ist.

(3 a) [1]Die Kündigung eines Arbeitnehmers, der zu einer Betriebs-, Wahl- oder Bordversammlung nach § 17 Abs. 3, § 17a Nr. 3 Satz 2, § 115 Abs. 2 Nr. 8 Satz 1 des Betriebsverfassungsgesetzes[1]) einlädt oder die Bestellung eines Wahlvorstands nach § 16 Abs. 2 Satz 1, § 17 Abs. 4, § 17a Nr. 4, § 63 Abs. 3, § 115 Abs. 8 Satz 2 oder § 116 Abs. 2 Nr. 7 Satz 5 des Betriebsverfassungsgesetzes[1]) beantragt, ist vom Zeitpunkt der Einladung oder Antragstellung an bis zur Bekanntgabe des Wahlergebnisses unzulässig, es sei denn, dass Tatsachen vorliegen, die den Arbeitgeber zur Kündigung aus wichtigem Grund ohne Einhaltung einer Kündigungsfrist berechtigen; der Kündigungsschutz gilt für die ersten drei in der Einladung oder Antragstellung aufgeführten Arbeitnehmer. [2]Wird ein Betriebsrat, eine Jugend- und Auszubildendenvertretung, eine Bordvertretung oder ein Seebetriebsrat nicht gewählt, besteht der Kündigungsschutz nach Satz 1 vom Zeitpunkt der Einladung oder Antragstellung an drei Monate.

(4) Wird der Betrieb stillgelegt, so ist die Kündigung der in den Absätzen 1 bis 3 genannten Personen frühestens zum Zeitpunkt der Stillegung zulässig, es sei denn, daß ihre Kündigung zu einem früheren Zeitpunkt durch zwingende betriebliche Erfordernisse bedingt ist.

(5) [1]Wird eine der in den Absätzen 1 bis 3 genannten Personen in einer Betriebsabteilung beschäftigt, die stillgelegt wird, so ist sie in eine andere Betriebsabteilung zu übernehmen. [2]Ist dies aus betrieblichen Gründen nicht möglich, so findet auf ihre Kündigung die Vorschrift des Absatzes 4 über die Kündigung bei Stillegung des Betriebs sinngemäß Anwendung.

§ 16 Neues Arbeitsverhältnis; Auflösung des alten Arbeitsverhältnisses. [1]Stellt das Gericht die Unwirksamkeit der Kündigung einer der in § 15 Abs. 1 bis 3a genannten Personen fest, so kann diese Person, falls sie inzwischen ein neues Arbeitsverhältnis eingegangen ist, binnen einer Woche nach Rechtskraft des Urteils durch Erklärung gegenüber dem alten Arbeitgeber die Weiterbeschäftigung bei diesem verweigern. [2]Im übrigen finden die Vorschriften des § 11 und des § 12 Satz 2 bis 4 entsprechende Anwendung.

Dritter Abschnitt. Anzeigepflichtige Entlassungen

§ 17 Anzeigepflicht. (1) [1]Der Arbeitgeber ist verpflichtet, der Agentur für Arbeit Anzeige zu erstatten, bevor er

1. in Betrieben mit in der Regel mehr als 20 und weniger als 60 Arbeitnehmern mehr als 5 Arbeitnehmer,
2. in Betrieben mit in der Regel mindestens 60 und weniger als 500 Arbeitnehmern 10 vom Hundert der im Betrieb regelmäßig beschäftigten Arbeitnehmer oder aber mehr als 25 Arbeitnehmer,
3. in Betrieben mit in der Regel mindestens 500 Arbeitnehmern mindestens 30 Arbeitnehmer

---

[1]) Nr. 81.

Kündigungsschutzgesetz **§ 17 KSchG 20**

innerhalb von 30 Kalendertagen entläßt. ²Den Entlassungen stehen andere Beendigungen des Arbeitsverhältnisses gleich, die vom Arbeitgeber veranlaßt werden.

(2) ¹Beabsichtigt der Arbeitgeber, nach Absatz 1 anzeigepflichtige Entlassungen vorzunehmen, hat er den Betriebsrat rechtzeitig die zweckdienlichen Auskünfte zu erteilen und ihn schriftlich insbesondere zu unterrichten über
1. die Gründe für die geplanten Entlassungen,
2. die Zahl und die Berufsgruppen der zu entlassenden Arbeitnehmer,
3. die Zahl und die Berufsgruppen der in der Regel beschäftigten Arbeitnehmer,
4. den Zeitraum, in dem die Entlassungen vorgenommen werden sollen,
5. die vorgesehenen Kriterien für die Auswahl der zu entlassenden Arbeitnehmer,
6. die für die Berechnung etwaiger Abfindungen vorgesehenen Kriterien.

²Arbeitgeber und Betriebsrat haben insbesondere die Möglichkeiten zu beraten, Entlassungen zu vermeiden oder einzuschränken und ihre Folgen zu mildern.

(3) ¹Der Arbeitgeber hat gleichzeitig der Agentur für Arbeit eine Abschrift der Mitteilung an den Betriebsrat zuzuleiten; sie muß zumindest die in Absatz 2 Satz 1 Nr. 1 bis 5 vorgeschriebenen Angaben enthalten. ²Die Anzeige nach Absatz 1 ist schriftlich unter Beifügung der Stellungnahme des Betriebsrates zu den Entlassungen zu erstatten. ³Liegt eine Stellungnahme des Betriebsrates nicht vor, so ist die Anzeige wirksam, wenn der Arbeitgeber glaubhaft macht, daß er den Betriebsrat mindestens zwei Wochen vor Erstattung der Anzeige nach Absatz 2 Satz 1 unterrichtet hat, und er den Stand der Beratungen darlegt. ⁴Die Anzeige muß Angaben über den Namen des Arbeitgebers, den Sitz und die Art des Betriebes enthalten, ferner die Gründe für die geplanten Entlassungen, die Zahl und die Berufsgruppen der zu entlassenden und der in der Regel beschäftigten Arbeitnehmer, den Zeitraum, in dem die Entlassungen vorgenommen werden sollen und die vorgesehenen Kriterien für die Auswahl der zu entlassenden Arbeitnehmer. ⁵In der Anzeige sollen ferner im Einvernehmen mit dem Betriebsrat für die Arbeitsvermittlung Angaben über Geschlecht, Alter, Beruf und Staatsangehörigkeit der zu entlassenden Arbeitnehmer gemacht werden. ⁶Der Arbeitgeber hat dem Betriebsrat eine Abschrift der Anzeige zuzuleiten. ⁷Der Betriebsrat kann gegenüber der Agentur für Arbeit weitere Stellungnahmen abgeben. ⁸Er hat dem Arbeitgeber eine Abschrift der Stellungnahme zuzuleiten.

(3 a) ¹Die Auskunfts-, Beratungs- und Anzeigepflichten nach den Absätzen 1 bis 3 gelten auch dann, wenn die Entscheidung über die Entlassungen von einem den Arbeitgeber beherrschenden Unternehmen getroffen wurde. ²Der Arbeitgeber kann sich nicht darauf berufen, daß das für die Entlassungen verantwortliche Unternehmen die notwendigen Auskünfte nicht übermittelt hat.

(4) ¹Das Recht zur fristlosen Entlassung bleibt unberührt. ²Fristlose Entlassungen werden bei Berechnung der Mindestzahl der Entlassungen nach Absatz 1 nicht mitgerechnet.

(5) Als Arbeitnehmer im Sinne dieser Vorschrift gelten nicht
1. in Betrieben einer juristischen Person die Mitglieder des Organs, das zur gesetzlichen Vertretung der juristischen Person berufen ist,

2. in Betrieben einer Personengesamtheit die durch Gesetz, Satzung oder Gesellschaftsvertrag zur Vertretung der Personengesamtheit berufenen Personen,
3. Geschäftsführer, Betriebsleiter und ähnliche leitende Personen, soweit diese zur selbständigen Einstellung oder Entlassung von Arbeitnehmern berechtigt sind.

§ 18 Entlassungssperre. (1) Entlassungen, die nach § 17 anzuzeigen sind, werden vor Ablauf eines Monats nach Eingang der Anzeige bei der Agentur für Arbeit nur mit deren Zustimmung wirksam; die Zustimmung kann auch rückwirkend bis zum Tage der Antragstellung erteilt werden.

(2) Die Agentur für Arbeit kann im Einzelfall bestimmen, daß die Entlassungen nicht vor Ablauf von längstens zwei Monaten nach Eingang der Anzeige wirksam werden.

(3) *(aufgehoben)*

(4) Soweit die Entlassungen nicht innerhalb von 90 Tagen nach dem Zeitpunkt, zu dem sie nach den Absätzen 1 und 2 zulässig sind, durchgeführt werden, bedarf es unter den Voraussetzungen des § 17 Abs. 1 einer erneuten Anzeige.

§ 19 Zulässigkeit von Kurzarbeit. (1) Ist der Arbeitgeber nicht in der Lage, die Arbeitnehmer bis zu dem in § 18 Abs. 1 und 2 bezeichneten Zeitpunkt voll zu beschäftigen, so kann die Bundesagentur für Arbeit zulassen, daß der Arbeitgeber für die Zwischenzeit Kurzarbeit einführt.

(2) Der Arbeitgeber ist im Falle der Kurzarbeit berechtigt, Lohn oder Gehalt der mit verkürzter Arbeitszeit beschäftigten Arbeitnehmer entsprechend zu kürzen; die Kürzung des Arbeitsentgelts wird jedoch erst von dem Zeitpunkt an wirksam, an dem das Arbeitsverhältnis nach den allgemeinen gesetzlichen oder den vereinbarten Bestimmungen enden würde.

(3) Tarifvertragliche Bestimmungen über die Einführung, das Ausmaß und die Bezahlung von Kurzarbeit werden durch die Absätze 1 und 2 nicht berührt.

§ 20 Entscheidungen der Agentur für Arbeit. (1) [1]Die Entscheidungen der Agentur für Arbeit nach § 18 Abs. 1 und 2 trifft deren Geschäftsführung oder ein Ausschuß (Entscheidungsträger). [2]Die Geschäftsführung darf nur dann entscheiden, wenn die Zahl der Entlassungen weniger als 50 beträgt.

(2) [1]Der Ausschuß setzt sich aus dem Geschäftsführer, der Geschäftsführerin oder dem oder der Vorsitzenden der Geschäftsführung der Agentur für Arbeit oder einem von ihm oder ihr beauftragten Angehörigen der Agentur für Arbeit als Vorsitzenden und je zwei Vertretern der Arbeitnehmer, der Arbeitgeber und der öffentlichen Körperschaften zusammen, die von dem Verwaltungsausschuss der Agentur für Arbeit benannt werden. [2]Er trifft seine Entscheidungen mit Stimmenmehrheit.

(3) [1]Der Entscheidungsträger hat vor seiner Entscheidung den Arbeitgeber und den Betriebsrat anzuhören. [2]Dem Entscheidungsträger sind, insbesondere vom Arbeitgeber und Betriebsrat, die von ihm für die Beurteilung des Falles erforderlich gehaltenen Auskünfte zu erteilen.

(4) [1]Der Entscheidungsträger hat sowohl das Interesse des Arbeitgebers als auch das der zu entlassenden Arbeitnehmer, das öffentliche Interesse und die

Lage des gesamten Arbeitsmarktes unter besonderer Beachtung des Wirtschaftszweiges, dem der Betrieb angehört, zu berücksichtigen.

§ 21 Entscheidungen der Zentrale der Bundesagentur für Arbeit.
¹Für Betriebe, die zum Geschäftsbereich des Bundesministers für Verkehr oder des Bundesministers für Post und Telekommunikation gehören, trifft, wenn mehr als 500 Arbeitnehmer entlassen werden sollen, ein gemäß § 20 Abs. 1 bei der Zentrale der Bundesagentur für Arbeit zu bildender Ausschuß die Entscheidungen nach § 18 Abs. 1 und 2. ²Der zuständige Bundesminister kann zwei Vertreter mit beratender Stimme in den Ausschuß entsenden. ³Die Anzeigen nach § 17 sind in diesem Falle an die Zentrale der Bundesagentur für Arbeit zu erstatten. ⁴Im übrigen gilt § 20 Abs. 1 bis 3 entsprechend.

§ 22 Ausnahmebetriebe. (1) Auf Saisonbetriebe und Kampagne-Betriebe finden die Vorschriften dieses Abschnitts bei Entlassungen, die durch diese Eigenart der Betriebe bedingt sind, keine Anwendung.

(2) ¹Keine Saisonbetriebe oder Kampagne-Betriebe sind Betriebe des Baugewerbes, in denen die ganzjährige Beschäftigung nach dem Dritten Buch Sozialgesetzbuch gefördert wird. ²Das Bundesministerium für Arbeit und Soziales wird ermächtigt, durch Rechtsverordnung Vorschriften zu erlassen, welche Betriebe als Saisonbetriebe oder Kampagne-Betriebe im Sinne des Absatzes 1 gelten.

§ 22 a *(aufgehoben)*

Vierter Abschnitt. Schlußbestimmungen

§ 23 Geltungsbereich. (1) ¹Die Vorschriften des Ersten und Zweiten Abschnitts gelten für Betriebe und Verwaltungen des privaten und des öffentlichen Rechts, vorbehaltlich der Vorschriften des § 24 für die Seeschiffahrts-, Binnenschiffahrts- und Luftverkehrsbetriebe. ²Die Vorschriften des Ersten Abschnitts gelten mit Ausnahme der §§ 4 bis 7 und des § 13 Abs. 1 Satz 1 und 2 nicht für Betriebe und Verwaltungen, in denen in der Regel fünf oder weniger Arbeitnehmer ausschließlich der zu ihrer Berufsbildung Beschäftigten beschäftigt werden. ³In Betrieben und Verwaltungen, in denen in der Regel zehn oder weniger Arbeitnehmer ausschließlich der zu ihrer Berufsbildung Beschäftigten beschäftigt werden, gelten die Vorschriften des Ersten Abschnitts mit Ausnahme der §§ 4 bis 7 und des § 13 Abs. 1 Satz 1 und 2 nicht für Arbeitnehmer, deren Arbeitsverhältnis nach dem 31. Dezember 2003 begonnen hat; diese Arbeitnehmer sind bei der Feststellung der Zahl der beschäftigten Arbeitnehmer nach Satz 2 bis zur Beschäftigung von in der Regel zehn Arbeitnehmern nicht zu berücksichtigen. ⁴Bei der Feststellung der Zahl der beschäftigten Arbeitnehmer nach den Sätzen 2 und 3 sind teilzeitbeschäftigte Arbeitnehmer mit einer regelmäßigen wöchentlichen Arbeitszeit von nicht mehr als 20 Stunden mit 0,5 und nicht mehr als 30 Stunden mit 0,75 zu berücksichtigen.

(2) ¹Die Vorschriften des Dritten Abschnitts gelten für Betriebe und Verwaltungen des privaten Rechts sowie für Betriebe, die von einer öffentlichen Verwaltung geführt werden, soweit sie wirtschaftliche Zwecke verfolgen. ²Sie gelten nicht für Seeschiffe und ihre Besatzung.

§ 24 Anwendung des Gesetzes auf Betriebe der Schiffahrt und des Luftverkehrs. (1) ¹Die Vorschriften des Ersten und Zweiten Abschnitts finden nach Maßgabe der Absätze 2 bis 5 auf Arbeitsverhältnisse der Besatzung von Seeschiffen, Binnenschiffen und Luftfahrzeugen Anwendung. ²Als Betrieb im Sinne dieses Gesetzes gilt jeweils die Gesamtheit der Seeschiffe oder der Binnenschiffe eines Schiffahrtsbetriebs oder der Luftfahrzeuge eines Luftverkehrsbetriebs.

(2) Dauert die erste Reise eines Besatzungsmitglieds im Dienste einer Reederei oder eines Luftverkehrsbetriebs länger als sechs Monate, so verlängert sich die Sechsmonatsfrist des § 1 Abs. 1 bis drei Tage nach Beendigung dieser Reise.

(3) ¹Die Klage nach § 4 ist binnen drei Wochen, nachdem das Besatzungsmitglied zum Sitz des Betriebes zurückgekehrt ist, zu erheben, spätestens jedoch binnen sechs Wochen nach Zugang der Kündigung. ²Wird die Kündigung während der Fahrt des Schiffes oder des Luftfahrzeuges ausgesprochen, so beginnt die sechswöchige Frist nicht vor dem Tage, an dem das Schiff oder das Luftfahrzeug einen deutschen Hafen oder Liegeplatz erreicht. ³An die Stelle der Dreiwochenfrist in § 6 treten die hier in den Sätzen 1 und 2 bestimmten Fristen.

(4) ¹Für Klagen der Kapitäne und der Besatzungsmitglieder im Sinne der §§ 2 und 3 des Seemannsgesetzes nach § 4 dieses Gesetzes tritt an die Stelle des Arbeitsgerichts das Gericht, das für Streitigkeiten aus dem Arbeitsverhältnis dieser Personen zuständig ist. ²Soweit in Vorschriften des Seemannsgesetzes für die Streitigkeiten aus dem Arbeitsverhältnis Zuständigkeiten des Seemannsamtes begründet sind, finden die Vorschriften auf Streitigkeiten über Ansprüche aus diesem Gesetz keine Anwendung.

(5) Der Kündigungsschutz des Ersten Abschnitts gilt, abweichend von § 14, auch für den Kapitän und die übrigen als leitende Angestellte im Sinne des § 14 anzusehenden Angehörigen der Besatzung.

§ 25 Kündigung in Arbeitskämpfen. Die Vorschriften dieses Gesetzes finden keine Anwendung auf Kündigungen und Entlassungen, die lediglich als Maßnahmen in wirtschaftlichen Kämpfen zwischen Arbeitgebern und Arbeitnehmern vorgenommen werden.

§ 25 a Berlin-Klausel. (gegenstandslos)

§ 26 Inkrafttreten. Dieses Gesetz tritt am Tage nach seiner Verkündung in Kraft.[1]

---

[1] **Amtl. Anm.:** Die Vorschrift betrifft das Inkrafttreten des Gesetzes in der Fassung vom 10. August 1951 (Bundesgesetzbl. I S. 499).
Bis zum 31. Dezember 1972 gilt hinsichtlich der Anrechnung der Lehrzeit auf die Frist des § 1 Abs. 1 der Artikel 6 Abs. 3 des Ersten Arbeitsrechtsbereinigungsgesetzes vom 14. August 1969 (Bundesgesetzbl. I S. 1106).

21. Gesetz über den Schutz des Arbeitsplatzes bei Einberufung zum Wehrdienst (Arbeitsplatzschutzgesetz – ArbPlSchG)[1)]

In der Fassung der Bekanntmachung vom 14. Februar 2001[2)]
(BGBl. I S. 253)
FNA 53-2
zuletzt geänd. durch § 62 Abs. 13 BeamtenstatusG v. 17. 6. 2008 (BGBl. I S. 1010)

Erster Abschnitt. Grundwehrdienst und Wehrübungen

§ 1 Ruhen des Arbeitsverhältnisses. (1) Wird ein Arbeitnehmer zum Grundwehrdienst oder zu einer Wehrübung einberufen, so ruht das Arbeitsverhältnis während des Wehrdienstes.

(2) [1]Einem Arbeitnehmer im öffentlichen Dienst hat der Arbeitgeber während einer Wehrübung Arbeitsentgelt wie bei einem Erholungsurlaub zu zahlen. [2]Zum Arbeitsentgelt gehören nicht besondere Zuwendungen, die mit Rücksicht auf den Erholungsurlaub gewährt werden.

(3) Der Arbeitnehmer hat den Einberufungsbescheid unverzüglich seinem Arbeitgeber vorzulegen.

(4) Ein befristetes Arbeitsverhältnis wird durch Einberufung zum Grundwehrdienst oder zu einer Wehrübung nicht verlängert; das Gleiche gilt, wenn ein Arbeitsverhältnis aus anderen Gründen während des Wehrdienstes geendet hätte.

(5) [1]Wird der Einberufungsbescheid zum Grundwehrdienst oder zu einer Wehrübung vor Diensteintritt aufgehoben oder wird der Grundwehrdienst oder die Wehrübung vorzeitig beendet und muss der Arbeitgeber vorübergehend für zwei Personen am gleichen Arbeitsplatz Lohn oder Gehalt zahlen, so werden ihm die hierdurch ohne sein Verschulden entstandenen Mehraufwendungen vom Bund auf Antrag erstattet. [2]Der Antrag ist innerhalb von sechs Monaten, nachdem die Mehraufwendungen entstanden sind, bei der vom Bundesministerium der Verteidigung bestimmten Stelle zu stellen.

§ 2 Kündigungsschutz für Arbeitnehmer, Weiterbeschäftigung nach der Berufsausbildung. (1) Von der Zustellung des Einberufungsbescheides bis zur Beendigung des Grundwehrdienstes sowie während einer Wehrübung darf der Arbeitgeber das Arbeitsverhältnis nicht kündigen.

(2) [1]Im Übrigen darf der Arbeitgeber das Arbeitsverhältnis nicht aus Anlass des Wehrdienstes kündigen. [2]Muss er aus dringenden betrieblichen Erfordernissen (§ 1 Abs. 2 des Kündigungsschutzgesetzes[3)]) Arbeitnehmer entlassen, so

---

[1)] Bei Eignungsübungen siehe das Eignungsübungsgesetz (**Nipperdey I Nr. 155**).
[2)] Neubekanntmachung des ArbPlSchG idF der Bek. v. 14. 4. 1980 (BGBl. S. 425) in der ab 24. 12. 2000 geltenden Fassung.
[3)] Nr. **20**.

darf er bei der Auswahl der zu Entlassenden den Wehrdienst eines Arbeitnehmers nicht zu dessen Ungunsten berücksichtigen. [3]Ist streitig, ob der Arbeitgeber aus Anlass des Wehrdienstes gekündigt oder bei der Auswahl der zu Entlassenden den Wehrdienst zu Ungunsten des Arbeitnehmers berücksichtigt hat, so trifft die Beweislast den Arbeitgeber.

(3) [1]Das Recht zur Kündigung aus wichtigem Grund bleibt unberührt. [2]Die Einberufung des Arbeitnehmers zum Wehrdienst ist kein wichtiger Grund zur Kündigung; dies gilt im Falle des Grundwehrdienstes von mehr als sechs Monaten nicht für unverheiratete Arbeitnehmer in Betrieben mit in der Regel fünf oder weniger Arbeitnehmern ausschließlich der zu ihrer Berufsbildung Beschäftigten, wenn dem Arbeitgeber infolge Einstellung einer Ersatzkraft die Weiterbeschäftigung des Arbeitnehmers nach Entlassung aus dem Wehrdienst nicht zugemutet werden kann. [3]Bei der Feststellung der Zahl der beschäftigten Arbeitnehmer nach Satz 2 sind teilzeitbeschäftigte Arbeitnehmer mit einer regelmäßigen wöchentlichen Arbeitszeit von nicht mehr als 20 Stunden mit 0,5 und nicht mehr als 30 Stunden mit 0,75 zu berücksichtigen. [4]Satz 3 berührt bis zum 30. September 1999 nicht die Rechtsstellung der Arbeitnehmer, die am 30. September 1996 gegenüber ihrem Arbeitgeber Rechte aus der bis zu diesem Zeitpunkt geltenden Fassung der Sätze 3 und 4 hätten herleiten können. [5]Eine nach Satz 2 zweiter Halbsatz zulässige Kündigung darf jedoch nur unter Einhaltung einer Frist von zwei Monaten für den Zeitpunkt der Entlassung aus dem Wehrdienst ausgesprochen werden.

(4) Geht dem Arbeitnehmer nach der Zustellung des Einberufungsbescheides oder während des Wehrdienstes eine Kündigung zu, so beginnt die Frist des § 4 Satz 1 des Kündigungsschutzgesetzes[1]) erst zwei Wochen nach Ende des Wehrdienstes.

(5) [1]Der Ausbildende darf die Übernahme eines Auszubildenden in ein Arbeitsverhältnis auf unbestimmte Zeit nach Beendigung des Berufsausbildungsverhältnisses nicht aus Anlass des Wehrdienstes ablehnen. [2]Absatz 2 Satz 3 gilt entsprechend.

§ 3 Wohnraum und Sachbezüge. (1) Das Ruhen des Arbeitsverhältnisses (§ 1 Abs. 1) lässt eine Verpflichtung zum Überlassen von Wohnraum unberührt.

(2) [1]Für die Auflösung eines Mietverhältnisses über Wohnraum, der mit Rücksicht auf das Arbeitsverhältnis zur Unterbringung des Arbeitnehmers und seiner Familie überlassen ist, darf die durch den Grundwehrdienst oder eine Wehrübung veranlasste Abwesenheit des Arbeitnehmers nicht zu seinem Nachteil berücksichtigt werden. [2]Dies gilt entsprechend für allein stehende Arbeitnehmer, die den Wohnraum während ihrer Abwesenheit aus besonderen Gründen benötigen.

(3) [1]Bildet die Überlassung des Wohnraumes einen Teil des Arbeitsentgelts, so hat der Arbeitnehmer für die Weitergewährung an den Arbeitgeber eine Entschädigung zu zahlen, die diesem Teil des Arbeitsentgelts entspricht. [2]Ist kein bestimmter Betrag vereinbart, so hat der Arbeitnehmer eine angemessene Entschädigung zu zahlen.

---

[1]) Nr. 20.

(4) ¹Sachbezüge sind während des Grundwehrdienstes oder während einer Wehrübung auf Verlangen weiterzugewähren. ²Absatz 3 gilt sinngemäß.

(5) Die Absätze 3 und 4 finden keine Anwendung, wenn der Arbeitgeber nach diesem Gesetz das Arbeitsentgelt während des Wehrdienstes weiterzuzahlen hat.

§ 4 Erholungsurlaub. (1) ¹Der Arbeitgeber kann den Erholungsurlaub, der dem Arbeitnehmer für ein Urlaubsjahr aus dem Arbeitsverhältnis zusteht, für jeden vollen Kalendermonat, den der Arbeitnehmer Wehrdienst leistet, um ein Zwölftel kürzen. ²Dem Arbeitnehmer ist der ihm zustehende Erholungsurlaub auf Verlangen vor Beginn des Wehrdienstes zu gewähren.

(2) Hat der Arbeitnehmer den ihm zustehenden Urlaub vor seiner Einberufung nicht oder nicht vollständig erhalten, so hat der Arbeitgeber den Resturlaub nach dem Wehrdienst im laufenden oder im nächsten Urlaubsjahr zu gewähren.

(3) Endet das Arbeitsverhältnis während des Wehrdienstes oder setzt der Arbeitnehmer im Anschluss an den Wehrdienst das Arbeitsverhältnis nicht fort, so hat der Arbeitgeber den noch nicht gewährten Urlaub abzugelten.

(4) Hat der Arbeitnehmer vor seiner Einberufung mehr Urlaub erhalten als ihm nach Absatz 1 zustand, so kann der Arbeitgeber den Urlaub, der dem Arbeitnehmer nach seiner Entlassung aus dem Wehrdienst zusteht, um die zuviel gewährten Urlaubstage kürzen.

(5) Für die Zeit des Wehrdienstes richtet sich der Urlaub nach den Urlaubsvorschriften für Soldaten.

§ 5 (weggefallen)

§ 6 Fortsetzung des Arbeitsverhältnisses. (1) Nimmt der Arbeitnehmer im Anschluss an den Grundwehrdienst oder im Anschluss an eine Wehrübung in seinem bisherigen Betrieb die Arbeit wieder auf, so darf ihm aus der Abwesenheit, die durch den Wehrdienst veranlasst war, in beruflicher und betrieblicher Hinsicht kein Nachteil entstehen.

(2) ¹Die Zeit des Grundwehrdienstes oder einer Wehrübung wird auf die Berufs- und Betriebszugehörigkeit angerechnet; bei Auszubildenden und sonstigen in Berufsausbildung Beschäftigten wird die Wehrdienstzeit auf die Berufszugehörigkeit jedoch erst nach Abschluss der Ausbildung angerechnet. ²Die Zeit des Grundwehrdienstes oder einer Wehrübung gilt als Dienst- und Beschäftigungszeit im Sinne der Tarifordnungen und Tarifverträge des öffentlichen Dienstes.

(3) Auf Probe- und Ausbildungszeiten wird die Zeit des Grundwehrdienstes oder einer Wehrübung nicht angerechnet.

(4) ¹Auf Bewährungszeiten, die für die Einstufung in eine höhere Lohn- oder Vergütungsgruppe vereinbart sind, wird die Zeit des Grundwehrdienstes nicht angerechnet. ²Während der Zeit, um die sich die Einstufung in eine höhere Lohn- oder Vergütungsgruppe hierdurch verzögert, erhält der Arbeitnehmer von seinem Arbeitgeber zum Arbeitsentgelt eine Zulage in Höhe des Unterschiedsbetrages zwischen seinem Arbeitsentgelt und dem Arbeitsentgelt, das ihm bei der Einstufung in die höhere Lohn- oder Vergütungsgruppe zustehen würde.

§ 7 Vorschriften für in Heimarbeit Beschäftigte. (1) Für in Heimarbeit Beschäftigte, die ihren Lebensunterhalt überwiegend aus der Heimarbeit beziehen, gelten die §§ 1 bis 4 sowie 6 Abs. 2 sinngemäß.

(2) [1]Vor und nach dem Wehrdienst dürfen in Heimarbeit Beschäftigte aus Anlass des Wehrdienstes bei der Ausgabe von Heimarbeit im Vergleich zu den anderen in Heimarbeit Beschäftigten des gleichen Auftraggebers oder Zwischenmeisters nicht benachteiligt werden; andernfalls haben sie Anspruch auf das dadurch entgangene Entgelt. [2]Der Berechnung des entgangenen Entgelts ist das Entgelt zu Grunde zu legen, das der in Heimarbeit Beschäftigte im Durchschnitt der letzten 52 Wochen vor der Vorlage des Einberufungsbescheides beim Auftraggeber oder Zwischenmeister erzielt hat.

§ 8 Vorschriften für Handelsvertreter. (1) Das Vertragsverhältnis zwischen einem Handelsvertreter und einem Unternehmer wird durch Einberufung des Handelsvertreters zum Grundwehrdienst oder zu einer Wehrübung nicht gelöst.

(2) Der Handelsvertreter hat den Einberufungsbescheid unverzüglich den Unternehmern vorzulegen, mit denen er in einem Vertragsverhältnis steht.

(3) Ein befristetes Vertragsverhältnis wird durch Einberufung zum Grundwehrdienst oder zu einer Wehrübung nicht verlängert; das Gleiche gilt, wenn ein Vertragsverhältnis aus anderen Gründen während des Wehrdienstes geendet hätte.

(4) Der Unternehmer darf das Vertragsverhältnis aus Anlass der Einberufung des Handelsvertreters zum Grundwehrdienst oder zu einer Wehrübung nicht kündigen.

(5) [1]Ist dem Handelsvertreter ein bestimmter Bezirk oder ein bestimmter Kundenkreis zugewiesen und kann er während des Grundwehrdienstes oder während einer Wehrübung seine Vertragspflichten nicht in dem notwendigen Umfang erfüllen, so kann der Unternehmer aus diesem Grunde erforderliche Aufwendungen von dem Handelsvertreter ersetzt verlangen. [2]Zu ersetzen sind nur die Aufwendungen, die dem Unternehmer dadurch entstehen, dass er die dem Handelsvertreter obliegende Tätigkeit selbst ausübt oder durch Angestellte oder andere Handelsvertreter ausüben lässt; soweit der Unternehmer selbst die Tätigkeit ausübt, kann er nur die aufgewendeten Reisekosten ersetzt verlangen. [3]Die Aufwendungen sind nur bis zur Höhe der Vergütung des Handelsvertreters zu ersetzen; sie können mit ihr verrechnet werden.

(6) Der Unternehmer ist, auch wenn der Handelsvertreter zum Alleinvertreter bestellt ist, während des Grundwehrdienstes oder einer Wehrübung des Handelsvertreters berechtigt, selbst oder durch Angestellte oder durch andere Handelsvertreter sich um die Vermittlung oder den Abschluss von Geschäften zu bemühen.

§ 9 Vorschriften für Beamte und Richter. (1) Wird ein Beamter zum Grundwehrdienst einberufen, so ist er für die Dauer des Grundwehrdienstes ohne Bezüge beurlaubt.

(2) [1]Wird ein Beamter zu einer Wehrübung einberufen, so ist er für die Dauer der Wehrübung mit Bezügen beurlaubt. [2]Der Dienstherr hat ihm während dieser Zeit die Bezüge wie bei einem Erholungsurlaub zu zahlen. [3]Zu

Arbeitsplatzschutzgesetz **§ 9 ArbPlSchG 21**

den Bezügen gehören nicht besondere Zuwendungen, die mit Rücksicht auf den Erholungsurlaub gewährt werden.

(3) ¹Absatz 2 Satz 2 gilt für die bei der Deutschen Post AG, der Deutschen Postbank AG und der Deutschen Telekom AG beschäftigten Beamten mit der Maßgabe, dass der Bund den Aktiengesellschaften die Bezüge der Beamten für die Dauer der Wehrübung zu erstatten hat. ²Der Antrag ist innerhalb von sechs Monaten nach Beendigung des Wehrdienstes bei der vom Bundesministerium der Verteidigung bestimmten Stelle zu stellen.

(4) Der Beamte hat den Einberufungsbescheid unverzüglich seinem Dienstvorgesetzten vorzulegen.

(5) Dienstverhältnisse auf Zeit werden durch Einberufung zum Grundwehrdienst oder zu einer Wehrübung nicht verlängert.

(6) Der Beamte darf aus Anlass der Einberufung zum Grundwehrdienst oder zu einer Wehrübung nicht entlassen werden.

(7) Dem Beamten dürfen aus der Abwesenheit, die durch den Wehrdienst veranlasst war, keine dienstlichen Nachteile entstehen.

(8) ¹Vorbereitungsdienst und Probezeiten werden um die Zeit des Grundwehrdienstes verlängert. ²Der Vorbereitungsdienst wird um die Zeit der Wehrübungen verlängert, die sechs Wochen im Kalenderjahr überschreitet. ³Die Verzögerungen, die sich daraus für den Beginn des Besoldungsdienstalters ergeben, sind auszugleichen.
Satz 4 in der bis 31. 3. 2009 geltenden Fassung: ⁴Nach Erwerb der Befähigung für die Laufbahn darf die Anstellung nicht über den Zeitpunkt hinausgeschoben werden, zu dem der Beamte ohne Ableisten des Wehrdienstes zur Anstellung herangestanden hätte.
Satz 4 in der ab 1. 4. 2009 geltenden Fassung: ⁴Auch die sich daraus ergebenden beruflichen Verzögerungen sind angemessen auszugleichen.
Satz 5 in der bis 31. 3. 2009 geltenden Fassung: ⁵Das Ableisten der vorgeschriebenen Probezeit wird dadurch nicht berührt.
Satz 6 in der bis 31. 3. 2009 geltenden Fassung: ⁶Die Sätze 4 und 5 gelten für Beförderungen sinngemäß, sofern die dienstlichen Leistungen des Beamten eine Beförderung während der Probezeit rechtfertigen.

(9) § 4 Abs. 1, 2, 4 und 5 gilt für Beamte entsprechend.

(10) ¹Die Einstellung als Beamter darf wegen der Einberufung zum Grundwehrdienst oder zu einer Wehrübung nicht verzögert werden. ²Wird ein Soldat während des Grundwehrdienstes oder einer Wehrübung eingestellt, so sind die Absätze 1, 2 und 4 bis 9 entsprechend anzuwenden.

Abs. (11) in der bis 31. 3. 2009 geltenden Fassung:

(11) ¹Die Absätze 1, 2 und 4 bis 7, 8 Satz 1 bis 3 und die Absätze 9 und 10 gelten für Richter entsprechend. ²Dienstzeiten, die Voraussetzung für eine Beförderung sind, beginnen mit dem Zeitpunkt, in dem der Richter ohne Ableisten des Wehrdienstes zur Ernennung auf Lebenszeit herangestanden hätte.

Abs. (11) in der ab 1. 4. 2009 geltenden Fassung:

(11) Die Absätze 1, 2 und 4 bis 10 gelten für Richter entsprechend.

§ 10 Freiwillige Wehrübungen. Wird der Wehrpflichtige zu einer Wehrübung auf Grund freiwilliger Verpflichtung (§ 4 Abs. 3 Satz 1 und 2 des Wehrpflichtgesetzes) einberufen, so gelten die §§ 1 bis 4, 6 bis 9 sowie 14a und 14b nur, soweit diese Wehrübung allein oder zusammen mit anderen freiwilligen Wehrübungen im Kalenderjahr nicht länger als sechs Wochen dauert.

§ 11 *(aufgehoben)*

§ 11a Bevorzugte Einstellung in den öffentlichen Dienst. (1) ¹Bewirbt sich ein Soldat oder entlassener Soldat bis zum Ablauf von sechs Monaten nach Beendigung des Grundwehrdienstes um Einstellung in den öffentlichen Dienst, so hat er Vorrang vor gesetzlich nicht bevorrechtigten Bewerbern gleicher Eignung. ²Das Gleiche gilt für Wehrpflichtige, die im Anschluss an den Grundwehrdienst eine für den künftigen Beruf im öffentlichen Dienst vorgeschriebene, über die allgemeinbildende Schulbildung hinausgehende Ausbildung ohne unzulässige Überschreitung der Regelzeit durchlaufen, wenn sie sich innerhalb von sechs Monaten nach Abschluss dieser Ausbildung um Einstellung bewerben.

(2) ¹Haben sich die Anforderungen an die fachliche Eignung für die Einstellung in den öffentlichen Dienst für Wehrpflichtige im Sinne des Absatzes 1 Satz 2 während der wehrdienstbedingten Verzögerung ihrer Bewerbung um Einstellung erhöht, so ist der Grad ihrer fachlichen Eignung nach den Anforderungen zu prüfen, die zu einem Zeitpunkt bestanden haben, zu dem sie sich ohne den Grundwehrdienst hätten bewerben können. ²Führt die Prüfung zu dem Ergebnis, dass ein Wehrpflichtiger ohne diese Verzögerung eingestellt worden wäre, kann er vor Bewerbern ohne Grundwehrdienst eingestellt werden. ³Die Zahl der Stellen, die Wehrpflichtigen in einem Einstellungstermin vorbehalten werden kann, bestimmt sich nach dem zahlenmäßigen Verhältnis der Bewerber mit wehrdienstbedingter Verzögerung zu denjenigen, bei denen eine solche nicht vorliegt; Bruchteile von Stellen sind zugunsten der Wehrpflichtigen aufzurunden.

§ 12 Anrechnung der Wehrdienstzeit und der Zeit einer Berufsförderung bei Einstellung entlassener Soldaten. (1) ¹Wird ein entlassener Soldat im Anschluss an den Grundwehrdienst oder an eine Wehrübung als Arbeitnehmer eingestellt, gilt § 6 Abs. 2 bis 4, nachdem er sechs Monate lang dem Betrieb oder der Verwaltung angehört. ²Das Gleiche gilt für Wehrpflichtige, die im Anschluss an den Grundwehrdienst oder eine Wehrübung eine für den künftigen Beruf als Arbeitnehmer förderliche, über die allgemein bildende Schulbildung hinausgehende Ausbildung ohne unzulässige Überschreitung der Regelzeit durchlaufen und im Anschluss daran als Arbeitnehmer eingestellt werden. ³Ist dem Soldaten infolge einer Wehrdienstbeschädigung nach Entlassung aus der Bundeswehr auf Grund des Soldatenversorgungsgesetzes Berufsumschulung oder Berufsfortbildung gewährt worden, so wird auch die hierfür erforderliche Zeit auf die Berufs- und Betriebszugehörigkeit oder als Dienst- und Beschäftigungszeit angerechnet.

(2) Die Besoldungsgesetze regeln unter Berücksichtigung des § 9 Abs. 7 und 11 die Anrechnung der Wehrdienstzeit auf das Besoldungsdienstalter für

Arbeitsplatzschutzgesetz §§ 13, 14 ArbPlSchG 21

entlassene Soldaten, die nach dem Grundwehrdienst oder nach einer Wehrübung als Beamter oder Richter eingestellt werden.

(3) Bewirbt sich ein Soldat oder entlassener Soldat bis zum Ablauf von sechs Monaten nach Beendigung des Grundwehrdienstes oder einer Wehrübung um Einstellung als Beamter und wird er in den Vorbereitungsdienst eingestellt, so gelten Absatz 2 und *§ 9 Abs. 8 Satz 4 bis 6 [ab 1. 4. 2009 geltende Fassung:* § 9 Abs. 8 Satz 4] entsprechend.

(4) Absatz 3 gilt entsprechend für einen Arbeitnehmer, dessen Ausbildung für ein späteres Beamtenverhältnis durch eine festgesetzte mehrjährige Tätigkeit im Arbeitsverhältnis an Stelle des sonst vorgeschriebenen Vorbereitungsdienstes durchgeführt wird.

§ 13 Anrechnung des Wehrdienstes im späteren Berufsleben.

(1) Die Zeit des Grundwehrdienstes und der Wehrübungen wird auf die bei der Zulassung zu weiterführenden Prüfungen im Beruf nachzuweisende Zeit einer mehrjährigen Tätigkeit nach der Lehrabschlussprüfung angerechnet, soweit eine Zeit von einem Jahr nicht unterschritten wird.

(2) Beginnt ein entlassener Soldat im Anschluss an den Grundwehrdienst oder eine Wehrübung eine für den künftigen Beruf als Beamter oder Richter über die allgemein bildende Schulbildung hinausgehende vorgeschriebene Ausbildung (Hochschul-, Fachhochschul-, Fachschul- oder andere berufliche Ausbildung) oder wird diese durch den Grundwehrdienst oder durch Wehrübungen unterbrochen, so gelten für Beamte *§ 9 Abs. 8 Satz 4 bis 6 und § 12 Abs. 2 [ab 1. 4. 2009 geltende Fassung:* § 9 Abs. 8 Satz 4 und § 12 Abs. 2], für Richter *§ 9 Abs. 11 Satz 2 und § 12 Abs. 2 [ab 1. 4. 2009 geltende Fassung:* § 9 Abs. 11 und § 12 Abs. 2] entsprechend, wenn er sich bis zum Ablauf von sechs Monaten nach Abschluss der Ausbildung um Einstellung als Beamter oder Richter bewirbt und auf Grund dieser Bewerbung eingestellt wird.

(3) Für einen Arbeitnehmer, dessen Ausbildung für ein späteres Beamtenverhältnis durch eine festgesetzte mehrjährige Tätigkeit im Arbeitsverhältnis an Stelle des sonst vorgeschriebenen Vorbereitungsdienstes durchgeführt wird *[bis 31. 3. 2009 geltende Fassung:* und dessen Anstellung durch Heranziehung zum Grundwehrdienst oder zu Wehrübungen verzögert wird], gelten *§ 9 Abs. 8 Satz 4 bis 6 und § 12 Abs. 2 [ab 1. 4. 2009 geltende Fassung:* § 9 Abs. 8 Satz 4 und § 12 Abs. 2] entsprechend.

Zweiter Abschnitt. Meldung bei den Erfassungsbehörden und Wehrersatzbehörden

§ 14 Weiterzahlung des Arbeitsentgelts.

(1) Wird ein Arbeitnehmer auf Grund der Wehrpflicht von der Erfassungsbehörde oder einer Wehrersatzbehörde aufgefordert, sich persönlich bei ihnen zu melden oder vorzustellen, so hat der Arbeitgeber für die ausfallende Arbeitszeit das Arbeitsentgelt weiterzuzahlen.

(2) Der Arbeitnehmer hat die Ladung unverzüglich seinem Arbeitgeber vorzulegen.

(3) Die Absätze 1 und 2 gelten entsprechend für den Arbeitnehmer, der zu Dienstleistungen nach dem Vierten Abschnitt des Soldatengesetzes herangezogen werden soll.

Dritter Abschnitt. Alters- und Hinterbliebenenversorgung

§ 14 a Zusätzliche Alters- und Hinterbliebenenversorgung für Arbeitnehmer. (1) Eine bestehende Versicherung in der zusätzlichen Alters- und Hinterbliebenenversorgung für Arbeitnehmer im öffentlichen Dienst wird durch Einberufung zum Grundwehrdienst oder zu einer Wehrübung nicht berührt.

(2) [1]Der Arbeitgeber hat während des Wehrdienstes die Beiträge (Arbeitgeber- und Arbeitnehmeranteil) weiterzuentrichten, und zwar in der Höhe, in der sie zu entrichten gewesen wären, wenn das Arbeitsverhältnis aus Anlass der Einberufung des Arbeitnehmers nicht ruhen würde. [2]Nach Ende des Wehrdienstes meldet der Arbeitgeber die auf die Zeit des Wehrdienstes entfallenden Beiträge beim Bundesministerium der Verteidigung oder der von ihm bestimmten Stelle zur Erstattung an. [3]Satz 2 gilt nicht im Falle des § 1 Abs. 2. [4]Veränderungen in der Beitragshöhe, die nach dem Wehrdienst eintreten, bleiben unberücksichtigt.

(3) Für Arbeitnehmer, die einer Pensionskasse angehören oder als Leistungsempfänger einer anderen Einrichtung oder Form der betrieblichen oder überbetrieblichen Alters- und Hinterbliebenenversorgung in Betracht kommen, gelten Absätze 1 und 2 Satz 1, 2 und 4 sinngemäß.

(4) [1]Einem Arbeitnehmer, der aus seinem Arbeitseinkommen freiwillig Beiträge zur gesetzlichen Rentenversicherung oder zu einer sonstigen Alters- und Hinterbliebenenversorgung leistet, werden diese auf Antrag für die Zeit des Wehrdienstes in Höhe des Betrages erstattet, der für die letzten zwölf Monate vor Beginn des Wehrdienstes durchschnittlich entrichtet worden ist, wenn die den Aufwendungen zu Grunde liegende Versicherung bei Beginn des Wehrdienstes mindestens zwölf Monate besteht und der Arbeitgeber nach den Absätzen 1 bis 3 nicht zur Weiterentrichtung verpflichtet ist; Einkünfte aus geringfügiger Beschäftigung im Sinne des § 8 des Vierten Buches Sozialgesetzbuch bleiben außer Betracht. [2]Die Leistungen nach diesem Absatz dürfen, wenn Beiträge des Bundes zur gesetzlichen Rentenversicherung für die Zeit des Wehrdienstes entrichtet werden, 40 vom Hundert des Höchstbeitrages, der für die freiwillige Versicherung in der allgemeinen Rentenversicherung entrichtet werden kann, ansonsten den Höchstbeitrag nicht übersteigen. [3]Die Sätze 1 und 2 gelten nicht bei Zahlung des Arbeitsentgelts nach § 1 Abs. 2, bei Anspruch auf Leistungen nach den §§ 13 bis 13 d des Unterhaltssicherungsgesetzes oder für Elternzeit.

(5) Anträge auf Erstattung sind innerhalb eines Jahres nach Beendigung des Wehrdienstes zu stellen.

(6) [1]Die Bundesregierung regelt durch Rechtsverordnung das Erstattungsverfahren sowie das Nähere hinsichtlich der betrieblichen oder überbetrieblichen Alters- und Hinterbliebenenversorgung; in ihr kann bestimmt werden, welche Einrichtungen als betriebliche oder überbetriebliche Alters- und Hinterbliebenenversorgung im Sinne des Gesetzes anzusehen sind. [2]Das Bundesministerium der Verteidigung kann im Einvernehmen mit dem Bundesministerium der Finanzen mit den Arbeitgebern eine pauschale Beitragserstattung und die Zahlungsweise vereinbaren.

§ 14b Alters- und Hinterbliebenenversorgung in besonderen Fällen.

(1) ¹Einem Wehrpflichtigen, der am Tage vor Beginn des Wehrdienstverhältnisses (§ 2 des Soldatengesetzes) auf Grund einer durch Gesetz angeordneten oder auf Gesetz beruhenden Verpflichtung Mitglied einer öffentlich-rechtlichen Versicherungs- oder Versorgungseinrichtung seiner Berufsgruppe ist und von der Versicherungspflicht in der gesetzlichen Rentenversicherung befreit ist oder vor der Wehrdienstleistung in einem Zweig der gesetzlichen Rentenversicherung freiwillig versichert war, werden die Beiträge zu dieser Einrichtung auf Antrag in der Höhe erstattet, in der sie nach der Satzung oder den Versicherungsbedingungen für die Zeit des Wehrdienstes zu zahlen sind. ²Die Leistungen dürfen den Betrag nicht übersteigen, den der Bund für die Zeit des Wehrdienstes in der gesetzlichen Rentenversicherung zu entrichten hätte, wenn der Wehrpflichtige nicht von der Versicherungspflicht befreit worden wäre. ³Die Sätze 1 und 2 gelten nicht bei Zahlung des Arbeitsentgelts nach § 1 Abs. 2, der Bezüge nach § 9 Abs. 2, bei Anspruch auf Leistungen nach § 13 Abs. 2 und nach den §§ 13a und 13b des Unterhaltssicherungsgesetzes oder für Elternzeit.

(2) ¹Einem Wehrpflichtigen, der nach § 14a nicht anspruchsberechtigt ist und Beiträge zur gesetzlichen Rentenversicherung oder zu einer sonstigen Alters- und Hinterbliebenenversorgung leistet, werden die Beiträge auf Antrag für die Zeit des Wehrdienstes erstattet. ²Beiträge, die freiwillig zur gesetzlichen Rentenversicherung entrichtet werden, soweit sie die Beiträge des Bundes zur gesetzlichen Rentenversicherung für die Zeit des Wehrdienstes übersteigen, und Beiträge zu einer sonstigen Alters- und Hinterbliebenenversorgung, die freiwillig entrichtet werden, werden nur in Höhe des Betrages erstattet, der für die letzten zwölf Monate vor Beginn des Wehrdienstes durchschnittlich entrichtet worden ist, wenn die dem Aufwendungen zu Grunde liegende Versicherung bei Beginn des Wehrdienstes mindestens zwölf Monate besteht. ³Diese Beiträge müssen aus eigenen Einkünften aus Land- und Forstwirtschaft, Gewerbebetrieb, selbständiger Arbeit, nichtselbständiger Arbeit oder Lohnersatzleistungen geleistet worden sein; Einkünfte aus geringfügiger Beschäftigung im Sinne des § 8 des Vierten Buches Sozialgesetzbuch bleiben außer Betracht. ⁴Sind Zuschüsse zum Beitrag nach § 32 des Gesetzes über die Alterssicherung der Landwirte gewährt worden, ist mit den für den gleichen Zeitraum gezahlten Zuschüssen gegen den Erstattungsanspruch aufzurechnen. ⁵Die Sätze 1 bis 4 gelten nicht bei Zahlung des Arbeitsentgelts nach § 1 Abs. 2, der Bezüge nach § 9 Abs. 2, bei Anspruch auf Leistungen nach den §§ 13 bis 13d des Unterhaltssicherungsgesetzes oder für Elternzeit.

(3) Die Leistungen nach Absatz 2 dürfen, wenn Beiträge des Bundes zur gesetzlichen Rentenversicherung für die Zeit des Wehrdienstes entrichtet oder Beiträge nach Absatz 1 erstattet werden, 40 vom Hundert des Höchstbetrages, der für die freiwillige Versicherung in der allgemeinen Rentenversicherung entrichtet werden kann, ansonsten den Höchstbetrag nicht übersteigen.

(4) Anträge auf Erstattung sind innerhalb eines Jahres nach Beendigung des Wehrdienstes zu stellen.

(5) Für das Erstattungsverfahren gilt § 14a Abs. 6 sinngemäß.

Vierter Abschnitt. Schlussvorschriften

§ 15 Begriffsbestimmungen. (1) Arbeitnehmer im Sinne dieses Gesetzes sind Arbeiter und Angestellte sowie die zu ihrer Berufsausbildung Beschäftigten.

(2) Öffentlicher Dienst im Sinne dieses Gesetzes ist die Tätigkeit im Dienste des Bundes, eines Landes, einer Gemeinde (eines Gemeindeverbandes) oder anderer Körperschaften, Anstalten und Stiftungen des öffentlichen Rechts oder der Verbände von solchen; ausgenommen ist die Tätigkeit bei öffentlich-rechtlichen Religionsgesellschaften oder ihren Verbänden.

§ 16 Sonstige Geltung des Gesetzes. (1) Dieses Gesetz gilt auch im Falle des unbefristeten Wehrdienstes im Verteidigungsfall mit der Maßgabe, dass die Vorschriften über Wehrübungen anzuwenden sind.

(2) Dieses Gesetz gilt auch im Falle des sich an den Grundwehrdienst anschließenden freiwilligen zusätzlichen Wehrdienstes mit der Maßgabe, dass die Vorschriften über den Grundwehrdienst anzuwenden sind.

(3) [1]Dieses Gesetz gilt auch im Falle des freiwilligen Wehrdienstes in besonderer Auslandsverwendung (§ 6a des Wehrpflichtgesetzes) mit der Maßgabe, dass die Vorschriften über Wehrübungen entsprechend anzuwenden sind. [2]§ 10 findet keine Anwendung.

(4) [1]Dieses Gesetz ist ferner anzuwenden auf Arbeits- und Dienstverhältnisse von Personen, die zu Dienstleistungen nach dem Vierten Abschnitt des Soldatengesetzes herangezogen werden, mit der Maßgabe, dass die Vorschriften über Wehrübungen entsprechend anzuwenden sind. [2]Absatz 3 Satz 2 gilt entsprechend.

(5) [1]Dieses Gesetz gilt auch im Falle der Hilfeleistung im Innern (§ 6c des Wehrpflichtgesetzes) mit der Maßgabe, dass die Vorschriften über Wehrübungen entsprechend anzuwenden sind. [2]Absatz 3 Satz 2 gilt entsprechend.

§ 16a Wehrdienst als Soldat auf Zeit. (1) Dieses Gesetz gilt auch im Falle des Wehrdienstes als Soldat auf Zeit
1. für die zunächst auf sechs Monate festgesetzte Dienstzeit,
2. für die endgültig auf insgesamt nicht mehr als zwei Jahre festgesetzte Dienstzeit

mit der Maßgabe, dass die für den Grundwehrdienst der Wehrpflichtigen geltenden Vorschriften anzuwenden sind, ausgenommen § 9 Abs. 8 Satz 3, §§ 14a und 14b.

Abs. (2) in der bis 31. 3. 2009 geltenden Fassung:
(2) In den Fällen des Absatzes 1 Nr. 1 und 2 findet § 125 Abs. 1 Satz 1 des Beamtenrechtsrahmengesetzes keine Anwendung.

Abs. (2) in der ab 1. 4. 2009 geltenden Fassung:
(2) In den Fällen des Absatzes 1 Nr. 1 und 2 sind § 125 Abs. 1 Satz 1 des Beamtenrechtsrahmengesetzes und § 22 Abs. 2 Satz 1 des Beamtenstatusgesetzes nicht anzuwenden.

(3) (weggefallen)

(4) ¹Wird die Dienstzeit auf insgesamt mehr als zwei Jahre festgesetzt, so ist der Arbeitgeber durch die zuständige Dienststelle der Streitkräfte unverzüglich zu benachrichtigen. ²Das Gleiche gilt, wenn ein Wehrpflichtiger während des Grundwehrdienstes zum Soldaten auf Zeit ernannt wird.

(5) Die Absätze 1 bis 4 gelten entsprechend im Falle einer Verlängerung der Dienstzeit nach Absatz 1 aus zwingenden Gründen der Verteidigung (§ 54 Abs. 3 des Soldatengesetzes).

§ 17 Inkrafttreten, Anwendung früherer Vorschriften. (1) (Inkrafttreten)

(2) Frühere Bestimmungen über den Einfluss des Wehrdienstes auf Arbeitsverhältnisse und Beamtenverhältnisse und die Eingliederung entlassener Soldaten in einen Zivilberuf sind bei Einberufung zur Bundeswehr nicht anzuwenden.

(3) Das Eignungsübungsgesetz bleibt unberührt.

(4) Für den verlängerten Grundwehrdienst, der nach § 2 des Gesetzes über die Dauer des Grundwehrdienstes und die Gesamtdauer der Wehrübungen in der vom 30. Dezember 1956 bis 2. Dezember 1960 geltenden Fassung vom 24. Dezember 1956 (BGBl. I S. 1017) und nach § 5 Abs. 2 des Wehrpflichtgesetzes in der vom 3. Dezember 1960 bis 28. März 1962 geltenden Fassung vom 14. Januar 1961 (BGBl. I S. 29) geleistet wurde sowie für den verkürzten Grundwehrdienst, der nach § 5 Abs. 2 und 3 des Wehrpflichtgesetzes in der vom 29. März 1962 bis 31. Dezember 1972 geltenden Fassung vom 28. September 1969 (BGBl. I S. 1773) geleistet wurde, gelten die Vorschriften dieses Gesetzes über den Grundwehrdienst.

(5) Für Wehrübungen von drei Monaten, die freiwillig im Anschluss an den vollen oder verkürzten Grundwehrdienst nach § 3 Abs. 2 des inzwischen außer Kraft getretenen Gesetzes über die Dauer des Grundwehrdienstes und die Gesamtdauer der Wehrübungen vom 24. Dezember 1956 (BGBl. I S. 1017) geleistet wurden, gelten die §§ 1 bis 3, 4 Abs. 5 sowie die §§ 6 bis 9, 13 und 14 a entsprechend.

(6) ¹Für Wehrpflichtige, die vor dem 1. Januar 1984 einberufen worden sind, bleiben die Vorschriften des § 14 a Abs. 4 und § 14 b Abs. 1 bis 3 in der bis dahin geltenden Fassung maßgebend. ²Das Antragsrecht für die am 1. Januar 1984 bereits aus dem Wehrdienst entlassenen Wehrpflichtigen erlischt am 31. Mai 1984.

(7) Für Anspruchsberechtigte, die vor dem 1. Januar 1990 als Soldat eingestellt worden sind, bleiben die Vorschriften des § 14 a Abs. 4, des § 14 b Abs. 1 und 2 sowie des § 16 a Abs. 1 in der bis dahin geltenden Fassung maßgebend.

Abs. (8) in der ab 1. 4. 2009 geltenden Fassung:

(8) Bis zum Inkrafttreten von Vorschriften, die der Vorgabe des § 9 Abs. 8 Satz 4 Rechnung tragen, im jeweiligen Dienstrecht sind § 9 Abs. 8 Satz 4 bis 6 und Abs. 11, § 12 Abs. 3 und § 13 Abs. 2 und 3 in der bis zum 31. März 2009 geltenden Fassung anzuwenden.

22. Gesetz zur Verbesserung der betrieblichen Altersversorgung (Betriebsrentengesetz – BetrAVG)

Vom 19. Dezember 1974
(BGBl. I S. 3610)
FNA 800-22-1
zuletzt geänd. durch Art. 4 G zur Förderung der zusätzl. Altersvorsorge und zur Änd. des SGB III
v. 10. 12. 2007 (BGBl. I S. 2838)

– Auszug –

Erster Teil. Arbeitsrechtliche Vorschriften

Erster Abschnitt. Durchführung der betrieblichen Altersversorgung

§ 1 Zusage des Arbeitgebers auf betriebliche Altersversorgung.

(1) [1]Werden einem Arbeitnehmer Leistungen der Alters-, Invaliditäts- oder Hinterbliebenenversorgung aus Anlass seines Arbeitsverhältnisses vom Arbeitgeber zugesagt (betriebliche Altersversorgung), gelten die Vorschriften dieses Gesetzes. [2]Die Durchführung der betrieblichen Altersversorgung kann unmittelbar über den Arbeitgeber oder über einen der in § 1 b Abs. 2 bis 4 genannten Versorgungsträger erfolgen. [3]Der Arbeitgeber steht für die Erfüllung der von ihm zugesagten Leistungen auch dann ein, wenn die Durchführung nicht unmittelbar über ihn erfolgt.

(2) Betriebliche Altersversorgung liegt auch vor, wenn
1. der Arbeitgeber sich verpflichtet, bestimmte Beiträge in eine Anwartschaft auf Alters-, Invaliditäts- oder Hinterbliebenenversorgung umzuwandeln (beitragsorientierte Leistungszusage),
2. der Arbeitgeber sich verpflichtet, Beiträge zur Finanzierung von Leistungen der betrieblichen Altersversorgung an einen Pensionsfonds, eine Pensionskasse oder eine Direktversicherung zu zahlen und für Leistungen zur Altersversorgung das planmäßig zuzurechnende Versorgungskapital auf der Grundlage der gezahlten Beiträge (Beiträge und die daraus erzielten Erträge), mindestens die Summe der zugesagten Beiträge, soweit sie nicht rechnungsmäßig für einen biometrischen Risikoausgleich verbraucht wurden, hierfür zur Verfügung zu stellen (Beitragszusage mit Mindestleistung),
3. künftige Entgeltansprüche in eine wertgleiche Anwartschaft auf Versorgungsleistungen umgewandelt werden (Entgeltumwandlung) oder
4. der Arbeitnehmer Beiträge aus seinem Arbeitsentgelt zur Finanzierung von Leistungen der betrieblichen Altersversorgung an einen Pensionsfonds, eine Pensionskasse oder eine Direktversicherung leistet und die Zusage des Arbeitgebers auch die Leistungen aus diesen Beiträgen umfasst; die Regelun-

Betriebsrentengesetz §§ 1a, 1b BetrAVG 22

gen für Entgeltumwandlung sind hierbei entsprechend anzuwenden, soweit die zugesagten Leistungen aus diesen Beiträgen im Wege der Kapitaldeckung finanziert werden.

§ 1 a Anspruch auf betriebliche Altersversorgung durch Entgeltumwandlung. (1) ¹Der Arbeitnehmer kann vom Arbeitgeber verlangen, dass von seinen künftigen Entgeltansprüchen bis zu 4 vom Hundert der jeweiligen Beitragsbemessungsgrenze in der allgemeinen Rentenversicherung durch Entgeltumwandlung für seine betriebliche Altersversorgung verwendet werden. ²Die Durchführung des Anspruchs des Arbeitnehmers wird durch Vereinbarung geregelt. ³Ist der Arbeitgeber zu einer Durchführung über einen Pensionsfonds oder eine Pensionskasse (§ 1 b Abs. 3) bereit, ist die betriebliche Altersversorgung dort durchzuführen; andernfalls kann der Arbeitnehmer verlangen, dass der Arbeitgeber für ihn eine Direktversicherung (§ 1 b Abs. 2) abschließt. ⁴Soweit der Anspruch geltend gemacht wird, muss der Arbeitnehmer jährlich einen Betrag in Höhe von mindestens einem Hundertsechzigstel der Bezugsgröße nach § 18 Abs. 1 des Vierten Buches Sozialgesetzbuch[1]) für seine betriebliche Altersversorgung verwenden. ⁵Soweit der Arbeitnehmer Teile seines regelmäßigen Entgelts für betriebliche Altersversorgung verwendet, kann der Arbeitgeber verlangen, dass während eines laufenden Kalenderjahres gleich bleibende monatliche Beträge verwendet werden.

(2) Soweit eine durch Entgeltumwandlung finanzierte betriebliche Altersversorgung besteht, ist der Anspruch des Arbeitnehmers auf Entgeltumwandlung ausgeschlossen.

(3) Soweit der Arbeitnehmer einen Anspruch auf Entgeltumwandlung für betriebliche Altersversorgung nach Absatz 1 hat, kann er verlangen, dass die Voraussetzungen für eine Förderung nach den §§ 10a, 82 Abs. 2 des Einkommensteuergesetzes erfüllt werden, wenn die betriebliche Altersversorgung über einen Pensionsfonds, eine Pensionskasse oder eine Direktversicherung durchgeführt wird.

(4) ¹Falls der Arbeitnehmer bei fortbestehendem Arbeitsverhältnis kein Entgelt erhält, hat er das Recht, die Versicherung oder Versorgung mit eigenen Beiträgen fortzusetzen. ²Der Arbeitgeber steht auch für die Leistungen aus diesen Beiträgen ein. ³Die Regelungen über Entgeltumwandlung gelten entsprechend.

§ 1 b Unverfallbarkeit und Durchführung der betrieblichen Altersversorgung. (1) ¹Einem Arbeitnehmer, dem Leistungen aus der betrieblichen Altersversorgung zugesagt worden sind, bleibt die Anwartschaft erhalten, wenn das Arbeitsverhältnis vor Eintritt des Versorgungsfalls, jedoch nach Vollendung des *30. Lebensjahres [**ab 1. 1. 2009 geltende Fassung:** 25. Lebensjahres]* endet und die Versorgungszusage zu diesem Zeitpunkt mindestens fünf Jahre bestanden hat (unverfallbare Anwartschaft). ²Ein Arbeitnehmer behält seine Anwartschaft auch dann, wenn er aufgrund einer Vorruhestandsregelung ausscheidet und ohne das vorherige Ausscheiden die Wartezeit und die sonstigen Voraussetzungen für den Bezug von Leistungen der betrieblichen Altersversorgung hätte erfüllen können. ³Eine Änderung der Versorgungszusage oder ihre Übernahme durch eine andere Person unterbricht nicht den Ablauf der

---

[1]) Nr. **43**.

Fristen nach Satz 1. [4]Der Verpflichtung aus einer Versorgungszusage stehen Versorgungsverpflichtungen gleich, die auf betrieblicher Übung oder dem Grundsatz der Gleichbehandlung beruhen. [5]Der Ablauf einer vorgesehenen Wartezeit wird durch die Beendigung des Arbeitsverhältnisses nach Erfüllung der Voraussetzungen der Sätze 1 und 2 nicht berührt. [6]Wechselt ein Arbeitnehmer vom Geltungsbereich dieses Gesetzes in einen anderen Mitgliedstaat der Europäischen Union, bleibt die Anwartschaft in gleichem Umfange wie für Personen erhalten, die auch nach Beendigung eines Arbeitsverhältnisses innerhalb des Geltungsbereichs dieses Gesetzes verbleiben.

(2) [1]Wird für die betriebliche Altersversorgung eine Lebensversicherung auf das Leben des Arbeitnehmers durch den Arbeitgeber abgeschlossen und sind der Arbeitnehmer oder seine Hinterbliebenen hinsichtlich der Leistungen des Versicherers ganz oder teilweise bezugsberechtigt (Direktversicherung), so ist der Arbeitgeber verpflichtet, wegen Beendigung des Arbeitsverhältnisses nach Erfüllung der in Absatz 1 Satz 1 und 2 genannten Voraussetzungen das Bezugsrecht nicht mehr zu widerrufen. [2]Eine Vereinbarung, nach der das Bezugsrecht durch die Beendigung des Arbeitsverhältnisses nach Erfüllung der in Absatz 1 Satz 1 und 2 genannten Voraussetzungen auflösend bedingt ist, ist unwirksam. [3]Hat der Arbeitgeber die Ansprüche aus dem Versicherungsvertrag abgetreten oder beliehen, so ist er verpflichtet, den Arbeitnehmer, dessen Arbeitsverhältnis nach Erfüllung der in Absatz 1 Satz 1 und 2 genannten Voraussetzungen geendet hat, bei Eintritt des Versicherungsfalles so zu stellen, als ob die Abtretung oder Beleihung nicht erfolgt wäre. [4]Als Zeitpunkt der Erteilung der Versorgungszusage im Sinne des Absatzes 1 gilt der Versicherungsbeginn, frühestens jedoch der Beginn der Betriebszugehörigkeit.

(3) [1]Wird die betriebliche Altersversorgung von einer rechtsfähigen Versorgungseinrichtung durchgeführt, die dem Arbeitnehmer oder seinen Hinterbliebenen auf ihre Leistungen einen Rechtsanspruch gewährt (Pensionskasse und Pensionsfonds), so gilt Absatz 1 entsprechend. [2]Als Zeitpunkt der Erteilung der Versorgungszusage im Sinne des Absatzes 1 gilt der Versicherungsbeginn, frühestens jedoch der Beginn der Betriebszugehörigkeit.

(4) [1]Wird die betriebliche Altersversorgung von einer rechtsfähigen Versorgungseinrichtung durchgeführt, die auf ihre Leistungen keinen Rechtsanspruch gewährt (Unterstützungskasse), so sind die nach Erfüllung der in Absatz 1 Satz 1 und 2 genannten Voraussetzungen und vor Eintritt des Versorgungsfalles aus dem Unternehmen ausgeschiedenen Arbeitnehmer und ihre Hinterbliebenen den bis zum Eintritt des Versorgungsfalles dem Unternehmen angehörenden Arbeitnehmern und deren Hinterbliebenen gleichgestellt. [2]Die Versorgungszusage gilt in dem Zeitpunkt als erteilt im Sinne des Absatzes 1, von dem an der Arbeitnehmer zum Kreis der Begünstigten der Unterstützungskasse gehört.

(5) [1]Soweit betriebliche Altersversorgung durch Entgeltumwandlung erfolgt, behält der Arbeitnehmer seine Anwartschaft, wenn sein Arbeitsverhältnis vor Eintritt des Versorgungsfalles endet; in den Fällen der Absätze 2 und 3

1. dürfen die Überschussanteile nur zur Verbesserung der Leistung verwendet,
2. muss dem ausgeschiedenen Arbeitnehmer das Recht zur Fortsetzung der Versicherung oder Versorgung mit eigenen Beiträgen eingeräumt und
3. muss das Recht zur Verpfändung, Abtretung oder Beleihung durch den Arbeitgeber ausgeschlossen werden.

²Im Fall einer Direktversicherung ist dem Arbeitnehmer darüber hinaus mit Beginn der Entgeltumwandlung ein unwiderrufliches Bezugsrecht einzuräumen.

§ 2 Höhe der unverfallbaren Anwartschaft. (1) **[Unmittelbare Versorgung]** ¹Bei Eintritt des Versorgungsfalles wegen Erreichens der Altersgrenze, wegen Invalidität oder Tod haben ein vorher ausgeschiedener Arbeitnehmer, dessen Anwartschaft nach § 1 b fortbesteht, und seine Hinterbliebenen einen Anspruch mindestens in Höhe des Teiles der ohne das vorherige Ausscheiden zustehenden Leistung, der dem Verhältnis der Dauer der Betriebszugehörigkeit zu der Zeit vom Beginn der Betriebszugehörigkeit bis zum Erreichen der Regelaltersgrenze in der gesetzlichen Rentenversicherung entspricht; an die Stelle des Erreichens der Regelaltersgrenze tritt ein früherer Zeitpunkt, wenn dieser in der Versorgungsregelung als feste Altersgrenze vorgesehen ist, spätestens der Zeitpunkt, in dem der Arbeitnehmer ausscheidet und gleichzeitig eine Altersrente aus der gesetzlichen Rentenversicherung für besonders langjährig Versicherte in Anspruch nimmt. ²Der Mindestanspruch auf Leistungen wegen Invalidität oder Tod vor Erreichen der Altersgrenze ist jedoch nicht höher als der Betrag, den der Arbeitnehmer oder seine Hinterbliebenen erhalten hätten, wenn im Zeitpunkt des Ausscheidens der Versorgungsfall eingetreten wäre und die sonstigen Leistungsvoraussetzungen erfüllt gewesen wären.

(2) **[Direktversicherung]** ¹Ist bei einer Direktversicherung der Arbeitnehmer nach Erfüllung der Voraussetzungen des § 1 b Abs. 1 und 5 vor Eintritt des Versorgungsfalles ausgeschieden, so gilt Absatz 1 mit der Maßgabe, daß sich der vom Arbeitgeber zu finanzierende Teilanspruch nach Absatz 1, soweit er über die von dem Versicherer nach dem Versicherungsvertrag auf Grund der Beiträge des Arbeitgebers zu erbringende Versicherungsleistung hinausgeht, gegen den Arbeitgeber richtet. ²An die Stelle der Ansprüche nach Satz 1 tritt auf Verlangen des Arbeitgebers die von dem Versicherer auf Grund des Versicherungsvertrages zu erbringende Versicherungsleistung, wenn

1. spätestens nach 3 Monaten seit dem Ausscheiden des Arbeitnehmers das Bezugsrecht unwiderruflich ist und eine Abtretung oder Beleihung des Rechts aus dem Versicherungsvertrag durch den Arbeitgeber und Beitragsrückstände nicht vorhanden sind,
2. vom Beginn der Versicherung, frühestens jedoch vom Beginn der Betriebszugehörigkeit an, nach dem Versicherungsvertrag die Überschußanteile nur zur Verbesserung der Versicherungsleistung zu verwenden sind und
3. der ausgeschiedene Arbeitnehmer nach dem Versicherungsvertrag das Recht zur Fortsetzung der Versicherung mit eigenen Beiträgen hat.

³Der Arbeitgeber kann sein Verlangen nach Satz 2 nur innerhalb von 3 Monaten seit dem Ausscheiden des Arbeitnehmers diesem und dem Versicherer mitteilen. ⁴Der ausgeschiedene Arbeitnehmer darf die Ansprüche aus dem Versicherungsvertrag in Höhe des durch Beitragszahlungen des Arbeitgebers gebildeten geschäftsplanmäßigen Deckungskapitals oder, soweit die Berechnung des Deckungskapitals nicht zum Geschäftsplan gehört, das nach § 169 Abs. 3 und 4 des Versicherungsvertragsgesetzes berechneten Wertes weder abtreten noch beleihen. ⁵In dieser Höhe darf der Rückkaufswert auf Grund einer Kündigung des Versicherungsvertrages nicht in Anspruch genommen werden; im Falle einer Kündigung wird die Versicherung in eine prämienfreie

22 BetrAVG § 2 II. Arbeitsvertragsrecht

Versicherung umgewandelt. [6]§ 169 Abs. 1 des Versicherungsvertragsgesetzes findet insoweit keine Anwendung.

(3) **[Pensionskassen]** [1]Für Pensionskassen gilt Absatz 1 mit der Maßgabe, daß sich der vom Arbeitgeber zu finanzierende Teilanspruch nach Absatz 1, soweit er über die von der Pensionskasse nach dem aufsichtsbehördlich genehmigten Geschäftsplan oder, soweit eine aufsichtsbehördliche Genehmigung nicht vorgeschrieben ist, nach den allgemeinen Versicherungsbedingungen und den fachlichen Geschäftsunterlagen im Sinne des § 5 Abs. 3 Nr. 2 Halbsatz 2 des Versicherungsaufsichtsgesetzes (Geschäftsunterlagen) auf Grund der Beiträge des Arbeitgebers zu erbringende Leistung hinausgeht, gegen den Arbeitgeber richtet. [2]An die Stelle der Ansprüche nach Satz 1 tritt auf Verlangen des Arbeitgebers die von der Pensionskasse auf Grund des Geschäftsplanes oder der Geschäftsunterlagen zu erbringende Leistung, wenn nach dem aufsichtsbehördlich genehmigten Geschäftsplan oder den Geschäftsunterlagen

1. vom Beginn der Versicherung, frühestens jedoch vom Beginn der Betriebszugehörigkeit an, Überschußanteile, die auf Grund des Finanzierungsverfahrens regelmäßig entstehen, nur zur Verbesserung der Versicherungsleistung zu verwenden sind oder die Steigerung der Versorgungsanwartschaften des Arbeitnehmers der Entwicklung seines Arbeitsentgeltes, soweit es unter den jeweiligen Beitragsbemessungsgrenzen der gesetzlichen Rentenversicherungen liegt, entspricht und

2. der ausgeschiedene Arbeitnehmer das Recht zur Fortsetzung der Versicherung mit eigenen Beiträgen hat.

[3]Der Absatz 2 Satz 3 bis 6 gilt entsprechend.

(3 a) **[Pensionsfonds]** Für Pensionsfonds gilt Absatz 1 mit der Maßgabe, dass sich der vom Arbeitgeber zu finanzierende Teilanspruch, soweit er über die vom Pensionsfonds auf der Grundlage der nach dem geltenden Pensionsplan im Sinne des § 112 Abs. 1 Satz 2 in Verbindung mit § 113 Abs. 2 Nr. 5 des Versicherungsaufsichtsgesetzes berechnete Deckungsrückstellung hinausgeht, gegen den Arbeitgeber richtet.

(4) **[Unterstützungskassen]** Eine Unterstützungskasse hat bei Eintritt des Versorgungsfalles einem vorzeitig ausgeschiedenen Arbeitnehmer, der nach § 1 b Abs. 4 gleichgestellt ist, und seinen Hinterbliebenen mindestens den nach Absatz 1 berechneten Teil der Versorgung zu gewähren.

(5) **[Berücksichtigung künftiger Entwicklung]** [1]Bei der Berechnung des Teilanspruchs nach Absatz 1 bleiben Veränderungen der Versorgungsregelung und der Bemessungsgrundlagen für die Leistung der betrieblichen Altersversorgung, soweit sie nach dem Ausscheiden des Arbeitnehmers eintreten, außer Betracht; dies gilt auch für die Bemessungsgrundlagen anderer Versorgungsbezüge, die bei der Berechnung der Leistung der betrieblichen Altersversorgung zu berücksichtigen sind. [2]Ist eine Rente der gesetzlichen Rentenversicherung zu berücksichtigen, so kann das bei der Berechnung von Pensionsrückstellungen allgemein zulässige Verfahren zugrunde gelegt werden, wenn nicht der ausgeschiedene Arbeitnehmer die Anzahl der im Zeitpunkt des Ausscheidens erreichten Entgeltpunkte nachweist; bei Pensionskassen sind der aufsichtsbehördlich genehmigte Geschäftsplan oder die Geschäftsunterlagen maßgebend. [3]Bei Pensionsfonds sind der Pensionsplan und die sonstigen Geschäftsunterlagen maßgebend. [4]Versorgungsanwartschaften, die der Arbeit-

Betriebsrentengesetz §§ 3, 4 BetrAVG 22

nehmer nach seinem Ausscheiden erwirbt, dürfen zu keiner Kürzung des Teilanspruchs nach Absatz 1 führen.

(5 a) Bei einer unverfallbaren Anwartschaft aus Entgeltumwandlung tritt an die Stelle der Ansprüche nach Absatz 1, 3 a oder 4 die vom Zeitpunkt der Zusage auf betriebliche Altersversorgung bis zum Ausscheiden des Arbeitnehmers erreichte Anwartschaft auf Leistungen aus den bis dahin umgewandelten Entgeltbestandteilen; dies gilt entsprechend für eine unverfallbare Anwartschaft aus Beiträgen im Rahmen einer beitragsorientierten Leistungszusage.

(5 b) An die Stelle der Ansprüche nach den Absätzen 2, 3, 3 a und 5 a tritt bei einer Beitragszusage mit Mindestleistung das dem Arbeitnehmer planmäßig zuzurechnende Versorgungskapital auf der Grundlage der bis zu seinem Ausscheiden geleisteten Beiträge (Beiträge und die bis zum Eintritt des Versorgungsfalls erzielten Erträge), mindestens die Summe der bis dahin zugesagten Beiträge, soweit sie nicht rechnungsmäßig für einen biometrischen Risikoausgleich verbraucht wurden.

§ 3 Abfindung. (1) Unverfallbare Anwartschaften im Falle der Beendigung des Arbeitsverhältnisses und laufende Leistungen dürfen nur unter den Voraussetzungen der folgenden Absätze abgefunden werden.

(2) ¹Der Arbeitgeber kann eine Anwartschaft ohne Zustimmung des Arbeitnehmers abfinden, wenn der Monatsbetrag der aus der Anwartschaft resultierenden laufenden Leistung bei Erreichen der vorgesehenen Altersgrenze 1 vom Hundert, bei Kapitalleistungen zwölf Zehntel der monatlichen Bezugsgröße nach § 18 des Vierten Buches Sozialgesetzbuch[1]) nicht übersteigen würde. ²Dies gilt entsprechend für die Abfindung einer laufenden Leistung. ³Die Abfindung ist unzulässig, wenn der Arbeitnehmer von seinem Recht auf Übertragung der Anwartschaft Gebrauch macht.

(3) Die Anwartschaft ist auf Verlangen des Arbeitnehmers abzufinden, wenn die Beiträge zur gesetzlichen Rentenversicherung erstattet worden sind.

(4) Der Teil der Anwartschaft, der während eines Insolvenzverfahrens erdient worden ist, kann ohne Zustimmung des Arbeitnehmers abgefunden werden, wenn die Betriebstätigkeit vollständig eingestellt und das Unternehmen liquidiert wird.

(5) Für die Berechnung des Abfindungsbetrages gilt § 4 Abs. 5 entsprechend.

(6) Die Abfindung ist gesondert auszuweisen und einmalig zu zahlen.

§ 4 Übertragung. (1) Unverfallbare Anwartschaften und laufende Leistungen dürfen nur unter den Voraussetzungen der folgenden Absätze übertragen werden.

(2) Nach Beendigung des Arbeitsverhältnisses kann im Einvernehmen des ehemaligen mit dem neuen Arbeitgeber sowie dem Arbeitnehmer
1. die Zusage vom neuen Arbeitgeber übernommen werden oder
2. der Wert der vom Arbeitnehmer erworbenen unverfallbaren Anwartschaft auf betriebliche Altersversorgung (Übertragungswert) auf den neuen Arbeitgeber übertragen werden, wenn dieser eine wertgleiche Zusage erteilt; für

---
[1]) Nr. 43.

die neue Anwartschaft gelten die Regelungen über Entgeltumwandlung entsprechend.

(3) ¹Der Arbeitnehmer kann innerhalb eines Jahres nach Beendigung des Arbeitsverhältnisses von seinem ehemaligen Arbeitgeber verlangen, dass der Übertragungswert auf den neuen Arbeitgeber übertragen wird, wenn

1. die betriebliche Altersversorgung über einen Pensionsfonds, eine Pensionskasse oder eine Direktversicherung durchgeführt worden ist und
2. der Übertragungswert die Beitragsbemessungsgrenze in der allgemeinen Rentenversicherung nicht übersteigt.

²Der Anspruch richtet sich gegen den Versorgungsträger, wenn der ehemalige Arbeitgeber die versicherungsförmige Lösung nach § 2 Abs. 2 oder 3 gewählt hat oder soweit der Arbeitnehmer die Versicherung oder Versorgung mit eigenen Beiträgen fortgeführt hat. ³Der neue Arbeitgeber ist verpflichtet, eine dem Übertragungswert wertgleiche Zusage zu erteilen und über einen Pensionsfonds, eine Pensionskasse oder eine Direktversicherung durchzuführen. Für die neue Anwartschaft gelten die Regelungen über Entgeltumwandlung entsprechend.

(4) ¹Wird die Betriebstätigkeit eingestellt und das Unternehmen liquidiert, kann eine Zusage von einer Pensionskasse oder einem Unternehmen der Lebensversicherung ohne Zustimmung des Arbeitnehmers oder Versorgungsempfängers übernommen werden, wenn sichergestellt ist, dass die Überschussanteile ab Rentenbeginn entsprechend § 16 Abs. 3 Nr. 2 verwendet werden. ²§ 2 Abs. 2 Satz 4 bis 6 gilt entsprechend.

(5) ¹Der Übertragungswert entspricht bei einer unmittelbar über den Arbeitgeber oder über eine Unterstützungskasse durchgeführten betrieblichen Altersversorgung dem Barwert der nach § 2 bemessenen künftigen Versorgungsleistung im Zeitpunkt der Übertragung; bei der Berechnung des Barwerts sind die Rechnungsgrundlagen sowie die anerkannten Regeln der Versicherungsmathematik maßgebend. ²Soweit die betriebliche Altersversorgung über einen Pensionsfonds, eine Pensionskasse oder eine Direktversicherung durchgeführt worden ist, entspricht der Übertragungswert dem gebildeten Kapital im Zeitpunkt der Übertragung.

(6) Mit der vollständigen Übertragung des Übertragungswerts erlischt die Zusage des ehemaligen Arbeitgebers.

§ 4a Auskunftsanspruch. (1) Der Arbeitgeber oder der Versorgungsträger hat dem Arbeitnehmer bei einem berechtigten Interesse auf dessen Verlangen schriftlich mitzuteilen,

1. in welcher Höhe aus der bisher erworbenen unverfallbaren Anwartschaft bei Erreichen der in der Versorgungsregelung vorgesehenen Altersgrenze ein Anspruch auf Altersversorgung besteht und
2. wie hoch bei einer Übertragung der Anwartschaft nach § 4 Abs. 3 der Übertragungswert ist.

(2) Der neue Arbeitgeber oder der Versorgungsträger hat dem Arbeitnehmer auf dessen Verlangen schriftlich mitzuteilen, in welcher Höhe aus dem Übertragungswert ein Anspruch auf Altersversorgung und ob eine Invaliditäts- oder Hinterbliebenenversorgung bestehen würde.

Betriebsrentengesetz §§ 5–7 BetrAVG 22

Zweiter Abschnitt. Auszehrungsverbot

§ 5 Auszehrung und Anrechnung. (1) Die bei Eintritt des Versorgungsfalles festgesetzten Leistungen der betrieblichen Altersversorgung dürfen nicht mehr dadurch gemindert oder entzogen werden, daß Beträge, um die sich andere Versorgungsbezüge nach diesem Zeitpunkt durch Anpassung an die wirtschaftliche Entwicklung erhöhen, angerechnet oder bei der Begrenzung der Gesamtversorgung auf einen Höchstbetrag berücksichtigt werden.

(2) [1]Leistungen der betrieblichen Altersversorgung dürfen durch Anrechnung oder Berücksichtigung anderer Versorgungsbezüge, soweit sie auf eigenen Beiträgen des Versorgungsempfängers beruhen, nicht gekürzt werden. [2]Dies gilt nicht für Renten aus den gesetzlichen Rentenversicherungen, soweit sie auf Pflichtbeiträgen beruhen, sowie für sonstige Versorgungsbezüge, die mindestens zur Hälfte auf Beiträgen oder Zuschüssen des Arbeitgebers beruhen.

Dritter Abschnitt. Altersgrenze

§ 6 Vorzeitige Altersleistung. [1]Einem Arbeitnehmer, der die Altersrente aus der gesetzlichen Rentenversicherung als Vollrente in Anspruch nimmt, sind auf sein Verlangen nach Erfüllung der Wartezeit und sonstiger Leistungsvoraussetzungen Leistungen der betrieblichen Altersversorgung zu gewähren. [2]Fällt die Altersrente aus der gesetzlichen Rentenversicherung wieder weg oder wird sie auf einen Teilbetrag beschränkt, so können auch die Leistungen der betrieblichen Altersversorgung eingestellt werden. [3]Der ausgeschiedene Arbeitnehmer ist verpflichtet, die Aufnahme oder Ausübung einer Beschäftigung oder Erwerbstätigkeit, die zu einem Wegfall oder zu einer Beschränkung der Altersrente aus der gesetzlichen Rentenversicherung führt, dem Arbeitgeber oder sonstigen Versorgungsträger unverzüglich anzuzeigen.

Vierter Abschnitt. Insolvenzsicherung

§ 7 Umfang des Versicherungsschutzes. (1) **[Versorgungsansprüche]** [1]Versorgungsempfänger, deren Ansprüche aus einer unmittelbaren Versorgungszusage des Arbeitgebers nicht erfüllt werden, weil über das Vermögen des Arbeitgebers oder über seinen Nachlaß das Insolvenzverfahren eröffnet worden ist, und ihre Hinterbliebenen haben gegen den Träger der Insolvenzsicherung einen Anspruch in Höhe der Leistung, die der Arbeitgeber auf Grund der Versorgungszusage zu erbringen hätte, wenn das Insolvenzverfahren nicht eröffnet worden wäre. [2]Satz 1 gilt entsprechend,
1. wenn Leistungen aus einer Direktversicherung aufgrund der in § 1b Abs. 2 Satz 3 genannten Tatbestände nicht gezahlt werden und der Arbeitgeber seiner Verpflichtung nach § 1b Abs. 2 Satz 3 wegen der Eröffnung des Insolvenzverfahrens nicht nachkommt,
2. wenn eine Unterstützungskasse oder ein Pensionsfonds die nach ihrer Versorgungsregelung vorgesehene Versorgung nicht erbringt, weil über das Vermögen oder den Nachlass eines Arbeitgebers, der der Unterstützungskasse oder dem Pensionsfonds Zuwendungen leistet (Trägerunternehmen), das Insolvenzverfahren eröffnet worden ist.

³§ 14 des Versicherungsvertragsgesetzes findet entsprechende Anwendung. ⁴Der Eröffnung des Insolvenzverfahrens stehen bei der Anwendung der Sätze 1 bis 3 gleich
1. die Abweisung des Antrags auf Eröffnung des Insolvenzverfahrens mangels Masse,
2. der außergerichtliche Vergleich (Stundungs-, Quoten- oder Liquidationsvergleich) des Arbeitgebers mit seinen Gläubigern zur Abwendung eines Insolvenzverfahrens, wenn ihm der Träger der Insolvenzsicherung zustimmt,
3. die vollständige Beendigung der Betriebstätigkeit im Geltungsbereich dieses Gesetzes, wenn ein Antrag auf Eröffnung des Insolvenzverfahrens nicht gestellt worden ist und ein Insolvenzverfahren offensichtlich mangels Masse nicht in Betracht kommt.

(1 a) **[Anspruchszeitraum]** ¹Der Anspruch gegen den Träger der Insolvenzsicherung entsteht mit dem Beginn des Kalendermonats, der auf den Eintritt des Sicherungsfalles folgt. ²Der Anspruch endet mit Ablauf des Sterbemonats des Begünstigten, soweit in der Versorgungszusage des Arbeitgebers nicht etwas anderes bestimmt ist. ³In den Fällen des Absatzes 1 Satz 1 und 4 Nr. 1 und 3 umfaßt der Anspruch auch rückständige Versorgungsleistungen, soweit diese bis zu sechs Monaten vor Entstehen des Leistungspflicht des Trägers der Insolvenzsicherung entstanden sind.

(2) **[Versorgungsanwartschaften]** ¹Personen, die bei Eröffnung des Insolvenzverfahrens oder bei Eintritt der nach Absatz 1 Satz 4 gleichstehenden Voraussetzungen (Sicherungsfall) eine nach § 1 b unverfallbare Versorgungsanwartschaft haben, und ihre Hinterbliebenen haben bei Eintritt des Versorgungsfalls einen Anspruch gegen den Träger der Insolvenzsicherung, wenn die Anwartschaft beruht
1. auf einer unmittelbaren Versorgungszusage des Arbeitgebers oder
2. auf einer Direktversicherung und der Arbeitnehmer hinsichtlich der Leistungen des Versicherers widerruflich bezugsberechtigt ist oder die Leistungen aufgrund der in § 1 b Abs. 2 Satz 3 genannten Tatbestände nicht gezahlt werden und der Arbeitgeber seiner Verpflichtung aus § 1 b Abs. 2 Satz 3 wegen der Eröffnung des Insolvenzverfahrens nicht nachkommt.
²Satz 1 gilt entsprechend für Personen, die zum Kreis der Begünstigten einer Unterstützungskasse oder eines Pensionsfonds gehören, wenn der Sicherungsfall bei einem Trägerunternehmen eingetreten ist. ³Die Höhe des Anspruchs richtet sich nach der Höhe der Leistungen gemäß § 2 Abs. 1, 2 Satz 2 und Abs. 5, bei Unterstützungskassen nach dem Teil der nach der Versorgungsregelung vorgesehenen Versorgung, der dem Verhältnis der Dauer der Betriebszugehörigkeit zu der Zeit vom Beginn der Betriebszugehörigkeit bis zum Erreichen der in der Versorgungsregelung vorgesehenen festen Altersgrenze entspricht, es sei denn, § 2 Abs. 5a ist anwendbar. ⁴Für die Berechnung der Höhe des Anspruchs nach Satz 3 wird die Betriebszugehörigkeit bis zum Eintritt des Sicherungsfalles berücksichtigt. ⁵Bei Pensionsfonds mit Leistungszusagen gelten für die Höhe des Anspruchs die Bestimmungen für unmittelbare Versorgungszusagen entsprechend, bei Beitragszusagen mit Mindestleistung gilt für die Höhe des Anspruchs § 2 Abs. 5b.

(3) **[Höchstgrenze]** ¹Ein Anspruch auf laufende Leistungen gegen den Träger der Insolvenzsicherung beträgt im Monat höchstens das Dreifache der im Zeitpunkt der ersten Fälligkeit maßgebenden monatlichen Bezugsgröße

gemäß § 18 des Vierten Buches Sozialgesetzbuch[1]). ²Satz 1 gilt entsprechend bei einem Anspruch auf Kapitalleistungen mit der Maßgabe, daß zehn vom Hundert der Leistung als Jahresbetrag einer laufenden Leistung anzusetzen sind.

(4) **[Anzurechnende Leistungen]** ¹Ein Anspruch auf Leistungen gegen den Träger der Insolvenzsicherung vermindert sich in dem Umfang, in dem der Arbeitgeber oder sonstige Träger der Versorgung die Leistungen der betrieblichen Altersversorgung erbringt. ²Wird im Insolvenzverfahren ein Insolvenzplan bestätigt, vermindert sich der Anspruch auf Leistungen gegen den Träger der Insolvenzsicherung insoweit, als nach dem Insolvenzplan der Arbeitgeber oder sonstige Träger der Versorgung einen Teil der Leistungen selbst zu erbringen hat. ³Sieht der Insolvenzplan vor, daß der Arbeitgeber oder sonstige Träger der Versorgung die Leistungen der betrieblichen Altersversorgung von einem bestimmten Zeitpunkt an selbst zu erbringen hat, entfällt der Anspruch auf Leistungen gegen den Träger der Insolvenzsicherung von diesem Zeitpunkt an. ⁴Die Sätze 2 und 3 sind für den außergerichtlichen Vergleich nach Absatz 1 Satz 4 Nr. 2 entsprechend anzuwenden. ⁵Im Insolvenzplan soll vorgesehen werden, daß bei einer nachhaltigen Besserung der wirtschaftlichen Lage des Arbeitgebers die vom Träger der Insolvenzsicherung zu erbringenden Leistungen ganz oder zum Teil vom Arbeitgeber oder sonstigen Träger der Versorgung wieder übernommen werden.

(5) **[Versicherungsmißbrauch]** ¹Ein Anspruch gegen den Träger der Insolvenzsicherung besteht nicht, soweit nach den Umständen des Falles die Annahme gerechtfertigt ist, daß es der alleinige oder überwiegende Zweck der Versorgungszusage oder ihre Verbesserung oder der für die Direktversicherung in § 1b Abs. 2 Satz 3 genannten Tatbestände gewesen ist, den Träger der Insolvenzsicherung in Anspruch zu nehmen. ²Diese Annahme ist insbesondere dann gerechtfertigt, wenn bei Erteilung oder Verbesserung der Versorgungszusage wegen der wirtschaftlichen Lage des Arbeitgebers zu erwarten war, daß die Zusage nicht erfüllt werde. ³Ein Anspruch auf Leistungen gegen den Träger der Insolvenzsicherung besteht bei Zusagen und Verbesserungen von Zusagen, die in den beiden letzten Jahren vor dem Eintritt des Sicherungsfalls erfolgt sind, nur

1. für ab dem 1. Januar 2002 gegebene Zusagen, soweit bei Entgeltumwandlung Beträge von bis zu 4 vom Hundert der Beitragsbemessungsgrenze in der allgemeinen Rentenversicherung für eine betriebliche Altersversorgung verwendet werden oder
2. für im Rahmen von Übertragungen gegebene Zusagen, soweit der Übertragungswert die Beitragsbemessungsgrenze in der allgemeinen Rentenversicherung nicht übersteigt.

(6) **[Katastrophenfall]** Ist der Sicherungsfall durch kriegerische Ereignisse, innere Unruhen, Naturkatastrophen oder Kernenergie verursacht worden, kann der Träger der Insolvenzsicherung mit Zustimmung der Bundesanstalt für Finanzdienstleistungsaufsicht die Leistungen nach billigem Ermessen abweichend von den Absätzen 1 bis 5 festsetzen.

§ 8 Übertragung der Leistungspflicht und Abfindung. (1) Ein Anspruch gegen den Träger der Insolvenzsicherung auf Leistungen nach § 7 be-

---

[1]) Nr. 43.

steht nicht, wenn eine Pensionskasse oder ein Unternehmen der Lebensversicherung sich dem Träger der Insolvenzsicherung gegenüber verpflichtet, diese Leistungen zu erbringen, und die nach § 7 Berechtigten ein unmittelbares Recht erwerben, die Leistungen zu fordern.

(1 a) ¹Der Träger der Insolvenzsicherung hat die gegen ihn gerichteten Ansprüche auf den Pensionsfonds, dessen Trägerunternehmen die Eintrittspflicht nach § 7 ausgelöst hat, im Sinne von Absatz 1 zu übertragen, wenn die Bundesanstalt für Finanzdienstleistungsaufsicht hierzu die Genehmigung erteilt. ²Die Genehmigung kann nur erteilt werden, wenn durch Auflagen der Bundesanstalt für Finanzdienstleistungsaufsicht die dauernde Erfüllbarkeit der Leistungen aus dem Pensionsplan sichergestellt werden kann. ³Die Genehmigung der Bundesanstalt für Finanzdienstleistungsaufsicht kann der Pensionsfonds nur innerhalb von drei Monaten nach Eintritt des Sicherungsfalles beantragen.

(2) ¹Der Träger der Insolvenzsicherung kann eine Anwartschaft ohne Zustimmung des Arbeitnehmers abfinden, wenn der Monatsbetrag der aus der Anwartschaft resultierenden laufenden Leistung bei Erreichen der vorgesehenen Altersgrenze 1 vom Hundert, bei Kapitalleistungen zwölf Zehntel der monatlichen Bezugsgröße nach § 18 des Vierten Buches Sozialgesetzbuch¹⁾ nicht übersteigen würde oder wenn dem Arbeitnehmer die Beiträge zur gesetzlichen Rentenversicherung erstattet worden sind. ²Dies gilt entsprechend für die Abfindung einer laufenden Leistung. ³Die Abfindung ist darüber hinaus möglich, wenn sie an ein Unternehmen der Lebensversicherung gezahlt wird, bei dem der Versorgungsberechtigte im Rahmen einer Direktversicherung versichert ist. ⁴§ 2 Abs. 2 Satz 4 bis 6 und § 3 Abs. 5 gelten entsprechend.

§ 9 Mitteilungspflicht; Forderungs- und Vermögensübergang.

(1) **[Mitteilungspflichten]** ¹Der Träger der Insolvenzsicherung teilt dem Berechtigten die ihm nach § 7 oder § 8 zustehenden Ansprüche oder Anwartschaften schriftlich mit. ²Unterbleibt die Mitteilung, so ist der Anspruch oder die Anwartschaft spätestens ein Jahr nach dem Sicherungsfall bei dem Träger der Insolvenzsicherung anzumelden; erfolgt die Anmeldung später, so beginnen die Leistungen frühestens mit dem Ersten des Monats der Anmeldung, es sei denn, daß der Berechtigte an der rechtzeitigen Anmeldung ohne sein Verschulden verhindert war.

(2) **[Forderungsübergang]** ¹Ansprüche oder Anwartschaften des Berechtigten gegen den Arbeitgeber auf Leistungen der betrieblichen Altersversorgung, die den Anspruch gegen den Träger der Insolvenzsicherung begründen, gehen im Falle eines Insolvenzverfahrens mit dessen Eröffnung, in den übrigen Sicherungsfällen dann auf den Träger der Insolvenzsicherung über, wenn dieser nach Absatz 1 Satz 1 dem Berechtigten die ihm zustehenden Ansprüche oder Anwartschaften mitteilt. ²Der Übergang kann nicht zum Nachteil des Berechtigten geltend gemacht werden. ³Die mit der Eröffnung des Insolvenzverfahrens übergegangenen Anwartschaften werden im Insolvenzverfahren als unbedingte Forderungen nach § 45 der Insolvenzordnung geltend gemacht.

(3) **[Vermögensübergang]** ¹Ist der Träger der Insolvenzsicherung zu Leistungen verpflichtet, die ohne den Eintritt des Sicherungsfalles eine Unterstützungskasse erbringen würde, geht deren Vermögen einschließlich der Ver-

---

¹⁾ Nr. 43.

bindlichkeiten auf ihn über; die Haftung für die Verbindlichkeiten beschränkt sich auf das übergegangene Vermögen. ²Wenn die übergegangenen Vermögenswerte den Barwert der Ansprüche und Anwartschaften gegen den Träger der Insolvenzsicherung übersteigen, hat dieser den übersteigenden Teil entsprechend der Satzung der Unterstützungskasse zu verwenden. ³Bei einer Unterstützungskasse mit mehreren Trägerunternehmen hat der Träger der Insolvenzsicherung einen Anspruch gegen die Unterstützungskasse auf einen Betrag, der dem Teil des Vermögens der Kasse entspricht, der auf das Unternehmen entfällt, bei dem der Sicherungsfall eingetreten ist. ⁴Die Sätze 1 bis 3 gelten nicht, wenn der Sicherungsfall auf den in § 7 Abs. 1 Satz 4 Nr. 2 genannten Gründen beruht, es sei denn, daß das Trägerunternehmen seine Betriebstätigkeit nach Eintritt des Sicherungsfalls nicht fortsetzt und aufgelöst wird (Liquidationsvergleich).

(3 a) Absatz 3 findet entsprechende Anwendung auf einen Pensionsfonds, wenn die Bundesanstalt für Finanzdienstleistungsaufsicht die Genehmigung für die Übertragung der Leistungspflicht durch den Träger der Insolvenzsicherung nach § 8 Abs. 1 a nicht erteilt.

(4) **[Insolvenzplan]** ¹In einem Insolvenzplan, der die Fortführung des Unternehmens oder eines Betriebes vorsieht, kann für den Träger der Insolvenzsicherung eine besondere Gruppe gebildet werden. ²Sofern im Insolvenzplan nichts anderes vorgesehen ist, kann der Träger der Insolvenzsicherung, wenn innerhalb von drei Jahren nach der Aufhebung des Insolvenzverfahrens ein Antrag auf Eröffnung eines neuen Insolvenzverfahrens über das Vermögen des Arbeitgebers gestellt wird, in diesem Verfahren als Insolvenzgläubiger Erstattung der von ihm erbrachten Leistungen verlangen.

(5) **[Beschwerderecht]** Dem Träger der Insolvenzsicherung steht gegen den Beschluß, durch den das Insolvenzverfahren eröffnet wird, die sofortige Beschwerde zu.

§ 10 **Beitragspflicht und Beitragsbemessung.** (1) **[Beitragspflicht]** Die Mittel für die Durchführung der Insolvenzsicherung werden auf Grund öffentlich-rechtlicher Verpflichtung durch Beiträge aller Arbeitgeber aufgebracht, die Leistungen der betrieblichen Altersversorgung unmittelbar zugesagt haben oder eine betriebliche Altersversorgung über eine Unterstützungskasse, eine Direktversicherung der in § 7 Abs. 1 Satz 2 und Absatz 2 Satz 1 Nr. 2 bezeichneten Art oder einen Pensionsfonds durchführen.

(2) **[Gesamtbeitragsaufkommen]** ¹Die Beiträge müssen den Barwert der im laufenden Kalenderjahr entstehenden Ansprüche auf Leistungen der Insolvenzsicherung decken zuzüglich eines Betrages für die aufgrund eingetretener Insolvenzen zu sichernden Anwartschaften, der sich aus dem Unterschied der Barwerte dieser Anwartschaften am Ende des Kalenderjahres und am Ende des Vorjahres bemisst. ²Der Rechnungszinsfuß bei der Berechnung des Barwerts der Ansprüche auf Leistungen der Insolvenzsicherung bestimmt sich nach § 65 des Versicherungsaufsichtsgesetzes; soweit keine Übertragung nach § 8 Abs. 1 stattfindet, ist der Rechnungszinsfuß bei der Berechnung des Barwerts der Anwartschaften um ein Drittel höher. ³Darüber hinaus müssen die Beiträge die im gleichen Zeitraum entstehenden Verwaltungskosten und sonstigen Kosten, die mit der Gewährung der Leistungen zusammenhängen, und die Zuführung zu einem von der Bundesanstalt für Finanzdienstleistungsaufsicht festgesetzten Ausgleichsfonds decken; § 37 des Versicherungsaufsichtsgesetzes

bleibt unberührt. ⁴Auf die am Ende des Kalenderjahres fälligen Beiträge können Vorschüsse erhoben werden. ⁵Sind die nach den Sätzen 1 bis 3 erforderlichen Beiträge höher als im vorangegangenen Kalenderjahr, so kann der Unterschiedsbetrag auf das laufende und die folgenden vier Kalenderjahre verteilt werden. ⁶In Jahren, in denen sich außergewöhnlich hohe Beiträge ergeben würden, kann zu deren Ermäßigung der Ausgleichsfonds in einem von der Bundesanstalt für Finanzdienstleistungsaufsicht zu genehmigenden Umfang herangezogen werden.

(3) **[Beitragsbemessungsgrundlage]** Die nach Absatz 2 erforderlichen Beiträge werden auf die Arbeitgeber nach Maßgabe der nachfolgenden Beträge umgelegt, soweit sie sich auf die laufenden Versorgungsleistungen und die nach § 1b unverfallbaren Versorgungsanwartschaften beziehen (Beitragsbemessungsgrundlage); diese Beträge sind festzustellen auf den Schluß des Wirtschaftsjahres des Arbeitgebers, das im abgelaufenen Kalenderjahr geendet hat:

1. Bei Arbeitgebern, die Leistungen der betrieblichen Altersversorgung unmittelbar zugesagt haben, ist Beitragsbemessungsgrundlage der Teilwert der Pensionsverpflichtung (§ 6a Abs. 3 des Einkommensteuergesetzes).
2. Bei Arbeitgebern, die eine betriebliche Altersversorgung über eine Direktversicherung mit widerruflichem Bezugsrecht durchführen, ist Beitragsbemessungsgrundlage das geschäftsplanmäßige Deckungskapital oder, soweit die Berechnung des Deckungskapitals nicht zum Geschäftsplan gehört, die Deckungsrückstellung. Für Versicherungen, bei denen der Versicherungsfall bereits eingetreten ist, und für Versicherungsanwartschaften, für die ein unwiderrufliches Bezugsrecht eingeräumt ist, ist das Deckungskapital oder die Deckungsrückstellung nur insoweit zu berücksichtigen, als die Versicherungen abgetreten oder beliehen sind.
3. Bei Arbeitgebern, die eine betriebliche Altersversorgung über eine Unterstützungskasse durchführen, ist Beitragsbemessungsgrundlage das Deckungskapital für die laufenden Leistungen (§ 4d Abs. 1 Nr. 1 Buchstabe a des Einkommensteuergesetzes) zuzüglich des Zwanzigfachen der nach § 4d Abs. 1 Nr. 1 Buchstabe b Satz 1 des Einkommensteuergesetzes errechneten jährlichen Zuwendungen für Leistungsanwärter im Sinne von § 4d Abs. 1 Nr. 1 Buchstabe b Satz 2 des Einkommensteuergesetzes.
4. Bei Arbeitgebern, soweit sie die betriebliche Altersversorgung über einen Pensionsfonds durchführen, ist Beitragsbemessungsgrundlage 20 vom Hundert des entsprechend Nummer 1 ermittelten Betrages.

(4) **[Zwangsvollstreckung]** ¹Aus den Beitragsbescheiden des Trägers der Insolvenzsicherung findet die Zwangsvollstreckung in entsprechender Anwendung der Vorschriften der Zivilprozeßordnung statt. ²Die vollstreckbare Ausfertigung erteilt der Träger der Insolvenzsicherung.

§ 10a Säumniszuschläge; Zinsen; Verjährung. (1) Für Beiträge, die wegen Verstoßes des Arbeitgebers gegen die Meldepflicht erst nach Fälligkeit erhoben werden, kann der Träger der Insolvenzsicherung für jeden angefangenen Monat vom Zeitpunkt der Fälligkeit an einen Säumniszuschlag in Höhe von bis zu eins vom Hundert der nacherhobenen Beiträge erheben.

(2) ¹Für festgesetzte Beiträge und Vorschüsse, die der Arbeitgeber nach Fälligkeit zahlt, erhebt der Träger der Insolvenzsicherung für jeden Monat Ver-

zugszinsen in Höhe von 0,5 vom Hundert der rückständigen Beiträge. ²Angefangene Monate bleiben außer Ansatz.

(3) ¹Vom Träger der Insolvenzsicherung zu erstattende Beiträge werden vom Tage der Fälligkeit oder bei Feststellung des Erstattungsanspruchs durch gerichtliche Entscheidung vom Tage der Rechtshängigkeit an für jeden Monat mit 0,5 vom Hundert verzinst. ²Angefangene Monate bleiben außer Ansatz.

(4) ¹Ansprüche auf Zahlung der Beiträge zur Insolvenzsicherung gemäß § 10 sowie Erstattungsansprüche nach Zahlung nicht geschuldeter Beiträge zur Insolvenzsicherung verjähren in sechs Jahren. ²Die Verjährungsfrist beginnt mit Ablauf des Kalenderjahres, in dem die Beitragspflicht entstanden oder der Erstattungsanspruch fällig geworden ist. ³Auf die Verjährung sind die Vorschriften des Bürgerlichen Gesetzbuchs anzuwenden.

§ 11 Melde-, Auskunfts- und Mitteilungspflichten. (1) **[Erstmalige Mitteilung über Zusagen]** ¹Der Arbeitgeber hat dem Träger der Insolvenzsicherung eine betriebliche Altersversorgung nach § 1 b Abs. 1 bis 4 für seine Arbeitnehmer innerhalb von 3 Monaten nach Erteilung der unmittelbaren Versorgungszusage, dem Abschluß einer Direktversicherung oder der Errichtung einer Unterstützungskasse oder eines Pensionsfonds mitzuteilen. ²Der Arbeitgeber, der sonstige Träger der Versorgung, der Insolvenzverwalter und die nach § 7 Berechtigten sind verpflichtet, dem Träger der Insolvenzsicherung alle Auskünfte zu erteilen, die zur Durchführung der Vorschriften dieses Abschnittes erforderlich sind, sowie Unterlagen vorzulegen, aus denen die erforderlichen Angaben ersichtlich sind.

(2) **[Periodische Mitteilungen]** ¹Ein beitragspflichtiger Arbeitgeber hat dem Träger der Insolvenzsicherung spätestens bis zum 30. September eines jeden Kalenderjahres die Höhe des nach § 10 Abs. 3 für die Bemessung des Beitrages maßgebenden Betrages bei unmittelbaren Versorgungszusagen und Pensionsfonds auf Grund eines versicherungsmathematischen Gutachtens, bei Direktversicherungen auf Grund einer Bescheinigung des Versicherers und bei Unterstützungskassen auf Grund einer nachprüfbaren Berechnung mitzuteilen. ²Der Arbeitgeber hat die in Satz 1 bezeichneten Unterlagen mindestens 6 Jahre aufzubewahren.

(3) **[Mitteilungen im Insolvenzfall]** ¹Der Insolvenzverwalter hat dem Träger der Insolvenzsicherung die Eröffnung des Insolvenzverfahrens, Namen und Anschriften der Versorgungsempfänger und die Höhe ihrer Versorgung nach § 7 unverzüglich mitzuteilen. ²Er hat zugleich Namen und Anschriften der Personen, die bei Eröffnung des Insolvenzverfahrens eine nach § 1 unverfallbare Versorgungsanwartschaft haben, sowie die Höhe ihrer Anwartschaft nach § 7 mitzuteilen.

(4) Der Arbeitgeber, der sonstige Träger der Versorgung und die nach § 7 Berechtigten sind verpflichtet, dem Insolvenzverwalter Auskünfte über alle Tatsachen zu erteilen, auf die sich die Mitteilungspflicht nach Absatz 3 bezieht.

(5) In den Fällen, in denen ein Insolvenzverfahren nicht eröffnet wird (§ 7 Abs. 1 Satz 4) oder nach § 207 der Insolvenzordnung eingestellt worden ist, sind die Pflichten des Insolvenzverwalters nach Absatz 3 vom Arbeitgeber oder dem sonstigen Träger der Versorgung zu erfüllen.

(6) **[Amtshilfe]** Kammern und andere Zusammenschlüsse von Unternehmern oder anderen selbständigen Berufstätigen, die als Körperschaften des öffentlichen Rechts errichtet sind, ferner Verbände und andere Zusammenschlüsse, denen Unternehmer oder andere selbständige Berufstätige kraft Gesetzes angehören oder anzugehören haben, haben den Träger der Insolvenzsicherung bei der Ermittlung der nach § 10 beitragspflichtigen Arbeitgeber zu unterstützen.

(7) **[Vordrucke]** Die nach den Absätzen 1 bis 3 und 5 zu Mitteilungen und Auskünften und die nach Absatz 6 zur Unterstützung Verpflichteten haben die vom Träger der Insolvenzsicherung vorgesehenen Vordrucke zu verwenden.

(8) **[Angaben der Finanzämter]** ¹Zur Sicherung der vollständigen Erfassung der nach § 10 beitragspflichtigen Arbeitgeber können die Finanzämter dem Träger der Insolvenzsicherung mitteilen, welche Arbeitgeber für die Beitragspflicht in Betracht kommen. ²Die Bundesregierung wird ermächtigt, durch Rechtsverordnung mit Zustimmung des Bundesrates das Nähere zu bestimmen und Einzelheiten des Verfahrens zu regeln.

§ 12 Ordnungswidrigkeiten.
(1) Ordnungswidrig handelt, wer vorsätzlich oder fahrlässig
1. entgegen § 11 Abs. 1 Satz 1, Abs. 2 Satz 1, Abs. 3 oder Abs. 5 eine Mitteilung nicht, nicht richtig, nicht vollständig oder nicht rechtzeitig vornimmt,
2. entgegen § 11 Abs. 1 Satz 2 oder Abs. 4 eine Auskunft nicht, nicht richtig, nicht vollständig oder nicht rechtzeitig erteilt oder
3. entgegen § 11 Abs. 1 Satz 2 Unterlagen nicht, nicht richtig, nicht vollständig oder nicht rechtzeitig vorlegt oder entgegen § 11 Abs. 2 Satz 2 Unterlagen nicht aufbewahrt.

(2) Die Ordnungswidrigkeit kann mit einer Geldbuße bis zu zweitausendfünfhundert Euro geahndet werden.

(3) Verwaltungsbehörde im Sinne des § 36 Abs. 1 Nr. 1 des Gesetzes über Ordnungswidrigkeiten ist die Bundesanstalt für Finanzdienstleistungsaufsicht.

§ 13 *(aufgehoben)*

§ 14 Träger der Insolvenzsicherung.
(1) **[Pensions-Sicherungs-Verein]** ¹Träger der Insolvenzsicherung ist der Pensions-Sicherungs-Verein Versicherungsverein auf Gegenseitigkeit. ²Er ist zugleich Träger der Insolvenzsicherung von Versorgungszusagen Luxemburger Unternehmen nach Maßgabe des Abkommens vom 22. September 2000 zwischen der Bundesrepublik Deutschland und dem Großherzogtum Luxemburg über Zusammenarbeit im Bereich der Insolvenzsicherung betrieblicher Altersversorgung. ³Er unterliegt der Aufsicht durch die Bundesanstalt für Finanzdienstleistungsaufsicht. ⁴Die Vorschriften des Versicherungsaufsichtsgesetzes gelten, soweit dieses Gesetz nichts anderes bestimmt.

(2) **[Kreditanstalt für Wiederaufbau]** ¹Der Bundesminister für Arbeit und Sozialordnung weist durch Rechtsverordnung mit Zustimmung des Bundesrates die Stellung des Trägers der Insolvenzsicherung der Kreditanstalt für Wiederaufbau zu, bei der ein Fonds zur Insolvenzsicherung der betrieblichen Altersversorgung gebildet wird, wenn

1. bis zum 31. Dezember 1974 nicht nachgewiesen worden ist, daß der in Absatz 1 genannte Träger die Erlaubnis der Aufsichtsbehörde zum Geschäftsbetrieb erhalten hat,
2. der in Absatz 1 genannte Träger aufgelöst worden ist oder
3. die Aufsichtsbehörde den Geschäftsbetrieb des in Absatz 1 genannten Trägers untersagt oder die Erlaubnis zum Geschäftsbetrieb widerruft.

²In den Fällen der Nummern 2 und 3 geht das Vermögen des in Absatz 1 genannten Trägers einschließlich der Verbindlichkeiten auf die Kreditanstalt für Wiederaufbau über, die es dem Fonds zur Insolvenzsicherung der betrieblichen Altersversorgung zuweist.

(3) ¹Wird die Insolvenzsicherung von der Kreditanstalt für Wiederaufbau durchgeführt, gelten die Vorschriften dieses Abschnittes mit folgenden Abweichungen:
1. In § 7 Abs. 6 entfällt die Zustimmung der Bundesanstalt für Finanzdienstleistungsaufsicht.
2. § 10 Abs. 2 findet keine Anwendung. Die von der Kreditanstalt für Wiederaufbau zu erhebenden Beiträge müssen den Bedarf für die laufenden Leistungen der Insolvenzsicherung im laufenden Kalenderjahr und die im gleichen Zeitraum entstehenden Verwaltungskosten und sonstigen Kosten, die mit der Gewährung der Leistungen zusammenhängen, decken. Bei einer Zuweisung nach Absatz 2 Nr. 1 beträgt der Beitrag für die ersten 3 Jahre mindestens 0,1 vom Hundert der Beitragsbemessungsgrundlage gemäß § 10 Abs. 3; der nicht benötigte Teil dieses Beitragsaufkommens wird einer Betriebsmittelreserve zugeführt. Bei einer Zuweisung nach Absatz 2 Nr. 2 oder 3 wird in den ersten 3 Jahren zu dem Beitrag nach Nummer 2 Satz 2 ein Zuschlag von 0,08 vom Hundert der Beitragsbemessungsgrundlage gemäß § 10 Abs. 3 zur Bildung einer Betriebsmittelreserve erhoben. Auf die Beiträge können Vorschüsse erhoben werden.
3. In § 12 Abs. 3 tritt an die Stelle der Bundesanstalt für Finanzdienstleistungsaufsicht die Kreditanstalt für Wiederaufbau.

²Die Kreditanstalt für Wiederaufbau verwaltet den Fonds im eigenen Namen. ³Für Verbindlichkeiten des Fonds haftet sie nur mit dem Vermögen des Fonds. ⁴Dieser haftet nicht für die sonstigen Verbindlichkeiten der Bank. ⁵§ 11 Abs. 1 Satz 1 des Gesetzes über die Kreditanstalt für Wiederaufbau in der Fassung der Bekanntmachung vom 23. Juni 1969 (BGBl. I S. 573), das zuletzt durch Artikel 14 des Gesetzes vom 21. Juni 2002 (BGBl. I S. 2010) geändert worden ist, ist in der jeweils geltenden Fassung auch für den Fonds anzuwenden.

§ 15 Verschwiegenheitspflicht. ¹Personen, die bei dem Träger der Insolvenzsicherung beschäftigt oder für ihn tätig sind, dürfen fremde Geheimnisse, insbesondere Betriebs- oder Geschäftsgeheimnisse, nicht unbefugt offenbaren oder verwerten. ²Sie sind nach dem Gesetz über die förmliche Verpflichtung nichtbeamteter Personen vom 2. März 1974 (Bundesgesetzbl. I S. 469, 547) von der Bundesanstalt für Finanzdienstleistungsaufsicht auf die gewissenhafte Erfüllung ihrer Obliegenheiten zu verpflichten.

Fünfter Abschnitt. Anpassung

§ 16 Anpassungsprüfungspflicht. (1) **[Grundsatz]** Der Arbeitgeber hat alle drei Jahre eine Anpassung der laufenden Leistungen der betrieblichen Altersversorgung zu prüfen und hierüber nach billigem Ermessen zu entscheiden; dabei sind insbesondere die Belange des Versorgungsempfängers und die wirtschaftliche Lage des Arbeitgebers zu berücksichtigen.

(2) **[Obergrenzen]** Die Verpflichtung nach Absatz 1 gilt als erfüllt, wenn die Anpassung nicht geringer ist als der Anstieg
1. des Verbraucherpreisindexes für Deutschland oder
2. der Nettolöhne vergleichbarer Arbeitnehmergruppen des Unternehmens im Prüfungszeitraum.

(3) **[Ausnahmen]** Die Verpflichtung nach Absatz 1 entfällt, wenn
1. der Arbeitgeber sich verpflichtet, die laufenden Leistungen jährlich um wenigstens eins vom Hundert anzupassen,
2. die betriebliche Altersversorgung über eine Direktversicherung im Sinne des § 1b Abs. 2 oder über eine Pensionskasse im Sinne des § 1b Abs. 3 durchgeführt wird, ab Rentenbeginn sämtliche auf den Rentenbestand entfallende Überschußanteile zur Erhöhung der laufenden Leistungen verwendet werden und zur Berechnung der garantierten Leistung der nach § 65 Abs. 1 Nr. 1 Buchstabe a des Versicherungsaufsichtsgesetzes festgesetzte Höchstzinssatz zur Berechnung der Deckungsrückstellung nicht überschritten wird oder
3. eine Beitragszusage mit Mindestleistung erteilt wurde; Absatz 5 findet insoweit keine Anwendung.

(4) **[Nachholen der Anpassung]** [1]Sind laufende Leistungen nach Absatz 1 nicht oder nicht in vollem Umfang anzupassen (zu Recht unterbliebene Anpassung), ist der Arbeitgeber nicht verpflichtet, die Anpassung zu einem späteren Zeitpunkt nachzuholen. [2]Eine Anpassung gilt als zu Recht unterblieben, wenn der Arbeitgeber dem Versorgungsempfänger die wirtschaftliche Lage des Unternehmens schriftlich dargelegt, der Versorgungsempfänger nicht binnen drei Kalendermonaten nach Zugang der Mitteilung schriftlich widersprochen hat und er auf die Rechtsfolgen eines nicht fristgemäßen Widerspruchs hingewiesen wurde.

(5) [1]Soweit betriebliche Altersversorgung durch Entgeltumwandlung finanziert wird, ist der Arbeitgeber verpflichtet, die Leistungen mindestens entsprechend Absatz 3 Nr. 1 anzupassen oder im Falle der Durchführung über eine Direktversicherung oder eine Pensionskasse sämtliche Überschussanteile entsprechend Absatz 3 Nr. 2 zu verwenden.

(6) Eine Verpflichtung zur Anpassung besteht nicht für monatliche Raten im Rahmen eines Auszahlungsplans sowie für Renten ab Vollendung des 85. Lebensjahres im Anschluss an einen Auszahlungsplan.

Sechster Abschnitt. Geltungsbereich

§ 17 Persönlicher Geltungsbereich und Tariföffnungsklausel. (1) **[Arbeitnehmer** [1]Arbeitnehmer im Sinne der §§ 1 bis 16 sind Arbeiter und Angestellte einschließlich der zu ihrer Berufsausbildung Beschäftigten; ein Berufsausbildungsverhältnis steht einem Arbeitsverhältnis gleich. ²Die §§ 1 bis 16 gelten entsprechend für Personen, die nicht Arbeitnehmer sind, wenn ihnen Leistungen der Alters-, Invaliditäts- oder Hinterbliebenenversorgung aus Anlaß ihrer Tätigkeit für ein Unternehmen zugesagt worden sind. ³Arbeitnehmer im Sinne von § 1a Abs. 1 sind nur Personen nach den Sätzen 1 und 2, soweit sie aufgrund der Beschäftigung oder Tätigkeit bei dem Arbeitgeber, gegen den sich der Anspruch nach § 1a richten würde, in der gesetzlichen Rentenversicherung pflichtversichert sind.

(2) **[Öffentlicher Dienst]** Die §§ 7 bis 15 gelten nicht für den Bund, die Länder, die Gemeinden sowie die Körperschaften, Stiftungen und Anstalten des öffentlichen Rechts, bei denen das Insolvenzverfahren nicht zulässig ist, und solche juristische Personen des öffentlichen Rechts, bei denen der Bund, ein Land oder eine Gemeinde kraft Gesetzes die Zahlungsfähigkeit sichert.

(3) **[Unabdingbarkeit]** ¹Von den §§ 1a, 2 bis 5, 16, 18a Satz 1, §§ 27 und 28 kann in Tarifverträgen abgewichen werden. ²Die abweichenden Bestimmungen haben zwischen nichttarifgebundenen Arbeitgebern und Arbeitnehmern Geltung, wenn zwischen diesen die Anwendung der einschlägigen tariflichen Regelung vereinbart ist. ³Im übrigen kann von den Bestimmungen dieses Gesetzes nicht zuungunsten des Arbeitnehmers abgewichen werden.

(4) **[Gesetzesvorrang]** Gesetzliche Regelungen über Leistungen der betrieblichen Altersversorgung werden unbeschadet des § 18 durch die §§ 1 bis 16 und 26 bis 30 nicht berührt.

(5) **[Entgeltumwandlung nach Tarifvertrag]** Soweit Entgeltansprüche auf einem Tarifvertrag beruhen, kann für diese eine Entgeltumwandlung nur vorgenommen werden, soweit dies durch Tarifvertrag vorgesehen oder durch Tarifvertrag zugelassen ist.

§ 18 Sonderregelungen für den öffentlichen Dienst.
(1) Für Personen, die

1. bei der Versorgungsanstalt des Bundes und der Länder (VBL) oder einer kommunalen oder kirchlichen Zusatzversorgungseinrichtung pflichtversichert sind, oder
2. bei einer anderen Zusatzversorgungseinrichtung pflichtversichert sind, die mit einer der Zusatzversorgungseinrichtungen nach Nummer 1 ein Überleitungsabkommen abgeschlossen hat oder aufgrund satzungsrechtlicher Vorschriften der Zusatzversorgungseinrichtungen nach Nummer 1 ein solches Abkommen abschließen kann, oder
3. unter das Gesetz über die zusätzliche Alters- und Hinterbliebenenversorgung für Angestellte und Arbeiter der Freien und Hansestadt Hamburg (Erstes Ruhegeldgesetz - 1. RGG), das Gesetz zur Neuregelung der zusätzlichen Alters- und Hinterbliebenenversorgung für Angestellte und Arbeiter der Freien und Hansestadt Hamburg (Zweites Ruhegeldgesetz - 2. RGG) oder unter das Bremische Ruhelohngesetz in ihren jeweiligen Fassungen fallen oder auf die diese Gesetze sonst Anwendung finden,

gelten die §§ 2, 5, 16, 27 und 28 nicht, soweit sich aus den nachfolgenden Regelungen nichts Abweichendes ergibt; § 4 gilt nicht, wenn die Anwartschaft oder die laufende Leistung ganz oder teilweise umlage- oder haushaltsfinanziert ist.

(2) Bei Eintritt des Versorgungsfalles erhalten die in Absatz 1 Nr. 1 und 2 bezeichneten Personen, deren Anwartschaft nach § 1 b fortbesteht und deren Arbeitsverhältnis vor Eintritt des Versorgungsfalles geendet hat, von der Zusatzversorgungseinrichtung eine Zusatzrente nach folgenden Maßgaben:

1. Der monatliche Betrag der Zusatzrente beträgt für jedes Jahr der aufgrund des Arbeitsverhältnisses bestehenden Pflichtversicherung bei einer Zusatzversorgungseinrichtung 2,25 vom Hundert, höchstens jedoch 100 vom Hundert der Leistung, die bei dem höchstmöglichen Versorgungssatz zugestanden hätte (Voll-Leistung). Für die Berechnung der Voll-Leistung

   a) ist der Versicherungsfall der Regelaltersrente maßgebend,

   b) ist das Arbeitsentgelt maßgebend, das nach der Versorgungsregelung für die Leistungsbemessung maßgebend wäre, wenn im Zeitpunkt des Ausscheidens der Versicherungsfall im Sinne der Versorgungsregelung eingetreten wäre,

   c) finden § 2 Abs. 5 Satz 1 und § 2 Abs. 6 entsprechend Anwendung,

   d) ist im Rahmen einer Gesamtversorgung der im Falle einer Teilzeitbeschäftigung oder Beurlaubung nach der Versorgungsregelung für die gesamte Dauer des Arbeitsverhältnisses maßgebliche Beschäftigungsquotient nach der Versorgungsregelung als Beschäftigungsquotient auch für die übrige Zeit maßgebend,

   e) finden die Vorschriften der Versorgungsregelung über eine Mindestleistung keine Anwendung und

   f) ist eine anzurechnende Grundversorgung nach dem bei der Berechnung von Pensionsrückstellungen für die Berücksichtigung von Renten aus der gesetzlichen Rentenversicherung allgemein zulässigen Verfahren zu ermitteln. Hierbei ist das Arbeitsentgelt nach Buchstabe b zugrunde zu legen und – soweit während der Pflichtversicherung Teilzeitbeschäftigung bestand – diese nach Maßgabe der Versorgungsregelung zu berücksichtigen.

2. Die Zusatzrente vermindert sich um 0,3 vom Hundert für jeden vollen Kalendermonat, den der Versorgungsfall vor Vollendung des 65. Lebensjahres eintritt, höchstens jedoch um den in der Versorgungsregelung für die Voll-Leistung vorgesehenen Vomhundertsatz.

3. Übersteigt die Summe der Vomhundertsätze nach Nummer 1 aus unterschiedlichen Arbeitsverhältnissen 100, sind die einzelnen Leistungen im gleichen Verhältnis zu kürzen.

4. Die Zusatzrente muss monatlich mindestens den Betrag erreichen, der sich aufgrund des Arbeitsverhältnisses nach der Versorgungsregelung als Versicherungsrente aus den jeweils maßgeblichen Vomhundertsätzen der zusatzversorgungspflichtigen Entgelte oder der gezahlten Beiträge und Erhöhungsbeträge ergibt.

5. Die Vorschriften der Versorgungsregelung über das Erlöschen, das Ruhen und die Nichtleistung der Versorgungsrente gelten entsprechend. Soweit die Versorgungsregelung eine Mindestleistung in Ruhensfällen vorsieht, gilt dies nur, wenn die Mindestleistung der Leistung im Sinne der Nummer 4 entspricht.

6. Verstirbt die in Absatz 1 genannte Person, erhält eine Witwe oder ein Witwer 60 vom Hundert, eine Witwe oder ein Witwer im Sinne des § 46 Abs. 1 des Sechsten Buches Sozialgesetzbuch 42 vom Hundert, eine Halbwaise 12 vom Hundert und eine Vollwaise 20 vom Hundert der unter Be-

rücksichtigung der in diesem Absatz genannten Maßgaben zu berechnenden Zusatzrente; die §§ 46, 48, 103 bis 105 des Sechsten Buches Sozialgesetzbuch sind entsprechend anzuwenden. Die Leistungen an mehrere Hinterbliebene dürfen den Betrag der Zusatzrente nicht übersteigen; gegebenenfalls sind die Leistungen im gleichen Verhältnis zu kürzen.

7. Versorgungsfall ist der Versicherungsfall im Sinne der Versorgungsregelung.

(3) Personen, auf die bis zur Beendigung ihres Arbeitsverhältnisses die Regelungen des Ersten Ruhegeldgesetzes, des Zweiten Ruhegeldgesetzes oder des Bremischen Ruhelohngesetzes in ihren jeweiligen Fassungen Anwendung gefunden haben, haben Anspruch gegenüber ihrem ehemaligen Arbeitgeber auf Leistungen in sinngemäßer Anwendung des Absatzes 2 mit Ausnahme von Absatz 2 Nr. 3 und 4 sowie Nr. 5 Satz 2; bei Anwendung des Zweiten Ruhegeldgesetzes bestimmt sich der monatliche Betrag der Zusatzrente abweichend von Absatz 2 nach der nach dem Zweiten Ruhegeldgesetz maßgebenden Berechnungsweise.

(4) Die Leistungen nach den Absätzen 2 und 3 werden, mit Ausnahme der Leistungen nach Absatz 2 Nr. 4, jährlich zum 1. Juli um 1 vom Hundert erhöht, soweit in diesem Jahr eine allgemeine Erhöhung der Versorgungsrenten erfolgt.

(5) Besteht bei Eintritt des Versorgungsfalles neben dem Anspruch auf Zusatzrente oder auf die in Absatz 3 oder Absatz 7 bezeichneten Leistungen auch Anspruch auf eine Versorgungsrente oder Versicherungsrente der in Absatz 1 Satz 1 Nr. 1 und 2 bezeichneten Zusatzversorgungseinrichtungen oder Anspruch auf entsprechende Versorgungsleistungen der Versorgungsanstalt der deutschen Kulturorchester oder der Versorgungsanstalt der deutschen Bühnen oder nach den Regelungen des Ersten Ruhegeldgesetzes, des Zweiten Ruhegeldgesetzes oder des Bremischen Ruhelohngesetzes, in deren Berechnung auch die der Zusatzrente zugrunde liegenden Zeiten berücksichtigt sind, ist nur die im Zahlbetrag höhere Rente zu leisten.

(6) Eine Anwartschaft auf Zusatzrente nach Absatz 2 oder auf Leistungen nach Absatz 3 kann bei Übertritt der anwartschaftsberechtigten Person in ein Versorgungssystem einer überstaatlichen Einrichtung in das Versorgungssystem dieser Einrichtung übertragen werden, wenn ein entsprechendes Abkommen zwischen der Zusatzversorgungseinrichtung oder der Freien und Hansestadt Hamburg oder der Freien Hansestadt Bremen und der überstaatlichen Einrichtung besteht.

(7) [1]Für Personen, die bei der Versorgungsanstalt der deutschen Kulturorchester oder der Versorgungsanstalt der deutschen Bühnen pflichtversichert sind, gelten die §§ 2 bis 5, 16, 27 und 28 nicht. [2]Bei Eintritt des Versorgungsfalles treten an die Stelle der Zusatzrente und der Leistungen an Hinterbliebene nach Absatz 2 und an die Stelle der Regelung in Absatz 4 die satzungsgemäß vorgesehenen Leistungen; Absatz 2 Nr. 5 findet entsprechend Anwendung. [3]Die Höhe der Leistungen kann nach dem Ausscheiden aus dem Beschäftigungsverhältnis nicht mehr geändert werden. [4]Als pflichtversichert gelten auch die freiwillig Versicherten der Versorgungsanstalt der deutschen Kulturorchester und der Versorgungsanstalt der deutschen Bühnen.

(8) Gegen Entscheidungen der Zusatzversorgungseinrichtungen über Ansprüche nach diesem Gesetz ist der Rechtsweg gegeben, der für Versicherte der Einrichtung gilt.

(9) Bei Personen, die aus einem Arbeitsverhältnis ausscheiden, in dem sie nach § 5 Abs. 1 Satz 1 Nr. 2 des Sechsten Buches Sozialgesetzbuch versicherungsfrei waren, dürfen die Ansprüche nach § 2 Abs. 1 Satz 1 und 2 nicht hinter dem Rentenanspruch zurückbleiben, der sich ergeben hätte, wenn der Arbeitnehmer für die Zeit der versicherungsfreien Beschäftigung in der gesetzlichen Rentenversicherung nachversichert worden wäre; die Vergleichsberechnung ist im Versorgungsfall aufgrund einer Auskunft der Deutschen Rentenversicherung Bund vorzunehmen.

§ 18a Verjährung. [1]Der Anspruch auf Leistungen aus der betrieblichen Altersversorgung verjährt in 30 Jahren. [2]Ansprüche auf regelmäßig wiederkehrende Leistungen unterliegen der regelmäßigen Verjährungsfrist nach den Vorschriften des Bürgerlichen Gesetzbuchs.

Zweiter Teil. Steuerrechtliche Vorschriften

§§ 19–24 *(hier nicht wiedergegebene Änderungs- und Aufhebungsvorschriften)*

§ 25 Aufhebung des Zuwendungsgesetzes. Das Gesetz über die Behandlung von Zuwendungen an betriebliche Pensionskassen und Unterstützungskassen bei den Steuern vom Einkommen und Ertrag vom 26. März 1952 (Bundesgesetzbl. I S. 206) wird hinsichtlich der Unterstützungskassen mit Wirkung für Wirtschaftsjahre, die nach dem 31. Dezember 1974 enden, im übrigen mit Wirkung für Wirtschaftsjahre, die nach dem 21. Dezember 1974 enden, aufgehoben.

Dritter Teil. Übergangs- und Schlußvorschriften

§ 26 Ausschluß der Rückwirkung. Die §§ 1 bis 4 und 18 gelten nicht, wenn das Arbeitsverhältnis oder Dienstverhältnis vor dem Inkrafttreten des Gesetzes beendet worden ist.

§ 27 Direktversicherungen und Pensionskassen. § 2 Abs. 2 Satz 2 Nr. 2 und 3 und Abs. 3 Satz 2 Nr. 1 und 2 gelten in Fällen, in denen vor dem Inkrafttreten des Gesetzes die Direktversicherung abgeschlossen worden ist oder die Versicherung des Arbeitnehmers bei einer Pensionskasse begonnen hat, mit der Maßgabe, daß die in diesen Vorschriften genannten Voraussetzungen spätestens für die Zeit nach Ablauf eines Jahres seit dem Inkrafttreten des Gesetzes erfüllt sein müssen.

§ 28 Auszehrungs- und Anrechnungsverbot. § 5 gilt für Fälle, in denen der Versorgungsfall vor dem Inkrafttreten des Gesetzes eingetreten ist, mit der Maßgabe, daß diese Vorschrift bei der Berechnung der nach dem Inkrafttreten des Gesetzes fällig werdenden Versorgungsleistungen anzuwenden ist.

§ 29 Vorzeitige Altersleistungen. § 6 gilt für die Fälle, in denen das Altersruhegeld der gesetzlichen Rentenversicherung bereits vor dem Inkrafttreten des Gesetzes in Anspruch genommen worden ist, mit der Maßgabe, daß die Leistungen der betrieblichen Altersversorgung vom Inkrafttreten des Gesetzes an zu gewähren sind.

§ 30 Erstmalige Beitrags- und Leistungspflicht bei Insolvenzsicherung. ¹Ein Anspruch gegen den Träger der Insolvenzsicherung nach § 7 besteht nur, wenn der Sicherungsfall nach dem Inkrafttreten der §§ 7 bis 15 eingetreten ist; er kann erstmals nach dem Ablauf von sechs Monaten nach diesem Zeitpunkt geltend gemacht werden. ²Die Beitragspflicht des Arbeitgebers beginnt mit dem Inkrafttreten der §§ 7 bis 15.

§ 30 a [Leistungen der betrieblichen Altersversorgung] (1) **[Beschäftigungszeiten vor dem 17. 5. 1990]** ¹Männlichen Arbeitnehmern,
1. die vor dem 1. Januar 1952 geboren sind,
2. die das 60. Lebensjahr vollendet haben,
3. die nach Vollendung des 40. Lebensjahres mehr als 10 Jahre Pflichtbeiträge für eine in der gesetzlichen Rentenversicherung versicherte Beschäftigung oder Tätigkeit nach den Vorschriften des Sechsten Buches Sozialgesetzbuch haben,
4. die die Wartezeit von 15 Jahren in der gesetzlichen Rentenversicherung erfüllt haben und
5. deren Arbeitsentgelt oder Arbeitseinkommen die Hinzuverdienstgrenze nach § 34 Abs. 3 Nr. 1 des Sechsten Buches Sozialgesetzbuch nicht überschreitet,

sind auf deren Verlangen nach Erfüllung der Wartezeit und sonstiger Leistungsvoraussetzungen der Versorgungsregelung für nach dem 17. Mai 1990 zurückgelegte Beschäftigungszeiten Leistungen der betrieblichen Altersversorgung zu gewähren. ² § 6 Satz 3 gilt entsprechend.

(2) **[Beschäftigungszeiten vor dem 17. 5. 1990]** Haben der Arbeitnehmer oder seine anspruchsberechtigten Angehörigen vor dem 17. Mai 1990 gegen die Versagung der Leistungen der betrieblichen Altersversorgung Rechtsmittel eingelegt, ist Absatz 1 für Beschäftigungszeiten nach dem 8. April 1976 anzuwenden.

(3) **[Verjährung]** Die Vorschriften des Bürgerlichen Gesetzbuchs über die Verjährung von Ansprüchen aus dem Arbeitsverhältnis bleiben unberührt.

§ 30 b [Anwendbarkeit des § 4 Abs. 3] § 4 Abs. 3 gilt nur für Zusagen, die nach dem 31. Dezember 2004 erteilt wurden.

§ 30 c [Anwendbarkeit des § 16 Abs. 3 Nr. 1] (1) § 16 Abs. 3 Nr. 1 gilt nur für laufende Leistungen, die auf Zusagen beruhen, die nach dem 31. Dezember 1998 erteilt werden.

(2) § 16 Abs. 4 gilt nicht für vor dem 1. Januar 1999 zu Recht unterbliebene Anpassungen.

(3) § 16 Abs. 5 gilt nur für laufende Leistungen, die auf Zusagen beruhen, die nach dem 31. Dezember 2000 erteilt werden.

(4) Für die Erfüllung der Anpassungsprüfungspflicht für Zeiträume vor dem 1. Januar 2003 gilt § 16 Abs. 2 Nr. 1 mit der Maßgabe, dass an die Stelle des Verbraucherpreisindexes für Deutschland der Preisindex für die Lebenshaltung

von 4-Personen-Haushalten von Arbeitern und Angestellten mit mittlerem Einkommen tritt.

§ 30 d Übergangsregelung zu § 18. (1) [1]Ist der Versorgungsfall vor dem 1. Januar 2001 eingetreten oder ist der Arbeitnehmer vor dem 1. Januar 2001 aus dem Beschäftigungsverhältnis bei einem öffentlichen Arbeitgeber ausgeschieden und der Versorgungsfall nach dem 31. Dezember 2000 eingetreten, sind für die Berechnung der Voll-Leistung die Regelungen der Zusatzversorgungseinrichtungen nach § 18 Abs. 1 Satz 1 Nr. 1 und 2 oder die Gesetze im Sinne des § 18 Abs. 1 Satz 1 Nr. 3 sowie die weiteren Berechnungsfaktoren jeweils in der am 31. Dezember 2000 geltenden Fassung maßgebend; § 18 Abs. 2 Nr. 1 Buchstabe b bleibt unberührt. [2]Die Steuerklasse III/O ist zugrunde zu legen. [3]Ist der Versorgungsfall vor dem 1. Januar 2001 eingetreten, besteht der Anspruch auf Zusatzrente mindestens in der Höhe, wie er sich aus § 18 in der Fassung vom 16. Dezember 1997 (BGBl. I S. 2998) ergibt.

(2) Die Anwendung des § 18 ist in den Fällen des Absatzes 1 ausgeschlossen, soweit eine Versorgungsrente der in § 18 Abs. 1 Satz 1 Nr. 1 und 2 bezeichneten Zusatzversorgungseinrichtungen oder eine entsprechende Leistung aufgrund der Regelungen des Ersten Ruhegeldgesetzes, des Zweiten Ruhegeldgesetzes oder des Bremischen Ruhelohngesetzes bezogen wird, oder eine Versicherungsrente abgefunden wurde.

(3) [1]Für Arbeitnehmer im Sinne des § 18 Abs. 1 Satz 1 Nr. 4, 5 und 6 in der bis zum 31. Dezember 1998 geltenden Fassung, für die bis zum 31. Dezember 1998 ein Anspruch auf Nachversicherung nach § 18 Abs. 6 entstanden ist, gilt Absatz 1 Satz 1 für die aufgrund der Nachversicherung zu ermittelnde Voll-Leistung entsprechend mit der Maßgabe, dass sich der nach § 2 zu ermittelnde Anspruch gegen den ehemaligen Arbeitgeber richtet. [2]Für den nach § 2 zu ermittelnden Anspruch gilt § 18 Abs. 2 Nr. 1 Buchstabe b entsprechend; für die übrigen Bemessungsfaktoren ist auf die Rechtslage am 31. Dezember 2000 abzustellen. [3]Leistungen der gesetzlichen Rentenversicherung, die auf einer Nachversicherung wegen Ausscheidens aus einem Dienstordnungsverhältnis beruhen, und Leistungen, die die zuständige Versorgungseinrichtung aufgrund von Nachversicherungen im Sinne des 18 Abs. 6 in der am 31. Dezember 1998 geltenden Fassung gewährt, werden auf den Anspruch nach § 2 angerechnet. [4]Hat das Arbeitsverhältnis im Sinne des § 18 Abs. 9 bereits am 31. Dezember 1998 bestanden, ist in die Vergleichsberechnung nach § 18 Abs. 9 auch die Zusatzrente nach § 18 in der bis zum 31. Dezember 1998 geltenden Fassung einzubeziehen.

§ 30 e [Anwendungsbereich des § 1 Abs. 2 Nr. 4] (1) § 1 Abs. 2 Nr. 4 zweiter Halbsatz gilt für Zusagen, die nach dem 31. Dezember 2002 erteilt werden.

(2) [1]§ 1 Abs. 2 Nr. 4 zweiter Halbsatz findet auf Pensionskassen, deren Leistungen der betrieblichen Altersversorgung durch Beiträge der Arbeitnehmer und Arbeitgeber gemeinsam finanziert und die als beitragsorientierte Leistungszusage oder als Leistungszusage durchgeführt werden, mit der Maßgabe Anwendung, dass dem ausgeschiedenen Arbeitnehmer das Recht zur Fortführung mit eigenen Beiträgen nicht eingeräumt werden und eine Überschussverwendung gemäß § 1 b Abs. 5 Nr. 1 nicht erfolgen muss. [2]Wird dem aus-

geschiedenen Arbeitnehmer ein Recht zur Fortführung nicht eingeräumt, gilt für die Höhe der unverfallbaren Anwartschaft § 2 Abs. 5 a entsprechend. ³Für die Anpassung laufender Leistungen gelten die Regelungen nach § 16 Abs. 1 bis 4. ⁴Die Regelung in Absatz 1 bleibt unberührt.

§ 30 f [**Unverfallbare Anwartschaft**]. [*ab 1. 1. 2009 geltende Fassung:* (1)] ¹Wenn Leistungen der betrieblichen Altersversorgung vor dem 1. Januar 2001 zugesagt worden sind, ist § 1 b Abs. 1 mit der Maßgabe anzuwenden, dass die Anwartschaft erhalten bleibt, wenn das Arbeitsverhältnis vor Eintritt des Versorgungsfalles, jedoch nach Vollendung des 35. Lebensjahres endet und die Versorgungszusage zu diesem Zeitpunkt
1. mindestens zehn Jahre oder
2. bei mindestens zwölfjähriger Betriebszugehörigkeit mindestens drei Jahre
bestanden hat [*bis 31. 12. 2008 geltende Fassung:* (unverfallbare Anwartschaft)]; in diesen Fällen bleibt die Anwartschaft auch erhalten, wenn die Zusage ab dem 1. Januar 2001 fünf Jahre bestanden hat und bei Beendigung des Arbeitsverhältnisses das 30. Lebensjahr vollendet ist. ²§ 1 b Abs. 5 findet für Anwartschaften aus diesen Zusagen keine Anwendung.
Abs. (2) in der ab 1. 1. 2009 geltenden Fassung:

(2) Wenn Leistungen der betrieblichen Altersversorgung vor dem 1. Januar 2009 und nach dem 31. Dezember 2000 zugesagt worden sind, ist § 1 b Abs. 1 Satz 1 mit der Maßgabe anzuwenden, dass die Anwartschaft erhalten bleibt, wenn das Arbeitsverhältnis vor Eintritt des Versorgungsfalls, jedoch nach Vollendung des 30. Lebensjahres endet und die Versorgungszusage zu diesem Zeitpunkt fünf Jahre bestanden hat; in diesen Fällen bleibt die Anwartschaft auch erhalten, wenn die Zusage ab dem 1. Januar 2009 fünf Jahre bestanden hat und bei Beendigung des Arbeitsverhältnisses das 25. Lebensjahr vollendet ist.

§ 30 g [**Anwendbarkeit des § 2 Abs. 5 a**] (1) ¹§ 2 Abs. 5 a gilt nur für Anwartschaften, die auf Zusagen beruhen, die nach dem 31. Dezember 2000 erteilt worden sind. ²Im Einvernehmen zwischen Arbeitgeber und Arbeitnehmer kann § 2 Abs. 5 a auch auf Anwartschaften angewendet werden, die auf Zusagen beruhen, die vor dem 1. Januar 2001 erteilt worden sind.

(2) § 3 findet keine Anwendung auf laufende Leistungen, die vor dem 1. Januar 2005 erstmals gezahlt worden sind.

§ 30 h [**Entgeltumwandlungen nach dem 19. 6. 2001**] § 17 Abs. 5 gilt für Entgeltumwandlungen, die auf Zusagen beruhen, die nach dem 29. Juni 2001 erteilt werden.

§ 30 i [**Insolvenzsicherung**] (1) ¹Der Barwert der bis zum 31. Dezember 2005 aufgrund eingetretener Insolvenzen zu sichernden Anwartschaften wird einmalig auf die beitragspflichtigen Arbeitgeber entsprechend § 10 Abs. 3 umgelegt und vom Träger der Insolvenzsicherung nach Maßgabe der Beträge zum Schluss des Wirtschaftsjahres, das im Jahr 2004 geendet hat, erhoben. ²Der Rechnungszinsfuß bei der Berechnung des Barwerts beträgt 3,67 vom Hundert.

(2) ¹Der Betrag ist in 15 gleichen Raten fällig. ²Die erste Rate wird am 31. März 2007 fällig, die weiteren zum 31. März der folgenden Kalenderjahre.

³Bei vorfälliger Zahlung erfolgt eine Diskontierung der einzelnen Jahresraten mit dem zum Zeitpunkt der Zahlung um ein Drittel erhöhten Rechnungszinsfuß nach § 65 des Versicherungsaufsichtsgesetzes, wobei nur volle Monate berücksichtigt werden.

(3) Der abgezinste Gesamtbetrag ist gemäß Absatz 2 am 31. März 2007 fällig, wenn die sich ergebende Jahresrate nicht höher als 50 Euro ist.

(4) Insolvenzbedingte Zahlungsausfälle von ausstehenden Raten werden im Jahr der Insolvenz in die erforderlichen jährlichen Beiträge gemäß § 10 Abs. 2 eingerechnet.

§ 31 [Sicherungsfälle vor dem 1. 1. 1999] Auf Sicherungsfälle, die vor dem 1. Januar 1999 eingetreten sind, ist dieses Gesetz in der bis zu diesem Zeitpunkt geltenden Fassung anzuwenden.

§ 32 Inkrafttreten. ¹Dieses Gesetz tritt vorbehaltlich des Satzes 2 am Tage nach seiner Verkündung[1] in Kraft. ²Die §§ 7 bis 15 treten am 1. Januar 1975 in Kraft.

---

[1] Verkündet am 21. 12. 1974.

23. Insolvenzordnung (InsO)

Vom 5. Oktober 1994

(BGBl. I S. 2866)

FNA 311-13

zuletzt geänd. durch Art. 9 G zur Neuregelung des Rechtsberatungsrechts[1] v. 12. 12. 2007 (BGBl. I S. 2840)

– Auszug[2] –

Erster Teil. Allgemeine Vorschriften

§ 1 Ziele des Insolvenzverfahrens. [1]Das Insolvenzverfahren dient dazu, die Gläubiger eines Schuldners gemeinschaftlich zu befriedigen, indem das Vermögen des Schuldners verwertet und der Erlös verteilt oder in einem Insolvenzplan eine abweichende Regelung insbesondere zum Erhalt des Unternehmens getroffen wird. [2]Dem redlichen Schuldner wird Gelegenheit gegeben, sich von seinen restlichen Verbindlichkeiten zu befreien.

Zweiter Teil. Eröffnung des Insolvenzverfahrens. Erfaßtes Vermögen und Verfahrensbeteiligte

Zweiter Abschnitt. Insolvenzmasse. Einteilung der Gläubiger

§ 35 Begriff der Insolvenzmasse. (1) Das Insolvenzverfahren erfaßt das gesamte Vermögen, das dem Schuldner zur Zeit der Eröffnung des Verfahrens gehört und das er während des Verfahrens erlangt (Insolvenzmasse).

(2) [1]Übt der Schuldner eine selbstständige Tätigkeit aus oder beabsichtigt er, demnächst eine solche Tätigkeit auszuüben, hat der Insolvenzverwalter ihm gegenüber zu erklären, ob Vermögen aus der selbstständigen Tätigkeit zur Insolvenzmasse gehört und ob Ansprüche aus dieser Tätigkeit im Insolvenzverfahren geltend gemacht werden können. [2] § 295 Abs. 2 gilt entsprechend. [3]Auf Antrag des Gläubigerausschusses oder, wenn ein solcher nicht bestellt ist, der Gläubigerversammlung ordnet das Insolvenzgericht die Unwirksamkeit der Erklärung an.

(3) [1]Die Erklärung des Insolvenzverwalters ist dem Gericht gegenüber anzuzeigen. [2]Das Gericht hat die Erklärung und den Beschluss über ihre Unwirksamkeit öffentlich bekannt zu machen.

---

[1] **Amtl. Anm.:** Dieses Gesetz dient der Umsetzung der Richtlinie 2005/36/EG des Europäischen Parlaments und des Rates vom 7. September 2005 über die Anerkennung von Berufsqualifikationen (ABl. EU Nr. L 255 S. 22).

[2] Vollständig abgedruckt in **Schönfelder** – Deutsche Gesetze Nr. **110**.

§ 38 Begriff der Insolvenzgläubiger. Die Insolvenzmasse dient zur Befriedigung der persönlichen Gläubiger, die einen zur Zeit der Eröffnung des Insolvenzverfahrens begründeten Vermögensanspruch gegen den Schuldner haben (Insolvenzgläubiger).

§ 53 Massegläubiger. Aus der Insolvenzmasse sind die Kosten des Insolvenzverfahrens und die sonstigen Masseverbindlichkeiten vorweg zu berichtigen.

§ 54 Kosten des Insolvenzverfahrens. Kosten des Insolvenzverfahrens sind:
1. die Gerichtskosten für das Insolvenzverfahren;
2. die Vergütungen und die Auslagen des vorläufigen Insolvenzverwalters, des Insolvenzverwalters und der Mitglieder des Gläubigerausschusses.

§ 55 Sonstige Masseverbindlichkeiten. (1) Masseverbindlichkeiten sind weiter die Verbindlichkeiten:
1. die durch Handlungen des Insolvenzverwalters oder in anderer Weise durch die Verwaltung, Verwertung und Verteilung der Insolvenzmasse begründet werden, ohne zu den Kosten des Insolvenzverfahrens zu gehören;
2. aus gegenseitigen Verträgen, soweit deren Erfüllung zur Insolvenzmasse verlangt wird oder für die Zeit nach der Eröffnung des Insolvenzverfahrens erfolgen muß
3. aus einer ungerechtfertigten Bereicherung der Masse.

(2) [1]Verbindlichkeiten, die von einem vorläufigen Insolvenzverwalter begründet worden sind, auf den die Verfügungsbefugnis über das Vermögen des Schuldners übergegangen ist, gelten nach der Eröffnung des Verfahrens als Masseverbindlichkeiten. [2]Gleiches gilt für Verbindlichkeiten aus einem Dauerschuldverhältnis, soweit der vorläufige Insolvenzverwalter für das von ihm verwaltete Vermögen die Gegenleistung in Anspruch genommen hat.

(3) [1]Gehen nach Absatz 2 begründete Ansprüche auf Arbeitsentgelt nach § 187 des Dritten Buches Sozialgesetzbuch[1)] auf die Bundesagentur für Arbeit über, so kann die Bundesagentur diese nur als Insolvenzgläubiger geltend machen. [2]Satz 1 gilt entsprechend für die in § 208 Abs. 1 des Dritten Buches Sozialgesetzbuch bezeichneten Ansprüche, soweit diese gegenüber dem Schuldner bestehen bleiben.

Dritter Abschnitt. Insolvenzverwalter. Organe der Gläubiger

§ 67 Einsetzung des Gläubigerausschusses. (1) Vor der ersten Gläubigerversammlung kann das Insolvenzgericht einen Gläubigerausschuß einsetzen.

(2) [1]Im Gläubigerausschuß sollen die absonderungsberechtigten Gläubiger, die Insolvenzgläubiger mit den höchsten Forderungen und die Kleingläubiger vertreten sein. [2]Dem Ausschuß soll ein Vertreter der Arbeitnehmer angehören, wenn diese als Insolvenzgläubiger mit nicht unerheblichen Forderungen beteiligt sind.

[1)] Nr. 42.

(3) Zu Mitgliedern des Gläubigerausschusses können auch Personen bestellt werden, die keine Gläubiger sind.

§ 68 Wahl anderer Mitglieder. (1) ¹Die Gläubigerversammlung beschließt, ob ein Gläubigerausschuß eingesetzt werden soll. ²Hat das Insolvenzgericht bereits einen Gläubigerausschuß eingesetzt, so beschließt sie, ob dieser beibehalten werden soll.

(2) Sie kann vom Insolvenzgericht bestellte Mitglieder abwählen und andere oder zusätzliche Mitglieder des Gläubigerausschusses wählen.

§ 69 Aufgaben des Gläubigerausschusses. ¹Die Mitglieder des Gläubigerausschusses haben den Insolvenzverwalter bei seiner Geschäftsführung zu unterstützen und zu überwachen. ²Sie haben sich über den Gang der Geschäfte zu unterrichten sowie die Bücher und Geschäftspapiere einsehen und den Geldverkehr und -bestand prüfen zu lassen.

Dritter Teil. Wirkungen der Eröffnung des Insolvenzverfahrens

Erster Abschnitt. Allgemeine Wirkungen

§ 80 Übergang des Verwaltungs- und Verfügungsrechts. (1) Durch die Eröffnung des Insolvenzverfahrens geht das Recht des Schuldners, das zur Insolvenzmasse gehörende Vermögen zu verwalten und über es zu verfügen, auf den Insolvenzverwalter über.

(2) ¹Ein gegen den Schuldner bestehendes Veräußerungsverbot, das nur den Schutz bestimmter Personen bezweckt (§§ 135, 136 des Bürgerlichen Gesetzbuchs), hat im Verfahren keine Wirkung. ²Die Vorschriften über die Wirkungen einer Pfändung oder einer Beschlagnahme im Wege der Zwangsvollstreckung bleiben unberührt.

Zweiter Abschnitt. Erfüllung der Rechtsgeschäfte. Mitwirkung des Betriebsrats

§ 108 Fortbestehen bestimmter Schuldverhältnisse. (1) ¹Miet- und Pachtverhältnisse des Schuldners über unbewegliche Gegenstände oder Räume sowie Dienstverhältnisse des Schuldners bestehen mit Wirkung für die Insolvenzmasse fort. ²Dies gilt auch für Miet- und Pachtverhältnisse, die der Schuldner als Vermieter oder Verpächter eingegangen war und die sonstige Gegenstände betreffen, die einem Dritten, der ihre Anschaffung oder Herstellung finanziert hat, zur Sicherheit übertragen wurden.

(2) Ein vom Schuldner als Darlehensgeber eingegangenes Darlehensverhältnis besteht mit Wirkung für die Masse fort, soweit dem Darlehensnehmer der geschuldete Gegenstand zur Verfügung gestellt wurde.

(3) Ansprüche für die Zeit vor der Eröffnung des Insolvenzverfahrens kann der andere Teil nur als Insolvenzgläubiger geltend machen.

§ 113 Kündigung eines Dienstverhältnisses. ¹Ein Dienstverhältnis, bei dem der Schuldner der Dienstberechtigte ist, kann vom Insolvenzverwalter und vom anderen Teil ohne Rücksicht auf eine vereinbarte Vertragsdauer oder einen vereinbarten Ausschluß des Rechts zur ordentlichen Kündigung gekündigt werden. ²Die Kündigungsfrist beträgt drei Monate zum Monatsende, wenn nicht eine kürzere Frist maßgeblich ist. ³Kündigt der Verwalter, so kann der andere Teil wegen der vorzeitigen Beendigung des Dienstverhältnisses als Insolvenzgläubiger Schadenersatz verlangen.

§ 114 Bezüge aus einem Dienstverhältnis. (1) Hat der Schuldner vor der Eröffnung des Insolvenzverfahrens eine Forderung für die spätere Zeit auf Bezüge aus einem Dienstverhältnis oder an deren Stelle tretende laufende Bezüge abgetreten oder verpfändet, so ist diese Verfügung nur wirksam, soweit sie sich auf die Bezüge für die Zeit vor Ablauf von zwei Jahren nach dem Ende des zur Zeit der Eröffnung des Verfahrens laufenden Kalendermonats bezieht.

(2) ¹Gegen die Forderung auf die Bezüge für den in Absatz 1 bezeichneten Zeitraum kann der Verpflichtete eine Forderung aufrechnen, die ihm gegen den Schuldner zusteht. ²Die §§ 95 und 96 Nr. 2 bis 4 bleiben unberührt.

(3) ¹Ist vor der Eröffnung des Verfahrens im Wege der Zwangsvollstreckung über die Bezüge für die spätere Zeit verfügt worden, so ist diese Verfügung nur wirksam, soweit sie sich auf die Bezüge für den zur Zeit der Eröffnung des Verfahrens laufenden Kalendermonat bezieht. ²Ist die Eröffnung nach dem fünfzehnten Tag des Monats erfolgt, so ist die Verfügung auch für den folgenden Kalendermonat wirksam. ³§ 88 bleibt unberührt; § 89 Abs. 2 Satz 2 gilt entsprechend.

§ 120 Kündigung von Betriebsvereinbarungen. (1) ¹Sind in Betriebsvereinbarungen Leistungen vorgesehen, welche die Insolvenzmasse belasten, so sollen Insolvenzverwalter und Betriebsrat über eine einvernehmliche Herabsetzung der Leistungen beraten. ²Diese Betriebsvereinbarungen können auch dann mit einer Frist von drei Monaten gekündigt werden, wenn eine längere Frist vereinbart ist.

(2) Unberührt bleibt das Recht, eine Betriebsvereinbarung aus wichtigem Grund ohne Einhaltung einer Kündigungsfrist zu kündigen.

§ 121 Betriebsänderungen und Vermittlungsverfahren. Im Insolvenzverfahren über das Vermögen des Unternehmers gilt § 112 Abs. 2 Satz 1 des Betriebsverfassungsgesetzes[1]) mit der Maßgabe, daß dem Verfahren vor der Einigungsstelle nur dann ein Vermittlungsversuch vorangeht, wenn der Insolvenzverwalter und der Betriebsrat gemeinsam um eine solche Vermittlung ersuchen.

§ 122 Gerichtliche Zustimmung zur Durchführung einer Betriebsänderung. (1) ¹Ist eine Betriebsänderung geplant und kommt zwischen Insolvenzverwalter und Betriebsrat der Interessenausgleich nach § 112 des Betriebsverfassungsgesetzes[1]) nicht innerhalb von drei Wochen nach Verhandlungsbeginn oder schriftlicher Aufforderung zur Aufnahme von Verhandlungen

---

[1]) Nr. **81**.

Insolvenzordnung §§ 123, 124 InsO 23

zustande, obwohl der Verwalter den Betriebsrat rechtzeitig und umfassend unterrichtet hat, so kann der Verwalter die Zustimmung des Arbeitsgerichts dazu beantragen, daß die Betriebsänderung durchgeführt wird, ohne daß das Verfahren nach § 112 Abs. 2 des Betriebsverfassungsgesetzes vorangegangen ist. [2]§ 113 Abs. 3 des Betriebsverfassungsgesetzes ist insoweit nicht anzuwenden. [3]Unberührt bleibt das Recht des Verwalters, einen Interessenausgleich nach § 125 zustande zu bringen oder einen Feststellungsantrag nach § 126 zu stellen.

(2) [1]Das Gericht erteilt die Zustimmung, wenn die wirtschaftliche Lage des Unternehmens auch unter Berücksichtigung der sozialen Belange der Arbeitnehmer erfordert, daß die Betriebsänderung ohne vorheriges Verfahren nach § 112 Abs. 2 des Betriebsverfassungsgesetzes durchgeführt wird. [2]Die Vorschriften des Arbeitsgerichtsgesetzes über das Beschlußverfahren gelten entsprechend; Beteiligte sind der Insolvenzverwalter und der Betriebsrat. [3]Der Antrag ist nach Maßgabe des § 61 a Abs. 3 bis 6 des Arbeitsgerichtsgesetzes[1]) vorrangig zu erledigen.

(3) [1]Gegen den Beschluß des Gerichts findet die Beschwerde an das Landesarbeitsgericht nicht statt. [2]Die Rechtsbeschwerde an das Bundesarbeitsgericht findet statt, wenn sie in dem Beschluß des Arbeitsgerichts zugelassen wird; § 72 Abs. 2 und 3 des Arbeitsgerichtsgesetzes gilt entsprechend. [3]Die Rechtsbeschwerde ist innerhalb eines Monats nach Zustellung der in vollständiger Form abgefaßten Entscheidung des Arbeitsgerichts beim Bundesarbeitsgericht einzulegen und zu begründen.

§ 123 Umfang des Sozialplans. (1) In einem Sozialplan, der nach der Eröffnung des Insolvenzverfahrens aufgestellt wird, kann für den Ausgleich oder die Milderung der wirtschaftlichen Nachteile, die den Arbeitnehmern infolge der geplanten Betriebsänderung entstehen, ein Gesamtbetrag von bis zu zweieinhalb Monatsverdiensten (§ 10 Abs. 3 des Kündigungsschutzgesetzes[2])) der von einer Entlassung betroffenen Arbeitnehmer vorgesehen werden.

(2) [1]Die Verbindlichkeiten aus einem solchen Sozialplan sind Masseverbindlichkeiten. [2]Jedoch darf, wenn nicht ein Insolvenzplan zustande kommt, für die Berichtigung von Sozialplanforderungen nicht mehr als ein Drittel der Masse verwendet werden, die ohne einen Sozialplan für die Verteilung an die Insolvenzgläubiger zur Verfügung stünde. [3]Übersteigt der Gesamtbetrag aller Sozialplanforderungen diese Grenze, so sind die einzelnen Forderungen anteilig zu kürzen.

(3) [1]Sooft hinreichende Barmittel in der Masse vorhanden sind, soll der Insolvenzverwalter mit Zustimmung des Insolvenzgerichts Abschlagszahlungen auf die Sozialplanforderungen leisten. [2]Eine Zwangsvollstreckung in die Masse wegen einer Sozialplanforderung ist unzulässig.

§ 124 Sozialplan vor Verfahrenseröffnung. (1) Ein Sozialplan, der vor der Eröffnung des Insolvenzverfahrens, jedoch nicht früher als drei Monate vor dem Eröffnungsantrag aufgestellt worden ist, kann sowohl vom Insolvenzverwalter als auch vom Betriebsrat widerrufen werden.

---
[1]) Nr. **91**.
[2]) Nr. **20**.

(2) Wird der Sozialplan widerrufen, so können die Arbeitnehmer, denen Forderungen aus dem Sozialplan zustanden, bei der Aufstellung eines Sozialplans im Insolvenzverfahren berücksichtigt werden.

(3) [1]Leistungen, die ein Arbeitnehmer vor der Eröffnung des Verfahrens auf seine Forderung aus dem widerrufenen Sozialplan erhalten hat, können nicht wegen des Widerrufs zurückgefordert werden. [2]Bei der Aufstellung eines neuen Sozialplans sind derartige Leistungen an einen von einer Entlassung betroffenen Arbeitnehmer bei der Berechnung des Gesamtbetrags der Sozialplanforderungen nach § 123 Abs. 1 bis zur Höhe von zweieinhalb Monatsverdiensten abzusetzen.

§ 125 Interessenausgleich und Kündigungsschutz. (1) [1]Ist eine Betriebsänderung (§ 111 des Betriebsverfassungsgesetzes[1])) geplant und kommt zwischen Insolvenzverwalter und Betriebsrat ein Interessenausgleich zustande, in dem die Arbeitnehmer, denen gekündigt werden soll, namentlich bezeichnet sind, so ist § 1 des Kündigungsschutzgesetzes[2]) mit folgenden Maßgaben anzuwenden:
1. es wird vermutet, daß die Kündigung der Arbeitsverhältnisse der bezeichneten Arbeitnehmer durch dringende betriebliche Erfordernisse, die einer Weiterbeschäftigung in diesem Betrieb oder einer Weiterbeschäftigung zu unveränderten Arbeitsbedingungen entgegenstehen, bedingt ist;
2. die soziale Auswahl der Arbeitnehmer kann nur im Hinblick auf die Dauer der Betriebszugehörigkeit, das Lebensalter und die Unterhaltspflichten und auch insoweit nur auf grobe Fehlerhaftigkeit nachgeprüft werden; sie ist nicht als grob fehlerhaft anzusehen, wenn eine ausgewogene Personalstruktur erhalten oder geschaffen wird.

[2]Satz 1 gilt nicht, soweit sich die Sachlage nach Zustandekommen des Interessenausgleichs wesentlich geändert hat.

(2) Der Interessenausgleich nach Absatz 1 ersetzt die Stellungnahme des Betriebsrats nach § 17 Abs. 3 Satz 2 des Kündigungsschutzgesetzes.

§ 126 Beschlußverfahren zum Kündigungsschutz. (1) [1]Hat der Betrieb keinen Betriebsrat oder kommt aus anderen Gründen innerhalb von drei Wochen nach Verhandlungsbeginn oder schriftlicher Aufforderung zur Aufnahme von Verhandlungen ein Interessenausgleich nach § 125 Abs. 1 nicht zustande, obwohl der Verwalter den Betriebsrat rechtzeitig und umfassend unterrichtet hat, so kann der Insolvenzverwalter beim Arbeitsgericht beantragen festzustellen, daß die Kündigung der Arbeitsverhältnisse bestimmter, im Antrag bezeichneter Arbeitnehmer durch dringende betriebliche Erfordernisse bedingt und sozial gerechtfertigt ist. [2]Die soziale Auswahl der Arbeitnehmer kann nur im Hinblick auf die Dauer der Betriebszugehörigkeit, das Lebensalter und die Unterhaltspflichten nachgeprüft werden.

(2) [1]Die Vorschriften des Arbeitsgerichtsgesetzes über das Beschlußverfahren gelten entsprechend; Beteiligte sind der Insolvenzverwalter, der Betriebsrat und die bezeichneten Arbeitnehmer, soweit sie nicht mit der Beendigung der Arbeitsverhältnisse oder mit den geänderten Arbeitsbedingungen einverstanden sind. [2]§ 122 Abs. 2 Satz 3, Abs. 3 gilt entsprechend.

---
[1]) Nr. 81.
[2]) Nr. 20.

(3) ¹Für die Kosten, die den Beteiligten im Verfahren des ersten Rechtszugs entstehen, gilt § 12a Abs. 1 Satz 1 und 2 des Arbeitsgerichtsgesetzes[1]) entsprechend. ²Im Verfahren vor dem Bundesarbeitsgericht gelten die Vorschriften der Zivilprozeßordnung über die Erstattung der Kosten des Rechtsstreits entsprechend.

§ 127 Klage des Arbeitnehmers. (1) ¹Kündigt der Insolvenzverwalter einem Arbeitnehmer, der in dem Antrag nach § 126 Abs. 1 bezeichnet ist, und erhebt der Arbeitnehmer Klage auf Feststellung, daß das Arbeitsverhältnis durch die Kündigung nicht aufgelöst oder die Änderung der Arbeitsbedingungen sozial ungerechtfertigt ist, so ist die rechtskräftige Entscheidung im Verfahren nach § 126 für die Parteien bindend. ²Dies gilt nicht, soweit sich die Sachlage nach dem Schluß der letzten mündlichen Verhandlung wesentlich geändert hat.

(2) Hat der Arbeitnehmer schon vor der Rechtskraft der Entscheidung im Verfahren nach § 126 Klage erhoben, so ist die Verhandlung über die Klage auf Antrag des Verwalters bis zu diesem Zeitpunkt auszusetzen.

§ 128 Betriebsveräußerung. (1) ¹Die Anwendung der §§ 125 bis 127 wird nicht dadurch ausgeschlossen, daß die Betriebsänderung, die dem Interessenausgleich oder dem Feststellungsantrag zugrundeliegt, erst nach einer Betriebsveräußerung durchgeführt werden soll. ²An dem Verfahren nach § 126 ist der Erwerber des Betriebs beteiligt.

(2) Im Falle eines Betriebsübergangs erstreckt sich die Vermutung nach § 125 Abs. 1 Satz 1 Nr. 1 oder die gerichtliche Feststellung nach § 126 Abs. 1 Satz 1 auch darauf, daß die Kündigung der Arbeitsverhältnisse nicht wegen des Betriebsübergangs erfolgt.

Sechster Teil. Insolvenzplan

Erster Abschnitt. Aufstellung des Plans

§ 217 Grundsatz. Die Befriedigung der absonderungsberechtigten Gläubiger und der Insolvenzgläubiger, die Verwertung der Insolvenzmasse und deren Verteilung an die Beteiligten sowie die Haftung des Schuldners nach der Beendigung des Insolvenzverfahrens können in einem Insolvenzplan abweichend von den Vorschriften dieses Gesetzes geregelt werden.

§ 218 Vorlage des Insolvenzplans. (1) ¹Zur Vorlage eines Insolvenzplans an das Insolvenzgericht sind der Insolvenzverwalter und der Schuldner berechtigt. ²Die Vorlage durch den Schuldner kann mit dem Antrag auf Eröffnung des Insolvenzverfahrens verbunden werden. ³Ein Plan, der erst nach dem Schlußtermin beim Gericht eingeht, wird nicht berücksichtigt.

(2) Hat die Gläubigerversammlung den Verwalter beauftragt, einen Insolvenzplan auszuarbeiten, so hat der Verwalter den Plan binnen angemessener Frist dem Gericht vorzulegen.

---

[1]) Nr. **91**.

(3) Bei der Aufstellung des Plans durch den Verwalter wirken der Gläubigerausschuß, wenn ein solcher bestellt ist, der Betriebsrat, der Sprecherausschuß der leitenden Angestellten und der Schuldner beratend mit.

§ 222 Bildung von Gruppen. (1) [1]Bei der Festlegung der Rechte der Beteiligten im Insolvenzplan sind Gruppen zu bilden, soweit Gläubiger mit unterschiedlicher Rechtsstellung betroffen sind. [2]Es ist zu unterscheiden zwischen
1. den absonderungsberechtigten Gläubigern, wenn durch den Plan in deren Rechte eingegriffen wird;
2. den nicht nachrangigen Insolvenzgläubigern;
3. den einzelnen Rangklassen der nachrangigen Insolvenzgläubiger, soweit deren Forderungen nicht nach § 225 als erlassen gelten sollen.

(2) [1]Aus den Gläubigern mit gleicher Rechtsstellung können Gruppen gebildet werden, in denen Gläubiger mit gleichartigen wirtschaftlichen Interessen zusammengefaßt werden. [2]Die Gruppen müssen sachgerecht voneinander abgegrenzt werden. [3]Die Kriterien für die Abgrenzung sind im Plan anzugeben.

(3) [1]Die Arbeitnehmer sollen eine besondere Gruppe bilden, wenn sie als Insolvenzgläubiger mit nicht unerheblichen Forderungen beteiligt sind. [2]Für Kleingläubiger können besondere Gruppen gebildet werden.

Zweiter Abschnitt. Annahme und Bestätigung des Plans

§ 243 Abstimmung in Gruppen. Jede Gruppe der stimmberechtigten Gläubiger stimmt gesondert über den Insolvenzplan ab.

§ 244 Erforderliche Mehrheiten. (1) Zur Annahme des Insolvenzplans durch die Gläubiger ist erforderlich, daß in jeder Gruppe
1. die Mehrheit der abstimmenden Gläubiger dem Plan zustimmt und
2. die Summe der Ansprüche der zustimmenden Gläubiger mehr als die Hälfte der Summe der Ansprüche der abstimmenden Gläubiger beträgt.

(2) [1]Gläubiger, denen ein Recht gemeinschaftlich zusteht oder deren Rechte bis zum Eintritt des Eröffnungsgrunds ein einheitliches Recht gebildet haben, werden bei der Abstimmung als ein Gläubiger gerechnet. [2]Entsprechendes gilt, wenn an einem Recht ein Pfandrecht oder ein Nießbrauch besteht.

Dritter Abschnitt. Wirkungen des bestätigten Plans. Überwachung der Planerfüllung

§ 254 Allgemeine Wirkungen des Plans. (1) [1]Mit der Rechtskraft der Bestätigung des Insolvenzplans treten die im gestaltenden Teil festgelegten Wirkungen für und gegen alle Beteiligten ein. [2]Soweit Rechte an Gegenständen begründet, geändert, übertragen oder aufgehoben oder Geschäftsanteile einer Gesellschaft mit beschränkter Haftung abgetreten werden sollen, gelten die in den Plan aufgenommenen Willenserklärungen der Beteiligten als in der vorgeschriebenen Form abgegeben; entsprechendes gilt für die in den Plan

Insolvenzordnung

aufgenommenen Verpflichtungserklärungen, die einer Begründung, Änderung, Übertragung oder Aufhebung von Rechten an Gegenständen oder einer Abtretung von Geschäftsanteilen zugrunde liegen. ³Die Sätze 1 und 2 gelten auch für Insolvenzgläubiger, die ihre Forderungen nicht angemeldet haben, und auch für Beteiligte, die dem Plan widersprochen haben.

(2) ¹Die Rechte der Insolvenzgläubiger gegen Mitschuldner und Bürgen des Schuldners sowie die Rechte dieser Gläubiger an Gegenständen, die nicht zur Insolvenzmasse gehören, oder aus einer Vormerkung, die sich auf solche Gegenstände bezieht, werden durch den Plan nicht berührt. ²Der Schuldner wird jedoch durch den Plan gegenüber dem Mitschuldner, dem Bürgen oder anderen Rückgriffsberechtigten in gleicher Weise befreit wie gegenüber dem Gläubiger.

(3) Ist ein Gläubiger weitergehend befriedigt worden, als er nach dem Plan zu beanspruchen hat, so begründet dies keine Pflicht zur Rückgewähr des Erlangten.

24. Einkommensteuergesetz (EStG)

In der Fassung der Bekanntmachung vom 19. Oktober 2002[1]
(BGBl. I S. 4210, ber. 2003 S. 179)

FNA 611-1

zuletzt geänd. durch § 62 Abs. 15 BeamtenstatusG v. 17. 6. 2008 (BGBl. I S. 1010)

– Auszug[2] –

II. Einkommen

1. Sachliche Voraussetzungen für die Besteuerung

§ 2 Umfang der Besteuerung, Begriffsbestimmungen. (1) ¹Der Einkommensteuer unterliegen

1. Einkünfte aus Land- und Forstwirtschaft,
2. Einkünfte aus Gewerbebetrieb,
3. Einkünfte aus selbständiger Arbeit,
4. Einkünfte aus nichtselbständiger Arbeit,
5. Einkünfte aus Kapitalvermögen,
6. Einkünfte aus Vermietung und Verpachtung,
7. sonstige Einkünfte im Sinne des § 22,

die der Steuerpflichtige während seiner unbeschränkten Einkommensteuerpflicht oder als inländische Einkünfte während seiner beschränkten Einkommensteuerpflicht erzielt. ²Zu welcher Einkunftsart die Einkünfte im einzelnen Fall gehören, bestimmt sich nach den §§ 13 bis 24.

(2)–(5) ...

(5 a) Knüpfen außersteuerliche Rechtsnormen an die in den vorstehenden Absätzen definierten Begriffe (Einkünfte, Summe der Einkünfte, Gesamtbetrag der Einkünfte, Einkommen, zu versteuerndes Einkommen) an, erhöhen sich für deren Zwecke diese Größen um die nach § 32d Abs. 1 und nach § 43 Abs. 5 zu besteuernden Beträge sowie um die nach § 3 Nr. 40 steuerfreien Beträge und mindern sich um die nach § 3c Abs. 2 nicht abziehbaren Beträge.

(5 b)–(7) ...

---

[1] Neubekanntmachung des EStG idF der Bek. v. 16. 4. 1997 (BGBl. I S. 821) auf Grund § 51 Abs. 4 Nr. 2 EStG 1997 idF der Bek. v. 16. 4. 1997 (BGBl. I S. 821) in der ab 21. 9. 2002 geltenden Fassung.
[2] Vollständig abgedruckt in **Einkommenssteuerrecht** (dtv 5542) Nr. **1**.

Einkommensteuergesetz § 3 EStG 24

2. Steuerfreie Einnahmen

§ 3 [Steuerfreie Einnahmen] Steuerfrei sind

1. ...
2. das Arbeitslosengeld, das Teilarbeitslosengeld, das Kurzarbeitergeld, das Winterausfallgeld, die Arbeitslosenhilfe, der Zuschuss zum Arbeitsentgelt, das Übergangsgeld, das Unterhaltsgeld, die Eingliederungshilfe, das Überbrückungsgeld, der Gründungszuschuss, der Existenzgründungszuschuss nach dem Dritten Buch Sozialgesetzbuch oder dem Arbeitsförderungsgesetz sowie das aus dem Europäischen Sozialfonds finanzierte Unterhaltsgeld und die aus Landesmitteln ergänzten Leistungen aus dem Europäischen Sozialfonds zur Aufstockung des Überbrückungsgeldes nach dem Dritten Buch Sozialgesetzbuch oder dem Arbeitsförderungsgesetz und die übrigen Leistungen nach dem Dritten Buch Sozialgesetzbuch oder dem Arbeitsförderungsgesetz und den entsprechenden Programmen des Bundes und der Länder, soweit sie Arbeitnehmern oder Arbeitsuchenden oder zur Förderung der Ausbildung oder Fortbildung der Empfänger gewährt werden, sowie Leistungen auf Grund der in § 141 m Abs. 1 und § 141 n Abs. 2 des Arbeitsförderungsgesetzes oder § 187 und § 208 Abs. 2 des Dritten Buches Sozialgesetzbuch genannten Ansprüche, Leistungen auf Grund der in § 115 Abs. 1 des Zehnten Buches Sozialgesetzbuch in Verbindung mit § 117 Abs. 4 Satz 1 oder § 134 Abs. 4, § 160 Abs. 1 Satz 1 und § 166 a des Arbeitsförderungsgesetzes oder in Verbindung mit § 143 Abs. 3 oder § 198 Satz 2 Nr. 6, § 335 Abs. 3 des Dritten Buches Sozialgesetzbuch genannten Ansprüche, wenn über das Vermögen des ehemaligen Arbeitgebers des Arbeitslosen das Konkursverfahren, Gesamtvollstreckungsverfahren oder Insolvenzverfahren eröffnet worden ist oder einer der Fälle des § 141 b Abs. 3 des Arbeitsförderungsgesetzes oder des § 183 Abs. 1 Nr. 2 oder 3 des Dritten Buches Sozialgesetzbuch vorliegt, und der Altersübergangsgeld-Ausgleichsbetrag nach § 249 e Abs. 4 a des Arbeitsförderungsgesetzes in der bis zum 31. Dezember 1997 geltenden Fassung;

2 a. die Arbeitslosenbeihilfe und die Arbeitslosenhilfe nach dem Soldatenversorgungsgesetz;

2 b. Leistungen zur Sicherung des Lebensunterhalts und zur Eingliederung in Arbeit nach dem Zweiten Buch Sozialgesetzbuch;

3.–8. ...

9. [1]*Abfindungen wegen einer vom Arbeitgeber veranlassten oder gerichtlich ausgesprochenen Auflösung des Dienstverhältnisses, höchstens jedoch 7 200 Euro.* [2] *Hat der Arbeitnehmer das 50. Lebensjahr vollendet und hat das Dienstverhältnis mindestens 15 Jahre bestanden, so beträgt der Höchstbetrag 9 000 Euro, hat der Arbeitnehmer das 55. Lebensjahr vollendet und hat das Dienstverhältnis mindestens 20 Jahre bestanden, so beträgt der Höchstbetrag 11 000 Euro;*

10.–25. ...

26. Einnahmen aus nebenberuflichen Tätigkeiten als Übungsleiter, Ausbilder, Erzieher, Betreuer oder vergleichbaren nebenberuflichen Tätigkeiten, aus nebenberuflichen künstlerischen Tätigkeiten oder der nebenberuflichen Pflege alter, kranker oder behinderter Menschen im Dienst oder im Auf-

---

[1] § 3 Nr. 9 aufgeh. durch G v. 22. 12. 2005 (BGBl. I S. 3682); zur Anwendung siehe § 52 Abs. 4 a Satz 1.

trag einer inländischen juristischen Person des öffentlichen Rechts oder einer unter § 5 Abs. 1 Nr. 9 des Körperschaftsteuergesetzes fallenden Einrichtung zur Förderung gemeinnütziger, mildtätiger und kirchlicher Zwecke (§§ 52 bis 54 der Abgabenordnung) bis zur Höhe von insgesamt 2 100 Euro im Jahr. ²Überschreiten die Einnahmen für die in Satz 1 bezeichneten Tätigkeiten den steuerfreien Betrag, dürfen die mit den nebenberuflichen Tätigkeiten in unmittelbarem wirtschaftlichen Zusammenhang stehenden Ausgaben abweichend von § 3 c nur insoweit als Betriebsausgaben oder Werbungskosten abgezogen werden, als sie den Betrag der steuerfreien Einnahmen übersteigen;

26 a. Einnahmen aus nebenberuflichen Tätigkeiten im Dienst oder Auftrag einer inländischen juristischen Person des öffentlichen Rechts oder einer unter § 5 Abs. 1 Nr. 9 des Körperschaftsteuergesetzes fallende Einrichtung zur Förderung gemeinnütziger, mildtätiger und kirchlicher Zwecke (§§ 52 bis 54 der Abgabenordnung) bis zur Höhe von insgesamt 500 Euro im Jahr. ²Die Steuerbefreiung ist ausgeschlossen, wenn für die Einnahmen aus der Tätigkeit – ganz oder teilweise – eine Steuerbefreiung nach § 3 Nr. 12 oder 26 gewährt wird. ³Überschreiten die Einnahmen für die in Satz 1 bezeichneten Tätigkeiten den steuerfreien Betrag, dürfen die mit den nebenberuflichen Tätigkeiten in unmittelbarem wirtschaftlichen Zusammenhang stehenden Ausgaben abweichend von § 3 c nur insoweit als Betriebsausgaben oder Werbungskosten abgezogen werden, als sie den Betrag der steuerfreien Einnahmen übersteigen;

27. ...

28. die Aufstockungsbeträge im Sinne des § 3 Abs. 1 Nr. 1 Buchstabe a sowie die Beiträge und Aufwendungen im Sinne des § 3 Abs. 1 Nr. 1 Buchstabe b und des § 4 Abs. 2 Altersteilzeitgesetzes[1]), die Zuschläge, die versicherungsfrei Beschäftigte im Sinne des § 27 Abs. 1 Nr. 1 bis 3 des Dritten Buches Sozialgesetzbuch zur Aufstockung der Bezüge bei Altersteilzeit nach beamtenrechtlichen Vorschriften oder Grundsätzen erhalten sowie die Zahlungen des Arbeitgebers zur Übernahme der Beiträge im Sinne des § 187 a des Sechsten Buches Sozialgesetzbuch, soweit sie 50 vom Hundert der Beiträge nicht übersteigen;

29.–38. ...

39. *(aufgehoben)*

40. 40 Prozent

a) der Betriebsvermögensmehrungen oder Einnahmen aus der Veräußerung oder der Entnahme von Anteilen an Körperschaften, Personenvereinigungen und Vermögensmassen, deren Leistungen beim Empfänger zu Einnahmen im Sinne des § 20 Abs. 1 Nr. 1 und 9 gehören, oder an einer Organgesellschaft im Sinne der §§ 14, 17 oder 18 des Körperschaftsteuergesetzes oder aus deren Auflösung oder Herabsetzung von deren Nennkapital oder aus dem Ansatz eines solchen Wirtschaftsguts mit dem Wert, der sich nach § 6 Abs. 1 Nr. 2 Satz 3 ergibt, soweit sie zu den Einkünften aus Land- und Forstwirtschaft, aus Gewerbebetrieb oder aus selbständiger Arbeit gehören. ²Dies gilt nicht, soweit der Ansatz des niedrigeren Teilwertes in vollem Umfang zu einer Gewinnminderung geführt hat und soweit diese Gewinnminderung nicht durch

---

[1]) Nr. 17.

Ansatz eines Wertes, der sich nach § 6 Abs. 1 Nr. 2 Satz 3 ergibt, ausgeglichen worden ist. ³Satz 1 gilt außer für Betriebsvermögensmehrungen aus dem Ansatz mit dem Wert, der sich nach § 6 Abs. 1 Nr. 2 Satz 3 ergibt, ebenfalls nicht, soweit Abzüge nach § 6b oder ähnliche Abzüge voll steuerwirksam vorgenommen worden sind,

...

40a.–49. ...

50. die Beträge, die der Arbeitnehmer vom Arbeitgeber erhält, um sie für ihn auszugeben (durchlaufende Gelder), und die Beträge, durch die Auslagen des Arbeitnehmers für den Arbeitgeber ersetzt werden (Auslagenersatz);

51. Trinkgelder, die anlässlich einer Arbeitsleistung dem Arbeitnehmer von Dritten freiwillig und ohne dass ein Rechtsanspruch auf sie besteht, zusätzlich zu dem Betrag gegeben werden, der für diese Arbeitsleistung zu zahlen ist;

52. und 53. (weggefallen)

54. ...

55. der in den Fällen des § 4 Abs. 2 Nr. 2 und Abs. 3 des Betriebsrentengesetzes vom 19. Dezember 1974 (BGBl. I S. 3610), das zuletzt durch Artikel 8 des Gesetzes vom 5. Juli 2004 (BGBl. I S. 1427) geändert worden ist, in der jeweils geltenden Fassung geleistete Übertragungswert nach § 4 Abs. 5 des Betriebsrentengesetzes, wenn die betriebliche Altersversorgung beim ehemaligen und neuen Arbeitgeber über einen Pensionsfonds, eine Pensionskasse oder ein Unternehmen der Lebensversicherung durchgeführt wird. ²Satz 1 gilt auch, wenn der Übertragungswert vom ehemaligen Arbeitgeber oder von einer Unterstützungskasse an den neuen Arbeitgeber oder eine andere Unterstützungskasse geleistet wird. ³Die Leistungen des neuen Arbeitgebers, der Unterstützungskasse, des Pensionsfonds, der Pensionskasse oder des Unternehmens der Lebensversicherung auf Grund des Betrages nach Satz 1 und 2 gehören zu den Einkünften, zu denen die Leistungen gehören würden, wenn die Übertragung nach § 4 Abs. 2 Nr. 2 und Abs. 3 des Betriebsrentengesetzes nicht stattgefunden hätte.

56. [1])Zuwendungen des Arbeitgebers nach § 19 Abs. 1 Satz 1 Nr. 3 Satz 1 aus dem ersten Dienstverhältnis an eine Pensionskasse zum Aufbau einer nicht kapitalgedeckten betrieblichen Altersversorgung, bei der eine Auszahlung der zugesagten Alters-, Invaliditäts- oder Hinterbliebenenversorgung in Form einer Rente oder eines Auszahlungsplans (§ 1 Abs. 1 Satz 1 Nr. 4 des Altersvorsorgeverträge-Zertifizierungsgesetzes) vorgesehen ist, soweit diese Zuwendungen im Kalenderjahr 1 Prozent der Beitragsbemessungsgrenze in der allgemeinen Rentenversicherung nicht übersteigen. ²Der in Satz 1 genannte Höchstbetrag erhöht sich ab 1. Januar 2014 auf 2 Prozent, ab 1. Januar 2020 auf 3 Prozent und ab 1. Januar 2025 auf 4 Prozent der Beitragsbemessungsgrenze in der allgemeinen Rentenversicherung. ³Die Beträge nach den Sätzen 1 und 2 sind jeweils um die nach § 3 Nr. 63 Satz 1, 3 oder Satz 4 steuerfreien Beträge zu mindern;

57.–70. ...

---

[1]) Zur erstmaligen Anwendung siehe § 52 Abs. 5.

8. Die einzelnen Einkunftsarten

h) Gemeinsame Vorschriften

§ 24 [Entschädigungen, Nutzungsvergütungen u.ä.] Zu den Einkünften im Sinne des § 2 Abs. 1 gehören auch

1. Entschädigungen, die gewährt worden sind
   a) als Ersatz für entgangene oder entgehende Einnahmen oder
   b) für die Aufgabe oder Nichtausübung einer Tätigkeit, für die Aufgabe einer Gewinnbeteiligung oder einer Anwartschaft auf eine solche;
   c) als Ausgleichszahlungen an Handelsvertreter nach § 89 b des Handelsgesetzbuchs[1];
2. Einkünfte aus einer ehemaligen Tätigkeit im Sinne des § 2 Abs. 1 Satz 1 Nr. 1 bis 4 oder aus einem früheren Rechtsverhältnis im Sinne des § 2 Abs. 1 Satz 1 Nr. 5 bis 7, und zwar auch dann, wenn sie dem Steuerpflichtigen als Rechtsnachfolger zufließen;
3. ...

IV. Tarif

§ 34 Außerordentliche Einkünfte. (1) ¹Sind in dem zu versteuernden Einkommen außerordentliche Einkünfte enthalten, so ist die auf alle im Veranlagungszeitraum bezogenen außerordentlichen Einkünfte entfallende Einkommensteuer nach den Sätzen 2 bis 4 zu berechnen. ²Die für die außerordentlichen Einkünfte anzusetzende Einkommensteuer beträgt das Fünffache des Unterschiedsbetrags zwischen der Einkommensteuer für das um diese Einkünfte verminderte zu versteuernde Einkommen (verbleibendes zu versteuerndes Einkommen) und der Einkommensteuer für das verbleibende zu versteuernde Einkommen zuzüglich eines Fünftels dieser Einkünfte. ³Ist das verbleibende zu versteuernde Einkommen negativ und das zu versteuernde Einkommen positiv, so beträgt die Einkommensteuer das Fünffache der auf ein Fünftel des zu versteuernden Einkommens entfallenden Einkommensteuer. ⁴Die Sätze 1 bis 3 gelten nicht für außerordentliche Einkünfte im Sinne des Absatzes 2 Nr. 1, wenn der Steuerpflichtige auf diese Einkünfte ganz oder teilweise § 6 b oder § 6 c anwendet.

(2) Als außerordentliche Einkünfte kommen nur in Betracht:
1. ...
2. Entschädigungen im Sinne des § 24 Nr. 1;
3. ...
4. Vergütungen für mehrjährige Tätigkeiten; mehrjährig ist eine Tätigkeit, soweit sie sich über mindestens zwei Veranlagungszeiträume erstreckt und einen Zeitraum von mehr als zwölf Monaten umfasst;
5. ...

(3) ...

---

[1] Nr. **13**.

IX. Sonstige Vorschriften, Bußgeld-, Ermächtigungs- und Schlussvorschriften

§ 52 Anwendungsvorschriften. (1)–(4) ...

(4a) ¹§ 3 Nr. 9 in der bis zum 31. Dezember 2005 geltenden Fassung ist weiter anzuwenden für vor dem 1. Januar 2006 entstandene Ansprüche der Arbeitnehmer auf Abfindungen oder für Abfindungen wegen einer vor dem 1. Januar 2006 getroffenen Gerichtsentscheidung oder einer am 31. Dezember 2005 anhängigen Klage, soweit die Abfindungen dem Arbeitnehmer vor dem 1. Januar 2008 zufließen. ²§ 3 Nr. 10 in der bis zum 31. Dezember 2005 geltenden Fassung ist weiter anzuwenden für Entlassungen vor dem 1. Januar 2006, soweit die Übergangsgelder und Übergangsbeihilfen dem Arbeitnehmer vor dem 1. Januar 2008 zufließen, und für an Soldatinnen auf Zeit und Soldaten auf Zeit vor dem 1. Januar 2009 gezahlte Übergangsbeihilfen, wenn das Dienstverhältnis vor dem 1. Januar 2006 begründet wurde.

(4b)–(65) ...

25. Gesetz zur Intensivierung der Bekämpfung der Schwarzarbeit und illegalen Beschäftigung (Schwarzarbeitsbekämpfungsgesetz – SchwarzArbG)[1]

Vom 23. Juli 2004
(BGBl. I S. 1842)
FNA 453-22
zuletzt geänd. durch Art. 4a Zweites BürokratieabbauG v. 7. 9. 2007 (BGBl. I S. 2246)

– Auszug[2] –

Abschnitt 1. Zweck

§ 1 Zweck des Gesetzes. (1) Zweck des Gesetzes ist die Intensivierung der Bekämpfung der Schwarzarbeit.

(2) Schwarzarbeit leistet, wer Dienst- oder Werkleistungen erbringt oder ausführen lässt und dabei
1. als Arbeitgeber, Unternehmer oder versicherungspflichtiger Selbstständiger seine sich auf Grund der Dienst- oder Werkleistungen ergebenden sozialversicherungsrechtlichen Melde-, Beitrags- oder Aufzeichnungspflichten nicht erfüllt,
2. als Steuerpflichtiger seine sich auf Grund der Dienst- oder Werkleistungen ergebenden steuerlichen Pflichten nicht erfüllt,
3. als Empfänger von Sozialleistungen seine sich auf Grund der Dienst- oder Werkleistungen ergebenden Mitteilungspflichten gegenüber dem Sozialleistungsträger nicht erfüllt,
4. als Erbringer von Dienst- oder Werkleistungen seiner sich daraus ergebenden Verpflichtung zur Anzeige vom Beginn des selbstständigen Betriebes eines stehenden Gewerbes (§ 14 der Gewerbeordnung) nicht nachgekommen ist oder die erforderliche Reisegewerbekarte (§ 55 der Gewerbeordnung) nicht erworben hat,
5. als Erbringer von Dienst- oder Werkleistungen ein zulassungspflichtiges Handwerk als stehendes Gewerbe selbstständig betreibt, ohne in die Handwerksrolle eingetragen zu sein (§ 1 der Handwerksordnung).

(3) ¹Absatz 2 findet keine Anwendung für nicht nachhaltig auf Gewinn gerichtete Dienst- oder Werkleistungen, die
1. von Angehörigen im Sinne des § 15 der Abgabenordnung oder Lebenspartnern,
2. aus Gefälligkeit,
3. im Wege der Nachbarschaftshilfe oder

---

[1] Verkündet als Art. 1 G v. 23. 7. 2004 (BGBl. I S. 1842); Inkrafttreten gem. Art. 26 Abs. 1 dieses G am 1. 8. 2004.
[2] Vollständig abgedruckt in **Nipperdey I** Arbeitsgesetze Nr. **110**.

4. im Wege der Selbsthilfe im Sinne des § 36 Abs. 2 und 4 des Zweiten Wohnungsbaugesetzes[1]) in der Fassung der Bekanntmachung vom 19. August 1994 (BGBl. I S. 2137) oder als Selbsthilfe im Sinne des § 12 Abs. 1 Satz 2 des Wohnraumförderungsgesetzes vom 13. September 2001 (BGBl. I S. 2376), zuletzt geändert durch Artikel 7 des Gesetzes vom 29. Dezember 2003 (BGBl. I S. 3076),

erbracht werden. ²Als nicht nachhaltig auf Gewinn gerichtet gilt insbesondere eine Tätigkeit, die gegen geringes Entgelt erbracht wird.

Abschnitt 3. Bußgeld- und Strafvorschriften

§ 8 Bußgeldvorschriften. (1) Ordnungswidrig handelt, wer
1. a) entgegen § 60 Abs. 1 Satz 1 Nr. 1 des Ersten Buches Sozialgesetzbuch eine Tatsache, die für eine Leistung nach dem Sozialgesetzbuch erheblich ist, nicht richtig oder nicht vollständig anzeigt,
   b) entgegen § 60 Abs. 1 Satz 1 Nr. 2 des Ersten Buches Sozialgesetzbuch eine Änderung in den Verhältnissen, die für eine Leistung nach dem Sozialgesetzbuch erheblich ist, nicht, nicht richtig, nicht vollständig oder nicht rechtzeitig mitteilt,
   c) entgegen § 8a des Asylbewerberleistungsgesetzes die Aufnahme einer Erwerbstätigkeit nicht, nicht richtig, nicht vollständig oder nicht rechtzeitig meldet,
   d) der Verpflichtung zur Anzeige vom Beginn des selbstständigen Betriebes eines stehenden Gewerbes (§ 14 der Gewerbeordnung) nicht nachgekommen ist oder die erforderliche Reisegewerbekarte (§ 55 der Gewerbeordnung) nicht erworben hat oder
   e) ein zulassungspflichtiges Handwerk als stehendes Gewerbe selbstständig betreibt, ohne in die Handwerksrolle eingetragen zu sein (§ 1 der Handwerksordnung)

   und Dienst- oder Werkleistungen in erheblichem Umfang erbringt oder
2. Dienst- oder Werkleistungen in erheblichem Umfang ausführen lässt, indem er eine oder mehrere Personen beauftragt, die diese Leistungen unter vorsätzlichem Verstoß gegen eine in Nummer 1 genannte Vorschrift erbringen.

   (2) Ordnungswidrig handelt, wer vorsätzlich oder fahrlässig
1. entgegen
   a) § 5 Abs. 1 Satz 1 oder 2 oder
   b) § 5 Abs. 2 Satz 1

---

[1]) Das II. WoBauG wurde mWv 31. 12. 2001 aufgeh. durch G v. 13. 9. 2001 (BGBl. I S. 2376). § 36 Abs. 2 und 4 dieser Fassung lauten:
„(2) Zur Selbsthilfe gehören die Arbeitsleistungen, die zur Durchführung eines Bauvorhabens erbracht werden
a) von dem Bauherrn selbst,
b) von seinen Angehörigen,
c) von anderen unentgeltlich oder auf Gegenseitigkeit.

(4) Dem Bauherrn steht bei einem Kaufeigenheim, einer Trägerkleinsiedlung, einer Kaufeigentumswohnung und einer Genossenschaftswohnung der Bewerber gleich."

eine Prüfung oder das Betreten eines Grundstücks oder eines Geschäftsraumes nicht duldet oder bei einer Prüfung nicht mitwirkt,
2. entgegen § 5 Abs. 1 Satz 4 ein dort genanntes Dokument nicht oder nicht rechtzeitig vorlegt oder
3. entgegen § 5 Abs. 3 Satz 1 Daten nicht, nicht richtig, nicht vollständig, nicht in der vorgeschriebenen Weise oder nicht rechtzeitig übermittelt.

(3) Die Ordnungswidrigkeit kann in den Fällen des Absatzes 1 Nr. 1 Buchstabe a bis c sowie Nr. 2 in Verbindung mit Nr. 1 Buchstabe a bis c mit einer Geldbuße bis zu dreihunderttausend Euro, in den Fällen des Absatzes 1 Nr. 1 Buchstabe d und e sowie Nr. 2 in Verbindung mit Nr. 1 Buchstabe d und e mit einer Geldbuße bis zu fünfzigtausend Euro, in den Fällen des Absatzes 2 Nr. 1 Buchstabe a und Nr. 3 mit einer Geldbuße bis zu dreißigtausend Euro und in den übrigen Fällen mit einer Geldbuße bis zu tausend Euro geahndet werden.

(4) ¹Absatz 1 findet keine Anwendung für nicht nachhaltig auf Gewinn gerichtete Dienst- oder Werkleistungen, die
1. von Angehörigen im Sinne des § 15 der Abgabenordnung oder Lebenspartnern,
2. aus Gefälligkeit,
3. im Wege der Nachbarschaftshilfe oder
4. im Wege der Selbsthilfe im Sinne des § 36 Abs. 2 und 4 des Zweiten Wohnungsbaugesetzes[1]) in der Fassung der Bekanntmachung vom 19. August 1994 (BGBl. I S. 2137) oder als Selbsthilfe im Sinne des § 12 Abs. 1 Satz 2 des Wohnraumförderungsgesetzes vom 13. September 2001 (BGBl. I S. 2376), zuletzt geändert durch Artikel 7 des Gesetzes vom 29. Dezember 2003 (BGBl. I S. 3076),
erbracht werden. ²Als nicht nachhaltig auf Gewinn gerichtet gilt insbesondere eine Tätigkeit, die gegen geringes Entgelt erbracht wird.

(5) Das Bundesministerium der Finanzen wird ermächtigt, durch Rechtsverordnung mit Zustimmung des Bundesrates Vorschriften über Regelsätze für Geldbußen wegen einer Ordnungswidrigkeit nach Absatz 1 oder 2 zu erlassen.

§ 9 Erschleichen von Sozialleistungen im Zusammenhang mit der Erbringung von Dienst- oder Werkleistungen. Wer eine in § 8 Abs. 1 Nr. 1 Buchstabe a, b oder c bezeichnete Handlung begeht und dadurch bewirkt, dass ihm eine Leistung nach einem dort genannten Gesetz zu Unrecht gewährt wird, wird mit Freiheitsstrafe bis zu drei Jahren oder mit Geldstrafe bestraft, wenn die Tat nicht in § 263 des Strafgesetzbuches mit Strafe bedroht ist.

---

[1]) Das II. WoBauG wurde mWv 31. 12. 2001 aufgeh. durch G v. 13. 9. 2001 (BGBl. I S. 2376). § 36 Abs. 2 und 4 dieser Fassung lauten:
„(2) Zur Selbsthilfe gehören die Arbeitsleistungen, die zur Durchführung eines Bauvorhabens erbracht werden
a) von dem Bauherrn selbst,
b) von seinen Angehörigen,
c) von anderen unentgeltlich oder auf Gegenseitigkeit.
(4) Dem Bauherrn steht bei einem Kaufeigenheim, einer Trägerkleinsiedlung, einer Kaufeigentumswohnung und einer Genossenschaftswohnung der Bewerber gleich."

§ 10 Beschäftigung von Ausländern ohne Genehmigung oder ohne Aufenthaltstitel und zu ungünstigen Arbeitsbedingungen.
(1) Wer vorsätzlich eine in § 404 Abs. 2 Nr. 3 des Dritten Buches Sozialgesetzbuch bezeichnete Handlung begeht und den Ausländer zu Arbeitsbedingungen beschäftigt, die in einem auffälligen Missverhältnis zu den Arbeitsbedingungen deutscher Arbeitnehmer und Arbeitnehmerinnen stehen, die die gleiche oder eine vergleichbare Tätigkeit ausüben, wird mit Freiheitsstrafe bis zu drei Jahren oder mit Geldstrafe bestraft.

(2) [1]In besonders schweren Fällen des Absatzes 1 ist die Strafe Freiheitsstrafe von sechs Monaten bis zu fünf Jahren. [2]Ein besonders schwerer Fall liegt in der Regel vor, wenn der Täter gewerbsmäßig oder aus grobem Eigennutz handelt.

§ 11 Erwerbstätigkeit von Ausländern ohne Genehmigung oder ohne Aufenthaltstitel in größerem Umfang.
(1) Wer
1. gleichzeitig mehr als fünf Ausländer entgegen § 284 Abs. 1 des Dritten Buches Sozialgesetzbuch[1]) beschäftigt oder entgegen § 4 Abs. 3 Satz 2 des Aufenthaltsgesetzes beschäftigt oder mit Dienst- oder Werkleistungen beauftragt oder
2. eine in
   a) § 404 Abs. 2 Nr. 3 des Dritten Buches Sozialgesetzbuch,
   b) § 404 Abs. 2 Nr. 4 des Dritten Buches Sozialgesetzbuch,
   c) § 98 Abs. 2 a des Aufenthaltsgesetzes oder
   d) § 98 Abs. 3 Nr. 1 des Aufenthaltsgesetzes
   bezeichnete vorsätzliche Handlung beharrlich wiederholt,
wird mit Freiheitsstrafe bis zu einem Jahr oder mit Geldstrafe bestraft.

(2) Handelt der Täter in den Fällen des Absatzes 1 Nr. 1 oder 2 Buchstabe a oder Buchstabe c aus grobem Eigennutz, ist die Strafe Freiheitsstrafe bis zu drei Jahren oder Geldstrafe.

Abschnitt 6. Verwaltungsverfahren, Rechtsweg

§ 23 Rechtsweg.
In öffentlich-rechtlichen Streitigkeiten über Verwaltungshandeln der Behörden der Zollverwaltung nach diesem Gesetz ist der Finanzrechtsweg gegeben.

---

[1]) Nr. 42.

26. Gesetz über die Pflegezeit (Pflegezeitgesetz – PflegeZG)[1)]

Vom 28. Mai 2008
(BGBl. I S. 874)
FNA 860-11-4

§ 1 Ziel des Gesetzes. Ziel des Gesetzes ist, Beschäftigten die Möglichkeit zu eröffnen, pflegebedürftige nahe Angehörige in häuslicher Umgebung zu pflegen und damit die Vereinbarkeit von Beruf und familiärer Pflege zu verbessern.

§ 2 Kurzzeitige Arbeitsverhinderung. (1) Beschäftigte haben das Recht, bis zu zehn Arbeitstage der Arbeit fernzubleiben, wenn dies erforderlich ist, um für einen pflegebedürftigen nahen Angehörigen in einer akut aufgetretenen Pflegesituation eine bedarfsgerechte Pflege zu organisieren oder eine pflegerische Versorgung in dieser Zeit sicherzustellen.

(2) [1]Beschäftigte sind verpflichtet, dem Arbeitgeber ihre Verhinderung an der Arbeitsleistung und deren voraussichtliche Dauer unverzüglich mitzuteilen. [2]Dem Arbeitgeber ist auf Verlangen eine ärztliche Bescheinigung über die Pflegebedürftigkeit des nahen Angehörigen und die Erforderlichkeit der in Absatz 1 genannten Maßnahmen vorzulegen.

(3) Der Arbeitgeber ist zur Fortzahlung der Vergütung nur verpflichtet, soweit sich eine solche Verpflichtung aus anderen gesetzlichen Vorschriften oder auf Grund einer Vereinbarung ergibt.

§ 3 Pflegezeit. (1) [1]Beschäftigte sind von der Arbeitsleistung vollständig oder teilweise freizustellen, wenn sie einen pflegebedürftigen nahen Angehörigen in häuslicher Umgebung pflegen (Pflegezeit). [2]Der Anspruch nach Satz 1 besteht nicht gegenüber Arbeitgebern mit in der Regel 15 oder weniger Beschäftigten.

(2) [1]Die Beschäftigten haben die Pflegebedürftigkeit des nahen Angehörigen durch Vorlage einer Bescheinigung der Pflegekasse oder des Medizinischen Dienstes der Krankenversicherung nachzuweisen. [2]Bei in der privaten Pflege-Pflichtversicherung versicherten Pflegebedürftigen ist ein entsprechender Nachweis zu erbringen.

(3) [1]Wer Pflegezeit beanspruchen will, muss dies dem Arbeitgeber spätestens zehn Arbeitstage vor Beginn schriftlich ankündigen und gleichzeitig erklären, für welchen Zeitraum und in welchem Umfang die Freistellung von der Arbeitsleistung in Anspruch genommen werden soll. [2]Wenn nur teilweise Freistellung in Anspruch genommen wird, ist auch die gewünschte Verteilung der Arbeitszeit anzugeben.

[1)] Verkündet als Art. 3 Pflege-WeiterentwicklungsG v. 28. 5. 2008 (BGBl. I S. 874); Inkrafttreten gem. Art. 17 Abs. 1 dieses G am 1. 7. 2008.

Pflegezeitgesetz §§ 4–6 PflegeZG 26

(4) ¹Wenn nur teilweise Freistellung in Anspruch genommen wird, haben Arbeitgeber und Beschäftigte über die Verringerung und die Verteilung der Arbeitszeit eine schriftliche Vereinbarung zu treffen. ²Hierbei hat der Arbeitgeber den Wünschen der Beschäftigten zu entsprechen, es sei denn, dass dringende betriebliche Gründe entgegenstehen.

§ 4 Dauer der Pflegezeit. (1) ¹Die Pflegezeit nach § 3 beträgt für jeden pflegebedürftigen nahen Angehörigen längstens sechs Monate (Höchstdauer). ²Für einen kürzeren Zeitraum in Anspruch genommene Pflegezeit kann bis zur Höchstdauer verlängert werden, wenn der Arbeitgeber zustimmt. ³Eine Verlängerung bis zur Höchstdauer kann verlangt werden, wenn ein vorgesehener Wechsel in der Person des Pflegenden aus einem wichtigen Grund nicht erfolgen kann. ⁴Die Pflegezeit wird auf Berufsbildungszeiten nicht angerechnet.

(2) ¹Ist der nahe Angehörige nicht mehr pflegebedürftig oder die häusliche Pflege des nahen Angehörigen unmöglich oder unzumutbar, endet die Pflegezeit vier Wochen nach Eintritt der veränderten Umstände. ²Der Arbeitgeber ist über die veränderten Umstände unverzüglich zu unterrichten. ³Im Übrigen kann die Pflegezeit nur vorzeitig beendet werden, wenn der Arbeitgeber zustimmt.

§ 5 Kündigungsschutz. (1) Der Arbeitgeber darf das Beschäftigungsverhältnis von der Ankündigung bis zur Beendigung der kurzzeitigen Arbeitsverhinderung nach § 2 oder der Pflegezeit nach § 3 nicht kündigen.

(2) ¹In besonderen Fällen kann eine Kündigung von der für den Arbeitsschutz zuständigen obersten Landesbehörde oder der von ihr bestimmten Stelle ausnahmsweise für zulässig erklärt werden. ²Die Bundesregierung kann hierzu mit Zustimmung des Bundesrates allgemeine Verwaltungsvorschriften erlassen.

§ 6 Befristete Verträge. (1) ¹Wenn zur Vertretung einer Beschäftigten oder eines Beschäftigten für die Dauer der kurzzeitigen Arbeitsverhinderung nach § 2 oder der Pflegezeit nach § 3 eine Arbeitnehmerin oder ein Arbeitnehmer eingestellt wird, liegt hierin ein sachlicher Grund für die Befristung des Arbeitsverhältnisses. ²Über die Dauer der Vertretung nach Satz 1 hinaus ist die Befristung für notwendige Zeiten einer Einarbeitung zulässig.

(2) Die Dauer der Befristung des Arbeitsvertrages muss kalendermäßig bestimmt oder bestimmbar sein oder den in Absatz 1 genannten Zwecken zu entnehmen sein.

(3) ¹Der Arbeitgeber kann den befristeten Arbeitsvertrag unter Einhaltung einer Frist von zwei Wochen kündigen, wenn die Pflegezeit nach § 4 Abs. 2 Satz 1 vorzeitig endet. ²Das Kündigungsschutzgesetz[1] ist in diesen Fällen nicht anzuwenden. ³Satz 1 gilt nicht, soweit seine Anwendung vertraglich ausgeschlossen ist.

(4) ¹Wird im Rahmen arbeitsrechtlicher Gesetze oder Verordnungen auf die Zahl der beschäftigten Arbeitnehmerinnen und Arbeitnehmer abgestellt, sind bei der Ermittlung dieser Zahl Arbeitnehmerinnen und Arbeitnehmer, die nach § 2 kurzzeitig an der Arbeitsleistung verhindert oder nach § 3 frei-

---

[1] Nr. 20.

gestellt sind, nicht mitzuzählen, solange für sie auf Grund von Absatz 1 eine Vertreterin oder ein Vertreter eingestellt ist. ²Dies gilt nicht, wenn die Vertreterin oder der Vertreter nicht mitzuzählen ist. ³Die Sätze 1 und 2 gelten entsprechend, wenn im Rahmen arbeitsrechtlicher Gesetze oder Verordnungen auf die Zahl der Arbeitsplätze abgestellt wird.

§ 7 Begriffsbestimmungen. (1) Beschäftigte im Sinne dieses Gesetzes sind
1. Arbeitnehmerinnen und Arbeitnehmer,
2. die zu ihrer Berufsbildung Beschäftigten,
3. Personen, die wegen ihrer wirtschaftlichen Unselbständigkeit als arbeitnehmerähnliche Personen anzusehen sind; zu diesen gehören auch die in Heimarbeit Beschäftigten und die ihnen Gleichgestellten.

(2) ¹Arbeitgeber im Sinne dieses Gesetzes sind natürliche und juristische Personen sowie rechtsfähige Personengesellschaften, die Personen nach Absatz 1 beschäftigen. ²Für die arbeitnehmerähnlichen Personen, insbesondere für die in Heimarbeit Beschäftigten und die ihnen Gleichgestellten, tritt an die Stelle des Arbeitgebers der Auftraggeber oder Zwischenmeister.

(3) Nahe Angehörige im Sinne dieses Gesetzes sind
1. Großeltern, Eltern, Schwiegereltern,
2. Ehegatten, Lebenspartner, Partner einer eheähnlichen Gemeinschaft, Geschwister,
3. Kinder, Adoptiv- oder Pflegekinder, die Kinder, Adoptiv- oder Pflegekinder des Ehegatten oder Lebenspartners, Schwiegerkinder und Enkelkinder.

(4) ¹Pflegebedürftig im Sinne dieses Gesetzes sind Personen, die die Voraussetzungen nach den §§ 14 und 15 des Elften Buches Sozialgesetzbuch erfüllen. ²Pflegebedürftig im Sinne von § 2 sind auch Personen, die die Voraussetzungen nach den §§ 14 und 15 des Elften Buches Sozialgesetzbuch voraussichtlich erfüllen.

§ 8 Unabdingbarkeit. Von den Vorschriften dieses Gesetzes kann nicht zuungunsten der Beschäftigten abgewichen werden.

III. Sonderformen eines Arbeitsverhältnisses
(Leiharbeit und Berufsausbildung)

31. Gesetz zur Regelung der gewerbsmäßigen Arbeitnehmerüberlassung (Arbeitnehmerüberlassungsgesetz – AÜG)[1)]

In der Fassung der Bekanntmachung vom 3. Februar 1995[2)]

(BGBl. I S. 158)

FNA 810-31

zuletzt geänd. durch Art. 233 Neunte ZuständigkeitsanpassungsVO v. 31. 10. 2006 (BGBl. I S. 2407)

---

§ 1 Erlaubnispflicht. (1) [1]Arbeitgeber, die als Verleiher Dritten (Entleihern) Arbeitnehmer (Leiharbeitnehmer) gewerbsmäßig zur Arbeitsleistung überlassen wollen, bedürfen der Erlaubnis. [2]Die Abordnung von Arbeitnehmern zu einer zur Herstellung eines Werkes gebildeten Arbeitsgemeinschaft ist keine Arbeitnehmerüberlassung, wenn der Arbeitgeber Mitglied der Arbeitsgemeinschaft ist, für alle Mitglieder der Arbeitsgemeinschaft Tarifverträge desselben Wirtschaftszweiges gelten und alle Mitglieder auf Grund des Arbeitsgemeinschaftsvertrages zur selbständigen Erbringung von Vertragsleistungen verpflichtet sind. [3]Für einen Arbeitgeber mit Geschäftssitz in einem anderen Mitgliedstaat des Europäischen Wirtschaftsraumes ist die Abordnung von Arbeitnehmern zu einer zur Herstellung eines Werkes gebildeten Arbeitsgemeinschaft auch dann keine Arbeitnehmerüberlassung, wenn für ihn deutsche Tarifverträge desselben Wirtschaftszweiges wie für die anderen Mitglieder der Arbeitsgemeinschaft nicht gelten, er aber die übrigen Voraussetzungen des Satzes 2 erfüllt.

(2) Werden Arbeitnehmer Dritten zur Arbeitsleistung überlassen und übernimmt der Überlassende nicht die üblichen Arbeitgeberpflichten oder das Arbeitgeberrisiko (§ 3 Abs. 1 Nr. 1 bis 3), so wird vermutet, daß der Überlassende Arbeitsvermittlung betreibt.

(3) Dieses Gesetz ist mit Ausnahme des § 1b Satz 1, des § 16 Abs. 1 Nr. 1b und Abs. 2 bis 5 sowie der §§ 17 und 18 nicht anzuwenden auf die Arbeitnehmerüberlassung

1. zwischen Arbeitgebern desselben Wirtschaftszweiges zur Vermeidung von Kurzarbeit oder Entlassungen, wenn ein für den Entleiher und Verleiher geltender Tarifvertrag dies vorsieht,
2. zwischen Konzernunternehmen im Sinne des § 18 des Aktiengesetzes, wenn der Arbeitnehmer seine Arbeit vorübergehend nicht bei seinem Arbeitgeber leistet, oder

---

[1)] Verkündet als Art. 1 G zur Regelung der gewerbsmäßigen Arbeitnehmerüberlassung (ArbeitnehmerüberlassungsG) und zur Änd. anderer Gesetze v. 3. 2. 1995 (BGBl. I S. 158).
[2)] Neubekanntmachung des ArbeitnehmerüberlassungsG vom 7. 8. 1972 (BGBl. I S. 1393) in der ab 1. 8. 1994 geltenden Fassung.

3. in das Ausland, wenn der Leiharbeitnehmer in ein auf der Grundlage zwischenstaatlicher Vereinbarungen begründetes deutsch-ausländisches Gemeinschaftsunternehmen verliehen wird, an dem der Verleiher beteiligt ist.

§ 1 a Anzeige der Überlassung. (1) Keiner Erlaubnis bedarf ein Arbeitgeber mit weniger als 50 Beschäftigten, der zur Vermeidung von Kurzarbeit oder Entlassungen an einen Arbeitgeber einen Arbeitnehmer bis zur Dauer von zwölf Monaten überläßt, wenn er die Überlassung vorher schriftlich der Bundesagentur für Arbeit angezeigt hat.

(2) In der Anzeige sind anzugeben
1. Vor- und Familiennamen, Wohnort und Wohnung, Tag und Ort der Geburt des Leiharbeitnehmers,
2. Art der vom Leiharbeitnehmer zu leistenden Tätigkeit und etwaige Pflicht zur auswärtigen Leistung,
3. Beginn und Dauer der Überlassung,
4. Firma und Anschrift des Entleihers.

§ 1 b Einschränkungen im Baugewerbe. [1]Gewerbsmäßige Arbeitnehmerüberlassung in Betriebe des Baugewerbes für Arbeiten, die üblicherweise von Arbeitern verrichtet werden, ist unzulässig. [2]Sie ist gestattet
a) zwischen Betrieben des Baugewerbes und anderen Betrieben, wenn diese Betriebe erfassende, für allgemeinverbindlich erklärte Tarifverträge dies bestimmen,
b) zwischen Betrieben des Baugewerbes, wenn der verleihende Betrieb nachweislich seit mindestens drei Jahren von denselben Rahmen- und Sozialkassentarifverträgen oder von deren Allgemeinverbindlichkeit erfasst wird.
[3]Abweichend von Satz 2 ist für Betriebe des Baugewerbes mit Geschäftssitz in einem anderen Mitgliedstaat des Europäischen Wirtschaftsraumes gewerbsmäßige Arbeitnehmerüberlassung auch gestattet, wenn die ausländischen Betriebe nicht von deutschen Rahmen- und Sozialkassentarifverträgen oder für allgemeinverbindlich erklärten Tarifverträgen erfasst werden, sie aber nachweislich seit mindestens drei Jahren überwiegend Tätigkeiten ausüben, die unter den Geltungsbereich derselben Rahmen- und Sozialkassentarifverträge fallen, von denen der Betrieb des Entleihers erfasst wird.

§ 2 Erteilung und Erlöschen der Erlaubnis. (1) Die Erlaubnis wird auf schriftlichen Antrag erteilt.

(2) [1]Die Erlaubnis kann unter Bedingungen erteilt und mit Auflagen verbunden werden, um sicherzustellen, daß keine Tatsachen eintreten, die nach § 3 die Versagung der Erlaubnis rechtfertigen. [2]Die Aufnahme, Änderung oder Ergänzung von Auflagen sind auch nach Erteilung der Erlaubnis zulässig.

(3) Die Erlaubnis kann unter dem Vorbehalt des Widerrufs erteilt werden, wenn eine abschließende Beurteilung des Antrags noch nicht möglich ist.

(4) [1]Die Erlaubnis ist auf ein Jahr zu befristen. [2]Der Antrag auf Verlängerung der Erlaubnis ist spätestens drei Monate vor Ablauf des Jahres zu stellen. [3]Die Erlaubnis verlängert sich um ein weiteres Jahr, wenn die Erlaubnisbehörde die Verlängerung nicht vor Ablauf des Jahres ablehnt. [4]Im Fall der Ablehnung gilt die Erlaubnis für die Abwicklung der nach § 1 erlaubt abgeschlossenen Verträge als fortbestehend, jedoch nicht länger als zwölf Monate.

Arbeitnehmerüberlassungsgesetz §§ 2a, 3 AÜG 31

(5) ¹Die Erlaubnis kann unbefristet erteilt werden, wenn der Verleiher drei aufeinanderfolgende Jahre lang nach § 1 erlaubt tätig war. ²Sie erlischt, wenn der Verleiher von der Erlaubnis drei Jahre lang keinen Gebrauch gemacht hat.

§ 2a Kosten. (1) Für die Bearbeitung von Anträgen auf Erteilung und Verlängerung der Erlaubnis werden vom Antragsteller Kosten (Gebühren und Auslagen) erhoben.

(2) ¹Die Vorschriften des Verwaltungskostengesetzes sind anzuwenden. ²Die Bundesregierung wird ermächtigt, durch Rechtsverordnung die gebührenpflichtigen Tatbestände näher zu bestimmen und dabei feste Sätze und Rahmensätze vorzusehen. ³Die Gebühr darf im Einzelfall 2 500 Euro nicht überschreiten.

§ 3 Versagung. (1) Die Erlaubnis oder ihre Verlängerung ist zu versagen, wenn Tatsachen die Annahme rechtfertigen, daß der Antragsteller
1. die für die Ausübung der Tätigkeit nach § 1 erforderliche Zuverlässigkeit nicht besitzt, insbesondere weil er die Vorschriften des Sozialversicherungsrechts, über die Einbehaltung und Abführung der Lohnsteuer, über die Arbeitsvermittlung, über die Anwerbung im Ausland oder über die Ausländerbeschäftigung, die Vorschriften des Arbeitsschutzrechts oder die arbeitsrechtlichen Pflichten nicht einhält;
2. nach der Gestaltung seiner Betriebsorganisation nicht in der Lage ist, die üblichen Arbeitgeberpflichten ordnungsgemäß zu erfüllen;
3. dem Leiharbeitnehmer für die Zeit der Überlassung an einen Entleiher die im Betrieb dieses Entleihers für einen vergleichbaren Arbeitnehmer des Entleihers geltenden wesentlichen Arbeitsbedingungen einschließlich des Arbeitsentgelts nicht gewährt, es sei denn, der Verleiher gewährt dem zuvor arbeitslosen Leiharbeitnehmer für die Überlassung an einen Entleiher für die Dauer von insgesamt höchstens sechs Wochen mindestens ein Nettoarbeitsentgelt in Höhe des Betrages, den der Leiharbeitnehmer zuletzt als Arbeitslosengeld erhalten hat; Letzteres gilt nicht, wenn mit demselben Verleiher bereits ein Leiharbeitsverhältnis bestanden hat. Ein Tarifvertrag kann abweichende Regelungen zulassen. Im Geltungsbereich eines solchen Tarifvertrages können nicht tarifgebundene Arbeitgeber und Arbeitnehmer die Anwendung der tariflichen Regelungen vereinbaren.

(2) Die Erlaubnis oder ihre Verlängerung ist ferner zu versagen, wenn für die Ausübung der Tätigkeit nach § 1 Betriebe, Betriebsteile oder Nebenbetriebe vorgesehen sind, die nicht in einem Mitgliedstaat der Europäischen Wirtschaftsgemeinschaft oder einem anderen Vertragsstaat des Abkommens über den Europäischen Wirtschaftsraum liegen.

(3) Die Erlaubnis kann versagt werden, wenn der Antragsteller nicht Deutscher im Sinne des Artikels 116 des Grundgesetzes ist oder wenn eine Gesellschaft oder juristische Person den Antrag stellt, die entweder nicht nach deutschem Recht gegründet ist oder die weder ihren satzungsmäßigen Sitz noch ihre Hauptverwaltung noch ihre Hauptniederlassung im Geltungsbereich dieses Gesetzes hat.

(4) ¹Staatsangehörige der Mitgliedstaaten der Europäischen Wirtschaftsgemeinschaft oder eines anderen Vertragsstaates des Abkommens über den Europäischen Wirtschaftsraum erhalten die Erlaubnis unter den gleichen Vo-

raussetzungen wie deutsche Staatsangehörige. ²Den Staatsangehörigen dieser Staaten stehen gleich Gesellschaften und juristische Personen, die nach den Rechtsvorschriften dieser Staaten gegründet sind und ihren satzungsgemäßen Sitz, ihre Hauptverwaltung oder ihre Hauptniederlassung innerhalb dieser Staaten haben. ³Soweit diese Gesellschaften oder juristische Personen zwar ihren satzungsmäßigen Sitz, jedoch weder ihre Hauptverwaltung noch ihre Hauptniederlassung innerhalb dieser Staaten haben, gilt Satz 2 nur, wenn ihre Tätigkeit in tatsächlicher und dauerhafter Verbindung mit der Wirtschaft eines Mitgliedstaates oder eines Vertragsstaates des Abkommens über den Europäischen Wirtschaftsraum steht.

(5) ¹Staatsangehörige anderer als der in Absatz 4 genannten Staaten, die sich aufgrund eines internationalen Abkommens im Geltungsbereich dieses Gesetzes niederlassen und hierbei sowie bei ihrer Geschäftstätigkeit nicht weniger günstig behandelt werden dürfen als deutsche Staatsangehörige, erhalten die Erlaubnis unter den gleichen Voraussetzungen wie deutsche Staatsangehörige. ²Den Staatsangehörigen nach Satz 1 stehen gleich Gesellschaften, die nach den Rechtsvorschriften des anderen Staates gegründet sind.

§ 4 Rücknahme. (1) ¹Eine rechtswidrige Erlaubnis kann mit Wirkung für die Zukunft zurückgenommen werden. ²§ 2 Abs. 4 Satz 4 gilt entsprechend.

(2) ¹Die Erlaubnisbehörde hat dem Verleiher auf Antrag den Vermögensnachteil auszugleichen, den dieser dadurch erleidet, daß er auf den Bestand der Erlaubnis vertraut hat, soweit sein Vertrauen unter Abwägung mit dem öffentlichen Interesse schutzwürdig ist. ²Auf Vertrauen kann sich der Verleiher nicht berufen, wenn er
1. die Erlaubnis durch arglistige Täuschung, Drohung oder eine strafbare Handlung erwirkt hat;
2. die Erlaubnis durch Angaben erwirkt hat, die in wesentlicher Beziehung unrichtig oder unvollständig waren, oder
3. die Rechtswidrigkeit der Erlaubnis kannte oder infolge grober Fahrlässigkeit nicht kannte.

³Der Vermögensnachteil ist jedoch nicht über den Betrag des Interesses hinaus zu ersetzen, das der Verleiher an dem Bestand der Erlaubnis hat. ⁴Der auszugleichende Vermögensnachteil wird durch die Erlaubnisbehörde festgesetzt. ⁵Der Anspruch kann nur innerhalb eines Jahres geltend gemacht werden; die Frist beginnt, sobald die Erlaubnisbehörde den Verleiher auf sie hingewiesen hat.

(3) Die Rücknahme ist nur innerhalb eines Jahres seit dem Zeitpunkt zulässig, in dem die Erlaubnisbehörde von den Tatsachen Kenntnis erhalten hat, die die Rücknahme der Erlaubnis rechtfertigen.

§ 5 Widerruf. (1) Die Erlaubnis kann mit Wirkung für die Zukunft widerrufen werden, wenn
1. der Widerruf bei ihrer Erteilung nach § 2 Abs. 3 vorbehalten worden ist;
2. der Verleiher eine Auflage nach § 2 nicht innerhalb einer ihm gesetzten Frist erfüllt hat;
3. die Erlaubnisbehörde auf Grund nachträglich eingetretener Tatsachen berechtigt wäre, die Erlaubnis zu versagen, oder

4. die Erlaubnisbehörde auf Grund einer geänderten Rechtslage berechtigt wäre, die Erlaubnis zu versagen; § 4 Abs. 2 gilt entsprechend.

(2) ¹Die Erlaubnis wird mit dem Wirksamwerden des Widerrufs unwirksam. ²§ 2 Abs. 4 Satz 4 gilt entsprechend.

(3) Der Widerruf ist unzulässig, wenn eine Erlaubnis gleichen Inhalts erneut erteilt werden müßte.

(4) Der Widerruf ist nur innerhalb eines Jahres seit dem Zeitpunkt zulässig, in dem die Erlaubnisbehörde von den Tatsachen Kenntnis erhalten hat, die den Widerruf der Erlaubnis rechtfertigen.

§ 6 Verwaltungszwang. Werden Leiharbeitnehmer von einem Verleiher ohne die erforderliche Erlaubnis überlassen, so hat die Erlaubnisbehörde dem Verleiher dies zu untersagen und das weitere Überlassen nach den Vorschriften des Verwaltungsvollstreckungsgesetzes zu verhindern.

§ 7 Anzeigen und Auskünfte. (1) ¹Der Verleiher hat der Erlaubnisbehörde nach Erteilung der Erlaubnis unaufgefordert die Verlegung, Schließung und Errichtung von Betrieben, Betriebsteilen oder Nebenbetrieben vorher anzuzeigen, soweit diese die Ausübung der Arbeitnehmerüberlassung zum Gegenstand haben. ²Wenn die Erlaubnis Personengesamtheiten, Personengesellschaften oder juristischen Personen erteilt ist und nach ihrer Erteilung eine andere Person zur Geschäftsführung oder Vertretung nach Gesetz, Satzung oder Gesellschaftsvertrag berufen wird, ist auch dies unaufgefordert anzuzeigen.

(2) ¹Der Verleiher hat der Erlaubnisbehörde auf Verlangen die Auskünfte zu erteilen, die zur Durchführung des Gesetzes erforderlich sind. ²Die Auskünfte sind wahrheitsgemäß, vollständig, fristgemäß und unentgeltlich zu erteilen. ³Auf Verlangen der Erlaubnisbehörde hat der Verleiher die geschäftlichen Unterlagen vorzulegen, aus denen sich die Richtigkeit seiner Angaben ergibt, oder seine Angaben auf sonstige Weise glaubhaft zu machen. ⁴Der Verleiher hat seine Geschäftsunterlagen drei Jahre lang aufzubewahren.

(3) ¹In begründeten Einzelfällen sind die von der Erlaubnisbehörde beauftragten Personen befugt, Grundstücke und Geschäftsräume des Verleihers zu betreten und dort Prüfungen vorzunehmen. ²Der Verleiher hat die Maßnahmen nach Satz 1 zu dulden. ³Das Grundrecht der Unverletzlichkeit der Wohnung (Artikel 13 des Grundgesetzes) wird insoweit eingeschränkt.

(4) ¹Durchsuchungen können nur auf Anordnung des Richters bei dem Amtsgericht, in dessen Bezirk die Durchsuchung erfolgen soll, vorgenommen werden. ²Auf die Anfechtung dieser Anordnung finden die §§ 304 bis 310 der Strafprozeßordnung entsprechende Anwendung. ³Bei Gefahr im Verzuge können die von der Erlaubnisbehörde beauftragten Personen während der Geschäftszeit die erforderlichen Durchsuchungen ohne richterliche Anordnung vornehmen. ⁴An Ort und Stelle ist eine Niederschrift über die Durchsuchung und ihr wesentliches Ergebnis aufzunehmen, aus der sich, falls keine richterliche Anordnung ergangen ist, auch die Tatsachen ergeben, die zur Annahme einer Gefahr im Verzuge geführt haben.

(5) Der Verleiher kann die Auskunft auf solche Fragen verweigern, deren Beantwortung ihm selbst oder einen der in § 383 Abs. 1 Nr. 1 bis 3 der Zivilprozeßordnung bezeichneten Angehörigen der Gefahr strafgerichtlicher

Verfolgung oder eines Verfahrens nach dem Gesetz über Ordnungswidrigkeiten aussetzen würde.

§ 8 Statistische Meldungen. (1) ¹Der Verleiher hat der Erlaubnisbehörde halbjährlich statistische Meldungen über
1. die Zahl der überlassenen Leiharbeitnehmer getrennt nach Geschlecht, nach der Staatsangehörigkeit, nach Berufsgruppen und nach der Art der vor der Begründung des Vertragsverhältnisses zum Verleiher ausgeübten Beschäftigung,
2. die Zahl der Überlassungsfälle, gegliedert nach Wirtschaftsgruppen,
3. die Zahl der Entleiher, denen er Leiharbeitnehmer überlassen hat, gegliedert nach Wirtschaftsgruppen,
4. die Zahl und die Dauer der Arbeitsverhältnisse, die er mit jedem überlassenen Leiharbeitnehmer eingegangen ist,
5. die Zahl der Beschäftigungstage jedes überlassenen Leiharbeitnehmers, gegliedert nach Überlassungsfällen,

zu erstatten. ²Die Erlaubnisbehörde kann die Meldepflicht nach Satz 1 einschränken.

(2) Die Meldungen sind für das erste Kalenderhalbjahr bis zum 1. September des laufenden Jahres, für das zweite Kalenderhalbjahr bis zum 1. März des folgenden Jahres zu erstatten.

(3) ¹Die Erlaubnisbehörde gibt zur Durchführung des Absatzes 1 Erhebungsvordrucke aus. ²Die Meldungen sind auf diesen Vordrucken zu erstatten. ³Die Richtigkeit der Angaben ist durch Unterschrift zu bestätigen.

(4) ¹Einzelangaben nach Absatz 1 sind von der Erlaubnisbehörde geheimzuhalten. ²Die §§ 93, 97, 105 Abs. 1, § 111 Abs. 5 in Verbindung mit § 105 Abs. 1 sowie § 116 Abs. 1 der Abgabenordnung gelten nicht. ³Dies gilt nicht, soweit die Finanzbehörden die Kenntnisse für die Durchführung eines Verfahrens wegen einer Steuerstraftat sowie eines damit zusammenhängenden Besteuerungsverfahrens benötigen, an deren Verfolgung ein zwingendes öffentliches Interesse besteht, oder soweit es sich um vorsätzlich falsche Angaben des Auskunftspflichtigen oder der für ihn tätigen Personen handelt. ⁴Veröffentlichungen von Ergebnissen auf Grund von Meldungen nach Absatz 1 dürfen keine Einzelangaben enthalten. ⁵Eine Zusammenfassung von Angaben mehrerer Auskunftspflichtiger ist keine Einzelangabe im Sinne dieses Absatzes.

§ 9 Unwirksamkeit. Unwirksam sind:
1. Verträge zwischen Verleihern und Entleihern sowie zwischen Verleihern und Leiharbeitnehmern, wenn der Verleiher nicht die nach § 1 erforderliche Erlaubnis hat,
2. Vereinbarungen, die für den Leiharbeitnehmer für die Zeit der Überlassung an einen Entleiher schlechtere als die im Betrieb des Entleihers für einen vergleichbaren Arbeitnehmer des Entleihers geltenden wesentlichen Arbeitsbedingungen einschließlich des Arbeitsentgelts vorsehen, es sei denn, der Verleiher gewährt dem zuvor arbeitslosen Leiharbeitnehmer für die Überlassung an einen Entleiher für die Dauer von insgesamt höchstens sechs Wochen mindestens ein Nettoarbeitsentgelt in Höhe des Betrages, den der Leiharbeitnehmer zuletzt als Arbeitslosengeld erhalten hat; Letzteres gilt nicht, wenn mit demselben Verleiher bereits ein Leiharbeitsverhältnis be-

standen hat; ein Tarifvertrag kann abweichende Regelungen zulassen; im Geltungsbereich eines solchen Tarifvertrages können nicht tarifgebundene Arbeitgeber und Arbeitnehmer die Anwendung der tariflichen Regelungen vereinbaren,

3. Vereinbarungen, die dem Entleiher untersagen, den Leiharbeitnehmer zu einem Zeitpunkt einzustellen, in dem dessen Arbeitsverhältnis zum Verleiher nicht mehr besteht; dies schließt die Vereinbarung einer angemessenen Vergütung zwischen Verleiher und Entleiher für die nach vorangegangenem Verleih oder mittels vorangegangenem Verleih erfolgte Vermittlung nicht aus,

4. Vereinbarungen, die dem Leiharbeitnehmer untersagen, mit dem Entleiher zu einem Zeitpunkt, in dem das Arbeitsverhältnis zwischen Verleiher und Leiharbeitnehmer nicht mehr besteht, ein Arbeitsverhältnis einzugehen.

§ 10 Rechtsfolgen bei Unwirksamkeit. (1) ¹Ist der Vertrag zwischen einem Verleiher und einem Leiharbeitnehmer nach § 9 Nr. 1 unwirksam, so gilt ein Arbeitsverhältnis zwischen Entleiher und Leiharbeitnehmer zu dem zwischen dem Entleiher und dem Verleiher für den Beginn der Tätigkeit vorgesehenen Zeitpunkt als zustande gekommen; tritt die Unwirksamkeit erst nach Aufnahme der Tätigkeit beim Entleiher ein, so gilt das Arbeitsverhältnis zwischen Entleiher und Leiharbeitnehmer mit dem Eintritt der Unwirksamkeit als zustande gekommen. ²Das Arbeitsverhältnis nach Satz 1 gilt als befristet, wenn die Tätigkeit des Leiharbeitnehmers bei dem Entleiher nur befristet vorgesehen war und ein die Befristung des Arbeitsverhältnisses sachlich rechtfertigender Grund vorliegt. ³Für das Arbeitsverhältnis nach Satz 1 gilt die zwischen dem Verleiher und dem Entleiher vorgesehene Arbeitszeit als vereinbart. ⁴Im übrigen bestimmen sich Inhalt und Dauer dieses Arbeitsverhältnisses nach den für den Betrieb des Entleihers geltenden Vorschriften und sonstigen Regelungen; sind solche nicht vorhanden, gelten diejenigen vergleichbarer Betriebe. ⁵Der Leiharbeitnehmer hat gegen den Entleiher mindestens Anspruch auf das mit dem Verleiher vereinbarte Arbeitsentgelt.

(2) ¹Der Leiharbeitnehmer kann im Falle der Unwirksamkeit seines Vertrages mit dem Verleiher nach § 9 Nr. 1 von diesem Ersatz des Schadens verlangen, den er dadurch erleidet, daß er auf die Gültigkeit des Vertrages vertraut. ²Die Ersatzpflicht tritt nicht ein, wenn der Leiharbeitnehmer den Grund der Unwirksamkeit kannte.

(3) ¹Zahlt der Verleiher das vereinbarte Arbeitsentgelt oder Teile des Arbeitsentgelts an den Leiharbeitnehmer, obwohl der Vertrag nach § 9 Nr. 1 unwirksam ist, so hat er auch sonstige Teile des Arbeitsentgelts, die bei einem wirksamen Arbeitsvertrag für den Leiharbeitnehmer an einen anderen zu zahlen wären, an den anderen zu zahlen. ²Hinsichtlich dieser Zahlungspflicht gilt der Verleiher neben dem Entleiher als Arbeitgeber; beide haften insoweit als Gesamtschuldner.

(4) Der Leiharbeitnehmer kann im Falle der Unwirksamkeit der Vereinbarung mit dem Verleiher nach § 9 Nr. 2 von diesem die Gewährung der im Betrieb des Entleihers für einen vergleichbaren Arbeitnehmer des Entleihers geltenden wesentlichen Arbeitsbedingungen einschließlich des Arbeitsentgelts verlangen.

§ 11 Sonstige Vorschriften über das Leiharbeitsverhältnis. (1) [1]Der Nachweis der wesentlichen Vertragsbedingungen des Leiharbeitsverhältnisses richtet sich nach den Bestimmungen des Nachweisgesetzes[1]). [2]Zusätzlich zu den in § 2 Abs. 1 des Nachweisgesetzes genannten Angaben sind in die Niederschrift aufzunehmen:

1. Firma und Anschrift des Verleihers, die Erlaubnisbehörde sowie Ort und Datum der Erteilung der Erlaubnis nach § 1,
2. Art und Höhe der Leistungen für Zeiten, in denen der Leiharbeitnehmer nicht verliehen ist.

(2) [1]Der Verleiher ist ferner verpflichtet, dem Leiharbeitnehmer bei Vertragsschluß ein Merkblatt der Erlaubnisbehörde über den wesentlichen Inhalt dieses Gesetzes auszuhändigen. [2]Nichtdeutsche Leiharbeitnehmer erhalten das Merkblatt und den Nachweis nach Absatz 1 auf Verlangen in ihrer Muttersprache. [3]Die Kosten des Merkblatts trägt der Verleiher.

(3) [1]Der Verleiher hat den Leiharbeitnehmer unverzüglich über den Zeitpunkt des Wegfalls der Erlaubnis zu unterrichten. [2]In den Fällen der Nichtverlängerung (§ 2 Abs. 4 Satz 3), der Rücknahme (§ 4) oder des Widerrufs (§ 5) hat er ihn ferner auf das voraussichtliche Ende der Abwicklung (§ 2 Abs. 4 Satz 4) und die gesetzliche Abwicklungsfrist (§ 2 Abs. 4 Satz 4 letzter Halbsatz) hinzuweisen.

(4) [1]§ 622 Abs. 5 Nr. 1 des Bürgerlichen Gesetzbuchs[2]) ist nicht auf Arbeitsverhältnisse zwischen Verleihern und Leiharbeitnehmern anzuwenden. [2]Das Recht des Leiharbeitnehmers auf Vergütung bei Annahmeverzug des Verleihers (§ 615 Satz 1 des Bürgerlichen Gesetzbuchs) kann nicht durch Vertrag aufgehoben oder beschränkt werden; § 615 Satz 2 des Bürgerlichen Gesetzbuchs bleibt unberührt.

(5) [1]Der Leiharbeitnehmer ist nicht verpflichtet, bei einem Entleiher tätig zu sein, soweit dieser durch einen Arbeitskampf unmittelbar betroffen ist. [2]In den Fällen eines Arbeitskampfes nach Satz 1 hat der Verleiher den Leiharbeitnehmer auf das Recht, die Arbeitsleistung zu verweigern, hinzuweisen.

(6) [1]Die Tätigkeit des Leiharbeitnehmers bei dem Entleiher unterliegt den für den Betrieb des Entleihers geltenden öffentlich-rechtlichen Vorschriften des Arbeitsschutzrechts; die hieraus sich ergebenden Pflichten für den Arbeitgeber obliegen dem Entleiher unbeschadet der Pflichten des Verleihers. [2]Insbesondere hat der Entleiher den Leiharbeitnehmer vor Beginn der Beschäftigung und bei Veränderungen in seinem Arbeitsbereich über Gefahren für Sicherheit und Gesundheit, denen er bei der Arbeit ausgesetzt sein kann, sowie über die Maßnahmen und Einrichtungen zur Abwendung dieser Gefahren zu unterrichten. [3]Der Entleiher hat den Leiharbeitnehmer zusätzlich über die Notwendigkeit besonderer Qualifikationen oder beruflicher Fähigkeiten oder einer besonderen ärztlichen Überwachung sowie über erhöhte besondere Gefahren des Arbeitsplatzes zu unterrichten.

(7) Hat der Leiharbeitnehmer während der Dauer der Tätigkeit bei dem Entleiher eine Erfindung oder einen technischen Verbesserungsvorschlag gemacht, so gilt der Entleiher als Arbeitgeber im Sinne des Gesetzes über Arbeitnehmererfindungen.

---

[1]) Nr. **15**.
[2]) Nr. **11**.

§ 12 Rechtsbeziehungen zwischen Verleiher und Entleiher. (1) ¹Der Vertrag zwischen dem Verleiher und dem Entleiher bedarf der Schriftform. ²In der Urkunde hat der Verleiher zu erklären, ob er die Erlaubnis nach § 1 besitzt. ³Der Entleiher hat in der Urkunde anzugeben, welche besonderen Merkmale die für den Leiharbeitnehmer vorgesehene Tätigkeit hat und welche berufliche Qualifikation dafür erforderlich ist sowie welche im Betrieb des Entleihers für einen vergleichbaren Arbeitnehmer des Entleihers wesentlichen Arbeitsbedingungen einschließlich des Arbeitsentgelts gelten; Letzteres gilt nicht, soweit die Voraussetzungen einer der beiden in § 3 Abs. 1 Nr. 3 und § 9 Nr. 2 genannten Ausnahmen vorliegen.

(2) ¹Der Verleiher hat den Entleiher unverzüglich über den Zeitpunkt des Wegfalls der Erlaubnis zu unterrichten. ²In den Fällen der Nichtverlängerung (§ 2 Abs. 4 Satz 3), der Rücknahme (§ 4) oder des Widerrufs (§ 5) hat er ihn ferner auf das voraussichtliche Ende der Abwicklung (§ 2 Abs. 4 Satz 4) und die gesetzliche Abwicklungsfrist (§ 2 Abs. 4 Satz 4 letzter Halbsatz) hinzuweisen.

§ 13 Auskunftsanspruch des Leiharbeitnehmers. Der Leiharbeitnehmer kann im Falle der Überlassung von seinem Entleiher Auskunft über die im Betrieb des Entleihers für einen vergleichbaren Arbeitnehmer des Entleihers geltenden wesentlichen Arbeitsbedingungen einschließlich des Arbeitsentgelts verlangen; dies gilt nicht, soweit die Voraussetzungen einer der beiden in § 3 Abs. 1 Nr. 3 und § 9 Nr. 2 genannten Ausnahmen vorliegen.

§ 14 Mitwirkungs- und Mitbestimmungsrechte. (1) Leiharbeitnehmer bleiben auch während der Zeit ihrer Arbeitsleistung bei einem Entleiher Angehörige des entsendenden Betriebs des Verleihers.

(2) ¹Leiharbeitnehmer sind bei der Wahl der Arbeitnehmervertreter in den Aufsichtsrat im Entleiherunternehmen und bei der Wahl der betriebsverfassungsrechtlichen Arbeitnehmervertretungen im Entleiherbetrieb nicht wählbar. ²Sie sind berechtigt, die Sprechstunden dieser Arbeitnehmervertretungen aufzusuchen und an den Betriebs- und Jugendversammlungen im Entleiherbetrieb teilzunehmen. ³Die §§ 81, 82 Abs. 1 und die §§ 84 bis 86 des Betriebsverfassungsgesetzes[1]) gelten im Entleiherbetrieb auch in bezug auf die dort tätigen Leiharbeitnehmer.

(3) ¹Vor der Übernahme eines Leiharbeitnehmers zur Arbeitsleistung ist der Betriebsrat des Entleiherbetriebs nach § 99 des Betriebsverfassungsgesetzes zu beteiligen. ²Dabei hat der Entleiher dem Betriebsrat auch die schriftliche Erklärung des Verleihers nach § 12 Abs. 1 Satz 2 vorzulegen. ³Er ist ferner verpflichtet, Mitteilungen des Verleihers nach § 12 Abs. 2 unverzüglich dem Betriebsrat bekanntzugeben.

(4) Die Absätze 1 und 2 Sätze 1 und 2 sowie Absatz 3 gelten für die Anwendung des Bundespersonalvertretungsgesetzes sinngemäß.

§ 15 Ausländische Leiharbeitnehmer ohne Genehmigung. (1) Wer als Verleiher einen Ausländer, der einen erforderlichen Aufenthaltstitel nach § 4 Abs. 3 des Aufenthaltsgesetzes, eine Aufenthaltsgestattung oder eine Duldung, die zur Ausübung der Beschäftigung berechtigen, oder eine Genehmigung

---

[1]) Nr. **81**.

nach § 284 Abs. 1 des Dritten Buches Sozialgesetzbuch[1]) nicht besitzt, entgegen § 1 einem Dritten ohne Erlaubnis überläßt, wird mit Freiheitsstrafe bis zu drei Jahren oder mit Geldstrafe bestraft.

(2) ¹In besonders schweren Fällen ist die Strafe Freiheitsstrafe von sechs Monaten bis zu fünf Jahren. ²Ein besonders schwerer Fall liegt in der Regel vor, wenn der Täter gewerbsmäßig oder aus grobem Eigennutz handelt.

§ 15a Entleih von Ausländern ohne Genehmigung. (1) ¹Wer als Entleiher einen ihm überlassenen Ausländer, der einen erforderlichen Aufenthaltstitel nach § 4 Abs. 3 des Aufenthaltsgesetzes, eine Aufenthaltsgestattung oder eine Duldung, die zur Ausübung der Beschäftigung berechtigen, oder eine Genehmigung nach § 284 Abs. 1 des Dritten Buches Sozialgesetzbuch[1]) nicht besitzt, zu Arbeitsbedingungen des Leiharbeitsverhältnisses tätig werden läßt, die in einem auffälligen Mißverhältnis zu den Arbeitsbedingungen deutscher Leiharbeitnehmer stehen, die die gleiche oder eine vergleichbare Tätigkeit ausüben, wird mit Freiheitsstrafe bis zu drei Jahren oder mit Geldstrafe bestraft. ²In besonders schweren Fällen ist die Strafe Freiheitsstrafe von sechs Monaten bis zu fünf Jahren; ein besonders schwerer Fall liegt in der Regel vor, wenn der Täter gewerbsmäßig oder aus grobem Eigennutz handelt.

(2) ¹Wer als Entleiher

1. gleichzeitig mehr als fünf Ausländer, die einen erforderlichen Aufenthaltstitel nach § 4 Abs. 3 des Aufenthaltsgesetzes, eine Aufenthaltsgestattung oder eine Duldung, die zur Ausübung der Beschäftigung berechtigen, oder eine Genehmigung nach § 284 Abs. 1 des Dritten Buches Sozialgesetzbuch[1]) nicht besitzen, tätig werden läßt oder
2. eine in § 16 Abs. 1 Nr. 2 bezeichnete vorsätzliche Zuwiderhandlung beharrlich wiederholt,

wird mit Freiheitsstrafe bis zu einem Jahr oder mit Geldstrafe bestraft. ²Handelt der Täter aus grobem Eigennutz, ist die Strafe Freiheitsstrafe bis zu drei Jahren oder Geldstrafe.

§ 16 Ordnungswidrigkeiten. (1) Ordnungswidrig handelt, wer vorsätzlich oder fahrlässig

1. entgegen § 1 einen Leiharbeitnehmer einem Dritten ohne Erlaubnis überläßt,

1a. einen ihm von einem Verleiher ohne Erlaubnis überlassenen Leiharbeitnehmer tätig werden läßt,

1b. entgegen § 1b Satz 1 gewerbsmäßig Arbeitnehmer überläßt oder tätig werden läßt,

2. einen ihm überlassenen ausländischen Leiharbeitnehmer, der einen erforderlichen Aufenthaltstitel nach § 4 Abs. 3 des Aufenthaltsgesetzes, eine Aufenthaltsgestattung oder eine Duldung, die zur Ausübung der Beschäftigung berechtigen, oder eine Genehmigung nach § 284 Abs. 1 des Dritten Buches Sozialgesetzbuch[1]) nicht besitzt, tätig werden läßt,

2a. eine Anzeige nach § 1a nicht richtig, nicht vollständig oder nicht rechtzeitig erstattet,

---

[1]) Nr. 42.

3. einer Auflage nach § 2 Abs. 2 nicht, nicht vollständig oder nicht rechtzeitig nachkommt,
4. eine Anzeige nach § 7 Abs. 1 nicht, nicht richtig, nicht vollständig oder nicht rechtzeitig erstattet,
5. eine Auskunft nach § 7 Abs. 2 Satz 1 nicht, nicht richtig, nicht vollständig oder nicht rechtzeitig erteilt,
6. seiner Aufbewahrungspflicht nach § 7 Abs. 2 Satz 4 nicht nachkommt,
6 a. entgegen § 7 Abs. 3 Satz 2 eine dort genannte Maßnahme nicht duldet,
7. eine statistische Meldung nach § 8 Abs. 1 nicht, nicht richtig, nicht vollständig oder nicht rechtzeitig erteilt,
8. einer Pflicht nach § 11 Abs. 1 oder Absatz 2 nicht nachkommt,[1]

(2) Die Ordnungswidrigkeit nach Absatz 1 Nr. 1 bis Nr. 1 b kann mit einer Geldbuße bis zu fünfundzwanzigtausend Euro, die Ordnungswidrigkeit nach Absatz 1 Nr. 2 mit einer Geldbuße bis zu fünfhunderttausend Euro, die Ordnungswidrigkeit nach Absatz 1 Nr. 2 a und 3 mit einer Geldbuße bis zu zweitausendfünfhundert Euro, die Ordnungswidrigkeit nach Absatz 1 Nr. 4 bis 8 mit einer Geldbuße bis zu fünfhundert Euro geahndet werden.

(3) Verwaltungsbehörden im Sinne des § 36 Abs. 1 Nr. 1 des Gesetzes über Ordnungswidrigkeiten sind für die Ordnungswidrigkeiten nach Absatz 1 Nr. 1 bis 2 a die Behörden der Zollverwaltung, für die Ordnungswidrigkeiten nach Absatz 1 Nr. 3 bis 8 die Bundesagentur für Arbeit.

(4) § 66 des Zehnten Buches Sozialgesetzbuch gilt entsprechend.

(5) ¹Die Geldbußen fließen in die Kasse der zuständigen Verwaltungsbehörde. ²Sie trägt abweichend von § 105 Abs. 2 des Gesetzes über Ordnungswidrigkeiten die notwendigen Auslagen und ist auch ersatzpflichtig im Sinne des § 110 Abs. 4 des Gesetzes über Ordnungswidrigkeiten.

§ 17 Durchführung. ¹Die Bundesagentur für Arbeit führt dieses Gesetz nach fachlichen Weisungen des Bundesministeriums für Arbeit und Soziales durch. ²Verwaltungskosten werden nicht erstattet.

§ 18 Zusammenarbeit mit anderen Behörden. (1) Zur Verfolgung und Ahndung der Ordungswidrigkeiten nach § 16 arbeiten die Bundesagentur für Arbeit und die Behörden der Zollverwaltung insbesondere mit folgenden Behörden zusammen:
1. den Trägern der Krankenversicherung als Einzugsstellen für die Sozialversicherungsbeiträge,
2. den in § 71 des Aufenthaltsgesetzes genannten Behörden,
3. den Finanzbehörden,
4. den nach Landesrecht für die Verfolgung und Ahndung von Ordnungswidrigkeiten nach dem Schwarzarbeitsbekämpfungsgesetz zuständigen Behörden,
5. den Trägern der Unfallversicherung,
6. den für den Arbeitsschutz zuständigen Landesbehörden,
7. den Rentenversicherungsträgern,
8. den Trägern der Sozialhilfe.

---

[1] Zeichensetzung amtlich.

(2) Ergeben sich für die Bundesagentur für Arbeit oder die Behörden der Zollverwaltung bei der Durchführung dieses Gesetzes im Einzelfall konkrete Anhaltspunkte für
1. Verstöße gegen das Schwarzarbeitsbekämpfungsgesetz,
2. eine Beschäftigung oder Tätigkeit von Ausländern ohne erforderlichen Aufenthaltstitel nach § 4 Abs. 3 des Aufenthaltsgesetzes, eine Aufenthaltsgestattung oder eine Duldung, die zur Ausübung der Beschäftigung berechtigen, oder eine Genehmigung nach § 284 Abs. 1 des Dritten Buches Sozialgesetzbuch[1]),
3. Verstöße gegen die Mitwirkungspflicht nach § 60 Abs. 1 Satz 1 Nr. 2 des Ersten Buches Sozialgesetzbuch gegenüber einer Dienststelle der Bundesagentur für Arbeit, einem Träger der gesetzlichen Kranken-, Pflege-, Unfall- oder Rentenversicherung oder einem Träger der Sozialhilfe oder gegen die Meldepflicht nach § 8 a des Asylbewerberleistungsgesetzes,
4. Verstöße gegen die Vorschriften des Vierten und Siebten Buches Sozialgesetzbuch über die Verpflichtung zur Zahlung von Sozialversicherungsbeiträgen, soweit sie im Zusammenhang mit den in den Nummern 1 bis 3 genannten Verstößen sowie mit Arbeitnehmerüberlassung entgegen § 1 stehen,
5. Verstöße gegen die Steuergesetze,
6. Verstöße gegen das Aufenthaltsgesetz,
unterrichten sie die für die Verfolgung und Ahndung zuständigen Behörden, die Träger der Sozialhilfe sowie die Behörden nach § 71 des Aufenthaltsgesetzes.

(3) [1]In Strafsachen, die Straftaten nach den §§ 15 und 15 a zum Gegenstand haben, sind der Bundesagentur für Arbeit und den Behörden der Zollverwaltung zur Verfolgung von Ordnungswidrigkeiten
1. bei Einleitung des Strafverfahrens die Personendaten des Beschuldigten, der Straftatbestand, die Tatzeit und der Tatort,
2. im Falle der Erhebung der öffentlichen Klage die das Verfahren abschließende Entscheidung mit Begründung
zu übermitteln. [2]Ist mit der in Nummer 2 genannten Entscheidung ein Rechtsmittel verworfen worden oder wird darin auf die angefochtene Entscheidung Bezug genommen, so ist auch die angefochtene Entscheidung zu übermitteln. [3]Die Übermittlung veranlaßt die Strafvollstreckungs- oder die Strafverfolgungsbehörde. [4]Eine Verwendung
1. der Daten der Arbeitnehmer für Maßnahmen zu ihren Gunsten,
2. der Daten des Arbeitgebers zur Besetzung seiner offenen Arbeitsplätze, die im Zusammenhang mit dem Strafverfahren bekanntgeworden sind,
3. der in den Nummern 1 und 2 genannten Daten für Entscheidungen über die Einstellung oder Rückforderung von Leistungen der Bundesagentur für Arbeit
ist zulässig.

(4) [1]Gerichte, Strafverfolgungs- oder Strafvollstreckungsbehörden sollen den Behörden der Zollverwaltung Erkenntnisse aus sonstigen Verfahren, die aus ihrer Sicht zur Verfolgung von Ordnungswidrigkeiten nach § 16 Abs. 1 Nr. 1 bis 2 erforderlich sind, übermitteln, soweit nicht für die übermittelnde

---

[1]) Nr. **42**.

Stelle erkennbar ist, daß schutzwürdige Interessen des Betroffenen oder anderer Verfahrensbeteiligter an dem Ausschluß der Übermittlung überwiegen. ²Dabei ist zu berücksichtigen, wie gesichert die zu übermittelnden Erkenntnisse sind.

§ 19 Übergangsvorschrift. ¹§ 1 Abs. 2, § 1 b Satz 2, die §§ 3, 9, 10, 12, 13 und 16 in der vor dem 1. Januar 2003 geltenden Fassung sind auf Leiharbeitsverhältnisse, die vor dem 1. Januar 2004 begründet worden sind, bis zum 31. Dezember 2003 weiterhin anzuwenden. ²Dies gilt nicht für Leiharbeitsverhältnisse im Geltungsbereich eines nach dem 15. November 2002 in Kraft tretenden Tarifvertrages, der die wesentlichen Arbeitsbedingungen einschließlich des Arbeitsentgelts im Sinne des § 3 Abs. 1 Nr. 3 und des § 9 Nr. 2 regelt.

§ 20 (weggefallen)

32. Berufsbildungsgesetz (BBiG)[1]

Vom 23. März 2005
(BGBl. I S. 931)
FNA 806-22
zuletzt geänd. durch Art. 9 b Zweites BürokratieabbauG v. 7. 9. 2007 (BGBl. I S. 2246)

– Auszug –

Teil 1. Allgemeine Vorschriften

§ 1 Ziele und Begriffe der Berufsbildung. (1) Berufsbildung im Sinne dieses Gesetzes sind die Berufsausbildungsvorbereitung, die Berufsausbildung, die berufliche Fortbildung und die berufliche Umschulung.

(2) Die Berufsausbildungsvorbereitung dient dem Ziel, durch die Vermittlung von Grundlagen für den Erwerb beruflicher Handlungsfähigkeit an eine Berufsausbildung in einem anerkannten Ausbildungsberuf heranzuführen.

(3) ¹Die Berufsausbildung hat die für die Ausübung einer qualifizierten beruflichen Tätigkeit in einer sich wandelnden Arbeitswelt notwendigen beruflichen Fertigkeiten, Kenntnisse und Fähigkeiten (berufliche Handlungsfähigkeit) in einem geordneten Ausbildungsgang zu vermitteln. ²Sie hat ferner den Erwerb der erforderlichen Berufserfahrungen zu ermöglichen.

(4) Die berufliche Fortbildung soll es ermöglichen, die berufliche Handlungsfähigkeit zu erhalten und anzupassen oder zu erweitern und beruflich aufzusteigen.

(5) Die berufliche Umschulung soll zu einer anderen beruflichen Tätigkeit befähigen.

§ 2 Lernorte der Berufsbildung. (1) Berufsbildung wird durchgeführt
1. in Betrieben der Wirtschaft, in vergleichbaren Einrichtungen außerhalb der Wirtschaft, insbesondere des öffentlichen Dienstes, der Angehörigen freier Berufe und in Haushalten (betriebliche Berufsbildung),
2. in berufsbildenden Schulen (schulische Berufsbildung) und
3. in sonstigen Berufsbildungseinrichtungen außerhalb der schulischen und betrieblichen Berufsbildung (außerbetriebliche Berufsbildung).

(2) Die Lernorte nach Absatz 1 wirken bei der Durchführung der Berufsbildung zusammen (Lernortkooperation).

(3) ¹Teile der Berufsausbildung können im Ausland durchgeführt werden, wenn dies dem Ausbildungsziel dient. ²Ihre Gesamtdauer soll ein Viertel der in der Ausbildungsordnung festgelegten Ausbildungsdauer nicht überschreiten.

---

[1] Verkündet als Art. 1 BerufsbildungsreformG v. 23. 3. 2005 (BGBl. I S. 931); Inkrafttreten gem. Art. 8 Abs. 1 dieses G am 1. 4. 2005 mit Ausnahme des § 7 Abs. 2, der gem. Art. 8 Abs. 4 am 1. 8. 2009 in Kraft tritt.

§ 3 Anwendungsbereich. (1) Dieses Gesetz gilt für die Berufsbildung, soweit sie nicht in berufsbildenden Schulen durchgeführt wird, die den Schulgesetzen der Länder unterstehen.

(2) Dieses Gesetz gilt nicht für
1. die Berufsbildung, die in berufsqualifizierenden oder vergleichbaren Studiengängen an Hochschulen auf der Grundlage des Hochschulrahmengesetzes und der Hochschulgesetze der Länder durchgeführt wird,
2. die Berufsbildung in einem öffentlich-rechtlichen Dienstverhältnis,
3. die Berufsbildung auf Kauffahrteischiffen, die nach dem Flaggenrechtsgesetz die Bundesflagge führen, soweit es sich nicht um Schiffe der kleinen Hochseefischerei oder der Küstenfischerei handelt.

(3) Für die Berufsbildung in Berufen der Handwerksordnung gelten die §§ 4 bis 9, 27 bis 49, 53 bis 70, 76 bis 80 sowie 102 nicht; insoweit gilt die Handwerksordnung.

Teil 2. Berufsbildung

Kapitel 1. Berufsausbildung

Abschnitt 1. Ordnung der Berufsausbildung; Anerkennung von Ausbildungsberufen

§ 4 Anerkennung von Ausbildungsberufen. (1) Als Grundlage für eine geordnete und einheitliche Berufsausbildung kann das Bundesministerium für Wirtschaft und Technologie oder das sonst zuständige Fachministerium im Einvernehmen mit dem Bundesministerium für Bildung und Forschung durch Rechtsverordnung, die nicht der Zustimmung des Bundesrates bedarf, Ausbildungsberufe staatlich anerkennen und hierfür Ausbildungsordnungen nach § 5 erlassen.

(2) Für einen anerkannten Ausbildungsberuf darf nur nach der Ausbildungsordnung ausgebildet werden.

(3) In anderen als anerkannten Ausbildungsberufen dürfen Jugendliche unter 18 Jahren nicht ausgebildet werden, soweit die Berufsausbildung nicht auf den Besuch weiterführender Bildungsgänge vorbereitet.

(4) Wird die Ausbildungsordnung eines Ausbildungsberufes aufgehoben, so gelten für bestehende Berufsausbildungsverhältnisse die bisherigen Vorschriften.

(5) Das zuständige Fachministerium informiert die Länder frühzeitig über Neuordnungskonzepte und bezieht sie in die Abstimmung ein.

§ 5 Ausbildungsordnung. (1) Die Ausbildungsordnung hat festzulegen
1. die Bezeichnung des Ausbildungsberufes, der anerkannt wird,
2. die Ausbildungsdauer; sie soll nicht mehr als drei und nicht weniger als zwei Jahre betragen,
3. die beruflichen Fertigkeiten, Kenntnisse und Fähigkeiten, die mindestens Gegenstand der Berufsausbildung sind (Ausbildungsberufsbild),

4. eine Anleitung zur sachlichen und zeitlichen Gliederung der Vermittlung der beruflichen Fertigkeiten, Kenntnisse und Fähigkeiten (Ausbildungsrahmenplan),
5. die Prüfungsanforderungen.

(2) [1]Die Ausbildungsordnung kann vorsehen,
1. dass die Berufsausbildung in sachlich und zeitlich besonders gegliederten, aufeinander aufbauenden Stufen erfolgt; nach den einzelnen Stufen soll ein Ausbildungsabschluss vorgesehen werden, der sowohl zu einer qualifizierten beruflichen Tätigkeit im Sinne des § 1 Abs. 3 befähigt als auch die Fortsetzung der Berufsausbildung in weiteren Stufen ermöglicht (Stufenausbildung),
2. dass die Abschlussprüfung in zwei zeitlich auseinander fallenden Teilen durchgeführt wird,
3. dass abweichend von § 4 Abs. 4 die Berufsausbildung in diesem Ausbildungsberuf unter Anrechnung der bereits zurückgelegten Ausbildungszeit fortgesetzt werden kann, wenn die Vertragsparteien dies vereinbaren,
4. dass auf die durch die Ausbildungsordnung geregelte Berufsausbildung eine andere, einschlägige Berufsausbildung unter Berücksichtigung der hierbei erworbenen beruflichen Fertigkeiten, Kenntnisse und Fähigkeiten angerechnet werden kann,
5. dass über das in Absatz 1 Nr. 3 beschriebene Ausbildungsberufsbild hinaus zusätzliche berufliche Fertigkeiten, Kenntnisse und Fähigkeiten vermittelt werden können, die die berufliche Handlungsfähigkeit ergänzen oder erweitern,
6. dass Teile der Berufsausbildung in geeigneten Einrichtungen außerhalb der Ausbildungsstätte durchgeführt werden, wenn und soweit es die Berufsausbildung erfordert (überbetriebliche Berufsausbildung),
7. dass Auszubildende einen schriftlichen Ausbildungsnachweis zu führen haben.

[2]Im Rahmen der Ordnungsverfahren soll stets geprüft werden, ob Regelungen nach Nummer 1, 2 und 4 sinnvoll und möglich sind.

§ 6 Erprobung neuer Ausbildungsberufe, Ausbildungs- und Prüfungsformen. Zur Entwicklung und Erprobung neuer Ausbildungsberufe sowie Ausbildungs- und Prüfungsformen kann das Bundesministerium für Wirtschaft und Technologie oder das sonst zuständige Fachministerium im Einvernehmen mit dem Bundesministerium für Bildung und Forschung nach Anhörung des Hauptausschusses des Bundesinstituts für Berufsbildung durch Rechtsverordnung, die nicht der Zustimmung des Bundesrates bedarf, Ausnahmen von § 4 Abs. 2 und 3 sowie den §§ 5, 37 und 48 zulassen, die auch auf eine bestimmte Art und Zahl von Ausbildungsstätten beschränkt werden können.

§ 7[1]) **Anrechnung beruflicher Vorbildung auf die Ausbildungszeit.**
(1) [1]Die Landesregierungen können nach Anhörung des Landesausschusses für Berufsbildung durch Rechtsverordnung bestimmen, dass der Besuch eines

---
[1]) § 7 Abs. 2 tritt **mWv 1. 8. 2009** in Kraft und Abs. 1 Satz 3 aufgeh. **mWv 1. 8. 2009** gem. Art. 8 Abs. 4 G v. 23. 3. 2005 (BGBl. I S. 931).

Bildungsganges berufsbildender Schulen oder die Berufsausbildung in einer sonstigen Einrichtung ganz oder teilweise auf die Ausbildungszeit angerechnet wird. ²Die Ermächtigung kann durch Rechtsverordnung auf oberste Landesbehörden weiter übertragen werden.
Satz 3 in der bis 31. 7. 2009 geltenden Fassung: ³Die Rechtsverordnung kann vorsehen, dass die Anrechnung eines gemeinsamen Antrags der Auszubildenden und Ausbildenden bedarf.

(2)[1]) *¹Die Anrechnung nach Absatz 1 bedarf des gemeinsamen Antrags der Auszubildenden und Ausbildenden. ²Der Antrag ist an die zuständige Stelle zu richten. ³Er kann sich auf Teile des höchstzulässigen Anrechnungszeitraums beschränken.*

§ 8 Abkürzung und Verlängerung der Ausbildungszeit. (1) ¹Auf gemeinsamen Antrag der Auszubildenden und Ausbildenden hat die zuständige Stelle die Ausbildungszeit zu kürzen, wenn zu erwarten ist, dass das Ausbildungsziel in der gekürzten Zeit erreicht wird. ²Bei berechtigtem Interesse kann sich der Antrag auch auf die Verkürzung der täglichen oder wöchentlichen Ausbildungszeit richten (Teilzeitberufsausbildung).

(2) ¹In Ausnahmefällen kann die zuständige Stelle auf Antrag Auszubildender die Ausbildungszeit verlängern, wenn die Verlängerung erforderlich ist, um das Ausbildungsziel zu erreichen. ²Vor der Entscheidung nach Satz 1 sind die Ausbildenden zu hören.

(3) Für die Entscheidung über die Verkürzung oder Verlängerung der Ausbildungszeit kann der Hauptausschuss des Bundesinstituts für Berufsbildung Richtlinien erlassen.

§ 9 Regelungsbefugnis. Soweit Vorschriften nicht bestehen, regelt die zuständige Stelle die Durchführung der Berufsausbildung im Rahmen dieses Gesetzes.

Abschnitt 2. Berufsausbildungsverhältnis

Unterabschnitt 1. Begründung des Ausbildungsverhältnisses

§ 10 Vertrag. (1) Wer andere Personen zur Berufsausbildung einstellt (Ausbildende), hat mit den Auszubildenden einen Berufsausbildungsvertrag zu schließen.

(2) Auf den Berufsausbildungsvertrag sind, soweit sich aus seinem Wesen und Zweck und aus diesem Gesetz nichts anderes ergibt, die für den Arbeitsvertrag geltenden Rechtsvorschriften und Rechtsgrundsätze anzuwenden.

(3) Schließen die gesetzlichen Vertreter oder Vertreterinnen mit ihrem Kind einen Berufsausbildungsvertrag, so sind sie von dem Verbot des § 181 des Bürgerlichen Gesetzbuchs[2]) befreit.

(4) Ein Mangel in der Berechtigung, Auszubildende einzustellen oder auszubilden, berührt die Wirksamkeit des Berufsausbildungsvertrages nicht.

(5) Zur Erfüllung der vertraglichen Verpflichtungen der Ausbildenden können mehrere natürliche oder juristische Personen in einem Ausbildungsver-

---
[1]) § 7 Abs. 2 tritt gem. Art. 8 Abs. 4 G v. 23. 3. 2005 (BGBl. I S. 931) erst am **1. 8. 2009** in Kraft.
[2]) Nr. **11**.

bund zusammenwirken, soweit die Verantwortlichkeit für die einzelnen Ausbildungsabschnitte sowie für die Ausbildungszeit insgesamt sichergestellt ist (Verbundausbildung).

§ 11 Vertragsniederschrift. (1) [1]Ausbildende haben unverzüglich nach Abschluss des Berufsausbildungsvertrages, spätestens vor Beginn der Berufsausbildung, den wesentlichen Inhalt des Vertrages gemäß Satz 2 schriftlich niederzulegen; die elektronische Form ist ausgeschlossen. [2]In die Niederschrift sind mindestens aufzunehmen

1. Art, sachliche und zeitliche Gliederung sowie Ziel der Berufsausbildung, insbesondere die Berufstätigkeit, für die ausgebildet werden soll,
2. Beginn und Dauer der Berufsausbildung,
3. Ausbildungsmaßnahmen außerhalb der Ausbildungsstätte,
4. Dauer der regelmäßigen täglichen Ausbildungszeit,
5. Dauer der Probezeit,
6. Zahlung und Höhe der Vergütung,
7. Dauer des Urlaubs,
8. Voraussetzungen, unter denen der Berufsausbildungsvertrag gekündigt werden kann,
9. ein in allgemeiner Form gehaltener Hinweis auf die Tarifverträge, Betriebs- oder Dienstvereinbarungen, die auf das Berufsausbildungsverhältnis anzuwenden sind.

(2) Die Niederschrift ist von den Ausbildenden, den Auszubildenden und deren gesetzlichen Vertretern und Vertreterinnen zu unterzeichnen.

(3) Ausbildende haben den Auszubildenden und deren gesetzlichen Vertretern und Vertreterinnen eine Ausfertigung der unterzeichneten Niederschrift unverzüglich auszuhändigen.

(4) Bei Änderungen des Berufsausbildungsvertrages gelten die Absätze 1 bis 3 entsprechend.

§ 12 Nichtige Vereinbarungen. (1) [1]Eine Vereinbarung, die Auszubildende für die Zeit nach Beendigung des Berufsausbildungsverhältnisses in der Ausübung ihrer beruflichen Tätigkeit beschränkt, ist nichtig. [2]Dies gilt nicht, wenn sich Auszubildende innerhalb der letzten sechs Monate des Berufsausbildungsverhältnisses dazu verpflichten, nach dessen Beendigung mit den Ausbildenden ein Arbeitsverhältnis einzugehen.

(2) Nichtig ist eine Vereinbarung über
1. die Verpflichtung Auszubildender, für die Berufsausbildung eine Entschädigung zu zahlen,
2. Vertragsstrafen,
3. den Ausschluss oder die Beschränkung von Schadensersatzansprüchen,
4. die Festsetzung der Höhe eines Schadensersatzes in Pauschbeträgen.

Unterabschnitt 2. Pflichten der Auszubildenden

§ 13 Verhalten während der Berufsausbildung. [1]Auszubildende haben sich zu bemühen, die berufliche Handlungsfähigkeit zu erwerben, die zum Er-

Berufsbildungsgesetz §§ 14–16 BBiG 32

reichen des Ausbildungsziels erforderlich ist. ²Sie sind insbesondere verpflichtet,
1. die ihnen im Rahmen ihrer Berufsausbildung aufgetragenen Aufgaben sorgfältig auszuführen,
2. an Ausbildungsmaßnahmen teilzunehmen, für die sie nach § 15 freigestellt werden,
3. den Weisungen zu folgen, die ihnen im Rahmen der Berufsausbildung von Ausbildenden, von Ausbildern oder Ausbilderinnen oder von anderen weisungsberechtigten Personen erteilt werden,
4. die für die Ausbildungsstätte geltende Ordnung zu beachten,
5. Werkzeug, Maschinen und sonstige Einrichtungen pfleglich zu behandeln,
6. über Betriebs- und Geschäftsgeheimnisse Stillschweigen zu wahren.

Unterabschnitt 3. Pflichten der Ausbildenden

§ 14 Berufsausbildung. (1) Ausbildende haben
1. dafür zu sorgen, dass den Auszubildenden die berufliche Handlungsfähigkeit vermittelt wird, die zum Erreichen des Ausbildungsziels erforderlich ist, und die Berufsausbildung in einer durch ihren Zweck gebotenen Form planmäßig, zeitlich und sachlich gegliedert so durchzuführen, dass das Ausbildungsziel in der vorgesehenen Ausbildungszeit erreicht werden kann,
2. selbst auszubilden oder einen Ausbilder oder eine Ausbilderin ausdrücklich damit zu beauftragen,
3. Auszubildenden kostenlos die Ausbildungsmittel, insbesondere Werkzeuge und Werkstoffe zur Verfügung zu stellen, die zur Berufsausbildung und zum Ablegen von Zwischen- und Abschlussprüfungen, auch soweit solche nach Beendigung des Berufsausbildungsverhältnisses stattfinden, erforderlich sind,
4. Auszubildende zum Besuch der Berufsschule sowie zum Führen von schriftlichen Ausbildungsnachweisen anzuhalten, soweit solche im Rahmen der Berufsausbildung verlangt werden, und diese durchzusehen,
5. dafür zu sorgen, dass Auszubildende charakterlich gefördert sowie sittlich und körperlich nicht gefährdet werden.

(2) Auszubildenden dürfen nur Aufgaben übertragen werden, die dem Ausbildungszweck dienen und ihren körperlichen Kräften angemessen sind.

§ 15 Freistellung. ¹Ausbildende haben Auszubildende für die Teilnahme am Berufsschulunterricht und an Prüfungen freizustellen. ²Das Gleiche gilt, wenn Ausbildungsmaßnahmen außerhalb der Ausbildungsstätte durchzuführen sind.

§ 16 Zeugnis. (1) ¹Ausbildende haben den Auszubildenden bei Beendigung des Berufsausbildungsverhältnisses ein schriftliches Zeugnis auszustellen. ²Die elektronische Form ist ausgeschlossen. ³Haben Ausbildende die Berufsausbildung nicht selbst durchgeführt, so soll auch der Ausbilder oder die Ausbilderin das Zeugnis unterschreiben.

(2) ¹Das Zeugnis muss Angaben enthalten über Art, Dauer und Ziel der Berufsausbildung sowie über die erworbenen beruflichen Fertigkeiten, Kenntnisse und Fähigkeiten der Auszubildenden. ²Auf Verlangen Auszubildender sind auch Angaben über Verhalten und Leistung aufzunehmen.

III. Sonderformen eines Arbeitsverhältnisses

Unterabschnitt 4. Vergütung

§ 17 Vergütungsanspruch. (1) [1]Ausbildende haben Auszubildenden eine angemessene Vergütung zu gewähren. [2]Sie ist nach dem Lebensalter der Auszubildenden so zu bemessen, dass sie mit fortschreitender Berufsausbildung, mindestens jährlich, ansteigt.

(2) Sachleistungen können in Höhe der nach § 17 Abs. 1 Satz 1 Nr. 4 des Vierten Buches Sozialgesetzbuch[1)] festgesetzten Sachbezugswerte angerechnet werden, jedoch nicht über 75 Prozent der Bruttovergütung hinaus.

(3) Eine über die vereinbarte regelmäßige tägliche Ausbildungszeit hinausgehende Beschäftigung ist besonders zu vergüten oder durch entsprechende Freizeit auszugleichen.

§ 18 Bemessung und Fälligkeit der Vergütung. (1) [1]Die Vergütung bemisst sich nach Monaten. [2]Bei Berechnung der Vergütung für einzelne Tage wird der Monat zu 30 Tagen gerechnet.

(2) Die Vergütung für den laufenden Kalendermonat ist spätestens am letzten Arbeitstag des Monats zu zahlen.

§ 19 Fortzahlung der Vergütung. (1) Auszubildenden ist die Vergütung auch zu zahlen
1. für die Zeit der Freistellung (§ 15),
2. bis zur Dauer von sechs Wochen, wenn sie
   a) sich für die Berufsausbildung bereithalten, diese aber ausfällt oder
   b) aus einem sonstigen, in ihrer Person liegenden Grund unverschuldet verhindert sind, ihre Pflichten aus dem Berufsausbildungsverhältnis zu erfüllen.

(2) Können Auszubildende während der Zeit, für welche die Vergütung fortzuzahlen ist, aus berechtigtem Grund Sachleistungen nicht abnehmen, so sind diese nach den Sachbezugswerten (§ 17 Abs. 2) abzugelten.

Unterabschnitt 5. Beginn und Beendigung des Ausbildungsverhältnisses

§ 20 Probezeit. [1]Das Berufsausbildungsverhältnis beginnt mit der Probezeit. [2]Sie muss mindestens einen Monat und darf höchstens vier Monate betragen.

§ 21 Beendigung. (1) [1]Das Berufsausbildungsverhältnis endet mit dem Ablauf der Ausbildungszeit. [2]Im Falle der Stufenausbildung endet es mit Ablauf der letzten Stufe.

(2) Bestehen Auszubildende vor Ablauf der Ausbildungszeit die Abschlussprüfung, so endet das Berufsausbildungsverhältnis mit Bekanntgabe des Ergebnisses durch den Prüfungsausschuss.

(3) Bestehen Auszubildende die Abschlussprüfung nicht, so verlängert sich das Berufsausbildungsverhältnis auf ihr Verlangen bis zur nächstmöglichen Wiederholungsprüfung, höchstens um ein Jahr.

[1)] Nr. **43**.

Berufsbildungsgesetz **§§ 22–27 BBiG 32**

§ 22 Kündigung. (1) Während der Probezeit kann das Berufsausbildungsverhältnis jederzeit ohne Einhalten einer Kündigungsfrist gekündigt werden.

(2) Nach der Probezeit kann das Berufsausbildungsverhältnis nur gekündigt werden

1. aus einem wichtigen Grund ohne Einhalten einer Kündigungsfrist,
2. von Auszubildenden mit einer Kündigungsfrist von vier Wochen, wenn sie die Berufsausbildung aufgeben oder sich für eine andere Berufstätigkeit ausbilden lassen wollen.

(3) Die Kündigung muss schriftlich und in den Fällen des Absatzes 2 unter Angabe der Kündigungsgründe erfolgen.

(4) [1]Eine Kündigung aus einem wichtigen Grund ist unwirksam, wenn die ihr zugrunde liegenden Tatsachen dem zur Kündigung Berechtigten länger als zwei Wochen bekannt sind. [2]Ist ein vorgesehenes Güteverfahren vor einer außergerichtlichen Stelle eingeleitet, so wird bis zu dessen Beendigung der Lauf dieser Frist gehemmt.

§ 23 Schadensersatz bei vorzeitiger Beendigung. (1) [1]Wird das Berufsausbildungsverhältnis nach der Probezeit vorzeitig gelöst, so können Ausbildende oder Auszubildende Ersatz des Schadens verlangen, wenn die andere Person den Grund für die Auflösung zu vertreten hat. [2]Dies gilt nicht im Falle des § 22 Abs. 2 Nr. 2.

(2) Der Anspruch erlischt, wenn er nicht innerhalb von drei Monaten nach Beendigung des Berufsausbildungsverhältnisses geltend gemacht wird.

Unterabschnitt 6. Sonstige Vorschriften

§ 24 Weiterarbeit. Werden Auszubildende im Anschluss an das Berufsausbildungsverhältnis beschäftigt, ohne dass hierüber ausdrücklich etwas vereinbart worden ist, so gilt ein Arbeitsverhältnis auf unbestimmte Zeit als begründet.

§ 25 Unabdingbarkeit. Eine Vereinbarung, die zuungunsten Auszubildender von den Vorschriften dieses Teils des Gesetzes abweicht, ist nichtig.

§ 26 Andere Vertragsverhältnisse. Soweit nicht ein Arbeitsverhältnis vereinbart ist, gelten für Personen, die eingestellt werden, um berufliche Fertigkeiten, Kenntnisse, Fähigkeiten oder berufliche Erfahrungen zu erwerben, ohne dass es sich um eine Berufsausbildung im Sinne dieses Gesetzes handelt, die §§ 10 bis 23 und 25 mit der Maßgabe, dass die gesetzliche Probezeit abgekürzt, auf die Vertragsniederschrift verzichtet und bei vorzeitiger Lösung des Vertragsverhältnisses nach Ablauf der Probezeit abweichend von § 23 Abs. 1 Satz 1 Schadensersatz nicht verlangt werden kann.

Abschnitt 3. Eignung von Ausbildungsstätte und Ausbildungspersonal

§ 27 Eignung der Ausbildungsstätte. (1) Auszubildende dürfen nur eingestellt und ausgebildet werden, wenn

1. die Ausbildungsstätte nach Art und Einrichtung für die Berufsausbildung geeignet ist und

2. die Zahl der Auszubildenden in einem angemessenen Verhältnis zur Zahl der Ausbildungsplätze oder zur Zahl der beschäftigten Fachkräfte steht, es sei denn, dass anderenfalls die Berufsausbildung nicht gefährdet wird.

(2) Eine Ausbildungsstätte, in der die erforderlichen beruflichen Fertigkeiten, Kenntnisse und Fähigkeiten nicht im vollen Umfang vermittelt werden können, gilt als geeignet, wenn diese durch Ausbildungsmaßnahmen außerhalb der Ausbildungsstätte vermittelt werden.

(3) [1] Eine Ausbildungsstätte ist nach Art und Einrichtung für die Berufsausbildung in Berufen der Landwirtschaft, einschließlich der ländlichen Hauswirtschaft, nur geeignet, wenn sie von der nach Landesrecht zuständigen Behörde als Ausbildungsstätte anerkannt ist. [2] Das Bundesministerium für Ernährung, Landwirtschaft und Verbraucherschutz kann im Einvernehmen mit dem Bundesministerium für Bildung und Forschung nach Anhörung des Hauptausschusses des Bundesinstituts für Berufsbildung durch Rechtsverordnung, die nicht der Zustimmung des Bundesrates bedarf, Mindestanforderungen für die Größe, die Einrichtung und den Bewirtschaftungszustand der Ausbildungsstätte festsetzen.

(4) [1] Eine Ausbildungsstätte ist nach Art und Einrichtung für die Berufsausbildung in Berufen der Hauswirtschaft nur geeignet, wenn sie von der nach Landesrecht zuständigen Behörde als Ausbildungsstätte anerkannt ist. [2] Das Bundesministerium für Wirtschaft und Technologie kann im Einvernehmen mit dem Bundesministerium für Bildung und Forschung nach Anhörung des Hauptausschusses des Bundesinstituts für Berufsbildung durch Rechtsverordnung, die nicht der Zustimmung des Bundesrates bedarf, Mindestanforderungen für die Größe, die Einrichtung und den Bewirtschaftungszustand der Ausbildungsstätte festsetzen.

§ 28 Eignung von Ausbildenden und Ausbildern oder Ausbilderinnen. (1) [1] Auszubildende darf nur einstellen, wer persönlich geeignet ist. [2] Auszubildende darf nur ausbilden, wer persönlich und fachlich geeignet ist.

(2) Wer fachlich nicht geeignet ist oder wer nicht selbst ausbildet, darf Auszubildende nur dann einstellen, wenn er persönlich und fachlich geeignete Ausbilder oder Ausbilderinnen bestellt, die die Ausbildungsinhalte in der Ausbildungsstätte unmittelbar, verantwortlich und in wesentlichem Umfang vermitteln.

(3) Unter der Verantwortung des Ausbilders oder der Ausbilderin kann bei der Berufsausbildung mitwirken, wer selbst nicht Ausbilder oder Ausbilderin ist, aber abweichend von den besonderen Voraussetzungen des § 30 die für die Vermittlung von Ausbildungsinhalten erforderlichen beruflichen Fertigkeiten, Kenntnisse und Fähigkeiten besitzt und persönlich geeignet ist.

§ 29 Persönliche Eignung. Persönlich nicht geeignet ist insbesondere, wer
1. Kinder und Jugendliche nicht beschäftigen darf oder
2. wiederholt oder schwer gegen dieses Gesetz oder die auf Grund dieses Gesetzes erlassenen Vorschriften und Bestimmungen verstoßen hat.

§ 30 Fachliche Eignung. (1) Fachlich geeignet ist, wer die beruflichen sowie die berufs- und arbeitspädagogischen Fertigkeiten, Kenntnisse und Fähigkeiten besitzt, die für die Vermittlung der Ausbildungsinhalte erforderlich sind.

(2) Die erforderlichen beruflichen Fertigkeiten, Kenntnisse und Fähigkeiten besitzt, wer
1. die Abschlussprüfung in einer dem Ausbildungsberuf entsprechenden Fachrichtung bestanden hat,
2. eine anerkannte Prüfung an einer Ausbildungsstätte oder vor einer Prüfungsbehörde oder eine Abschlussprüfung an einer staatlichen oder staatlich anerkannten Schule in einer dem Ausbildungsberuf entsprechenden Fachrichtung bestanden hat oder
3. eine Abschlussprüfung an einer deutschen Hochschule in einer dem Ausbildungsberuf entsprechenden Fachrichtung bestanden hat

und eine angemessene Zeit in seinem Beruf praktisch tätig gewesen ist.

(3) Das Bundesministerium für Wirtschaft und Technologie oder das sonst zuständige Fachministerium kann im Einvernehmen mit dem Bundesministerium für Bildung und Forschung nach Anhörung des Hauptausschusses des Bundesinstituts für Berufsbildung durch Rechtsverordnung, die nicht der Zustimmung des Bundesrates bedarf, in den Fällen des Absatzes 2 Nr. 2 bestimmen, welche Prüfungen für welche Ausbildungsberufe anerkannt werden.

(4) Das Bundesministerium für Wirtschaft und Technologie oder das sonst zuständige Fachministerium kann im Einvernehmen mit dem Bundesministerium für Bildung und Forschung nach Anhörung des Hauptausschusses des Bundesinstituts für Berufsbildung durch Rechtsverordnung, die nicht der Zustimmung des Bundesrates bedarf, für einzelne Ausbildungsberufe bestimmen, dass abweichend von Absatz 2 die für die fachliche Eignung erforderlichen beruflichen Fertigkeiten, Kenntnisse und Fähigkeiten nur besitzt, wer
1. die Voraussetzungen des Absatzes 2 Nr. 2 oder 3 erfüllt und eine angemessene Zeit in seinem Beruf praktisch tätig gewesen ist oder
2. die Voraussetzungen des Absatzes 2 Nr. 3 erfüllt und eine angemessene Zeit in seinem Beruf praktisch tätig gewesen ist oder
3. für die Ausübung eines freien Berufes zugelassen oder in ein öffentliches Amt bestellt ist.

(5) [1]Das Bundesministerium für Bildung und Forschung kann nach Anhörung des Hauptausschusses des Bundesinstituts für Berufsbildung durch Rechtsverordnung, die nicht der Zustimmung des Bundesrates bedarf, bestimmen, dass der Erwerb berufs- und arbeitspädagogischer Fertigkeiten, Kenntnisse und Fähigkeiten gesondert nachzuweisen ist. [2]Dabei können Inhalt, Umfang und Abschluss der Maßnahmen für den Nachweis geregelt werden.

(6) Die nach Landesrecht zuständige Behörde kann Personen, die die Voraussetzungen des Absatzes 2, 4 oder 5 nicht erfüllen, die fachliche Eignung nach Anhörung der zuständigen Stelle widerruflich zuerkennen.

§ 31 Europaklausel. (1) [1]In den Fällen des § 30 Abs. 2 und 4 besitzt die für die fachliche Eignung erforderlichen beruflichen Fertigkeiten, Kenntnisse und Fähigkeiten auch, wer die Voraussetzungen für die Anerkennung seiner Berufsqualifikation nach der Richtlinie 2005/36/EG des Europäischen Parlaments und des Rates vom 7. September 2005 über die Anerkennung von Berufsqualifikationen (ABl. EU Nr. L 255 S. 22) erfüllt, sofern er eine angemessene Zeit in seinem Beruf praktisch tätig gewesen ist. ²§ 30 Abs. 4 Nr. 3 bleibt unberührt.

(2) Die Anerkennung kann unter den in Artikel 14 der in Absatz 1 genannten Richtlinie aufgeführten Voraussetzungen davon abhängig gemacht werden, dass der Antragsteller oder die Antragstellerin zunächst einen höchstens dreijährigen Anpassungslehrgang ableistet oder eine Eignungsprüfung ablegt.

(3) ¹Die Entscheidung über die Anerkennung trifft die zuständige Stelle. ²Sie kann die Durchführung von Anpassungslehrgängen und Eignungsprüfungen regeln.

§ 32 Überwachung der Eignung. (1) Die zuständige Stelle hat darüber zu wachen, dass die Eignung der Ausbildungsstätte sowie die persönliche und fachliche Eignung vorliegen.

(2) ¹Werden Mängel der Eignung festgestellt, so hat die zuständige Stelle, falls der Mangel zu beheben und eine Gefährdung Auszubildender nicht zu erwarten ist, Ausbildende aufzufordern, innerhalb einer von ihr gesetzten Frist den Mangel zu beseitigen. ²Ist der Mangel der Eignung nicht zu beheben oder ist eine Gefährdung Auszubildender zu erwarten oder wird der Mangel nicht innerhalb der gesetzten Frist beseitigt, so hat die zuständige Stelle dies der nach Landesrecht zuständigen Behörde mitzuteilen.

§ 33 Untersagung des Einstellens und Ausbildens. (1) Die nach Landesrecht zuständige Behörde kann für eine bestimmte Ausbildungsstätte das Einstellen und Ausbilden untersagen, wenn die Voraussetzungen nach § 27 nicht oder nicht mehr vorliegen.

(2) Die nach Landesrecht zuständige Behörde hat das Einstellen und Ausbilden zu untersagen, wenn die persönliche oder fachliche Eignung nicht oder nicht mehr vorliegt.

(3) ¹Vor der Untersagung sind die Beteiligten und die zuständige Stelle zu hören. ²Dies gilt nicht im Falle des § 29 Nr. 1.

Abschnitt 4. Verzeichnis der Berufsausbildungsverhältnisse

§ 34 Einrichten, Führen. (1) ¹Die zuständige Stelle hat für anerkannte Ausbildungsberufe ein Verzeichnis der Berufsausbildungsverhältnisse einzurichten und zu führen, in das der Berufsausbildungsvertrag einzutragen ist. ²Die Eintragung ist für Auszubildende gebührenfrei.

(2) Die Eintragung umfasst für jedes Berufsausbildungsverhältnis
1. Name, Vorname, Geburtsdatum, Anschrift der Auszubildenden;
2. Geschlecht, Staatsangehörigkeit, allgemeinbildender Schulabschluss, vorausgegangene Teilnahme an berufsvorbereitender Qualifizierung oder beruflicher Grundbildung, berufliche Vorbildung;
3. erforderlichenfalls Name, Vorname und Anschrift der gesetzlichen Vertreter oder Vertreterinnen;
4. Ausbildungsberuf einschließlich Fachrichtung;
5. Datum des Abschlusses des Ausbildungsvertrages, Ausbildungsdauer, Dauer der Probezeit;
6. Datum des Beginns der Berufsausbildung;

7. Art der Förderung bei überwiegend öffentlich, insbesondere auf Grund des Dritten Buches Sozialgesetzbuch geförderten Berufsausbildungsverhältnissen;
8. Name und Anschrift der Ausbildenden, Anschrift der Ausbildungsstätte, Wirtschaftszweig, Zugehörigkeit zum öffentlichen Dienst;
9. Name, Vorname, Geschlecht und Art der fachlichen Eignung der Ausbilder und Ausbilderinnen.

§ 35 Eintragen, Ändern, Löschen. (1) Ein Berufsausbildungsvertrag und Änderungen seines wesentlichen Inhalts sind in das Verzeichnis einzutragen, wenn

1. der Berufsausbildungsvertrag diesem Gesetz und der Ausbildungsordnung entspricht,
2. die persönliche und fachliche Eignung sowie die Eignung der Ausbildungsstätte für das Einstellen und Ausbilden vorliegen und
3. für Auszubildende unter 18 Jahren die ärztliche Bescheinigung über die Erstuntersuchung nach § 32 Abs. 1 des Jugendarbeitsschutzgesetzes[1]) zur Einsicht vorgelegt wird.

(2) [1]Die Eintragung ist abzulehnen oder zu löschen, wenn die Eintragungsvoraussetzungen nicht vorliegen und der Mangel nicht nach § 32 Abs. 2 behoben wird. [2]Die Eintragung ist ferner zu löschen, wenn die ärztliche Bescheinigung über die erste Nachuntersuchung nach § 33 Abs. 1 des Jugendarbeitsschutzgesetzes[1]) nicht spätestens am Tage der Anmeldung des Auszubildenden zur Zwischenprüfung oder zum ersten Teil der Abschlussprüfung zur Einsicht vorgelegt und der Mangel nicht nach § 32 Abs. 2 behoben wird.

(3) [1]Die nach § 34 Abs. 2 Nr. 1, 4, 6 und 8 erhobenen Daten dürfen zur Verbesserung der Ausbildungsvermittlung, zur Verbesserung der Zuverlässigkeit und Aktualität der Ausbildungsvermittlungsstatistik sowie zur Verbesserung der Feststellung von Angebot und Nachfrage auf dem Ausbildungsmarkt an die Bundesagentur für Arbeit übermittelt werden. [2]Bei der Datenübermittlung sind dem jeweiligen Stand der Technik entsprechende Maßnahmen zur Sicherstellung von Datenschutz und Datensicherheit zu treffen, die insbesondere die Vertraulichkeit, Unversehrtheit und Zurechenbarkeit der Daten gewährleisten.

§ 36 Antrag und Mitteilungspflichten. (1) [1]Ausbildende haben unverzüglich nach Abschluss des Berufsausbildungsvertrages die Eintragung in das Verzeichnis zu beantragen. [2]Eine Ausfertigung der Vertragsniederschrift ist beizufügen. [3]Entsprechendes gilt bei Änderungen des wesentlichen Vertragsinhalts.

(2) Ausbildende und Auszubildende sind verpflichtet, den zuständigen Stellen die zur Eintragung nach § 34 erforderlichen Tatsachen auf Verlangen mitzuteilen.

---

[1]) Nr. 59.

Abschnitt 5. Prüfungswesen

§ 37 Abschlussprüfung. (1) ¹In den anerkannten Ausbildungsberufen sind Abschlussprüfungen durchzuführen. ²Die Abschlussprüfung kann im Falle des Nichtbestehens zweimal wiederholt werden. ³Sofern die Abschlussprüfung in zwei zeitlich auseinander fallenden Teilen durchgeführt wird, ist der erste Teil der Abschlussprüfung nicht eigenständig wiederholbar.

(2) ¹Dem Prüfling ist ein Zeugnis auszustellen. ²Ausbildenden werden auf deren Verlangen die Ergebnisse der Abschlussprüfung der Auszubildenden übermittelt. ³Sofern die Abschlussprüfung in zwei zeitlich auseinander fallenden Teilen durchgeführt wird, ist das Ergebnis der Prüfungsleistungen im ersten Teil der Abschlussprüfung dem Prüfling schriftlich mitzuteilen.

(3) ¹Dem Zeugnis ist auf Antrag der Auszubildenden eine englischsprachige und eine französischsprachige Übersetzung beizufügen. ²Auf Antrag der Auszubildenden kann das Ergebnis berufsschulischer Leistungsfeststellungen auf dem Zeugnis ausgewiesen werden.

(4) Die Abschlussprüfung ist für Auszubildende gebührenfrei.

§ 38 Prüfungsgegenstand. ¹Durch die Abschlussprüfung ist festzustellen, ob der Prüfling die berufliche Handlungsfähigkeit erworben hat. ²In ihr soll der Prüfling nachweisen, dass er die erforderlichen beruflichen Fertigkeiten beherrscht, die notwendigen beruflichen Kenntnisse und Fähigkeiten besitzt und mit dem im Berufsschulunterricht zu vermittelnden, für die Berufsausbildung wesentlichen Lehrstoff vertraut ist. ³Die Ausbildungsordnung ist zugrunde zu legen.

§ 39 Prüfungsausschüsse. (1) ¹Für die Abnahme der Abschlussprüfung errichtet die zuständige Stelle Prüfungsausschüsse. ²Mehrere zuständige Stellen können bei einer von ihnen gemeinsame Prüfungsausschüsse errichten.

(2) Der Prüfungsausschuss kann zur Bewertung einzelner, nicht mündlich zu erbringender Prüfungsleistungen gutachterliche Stellungnahmen Dritter, insbesondere berufsbildender Schulen, einholen.

(3) Im Rahmen der Begutachtung nach Absatz 2 sind die wesentlichen Abläufe zu dokumentieren und die für die Bewertung erheblichen Tatsachen festzuhalten.

§ 40 Zusammensetzung, Berufung. (1) ¹Der Prüfungsausschuss besteht aus mindestens drei Mitgliedern. ²Die Mitglieder müssen für die Prüfungsgebiete sachkundig und für die Mitwirkung im Prüfungswesen geeignet sein.

(2) ¹Dem Prüfungsausschuss müssen als Mitglieder Beauftragte der Arbeitgeber und der Arbeitnehmer in gleicher Zahl sowie mindestens eine Lehrkraft einer berufsbildenden Schule angehören. ²Mindestens zwei Drittel der Gesamtzahl der Mitglieder müssen Beauftragte der Arbeitgeber und der Arbeitnehmer sein. ³Die Mitglieder haben Stellvertreter oder Stellvertreterinnen.

(3) ¹Die Mitglieder werden von der zuständigen Stelle längstens für fünf Jahre berufen. ²Die Beauftragten der Arbeitnehmer werden auf Vorschlag der im Bezirk der zuständigen Stelle bestehenden Gewerkschaften und selbständigen Vereinigungen von Arbeitnehmern mit sozial- oder berufspolitischer Zwecksetzung berufen. ³Die Lehrkraft einer berufsbildenden Schule wird im

Einvernehmen mit der Schulaufsichtsbehörde oder der von ihr bestimmten Stelle berufen. ⁴Werden Mitglieder nicht oder nicht in ausreichender Zahl innerhalb einer von der zuständigen Stelle gesetzten angemessenen Frist vorgeschlagen, so beruft die zuständige Stelle insoweit nach pflichtgemäßem Ermessen. ⁵Die Mitglieder der Prüfungsausschüsse können nach Anhören der an ihrer Berufung Beteiligten aus wichtigem Grund abberufen werden. ⁶Die Sätze 1 bis 5 gelten für die stellvertretenden Mitglieder entsprechend.

(4) ¹Die Tätigkeit im Prüfungsausschuss ist ehrenamtlich. ²Für bare Auslagen und für Zeitversäumnis ist, soweit eine Entschädigung nicht von anderer Seite gewährt wird, eine angemessene Entschädigung zu zahlen, deren Höhe von der zuständigen Stelle mit Genehmigung der obersten Landesbehörde festgesetzt wird.

(5) Von Absatz 2 darf nur abgewichen werden, wenn anderenfalls die erforderliche Zahl von Mitgliedern des Prüfungsausschusses nicht berufen werden kann.

§ 41 Vorsitz, Beschlussfähigkeit, Abstimmung. (1) ¹Der Prüfungsausschuss wählt ein Mitglied, das den Vorsitz führt, und ein weiteres Mitglied, das den Vorsitz stellvertretend übernimmt. ²Der Vorsitz und das ihn stellvertretende Mitglied sollen nicht derselben Mitgliedergruppe angehören.

(2) ¹Der Prüfungsausschuss ist beschlussfähig, wenn zwei Drittel der Mitglieder, mindestens drei, mitwirken. ²Er beschließt mit der Mehrheit der abgegebenen Stimmen. ³Bei Stimmengleichheit gibt die Stimme des vorsitzenden Mitglieds den Ausschlag.

§ 42 Beschlussfassung, Bewertung der Abschlussprüfung. (1) Beschlüsse über die Noten zur Bewertung einzelner Prüfungsleistungen, der Prüfung insgesamt sowie über das Bestehen und Nichtbestehen der Abschlussprüfung werden durch den Prüfungsausschuss gefasst.

(2) ¹Zur Vorbereitung der Beschlussfassung nach Absatz 1 kann der Vorsitz mindestens zwei Mitglieder mit der Bewertung einzelner, nicht mündlich zu erbringender Prüfungsleistungen beauftragen. ²Die Beauftragten sollen nicht derselben Mitgliedergruppe angehören.

(3) Die nach Absatz 2 beauftragten Mitglieder dokumentieren die wesentlichen Abläufe und halten die für die Bewertung erheblichen Tatsachen fest.

§ 43 Zulassung zur Abschlussprüfung. (1) Zur Abschlussprüfung ist zuzulassen,
1. wer die Ausbildungszeit zurückgelegt hat oder wessen Ausbildungszeit nicht später als zwei Monate nach dem Prüfungstermin endet,
2. wer an vorgeschriebenen Zwischenprüfungen teilgenommen sowie vorgeschriebene schriftliche Ausbildungsnachweise geführt hat und
3. wessen Berufsausbildungsverhältnis in das Verzeichnis der Berufsausbildungsverhältnisse eingetragen oder aus einem Grund nicht eingetragen ist, den weder die Auszubildenden noch deren gesetzliche Vertreter oder Vertreterinnen zu vertreten haben.

(2) ¹Zur Abschlussprüfung ist ferner zuzulassen, wer in einer berufsbildenden Schule oder einer sonstigen Berufsbildungseinrichtung ausgebildet worden ist, wenn dieser Bildungsgang der Berufsausbildung in einem anerkannten

Ausbildungsberuf entspricht. ²Ein Bildungsgang entspricht der Berufsausbildung in einem anerkannten Ausbildungsberuf, wenn er
1. nach Inhalt, Anforderung und zeitlichem Umfang der jeweiligen Ausbildungsordnung gleichwertig ist,
2. systematisch, insbesondere im Rahmen einer sachlichen und zeitlichen Gliederung, durchgeführt wird und
3. durch Lernortkooperation einen angemessenen Anteil an fachpraktischer Ausbildung gewährleistet.

³Die Landesregierungen werden ermächtigt, im Benehmen mit dem Landesausschuss für Berufsbildung durch Rechtsverordnung zu bestimmen, welche Bildungsgänge die Voraussetzungen der Sätze 1 und 2 erfüllen.[1] ⁴Die Ermächtigung kann durch Rechtsverordnung auf oberste Landesbehörden weiter übertragen werden.[2]

§ 44 Zulassung zur Abschlussprüfung bei zeitlich auseinander fallenden Teilen. (1) Sofern die Abschlussprüfung in zwei zeitlich auseinander fallenden Teilen durchgeführt wird, ist über die Zulassung jeweils gesondert zu entscheiden.

(2) Zum ersten Teil der Abschlussprüfung ist zuzulassen, wer die in der Ausbildungsordnung vorgeschriebene, erforderliche Ausbildungszeit zurückgelegt hat und die Voraussetzungen des § 43 Abs. 1 Nr. 2 und 3 erfüllt.

(3) ¹Zum zweiten Teil der Abschlussprüfung ist zuzulassen, wer über die Voraussetzungen in § 43 Abs. 1 hinaus am ersten Teil der Abschlussprüfung teilgenommen hat. ²Dies gilt nicht, wenn Auszubildende aus Gründen, die sie nicht zu vertreten haben, am ersten Teil der Abschlussprüfung nicht teilgenommen haben. ³In diesem Fall ist der erste Teil der Abschlussprüfung zusammen mit dem zweiten Teil abzulegen.

§ 45 Zulassung in besonderen Fällen. (1) Auszubildende können nach Anhörung der Ausbildenden und der Berufsschule vor Ablauf ihrer Ausbildungszeit zur Abschlussprüfung zugelassen werden, wenn ihre Leistungen dies rechtfertigen.

(2) ¹Zur Abschlussprüfung ist auch zuzulassen, wer nachweist, dass er mindestens das Eineinhalbfache der Zeit, die als Ausbildungszeit vorgeschrieben ist, in dem Beruf tätig gewesen ist, in dem die Prüfung abgelegt werden soll. ²Als Zeiten der Berufstätigkeit gelten auch Ausbildungszeiten in einem anderen, einschlägigen Ausbildungsberuf. ³Vom Nachweis der Mindestzeit nach Satz 1 kann ganz oder teilweise abgesehen werden, wenn durch Vorlage von Zeugnissen oder auf andere Weise glaubhaft gemacht wird, dass der Bewerber oder die Bewerberin die berufliche Handlungsfähigkeit erworben hat, die die Zulassung zur Prüfung rechtfertigt. ⁴Ausländische Bildungsabschlüsse und Zeiten der Berufstätigkeit im Ausland sind dabei zu berücksichtigen.

(3) Soldaten oder Soldatinnen auf Zeit und ehemalige Soldaten oder Soldatinnen sind nach Absatz 2 Satz 3 zur Abschlussprüfung zuzulassen, wenn das Bundesministerium der Verteidigung oder die von ihm bestimmte Stelle be-

---

[1] § 43 Abs. 2 Satz 3 tritt gem. Art. 8 Abs. 2 G v. 23. 3. 2005 (BGBl. I S. 931) am **1. 8. 2011** außer Kraft.
[2] § 43 Abs. 2 Satz 4 tritt gem. Art. 8 Abs. 2 G v. 23. 3. 2005 (BGBl. I S. 931) am **1. 8. 2011** außer Kraft.

scheinigt, dass der Bewerber oder die Bewerberin berufliche Fertigkeiten, Kenntnisse und Fähigkeiten erworben hat, welche die Zulassung zur Prüfung rechtfertigen.

§ 46 Entscheidung über die Zulassung. (1) ¹Über die Zulassung zur Abschlussprüfung entscheidet die zuständige Stelle. ²Hält sie die Zulassungsvoraussetzungen nicht für gegeben, so entscheidet der Prüfungsausschuss.

(2) Auszubildenden, die Elternzeit in Anspruch genommen haben, darf bei der Entscheidung über die Zulassung hieraus kein Nachteil erwachsen.

§ 47 Prüfungsordnung. (1) ¹Die zuständige Stelle hat eine Prüfungsordnung für die Abschlussprüfung zu erlassen. ²Die Prüfungsordnung bedarf der Genehmigung der zuständigen obersten Landesbehörde.

(2) ¹Die Prüfungsordnung muss die Zulassung, die Gliederung der Prüfung, die Bewertungsmaßstäbe, die Erteilung der Prüfungszeugnisse, die Folgen von Verstößen gegen die Prüfungsordnung und die Wiederholungsprüfung regeln. ²Sie kann vorsehen, dass Prüfungsaufgaben, die überregional oder von einem Aufgabenerstellungsausschuss bei der zuständigen Stelle erstellt oder ausgewählt werden, zu übernehmen sind, sofern diese Aufgaben von Gremien erstellt oder ausgewählt werden, die entsprechend § 40 Abs. 2 zusammengesetzt sind.

(3) Der Hauptausschuss des Bundesinstituts für Berufsbildung erlässt für die Prüfungsordnung Richtlinien.

§ 48 Zwischenprüfungen. (1) ¹Während der Berufsausbildung ist zur Ermittlung des Ausbildungsstandes eine Zwischenprüfung entsprechend der Ausbildungsordnung durchzuführen. ²Die §§ 37 bis 39 gelten entsprechend.

(2) Sofern die Ausbildungsordnung vorsieht, dass die Abschlussprüfung in zwei zeitlich auseinander fallenden Teilen durchgeführt wird, findet Absatz 1 keine Anwendung.

§ 49 Zusatzqualifikationen. (1) ¹Zusätzliche berufliche Fertigkeiten, Kenntnisse und Fähigkeiten nach § 5 Abs. 2 Nr. 5 werden gesondert geprüft und bescheinigt. ²Das Ergebnis der Prüfung nach § 37 bleibt unberührt.

(2) § 37 Abs. 3 und 4 sowie die §§ 39 bis 42 und 47 gelten entsprechend.

§ 50 Gleichstellung von Prüfungszeugnissen. (1) Das Bundesministerium für Wirtschaft und Technologie oder das sonst zuständige Fachministerium kann im Einvernehmen mit dem Bundesministerium für Bildung und Forschung nach Anhörung des Hauptausschusses des Bundesinstituts für Berufsbildung durch Rechtsverordnung außerhalb des Anwendungsbereichs dieses Gesetzes erworbene Prüfungszeugnisse den entsprechenden Zeugnissen über das Bestehen der Abschlussprüfung gleichstellen, wenn die Berufsausbildung und die in der Prüfung nachzuweisenden beruflichen Fertigkeiten, Kenntnisse und Fähigkeiten gleichwertig sind.

(2) Das Bundesministerium für Wirtschaft und Technologie oder das sonst zuständige Fachministerium kann im Einvernehmen mit dem Bundesministerium für Bildung und Forschung nach Anhörung des Hauptausschusses des Bundesinstituts für Berufsbildung durch Rechtsverordnung im Ausland er-

worbene Prüfungszeugnisse den entsprechenden Zeugnissen über das Bestehen der Abschlussprüfung gleichstellen, wenn die in der Prüfung nachzuweisenden beruflichen Fertigkeiten, Kenntnisse und Fähigkeiten gleichwertig sind.

Abschnitt 6. Interessenvertretung

§ 51 **Interessenvertretung.** (1) Auszubildende, deren praktische Berufsbildung in einer sonstigen Berufsbildungseinrichtung außerhalb der schulischen und betrieblichen Berufsbildung (§ 2 Abs. 1 Nr. 3) mit in der Regel mindestens fünf Auszubildenden stattfindet und die nicht wahlberechtigt zum Betriebsrat nach § 7 des Betriebsverfassungsgesetzes[1], zur Jugend- und Auszubildendenvertretung nach § 60 des Betriebsverfassungsgesetzes[1] oder zur Mitwirkungsvertretung nach § 36 des Neunten Buches Sozialgesetzbuch sind (außerbetriebliche Auszubildende), wählen eine besondere Interessenvertretung.

(2) Absatz 1 findet keine Anwendung auf Berufsbildungseinrichtungen von Religionsgemeinschaften sowie auf andere Berufsbildungseinrichtungen, soweit sie eigene gleichwertige Regelungen getroffen haben.

§ 52 **Verordnungsermächtigung.** Das Bundesministerium für Bildung und Forschung kann durch Rechtsverordnung, die nicht der Zustimmung des Bundesrates bedarf, die Fragen bestimmen, auf die sich die Beteiligung erstreckt, die Zusammensetzung und die Amtszeit der Interessenvertretung, die Durchführung der Wahl, insbesondere die Feststellung der Wahlberechtigung und der Wählbarkeit sowie Art und Umfang der Beteiligung.

Kapitel 2. Berufliche Fortbildung

§ 53 **Fortbildungsordnung.** (1) Als Grundlage für eine einheitliche berufliche Fortbildung kann das Bundesministerium für Bildung und Forschung im Einvernehmen mit dem Bundesministerium für Wirtschaft und Technologie oder dem sonst zuständigen Fachministerium nach Anhörung des Hauptausschusses des Bundesinstituts für Berufsbildung durch Rechtsverordnung, die nicht der Zustimmung des Bundesrates bedarf, Fortbildungsabschlüsse anerkennen und hierfür Prüfungsregelungen erlassen (Fortbildungsordnung).

(2) Die Fortbildungsordnung hat festzulegen
1. die Bezeichnung des Fortbildungsabschlusses,
2. das Ziel, den Inhalt und die Anforderungen der Prüfung,
3. die Zulassungsvoraussetzungen sowie
4. das Prüfungsverfahren.

(3) Abweichend von Absatz 1 werden Fortbildungsordnungen in Berufen der Landwirtschaft, einschließlich der ländlichen Hauswirtschaft, durch das Bundesministerium für Ernährung, Landwirtschaft und Verbraucherschutz im Einvernehmen mit dem Bundesministerium für Bildung und Forschung, Fortbildungsordnungen in Berufen der Hauswirtschaft durch das Bundesministerium für Wirtschaft und Technologie im Einvernehmen mit dem Bundesministerium für Bildung und Forschung erlassen.

---

[1] Nr. 81.

§ 54 Fortbildungsprüfungsregelungen der zuständigen Stellen. ¹Soweit Rechtsverordnungen nach § 53 nicht erlassen sind, kann die zuständige Stelle Fortbildungsprüfungsregelungen erlassen. ²Die zuständige Stelle regelt die Bezeichnung des Fortbildungsabschlusses, Ziel, Inhalt und Anforderungen der Prüfungen, die Zulassungsvoraussetzungen sowie das Prüfungsverfahren.

§ 55 Berücksichtigung ausländischer Vorqualifikationen. Sofern die Fortbildungsordnung (§ 53) oder eine Regelung der zuständigen Stelle (§ 54) Zulassungsvoraussetzungen vorsieht, sind ausländische Bildungsabschlüsse und Zeiten der Berufstätigkeit im Ausland zu berücksichtigen.

§ 56 Fortbildungsprüfungen. (1) ¹Für die Durchführung von Prüfungen im Bereich der beruflichen Fortbildung errichtet die zuständige Stelle Prüfungsausschüsse. ²§ 37 Abs. 2 und 3 sowie die §§ 40 bis 42, 46 und 47 gelten entsprechend.

(2) Der Prüfling ist auf Antrag von der Ablegung einzelner Prüfungsbestandteile durch die zuständige Stelle zu befreien, wenn er eine andere vergleichbare Prüfung vor einer öffentlichen oder staatlich anerkannten Bildungseinrichtung oder vor einem staatlichen Prüfungsausschuss erfolgreich abgelegt hat und die Anmeldung zur Fortbildungsprüfung innerhalb von fünf Jahren nach der Bekanntgabe des Bestehens der anderen Prüfung erfolgt.

§ 57 Gleichstellung von Prüfungszeugnissen. Das Bundesministerium für Wirtschaft und Technologie oder das sonst zuständige Fachministerium kann im Einvernehmen mit dem Bundesministerium für Bildung und Forschung nach Anhörung des Hauptausschusses des Bundesinstituts für Berufsbildung durch Rechtsverordnung außerhalb des Anwendungsbereichs dieses Gesetzes oder im Ausland erworbene Prüfungszeugnisse den entsprechenden Zeugnissen über das Bestehen einer Fortbildungsprüfung auf der Grundlage der §§ 53 und 54 gleichstellen, wenn die in der Prüfung nachzuweisenden beruflichen Fertigkeiten, Kenntnisse und Fähigkeiten gleichwertig sind.

Kapitel 3. Berufliche Umschulung

§ 58 Umschulungsordnung. Als Grundlage für eine geordnete und einheitliche berufliche Umschulung kann das Bundesministerium für Bildung und Forschung im Einvernehmen mit dem Bundesministerium für Wirtschaft und Technologie oder dem sonst zuständigen Fachministerium nach Anhörung des Hauptausschusses des Bundesinstituts für Berufsbildung durch Rechtsverordnung, die nicht der Zustimmung des Bundesrates bedarf,

1. die Bezeichnung des Umschulungsabschlusses,
2. das Ziel, den Inhalt, die Art und Dauer der Umschulung,
3. die Anforderungen der Umschulungsprüfung und die Zulassungsvoraussetzungen sowie
4. das Prüfungsverfahren der Umschulung

unter Berücksichtigung der besonderen Erfordernisse der beruflichen Erwachsenenbildung bestimmen (Umschulungsordnung).

§ 59 Umschulungsprüfungsregelungen der zuständigen Stellen. ¹Soweit Rechtsverordnungen nach § 58 nicht erlassen sind, kann die zuständige Stelle Umschulungsprüfungsregelungen erlassen. ²Die zuständige Stelle regelt die Bezeichnung des Umschulungsabschlusses, Ziel, Inhalt und Anforderungen der Prüfungen, die Zulassungsvoraussetzungen sowie das Prüfungsverfahren unter Berücksichtigung der besonderen Erfordernisse beruflicher Erwachsenenbildung.

§ 60 Umschulung für einen anerkannten Ausbildungsberuf. ¹Sofern sich die Umschulungsordnung (§ 58) oder eine Regelung der zuständigen Stelle (§ 59) auf die Umschulung für einen anerkannten Ausbildungsberuf richtet, sind das Ausbildungsberufsbild (§ 5 Abs. 1 Nr. 3), der Ausbildungsrahmenplan (§ 5 Abs. 1 Nr. 4) und die Prüfungsanforderungen (§ 5 Abs. 1 Nr. 5) zugrunde zu legen. ²Die §§ 27 bis 33 gelten entsprechend.

§ 61 Berücksichtigung ausländischer Vorqualifikationen. Sofern die Umschulungsordnung (§ 58) oder eine Regelung der zuständigen Stelle (§ 59) Zulassungsvoraussetzungen vorsieht, sind ausländische Bildungsabschlüsse und Zeiten der Berufstätigkeit im Ausland zu berücksichtigen.

§ 62 Umschulungsmaßnahmen; Umschulungsprüfungen. (1) Maßnahmen der beruflichen Umschulung müssen nach Inhalt, Art, Ziel und Dauer den besonderen Erfordernissen der beruflichen Erwachsenenbildung entsprechen.

(2) ¹Umschulende haben die Durchführung der beruflichen Umschulung vor Beginn der Maßnahme der zuständigen Stelle schriftlich anzuzeigen. ²Die Anzeigepflicht erstreckt sich auf den wesentlichen Inhalt des Umschulungsverhältnisses. ³Bei Abschluss eines Umschulungsvertrages ist eine Ausfertigung der Vertragsniederschrift beizufügen.

(3) ¹Für die Durchführung von Prüfungen im Bereich der beruflichen Umschulung errichtet die zuständige Stelle Prüfungsausschüsse. ²§ 37 Abs. 2 und 3 sowie die §§ 40 bis 42, 46 und 47 gelten entsprechend.

(4) Der Prüfling ist auf Antrag von der Ablegung einzelner Prüfungsbestandteile durch die zuständige Stelle zu befreien, wenn er eine andere vergleichbare Prüfung vor einer öffentlichen oder staatlich anerkannten Bildungseinrichtung oder vor einem staatlichen Prüfungsausschuss erfolgreich abgelegt hat und die Anmeldung zur Umschulungsprüfung innerhalb von fünf Jahren nach der Bekanntgabe des Bestehens der anderen Prüfung erfolgt.

§ 63 Gleichstellung von Prüfungszeugnissen. Das Bundesministerium für Wirtschaft und Technologie oder das sonst zuständige Fachministerium kann im Einvernehmen mit dem Bundesministerium für Bildung und Forschung nach Anhörung des Hauptausschusses des Bundesinstituts für Berufsbildung durch Rechtsverordnung außerhalb des Anwendungsbereichs dieses Gesetzes oder im Ausland erworbene Prüfungszeugnisse den entsprechenden Zeugnissen über das Bestehen einer Umschulungsprüfung auf der Grundlage der §§ 58 und 59 gleichstellen, wenn die in der Prüfung nachzuweisenden beruflichen Fertigkeiten, Kenntnisse und Fähigkeiten gleichwertig sind.

Kapitel 4. Berufsbildung für besondere Personengruppen

Abschnitt 1. Berufsbildung behinderter Menschen

§ 64 Berufsausbildung. Behinderte Menschen (§ 2 Abs. 1 Satz 1 des Neunten Buches Sozialgesetzbuch[1])) sollen in anerkannten Ausbildungsberufen ausgebildet werden.

§ 65 Berufsausbildung in anerkannten Ausbildungsberufen. (1) [1]Regelungen nach den §§ 9 und 47 sollen die besonderen Verhältnisse behinderter Menschen berücksichtigen. [2]Dies gilt insbesondere für die zeitliche und sachliche Gliederung der Ausbildung, die Dauer von Prüfungszeiten, die Zulassung von Hilfsmitteln und die Inanspruchnahme von Hilfeleistungen Dritter wie Gebärdensprachdolmetscher für hörbehinderte Menschen.

(2) [1]Der Berufsausbildungsvertrag mit einem behinderten Menschen ist in das Verzeichnis der Berufsausbildungsverhältnisse (§ 34) einzutragen. [2]Der behinderte Mensch ist zur Abschlussprüfung auch zuzulassen, wenn die Voraussetzungen des § 43 Abs. 1 Nr. 2 und 3 nicht vorliegen.

§ 66 Ausbildungsregelungen der zuständigen Stellen. (1) [1]Für behinderte Menschen, für die wegen Art und Schwere ihrer Behinderung eine Ausbildung in einem anerkannten Ausbildungsberuf nicht in Betracht kommt, treffen die zuständigen Stellen auf Antrag der behinderten Menschen oder ihrer gesetzlichen Vertreter oder Vertreterinnen Ausbildungsregelungen entsprechend den Empfehlungen des Hauptausschusses des Bundesinstituts für Berufsbildung. [2]Die Ausbildungsinhalte sollen unter Berücksichtigung von Lage und Entwicklung des allgemeinen Arbeitsmarktes aus den Inhalten anerkannter Ausbildungsberufe entwickelt werden. [3]Im Antrag nach Satz 1 ist eine Ausbildungsmöglichkeit in dem angestrebten Ausbildungsgang nachzuweisen.

(2) § 65 Abs. 2 Satz 1 gilt entsprechend.

§ 67 Berufliche Fortbildung, berufliche Umschulung. Für die berufliche Fortbildung und die berufliche Umschulung behinderter Menschen gelten die §§ 64 bis 66 entsprechend, soweit es Art und Schwere der Behinderung erfordern.

Abschnitt 2. Berufsausbildungsvorbereitung

§ 68 Personenkreis und Anforderungen. (1) [1]Die Berufsausbildungsvorbereitung richtet sich an lernbeeinträchtigte oder sozial benachteiligte Personen, deren Entwicklungsstand eine erfolgreiche Ausbildung in einem anerkannten Ausbildungsberuf noch nicht erwarten lässt. [2]Sie muss nach Inhalt, Art, Ziel und Dauer den besonderen Erfordernissen des in Satz 1 genannten Personenkreises entsprechen und durch umfassende sozialpädagogische Betreuung und Unterstützung begleitet werden.

(2) Für die Berufsausbildungsvorbereitung, die nicht im Rahmen des Dritten Buches Sozialgesetzbuch oder anderer vergleichbarer, öffentlich geförderter Maßnahmen durchgeführt wird, gelten die §§ 27 bis 33 entsprechend.

---

[1]) Nr. 47.

§ 69 Qualifizierungsbausteine, Bescheinigung. (1) Die Vermittlung von Grundlagen für den Erwerb beruflicher Handlungsfähigkeit (§ 1 Abs. 2) kann insbesondere durch inhaltlich und zeitlich abgegrenzte Lerneinheiten erfolgen, die aus den Inhalten anerkannter Ausbildungsberufe entwickelt werden (Qualifizierungsbausteine).

(2) [1]Über vermittelte Grundlagen für den Erwerb beruflicher Handlungsfähigkeit stellt der Anbieter der Berufsausbildungsvorbereitung eine Bescheinigung aus. [2]Das Nähere regelt das Bundesministerium für Bildung und Forschung im Einvernehmen mit den für den Erlass von Ausbildungsordnungen zuständigen Fachministerien nach Anhörung des Hauptausschusses des Bundesinstituts für Berufsbildung durch Rechtsverordnung, die nicht der Zustimmung des Bundesrates bedarf.

§ 70 Überwachung, Beratung. (1) Die nach Landesrecht zuständige Behörde hat die Berufsausbildungsvorbereitung zu untersagen, wenn die Voraussetzungen des § 68 Abs. 1 nicht vorliegen.

(2) [1]Der Anbieter hat die Durchführung von Maßnahmen der Berufsausbildungsvorbereitung vor Beginn der Maßnahme der zuständigen Stelle schriftlich anzuzeigen. [2]Die Anzeigepflicht erstreckt sich auf den wesentlichen Inhalt des Qualifizierungsvertrages sowie die nach § 88 Abs. 1 Nr. 5 erforderlichen Angaben.

(3) [1]Die Absätze 1 und 2 sowie § 76 finden keine Anwendung, soweit die Berufsausbildungsvorbereitung im Rahmen des Dritten Buches Sozialgesetzbuch oder anderer vergleichbarer, öffentlich geförderter Maßnahmen durchgeführt wird. [2]Dies gilt nicht, sofern der Anbieter der Berufsausbildungsvorbereitung nach § 421 m des Dritten Buches Sozialgesetzbuch gefördert wird.

Teil 3. Organisation der Berufsbildung

Kapitel 1. Zuständige Stellen; zuständige Behörden

Abschnitt 1. Bestimmung der zuständigen Stelle

§ 71 Zuständige Stellen. (1) Für die Berufsbildung in Berufen der Handwerksordnung ist die Handwerkskammer zuständige Stelle im Sinne dieses Gesetzes.

(2) Für die Berufsbildung in nichthandwerklichen Gewerbeberufen ist die Industrie- und Handelskammer zuständige Stelle im Sinne dieses Gesetzes.

(3) Für die Berufsbildung in Berufen der Landwirtschaft, einschließlich der ländlichen Hauswirtschaft, ist die Landwirtschaftskammer zuständige Stelle im Sinne dieses Gesetzes.

(4) Für die Berufsbildung der Fachangestellten im Bereich der Rechtspflege sind jeweils für ihren Bereich die Rechtsanwalts-, Patentanwalts- und Notarkammern und für ihren Tätigkeitsbereich die Notarkassen zuständige Stelle im Sinne dieses Gesetzes.

(5) Für die Berufsbildung der Fachangestellten im Bereich der Wirtschaftsprüfung und Steuerberatung sind jeweils für ihren Bereich die Wirtschaftsprü-

ferkammern und die Steuerberaterkammern zuständige Stelle im Sinne dieses Gesetzes.

(6) Für die Berufsbildung der Fachangestellten im Bereich der Gesundheitsdienstberufe sind jeweils für ihren Bereich die Ärzte-, Zahnärzte-, Tierärzte- und Apothekerkammern zuständige Stelle im Sinne dieses Gesetzes.

(7) Soweit die Berufsausbildungsvorbereitung, die Berufsausbildung und die berufliche Umschulung in Betrieben zulassungspflichtiger Handwerke, zulassungsfreier Handwerke und handwerksähnlicher Gewerbe durchgeführt wird, ist abweichend von den Absätzen 2 bis 6 die Handwerkskammer zuständige Stelle im Sinne dieses Gesetzes.

(8) Soweit Kammern für einzelne Berufsbereiche der Absätze 1 bis 6 nicht bestehen, bestimmt das Land die zuständige Stelle.

(9) [1]Mehrere Kammern können vereinbaren, dass die ihnen durch Gesetz zugewiesenen Aufgaben im Bereich der Berufsbildung durch eine von ihnen wahrgenommen wird. [2]Die Vereinbarung bedarf der Genehmigung durch die zuständige oberste Bundes- oder Landesbehörde.

§ 72 Bestimmung durch Rechtsverordnung. Das zuständige Fachministerium kann im Einvernehmen mit dem Bundesministerium für Bildung und Forschung durch Rechtsverordnung mit Zustimmung des Bundesrates für Berufsbereiche, die durch § 71 nicht geregelt sind, die zuständige Stelle bestimmen.

§ 73[1] **Zuständige Stellen im Bereich des öffentlichen Dienstes.**

(1) Im öffentlichen Dienst bestimmt für den Bund die oberste Bundesbehörde für ihren Geschäftsbereich die zuständige Stelle
1. in den Fällen der §§ 32, 33 und 76 sowie der §§ 23, 24 und 41a der Handwerksordnung,
2. für die Berufsbildung in anderen als den durch die §§ 71 und 72 erfassten Berufsbereichen;

dies gilt auch für die der Aufsicht des Bundes unterstehenden Körperschaften, Anstalten und Stiftungen des öffentlichen Rechts.

(2) [1]Im öffentlichen Dienst bestimmen die Länder für ihren Bereich sowie für die Gemeinden und Gemeindeverbände die zuständige Stelle für die Berufsbildung in anderen als den durch die §§ 71 und 72 erfassten Berufsbereichen. [2]Dies gilt auch für die der Aufsicht der Länder unterstehenden Körperschaften, Anstalten und Stiftungen des öffentlichen Rechts.

§ 74 Erweiterte Zuständigkeit. § 73 gilt entsprechend für Ausbildungsberufe, in denen im Bereich der Kirchen und sonstigen Religionsgemeinschaften des öffentlichen Rechts oder außerhalb des öffentlichen Dienstes nach Ausbildungsordnungen des öffentlichen Dienstes ausgebildet wird.

§ 75 Zuständige Stellen im Bereich der Kirchen und sonstigen Religionsgemeinschaften des öffentlichen Rechts. [1]Die Kirchen und sonstigen Religionsgemeinschaften des öffentlichen Rechts bestimmen für ihren

---

[1] Siehe hierzu auch die AO über die Bestimmung der zuständigen Stelle nach § 73 BBiG v. 26. 4. 2005 (BGBl. I S. 1695).

Bereich die zuständige Stelle für die Berufsbildung in anderen als den durch die §§ 71, 72 und 74 erfassten Berufsbereichen. ²Die §§ 77 bis 80 finden keine Anwendung.

Abschnitt 2. Überwachung der Berufsbildung

§ 76 Überwachung, Beratung. (1) ¹Die zuständige Stelle überwacht die Durchführung
1. der Berufsausbildungsvorbereitung,
2. der Berufsausbildung und
3. der beruflichen Umschulung

und fördert diese durch Beratung der an der Berufsbildung beteiligten Personen. ²Sie hat zu diesem Zweck Berater oder Beraterinnen zu bestellen.

(2) Ausbildende, Umschulende und Anbieter von Maßnahmen der Berufsausbildungsvorbereitung sind auf Verlangen verpflichtet, die für die Überwachung notwendigen Auskünfte zu erteilen und Unterlagen vorzulegen sowie die Besichtigung der Ausbildungsstätten zu gestatten.

(3) ¹Die Durchführung von Auslandsaufenthalten nach § 2 Abs. 3 überwacht und fördert die zuständige Stelle in geeigneter Weise. ²Beträgt die Dauer eines Ausbildungsabschnitts im Ausland mehr als vier Wochen, ist hierfür ein mit der zuständigen Stelle abgestimmter Plan erforderlich.

(4) Auskunftspflichtige können die Auskunft auf solche Fragen verweigern, deren Beantwortung sie selbst oder einen der in § 52 der Strafprozessordnung bezeichneten Angehörigen der Gefahr strafgerichtlicher Verfolgung oder eines Verfahrens nach dem Gesetz über Ordnungswidrigkeiten aussetzen würde.

(5) Die zuständige Stelle teilt der Aufsichtsbehörde nach dem Jugendarbeitsschutzgesetz Wahrnehmungen mit, die für die Durchführung des Jugendarbeitsschutzgesetzes von Bedeutung sein können.

Abschnitt 3. Berufsbildungsausschuss der zuständigen Stelle

§ 77 Errichtung. (1) ¹Die zuständige Stelle errichtet einen Berufsbildungsausschuss. ²Ihm gehören sechs Beauftragte der Arbeitgeber, sechs Beauftragte der Arbeitnehmer und sechs Lehrkräfte an berufsbildenden Schulen an, die Lehrkräfte mit beratender Stimme.

(2) Die Beauftragten der Arbeitgeber werden auf Vorschlag der zuständigen Stelle, die Beauftragten der Arbeitnehmer auf Vorschlag der im Bezirk der zuständigen Stelle bestehenden Gewerkschaften und selbständigen Vereinigungen von Arbeitnehmern mit sozial- oder berufspolitischer Zwecksetzung, die Lehrkräfte an berufsbildenden Schulen von der nach Landesrecht zuständigen Behörde längstens für vier Jahre als Mitglieder berufen.

(3) ¹Die Tätigkeit im Berufsbildungsausschuss ist ehrenamtlich. ²Für bare Auslagen und für Zeitversäumnis ist, soweit eine Entschädigung nicht von anderer Seite gewährt wird, eine angemessene Entschädigung zu zahlen, deren Höhe von der zuständigen Stelle mit Genehmigung der obersten Landesbehörde festgesetzt wird.

(4) Die Mitglieder können nach Anhören der an ihrer Berufung Beteiligten aus wichtigem Grund abberufen werden.

(5) ¹Die Mitglieder haben Stellvertreter oder Stellvertreterinnen. ²Die Absätze 1 bis 4 gelten für die Stellvertreter und Stellvertreterinnen entsprechend.

(6) ¹Der Berufsbildungsausschuss wählt ein Mitglied, das den Vorsitz führt, und ein weiteres Mitglied, das den Vorsitz stellvertretend übernimmt. ²Der Vorsitz und seine Stellvertretung sollen nicht derselben Mitgliedergruppe angehören.

§ 78 Beschlussfähigkeit, Abstimmung. (1) ¹Der Berufsbildungsausschuss ist beschlussfähig, wenn mehr als die Hälfte seiner stimmberechtigten Mitglieder anwesend ist. ²Er beschließt mit der Mehrheit der abgegebenen Stimmen.

(2) Zur Wirksamkeit eines Beschlusses ist es erforderlich, dass der Gegenstand bei der Einberufung des Ausschusses bezeichnet ist, es sei denn, dass er mit Zustimmung von zwei Dritteln der stimmberechtigten Mitglieder nachträglich auf die Tagesordnung gesetzt wird.

§ 79 Aufgaben. (1) ¹Der Berufsbildungsausschuss ist in allen wichtigen Angelegenheiten der beruflichen Bildung zu unterrichten und zu hören. ²Er hat im Rahmen seiner Aufgaben auf eine stetige Entwicklung der Qualität der beruflichen Bildung hinzuwirken.

(2) Wichtige Angelegenheiten, in denen der Berufsbildungsausschuss anzuhören ist, sind insbesondere:
1. Erlass von Verwaltungsgrundsätzen über die Eignung von Ausbildungs- und Umschulungsstätten, für das Führen von schriftlichen Ausbildungsnachweisen, für die Verkürzung der Ausbildungsdauer, für die vorzeitige Zulassung zur Abschlussprüfung, für die Durchführung der Prüfungen, zur Durchführung von über- und außerbetrieblicher Ausbildung sowie Verwaltungsrichtlinien zur beruflichen Bildung,
2. Umsetzung der vom Landesausschuss für Berufsbildung empfohlenen Maßnahmen,
3. wesentliche inhaltliche Änderungen des Ausbildungsvertragsmusters.

(3) Wichtige Angelegenheiten, in denen der Berufsbildungsausschuss zu unterrichten ist, sind insbesondere:
1. Zahl und Art der der zuständigen Stelle angezeigten Maßnahmen der Berufsausbildungsvorbereitung und beruflichen Umschulung sowie der eingetragenen Berufsausbildungsverhältnisse,
2. Zahl und Ergebnisse von durchgeführten Prüfungen sowie hierbei gewonnene Erfahrungen,
3. Tätigkeit der Berater und Beraterinnen nach § 76 Abs. 1 Satz 2,
4. für den räumlichen und fachlichen Zuständigkeitsbereich der zuständigen Stelle neue Formen, Inhalte und Methoden der Berufsbildung,
5. Stellungnahmen oder Vorschläge der zuständigen Stelle gegenüber anderen Stellen und Behörden, soweit sie sich auf die Durchführung dieses Gesetzes oder der auf Grund dieses Gesetzes erlassenen Rechtsvorschriften beziehen,
6. Bau eigener überbetrieblicher Berufsbildungsstätten,
7. Beschlüsse nach Absatz 5 sowie beschlossene Haushaltsansätze zur Durchführung der Berufsbildung mit Ausnahme der Personalkosten,
8. Verfahren zur Beilegung von Streitigkeiten aus Ausbildungsverhältnissen,
9. Arbeitsmarktfragen, soweit sie die Berufsbildung im Zuständigkeitsbereich der zuständigen Stelle berühren.

(4) ¹Der Berufsbildungsausschuss hat die auf Grund dieses Gesetzes von der zuständigen Stelle zu erlassenden Rechtsvorschriften für die Durchführung der Berufsbildung zu beschließen. ²Gegen Beschlüsse, die gegen Gesetz oder Satzung verstoßen, kann die zur Vertretung der zuständigen Stelle berechtigte Person innerhalb einer Woche Einspruch einlegen. ³Der Einspruch ist zu begründen und hat aufschiebende Wirkung. ⁴Der Berufsbildungsausschuss hat seinen Beschluss zu überprüfen und erneut zu beschließen.

(5) ¹Beschlüsse, zu deren Durchführung die für Berufsbildung im laufenden Haushalt vorgesehenen Mittel nicht ausreichen, bedürfen für ihre Wirksamkeit der Zustimmung der für den Haushaltsplan zuständigen Organe. ²Das Gleiche gilt für Beschlüsse, zu deren Durchführung in folgenden Haushaltsjahren Mittel bereitgestellt werden müssen, die die Ausgaben für Berufsbildung des laufenden Haushalts nicht unwesentlich übersteigen.

(6) Abweichend von § 77 Abs. 1 haben die Lehrkräfte Stimmrecht bei Beschlüssen zu Angelegenheiten der Berufsausbildungsvorbereitung und Berufsausbildung, soweit sich die Beschlüsse unmittelbar auf die Organisation der schulischen Berufsbildung auswirken.

§ 80 Geschäftsordnung. ¹Der Berufsbildungsausschuss gibt sich eine Geschäftsordnung. ²Sie kann die Bildung von Unterausschüssen vorsehen und bestimmen, dass ihnen nicht nur Mitglieder des Ausschusses angehören. ³Für die Unterausschüsse gelten § 77 Abs. 2 bis 6 und § 78 entsprechend.

Abschnitt 4. Zuständige Behörden

§ 81 Zuständige Behörden. (1) Im Bereich des Bundes ist die oberste Bundesbehörde oder die von ihr bestimmte Behörde die zuständige Behörde im Sinne des § 30 Abs. 6, der §§ 32, 33, 40 Abs. 4 und der §§ 47, 77 Abs. 2 und 3.

(2) Ist eine oberste Bundesbehörde oder eine oberste Landesbehörde zuständige Stelle im Sinne dieses Gesetzes, so bedarf es im Falle des § 40 Abs. 4 sowie der §§ 47 und 77 Abs. 3 keiner Genehmigung.

Kapitel 2. Landesausschüsse für Berufsbildung

§ 82 Errichtung, Geschäftsordnung, Abstimmung. (1) ¹Bei der Landesregierung wird ein Landesausschuss für Berufsbildung errichtet. ²Er setzt sich zusammen aus einer gleichen Zahl von Beauftragten der Arbeitgeber, der Arbeitnehmer und der obersten Landesbehörden. ³Die Hälfte der Beauftragten der obersten Landesbehörden muss in Fragen des Schulwesens sachverständig sein.

(2) ¹Die Mitglieder des Landesausschusses werden längstens für vier Jahre von der Landesregierung berufen, die Beauftragten der Arbeitgeber auf Vorschlag der auf Landesebene bestehenden Zusammenschlüsse der Kammern, der Arbeitgeberverbände und der Unternehmerverbände, die Beauftragten der Arbeitnehmer auf Vorschlag der auf Landesebene bestehenden Gewerkschaften und selbständigen Vereinigungen von Arbeitnehmern mit sozial- oder berufspolitischer Zwecksetzung. ²Die Tätigkeit im Landesausschuss ist ehrenamtlich. ³Für bare Auslagen und für Zeitversäumnis ist, soweit eine Entschädi-

gung nicht von anderer Seite gewährt wird, eine angemessene Entschädigung zu zahlen, deren Höhe von der Landesregierung oder der von ihr bestimmten obersten Landesbehörde festgesetzt wird. [4]Die Mitglieder können nach Anhören der an ihrer Berufung Beteiligten aus wichtigem Grund abberufen werden. [5]Der Ausschuss wählt ein Mitglied, das den Vorsitz führt, und ein weiteres Mitglied, das den Vorsitz stellvertretend übernimmt. [6]Der Vorsitz und seine Stellvertretung sollen nicht derselben Mitgliedergruppe angehören.

(3) [1]Die Mitglieder haben Stellvertreter oder Stellvertreterinnen. [2]Die Absätze 1 und 2 gelten für die Stellvertreter und Stellvertreterinnen entsprechend.

(4) [1]Der Landesausschuss gibt sich eine Geschäftsordnung, die der Genehmigung der Landesregierung oder der von ihr bestimmten obersten Landesbehörde bedarf. [2]Sie kann die Bildung von Unterausschüssen vorsehen und bestimmen, dass ihnen nicht nur Mitglieder des Landesausschusses angehören. [3]Absatz 2 Satz 2 gilt für die Unterausschüsse hinsichtlich der Entschädigung entsprechend. [4]An den Sitzungen des Landesausschusses und der Unterausschüsse können Vertreter der beteiligten obersten Landesbehörden, der Gemeinden und Gemeindeverbände sowie der Agentur für Arbeit teilnehmen.

(5) [1]Der Landesausschuss ist beschlussfähig, wenn mehr als die Hälfte seiner Mitglieder anwesend ist. [2]Er beschließt mit der Mehrheit der abgegebenen Stimmen.

§ 83 Aufgaben. (1) [1]Der Landesausschuss hat die Landesregierung in den Fragen der Berufsbildung zu beraten, die sich für das Land ergeben. [2]Er hat im Rahmen seiner Aufgaben auf eine stetige Entwicklung der Qualität der beruflichen Bildung hinzuwirken.

(2) [1]Er hat insbesondere im Interesse einer einheitlichen Berufsbildung auf eine Zusammenarbeit zwischen der schulischen Berufsbildung und der Berufsbildung nach diesem Gesetz sowie auf eine Berücksichtigung der Berufsbildung bei der Neuordnung und Weiterentwicklung des Schulwesens hinzuwirken. [2]Der Landesausschuss kann zur Stärkung der regionalen Ausbildungs- und Beschäftigungssituation Empfehlungen zur inhaltlichen und organisatorischen Abstimmung und zur Verbesserung der Ausbildungsangebote aussprechen.

Teil 4. Berufsbildungsforschung, Planung und Statistik

§ 84 Ziele der Berufsbildungsforschung. Die Berufsbildungsforschung soll
1. Grundlagen der Berufsbildung klären,
2. inländische, europäische und internationale Entwicklungen in der Berufsbildung beobachten,
3. Anforderungen an Inhalte und Ziele der Berufsbildung ermitteln,
4. Weiterentwicklungen der Berufsbildung in Hinblick auf gewandelte wirtschaftliche, gesellschaftliche und technische Erfordernisse vorbereiten,
5. Instrumente und Verfahren der Vermittlung von Berufsbildung sowie den Wissens- und Technologietransfer fördern.

§ 85 Ziele der Berufsbildungsplanung. (1) Durch die Berufsbildungsplanung sind Grundlagen für eine abgestimmte und den technischen, wirtschaftlichen und gesellschaftlichen Anforderungen entsprechende Entwicklung der beruflichen Bildung zu schaffen.

(2) Die Berufsbildungsplanung hat insbesondere dazu beizutragen, dass die Ausbildungsstätten nach Art, Zahl, Größe und Standort ein qualitativ und quantitativ ausreichendes Angebot an beruflichen Ausbildungsplätzen gewährleisten und dass sie unter Berücksichtigung der voraussehbaren Nachfrage und des langfristig zu erwartenden Bedarfs an Ausbildungsplätzen möglichst günstig genutzt werden.

§ 86 Berufsbildungsbericht. (1) [1]Das Bundesministerium für Bildung und Forschung hat Entwicklungen in der beruflichen Bildung ständig zu beobachten und darüber bis zum 1. April jeden Jahres der Bundesregierung einen Bericht (Berufsbildungsbericht) vorzulegen. [2]In dem Bericht sind Stand und voraussichtliche Weiterentwicklungen der Berufsbildung darzustellen. [3]Erscheint die Sicherung eines regional und sektoral ausgewogenen Angebots an Ausbildungsplätzen als gefährdet, sollen in den Bericht Vorschläge für die Behebung aufgenommen werden.

(2) Der Bericht soll angeben
1. für das vergangene Kalenderjahr
   a) auf der Grundlage von Angaben der zuständigen Stellen die in das Verzeichnis der Berufsausbildungsverhältnisse nach diesem Gesetz oder der Handwerksordnung eingetragenen Berufsausbildungsverträge, die vor dem 1. Oktober des vergangenen Jahres in den vorangegangenen zwölf Monaten abgeschlossen worden sind und am 30. September des vergangenen Jahres noch bestehen, sowie
   b) die Zahl der am 30. September des vergangenen Jahres nicht besetzten, der Bundesagentur für Arbeit zur Vermittlung angebotenen Ausbildungsplätze und die Zahl der zu diesem Zeitpunkt bei der Bundesagentur für Arbeit gemeldeten Ausbildungsplätze suchenden Personen;
2. für das laufende Kalenderjahr
   a) die bis zum 30. September des laufenden Jahres zu erwartende Zahl der Ausbildungsplätze suchenden Personen,
   b) eine Einschätzung des bis zum 30. September des laufenden Jahres zu erwartenden Angebots an Ausbildungsplätzen.

§ 87 Zweck und Durchführung der Berufsbildungsstatistik. (1) Für Zwecke der Planung und Ordnung der Berufsbildung wird eine Bundesstatistik durchgeführt.

(2) Das Bundesinstitut für Berufsbildung und die Bundesagentur für Arbeit unterstützen das Statistische Bundesamt bei der technischen und methodischen Vorbereitung der Statistik.

(3) Das Erhebungs- und Aufbereitungsprogramm ist im Benehmen mit dem Bundesinstitut für Berufsbildung so zu gestalten, dass die erhobenen Daten für Zwecke der Planung und Ordnung der Berufsbildung im Rahmen der jeweiligen Zuständigkeiten Verwendung finden können.

Berufsbildungsgesetz § 88 BBiG 32

§ 88 Erhebungen. (1) Die jährliche Bundesstatistik erfasst
1. für jeden Auszubildenden und jede Auszubildende:
   a) Geschlecht, Geburtsjahr, Staatsangehörigkeit;
   b) allgemeinbildender Schulabschluss, vorausgegangene Teilnahme an berufsvorbereitender Qualifizierung oder beruflicher Grundbildung, berufliche Vorbildung;
   c) Ausbildungsberuf einschließlich Fachrichtung;
   d) Ort der Ausbildungsstätte, Wirtschaftszweig, Zugehörigkeit zum öffentlichen Dienst;
   e) Ausbildungsjahr, Abkürzung der Ausbildungsdauer, Dauer der Probezeit;
   f) Monat und Jahr des Beginns der Berufsausbildung, Monat und Jahr der vorzeitigen Auflösung des Berufsausbildungsverhältnisses;
   g) Anschlussvertrag bei Stufenausbildung mit Angabe des Ausbildungsberufs;
   h) Art der Förderung bei überwiegend öffentlich, insbesondere auf Grund des Dritten Buches Sozialgesetzbuch geförderten Berufsausbildungsverhältnissen;
   i) Monat und Jahr der Abschlussprüfung, Art der Zulassung zur Prüfung, Monat und Jahr der Wiederholungsprüfung, Prüfungserfolg;
2. für jeden Prüfungsteilnehmer und jede Prüfungsteilnehmerin in der beruflichen Bildung mit Ausnahme der durch Nummer 1 erfassten Auszubildenden:
   Geschlecht, Geburtsjahr, Berufsrichtung, Vorbildung, Wiederholungsprüfung, Art der Prüfung, Prüfungserfolg;
3. für jeden Ausbilder und jede Ausbilderin:
   Geschlecht, Geburtsjahr, Art der fachlichen Eignung;
4. für jeden Ausbildungsberater und jede Ausbildungsberaterin:
   Geschlecht, Geburtsjahr, Vorbildung, Art der Beratertätigkeit, fachliche Zuständigkeit, durchgeführte Besuche von Ausbildungsstätten;
5. für jeden Teilnehmer und jede Teilnehmerin an einer Berufsausbildungsvorbereitung, soweit der Anbieter der Anzeigepflicht des § 70 Abs. 2 unterliegt:
   Geschlecht, Geburtsjahr, Staatsangehörigkeit, Berufsrichtung.

(2) [1]Hilfsmerkmale sind Name und Anschrift der Auskunftspflichtigen. [2]Sie sind zum frühestmöglichen Zeitpunkt, spätestens nach Abschluss der wiederkehrenden Erhebung zu löschen.

(3) Auskunftspflichtig sind die zuständigen Stellen.

(4) [1]Zu Zwecken der Erstellung des Berufsbildungsberichts sowie zur Durchführung der Berufsbildungsforschung nach § 84 sind die nach Absatz 1 Nr. 1 bis 5 erhobenen Einzelangaben vom Statistischen Bundesamt und den statistischen Ämtern der Länder an das Bundesinstitut für Berufsbildung zu übermitteln. [2]Hierzu wird beim Bundesinstitut für Berufsbildung eine Organisationseinheit eingerichtet, die räumlich, organisatorisch und personell von anderen Aufgabenbereichen des Bundesinstituts für Berufsbildung zu trennen ist. [3]Die in der Organisationseinheit tätigen Personen müssen Amtsträger oder für den öffentlichen Dienst besonders Verpflichtete sein. [4]Sie dürfen die aus ihrer Tätigkeit gewonnenen Erkenntnisse nur zur Erstellung des Berufsbildungsberichts sowie zur Durchführung der Berufsbildungsforschung verwenden. [5]Die nach Satz 2 übermittelten Daten dürfen nicht mit anderen per-

sonenbezogenen Daten zusammen geführt werden. ⁶Das Nähere zur Ausführung der Sätze 2 und 3 regelt das Bundesministerium für Bildung und Forschung durch Erlass.

Teil 5. Bundesinstitut für Berufsbildung

§ 89 Bundesinstitut für Berufsbildung. ¹Das Bundesinstitut für Berufsbildung ist eine bundesunmittelbare rechtsfähige Anstalt des öffentlichen Rechts. ²Es hat seinen Sitz in Bonn.

§ 90 Aufgaben. (1) Das Bundesinstitut für Berufsbildung führt seine Aufgaben im Rahmen der Bildungspolitik der Bundesregierung durch.

(2) ¹Das Bundesinstitut für Berufsbildung hat die Aufgabe, durch wissenschaftliche Forschung zur Berufsbildungsforschung beizutragen. ²Die Forschung wird auf der Grundlage eines jährlichen Forschungsprogramms durchgeführt; das Forschungsprogramm bedarf der Genehmigung des Bundesministeriums für Bildung und Forschung. ³Weitere Forschungsaufgaben können dem Bundesinstitut für Berufsbildung von obersten Bundesbehörden im Einvernehmen mit dem Bundesministerium für Bildung und Forschung übertragen werden. ⁴Die wesentlichen Ergebnisse der Forschungsarbeit des Bundesinstituts für Berufsbildung sind zu veröffentlichen.

(3) Das Bundesinstitut für Berufsbildung hat die sonstigen Aufgaben:
1. nach Weisung des zuständigen Bundesministeriums
   a) an der Vorbereitung von Ausbildungsordnungen und sonstigen Rechtsverordnungen, die nach diesem Gesetz oder nach dem zweiten Teil der Handwerksordnung zu erlassen sind, mitzuwirken,
   b) an der Vorbereitung des Berufsbildungsberichts mitzuwirken,
   c) an der Durchführung der Berufsbildungsstatistik nach Maßgabe des § 87 mitzuwirken,
   d) Modellversuche einschließlich wissenschaftlicher Begleituntersuchungen zu fördern,
   e) an der internationalen Zusammenarbeit in der beruflichen Bildung mitzuwirken,
   f) weitere Verwaltungsaufgaben des Bundes zur Förderung der Berufsbildung zu übernehmen;
2. nach allgemeinen Verwaltungsvorschriften des zuständigen Bundesministeriums die Förderung überbetrieblicher Berufsbildungsstätten durchzuführen und die Planung, Errichtung und Weiterentwicklung dieser Einrichtungen zu unterstützen;
3. das Verzeichnis der anerkannten Ausbildungsberufe zu führen und zu veröffentlichen;
4. die im Fernunterrichtsschutzgesetz beschriebenen Aufgaben nach den vom Hauptausschuss erlassenen und vom zuständigen Bundesministerium genehmigten Richtlinien wahrzunehmen und durch Förderung von Entwicklungsvorhaben zur Verbesserung und Ausbau des berufsbildenden Fernunterrichts beizutragen.

(4) Das Bundesinstitut für Berufsbildung kann mit Zustimmung des Bundesministeriums für Bildung und Forschung mit Stellen außerhalb der Bundesverwaltung Verträge zur Übernahme weiterer Aufgaben schließen.

§ 91 Organe. Die Organe des Bundesinstituts für Berufsbildung sind:
1. der Hauptausschuss,
2. der Präsident oder die Präsidentin.

§ 92 Hauptausschuss. (1) Der Hauptausschuss hat neben den ihm durch sonstige Vorschriften dieses Gesetzes zugewiesenen Aufgaben folgende weitere Aufgaben:
1. er beschließt über die Angelegenheiten des Bundesinstituts für Berufsbildung, soweit sie nicht dem Präsidenten oder der Präsidentin übertragen sind;
2. er berät die Bundesregierung in grundsätzlichen Fragen der Berufsbildung und kann eine Stellungnahme zu dem Entwurf des Berufsbildungsberichts abgeben;
3. er beschließt das jährliche Forschungsprogramm;
4. er kann Empfehlungen zur einheitlichen Anwendung dieses Gesetzes geben;
5. er kann zu den vom Bundesinstitut vorbereiteten Entwürfen der Verordnungen gemäß § 4 Abs. 1 unter Berücksichtigung der entsprechenden Entwürfe der schulischen Rahmenlehrpläne Stellung nehmen;
6. er beschließt über die in § 90 Abs. 3 Nr. 3 und 4 sowie § 97 Abs. 4 genannten Angelegenheiten des Bundesinstituts für Berufsbildung.

(2) Der Präsident oder die Präsidentin unterrichtet den Hauptausschuss unverzüglich über erteilte Weisungen zur Durchführung von Aufgaben nach § 90 Abs. 3 Nr. 1 und erlassene Verwaltungsvorschriften nach § 90 Abs. 3 Nr. 2.

(3) [1]Dem Hauptausschuss gehören je acht Beauftragte der Arbeitgeber, der Arbeitnehmer und der Länder sowie fünf Beauftragte des Bundes an. [2]Die Beauftragten des Bundes führen acht Stimmen, die nur einheitlich abgegeben werden können; bei der Beratung der Bundesregierung in grundsätzlichen Fragen der Berufsbildung, bei der Stellungnahme zum Entwurf des Berufsbildungsberichts und im Rahmen von Anhörungen nach diesem Gesetz haben sie kein Stimmrecht. [3]An den Sitzungen des Hauptausschusses können je ein Beauftragter oder eine Beauftragte der Bundesagentur für Arbeit, der auf Bundesebene bestehenden kommunalen Spitzenverbände sowie des wissenschaftlichen Beirats mit beratender Stimme teilnehmen.

(4) Die Beauftragten der Arbeitgeber werden auf Vorschlag der auf Bundesebene bestehenden Zusammenschlüsse der Kammern, Arbeitgeberverbände und Unternehmensverbände, die Beauftragten der Arbeitnehmer auf Vorschlag der auf Bundesebene bestehenden Gewerkschaften, die Beauftragten des Bundes auf Vorschlag der Bundesregierung und die Beauftragten der Länder auf Vorschlag des Bundesrates vom Bundesministerium für Bildung und Forschung längstens für vier Jahre berufen.

(5) [1]Der Hauptausschuss wählt auf die Dauer eines Jahres ein Mitglied, das den Vorsitz führt, und ein weiteres Mitglied, das den Vorsitz stellvertretend übernimmt. [2]Der oder die Vorsitzende wird der Reihe nach von den Beauf-

tragten der Arbeitgeber, der Arbeitnehmer, der Länder und des Bundes vorgeschlagen.

(6) [1]Die Tätigkeit im Hauptausschuss ist ehrenamtlich. [2]Für bare Auslagen und Verdienstausfälle ist, soweit eine Entschädigung nicht von anderer Seite gewährt wird, eine angemessene Entschädigung zu zahlen, deren Höhe vom Bundesinstitut für Berufsbildung mit Genehmigung des Bundesministeriums für Bildung und Forschung festgesetzt wird. [3]Die Genehmigung ergeht im Einvernehmen mit dem Bundesministerium der Finanzen.

(7) Die Mitglieder können nach Anhören der an ihrer Berufung Beteiligten aus wichtigem Grund abberufen werden.

(8) [1]Die Beauftragen haben Stellvertreter oder Stellvertreterinnen. [2]Die Absätze 4, 6 und 7 gelten entsprechend.

(9) [1]Der Hauptausschuss kann nach näherer Regelung der Satzung Unterausschüsse einsetzen, denen auch andere als Mitglieder des Hauptausschusses angehören können. [2]Den Unterausschüssen sollen Beauftragte der Arbeitgeber, der Arbeitnehmer, der Länder und des Bundes angehören. [3]Die Absätze 4 bis 7 gelten für die Unterausschüsse entsprechend.

(10) Bei der Wahrnehmung seiner Aufgaben unterliegt der Hauptausschuss keinen Weisungen.

§ 93 Präsident oder Präsidentin. (1) [1]Der Präsident oder die Präsidentin vertritt das Bundesinstitut für Berufsbildung gerichtlich und außergerichtlich. [2]Er oder sie verwaltet das Bundesinstitut und führt dessen Aufgaben durch. [3]Soweit er oder sie nicht Weisungen und allgemeine Verwaltungsvorschriften des zuständigen Bundesministeriums zu beachten hat (§ 90 Abs. 3 Nr. 1 und 2), führt er oder sie die Aufgaben nach Richtlinien des Hauptausschusses durch.

(2) Der Präsident oder die Präsidentin wird auf Vorschlag der Bundesregierung, der Ständige Vertreter oder die Ständige Vertreterin des Präsidenten oder der Präsidentin auf Vorschlag des Bundesministeriums für Bildung und Forschung im Benehmen mit dem Präsidenten oder der Präsidentin unter Berufung in das Beamtenverhältnis von dem Bundespräsidenten oder der Bundespräsidentin ernannt.

§ 94 Wissenschaftlicher Beirat. (1) Der wissenschaftliche Beirat berät die Organe des Bundesinstituts für Berufsbildung durch Stellungnahmen und Empfehlungen
1. zum Forschungsprogramm des Bundesinstituts für Berufsbildung,
2. zur Zusammenarbeit des Instituts mit Hochschulen und anderen Forschungseinrichtungen und
3. zu den jährlichen Berichten über die wissenschaftlichen Ergebnisse des Bundesinstituts für Berufsbildung.

(2) [1]Zur Wahrnehmung seiner Aufgaben werden dem Beirat von dem Präsidenten oder der Präsidentin des Bundesinstituts für Berufsbildung die erforderlichen Auskünfte erteilt. [2]Auf Wunsch werden ihm einmal jährlich im Rahmen von Kolloquien die wissenschaftlichen Arbeiten des Bundesinstituts für Berufsbildung erläutert.

(3) ¹Dem Beirat gehören bis zu sieben anerkannte Fachleute auf dem Gebiet der Berufsbildungsforschung aus dem In- und Ausland an, die nicht Angehörige des Bundesinstituts für Berufsbildung sind. ²Sie werden von dem Präsidenten oder der Präsidentin des Bundesinstituts für Berufsbildung im Einvernehmen mit dem Bundesministerium für Bildung und Forschung auf vier Jahre bestellt. ³Einmalige Wiederberufung in Folge ist möglich. ⁴An den Sitzungen des wissenschaftlichen Beirats können vier Mitglieder des Hauptausschusses, und zwar je ein Beauftragter oder eine Beauftragte der Arbeitgeber, der Arbeitnehmer, der Länder und des Bundes ohne Stimmrecht teilnehmen.

(4) Der wissenschaftliche Beirat kann sich eine Geschäftsordnung geben.

(5) § 92 Abs. 6 gilt entsprechend.

§ 95 Ausschuss für Fragen behinderter Menschen. (1) ¹Zur Beratung des Bundesinstituts für Berufsbildung bei seinen Aufgaben auf dem Gebiet der beruflichen Bildung behinderter Menschen wird ein ständiger Unterausschuss des Hauptausschusses errichtet. ²Der Ausschuss hat darauf hinzuwirken, dass die besonderen Belange der behinderten Menschen in der beruflichen Bildung berücksichtigt werden und die berufliche Bildung behinderter Menschen mit den übrigen Leistungen zur Teilhabe am Arbeitsleben koordiniert wird. ³Das Bundesinstitut für Berufsbildung trifft Entscheidungen über die Durchführung von Forschungsvorhaben, die die berufliche Bildung behinderter Menschen betreffen, unter Berücksichtigung von Vorschlägen des Ausschusses.

(2) ¹Der Ausschuss besteht aus 17 Mitgliedern, die von dem Präsidenten oder der Präsidentin längstens für vier Jahre berufen werden. ²Eine Wiederberufung ist zulässig. ³Die Mitglieder des Ausschusses werden auf Vorschlag des Beirats für die Teilhabe behinderter Menschen (§ 64 des Neunten Buches Sozialgesetzbuch) berufen, und zwar

ein Mitglied, das die Arbeitnehmer vertritt,
ein Mitglied, das die Arbeitgeber vertritt,
drei Mitglieder, die Organisationen behinderter Menschen vertreten,
ein Mitglied, das die Bundesagentur für Arbeit vertritt,
ein Mitglied, das die gesetzliche Rentenversicherung vertritt,
ein Mitglied, das die gesetzliche Unfallversicherung vertritt,
ein Mitglied, das die Freie Wohlfahrtspflege vertritt,
zwei Mitglieder, die Einrichtungen der beruflichen Rehabilitation vertreten,
sechs weitere für die berufliche Bildung behinderter Menschen sachkundige Personen, die in Bildungsstätten oder ambulanten Diensten für behinderte Menschen tätig sind.

(3) Der Ausschuss kann behinderte Menschen, die beruflich ausgebildet, fortgebildet oder umgeschult werden, zu den Beratungen hinzuziehen.

§ 96 Finanzierung des Bundesinstituts für Berufsbildung. (1) ¹Die Ausgaben für die Errichtung und Verwaltung des Bundesinstituts für Berufsbildung werden durch Zuschüsse des Bundes gedeckt. ²Die Höhe der Zuschüsse des Bundes regelt das Haushaltsgesetz.

(2) ¹Die Ausgaben zur Durchführung von Aufträgen nach § 90 Abs. 2 Satz 3 und von Aufgaben nach § 90 Abs. 3 Nr. 1 Buchstabe f werden durch

das beauftragende Bundesministerium gedeckt. ²Die Ausgaben zur Durchführung von Verträgen nach § 90 Abs. 4 sind durch den Vertragspartner zu decken.

§ 97 Haushalt. (1) ¹Der Haushaltsplan wird von dem Präsidenten oder der Präsidentin aufgestellt. ²Der Hauptausschuss stellt den Haushaltsplan fest.

(2) ¹Der Haushaltsplan bedarf der Genehmigung des Bundesministeriums für Bildung und Forschung. ²Die Genehmigung erstreckt sich auch auf die Zweckmäßigkeit der Ansätze.

(3) Der Haushaltsplan soll rechtzeitig vor Einreichung der Voranschläge zum Bundeshaushalt, spätestens zum 15. Oktober des vorhergehenden Jahres, dem Bundesministerium für Bildung und Forschung vorgelegt werden.

(4) ¹Über- und außerplanmäßige Ausgaben können vom Hauptausschuss auf Vorschlag des Präsidenten oder der Präsidentin bewilligt werden. ²Die Bewilligung bedarf der Einwilligung des Bundesministeriums für Bildung und Forschung und des Bundesministeriums der Finanzen. ³Die Sätze 1 und 2 gelten entsprechend für Maßnahmen, durch die für das Bundesinstitut für Berufsbildung Verpflichtungen entstehen können, für die Ausgaben im Haushaltsplan nicht veranschlagt sind.

(5) ¹Nach Ende des Haushaltsjahres wird die Rechnung von dem Präsidenten oder der Präsidentin aufgestellt. ²Die Entlastung obliegt dem Hauptausschuss. ³Sie bedarf nicht der Genehmigung nach § 109 Abs. 3 der Bundeshaushaltsordnung.

§ 98 Satzung. (1) Durch die Satzung des Bundesinstituts für Berufsbildung sind
1. die Art und Weise der Aufgabenerfüllung (§ 90 Abs. 2 und 3) sowie
2. die Organisation
näher zu regeln.

(2) ¹Der Hauptausschuss beschließt mit einer Mehrheit von vier Fünfteln der Stimmen seiner Mitglieder die Satzung. ²Sie bedarf der Genehmigung des Bundesministeriums für Bildung und Forschung und ist im Bundesanzeiger bekannt zu geben.

(3) Absatz 2 gilt für Satzungsänderungen entsprechend.

§ 99 Personal. (1) ¹Die Aufgaben des Bundesinstituts für Berufsbildung werden von Beamten, Beamtinnen und Dienstkräften, die als Angestellte, Arbeiter und Arbeiterinnen beschäftigt sind, wahrgenommen. ²Es ist Dienstherr im Sinne des § 121 Nr. 2 des Beamtenrechtsrahmengesetzes. ³Die Beamten und Beamtinnen sind mittelbare Bundesbeamte und Bundesbeamtinnen.

(2) ¹Das Bundesministerium für Bildung und Forschung ernennt und entlässt die Beamten und Beamtinnen des Bundesinstituts, soweit das Recht zur Ernennung und Entlassung der Beamten und Beamtinnen, deren Amt in der Bundesbesoldungsordnung B aufgeführt ist, nicht von dem Bundespräsidenten oder der Bundespräsidentin ausgeübt wird. ²Das zuständige Bundesministerium kann seine Befugnisse auf den Präsidenten oder die Präsidentin übertragen.

(3) ¹Oberste Dienstbehörde für die Beamten und Beamtinnen des Bundesinstituts ist das Bundesministerium für Bildung und Forschung. ²Es kann seine Befugnisse auf den Präsidenten oder die Präsidentin übertragen. ³§ 187 Abs. 1 des Bundesbeamtengesetzes und § 83 Abs. 1 des Bundesdisziplinargesetzes bleiben unberührt.

(4) ¹Auf die Angestellten, Arbeiter und Arbeiterinnen des Bundesinstituts sind die für Arbeitnehmer und Arbeitnehmerinnen des Bundes geltenden Tarifverträge und sonstigen Bestimmungen anzuwenden. ²Ausnahmen bedürfen der vorherigen Zustimmung des Bundesministeriums für Bildung und Forschung; die Zustimmung ergeht im Einvernehmen mit dem Bundesministerium des Innern und dem Bundesministerium der Finanzen.

§ 100 Aufsicht über das Bundesinstitut für Berufsbildung. Das Bundesinstitut für Berufsbildung unterliegt, soweit in diesem Gesetz nicht weitergehende Aufsichtsbefugnisse vorgesehen sind, der Rechtsaufsicht des Bundesministeriums für Bildung und Forschung.

§ 101 Auskunftspflicht. (1) ¹Natürliche und juristische Personen sowie Behörden, die Berufsbildung durchführen, haben den Beauftragten des Bundesinstituts für Berufsbildung auf Verlangen die zur Durchführung ihrer Forschungsaufgaben erforderlichen Auskünfte zu erteilen, die dafür notwendigen Unterlagen vorzulegen und während der üblichen Betriebs- und Geschäftszeit Besichtigungen der Betriebsräume, der Betriebseinrichtungen und der Aus- und Weiterbildungsplätze zu gestatten. ²Arbeitsrechtliche und dienstrechtliche Verschwiegenheitspflichten bleiben unberührt.

(2) Auskunftspflichtige können die Auskunft über solche Fragen verweigern, deren Beantwortung sie selbst oder einen der in § 52 der Strafprozessordnung bezeichneten Angehörigen der Gefahr strafgerichtlicher Verfolgung oder eines Verfahrens nach dem Gesetz über Ordnungswidrigkeiten aussetzen würde.

(3) Die Auskunft ist unentgeltlich zu geben, soweit nichts anderes bestimmt ist.

(4) ¹Einzelangaben über persönliche oder sachliche Verhältnisse, die dem Bundesinstitut auf Grund des Absatzes 1 bekannt werden, sind, soweit durch Rechtsvorschriften nichts anderes bestimmt ist, geheim zu halten. ²Veröffentlichungen von Ergebnissen auf Grund von Erhebungen und Untersuchungen dürfen keine Einzelangaben enthalten.

Teil 6. Bußgeldvorschriften

§ 102 Bußgeldvorschriften. (1) Ordnungswidrig handelt, wer
1. entgegen § 11 Abs. 1 Satz 1, auch in Verbindung mit Abs. 4, den wesentlichen Inhalt des Vertrages oder eine wesentliche Änderung nicht, nicht richtig, nicht vollständig, nicht in der vorgeschriebenen Weise oder nicht rechtzeitig niederlegt,
2. entgegen § 11 Abs. 3, auch in Verbindung mit Abs. 4, eine Ausfertigung der Niederschrift nicht oder nicht rechtzeitig aushändigt,

3. entgegen § 14 Abs. 2 Auszubildenden eine Verrichtung überträgt, die dem Ausbildungszweck nicht dient,
4. entgegen § 15 Satz 1, auch in Verbindung mit Satz 2, Auszubildende nicht freistellt,
5. entgegen § 28 Abs. 1 oder 2 Auszubildende einstellt oder ausbildet,
6. einer vollziehbaren Anordnung nach § 33 Abs. 1 oder 2 zuwiderhandelt,
7. entgegen § 36 Abs. 1 Satz 1 oder 2, jeweils auch in Verbindung mit Satz 3, die Eintragung in das dort genannte Verzeichnis nicht oder nicht rechtzeitig beantragt oder eine Ausfertigung der Vertragsniederschrift nicht beifügt oder
8. entgegen § 76 Abs. 2 eine Auskunft nicht, nicht richtig, nicht vollständig oder nicht rechtzeitig erteilt, eine Unterlage nicht, nicht richtig, nicht vollständig oder nicht rechtzeitig vorlegt oder eine Besichtigung nicht oder nicht rechtzeitig gestattet.

(2) Die Ordnungswidrigkeit kann in den Fällen des Absatzes 1 Nr. 3 bis 6 mit einer Geldbuße bis zu fünftausend Euro, in den übrigen Fällen mit einer Geldbuße bis zu tausend Euro geahndet werden.

Teil 7. Übergangs- und Schlussvorschriften

§ 103 **Gleichstellung von Abschlusszeugnissen im Rahmen der deutschen Einheit.** Prüfungszeugnisse nach der Systematik der Ausbildungsberufe und der Systematik der Facharbeiterberufe und Prüfungszeugnisse nach § 37 Abs. 2 stehen einander gleich.

§ 104 **Fortgeltung bestehender Regelungen.** (1) [1]Die vor dem 1. September 1969 anerkannten Lehrberufe und Anlernberufe oder vergleichbar geregelten Ausbildungsberufe gelten als Ausbildungsberufe im Sinne des § 4. [2]Die Berufsbilder, die Berufsbildungspläne, die Prüfungsanforderungen und die Prüfungsordnungen für diese Berufe sind bis zum Erlass von Ausbildungsordnungen nach § 4 und der Prüfungsordnungen nach § 47 anzuwenden.

(2) Die vor dem 1. September 1969 erteilten Prüfungszeugnisse in Berufen, die nach Absatz 1 als anerkannte Ausbildungsberufe gelten, stehen Prüfungszeugnissen nach § 37 Abs. 2 gleich.

§ 105 **Übertragung von Zuständigkeiten.** Die Landesregierungen werden ermächtigt, durch Rechtsverordnung die nach diesem Gesetz den nach Landesrecht zuständigen Behörden übertragenen Zuständigkeiten nach den §§ 27, 30, 32, 33 und 70 auf zuständige Stellen zu übertragen.

IV. *Arbeitsrechtliche Bestimmungen im Sozialgesetzbuch*

41. Sozialgesetzbuch (SGB) Zweites Buch (II) – Grundsicherung für Arbeitsuchende –[1]

Vom 24. Dezember 2003
(BGBl. I S. 2954)

FNA 860-2

zuletzt geänd. durch Art. 2 Siebtes G zur Änd. des SGB III u. and. G v. 8. 4. 2008 (BGBl. I S. 681)

– Auszug[2] –

Kapitel 3. Leistungen

Abschnitt 1. Leistungen zur Eingliederung in Arbeit

§ 16 Leistungen zur Eingliederung. (1)–(2) ...

(3) ¹Für erwerbsfähige Hilfebedürftige, die keine Arbeit finden können, sollen Arbeitsgelegenheiten geschaffen werden. ²Werden Gelegenheiten für im öffentlichen Interesse liegende, zusätzliche Arbeiten nicht nach Absatz 1 als Arbeitsbeschaffungsmaßnahmen gefördert, ist den erwerbsfähigen Hilfebedürftigen zuzüglich zum Arbeitslosengeld II eine angemessene Entschädigung für Mehraufwendungen zu zahlen; diese Arbeiten begründen kein Arbeitsverhältnis im Sinne des Arbeitsrechts; die Vorschriften über den Arbeitsschutz und das Bundesurlaubsgesetz[3] mit Ausnahme der Regelungen über das Urlaubsentgelt sind entsprechend anzuwenden; für Schäden bei der Ausübung ihrer Tätigkeit haften erwerbsfähige Hilfebedürftige nur wie Arbeitnehmerinnen und Arbeitnehmer.

...

---

[1] Verkündet als Art. 1 Viertes G für moderne Dienstleistungen am Arbeitsmarkt v. 24. 12. 2003 (BGBl. I S. 2954).
[2] Vollständig abgedruckt in **SGB II/XII** – Grundsicherung für Arbeitsuchende/Sozialhilfe – (dtv 5767) Nr. **1**.
[3] Nr. **19**.

42. Sozialgesetzbuch (SGB) Drittes Buch (III) – Arbeitsförderung –[1)]

Vom 24. März 1997
(BGBl. I S. 594)

FNA 860-3

zuletzt geänd. durch Art. 4 Pflege-WeiterentwicklungsG v. 28. 5. 2008 (BGBl. I S. 874)

– Auszug[2)] –

Erstes Kapitel. Allgemeine Vorschriften

Erster Abschnitt. Grundsätze

§ 1 Ziele der Arbeitsförderung. (1) [1]Die Leistungen der Arbeitsförderung sollen dazu beitragen, dass ein hoher Beschäftigungsstand erreicht und die Beschäftigungsstruktur ständig verbessert wird. [2]Sie sind insbesondere darauf auszurichten, das Entstehen von Arbeitslosigkeit zu vermeiden oder die Dauer der Arbeitslosigkeit zu verkürzen. [3]Dabei ist die Gleichstellung von Frauen und Männern als durchgängiges Prinzip zu verfolgen. [4]Die Leistungen sind so einzusetzen, dass sie der beschäftigungspolitischen Zielsetzung der Sozial-, Wirtschafts- und Finanzpolitik der Bundesregierung entsprechen.

(2) Die Leistungen der Arbeitsförderung sollen insbesondere

1. den Ausgleich von Angebot und Nachfrage auf dem Ausbildungs- und Arbeitsmarkt unterstützen,
2. die zügige Besetzung offener Stellen ermöglichen,
3. die individuelle Beschäftigungsfähigkeit durch Erhalt und Ausbau von Kenntnissen, Fertigkeiten sowie Fähigkeiten fördern,
4. unterwertiger Beschäftigung entgegenwirken und
5. zu einer Weiterentwicklung der regionalen Beschäftigungs- und Infrastruktur beitragen.

(3) [1]Die Bundesregierung und die Bundesagentur für Arbeit können Vereinbarungen über die beschäftigungspolitischen Ziele treffen. [2]Die Vereinbarungen können die nach dem Sozialgesetzbuch erforderlichen Genehmigungen oder Zustimmungen enthalten. [3]Soweit das Bundesministerium für Arbeit und Soziales Fachaufsicht ausübt, ist die Vereinbarung mit diesem zu treffen.

[1)] Verkündet als Art. 1 G v. 24. 3. 1997 (BGBl. I S. 594).
[2)] Vollständig abgedruckt in **Sozialgesetzbuch** (dtv 5024) Nr. **3** sowie in **SGB III** – Arbeitsförderungsgesetz – (dtv 5597) Nr. **1**.

§ 2 Zusammenwirken von Arbeitgebern und Arbeitnehmern mit den Agenturen für Arbeit. (1) Die Agenturen für Arbeit erbringen insbesondere Dienstleistungen für Arbeitgeber und Arbeitnehmer, indem sie
1. Arbeitgeber regelmäßig über Ausbildungs- und Arbeitsmarktentwicklungen, Ausbildungsuchende, Fachkräfteangebot und berufliche Bildungsmaßnahmen informieren sowie auf den Betrieb zugeschnittene Arbeitsmarktberatung und Vermittlung anbieten und
2. Arbeitnehmer zur Vorbereitung der Berufswahl und zur Erschließung ihrer beruflichen Entwicklungsmöglichkeiten beraten, Vermittlungsangebote zur Ausbildungs- oder Arbeitsaufnahme entsprechend ihren Fähigkeiten unterbreiten sowie sonstige Leistungen der Arbeitsförderung erbringen.

(2) ¹Die Arbeitgeber haben bei ihren Entscheidungen verantwortungsvoll deren Auswirkungen auf die Beschäftigung der Arbeitnehmer und von Arbeitslosen und damit die Inanspruchnahme von Leistungen der Arbeitsförderung einzubeziehen. ²Sie sollen dabei insbesondere
1. im Rahmen ihrer Mitverantwortung für die Entwicklung der beruflichen Leistungsfähigkeit der Arbeitnehmer zur Anpassung an sich ändernde Anforderungen sorgen,
2. vorrangig durch betriebliche Maßnahmen die Inanspruchnahme von Leistungen der Arbeitsförderung sowie Entlassungen von Arbeitnehmern vermeiden,
3. Arbeitnehmer vor der Beendigung des Arbeitsverhältnisses frühzeitig über die Notwendigkeit eigener Aktivitäten bei der Suche nach einer anderen Beschäftigung sowie über die Verpflichtung zur Meldung nach § 37b bei der Agentur für Arbeit informieren, sie hierzu freistellen und die Teilnahme an erforderlichen Qualifizierungsmaßnahmen ermöglichen.

(3) ¹Die Arbeitgeber sollen die Agenturen für Arbeit frühzeitig über betriebliche Veränderungen, die Auswirkungen auf die Beschäftigung haben können, unterrichten. ²Dazu gehören insbesondere Mitteilungen über
1. zu besetzende Ausbildungs- und Arbeitsplätze,
2. geplante Betriebserweiterungen und den damit verbundenen Arbeitskräftebedarf,
3. die Qualifikationsanforderungen an die einzustellenden Arbeitnehmer,
4. geplante Betriebseinschränkungen oder Betriebsverlagerungen sowie die damit verbundenen Auswirkungen und
5. Planungen, wie Entlassungen von Arbeitnehmern vermieden oder Übergänge in andere Beschäftigungsverhältnisse organisiert werden können.

(4) ¹Die Arbeitnehmer haben bei ihren Entscheidungen verantwortungsvoll deren Auswirkungen auf ihre beruflichen Möglichkeiten einzubeziehen. ²Sie sollen insbesondere ihre berufliche Leistungsfähigkeit den sich ändernden Anforderungen anpassen.

(5) Die Arbeitnehmer haben zur Vermeidung oder zur Beendigung von Arbeitslosigkeit insbesondere
1. ein zumutbares Beschäftigungsverhältnis fortzusetzen,
2. eigenverantwortlich nach Beschäftigung zu suchen, bei bestehendem Beschäftigungsverhältnis frühzeitig vor dessen Beendigung,
3. eine zumutbare Beschäftigung aufzunehmen und
4. an einer beruflichen Eingliederungsmaßnahme teilzunehmen.

§ 3 Leistungen der Arbeitsförderung. (1) Arbeitnehmer erhalten folgende Leistungen:
1. Berufsberatung sowie Ausbildungs- und Arbeitsvermittlung und diese unterstützende Leistungen,
2. Maßnahmen der Eignungsfeststellung, Trainingsmaßnahmen zur Verbesserung der Eingliederungsaussichten,
3. Mobilitätshilfen zur Aufnahme einer Beschäftigung,
4. Gründungszuschuss zur Aufnahme einer selbständigen Tätigkeit,
5. Berufsausbildungsbeihilfe während einer beruflichen Ausbildung oder einer berufsvorbereitenden Bildungsmaßnahme,
6. Übernahme der Weiterbildungskosten während der Teilnahme an einer beruflichen Weiterbildung,
7. allgemeine und als behinderte Menschen zusätzlich besondere Leistungen zur Teilhabe am Arbeitsleben und diese ergänzende Leistungen nach diesem und dem Neunten Buch, insbesondere Ausbildungsgeld, Übernahme der Teilnahmekosten und Übergangsgeld,
8. Arbeitslosengeld während Arbeitslosigkeit, Teilarbeitslosengeld während Teilarbeitslosigkeit sowie Arbeitslosengeld bei beruflicher Weiterbildung,
9. Kurzarbeitergeld bei Arbeitsausfall,
10. Insolvenzgeld bei Zahlungsunfähigkeit des Arbeitgebers,
11. Wintergeld,
12. Transferleistungen.

(2) Arbeitgeber erhalten folgende Leistungen:
1. Arbeitsmarktberatung sowie Ausbildungs- und Arbeitsvermittlung,
2. Zuschüsse zu den Arbeitsentgelten bei Eingliederung von leistungsgeminderten Arbeitnehmern, bei Neugründungen, bei der Förderung der beruflichen Weiterbildung durch Vertretung sowie im Rahmen der Förderung der beruflichen Weiterbildung beschäftigter Arbeitnehmer,
3. Zuschüsse zur Ausbildungsvergütung bei Durchführung von Maßnahmen während der betrieblichen Ausbildungszeit sowie weitere Zuschüsse bei behinderten Menschen,
4. Zuschüsse zur Vergütung bei einer Einstiegsqualifizierung,
5. Erstattung von Beiträgen zur Sozialversicherung für Bezieher von Saison-Kurzarbeitergeld.

(3) Träger von Arbeitsförderungsmaßnahmen erhalten folgende Leistungen:
1. Zuschüsse zu zusätzlichen Maßnahmen der betrieblichen Ausbildung,
2. Übernahme der Kosten für die Ausbildung in einer außerbetrieblichen Einrichtung und die Beschäftigung begleitenden Eingliederungshilfen sowie Zuschüsse zu den Aktivierungshilfen,
3. Darlehen und Zuschüsse für Einrichtungen der beruflichen Aus- oder Weiterbildung oder der beruflichen Rehabilitation sowie für Jugendwohnheime,
4. Zuschüsse zu Arbeitsbeschaffungsmaßnahmen,
5. Zuschüsse zu Maßnahmen im Rahmen der Förderung der beruflichen Weiterbildung durch Vertretung,
6. Zuschüsse zu Arbeiten zur Verbesserung der Infrastruktur.

(4) Leistungen der aktiven Arbeitsförderung sind alle Leistungen der Arbeitsförderung mit Ausnahme von Arbeitslosengeld bei Arbeitslosigkeit, Teilarbeitslosengeld und Insolvenzgeld.

(5) Ermessensleistungen der aktiven Arbeitsförderung sind alle Leistungen der aktiven Arbeitsförderung mit Ausnahme des Anspruchs auf Beauftragung von Dritten mit der Vermittlung nach sechs Monaten, Gründungszuschuss, Eingliederungsgutschein für ältere Arbeitnehmer nach § 223 Abs. 1 Satz 2, Berufsausbildungsbeihilfe, besondere Leistungen zur Teilhabe am Arbeitsleben, Arbeitslosengeld bei beruflicher Weiterbildung, Kurzarbeitergeld, Wintergeld und Leistungen zur Förderung der Teilnahme an Transfermaßnahmen.

§ 10 Freie Förderung. (1) [1]Die Agenturen für Arbeit können bis zu zehn Prozent der im Eingliederungstitel enthaltenen Mittel für Ermessensleistungen der aktiven Arbeitsförderung einsetzen, um die Möglichkeiten der gesetzlich geregelten aktiven Arbeitsförderungsleistungen durch freie Leistungen der aktiven Arbeitsförderung zu erweitern. [2]Die freien Leistungen müssen den Zielen und Grundsätzen der gesetzlichen Leistungen entsprechen und dürfen nicht gesetzliche Leistungen aufstocken. [3]Bei Leistungen an Arbeitgeber ist darauf zu achten, Wettbewerbsverfälschungen zu vermeiden. [4]Projektförderungen sind zulässig.

(2) Das Bundesministerium für Arbeit und Soziales wird ermächtigt, durch Rechtsverordnung das Nähere zu der freien Förderung, insbesondere zu den Voraussetzungen, den Grenzen und zum Verfahren, zu regeln.

Zweiter Abschnitt. Berechtigte

§ 12 Geltung der Begriffsbestimmungen. Die in diesem Abschnitt enthaltenen Begriffsbestimmungen sind nur für dieses Buch maßgeblich.

§ 13 Heimarbeiter. Arbeitnehmer im Sinne dieses Buches sind auch Heimarbeiter (§ 12 Abs. 2 des Vierten Buches[1]).

§ 14 Auszubildende. Auszubildende sind die zur Berufsausbildung Beschäftigten und Teilnehmer an nach diesem Buch förderungsfähigen berufsvorbereitenden Bildungsmaßnahmen sowie Teilnehmer an einer Einstiegsqualifizierung.

§ 15 Ausbildung- und Arbeitsuchende. [1]Ausbildungsuchende sind Personen, die eine Berufsausbildung suchen. [2]Arbeitsuchende sind Personen, die eine Beschäftigung als Arbeitnehmer suchen. [3]Dies gilt auch, wenn sie bereits eine Beschäftigung oder eine selbständige Tätigkeit ausüben.

§ 16 Arbeitslose. (1) Arbeitslose sind Personen, die wie beim Anspruch auf Arbeitslosengeld
1. vorübergehend nicht in einem Beschäftigungsverhältnis stehen,
2. eine versicherungspflichtige Beschäftigung suchen und dabei den Vermittlungsbemühungen der Agentur für Arbeit zur Verfügung stehen und

---

[1] Nr. 43.

3. sich bei der Agentur für Arbeit arbeitslos gemeldet haben.

(2) Teilnehmer an Maßnahmen der aktiven Arbeitsmarktpolitik gelten als nicht arbeitslos.

§ 17 Von Arbeitslosigkeit bedrohte Arbeitnehmer. Von Arbeitslosigkeit bedrohte Arbeitnehmer sind Personen, die
1. versicherungspflichtig beschäftigt sind,
2. alsbald mit der Beendigung der Beschäftigung rechnen müssen und
3. voraussichtlich nach Beendigung der Beschäftigung arbeitslos werden.

§ 18 Langzeitarbeitslose. (1) Langzeitarbeitslose sind Arbeitslose, die ein Jahr und länger arbeitslos sind.

(2) Für Leistungen der aktiven Arbeitsförderung, die Langzeitarbeitslosigkeit voraussetzen, bleiben folgende Unterbrechungen der Arbeitslosigkeit innerhalb eines Zeitraums von fünf Jahren unberücksichtigt:
1. Zeiten einer aktiven Arbeitsförderung,
2. Zeiten einer Krankheit oder eines Beschäftigungsverbots nach dem Mutterschutzgesetz,
3. Zeiten der Betreuung und Erziehung aufsichtsbedürftiger Kinder oder der Betreuung pflegebedürftiger Angehöriger,
4. Beschäftigungen oder selbständige Tätigkeiten bis zu einer Dauer von insgesamt sechs Monaten,
5. Zeiten, in denen eine Beschäftigung rechtlich nicht möglich war, und
6. kurze Unterbrechungen der Arbeitslosigkeit ohne Nachweis.

(3) Ergibt sich der Sachverhalt einer unschädlichen Unterbrechung üblicherweise nicht aus den Unterlagen der Arbeitsvermittlung, so reicht Glaubhaftmachung aus.

§ 19 Behinderte Menschen. (1) Behindert im Sinne dieses Buches sind Menschen, deren Aussichten, am Arbeitsleben teilzuhaben oder weiter teilzuhaben, wegen Art oder Schwere ihrer Behinderung im Sinne von § 2 Abs. 1 des Neunten Buches[1] nicht nur vorübergehend wesentlich gemindert sind und die deshalb Hilfen zur Teilhabe am Arbeitsleben benötigen, einschließlich lernbehinderter Menschen.

(2) Behinderten Menschen stehen Menschen gleich, denen eine Behinderung mit den in Absatz 1 genannten Folgen droht.

§ 20 Berufsrückkehrer. Berufsrückkehrer sind Frauen und Männer, die
1. ihre Erwerbstätigkeit oder Arbeitslosigkeit oder eine betriebliche Berufsausbildung wegen der Betreuung und Erziehung von aufsichtsbedürftigen Kindern oder der Betreuung pflegebedürftiger Angehöriger unterbrochen haben und
2. in angemessener Zeit danach in die Erwerbstätigkeit zurückkehren wollen.

§ 21 Träger. Träger sind natürliche oder juristische Personen oder Personengesellschaften, die Maßnahmen der Arbeitsförderung selbst durchführen oder durch Dritte durchführen lassen.

---

[1] Nr. 47.

**Dritter Abschnitt. Verhältnis der Leistungen aktiver
Arbeitsförderung zu anderen Leistungen**

§ 22 Verhältnis zu anderen Leistungen. (1) Leistungen der aktiven Arbeitsförderung dürfen nur erbracht werden, wenn nicht andere Leistungsträger oder andere öffentlich-rechtliche Stellen zur Erbringung gleichartiger Leistungen gesetzlich verpflichtet sind.

(2) [1]Allgemeine und besondere Leistungen zur Teilhabe am Arbeitsleben einschließlich der Leistungen an Arbeitgeber und der Leistungen an Träger dürfen nur erbracht werden, sofern nicht ein anderer Rehabilitationsträger im Sinne des Neunten Buches zuständig ist. [2]Eingliederungszuschüsse nach § 219 und Zuschüsse zur Ausbildungsvergütung für schwerbehinderte Menschen nach § 235 a dürfen auch dann erbracht werden, wenn ein anderer Leistungsträger zur Erbringung gleichartiger Leistungen gesetzlich verpflichtet ist oder, ohne gesetzlich verpflichtet zu sein, Leistungen erbringt. [3]In diesem Fall werden die Leistungen des anderen Leistungsträgers angerechnet.

(3) [1]Soweit Leistungen zur Förderung der Berufsausbildung und zur Förderung der beruflichen Weiterbildung der Sicherung des Lebensunterhaltes dienen, gehen sie der Ausbildungsbeihilfe nach § 44 des Strafvollzugsgesetzes vor. [2]Die Leistungen für Gefangene dürfen die Höhe der Ausbildungsbeihilfe nach § 44 des Strafvollzugsgesetzes nicht übersteigen. [3]Sie werden den Gefangenen nach einer Förderzusage der Agentur für Arbeit in Vorleistung von den Ländern erbracht und von der Bundesagentur erstattet.

(4) [1]Leistungen nach den §§ 35, 37, 37 c, nach dem Ersten bis Dritten und Sechsten Abschnitt des Vierten Kapitels, nach den §§ 97 bis 99, 100 Nr. 1 bis 3 und 6, § 101 Abs. 1, 2 und 5, den §§ 102, 103 Satz 1 Nr. 1 und 3, den §§ 109 und 111, § 116 Nr. 3, den §§ 160 bis 162, nach dem Fünften Kapitel, nach dem Ersten, Fünften und Siebten Abschnitt des Sechsten Kapitels sowie nach den §§ 417, 421 f, 421 i, 421 k, 421 m, 421 n, 421 o und 421 p werden nicht an oder für erwerbsfähige Hilfebedürftige im Sinne des Zweiten Buches erbracht. [2]Sofern die Bundesagentur für Arbeit für die Erbringung von Leistungen nach § 35 besondere Dienststellen nach § 367 Abs. 2 Satz 2 eingerichtet oder zusätzliche Vermittlungsdienstleistungen agenturübergreifend organisiert hat, erbringt sie die dort angebotenen Vermittlungsleistungen abweichend von Satz 1 auch an oder für erwerbsfähige Hilfebedürftige im Sinne des Zweiten Buches. [3]Eine Leistungserbringung an oder für erwerbsfähige Hilfebedürftige im Sinne des Zweiten Buches nach den Grundsätzen der §§ 88 bis 92 des Zehnten Buches bleibt ebenfalls unberührt. [4]Die Agenturen für Arbeit dürfen Aufträge nach Satz 3 zur Ausbildungsvermittlung nur aus wichtigem Grund ablehnen. [5]Abweichend von Satz 1 werden die Leistungen nach den §§ 35, 37 Abs. 4, den §§ 102, 103 Nr. 1 und 3, den §§ 109 und 111 auch an oder für erwerbsfähige Hilfebedürftige im Sinne des Zweiten Buches erbracht, die einen Anspruch auf Arbeitslosengeld haben.

§ 23 Vorleistungspflicht der Arbeitsförderung. (1) Solange und soweit eine vorrangige Stelle Leistungen nicht gewährt, sind Leistungen der aktiven Arbeitsförderung so zu erbringen, als wenn die Verpflichtung dieser Stelle nicht bestünde.

(2) [1]Hat die Agentur für Arbeit für eine andere öffentlich-rechtliche Stelle vorgeleistet, ist die zur Leistung verpflichtete öffentlich-rechtliche Stelle der

Bundesagentur erstattungspflichtig. ²Für diese Erstattungsansprüche gelten die Vorschriften des Zehnten Buches über die Erstattungsansprüche der Sozialleistungsträger untereinander entsprechend.

Zweites Kapitel. Versicherungspflicht

Erster Abschnitt. Beschäftigte, Sonstige Versicherungspflichtige

§ 24 Versicherungspflichtverhältnis. (1) In einem Versicherungspflichtverhältnis stehen Personen, die als Beschäftigte oder aus sonstigen Gründen versicherungspflichtig sind.

(2) Das Versicherungspflichtverhältnis beginnt für Beschäftigte mit dem Tag des Eintritts in das Beschäftigungsverhältnis oder mit dem Tag nach dem Erlöschen der Versicherungsfreiheit, für die sonstigen Versicherungspflichtigen mit dem Tag, an dem erstmals die Voraussetzungen für die Versicherungspflicht erfüllt sind.

(3) Das Versicherungspflichtverhältnis für Beschäftigte besteht während eines Arbeitsausfalls mit Entgeltausfall im Sinne der Vorschriften über das Kurzarbeitergeld fort.

(4) Das Versicherungspflichtverhältnis endet für Beschäftigte mit dem Tag des Ausscheidens aus dem Beschäftigungsverhältnis oder mit dem Tag vor Eintritt der Versicherungsfreiheit, für die sonstigen Versicherungspflichtigen mit dem Tag, an dem die Voraussetzungen für die Versicherungspflicht letztmals erfüllt waren.

§ 25 Beschäftigte. (1) ¹Versicherungspflichtig sind Personen, die gegen Arbeitsentgelt oder zu ihrer Berufsausbildung beschäftigt (versicherungspflichtige Beschäftigung) sind. ²Auszubildende, die im Rahmen eines Berufsbildungsvertrages nach dem Berufsbildungsgesetz in einer außerbetrieblichen Einrichtung ausgebildet werden, stehen den Beschäftigten zur Berufsausbildung im Sinne des Satzes 1 gleich.

(2) ¹Bei Wehrdienstleistenden und Zivildienstleistenden, denen nach gesetzlichen Vorschriften für die Zeit ihres Dienstes Arbeitsentgelt weiterzugewähren ist, gilt das Beschäftigungsverhältnis durch den Wehrdienst oder Zivildienst als nicht unterbrochen. ²Personen, die im Rahmen einer besonderen Auslandsverwendung im Sinne des Soldatengesetzes freiwillig Wehrdienst leisten und nicht wehrpflichtige Personen, die Wehrdienst leisten, sind in dieser Beschäftigung nicht nach Absatz 1 versicherungspflichtig; sie gelten als Wehrdienstleistende im Sinne des § 26 Abs. 1 Nr. 2. ³Die Sätze 1 und 2 gelten auch für Personen in einem Wehrdienstverhältnis besonderer Art nach § 6 des Einsatz-Weiterverwendungsgesetzes, wenn sie den Einsatzunfall in einem Versicherungspflichtverhältnis erlitten haben.

§ 26 Sonstige Versicherungspflichtige. (1) Versicherungspflichtig sind
1. Jugendliche, die in Einrichtungen der beruflichen Rehabilitation nach § 35 des Neunten Buches Leistungen zur Teilhabe am Arbeitsleben erhalten, die ihnen eine Erwerbstätigkeit auf dem allgemeinen Arbeitsmarkt

ermöglichen sollen, sowie Personen, die in Einrichtungen der Jugendhilfe für eine Erwerbstätigkeit befähigt werden sollen,
2. Personen, die auf Grund gesetzlicher Pflicht Wehrdienst, Zivildienst oder auf Grund von § 6 c des Wehrpflichtgesetzes (Hilfeleistung im Innern) Wehrdienst leisten und während dieser Zeit nicht als Beschäftigte versicherungspflichtig sind sowie Personen, die im Anschluss an den Grundwehrdienst freiwilligen zusätzlichen Wehrdienst nach § 6 b des Wehrpflichtgesetzes leisten,
3. *(aufgehoben)*
3 a. Personen, die auf Grund des § 6 c des Wehrpflichtgesetzes (Hilfeleistung im Innern) Wehrdienst leisten, gelten als Wehrdienstleistende im Sinne der Nummer 2,
4. Gefangene, die Arbeitsentgelt, Ausbildungsbeihilfe oder Ausfallentschädigung (§§ 43 bis 45, 176 und 177 des Strafvollzugsgesetzes) erhalten oder Ausbildungsbeihilfe nur wegen des Vorrangs von Leistungen zur Förderung der Berufsausbildung nach diesem Buch nicht erhalten. Gefangene im Sinne dieses Buches sind Personen, die im Vollzug von Untersuchungshaft, Freiheitsstrafen und freiheitsentziehenden Maßregeln der Besserung und Sicherung oder einstweilig nach § 126 a Abs. 1 der Strafprozessordnung untergebracht sind,
5. Personen, die als nicht satzungsmäßige Mitglieder geistlicher Genossenschaften oder ähnlicher religiöser Gemeinschaften für den Dienst in einer solchen Genossenschaft oder ähnlichen religiösen Gemeinschaft außerschulisch ausgebildet werden.

(2) Versicherungspflichtig sind Personen in der Zeit, für die sie
1. von einem Leistungsträger Mutterschaftsgeld, Krankengeld, Versorgungskrankengeld, Verletztengeld oder von einem Träger der medizinischen Rehabilitation Übergangsgeld beziehen,
2. von einem privaten Krankenversicherungsunternehmen Krankentagegeld beziehen oder
3. von einem Träger der gesetzlichen Rentenversicherung eine Rente wegen voller Erwerbsminderung beziehen,

wenn sie unmittelbar vor Beginn der Leistung versicherungspflichtig waren, eine laufende Entgeltersatzleistung nach diesem Buch bezogen oder eine als Arbeitsbeschaffungsmaßnahme geförderte Beschäftigung ausgeübt haben, die ein Versicherungspflichtverhältnis oder den Bezug einer laufenden Entgeltersatzleistung nach diesem Buch unterbrochen hat.

(2 a) ¹Versicherungspflichtig sind Personen in der Zeit, in der sie ein Kind, das das dritte Lebensjahr noch nicht vollendet hat, erziehen, wenn sie
1. unmittelbar vor der Kindererziehung versicherungspflichtig waren, eine laufende Entgeltersatzleistung nach diesem Buch bezogen oder eine als Arbeitsbeschaffungsmaßnahme geförderte Beschäftigung ausgeübt haben, die ein Versicherungspflichtverhältnis oder den Bezug einer laufenden Entgeltersatzleistung nach diesem Buch unterbrochen hat, und
2. sich mit dem Kind im Inland gewöhnlich aufhalten oder bei Aufenthalt im Ausland Anspruch auf Kindergeld nach dem Einkommensteuergesetz oder Bundeskindergeldgesetz haben oder ohne die Anwendung des § 64 oder § 65 des Einkommensteuergesetzes oder des § 3 oder § 4 des Bundeskindergeldgesetzes haben würden.

²Satz 1 gilt nur für Kinder des Erziehenden, seines nicht dauernd getrennt lebenden Ehegatten oder seines nicht dauernd getrennt lebenden Lebenspartners. ³Haben mehrere Personen ein Kind gemeinsam erzogen, besteht Versicherungspflicht nur für die Person, der nach den Regelungen des Rechts der gesetzlichen Rentenversicherung die Erziehungszeit zuzuordnen ist (§ 56 Abs. 2 des Sechsten Buches).

(2 b) Versicherungspflichtig sind Personen in der Zeit, in der sie eine Pflegezeit nach § 3 Abs. 1 Satz 1 des Pflegezeitgesetzes in Anspruch nehmen und eine pflegebedürftige Person pflegen, wenn sie unmittelbar vor der Pflegezeit versicherungspflichtig waren oder eine als Arbeitsbeschaffungsmaßnahme geförderte Beschäftigung ausgeübt haben, die ein Versicherungspflichtverhältnis oder den Bezug einer laufenden Entgeltersatzleistung nach diesem Buch unterbrochen hat.

(3) ¹Nach Absatz 1 Nr. 1 ist nicht versicherungspflichtig, wer nach § 25 Abs. 1 versicherungspflichtig ist. ²Nach Absatz 1 Nr. 4 ist nicht versicherungspflichtig, wer nach anderen Vorschriften dieses Buches versicherungspflichtig ist. ³Versicherungspflichtig wegen des Bezuges von Mutterschaftsgeld nach Absatz 2 Nr. 1 ist nicht, wer nach Absatz 2a versicherungspflichtig ist. ⁴Nach Absatz 2 Nr. 2 ist nicht versicherungspflichtig, wer nach Absatz 2 Nr. 1 versicherungspflichtig ist. ⁵Nach Absatz 2 a und 2 b ist nicht versicherungspflichtig, wer nach anderen Vorschriften dieses Buches versicherungspflichtig ist oder während der Zeit der Erziehung oder Pflege Anspruch auf Entgeltersatzleistungen nach diesem Buch hat; Satz 3 bleibt unberührt. ⁶Trifft eine Versicherungspflicht nach Absatz 2a mit einer Versicherungspflicht nach Absatz 2b zusammen, geht die Versicherungspflicht nach Absatz 2a vor.

§ 27 Versicherungsfreie Beschäftigte. (1) Versicherungsfrei sind Personen in einer Beschäftigung als

1. Beamter, Richter, Soldat auf Zeit sowie Berufssoldat der Bundeswehr und als sonstig Beschäftigter des Bundes, eines Landes, eines Gemeindeverbandes, einer Gemeinde, einer öffentlich-rechtlichen Körperschaft, Anstalt, Stiftung oder eines Verbandes öffentlich-rechtlicher Körperschaften oder deren Spitzenverbänden, wenn sie nach beamtenrechtlichen Vorschriften oder Grundsätzen bei Krankheit Anspruch auf Fortzahlung der Bezüge und auf Beihilfe oder Heilfürsorge haben,
2. Geistliche der als öffentlich-rechtliche Körperschaften anerkannten Religionsgesellschaften, wenn sie nach beamtenrechtlichen Vorschriften oder Grundsätzen bei Krankheit Anspruch auf Fortzahlung der Bezüge und auf Beihilfe haben,
3. Lehrer an privaten genehmigten Ersatzschulen, wenn sie hauptamtlich beschäftigt sind und nach beamtenrechtlichen Vorschriften oder Grundsätzen bei Krankheit Anspruch auf Fortzahlung der Bezüge und auf Beihilfe haben,
4. satzungsmäßige Mitglieder von geistlichen Genossenschaften, Diakonissen und ähnliche Personen, wenn sie sich aus überwiegend religiösen oder sittlichen Beweggründen mit Krankenpflege, Unterricht oder anderen gemeinnützigen Tätigkeiten beschäftigen und nicht mehr als freien Unterhalt oder ein geringes Entgelt beziehen, das nur zur Beschaffung der unmittelbaren Lebensbedürfnisse an Wohnung, Verpflegung, Kleidung und dergleichen ausreicht,

5. Mitglieder des Vorstandes einer Aktiengesellschaft für das Unternehmen, dessen Vorstand sie angehören. Konzernunternehmen im Sinne des § 18 des Aktiengesetzes gelten als ein Unternehmen.

(2) ¹Versicherungsfrei sind Personen in einer geringfügigen Beschäftigung; abweichend von § 8 Abs. 2 Satz 1 des Vierten Buches[1] werden geringfügige Beschäftigungen und nicht geringfügige Beschäftigungen nicht zusammengerechnet. ²Versicherungsfreiheit besteht nicht für Personen, die
1. im Rahmen betrieblicher Berufsbildung, nach dem Jugendfreiwilligendienstegesetz,
2. wegen eines Arbeitsausfalls mit Entgeltausfall im Sinne der Vorschriften über das Kurzarbeitergeld oder
3. wegen stufenweiser Wiedereingliederung in das Erwerbsleben (§ 74 Fünftes Buch, § 28 Neuntes Buch) oder aus einem sonstigen der in § 126 Abs. 1 genannten Gründe

nur geringfügig beschäftigt sind.

(3) Versicherungsfrei sind Personen in einer
1. unständigen Beschäftigung, die sie berufsmäßig ausüben. Unständig ist eine Beschäftigung, die auf weniger als eine Woche der Natur der Sache nach beschränkt zu sein pflegt oder im voraus durch Arbeitsvertrag beschränkt ist,
2. Beschäftigung als Heimarbeiter, die gleichzeitig mit einer Tätigkeit als Zwischenmeister (§ 12 Abs. 4 Viertes Buch) ausgeübt wird, wenn der überwiegende Teil des Verdienstes aus der Tätigkeit als Zwischenmeister bezogen wird,
3. Beschäftigung als ausländischer Arbeitnehmer zur beruflichen Aus- oder Fortbildung, wenn
   a) die berufliche Aus- oder Fortbildung aus Mitteln des Bundes, eines Landes, einer Gemeinde oder eines Gemeindeverbandes oder aus Mitteln einer Einrichtung oder einer Organisation, die sich der Aus- oder Fortbildung von Ausländern widmet, gefördert wird,
   b) sie verpflichtet sind, nach Beendigung der geförderten Aus- oder Fortbildung das Inland zu verlassen, und
   c) die im Inland zurückgelegten Versicherungszeiten weder nach dem Recht der Europäischen Gemeinschaft noch nach zwischenstaatlichen Abkommen oder dem Recht des Wohnlandes des Arbeitnehmers einen Anspruch auf Leistungen für den Fall der Arbeitslosigkeit in dem Wohnland des Betreffenden begründen können,
4. Beschäftigung als ehrenamtlicher Bürgermeister oder ehrenamtlicher Beigeordneter,
5. Beschäftigung, die als Arbeitsbeschaffungsmaßnahme gefördert wird,
6. Beschäftigung, die mit einem Beschäftigungszuschuss nach § 16 a des Zweiten Buches gefördert wird.

(4) ¹Versicherungsfrei sind Personen, die während der Dauer
1. ihrer Ausbildung an einer allgemeinbildenden Schule oder
2. ihres Studiums als ordentliche Studierende einer Hochschule oder einer der fachlichen Ausbildung dienenden Schule

---

[1] Nr. 43.

eine Beschäftigung ausüben. ²Satz 1 Nr. 1 gilt nicht, wenn der Beschäftigte schulische Einrichtungen besucht, die der Fortbildung außerhalb der üblichen Arbeitszeit dienen.

(5) ¹Versicherungsfrei sind Personen, die während einer Zeit, in der ein Anspruch auf Arbeitslosengeld besteht, eine Beschäftigung ausüben. ²Satz 1 gilt nicht für Beschäftigungen, die während der Zeit, in der ein Anspruch auf Teilarbeitslosengeld besteht, ausgeübt werden.

§ 28 Sonstige versicherungsfreie Personen. (1) Versicherungsfrei sind Personen,
1. die das Lebensjahr für den Anspruch auf Regelaltersrente im Sinne des Sechsten Buches vollenden, mit Ablauf des Monats, in dem sie das maßgebliche Lebensjahr vollenden,
2. die wegen einer Minderung ihrer Leistungsfähigkeit dauernd nicht mehr verfügbar sind, von dem Zeitpunkt an, an dem die Agentur für Arbeit diese Minderung der Leistungsfähigkeit und der zuständige Träger der gesetzlichen Rentenversicherung volle Erwerbsminderung im Sinne der gesetzlichen Rentenversicherung festgestellt haben,
3. während der Zeit, für die ihnen eine dem Anspruch auf Rente wegen voller Erwerbsminderung vergleichbare Leistung eines ausländischen Leistungsträgers zuerkannt ist.

(2) Versicherungsfrei sind Personen in einer Beschäftigung oder auf Grund des Bezuges einer Sozialleistung (§ 26 Abs. 2 Nr. 1 und 2), soweit ihnen während dieser Zeit ein Anspruch auf Rente wegen voller Erwerbsminderung aus der gesetzlichen Rentenversicherung zuerkannt ist.

(3) Versicherungsfrei sind nicht-deutsche Besatzungsmitglieder deutscher Seeschiffe, die ihren Wohnsitz oder gewöhnlichen Aufenthalt nicht im Geltungsbereich dieses Buches haben.

Drittes Kapitel. Beratung und Vermittlung

Zweiter Abschnitt. Vermittlung

§ 35 Vermittlungsangebot, Eingliederungsvereinbarung. (1) ¹Die Agentur für Arbeit hat Ausbildungsuchenden, Arbeitsuchenden und Arbeitgebern Ausbildungsvermittlung und Arbeitsvermittlung (Vermittlung) anzubieten. ²Die Vermittlung umfaßt alle Tätigkeiten, die darauf gerichtet sind, Ausbildungsuchende mit Arbeitgebern zur Begründung eines Ausbildungsverhältnisses und Arbeitsuchende mit Arbeitgebern zur Begründung eines Beschäftigungsverhältnisses zusammenzuführen. ³Die Agentur für Arbeit stellt sicher, dass Arbeitslose und Ausbildungsuchende, deren berufliche Eingliederung voraussichtlich erschwert ist, eine verstärkte vermittlerische Unterstützung erhalten.

(2) ¹Die Agentur für Arbeit hat durch Vermittlung darauf hinzuwirken, daß Ausbildungsuchende eine Ausbildungsstelle, Arbeitsuchende eine Arbeitsstelle und Arbeitgeber geeignete Arbeitnehmer und Auszubildende erhalten. ²Sie hat dabei die Neigung, Eignung und Leistungsfähigkeit der Ausbildungsuchenden und Arbeitsuchenden sowie die Anforderungen der angebotenen Stellen zu berücksichtigen.

(3) Kann die Agentur für Arbeit nicht feststellen,
1. in welche berufliche Ausbildung der Ausbildungsuchende oder
2. in welche berufliche Tätigkeit der arbeitslose oder von Arbeitslosigkeit bedrohte Arbeitsuchende

vermittelt werden kann oder welche Maßnahmen der aktiven Arbeitsförderung vorgesehen werden können, soll sie die Teilnahme an einer Maßnahme der Eignungsfeststellung vorsehen.

(4) ¹In einer Eingliederungsvereinbarung, die die Agentur für Arbeit zusammen mit dem Arbeitslosen oder Ausbildungsuchenden trifft, werden für einen zu bestimmenden Zeitraum die Vermittlungsbemühungen der Agentur für Arbeit, die Eigenbemühungen des Arbeitslosen oder Ausbildungsuchenden sowie, soweit die Voraussetzungen vorliegen, künftige Leistungen der aktiven Arbeitsförderung festgelegt. ²Bei Arbeitslosen, die einen Eingliederungsgutschein nach § 223 erhalten, soll in der Eingliederungsvereinbarung die Ausgabe des Eingliederungsgutscheins mit einem Arbeitsangebot oder einer Vereinbarung über die notwendigen Eigenbemühungen zur Einlösung des Eingliederungsgutscheins verbunden werden. ³Dem Arbeitslosen oder Ausbildungsuchenden ist eine Ausfertigung der Eingliederungsvereinbarung auszuhändigen. ⁴Die Eingliederungsvereinbarung ist sich ändernden Verhältnissen anzupassen; sie ist fortzuschreiben, wenn in dem Zeitraum, für den sie zunächst galt, die Arbeitslosigkeit oder Ausbildungsplatzsuche nicht beendet wurde. ⁵Sie ist spätestens nach sechsmonatiger Arbeitslosigkeit, bei arbeitslosen und ausbildungsuchenden Jugendlichen sowie in den Fällen des Satzes 2 spätestens nach drei Monaten, zu überprüfen.

§ 36 Grundsätze der Vermittlung. (1) Die Agentur für Arbeit darf nicht vermitteln, wenn ein Ausbildungs- oder Arbeitsverhältnis begründet werden soll, das gegen ein Gesetz oder die guten Sitten verstößt.

(2) ¹Die Agentur für Arbeit darf Einschränkungen, die der Arbeitgeber für eine Vermittlung hinsichtlich Geschlecht, Alter, Gesundheitszustand oder Staatsangehörigkeit des Ausbildungsuchenden und Arbeitsuchenden vornimmt, die regelmäßig nicht die berufliche Qualifikation betreffen, nur berücksichtigen, wenn diese Einschränkungen nach Art der auszuübenden Tätigkeit unerläßlich sind. ²Die Agentur für Arbeit darf Einschränkungen, die der Arbeitgeber für eine Vermittlung aus Gründen der Rasse oder wegen der ethnischen Herkunft, der Religion oder Weltanschauung, einer Behinderung oder der sexuellen Identität des Ausbildungssuchenden und Arbeitsuchenden vornimmt, nur berücksichtigen, soweit sie nach dem Allgemeinen Gleichbehandlungsgesetz[1] zulässig sind. ³Im übrigen darf eine Einschränkung hinsichtlich der Zugehörigkeit zu einer Gewerkschaft, Partei oder vergleichbaren Vereinigung nur berücksichtigt werden, wenn

1. der Ausbildungs- oder Arbeitsplatz in einem Tendenzunternehmen oder -betrieb im Sinne des § 118 Abs. 1 Satz 1 des Betriebsverfassungsgesetzes[2] besteht und
2. die Art der auszuübenden Tätigkeit diese Einschränkung rechtfertigt.

---

[1] Nr. **14**.
[2] Nr. **81**.

(3) Die Agentur für Arbeit darf in einem durch einen Arbeitskampf unmittelbar betroffenen Bereich nur dann vermitteln, wenn der Arbeitsuchende und der Arbeitgeber dies trotz eines Hinweises auf den Arbeitskampf verlangen.

(4) [1]Die Agentur für Arbeit ist bei der Vermittlung nicht verpflichtet zu prüfen, ob der vorgesehene Vertrag ein Arbeitsvertrag ist. [2]Wenn ein Arbeitsverhältnis erkennbar nicht begründet werden soll, kann die Agentur für Arbeit auf Angebote zur Aufnahme einer selbständigen Tätigkeit hinweisen; Absatz 1 gilt entsprechend.

§ 37 Beauftragung Dritter mit der Vermittlung. (1) [1]Die Agentur für Arbeit kann zu ihrer Unterstützung Dritte mit der Vermittlung oder mit Teilaufgaben der Vermittlung beauftragen. [2]Dies gilt insbesondere dann, wenn dadurch die berufliche Eingliederung erleichtert werden kann. [3]Die Agentur für Arbeit kann dem beauftragten Dritten Ausbildungssuchende und Arbeitsuchende zuweisen, wenn diese der Zuweisung nicht aus wichtigem Grund widersprechen. [4]Der Ausbildungssuchende und Arbeitsuchende ist über das Widerspruchsrecht zu belehren.

(2) Die Agentur für Arbeit kann Träger von Arbeitsbeschaffungsmaßnahmen mit der Vermittlung der geförderten Arbeitnehmer beauftragen.

(3) [1]Für die Vermittlungstätigkeit des Dritten kann eine Vergütung vereinbart werden. [2]Eine Pauschalierung ist zulässig.

(4) Arbeitslose können von der Agentur für Arbeit die Beauftragung eines Dritten mit ihrer Vermittlung verlangen, wenn sie sechs Monate nach Eintritt ihrer Arbeitslosigkeit noch arbeitslos sind.

§ 37 b Frühzeitige Arbeitsuche. [1]Personen, deren Arbeits- oder Ausbildungsverhältnis endet, sind verpflichtet, sich spätestens drei Monate vor dessen Beendigung persönlich bei der Agentur für Arbeit arbeitsuchend zu melden. [2]Liegen zwischen der Kenntnis des Beendigungszeitpunktes und der Beendigung des Arbeits- oder Ausbildungsverhältnisses weniger als drei Monate, hat die Meldung innerhalb von drei Tagen nach Kenntnis des Beendigungszeitpunktes zu erfolgen. [3]Zur Wahrung der Frist nach Satz 1 und 2 reicht eine fernmündliche Meldung aus, wenn die persönliche Meldung nach terminlicher Vereinbarung nachgeholt wird. [4]Die Pflicht zur Meldung besteht unabhängig davon, ob der Fortbestand des Arbeits- oder Ausbildungsverhältnisses gerichtlich geltend gemacht oder vom Arbeitgeber in Aussicht gestellt wird. [5]Die Pflicht zur Meldung gilt nicht bei einem betrieblichen Ausbildungsverhältnis.

Dritter Abschnitt. Gemeinsame Vorschriften

§ 42 Einschränkung des Fragerechts. [1]Die Agentur für Arbeit darf von Ausbildungsuchenden und Arbeitsuchenden Daten nicht erheben, die ein Arbeitgeber vor Begründung eines Ausbildungs- oder Arbeitsverhältnisses nicht erfragen darf. [2]Daten über die Zugehörigkeit zu einer Gewerkschaft, Partei, Religionsgemeinschaft oder vergleichbaren Vereinigung dürfen nur beim Ausbildungsuchenden und Arbeitsuchenden erhoben werden. [3]Die Agentur für Arbeit darf diese Daten nur erheben und nutzen, wenn

1. eine Vermittlung auf einen Ausbildungs- oder Arbeitsplatz
   a) in einem Tendenzunternehmen oder -betrieb im Sinne des § 118 Abs. 1 Satz 1 des Betriebsverfassungsgesetzes[1]) oder
   b) bei einer Religionsgemeinschaft oder in einer zu ihr gehörenden karitativen oder erzieherischen Einrichtung
   vorgesehen ist,
2. der Ausbildungsuchende oder Arbeitsuchende bereit ist, auf einen solchen Ausbildungs- oder Arbeitsplatz vermittelt zu werden und
3. bei einer Vermittlung nach Nummer 1 Buchstabe a die Art der auszuübenden Tätigkeit diese Beschränkung rechtfertigt.

Viertes Kapitel. Leistungen an Arbeitnehmer

Vierter Abschnitt. Förderung der Aufnahme einer selbständigen Tätigkeit

§ 57 Gründungszuschuss. (1) Arbeitnehmer, die durch Aufnahme einer selbständigen, hauptberuflichen Tätigkeit die Arbeitslosigkeit beenden, haben zur Sicherung des Lebensunterhalts und zur sozialen Sicherung in der Zeit nach der Existenzgründung Anspruch auf einen Gründungszuschuss.

(2) [1]Ein Gründungszuschuss wird geleistet, wenn der Arbeitnehmer
1. bis zur Aufnahme der selbständigen Tätigkeit
   a) einen Anspruch auf Entgeltersatzleistungen nach diesem Buch hat oder
   b) eine Beschäftigung ausgeübt hat, die als Arbeitsbeschaffungsmaßnahme nach diesem Buche gefördert worden ist,
2. bei Aufnahme der selbständigen Tätigkeit noch über einen Anspruch auf Arbeitslosengeld von mindestens 90 Tagen verfügt,
3. der Agentur für Arbeit die Tragfähigkeit der Existenzgründung nachweist und
4. seine Kenntnisse und Fähigkeiten zur Ausübung der selbständigen Tätigkeit darlegt.

[2]Zum Nachweis der Tragfähigkeit der Existenzgründung ist der Agentur für Arbeit die Stellungnahme einer fachkundigen Stelle vorzulegen; fachkundige Stellen sind insbesondere die Industrie- und Handelskammern, Handwerkskammern, berufsständische Kammern, Fachverbände und Kreditinstitute. [3]Bestehen begründete Zweifel an den Kenntnissen und Fähigkeiten zur Ausübung der selbständigen Tätigkeit, kann die Agentur für Arbeit vom Arbeitnehmer die Teilnahme an Maßnahmen zur Eignungsfeststellung oder zur Vorbereitung der Existenzgründung verlangen.

(3) Der Gründungszuschuss wird nicht geleistet, solange Ruhenstatbestände nach den §§ 142 bis 144 vorliegen oder vorgelegen hätten.

(4) Die Förderung ist ausgeschlossen, wenn nach Beendigung einer Förderung der Aufnahme einer selbständigen Tätigkeit nach diesem Buch noch nicht 24 Monate vergangen sind; von dieser Frist kann wegen besonderer in der Person des Arbeitnehmers liegender Gründe abgesehen werden.

---

[1]) Nr. **81**.

(5) Geförderte Personen haben ab dem Monat, in dem sie das Lebensjahr für den Anspruch auf Regelaltersrente im Sinne des Sechsten Buches vollenden, keinen Anspruch auf einen Gründungszuschuss.

§ 58 Dauer und Höhe der Förderung. (1) Der Gründungszuschuss wird für die Dauer von neun Monaten in Höhe des Betrages, den der Arbeitnehmer als Arbeitslosengeld zuletzt bezogen hat, zuzüglich von monatlich 300 Euro, geleistet.

(2) ¹Der Gründungszuschuss kann für weitere sechs Monate in Höhe von monatlich 300 Euro geleistet werden, wenn die geförderte Person ihre Geschäftstätigkeit anhand geeigneter Unterlagen darlegt. ²Bestehen begründete Zweifel, kann die Agentur für Arbeit die erneute Vorlage einer Stellungnahme einer fachkundigen Stelle verlangen.

Achter Abschnitt. Entgeltersatzleistungen

Erster Unterabschnitt. Leistungsübersicht

§ 116 Leistungsarten. Entgeltersatzleistungen sind
1. Arbeitslosengeld bei Arbeitslosigkeit und bei beruflicher Weiterbildung,
2. Teilarbeitslosengeld bei Teilarbeitslosigkeit,
3. Übergangsgeld bei Teilnahme an Leistungen zur Teilhabe am Arbeitsleben,
4. Kurzarbeitergeld für Arbeitnehmer, die infolge eines Arbeitsausfalles einen Entgeltausfall haben,
5. Insolvenzgeld für Arbeitnehmer, die wegen Zahlungsunfähigkeit des Arbeitgebers kein Arbeitsentgelt erhalten.

Zweiter Unterabschnitt. Arbeitslosengeld

Erster Titel. Regelvoraussetzungen

§ 117 Anspruch auf Arbeitslosengeld. (1) Arbeitnehmer haben Anspruch auf Arbeitslosengeld
1. bei Arbeitslosigkeit oder
2. bei beruflicher Weiterbildung.

(2) Arbeitnehmer, die das für die Regelaltersrente im Sinne des Sechsten Buches erforderliche Lebensjahr vollendet haben, haben vom Beginn des folgenden Monats an keinen Anspruch auf Arbeitslosengeld.

§ 118 Anspruchsvoraussetzungen bei Arbeitslosigkeit. (1) Anspruch auf Arbeitslosengeld bei Arbeitslosigkeit haben Arbeitnehmer, die
1. arbeitslos sind,
2. sich bei der Agentur für Arbeit arbeitslos gemeldet und
3. die Anwartschaftszeit erfüllt haben.

(2) Der Arbeitnehmer kann bis zur Entscheidung über den Anspruch bestimmen, dass dieser nicht oder zu einem späteren Zeitpunkt entstehen soll.

§ 119 Arbeitslosigkeit. (1) Arbeitslos ist ein Arbeitnehmer, der
1. nicht in einem Beschäftigungsverhältnis steht (Beschäftigungslosigkeit),
2. sich bemüht, seine Beschäftigungslosigkeit zu beenden (Eigenbemühungen) und
3. den Vermittlungsbemühungen der Agentur für Arbeit zur Verfügung steht (Verfügbarkeit).

(2) Eine ehrenamtliche Betätigung schließt Arbeitslosigkeit nicht aus, wenn dadurch die berufliche Eingliederung des Arbeitslosen nicht beeinträchtigt wird.

(3) [1]Die Ausübung einer Beschäftigung, selbständigen Tätigkeit oder Tätigkeit als mithelfender Familienangehöriger (Erwerbstätigkeit) schließt die Beschäftigungslosigkeit nicht aus, wenn die Arbeits- oder Tätigkeitszeit (Arbeitszeit) weniger als 15 Stunden wöchentlich umfasst; gelegentliche Abweichungen von geringer Dauer bleiben unberücksichtigt. [2]Die Arbeitszeiten mehrerer Erwerbstätigkeiten werden zusammengerechnet.

(4) [1]Im Rahmen der Eigenbemühungen hat der Arbeitslose alle Möglichkeiten zur beruflichen Eingliederung zu nutzen. [2]Hierzu gehören insbesondere
1. die Wahrnehmung der Verpflichtungen aus der Eingliederungsvereinbarung,
2. die Mitwirkung bei der Vermittlung durch Dritte und
3. die Inanspruchnahme der Selbstinformationseinrichtungen der Agentur für Arbeit.

(5) Den Vermittlungsbemühungen der Agentur für Arbeit steht zur Verfügung, wer
1. eine versicherungspflichtige, mindestens 15 Stunden wöchentlich umfassende zumutbare Beschäftigung unter den üblichen Bedingungen des für ihn in Betracht kommenden Arbeitsmarktes ausüben kann und darf,
2. Vorschlägen der Agentur für Arbeit zur beruflichen Eingliederung zeit- und ortsnah Folge leisten kann,
3. bereit ist, jede Beschäftigung im Sinne der Nummer 1 anzunehmen und auszuüben und
4. bereit ist, an Maßnahmen zur beruflichen Eingliederung in das Erwerbsleben teilzunehmen.

§ 120 Sonderfälle der Verfügbarkeit. (1) Nimmt der Leistungsberechtigte an einer Maßnahme der Eignungsfeststellung, einer Trainingsmaßnahme oder an einer Berufsfindung oder Arbeitserprobung im Sinne des Rechts der beruflichen Rehabilitation teil, leistet er vorübergehend zur Verhütung oder Beseitigung öffentlicher Notstände Dienste, die nicht auf einem Arbeitsverhältnis beruhen, übt er eine freie Arbeit im Sinne des Artikels 293 Abs. 1 des Einführungsgesetzes zum Strafgesetzbuch oder auf Grund einer Anordnung im Gnadenwege aus oder erbringt er gemeinnützige Leistungen oder Arbeitsleistungen nach den in Artikel 293 Abs. 3 des Einführungsgesetzes zum Strafgesetzbuch genannten Vorschriften oder auf Grund deren entsprechender Anwendung, so schließt dies die Verfügbarkeit nicht aus.

(2) ¹Bei Schülern oder Studenten einer Schule, Hochschule oder sonstigen Ausbildungsstätte wird vermutet, dass sie nur versicherungsfreie Beschäftigungen ausüben können. ²Die Vermutung ist widerlegt, wenn der Schüler oder Student darlegt und nachweist, daß der Ausbildungsgang die Ausübung einer versicherungspflichtigen, mindestens 15 Stunden wöchentlich umfassenden Beschäftigung bei ordnungsgemäßer Erfüllung der in den Ausbildungs- und Prüfungsbestimmungen vorgeschriebenen Anforderungen zuläßt.

(3) Nimmt der Leistungsberechtigte an einer Maßnahme der beruflichen Weiterbildung teil, für die die Voraussetzungen nach § 77 nicht erfüllt sind, schließt dies Verfügbarkeit nicht aus, wenn
1. die Agentur für Arbeit der Teilnahme zustimmt und
2. der Leistungsberechtigte seine Bereitschaft erklärt, die Maßnahme abzubrechen, sobald eine berufliche Eingliederung in Betracht kommt und zu diesem Zweck die Möglichkeit zum Abbruch mit dem Träger der Maßnahme vereinbart hat.

(4) ¹Ist der Leistungsberechtigte nur bereit, Teilzeitbeschäftigungen auszuüben, so schließt dies Verfügbarkeit nicht aus, wenn sich die Arbeitsbereitschaft auf Teilzeitbeschäftigungen erstreckt, die versicherungspflichtig sind, mindestens 15 Stunden wöchentlich umfassen und den üblichen Bedingungen des für ihn in Betracht kommenden Arbeitsmarktes entsprechen. ²Eine Einschränkung auf Teilzeitbeschäftigungen aus Anlass eines konkreten Arbeits- oder Maßnahmeangebotes ist nicht zulässig. ³Die Einschränkung auf Heimarbeit schließt Verfügbarkeit nicht aus, wenn die Anwartschaftszeit durch eine Beschäftigung als Heimarbeiter erfüllt worden ist und der Leistungsberechtigte bereit und in der Lage ist, Heimarbeit unter den üblichen Bedingungen auf dem für ihn in Betracht kommenden Arbeitsmarkt auszuüben.

§ 121 Zumutbare Beschäftigungen. (1) Einem Arbeitslosen sind alle seiner Arbeitsfähigkeit entsprechenden Beschäftigungen zumutbar, soweit allgemeine oder personenbezogene Gründe der Zumutbarkeit einer Beschäftigung nicht entgegenstehen.

(2) Aus allgemeinen Gründen ist eine Beschäftigung einem Arbeitslosen insbesondere nicht zumutbar, wenn die Beschäftigung gegen gesetzliche, tarifliche oder in Betriebsvereinbarungen festgelegte Bestimmungen über Arbeitsbedingungen oder gegen Bestimmungen des Arbeitsschutzes verstößt.

(3) ¹Aus personenbezogenen Gründen ist eine Beschäftigung einem Arbeitslosen insbesondere nicht zumutbar, wenn das daraus erzielbare Arbeitsentgelt erheblich niedriger ist als das der Bemessung des Arbeitslosengeldes zugrunde liegende Arbeitsentgelt. ²In den ersten drei Monaten der Arbeitslosigkeit ist eine Minderung um mehr als 20 Prozent und in den folgenden drei Monaten um mehr als 30 Prozent dieses Arbeitsentgelts nicht zumutbar. ³Vom siebten Monat der Arbeitslosigkeit an ist dem Arbeitslosen eine Beschäftigung nur dann nicht zumutbar, wenn das daraus erzielbare Nettoeinkommen unter Berücksichtigung der mit der Beschäftigung zusammenhängenden Aufwendungen niedriger ist als das Arbeitslosengeld.

(4) ¹Aus personenbezogenen Gründen ist einem Arbeitslosen eine Beschäftigung auch nicht zumutbar, wenn die täglichen Pendelzeiten zwischen seiner Wohnung und der Arbeitsstätte im Vergleich zur Arbeitszeit unverhältnismäßig lang sind. ²Als unverhältnismäßig lang sind im Regelfall Pendelzeiten

von insgesamt mehr als zweieinhalb Stunden bei einer Arbeitszeit von mehr als sechs Stunden und Pendelzeiten von mehr als zwei Stunden bei einer Arbeitszeit von sechs Stunden und weniger anzusehen. ³Sind in einer Region unter vergleichbaren Arbeitnehmern längere Pendelzeiten üblich, bilden diese den Maßstab. ⁴Ein Umzug zur Aufnahme einer Beschäftigung außerhalb des zumutbaren Pendelbereichs ist einem Arbeitslosen zumutbar, wenn nicht zu erwarten ist, dass der Arbeitslose innerhalb der ersten drei Monate der Arbeitslosigkeit eine Beschäftigung innerhalb des zumutbaren Pendelbereichs aufnehmen wird. ⁵Vom vierten Monat der Arbeitslosigkeit an ist einem Arbeitslosen ein Umzug zur Aufnahme einer Beschäftigung außerhalb des zumutbaren Pendelbereichs in der Regel zumutbar. ⁶Die Sätze 4 und 5 sind nicht anzuwenden, wenn dem Umzug ein wichtiger Grund entgegensteht. ⁷Ein wichtiger Grund kann sich insbesondere aus familiären Bindungen ergeben.

(5) Eine Beschäftigung ist nicht schon deshalb unzumutbar, weil sie befristet ist, vorübergehend eine getrennte Haushaltsführung erfordert oder nicht zum Kreis der Beschäftigungen gehört, für die der Arbeitnehmer ausgebildet ist oder die er bisher ausgeübt hat.

§ 122 Persönliche Arbeitslosmeldung. (1) ¹Der Arbeitslose hat sich persönlichbei der zuständigen Agentur für Arbeit arbeitslos zu melden. ²Eine Meldung ist auch zulässig, wenn die Arbeitslosigkeit noch nicht eingetreten, der Eintritt der Arbeitslosigkeit aber innerhalb der nächsten drei Monate zu erwarten ist.

(2) Die Wirkung der Meldung erlischt

1. bei einer mehr als sechswöchigen Unterbrechung der Arbeitslosigkeit,
2. mit der Aufnahme der Beschäftigung, selbständigen Tätigkeit oder Tätigkeit als mithelfender Familienangehöriger, wenn der Arbeitslose diese der Agentur für Arbeit nicht unverzüglich mitgeteilt hat.

(3) Ist die zuständige Agentur für Arbeit am ersten Tag der Beschäftigungslosigkeit des Arbeitslosen nicht dienstbereit, so wirkt eine persönliche Meldung an dem nächsten Tag, an dem die Agentur für Arbeit dienstbereit ist, auf den Tag zurück, an dem die Agentur für Arbeit nicht dienstbereit war.

§ 123 Anwartschaftszeit. ¹Die Anwartschaftszeit hat erfüllt, wer in der Rahmenfrist mindestens zwölf Monate in einem Versicherungspflichtverhältnis gestanden hat. ²Zeiten, die vor dem Tag liegen, an dem der Anspruch auf Arbeitslosengeld wegen des Eintritts einer Sperrzeit erloschen ist, dienen nicht zur Erfüllung der Anwartschaftszeit.

§ 124 Rahmenfrist. (1) Die Rahmenfrist beträgt zwei Jahre und beginnt mit dem Tag vor der Erfüllung aller sonstigen Voraussetzungen für den Anspruch auf Arbeitslosengeld.

(2) Die Rahmenfrist reicht nicht in eine vorangegangene Rahmenfrist hinein, in der der Arbeitslose eine Anwartschaftszeit erfüllt hatte.

(3) ¹In die Rahmenfrist werden Zeiten nicht eingerechnet, in denen der Arbeitslose von einem Rehabilitationsträger Übergangsgeld wegen einer berufsfördernden Maßnahme bezogen hat. ²In diesem Falle endet die Rahmenfrist spätestens nach fünf Jahren seit ihrem Beginn.

§ 124a Anspruchsvoraussetzungen bei beruflicher Weiterbildung.

(1) Anspruch auf Arbeitslosengeld hat auch ein Arbeitnehmer, der die Voraussetzungen eines Anspruchs auf Arbeitslosengeld bei Arbeitslosigkeit allein wegen einer nach § 77 geförderten beruflichen Weiterbildung nicht erfüllt.

(2) Bei einem Arbeitnehmer, der vor Eintritt in die Maßnahme nicht arbeitslos war, gelten die Voraussetzungen eines Anspruchs auf Arbeitslosengeld bei Arbeitslosigkeit als erfüllt, wenn er

1. bei Eintritt in die Maßnahme einen Anspruch auf Arbeitslosengeld bei Arbeitslosigkeit hätte, der weder ausgeschöpft noch erloschen ist, oder
2. die Anwartschaftszeit im Falle von Arbeitslosigkeit am Tage des Eintritts in die Maßnahme der beruflichen Weiterbildung erfüllt hätte; insoweit gilt der Tag des Eintritts in die Maßnahme als Tag der persönlichen Arbeitslosmeldung.

Zweiter Titel. Sonderformen des Arbeitslosengeldes

§ 125 Minderung der Leistungsfähigkeit.

(1) ¹Anspruch auf Arbeitslosengeld hat auch, wer allein deshalb nicht arbeitslos ist, weil er wegen einer mehr als sechsmonatigen Minderung seiner Leistungsfähigkeit versicherungspflichtige, mindestens 15 Stunden wöchentlich umfassende Beschäftigungen nicht unter den Bedingungen ausüben kann, die auf dem für ihn in Betracht kommenden Arbeitsmarkt ohne Berücksichtigung der Minderung der Leistungsfähigkeit üblich sind, wenn verminderte Erwerbsfähigkeit im Sinne der gesetzlichen Rentenversicherung nicht festgestellt worden ist. ²Die Feststellung, ob verminderte Erwerbsfähigkeit vorliegt, trifft der zuständige Träger der gesetzlichen Rentenversicherung. ³Kann sich der Leistungsgeminderte wegen gesundheitlicher Einschränkungen nicht persönlich arbeitslos melden, so kann die Meldung durch einen Vertreter erfolgen. ⁴Der Leistungsgeminderte hat sich unverzüglich persönlich bei der Agentur für Arbeit zu melden, sobald der Grund für die Verhinderung entfallen ist.

(2) ¹Die Agentur für Arbeit hat den Arbeitslosen unverzüglich *auffordern*[1]), innerhalb eines Monats einen Antrag auf Leistungen zur medizinischen Rehabilitation oder zur Teilhabe am Arbeitsleben zu stellen. ²Stellt der Arbeitslose diesen Antrag fristgemäß, so gilt er im Zeitpunkt des Antrags auf Arbeitslosengeld als gestellt. ³Stellt der Arbeitslose den Antrag nicht, ruht der Anspruch auf Arbeitslosengeld vom Tage nach Ablauf der Frist an bis zum Tage, an dem der Arbeitslose einen Antrag auf Leistungen zur medizinischen Rehabilitation oder zur Teilhabe am Arbeitsleben oder einen Antrag auf Rente wegen Erwerbsminderung stellt. ⁴Kommt der Arbeitslose seinen Mitwirkungspflichten gegenüber dem Träger der medizinischen Rehabilitation oder der Teilhabe am Arbeitsleben nicht nach, so ruht der Anspruch auf Arbeitslosengeld von dem Tag nach Unterlassen der Mitwirkung bis zu dem Tag, an dem die Mit-

---

[1]) Richtig wohl: „aufzufordern".

wirkung nachgeholt wird. ⁵Satz 4 gilt entsprechend, wenn der Arbeitslose durch sein Verhalten die Feststellung der Erwerbsminderung verhindert.

(3) ¹Wird dem Arbeitslosen von einem Träger der gesetzlichen Rentenversicherung wegen einer Maßnahme zur Rehabilitation Übergangsgeld oder eine Rente wegen Erwerbsminderung zuerkannt, steht der Bundesagentur ein Erstattungsanspruch entsprechend § 103 des Zehnten Buches zu. ²Hat der Träger der gesetzlichen Rentenversicherung Leistungen nach Satz 1 mit befreiender Wirkung an den Arbeitslosen oder einen Dritten gezahlt, hat der Bezieher des Arbeitslosengeldes dieses insoweit zu erstatten.

§ 126 Leistungsfortzahlung bei Arbeitsunfähigkeit. (1) ¹Wird ein Arbeitsloser während des Bezugs von Arbeitslosengeld infolge Krankheit arbeitsunfähig, ohne daß ihn ein Verschulden trifft, oder wird er während des Bezugs von Arbeitslosengeld auf Kosten der Krankenkasse stationär behandelt, verliert er dadurch nicht den Anspruch auf Arbeitslosengeld für die Zeit der Arbeitsunfähigkeit oder stationären Behandlung bis zur Dauer von sechs Wochen (Leistungsfortzahlung). ²Als unverschuldet im Sinne des Satzes 1 gilt auch eine Arbeitsunfähigkeit, die infolge einer durch Krankheit erforderlichen Sterilisation durch einen Arzt oder eines nicht rechtswidrigen Abbruchs der Schwangerschaft eintritt. ³Dasselbe gilt für einen Abbruch der Schwangerschaft, wenn die Schwangerschaft innerhalb von zwölf Wochen nach der Empfängnis durch einen Arzt abgebrochen wird, die Schwangere den Abbruch verlangt und dem Arzt durch eine Bescheinigung nachgewiesen hat, daß sie sich mindestens drei Tage vor dem Eingriff von einer anerkannten Beratungsstelle beraten lassen hat.

(2) ¹Eine Leistungsfortzahlung erfolgt auch im Falle einer nach ärztlichem Zeugnis erforderlichen Beaufsichtigung, Betreuung oder Pflege eines erkrankten Kindes des Arbeitslosen bis zur Dauer von zehn, bei alleinerziehenden Arbeitslosen bis zur Dauer von 20 Tagen für jedes Kind in jedem Kalenderjahr, wenn eine andere im Haushalt des Arbeitslosen lebende Person diese Aufgabe nicht übernehmen kann und das Kind das zwölfte Lebensjahr noch nicht vollendet hat oder behindert und auf Hilfe angewiesen ist. ²Arbeitslosengeld wird jedoch für nicht mehr als 25, für alleinerziehende Arbeitslose für nicht mehr als 50 Tage in jedem Kalenderjahr fortgezahlt.

(3) Die Vorschriften des Fünften Buches, die bei Fortzahlung des Arbeitsentgelts durch den Arbeitgeber im Krankheitsfall sowie bei Zahlung von Krankengeld im Falle der Erkrankung eines Kindes anzuwenden sind, gelten entsprechend.

Dritter Titel. Anspruchsdauer

§ 127 Grundsatz. (1) ¹Die Dauer des Anspruchs auf Arbeitslosengeld richtet sich
1. nach der Dauer der Versicherungspflichtverhältnisse innerhalb der um drei Jahre erweiterten Rahmenfrist und
2. dem Lebensalter, das der Arbeitslose bei der Entstehung des Anspruchs vollendet hat.

²Die Vorschriften des Ersten Titels zum Ausschluß von Zeiten bei der Erfüllung der Anwartschaftszeit und zur Begrenzung der Rahmenfrist durch eine vorangegangene Rahmenfrist gelten entsprechend.

(2) Die Dauer des Anspruchs auf Arbeitslosengeld beträgt

nach Versicherungspflichtverhältnissen mit einer Dauer von insgesamt mindestens ... Monaten	und nach Vollendung des ... Lebensjahres	... Monate
12		6
16		8
20		10
24		12
30	50.	15
36	55.	18
48	58.	24

(2 a), (3) *(aufgehoben)*
(4) Die Dauer des Anspruchs verlängert sich um die Restdauer des wegen Entstehung eines neuen Anspruchs erloschenen Anspruchs, wenn nach der Entstehung des erloschenen Anspruchs noch nicht fünf Jahre verstrichen sind; sie verlängert sich längstens bis zu der dem Lebensalter des Arbeitslosen zugeordneten Höchstdauer.

§ 128 Minderung der Anspruchsdauer. (1) Die Dauer des Anspruchs auf Arbeitslosengeld mindert sich um
1. die Anzahl von Tagen, für die der Anspruch auf Arbeitslosengeld bei Arbeitslosigkeit erfüllt worden ist,
2. jeweils einen Tag für jeweils zwei Tage, für die ein Anspruch auf Teilarbeitslosengeld innerhalb der letzten zwei Jahre vor der Entstehung des Anspruchs erfüllt worden ist,
3. die Anzahl von Tagen einer Sperrzeit bei Arbeitsablehnung, unzureichenden Eigenbemühungen, Ablehnung oder Abbruch einer beruflichen Eingliederungsmaßnahme, Meldeversäumnis oder verspäteter Arbeitsuchendmeldung,
4. die Anzahl von Tagen einer Sperrzeit wegen Arbeitsaufgabe; in Fällen einer Sperrzeit von zwölf Wochen mindestens jedoch um ein Viertel der Anspruchsdauer, die dem Arbeitslosen bei erstmaliger Erfüllung der Voraussetzungen für den Anspruch auf Arbeitslosengeld nach dem Ereignis, das die Sperrzeit begründet, zusteht,
5. *(aufgehoben)*
6. die Anzahl von Tagen, für die dem Arbeitslosen das Arbeitslosengeld wegen fehlender Mitwirkung (§ 66 Erstes Buch) versagt oder entzogen worden ist,
7. die Anzahl von Tagen der Beschäftigungslosigkeit nach der Erfüllung der Voraussetzungen für den Anspruch auf Arbeitslosengeld, an denen der Arbeitslose nicht arbeitsbereit ist, ohne für sein Verhalten einen wichtigen Grund zu haben,
8. jeweils einen Tag für jeweils zwei Tage, für die ein Anspruch auf Arbeitslosengeld bei beruflicher Weiterbildung nach diesem Buch erfüllt worden ist,

9. die Anzahl von Tagen, für die ein Anspruch auf einen Gründungszuschuss in der Höhe des zuletzt bezogenen Arbeitslosengeldes erfüllt worden ist.

(2) ¹In den Fällen des Absatzes 1 Nr. 6 und 7 mindert sich die Dauer des Anspruchs auf Arbeitslosengeld höchstens um vier Wochen. ²In den Fällen des Absatzes 1 Nr. 3 und 4 entfällt die Minderung für Sperrzeiten bei Abbruch einer beruflichen Eingliederungsmaßnahme oder Arbeitsaufgabe, wenn das Ereignis, das die Sperrzeit begründet, bei Erfüllung der Voraussetzungen für den Anspruch auf Arbeitslosengeld länger als ein Jahr zurückliegt. ³In den Fällen des Absatzes 1 Nr. 8 unterbleibt eine Minderung, soweit sich dadurch eine Anspruchsdauer von weniger als einem Monat ergibt. ⁴Ist ein neuer Anspruch entstanden, erstreckt sich die Minderung nur auf die Restdauer des erloschenen Anspruchs (§ 127 Abs. 4).

Vierter Titel. Höhe des Arbeitslosengeldes

§ 129 Grundsatz. Das Arbeitslosengeld beträgt
1. für Arbeitslose, die mindestens ein Kind im Sinne des § 32 Abs. 1, 3 bis 5 des Einkommensteuergesetzes haben, sowie für Arbeitslose, deren Ehegatte oder Lebenspartner mindestens ein Kind im Sinne des § 32 Abs. 1, 3 bis 5 des Einkommensteuergesetzes hat, wenn beide Ehegatten oder Lebenspartner unbeschränkt einkommensteuerpflichtig sind und nicht dauernd getrennt leben, 67 Prozent (erhöhter Leistungssatz),
2. für die übrigen Arbeitslosen 60 Prozent (allgemeiner Leistungssatz)

des pauschalierten Nettoentgelts (Leistungsentgelt), das sich aus dem Bruttoentgelt ergibt, das der Arbeitslose im Bemessungszeitraum erzielt hat (Bemessungsentgelt).

§ 130 Bemessungszeitraum und Bemessungsrahmen. (1) ¹Der Bemessungszeitraum umfasst die beim Ausscheiden des Arbeitslosen aus dem jeweiligen Beschäftigungsverhältnis abgerechneten Entgeltabrechnungszeiträume der versicherungspflichtigen Beschäftigungen im Bemessungsrahmen. ²Der Bemessungsrahmen umfasst ein Jahr; er endet mit dem letzten Tag des letzten Versicherungspflichtverhältnisses vor der Entstehung des Anspruchs.

(2) ¹Bei der Ermittlung des Bemessungszeitraums bleiben außer Betracht
1. Zeiten einer Beschäftigung, neben der Übergangsgeld wegen einer Leistung zur Teilhabe am Arbeitsleben, Teilübergangsgeld oder Teilarbeitslosengeld geleistet worden ist,
2. Zeiten einer Beschäftigung als Freiwillige oder Freiwilliger im Sinne des Jugendfreiwilligendienstegesetzes, wenn sich die beitragspflichtige Einnahme nach § 344 Abs. 2 bestimmt,
3. Zeiten, in denen der Arbeitslose Elterngeld bezogen oder Erziehungsgeld bezogen oder nur wegen der Berücksichtigung von Einkommen nicht bezogen hat oder ein Kind unter drei Jahren betreut und erzogen hat, wenn wegen der Betreuung und Erziehung des Kindes das Arbeitsentgelt oder die durchschnittliche wöchentliche Arbeitszeit gemindert war,
3 a. Zeiten, in denen der Arbeitslose eine Pflegezeit nach § 3 Abs. 1 Satz 1 des Pflegezeitgesetzes in Anspruch genommen hat, wenn wegen der Pflege das Arbeitsentgelt oder die durchschnittliche wöchentliche Arbeitszeit gemindert war,

4. Zeiten, in denen die durchschnittliche regelmäßige wöchentliche Arbeitszeit auf Grund einer Teilzeitvereinbarung nicht nur vorübergehend auf weniger als 80 Prozent der durchschnittlichen regelmäßigen Arbeitszeit einer vergleichbaren Vollzeitbeschäftigung, mindestens um fünf Stunden wöchentlich, vermindert war, wenn der Arbeitslose Beschäftigungen mit einer höheren Arbeitszeit innerhalb der letzten dreieinhalb Jahre vor der Entstehung des Anspruchs während eines sechs Monate umfassenden zusammenhängenden Zeitraums ausgeübt hat.

²Satz 1 Nr. 4 gilt nicht in Fällen einer Teilzeitvereinbarung nach dem Altersteilzeitgesetz, es sei denn, das Beschäftigungsverhältnis ist wegen Zahlungsunfähigkeit des Arbeitgebers beendet worden.

(3) Der Bemessungsrahmen wird auf zwei Jahre erweitert, wenn
1. der Bemessungszeitraum weniger als 150 Tage mit Anspruch auf Arbeitsentgelt enthält oder
2. es mit Rücksicht auf das Bemessungsentgelt im erweiterten Bemessungsrahmen unbillig hart wäre, von dem Bemessungsentgelt im Bemessungszeitraum auszugehen.

³Satz 1 Nr. 2 ist nur anzuwenden, wenn der Arbeitslose dies verlangt und die zur Bemessung erforderlichen Unterlagen vorlegt.

§ 131 Bemessungsentgelt. (1) ¹Bemessungsentgelt ist das durchschnittlich auf den Tag entfallende beitragspflichtige Arbeitsentgelt, das der Arbeitslose im Bemessungszeitraum erzielt hat. ²Arbeitsentgelte, auf die der Arbeitslose beim Ausscheiden aus dem Beschäftigungsverhältnis Anspruch hatte, gelten als erzielt, wenn sie zugeflossen oder nur wegen Zahlungsunfähigkeit des Arbeitgebers nicht zugeflossen sind.

(2) Außer Betracht bleiben Arbeitsentgelte,
1. die der Arbeitslose wegen der Beendigung des Arbeitsverhältnisses erhält oder die im Hinblick auf die Arbeitslosigkeit vereinbart worden sind,
2. die als Wertguthaben nach § 7 Abs. 1a des Vierten Buches[1]) nicht gemäß einer Vereinbarung über flexible Arbeitszeitregelungen verwendet werden (§ 23 b Abs. 2 bis 3 des Vierten Buches).

(3) Als Arbeitsentgelt ist zugrunde zu legen
1. für Zeiten, in denen der Arbeitslose Kurzarbeitergeld oder eine vertraglich vereinbarte Leistung zur Vermeidung der Inanspruchnahme von Saison-Kurzarbeitergeld bezogen hat, das Arbeitsentgelt, das der Arbeitslose ohne den Arbeitsausfall und ohne Mehrarbeit erzielt hätte,
2. für Zeiten einer Vereinbarung nach § 7 Abs. 1a des Vierten Buches das Arbeitsentgelt, das der Arbeitslose für die geleistete Arbeitszeit ohne eine Vereinbarung nach § 7 Abs. 1a des Vierten Buches[1]) erzielt hätte; für Zeiten einer Freistellung das erzielte Arbeitsentgelt.

(4) Hat der Arbeitslose innerhalb der letzten zwei Jahre vor der Entstehung des Anspruchs Arbeitslosengeld bezogen, ist Bemessungsentgelt mindestens das Entgelt, nach dem das Arbeitslosengeld zuletzt bemessen worden ist.

(5) ¹Ist der Arbeitslose nicht mehr bereit oder in der Lage, die im Bemessungszeitraum durchschnittlich auf die Woche entfallende Zahl von Arbeitsstunden zu leisten, vermindert sich das Bemessungsentgelt für die Zeit der

---

[1]) Nr. **43**.

Einschränkung entsprechend dem Verhältnis der Zahl der durchschnittlichen regelmäßigen wöchentlichen Arbeitsstunden, die der Arbeitslose künftig leisten will oder kann, zu der Zahl der durchschnittlich auf die Woche entfallenden Arbeitsstunden im Bemessungszeitraum. ²Einschränkungen des Leistungsvermögens bleiben unberücksichtigt, wenn Arbeitslosengeld nach § 125 geleistet wird. ³Bestimmt sich das Bemessungsentgelt nach § 132, ist insoweit die tarifliche regelmäßige wöchentliche Arbeitszeit maßgebend, die bei Entstehung des Anspruchs für Angestellte im öffentlichen Dienst des Bundes gilt.

§ 132 Fiktive Bemessung. (1) Kann ein Bemessungszeitraum von mindestens 150 Tagen mit Anspruch auf Arbeitsentgelt innerhalb des auf zwei Jahre erweiterten Bemessungsrahmens nicht festgestellt werden, ist als Bemessungsentgelt ein fiktives Arbeitsentgelt zugrunde zu legen.

(2) ¹Für die Festsetzung des fiktiven Arbeitsentgelts ist der Arbeitslose der Qualifikationsgruppe zuzuordnen, die der beruflichen Qualifikation entspricht, die für die Beschäftigung erforderlich ist, auf die die Agentur für Arbeit die Vermittlungsbemühungen für den Arbeitslosen in erster Linie zu erstrecken hat. ²Dabei ist zugrunde zu legen für Beschäftigungen, die

1. eine Hochschul- oder Fachhochschulausbildung erfordern (Qualifikationsgruppe 1), ein Arbeitsentgelt in Höhe von einem Dreihundertstel der Bezugsgröße,
2. einen Fachschulabschluss, den Nachweis über eine abgeschlossene Qualifikation als Meister oder einen Abschluss in einer vergleichbaren Einrichtung erfordern (Qualifikationsgruppe 2), ein Arbeitsentgelt in Höhe von einem Dreihundertsechzigstel der Bezugsgröße,
3. eine abgeschlossene Ausbildung in einem Ausbildungsberuf erfordern (Qualifikationsgruppe 3), ein Arbeitsentgelt in Höhe von einem Vierhundertfünfzigstel der Bezugsgröße,
4. keine Ausbildung erfordern (Qualifikationsgruppe 4), ein Arbeitsentgelt in Höhe von einem Sechshundertstel der Bezugsgröße.

§ 133 Leistungsentgelt. (1) ¹Leistungsentgelt ist das um pauschalierte Abzüge verminderte Bemessungsentgelt. ²Abzüge sind
1. eine Sozialversicherungspauschale in Höhe von 21 Prozent des Bemessungsentgelts,
2. die Lohnsteuer nach der Lohnsteuertabelle, die sich nach dem vom Bundesministerium der Finanzen auf Grund des § 51 Abs. 4 Nr. 1 a des Einkommensteuergesetzes bekannt gegebenen Programmablaufplan bei Berücksichtigung der Vorsorgepauschale nach § 10 c Abs. 2 des Einkommensteuergesetzes in dem Jahr, in dem der Anspruch entstanden ist, ergibt und
3. der Solidaritätszuschlag.

³Bei der Berechnung der Abzüge nach den Nummern 2 und 3 sind Freibeträge und Pauschalen, die nicht jedem Arbeitnehmer zustehen, nicht zu berücksichtigen.

(2) ¹Die Feststellung der Lohnsteuer richtet sich nach der Lohnsteuerklasse, die zu Beginn des Jahres, in dem der Anspruch entstanden ist, auf der Lohnsteuerkarte des Arbeitslosen eingetragen war. ²Spätere Änderungen der eingetragenen Lohnsteuerklasse werden mit Wirkung des Tages berücksichtigt, an dem erstmals die Voraussetzungen für die Änderung vorlagen. ³Das Gleiche

gilt, wenn auf der für spätere Kalenderjahre ausgestellten Lohnsteuerkarte eine andere Lohnsteuerklasse eingetragen wird.

(3) [1]Haben Ehegatten die Lohnsteuerklassen gewechselt, so werden die neu eingetragenen Lohnsteuerklassen von dem Tage an berücksichtigt, an dem sie wirksam werden, wenn

1. die neu eingetragenen Lohnsteuerklassen dem Verhältnis der monatlichen Arbeitsentgelte beider Ehegatten entsprechen oder
2. sich auf Grund der neu eingetragenen Lohnsteuerklassen ein Arbeitslosengeld ergibt, das geringer ist als das Arbeitslosengeld, das sich ohne den Wechsel der Lohnsteuerklassen ergäbe.

[2]Ein Ausfall des Arbeitsentgelts, der den Anspruch auf eine lohnsteuerfreie Entgeltersatzleistung begründet, bleibt bei der Beurteilung des Verhältnisses der monatlichen Arbeitsentgelte außer Betracht. [3]Absatz 2 Satz 3 gilt entsprechend.

§ 134 Berechnung und Leistung. [1]Das Arbeitslosengeld wird für Kalendertage berechnet und geleistet. [2]Ist es für einen vollen Kalendermonat zu zahlen, ist dieser mit 30 Tagen anzusetzen.

Fünfter Titel. Minderung des Arbeitslosengeldes, Zusammentreffen des Anspruchs mit sonstigem Einkommen und Ruhen des Anspruchs

§ 141 Anrechnung von Nebeneinkommen. (1) [1]Übt der Arbeitslose während einer Zeit, für die ihm Arbeitslosengeld zusteht, eine weniger als 15 Stunden wöchentlich umfassende Beschäftigung aus, ist das Arbeitsentgelt aus der Beschäftigung nach Abzug der Steuern, der Sozialversicherungsbeiträge und der Werbungskosten sowie eines Freibetrages in Höhe von 165 Euro auf das Arbeitslosengeld für den Kalendermonat, in dem die Beschäftigung ausgeübt wird, anzurechnen. [2]Satz 1 gilt für selbständige Tätigkeiten und Tätigkeiten als mithelfender Familienangehöriger entsprechend mit der Maßgabe, dass pauschal 30 Prozent der Betriebseinnahmen als Betriebsausgaben angesetzt werden, es sei denn, der Arbeitslose weist höhere Betriebsausgaben nach.

(2) Hat der Arbeitslose in den letzten 18 Monaten vor der Entstehung des Anspruches neben einem Versicherungspflichtverhältnis eine geringfügige Beschäftigung mindestens zwölf Monate lang ausgeübt, so bleibt das Arbeitsentgelt bis zu dem Betrag anrechnungsfrei, der in den letzten zwölf Monaten vor der Entstehung des Anspruches aus einer geringfügigen Beschäftigung durchschnittlich auf den Monat entfällt, mindestens jedoch ein Betrag in Höhe des Freibetrages, der sich nach Absatz 1 ergeben würde.

(3) Hat der Arbeitslose in den letzten 18 Monaten vor der Entstehung des Anspruches neben einem Versicherungspflichtverhältnis eine selbständige Tätigkeit oder Tätigkeit als mithelfender Familienangehöriger von weniger als 15 Stunden wöchentlich umfassend zwölf Monate lang ausgeübt, so bleibt das Arbeitseinkommen bis zu dem Betrag anrechnungsfrei, der in den letzten zwölf Monaten vor der Entstehung des Anspruches durchschnittlich auf den Monat entfällt, mindestens jedoch ein Betrag in Höhe des Freibetrages, der sich nach Absatz 1 ergeben würde.

(4) Leistungen, die ein Bezieher von Arbeitslosengeld bei beruflicher Weiterbildung
1. von seinem Arbeitgeber oder dem Träger der Weiterbildung wegen der Teilnahme oder
2. auf Grund eines früheren oder bestehenden Arbeitsverhältnisses ohne Ausübung einer Beschäftigung für die Zeit der Teilnahme

erhält, werden nach Abzug der Steuern, des auf den Arbeitnehmer entfallenden Anteils der Sozialversicherungsbeiträge und eines Freibetrages von 400 Euro monatlich auf das Arbeitslosengeld angerechnet.

§ 142 Ruhen des Anspruchs bei anderen Sozialleistungen. (1) [1]Der Anspruch auf Arbeitslosengeld ruht während der Zeit, für die dem Arbeitslosen ein Anspruch auf eine der folgenden Leistungen zuerkannt ist:
1. Berufsausbildungsbeihilfe für Arbeitslose,
2. Krankengeld, Versorgungskrankengeld, Verletztengeld, Mutterschaftsgeld oder Übergangsgeld nach diesem oder einem anderen Gesetz, dem eine Leistung zur Teilhabe zugrunde liegt, wegen der der Arbeitslose keine ganztägige Erwerbstätigkeit ausüben kann,
3. Rente wegen voller Erwerbsminderung aus der gesetzlichen Rentenversicherung oder
4. Altersrente aus der gesetzlichen Rentenversicherung oder Knappschaftsausgleichsleistung oder ähnliche Leistungen öffentlich-rechtlicher Art.

[2]Ist dem Arbeitslosen eine Rente wegen teilweiser Erwerbsminderung zuerkannt, kann er sein Restleistungsvermögen jedoch unter den üblichen Bedingungen des allgemeinen Arbeitsmarktes nicht mehr verwerten, hat die Agentur für Arbeit den Arbeitslosen unverzüglich aufzufordern, innerhalb eines Monats einen Antrag auf Rente wegen voller Erwerbsminderung zu stellen. [3]Stellt der Arbeitslose den Antrag nicht, ruht der Anspruch auf Arbeitslosengeld vom Tage nach Ablauf der Frist an bis zu dem Tage, an dem der Arbeitslose den Antrag stellt.

(2) [1]Abweichend von Absatz 1 ruht der Anspruch
1. im Falle der Nummer 2 nicht, wenn für denselben Zeitraum Anspruch auf Verletztengeld und Arbeitslosengeld nach § 126 besteht,
2. im Falle der Nummer 3 vom Beginn der laufenden Zahlung der Rente an und
3. im Falle der Nummer 4
   a) mit Ablauf des dritten Kalendermonats nach Erfüllung der Voraussetzungen für den Anspruch auf Arbeitslosengeld, wenn dem Arbeitslosen für die letzten sechs Monate einer versicherungspflichtigen Beschäftigung eine Teilrente oder eine ähnliche Leistung öffentlich-rechtlicher Art zuerkannt ist,
   b) nur bis zur Höhe der zuerkannten Leistung, wenn die Leistung auch während einer Beschäftigung und ohne Rücksicht auf die Höhe des Arbeitsentgelts gewährt wird.

[2]Im Falle des Satzes 1 Nr. 2 gilt § 125 Abs. 3 entsprechend.

(3) Die Absätze 1 und 2 gelten auch für einen vergleichbaren Anspruch auf eine andere Sozialleistung, den ein ausländischer Träger zuerkannt hat.

(4) Der Anspruch auf Arbeitslosengeld ruht auch während der Zeit, für die der Arbeitslose wegen seines Ausscheidens aus dem Erwerbsleben Vorruhestandsgeld oder eine vergleichbare Leistung des Arbeitgebers mindestens in Höhe von 65 Prozent des Bemessungsentgelts bezieht.

§ 143 Ruhen des Anspruchs bei Arbeitsentgelt und Urlaubsabgeltung. (1) Der Anspruch auf Arbeitslosengeld ruht während der Zeit, für die der Arbeitslose Arbeitsentgelt erhält oder zu beanspruchen hat.

(2) ¹Hat der Arbeitslose wegen Beendigung des Arbeitsverhältnisses eine Urlaubsabgeltung erhalten oder zu beanspruchen, so ruht der Anspruch auf Arbeitslosengeld für die Zeit des abgegoltenen Urlaubs. ²Der Ruhenszeitraum beginnt mit dem Ende des die Urlaubsabgeltung begründenden Arbeitsverhältnisses.

(3) ¹Soweit der Arbeitslose die in den Absätzen 1 und 2 genannten Leistungen (Arbeitsentgelt im Sinne des § 115 des Zehnten Buches¹⁾) tatsächlich nicht erhält, wird das Arbeitslosengeld auch für die Zeit geleistet, in der der Anspruch auf Arbeitslosengeld ruht. ²Hat der Arbeitgeber die in den Absätzen 1 und 2 genannten Leistungen trotz des Rechtsübergangs mit befreiender Wirkung an den Arbeitslosen oder an einen Dritten gezahlt, hat der Bezieher des Arbeitslosengeldes dieses insoweit zu erstatten.

§ 143 a Ruhen des Anspruchs bei Entlassungsentschädigung.

(1) ¹Hat der Arbeitslose wegen der Beendigung des Arbeitsverhältnisses eine Abfindung, Entschädigung oder ähnliche Leistung (Entlassungsentschädigung) erhalten oder zu beanspruchen und ist das Arbeitsverhältnis ohne Einhaltung einer der ordentlichen Kündigungsfrist des Arbeitgebers entsprechenden Frist beendet worden, so ruht der Anspruch auf Arbeitslosengeld von dem Ende des Arbeitsverhältnisses an bis zu dem Tage, an dem das Arbeitsverhältnis bei Einhaltung dieser Frist geendet hätte. ²Diese Frist beginnt mit der Kündigung, die der Beendigung des Arbeitsverhältnisses vorausgegangen ist, bei Fehlen einer solchen Kündigung mit dem Tage der Vereinbarung über die Beendigung des Arbeitsverhältnisses. ³Ist die ordentliche Kündigung des Arbeitsverhältnisses durch den Arbeitgeber ausgeschlossen, so gilt bei
1. zeitlich unbegrenztem Ausschluß eine Kündigungsfrist von 18 Monaten,
2. zeitlich begrenztem Ausschluß oder bei Vorliegen der Voraussetzungen für eine fristgebundene Kündigung aus wichtigem Grund die Kündigungsfrist, die ohne den Ausschluß der ordentlichen Kündigung maßgebend gewesen wäre.

⁴Kann dem Arbeitnehmer nur bei Zahlung einer Entlassungsentschädigung ordentlich gekündigt werden, so gilt eine Kündigungsfrist von einem Jahr. ⁵Hat der Arbeitslose auch eine Urlaubsabgeltung (§ 143 Abs. 2) erhalten oder zu beanspruchen, verlängert sich der Ruhenszeitraum nach Satz 1 um die Zeit des abgegoltenen Urlaubs. ⁶Leistungen, die der Arbeitgeber für den Arbeitslosen, dessen Arbeitsverhältnis frühestens mit Vollendung des 55. Lebensjahres beendet wird, unmittelbar für dessen Rentenversicherung nach § 187 a Abs. 1 des Sechsten Buches aufwendet, bleiben unberücksichtigt. ⁷Satz 6 gilt entsprechend für Beiträge des Arbeitgebers zu einer berufsständischen Versorgungseinrichtung.

---

¹⁾ Nr. **48**.

(2) ¹Der Anspruch auf Arbeitslosengeld ruht nach Absatz 1 längstens ein Jahr. ²Er ruht nicht über den Tag hinaus,
1. bis zu dem der Arbeitslose bei Weiterzahlung des während der letzten Beschäftigungszeit kalendertäglich verdienten Arbeitsentgelts einen Betrag in Höhe von sechzig Prozent der nach Absatz 1 zu berücksichtigenden Entlassungsentschädigung als Arbeitsentgelt verdient hätte,
2. an dem das Arbeitsverhältnis infolge einer Befristung, die unabhängig von der Vereinbarung über die Beendigung des Arbeitsverhältnisses bestanden hat, geendet hätte oder
3. an dem der Arbeitgeber das Arbeitsverhältnis aus wichtigem Grunde ohne Einhaltung einer Kündigungsfrist hätte kündigen können.

³Der nach Satz 2 Nr. 1 zu berücksichtigende Anteil der Entlassungsentschädigung vermindert sich sowohl für je fünf Jahre des Arbeitsverhältnisses in demselben Betrieb oder Unternehmen als auch für je fünf Lebensjahre nach Vollendung des fünfunddreißigsten Lebensjahres um je fünf Prozent; er beträgt nicht weniger als fünfundzwanzig Prozent der nach Absatz 1 zu berücksichtigenden Entlassungsentschädigung. ⁴Letzte Beschäftigungszeit sind die am Tag des Ausscheidens aus dem Beschäftigungsverhältnis abgerechneten Entgeltabrechnungszeiträume der letzten zwölf Monate; § 130 Abs. 2 Satz 1 Nr. 3 und Abs. 3 gilt entsprechend. ⁵Arbeitsentgeltkürzungen infolge von Krankheit, Kurzarbeit, Arbeitsausfall oder Arbeitsversäumnis bleiben außer Betracht.

(3) Hat der Arbeitslose wegen Beendigung des Beschäftigungsverhältnisses unter Aufrechterhaltung des Arbeitsverhältnisses eine Entlassungsentschädigung erhalten oder zu beanspruchen, gelten die Absätze 1 und 2 entsprechend.

(4) ¹Soweit der Arbeitslose die Entlassungsentschädigung (Arbeitsentgelt im Sinne des § 115 des Zehnten Buches[1]) tatsächlich nicht erhält, wird das Arbeitslosengeld auch für die Zeit geleistet, in der der Anspruch auf Arbeitslosengeld ruht. ²Hat der Verpflichtete die Entlassungsentschädigung trotz des Rechtsübergangs mit befreiender Wirkung an den Arbeitslosen oder an einen Dritten gezahlt, hat der Bezieher des Arbeitslosengeldes dieses insoweit zu erstatten.

§ 144 Ruhen bei Sperrzeit. (1) ¹Hat der Arbeitnehmer sich versicherungswidrig verhalten, ohne dafür einen wichtigen Grund zu haben, ruht der Anspruch für die Dauer einer Sperrzeit. ²Versicherungswidriges Verhalten liegt vor, wenn
1. der Arbeitslose das Beschäftigungsverhältnis gelöst oder durch ein arbeitsvertragswidriges Verhalten Anlass für die Lösung des Beschäftigungsverhältnisses gegeben und dadurch vorsätzlich oder grob fahrlässig die Arbeitslosigkeit herbeigeführt hat (Sperrzeit bei Arbeitsaufgabe),
2. der bei der Agentur für Arbeit als arbeitsuchend gemeldete Arbeitnehmer (§ 37 b) oder der Arbeitslose trotz Belehrung über die Rechtsfolgen eine von der Agentur für Arbeit unter Benennung des Arbeitgebers und der Art der Tätigkeit angebotene Beschäftigung nicht annimmt oder nicht antritt oder der Anbahnung eines solchen Beschäftigungsverhältnisses, insbesondere das Zustandekommen eines Vorstellungsgespräches, durch sein Verhalten verhindert (Sperrzeit bei Arbeitsablehnung),

---

[1] Nr. **48**.

3. der Arbeitslose trotz Belehrung über die Rechtsfolgen die von der Agentur für Arbeit geforderten Eigenbemühungen nicht nachweist (Sperrzeit bei unzureichenden Eigenbemühungen),
4. der Arbeitslose sich weigert, trotz Belehrung über die Rechtsfolgen an einer Maßnahme der Eignungsfeststellung, einer Trainingsmaßnahme oder einer Maßnahme zur beruflichen Ausbildung oder Weiterbildung oder einer Maßnahme zur Teilhabe am Arbeitsleben teilzunehmen (Sperrzeit bei Ablehnung einer beruflichen Eingliederungsmaßnahme),
5. der Arbeitslose die Teilnahme an einer in Nummer 4 genannten Maßnahme abbricht oder durch maßnahmewidriges Verhalten Anlass für den Ausschluss aus einer dieser Maßnahmen gibt (Sperrzeit bei Abbruch einer beruflichen Eingliederungsmaßnahme),
6. der Arbeitslose einer Aufforderung der Agentur für Arbeit, sich zu melden oder zu einem ärztlichen oder psychologischen Untersuchungstermin zu erscheinen (§ 309), trotz Belehrung über die Rechtsfolgen nicht nachkommt (Sperrzeit bei Meldeversäumnis),
7. der Arbeitslose seiner Meldepflicht nach § 37b nicht nachgekommen ist (Sperrzeit bei verspäteter Arbeitsuchendmeldung).
³Beschäftigungen im Sinne des Satzes 2 Nr. 1 und 2 sind auch Arbeitsbeschaffungsmaßnahmen (§ 27 Abs. 3 Nr. 5). ⁴Der Arbeitnehmer hat die für die Beurteilung eines wichtigen Grundes maßgebenden Tatsachen darzulegen und nachzuweisen, wenn diese in seiner Sphäre oder in seinem Verantwortungsbereich liegen.

(2) ¹Die Sperrzeit beginnt mit dem Tag nach dem Ereignis, das die Sperrzeit begründet, oder, wenn dieser Tag in eine Sperrzeit fällt, mit dem Ende dieser Sperrzeit. ²Werden mehrere Sperrzeiten durch dasselbe Ereignis begründet, folgen sie in der Reihenfolge des Absatzes 1 Satz 2 Nr. 1 bis 7 einander nach.

(3) ¹Die Dauer der Sperrzeit bei Arbeitsaufgabe beträgt zwölf Wochen. ²Sie verkürzt sich
1. auf drei Wochen, wenn das Arbeitsverhältnis innerhalb von sechs Wochen nach dem Ereignis, das die Sperrzeit begründet, ohne eine Sperrzeit geendet hätte,
2. auf sechs Wochen, wenn

   a) das Arbeitsverhältnis innerhalb von zwölf Wochen nach dem Ereignis, das die Sperrzeit begründet, ohne eine Sperrzeit geendet hätte oder
   b) eine Sperrzeit von zwölf Wochen für den Arbeitslosen nach den für den Eintritt der Sperrzeit maßgebenden Tatsachen eine besondere Härte bedeuten würde.

(4) ¹Die Dauer der Sperrzeit bei Arbeitsablehnung, bei Ablehnung einer beruflichen Eingliederungsmaßnahme oder bei Abbruch einer beruflichen Eingliederungsmaßnahme beträgt
1. drei Wochen

   a) im Falle des Abbruchs einer beruflichen Eingliederungsmaßnahme, wenn die Maßnahme innerhalb von sechs Wochen nach dem Ereignis, das die Sperrzeit begründet, ohne eine Sperrzeit geendet hätte,
   b) im Falle der Ablehnung einer Arbeit oder einer beruflichen Eingliederungsmaßnahme, wenn die Beschäftigung oder Maßnahme bis zu sechs Wochen befristet war oder

c) im Falle der erstmaligen Ablehnung einer Arbeit oder beruflichen Eingliederungsmaßnahme oder des erstmaligen Abbruchs einer beruflichen Eingliederungsmaßnahme nach Entstehung des Anspruchs,
2. sechs Wochen
a) im Falle des Abbruchs einer beruflichen Eingliederungsmaßnahme, wenn die Maßnahme innerhalb von zwölf Wochen nach dem Ereignis, das die Sperrzeit begründet, ohne eine Sperrzeit geendet hätte,
b) im Falle der Ablehnung einer Arbeit oder einer beruflichen Eingliederungsmaßnahme, wenn die Beschäftigung oder Maßnahme bis zu zwölf Wochen befristet war oder
c) im Falle der zweiten Ablehnung einer Arbeit oder beruflichen Eingliederungsmaßnahme oder des zweiten Abbruchs einer beruflichen Eingliederungsmaßnahme nach Entstehung des Anspruchs,
3. zwölf Wochen in den übrigen Fällen.
²Im Falle der Ablehnung einer Arbeit oder einer beruflichen Eingliederungsmaßnahme nach der Meldung zur frühzeitigen Arbeitsuche (§ 37 b) im Zusammenhang mit der Entstehung des Anspruchs gilt Satz 1 entsprechend.

(5) Die Dauer einer Sperrzeit bei unzureichenden Eigenbemühungen beträgt zwei Wochen.

(6) Die Dauer einer Sperrzeit bei Meldeversäumnis oder bei verspäteter Arbeitsuchendmeldung beträgt eine Woche.

§ 146 Ruhen bei Arbeitskämpfen. (1) ¹Durch die Leistung von Arbeitslosengeld darf nicht in Arbeitskämpfe eingegriffen werden. ²Ein Eingriff in den Arbeitskampf liegt nicht vor, wenn Arbeitslosengeld Arbeitslosen geleistet wird, die zuletzt in einem Betrieb beschäftigt waren, der nicht dem fachlichen Geltungsbereich des umkämpften Tarifvertrags zuzuordnen ist.

(2) Ist der Arbeitnehmer durch Beteiligung an einem inländischen Arbeitskampf arbeitslos geworden, so ruht der Anspruch auf Arbeitslosengeld bis zur Beendigung des Arbeitskampfes.

(3) ¹Ist der Arbeitnehmer durch einen inländischen Arbeitskampf, an dem er nicht beteiligt ist, arbeitslos geworden, so ruht der Anspruch auf Arbeitslosengeld bis zur Beendigung des Arbeitskampfes nur, wenn der Betrieb, in dem der Arbeitslose zuletzt beschäftigt war,
1. dem räumlichen und fachlichen Geltungsbereich des umkämpften Tarifvertrages zuzuordnen ist oder
2. nicht dem räumlichen, aber dem fachlichen Geltungsbereich des umkämpften Tarifvertrages zuzuordnen ist und im räumlichen Geltungsbereich des Tarifvertrags, dem der Betrieb zuzuordnen ist,
a) eine Forderung erhoben worden ist, die einer Hauptforderung des Arbeitskampfes nach Art und Umfang gleich ist, ohne mit ihr übereinstimmen zu müssen, und
b) das Arbeitskampfergebnis aller Voraussicht nach in dem räumlichen Geltungsbereich des nicht umkämpften Tarifvertrages im wesentlichen übernommen wird.
²Eine Forderung ist erhoben, wenn sie von der zur Entscheidung berufenen Stelle beschlossen worden ist oder auf Grund des Verhaltens der Tarifvertragspartei im Zusammenhang mit dem angestrebten Abschluß des Tarifvertrags als

beschlossen anzusehen ist. ³Der Anspruch auf Arbeitslosengeld ruht nach Satz 1 nur, wenn die umkämpften oder geforderten Arbeitsbedingungen nach Abschluß eines entsprechenden Tarifvertrages für den Arbeitnehmer gelten oder auf ihn angewendet würden.

(4) Ist bei einem Arbeitskampf das Ruhen des Anspruchs nach Absatz 3 für eine bestimmte Gruppe von Arbeitnehmern ausnahmsweise nicht gerechtfertigt, so kann der Verwaltungsrat bestimmen, daß ihnen Arbeitslosengeld zu leisten ist.

(5) ¹Die Feststellung, ob die Voraussetzungen nach Absatz 3 Satz 1 Nr. 2 Buchstaben a und b erfüllt sind, trifft der Neutralitätsausschuß (§ 380). ²Er vor seiner Entscheidung den Fachspitzenverbänden der am Arbeitskampf beteiligten Tarifvertragsparteien Gelegenheit zur Stellungnahme zu geben.

(6) ¹Die Fachspitzenverbände der am Arbeitskampf beteiligten Tarifvertragsparteien können durch Klage die Aufhebung der Entscheidung des Neutralitätsausschusses nach Absatz 5 und eine andere Feststellung begehren. ²Die Klage ist gegen die Bundesagentur zu richten. ³Ein Vorverfahren findet nicht statt. ⁴Über die Klage entscheidet das Bundessozialgericht im ersten und letzten Rechtszug. ⁵Das Verfahren ist vorrangig zu erledigen. ⁶Auf Antrag eines Fachspitzenverbandes kann das Bundessozialgericht eine einstweilige Anordnung erlassen.

Sechster Titel. Erlöschen des Anspruchs

§ 147 Erlöschen des Anspruchs. (1) Der Anspruch auf Arbeitslosengeld erlischt
1. mit der Entstehung eines neuen Anspruchs,
2. wenn der Arbeitslose Anlaß für den Eintritt von Sperrzeiten mit einer Dauer von insgesamt mindestens 21 Wochen gegeben hat, der Arbeitslose über den Eintritt der Sperrzeiten schriftliche Bescheide erhalten hat und auf die Rechtsfolgen des Eintritts von Sperrzeiten mit einer Dauer von insgesamt mindestens 21 Wochen hingewiesen worden ist; dabei werden auch Sperrzeiten berücksichtigt, die in einem Zeitraum von zwölf Monaten vor der Entstehung des Anspruchs eingetreten sind und nicht bereits zum Erlöschen eines Anspruchs geführt haben.

(2) Der Anspruch auf Arbeitslosengeld kann nicht mehr geltend gemacht werden, wenn nach seiner Entstehung vier Jahre verstrichen sind.

Siebter Titel. Erstattungspflichten für Arbeitgeber

§ 147a Erstattungspflicht des Arbeitgebers. (1) ¹Der Arbeitgeber, bei dem der Arbeitslose innerhalb der letzten vier Jahre vor dem Tag der Arbeitslosigkeit, durch den nach § 124 Abs. 1 die Rahmenfrist bestimmt wird, mindestens 24 Monate in einem Versicherungspflichtverhältnis gestanden hat, erstattet der Bundesagentur vierteljährlich das Arbeitslosengeld für die Zeit nach Vollendung des 57. Lebensjahres des Arbeitslosen, längstens für 32 Monate. ²Die Erstattungspflicht tritt nicht ein, wenn das Arbeitsverhältnis vor Vollendung des 55. Lebensjahres des Arbeitslosen beendet worden ist, der Arbeitslose auch die Voraussetzungen für eine der in § 142 Abs. 1 Nr. 2 bis 4 genannten Leistungen oder für eine Rente wegen Berufsunfähigkeit erfüllt oder der Arbeitgeber darlegt und nachweist, daß

1. der Arbeitslose innerhalb der letzten zwölf Jahre vor dem Tag der Arbeitslosigkeit, durch den nach § 124 Abs. 1 die Rahmenfrist bestimmt wird, weniger als zehn Jahre zu ihm in einem Arbeitsverhältnis gestanden hat,
2. er in der Regel nicht mehr als 20 Arbeitnehmer ausschließlich der zu ihrer Berufsausbildung Beschäftigten beschäftigt; § 3 Abs. 1 Satz 2 bis 6 des Aufwendungsausgleichsgesetzes[1]) gilt entsprechend mit der Maßgabe, daß das Kalenderjahr maßgebend ist, das dem Kalenderjahr vorausgeht, in dem die Voraussetzungen des Satzes 1 für die Erstattungspflicht erfüllt sind,
3. der Arbeitslose das Arbeitsverhältnis durch Kündigung beendet und weder eine Abfindung noch eine Entschädigung oder ähnliche Leistung wegen der Beendigung des Arbeitsverhältnisses erhalten oder zu beanspruchen hat,
4. er das Arbeitsverhältnis durch sozial gerechtfertigte Kündigung beendet hat; § 7 des Kündigungsschutzgesetzes[2]) findet keine Anwendung; die Agentur für Arbeit ist an eine rechtskräftige Entscheidung des Arbeitsgerichts über die soziale Rechtfertigung einer Kündigung gebunden,
5. er bei Beendigung des Arbeitsverhältnisses berechtigt war, das Arbeitsverhältnis mit wichtigem Grund ohne Einhaltung einer Kündigungsfrist oder mit sozialer Auslauffrist zu kündigen,
6. sich die Zahl der Arbeitnehmer in dem Betrieb, in dem der Arbeitslose zuletzt mindestens zwei Jahre beschäftigt war, um mehr als drei Prozent innerhalb eines Jahres vermindert und unter den in diesem Zeitraum ausscheidenden Arbeitnehmern der Anteil der Arbeitnehmer, die das 55. Lebensjahr vollendet haben, nicht höher ist als es ihrem Anteil an der Gesamtzahl der im Betrieb Beschäftigten zu Beginn des Jahreszeitraumes entspricht. Vermindert sich die Zahl der Beschäftigten im gleichen Zeitraum um mindestens zehn Prozent, verdoppelt sich der Anteil der älteren Arbeitnehmer, der bei der Verminderung der Zahl der Arbeitnehmer nicht überschritten werden darf. Rechnerische Bruchteile werden aufgerundet. Wird der gerundete Anteil überschritten, ist in allen Fällen eine Einzelfallentscheidung erforderlich,
7. der Arbeitnehmer im Rahmen eines kurzfristigen drastischen Personalabbaus von mindestens 20 Prozent aus dem Betrieb, in dem er zuletzt mindestens zwei Jahre beschäftigt war, ausgeschieden ist und dieser Personalabbau für den örtlichen Arbeitsmarkt von erheblicher Bedeutung ist.

(2) Die Erstattungspflicht entfällt, wenn der Arbeitgeber
1. darlegt und nachweist, dass in dem Kalenderjahr, das dem Kalenderjahr vorausgeht, für das der Wegfall geltend gemacht wird, die Voraussetzungen für den Nichteintritt der Erstattungspflicht nach Absatz 1 Satz 2 Nr. 2 erfüllt sind, oder
2. insolvenzfähig ist und darlegt und nachweist, dass die Erstattung für ihn eine unzumutbare Belastung bedeuten würde, weil durch die Erstattung der Fortbestand des Unternehmens oder die nach Durchführung des Personalabbaus verbleibenden Arbeitsplätze gefährdet wären. Insoweit ist zum Nachweis die Vorlage einer Stellungnahme einer fachkundigen Stelle erforderlich.

(3) [1]Die Erstattungsforderung mindert sich, wenn der Arbeitgeber darlegt und nachweist, daß er

---
[1]) Nr. 18a.
[2]) Nr. 20.

1. nicht mehr als 40 Arbeitnehmer oder
2. nicht mehr als 60 Arbeitnehmer

im Sinne des Absatzes 1 Satz 2 Nr. 2 beschäftigt, um zwei Drittel im Falle der Nummer 1 und um ein Drittel im Falle der Nummer 2. [2]Für eine nachträgliche Minderung der Erstattungsforderung gilt Absatz 2 Nr. 1 entsprechend.

(4) Die Verpflichtung zur Erstattung des Arbeitslosengeldes schließt die auf diese Leistung entfallenden Beiträge zur Kranken-, Pflege- und Rentenversicherung ein.

(5) [1]Konzernunternehmen im Sinne des § 18 des Aktiengesetzes gelten bei der Ermittlung der Beschäftigungszeiten als ein Arbeitgeber. [2]Die Erstattungspflicht richtet sich gegen den Arbeitgeber, bei dem der Arbeitnehmer zuletzt in einem Arbeitsverhältnis gestanden hat.

(6) [1]Die Agentur für Arbeit berät den Arbeitgeber auf Verlangen über Voraussetzungen und Umfang der Erstattungsregelung. [2]Auf Antrag des Arbeitgebers entscheidet die Agentur für Arbeit im voraus, ob die Voraussetzungen des Absatzes 1 Satz 2 Nr. 6 oder 7 erfüllt sind.

(7) [1]Der Arbeitslose ist auf Verlangen der Agentur für Arbeit verpflichtet, Auskünfte zu erteilen, sich bei der Agentur für Arbeit persönlich zu melden oder sich einer ärztlichen oder psychologischen Untersuchung zu unterziehen, soweit das Entstehen oder der Wegfall des Erstattungsanspruchs von dieser Mitwirkung abhängt. [2]Voraussetzung für das Verlangen der Agentur für Arbeit ist, daß bei der Agentur für Arbeit Umstände in der Person des Arbeitslosen bekannt sind, die für das Entstehen oder den Wegfall der Erstattungspflicht von Bedeutung sind. [3]Die §§ 65 und 65 a des Ersten Buches gelten entsprechend.

(8) [1]Der Erstattungsanspruch verjährt in vier Jahren nach Ablauf des Kalenderjahres, für das das Arbeitslosengeld zu erstatten ist. [2]§ 50 Abs. 4 Satz 2 und 3 des Zehnten Buches gilt entsprechend.

Achter Titel. Teilarbeitslosengeld

§ 150 Teilarbeitslosengeld. (1) Anspruch auf Teilarbeitslosengeld hat ein Arbeitnehmer, der

1. teilarbeitslos ist,
2. sich teilarbeitslos gemeldet und
3. die Anwartschaftszeit für Teilarbeitslosengeld erfüllt hat.

(2) Für das Teilarbeitslosengeld gelten die Vorschriften über das Arbeitslosengeld bei Arbeitslosigkeit und für Empfänger dieser Leistung entsprechend, soweit sich aus den Besonderheiten des Teilarbeitslosengeldes nichts anderes ergibt, mit folgenden Maßgaben:
1. Teilarbeitslos ist, wer eine versicherungspflichtige Beschäftigung verloren hat, die er neben einer weiteren versicherungspflichtigen Beschäftigung ausgeübt hat, und eine versicherungspflichtige Beschäftigung sucht.
2. Die Anwartschaftszeit für das Teilarbeitslosengeld hat erfüllt, wer in der Teilarbeitslosengeld-Rahmenfrist von zwei Jahren neben der weiterhin ausgeübten versicherungspflichtigen Beschäftigung mindestens zwölf Monate eine weitere versicherungspflichtige Beschäftigung ausgeübt hat. Für die

Teilarbeitslosengeld-Rahmenfrist gelten die Regelungen zum Arbeitslosengeld über die Rahmenfrist entsprechend.
3. Die Dauer des Anspruchs auf Teilarbeitslosengeld beträgt sechs Monate.
4. Bei der Feststellung der Lohnsteuer (§ 133 Abs. 2) ist die Lohnsteuerklasse maßgeblich, die auf der Lohnsteuerkarte für das Beschäftigungsverhältnis, das den Anspruch auf Teilarbeitslosengeld begründet, zuletzt eingetragen war.
5. Der Anspruch auf Teilarbeitslosengeld erlischt,
    a) wenn der Arbeitnehmer nach der Entstehung des Anspruchs eine Beschäftigung, selbständige Tätigkeit oder Tätigkeit als mithelfender Familienangehöriger für mehr als zwei Wochen oder mit einer Arbeitszeit von mehr als fünf Stunden wöchentlich aufnimmt,
    b) wenn die Voraussetzungen für einen Anspruch auf Arbeitslosengeld erfüllt sind oder
    c) spätestens nach Ablauf eines Jahres seit Entstehung des Anspruchs.

Fünfter Unterabschnitt. Kurzarbeitergeld

Erster Titel. Regelvoraussetzungen

§ 169 Anspruch. ¹Arbeitnehmer haben Anspruch auf Kurzarbeitergeld, wenn
1. ein erheblicher Arbeitsausfall mit Entgeltausfall vorliegt,
2. die betrieblichen Voraussetzungen erfüllt sind,
3. die persönlichen Voraussetzungen erfüllt sind und
4. der Arbeitsausfall der Agentur für Arbeit angezeigt worden ist.

²Arbeitnehmer in Betrieben nach § 175 Abs. 1 Nr. 1 haben in der Schlechtwetterzeit Anspruch auf Kurzarbeitergeld in Form des Saison-Kurzarbeitergeldes.

§ 170 Erheblicher Arbeitsausfall. (1) Ein Arbeitsausfall ist erheblich, wenn
1. er auf wirtschaftlichen Gründen oder einem unabwendbaren Ereignis beruht,
2. er vorübergehend ist,
3. er nicht vermeidbar ist und
4. im jeweiligen Kalendermonat (Anspruchszeitraum) mindestens ein Drittel der in dem Betrieb beschäftigten Arbeitnehmer von einem Entgeltausfall von jeweils mehr als zehn Prozent ihres monatlichen Bruttoentgelts betroffen ist; dabei sind Auszubildende nicht mitzuzählen.

(2) Ein Arbeitsausfall beruht auch auf wirtschaftlichen Gründen, wenn er durch eine Veränderung der betrieblichen Strukturen verursacht wird, die durch die allgemeine wirtschaftliche Entwicklung bedingt ist.

(3) ¹Ein unabwendbares Ereignis liegt insbesondere vor, wenn ein Arbeitsausfall auf ungewöhnlichen, dem üblichen Witterungsverlauf nicht entsprechenden Witterungsgründen beruht. ²Ein unabwendbares Ereignis liegt auch vor, wenn ein Arbeitsausfall durch behördliche oder behördlich anerkannte Maßnahmen verursacht ist, die vom Arbeitgeber nicht zu vertreten sind.

(4) ¹Ein Arbeitsausfall ist nicht vermeidbar, wenn in einem Betrieb alle zumutbaren Vorkehrungen getroffen wurden, um den Eintritt des Arbeitsausfalls zu verhindern. ²Als vermeidbar gilt insbesondere ein Arbeitsausfall, der
1. überwiegend branchenüblich, betriebsüblich oder saisonbedingt ist oder ausschließlich auf betriebsorganisatorischen Gründen beruht,
2. bei Gewährung von bezahltem Erholungsurlaub ganz oder teilweise verhindert werden kann, soweit vorrangige Urlaubswünsche der Arbeitnehmer der Urlaubsgewährung nicht entgegenstehen, oder
3. bei der Nutzung von im Betrieb zulässigen Arbeitszeitschwankungen ganz oder teilweise vermieden werden kann.

³Die Auflösung eines Arbeitszeitguthabens kann vom Arbeitnehmer nicht verlangt werden, soweit es
1. vertraglich ausschließlich zur Überbrückung von Arbeitsausfällen außerhalb der Schlechtwetterzeit (§ 175 Abs. 1) bestimmt ist und 50 Stunden nicht übersteigt,
2. ausschließlich für eine vorzeitige Freistellung eines Arbeitnehmers vor einer altersbedingten Beendigung des Arbeitsverhältnisses oder, bei Regelung in einem Tarifvertrag oder auf Grund eines Tarifvertrages in einer Betriebsvereinbarung, zum Zwecke der Qualifizierung bestimmt ist,
3. zur Vermeidung der Inanspruchnahme von Saison-Kurzarbeitergeld angespart worden ist und den Umfang von 150 Stunden nicht übersteigt,
4. den Umfang von zehn Prozent der ohne Mehrarbeit geschuldeten Jahresarbeitszeit eines Arbeitnehmers übersteigt oder
5. länger als ein Jahr unverändert bestanden hat.

⁴In einem Betrieb, in dem eine Vereinbarung über Arbeitszeitschwankungen gilt, nach der mindestens zehn Prozent der ohne Mehrarbeit geschuldeten Jahresarbeitszeit für einen unterschiedlichen Arbeitsanfall eingesetzt werden, gilt ein Arbeitsausfall, der im Rahmen dieser Arbeitszeitschwankungen nicht mehr ausgeglichen werden kann, als nicht vermeidbar.

§ 171 Betriebliche Voraussetzungen. ¹Die betrieblichen Voraussetzungen sind erfüllt, wenn in dem Betrieb mindestens ein Arbeitnehmer beschäftigt ist. ²Betrieb im Sinne der Vorschriften über das Kurzarbeitergeld ist auch eine Betriebsabteilung.

§ 172 Persönliche Voraussetzungen. (1) Die persönlichen Voraussetzungen sind erfüllt, wenn
1. der Arbeitnehmer nach Beginn des Arbeitsausfalls eine versicherungspflichtige Beschäftigung
   a) fortsetzt,
   b) aus zwingenden Gründen aufnimmt oder
   c) im Anschluß an die Beendigung eines Berufsausbildungsverhältnisses aufnimmt,
2. das Arbeitsverhältnis nicht gekündigt oder durch Aufhebungsvertrag aufgelöst ist und
3. der Arbeitnehmer nicht vom Kurzarbeitergeldbezug ausgeschlossen ist.

(1 a) Die persönlichen Voraussetzungen sind auch erfüllt, wenn der Arbeitnehmer während des Bezuges von Kurzarbeitergeld arbeitsunfähig wird, so-

lange Anspruch auf Fortzahlung des Arbeitsentgelts im Krankheitsfalle besteht oder ohne den Arbeitsausfall bestehen würde.

(2) Ausgeschlossen sind Arbeitnehmer während der Teilnahme an einer beruflichen Weiterbildungsmaßnahme mit Bezug von Arbeitslosengeld bei beruflicher Weiterbildung oder Übergangsgeld, wenn diese Leistung nicht für eine neben der Beschäftigung durchgeführte Teilzeitmaßnahme gezahlt wird, sowie während des Bezuges von Krankengeld.

(3) [1]Ausgeschlossen sind Arbeitnehmer, wenn und solange sie bei einer Vermittlung nicht in der von der Agentur für Arbeit verlangten und gebotenen Weise mitwirken. [2]Arbeitnehmer, die von einem erheblichen Arbeitsausfall mit Entgeltausfall betroffen sind, sind in die Vermittlungsbemühungen der Agentur für Arbeit einzubeziehen. [3]Hat der Arbeitnehmer trotz Belehrung über die Rechtsfolgen eine von der Agentur für Arbeit unter Benennung des Arbeitgebers und der Art der Tätigkeit angebotene zumutbare Beschäftigung nicht angenommen oder nicht angetreten, ohne für sein Verhalten einen wichtigen Grund zu haben, sind die Vorschriften über die Sperrzeit beim Arbeitslosengeld entsprechend anzuwenden.

§ 173 Anzeige. (1) [1]Der Arbeitsausfall ist bei der Agentur für Arbeit, in deren Bezirk der Betrieb liegt, schriftlich anzuzeigen. [2]Die Anzeige kann nur vom Arbeitgeber oder der Betriebsvertretung erstattet werden. [3]Der Anzeige des Arbeitgebers ist eine Stellungnahme der Betriebsvertretung beizufügen. [4]Mit der Anzeige sind das Vorliegen eines erheblichen Arbeitsausfalls und die betrieblichen Voraussetzungen für das Kurzarbeitergeld glaubhaft zu machen.

(2) [1]Kurzarbeitergeld wird frühestens von dem Kalendermonat an geleistet, in dem die Anzeige über den Arbeitsausfall bei der Agentur für Arbeit eingegangen ist. [2]Beruht der Arbeitsausfall auf einem unabwendbaren Ereignis, gilt die Anzeige für den entsprechenden Kalendermonat als erstattet, wenn sie unverzüglich erstattet worden ist.

(3) Die Agentur für Arbeit hat dem Anzeigenden unverzüglich einen schriftlichen Bescheid darüber zu erteilen, ob auf Grund der vorgetragenen und glaubhaft gemachten Tatsachen ein erheblicher Arbeitsausfall vorliegt und die betrieblichen Voraussetzungen erfüllt sind.

§ 174 Kurzarbeitergeld bei Arbeitskämpfen. (1) Die Vorschriften über das Ruhen des Anspruchs auf Arbeitslosengeld bei Arbeitskämpfen gelten entsprechend für den Anspruch auf Kurzarbeitergeld für einen Arbeitnehmer, dessen Arbeitsausfall Folge eines inländischen Arbeitskampfes ist, an dem er nicht beteiligt ist.

(2) [1]Macht der Arbeitgeber geltend, der Arbeitsausfall sei die Folge eines Arbeitskampfes, so hat er dies darzulegen und glaubhaft zu machen. [2]Der Erklärung ist eine Stellungnahme der Betriebsvertretung beizufügen. [3]Der Arbeitgeber hat der Betriebsvertretung die für die Stellungnahme erforderlichen Angaben zu machen. [4]Bei der Feststellung des Sachverhalts kann die Agentur für Arbeit insbesondere auch Feststellungen im Betrieb treffen.

(3) [1]Stellt die Agentur für Arbeit fest, daß ein Arbeitsausfall entgegen der Erklärung des Arbeitgebers nicht Folge eines Arbeitskampfes ist, und liegen die Anspruchsvoraussetzungen für das Kurzarbeitergeld allein deshalb nicht vor, weil der Arbeitsausfall nicht unvermeidbar ist, wird das Kurzarbeitergeld

auch insoweit geleistet, als der Arbeitnehmer Arbeitsentgelt (Arbeitsentgelt im Sinne des § 115 des Zehnten Buches[1]) tatsächlich nicht erhält. ²Bei der Feststellung nach Satz 1 hat die Agentur für Arbeit auch die wirtschaftliche Vertretbarkeit einer Fortführung der Arbeit zu berücksichtigen. ³Hat der Arbeitgeber das Arbeitsentgelt trotz des Rechtsübergangs mit befreiender Wirkung an den Arbeitnehmer oder an einen Dritten gezahlt, hat der Empfänger des Kurzarbeitergelds dieses insoweit zu erstatten.

Zweiter Titel. Sonderformen des Kurzarbeitergeldes

§ 175 Saison-Kurzarbeitergeld. (1) Arbeitnehmer haben in der Zeit vom 1. Dezember bis 31. März (Schlechtwetterzeit) Anspruch auf Saison-Kurzarbeitergeld, wenn

1. sie in einem Betrieb beschäftigt sind, der dem Baugewerbe oder einem Wirtschaftszweig angehört, der von saisonbedingtem Arbeitsausfall betroffen ist,
2. der Arbeitsausfall erheblich ist,
3. die betrieblichen Voraussetzungen des § 171 sowie die persönlichen Voraussetzungen des § 172 erfüllt sind und
4. der Arbeitsausfall der Agentur für Arbeit nach § 173 angezeigt worden ist.

(2) ¹Ein Betrieb des Baugewerbes ist ein Betrieb, der gewerblich überwiegend Bauleistungen auf dem Baumarkt erbringt. ²Bauleistungen sind alle Leistungen, die der Herstellung, Instandsetzung, Instandhaltung, Änderung oder Beseitigung von Bauwerken dienen. ³Betriebe, die überwiegend Bauvorrichtungen, Baumaschinen, Baugeräte oder sonstige Baubetriebsmittel ohne Personal Betrieben des Baugewerbes gewerblich zur Verfügung stellen oder überwiegend Baustoffe oder Bauteile für den Markt herstellen, sowie Betriebe, die Betonentladegeräte gewerblich zur Verfügung stellen, sind nicht Betriebe im Sinne des Satzes 1.

(3) ¹Erbringen Betriebe Bauleistungen auf dem Baumarkt, wird vermutet, dass sie Betriebe des Baugewerbes im Sinne des Absatzes 2 Satz 1 sind. ²Satz 1 gilt nicht, wenn gegenüber der Bundesagentur nachgewiesen wird, dass Bauleistungen arbeitszeitlich nicht überwiegen.

(4) ¹Ein Wirtschaftszweig ist von saisonbedingtem Arbeitsausfall betroffen, wenn der Arbeitsausfall regelmäßig in der Schlechtwetterzeit auf Grund witterungsbedingter oder wirtschaftlicher Ursachen eintritt. ²Das Nähere wird durch Bundesgesetz geregelt. ³Die Festlegung von Wirtschaftszweigen nach Absatz 1 Nr. 1, deren Betriebe von saisonbedingtem Arbeitsausfall betroffen sind, erfolgt im Einvernehmen mit den in den jeweiligen Branchen maßgeblichen Tarifvertragsparteien und kann erstmals zum 1. November 2008 erfolgen.

(5) ¹Ein Arbeitsausfall ist erheblich, wenn er auf wirtschaftlichen oder witterungsbedingten Gründen oder einem unabwendbaren Ereignis beruht, vorübergehend und nicht vermeidbar ist. ²Als nicht vermeidbar gilt auch ein Arbeitsausfall, der überwiegend branchenüblich, betriebsüblich oder saisonbedingt ist. ³Wurden seit der letzten Schlechtwetterzeit Arbeitszeitguthaben, die nicht mindestens ein Jahr bestanden haben, zu anderen Zwecken als zum

---

[1] Nr. 48.

Ausgleich für einen verstetigten Monatslohn, bei witterungsbedingtem Arbeitsausfall oder der Freistellung zum Zwecke der Qualifizierung aufgelöst, gelten im Umfang der aufgelösten Arbeitszeitguthaben Arbeitsausfälle als vermeidbar.

(6) [1] Witterungsbedingter Arbeitsausfall liegt vor, wenn
1. dieser ausschließlich durch zwingende Witterungsgründe verursacht ist und
2. an einem Arbeitstag mindestens eine Stunde der regelmäßigen betrieblichen Arbeitszeit ausfällt (Ausfalltag).

[2] Zwingende Witterungsgründe im Sinne von Satz 1 Nr. 1 liegen nur vor, wenn atmosphärische Einwirkungen (insbesondere Regen, Schnee, Frost) oder deren Folgewirkungen die Fortführung der Arbeiten technisch unmöglich, wirtschaftlich unvertretbar oder für die Arbeitnehmer unzumutbar machen. [3] Der Arbeitsausfall ist nicht ausschließlich durch zwingende Witterungsgründe verursacht, wenn er durch Beachtung der besonderen arbeitsschutzrechtlichen Anforderungen an witterungsabhängige Arbeitsplätze vermieden werden kann.

(7) [1] Eine Anzeige nach § 173 ist nicht erforderlich, wenn der Arbeitsausfall ausschließlich auf unmittelbar witterungsbedingten Gründen beruht. [2] Beruht der Arbeitsausfall ausschließlich auf wirtschaftlichen Gründen, sind für die Dauer des Arbeitsausfalls in der Schlechtwetterzeit nach der ersten Anzeige monatlich Folgeanzeigen jeweils bis zum 15. des Monats zu erstatten. [3] Für die Folgeanzeigen gilt § 173 Abs. 3 nicht. [4] War der Arbeitgeber ohne Verschulden verhindert, die Frist hinsichtlich der Folgeanzeige einzuhalten, so ist ihm auf Antrag Wiedereinsetzung in den vorigen Stand zu gewähren. [5] Der Antrag muss die Angabe der die Wiedereinsetzung begründenden Tatsachen enthalten; diese sind bei der Antragstellung glaubhaft zu machen.

(8) Die weiteren Vorschriften über das Kurzarbeitergeld finden Anwendung.

§ 175 a Ergänzende Leistungen. (1) Arbeitnehmer haben Anspruch auf Wintergeld als Zuschuss-Wintergeld und Mehraufwands-Wintergeld und Arbeitgeber haben Anspruch auf Erstattung der von ihnen zu tragenden Beiträge zur Sozialversicherung, soweit für diese Zwecke Mittel durch eine Umlage aufgebracht werden.

(2) Zuschuss-Wintergeld wird in Höhe von bis zu 2,50 Euro je ausgefallener Arbeitsstunde gewährt, wenn zu deren Ausgleich Arbeitszeitguthaben aufgelöst und die Inanspruchnahme des Saison-Kurzarbeitergeldes vermieden wird.

(3) [1] Mehraufwands-Wintergeld wird in Höhe von 1,00 Euro für jede in der Zeit vom 15. Dezember bis zum letzten Kalendertag des Monats Februar geleistete berücksichtigungsfähige Arbeitsstunde an Arbeitnehmer gewährt, die auf einem witterungsabhängigen Arbeitsplatz beschäftigt sind. [2] Berücksichtigungsfähig sind im Dezember bis zu 90, im Januar und Februar jeweils bis zu 180 Arbeitsstunden.

(4) Die von den Arbeitgebern allein zu tragenden Beiträge zur Sozialversicherung für Bezieher von Saison-Kurzarbeitergeld werden auf Antrag erstattet.

(5) Absatz 1 bis 4 gilt im Baugewerbe ausschließlich für solche Arbeitnehmer, deren Arbeitsverhältnis in der Schlechtwetterzeit nicht aus witterungsbedingten Gründen gekündigt werden kann.

§ 175 b Wirkungsforschung. [1]Das Bundesministerium für Arbeit und Soziales untersucht die Wirkungen des Saison-Kurzarbeitergeldes und damit einhergehender ergänzender Leistungen in den Förderperioden 2006/2007 und 2007/2008 und berichtet hierüber dem Bundestag. [2]Die Untersuchung soll insbesondere die Wirkungen auf den Arbeitsmarkt und die finanziellen Auswirkungen für die Arbeitslosenversicherung und den Bundeshaushalt betrachten.

§ 176 Kurzarbeitergeld für Heimarbeiter. (1) Anspruch auf Kurzarbeitergeld haben auch Heimarbeiter, wenn sie ihren Lebensunterhalt ausschließlich oder weitaus überwiegend aus dem Beschäftigungsverhältnis als Heimarbeiter beziehen und soweit nicht nachfolgend Abweichendes bestimmt ist.

(2) Eine versicherungspflichtige Beschäftigung als Heimarbeiter gilt während des Entgeltausfalls als fortbestehend, solange der Auftraggeber bereit ist, dem Heimarbeiter so bald wie möglich Aufträge in dem vor Eintritt der Kurzarbeit üblichen Umfang zu erteilen, und solange der Heimarbeiter bereit ist, solche Aufträge zu übernehmen.

(3) [1]An die Stelle der im Betrieb beschäftigten Arbeitnehmer treten die für den Auftraggeber beschäftigten Heimarbeiter. [2]Im übrigen tritt an die Stelle des erheblichen Arbeitsausfalls mit Entgeltausfall der erhebliche Entgeltausfall und an die Stelle des Betriebes und des Arbeitgebers der Auftraggeber; Auftraggeber kann ein Gewerbetreibender oder ein Zwischenmeister sein. [3]Ein Entgeltausfall ist erheblich, wenn das Entgelt des Heimarbeiters im Anspruchszeitraum um mehr als zwanzig Prozent gegenüber dem durchschnittlichen monatlichen Bruttoentgelt der letzten sechs Kalendermonate vermindert ist.

Dritter Titel. Leistungsumfang

§ 177 Dauer. (1) [1]Kurzarbeitergeld wird für den Arbeitsausfall während der Bezugsfrist geleistet. [2]Die Bezugsfrist gilt einheitlich für alle in einem Betrieb beschäftigten Arbeitnehmer. [3]Sie beginnt mit dem ersten Kalendermonat, für den in einem Betrieb Kurzarbeitergeld gezahlt wird, und beträgt längstens sechs Monate.

(2) Wird innerhalb der Bezugsfrist für einen zusammenhängenden Zeitraum von mindestens einem Monat Kurzarbeitergeld nicht geleistet, verlängert sich die Bezugsfrist um diesen Zeitraum.

(3) Sind seit dem letzten Kalendermonat, für den Kurzarbeitergeld geleistet worden ist, drei Monate vergangen und liegen die Anspruchsvoraussetzungen erneut vor, beginnt eine neue Bezugsfrist.

(4) [1]Saison-Kurzarbeitergeld wird abweichend von den Absätzen 1 bis 3 für die Dauer des Arbeitsausfalls während der Schlechtwetterzeit geleistet. [2]Zeiten des Bezuges von Saison-Kurzarbeitergeld werden nicht auf die Bezugsfrist für das Kurzarbeitergeld angerechnet. [3]Sie gelten nicht als Zeiten der Unterbrechung im Sinne des Absatzes 3.

§ 178 Höhe. Das Kurzarbeitergeld beträgt
1. für Arbeitnehmer, die beim Arbeitslosengeld die Voraussetzungen für den erhöhten Leistungssatz erfüllen würden, 67 Prozent,
2. für die übrigen Arbeitnehmer 60 Prozent

der Nettoentgeltdifferenz im Anspruchszeitraum.

§ 179 Nettoentgeltdifferenz. (1) [1]Die Nettoentgeltdifferenz entspricht dem Unterschiedsbetrag zwischen
1. dem pauschalierten Nettoentgelt aus dem Sollentgelt und
2. dem pauschalierten Nettoentgelt aus dem Istentgelt.

[2]Sollentgelt ist das Bruttoarbeitsentgelt, das der Arbeitnehmer ohne den Arbeitsausfall und vermindert um Entgelt für Mehrarbeit in dem Anspruchszeitraum erzielt hätte. [3]Istentgelt ist das in dem Anspruchszeitraum tatsächlich erzielte Bruttoarbeitsentgelt des Arbeitnehmers zuzüglich aller ihm zustehenden Entgeltanteile. [4]Bei der Ermittlung von Sollentgelt und Istentgelt bleibt Arbeitsentgelt, das einmalig gezahlt wird, außer Betracht. [5]Sollentgelt und Istentgelt sind auf den nächsten durch 20 teilbaren Euro-Betrag zu runden. [6]Die Vorschriften beim Arbeitslosengeld über die Berechnung des Leistungsentgelts gelten mit Ausnahme der Regelungen über den Zeitpunkt der Zuordnung der Lohnsteuerklassen und den Steuerklassenwechsel für die Berechnung der pauschalierten Nettoarbeitsentgelte beim Kurzarbeitergeld entsprechend.

(2) [1]Erzielt der Arbeitnehmer aus anderen als wirtschaftlichen Gründen kein Arbeitsentgelt, ist das Istentgelt um den Betrag zu erhöhen, um den das Arbeitsentgelt aus diesen Gründen gemindert ist. [2]Arbeitsentgelt, das unter Anrechnung des Kurzarbeitergeldes gezahlt wird, bleibt bei der Berechnung des Istentgelts außer Betracht.

(3) Erzielt der Arbeitnehmer für Zeiten des Arbeitsausfalls ein Entgelt aus einer anderen während des Bezuges von Kurzarbeitergeld aufgenommenen Beschäftigung, selbständigen Tätigkeit oder Tätigkeit als mithelfender Familienangehöriger, ist das Istentgelt um dieses Entgelt zu erhöhen.

(4) [1]Läßt sich das Sollentgelt eines Arbeitnehmers in dem Anspruchszeitraum nicht hinreichend bestimmt feststellen, ist als Sollentgelt das Arbeitsentgelt maßgebend, das der Arbeitnehmer in den letzten drei abgerechneten Kalendermonaten vor Beginn des Arbeitsausfalls, vermindert um Entgelt für Mehrarbeit, in dem Betrieb durchschnittlich erzielt hat. [2]Ist eine Berechnung nach Satz 1 nicht möglich, ist das durchschnittliche Sollentgelt eines vergleichbaren Arbeitnehmers zugrunde zu legen. [3]Änderungen der Grundlage für die Berechnung des Arbeitsentgelts sind zu berücksichtigen, wenn und solange sie auch während des Arbeitsausfalls wirksam sind.

(5) [1]Die Absätze 1 bis 4 gelten für Heimarbeiter mit der Maßgabe, daß als Sollentgelt das durchschnittliche Bruttoarbeitsentgelt der letzten sechs abgerechneten Kalendermonate vor Beginn des Entgeltausfalls zugrunde zu legen ist. [2]War der Heimarbeiter noch nicht sechs Kalendermonate für den Auftraggeber tätig, so ist das in der kürzeren Zeit erzielte Arbeitsentgelt maßgebend.

Sechster Unterabschnitt. Insolvenzgeld

§ 183 Anspruch. (1) [1]Arbeitnehmer haben Anspruch auf Insolvenzgeld, wenn sie im Inland beschäftigt waren und bei
1. Eröffnung des Insolvenzverfahrens über das Vermögen ihres Arbeitgebers,

2. Abweisung des Antrags auf Eröffnung des Insolvenzverfahrens mangels Masse oder
3. vollständiger Beendigung der Betriebstätigkeit im Inland, wenn ein Antrag auf Eröffnung des Insolvenzverfahrens nicht gestellt worden ist und ein Insolvenzverfahren offensichtlich mangels Masse nicht in Betracht kommt,

(Insolvenzereignis) für die vorausgehenden drei Monate des Arbeitsverhältnisses noch Ansprüche auf Arbeitsentgelt haben. ²Ein ausländisches Insolvenzereignis begründet einen Anspruch auf Insolvenzgeld für im Inland beschäftigte Arbeitnehmer. ³Zu den Ansprüchen auf Arbeitsentgelt gehören alle Ansprüche auf Bezüge aus dem Arbeitsverhältnis. ⁴Als Arbeitsentgelt für Zeiten, in denen auch während der Freistellung eine Beschäftigung gegen Arbeitsentgelt besteht (§ 7 Abs. 1 a Viertes Buch[1])), gilt der auf Grund der schriftlichen Vereinbarung zur Bestreitung des Lebensunterhalts im jeweiligen Zeitraum bestimmte Betrag. ⁵Hat der Arbeitnehmer einen Teil seines Arbeitsentgelts gemäß § 1 Abs. 2 Nr. 3 des Betriebsrentengesetzes umgewandelt und wird dieser Entgeltteil in den Durchführungswegen Pensionsfonds, Pensionskasse oder Direktversicherung verwendet, gilt, soweit der Arbeitgeber keine Beiträge an den Versorgungsträger abgeführt hat, für die Berechnung des Insolvenzgeldes die Entgeltumwandlung als nicht vereinbart.

(2) Hat ein Arbeitnehmer in Unkenntnis eines Insolvenzereignisses weitergearbeitet oder die Arbeit aufgenommen, besteht der Anspruch für die dem Tag der Kenntnisnahme vorausgehenden drei Monate des Arbeitsverhältnisses.

(3) Anspruch auf Insolvenzgeld hat auch der Erbe des Arbeitnehmers.

(4) Der Arbeitgeber ist verpflichtet, einen Beschluß des Insolvenzgerichts über die Abweisung des Antrags auf Insolvenzeröffnung mangels Masse dem Betriebsrat oder, wenn ein Betriebsrat nicht besteht, den Arbeitnehmern unverzüglich bekanntzugeben.

§ 184 Anspruchsausschluß. (1) Der Arbeitnehmer hat keinen Anspruch auf Insolvenzgeld für Ansprüche auf Arbeitsentgelt, die
1. er wegen der Beendigung des Arbeitsverhältnisses oder für die Zeit nach der Beendigung des Arbeitsverhältnisses hat,
2. er durch eine nach der Insolvenzordnung angefochtene Rechtshandlung oder eine Rechtshandlung erworben hat, die im Falle der Eröffnung des Insolvenzverfahrens anfechtbar wäre oder
3. der Insolvenzverwalter wegen eines Rechts zur Leistungsverweigerung nicht erfüllt.

(2) Soweit Insolvenzgeld auf Grund eines für das Insolvenzgeld ausgeschlossenen Anspruchs auf Arbeitsentgelt erbracht worden ist, ist es zu erstatten.

§ 185 Höhe. (1) Insolvenzgeld wird in Höhe des Nettoarbeitsentgelts geleistet, das sich ergibt, wenn das auf die monatliche Beitragsbemessungsgrenze (§ 341 Abs. 4) begrenzte Bruttoarbeitsentgelt um die gesetzlichen Abzüge vermindert wird.

(2) Ist der Arbeitnehmer
1. im Inland einkommensteuerpflichtig, ohne daß Steuern durch Abzug vom Arbeitsentgelt erhoben werden oder

---

[1]) Nr. 43.

2. im Inland nicht einkommensteuerpflichtig und unterliegt das Insolvenzgeld nach den für ihn maßgebenden Vorschriften nicht der Steuer,

ist das Arbeitsentgelt um die Steuern zu vermindern, die bei Einkommensteuerpflicht im Inland durch Abzug vom Arbeitsentgelt erhoben würden.

§ 186 Vorschuß. [1]Die Agentur für Arbeit kann einen Vorschuß auf das Insolvenzgeld erbringen, wenn
1. die Eröffnung des Insolvenzverfahrens über das Vermögen des Arbeitgebers beantragt ist,
2. das Arbeitsverhältnis beendet ist und
3. die Voraussetzungen für den Anspruch auf Insolvenzgeld mit hinreichender Wahrscheinlichkeit erfüllt werden.

[2]Die Agentur für Arbeit bestimmt die Höhe des Vorschusses nach pflichtgemäßem Ermessen. [3]Der Vorschuß ist auf das Insolvenzgeld anzurechnen. [4]Er ist zu erstatten, soweit ein Anspruch auf Insolvenzgeld nicht oder nur in geringerer Höhe zuerkannt wird.

§ 187 Anspruchsübergang. [1]Ansprüche auf Arbeitsentgelt, die einen Anspruch auf Insolvenzgeld begründen, gehen mit dem Antrag auf Insolvenzgeld auf die Bundesagentur über. [2]§ 183 Abs. 1 Satz 5 gilt entsprechend. [3]Die gegen den Arbeitnehmer begründete Anfechtung nach der Insolvenzordnung findet gegen die Bundesagentur statt.

§ 188 Verfügungen über das Arbeitsentgelt. (1) Soweit der Arbeitnehmer vor seinem Antrag auf Insolvenzgeld Ansprüche auf Arbeitsentgelt einem Dritten übertragen hat, steht der Anspruch auf Insolvenzgeld diesem zu.

(2) Von einer vor dem Antrag auf Insolvenzgeld vorgenommenen Pfändung oder Verpfändung des Anspruchs auf Arbeitsentgelt wird auch der Anspruch auf Insolvenzgeld erfaßt.

(3) Die an den Ansprüchen auf Arbeitsentgelt bestehenden Pfandrechte erlöschen, wenn die Ansprüche auf die Bundesagentur übergegangen sind und sie Insolvenzgeld an den Berechtigten erbracht hat.

(4) [1]Der neue Gläubiger oder Pfandgläubiger hat keinen Anspruch auf Insolvenzgeld für Ansprüche auf Arbeitsentgelt, die ihm vor dem Insolvenzereignis ohne Zustimmung der Agentur für Arbeit zur Vorfinanzierung der Arbeitsentgelte übertragen oder verpfändet wurden. [2]Die Agentur für Arbeit darf der Übertragung oder Verpfändung nur zustimmen, wenn Tatsachen die Annahme rechtfertigen, daß durch die Vorfinanzierung der Arbeitsentgelte ein erheblicher Teil der Arbeitsplätze erhalten bleibt.

§ 189 Verfügungen über das Insolvenzgeld. [1]Nachdem das Insolvenzgeld beantragt worden ist, kann der Anspruch auf Insolvenzgeld wie Arbeitseinkommen gepfändet, verpfändet oder übertragen werden. [2]Eine Pfändung des Anspruchs vor diesem Zeitpunkt wird erst mit dem Antrag wirksam.

§ 189a Datenaustausch und Datenübermittlung. (1) [1]Ist der insolvente Arbeitgeber auch in einem anderen Mitgliedstaat der Europäischen Union tätig, teilt die Bundesagentur dem zuständigen ausländischen Träger von Leistungen bei Zahlungsunfähigkeit des Arbeitgebers das Insolvenzereignis und die im Zusammenhang mit der Erbringung von Insolvenzgeld getroffenen Entscheidungen mit, soweit dies für dessen Aufgabenwahrnehmung erforderlich ist. ²Übermittelt ein ausländischer Träger der Bundesagentur entsprechende Daten, darf sie diese Daten zum Zwecke der Erbringung von Insolvenzgeld nutzen.

(2) Die Bundesagentur ist berechtigt, Daten über geleistetes Insolvenzgeld für jeden Empfänger durch Datenfernübertragung an die in § 32b Abs. 4 des Einkommensteuergesetzes bezeichnete Übermittlungsstelle der Finanzverwaltung zu übermitteln.

Zehnter Abschnitt. Transferleistungen

§ 216a Förderung der Teilnahme an Transfermaßnahmen. (1) ¹Die Teilnahme von Arbeitnehmern, die auf Grund von Betriebsänderungen oder im Anschluss an die Beendigung eines Berufsausbildungsverhältnisses von Arbeitslosigkeit bedroht sind, an Transfermaßnahmen wird gefördert, wenn

1. die Maßnahme von einem Dritten durchgeführt wird,
2. die vorgesehene Maßnahme der Eingliederung der Arbeitnehmer in den Arbeitsmarkt dienen soll,
3. die Durchführung der Maßnahme gesichert ist und
4. ein System zur Sicherung der Qualität angewendet wird.

²Transfermaßnahmen sind alle Maßnahmen zur Eingliederung von Arbeitnehmern in den Arbeitsmarkt, an deren Finanzierung sich Arbeitgeber angemessen beteiligen. ³Als Betriebsänderungen im Sinne des Satzes 1 gelten Betriebsänderungen im Sinne des § 111 des Betriebsverfassungsgesetzes[1)] unabhängig von der Unternehmensgröße und der Anwendbarkeit des Betriebsverfassungsgesetzes im jeweiligen Betrieb.

(2) ¹Die Förderung wird als Zuschuss gewährt. ²Der Zuschuss beträgt 50 Prozent der aufzuwendenden Maßnahmekosten, jedoch höchstens 2 500 Euro je gefördertem Arbeitnehmer.

(3) ¹Eine Förderung ist ausgeschlossen, wenn die Maßnahme dazu dient, den Arbeitnehmer auf eine Anschlussbeschäftigung im gleichen Betrieb oder in einem anderen Betrieb des gleichen Unternehmens oder, falls das Unternehmen einem Konzern angehört, in einem Betrieb eines anderen Konzernunternehmens des Konzerns vorzubereiten. ²Durch die Förderung darf der Arbeitgeber nicht von bestehenden Verpflichtungen entlastet werden. ³Von der Förderung ausgeschlossen sind Arbeitnehmer des öffentlichen Dienstes mit Ausnahme der Beschäftigten von Unternehmen, die in selbständiger Rechtsform erwerbswirtschaftlich betrieben werden.

(4) Die Agenturen für Arbeit beraten die Betriebsparteien über die Fördermöglichkeiten nach Absatz 1 auf Verlangen im Vorfeld der Entscheidung über die Einführung von Transfermaßnahmen, insbesondere auch im Rahmen von Sozialplanverhandlungen nach § 112 des Betriebsverfassungsgesetzes.

(5) Während der Teilnahme an Transfermaßnahmen sind andere Leistungen der aktiven Arbeitsförderung mit gleichartiger Zielsetzung ausgeschlossen.

[1)] Nr. **81**.

SGB III – Arbeitsförderung § 216 b SGB III 42

§ 216 b Transferkurzarbeitergeld. (1) Zur Vermeidung von Entlassungen und zur Verbesserung ihrer Vermittlungsaussichten haben Arbeitnehmer Anspruch auf Kurzarbeitergeld zur Förderung der Eingliederung bei betrieblichen Restrukturierungen (Transferkurzarbeitergeld), wenn
1. und solange sie von einem dauerhaften unvermeidbaren Arbeitsausfall mit Entgeltausfall betroffen sind,
2. die betrieblichen Voraussetzungen erfüllt sind,
3. die persönlichen Voraussetzungen erfüllt sind und
4. der dauerhafte Arbeitsausfall der Agentur für Arbeit angezeigt worden ist.

(2) Ein dauerhafter Arbeitsausfall liegt vor, wenn infolge einer Betriebsänderung im Sinne des § 216 a Abs. 1 Satz 3 die Beschäftigungsmöglichkeiten für die Arbeitnehmer nicht nur vorübergehend entfallen.

(3) Die betrieblichen Voraussetzungen für die Gewährung von Transferkurzarbeitergeld sind erfüllt, wenn
1. in einem Betrieb Personalanpassungsmaßnahmen auf Grund einer Betriebsänderung durchgeführt und
2. die von Arbeitsausfall betroffenen Arbeitnehmer zur Vermeidung von Entlassungen und zur Verbesserung ihrer Eingliederungschancen in einer betriebsorganisatorisch eigenständigen Einheit zusammengefasst werden.

(4) [1]Die persönlichen Voraussetzungen sind erfüllt, wenn der Arbeitnehmer
1. von Arbeitslosigkeit bedroht ist,
2. nach Beginn des Arbeitsausfalls eine versicherungspflichtige Beschäftigung
   a) fortsetzt oder
   b) im Anschluss an die Beendigung eines Berufsausbildungsverhältnisses aufnimmt,
3. nicht vom Kurzarbeitergeldbezug ausgeschlossen ist und
4. vor der Überleitung in die betriebsorganisatorisch eigenständige Einheit aus Anlass der Betriebsänderung an einer arbeitsmarktlich zweckmäßigen Maßnahme zur Feststellung der Eingliederungsaussichten teilgenommen hat; können in berechtigten Ausnahmefällen trotz Mithilfe der Agentur für Arbeit die notwendigen Feststellungsmaßnahmen nicht rechtzeitig durchgeführt werden, sind diese im unmittelbaren Anschluss an die Überleitung innerhalb eines Monats nachzuholen.
[2]§ 172 Abs. 1 a bis 3 gilt entsprechend.

(5) [1]Für die Anzeige des Arbeitsausfalls gilt § 173 Abs. 1, 2 Satz 1 und Abs. 3 entsprechend. [2]Die Anzeige über den Arbeitsausfall hat bei der Agentur für Arbeit zu erfolgen, in deren Bezirk der personalabgebende Betrieb seinen Sitz hat. [3]§ 216 a Abs. 4 gilt entsprechend.

(6) [1]Während des Bezugs von Transferkurzarbeitergeld hat der Arbeitgeber den geförderten Arbeitnehmern Vermittlungsvorschläge zu unterbreiten. [2]Hat die Maßnahme zur Feststellung der Eingliederungsaussichten ergeben, dass Arbeitnehmer Qualifizierungsdefizite aufweisen, soll der Arbeitgeber geeignete Maßnahmen zur Verbesserung der Eingliederungsaussichten anbieten. [3]Als geeignete Maßnahme gilt auch eine zeitlich begrenzte, längstens sechs Monate dauernde Beschäftigung zum Zwecke der Qualifizierung bei einem anderen Arbeitgeber. [4]Nimmt der Arbeitnehmer während seiner Beschäftigung in einer betriebsorganisatorisch eigenständigen Einheit an einer Qualifizierungsmaßnahme teil, die das Ziel der anschließenden Beschäftigung bei ei-

nem anderen Arbeitgeber hat, steht bei Nichterreichung dieses Zieles die Rückkehr des Arbeitnehmers in den bisherigen Betrieb seinem Anspruch auf Transferkurzarbeitergeld nicht entgegen.

(7) [1]Der Anspruch ist ausgeschlossen, wenn die Arbeitnehmer nur vorübergehend in der betriebsorganisatorisch eigenständigen Einheit zusammengefasst werden, um anschließend einen anderen Arbeitsplatz in dem gleichen oder einem anderen Betrieb des Unternehmens oder, falls das Unternehmen einem Konzern angehört, in einem Betrieb eines anderen Konzernunternehmens des Konzerns zu besetzen. [2]§ 216a Abs. 3 Satz 3 gilt entsprechend.

(8) Die Bezugsfrist für das Transferkurzarbeitergeld beträgt längstens zwölf Monate.

(9) Der Arbeitgeber hat der Agentur für Arbeit jeweils zum Stichtag 30. Juni und 31. Dezember eines Jahres unverzüglich Daten über die Struktur der betriebsorganisatorisch eigenständigen Einheit, die Zahl der darin zusammengefassten Arbeitnehmer sowie Angaben über die Altersstruktur und die Integrationsquote der Bezieher von Transferkurzarbeitergeld zuzuleiten.

(10) Soweit nichts Abweichendes geregelt ist, finden die für das Kurzarbeitergeld geltenden Vorschriften mit Ausnahme der ersten beiden Titel und des § 182 Nr. 3 Anwendung.

Fünftes Kapitel. Leistungen an Arbeitgeber

Erster Abschnitt. Eingliederung von Arbeitnehmern

Erster Unterabschnitt. Eingliederungszuschüsse

§ 217 Grundsatz. [1]Arbeitgeber können zur Eingliederung von Arbeitnehmern mit Vermittlungshemmnissen Zuschüsse zu den Arbeitsentgelten erhalten, wenn deren Vermittlung wegen in ihrer Person liegender Umstände erschwert ist. [2]Die Förderhöhe und die Förderdauer richten sich nach dem Umfang einer Minderleistung des Arbeitnehmers und nach den jeweiligen Eingliederungserfordernissen.

§ 218 Eingliederungszuschuss. (1) Der Eingliederungszuschuss darf 50 Prozent des berücksichtigungsfähigen Arbeitsentgelts nicht übersteigen und längstens für eine Förderdauer von zwölf Monaten erbracht werden.

(2) [1]Für schwerbehinderte oder sonstige behinderte Menschen kann die Förderhöhe bis zu 70 Prozent des berücksichtigungsfähigen Arbeitsentgelts und die Förderdauer bis zu 24 Monate betragen. [2]Nach Ablauf von zwölf Monaten ist der Eingliederungszuschuss entsprechend der zu erwartenden Zunahme der Leistungsfähigkeit des Arbeitnehmers und den abnehmenden Eingliederungserfordernissen gegenüber der bisherigen Förderhöhe, mindestens aber um zehn Prozentpunkte, zu vermindern.

Zweiter Unterabschnitt. Eingliederungsgutschein

§ 223 Eingliederungsgutschein für ältere Arbeitnehmer. (1) [1]Arbeitnehmer, die das 50. Lebensjahr vollendet haben, können einen Eingliederungsgutschein über die Gewährung eines Eingliederungszuschusses erhalten, wenn sie einen Anspruch auf Arbeitslosengeld von mehr als zwölf Monaten haben. [2]Sind sie seit Entstehen des Anspruchs auf Arbeitslosengeld mindestens zwölf Monate beschäftigungslos, haben sie einen Anspruch auf einen Eingliederungsgutschein.

(2) Mit dem Eingliederungsgutschein verpflichtet sich die Agentur für Arbeit, einen Eingliederungszuschuss an den Arbeitgeber zu leisten, wenn der Arbeitnehmer eine sozialversicherungspflichtige Beschäftigung aufnimmt, die Arbeitszeit mindestens 15 Stunden wöchentlich beträgt und das Beschäftigungsverhältnis für mindestens ein Jahr begründet wird.

(3) [1]Der Eingliederungszuschuss wird für zwölf Monate geleistet. [2]Die Förderhöhe richtet sich nach den jeweiligen Eingliederungserfordernissen und darf 30 Prozent des berücksichtigungsfähigen Arbeitsentgelts nicht unterschreiten und 50 Prozent nicht überschreiten. [3]Für Arbeitnehmer, die einen Anspruch auf einen Eingliederungsgutschein haben, beträgt die Förderhöhe 50 Prozent des berücksichtigungsfähigen Arbeitsentgelts.

(4) Das berücksichtigungsfähige Arbeitsentgelt und die Auszahlung des Eingliederungszuschusses bestimmen sich nach § 220.

(5) Eine Förderung ist ausgeschlossen, wenn
1. zu vermuten ist, dass der Arbeitgeber die Beendigung eines Beschäftigungsverhältnisses veranlasst hat, um einen Eingliederungszuschuss nach Absatz 2 zu erhalten, oder
2. die Einstellung bei einem früheren Arbeitgeber erfolgt, bei dem der Arbeitnehmer während der letzten zwei Jahre vor Förderungsbeginn mehr als drei Monate versicherungspflichtig beschäftigt war.

Dritter Unterabschnitt. Einstellungszuschuß bei Neugründungen

§ 225 Grundsatz. Arbeitgeber, die vor nicht mehr als zwei Jahren eine selbständige Tätigkeit aufgenommen haben, können für die unbefristete Beschäftigung eines zuvor arbeitslosen förderungsbedürftigen Arbeitnehmers auf einem neu geschaffenen Arbeitsplatz einen Zuschuß zum Arbeitsentgelt erhalten.

§ 226 Einstellungszuschuß bei Neugründungen. (1) Ein Einstellungszuschuß bei Neugründungen kann erbracht werden, wenn
1. der Arbeitnehmer unmittelbar vor der Einstellung insgesamt mindestens drei Monate
   a) Arbeitslosengeld oder Transferkurzarbeitergeld bezogen hat,
   b) eine Beschäftigung ausgeübt hat, die als Arbeitsbeschaffungsmaßnahme gefördert worden ist,
   c) an einer nach diesem Buch geförderten Maßnahme der beruflichen Weiterbildung teilgenommen hat oder
   d) die Voraussetzungen erfüllt, um Entgeltersatzleistungen bei beruflicher Weiterbildung oder bei Leistungen zur Teilhabe am Arbeitsleben zu erhalten

   und ohne die Leistung nicht oder nicht dauerhaft in den Arbeitsmarkt eingegliedert werden kann,
2. der Arbeitgeber nicht mehr als fünf Arbeitnehmer beschäftigt.

(2) Der Einstellungszuschuß kann höchstens für zwei Arbeitnehmer gleichzeitig geleistet werden.

(3) ¹Ein Einstellungszuschuß bei Neugründungen kann neben einem anderen Lohnkostenzuschuß auf Grund dieses Gesetzes für denselben Arbeitnehmer nicht geleistet werden. ²Die Vorschriften über den Förderungsausschluß bei Eingliederungszuschüssen sind anzuwenden.

(4) Bei der Feststellung der Zahl der förderbaren und der beschäftigten Arbeitnehmer sind teilzeitbeschäftigte Arbeitnehmer mit einer regelmäßigen wöchentlichen Arbeitszeit von nicht mehr als 10 Stunden mit 0,25, nicht mehr als 20 Stunden mit 0,5 und nicht mehr als 30 Stunden mit 0,75 zu berücksichtigen.

Vierter Unterabschnitt. Förderung der beruflichen Weiterbildung durch Vertretung

§ 229 Grundsatz. ¹Arbeitgeber, die einem Arbeitnehmer die Teilnahme an einer beruflichen Weiterbildung ermöglichen und dafür einen Arbeitslosen einstellen, können einen Zuschuß zum Arbeitsentgelt des Vertreters erhalten. ²Wird ein Arbeitsloser von einem Verleiher eingestellt, um ihn als Vertreter für einen anderen Arbeitnehmer, der sich beruflich weiterbildet, zu verleihen, kann der Entleiher einen Zuschuss für das dem Verleiher zu zahlende Entgelt erhalten. ³Die Vorschriften über den Förderungsausschluss bei Eingliederungszuschüssen sind anzuwenden.

§ 230 Umfang der Förderung. ¹Der Einstellungszuschuss wird für die Dauer der Beschäftigung des Vertreters in Höhe von mindestens 50 und höchstens 100 Prozent des berücksichtigungsfähigen Arbeitsentgelts im Sinne des § 220 Abs. 1 geleistet. ²Die Dauer der Förderung für die Beschäftigung eines Vertreters bei demselben Arbeitgeber darf zwölf Monate nicht überschreiten. ³Die Agentur für Arbeit soll bei der Höhe des Zuschusses die Höhe der Aufwendungen, die der Arbeitgeber für die berufliche Weiterbildung des Stammarbeitnehmers tätigt, sowie eine mögliche Minderleistung des Vertreters berücksichtigen. ⁴Im Fall des Verleihs beträgt der Zuschuss 50 Prozent des vom Entleiher an den Verleiher zu zahlenden Entgelts.

§ 231 Arbeitsrechtliche Regelung. (1) Wird ein zuvor arbeitsloser Arbeitnehmer zur Vertretung eines Arbeitnehmers, der sich beruflich weiterbildet, eingestellt, liegt ein sachlicher Grund vor, der die Befristung des Arbeitsvertrages mit dem Vertreter rechtfertigt.

(2) Wird im Rahmen arbeits- oder arbeitsschutzrechtlicher Gesetze oder Verordnungen auf die Zahl der beschäftigten Arbeitnehmer abgestellt, so sind bei der Ermittlung dieser Zahl nur die Arbeitnehmer, die sich in beruflicher Weiterbildung befinden, nicht aber die zu ihrer Vertretung eingestellten Arbeitnehmer mitzuzählen.

§ 232 Beauftragung und Förderung Dritter. ¹Die Agentur für Arbeit kann Dritte mit der Vorbereitung und Gestaltung der beruflichen Weiterbildung durch Vertretung beauftragen und durch Zuschüsse fördern. ²Die Förderung umfasst Zuschüsse zu den unmittelbar im Zusammenhang mit der Vorbereitung und Gestaltung der beruflichen Weiterbildung durch Vertretung anfallenden Kosten. ³Die Zuschüsse können bis zur Höhe der angemessenen Aufwendungen für das zur Aufgabenwahrnehmung erforderliche Personal sowie das insoweit erforderliche Leitungs- und Verwaltungspersonal sowie die angemessenen Sach- und Verwaltungskosten gewährt werden.

§ 233 Anordnungsermächtigung. Die Bundesagentur wird ermächtigt, durch Anordnung das Nähere über Voraussetzungen, Art, Umfang und Verfahren der Förderung der beruflichen Weiterbildung durch Vertretung zu bestimmen.

Sechstes Kapitel. Leistungen an Träger

Fünfter Abschnitt. Förderung von Arbeitsbeschaffungsmaßnahmen

§ 260 Grundsatz. (1) Träger von Arbeitsbeschaffungsmaßnahmen können für die Beschäftigung von zugewiesenen Arbeitnehmern durch Zuschüsse gefördert werden, wenn
1. die Maßnahmen dazu dienen, insbesondere bei hoher Arbeitslosigkeit entsprechend den Problemschwerpunkten der regionalen und beruflichen Teilarbeitsmärkte Arbeitslosigkeit abzubauen und arbeitslosen Arbeitnehmern zur Erhaltung oder Wiedererlangung der Beschäftigungsfähigkeit, die für eine Eingliederung in den Arbeitsmarkt erforderlich ist, zumindest vorübergehend eine Beschäftigung zu ermöglichen,
2. in den Maßnahmen zusätzliche und im öffentlichen Interesse liegende Arbeiten durchgeführt werden,
3. eine Beeinträchtigung der Wirtschaft als Folge der Förderung nicht zu befürchten ist und
4. mit den von der Agentur für Arbeit zugewiesenen Arbeitnehmern Arbeitsverhältnisse begründet werden.

(2) Maßnahmen sind vorrangig zu fördern, wenn damit zu rechnen ist, dass die Eingliederungsaussichten der in die Maßnahme zugewiesenen Arbeitnehmer erheblich verbessert werden.

Siebtes Kapitel. Weitere Aufgaben der Bundesagentur

Zweiter Abschnitt. Erteilung von Genehmigungen und Erlaubnissen

Erster Unterabschnitt. Ausländerbeschäftigung

§ 284 Arbeitsgenehmigung-EU für Staatsangehörige der neuen EU-Mitgliedstaaten. (1) [1]Staatsangehörige der Staaten, die nach dem Vertrag vom 16. April 2003 über den Beitritt der Tschechischen Republik, der Republik Estland, der Republik Zypern, der Republik Lettland, der Republik Litauen, der Republik Ungarn, der Republik Malta, der Republik Polen, der Republik Slowenien und der Slowakischen Republik zur Europäischen Union (BGBl. 2003 II S. 1408) der Europäischen Union beigetreten sind, und deren freizügigkeitsberechtigte Familienangehörige dürfen eine Beschäftigung nur mit Genehmigung der Bundesagentur für Arbeit ausüben und von Arbeitgebern nur beschäftigt werden, wenn sie eine solche Genehmigung besitzen, soweit nach Maßgabe des EU-Beitrittsvertrages abweichende Regelungen als Übergangsregelungen der Arbeitnehmerfreizügigkeit Anwendung finden. ²Dies gilt für die Staatsangehörigen der Staaten entsprechend, die nach dem Vertrag vom 25. April 2005 über den Beitritt der Republik Bulgarien und Rumäniens zur Europäischen Union (BGBl. 2006 II S. 1146) der Europäischen Union beigetreten sind.

(2) ¹Die Genehmigung wird befristet als Arbeitserlaubnis-EU erteilt, wenn nicht Anspruch auf eine unbefristete Erteilung als Arbeitsberechtigung-EU besteht. ²Die Genehmigung ist vor Aufnahme der Beschäftigung einzuholen.

(3) Die Arbeitserlaubnis-EU kann nach Maßgabe des § 39 Abs. 2 bis 4 und 6 des Aufenthaltsgesetzes[1]) erteilt werden.

(4) ¹Ausländern nach Absatz 1, die ihren Wohnsitz oder gewöhnlichen Aufenthalt im Ausland haben und eine Beschäftigung im Bundesgebiet aufnehmen wollen, darf eine Arbeitserlaubnis-EU für eine Beschäftigung, die keine qualifizierte Berufsausbildung voraussetzt, nur erteilt werden, wenn dies durch zwischenstaatliche Vereinbarung bestimmt ist oder aufgrund einer Rechtsverordnung zulässig ist. ²Für die Beschäftigungen, die durch Rechtsverordnung zugelassen werden, ist Staatsangehörigen aus den Mitgliedstaaten der Europäischen Union nach Absatz 1 gegenüber Staatsangehörigen aus Drittstaaten vorrangig eine Arbeitserlaubnis-EU zu erteilen, soweit dies der EU-Beitrittsvertrag vorsieht.

(5) Die Erteilung der Arbeitsberechtigung-EU bestimmt sich nach § 12a Arbeitsgenehmigungsverordnung.

(6) ¹Das Aufenthaltsgesetz und die aufgrund des § 42 des Aufenthaltsgesetzes erlassenen Rechtsverordnungen zum Arbeitsmarktzugang gelten entsprechend, soweit sie für die Ausländer nach Absatz 1 günstigere Regelungen enthalten. ²Bei Anwendung der Vorschriften steht die Arbeitsgenehmigung-EU der Zustimmung zu einem Aufenthaltstitel nach § 4 Abs. 3 des Aufenthaltsgesetzes gleich.

(7) ¹Ein vor dem Tag, an dem der Vertrag vom 25. April 2005 über den Beitritt der Republik Bulgariens und Rumäniens zur Europäischen Union (BGBl. 2006 II S. 1146) für die Bundesrepublik Deutschland in Kraft getreten ist, zur Ausübung der Beschäftigung eines Staatsangehörigen nach Absatz 1 Satz 2 erteilter Aufenthaltstitel zur Ausübung einer Beschäftigung gilt als Arbeitserlaubnis-EU fort, wobei Beschränkungen des Aufenthaltstitels hinsichtlich der Beschäftigungsbedingungen als Beschränkungen der Arbeitserlaubnis-EU bestehen bleiben. ²Ein vor diesem Zeitpunkt erteilter Aufenthaltstitel, der zur unbeschränkten Ausübung einer Beschäftigung berechtigt, gilt als Arbeitsberechtigung-EU fort.

§ 287 Gebühren für die Durchführung der Vereinbarungen über Werkvertragsarbeitnehmer. (1) Für die Aufwendungen, die der Bundesagentur und den Behörden der Zollverwaltung bei der Durchführung der zwischenstaatlichen Vereinbarungen über die Beschäftigung von Arbeitneh-

---

[1]) Nr. 42a.

mern auf der Grundlage von Werkverträgen entstehen, kann vom Arbeitgeber der ausländischen Arbeitnehmer eine Gebühr erhoben werden.

(2) ¹Die Gebühr wird für die Aufwendungen der Bundesagentur und der Behörden der Zollverwaltung erhoben, die im Zusammenhang mit dem Antragsverfahren und der Überwachung der Einhaltung der Vereinbarungen stehen, insbesondere für die
1. Prüfung der werkvertraglichen Grundlagen,
2. Prüfung der Voraussetzungen für die Beschäftigung der ausländischen Arbeitnehmer,
3. Zusicherung, Erteilung und Aufhebung der Zustimmung zur Erteilung einer Aufenthaltserlaubnis zum Zwecke der Beschäftigung oder der Arbeitserlaubnis-EU,
4. Überwachung der Einhaltung der für die Ausführung eines Werkvertrages festgesetzten Zahl der Arbeitnehmer,
5. Überwachung der Einhaltung der für die Arbeitgeber nach den Vereinbarungen bei der Beschäftigung ihrer Arbeitnehmer bestehenden Pflichten einschließlich der Durchführung der dafür erforderlichen Prüfung nach § 2 Abs. 1 Nr. 4 des Schwarzarbeitsbekämpfungsgesetzes durch die Behörden der Zollverwaltung sowie
6. Durchführung von Ausschlussverfahren nach den Vereinbarungen.

²Die Bundesagentur wird ermächtigt, durch Anordnung die gebührenpflichtigen Tatbestände zu bestimmen, für die Gebühr feste Sätze vorzusehen und den auf die Behörden der Zollverwaltung entfallenden Teil der Gebühren festzulegen und zu erheben.

(3) Der Arbeitgeber darf sich die Gebühr nach den Absätzen 1 und 2 von dem ausländischen Arbeitnehmer oder einem Dritten weder ganz noch teilweise erstatten lassen.

(4) Im Übrigen sind die Vorschriften des Verwaltungskostengesetzes anzuwenden.

§ 288 Verordnungsermächtigung und Weisungsrecht. (1) Das Bundesministerium für Arbeit und Soziales kann durch Rechtsverordnung
1. Ausnahmen für die Erteilung einer Arbeitserlaubnis an Ausländer, die keine Aufenthaltsgenehmigung besitzen,
2. Ausnahmen für die Erteilung einer Arbeitserlaubnis unabhängig von der Arbeitsmarktlage,
3. Ausnahmen für die Erteilung einer Arbeitserlaubnis an Ausländer mit Wohnsitz oder gewöhnlichem Aufenthalt im Ausland,
4. die Voraussetzungen für die Erteilung einer Arbeitserlaubnis sowie das Erfordernis einer ärztlichen Untersuchung von Ausländern mit Wohnsitz oder gewöhnlichem Aufenthalt im Ausland mit deren Einwilligung für eine erstmalige Beschäftigung,
5. das Nähere über Umfang und Geltungsdauer der Arbeitserlaubnis,
6. weitere Personengruppen, denen eine Arbeitsberechtigung erteilt wird, sowie die zeitliche, betriebliche, berufliche und regionale Beschränkung der Arbeitsberechtigung,
7. weitere Ausnahmen von der Genehmigungspflicht sowie

8. die Voraussetzungen für das Verfahren und die Aufhebung einer Genehmigung

näher bestimmen.

(2) Das Bundesministerium für Arbeit und Soziales kann der Bundesagentur zur Durchführung der Bestimmungen dieses Unterabschnittes und der hierzu erlassenen Rechtsverordnungen sowie der von den Organen der Europäischen Gemeinschaften erlassenen Bestimmungen über den Zugang zum Arbeitsmarkt und der zwischenstaatlichen Vereinbarungen über die Beschäftigung von Arbeitnehmern Weisungen erteilen.

Zweiter Unterabschnitt. Beratung und Vermittlung durch Dritte

Zweiter Titel. Ausbildungsvermittlung und Arbeitsvermittlung

§ 296 Vermittlungsvertrag zwischen einem Vermittler und einem Arbeitsuchenden. (1) [1]Ein Vertrag, nach dem sich ein Vermittler verpflichtet, einem Arbeitsuchenden eine Arbeitsstelle zu vermitteln, bedarf der schriftlichen Form. [2]In dem Vertrag ist insbesondere die Vergütung des Vermittlers anzugeben. [3]Zu den Leistungen der Vermittlung gehören auch alle Leistungen, die zur Vorbereitung und Durchführung der Vermittlung erforderlich sind, insbesondere die Feststellung der Kenntnisse des Arbeitsuchenden sowie die mit der Vermittlung verbundene Berufsberatung. [4]Der Vermittler hat dem Arbeitsuchenden den Vertragsinhalt in Textform mitzuteilen.

(2) [1]Der Arbeitsuchende ist zur Zahlung der Vergütung nach Absatz 3 nur verpflichtet, wenn infolge der Vermittlung des Vermittlers der Arbeitsvertrag zustande gekommen ist. [2]Der Vermittler darf keine Vorschüsse auf die Vergütungen verlangen oder entgegennehmen.

(3) [1]Die Vergütung einschließlich der darauf entfallenden gesetzlichen Umsatzsteuer darf den in § 421 g Abs. 2 Satz 1 genannten Betrag nicht übersteigen, soweit nicht ein gültiger Vermittlungsgutschein in einer abweichenden Höhe nach § 421 g Abs. 2 Satz 2 vorgelegt wird oder durch eine Rechtsverordnung nach § 301 für bestimmte Berufe oder Personengruppen etwas anderes bestimmt ist. [2]Bei der Vermittlung von Personen in Au-pair-Verhältnisse darf die Vergütung 150 Euro nicht übersteigen.

(4) [1]Ein Arbeitsuchender, der dem Vermittler einen Vermittlungsgutschein vorlegt, kann die Vergütung abweichend von § 266 des Bürgerlichen Gesetzbuchs in Teilbeträgen zahlen. [2]Die Vergütung ist nach Vorlage des Vermittlungsgutscheins bis zu dem Zeitpunkt gestundet, in dem die Agentur für Arbeit nach Maßgabe von § 421 g gezahlt hat.

§ 296 a Vergütungen bei Ausbildungsvermittlung. [1]Für die Leistungen zur Ausbildungsvermittlung dürfen nur vom Arbeitgeber Vergütungen verlangt oder entgegengenommen werden. [2]Zu den Leistungen zur Ausbildungsvermittlung gehören auch alle Leistungen, die zur Vorbereitung und Durchführung der Vermittlung erforderlich sind, insbesondere die Feststellung der Kenntnisse des Ausbildungsuchenden sowie die mit der Ausbildungsvermittlung verbundene Berufsberatung.

§ 297 **Unwirksamkeit von Vereinbarungen.** Unwirksam sind
1. Vereinbarungen zwischen einem Vermittler und einem Arbeitsuchenden über die Zahlung der Vergütung, wenn deren Höhe die nach § 296 Abs. 3 zulässige Höchstgrenze überschreitet, wenn Vergütungen für Leistungen verlangt oder entgegengenommen werden, die nach § 296 Abs. 1 Satz 3 zu den Leistungen der Vermittlung gehören oder wenn die erforderliche Schriftform nicht eingehalten wird und
2. Vereinbarungen zwischen einem Vermittler und einem Ausbildungsuchenden über die Zahlung einer Vergütung,
3. Vereinbarungen zwischen einem Vermittler und einem Arbeitgeber, wenn der Vermittler eine Vergütung mit einem Ausbildungsuchenden vereinbart oder von diesem entgegennimmt, obwohl dies nicht zulässig ist, und
4. Vereinbarungen, die sicherstellen sollen, dass ein Arbeitgeber oder ein Ausbildungsuchender oder Arbeitsuchender sich ausschließlich eines bestimmten Vermittlers bedient.

Achtes Kapitel. Pflichten

Erster Abschnitt. Pflichten im Leistungsverfahren

Erster Unterabschnitt. Meldepflichten

§ 309 **Allgemeine Meldepflicht.** (1) ¹Der Arbeitslose hat sich während der Zeit, für die er Anspruch auf Arbeitslosengeld erhebt, bei der Agentur für Arbeit oder einer sonstigen Dienststelle der Bundesagentur persönlich zu melden oder zu einem ärztlichen oder psychologischen Untersuchungstermin zu erscheinen, wenn die Agentur für Arbeit ihn dazu auffordert (allgemeine Meldepflicht). ²Der Arbeitslose hat sich bei der in der Aufforderung zur Meldung bezeichneten Stelle zu melden. ³Die allgemeine Meldepflicht besteht auch in Zeiten, in denen der Anspruch auf Arbeitslosengeld ruht.

(2) Die Aufforderung zur Meldung kann zum Zwecke der
1. Berufsberatung,
2. Vermittlung in Ausbildung oder Arbeit,
3. Vorbereitung aktiver Arbeitsförderungsleistungen,
4. Vorbereitung von Entscheidungen im Leistungsverfahren und
5. Prüfung des Vorliegens der Voraussetzungen für den Leistungsanspruch
erfolgen.

(3) ¹Der Arbeitslose hat sich zu der von der Agentur für Arbeit bestimmten Zeit zu melden. ²Ist diese nach Tag und Tageszeit bestimmt, so ist er seiner allgemeinen Meldepflicht auch dann nachgekommen, wenn er sich zu einer anderen Zeit am selben Tag meldet und der Zweck der Meldung erreicht wird. ³Ist der Meldepflichtige am Meldetermin arbeitsunfähig, so wirkt die Meldeaufforderung auf den ersten Tag der Arbeitsfähigkeit fort, wenn die Agentur für Arbeit dies in der Meldeaufforderung bestimmt.

(4) Die notwendigen Reisekosten, die dem Arbeitslosen und der erforderlichen Begleitperson aus Anlaß der Meldung entstehen, können auf Antrag

übernommen werden, soweit sie nicht bereits nach anderen Vorschriften oder auf Grund anderer Vorschriften dieses Buches übernommen werden können.

§ 310 Meldepflicht bei Wechsel der Zuständigkeit. Wird für den Arbeitslosen nach der Arbeitslosmeldung eine andere Agentur für Arbeit zuständig, hat er sich bei der nunmehr zuständigen Agentur für Arbeit unverzüglich zu melden.

Zweiter Unterabschnitt. Anzeige- und Bescheinigungspflichten

§ 311 Anzeige- und Bescheinigungspflicht bei Arbeitsunfähigkeit.
[1]Wer Arbeitslosengeld oder Übergangsgeld beantragt hat oder bezieht, ist verpflichtet, der Agentur für Arbeit
1. eine eingetretene Arbeitsunfähigkeit und deren voraussichtliche Dauer unverzüglich anzuzeigen und
2. spätestens vor Ablauf des dritten Kalendertages nach Eintritt der Arbeitsunfähigkeit eine ärztliche Bescheinigung über die Arbeitsunfähigkeit und deren voraussichtliche Dauer vorzulegen.

[2]Die Agentur für Arbeit ist berechtigt, die Vorlage der ärztlichen Bescheinigung früher zu verlangen. [3]Dauert die Arbeitsunfähigkeit länger als in der Bescheinigung angegeben, so ist der Agentur für Arbeit eine neue ärztliche Bescheinigung vorzulegen. [4]Die Bescheinigungen müssen einen Vermerk des behandelnden Arztes darüber enthalten, daß dem Träger der Krankenversicherung unverzüglich eine Bescheinigung über die Arbeitsunfähigkeit mit Angaben über den Befund und die voraussichtliche Dauer der Arbeitsunfähigkeit übersandt wird.

§ 312 Arbeitsbescheinigung. (1) [1]Bei Beendigung eines Beschäftigungsverhältnisses hat der Arbeitgeber alle Tatsachen zu bescheinigen, die für die Entscheidung über den Anspruch auf Arbeitslosengeld oder Übergangsgeld erheblich sein können (Arbeitsbescheinigung); dabei hat er den von der Bundesagentur hierfür vorgesehenen Vordruck zu benutzen. [2]In der Arbeitsbescheinigung sind insbesondere
1. die Art der Tätigkeit des Arbeitnehmers,
2. Beginn, Ende, Unterbrechungen und Grund für die Beendigung des Beschäftigungsverhältnisses und
3. das Arbeitsentgelt und die sonstigen Geldleistungen, die der Arbeitnehmer erhalten oder zu beanspruchen hat,

anzugeben. [3]Die Arbeitsbescheinigung ist dem Arbeitnehmer vom Arbeitgeber bei Beendigung des Beschäftigungsverhältnisses auszuhändigen.

(2) [1]Macht der Arbeitgeber geltend, die Arbeitslosigkeit sei die Folge eines Arbeitskampfes, so hat er dies darzulegen, glaubhaft zu machen und eine Stellungnahme der Betriebsvertretung beizufügen. [2]Der Arbeitgeber hat der Betriebsvertretung die für die Stellungnahme erforderlichen Angaben zu machen.

(3) Für Zwischenmeister und andere Auftraggeber von Heimarbeitern sowie für Leistungsträger und Unternehmen, die Beiträge nach diesem Buch für Bezieher von Sozialleistungen oder Krankentagegeld zu entrichten haben, gelten die Absätze 1 und 2 entsprechend.

(4) Nach Beendigung des Vollzuges einer Untersuchungshaft, Freiheitsstrafe, Jugendstrafe oder freiheitsentziehenden Maßregel der Besserung und Sicherung oder einer einstweiligen Unterbringung nach § 126 a der Strafprozeßordnung hat die Vollzugsanstalt dem Entlassenen eine Bescheinigung über die Zeiten auszustellen, in denen er innerhalb der letzten sieben Jahre vor der Entlassung als Gefangener versicherungspflichtig war.

§ 313 Nebeneinkommensbescheinigung. (1) ¹Wer jemanden, der Berufsausbildungsbeihilfe, Ausbildungsgeld, Arbeitslosengeld oder Übergangsgeld (laufende Geldleistungen) beantragt hat oder bezieht, gegen Arbeitsentgelt beschäftigt oder gegen Vergütung eine selbständige Tätigkeit überträgt, ist verpflichtet, diesem unverzüglich Art und Dauer der Beschäftigung oder der selbständigen Tätigkeit sowie die Höhe des Arbeitsentgelts oder der Vergütung für die Zeiten zu bescheinigen, für die diese Leistung beantragt worden ist oder bezogen wird. ²Er hat dabei den von der Bundesagentur vorgesehenen Vordruck zu benutzen. ³Die Bescheinigung über das Nebeneinkommen ist dem Bezieher der Leistung vom Dienstberechtigten oder Besteller unverzüglich auszuhändigen.

(2) Wer eine laufende Geldleistung beantragt hat oder bezieht und Dienst- oder Werkleistungen gegen Vergütung erbringt, ist verpflichtet, dem Dienstberechtigten oder Besteller den für die Bescheinigung des Arbeitsentgelts oder der Vergütung vorgeschriebenen Vordruck unverzüglich vorzulegen.

(3) Die Absätze 1 und 2 gelten für Personen, die Kurzarbeitergeld beziehen oder für die Kurzarbeitergeld beantragt worden ist, entsprechend.

§ 314 Insolvenzgeldbescheinigung. (1) ¹Der Insolvenzverwalter hat auf Verlangen der Agentur für Arbeit für jeden Arbeitnehmer, für den ein Anspruch auf Insolvenzgeld in Betracht kommt, die Höhe des Arbeitsentgelts für die letzten der Eröffnung des Insolvenzverfahrens vorausgehenden drei Monate des Arbeitsverhältnisses sowie die Höhe der gesetzlichen Abzüge und der zur Erfüllung der Ansprüche auf Arbeitsentgelt erbrachten Leistungen zu bescheinigen. ²Das Gleiche gilt hinsichtlich der Höhe von Entgeltteilen, die gemäß § 1 Abs. 2 Nr. 3 des Betriebsrentengesetzes umgewandelt und vom Arbeitgeber nicht an den Versorgungsträger abgeführt worden sind. ³Dabei ist anzugeben, welcher Durchführungsweg und welcher Versorgungsträger für die betriebliche Altersversorgung gewählt worden ist. ⁴Er hat auch zu bescheinigen, inwieweit die Ansprüche auf Arbeitsentgelt gepfändet, verpfändet oder abgetreten sind. ⁵Dabei hat er sich des von der Bundesagentur vorgesehenen Vordruck zu benutzen. ⁶Wird die Insolvenzgeldbescheinigung durch den Insolvenzverwalter nach § 36 a des Ersten Buches übermittelt, sind zusätzlich die Anschrift und die Daten des Überweisungsweges mitzuteilen.

(2) In den Fällen, in denen ein Insolvenzverfahren nicht eröffnet wird oder nach § 207 der Insolvenzordnung eingestellt worden ist, sind die Pflichten des Insolvenzverwalters vom Arbeitgeber zu erfüllen.

Dritter Unterabschnitt. Auskunfts-, Mitwirkungs- und Duldungspflichten

§ 316 Auskunftspflicht bei Leistung von Insolvenzgeld. (1) Der Arbeitgeber, der Insolvenzverwalter, die Arbeitnehmer sowie sonstige Personen, die Einblick in die Arbeitsentgeltunterlagen hatten, sind verpflichtet, der Agentur für Arbeit auf Verlangen alle Auskünfte zu erteilen, die für die Durchführung der §§ 183 bis 189, 208, 320 Abs. 2, § 327 Abs. 3 erforderlich sind.

(2) Der Arbeitgeber und die Arbeitnehmer sowie sonstige Personen, die Einblick in die Arbeitsentgeltunterlagen hatten, sind verpflichtet, dem Insolvenzverwalter auf Verlangen alle Auskünfte zu erteilen, die er für die Insolvenzgeldbescheinigung nach § 314 benötigt.

§ 317 Auskunftspflicht für Arbeitnehmer bei Feststellung von Leistungsansprüchen. Ein Arbeitnehmer, der Kurzarbeitergeld oder Wintergeld bezieht oder für den diese Leistungen beantragt worden sind, hat dem zur Errechnung und Auszahlung der Leistungen Verpflichteten auf Verlangen die erforderlichen Auskünfte zu erteilen.

Vierter Unterabschnitt. Sonstige Pflichten

§ 320 Berechnungs-, Auszahlungs-, Aufzeichnungs- und Anzeigepflichten. (1) ¹Der Arbeitgeber hat der Agentur für Arbeit auf Verlangen die Voraussetzungen für die Erbringung von Kurzarbeitergeld und Wintergeld nachzuweisen. ²Er hat diese Leistungen kostenlos zu errechnen und auszuzahlen. ³Dabei hat er beim Kurzarbeitergeld von den Eintragungen auf der Lohnsteuerkarte in dem maßgeblichen Antragszeitraum auszugehen; auf Grund einer Bescheinigung der für den Arbeitnehmer zuständigen Agentur für Arbeit hat er den erhöhten Leistungssatz auch anzuwenden, wenn ein Kind auf der Lohnsteuerkarte des Arbeitnehmers nicht bescheinigt ist.

(2) ¹Der Insolvenzverwalter hat auf Verlangen der Agentur für Arbeit das Insolvenzgeld zu errechnen und auszuzahlen, wenn ihm dafür geeignete Arbeitnehmer des Betriebes zur Verfügung stehen und die Agentur für Arbeit die Mittel für die Auszahlung des Insolvenzgeldes bereitstellt. ²Für die Abrechnung hat er den von der Bundesagentur vorgesehenen Vordruck zu benutzen. ³Kosten werden nicht erstattet.

(3) ¹Arbeitgeber, in deren Betrieben Wintergeld geleistet wird, haben für jeden Arbeitstag während der Dauer der beantragten Förderung Aufzeichnungen über die im Betrieb oder auf der Baustelle geleisteten sowie die ausgefallenen Arbeitsstunden zu führen. ²Arbeitgeber, in deren Betrieben Saison-Kurzarbeitergeld geleistet wird, haben diese Aufzeichnungen für jeden Arbeitstag während der Schlechtwetterzeit zu führen. ³Die Aufzeichnungen nach Satz 1 und 2 sind vier Jahre aufzubewahren.

(4) ¹Arbeitgeber, in deren Betrieben Kurzarbeitergeld geleistet wird, haben der Agentur für Arbeit jeweils zum Quartalsende Auskünfte über Betriebsart, Beschäftigtenzahl, Zahl der Kurzarbeiter, Ausfall der Arbeitszeit und bisherige Dauer, Unterbrechung oder Beendigung der Kurzarbeit für die jeweiligen Kalendermonate des Quartals zu erteilen. ²Arbeitgeber, in deren Betrieben Saison-Kurzarbeitergeld geleistet wird, haben die Auskünfte nach Satz 1 bis zum 15. des Monats zu erteilen, der dem Monat folgt, in dem die Tage liegen, für die Saison-Kurzarbeitergeld ausgezahlt wird.

(4a) ¹Der Arbeitgeber hat der Agentur für Arbeit die Voraussetzungen für die Erbringung von Leistungen zur Förderung der Teilnahme an Transfermaßnahmen nachzuweisen. ²Auf Anforderung der Agentur für Arbeit hat der Arbeitgeber das Ergebnis von Maßnahmen zur Feststellung der Eingliederungsaussichten mitzuteilen.

(5) ¹Arbeitgeber, in deren Betrieben ein Arbeitskampf stattfindet, haben bei dessen Ausbruch und Beendigung der Agentur für Arbeit unverzüglich Anzeige zu erstatten. ²Die Anzeige bei Ausbruch des Arbeitskampfes muß Name und Anschrift des Betriebes, Datum des Beginns der Arbeitseinstellung und Zahl der betroffenen Arbeitnehmer enthalten. ³Die Anzeige bei Beendigung des Arbeitskampfes muß außer Name und Anschrift des Betriebes, Datum der Beendigung der Arbeitseinstellung, Zahl der an den einzelnen Tagen betroffenen Arbeitnehmer und Zahl der durch Arbeitseinstellung ausgefallenen Arbeitstage enthalten.

Zweiter Abschnitt. Schadensersatz bei Pflichtverletzungen

§ 321 Schadensersatz. Wer vorsätzlich oder fahrlässig
1. eine Arbeitsbescheinigung nach § 312, eine Nebeneinkommensbescheinigung nach § 313 oder eine Insolvenzgeldbescheinigung nach § 314 nicht, nicht richtig oder nicht vollständig ausfüllt,
2. eine Auskunft auf Grund der allgemeinen Auskunftspflicht Dritter nach § 315, der Auskunftspflicht bei beruflicher Aus- und Weiterbildung und bei einer Leistung zur Teilhabe am Arbeitsleben nach § 318 oder der Auskunftspflicht bei Leistung von Insolvenzgeld nach § 316 nicht, nicht richtig oder nicht vollständig erteilt,
3. als Arbeitgeber seine Berechnungs-, Auszahlungs-, Aufzeichnungs- und Mitteilungspflichten bei Kurzarbeitergeld, Wintergeld und Leistungen zur Förderung von Transfermaßnahmen nach § 320 Abs. 1 Satz 2 und 3, Abs. 3 und 4a nicht erfüllt,
4. als Insolvenzverwalter die Verpflichtung zur Errechnung und Auszahlung des Insolvenzgeldes nach § 320 Abs. 2 Satz 1 nicht erfüllt,

ist der Bundesagentur zum Ersatz des daraus entstandenen Schadens verpflichtet.

Neuntes Kapitel. Gemeinsame Vorschriften für Leistungen

Erster Abschnitt. Antrag und Fristen

§ 323 Antragserfordernis. (1) ¹Leistungen der Arbeitsförderung werden auf Antrag erbracht. ²Arbeitslosengeld gilt mit der persönlichen Arbeitslosmeldung als beantragt, wenn der Arbeitslose keine andere Erklärung abgibt. ³Leistungen der aktiven Arbeitsförderung können auch von Amts wegen erbracht werden, wenn die Berechtigten zustimmen. ⁴Die Zustimmung gilt insoweit als Antrag.

(2) ¹Kurzarbeitergeld, Leistungen zur Förderung der Teilnahme an Transfermaßnahmen und ergänzende Leistungen nach § 175a sind vom Arbeitgeber schriftlich unter Beifügung einer Stellungnahme der Betriebsvertretung zu beantragen. ²Der Antrag kann auch von der Betriebsvertretung gestellt

werden. ³Mit einem Antrag auf Saison-Kurzarbeitergeld oder ergänzende Leistungen nach § 175 a sind die Namen, Anschriften und Sozialversicherungsnummern der Arbeitnehmer mitzuteilen, für die die Leistung beantragt wird. ⁴Saison-Kurzarbeitergeld oder ergänzende Leistungen nach § 175 a sollen bis zum 15. des Monats beantragt werden, der dem Monat folgt, in dem die Tage liegen, für die die Leistungen beantragt werden.

§ 324 Antrag vor Leistung. (1) ¹Leistungen der Arbeitsförderung werden nur erbracht, wenn sie vor Eintritt des leistungsbegründenden Ereignisses beantragt worden sind. ²Zur Vermeidung unbilliger Härten kann die Agentur für Arbeit eine verspätete Antragstellung zulassen.

(2) ¹Berufsausbildungsbeihilfe, Ausbildungsgeld und Arbeitslosengeld können auch nachträglich beantragt werden. ²Kurzarbeitergeld und ergänzende Leistungen nach § 175 a sind nachträglich zu beantragen.

(3) ¹Insolvenzgeld ist abweichend von Absatz 1 Satz 1 innerhalb einer Ausschlußfrist von zwei Monaten nach dem Insolvenzereignis zu beantragen. ²Hat der Arbeitnehmer die Frist aus Gründen versäumt, die er nicht zu vertreten hat, so wird Insolvenzgeld geleistet, wenn der Antrag innerhalb von zwei Monaten nach Wegfall des Hinderungsgrundes gestellt wird. ³Der Arbeitnehmer hat die Versäumung der Frist zu vertreten, wenn er sich nicht mit der erforderlichen Sorgfalt um die Durchsetzung seiner Ansprüche bemüht hat.

§ 325 Wirkung des Antrages. (1) Berufsausbildungsbeihilfe und Ausbildungsgeld werden rückwirkend längstens vom Beginn des Monats an geleistet, in dem die Leistungen beantragt worden sind.

(2) ¹Arbeitslosengeld wird nicht rückwirkend geleistet. ²Ist die zuständige Agentur für Arbeit an einem Tag, an dem der Arbeitslose Arbeitslosengeld beantragen will, nicht dienstbereit, so wirkt ein Antrag auf Arbeitslosengeld in gleicher Weise wie eine persönliche Arbeitslosmeldung zurück.

(3) Kurzarbeitergeld und ergänzende Leistungen nach § 175 a sind für den jeweiligen Kalendermonat innerhalb einer Ausschlussfrist von drei Kalendermonaten zu beantragen; die Frist beginnt mit Ablauf des Monats, in dem die Tage liegen, für die die Leistungen beantragt werden.

(4) *(aufgehoben)*

(5) Leistungen zur Förderung der Teilnahme an Transfermaßnahmen sind innerhalb einer Ausschlussfrist von drei Monaten nach Ende der Maßnahme zu beantragen.

§ 326 Ausschlußfrist für Gesamtabrechnung. (1) ¹Für Leistungen an Träger hat der Träger der Maßnahme der Agentur für Arbeit innerhalb einer Ausschlußfrist von sechs Monaten die Unterlagen vorzulegen, die für eine abschließende Entscheidung über den Umfang der zu erbringenden Leistungen erforderlich sind (Gesamtabrechnung). ²Die Frist beginnt mit Ablauf des Kalendermonats, in dem die Maßnahme beendet worden ist.

(2) Erfolgt die Gesamtabrechnung nicht rechtzeitig, sind die erbrachten Leistungen von dem Träger in dem Umfang zu erstatten, in dem die Voraussetzungen für die Leistungen nicht nachgewiesen worden sind.

Dritter Abschnitt. Leistungsverfahren in Sonderfällen

§ 335 Erstattung von Beiträgen zur Kranken-, Renten- und Pflegeversicherung. (1) ¹Wurden von der Bundesagentur für einen Bezieher von Arbeitslosengeld oder Unterhaltsgeld Beiträge zur gesetzlichen Krankenversicherung gezahlt, so hat der Bezieher dieser Leistungen der Bundesagentur die Beiträge zu ersetzen, soweit die Entscheidung über die Leistung rückwirkend aufgehoben und die Leistung zurückgefordert worden ist. ²Hat für den Zeitraum, für den die Leistung zurückgefordert worden ist, ein weiteres Krankenversicherungsverhältnis bestanden, so erstattet die Krankenkasse, bei der der Bezieher nach § 5 Abs. 1 Nr. 2 des Fünften Buches[1]) versicherungspflichtig war, der Bundesagentur die für diesen Zeitraum entrichteten Beiträge; der Bezieher wird insoweit von der Ersatzpflicht nach Satz 1 befreit; § 5 Abs. 1 Nr. 2 zweiter Halbsatz des Fünften Buches[1]) gilt nicht. ³Werden die beiden Versicherungsverhältnisse bei verschiedenen Krankenkassen durchgeführt und wurden in dem Zeitraum, in dem die Versicherungsverhältnisse nebeneinander bestanden, Leistungen von der Krankenkasse erbracht, bei der der Bezieher nach § 5 Abs. 1 Nr. 2 des Fünften Buches[1]) versicherungspflichtig war, so besteht kein Beitragserstattungsanspruch nach Satz 2. ⁴Die Bundesagentur und die Spitzenverbände der Krankenkassen (§ 213 des Fünften Buches) können das Nähere über die Erstattung der Beiträge nach den Sätzen 2 und 3 durch Vereinbarung regeln. ⁵Satz 1 gilt entsprechend, soweit die Bundesagentur Beiträge, die für die Dauer des Leistungsbezuges an ein privates Versicherungsunternehmen zu zahlen sind, übernommen hat.

(2) ¹Beiträge für Versicherungspflichtige nach § 5 Abs. 1 Nr. 2 des Fünften Buches[1]), denen eine Rente aus der gesetzlichen Rentenversicherung oder Übergangsgeld von einem nach § 251 Abs. 1 des Fünften Buches beitragspflichtigen Rehabilitationsträger gewährt worden ist, sind der Bundesagentur vom Träger der Rentenversicherung oder vom Rehabilitationsträger zu ersetzen, wenn und soweit wegen der Gewährung von Arbeitslosengeld oder Unterhaltsgeld ein Erstattungsanspruch der Bundesagentur gegen den Träger der Rentenversicherung oder den Rehabilitationsträger besteht. ²Satz 1 ist entsprechend anzuwenden in den Fällen, in denen dem Arbeitslosen von einem Träger der gesetzlichen Rentenversicherung wegen einer Leistung zur medizinischen Rehabilitation oder zur Teilhabe am Arbeitsleben Übergangsgeld oder eine Rente wegen verminderter Erwerbsfähigkeit zuerkannt wurde (§ 125 Abs. 3) sowie im Falle des Übergangs von Ansprüchen des Arbeitslosen auf den Bund (§ 203). ³Zu ersetzen sind
1. vom Rentenversicherungsträger die Beitragsanteile des versicherten Rentners und des Trägers der Rentenversicherung, die diese ohne die Regelung dieses Absatzes für dieselbe Zeit aus der Rente zu entrichten gehabt hätten,
2. vom Rehabilitationsträger der Betrag, den er als Krankenversicherungsbeitrag hätte leisten müssen, wenn der Versicherte nicht nach § 5 Abs. 1 Nr. 2 des Fünften Buches[1]) versichert gewesen wäre.

⁴Der Träger der Rentenversicherung und der Rehabilitationsträger sind nicht verpflichtet, für dieselbe Zeit Beiträge zur Krankenversicherung zu entrichten.
⁵Der Versicherte ist abgesehen von Satz 3 Nr. 1 nicht verpflichtet, für dieselbe Zeit Beiträge aus der Rente zur Krankenversicherung zu entrichten.

---

[1]) Nr. **44**.

(3) ¹Der Arbeitgeber hat der Bundesagentur die im Falle des § 143 Abs. 3 geleisteten Beiträge zur Kranken- und Rentenversicherung zu ersetzen, soweit er für dieselbe Zeit Beiträge zur Kranken- und Rentenversicherung des Arbeitnehmers zu entrichten hat. ²Er wird insoweit von seiner Verpflichtung befreit, Beiträge an die Kranken- und Rentenversicherung zu entrichten. ³Die Sätze 1 und 2 gelten entsprechend für den Zuschuß nach § 257 des Fünften Buches.

(4) Hat auf Grund des Bezuges von Arbeitslosengeld oder Unterhaltsgeld nach § 143 Abs. 3 eine andere Krankenkasse die Krankenversicherung durchgeführt als diejenige Kasse, die für das Beschäftigungsverhältnis zuständig ist, aus dem der Leistungsempfänger Arbeitsentgelt bezieht oder zu beanspruchen hat, so erstatten die Krankenkassen einander Beiträge und Leistungen wechselseitig.

(5) Für die Beiträge der Bundesagentur zur sozialen Pflegeversicherung für Versicherungspflichtige nach § 20 Abs. 1 Satz 2 Nr. 2 des Elften Buches sind die Absätze 1 bis 3 entsprechend anzuwenden.

§ 336 Leistungsrechtliche Bindung. Stellt die Deutsche Rentenversicherung Bund im Verfahren nach § 7 a Abs. 1 des Vierten Buches[1] die Versicherungspflicht nach diesem Buch durch Verwaltungsakt fest, ist die Bundesagentur hinsichtlich der Zeiten, für die der die Versicherungspflicht feststellende Verwaltungsakt wirksam ist, an diese Feststellung leistungsrechtlich gebunden.

§ 336 a Wirkung von Widerspruch und Klage. ¹Die aufschiebende Wirkung von Widerspruch und Klage entfällt
1. bei Entscheidungen auf Erstattung von Arbeitslosengeld durch Arbeitgeber nach § 147 a,
...

---

[1] Nr. **43**.

42 a. Gesetz über den Aufenthalt, die Erwerbstätigkeit und die Integration von Ausländern im Bundesgebiet (Aufenthaltsgesetz – AufenthG)[1]

In der Fassung der Bekanntmachung vom 25. Februar 2008[2]

(BGBl. I S. 162)

FNA 26-12

zuletzt geänd. durch Art. 2 Abs. 3 G zur Ergänzung des Rechts zur Anfechtung der Vaterschaft v. 13. 3. 2008 (BGBl. I S. 313)

— Auszug[3] —

---

[1] **Amtl. Anm.:** Dieses Gesetz dient der Umsetzung folgender Richtlinien:
1. Richtlinie 2001/40/EG des Rates vom 28. Mai 2001 über die gegenseitige Anerkennung von Entscheidungen über die Rückführung von Drittstaatsangehörigen (ABl. EG Nr. L 149 S. 34),
2. Richtlinie 2001/51/EG des Rates vom 28. Juni 2001 zur Ergänzung der Regelungen nach Artikel 26 des Übereinkommens zur Durchführung des Übereinkommens von Schengen vom 14. Juni 1985 (ABl. EG Nr. L 187 S. 45),
3. Richtlinie 2001/55/EG des Rates vom 20. Juli 2001 über Mindestnormen für die Gewährung vorübergehenden Schutzes im Falle eines Massenzustroms von Vertriebenen und Maßnahmen zur Förderung einer ausgewogenen Verteilung der Belastungen, die mit der Aufnahme dieser Personen und den Folgen dieser Aufnahme verbunden sind, auf die Mitgliedstaaten (ABl. EG Nr. L 212 S. 12),
4. Richtlinie 2002/90/EG des Rates vom 28. November 2002 zur Definition der Beihilfe zur unerlaubten Ein- und Durchreise und zum unerlaubten Aufenthalt (ABl. EG Nr. L 328 S. 17),
5. Richtlinie 2003/86/EG **[EU-Arbeitsrecht (dtv 5751) Nr. 12]** des Rates vom 22. September 2003 betreffend das Recht auf Familienzusammenführung (ABl. EU Nr. L 251 S. 12),
6. Richtlinie 2003/110/EG des Rates vom 25. November 2003 über die Unterstützung bei der Durchbeförderung im Rahmen von Rückführungsmaßnahmen auf dem Luftweg (ABl. EU Nr. L 321 S. 26),
7. Richtlinie 2003/109/EG des Rates vom 25. November 2003 betreffend die Rechtsstellung der langfristig aufenthaltsberechtigten Drittstaatsangehörigen (ABl. EU 2004 Nr. L 16 S. 44),
8. Richtlinie 2004/81/EG vom 29. April 2004 über die Erteilung von Aufenthaltstiteln für Drittstaatsangehörige, die Opfer des Menschenhandels sind oder denen Beihilfe zur illegalen Einwanderung geleistet wurde und die mit den zuständigen Behörden kooperieren (ABl. EU Nr. L 261 S. 19),
9. Richtlinie 2004/83/EG des Rates vom 29. April 2004 über Mindestnormen für die Anerkennung und den Status von Drittstaatsangehörigen oder Staatenlosen als Flüchtlinge oder als Personen, die anderweitig internationalen Schutz benötigen, und über den Inhalt des zu gewährenden Schutzes (ABl. EU Nr. L 304 S. 12),
10. Richtlinie 2004/114/EG des Rates vom 13. Dezember 2004 über die Bedingungen für die Zulassung von Drittstaatsangehörigen zwecks Absolvierung eines Studiums oder Teilnahme an einem Schüleraustausch, einer unbezahlten Ausbildungsmaßnahme oder einem Freiwilligendienst (ABl. EU Nr. L 375 S. 12),
11. Richtlinie 2005/71/EG des Rates vom 12. Oktober 2005 über ein besonderes Zulassungsverfahren für Drittstaatsangehörige zum Zwecke der wissenschaftlichen Forschung (ABl. EU Nr. L 289 S. 15).

[2] Neubekanntmachung des AufenthaltsG v. 30. 7. 2004 (BGBl. I S. 1950) in der ab 28. 8. 2007 geltenden Fassung.

[3] Vollständig abgedruckt in **Deutsches Ausländerrecht** (dtv 5537) Nr. **1**.

Kapitel 1. Allgemeine Bestimmungen

§ 1 Zweck des Gesetzes; Anwendungsbereich. (1) ¹Das Gesetz dient der Steuerung und Begrenzung des Zuzugs von Ausländern in die Bundesrepublik Deutschland. ²Es ermöglicht und gestaltet Zuwanderung unter Berücksichtigung der Aufnahme- und Integrationsfähigkeit sowie der wirtschaftlichen und arbeitsmarktpolitischen Interessen der Bundesrepublik Deutschland. ³Das Gesetz dient zugleich der Erfüllung der humanitären Verpflichtungen der Bundesrepublik Deutschland. ⁴Es regelt hierzu die Einreise, den Aufenthalt, die Erwerbstätigkeit und die Integration von Ausländern. ⁵Die Regelungen in anderen Gesetzen bleiben unberührt.

(2) Dieses Gesetz findet keine Anwendung auf Ausländer,
1. deren Rechtsstellung von dem Gesetz über die allgemeine Freizügigkeit von Unionsbürgern[1]) geregelt ist, soweit nicht durch Gesetz etwas anderes bestimmt ist,
2. die nach Maßgabe der §§ 18 bis 20 des Gerichtsverfassungsgesetzes nicht der deutschen Gerichtsbarkeit unterliegen,
3. soweit sie nach Maßgabe völkerrechtlicher Verträge für den diplomatischen und konsularischen Verkehr und für die Tätigkeit internationaler Organisationen und Einrichtungen von Einwanderungsbeschränkungen, von der Verpflichtung, ihren Aufenthalt der Ausländerbehörde anzuzeigen und dem Erfordernis eines Aufenthaltstitels befreit sind und wenn Gegenseitigkeit besteht, sofern die Befreiungen davon abhängig gemacht werden können.

§ 2 Begriffsbestimmungen. (1) Ausländer ist jeder, der nicht Deutscher im Sinne des Artikels 116 Abs. 1 des Grundgesetzes ist.

(2) Erwerbstätigkeit ist die selbständige Tätigkeit und die Beschäftigung im Sinne von § 7 des Vierten Buches Sozialgesetzbuch[2]).

(3) ¹Der Lebensunterhalt eines Ausländers ist gesichert, wenn er ihn einschließlich ausreichenden Krankenversicherungsschutzes ohne Inanspruchnahme öffentlicher Mittel bestreiten kann. ²Dabei bleiben das Kindergeld, der Kinderzuschlag und das Erziehungsgeld oder Elterngeld sowie öffentliche Mittel außer Betracht, die auf Beitragsleistungen beruhen oder die gewährt werden, um den Aufenthalt im Bundesgebiet zu ermöglichen. ³Ist der Ausländer in einer gesetzlichen Krankenversicherung krankenversichert, hat er ausreichenden Krankenversicherungsschutz. ⁴Bei der Erteilung oder Verlängerung einer Aufenthaltserlaubnis zum Familiennachzug werden Beiträge der Familienangehörigen zum Haushaltseinkommen berücksichtigt. ⁵Der Lebensunterhalt gilt für die Erteilung einer Aufenthaltserlaubnis nach § 16 als gesichert, wenn der Ausländer über monatliche Mittel in Höhe des monatlichen Bedarfs, der nach den §§ 13 und 13a Abs. 1 des Bundesausbildungsförderungsgesetzes bestimmt wird, verfügt. ⁶Für die Erteilung einer Aufenthaltserlaubnis nach § 20 gilt ein Betrag in Höhe von zwei Dritteln der Bezugsgröße im Sinne des § 18 des Vierten Buches Sozialgesetzbuch[2]) als ausreichend zur Deckung der Kosten der Lebenshaltung. ⁷Das Bundesministerium des Innern gibt die Min-

---

[1]) **EU-Arbeitsrecht (dtv 5751) Nr. 13.**
[2]) Nr. 43.

destbeträge nach den Sätzen 5 und 6 für jedes Kalenderjahr jeweils bis zum 31. Dezember des Vorjahres im Bundesanzeiger bekannt.

(4) ¹Als ausreichender Wohnraum wird nicht mehr gefordert, als für die Unterbringung eines Wohnungssuchenden in einer öffentlich geförderten Sozialmietwohnung genügt. ²Der Wohnraum ist nicht ausreichend, wenn er den auch für Deutsche geltenden Rechtsvorschriften hinsichtlich Beschaffenheit und Belegung nicht genügt. ³Kinder bis zur Vollendung des zweiten Lebensjahres werden bei der Berechnung des für die Familienunterbringung ausreichenden Wohnraumes nicht mitgezählt.

(5) Ein Schengen-Visum ist der einheitliche Sichtvermerk nach Maßgabe der als Schengen-Besitzstand in das Gemeinschaftsrecht überführten Bestimmungen (ABl. EG 2000 Nr. L 239 S. 1) und der nachfolgend ergangenen Rechtsakte.

(6) Vorübergehender Schutz im Sinne dieses Gesetzes ist die Aufenthaltsgewährung in Anwendung der Richtlinie 2001/55/EG des Rates vom 20. Juli 2001 über Mindestnormen für die Gewährung vorübergehenden Schutzes im Falle eines Massenzustroms von Vertriebenen und Maßnahmen zur Förderung einer ausgewogenen Verteilung der Belastungen, die mit der Aufnahme dieser Personen und den Folgen dieser Aufnahme verbunden sind, auf die Mitgliedstaaten (ABl. EG Nr. L 212 S. 12).

(7) Langfristig Aufenthaltsberechtigter ist ein Ausländer, dem in einem Mitgliedstaat der Europäischen Union die Rechtsstellung nach Artikel 2 Buchstabe b der Richtlinie 2003/109/EG des Rates vom 25. November 2003 betreffend die Rechtsstellung der langfristig aufenthaltsberechtigten Drittstaatsangehörigen (ABl. EU 2004 Nr. L 16 S. 44) verliehen und nicht entzogen wurde.

Kapitel 2. Einreise und Aufenthalt im Bundesgebiet

Abschnitt 4. Aufenthalt zum Zweck der Erwerbstätigkeit

§ 18 Beschäftigung. (1) ¹Die Zulassung ausländischer Beschäftigter orientiert sich an den Erfordernissen des Wirtschaftsstandortes Deutschland unter Berücksichtigung der Verhältnisse auf dem Arbeitsmarkt und dem Erfordernis, die Arbeitslosigkeit wirksam zu bekämpfen. ²Internationale Verträge bleiben unberührt.

(2) ¹Einem Ausländer kann ein Aufenthaltstitel zur Ausübung einer Beschäftigung erteilt werden, wenn die Bundesagentur für Arbeit nach § 39 zugestimmt hat oder durch Rechtsverordnung nach § 42 oder zwischenstaatliche Vereinbarung bestimmt ist, dass die Ausübung der Beschäftigung ohne Zustimmung der Bundesagentur für Arbeit zulässig ist. ²Beschränkungen bei der Erteilung der Zustimmung durch die Bundesagentur für Arbeit sind in den Aufenthaltstitel zu übernehmen.

(3) Eine Aufenthaltserlaubnis zur Ausübung einer Beschäftigung nach Absatz 2, die keine qualifizierte Berufsausbildung voraussetzt, darf nur erteilt werden, wenn dies durch zwischenstaatliche Vereinbarung bestimmt ist oder wenn auf Grund einer Rechtsverordnung nach § 42 die Erteilung der Zustimmung zu einer Aufenthaltserlaubnis für diese Beschäftigung zulässig ist.

(4) ¹Ein Aufenthaltstitel zur Ausübung einer Beschäftigung nach Absatz 2, die eine qualifizierte Berufsausbildung voraussetzt, darf nur für eine Beschäftigung in einer Berufsgruppe erteilt werden, die durch Rechtsverordnung nach § 42 zugelassen worden ist. ²Im begründeten Einzelfall kann eine Aufenthaltserlaubnis für eine Beschäftigung erteilt werden, wenn an der Beschäftigung ein öffentliches, insbesondere ein regionales, wirtschaftliches oder arbeitsmarktpolitisches Interesse besteht.

(5) Ein Aufenthaltstitel nach Absatz 2 und § 19 darf nur erteilt werden, wenn ein konkretes Arbeitsplatzangebot vorliegt.

§ 19 Niederlassungserlaubnis für Hochqualifizierte. (1) ¹Einem hoch qualifizierten Ausländer kann in besonderen Fällen eine Niederlassungserlaubnis erteilt werden, wenn die Bundesagentur für Arbeit nach § 39 zugestimmt hat oder durch Rechtsverordnung nach § 42 oder zwischenstaatliche Vereinbarung bestimmt ist, dass die Niederlassungserlaubnis ohne Zustimmung der Bundesagentur für Arbeit nach § 39 erteilt werden kann und die Annahme gerechtfertigt ist, dass die Integration in die Lebensverhältnisse der Bundesrepublik Deutschland und die Sicherung des Lebensunterhalts ohne staatliche Hilfe gewährleistet sind. ²Die Landesregierung kann bestimmen, dass die Erteilung der Niederlassungserlaubnis nach Satz 1 der Zustimmung der obersten Landesbehörde oder einer von ihr bestimmten Stelle bedarf.

(2) Hoch qualifiziert nach Absatz 1 sind insbesondere
1. Wissenschaftler mit besonderen fachlichen Kenntnissen,
2. Lehrpersonen in herausgehobener Funktion oder wissenschaftliche Mitarbeiter in herausgehobener Funktion oder
3. Spezialisten und leitende Angestellte mit besonderer Berufserfahrung, die ein Gehalt in Höhe von mindestens dem Doppelten der Beitragsbemessungsgrenze der gesetzlichen Krankenversicherung erhalten.

§ 20 Forschung. (1) Einem Ausländer wird eine Aufenthaltserlaubnis zum Zweck der Forschung erteilt, wenn
1. er eine wirksame Aufnahmevereinbarung zur Durchführung eines Forschungsvorhabens mit einer Forschungseinrichtung abgeschlossen hat, die für die Durchführung des besonderen Zulassungsverfahrens für Forscher im Bundesgebiet nach der Richtlinie 2005/71/EG des Rates vom 12. Oktober 2005 über ein besonderes Zulassungsverfahren für Drittstaatsangehörige zum Zwecke der wissenschaftlichen Forschung (ABl. EU Nr. L 289 S. 15) vorgesehenen besonderen Zulassungsverfahrens für Forscher im Bundesgebiet anerkannt ist, und
2. die anerkannte Forschungseinrichtung sich schriftlich zur Übernahme der Kosten verpflichtet hat, die öffentlichen Stellen bis zu sechs Monaten nach der Beendigung der Aufnahmevereinbarung entstehen für
    a) den Lebensunterhalt des Ausländers während eines unerlaubten Aufenthalts in einem Mitgliedstaat der Europäischen Union und
    b) eine Abschiebung des Ausländers.

(2) ¹Von dem Erfordernis des Absatzes 1 Nr. 2 soll abgesehen werden, wenn die Tätigkeit der Forschungseinrichtung überwiegend aus öffentlichen Mitteln finanziert wird. ²Es kann davon abgesehen werden, wenn an dem Forschungsvorhaben ein besonderes öffentliches Interesse besteht. ³Auf die

nach Absatz 1 Nr. 2 abgegebenen Erklärungen sind § 66 Abs. 5, § 67 Abs. 3 sowie § 68 Abs. 2 Satz 2 und 3 und Abs. 4 entsprechend anzuwenden.

(3) Die Forschungseinrichtung kann die Erklärung nach Absatz 1 Nr. 2 auch gegenüber der für ihre Anerkennung zuständigen Stelle allgemein für sämtliche Ausländer abgeben, denen auf Grund einer mit ihr geschlossenen Aufnahmevereinbarung eine Aufenthaltserlaubnis erteilt wird.

(4) [1]Die Aufenthaltserlaubnis wird für mindestens ein Jahr erteilt. [2]Wenn das Forschungsvorhaben in einem kürzeren Zeitraum durchgeführt wird, wird die Aufenthaltserlaubnis abweichend von Satz 1 auf die Dauer des Forschungsvorhabens befristet.

(5) [1]Ausländern, die einen Aufenthaltstitel eines anderen Mitgliedstaates der Europäischen Union zum Zweck der Forschung nach Richtlinie 2005/71/EG besitzen, ist zur Durchführung von Teilen des Forschungsvorhabens im Bundesgebiet eine Aufenthaltserlaubnis oder ein Visum zu erteilen. [2]Für einen Aufenthalt von mehr als drei Monaten wird die Aufenthaltserlaubnis nur erteilt, wenn die Voraussetzungen nach Absatz 1 erfüllt sind. [3]§ 9 ist nicht anzuwenden.

(6) [1]Eine Aufenthaltserlaubnis nach den Absätzen 1 und 5 Satz 2 berechtigt zur Ausübung der Erwerbstätigkeit für das in der Aufnahmevereinbarung bezeichnete Forschungsvorhaben und zur Ausübung von Tätigkeiten in der Lehre. [2]Ein Ausländer, der die Voraussetzungen nach Absatz 5 Satz 1 erfüllt, darf für einen Zeitraum von drei Monaten innerhalb von zwölf Monaten eine Erwerbstätigkeit nach Satz 1 auch ohne Aufenthaltstitel ausüben.

(7) Die Absätze 1 und 5 gelten nicht für Ausländer,
1. die sich in einem Mitgliedstaat der Europäischen Union aufhalten, weil sie einen Antrag auf Zuerkennung der Flüchtlingseigenschaft oder auf Gewährung subsidiären Schutzes im Sinne der Richtlinie 2004/83/EG gestellt haben,
2. die sich im Rahmen einer Regelung zum vorübergehenden Schutz in einem Mitgliedstaat der Europäischen Union aufhalten,
3. deren Abschiebung in einem Mitgliedstaat der Europäischen Union aus tatsächlichen oder rechtlichen Gründen ausgesetzt wurde,
4. deren Forschungstätigkeit Bestandteil eines Promotionsstudiums ist oder
5. die von einer Forschungseinrichtung in einem anderen Mitgliedstaat der Europäischen Union an eine deutsche Forschungseinrichtung als Arbeitnehmer entsandt werden.

§ 21 Selbständige Tätigkeit.
(1) [1]Einem Ausländer kann eine Aufenthaltserlaubnis zur Ausübung einer selbständigen Tätigkeit erteilt werden, wenn
1. ein übergeordnetes wirtschaftliches Interesse oder ein besonderes regionales Bedürfnis besteht,
2. die Tätigkeit positive Auswirkungen auf die Wirtschaft erwarten lässt und
3. die Finanzierung der Umsetzung durch Eigenkapital oder durch eine Kreditzusage gesichert ist.

[2]Die Voraussetzungen des Satzes 1 Nr. 1 und 2 sind in der Regel gegeben, wenn mindestens 500 000 Euro investiert und fünf Arbeitsplätze geschaffen werden. [3]Im Übrigen richtet sich die Beurteilung der Voraussetzungen nach Satz 1 insbesondere nach der Tragfähigkeit der zu Grunde liegenden Ge-

schäftsidee, den unternehmerischen Erfahrungen des Ausländers, der Höhe des Kapitaleinsatzes, den Auswirkungen auf die Beschäftigungs- und Ausbildungssituation und dem Beitrag für Innovation und Forschung. [4]Bei der Prüfung sind die für den Ort der geplanten Tätigkeit fachkundigen Körperschaften, die zuständigen Gewerbebehörden, die öffentlich-rechtlichen Berufsvertretungen und die für die Berufszulassung zuständigen Behörden zu beteiligen.

(2) Eine Aufenthaltserlaubnis zur Ausübung einer selbständigen Tätigkeit kann auch erteilt werden, wenn völkerrechtliche Vergünstigungen auf der Grundlage der Gegenseitigkeit bestehen.

(3) Ausländern, die älter sind als 45 Jahre, soll die Aufenthaltserlaubnis nur erteilt werden, wenn sie über eine angemessene Altersversorgung verfügen.

(4) [1]Die Aufenthaltserlaubnis wird auf längstens drei Jahre befristet. [2]Nach drei Jahren kann abweichend von § 9 Abs. 2 eine Niederlassungserlaubnis erteilt werden, wenn der Ausländer die geplante Tätigkeit erfolgreich verwirklicht hat und der Lebensunterhalt des Ausländers und seiner mit ihm in familiärer Gemeinschaft lebenden Angehörigen, denen er Unterhalt zu leisten hat, durch ausreichende Einkünfte gesichert ist.

(5) [1]Einem Ausländer kann eine Aufenthaltserlaubnis zur Ausübung einer freiberuflichen Tätigkeit abweichend von Absatz 1 erteilt werden. [2]Eine erforderliche Erlaubnis zur Ausübung des freien Berufes muss erteilt worden oder ihre Erteilung zugesagt sein. [3]Absatz 1 Satz 4 ist entsprechend anzuwenden. [4]Absatz 4 ist nicht anzuwenden.

(6) Einem Ausländer, dem eine Aufenthaltserlaubnis zu einem anderen Zweck erteilt wird oder erteilt worden ist, kann unter Beibehaltung dieses Aufenthaltszwecks die Ausübung einer selbständigen Tätigkeit erlaubt werden, wenn die nach sonstigen Vorschriften erforderlichen Erlaubnisse erteilt wurden oder ihre Erteilung zugesagt ist.

Abschnitt 8. Beteiligung der Bundesagentur für Arbeit

§ 39 Zustimmung zur Ausländerbeschäftigung. (1) [1]Ein Aufenthaltstitel, der einem Ausländer die Ausübung einer Beschäftigung erlaubt, kann nur mit Zustimmung der Bundesagentur für Arbeit erteilt werden, soweit durch Rechtsverordnung nicht etwas anderes bestimmt ist. [2]Die Zustimmung kann erteilt werden, wenn dies in zwischenstaatlichen Vereinbarungen, durch ein Gesetz oder durch Rechtsverordnung bestimmt ist.

(2) [1]Die Bundesagentur für Arbeit kann der Erteilung einer Aufenthaltserlaubnis zur Ausübung einer Beschäftigung nach § 18 zustimmen, wenn

1. a) sich durch die Beschäftigung von Ausländern nachteilige Auswirkungen auf den Arbeitsmarkt, insbesondere hinsichtlich der Beschäftigungsstruktur, der Regionen und der Wirtschaftszweige, nicht ergeben und
   b) für die Beschäftigung deutsche Arbeitnehmer sowie Ausländer, die diesen hinsichtlich der Arbeitsaufnahme rechtlich gleichgestellt sind oder andere Ausländer, die nach dem Recht der Europäischen Union einen Anspruch auf vorrangigen Zugang zum Arbeitsmarkt haben, nicht zur Verfügung stehen oder
2. sie durch Prüfung nach Satz 1 Nr. 1 Buchstabe a und b für einzelne Berufsgruppen oder für einzelne Wirtschaftszweige festgestellt hat, dass die Beset-

zung der offenen Stellen mit ausländischen Bewerbern arbeitsmarkt- und integrationspolitisch verantwortbar ist,
und der Ausländer nicht zu ungünstigeren Arbeitsbedingungen als vergleichbare deutsche Arbeitnehmer beschäftigt wird. ²Für die Beschäftigung stehen deutsche Arbeitnehmer und diesen gleichgestellte Ausländer auch dann zur Verfügung, wenn sie nur mit Förderung der Agentur für Arbeit vermittelt werden können. ³Der Arbeitgeber, bei dem ein Ausländer beschäftigt werden soll, der dafür eine Zustimmung benötigt, hat der Bundesagentur für Arbeit Auskunft über Arbeitsentgelt, Arbeitszeiten und sonstige Arbeitsbedingungen zu erteilen.

(3) Absatz 2 gilt auch, wenn bei Aufenthalten zu anderen Zwecken nach den Abschnitten 3, 5, 6 oder 7 eine Zustimmung der Bundesagentur für Arbeit zur Ausübung einer Beschäftigung erforderlich ist.

(4) Die Zustimmung kann die Dauer und die berufliche Tätigkeit festlegen sowie die Beschäftigung auf bestimmte Betriebe oder Bezirke beschränken.

(5) Die Bundesagentur für Arbeit kann der Erteilung einer Niederlassungserlaubnis nach § 19 zustimmen, wenn sich durch die Beschäftigung des Ausländers nachteilige Auswirkungen auf den Arbeitsmarkt nicht ergeben.

(6) ¹Staatsangehörigen derjenigen Staaten, die nach dem Vertrag vom 16. April 2003 über den Beitritt der Tschechischen Republik, der Republik Estland, der Republik Zypern, der Republik Lettland, der Republik Litauen, der Republik Ungarn, der Republik Malta, der Republik Polen, der Republik Slowenien und der Slowakischen Republik zur Europäischen Union (BGBl. 2003 II S. 1408) oder nach dem Vertrag vom 25. April 2005 über den Beitritt der Republik Bulgarien und Rumäniens zur Europäischen Union (BGBl. 2006 II S. 1146) der Europäischen Union beigetreten sind, kann von der Bundesagentur für Arbeit eine Beschäftigung, die eine qualifizierte Berufsausbildung voraussetzt, unter den Voraussetzungen des Absatzes 2 erlaubt werden, soweit nach Maßgabe dieser Verträge von den Rechtsvorschriften der Europäischen Gemeinschaft abweichende Regelungen Anwendung finden. ²Ihnen ist Vorrang gegenüber zum Zweck der Beschäftigung einreisenden Staatsangehörigen aus Drittstaaten zu gewähren.

§ 40 Versagungsgründe. (1) Die Zustimmung nach § 39 ist zu versagen, wenn

1. das Arbeitsverhältnis auf Grund einer unerlaubten Arbeitsvermittlung oder Anwerbung zustande gekommen ist oder
2. der Ausländer als Leiharbeitnehmer (§ 1 Abs. 1 des Arbeitnehmerüberlassungsgesetzes¹)) tätig werden will.

(2) Die Zustimmung kann versagt werden, wenn

1. der Ausländer gegen § 404 Abs. 1 oder 2 Nr. 2 bis 13 des Dritten Buches Sozialgesetzbuch, § 10 oder § 11 des Schwarzarbeitsbekämpfungsgesetzes²) oder gegen die §§ 15, 15a oder § 16 Abs. 1 Nr. 2 des Arbeitnehmerüberlassungsgesetzes¹) schuldhaft verstoßen hat oder
2. wichtige Gründe in der Person des Ausländers vorliegen.

---
¹) Nr. 31.
²) Nr. 25.

§ 41 Widerruf der Zustimmung. Die Zustimmung kann widerrufen werden, wenn der Ausländer zu ungünstigeren Arbeitsbedingungen als vergleichbare deutsche Arbeitnehmer beschäftigt wird (§ 39 Abs. 2 Satz 1) oder der Tatbestand des § 40 Abs. 1 oder 2 erfüllt ist.

§ 42 Verordnungsermächtigung und Weisungsrecht. (1) Das Bundesministerium für Arbeit und Soziales kann durch Rechtsverordnung[1)] mit Zustimmung des Bundesrates Folgendes bestimmen:
1. Beschäftigungen, für die eine Zustimmung der Bundesagentur für Arbeit (§ 17 Satz 1, § 18 Abs. 2 Satz 1, § 19 Abs. 1) nicht erforderlich ist,
2. Berufsgruppen, bei denen nach Maßgabe des § 18 eine Beschäftigung ausländischer Erwerbstätiger zugelassen werden kann, und erforderlichenfalls nähere Voraussetzungen für deren Zulassung auf dem deutschen Arbeitsmarkt,
3. Ausnahmen für Angehörige bestimmter Staaten,
4. Tätigkeiten, die für die Durchführung dieses Gesetzes stets oder unter bestimmten Voraussetzungen nicht als Beschäftigung anzusehen sind.

(2) Das Bundesministerium für Arbeit und Soziales kann durch Rechtsverordnung[1)] ohne Zustimmung des Bundesrates Folgendes bestimmen:
1. die Voraussetzungen und das Verfahren zur Erteilung der Zustimmung der Bundesagentur für Arbeit; dabei kann auch ein alternatives Verfahren zur Vorrangprüfung geregelt werden,
2. Einzelheiten über die zeitliche, betriebliche, berufliche und regionale Beschränkung der Zustimmung nach § 39 Abs. 4,
3. Ausnahmen, in denen eine Zustimmung abweichend von § 39 Abs. 2 erteilt werden darf,
4. Beschäftigungen, für die eine Zustimmung der Bundesagentur für Arbeit nach § 4 Abs. 2 Satz 3 nicht erforderlich ist,
5. Fälle, in denen geduldeten Ausländern abweichend von § 4 Abs. 3 Satz 1 eine Beschäftigung erlaubt werden kann.

(3) Das Bundesministerium für Arbeit und Soziales kann der Bundesagentur für Arbeit zur Durchführung der Bestimmungen dieses Gesetzes und der hierzu erlassenen Rechtsverordnungen sowie der von den Europäischen Gemeinschaften erlassenen Bestimmungen über den Zugang zum Arbeitsmarkt und der zwischenstaatlichen Vereinbarungen über die Beschäftigung von Arbeitnehmern Weisungen erteilen.

[1)] Siehe hierzu die Beschäftigungsverordnung v. 22. 11. 2004 (BGBl. I S. 2937), zuletzt geänd. durch VO v. 28. 6. 2007 (BGBl. I S. 1224).

43. Viertes Buch Sozialgesetzbuch
– Gemeinsame Vorschriften für die Sozialversicherung –
(SGB IV)

In der Fassung der Bekanntmachung vom 23. 1. 2006[1]
(BGBl. I S. 86, ber. S. 466)

FNA 860-4-1

zuletzt geänd. durch Art. 5 Pflege-WeiterentwicklungsG v. 28. 5. 2008 (BGBl. I S. 874)

– Auszug[2] –

Erster Abschnitt. Grundsätze und Begriffsbestimmungen

Erster Titel. Geltungsbereich und Umfang der Versicherung

§ 2 Versicherter Personenkreis. (1) Die Sozialversicherung umfasst Personen, die kraft Gesetzes oder Satzung (Versicherungspflicht) oder auf Grund freiwilligen Beitritts oder freiwilliger Fortsetzung der Versicherung (Versicherungsberechtigung) versichert sind.

(1 a) Deutsche im Sinne der Vorschriften über die Sozialversicherung und die Arbeitsförderung sind Deutsche im Sinne des Artikels 116 des Grundgesetzes.

(2) In allen Zweigen der Sozialversicherung sind nach Maßgabe der besonderen Vorschriften für die einzelnen Versicherungszweige versichert
1. Personen, die gegen Arbeitsentgelt oder zu ihrer Berufsausbildung beschäftigt sind,
2., 3. ...

(3), (4) ...

§ 3 Persönlicher und räumlicher Geltungsbereich. Die Vorschriften über die Versicherungspflicht und die Versicherungsberechtigung gelten,
1. soweit sie eine Beschäftigung oder eine selbständige Tätigkeit voraussetzen, für alle Personen, die im Geltungsbereich dieses Gesetzbuchs beschäftigt oder selbständig tätig sind,
2. soweit sie eine Beschäftigung oder eine selbständige Tätigkeit nicht voraussetzen, für alle Personen, die ihren Wohnsitz oder gewöhnlichen Aufenthalt im Geltungsbereich dieses Gesetzbuchs haben.

---

[1] Neubekanntmachung des SGB IV v. 23. 12. 1976 (BGBl. I S. 3845) in der ab 1. 1. 2006 geltenden Fassung.
[2] Vollständig abgedruckt in **Sozialgesetzbuch** (dtv 5024) Nr. **4**.

§ 4 Ausstrahlung. (1) Soweit die Vorschriften über die Versicherungspflicht und die Versicherungsberechtigung eine Beschäftigung voraussetzen, gelten sie auch für Personen, die im Rahmen eines im Geltungsbereich dieses Gesetzbuchs bestehenden Beschäftigungsverhältnisses in ein Gebiet außerhalb dieses Geltungsbereichs entsandt werden, wenn die Entsendung infolge der Eigenart der Beschäftigung oder vertraglich im Voraus zeitlich begrenzt ist.

(2) Für Personen, die eine selbständige Tätigkeit ausüben, gilt Absatz 1 entsprechend.

§ 5 Einstrahlung. (1) Soweit die Vorschriften über die Versicherungspflicht und die Versicherungsberechtigung eine Beschäftigung voraussetzen, gelten sie nicht für Personen, die im Rahmen eines außerhalb des Geltungsbereichs dieses Gesetzbuchs bestehenden Beschäftigungsverhältnisses in diesen Geltungsbereich entsandt werden, wenn die Entsendung infolge der Eigenart der Beschäftigung oder vertraglich im Voraus zeitlich begrenzt ist.

(2) Für Personen, die eine selbständige Tätigkeit ausüben, gilt Absatz 1 entsprechend.

§ 6 Vorbehalt abweichender Regelungen. Regelungen des über- und zwischenstaatlichen Rechts bleiben unberührt.

Zweiter Titel. Beschäftigung und selbständige Tätigkeit

§ 7 Beschäftigung. (1) ¹Beschäftigung ist die nichtselbständige Arbeit, insbesondere in einem Arbeitsverhältnis. ²Anhaltspunkte für eine Beschäftigung sind eine Tätigkeit nach Weisungen und eine Eingliederung in die Arbeitsorganisation des Weisungsgebers.

(1 a)[1] ¹Ist für Zeiten einer Freistellung von der Arbeitsleistung Arbeitsentgelt fällig, das mit einer vor oder nach diesen Zeiten erbrachten Arbeitsleistung erzielt wird (Wertguthaben), besteht während der Freistellung eine Beschäftigung gegen Arbeitsentgelt, wenn

1. die Freistellung auf Grund einer schriftlichen Vereinbarung erfolgt und
2. die Höhe des für die Zeit der Freistellung und des für die vorausgegangenen zwölf Kalendermonate monatlich fälligen Arbeitsentgelts nicht unangemessen voneinander abweichen und diese Arbeitsentgelte 400 Euro übersteigen.

²Beginnt ein Beschäftigungsverhältnis mit einer Zeit der Freistellung, gilt Satz 1 Nr. 2 mit der Maßgabe, dass die Höhe des für die Zeit der Freistellung und des für die Zeit der Arbeitsleistung, mit der das Arbeitsentgelt später erzielt werden soll, monatlich fälligen Arbeitsentgelts nicht unangemessen voneinander abweichen darf und diese Arbeitsentgelte 400 Euro übersteigen müssen. ³Eine Beschäftigung gegen Arbeitsentgelt besteht während der Zeit der Freistellung auch, wenn die Arbeitsleistung, mit der das Arbeitsentgelt später erzielt werden soll, wegen einer im Zeitpunkt der Vereinbarung nicht vorher-

---

[1] Amtl. Anm.: **Übergangsregelung.** Beiträge, die auf Grund einer Vereinbarung nach § 7 Abs. 1 a für Zeiten einer Freistellung von der Arbeitsleistung vor dem Zeitpunkt des Inkrafttretens dieses Gesetzes gezahlt worden sind, gelten als zu Recht entrichtete Beiträge.

Gem. Vorschriften für die Sozialversicherung § 7a SGB IV 43

sehbaren vorzeitigen Beendigung des Beschäftigungsverhältnisses nicht mehr erbracht werden kann. ⁴Die Vertragsparteien können beim Abschluss der Vereinbarung nur für den Fall, dass Wertguthaben wegen der Beendigung der Beschäftigung auf Grund verminderter Erwerbsfähigkeit, des Erreichens einer Altersgrenze, zu der eine Rente wegen Alters beansprucht werden kann, oder des Todes des Beschäftigten nicht mehr für Zeiten einer Freistellung von der Arbeitsleistung verwendet werden können, einen anderen Verwendungszweck vereinbaren. ⁵Die Sätze 1 bis 4 gelten nicht für Beschäftigte, auf die Wertguthaben übertragen werden. ⁶Bis zur Herstellung einheitlicher Einkommensverhältnisse im Inland werden Wertguthaben, die durch Arbeitsleistung im Beitrittsgebiet erzielt werden, getrennt erfasst; sind für die Beitrags- oder Leistungsberechnung im Beitrittsgebiet und im übrigen Bundesgebiet unterschiedliche Werte vorgeschrieben, sind die Werte maßgebend, die für den Teil des Inlandes gelten, in dem das Wertguthaben erzielt worden ist.

(1 b) Die Möglichkeit eines Arbeitnehmers zur Vereinbarung flexibler Arbeitszeiten gilt nicht als eine die Kündigung des Arbeitsverhältnisses durch den Arbeitgeber begründende Tatsache im Sinne des § 1 Abs. 2 Satz 1 des Kündigungsschutzgesetzes[1)].

(2) Als Beschäftigung gilt auch der Erwerb beruflicher Kenntnisse, Fertigkeiten oder Erfahrungen im Rahmen betrieblicher Berufsbildung.

(3) ¹Eine Beschäftigung gegen Arbeitsentgelt gilt als fortbestehend, solange das Beschäftigungsverhältnis ohne Anspruch auf Arbeitsentgelt fortdauert, jedoch nicht länger als einen Monat. ²Satz 1 gilt nicht, wenn Krankengeld, Krankentagegeld, Verletztengeld, Versorgungskrankengeld, Übergangsgeld oder Mutterschaftsgeld oder nach gesetzlichen Vorschriften Erziehungsgeld oder Elterngeld bezogen oder Elternzeit in Anspruch genommen oder Wehrdienst oder Zivildienst geleistet wird. ³Satz 1 gilt auch nicht für die Inanspruchnahme von Pflegezeit im Sinne des § 3 des Pflegezeitgesetzes.

Abs. (4) in der bis 30. 6. 2009 geltenden Fassung:

(4) ¹Für Personen, die für eine selbständige Tätigkeit einen Zuschuss nach § 421l des Dritten Buches beantragen, wird widerlegbar vermutet, dass sie in dieser Tätigkeit als Selbständige tätig sind. ²Für die Dauer des Bezugs dieses Zuschusses gelten diese Personen als selbständig Tätige.

§ 7 a Anfrageverfahren. (1) ¹Die Beteiligten können schriftlich eine Entscheidung beantragen, ob eine Beschäftigung vorliegt, es sei denn, die Einzugsstelle oder ein anderer Versicherungsträger hatte im Zeitpunkt der Antragstellung bereits ein Verfahren zur Feststellung einer Beschäftigung eingeleitet. ²Die Einzugsstelle hat einen Antrag nach Satz 1 zu stellen, wenn sich aus der Meldung des Arbeitgebers (§ 28 a) ergibt, dass der Beschäftigte Angehöriger des Arbeitgebers oder geschäftsführender Gesellschafter einer Gesellschaft mit beschränkter Haftung ist. ³Über den Antrag entscheidet abweichend von § 28 h Abs. 2 die Deutsche Rentenversicherung Bund.

(2) Die Deutsche Rentenversicherung Bund entscheidet auf Grund einer Gesamtwürdigung aller Umstände des Einzelfalles, ob eine Beschäftigung vorliegt.

[1)] Nr. 20.

(3) ¹Die Deutsche Rentenversicherung Bund teilt den Beteiligten schriftlich mit, welche Angaben und Unterlagen sie für ihre Entscheidung benötigt. ²Sie setzt den Beteiligten eine angemessene Frist, innerhalb der diese die Angaben zu machen und die Unterlagen vorzulegen haben.

(4) Die Deutsche Rentenversicherung Bund teilt den Beteiligten mit, welche Entscheidung sie zu treffen beabsichtigt, bezeichnet die Tatsachen, auf die sie ihre Entscheidung stützen will, und gibt den Beteiligten Gelegenheit, sich zu der beabsichtigten Entscheidung zu äußern.

(5) Die Deutsche Rentenversicherung Bund fordert die Beteiligten auf, innerhalb einer angemessenen Frist die Tatsachen anzugeben, die eine Widerlegung begründen, wenn diese die Vermutung widerlegen wollen.

(6) ¹Wird der Antrag nach Absatz 1 innerhalb eines Monats nach Aufnahme der Tätigkeit gestellt und stellt die Deutsche Rentenversicherung Bund ein versicherungspflichtiges Beschäftigungsverhältnis fest, tritt die Versicherungspflicht mit der Bekanntgabe der Entscheidung ein, wenn der Beschäftigte

1. zustimmt und
2. er für den Zeitraum zwischen Aufnahme der Beschäftigung und der Entscheidung eine Absicherung gegen das finanzielle Risiko von Krankheit und zur Altersvorsorge vorgenommen hat, die der Art nach den Leistungen der gesetzlichen Krankenversicherung und der gesetzlichen Rentenversicherung entspricht.

²Der Gesamtsozialversicherungsbeitrag wird erst zu dem Zeitpunkt fällig, zu dem die Entscheidung, dass eine Beschäftigung vorliegt, unanfechtbar geworden ist.

(7) ¹Widerspruch und Klage gegen Entscheidungen, dass eine Beschäftigung vorliegt, haben aufschiebende Wirkung. ²Eine Klage auf Erlass der Entscheidung ist abweichend von § 88 Abs. 1 des Sozialgerichtsgesetzes nach Ablauf von drei Monaten zulässig.

§ 7 b Insolvenzschutz. (1) Die Vertragsparteien treffen im Rahmen ihrer Vereinbarungen nach § 7 Abs. 1 a Vorkehrungen, die der Erfüllung der Wertguthaben einschließlich des auf sie entfallenden Arbeitgeberanteils am Gesamtsozialversicherungsbeitrag bei Zahlungsunfähigkeit des Arbeitgebers dienen, soweit

1. ein Anspruch auf Insolvenzgeld nicht besteht und
2. das Wertguthaben des Beschäftigten einschließlich des darauf entfallenden Arbeitgeberanteils am Gesamtsozialversicherungsbeitrag einen Betrag in Höhe des Dreifachen der monatlichen Bezugsgröße und der vereinbarte Zeitraum, in dem das Wertguthaben auszugleichen ist, 27 Kalendermonate nach der ersten Gutschrift übersteigt; in einem Tarifvertrag oder auf Grund eines Tarifvertrages in einer Betriebsvereinbarung kann ein von dem Dreifachen der monatlichen Bezugsgröße abweichender Betrag des Wertguthabens und ein von 27 Kalendermonaten abweichender Zeitraum vereinbart werden.

(2) Absatz 1 findet keine Anwendung gegenüber dem Bund, einem Land oder einer juristischen Person des öffentlichen Rechts, bei der das Insolvenzverfahren nicht zulässig ist.

(3) Der Arbeitgeber hat die Beschäftigten alsbald über die Vorkehrungen zum Insolvenzschutz in geeigneter Weise schriftlich zu unterrichten, wenn Wertguthaben die in Absatz 1 Nr. 2 genannten Voraussetzungen erfüllen.

§ 7 c *(aufgehoben)*

§ 8 Geringfügige Beschäftigung und geringfügige selbständige Tätigkeit. (1) Eine geringfügige Beschäftigung liegt vor, wenn
1. das Arbeitsentgelt aus dieser Beschäftigung regelmäßig im Monat 400 Euro nicht übersteigt,
2. die Beschäftigung innerhalb eines Kalenderjahres auf längstens zwei Monate oder 50 Arbeitstage nach ihrer Eigenart begrenzt zu sein pflegt oder im Voraus vertraglich begrenzt ist, es sei denn, dass die Beschäftigung berufsmäßig ausgeübt wird und ihr Entgelt 400 Euro im Monat übersteigt.

(2) [1]Bei der Anwendung des Absatzes 1 sind mehrere geringfügige Beschäftigungen nach Nummer 1 oder Nummer 2 sowie geringfügige Beschäftigungen nach Nummer 1 mit Ausnahme einer geringfügigen Beschäftigung nach Nummer 1 und nicht geringfügige Beschäftigungen zusammenzurechnen. [2]Eine geringfügige Beschäftigung liegt nicht mehr vor, sobald die Voraussetzungen des Absatzes 1 entfallen. [3]Wird bei der Zusammenrechnung nach Satz 1 festgestellt, dass die Voraussetzungen einer geringfügigen Beschäftigung nicht mehr vorliegen, tritt die Versicherungspflicht erst mit dem Tage der Bekanntgabe der Feststellung durch die Einzugsstelle oder einen Träger der Rentenversicherung ein.

(3) [1]Die Absätze 1 und 2 gelten entsprechend, soweit anstelle einer Beschäftigung eine selbständige Tätigkeit ausgeübt wird. [2]Dies gilt nicht für das Recht der Arbeitsförderung.

§ 8 a Geringfügige Beschäftigung in Privathaushalten. [1]Werden geringfügige Beschäftigungen ausschließlich in Privathaushalten ausgeübt, gilt § 8. [2]Eine geringfügige Beschäftigung im Privathaushalt liegt vor, wenn diese durch einen privaten Haushalt begründet ist und die Tätigkeit sonst gewöhnlich durch Mitglieder des privaten Haushalts erledigt wird.

§ 9 Beschäftigungsort. (1) Beschäftigungsort ist der Ort, an dem die Beschäftigung tatsächlich ausgeübt wird.

(2) Als Beschäftigungsort gilt der Ort, an dem eine feste Arbeitsstätte errichtet ist, wenn Personen
1. von ihr aus mit einzelnen Arbeiten außerhalb der festen Arbeitsstätte beschäftigt werden oder
2. außerhalb der festen Arbeitsstätte beschäftigt werden und diese Arbeitsstätte sowie der Ort, an dem die Beschäftigung tatsächlich ausgeübt wird, im Bezirk desselben Versicherungsamts liegen.

(3) Sind Personen bei einem Arbeitgeber an mehreren festen Arbeitsstätten beschäftigt, gilt als Beschäftigungsort die Arbeitsstätte, in der sie überwiegend beschäftigt sind.

(4) Erstreckt sich eine feste Arbeitsstätte über den Bezirk mehrerer Gemeinden, gilt als Beschäftigungsort der Ort, an dem die Arbeitsstätte ihren wirtschaftlichen Schwerpunkt hat.

(5) ¹Ist eine feste Arbeitsstätte nicht vorhanden und wird die Beschäftigung an verschiedenen Orten ausgeübt, gilt als Beschäftigungsort der Ort, an dem der Betrieb seinen Sitz hat. ²Leitet eine Außenstelle des Betriebs die Arbeiten unmittelbar, ist der Sitz der Außenstelle maßgebend. ³Ist nach den Sätzen 1 und 2 ein Beschäftigungsort im Geltungsbereich dieses Gesetzbuchs nicht vorhanden, gilt als Beschäftigungsort der Ort, an dem die Beschäftigung erstmals im Geltungsbereich dieses Gesetzbuchs ausgeübt wird.

(6) ¹In den Fällen der Ausstrahlung gilt der bisherige Beschäftigungsort als fortbestehend. ²Ist ein solcher nicht vorhanden, gilt als Beschäftigungsort der Ort, an dem der Betrieb, von dem der Beschäftigte entsandt wird, seinen Sitz hat.

§ 10 Beschäftigungsort für besondere Personengruppen. (1) Für Personen, die ein freiwilliges soziales Jahr oder ein freiwilliges ökologisches Jahr im Sinne des Jugendfreiwilligendienstegesetzes leisten, gilt als Beschäftigungsort der Ort, an dem der Träger des freiwilligen sozialen Jahres oder des freiwilligen ökologischen Jahres seinen Sitz hat.

(2) ¹Für Entwicklungshelfer gilt als Beschäftigungsort der Sitz des Trägers des Entwicklungsdienstes. ²Für auf Antrag im Ausland versicherte Deutsche gilt als Beschäftigungsort der Sitz der antragstellenden Stelle.

(3) ¹Für Seeleute gilt als Beschäftigungsort der Heimathafen des Seeschiffs. ²Ist ein Heimathafen im Geltungsbereich dieses Gesetzbuchs nicht vorhanden, gilt als Beschäftigungsort Hamburg.

§ 11 Tätigkeitsort. (1) Die Vorschriften über den Beschäftigungsort gelten für selbständige Tätigkeiten entsprechend, soweit sich nicht aus Absatz 2 Abweichendes ergibt.

(2) Ist eine feste Arbeitsstätte nicht vorhanden und wird die selbständige Tätigkeit an verschiedenen Orten ausgeübt, gilt als Tätigkeitsort der Ort des Wohnsitzes oder des gewöhnlichen Aufenthalts.

§ 12 Hausgewerbetreibende, Heimarbeiter und Zwischenmeister.

(1) Hausgewerbetreibende sind selbständig Tätige, die in eigener Arbeitsstätte im Auftrag und für Rechnung von Gewerbetreibenden, gemeinnützigen Unternehmen oder öffentlich-rechtlichen Körperschaften gewerblich arbeiten, auch wenn sie Roh- oder Hilfsstoffe selbst beschaffen oder vorübergehend für eigene Rechnung tätig sind.

(2) Heimarbeiter sind sonstige Personen, die in eigener Arbeitsstätte im Auftrag und für Rechnung von Gewerbetreibenden, gemeinnützigen Unternehmen oder öffentlich-rechtlichen Körperschaften erwerbsmäßig arbeiten, auch wenn sie Roh- oder Hilfsstoffe selbst beschaffen; sie gelten als Beschäftigte.

(3) Als Arbeitgeber der Hausgewerbetreibenden oder Heimarbeiter gilt, wer die Arbeit unmittelbar an sie vergibt, als Auftraggeber der, in dessen Auftrag und für dessen Rechnung sie arbeiten.

(4) Zwischenmeister ist, wer, ohne Arbeitnehmer zu sein, die ihm übertragene Arbeit an Hausgewerbetreibende oder Heimarbeiter weitergibt.

Gem. Vorschriften für die Sozialversicherung **§§ 13–15 SGB IV 43**

(5) ¹Als Hausgewerbetreibende, Heimarbeiter oder Zwischenmeister gelten auch die nach § 1 Abs. 2 Satz 1 Buchstaben a, c und d des Heimarbeitsgesetzes[1]) gleichgestellten Personen. ²Dies gilt nicht für das Recht der Arbeitsförderung.

§ 13 Reeder, Seeleute und Deutsche Seeschiffe. (1) ¹Reeder sind die Eigentümer von Seeschiffen. ²Seeleute sind Kapitäne und Besatzungsmitglieder von Seeschiffen sowie sonstige Arbeitnehmer, die an Bord von Seeschiffen während der Reise im Rahmen des Schiffsbetriebs beschäftigt sind, mit Ausnahme der Lotsen.

(2) Als deutsche Seeschiffe gelten alle zur Seefahrt bestimmten Schiffe, die berechtigt sind, die Bundesflagge zu führen.

Dritter Titel. Arbeitsentgelt und sonstiges Einkommen

§ 14 Arbeitsentgelt. (1) ¹Arbeitsentgelt sind alle laufenden oder einmaligen Einnahmen aus einer Beschäftigung, gleichgültig, ob ein Rechtsanspruch auf die Einnahmen besteht, unter welcher Bezeichnung oder in welcher Form sie geleistet werden und ob sie unmittelbar aus der Beschäftigung oder im Zusammenhang mit ihr erzielt werden. ²Arbeitsentgelt sind auch Entgeltteile, die durch Entgeltumwandlung nach *§ 1 Abs. 2 des Gesetzes zur Verbesserung der betrieblichen Altersversorgung [ab 1. 1. 2009 geltende Fassung:* § 1 Abs. 2 Nr. 3 des Betriebsrentengesetzes] für betriebliche Altersversorgung in den Durchführungswegen Direktzusage oder Unterstützungskasse verwendet werden *[ab 1. 1. 2009 geltende Fassung:,* soweit sie 4 vom Hundert der jährlichen Beitragsbemessungsgrenze der allgemeinen Rentenversicherung übersteigen]. ³Steuerfreie Aufwandsentschädigungen und die in § 3 Nr. 26 und 26a des Einkommensteuergesetzes[2]) genannten steuerfreien Einnahmen gelten nicht als Arbeitsentgelt.

(2) ¹Ist ein Nettoarbeitsentgelt vereinbart, gelten als Arbeitsentgelt die Einnahmen des Beschäftigten einschließlich der darauf entfallenden Steuern und der seinem gesetzlichen Anteil entsprechenden Beiträge zur Sozialversicherung und zur Arbeitsförderung. ²Sind bei illegalen Beschäftigungsverhältnissen Steuern und Beiträge zur Sozialversicherung und zur Arbeitsförderung nicht gezahlt worden, gilt ein Nettoarbeitsentgelt als vereinbart.

(3) Bei Verwendung eines Haushaltsschecks (§ 28a Abs. 7) gilt der ausgezahlte Betrag zuzüglich der durch Abzug vom Arbeitslohn einbehaltenen Steuern als Arbeitsentgelt.

§ 15 Arbeitseinkommen. (1) ¹Arbeitseinkommen ist der nach den allgemeinen Gewinnermittlungsvorschriften des Einkommensteuerrechts ermittelte Gewinn aus einer selbständigen Tätigkeit. ²Einkommen ist als Arbeitseinkommen zu werten, wenn es als solches nach dem Einkommensteuerrecht zu bewerten ist.

(2) Bei Landwirten, deren Gewinn aus Land- und Forstwirtschaft nach § 13a des Einkommensteuergesetzes ermittelt wird, ist als Arbeitseinkommen der sich aus § 32 Abs. 6 des Gesetzes über die Alterssicherung der Landwirte ergebende Wert anzusetzen.

---
[1]) Nr. 60.
[2]) Nr. 24.

§ 16 Gesamteinkommen. Gesamteinkommen ist die Summe der Einkünfte im Sinne des Einkommensteuerrechts; es umfasst insbesondere das Arbeitsentgelt und das Arbeitseinkommen.

§ 17 Verordnungsermächtigung. (1) ¹Die Bundesregierung wird ermächtigt, durch Rechtsverordnung mit Zustimmung des Bundesrates zur Wahrung der Belange der Sozialversicherung und der Arbeitsförderung, zur Förderung der betrieblichen Altersversorgung oder zur Vereinfachung des Beitragseinzugs zu bestimmen,
1. dass einmalige Einnahmen oder laufende Zulagen, Zuschläge, Zuschüsse oder ähnliche Einnahmen, die zusätzlich zu Löhnen oder Gehältern gewährt werden, und steuerfreie Einnahmen ganz oder teilweise nicht als Arbeitsentgelt gelten,
2. dass Beiträge an Direktversicherungen und Zuwendungen an Pensionskassen oder Pensionsfonds ganz oder teilweise nicht als Arbeitsentgelt gelten,
3. wie das Arbeitsentgelt, das Arbeitseinkommen und das Gesamteinkommen zu ermitteln und zeitlich zuzurechnen sind,
4. den Wert der Sachbezüge nach dem tatsächlichen Verkehrswert im Voraus für jedes Kalenderjahr.

²Dabei ist eine möglichst weitgehende Übereinstimmung mit den Regelungen des Steuerrechts sicherzustellen.

(2) ¹Das Bundesministerium für Arbeit und Soziales bestimmt im Voraus für jedes Kalenderjahr durch Rechtsverordnung mit Zustimmung des Bundesrates die Bezugsgröße (§ 18). ²Das Bundesministerium für Arbeit und Soziales wird ermächtigt, durch Rechtsverordnung mit Zustimmung des Bundesrates auch sonstige aus der Bezugsgröße abzuleitende Beträge zu bestimmen.

§ 18 Bezugsgröße. (1) Bezugsgröße im Sinne der Vorschriften für die Sozialversicherung ist, soweit in den besonderen Vorschriften für die einzelnen Versicherungszweige nichts Abweichendes bestimmt ist, das Durchschnittsentgelt der gesetzlichen Rentenversicherung im vorvergangenen Kalenderjahr, aufgerundet auf den nächsthöheren, durch 420 teilbaren Betrag.[1)]

(2) Die Bezugsgröße für das Beitrittsgebiet (Bezugsgröße [Ost]) verändert sich zum 1. Januar eines jeden Kalenderjahres mit dem Wert, der sich ergibt, wenn der für das vorvergangene Kalenderjahr geltende Wert der Anlage 1 zum Sechsten Buch durch den für das Kalenderjahr der Veränderung bestimmten vorläufigen Wert der Anlage 10 zum Sechsten Buch geteilt wird, aufgerundet auf den nächsthöheren, durch 420 teilbaren Betrag.

(3) Beitrittsgebiet ist das in Artikel 3 des Einigungsvertrages genannte Gebiet.

Zweiter Abschnitt. Leistungen und Beiträge

Zweiter Titel. Beiträge

§ 25 Verjährung. (1) ¹Ansprüche auf Beiträge verjähren in vier Jahren nach Ablauf des Kalenderjahrs, in dem sie fällig geworden sind. ²Ansprüche auf

---

[1)] Bezugsgröße für die Sozialversicherung: Eine Zusammenstellung der Bezugsgrößen findet sich in einer Tabelle der Sozialversicherungswerte; **Aichberger**, Rentenversicherung Nr. **20**.

vorsätzlich vorenthaltene Beiträge verjähren in dreißig Jahren nach Ablauf des Kalenderjahrs, in dem sie fällig geworden sind.

(2) ¹Für die Hemmung, die Ablaufhemmung, den Neubeginn und die Wirkung der Verjährung gelten die Vorschriften des Bürgerlichen Gesetzbuchs sinngemäß. ²Die Verjährung ist für die Dauer einer Prüfung beim Arbeitgeber gehemmt; diese Hemmung der Verjährung bei einer Prüfung gilt auch gegenüber den auf Grund eines Werkvertrages für den Arbeitgeber tätigen Nachunternehmern und deren weiteren Nachunternehmern. ³Satz 2 gilt nicht, wenn die Prüfung unmittelbar nach ihrem Beginn für die Dauer von mehr als sechs Monaten aus Gründen unterbrochen wird, die die prüfende Stelle zu vertreten hat. ⁴Die Hemmung beginnt mit dem Tag des Beginns der Prüfung beim Arbeitgeber oder bei der vom Arbeitgeber mit der Lohn- und Gehaltsabrechnung beauftragten Stelle und endet mit der Bekanntgabe des Beitragsbescheides, spätestens nach Ablauf von sechs Kalendermonaten nach Abschluss der Prüfung. ⁵Kommt es aus Gründen, die die prüfende Stelle nicht zu vertreten hat, zu einem späteren Beginn der Prüfung, beginnt die Hemmung mit dem von dem Versicherungsträger in seiner Prüfungsankündigung ursprünglich bestimmten Tag. ⁶Die Sätze 2 bis 5 gelten für Prüfungen der Beitragszahlung bei sonstigen Versicherten, in Fällen der Nachversicherung und bei versicherungspflichtigen Selbständigen entsprechend, auch soweit die Prüfungen am 1. Januar 2005 noch nicht abgeschlossen sind.

Dritter Abschnitt. Meldepflichten des Arbeitgebers, Gesamtsozialversicherungsbeitrag

Erster Titel. Meldungen des Arbeitgebers und ihre Weiterleitung

§ 28 a Meldepflicht. (1) Der Arbeitgeber oder ein anderer Meldepflichtiger hat der Einzugsstelle für jeden in der Kranken-, Pflege-, Rentenversicherung oder nach dem Recht der Arbeitsförderung kraft Gesetzes Versicherten
1. bei Beginn der versicherungspflichtigen Beschäftigung,
2. bei Ende der versicherungspflichtigen Beschäftigung,
3. bei Eintritt eines Insolvenzereignisses,
4. (weggefallen)
5. bei Änderungen in der Beitragspflicht,
6. bei Wechsel der Einzugsstelle,
7. (weggefallen)
8. bei Unterbrechung der Entgeltzahlung,
9. bei Auflösung des Arbeitsverhältnisses,
10. bei Änderung des Familiennamens oder des Vornamens,
11. bei Änderung der Staatsangehörigkeit,
12. bei einmalig gezahltem Arbeitsentgelt, soweit es nicht in einer Meldung aus anderem Anlass erfasst werden kann,
13. bei Beginn der Berufsausbildung,
14. bei Ende der Berufsausbildung,
15. bei Wechsel von einer Betriebsstätte im Beitrittsgebiet zu einer Betriebsstätte im übrigen Bundesgebiet oder umgekehrt,

16. bei Beginn der Altersteilzeitarbeit,
17. bei Ende der Altersteilzeitarbeit,
18. bei Änderung des Arbeitsentgelts, wenn die in § 8 Abs. 1 Nr. 1 genannte Grenze über- oder unterschritten wird,
19. bei nach § 23 b Abs. 2 bis 3 gezahltem Arbeitsentgelt oder
20. bei Wechsel von einem Wertguthaben, das im Beitrittsgebiet und einem Wertguthaben, das im übrigen Bundesgebiet erzielt wurde,

eine Meldung durch gesicherte und verschlüsselte Datenübertragung aus systemgeprüften Programmen oder mittels maschinell erstellter Ausfüllhilfen zu erstatten.

(2) Der Arbeitgeber hat jeden am 31. Dezember des Vorjahres Beschäftigten nach Absatz 1 zu melden (Jahresmeldung).

(3) [1] Die Meldungen enthalten für jeden Versicherten insbesondere
1. seine Versicherungsnummer, soweit bekannt,
2. seinen Familien- und Vornamen,
3. sein Geburtsdatum,
4. seine Staatsangehörigkeit,
5. Angaben über seine Tätigkeit nach dem Schlüsselverzeichnis der Bundesagentur für Arbeit,
6. die Betriebsnummer seines Beschäftigungsbetriebes,
7. die Beitragsgruppen,
8. die zuständige Einzugsstelle und
9. den Arbeitgeber.

[2] Zusätzlich sind anzugeben
1. bei der Anmeldung
   a) die Anschrift,
   b) der Beginn der Beschäftigung,
   c) sonstige für die Vergabe der Versicherungsnummer erforderliche Angaben,
   d) die Angabe, ob zum Arbeitgeber eine Beziehung als Ehegatte, Lebenspartner oder Abkömmling besteht,
   e) die Angabe, ob es sich um eine Tätigkeit als geschäftsführender Gesellschafter einer Gesellschaft mit beschränkter Haftung handelt,
2. bei der Abmeldung und bei der Jahresmeldung
   a) eine Anschriftenänderung, wenn die neue Anschrift noch nicht gemeldet worden ist,
   b) das in der Rentenversicherung oder nach dem Recht der Arbeitsförderung beitragspflichtige Arbeitsentgelt in Euro,
   c) der Zeitraum, in dem das angegebene Arbeitsentgelt erzielt wurde,
   d) Wertguthaben, die auf die Zeit nach Eintritt der Erwerbsminderung entfallen,
3. bei der Meldung der Namensänderung eine Anschriftenänderung, wenn die neue Anschrift noch nicht gemeldet worden ist,
4. bei der Meldung nach Absatz 1 Nr. 19
   a) das Arbeitsentgelt in Euro, für das Beiträge gezahlt worden sind,
   b) im Falle des § 23 b Abs. 2 der Kalendermonat und das Jahr der nicht zweckentsprechenden Verwendung des Arbeitsentgelts, im Falle der Zah-

lungsunfähigkeit des Arbeitgebers jedoch der Kalendermonat und das Jahr der Beitragszahlung.

(4) (weggefallen)

(5) Der Meldepflichtige hat der zu meldenden Person den Inhalt der Meldung schriftlich mitzuteilen.

(6) Soweit der Arbeitgeber eines Hausgewerbetreibenden Arbeitgeberpflichten erfüllt, gilt der Hausgewerbetreibende als Beschäftigter.

(6a) Beschäftigt ein Arbeitgeber, der
1. im privaten Bereich nichtgewerbliche Zwecke oder
2. mildtätige, kirchliche, religiöse, wissenschaftliche oder gemeinnützige Zwecke im Sinne des § 10b des Einkommensteuergesetzes

verfolgt, Personen versicherungsfrei geringfügig nach § 8, kann er auf Antrag abweichend von Absatz 1 Meldungen auf Vordrucken erstatten, wenn er glaubhaft macht, dass ihm eine Meldung auf maschinell verwertbaren Datenträgern oder durch Datenübertragung nicht möglich ist.

(7) [1]Der Arbeitgeber erstattet der Einzugsstelle für einen im privaten Haushalt Beschäftigten anstelle der Meldung nach Absatz 1 unverzüglich eine vereinfachte Meldung (Haushaltsscheck) mit den Angaben nach Absatz 8 Satz 1, wenn das Arbeitsentgelt (§ 14 Abs. 3) aus dieser Beschäftigung regelmäßig 400 Euro im Monat nicht übersteigt. [2]Der Arbeitgeber erteilt der Einzugsstelle eine Ermächtigung zum Einzug des Gesamtsozialversicherungsbeitrags. [3]Der Haushaltsscheck ist vom Arbeitgeber und vom Beschäftigten zu unterschreiben. [4]Die Absätze 2, 3 und 5 gelten nicht.

(8) [1]Der Haushaltsscheck enthält
1. den Familiennamen, Vornamen, die Anschrift und die Betriebsnummer des Arbeitgebers,
2. den Familiennamen, Vornamen, die Anschrift und die Versicherungsnummer des Beschäftigten; kann die Versicherungsnummer nicht angegeben werden, ist das Geburtsdatum des Beschäftigten einzutragen,
3. die Angabe, ob der Beschäftigte im Zeitraum der Beschäftigung bei mehreren Arbeitgebern beschäftigt ist, und
4. a) bei einer Meldung bei jeder Lohn- oder Gehaltszahlung den Zeitraum der Beschäftigung, das Arbeitsentgelt (§ 14 Abs. 3) für diesen Zeitraum sowie am Ende der Beschäftigung den Zeitpunkt der Beendigung,
   b) bei einer Meldung zu Beginn der Beschäftigung deren Beginn und das monatliche Arbeitsentgelt (§ 14 Abs. 3),
   c) bei einer Meldung wegen Änderung des Arbeitsentgelts (§ 14 Abs. 3) den neuen Betrag und den Zeitpunkt der Änderung,
   d) bei einer Meldung am Ende der Beschäftigung den Zeitpunkt der Beendigung,
   e) bei Erklärung des Verzichts auf Versicherungsfreiheit nach § 5 Abs. 2 Satz 2 des Sechsten Buches den Zeitpunkt des Verzichts.

[2]Bei sich anschließenden Meldungen kann von der Angabe der Anschrift des Arbeitgebers und des Beschäftigten abgesehen werden.

(9) Die Absätze 1 bis 8 gelten entsprechend für versicherungsfrei geringfügig Beschäftigte mit der Maßgabe, dass für geringfügig Beschäftigte nach § 8 Abs. 1 Nr. 2 eine Jahresmeldung nicht zu erstatten ist.

43 SGB IV § 28 b IV. Arbeitsr. Bestimmungen i. SGB

Abs. (10) in der ab 1. 1. 2009 geltenden Fassung:

(10) ¹Der Arbeitgeber hat für Beschäftigte, die nach § 6 Abs. 1 Nr. 1 des Sechsten Buches von der Versicherungspflicht in der gesetzlichen Rentenversicherung befreit und Mitglied einer berufsständischen Versorgungseinrichtung sind, die Meldungen nach den Absätzen 1, 2 und 9 zusätzlich an die Annahmestelle der berufsständischen Versorgungseinrichtungen zu erstatten. ²Die Datenübermittlung hat durch gesicherte und verschlüsselte Datenübertragung aus systemgeprüften Programmen oder mittels systemgeprüfter maschinell erstellter Ausfüllhilfen zu erfolgen. ³Zusätzlich zu den Angaben nach Absatz 3 enthalten die Meldungen die Mitgliedsnummer des Beschäftigten bei der Versorgungseinrichtung. ⁴Die Absätze 5 bis 6a gelten entsprechend.

Abs. (11) in der ab 1. 1. 2009 geltenden Fassung:

(11) ¹Der Arbeitgeber hat für Beschäftigte, die nach § 6 Abs. 1 Nr. 1 des Sechsten Buches Sozialgesetzbuch von der Versicherungspflicht in der gesetzlichen Rentenversicherung befreit und Mitglied einer berufsständischen Versorgungseinrichtung sind, der Annahmestelle der berufsständischen Versorgungseinrichtungen monatliche Meldungen zur Beitragserhebung zu erstatten. ²Absatz 10 Satz 2 gilt entsprechend. ³Diese Meldungen enthalten für den Beschäftigten

1. die Mitgliedsnummer bei der Versorgungseinrichtung oder, wenn die Mitgliedsnummer nicht bekannt ist, die Personalnummer beim Arbeitgeber, den Familien- und Vornamen, das Geschlecht und das Geburtsdatum,
2. den Zeitraum, für den das Arbeitsentgelt gezahlt wird,
3. das beitragspflichtige ungekürzte laufende Arbeitsentgelt für den Zahlungszeitraum,
4. das beitragspflichtige ungekürzte einmalig gezahlte Arbeitsentgelt im Monat der Abrechnung,
5. die Anzahl der Sozialversicherungstage im Zahlungszeitraum,
6. den Beitrag, der bei Firmenzahlern für das Arbeitsentgelt nach Nummer 3 und 4 anfällt,
7. die Betriebsnummer der Versorgungseinrichtung,
8. die Betriebsnummer des Beschäftigungsbetriebes,
9. den Arbeitgeber,
10. den Ort der Betriebsstätte,
11. den Monat der Abrechnung.

⁴Soweit nicht aus der Entgeltbescheinigung des Beschäftigten zu entnehmen ist, dass die Meldung erfolgt ist und welchen Inhalt sie hatte, gilt Absatz 5.

§ 28 b Aufgaben der Einzugsstelle bei Meldungen, gemeinsame Grundsätze. (1) ¹Die Einzugsstelle nimmt die Meldungen für die gesetzliche Kranken- und Rentenversicherung, nach dem Recht der Arbeitsförderung und für die soziale Pflegeversicherung entgegen, soweit durch dieses Gesetzbuch nichts anderes bestimmt ist. ²Die Einzugsstelle hat dafür zu sorgen, dass die Meldungen rechtzeitig erstattet werden, die erforderlichen Angaben vollständig und richtig enthalten sind und die Meldungen rechtzeitig weitergeleitet werden.

(2) ¹Der Spitzenverband Bund der Krankenkassen, die Deutsche Rentenversicherung Bund und die Bundesagentur für Arbeit bestimmen in gemeinsamen Grundsätzen bundeseinheitlich:
1. die Schlüsselzahlen für Personengruppen, Beitragsgruppen und für Abgabegründe der Meldungen,
2. den Aufbau der einzelnen Datensätze für die Übermittlung von Meldungen und Beitragsnachweisen sowie von Eingangsbestätigungen, Fehlermeldungen und Rückmeldungen der Sozialversicherungsträger an die Arbeitgeber durch Datenübertragung.
²Die gemeinsamen Grundsätze bedürfen der Genehmigung des Bundesministeriums für Arbeit und Soziales, das vorher die Bundesvereinigung der Deutschen Arbeitgeberverbände anzuhören hat.

(3) Die Deutsche Rentenversicherung Knappschaft-Bahn-See kann für ihren Bereich von den Bestimmungen nach Absatz 2 Nr. 1 abweichen.

(4) Der Spitzenverband Bund der Krankenkassen, die Deutsche Rentenversicherung Bund und die Bundesagentur für Arbeit bestimmen bundeseinheitlich die Gestaltung des Haushaltsschecks (§ 28a Abs. 7) und der der Einzugsstelle in diesem Verfahren zu erteilenden Einzugsermächtigung.

(5) ¹Für die Meldungen nach § 28a Abs. 10 und 11 gilt Absatz 1 für die Annahmestelle der berufsständischen Versorgungseinrichtungen entsprechend. ²Absatz 2 gilt entsprechend mit der Maßgabe, dass auch die Arbeitsgemeinschaft berufsständischer Versorgungseinrichtungen zu beteiligen ist, soweit Meldungen nach § 28a Abs. 10 und 11 betroffen sind.

§ 28c Verordnungsermächtigung. Das Bundesministerium für Arbeit und Soziales wird ermächtigt, durch Rechtsverordnung mit Zustimmung des Bundesrates das Nähere über das Melde- und Beitragsnachweisverfahren zu bestimmen, insbesondere
1. die Frist der Meldungen und Beitragsnachweise,
2. (weggefallen)
3. welche zusätzlichen, für die Verarbeitung der Meldungen und Beitragsnachweise oder die Durchführung der Versicherung erforderlichen Angaben zu machen sind,
4. das Verfahren über die Prüfung, Sicherung und Weiterleitung der Daten,
5. unter welchen Voraussetzungen Systemprüfungen durchzuführen, Meldungen und Beitragsnachweise durch Datenübertragung zu erstatten sind,
6. in welchen Fällen auf einzelne Meldungen oder Angaben verzichtet wird,
7. in welcher Form und Frist der Arbeitgeber die Beschäftigten über die Meldungen zu unterrichten hat.

Zweiter Titel. Verfahren und Haftung bei der Beitragszahlung

§ 28d Gesamtsozialversicherungsbeitrag. ¹Die Beiträge in der Kranken- oder Rentenversicherung für einen kraft Gesetzes versicherten Beschäftigten oder Hausgewerbetreibenden sowie der Beitrag aus Arbeitsentgelt aus einer versicherungspflichtigen Beschäftigung nach dem Recht der Arbeitsförderung werden als Gesamtsozialversicherungsbeitrag gezahlt. ²Satz 1 gilt auch für den Beitrag zur Pflegeversicherung und für einen in der Krankenversicherung kraft

Gesetzes versicherten Beschäftigten. ³Die nicht nach dem Arbeitsentgelt zu bemessenden Beiträge in der landwirtschaftlichen Krankenversicherung für einen kraft Gesetzes versicherten Beschäftigten gelten zusammen mit den Beiträgen zur Rentenversicherung und Arbeitsförderung im Sinne des Satzes 1 ebenfalls als Gesamtsozialversicherungsbeitrag.

§ 28 e Zahlungspflicht, Vorschuss. (1) ¹Den Gesamtsozialversicherungsbeitrag hat der Arbeitgeber zu zahlen. ²Die Zahlung des vom Beschäftigten zu tragenden Teils des Gesamtsozialversicherungsbeitrags gilt als aus dem Vermögen des Beschäftigten erbracht. ³Ist ein Träger der Kranken- oder Rentenversicherung oder die Bundesagentur für Arbeit der Arbeitgeber, gilt der jeweils für diesen Leistungsträger oder, wenn eine Krankenkasse der Arbeitgeber ist, auch der für die Pflegekasse bestimmte Anteil am Gesamtsozialversicherungsbeitrag als gezahlt; dies gilt für die Beiträge zur Rentenversicherung auch im Verhältnis der Träger der Rentenversicherung untereinander.

(2) ¹Für die Erfüllung der Zahlungspflicht des Arbeitgebers haftet bei einem wirksamen Vertrag der Entleiher wie ein selbstschuldnerischer Bürge, soweit ihm Arbeitnehmer gegen Vergütung zur Arbeitsleistung überlassen worden sind. ²Er kann die Zahlung verweigern, solange die Einzugsstelle den Arbeitgeber nicht gemahnt hat und die Mahnfrist nicht abgelaufen ist. ³Zahlt der Verleiher das vereinbarte Arbeitsentgelt oder Teile des Arbeitsentgelts an den Leiharbeitnehmer, obwohl der Vertrag nach § 9 Nr. 1 des Arbeitnehmerüberlassungsgesetzes¹⁾ unwirksam ist, so hat er auch den hierauf entfallenden Gesamtsozialversicherungsbeitrag an die Einzugsstelle zu zahlen. ⁴Hinsichtlich der Zahlungspflicht nach Satz 3 gilt der Verleiher neben dem Entleiher als Arbeitgeber; beide haften insoweit als Gesamtschuldner.

(2 a) ¹Für die Erfüllung der Zahlungspflicht, die sich für den Arbeitgeber knappschaftlicher Arbeiten im Sinne von § 134 Abs. 4 des Sechsten Buches ergibt, haftet der Arbeitgeber des Bergwerksbetriebes, mit dem die Arbeiten räumlich und betrieblich zusammenhängen, wie ein selbstschuldnerischer Bürge. ²Der Arbeitgeber des Bergwerksbetriebes kann die Befriedigung verweigern, solange die Einzugsstelle den Arbeitgeber der knappschaftlichen Arbeiten nicht gemahnt hat und die Mahnfrist nicht abgelaufen ist.

(3) Für die Erfüllung der Zahlungspflicht des Arbeitgebers von in § 176 Nr. 1 bis 3 des Fünften Buches genannten Personen haften Arbeitgeber und Reeder als Gesamtschuldner.

(3 a) ¹Ein Unternehmer des Baugewerbes, der einen anderen Unternehmer mit der Erbringung von Bauleistungen im Sinne des § 175 Abs. 2 des Dritten Buches²⁾ beauftragt, haftet für die Erfüllung der Zahlungspflicht dieses Unternehmers oder eines von diesem Unternehmer beauftragten Verleihers wie ein selbstschuldnerischer Bürge. ²Satz 1 gilt entsprechend für die vom Nachunternehmer gegenüber ausländischen Sozialversicherungsträgern abzuführenden Beiträge. ³Absatz 2 Satz 2 gilt entsprechend.

(3 b) Die Haftung nach Absatz 3 a entfällt, wenn der Unternehmer nachweist, dass er ohne eigenes Verschulden davon ausgehen konnte, dass der Nachunternehmer oder ein von ihm beauftragter Verleiher seine Zahlungspflicht erfüllt.

---

¹⁾ Nr. 31.
²⁾ Nr. 42.

(3 c) ¹Ein Unternehmer, der Bauleistungen im Auftrag eines anderen Unternehmers erbringt, ist verpflichtet, auf Verlangen der Einzugsstelle Firma und Anschrift dieses Unternehmers mitzuteilen. ²Kann der Auskunftsanspruch nach Satz 1 nicht durchgesetzt werden, hat ein Unternehmer, der einen Gesamtauftrag für die Erbringung von Bauleistungen für ein Bauwerk erhält, der Einzugsstelle auf Verlangen Firma und Anschrift aller Unternehmer, die von ihm mit der Erbringung von Bauleistungen beauftragt wurden, zu benennen.

(3 d) ¹Absatz 3 a gilt ab einem geschätzten Gesamtwert aller für ein Bauwerk in Auftrag gegebenen Bauleistungen von 500 000 Euro. ²Für die Schätzung gilt § 3 der Vergabeverordnung vom 9. Januar 2001 (BGBl. I S. 110), die zuletzt durch Artikel 3 Abs. 1 des Gesetzes vom 16. Mai 2001 (BGBl. I S. 876) geändert worden ist.

(3 e) ¹Die Haftung des Unternehmers nach Absatz 3 a erstreckt sich in Abweichung von der dort getroffenen Regelung auf das von dem Nachunternehmer beauftragte nächste Unternehmen, wenn die Beauftragung des unmittelbaren Nachunternehmers bei verständiger Würdigung der Gesamtumstände als ein Rechtsgeschäft anzusehen ist, dessen Ziel vor allem die Auflösung der Haftung nach Absatz 3 a ist. ²Maßgeblich für die Würdigung ist die Verkehrsanschauung im Baubereich. ³Ein Rechtsgeschäft im Sinne dieser Vorschrift, das als Umgehungstatbestand anzusehen ist, ist in der Regel anzunehmen,

a) wenn der unmittelbare Nachunternehmer weder selbst eigene Bauleistungen noch planerische oder kaufmännische Leistungen erbringt oder
b) wenn der unmittelbare Nachunternehmer weder technisches noch planerisches oder kaufmännisches Fachpersonal in nennenswertem Umfang beschäftigt oder
c) wenn der unmittelbare Nachunternehmer in einem gesellschaftsrechtlichen Abhängigkeitsverhältnis zum Hauptunternehmer steht.

⁴Besonderer Prüfung bedürfen die Umstände des Einzelfalles vor allem in den Fällen, in denen der unmittelbare Nachunternehmer seinen handelsrechtlichen Sitz außerhalb des Europäischen Wirtschaftsraums hat.

(3 f) Die Bundesregierung berichtet den gesetzgebenden Körperschaften des Bundes erstmals im Jahre 2004, nachfolgend alle vier Jahre über die Erfahrungen mit den Regelungen nach den Absätzen 3 a bis 3 e.

(4) Die Haftung umfasst die Beiträge und Säumniszuschläge, die infolge der Pflichtverletzung zu zahlen sind, sowie die Zinsen für gestundete Beiträge (Beitragsansprüche).

(5) Die Satzung der Einzugsstelle kann bestimmen, unter welchen Voraussetzungen vom Arbeitgeber Vorschüsse auf den Gesamtsozialversicherungsbeitrag verlangt werden können.

§ 28 f Aufzeichnungspflicht, Nachweise der Beitragsabrechnung und der Beitragszahlung. (1) ¹Der Arbeitgeber hat für jeden Beschäftigten, getrennt nach Kalenderjahren, Lohnunterlagen im Geltungsbereich dieses Gesetzes in deutscher Sprache zu führen und bis zum Ablauf des auf die letzte Prüfung (§ 28 p) folgenden Kalenderjahres geordnet aufzubewahren. ²Satz 1 gilt nicht hinsichtlich der Beschäftigten in privaten Haushalten. ³Die landwirtschaftlichen Krankenkassen können wegen der mitarbeitenden Familienangehörigen Ausnahmen zulassen. ⁴Für die Aufbewahrung der Beitragsabrechnungen und der Beitragsnachweise gilt Satz 1.

43 SGB IV § 28 f

(1 a) Bei der Ausführung eines Dienst- oder Werkvertrages im Baugewerbe hat der Unternehmer die Lohnunterlagen und die Beitragsabrechnung so zu gestalten, dass eine Zuordnung der Arbeitnehmer, des Arbeitsentgelts und des darauf entfallenden Gesamtsozialversicherungsbeitrags zu dem jeweiligen Dienst- oder Werkvertrag möglich ist.

(2) [1]Hat ein Arbeitgeber die Aufzeichnungspflicht nicht ordnungsgemäß erfüllt und können dadurch die Versicherungs- oder Beitragspflicht oder die Beitragshöhe nicht festgestellt werden, kann der prüfende Träger der Rentenversicherung den Beitrag in der Kranken-, Pflege- und Rentenversicherung und zur Arbeitsförderung von der Summe der vom Arbeitgeber gezahlten Arbeitsentgelte geltend machen. [2]Satz 1 gilt nicht, soweit ohne unverhältnismäßig großen Verwaltungsaufwand festgestellt werden kann, dass Beiträge nicht zu zahlen waren oder Arbeitsentgelt einem bestimmten Beschäftigten zugeordnet werden kann. [3]Soweit der prüfende Träger der Rentenversicherung die Höhe der Arbeitsentgelte nicht oder nicht ohne unverhältnismäßig großen Verwaltungsaufwand ermitteln kann, hat er diese zu schätzen. [4]Dabei ist für das monatliche Arbeitsentgelt eines Beschäftigten das am Beschäftigungsort ortsübliche Arbeitsentgelt mitzuberücksichtigen. [5]Der prüfende Träger der Rentenversicherung hat einen auf Grund der Sätze 1, 3 und 4 ergangenen Bescheid insoweit zu widerrufen, als nachträglich Versicherungs- oder Beitragspflicht oder Versicherungsfreiheit festgestellt und die Höhe des Arbeitsentgelts nachgewiesen werden. [6]Die von dem Arbeitgeber auf Grund dieses Bescheides geleisteten Zahlungen sind insoweit mit der Beitragsforderung zu verrechnen.

(3) [1]Der Arbeitgeber hat der Einzugsstelle einen Beitragsnachweis zwei Arbeitstage vor Fälligkeit der Beiträge durch Datenübertragung zu übermitteln; dies gilt nicht hinsichtlich der Beschäftigten in privaten Haushalten bei Verwendung von Haushaltsschecks. [2]Übermittelt der Arbeitgeber den Beitragsnachweis nicht zwei Arbeitstage vor Fälligkeit der Beiträge, so kann die Einzugsstelle das für die Beitragsberechnung maßgebende Arbeitsentgelt schätzen, bis der Nachweis ordnungsgemäß übermittelt wird. [3]Der Beitragsnachweis gilt für die Vollstreckung als Leistungsbescheid der Einzugsstelle und im Insolvenzverfahren als Dokument zur Glaubhaftmachung der Forderungen der Einzugsstelle. [4]Im Beitragsnachweis ist auch die Steuernummer des Arbeitgebers anzugeben, wenn der Beitragsnachweis die Pauschsteuer für geringfügig Beschäftigte enthält.

Abs. (4) in der bis 31. 12. 2010 geltenden Fassung:

(4) [1]Arbeitgeber, die den Gesamtsozialversicherungsbeitrag an mehrere Orts- oder Innungskrankenkassen zu zahlen haben, können bei

1. dem jeweils zuständigen Bundesverband oder
2. einer Orts- oder Innungskrankenkasse

(beauftragte Stelle) für die jeweilige Kassenart beantragen, dass der beauftragten Stelle der jeweilige Beitragsnachweis eingereicht wird. [2]Dies gilt auch für Arbeitgeber, die den Gesamtsozialversicherungsbeitrag an mehrere Betriebskrankenkassen oder landwirtschaftliche Krankenkassen zu zahlen haben, gegenüber dem jeweiligen Bundesverband. [3]Gibt die beauftragte Stelle dem Antrag statt, hat sie die zuständigen Einzugsstellen zu unterrichten. [4]Im Falle des Satzes 1 erhält die beauftragte Stelle auch den Gesamtsozialversicherungsbei-

Gem. Vorschriften für die Sozialversicherung § 28 g SGB IV 43

trag, den sie arbeitstäglich durch Überweisung unmittelbar an folgende Stellen weiterzuleiten hat:
1. die Beiträge zur Kranken- und Pflegeversicherung an die zuständigen Einzugsstellen,
2. die Beiträge zur Rentenversicherung gemäß § 28 k,
3. die Beiträge zur Arbeitsförderung an die Bundesagentur für Arbeit.
[5]Die beauftragte Stelle hat die für die zuständigen Einzugsstellen bestimmten Beitragsnachweise an diese weiterzuleiten. [6]Die Träger der Pflegeversicherung, der Rentenversicherung und die Bundesagentur für Arbeit können den Beitragsnachweis sowie den Eingang, die Verwaltung und die Weiterleitung ihrer Beiträge bei der beauftragten Stelle prüfen. [7]§ 28 q Abs. 2 und 3 sowie § 28 r Abs. 1 und 2 gelten entsprechend.

Abs. (4) in der ab 1. 1. 2011 geltenden Fassung:

(4) [1]Die Krankenkassen stellen sicher, dass der Arbeitgeber statt bei einer Einzugsstelle bei einer Weiterleitungsstelle (beauftragten Stelle)
1. die Meldungen nach § 28 a erstatten,
2. die Gesamtsozialversicherungsbeiträge nach § 28 d zahlen,
3. die *Betragsnachweise*[1]) nach § 28 f einreichen
kann. [2]Weiterleitungsstelle können Krankenkassen sowie Verbünde, Arbeitsgemeinschaften oder Verbände von Krankenkassen sein. [3]Der Arbeitgeber hat einen entsprechenden Antrag an die beauftragte Stelle zu richten. [4]Die beauftragte Stelle hat die zuständigen Einzugsstellen davon zu unterrichten. [5]Die beauftragte Stelle hat die Gesamtsozialversicherungsbeiträge arbeitstäglich unmittelbar an die in § 28 k genannten Stellen zu überweisen. [6]Die Beitragsnachweise und Meldungen sind an die zuständige Einzugsstelle mit einer Übersicht der gezahlten Beiträge unverzüglich weiterzuleiten. [7]Die Träger der Kranken- und Pflegeversicherung, der Rentenversicherung, die Bundesagentur für Arbeit und das Bundesversicherungsamt, soweit es die Verwaltung des Gesundheitsfonds betrifft, können den Beitragnachweis sowie den Eingang, die Verwaltung und die Weiterleitung der Beiträge bei der beauftragten Stelle prüfen. [8]§ 28 q Abs. 2 und 3 sowie § 28 r Abs. 1 und 2 gelten entsprechend.

(5) [1]Abweichend von Absatz 1 Satz 1 sind die am 31. Dezember 1991 im Beitrittsgebiet vorhandenen Lohnunterlagen mindestens bis zum 31. Dezember 2011 vom Arbeitgeber aufzubewahren. [2]Die Pflicht zur Aufbewahrung erlischt, wenn der Arbeitgeber die Lohnunterlagen dem Betroffenen aushändigt oder die für die Rentenversicherung erforderlichen Daten bescheinigt, frühestens jedoch mit Ablauf des auf die letzte Prüfung der Träger der Rentenversicherung bei dem Arbeitgeber folgenden Kalenderjahres, und wenn ein Unternehmen aufgelöst wird.

§ 28 g Beitragsabzug. [1]Der Arbeitgeber hat gegen den Beschäftigten einen Anspruch auf den vom Beschäftigten zu tragenden Teil des Gesamtsozialversicherungsbeitrags. [2]Dieser Anspruch kann nur durch Abzug vom Arbeitsentgelt geltend gemacht werden. [3]Ein unterbliebener Abzug darf nur bei den drei nächsten Lohn- oder Gehaltszahlungen nachgeholt werden, danach nur dann, wenn der Abzug ohne Verschulden des Arbeitgebers unterblieben ist. [4]Die

---

[1]) Richtig wohl: „Beitragsnachweise".

Sätze 2 und 3 gelten nicht, wenn der Beschäftigte seinen Pflichten nach § 28 o Abs. 1 vorsätzlich oder grob fahrlässig nicht nachkommt oder er den Gesamtsozialversicherungsbeitrag allein trägt oder solange der Beschäftigte nur Sachbezüge erhält.

§ 28 h Einzugsstellen.
(1) [1]Der Gesamtsozialversicherungsbeitrag ist an die Krankenkassen (Einzugsstellen) zu zahlen. [2]Die Einzugsstelle überwacht die Einreichung des Beitragsnachweises und die Zahlung des Gesamtsozialversicherungsbeitrags. [3]Beitragsansprüche, die nicht rechtzeitig erfüllt worden sind, hat die Einzugsstelle geltend zu machen.

(2) [1]Die Einzugsstelle entscheidet über die Versicherungspflicht und Beitragshöhe in der Kranken-, Pflege- und Rentenversicherung sowie nach dem Recht der Arbeitsförderung und prüft die Einhaltung der Arbeitsentgeltgrenzen bei geringfügiger Beschäftigung nach den §§ 8 und 8 a; sie erlässt auch den Widerspruchsbescheid. [2]Soweit die Einzugsstelle die Höhe des Arbeitsentgelts nicht oder nicht ohne unverhältnismäßig großen Verwaltungsaufwand ermitteln kann, hat sie dieses zu schätzen. [3]Dabei ist für das monatliche Arbeitsentgelt des Beschäftigten das am Beschäftigungsort ortsübliche Arbeitsentgelt mit zu berücksichtigen.

(3) [1]Bei Verwendung eines Haushaltsschecks vergibt die Einzugsstelle im Auftrag der Bundesagentur für Arbeit die Betriebsnummer des Arbeitgebers, berechnet den Gesamtsozialversicherungsbeitrag und die Umlagen nach dem Aufwendungsausgleichsgesetz[1)] und zieht diese vom Arbeitgeber im Wege des Lastschriftverfahrens ein. [2]Die Einzugsstelle meldet bei Beginn und Ende der Beschäftigung und zum Jahresende der Datenstelle der Träger der Rentenversicherung die für die Rentenversicherung und die Bundesagentur für Arbeit erforderlichen Daten eines jeden Beschäftigten. [3]Die Einzugsstelle teilt dem Beschäftigten den Inhalt der abgegebenen Meldung schriftlich mit.

(4) Bei Verwendung eines Haushaltsschecks bescheinigt die Einzugsstelle dem Arbeitgeber zum Jahresende

1. den Zeitraum, für den Beiträge zur Rentenversicherung gezahlt wurden, und
2. die Höhe des Arbeitsentgelts (§ 14 Abs. 3), des von ihm getragenen Gesamtsozialversicherungsbeitrags und der Umlagen.

§ 28 i Zuständige Einzugsstelle.
[1]Zuständige Einzugsstelle für den Gesamtsozialversicherungsbeitrag ist die Krankenkasse, von der die Krankenversicherung durchgeführt wird. [2]Für Beschäftigte, die bei keiner Krankenkasse versichert sind, werden Beiträge zur Rentenversicherung und zur Arbeitsförderung an die Einzugsstelle gezahlt, die der Arbeitgeber in entsprechender Anwendung des § 175 Abs. 3 Satz 2 des Fünften Buches gewählt hat. [3]Zuständige Einzugsstelle ist in den Fällen des § 28 f Abs. 2 die nach § 175 Abs. 3 Satz 3 des Fünften Buches bestimmte Krankenkasse. [4]Zuständige Einzugsstelle ist in den Fällen des § 2 Abs. 3 die Deutsche Rentenversicherung Knappschaft-Bahn-See. [5]Bei geringfügigen Beschäftigungen ist zuständige Einzugsstelle die Deutsche Rentenversicherung Knappschaft-Bahn-See/Verwaltungsstelle Cottbus als Träger der Rentenversicherung.

[1)] Nr. **18 a**.

§ 28k Weiterleitung von Beiträgen. (1) ¹Die Einzugsstelle leitet dem zuständigen Träger der Pflegeversicherung, der Rentenversicherung und der Bundesagentur für Arbeit die für diese gezahlten Beiträge einschließlich der Zinsen auf Beiträge und Säumniszuschläge arbeitstäglich weiter [*ab 1. 1. 2009 geltende Fassung:*; dies gilt entsprechend für die Weiterleitung der Beiträge zur gesetzlichen Krankenversicherung an den Gesundheitsfonds]. ²Die Deutsche Rentenversicherung Bund teilt den Einzugsstellen die zuständigen Träger der Rentenversicherung und deren Beitragsanteil spätestens bis zum 31. Oktober eines jeden Jahres für das folgende Kalenderjahr mit. ³Die Deutsche Rentenversicherung Bund legt den Verteilungsschlüssel für die Aufteilung der Beitragseinnahmen der allgemeinen Rentenversicherung auf die einzelnen Träger unter Berücksichtigung der folgenden Parameter fest:

1. Für die Aufteilung zwischen Deutsche Rentenversicherung Bund und Regionalträgern:
   a) Für 2005 die prozentuale Aufteilung der gezahlten Pflichtbeiträge zur Rentenversicherung der Arbeiter und der Rentenversicherung der Angestellten im Jahr 2003,
   b) Fortschreibung dieser Anteile in den folgenden Jahren unter Berücksichtigung der Veränderung des Anteils der bei den Regionalträgern Pflichtversicherten gegenüber dem jeweiligen vorvergangenen Kalenderjahr.
2. Für die Aufteilung der Beiträge unter den Regionalträgern:
   Das Verhältnis der Pflichtversicherten dieser Träger untereinander.
3. Für die Aufteilung zwischen Deutsche Rentenversicherung Bund und Deutsche Rentenversicherung Knappschaft-Bahn-See:
   Das Verhältnis der in der allgemeinen Rentenversicherung Pflichtversicherten dieser Träger untereinander.

(2) ¹Bei geringfügigen Beschäftigungen werden die Beiträge zur Krankenversicherung *zu Gunsten des Risikostrukturausgleichs an die Deutsche Rentenversicherung Bund* [*ab 1. 1. 2009 geltende Fassung:* an den Gesundheitsfonds], bei Versicherten in der landwirtschaftlichen Krankenversicherung an den *Bundesverband der landwirtschaftlichen Krankenkassen* [*ab 1. 1. 2009 geltende Fassung:* Spitzenverband der landwirtschaftlichen Sozialversicherung] weitergeleitet. ²Das Nähere zur Bestimmung des Anteils des *Bundesverbandes der landwirtschaftlichen Krankenkassen* [*ab 1. 1. 2009 geltende Fassung:* Spitzenverbandes der landwirtschaftlichen Sozialversicherung], insbesondere über eine pauschale Berechnung und Aufteilung, vereinbaren die Spitzenverbände der beteiligten Träger der Sozialversicherung.

§ 28l Vergütung. (1) ¹Die Einzugsstellen, die Träger der Rentenversicherung und die Bundesagentur für Arbeit erhalten für
1. die Geltendmachung der Beitragsansprüche,
2. den Einzug, die Verwaltung, die Weiterleitung, die Abrechnung und die Abstimmung der Beiträge,
3. die Prüfung bei den Arbeitgebern,
4. die Durchführung der Meldeverfahren,
5. die Ausstellung der Sozialversicherungsausweise und
6. die Durchführung des Haushaltsscheckverfahrens, soweit es über die Verfahren nach den Nummern 1 bis 5 hinausgeht und Aufgaben der Sozialversicherung betrifft,

eine pauschale Vergütung, mit der alle dadurch entstehenden Kosten abgegolten werden, dies gilt entsprechend für die Künstlersozialkasse. ²Die Höhe und die Verteilung der Vergütung werden durch Vereinbarung zwischen dem Spitzenverband Bund der Krankenkassen, der Deutschen Rentenversicherung Bund, der Bundesagentur für Arbeit und der Künstlersozialkasse geregelt. ³In der Vereinbarung ist auch für den Fall, dass eine Einzugsstelle ihre Pflichten nicht ordnungsgemäß erfüllt und dadurch erhebliche Beitragsrückstände entstehen, festzulegen, dass sich die Vergütung für diesen Zeitraum angemessen mindert.

(1 a) ¹Bis zum Inkrafttreten der nach Absatz 1 Satz 2 abzuschließenden Vereinbarung beträgt die

1. von den Trägern der Rentenversicherung an die Einzugsstellen und die Künstlersozialkasse,
2. von der Bundesagentur für Arbeit an die Krankenkassen sowie
3. von den Krankenkassen an die Bundesknappschaft und die Künstlersozialkasse

zu zahlende Vergütung jährlich insgesamt 950 Millionen Euro. ²Der jeweilige Anteil beträgt für

1. die Rentenversicherung 412,3 Millionen Euro, davon an die Bundesknappschaft/Verwaltungsstelle Cottbus 36,6 Millionen Euro und an die Künstlersozialkasse 1,4 Millionen Euro,
2. die Bundesagentur für Arbeit 500 Millionen Euro an die Krankenkassen,
3. die Krankenkassen an die Bundesknappschaft/Verwaltungsstelle Cottbus 36,3 Millionen Euro und
4. die Krankenkassen an die Künstlersozialkasse 1,4 Millionen Euro.

³Die Träger der Rentenversicherung und die Bundesagentur für Arbeit haben ihren Anteil in gleich bleibenden monatlichen Raten an den Spitzenverband Bund der Krankenkassen in dem für das Jahr 2004 maßgebenden Verhältnis der auf die einzelnen Krankenkassen entfallenden Vergütung zu zahlen. ⁴Erfüllt eine Einzugsstelle ihre Pflichten nicht ordnungsgemäß und entstehen dadurch erhebliche Beitragsrückstände, vermindert sich die Vergütung für diesen Zeitraum um bis zu 50 Prozent; erheblich ist ein Rückstand an Beiträgen von mindestens 10 Prozent des Betrags, der monatlich von der Einzugsstelle als Gesamtsozialversicherungsbeitrag einzuziehen ist; § 28 r bleibt unberührt.

(2) Soweit die Einzugsstellen oder die beauftragten Stellen (§ 28 f Abs. 4) bei der Verwaltung von Fremdbeiträgen Gewinne erzielen, wird deren Aufteilung durch Vereinbarungen zwischen den Krankenkassen oder ihren Verbänden und der Deutschen Rentenversicherung Bund sowie der Bundesagentur für Arbeit geregelt.

§ 28 m Sonderregelungen für bestimmte Personengruppen. (1) Der Beschäftigte hat den Gesamtsozialversicherungsbeitrag zu zahlen, wenn sein Arbeitgeber ein ausländischer Staat, eine über- oder zwischenstaatliche Organisation oder eine Person ist, die nicht der inländischen Gerichtsbarkeit untersteht und die Zahlungspflicht nach § 28 e Abs. 1 Satz 1 nicht erfüllt.

(2) ¹Heimarbeiter und Hausgewerbetreibende können, falls der Arbeitgeber seiner Verpflichtung nach § 28 e bis zum Fälligkeitstage nicht nachkommt, den Gesamtsozialversicherungsbeitrag selbst zahlen. ²Soweit sie den Gesamt-

sozialversicherungsbeitrag selbst zahlen, entfallen die Pflichten des Arbeitgebers; § 28 f Abs. 1 bleibt unberührt.

(3) Zahlt der Beschäftigte oder der Hausgewerbetreibende den Gesamtsozialversicherungsbeitrag, hat er auch die Meldungen nach § 28 a abzugeben; bei den Meldungen hat die Einzugsstelle mitzuwirken.

(4) Der Beschäftigte oder der Hausgewerbetreibende, der den Gesamtsozialversicherungsbeitrag gezahlt hat, hat gegen den Arbeitgeber einen Anspruch auf den vom Arbeitgeber zu tragenden Teil des Gesamtsozialversicherungsbeitrags.

§ 28 n Verordnungsermächtigung. Das Bundesministerium für Arbeit und Soziales wird ermächtigt, durch Rechtsverordnung mit Zustimmung des Bundesrates zu bestimmen,
1. die Berechnung des Gesamtsozialversicherungsbeitrags und der Beitragsbemessungsgrenzen für kürzere Zeiträume als ein Kalenderjahr,
2. zu welchem Zeitpunkt die Beiträge als eingezahlt gelten, in welcher Reihenfolge eine Schuld getilgt wird und welche Zahlungsmittel verwendet werden dürfen,
3. Näheres über die Weiterleitung und Abrechnung der Beiträge einschließlich Zinsen auf Beiträge und der Säumniszuschläge durch die Einzugsstellen an die Träger der Pflegeversicherung, der Rentenversicherung [*ab 1. 1. 2009 geltende Fassung:*, den Gesundheitsfonds] und die Bundesagentur für Arbeit, insbesondere über Zahlungsweise und das Verfahren nach § 28 f Abs. 4, wobei von der arbeitstäglichen Weiterleitung bei Beträgen unter 2 500 Euro abgesehen werden kann,
4. Näheres über die Führung von Lohnunterlagen und zur Beitragsabrechnung sowie zur Verwendung des Beitragsnachweises.

Dritter Titel. Auskunfts- und Vorlagepflicht, Prüfung, Schadensersatzpflicht und Verzinsung

§ 28 o Auskunfts- und Vorlagepflicht des Beschäftigten. (1) Der Beschäftigte hat dem Arbeitgeber die zur Durchführung des Meldeverfahrens und der Beitragszahlung erforderlichen Angaben zu machen und, soweit erforderlich, Unterlagen vorzulegen; dies gilt bei mehreren Beschäftigungen gegenüber allen beteiligten Arbeitgebern.

(2) ¹Der Beschäftigte hat auf Verlangen den zuständigen Versicherungsträgern unverzüglich Auskunft über die Art und Dauer seiner Beschäftigungen, die hierbei erzielten Arbeitsentgelte, seine Arbeitgeber und die für die Erhebung von Beiträgen notwendigen Tatsachen zu erteilen und alle für die Prüfung der Meldungen und der Beitragszahlung erforderlichen Unterlagen vorzulegen. ²Satz 1 gilt für den Hausgewerbetreibenden, soweit er den Gesamtsozialversicherungsbeitrag zahlt, entsprechend.

§ 28 p Prüfung bei den Arbeitgebern. (1) ¹Die Träger der Rentenversicherung prüfen bei den Arbeitgebern, ob diese ihre Meldepflichten und ihre sonstigen Pflichten nach diesem Gesetzbuch, die im Zusammenhang mit dem Gesamtsozialversicherungsbeitrag stehen, ordnungsgemäß erfüllen; sie prüfen insbesondere die Richtigkeit der Beitragszahlungen und der Meldungen

(§ 28a) mindestens alle vier Jahre. ²Die Prüfung soll in kürzeren Zeitabständen erfolgen, wenn der Arbeitgeber dies verlangt. ³Die Einzugstelle unterrichtet den für den Arbeitgeber zuständigen Träger der Rentenversicherung, wenn sie eine alsbaldige Prüfung bei dem Arbeitgeber für erforderlich hält. ⁴Die Prüfung umfasst auch die Lohnunterlagen der Beschäftigten, für die Beiträge nicht gezahlt wurden. ⁵Die Träger der Rentenversicherung erlassen im Rahmen der Prüfung Verwaltungsakte zur Versicherungspflicht und Beitragshöhe in der Kranken-, Pflege- und Rentenversicherung sowie nach dem Recht der Arbeitsförderung einschließlich der Widerspruchsbescheide gegenüber den Arbeitgebern; insoweit gelten § 28h Abs. 2 sowie § 93 in Verbindung mit § 89 Abs. 5 des Zehnten Buches nicht. ⁶Die landwirtschaftlichen Krankenkassen nehmen abweichend von Satz 1 die Prüfung für die bei ihnen versicherten mitarbeitenden Familienangehörigen vor.

(1a) ¹Die Träger der Rentenversicherung prüfen bei den Arbeitgebern, ob diese ihre Meldepflichten nach dem Künstlersozialversicherungsgesetz ordnungsgemäß erfüllen und die Künstlersozialabgabe rechtzeitig und vollständig entrichten. ²Das Prüfverfahren kann mit der Aufforderung zur Meldung eingeleitet werden. ³Die Träger der Rentenversicherung erlassen insoweit die erforderlichen Verwaltungsakte einschließlich der Widerspruchsbescheide. ⁴Die Träger der Rentenversicherung unterrichten die Künstlersozialkasse über Sachverhalte, soweit sie Melde- und Abgabepflichten der Arbeitgeber nach dem Künstlersozialversicherungsgesetz betreffen.

(2) ¹Im Bereich der Regionalträger richtet sich die örtliche Zuständigkeit nach dem Sitz der Lohn- und Gehaltsabrechnungsstelle des Arbeitgebers. ²Die Träger der Rentenversicherung stimmen sich darüber ab, welche Arbeitgeber sie prüfen; ein Arbeitgeber ist jeweils nur von einem Träger der Rentenversicherung zu prüfen.

(3) Die Träger der Rentenversicherung unterrichten die Einzugsstellen über Sachverhalte, soweit sie die Zahlungspflicht oder die Meldepflicht des Arbeitgebers betreffen.

(4) (weggefallen)

(5) ¹Die Arbeitgeber sind verpflichtet, angemessene Prüfhilfen zu leisten. ²Abrechnungsverfahren, die mit Hilfe automatischer Einrichtungen durchgeführt werden, sind in die Prüfung einzubeziehen.

(6) ¹Zu prüfen sind auch steuerberatende Stellen, Rechenzentren und vergleichbare Einrichtungen, die im Auftrag des Arbeitgebers oder einer von ihm beauftragten Person Löhne und Gehälter abrechnen oder Meldungen erstatten. ²Die örtliche Zuständigkeit richtet sich im Bereich der Regionalträger nach dem Sitz dieser Stellen. ³Absatz 5 gilt entsprechend.

(7) ¹Die Träger der Rentenversicherung haben eine Übersicht über die Ergebnisse ihrer Prüfungen zu führen und bis zum 31. März eines jeden Jahres für das abgelaufene Kalenderjahr den Aufsichtsbehörden vorzulegen. ²Das Nähere über Inhalt und Form der Übersicht bestimmen einvernehmlich die Aufsichtsbehörden der Träger der Rentenversicherung mit Wirkung für diese.

(8) ¹Die Deutsche Rentenversicherung Bund führt eine Datei, in der der Name, die Anschrift, die Betriebsnummer [*ab 1. 1. 2010 geltende Fassung:*, der für den Arbeitgeber zuständige Unfallversicherungsträger] und weitere Identifikationsmerkmale eines jeden Arbeitgebers sowie die für die Planung der Prüfungen bei den Arbeitgebern und die für die Übersichten nach Ab-

satz 7 erforderlichen Daten gespeichert sind; die Deutsche Rentenversicherung Bund darf die in dieser Datei gespeicherten Daten nur für die Prüfung bei den Arbeitgebern und zur Ermittlung der nach dem Künstlersozialversicherungsgesetz abgabepflichtigen Unternehmer verarbeiten und nutzen. ²Die Datenstelle der Träger der Rentenversicherung führt für die Prüfung bei den Arbeitgebern eine Datei, in der neben der Betriebsnummer eines jeden Arbeitgebers nur die Versicherungsnummern der bei ihm Beschäftigten einschließlich des Beginns und des Endes von deren Beschäftigung, die Bezeichnung der für jeden Beschäftigten zuständigen Einzugsstelle sowie eine Kennzeichnung des Vorliegens einer geringfügigen Beschäftigung gespeichert sind. ³Sie darf die Daten der Stammsatzdatei nach § 150 Abs. 1 und 2 des Sechsten Buches sowie die Daten der Datei nach § 150 Abs. 3 des Sechsten Buches für die Prüfung bei den Arbeitgebern verarbeiten und nutzen; die Daten der Stammsatzdatei darf sie auch für Prüfungen nach § 212a des Sechsten Buches verarbeiten und nutzen. ⁴Sie ist verpflichtet, auf Anforderung des prüfenden Trägers der Rentenversicherung

1. die in den Dateien nach den Sätzen 1 und 2 gespeicherten Daten,
2. die in den Versicherungskonten der Träger der Rentenversicherung gespeicherten, auf den Prüfungszeitraum entfallenden Daten der bei dem zu prüfenden Arbeitgeber Beschäftigten,
3. die bei den für den Arbeitgeber zuständigen Einzugsstellen gespeicherten Daten aus den Beitragsnachweisen (§ 28f Abs. 3) für die Zeit nach dem Zeitpunkt, bis zu dem der Arbeitgeber zuletzt geprüft wurde, sowie
4. die bei der Künstlersozialkasse über den Arbeitgeber gespeicherten Daten zur Melde- und Abgabepflicht für den Zeitraum seit der letzten Prüfung

zu erheben, zu verarbeiten und zu nutzen, soweit dies für die Prüfung, ob die Arbeitgeber ihre Meldepflichten und ihre sonstigen Pflichten nach diesem Gesetzbuch, die im Zusammenhang mit dem Gesamtsozialversicherungsbeitrag stehen, sowie ihre Pflichten als zur Abgabe Verpflichtete nach dem Künstlersozialversicherungsgesetz ordnungsgemäß erfüllen, erforderlich ist. ⁵Die dem prüfenden Träger der Rentenversicherung übermittelten Daten sind unverzüglich nach Abschluss der Prüfung bei der Datenstelle und beim prüfenden Träger der Rentenversicherung zu löschen. ⁶Die Träger der Rentenversicherung, die Einzugsstellen, die Künstlersozialkasse und die Bundesagentur für Arbeit sind verpflichtet, der Deutschen Rentenversicherung Bund und der Datenstelle die für die Prüfung bei den Arbeitgebern erforderlichen Daten zu übermitteln. ⁷Sind für die Prüfung bei den Arbeitgebern Daten zu übermitteln, so dürfen sie auch durch Abruf im automatisierten Verfahren übermittelt werden, ohne dass es einer Genehmigung nach § 79 Abs. 1 des Zehnten Buches bedarf.

(9) Das Bundesministerium für Arbeit und Soziales bestimmt im Einvernehmen mit dem Bundesministerium für Gesundheit durch Rechtsverordnung mit Zustimmung des Bundesrates das Nähere über

1. den Umfang der Pflichten des Arbeitgebers und der in Absatz 6 genannten Stellen bei Abrechnungsverfahren, die mit Hilfe automatischer Einrichtungen durchgeführt werden,
2. die Durchführung der Prüfung sowie die Behebung von Mängeln, die bei der Prüfung festgestellt worden sind und

3. den Inhalt der Datei nach Absatz 8 Satz 1 hinsichtlich der für die Planung der Prüfungen bei Arbeitgebern und der für die Prüfung bei Einzugsstellen erforderlichen Daten, über den Aufbau und die Aktualisierung dieser Datei sowie über den Umfang der Daten aus der Datei nach Absatz 8 Satz 1, die von den Einzugsstellen und der Bundesagentur für Arbeit nach § 28 q Abs. 5 abgerufen werden können.

(10) Arbeitgeber werden wegen der Beschäftigten in privaten Haushalten nicht geprüft.

(11) [1]Sind beim Übergang der Prüfung der Arbeitgeber von Krankenkassen auf die Träger der Rentenversicherung Angestellte übernommen worden, die am 1. Januar 1995 ganz oder überwiegend mit der Prüfung der Arbeitgeber beschäftigt waren, sind die bis zum Zeitpunkt der Übernahme gültigen Tarifverträge oder sonstigen kollektiven Vereinbarungen für die übernommenen Arbeitnehmer bis zum Inkrafttreten neuer Tarifverträge oder sonstiger kollektiver Vereinbarungen maßgebend. [2]Soweit es sich bei einem gemäß Satz 1 übernommenen Beschäftigten um einen Dienstordnungs-Angestellten handelt, tragen der aufnehmende Träger der Rentenversicherung und die abgebende Krankenkasse bei Eintritt des Versorgungsfalles die Versorgungsbezüge anteilig, sofern der Angestellte im Zeitpunkt der Übernahme das 45. Lebensjahr bereits vollendet hatte. [3]§ 107 b Abs. 2 bis 5 des Beamtenversorgungsgesetzes gilt sinngemäß.

44. Sozialgesetzbuch (SGB) Fünftes Buch (V) – Gesetzliche Krankenversicherung –[1)]

Vom 20. Dezember 1988
(BGBl. I S. 2477)

FNA 860-5

zuletzt geänd. durch Art. 6 Pflege-WeiterentwicklungsG v. 28. 5. 2008 (BGBl. I S. 874)

– Auszug[2)] –

Fünftes Buch (V) Gesetzliche Krankenversicherung

Zweites Kapitel. Versicherter Personenkreis

Erster Abschnitt. Versicherung kraft Gesetzes

§ 5 Versicherungspflicht. (1) Versicherungspflichtig sind
1. Arbeiter, Angestellte und zu ihrer Berufsausbildung Beschäftigte, die gegen Arbeitsentgelt beschäftigt sind,
2. Personen in der Zeit, für die sie Arbeitslosengeld oder Unterhaltsgeld nach dem Dritten Buch beziehen oder nur deshalb nicht beziehen, weil der Anspruch ab Beginn des zweiten Monats bis zur zwölften Woche einer Sperrzeit (§ 144 des Dritten Buches[3)]) oder ab Beginn des zweiten Monats wegen einer Urlaubsabgeltung (§ 143 Abs. 2 des Dritten Buches[3)]) ruht; dies gilt auch, wenn die Entscheidung, die zum Bezug der Leistung geführt hat, rückwirkend aufgehoben oder die Leistung zurückgefordert oder zurückgezahlt worden ist,
2 a. Personen in der Zeit, für die sie Arbeitslosengeld II nach dem Zweiten Buch beziehen, soweit sie nicht familienversichert sind, es sei denn, dass diese Leistung nur darlehensweise gewährt wird oder nur Leistungen nach § 23 Abs. 3 Satz 1 des Zweiten Buches bezogen werden; dies gilt auch, wenn die Entscheidung, die zum Bezug der Leistung geführt hat, rückwirkend aufgehoben oder die Leistung zurückgefordert oder zurückgezahlt worden ist.
3.–13. ...
  (2)–(4 a) ...

[1)] Verkündet als Art. 1 Gesetz zur Strukturreform im Gesundheitswesen (Gesundheits-Reformgesetz – GRG) v. 20. 12. 1988 (BGBl. I S. 2477); Inkrafttreten gem. Art. 79 Abs. 1 dieses G am 1. 1. 1989, mit Ausnahme der in Abs. 2 bis 5 dieses Artikels genannten Abweichungen.
[2)] Vollständig abgedruckt in **Sozialgesetzbuch** (dtv 5024) Nr. **5** sowie in **SGB V** – gesetzliche Krankenversicherung – (dtv 5559) Nr. **3**.
[3)] Nr. **42**.

(5) Nach Absatz 1 Nr. 1 oder 5 bis 12 ist nicht versicherungspflichtig, wer hauptberuflich selbständig erwerbstätig ist.

Abs. (5 a) in der ab 1. 1. 2009 geltenden Fassung:

(5 a) [1]Nach Absatz 1 Nr. 2 a ist nicht versicherungspflichtig, wer unmittelbar vor dem Bezug von Arbeitslosengeld II privat krankenversichert war oder weder gesetzlich noch privat krankenversichert war und zu den in Absatz 5 oder den in § 6 Abs. 1 oder 2 genannten Personen gehört oder bei Ausübung seiner beruflichen Tätigkeit im Inland gehört hätte. [2]Satz 1 gilt nicht für Personen, die am 31. Dezember 2008 nach § 5 Abs. 1 Nr. 2 a versicherungspflichtig waren, für die Dauer ihrer Hilfebedürftigkeit. .

(6)–(10) ...

§ 6 Versicherungsfreiheit. (1) Versicherungsfrei sind
1. Arbeiter und Angestellte, deren regelmäßiges Jahresarbeitsentgelt die Jahresarbeitsentgeltgrenze nach den Absätzen 6 oder 7 übersteigt und in drei aufeinander folgenden Kalenderjahren überstiegen hat; Zuschläge, die mit Rücksicht auf den Familienstand gezahlt werden, bleiben unberücksichtigt,
1 a.–8. ...

(2)–(5) ...

(6) [1]Die Jahresarbeitsentgeltgrenze nach Absatz 1 Nr. 1 beträgt im Jahr 2003 45 900 Euro. [2]Sie ändert sich zum 1. Januar eines jeden Jahres in dem Verhältnis, in dem die Bruttolöhne und -gehälter je Arbeitnehmer (§ 68 Abs. 2 Satz 1 des Sechsten Buches) im vergangenen Kalenderjahr zu den entsprechenden Bruttolöhnen und -gehältern im vorvergangenen Kalenderjahr stehen. [3]Die veränderten Beträge werden nur für das Kalenderjahr, für das die Jahresarbeitsentgeltgrenze bestimmt wird, auf das nächsthöhere Vielfache von 450 aufgerundet. [4]Die Bundesregierung setzt die Jahresarbeitsentgeltgrenze in der Rechtsverordnung nach § 160 des Sechsten Buches Sozialgesetzbuch fest.

(7) [1]Abweichend von Absatz 6 Satz 1 beträgt die Jahresarbeitsentgeltgrenze für Arbeiter und Angestellte, die am 31. Dezember 2002 wegen Überschreitens der an diesem Tag geltenden Jahresarbeitsentgeltgrenze versicherungsfrei und bei einem privaten Krankenversicherungsunternehmen in einer substitutiven Krankenversicherung versichert waren, im Jahr 2003 41 400 Euro. [2]Absatz 6 Satz 2 bis 4 gilt entsprechend.

(8) Der Ausgangswert für die Bestimmung der Jahresarbeitsentgeltgrenze für das Jahr 2004 beträgt für die in Absatz 6 genannten Arbeiter und Angestellten 45 594,05 Euro und für die in Absatz 7 genannten Arbeiter und Angestellten 41 034,64 Euro.

(9) [1]Arbeiter und Angestellte, die nicht die Voraussetzungen nach Absatz 1 Nr. 1 erfüllen und die am 2. Februar 2007 wegen Überschreitens der Jahresarbeitsentgeltgrenze bei einem privaten Krankenversicherungsunternehmen in einer substitutiven Krankenversicherung versichert waren oder die vor diesem Tag die Mitgliedschaft bei ihrer Krankenkasse gekündigt hatten, um in ein privates Krankenversicherungsunternehmen zu wechseln, bleiben versicherungsfrei, solange sie keinen anderen Tatbestand der Versicherungspflicht erfüllen. [2]Satz 1 gilt auch für Arbeiter und Angestellte, die am 2. Februar 2007 nach § 8 Abs. 1 Nr. 1 a, 2 oder 3 von der Versicherungspflicht befreit waren.

³ Arbeiter und Angestellte, die freiwillige Mitglieder einer gesetzlichen Krankenkasse sind, und nicht die Voraussetzungen nach Absatz 1 Nr. 1 erfüllen, gelten bis zum 31. März 2007 als freiwillige Mitglieder.

§ 7 Versicherungsfreiheit bei geringfügiger Beschäftigung. (1) ¹ Wer eine geringfügige Beschäftigung nach §§ 8, 8 a des Vierten Buches[1] ausübt, ist in dieser Beschäftigung versicherungsfrei; dies gilt nicht für eine Beschäftigung
1. im Rahmen betrieblicher Berufsbildung,
2. nach dem Jugendfreiwilligendienstegesetz.
² § 8 Abs. 2 des Vierten Buches[1] ist mit der Maßgabe anzuwenden, daß eine Zusammenrechnung mit einer nicht geringfügigen Beschäftigung nur erfolgt, wenn diese Versicherungspflicht begründet.

(2) ¹ Personen, die am 31. März 2003 nur in einer Beschäftigung versicherungspflichtig waren, die die Merkmale einer geringfügigen Beschäftigung nach den §§ 8, 8 a des Vierten Buches[1] erfüllt, und die nach dem 31. März 2003 nicht die Voraussetzungen für eine Versicherung nach § 10 erfüllen, bleiben in dieser Beschäftigung versicherungspflichtig. ² Sie werden auf ihren Antrag von der Versicherungspflicht befreit. ³ § 8 Abs. 2 gilt entsprechend mit der Maßgabe, dass an die Stelle des Zeitpunkts des Beginns der Versicherungspflicht der 1. April 2003 tritt. ⁴ Die Befreiung ist auf die jeweilige Beschäftigung beschränkt.

§ 8 Befreiung von der Versicherungspflicht. (1) Auf Antrag wird von der Versicherungspflicht befreit, wer versicherungspflichtig wird
1. wegen Änderung der Jahresarbeitsentgeltgrenze nach § 6 Abs. 6 Satz 2 oder Abs. 7,
1 a. durch den Bezug von Arbeitslosengeld , *[ab 1. 1. 2009 geltende Fassung:* oder] Unterhaltsgeld (§ 5 Abs. 1 Nr. 2) *[bis 31. 12. 2008 geltende Fassung:* oder Arbeitslosengeld II (§ 5 Abs. 1 Nr. 2 a)] und in den letzten fünf Jahren vor dem Leistungsbezug nicht gesetzlich krankenversichert war, wenn er bei einem Krankenversicherungsunternehmen versichert ist und Vertragsleistungen erhält, die der Art und dem Umfang nach den Leistungen dieses Buches entsprechen,
2. durch Aufnahme einer nicht vollen Erwerbstätigkeit nach § 2 des Bundeserziehungsgeldgesetzes[2] oder nach § 1 Abs. 6 des Bundeselterngeld- und Elternzeitgesetzes[3] während der Elternzeit; die Befreiung erstreckt sich nur auf die Elternzeit,
2 a. durch Herabsetzung der regelmäßigen Wochenarbeitszeit während der Pflegezeit nach § 3 des Pflegezeitgesetzes; die Befreiung erstreckt sich nur auf die Dauer der Pflegezeit,
3. weil seine Arbeitszeit auf die Hälfte oder weniger als die Hälfte der regelmäßigen Wochenarbeitszeit vergleichbarer Vollbeschäftigter des Betriebes herabgesetzt wird; dies gilt auch für Beschäftigte, die im Anschluß an ihr bisheriges Beschäftigungsverhältnis bei einem anderen Arbeitgeber ein Beschäftigungsverhältnis aufnehmen, das die Voraussetzungen des vorstehenden Halbsatzes erfüllt; Voraussetzung ist ferner, daß der Beschäftigte seit

---
[1] Nr. **43**.
[2] Nr. **58 a**.
[3] Nr. **58**.

mindestens fünf Jahren wegen Überschreitens der Jahresarbeitsentgeltgrenze versicherungsfrei ist,
4.–7. ...

(2) ¹Der Antrag ist innerhalb von drei Monaten nach Beginn der Versicherungspflicht bei der Krankenkasse zu stellen. ²Die Befreiung wirkt vom Beginn der Versicherungspflicht an, wenn seit diesem Zeitpunkt noch keine Leistungen in Anspruch genommen wurden, sonst vom Beginn des Kalendermonats an, der auf die Antragstellung folgt. ³Die Befreiung kann nicht widerrufen werden.

Drittes Kapitel. Leistungen der Krankenversicherung

Zweiter Abschnitt. Gemeinsame Vorschriften

§ 19 Erlöschen des Leistungsanspruchs. (1) Der Anspruch auf Leistungen erlischt mit dem Ende der Mitgliedschaft, soweit in diesem Gesetzbuch nichts Abweichendes bestimmt ist.

(2) ¹Endet die Mitgliedschaft Versicherungspflichtiger, besteht Anspruch auf Leistungen längstens für einen Monat nach dem Ende der Mitgliedschaft, solange keine Erwerbstätigkeit ausgeübt wird. ²Eine Versicherung nach § 10 hat Vorrang vor dem Leistungsanspruch nach Satz 1.

(3) Endet die Mitgliedschaft durch Tod, erhalten die nach § 10 versicherten Angehörigen Leistungen längstens für einen Monat nach dem Tode des Mitglieds.

Fünfter Abschnitt. Leistungen bei Krankheit

Zweiter Titel. Krankengeld

§ 44 Krankengeld. (1) ¹Versicherte haben Anspruch auf Krankengeld, wenn die Krankheit sie arbeitsunfähig macht oder sie auf Kosten der Krankenkasse stationär in einem Krankenhaus, einer Vorsorge- oder Rehabilitationseinrichtung (§ 23 Abs. 4, §§ 24, 40 Abs. 2 und § 41) behandelt werden.
Satz 2 in der bis 31. 12. 2008 geltenden Fassung: ²Die nach § 5 Abs. 1 Nr. 2 a, 5, 6, 9, 10 oder 13 sowie die nach § 10 Versicherten haben keinen Anspruch auf Krankengeld; dies gilt nicht für die nach § 5 Abs. 1 Nr. 6 Versicherten, wenn sie Anspruch auf Übergangsgeld haben, und für Versicherte nach § 5 Abs. 1 Nr. 13, soweit sie abhängig und nicht nach den §§ 8 und 8a des Vierten Buches¹⁾ geringfügig beschäftigt sind.
Abs. (2) in der bis 31. 12. 2008 geltenden Fassung:
(2) Die Satzung kann für freiwillig Versicherte den Anspruch auf Krankengeld ausschließen oder zu einem späteren Zeitpunkt entstehen lassen.

Abs. (2) in der ab 1. 1. 2009 geltenden Fassung:
(2) ¹Keinen Anspruch auf Krankengeld haben
1. die nach § 5 Abs. 1 Nr. 2 a, 5, 6, 9, 10 oder 13 sowie die nach § 10 Versicherten; dies gilt nicht für die nach § 5 Abs. 1 Nr. 6 Versicherten, wenn

---

¹⁾ Nr. **43**.

sie Anspruch auf Übergangsgeld haben, und für Versicherte nach § 5 Abs. 1 Nr. 13, soweit sie abhängig beschäftigt und nicht nach den §§ 8 und 8a des Vierten Buches[1]) geringfügig beschäftigt sind,
2. hauptberuflich selbstständig Erwerbstätige,
3. Versicherte nach § 5 Abs. 1 Nr. 1, die bei Arbeitsunfähigkeit nicht für mindestens sechs Wochen Anspruch auf Fortzahlung des Arbeitsentgelts oder auf Zahlung einer die Versicherungspflicht begründenden Sozialleistung haben; dies gilt nicht für Versicherte, die nach § 10 des Entgeltfortzahlungsgesetzes[2]) Anspruch auf Zahlung eines Zuschlags zum Arbeitsentgelt haben,
4. Versicherte, die eine Rente aus einer öffentlich-rechtlichen Versicherungseinrichtung oder Versorgungseinrichtung ihrer Berufsgruppe oder von anderen vergleichbaren Stellen beziehen, die ihrer Art nach den in § 50 Abs. 1 genannten Leistungen entspricht. Für Versicherte nach Satz 1 Nr. 4 gilt § 50 Abs. 2 entsprechend, soweit sie eine Leistung beziehen, die ihrer Art nach den in dieser Vorschrift aufgeführten Leistungen entspricht.

²Für die nach Nummer 2 und 3 aufgeführten Versicherten bleibt § 53 Abs. 6 unberührt.

(3) Der Anspruch auf Fortzahlung des Arbeitsentgelts bei Arbeitsunfähigkeit richtet sich nach arbeitsrechtlichen Vorschriften.

§ 45 Krankengeld bei Erkrankung des Kindes. (1) ¹Versicherte haben Anspruch auf Krankengeld, wenn es nach ärztlichem Zeugnis erforderlich ist, daß sie zur Beaufsichtigung, Betreuung oder Pflege ihres erkrankten und versicherten Kindes der Arbeit fernbleiben, eine andere in ihrem Haushalt lebende Person das Kind nicht beaufsichtigen, betreuen oder pflegen kann und das Kind das zwölfte Lebensjahr noch nicht vollendet hat oder behindert und auf Hilfe angewiesen ist. ²§ 10 Abs. 4 und § 44 Abs. 1 Satz 2 gelten.

(2) ¹Anspruch auf Krankengeld nach Absatz 1 besteht in jedem Kalenderjahr für jedes Kind längstens für 10 Arbeitstage, für alleinerziehende Versicherte längstens für 20 Arbeitstage. ²Der Anspruch nach Satz 1 besteht für Versicherte für nicht mehr als 25 Arbeitstage, für alleinerziehende Versicherte für nicht mehr als 50 Arbeitstage je Kalenderjahr.

(3) ¹Versicherte mit Anspruch auf Krankengeld nach Absatz 1 haben für die Dauer dieses Anspruchs gegen ihren Arbeitgeber Anspruch auf unbezahlte Freistellung von der Arbeitsleistung, soweit nicht aus dem gleichen Grund Anspruch auf bezahlte Freistellung besteht. ²Wird der Freistellungsanspruch nach Satz 1 geltend gemacht, bevor die Krankenkasse ihre Leistungsverpflichtung nach Absatz 1 anerkannt hat, und sind die Voraussetzungen dafür nicht erfüllt, ist der Arbeitgeber berechtigt, die gewährte Freistellung von der Arbeitsleistung auf einen späteren Freistellungsanspruch zur Beaufsichtigung, Betreuung oder Pflege eines erkrankten Kindes anzurechnen. ³Der Freistellungsanspruch nach Satz 1 kann nicht durch Vertrag ausgeschlossen oder beschränkt werden.

(4) ¹Versicherte haben ferner Anspruch auf Krankengeld, wenn sie zur Beaufsichtigung, Betreuung oder Pflege ihres erkrankten und versicherten Kindes der Arbeit fernbleiben, sofern das Kind das zwölfte Lebensjahr noch nicht

---
[1]) Nr. **43**.
[2]) Nr. **18**.

vollendet hat oder behindert und auf Hilfe angewiesen ist und nach ärztlichem Zeugnis an einer Erkrankung leidet,
a) die progredient verläuft und bereits ein weit fortgeschrittenes Stadium erreicht hat,
b) bei der eine Heilung ausgeschlossen und eine palliativ-medizinische Behandlung notwendig oder von einem Elternteil erwünscht ist und
c) die lediglich eine begrenzte Lebenserwartung von Wochen oder wenigen Monaten erwarten lässt.

²Der Anspruch besteht nur für ein Elternteil. ³Absatz 1 Satz 2 und Absatz 3 gelten entsprechend.

(5) Anspruch auf unbezahlte Freistellung nach den Absätzen 3 und 4 haben auch Arbeitnehmer, die nicht Versicherte mit Anspruch auf Krankengeld nach Absatz 1 sind.

§ 46 Entstehen des Anspruchs auf Krankengeld. ¹Der Anspruch auf Krankengeld entsteht
1. bei Krankenhausbehandlung oder Behandlung in einer Vorsorge- oder Rehabilitationseinrichtung (§ 23 Abs. 4, §§ 24, 40 Abs. 2 und § 41) von ihrem Beginn an,
2. im übrigen von dem Tag an, der auf den Tag der ärztlichen Feststellung der Arbeitsunfähigkeit folgt.
...

§ 47 Höhe und Berechnung des Krankengeldes. (1) ¹Das Krankengeld beträgt 70 vom Hundert des erzielten regelmäßigen Arbeitsentgelts und Arbeitseinkommens, soweit es der Beitragsberechnung unterliegt (Regelentgelt). ²Das aus dem Arbeitsentgelt berechnete Krankengeld darf 90 vom Hundert des bei entsprechender Anwendung des Absatzes 2 berechneten Nettoarbeitsentgelts nicht übersteigen. ³Für die Berechnung des Nettoarbeitsentgelts nach Satz 2 ist der sich aus dem kalendertäglichen Hinzurechnungsbetrag nach Absatz 2 Satz 6 ergebende Anteil am Nettoarbeitsentgelt mit dem Vomhundertsatz anzusetzen, der sich aus dem Verhältnis des kalendertäglichen Regelentgeltbetrages nach Absatz 2 Satz 1 bis 5 zu dem sich aus diesem Regelentgeltbetrag ergebenden Nettoarbeitsentgelt ergibt. ⁴Das nach Satz 1 bis 3 berechnete kalendertägliche Krankengeld darf das sich aus dem Arbeitsentgelt nach Absatz 2 Satz 1 bis 5 ergebende kalendertägliche Nettoarbeitsentgelt nicht übersteigen. ⁵Das Regelentgelt wird nach den Absätzen 2, 4 und 6 berechnet. ⁶Das Krankengeld wird für Kalendertage gezahlt. ⁷Ist es für einen ganzen Kalendermonat zu zahlen, ist dieser mit dreißig Tagen anzusetzen. ⁸Bei der Berechnung des Regelentgelts nach Satz 1 und des Nettoarbeitsentgelts nach den Sätzen 2 und 4 sind die für die jeweilige Beitragsbemessung und Beitragstragung geltenden Besonderheiten der Gleitzone nach § 20 Abs. 2 des Vierten Buches[1]) nicht zu berücksichtigen.

(2) ¹Für die Berechnung des Regelentgelts ist das von dem Versicherten im letzten vor Beginn der Arbeitsunfähigkeit abgerechneten Entgeltabrechnungszeitraum, mindestens das während der letzten abgerechneten vier Wochen (Bemessungszeitraum) erzielte und um einmalig gezahltes Arbeitsentgelt ver-

---

¹) Nr. 43.

minderte Arbeitsentgelt durch die Zahl der Stunden zu teilen, für die es gezahlt wurde.[1] ²Das Ergebnis ist mit der Zahl der sich aus dem Inhalt des Arbeitsverhältnisses ergebenden regelmäßigen wöchentlichen Arbeitsstunden zu vervielfachen und durch sieben zu teilen. ³Ist das Arbeitsentgelt nach Monaten bemessen oder ist eine Berechnung des Regelentgelts nach den Sätzen 1 und 2 nicht möglich, gilt der dreißigste Teil des im letzten vor Beginn der Arbeitsunfähigkeit abgerechneten Kalendermonat erzielten und um einmalig gezahltes Arbeitsentgelt verminderten Arbeitsentgelts als Regelentgelt. ⁴Wenn mit einer Arbeitsleistung Arbeitsentgelt erzielt wird, das für Zeiten einer Freistellung vor oder nach dieser Arbeitsleistung fällig wird (Wertguthaben nach § 7 Abs. 1a des Vierten Buches[2]), ist für die Berechnung des Regelentgelts das im Bemessungszeitraum der Beitragsberechnung zugrundeliegende und um einmalig gezahltes Arbeitsentgelt verminderte Arbeitsentgelt maßgebend; Wertguthaben, die nicht gemäß einer Vereinbarung über flexible Arbeitszeitregelungen verwendet werden (§ 23b Abs. 2 des Vierten Buches), bleiben außer Betracht. ⁵Bei der Anwendung des Satzes 1 gilt als regelmäßige wöchentliche Arbeitszeit die Arbeitszeit, die dem gezahlten Arbeitsentgelt entspricht. ⁶Für die Berechnung des Regelentgelts ist der dreihundertsechzigste Teil des einmalig gezahlten Arbeitsentgelts, das in den letzten zwölf Kalendermonaten vor Beginn der Arbeitsunfähigkeit nach § 23a des Vierten Buches der Beitragsberechnung zugrunde gelegen hat, dem nach Satz 1 bis 5 berechneten Arbeitsentgelt hinzuzurechnen.

(3), (4) ...

(5) *(aufgehoben)*

(6) Das Regelentgelt wird bis zur Höhe des Betrages der kalendertäglichen Beitragsbemessungsgrenze berücksichtigt.

§ 47a Krankengeldübergangsregelung. (1) Für Ansprüche auf Krankengeld, die vor dem 22. Juni 2000 entstanden sind und über die am 21. Juni 2000 noch nicht unanfechtbar entschieden war, ist § 47 in der ab dem 22. Juni 2000 geltenden Fassung für Zeiten nach dem 31. Dezember 1996 entsprechend anzuwenden.

(2) ¹Für Ansprüche, über die vor dem 22. Juni 2000 bereits unanfechtbar entschieden wurde, erfolgt die Erhöhung nach Absatz 1 nur für Zeiten vom 22. Juni 2000 an bis zum Ende der Leistungsdauer. ²Entscheidungen über Ansprüche auf Krankengeld, die vor dem 22. Juni 2000 unanfechtbar geworden sind, sind nicht nach § 44 Abs. 1 des Zehnten Buches zurückzunehmen.

(3) ¹Abweichend von § 266 Abs. 2 Satz 3 werden die Ausgaben der Krankenkassen nach Absatz 1 und Absatz 2 Satz 1 für die Zeit bis zum 31. Dezember 2000 bei der Ermittlung der standardisierten Leistungsausgaben nicht berücksichtigt. ²Der Beitragsbedarf nach § 266 Abs. 2 Satz 2 ist um die Ausgaben nach Satz 1 zu erhöhen.

---

[1] Die Regelungen des § 47 Abs. 2 Satz 1 sind gemäß BVerfGE v. 24. 5. 2000 – 1 BvL 1/98, 1 BvL 4/98, 1 BvL 15/99 (BGBl. 2000 I S. 1082) – mit Art. 3 Abs. 1 des Grundgesetzes unvereinbar, soweit danach einmalig gezahltes Arbeitsentgelt zu Sozialversicherungsbeiträgen herangezogen wird, ohne dass es bei der Berechnung sämtlicher beitragsfinanzierter Lohnersatzleistungen berücksichtigt wird.
[2] Nr. **43**.

§ 48 Dauer des Krankengeldes. (1) ¹Versicherte erhalten Krankengeld ohne zeitliche Begrenzung, für den Fall der Arbeitsunfähigkeit wegen derselben Krankheit jedoch für längstens achtundsiebzig Wochen innerhalb von je drei Jahren, gerechnet vom Tage des Beginns der Arbeitsunfähigkeit an. ²Tritt während der Arbeitsunfähigkeit eine weitere Krankheit hinzu, wird die Leistungsdauer nicht verlängert.

(2) Für Versicherte, die im letzten Dreijahreszeitraum wegen derselben Krankheit für achtundsiebzig Wochen Krankengeld bezogen haben, besteht nach Beginn eines neuen Dreijahreszeitraums ein neuer Anspruch auf Krankengeld wegen derselben Krankheit, wenn sie bei Eintritt der erneuten Arbeitsunfähigkeit mit Anspruch auf Krankengeld versichert sind und in der Zwischenzeit mindestens sechs Monate
1. nicht wegen dieser Krankheit arbeitsunfähig waren und
2. erwerbstätig waren oder der Arbeitsvermittlung zur Verfügung standen.

(3) ¹Bei der Feststellung der Leistungsdauer des Krankengeldes werden Zeiten, in denen der Anspruch auf Krankengeld ruht oder für die das Krankengeld versagt wird, wie Zeiten des Bezugs von Krankengeld berücksichtigt. ²Zeiten, für die kein Anspruch auf Krankengeld besteht, bleiben unberücksichtigt.

§ 49 Ruhen des Krankengeldes. (1) Der Anspruch auf Krankengeld ruht,
1. soweit und solange Versicherte beitragspflichtiges Arbeitsentgelt oder Arbeitseinkommen erhalten; dies gilt nicht für einmalig gezahltes Arbeitsentgelt,
2. solange Versicherte Elternzeit nach dem Bundeselterngeld- und Elternzeitgesetz[1]) in Anspruch nehmen; dies gilt nicht, wenn die Arbeitsunfähigkeit vor Beginn der Elternzeit eingetreten ist oder das Krankengeld aus dem Arbeitsentgelt zu berechnen ist, das aus einer versicherungspflichtigen Beschäftigung während der Elternzeit erzielt worden ist,
3. soweit und solange Versicherte Versorgungskrankengeld, Übergangsgeld, Unterhaltsgeld oder Kurzarbeitergeld beziehen,
3 a. solange Versicherte Mutterschaftsgeld oder Arbeitslosengeld beziehen oder der Anspruch wegen einer Sperrzeit nach dem Dritten Buch ruht,
4. soweit und solange Versicherte Entgeltersatzleistungen, die ihrer Art nach den in Nummer 3 genannten Leistungen vergleichbar sind, von einem Träger der Sozialversicherung oder einer staatlichen Stelle im Ausland erhalten,
5. solange die Arbeitsunfähigkeit der Krankenkasse nicht gemeldet wird; dies gilt nicht, wenn die Meldung innerhalb einer Woche nach Beginn der Arbeitsunfähigkeit erfolgt,
6. soweit und solange für Zeiten einer Freistellung von der Arbeitsleistung (§ 7 Abs. 1 a des Vierten Buches[2]) eine Arbeitsleistung nicht geschuldet wird.

(2) ¹Absatz 1 Nr. 3 und 4 ist auch auf einen Krankengeldanspruch anzuwenden, der für einen Zeitraum vor dem 1. Januar 1990 geltend gemacht wird und über den noch keine nicht mehr anfechtbare Entscheidung getroffen

---
[1]) Nr. 58.
[2]) Nr. 43.

worden ist. ²Vor dem 23. Februar 1989 ergangene Verwaltungsakte über das Ruhen eines Krankengeldanspruchs sind nicht nach § 44 Abs. 1 des Zehnten Buches zurückzunehmen.

(3) Auf Grund gesetzlicher Bestimmungen gesenkte Entgelt- oder Entgeltersatzleistungen dürfen bei der Anwendung des Absatzes 1 nicht aufgestockt werden.

(4) Erbringt ein anderer Träger der Sozialversicherung bei ambulanter Ausführung von Leistungen zur medizinischen Rehabilitation Verletztengeld, Versorgungskrankengeld oder Übergangsgeld, werden diesem Träger auf Verlangen seine Aufwendungen für diese Leistungen im Rahmen der nach § 13 Abs. 2 Nr. 7 des Neunten Buches vereinbarten gemeinsamen Empfehlungen erstattet.

Dritter Titel. Leistungsbeschränkungen

§ 52 Leistungsbeschränkung bei Selbstverschulden. (1) Haben sich Versicherte eine Krankheit vorsätzlich oder bei einem von ihnen begangenen Verbrechen oder vorsätzlichen Vergehen zugezogen, kann die Krankenkasse sie an den Kosten der Leistungen in angemessener Höhe beteiligen und das Krankengeld ganz oder teilweise für die Dauer dieser Krankheit versagen und zurückfordern.

(2) Haben sich Versicherte eine Krankheit durch eine medizinisch nicht indizierte ästhetische Operation, eine Tätowierung oder ein Piercing zugezogen, hat die Krankenkasse die Versicherten in angemessener Höhe an den Kosten zu beteiligen und das Krankengeld für die Dauer dieser Behandlung ganz oder teilweise zu versagen oder zurückzufordern.

§ 52 a Leistungsausschluss. ¹Auf Leistungen besteht kein Anspruch, wenn sich Personen in den Geltungsbereich dieses Gesetzbuchs begeben, um in einer Versicherung nach § 5 Abs. 1 Nr. 13 oder auf Grund dieser Versicherung in einer Versicherung nach § 10 missbräuchlich Leistungen in Anspruch zu nehmen. ²Das Nähere zur Durchführung regelt die Krankenkasse in ihrer Satzung.

Sechstes Kapitel. Organisation der Krankenkassen

Dritter Abschnitt. Mitgliedschaft und Verfassung

Erster Titel. Mitgliedschaft

§ 192 Fortbestehen der Mitgliedschaft Versicherungspflichtiger.
(1) Die Mitgliedschaft Versicherungspflichtiger bleibt erhalten, solange
1. sie sich in einem rechtmäßigen Arbeitskampf befinden,
2. Anspruch auf Krankengeld oder Mutterschaftsgeld besteht oder eine dieser Leistungen oder nach gesetzlichen Vorschriften Erziehungsgeld oder Elterngeld bezogen oder Elternzeit in Anspruch genommen wird,
3. von einem Rehabilitationsträger während einer Leistung zur medizinischen Rehabilitation Verletztengeld, Versorgungskrankengeld oder Übergangsgeld gezahlt wird oder
4. Kurzarbeitergeld nach dem Dritten Buch bezogen wird.

(2) Während der Schwangerschaft bleibt die Mitgliedschaft Versicherungspflichtiger auch erhalten, wenn das Beschäftigungsverhältnis vom Arbeitgeber zulässig aufgelöst oder das Mitglied unter Wegfall des Arbeitsentgelts beurlaubt worden ist, es sei denn, es besteht eine Mitgliedschaft nach anderen Vorschriften.

Neuntes Kapitel. Medizinischer Dienst der Krankenversicherung

Erster Abschnitt. Aufgaben

§ 275 Begutachtung und Beratung. (1) Die Krankenkassen sind in den gesetzlich bestimmten Fällen oder wenn es nach Art, Schwere, Dauer oder Häufigkeit der Erkrankung oder nach dem Krankheitsverlauf erforderlich ist, verpflichtet,

1., 2. ...
3. bei Arbeitsunfähigkeit
   a) ...
   b) zur Beseitigung von Zweifeln an der Arbeitsunfähigkeit

eine gutachtliche Stellungnahme des Medizinischen Dienstes der Krankenversicherung (Medizinischer Dienst) einzuholen.

(1 a) [1]Zweifel an der Arbeitsunfähigkeit nach Absatz 1 Nr. 3 Buchstabe b sind insbesondere in Fällen anzunehmen, in denen

a) Versicherte auffällig häufig oder auffällig häufig nur für kurze Dauer arbeitsunfähig sind oder der Beginn der Arbeitsunfähigkeit häufig auf einen Arbeitstag am Beginn oder am Ende einer Woche fällt oder

b) die Arbeitsunfähigkeit von einem Arzt festgestellt worden ist, der durch die Häufigkeit der von ihm ausgestellten Bescheinigungen über Arbeitsunfähigkeit auffällig geworden ist.

[2]Die Prüfung hat unverzüglich nach Vorlage der ärztlichen Feststellung über die Arbeitsunfähigkeit zu erfolgen. [3]Der Arbeitgeber kann verlangen, daß die Krankenkasse eine gutachtliche Stellungnahme des Medizinischen Dienstes zur Überprüfung der Arbeitsunfähigkeit einholt. [4]Die Krankenkasse kann von einer Beauftragung des Medizinischen Dienstes absehen, wenn sich die medizinischen Voraussetzungen der Arbeitsunfähigkeit eindeutig aus den der Krankenkasse vorliegenden ärztlichen Unterlagen ergeben.

(1 b) [1]Der Medizinische Dienst überprüft bei Vertragsärzten, die nach § 106 Abs. 2 Satz 1 Nr. 2 geprüft werden, stichprobenartig und zeitnah Feststellungen der Arbeitsunfähigkeit. [2]Die in § 106 Abs. 2 Satz 4 genannten Vertragspartner vereinbaren das Nähere.

(1 c) [1]Bei Krankenhausbehandlung nach § 39 ist eine Prüfung nach Absatz 1 Nr. 1 zeitnah durchzuführen. [2]Die Prüfung nach Satz 1 ist spätestens sechs Wochen nach Eingang der Abrechnung bei der Krankenkasse einzuleiten und durch den Medizinischen Dienst dem Krankenhaus anzuzeigen. [3]Falls die Prüfung nicht zu einer Minderung des Abrechnungsbetrags führt, hat die Krankenkasse dem Krankenhaus eine Aufwandspauschale in Höhe von 100 Euro zu entrichten.

(2)–(4) ...

Gesetzliche Krankenversicherung §§ 276, 277 SGB V 44

(5) ¹Die Ärzte des Medizinischen Dienstes sind bei der Wahrnehmung ihrer medizinischen Aufgaben nur ihrem ärztlichen Gewissen unterworfen. ²Sie sind nicht berechtigt, in die ärztliche Behandlung einzugreifen.

§ 276 Zusammenarbeit. (1)–(4) ...

(5) ¹Wenn sich im Rahmen der Überprüfung der Feststellungen von Arbeitsunfähigkeit (§ 275 Abs. 1 Nr. 3 b, Abs. 1 a und Abs. 1 b) aus den ärztlichen Unterlagen ergibt, daß der Versicherte auf Grund seines Gesundheitszustandes nicht in der Lage ist, einer Vorladung des Medizinischen Dienstes Folge zu leisten oder wenn der Versicherte einen Vorladungstermin unter Berufung auf seinen Gesundheitszustand absagt und der Untersuchung fernbleibt, soll die Untersuchung in der Wohnung des Versicherten stattfinden. ²Verweigert er hierzu seine Zustimmung, kann ihm die Leistung versagt werden. ³Die §§ 65, 66 des Ersten Buches bleiben unberührt.

(6) ...

§ 277 Mitteilungspflichten.
(1) ¹Der Medizinische Dienst hat dem an der vertragsärztlichen Versorgung teilnehmenden Arzt, sonstigen Leistungserbringern, über deren Leistungen er eine gutachtliche Stellungnahme abgegeben hat, und der Krankenkasse das Ergebnis der Begutachtung und der Krankenkasse die erforderlichen Angaben über den Befund mitzuteilen. ²Er ist befugt, den an der vertragsärztlichen Versorgung teilnehmenden Ärzten und den sonstigen Leistungserbringern, über deren Leistungen er eine gutachtliche Stellungnahme abgegeben hat, die erforderlichen Angaben über den Befund mitzuteilen. ³Der Versicherte kann der Mitteilung über den Befund an die Leistungserbringer widersprechen.

(2) ¹Die Krankenkasse hat, solange ein Anspruch auf Fortzahlung des Arbeitsentgelts besteht, dem Arbeitgeber und dem Versicherten das Ergebnis des Gutachtens des Medizinischen Dienstes über die Arbeitsunfähigkeit mitzuteilen, wenn das Gutachten mit der Bescheinigung des Kassenarztes im Ergebnis nicht übereinstimmt. ²Die Mitteilung darf keine Angaben über die Krankheit des Versicherten enthalten.

45. Sozialgesetzbuch (SGB) Sechstes Buch (VI) – Gesetzliche Rentenversicherung –

In der Fassung der Bekanntmachung vom 19. Februar 2002[1]
(BGBl. I S. 754, ber. S. 1404, 3384)

FNA 860-6

zuletzt geänd. durch Art. 1 RentenanpassungsG 2008 v. 26. 6. 2008 (BGBl. I S. 1076)

– Auszug[2] –

Zweites Kapitel. Leistungen

Zweiter Abschnitt. Renten

Zweiter Unterabschnitt. Anspruchsvoraussetzungen für einzelne Renten

Erster Titel. Renten wegen Alters

§ 35 Regelaltersrente. [1]Versicherte haben Anspruch auf Regelaltersrente, wenn sie
1. die Regelaltersgrenze erreicht und
2. die allgemeine Wartezeit erfüllt

haben. [2]Die Regelaltersgrenze wird mit Vollendung des 67. Lebensjahres erreicht.

§ 36 Altersrente für langjährig Versicherte. [1]Versicherte haben Anspruch auf Altersrente für langjährig Versicherte, wenn sie
1. das 67. Lebensjahr vollendet und
2. die Wartezeit von 35 Jahren erfüllt

haben. [2]Die vorzeitige Inanspruchnahme dieser Altersrente ist nach Vollendung des 63. Lebensjahres möglich.

§ 37 Altersrente für schwerbehinderte Menschen. [1]Versicherte haben Anspruch auf Altersrente für schwerbehinderte Menschen, wenn sie
1. das 65. Lebensjahr vollendet haben,
2. bei Beginn der Altersrente als schwerbehinderte Menschen (§ 2 Abs. 2 Neuntes Buch[3]) anerkannt sind und
3. die Wartezeit von 35 Jahren erfüllt haben.

[2]Die vorzeitige Inanspruchnahme dieser Altersrente ist nach Vollendung des 62. Lebensjahres möglich.

---

[1] Neubekanntmachung des SGB VI vom 18. 12. 1989 (BGBl. I S. 2261, ber. 1990 I S. 1337) in der ab 1. 1. 2002 geltenden Fassung.

[2] Vollständig abgedruckt in **Sozialgesetzbuch** (dtv 5024) Nr. **6** sowie in **SGB VI** – gesetzliche Rentenversicherung – (dtv 5561) Nr. **1**.

[3] Nr. **47**.

Gesetzliche Rentenversicherung §§ 38–42 SGB VI

§§ 38, 39 in der bis 31. 12. 2011 geltenden Fassung:

§§ 38, 39 (weggefallen)

§ 38 in der ab 1. 1. 2012 geltenden Fassung:

§ 38 Altersrente für besonders langjährig Versicherte. Versicherte haben Anspruch auf Altersrente für besonders langjährig Versicherte, wenn sie
1. das 65. Lebensjahr vollendet und
2. die Wartezeit von 45 Jahren erfüllt
haben.

§ 39 in der ab 1. 1. 2012 geltenden Fassung:

§ 39 (weggefallen)

§ 40 Altersrente für langjährig unter Tage beschäftigte Bergleute. Versicherte haben Anspruch auf Altersrente für langjährig unter Tage beschäftigte Bergleute, wenn sie
1. das 62. Lebensjahr vollendet und
2. die Wartezeit von 25 Jahren erfüllt
haben.

§ 41 Altersrente und Kündigungsschutz. [1]Der Anspruch des Versicherten auf eine Rente wegen Alters ist nicht als ein Grund anzusehen, der die Kündigung eines Arbeitsverhältnisses durch den Arbeitgeber nach dem Kündigungsschutzgesetz[1)] bedingen kann. [2]Eine Vereinbarung, die die Beendigung des Arbeitsverhältnisses eines Arbeitnehmers ohne Kündigung zu einem Zeitpunkt vorsieht, zu dem der Arbeitnehmer vor Erreichen der Regelaltersgrenze eine Rente wegen Alters beantragen kann, gilt dem Arbeitnehmer gegenüber als auf das Erreichen der Regelaltersgrenze abgeschlossen, es sei denn, dass die Vereinbarung innerhalb der letzten drei Jahre vor diesem Zeitpunkt abgeschlossen oder von dem Arbeitnehmer innerhalb der letzten drei Jahre vor diesem Zeitpunkt bestätigt worden ist.

§ 42 Vollrente und Teilrente. (1) Versicherte können eine Rente wegen Alters in voller Höhe (Vollrente) oder als Teilrente in Anspruch nehmen.

(2) Die Teilrente beträgt ein Drittel, die Hälfte oder zwei Drittel der erreichten Vollrente.

(3) [1]Versicherte, die wegen der beabsichtigten Inanspruchnahme einer Teilrente ihre Arbeitsleistung einschränken wollen, können von ihrem Arbeitgeber verlangen, dass er mit ihnen die Möglichkeiten einer solchen Einschränkung erörtert. [2]Macht der Versicherte hierzu für seinen Arbeitsbereich Vorschläge, hat der Arbeitgeber zu diesen Vorschlägen Stellung zu nehmen.

[1)] Nr. 20.

Drittes Kapitel[1]. *Organisation, Datenschutz und Datensicherheit*

Erster Abschnitt. *Organisation*

Dritter Unterabschnitt. *Rentenversicherung der Angestellten*

§ 133 *Beschäftigte.* *(1) Für Beschäftigte ist die Bundesversicherungsanstalt für Angestellte zuständig, wenn die Versicherten als Angestellte oder zur Ausbildung für den Beruf eines Angestellten beschäftigt werden und nicht die Bundesknappschaft zuständig ist.*
(2) Angestellte sind insbesondere
1. *Angestellte in leitender Stellung,*
2. *technische Angestellte in Betrieb, Büro und Verwaltung, Werkmeister und andere Angestellte in einer ähnlich gehobenen oder höheren Stellung,*
3. *Büroangestellte, soweit sie nicht ausschließlich mit Botengängen, Reinigen, Aufräumen oder ähnlichen Arbeiten beschäftigt werden, einschließlich Werkstattschreibern,*
4. *Handlungsgehilfen und andere Angestellte für kaufmännische Dienste, auch wenn der Gegenstand des Unternehmens kein Handelsgewerbe ist, Gehilfen und Praktikanten in Apotheken,*
5. *Bühnenmitglieder und Musiker ohne Rücksicht auf den künstlerischen Wert ihrer Leistungen,*
6. *Angestellte in Berufen der Erziehung, des Unterrichts, der Fürsorge, der Krankenpflege und Wohlfahrtspflege,*
7. *Schiffsführer, Offiziere des Decksdienstes und Maschinendienstes, Schiffsärzte, Funkoffiziere, Zahlmeister, Verwalter und Verwaltungsassistenten sowie die in einer ähnlich gehobenen oder höheren Stellung befindlichen Mitglieder der Schiffsbesatzung von Binnenschiffen oder deutschen Seeschiffen,*
8. *Bordpersonal der Zivilluftfahrt.*

---

[1] Das dritte Kapitel inkl. § 133 SGB VI wurde durch das Gesetz zur Organisationsreform in der gesetzlichen Rentenversicherung vom 9. Dezember 2004 (BGBl. I S. 3242) mWv **1. Januar 2005** in der bisherigen Form aufgehoben und inhaltlich neu gefasst. Eine Definition des Beschäftigten entfiel.

46. Siebtes Buch Sozialgesetzbuch
– Gesetzliche Unfallversicherung –[1)]

Vom 7. August 1996
(BGBl. I S. 1254)
FNA 860-7
zuletzt geänd. durch § 62 Abs. 19 BeamtenstatusG v. 17. 6. 2008 (BGBl. I S. 1010)

– Auszug[2)] –

Erstes Kapitel. Aufgaben, versicherter Personenkreis, Versicherungsfall

Zweiter Abschnitt. Versicherter Personenkreis

§ 2 Versicherung kraft Gesetzes. (1) Kraft Gesetzes sind versichert
1. Beschäftigte,
2. Lernende während der beruflichen Aus- und Fortbildung in Betriebsstätten, Lehrwerkstätten, Schulungskursen und ähnlichen Einrichtungen,
3. Personen, die sich Untersuchungen, Prüfungen oder ähnlichen Maßnahmen unterziehen, die aufgrund von Rechtsvorschriften zur Aufnahme einer versicherten Tätigkeit oder infolge einer abgeschlossenen versicherten Tätigkeit erforderlich sind, soweit diese Maßnahmen vom Unternehmen oder einer Behörde veranlaßt worden sind,
4. behinderte Menschen, die in anerkannten Werkstätten für behinderte Menschen oder in Blindenwerkstätten im Sinne des § 143 des Neunten Buches[3)] oder für diese Einrichtungen in Heimarbeit tätig sind,
5. Personen, die
   a) Unternehmer eines landwirtschaftlichen Unternehmens sind und ihre im Unternehmen mitarbeitenden Ehegatten oder Lebenspartner,
   b) im landwirtschaftlichen Unternehmen nicht nur vorübergehend mitarbeitende Familienangehörige sind,
   c) in landwirtschaftlichen Unternehmen in der Rechtsform von Kapital- oder Personenhandelsgesellschaften regelmäßig wie Unternehmer selbständig tätig sind,
   d) ehrenamtlich in Unternehmen tätig sind, die unmittelbar der Sicherung, Überwachung oder Förderung der Landwirtschaft überwiegend dienen,

---
[1)] Verkündet als Art. 1 Unfallversicherungs-EinordnungsG v. 7. 8. 1996 (BGBl. I S. 1254); Inkrafttreten gem. Art. 36 Satz 1 dieses G am 1. 1. 1997 mit Ausnahme des § 1 Nr. 1 und der §§ 14 bis 25, die gem. Art. 36 Satz 2 am 21. 8. 1996 in Kraft getreten sind.
[2)] Vollständig abgedruckt in **Sozialgesetzbuch** (dtv 5024) Nr. **7**.
[3)] Nr. **47**.

e) ehrenamtlich in den Berufsverbänden der Landwirtschaft tätig sind, wenn für das Unternehmen eine landwirtschaftliche Berufsgenossenschaft zuständig ist,
6. Hausgewerbetreibende und Zwischenmeister sowie ihre mitarbeitenden Ehegatten oder Lebenspartner,
7. selbständig tätige Küstenschiffer und Küstenfischer, die zur Besatzung ihres Fahrzeugs gehören oder als Küstenfischer ohne Fahrzeug fischen und regelmäßig nicht mehr als vier Arbeitnehmer beschäftigen, sowie ihre mitarbeitenden Ehegatten oder Lebenspartner,
8. a) Kinder während des Besuchs von Tageseinrichtungen, deren Träger für den Betrieb der Einrichtungen der Erlaubnis nach § 45 des Achten Buches oder einer Erlaubnis aufgrund einer entsprechenden landesrechtlichen Regelung bedürfen, sowie während der Betreuung durch geeignete Tagespflegepersonen im Sinne von § 23 des Achten Buches,
b) Schüler während des Besuchs von allgemein- oder berufsbildenden Schulen und während der Teilnahme an unmittelbar vor oder nach dem Unterricht von der Schule oder im Zusammenwirken mit ihr durchgeführten Betreuungsmaßnahmen,
c) Studierende während der Aus- und Fortbildung an Hochschulen,
9. Personen, die selbständig oder unentgeltlich, insbesondere ehrenamtlich im Gesundheitswesen oder in der Wohlfahrtspflege tätig sind,
10. Personen, die
a) für Körperschaften, Anstalten oder Stiftungen des öffentlichen Rechts oder deren Verbände oder Arbeitsgemeinschaften, für die in den Nummern 2 und 8 genannten Einrichtungen oder für privatrechtliche Organisationen im Auftrag oder mit ausdrücklicher Einwilligung, in besonderen Fällen mit schriftlicher Genehmigung von Gebietskörperschaften ehrenamtlich tätig sind oder an Ausbildungsveranstaltungen für diese Tätigkeit teilnehmen,
b) für öffentlich-rechtliche Religionsgemeinschaften und deren Einrichtungen oder für privatrechtliche Organisationen im Auftrag oder mit ausdrücklicher Einwilligung, in besonderen Fällen mit schriftlicher Genehmigung von öffentlich-rechtlichen Religionsgemeinschaften ehrenamtlich tätig sind oder an Ausbildungsveranstaltungen für diese Tätigkeit teilnehmen,
11. Personen, die
a) von einer Körperschaft, Anstalt oder Stiftung des öffentlichen Rechts zur Unterstützung einer Diensthandlung herangezogen werden,
b) von einer dazu berechtigten öffentlichen Stelle als Zeugen zur Beweiserhebung herangezogen werden,
12. Personen, die in Unternehmen zur Hilfe bei Unglücksfällen oder im Zivilschutz unentgeltlich, insbesondere ehrenamtlich tätig sind oder an Ausbildungsveranstaltungen dieser Unternehmen teilnehmen,
13. Personen, die
a) bei Unglücksfällen oder gemeiner Gefahr oder Not Hilfe leisten oder einen anderen aus erheblicher gegenwärtiger Gefahr für seine Gesundheit retten,
b) Blut oder körpereigene Organe, Organteile oder Gewebe spenden,

Gesetzliche Unfallversicherung **§ 2 SGB VII 46**

   c) sich bei der Verfolgung oder Festnahme einer Person, die einer Straftat verdächtig ist oder zum Schutz eines widerrechtlich Angegriffenen persönlich einsetzen,
14. Personen, die nach den Vorschriften des Zweiten oder des Dritten Buches der Meldepflicht unterliegen, wenn sie einer besonderen, an sie im Einzelfall gerichteten Aufforderung einer Dienststelle der Bundesagentur für Arbeit, eines nach § 6 a des Zweiten Buches zugelassenen kommunalen Trägers oder des nach § 6 Abs. 1 Satz 1 Nr. 2 des Zweiten Buches zuständigen Trägers nachkommen, diese oder eine andere Stelle aufzusuchen,
15. Personen, die
   a) auf Kosten einer Krankenkasse oder eines Trägers der gesetzlichen Rentenversicherung oder einer landwirtschaftlichen Alterskasse stationäre oder teilstationäre Behandlung oder stationäre, teilstationäre oder ambulante Leistungen zur medizinischen Rehabilitation erhalten,
   b) zur Vorbereitung von Leistungen zur Teilhabe am Arbeitsleben auf Aufforderung eines Trägers der gesetzlichen Rentenversicherung oder der Bundesagentur für Arbeit einen dieser Träger oder eine andere Stelle aufsuchen,
   c) auf Kosten eines Unfallversicherungsträgers an vorbeugenden Maßnahmen nach § 3 der Berufskrankheiten-Verordnung teilnehmen,
16. Personen, die bei der Schaffung öffentlich geförderten Wohnraums im Sinne des Zweiten Wohnungsbaugesetzes oder im Rahmen der sozialen Wohnraumförderung bei der Schaffung von Wohnraum im Sinne des § 16 Abs. 1 Nr. 1 bis 3 des Wohnraumförderungsgesetzes im Rahmen der Selbsthilfe tätig sind,
17. Pflegepersonen im Sinne des § 19 des Elften Buches bei der Pflege eines Pflegebedürftigen im Sinne des § 14 des Elften Buches; die versicherte Tätigkeit umfaßt Pflegetätigkeiten im Bereich der Körperpflege und – soweit diese Tätigkeiten überwiegend Pflegebedürftigen zugute kommen – Pflegetätigkeiten in den Bereichen der Ernährung, der Mobilität sowie der hauswirtschaftlichen Versorgung (§ 14 Abs. 4 des Elften Buches).

(2) [1]Ferner sind Personen versichert, die wie nach Absatz 1 Nr. 1 Versicherte tätig werden. [2]Satz 1 gilt auch für Personen, die während einer aufgrund eines Gesetzes angeordneten Freiheitsentziehung oder aufgrund einer strafrichterlichen, staatsanwaltlichen oder jugendbehördlichen Anordnung wie Beschäftigte tätig werden.

(3) [1]Absatz 1 Nr. 1 gilt auch für
1. Deutsche, die im Ausland bei einer amtlichen Vertretung des Bundes oder der Länder oder bei deren Leitern, deutschen Mitgliedern oder Bediensteten beschäftigt sind,
2. Entwicklungshelfer im Sinne des Entwicklungshelfer-Gesetzes, die Entwicklungsdienst oder Vorbereitungsdienst leisten,
3. Personen, die
   a) eine Tätigkeit bei einer zwischenstaatlichen oder überstaatlichen Organisation ausüben und deren Beschäftigungsverhältnis im öffentlichen Dienst während dieser Zeit ruht. Der Versicherungsschutz erstreckt sich auch auf Unfälle oder Krankheiten, die infolge einer Verschleppung oder einer Gefangenschaft eintreten oder darauf beruhen, dass der Versicherte aus sonstigen mit seiner Tätigkeit zusammenhängenden Gründen, die er

nicht zu vertreten hat, dem Einflussbereich seines Arbeitgebers entzogen ist,
b) als Lehrkräfte vom Auswärtigen Amt durch das Bundesverwaltungsamt an Schulen im Ausland vermittelt worden sind.

²Soweit die Absätze 1 und 2 weder eine Beschäftigung noch eine selbständige Tätigkeit voraussetzen, gelten sie abweichend von § 3 Nr. 2 des Vierten Buches[1)] für alle Personen, die die in diesen Absätzen genannten Tätigkeiten im Inland ausüben; § 4 des Vierten Buches[1)] gilt entsprechend. ³Absatz 1 Nr. 13 gilt auch für Personen, die im Ausland tätig werden, wenn sie im Inland ihren Wohnsitz oder gewöhnlichen Aufenthalt haben.

(4) Familienangehörige im Sinne des Absatzes 1 Nr. 5 Buchstabe b sind
1. Verwandte bis zum dritten Grade,
2. Verschwägerte bis zum zweiten Grade,
3. Pflegekinder (§ 56 Abs. 2 Nr. 2 des Ersten Buches)
der Unternehmer, ihrer Ehegatten oder ihrer Lebenspartner.

§ 3 Versicherung kraft Satzung. (1) Die Satzung kann bestimmen, daß und unter welchen Voraussetzungen sich die Versicherung erstreckt auf
1. Unternehmer und ihre im Unternehmen mitarbeitenden Ehegatten oder Lebenspartner,
2. Personen, die sich auf der Unternehmensstätte aufhalten; § 2 Abs. 3 Satz 2 erster Halbsatz gilt entsprechend,
3. Personen, die
   a) im Ausland bei einer staatlichen deutschen Einrichtung beschäftigt werden,
   b) im Ausland von einer staatlichen deutschen Einrichtung anderen Staaten zur Arbeitsleistung zur Verfügung gestellt werden;
   Versicherungsschutz besteht nur, soweit die Personen nach dem Recht des Beschäftigungsstaates nicht unfallversichert sind,
4. ehrenamtlich Tätige und bürgerschaftlich Engagierte.

(2) Absatz 1 gilt nicht für
1. Haushaltsführende,
2. Unternehmer von nicht gewerbsmäßig betriebenen Binnenfischereien oder Imkereien und ihre im Unternehmen mitarbeitenden Ehegatten oder Lebenspartner,
3. Personen, die aufgrund einer vom Fischerei- oder Jagdausübungsberechtigten erteilten Erlaubnis als Fischerei- oder Jagdgast fischen oder jagen,
4. Reeder, die nicht zur Besatzung des Fahrzeugs gehören, und ihre im Unternehmen mitarbeitenden Ehegatten oder Lebenspartner.

§ 5 Versicherungsbefreiung. Von der Versicherung nach § 2 Abs. 1 Nr. 5 werden auf Antrag Unternehmer landwirtschaftlicher Unternehmen im Sinne des § 123 Abs. 1 Nr. 1 bis zu einer Größe von 0,25 Hektar und ihre Ehegatten unwiderruflich befreit; dies gilt nicht für Spezialkulturen. ²Das Nähere bestimmt die Satzung.

[1)] Nr. 43.

Gesetzliche Unfallversicherung §§ 6–8 SGB VII 46

§ 6 Freiwillige Versicherung. (1) Auf schriftlichen Antrag können sich versichern
1. Unternehmer und ihre im Unternehmen mitarbeitenden Ehegatten; ausgenommen sind Haushaltsführende, Unternehmer von nicht gewerbsmäßig betriebenen Binnenfischereien, von nicht gewerbsmäß betriebenen Unternehmen nach § 123 Abs. 1 Nr. 2 und ihre Ehegatten sowie Fischerei- und Jagdgäste,
2. Personen, die in Kapital- oder Personenhandelsgesellschaften regelmäßig wie Unternehmer selbständig tätig sind,
3. gewählte Ehrenamtsträger in gemeinnützigen Organisationen,
4. Personen, die in Verbandsgremien und Kommissionen für Arbeitgeberorganisationen und Gewerkschaften sowie anderen selbständigen Arbeitnehmervereinigungen mit sozial- oder berufspolitischer Zielsetzung (sonstige Arbeitnehmervereinigungen) ehrenamtlich tätig sind oder an Ausbildungsveranstaltungen für diese Tätigkeit teilnehmen.

(2) [1]Die Versicherung beginnt mit dem Tag, der dem Eingang des Antrags folgt. [2]Die Versicherung erlischt, wenn der Beitrag oder Beitragsvorschuß binnen zwei Monaten nach Fälligkeit nicht gezahlt worden ist. [3]Eine Neuanmeldung bleibt so lange unwirksam, bis der rückständige Beitrag oder Beitragsvorschuß entrichtet worden ist.

Dritter Abschnitt. Versicherungsfall

§ 7 Begriff. (1) Versicherungsfälle sind Arbeitsunfälle und Berufskrankheiten.

(2) Verbotswidriges Handeln schließt einen Versicherungsfall nicht aus.

§ 8 Arbeitsunfall. (1) [1]Arbeitsunfälle sind Unfälle von Versicherten infolge einer den Versicherungsschutz nach §§ 2, 3 oder 6 begründenden Tätigkeit (versicherte Tätigkeit). [2]Unfälle sind zeitlich begrenzte, von außen auf den Körper einwirkende Ereignisse, die zu einem Gesundheitsschaden oder zum Tod führen.

(2) Versicherte Tätigkeiten sind auch
1. das Zurücklegen des mit der versicherten Tätigkeit zusammenhängenden unmittelbaren Weges nach und von dem Ort der Tätigkeit,
2. das Zurücklegen des von einem unmittelbaren Weg nach und von dem Ort der Tätigkeit abweichenden Weges, um
   a) Kinder von Versicherten (§ 56 des Ersten Buches), die mit ihnen in einem gemeinsamen Haushalt leben, wegen ihrer, ihrer Ehegatten oder ihrer Lebenspartner beruflichen Tätigkeit fremder Obhut anzuvertrauen oder
   b) mit anderen Berufstätigen oder Versicherten gemeinsam ein Fahrzeug zu benutzen,
3. das Zurücklegen des von einem unmittelbaren Weg nach und von dem Ort der Tätigkeit abweichenden Weges der Kinder von Personen (§ 56 des Ersten Buches), die mit ihnen in einem gemeinsamen Haushalt leben, wenn die Abweichung darauf beruht, daß die Kinder wegen der beruflichen Tä-

tigkeit dieser Personen oder deren Ehegatten oder deren Lebenspartner fremder Obhut anvertraut werden,
4. das Zurücklegen des mit der versicherten Tätigkeit zusammenhängenden Weges von und nach der ständigen Familienwohnung, wenn die Versicherten wegen der Entfernung ihrer Familienwohnung von dem Ort der Tätigkeit an diesem oder in dessen Nähe eine Unterkunft haben,
5. das mit einer versicherten Tätigkeit zusammenhängende Verwahren, Befördern, Instandhalten und Erneuern eines Arbeitsgeräts oder einer Schutzausrüstung sowie deren Erstbeschaffung, wenn dies auf Veranlassung der Unternehmer erfolgt.

(3) Als Gesundheitsschaden gilt auch die Beschädigung oder der Verlust eines Hilfsmittels.

§ 9 Berufskrankheit. (1) [1]Berufskrankheiten sind Krankheiten, die die Bundesregierung durch Rechtsverordnung mit Zustimmung des Bundesrates als Berufskrankheiten bezeichnet und die Versicherte infolge einer den Versicherungsschutz nach §§ 2, 3 oder 6 begründenden Tätigkeit erleiden. [2]Die Bundesregierung wird ermächtigt, in der Rechtsverordnung solche Krankheiten als Berufskrankheiten zu bezeichnen, die nach den Erkenntnissen der medizinischen Wissenschaft durch besondere Einwirkungen verursacht sind, denen bestimmte Personengruppen durch ihre versicherte Tätigkeit in erheblich höherem Grade als die übrige Bevölkerung ausgesetzt sind; sie kann dabei bestimmen, daß die Krankheiten nur dann Berufskrankheiten sind, wenn sie durch Tätigkeiten in bestimmten Gefährdungsbereichen verursacht worden sind oder wenn sie zur Unterlassung aller Tätigkeiten geführt haben, die für die Entstehung, die Verschlimmerung oder das Wiederaufleben der Krankheit ursächlich waren oder sein können. [3]In der Rechtsverordnung kann ferner bestimmt werden, inwieweit Versicherte in Unternehmen der Seefahrt auch in der Zeit gegen Berufskrankheiten versichert sind, in der sie an Land beurlaubt sind.

(2) Die Unfallversicherungsträger haben eine Krankheit, die nicht in der Rechtsverordnung bezeichnet ist oder bei der die dort bestimmten Voraussetzungen nicht vorliegen, wie eine Berufskrankheit als Versicherungsfall anzuerkennen, sofern im Zeitpunkt der Entscheidung nach neuen Erkenntnissen der medizinischen Wissenschaft die Voraussetzungen für eine Bezeichnung nach Absatz 1 Satz 2 erfüllt sind.

(3) Erkranken Versicherte, die infolge der besonderen Bedingungen ihrer versicherten Tätigkeit in erhöhtem Maße der Gefahr der Erkrankung an einer in der Rechtsverordnung nach Absatz 1 genannten Berufskrankheit ausgesetzt waren, an einer solchen Krankheit und können Anhaltspunkte für eine Verursachung außerhalb der versicherten Tätigkeit nicht festgestellt werden, wird vermutet, daß diese infolge der versicherten Tätigkeit verursacht worden ist.

(4) Setzt die Anerkennung einer Krankheit als Berufskrankheit die Unterlassung aller Tätigkeiten voraus, die für die Entstehung, die Verschlimmerung oder das Wiederaufleben der Krankheit ursächlich waren oder sein können, haben die Unfallversicherungsträger vor Unterlassung einer noch verrichteten gefährdenden Tätigkeit darüber zu entscheiden, ob die übrigen Voraussetzungen für die Anerkennung einer Berufskrankheit erfüllt sind.

(5) Soweit Vorschriften über Leistungen auf den Zeitpunkt des Versicherungsfalls abstellen, ist bei Berufskrankheiten auf den Beginn der Arbeitsunfähigkeit oder der Behandlungsbedürftigkeit oder, wenn dies für den Versicherten günstiger ist, auf den Beginn der rentenberechtigenden Minderung der Erwerbsfähigkeit abzustellen.

(6)–(9) ...

Zweites Kapitel. Prävention

§ 15 Unfallverhütungsvorschriften. (1) ¹Die Unfallversicherungsträger erlassen als autonomes Recht Unfallverhütungsvorschriften über

1. Einrichtungen, Anordnungen und Maßnahmen, welche die Unternehmer zur Verhütung von Arbeitsunfällen, Berufskrankheiten und arbeitsbedingten Gesundheitsgefahren zu treffen haben, sowie die Form der Übertragung dieser Aufgaben auf andere Personen,
2. das Verhalten der Versicherten zur Verhütung von Arbeitsunfällen, Berufskrankheiten und arbeitsbedingten Gesundheitsgefahren,
3. vom Unternehmer zu veranlassende arbeitsmedizinische Untersuchungen und sonstige arbeitsmedizinische Maßnahmen vor, während und nach der Verrichtung von Arbeiten, die für Versicherte oder für Dritte mit arbeitsbedingten Gefahren für Leben und Gesundheit verbunden sind,
4. Voraussetzungen, die der Arzt, der mit Untersuchungen oder Maßnahmen nach Nummer 3 beauftragt ist, zu erfüllen hat, sofern die ärztliche Untersuchung nicht durch eine staatliche Rechtsvorschrift vorgesehen ist,
5. die Sicherstellung einer wirksamen Ersten Hilfe durch den Unternehmer,
6. die Maßnahmen, die der Unternehmer zur Erfüllung der sich aus dem Gesetz über Betriebsärzte, Sicherheitsingenieure und andere Fachkräfte für Arbeitssicherheit ergebenden Pflichten zu treffen hat,
7. die Zahl der Sicherheitsbeauftragten, die nach § 22 unter Berücksichtigung der in den Unternehmen für Leben und Gesundheit der Versicherten bestehenden arbeitsbedingten Gefahren und der Zahl der Beschäftigten zu bestellen sind.

²In der Unfallverhütungsvorschrift nach Satz 1 Nr. 3 kann bestimmt werden, daß arbeitsmedizinische Vorsorgeuntersuchungen auch durch den Unfallversicherungsträger veranlaßt werden können.

(2) ¹Soweit die Unfallversicherungsträger Vorschriften nach Absatz 1 Satz 1 Nr. 3 erlassen, können sie zu den dort genannten Zwecken auch die Erhebung, Verarbeitung und Nutzung von folgenden Daten über die untersuchten Personen durch den Unternehmer vorsehen:

1. Vor- und Familienname, Geburtsdatum sowie Geschlecht,
2. Wohnanschrift,
3. Tag der Einstellung und des Ausscheidens,
4. Ordnungsnummer,
5. zuständige Krankenkasse,
6. Art der vom Arbeitsplatz ausgehenden Gefährdungen,
7. Art der Tätigkeit mit Angabe des Beginns und des Endes der Tätigkeit,

8. Angaben über Art und Zeiten früherer Tätigkeiten, bei denen eine Gefährdung bestand, soweit dies bekannt ist,
9. Datum und Ergebnis der ärztlichen Vorsorgeuntersuchungen; die Übermittlung von Diagnosedaten an den Unternehmer ist nicht zulässig,
10. Datum der nächsten regelmäßigen Nachuntersuchung,
11. Name und Anschrift des untersuchenden Arztes.

²Soweit die Unfallversicherungsträger Vorschriften nach Absatz 1 Satz 2 erlassen, gelten Satz 1 sowie § 24 Abs. 1 Satz 3 und 4 entsprechend.

(3) Absatz 1 Satz 1 Nr. 1 bis 5 gilt nicht für die unter bergbehördlicher Aufsicht stehenden Unternehmen.

(4) ¹Die Vorschriften nach Absatz 1 bedürfen der Genehmigung durch das Bundesministerium für Arbeit und Soziales. ²Die Entscheidung hierüber wird im Benehmen mit den zuständigen obersten Verwaltungsbehörden der Länder getroffen. ³Soweit die Vorschriften von einem Unfallversicherungsträger erlassen werden, welcher der Aufsicht eines Landes untersteht, entscheidet die zuständige oberste Landesbehörde über die Genehmigung im Benehmen mit dem Bundesministerium für Arbeit und Soziales.

(5) Die Unternehmer sind über die Vorschriften nach Absatz 1 zu unterrichten und zur Unterrichtung der Versicherten verpflichtet.

§ 21 Verantwortung des Unternehmers, Mitwirkung der Versicherten. (1) Der Unternehmer ist für die Durchführung der Maßnahmen zur Verhütung von Arbeitsunfällen und Berufskrankheiten, für die Verhütung von arbeitsbedingten Gesundheitsgefahren sowie für eine wirksame Erste Hilfe verantwortlich.

(2) ¹Ist bei einer Schule der Unternehmer nicht Schulhoheitsträger, ist auch der Schulhoheitsträger in seinem Zuständigkeitsbereich für die Durchführung der in Absatz 1 genannten Maßnahmen verantwortlich. ²Der Schulhoheitsträger ist verpflichtet, im Benehmen mit dem für die Versicherten nach § 2 Abs. 1 Nr. 8 Buchstabe b zuständigen Unfallversicherungsträger Regelungen über die Durchführung der in Absatz 1 genannten Maßnahmen im inneren Schulbereich zu treffen.

(3) Die Versicherten haben nach ihren Möglichkeiten alle Maßnahmen zur Verhütung von Arbeitsunfällen, Berufskrankheiten und arbeitsbedingten Gesundheitsgefahren sowie für eine wirksame Erste Hilfe zu unterstützen und die entsprechenden Anweisungen des Unternehmers zu befolgen.

§ 22 Sicherheitsbeauftragte. (1) ¹In Unternehmen mit regelmäßig mehr als 20 Beschäftigten hat der Unternehmer unter Beteiligung des Betriebsrates oder Personalrates Sicherheitsbeauftragte unter Berücksichtigung der im Unternehmen für die Beschäftigten bestehenden Unfall- und Gesundheitsgefahren und der Zahl der Beschäftigten zu bestellen. ²Als Beschäftigte gelten auch die nach § 2 Abs. 1 Nr. 2, 8 und 12 Versicherten. ³In Unternehmen mit besonderen Gefahren für Leben und Gesundheit kann der Unfallversicherungsträger anordnen, daß Sicherheitsbeauftragte auch dann zu bestellen sind, wenn die Mindestbeschäftigtenzahl nach Satz 1 nicht erreicht wird. ⁴Für Unternehmen mit geringen Gefahren für Leben und Gesundheit kann der Unfallversicherungsträger die Zahl 20 in seiner Unfallverhütungsvorschrift erhöhen.

Gesetzliche Unfallversicherung §§ 23, 26 SGB VII 46

(2) Die Sicherheitsbeauftragten haben den Unternehmer bei der Durchführung der Maßnahmen zur Verhütung von Arbeitsunfällen und Berufskrankheiten zu unterstützen, insbesondere sich von dem Vorhandensein und der ordnungsgemäßen Benutzung der vorgeschriebenen Schutzeinrichtungen und persönlichen Schutzausrüstungen zu überzeugen und auf Unfall- und Gesundheitsgefahren für die Versicherten aufmerksam zu machen.

(3) Die Sicherheitsbeauftragten dürfen wegen der Erfüllung der ihnen übertragenen Aufgaben nicht benachteiligt werden.

§ 23 Aus- und Fortbildung. (1) [1]Die Unfallversicherungsträger haben für die erforderliche Aus- und Fortbildung der Personen in den Unternehmen zu sorgen, die mit der Durchführung der Maßnahmen zur Verhütung von Arbeitsunfällen, Berufskrankheiten und arbeitsbedingten Gesundheitsgefahren sowie mit der Ersten Hilfe betraut sind. [2]Für nach dem Gesetz über Betriebsärzte, Sicherheitsingenieure und andere Fachkräfte für Arbeitssicherheit zu verpflichtende Betriebsärzte und Fachkräfte für Arbeitssicherheit, die nicht dem Unternehmen angehören, können die Unfallversicherungsträger entsprechende Maßnahmen durchführen. [3]Die Unfallversicherungsträger haben Unternehmer und Versicherte zur Teilnahme an Aus- und Fortbildungslehrgängen anzuhalten.

(2) [1]Die Unfallversicherungsträger haben die unmittelbaren Kosten ihrer Aus- und Fortbildungsmaßnahmen sowie die erforderlichen Fahr-, Verpflegungs- und Unterbringungskosten zu tragen. [2]Bei Aus- und Fortbildungsmaßnahmen für Ersthelfer, die von Dritten durchgeführt werden, haben die Unfallversicherungsträger nur die Lehrgangsgebühren zu tragen.

(3) Für die Arbeitszeit, die wegen der Teilnahme an einem Lehrgang ausgefallen ist, besteht gegen den Unternehmer ein Anspruch auf Fortzahlung des Arbeitsentgelts.

(4) Bei der Ausbildung von Sicherheitsbeauftragten und Fachkräften für Arbeitssicherheit sind die für den Arbeitsschutz zuständigen Landesbehörden zu beteiligen.

Drittes Kapitel. Leistungen nach Eintritt eines Versicherungsfalls

Erster Abschnitt. Heilbehandlung, Leistungen zur Teilhabe am Arbeitsleben, Leistungen zur Teilhabe am Leben in der Gemeinschaft und ergänzende Leistungen, Pflege, Geldleistungen

Erster Unterabschnitt. Anspruch und Leistungsarten

§ 26 Grundsatz. (1) [1]Versicherte haben nach Maßgabe der folgenden Vorschriften und unter Beachtung des Neunten Buches Anspruch auf Heilbehandlung einschließlich Leistungen zur medizinischen Rehabilitation, auf Leistungen zur Teilhabe am Arbeitsleben und am Leben in der Gemeinschaft, auf ergänzende Leistungen, auf Leistungen bei Pflegebedürftigkeit sowie auf Geldleistungen. [2]Sie können einen Anspruch auf Ausführung der Leistungen durch ein Persönliches Budget nach § 17 Abs. 2 bis 4 des Neunten Buches in

Verbindung mit der Budgetverordnung und § 159 des Neunten Buches[1] haben; dies gilt im Rahmen des Anspruches auf Heilbehandlung nur für die Leistungen zur medizinischen Rehabilitation.

(2)–(5) ...

Viertes Kapitel. Haftung von Unternehmern, Unternehmensangehörigen und anderen Personen

Erster Abschnitt. Beschränkung der Haftung gegenüber Versicherten, ihren Angehörigen und Hinterbliebenen

§ 104 Beschränkung der Haftung der Unternehmer. (1) [1]Unternehmer sind den Versicherten, die für ihre Unternehmen tätig sind oder zu ihren Unternehmen in einer sonstigen die Versicherung begründenden Beziehung stehen, sowie deren Angehörigen und Hinterbliebenen nach anderen gesetzlichen Vorschriften zum Ersatz des Personenschadens, den ein Versicherungsfall verursacht hat, nur verpflichtet, wenn sie den Versicherungsfall vorsätzlich oder auf einem nach § 8 Abs. 2 Nr. 1 bis 4 versicherten Weg herbeigeführt haben. [2]Ein Forderungsübergang nach § 116 des Zehnten Buches findet nicht statt.

(2) Absatz 1 gilt entsprechend für Personen, die als Leibesfrucht durch einen Versicherungsfall im Sinne des § 12 geschädigt worden sind.

(3) Die nach Absatz 1 oder 2 verbleibenden Ersatzansprüche vermindern sich um die Leistungen, die Berechtigte nach Gesetz oder Satzung infolge des Versicherungsfalls erhalten.

§ 105 Beschränkung der Haftung anderer im Betrieb tätiger Personen. (1) [1]Personen, die durch eine betriebliche Tätigkeit einen Versicherungsfall von Versicherten desselben Betriebs verursachen, sind diesen sowie deren Angehörigen und Hinterbliebenen nach anderen gesetzlichen Vorschriften zum Ersatz des Personenschadens nur verpflichtet, wenn sie den Versicherungsfall vorsätzlich oder auf einem nach § 8 Abs. 2 Nr. 1 bis 4 versicherten Weg herbeigeführt haben. [2]Satz 1 gilt entsprechend bei der Schädigung von Personen, die für denselben Betrieb tätig und nach § 4 Abs. 1 Nr. 1 versicherungsfrei sind. § 104 Abs. 1 Satz 2, Abs. 2 und 3 gilt entsprechend.

(2) [1]Absatz 1 gilt entsprechend, wenn nicht versicherte Unternehmer geschädigt worden sind. [2]Soweit nach Satz 1 eine Haftung ausgeschlossen ist, werden die Unternehmer wie Versicherte, die einen Versicherungsfall erlitten haben, behandelt, es sei denn, eine Ersatzpflicht des Schädigers gegenüber dem Unternehmer ist zivilrechtlich ausgeschlossen. [3]Für die Berechnung von Geldleistungen gilt der Mindestjahresarbeitsverdienst als Jahresarbeitsverdienst. [4]Geldleistungen werden jedoch nur bis zur Höhe eines zivilrechtlichen Schadenersatzanspruchs erbracht.

---

[1] Nr. 47.

Gesetzliche Unfallversicherung §§ 106–109 SGB VII 46

§ 106 Beschränkung der Haftung anderer Personen. (1) In den in § 2 Abs. 1 Nr. 2, 3 und 8 genannten Unternehmen gelten die §§ 104 und 105 entsprechend für die Ersatzpflicht
1. der in § 2 Abs. 1 Nr. 2, 3 und 8 genannten Versicherten untereinander,
2. der in § 2 Abs. 1 Nr. 2, 3 und 8 genannten Versicherten gegenüber den Betriebsangehörigen desselben Unternehmens,
3. der Betriebsangehörigen desselben Unternehmens gegenüber den in § 2 Abs. 1 Nr. 2, 3 und 8 genannten Versicherten.

(2) Im Fall des § 2 Abs. 1 Nr. 17 gelten die §§ 104 und 105 entsprechend für die Ersatzpflicht
1. der Pflegebedürftigen gegenüber den Pflegepersonen,
2. der Pflegepersonen gegenüber den Pflegebedürftigen,
3. der Pflegepersonen desselben Pflegebedürftigen untereinander.

(3) Wirken Unternehmen zur Hilfe bei Unglücksfällen oder Unternehmen des Zivilschutzes zusammen oder verrichten Versicherte mehrerer Unternehmen vorübergehend betriebliche Tätigkeiten auf einer gemeinsamen Betriebsstätte, gelten die §§ 104 und 105 für die Ersatzpflicht der für die beteiligten Unternehmen Tätigen untereinander.

(4) Die §§ 104 und 105 gelten ferner für die Ersatzpflicht von Betriebsangehörigen gegenüber den nach § 3 Abs. 1 Nr. 2 Versicherten.

§ 107 Besonderheiten in der Seefahrt. (1) Bei Unternehmen der Seefahrt gilt § 104 auch für die Ersatzpflicht anderer das Arbeitsentgelt schuldender Personen entsprechend. § 105 gilt für den Lotsen entsprechend.

(2) Beim Zusammenstoß mehrerer Seeschiffe von Unternehmen, für die die See-Berufsgenossenschaft zuständig ist, gelten die §§ 104 und 105 entsprechend für die Ersatzpflicht, auch untereinander, der Reeder der dabei beteiligten Fahrzeuge, sonstiger das Arbeitsentgelt schuldender Personen, der Lotsen und der auf den beteiligten Fahrzeugen tätigen Versicherten.

§ 108 Bindung der Gerichte. (1) Hat ein Gericht über Ersatzansprüche der in den §§ 104 bis 107 genannten Art zu entscheiden, ist es an eine unanfechtbare Entscheidung nach diesem Buch oder nach dem Sozialgerichtsgesetz in der jeweils geltenden Fassung gebunden, ob ein Versicherungsfall vorliegt, in welchem Umfang Leistungen zu erbringen sind und ob der Unfallversicherungsträger zuständig ist.

(2) Das Gericht hat sein Verfahren auszusetzen, bis eine Entscheidung nach Absatz 1 ergangen ist. Falls ein solches Verfahren noch nicht eingeleitet ist, bestimmt das Gericht dafür eine Frist, nach deren Ablauf die Aufnahme des ausgesetzten Verfahrens zulässig ist.

§ 109 Feststellungsberechtigung von in der Haftung beschränkten Personen. Personen, deren Haftung nach den §§ 104 bis 107 beschränkt ist und gegen die Versicherte, ihre Angehörigen und Hinterbliebene Schadensersatzforderungen erheben, können statt der Berechtigten die Feststellungen nach § 108 beantragen oder das entsprechende Verfahren nach dem Sozialgerichtsgesetz betreiben. Der Ablauf von Fristen, die ohne ihr Verschulden verstrichen sind, wirkt nicht gegen sie; dies gilt nicht, soweit diese Personen das Verfahren selbst betreiben.

Zweiter Abschnitt. Haftung gegenüber den Sozialversicherungsträgern

§ 110 Haftung gegenüber den Sozialversicherungsträgern. (1) Haben Personen, deren Haftung nach den §§ 104 bis 107 beschränkt ist, den Versicherungsfall vorsätzlich oder grob fahrlässig herbeigeführt, haften sie den Sozialversicherungsträgern für die infolge des Versicherungsfalls entstandenen Aufwendungen, jedoch nur bis zur Höhe des zivilrechtlichen Schadenersatzanspruchs. Statt der Rente kann der Kapitalwert gefordert werden. Das Verschulden braucht sich nur auf das den Versicherungsfall verursachende Handeln oder Unterlassen zu beziehen.

(1 a) [1]Unternehmer, die Schwarzarbeit nach § 1 des Schwarzarbeitsbekämpfungsgesetzes[1]) erbringen und dadurch bewirken, dass Beiträge nach dem Sechsten Kapitel nicht, nicht in der richtigen Höhe oder nicht rechtzeitig entrichtet werden, erstatten den Unfallversicherungsträgern die Aufwendungen, die diesen infolge von Versicherungsfällen bei Ausführung der Schwarzarbeit entstanden sind. [2]Eine nicht ordnungsgemäße Beitragsentrichtung wird vermutet, wenn die Unternehmer die Personen, bei denen die Versicherungsfälle eingetreten sind, nicht nach § 28 a des Vierten Buches[2]) bei der Einzugsstelle angemeldet hatten.

(2) Die Sozialversicherungsträger können nach billigem Ermessen, insbesondere unter Berücksichtigung der wirtschaftlichen Verhältnisse des Schuldners, auf den Ersatzanspruch ganz oder teilweise verzichten.

§ 111 Haftung des Unternehmens. Haben ein Mitglied eines vertretungsberechtigten Organs, Abwickler oder Liquidatoren juristischer Personen, vertretungsberechtigte Gesellschafter oder Liquidatoren einer Personengesellschaft des Handelsrechts oder gesetzliche Vertreter der Unternehmer in Ausführung ihnen zustehender Verrichtungen den Versicherungsfall vorsätzlich oder grob fahrlässig verursacht, haften nach Maßgabe des § 110 auch die Vertretenen. Eine nach § 110 bestehende Haftung derjenigen, die den Versicherungsfall verursacht haben, bleibt unberührt. Das gleiche gilt für Mitglieder des Vorstandes eines nicht rechtsfähigen Vereins oder für vertretungsberechtigte Gesellschafter einer Personengesellschaft des bürgerlichen Rechts mit der Maßgabe, daß sich die Haftung auf das Vereins- oder das Gesellschaftsvermögen beschränkt.

§ 112 Bindung der Gerichte. § 108 über die Bindung der Gerichte gilt auch für die Ansprüche nach den §§ 110 und 111.

§ 113 Verjährung. [1]Für die Verjährung der Ansprüche nach den §§ 110 und 111 gelten die §§ 195, 199 Abs. 1 und 2 und § 203 des Bürgerlichen Gesetzbuchs[3]) entsprechend mit der Maßgabe, daß die Frist von dem Tag an gerechnet wird, an dem die Leistungspflicht für den Unfallversicherungsträger bindend festgestellt oder ein entsprechendes Urteil rechtskräftig geworden ist. [2]Artikel 229 § 6 Abs. 1 des Einführungsgesetzes zum Bürgerlichen Gesetzbuche gilt entsprechend.

---

[1]) Nr. 25.
[2]) Nr. 43.
[3]) Nr. 11.

47. Sozialgesetzbuch (SGB) Neuntes Buch (IX)
– Rehabilitation und Teilhabe behinderter Menschen –[1)]

Vom 19. Juni 2001
(BGBl. I S. 1046)

FNA 860-9

zuletzt geänd. durch Art. 8 Abs. 2 G zur Modernisierung des Rechts der landwirtschaftlichen Sozialversicherung v. 18. 12. 2007 (BGBl. I S. 2984)

– Auszug[2)] –

Teil 1. Regelungen für behinderte und von Behinderung bedrohte Menschen

Kapitel 1. Allgemeine Regelungen

§ 1 Selbstbestimmung und Teilhabe am Leben in der Gesellschaft. [1]Behinderte oder von Behinderung bedrohte Menschen erhalten Leistungen nach diesem Buch und den für die Rehabilitationsträger geltenden Leistungsgesetzen, um ihre Selbstbestimmung und gleichberechtigte Teilhabe am Leben in der Gesellschaft zu fördern, Benachteiligungen zu vermeiden oder ihnen entgegenzuwirken. [2]Dabei wird den besonderen Bedürfnissen behinderter und von Behinderung bedrohter Frauen und Kinder Rechnung getragen.

§ 2 Behinderung. (1) [1]Menschen sind behindert, wenn ihre körperliche Funktion, geistige Fähigkeit oder seelische Gesundheit mit hoher Wahrscheinlichkeit länger als sechs Monate von dem für das Lebensalter typischen Zustand abweichen und daher ihre Teilhabe am Leben in der Gesellschaft beeinträchtigt ist. [2]Sie sind von Behinderung bedroht, wenn die Beeinträchtigung zu erwarten ist.

(2) Menschen sind im Sinne des Teils 2 schwerbehindert, wenn bei ihnen ein Grad der Behinderung von wenigstens 50 vorliegt und sie ihren Wohnsitz, ihren gewöhnlichen Aufenthalt oder ihre Beschäftigung auf einem Arbeitsplatz im Sinne des § 73 rechtmäßig im Geltungsbereich dieses Gesetzbuches haben.

(3) Schwerbehinderten Menschen gleichgestellt werden sollen behinderte Menschen mit einem Grad der Behinderung von weniger als 50, aber wenigstens 30, bei denen die übrigen Voraussetzungen des Absatzes 2 vorliegen,

---

[1)] Verkündet als Art. 1 G v. 19. 1. 2001 (BGBl. I S. 1046); Inkrafttreten gem. Art. 68 Abs. 1 dieses G am 1. 7. 2001, mit Ausnahme von § 56, der gem. Abs. 2 bereits am 1. 7. 2000 und § 50 Abs. 3 und § 144 Abs. 2, die gem. Abs. 4 bereits am 23. 6. 2001 in Kraft getreten sind.
[2)] Vollständig abgedruckt in **Sozialgesetzbuch** (dtv 5024) Nr. **9** sowie in **SGB IX** – Rehabilitation und Teilhabe behinderter Menschen – (dtv 5755) Nr. **1**.

wenn sie infolge ihrer Behinderung ohne die Gleichstellung einen geeigneten Arbeitsplatz im Sinne des § 73 nicht erlangen oder nicht behalten können (gleichgestellte behinderte Menschen).

Teil 2. Besondere Regelungen zur Teilhabe schwerbehinderter Menschen (Schwerbehindertenrecht)

Kapitel 1. Geschützter Personenkreis

§ 68 Geltungsbereich. (1) Die Regelungen dieses Teils gelten für schwerbehinderte und diesen gleichgestellte behinderte Menschen.

(2) [1]Die Gleichstellung behinderter Menschen mit schwerbehinderten Menschen (§ 2 Abs. 3) erfolgt auf Grund einer Feststellung nach § 69 auf Antrag des behinderten Menschen durch die Bundesagentur für Arbeit. [2]Die Gleichstellung wird mit dem Tag des Eingangs des Antrags wirksam. [3]Sie kann befristet werden.

(3) Auf gleichgestellte behinderte Menschen werden die besonderen Regelungen für schwerbehinderte Menschen mit Ausnahme des § 125 und des Kapitels 13 angewendet.

(4) [1]Schwerbehinderten Menschen gleichgestellt sind auch behinderte Jugendliche und junge Erwachsene (§ 2 Abs. 1) während der Zeit einer Berufsausbildung in Betrieben und Dienststellen, auch wenn der Grad der Behinderung weniger als 30 beträgt oder ein Grad der Behinderung nicht festgestellt ist. [2]Der Nachweis der Behinderung wird durch eine Stellungnahme der Agentur für Arbeit oder durch einen Bescheid über Leistungen zur Teilhabe am Arbeitsleben erbracht. [3]Die besonderen Regelungen für schwerbehinderte Menschen, mit Ausnahme des § 102 Abs. 3 Nr. 2 Buchstabe c, werden nicht angewendet.

§ 69 Feststellung der Behinderung, Ausweise. (1) [1]Auf Antrag des behinderten Menschen stellen die für die Durchführung des Bundesversorgungsgesetzes zuständigen Behörden das Vorliegen einer Behinderung und den Grad der Behinderung fest. [2]Beantragt eine erwerbstätige Person die Feststellung der Eigenschaft als schwerbehinderter Mensch (§ 2 Abs. 2), gelten die in § 14 Abs. 2 Satz 2 und 4 sowie Abs. 5 Satz 2 und 5 genannten Fristen sowie § 60 Abs. 1 des Ersten Buches entsprechend. [3]Das Gesetz über das Verwaltungsverfahren der Kriegsopferversorgung ist entsprechend anzuwenden, soweit nicht das Zehnte Buch Anwendung findet. [4]Die Auswirkungen auf die Teilhabe am Leben in der Gesellschaft werden als Grad der Behinderung nach Zehnergraden abgestuft festgestellt. [5]Die Maßstäbe des § 30 Abs. 1 des Bundesversorgungsgesetzes und der auf Grund des § 30 Abs. 17 des Bundesversorgungsgesetzes erlassenen Rechtsverordnung gelten entsprechend. [6]Eine Feststellung ist nur zu treffen, wenn ein Grad der Behinderung von wenigstens 20 vorliegt. [7]Durch Landesrecht kann die Zuständigkeit abweichend von Satz 1 geregelt werden.

(2) [1]Feststellungen nach Absatz 1 sind nicht zu treffen, wenn eine Feststellung über das Vorliegen einer Behinderung und den Grad einer auf ihr beruhenden Erwerbsminderung schon in einem Rentenbescheid, einer entspre-

chenden Verwaltungs- oder Gerichtsentscheidung oder einer vorläufigen Bescheinigung der für diese Entscheidungen zuständigen Dienststellen getroffen worden ist, es sei denn, dass der behinderte Mensch ein Interesse an anderweitiger Feststellung nach Absatz 1 glaubhaft macht. [2]Eine Feststellung nach Satz 1 gilt zugleich als Feststellung des Grades der Behinderung.

(3) [1]Liegen mehrere Beeinträchtigungen der Teilhabe am Leben in der Gesellschaft vor, so wird der Grad der Behinderung nach den Auswirkungen der Beeinträchtigungen in ihrer Gesamtheit unter Berücksichtigung ihrer wechselseitigen Beziehungen festgestellt. [2]Für diese Entscheidung gilt Absatz 1, es sei denn, dass in einer Entscheidung nach Absatz 2 eine Gesamtbeurteilung bereits getroffen worden ist.

(4) Sind neben dem Vorliegen der Behinderung weitere gesundheitliche Merkmale Voraussetzung für die Inanspruchnahme von Nachteilsausgleichen, so treffen die zuständigen Behörden die erforderlichen Feststellungen im Verfahren nach Absatz 1.

(5) [1]Auf Antrag des behinderten Menschen stellen die zuständigen Behörden auf Grund einer Feststellung der Behinderung einen Ausweis über die Eigenschaft als schwerbehinderter Mensch, den Grad der Behinderung sowie im Falle des Absatzes 4 über weitere gesundheitliche Merkmale aus. [2]Der Ausweis dient dem Nachweis für die Inanspruchnahme von Leistungen und sonstigen Hilfen, die schwerbehinderten Menschen nach Teil 2 oder nach anderen Vorschriften zustehen. [3]Die Gültigkeitsdauer des Ausweises soll befristet werden. [4]Er wird eingezogen, sobald der gesetzliche Schutz schwerbehinderter Menschen erloschen ist. [5]Der Ausweis wird berichtigt, sobald eine Neufeststellung unanfechtbar geworden ist.

§ 70 Verordnungsermächtigung. Die Bundesregierung wird ermächtigt, durch Rechtsverordnung mit Zustimmung des Bundesrates nähere Vorschriften über die Gestaltung der Ausweise, ihre Gültigkeit und das Verwaltungsverfahren zu erlassen.

Kapitel 2. Beschäftigungspflicht der Arbeitgeber

§ 71 Pflicht der Arbeitgeber zur Beschäftigung schwerbehinderter Menschen. (1) [1]Private und öffentliche Arbeitgeber (Arbeitgeber) mit jahresdurchschnittlich monatlich mindestens 20 Arbeitsplätzen im Sinne des § 73 haben auf wenigstens 5 Prozent der Arbeitsplätze schwerbehinderte Menschen zu beschäftigen. [2]Dabei sind schwerbehinderte Frauen besonders zu berücksichtigen. [3]Abweichend von Satz 1 haben Arbeitgeber mit jahresdurchschnittlich monatlich weniger als 40 Arbeitsplätzen jahresdurchschnittlich je Monat einen schwerbehinderten Menschen, Arbeitgeber mit jahresdurchschnittlich monatlich weniger als 60 Arbeitsplätzen jahresdurchschnittlich je Monat zwei schwerbehinderte Menschen zu beschäftigen.

(2) *(aufgehoben)*

(3) …

§ 72 Beschäftigung besonderer Gruppen schwerbehinderter Menschen. (1) Im Rahmen der Erfüllung der Beschäftigungspflicht sind in angemessenem Umfang zu beschäftigen

1. schwerbehinderte Menschen, die nach Art oder Schwere ihrer Behinderung im Arbeitsleben besonders betroffen sind, insbesondere solche,
   a) die zur Ausübung der Beschäftigung wegen ihrer Behinderung nicht nur vorübergehend einer besonderen Hilfskraft bedürfen oder
   b) deren Beschäftigung infolge ihrer Behinderung nicht nur vorübergehend mit außergewöhnlichen Aufwendungen für den Arbeitgeber verbunden ist oder
   c) die infolge ihrer Behinderung nicht nur vorübergehend offensichtlich nur eine wesentlich verminderte Arbeitsleistung erbringen können oder
   d) bei denen ein Grad der Behinderung von wenigstens 50 allein infolge geistiger oder seelischer Behinderung oder eines Anfallsleidens vorliegt oder
   e) die wegen Art oder Schwere der Behinderung keine abgeschlossene Berufsbildung im Sinne des Berufsbildungsgesetzes haben,
2. schwerbehinderte Menschen, die das 50. Lebensjahr vollendet haben.

(2) ¹Arbeitgeber mit Stellen zur beruflichen Bildung, insbesondere für Auszubildende, haben im Rahmen der Erfüllung der Beschäftigungspflicht einen angemessenen Anteil dieser Stellen mit schwerbehinderten Menschen zu besetzen. ²Hierüber ist mit der zuständigen Interessenvertretung im Sinne des § 93 und der Schwerbehindertenvertretung zu beraten.

§ 73 Begriff des Arbeitsplatzes. (1) Arbeitsplätze im Sinne des Teils 2 sind alle Stellen, auf denen Arbeitnehmer und Arbeitnehmerinnen, Beamte und Beamtinnen, Richter und Richterinnen sowie Auszubildende und andere zu ihrer beruflichen Bildung Eingestellte beschäftigt werden.

(2) Als Arbeitsplätze gelten nicht die Stellen, auf denen beschäftigt werden
1. behinderte Menschen, die an Leistungen zur Teilhabe am Arbeitsleben nach § 33 Abs. 3 Nr. 3 in Betrieben oder Dienststellen teilnehmen,
2. Personen, deren Beschäftigung nicht in erster Linie ihrem Erwerb dient, sondern vorwiegend durch Beweggründe karitativer oder religiöser Art bestimmt ist, und Geistliche öffentlich-rechtlicher Religionsgemeinschaften,
3. Personen, deren Beschäftigung nicht in erster Linie ihrem Erwerb dient und die vorwiegend zu ihrer Heilung, Wiedereingewöhnung oder Erziehung erfolgt,
4. Personen, die an Arbeitsbeschaffungsmaßnahmen nach dem Dritten Buch teilnehmen,
5. Personen, die nach ständiger Übung in ihre Stellen gewählt werden,
6. *(aufgehoben)*
7. Personen, deren Arbeits-, Dienst- oder sonstiges Beschäftigungsverhältnis wegen Wehr- oder Zivildienst, Elternzeit, unbezahlten Urlaub, wegen Bezuges einer Rente auf Zeit oder bei Altersteilzeitarbeit in der Freistellungsphase (Verblockungsmodell) ruht, solange für sie eine Vertretung eingestellt ist.

(3) Als Arbeitsplätze gelten ferner nicht Stellen, die nach der Natur der Arbeit oder nach den zwischen den Parteien getroffenen Vereinbarungen nur auf die Dauer von höchstens acht Wochen besetzt sind, sowie Stellen, auf denen Beschäftigte weniger als 18 Stunden wöchentlich beschäftigt werden.

§ 74 Berechnung der Mindestzahl von Arbeitsplätzen und der Pflichtarbeitsplatzzahl. (1) ¹Bei der Berechnung der Mindestzahl von Arbeitsplätzen und der Zahl der Arbeitsplätze, auf denen schwerbehinderte Menschen zu beschäftigen sind (§ 71), zählen Stellen, auf denen Auszubildende beschäftigt werden, nicht mit. ²Das Gleiche gilt für Stellen, auf denen Rechts- oder Studienreferendare und -referendarinnen beschäftigt werden, die einen Rechtsanspruch auf Einstellung haben.

(2) Bei der Berechnung sich ergebende Bruchteile von 0,5 und mehr sind aufzurunden, bei Arbeitgebern mit jahresdurchschnittlich weniger als 60 Arbeitsplätzen abzurunden.

§ 75 Anrechnung Beschäftigter auf die Zahl der Pflichtarbeitsplätze für schwerbehinderte Menschen. (1) Ein schwerbehinderter Mensch, der auf einem Arbeitsplatz im Sinne des § 73 Abs. 1 oder Abs. 2 Nr. 1 oder 4 beschäftigt wird, wird auf einen Pflichtarbeitsplatz für schwerbehinderte Menschen angerechnet.

(2) ¹Ein schwerbehinderter Mensch, der in Teilzeitbeschäftigung kürzer als betriebsüblich, aber nicht weniger als 18 Stunden wöchentlich beschäftigt wird, wird auf einen Pflichtarbeitsplatz für schwerbehinderte Menschen angerechnet. ²Bei Herabsetzung der wöchentlichen Arbeitszeit auf weniger als 18 Stunden infolge von Altersteilzeit gilt Satz 1 entsprechend. ³Wird ein schwerbehinderter Mensch weniger als 18 Stunden wöchentlich beschäftigt, lässt die Bundesagentur für Arbeit die Anrechnung auf einen dieser Pflichtarbeitsplätze zu, wenn die Teilzeitbeschäftigung wegen Art oder Schwere der Behinderung notwendig ist.

(2 a) Ein schwerbehinderter Mensch, der im Rahmen einer Maßnahme zur Förderung des Übergangs aus der Werkstatt für behinderte Menschen auf den allgemeinen Arbeitsmarkt (§ 5 Abs. 4 Satz 1 der Werkstättenverordnung) beschäftigt wird, wird auch für diese Zeit auf die Zahl der Pflichtarbeitsplätze angerechnet.

(3) Ein schwerbehinderter Arbeitgeber wird auf einen Pflichtarbeitsplatz für schwerbehinderte Menschen angerechnet.

(4) Der Inhaber eines Bergmannsversorgungsscheins wird, auch wenn er kein schwerbehinderter oder gleichgestellter behinderter Mensch im Sinne des § 2 Abs. 2 oder 3 ist, auf einen Pflichtarbeitsplatz angerechnet.

§ 76 Mehrfachanrechnung. (1) ¹Die Bundesagentur für Arbeit kann die Anrechnung eines schwerbehinderten Menschen, besonders eines schwerbehinderten Menschen im Sinne des § 72 Abs. 1 auf mehr als einen Pflichtarbeitsplatz, höchstens drei Pflichtarbeitsplätze für schwerbehinderte Menschen zulassen, wenn dessen Teilhabe am Arbeitsleben auf besondere Schwierigkeiten stößt. ²Satz 1 gilt auch für schwerbehinderte Menschen im Anschluss an eine Beschäftigung in einer Werkstatt für behinderte Menschen und für teilzeitbeschäftigte schwerbehinderte Menschen im Sinne des § 75 Abs. 2.

(2) ¹Ein schwerbehinderter Mensch, der beruflich ausgebildet wird, wird auf zwei Pflichtarbeitsplätze für schwerbehinderte Menschen angerechnet. ²Satz 1 gilt auch während der Zeit einer Ausbildung im Sinne des § 35 Abs. 2, die in einem Betrieb oder einer Dienststelle durchgeführt wird. ³Die Bundesagentur für Arbeit kann die Anrechnung auf drei Pflichtarbeitsplätze

für schwerbehinderte Menschen zulassen, wenn die Vermittlung in eine berufliche Ausbildungsstelle wegen Art oder Schwere der Behinderung auf besondere Schwierigkeiten stößt. [4]Bei Übernahme in ein Arbeits- oder Beschäftigungsverhältnis durch den ausbildenden oder einen anderen Arbeitgeber im Anschluss an eine abgeschlossene Ausbildung wird der schwerbehinderte Mensch im ersten Jahr der Beschäftigung auf zwei Pflichtarbeitsplätze angerechnet; Absatz 1 bleibt unberührt.

(3) Bescheide über die Anrechnung eines schwerbehinderten Menschen auf mehr als drei Pflichtarbeitsplätze für schwerbehinderte Menschen, die vor dem 1. August 1986 erlassen worden sind, gelten fort.

§ 77 Ausgleichsabgabe. (1) [1]Solange Arbeitgeber die vorgeschriebene Zahl schwerbehinderter Menschen nicht beschäftigen, entrichten sie für jeden unbesetzten Pflichtarbeitsplatz für schwerbehinderte Menschen eine Ausgleichsabgabe. [2]Die Zahlung der Ausgleichsabgabe hebt die Pflicht zur Beschäftigung schwerbehinderter Menschen nicht auf. [3]Die Ausgleichsabgabe wird auf der Grundlage einer jahresdurchschnittlichen Beschäftigungsquote ermittelt.

(2) [1]Die Ausgleichsabgabe beträgt je unbesetzten Pflichtarbeitsplatz
1. 105 Euro bei einer jahresdurchschnittlichen Beschäftigungsquote von 3 Prozent bis weniger als dem geltenden Pflichtsatz,
2. 180 Euro bei einer jahresdurchschnittlichen Beschäftigungsquote von 2 Prozent bis weniger als 3 Prozent,
3. 260 Euro bei einer jahresdurchschnittlichen Beschäftigungsquote von weniger als 2 Prozent.

[2]Abweichend von Satz 1 beträgt die Ausgleichsabgabe je unbesetzten Pflichtarbeitsplatz für schwerbehinderte Menschen
1. für Arbeitgeber mit jahresdurchschnittlich weniger als 40 zu berücksichtigenden Arbeitsplätzen bei einer jahresdurchschnittlichen Beschäftigung von weniger als einem schwerbehinderten Menschen 105 Euro und
2. für Arbeitgeber mit jahresdurchschnittlich weniger als 60 zu berücksichtigenden Arbeitsplätzen bei einer jahresdurchschnittlichen Beschäftigung von weniger als zwei schwerbehinderten Menschen 105 Euro und bei einer jahresdurchschnittlichen Beschäftigung von weniger als einem schwerbehinderten Menschen 180 Euro.

(3) [1]Die Ausgleichsabgabe erhöht sich entsprechend der Veränderung der Bezugsgröße nach § 18 Abs. 1 des Vierten Buches[1]). [2]Sie erhöht sich zum 1. Januar eines Kalenderjahres, wenn sich die Bezugsgröße seit der letzten Neubestimmung der Beträge der Ausgleichsabgabe um wenigstens 10 Prozent erhöht hat. [3]Die Erhöhung der Ausgleichsabgabe erfolgt, indem der Faktor für die Veränderung der Bezugsgröße mit dem jeweiligen Betrag der Ausgleichsabgabe vervielfältigt wird. [4]Die sich ergebenden Beträge sind auf den nächsten durch fünf teilbaren Betrag abzurunden. [5]Das Bundesministerium für Arbeit und Soziales gibt den Erhöhungsbetrag und die sich nach Satz 3 ergebenden Beträge der Ausgleichsabgabe im Bundesanzeiger bekannt.

(4) [1]Die Ausgleichsabgabe zahlt der Arbeitgeber jährlich zugleich mit der Erstattung der Anzeige nach § 80 Abs. 2 an das für seinen Sitz zuständige Integrationsamt. [2]Ist ein Arbeitgeber mehr als drei Monate im Rückstand, erlässt

---

[1]) Nr. **43**.

das Integrationsamt einen Feststellungsbescheid über die rückständigen Beträge und zieht diese ein. ³Für rückständige Beträge der Ausgleichsabgabe erhebt das Integrationsamt nach dem 31. März Säumniszuschläge nach Maßgabe des § 24 Abs. 1 des Vierten Buches; für ihre Verwendung gilt Absatz 5 entsprechend. ⁴Das Integrationsamt kann in begründeten Ausnahmefällen von der Erhebung von Säumniszuschlägen absehen. ⁵Widerspruch und Anfechtungsklage gegen den Feststellungsbescheid haben keine aufschiebende Wirkung. ⁶Gegenüber privaten Arbeitgebern wird die Zwangsvollstreckung nach den Vorschriften über das Verwaltungszwangsverfahren durchgeführt. ⁷Bei öffentlichen Arbeitgebern wendet sich das Integrationsamt an die Aufsichtsbehörde, gegen deren Entscheidung es die Entscheidung der obersten Bundes- oder Landesbehörde anrufen kann. ⁸Die Ausgleichsabgabe wird nach Ablauf des Kalenderjahres, das auf den Eingang der Anzeige bei der Bundesagentur für Arbeit folgt, weder nachgefordert noch erstattet.

(5) ¹Die Ausgleichsabgabe darf nur für besondere Leistungen zur Förderung der Teilhabe schwerbehinderter Menschen am Arbeitsleben einschließlich begleitender Hilfe im Arbeitsleben (§ 102 Abs. 1 Nr. 3) verwendet werden, soweit Mittel für denselben Zweck nicht von anderer Seite zu leisten sind oder geleistet werden. ²Aus dem Aufkommen an Ausgleichsabgabe dürfen persönliche und sächliche Kosten der Verwaltung und Kosten des Verfahrens nicht bestritten werden. ³Das Integrationsamt gibt dem Beratenden Ausschuss für behinderte Menschen bei dem Integrationsamt (§ 103) auf dessen Verlangen eine Übersicht über die Verwendung der Ausgleichsabgabe.

(6) ¹Die Integrationsämter leiten den in der Rechtsverordnung nach § 79 bestimmten Prozentsatz des Aufkommens an Ausgleichsabgabe an den Ausgleichsfonds (§ 78) weiter. ²Zwischen den Integrationsämtern wird ein Ausgleich herbeigeführt. ³Der auf das einzelne Integrationsamt entfallende Anteil am Aufkommen an Ausgleichsabgabe bemisst sich nach dem Mittelwert aus dem Verhältnis der Wohnbevölkerung im Zuständigkeitsbereich des Integrationsamtes zur Wohnbevölkerung im Geltungsbereich dieses Gesetzbuches und dem Verhältnis der Zahl der im Zuständigkeitsbereich des Integrationsamtes in den Betrieben und Dienststellen beschäftigungspflichtiger Arbeitgeber auf Arbeitsplätzen im Sinne des § 73 beschäftigten und der bei den Agenturen für Arbeit arbeitslos gemeldeten schwerbehinderten und diesen gleichgestellten behinderten Menschen zur entsprechenden Zahl der schwerbehinderten und diesen gleichgestellten behinderten Menschen im Geltungsbereich dieses Gesetzbuchs.

(7) ¹Die bei den Integrationsämtern verbleibenden Mittel der Ausgleichsabgabe werden von diesen gesondert verwaltet. ²Die Rechnungslegung und die formelle Einrichtung der Rechnungen und Belege regeln sich nach den Bestimmungen, die für diese Stellen allgemein maßgebend sind.

(8) Für die Verpflichtung zur Entrichtung einer Ausgleichsabgabe (Absatz 1) gelten hinsichtlich der in § 71 Abs. 3 Nr. 1 genannten Stellen der Bund und hinsichtlich der in § 71 Abs. 3 Nr. 2 genannten Stellen das Land als ein Arbeitgeber.

§ 78 Ausgleichsfonds. ¹Zur besonderen Förderung der Einstellung und Beschäftigung schwerbehinderter Menschen auf Arbeitsplätzen und zur Förderung von Einrichtungen und Maßnahmen, die den Interessen mehrerer Länder auf dem Gebiet der Förderung der Teilhabe schwerbehinderter Menschen am Arbeitsleben dienen, ist beim Bundesministerium für Arbeit und Soziales als zweckgebundene Vermögensmasse ein Ausgleichsfonds für überregionale Vorhaben zur Teilhabe schwerbehinderter Menschen am Arbeitsleben gebildet. ²Das Bundesministerium für Arbeit und Soziales verwaltet den Ausgleichsfonds.

§ 79 Verordnungsermächtigungen. Die Bundesregierung wird ermächtigt, durch Rechtsverordnung mit Zustimmung des Bundesrates
1. die Pflichtquote nach § 71 Abs. 1 nach dem jeweiligen Bedarf an Arbeitsplätzen für schwerbehinderte Menschen zu ändern, jedoch auf höchstens 10 Prozent zu erhöhen oder bis auf 4 Prozent herabzusetzen; dabei kann die Pflichtquote für öffentliche Arbeitgeber höher festgesetzt werden als für private Arbeitgeber,
2. nähere Vorschriften über die Verwendung der Ausgleichsabgabe nach § 77 Abs. 5 und die Gestaltung des Ausgleichsfonds nach § 78, die Verwendung der Mittel durch ihn für die Förderung der Teilhabe schwerbehinderter Menschen am Arbeitsleben und das Vergabe- und Verwaltungsverfahren des Ausgleichsfonds zu erlassen,
3. in der Rechtsverordnung nach Nummer 2
    a) den Anteil des an den Ausgleichsfonds weiterzuleitenden Aufkommens an Ausgleichsabgabe entsprechend den erforderlichen Aufwendungen zur Erfüllung der Aufgaben des Ausgleichsfonds und der Integrationsämter,
    b) den Ausgleich zwischen den Integrationsämtern auf Vorschlag der Länder oder einer Mehrheit der Länder abweichend von § 77 Abs. 6 Satz 3 sowie
    c) die Zuständigkeit für die Förderung von Einrichtungen nach § 30 der Schwerbehinderten-Ausgleichsabgabeverordnung abweichend von § 41 Abs. 2 Nr. 1 dieser Verordnung und von Integrationsbetrieben und -abteilungen abweichend von § 41 Abs. 1 Nr. 3 dieser Verordnung
    zu regeln,
4. die Ausgleichsabgabe bei Arbeitgebern, die über weniger als 30 Arbeitsplätze verfügen, für einen bestimmten Zeitraum allgemein oder für einzelne Bundesländer herabzusetzen oder zu erlassen, wenn die Zahl der unbesetzten Pflichtarbeitsplätze für schwerbehinderte Menschen die Zahl der zu beschäftigenden schwerbehinderten Menschen so erheblich übersteigt, dass die Pflichtarbeitsplätze für schwerbehinderte Menschen dieser Arbeitgeber nicht in Anspruch genommen zu werden brauchen.

Kapitel 3. Sonstige Pflichten der Arbeitgeber; Rechte der schwerbehinderten Menschen

§ 80 Zusammenwirken der Arbeitgeber mit der Bundesagentur für Arbeit und den Integrationsämtern. (1) Die Arbeitgeber haben, gesondert für jeden Betrieb und jede Dienststelle, ein Verzeichnis der bei ihnen beschäftigten schwerbehinderten, ihnen gleichgestellten behinderten Menschen und sonstigen anrechnungsfähigen Personen laufend zu führen und dieses den Vertretern oder Vertreterinnen der Bundesagentur für Arbeit und des Integrationsamtes, die für den Sitz des Betriebes oder der Dienststelle zuständig sind, auf Verlangen vorzulegen.

(2) ¹Die Arbeitgeber haben der für ihren Sitz zuständigen Agentur für Arbeit einmal jährlich bis spätestens zum 31. März für das vorangegangene Kalenderjahr, aufgegliedert nach Monaten, die Daten anzuzeigen, die zur Berechnung des Umfangs der Beschäftigungspflicht, zur Überwachung ihrer Erfüllung und der Ausgleichsabgabe notwendig sind. ²Der Anzeige sind das nach Absatz 1 geführte Verzeichnis sowie eine Kopie der Anzeige und des Verzeichnisses zur Weiterleitung an das für ihren Sitz zuständige Integrationsamt beizufügen. ³Dem Betriebs-, Personal-, Richter-, Staatsanwalts- und Präsidialrat, der Schwerbehindertenvertretung und dem Beauftragten des Arbeitgebers ist je eine Kopie der Anzeige und des Verzeichnisses zu übermitteln.

(3) Zeigt ein Arbeitgeber die Daten bis zum 30. Juni nicht, nicht richtig oder nicht vollständig an, erlässt die Bundesagentur für Arbeit nach Prüfung in tatsächlicher sowie in rechtlicher Hinsicht einen Feststellungsbescheid über die zur Berechnung der Zahl der Pflichtarbeitsplätze für schwerbehinderte Menschen und der besetzten Arbeitsplätze notwendigen Daten.

(4) Die Arbeitgeber, die Arbeitsplätze für schwerbehinderte Menschen nicht zur Verfügung zu stellen haben, haben die Anzeige nur nach Aufforderung durch die Bundesagentur für Arbeit im Rahmen einer repräsentativen Teilerhebung zu erstatten, die mit dem Ziel der Erfassung der in Absatz 1 genannten Personengruppen, aufgegliedert nach Bundesländern, alle fünf Jahre durchgeführt wird.

(5) Die Arbeitgeber haben der Bundesagentur für Arbeit und dem Integrationsamt auf Verlangen die Auskünfte zu erteilen, die zur Durchführung der besonderen Regelungen zur Teilhabe schwerbehinderter und ihnen gleichgestellter behinderter Menschen am Arbeitsleben notwendig sind.

(6) ¹Für das Verzeichnis und die Anzeige des Arbeitgebers sind die mit der Bundesarbeitsgemeinschaft der Integrationsämter und Hauptfürsorgestellen, abgestimmten Vordrucke der Bundesagentur für Arbeit zu verwenden. ²Die Bundesagentur für Arbeit soll zur Durchführung des Anzeigeverfahrens in Abstimmung mit der Bundesarbeitsgemeinschaft ein elektronisches Übermittlungsverfahren zulassen.

(7) Die Arbeitgeber haben den Beauftragten der Bundesagentur für Arbeit und des Integrationsamtes auf Verlangen Einblick in ihren Betrieb oder ihre Dienststelle zu geben, soweit es im Interesse der schwerbehinderten Menschen erforderlich ist und Betriebs- oder Dienstgeheimnisse nicht gefährdet werden.

(8) Die Arbeitgeber haben die Vertrauenspersonen der schwerbehinderten Menschen (§ 94 Abs. 1 Satz 1 bis 3 und § 97 Abs. 1 bis 5) unverzüglich nach der Wahl und ihren Beauftragten für die Angelegenheiten der schwerbehinderten Menschen (§ 98 Satz 1) unverzüglich nach der Bestellung der für den Sitz des Betriebes oder der Dienststelle zuständigen Agentur für Arbeit und dem Integrationsamt zu benennen.

(9) Die Bundesagentur für Arbeit erstellt und veröffentlicht alljährlich eine Übersicht über die Beschäftigungsquote schwerbehinderter Menschen bei den einzelnen öffentlichen Arbeitgebern.

§ 81 Pflichten des Arbeitgebers und Rechte schwerbehinderter Menschen. (1) ¹Die Arbeitgeber sind verpflichtet zu prüfen, ob freie Arbeitsplätze mit schwerbehinderten Menschen, insbesondere mit bei der Agentur für Arbeit arbeitslos oder arbeitsuchend gemeldeten schwerbehinderten Menschen, besetzt werden können. ²Sie nehmen frühzeitig Verbindung mit der Agentur für Arbeit auf. ³Die Bundesagentur für Arbeit oder ein Integrationsfachdienst schlägt den Arbeitgebern geeignete schwerbehinderte Menschen vor. ⁴Über die Vermittlungsvorschläge und vorliegende Bewerbungen von schwerbehinderten Menschen haben die Arbeitgeber die Schwerbehindertenvertretung und die in § 93 genannten Vertretungen unmittelbar nach Eingang zu unterrichten. ⁵Bei Bewerbungen schwerbehinderter Richter und Richterinnen wird der Präsidialrat unterrichtet und gehört, soweit dieser an der Ernennung zu beteiligen ist. ⁶Bei der Prüfung nach Satz 1 beteiligen die Arbeitgeber die Schwerbehindertenvertretung nach § 95 Abs. 2 und hören die in § 93 genannten Vertretungen an. ⁷Erfüllt der Arbeitgeber seine Beschäftigungspflicht nicht und ist die Schwerbehindertenvertretung oder eine in § 93 genannte Vertretung mit der beabsichtigten Entscheidung des Arbeitgebers nicht einverstanden, ist diese unter Darlegung der Gründe mit ihnen zu erörtern. ⁸Dabei wird der betroffene schwerbehinderte Mensch angehört. ⁹Alle Beteiligten sind vom Arbeitgeber über die getroffene Entscheidung unter Darlegung der Gründe unverzüglich zu unterrichten. ¹⁰Bei Bewerbungen schwerbehinderter Menschen ist die Schwerbehindertenvertretung nicht zu beteiligen, wenn der schwerbehinderte Mensch die Beteiligung der Schwerbehindertenvertretung ausdrücklich ablehnt.

(2) ¹Arbeitgeber dürfen schwerbehinderte Beschäftigte nicht wegen ihrer Behinderung benachteiligen. ²Im Einzelnen gelten hierzu die Regelungen des Allgemeinen Gleichbehandlungsgesetzes¹⁾.

(3) ¹Die Arbeitgeber stellen durch geeignete Maßnahmen sicher, dass in ihren Betrieben und Dienststellen wenigstens die vorgeschriebene Zahl schwerbehinderter Menschen eine möglichst dauerhafte behinderungsgerechte Beschäftigung finden kann. ²Absatz 4 Satz 2 und 3 gilt entsprechend.

(4) ¹Die schwerbehinderten Menschen haben gegenüber ihren Arbeitgebern Anspruch auf
1. Beschäftigung, bei der sie ihre Fähigkeiten und Kenntnisse möglichst voll verwerten und weiterentwickeln können,
2. bevorzugte Berücksichtigung bei innerbetrieblichen Maßnahmen der beruflichen Bildung zur Förderung ihres beruflichen Fortkommens,
3. Erleichterungen im zumutbaren Umfang zur Teilnahme an außerbetrieblichen Maßnahmen der beruflichen Bildung,
4. behinderungsgerechte Einrichtung und Unterhaltung der Arbeitsstätten einschließlich der Betriebsanlagen, Maschinen und Geräte sowie der Gestaltung der Arbeitsplätze, des Arbeitsumfeldes, der Arbeitsorganisation und der Arbeitszeit, unter besonderer Berücksichtigung der Unfallgefahr,
5. Ausstattung ihres Arbeitsplatzes mit den erforderlichen technischen Arbeitshilfen

unter Berücksichtigung der Behinderung und ihrer Auswirkungen auf die Beschäftigung. ²Bei der Durchführung der Maßnahmen nach den Nummern 1, 4 und 5 unterstützt die Bundesagentur für Arbeit und die Integrationsämter die Arbeitgeber unter Berücksichtigung der für die Beschäftigung wesentlichen Eigenschaften der schwerbehinderten Menschen. ³Ein Anspruch nach Satz 1 besteht nicht, soweit seine Erfüllung für den Arbeitgeber nicht zumut-

---

¹⁾ Nr. 14.

bar oder mit unverhältnismäßigen Aufwendungen verbunden wäre oder soweit die staatlichen oder berufsgenossenschaftlichen Arbeitsschutzvorschriften oder beamtenrechtliche Vorschriften entgegenstehen.

(5) [1]Die Arbeitgeber fördern die Einrichtung von Teilzeitarbeitsplätzen. [2]Sie werden dabei von den Integrationsämtern unterstützt. [3]Schwerbehinderte Menschen haben einen Anspruch auf Teilzeitbeschäftigung, wenn die kürzere Arbeitszeit wegen Art oder Schwere der Behinderung notwendig ist; Absatz 4 Satz 3 gilt entsprechend.

§ 82 Besondere Pflichten der öffentlichen Arbeitgeber. [1]Die Dienststellen der öffentlichen Arbeitgeber melden den Agenturen für Arbeit frühzeitig frei werdende und neu zu besetzende sowie neue Arbeitsplätze (§ 73). [2]Haben schwerbehinderte Menschen sich um einen solchen Arbeitsplatz beworben oder sind sie von der Bundesagentur für Arbeit oder einem von dieser beauftragten Integrationsfachdienst vorgeschlagen worden, werden sie zu einem Vorstellungsgespräch eingeladen. [3]Eine Einladung ist entbehrlich, wenn die fachliche Eignung offensichtlich fehlt. [4]Einer Integrationsvereinbarung nach § 83 bedarf es nicht, wenn für die Dienststellen dem § 83 entsprechende Regelungen bereits bestehen und durchgeführt werden.

§ 83 Integrationsvereinbarung. (1) [1]Die Arbeitgeber treffen mit der Schwerbehindertenvertretung und den in § 93 genannten Vertretungen in Zusammenarbeit mit dem Beauftragten des Arbeitgebers (§ 98) eine verbindliche Integrationsvereinbarung. [2]Auf Antrag der Schwerbehindertenvertretung wird unter Beteiligung der in § 93 genannten Vertretungen hierüber verhandelt. [3]Ist eine Schwerbehindertenvertretung nicht vorhanden, steht das Antragsrecht den in § 93 genannten Vertretungen zu. [4]Der Arbeitgeber oder die Schwerbehindertenvertretung können das Integrationsamt einladen, sich an den Verhandlungen über die Integrationsvereinbarung zu beteiligen. [5]Der Agentur für Arbeit und dem Integrationsamt, die für den Sitz des Arbeitgebers zuständig sind, wird die Vereinbarung übermittelt.

(2) [1]Die Vereinbarung enthält Regelungen im Zusammenhang mit der Eingliederung schwerbehinderter Menschen, insbesondere zur Personalplanung, Arbeitsplatzgestaltung, Gestaltung des Arbeitsumfelds, Arbeitsorganisation, Arbeitszeit sowie Regelungen über die Durchführung in den Betrieben und Dienststellen. [2]Bei der Personalplanung werden besondere Regelungen zur Beschäftigung eines angemessenen Anteils von schwerbehinderten Frauen vorgesehen.

(2 a) In der Vereinbarung können insbesondere auch Regelungen getroffen werden
1. zur angemessenen Berücksichtigung schwerbehinderter Menschen bei der Besetzung freier, frei werdender oder neuer Stellen,
2. zu einer anzustrebenden Beschäftigungsquote, einschließlich eines angemessenen Anteils schwerbehinderter Frauen,
3. zu Teilzeitarbeit,
4. zur Ausbildung behinderter Jugendlicher,
5. zur Durchführung der betrieblichen Prävention (betriebliches Eingliederungsmanagement) und zur Gesundheitsförderung,

6. über die Hinzuziehung des Werks- oder Betriebsarztes auch für Beratungen über Leistungen zur Teilhabe sowie über besondere Hilfen im Arbeitsleben.

(3) In den Versammlungen schwerbehinderter Menschen berichtet der Arbeitgeber über alle Angelegenheiten im Zusammenhang mit der Eingliederung schwerbehinderter Menschen.

§ 84 Prävention. (1) Der Arbeitgeber schaltet bei Eintreten von personen-, verhaltens- oder betriebsbedingten Schwierigkeiten im Arbeits- oder sonstigen Beschäftigungsverhältnis, die zur Gefährdung dieses Verhältnisses führen können, möglichst frühzeitig die Schwerbehindertenvertretung und die in § 93 genannten Vertretungen sowie das Integrationsamt ein, um mit ihnen alle Möglichkeiten und alle zur Verfügung stehenden Hilfen zur Beratung und mögliche finanzielle Leistungen zu erörtern, mit denen die Schwierigkeiten beseitigt werden können und das Arbeits- oder sonstige Beschäftigungsverhältnis möglichst dauerhaft fortgesetzt werden kann.

(2) [1]Sind Beschäftigte innerhalb eines Jahres länger als sechs Wochen ununterbrochen oder wiederholt arbeitsunfähig, klärt der Arbeitgeber mit der zuständigen Interessenvertretung im Sinne des § 93, bei schwerbehinderten Menschen außerdem mit der Schwerbehindertenvertretung, mit Zustimmung und Beteiligung der betroffenen Person die Möglichkeiten, wie die Arbeitsunfähigkeit möglichst überwunden werden und mit welchen Leistungen oder Hilfen erneuter Arbeitsunfähigkeit vorgebeugt und der Arbeitsplatz erhalten werden kann (betriebliches Eingliederungsmanagement). [2]Soweit erforderlich wird der Werks- oder Betriebsarzt hinzugezogen. [3]Die betroffene Person oder ihr gesetzlicher Vertreter ist zuvor auf die Ziele des betrieblichen Eingliederungsmanagements sowie auf Art und Umfang der hierfür erhobenen und verwendeten Daten hinzuweisen. [4]Kommen Leistungen zur Teilhabe oder begleitende Hilfen im Arbeitsleben in Betracht, werden vom Arbeitgeber die örtlichen gemeinsamen Servicestellen oder bei schwerbehinderten Beschäftigten das Integrationsamt hinzugezogen. [5]Diese wirken darauf hin, dass die erforderlichen Leistungen oder Hilfen unverzüglich beantragt und innerhalb der Frist des § 14 Abs. 2 Satz 2 erbracht werden. [6]Die zuständige Interessenvertretung im Sinne des § 93, bei schwerbehinderten Menschen außerdem die Schwerbehindertenvertretung, können die Klärung verlangen. [7]Sie wachen darüber, dass der Arbeitgeber die ihm nach dieser Vorschrift obliegenden Verpflichtungen erfüllt.

(3) Die Rehabilitationsträger und die Integrationsämter können Arbeitgeber, die ein betriebliches Eingliederungsmanagement einführen, durch Prämien oder einen Bonus fördern.

Kapitel 4. Kündigungsschutz

§ 85 Erfordernis der Zustimmung. Die Kündigung des Arbeitsverhältnisses eines schwerbehinderten Menschen durch den Arbeitgeber bedarf der vorherigen Zustimmung des Integrationsamtes.

§ 86 Kündigungsfrist. Die Kündigungsfrist beträgt mindestens vier Wochen.

§ 87 **Antragsverfahren.** (1) ¹Die Zustimmung zur Kündigung beantragt der Arbeitgeber bei dem für den Sitz des Betriebes oder der Dienststelle zuständigen Integrationsamt schriftlich. ²Der Begriff des Betriebes und der Begriff der Dienststelle im Sinne des Teils 2 bestimmen sich nach dem Betriebsverfassungsgesetz[1)] und dem Personalvertretungsrecht.

(2) Das Integrationsamt holt eine Stellungnahme des Betriebsrates oder Personalrates und der Schwerbehindertenvertretung ein und hört den schwerbehinderten Menschen an.

(3) Das Integrationsamt wirkt in jeder Lage des Verfahrens auf eine gütliche Einigung hin.

§ 88 **Entscheidung des Integrationsamtes.** (1) Das Integrationsamt soll die Entscheidung, falls erforderlich auf Grund mündlicher Verhandlung, innerhalb eines Monats vom Tage des Eingangs des Antrages an treffen.

(2) ¹Die Entscheidung wird dem Arbeitgeber und dem schwerbehinderten Menschen zugestellt. ²Der Bundesagentur für Arbeit wird eine Abschrift der Entscheidung übersandt.

(3) Erteilt das Integrationsamt die Zustimmung zur Kündigung, kann der Arbeitgeber die Kündigung nur innerhalb eines Monats nach Zustellung erklären.

(4) Widerspruch und Anfechtungsklage gegen die Zustimmung des Integrationsamtes zur Kündigung haben keine aufschiebende Wirkung.

(5) ¹In den Fällen des § 89 Abs. 1 Satz 1 und Abs. 3 gilt Absatz 1 mit der Maßgabe, dass die Entscheidung innerhalb eines Monats vom Tage des Eingangs des Antrages an zu treffen ist. ²Wird innerhalb dieser Frist eine Entscheidung nicht getroffen, gilt die Zustimmung als erteilt. ³Die Absätze 3 und 4 gelten entsprechend.

§ 89 **Einschränkungen der Ermessensentscheidung.** (1) ¹Das Integrationsamt erteilt die Zustimmung bei Kündigungen in Betrieben und Dienststellen, die nicht nur vorübergehend eingestellt oder aufgelöst werden, wenn zwischen dem Tage der Kündigung und dem Tage, bis zu dem Gehalt oder Lohn gezahlt wird, mindestens drei Monate liegen. ²Unter der gleichen Voraussetzung soll es die Zustimmung auch bei Kündigungen in Betrieben und Dienststellen erteilen, die nicht nur vorübergehend wesentlich eingeschränkt werden, wenn die Gesamtzahl der weiterhin beschäftigten schwerbehinderten Menschen zur Erfüllung der Beschäftigungspflicht nach § 71 ausreicht. ³Die Sätze 1 und 2 gelten nicht, wenn eine Weiterbeschäftigung auf einem anderen Arbeitsplatz desselben Betriebes oder derselben Dienststelle oder auf einem freien Arbeitsplatz in einem anderen Betrieb oder einer anderen Dienststelle desselben Arbeitgebers mit Einverständnis des schwerbehinderten Menschen möglich und für den Arbeitgeber zumutbar ist.

(2) Das Integrationsamt soll die Zustimmung erteilen, wenn dem schwerbehinderten Menschen ein anderer angemessener und zumutbarer Arbeitsplatz gesichert ist.

(3) Ist das Insolvenzverfahren über das Vermögen des Arbeitgebers eröffnet, soll das Integrationsamt die Zustimmung erteilen, wenn

---

[1)] Nr. 81.

1. der schwerbehinderte Mensch in einem Interessenausgleich namentlich als einer der zu entlassenden Arbeitnehmer bezeichnet ist (§ 125 der Insolvenzordnung[1]),
2. die Schwerbehindertenvertretung beim Zustandekommen des Interessenausgleichs gemäß § 95 Abs. 2 beteiligt worden ist,
3. der Anteil der nach dem Interessenausgleich zu entlassenden schwerbehinderten Menschen an der Zahl der beschäftigten schwerbehinderten Menschen nicht größer ist als der Anteil der zu entlassenden übrigen Arbeitnehmer an der Zahl der beschäftigten übrigen Arbeitnehmer und
4. die Gesamtzahl der schwerbehinderten Menschen, die nach dem Interessenausgleich bei dem Arbeitgeber verbleiben sollen, zur Erfüllung der Beschäftigungspflicht nach § 71 ausreicht.

§ 90 Ausnahmen. (1) Die Vorschriften dieses Kapitels gelten nicht für schwerbehinderte Menschen,
1. deren Arbeitsverhältnis zum Zeitpunkt des Zugangs der Kündigungserklärung ohne Unterbrechung noch nicht länger als sechs Monate besteht oder
2. die auf Stellen im Sinne des § 73 Abs. 2 Nr. 2 bis 5 beschäftigt werden oder
3. deren Arbeitsverhältnis durch Kündigung beendet wird, sofern sie
    a) das 58. Lebensjahr vollendet haben und Anspruch auf eine Abfindung, Entschädigung oder ähnliche Leistung auf Grund eines Sozialplanes haben oder
    b) Anspruch auf Knappschaftsausgleichsleistung nach dem Sechsten Buch oder auf Anpassungsgeld für entlassene Arbeitnehmer des Bergbaus haben,
    wenn der Arbeitgeber ihnen die Kündigungsabsicht rechtzeitig mitgeteilt hat und sie der beabsichtigten Kündigung bis zu deren Ausspruch nicht widersprechen.

(2) Die Vorschriften dieses Kapitels finden ferner bei Entlassungen, die aus Witterungsgründen vorgenommen werden, keine Anwendung, sofern die Wiedereinstellung der schwerbehinderten Menschen bei Wiederaufnahme der Arbeit gewährleistet ist.

(2a) Die Vorschriften dieses Kapitels finden ferner keine Anwendung, wenn zum Zeitpunkt der Kündigung die Eigenschaft als schwerbehinderter Mensch nicht nachgewiesen ist oder das Versorgungsamt nach Ablauf der Frist des § 69 Abs. 1 Satz 2 eine Feststellung wegen fehlender Mitwirkung nicht treffen konnte.

(3) Der Arbeitgeber zeigt Einstellungen auf Probe und die Beendigung von Arbeitsverhältnissen schwerbehinderter Menschen in den Fällen des Absatzes 1 Nr. 1 unabhängig von der Anzeigepflicht nach anderen Gesetzen dem Integrationsamt innerhalb von vier Tagen an.

§ 91 Außerordentliche Kündigung. (1) Die Vorschriften dieses Kapitels gelten mit Ausnahme von § 86 auch bei außerordentlicher Kündigung, soweit sich aus den folgenden Bestimmungen nichts Abweichendes ergibt.

---

[1] Nr. 23.

(2) ¹Die Zustimmung zur Kündigung kann nur innerhalb von zwei Wochen beantragt werden; maßgebend ist der Eingang des Antrages bei dem Integrationsamt. ²Die Frist beginnt mit dem Zeitpunkt, in dem der Arbeitgeber von den für die Kündigung maßgebenden Tatsachen Kenntnis erlangt.

(3) ¹Das Integrationsamt trifft die Entscheidung innerhalb von zwei Wochen vom Tage des Eingangs des Antrages an. ²Wird innerhalb dieser Frist eine Entscheidung nicht getroffen, gilt die Zustimmung als erteilt.

(4) Das Integrationsamt soll die Zustimmung erteilen, wenn die Kündigung aus einem Grunde erfolgt, der nicht im Zusammenhang mit der Behinderung steht.

(5) Die Kündigung kann auch nach Ablauf der Frist des § 626 Abs. 2 Satz 1 des Bürgerlichen Gesetzbuchs[1]) erfolgen, wenn sie unverzüglich nach Erteilung der Zustimmung erklärt wird.

(6) Schwerbehinderte Menschen, denen lediglich aus Anlass eines Streiks oder einer Aussperrung fristlos gekündigt worden ist, werden nach Beendigung des Streiks oder der Aussperrung wieder eingestellt.

§ 92 Erweiterter Beendigungsschutz. ¹Die Beendigung des Arbeitsverhältnisses eines schwerbehinderten Menschen bedarf auch dann der vorherigen Zustimmung des Integrationsamtes, wenn sie im Falle des Eintritts einer teilweisen Erwerbsminderung, der Erwerbsminderung auf Zeit, der Berufsunfähigkeit oder der Erwerbsunfähigkeit auf Zeit ohne Kündigung erfolgt. ²Die Vorschriften dieses Kapitels über die Zustimmung zur ordentlichen Kündigung gelten entsprechend.

Kapitel 5. Betriebs-, Personal-, Richter-, Staatsanwalts- und Präsidialrat, Schwerbehindertenvertretung, Beauftragter des Arbeitgebers

§ 93 Aufgaben des Betriebs-, Personal-, Richter-, Staatsanwalts- und Präsidialrates. ¹Betriebs-, Personal-, Richter-, Staatsanwalts- und Präsidialrat fördern die Eingliederung schwerbehinderter Menschen. ²Sie achten insbesondere darauf, dass die dem Arbeitgeber nach den §§ 71, 72 und 81 bis 84 obliegenden Verpflichtungen erfüllt werden; sie wirken auf die Wahl der Schwerbehindertenvertretung hin.

§ 94 Wahl und Amtszeit der Schwerbehindertenvertretung. (1) ¹In Betrieben und Dienststellen, in denen wenigstens fünf schwerbehinderte Menschen nicht nur vorübergehend beschäftigt sind, werden eine Vertrauensperson und wenigstens ein stellvertretendes Mitglied gewählt, das die Vertrauensperson im Falle der Verhinderung durch Abwesenheit oder Wahrnehmung anderer Aufgaben vertritt. ²Ferner wählen bei Gerichten, denen mindestens fünf schwerbehinderte Richter oder Richterinnen angehören, diese einen Richter oder eine Richterin zu ihrer Schwerbehindertenvertretung. ³Satz 2 gilt entsprechend für Staatsanwälte oder Staatsanwältinnen, soweit für sie eine besondere Personalvertretung gebildet wird. ⁴Betriebe oder Dienststellen, die die Voraussetzungen des Satzes 1 nicht erfüllen, können für die Wahl mit

---

[1]) Nr. 11.

räumlich nahe liegenden Betrieben des Arbeitgebers oder gleichstufigen Dienststellen derselben Verwaltung zusammengefasst werden; soweit erforderlich, können Gerichte unterschiedlicher Gerichtszweige und Stufen zusammengefasst werden. [5]Über die Zusammenfassung entscheidet der Arbeitgeber im Benehmen mit dem für den Sitz der Betriebe oder Dienststellen einschließlich Gerichten zuständigen Integrationsamt.

(2) Wahlberechtigt sind alle in dem Betrieb oder der Dienststelle beschäftigten schwerbehinderten Menschen.

(3) [1]Wählbar sind alle in dem Betrieb oder der Dienststelle nicht nur vorübergehend Beschäftigten, die am Wahltage das 18. Lebensjahr vollendet haben und dem Betrieb oder der Dienststelle seit sechs Monaten angehören; besteht der Betrieb oder die Dienststelle weniger als ein Jahr, so bedarf es für die Wählbarkeit nicht der sechsmonatigen Zugehörigkeit. [2]Nicht wählbar ist, wer kraft Gesetzes dem Betriebs-, Personal-, Richter-, Staatsanwalts- oder Präsidialrat nicht angehören kann.

(4) Bei Dienststellen der Bundeswehr, bei denen eine Vertretung der Soldaten nach dem Bundespersonalvertretungsgesetz zu wählen ist, sind auch schwerbehinderte Soldaten und Soldatinnen wahlberechtigt und auch Soldaten und Soldatinnen wählbar.

(5) [1]Die regelmäßigen Wahlen finden alle vier Jahre in der Zeit vom 1. Oktober bis 30. November statt. [2]Außerhalb dieser Zeit finden Wahlen statt, wenn
1. das Amt der Schwerbehindertenvertretung vorzeitig erlischt und ein stellvertretendes Mitglied nicht nachrückt,
2. die Wahl mit Erfolg angefochten worden ist oder
3. eine Schwerbehindertenvertretung noch nicht gewählt ist.
[3]Hat außerhalb des für die regelmäßigen Wahlen festgelegten Zeitraumes eine Wahl der Schwerbehindertenvertretung stattgefunden, wird die Schwerbehindertenvertretung in dem auf die Wahl folgenden nächsten Zeitraum der regelmäßigen Wahlen neu gewählt. [4]Hat die Amtszeit der Schwerbehindertenvertretung zum Beginn des für die regelmäßigen Wahlen festgelegten Zeitraums noch nicht ein Jahr betragen, wird die Schwerbehindertenvertretung im übernächsten Zeitraum für regelmäßige Wahlen neu gewählt.

(6) [1]Die Vertrauensperson und das stellvertretende Mitglied werden in geheimer und unmittelbarer Wahl nach den Grundsätzen der Mehrheitswahl gewählt. [2]Im Übrigen sind die Vorschriften über die Wahlanfechtung, den Wahlschutz und die Wahlkosten bei der Wahl des Betriebs-, Personal-, Richter-, Staatsanwalts- oder Präsidialrates sinngemäß anzuwenden. [3]In Betrieben und Dienststellen mit weniger als 50 wahlberechtigten schwerbehinderten Menschen wird die Vertrauensperson und das stellvertretende Mitglied im vereinfachten Wahlverfahren gewählt, sofern der Betrieb oder die Dienststelle nicht aus räumlich weit auseinander liegenden Teilen besteht. [4]Ist in einem Betrieb oder einer Dienststelle eine Schwerbehindertenvertretung nicht gewählt, so kann das für den Betrieb oder die Dienststelle zuständige Integrationsamt zu einer Versammlung schwerbehinderter Menschen zum Zwecke der Wahl eines Wahlvorstandes einladen.

(7) [1]Die Amtszeit der Schwerbehindertenvertretung beträgt vier Jahre. [2]Sie beginnt mit der Bekanntgabe des Wahlergebnisses oder, wenn die Amtszeit der bisherigen Schwerbehindertenvertretung noch nicht beendet ist, mit deren

Ablauf. ³Das Amt erlischt vorzeitig, wenn die Vertrauensperson es niederlegt, aus dem Arbeits-, Dienst- oder Richterverhältnis ausscheidet oder die Wählbarkeit verliert. ⁴Scheidet die Vertrauensperson vorzeitig aus dem Amt aus, rückt das mit der höchsten Stimmenzahl gewählte stellvertretende Mitglied für den Rest der Amtszeit nach; dies gilt für das stellvertretende Mitglied entsprechend. ⁵Auf Antrag eines Viertels der wahlberechtigten schwerbehinderten Menschen kann der Widerspruchsausschuss bei dem Integrationsamt (§ 119) das Erlöschen des Amtes einer Vertrauensperson wegen grober Verletzung ihrer Pflichten beschließen.

§ 95 Aufgaben der Schwerbehindertenvertretung. (1) ¹Die Schwerbehindertenvertretung fördert die Eingliederung schwerbehinderter Menschen in den Betrieb oder die Dienststelle, vertritt ihre Interessen in dem Betrieb oder der Dienststelle und steht ihnen beratend und helfend zur Seite. ²Sie erfüllt ihre Aufgaben insbesondere dadurch, dass sie

1. darüber wacht, dass die zugunsten schwerbehinderter Menschen geltenden Gesetze, Verordnungen, Tarifverträge, Betriebs- oder Dienstvereinbarungen und Verwaltungsanordnungen durchgeführt, insbesondere auch die dem Arbeitgeber nach den §§ 71, 72 und 81 bis 84 obliegenden Verpflichtungen erfüllt werden,
2. Maßnahmen, die den schwerbehinderten Menschen dienen, insbesondere auch präventive Maßnahmen, bei den zuständigen Stellen beantragt,
3. Anregungen und Beschwerden von schwerbehinderten Menschen entgegennimmt und, falls sie berechtigt erscheinen, durch Verhandlung mit dem Arbeitgeber auf eine Erledigung hinwirkt; sie unterrichtet die schwerbehinderten Menschen über den Stand und das Ergebnis der Verhandlungen.

³Die Schwerbehindertenvertretung unterstützt Beschäftigte auch bei Anträgen an die nach § 69 Abs. 1 zuständigen Behörden auf Feststellung einer Behinderung, ihres Grades und einer Schwerbehinderung sowie bei Anträgen auf Gleichstellung an die Agentur für Arbeit. ⁴In Betrieben und Dienststellen mit in der Regel mehr als 100 schwerbehinderten Menschen kann sie nach Unterrichtung des Arbeitgebers das mit der höchsten Stimmenzahl gewählte stellvertretende Mitglied zu bestimmten Aufgaben heranziehen, in Betrieben und Dienststellen mit mehr als 200 schwerbehinderten Menschen, das mit der nächsthöchsten Stimmzahl gewählte weitere stellvertretende Mitglied. ⁵Die Heranziehung zu bestimmten Aufgaben schließt die Abstimmung untereinander ein.

(2) ¹Der Arbeitgeber hat die Schwerbehindertenvertretung in allen Angelegenheiten, die einen einzelnen oder die schwerbehinderten Menschen als Gruppe berühren, unverzüglich und umfassend zu unterrichten und vor einer Entscheidung anzuhören; er hat ihr die getroffene Entscheidung unverzüglich mitzuteilen. ²Die Durchführung oder Vollziehung einer ohne Beteiligung nach Satz 1 getroffenen Entscheidung ist auszusetzen, die Beteiligung ist innerhalb von sieben Tagen nachzuholen; sodann ist endgültig zu entscheiden. ³Die Schwerbehindertenvertretung hat das Recht auf Beteiligung am Verfahren nach § 81 Abs. 1 und beim Vorliegen von Vermittlungsvorschlägen der Bundesagentur für Arbeit nach § 81 Abs. 1 oder von Bewerbungen schwerbehinderter Menschen das Recht auf Einsicht in die entscheidungsrelevanten Teile der Bewerbungsunterlagen und Teilnahme an Vorstellungsgesprächen.

(3) ¹Der schwerbehinderte Mensch hat das Recht, bei Einsicht in die über ihn geführte Personalakte oder ihn betreffende Daten des Arbeitgebers die Schwerbehindertenvertretung hinzuzuziehen. ²Die Schwerbehindertenvertretung bewahrt über den Inhalt der Daten Stillschweigen, soweit sie der schwerbehinderte Mensch nicht von dieser Verpflichtung entbunden hat.

(4) ¹Die Schwerbehindertenvertretung hat das Recht, an allen Sitzungen des Betriebs-, Personal-, Richter-, Staatsanwalts- oder Präsidialrates und deren Ausschüssen sowie des Arbeitsschutzausschusses beratend teilzunehmen; sie kann beantragen, Angelegenheiten, die einzelne oder die schwerbehinderten Menschen als Gruppe besonders betreffen, auf die Tagesordnung der nächsten Sitzung zu setzen. ²Erachtet sie einen Beschluss des Betriebs-, Personal-, Richter-, Staatsanwalts- oder Präsidialrates als eine erhebliche Beeinträchtigung wichtiger Interessen schwerbehinderter Menschen oder ist sie entgegen Absatz 2 Satz 1 nicht beteiligt worden, wird auf ihren Antrag der Beschluss für die Dauer von einer Woche vom Zeitpunkt der Beschlussfassung an ausgesetzt; die Vorschriften des Betriebsverfassungsgesetzes[1]) und des Personalvertretungsrechtes über die Aussetzung von Beschlüssen gelten entsprechend. ³Durch die Aussetzung wird eine Frist nicht verlängert. ⁴In den Fällen des § 21 e Abs. 1 und 3 des Gerichtsverfassungsgesetzes ist die Schwerbehindertenvertretung, außer in Eilfällen, auf Antrag eines betroffenen schwerbehinderten Richters oder einer schwerbehinderten Richterin vor dem Präsidium des Gerichtes zu hören.

(5) Die Schwerbehindertenvertretung wird zu Besprechungen nach § 74 Abs. 1 des Betriebsverfassungsgesetzes, § 66 Abs. 1 des Bundespersonalvertretungsgesetzes sowie den entsprechenden Vorschriften des sonstigen Personalvertretungsrechtes zwischen dem Arbeitgeber und den in Absatz 4 genannten Vertretungen hinzugezogen.

(6) ¹Die Schwerbehindertenvertretung hat das Recht, mindestens einmal im Kalenderjahr eine Versammlung schwerbehinderter Menschen im Betrieb oder in der Dienststelle durchzuführen. ²Die für Betriebs- und Personalversammlungen geltenden Vorschriften finden entsprechende Anwendung.

(7) Sind in einer Angelegenheit sowohl die Schwerbehindertenvertretung der Richter und Richterinnen als auch die Schwerbehindertenvertretung der übrigen Bediensteten beteiligt, so handeln sie gemeinsam.

(8) Die Schwerbehindertenvertretung kann an Betriebs- und Personalversammlungen in Betrieben und Dienststellen teilnehmen, für die sie als Schwerbehindertenvertretung zuständig ist, und hat dort ein Rederecht, auch wenn die Mitglieder der Schwerbehindertenvertretung nicht Angehörige des Betriebes oder der Dienststelle sind.

§ 96 Persönliche Rechte und Pflichten der Vertrauenspersonen der schwerbehinderten Menschen.
(1) Die Vertrauenspersonen führen ihr Amt unentgeltlich als Ehrenamt.

(2) Die Vertrauenspersonen dürfen in der Ausübung ihres Amtes nicht behindert oder wegen ihres Amtes nicht benachteiligt oder begünstigt werden; dies gilt auch für ihre berufliche Entwicklung.

---

[1]) Nr. 81.

(3) ¹Die Vertrauenspersonen besitzen gegenüber dem Arbeitgeber die gleiche persönliche Rechtsstellung, insbesondere den gleichen Kündigungs-, Versetzungs- und Abordnungsschutz wie ein Mitglied des Betriebs-, Personal-, Staatsanwalts- oder Richterrates. ²Das stellvertretende Mitglied besitzt während der Dauer der Vertretung und der Heranziehung nach § 95 Abs. 1 Satz 4 die gleiche persönliche Rechtsstellung wie die Vertrauensperson, im Übrigen die gleiche Rechtsstellung wie Ersatzmitglieder der in Satz 1 genannten Vertretungen.

(4) ¹Die Vertrauenspersonen werden von ihrer beruflichen Tätigkeit ohne Minderung des Arbeitsentgelts oder der Dienstbezüge befreit, wenn und soweit es zur Durchführung ihrer Aufgaben erforderlich ist. ²Sind in den Betrieben und Dienststellen in der Regel wenigstens 200 schwerbehinderte Menschen beschäftigt, wird die Vertrauensperson auf ihren Wunsch freigestellt; weiter gehende Vereinbarungen sind zulässig. ³Satz 1 gilt entsprechend für die Teilnahme an Schulungs- und Bildungsveranstaltungen, soweit diese Kenntnisse vermitteln, die für die Arbeit der Schwerbehindertenvertretung erforderlich sind. ⁴Satz 3 gilt auch für das mit der höchsten Stimmenzahl gewählte stellvertretende Mitglied, wenn wegen

1. ständiger Heranziehung nach § 95,
2. häufiger Vertretung der Vertrauensperson für längere Zeit,
3. absehbaren Nachrückens in das Amt der Schwerbehindertenvertretung in kurzer Frist

die Teilnahme an Bildungs- und Schulungsveranstaltungen erforderlich ist.

(5) ¹Freigestellte Vertrauenspersonen dürfen von inner- oder außerbetrieblichen Maßnahmen der Berufsförderung nicht ausgeschlossen werden. ²Innerhalb eines Jahres nach Beendigung ihrer Freistellung ist ihnen im Rahmen der Möglichkeiten des Betriebes oder der Dienststelle Gelegenheit zu geben, eine wegen der Freistellung unterbliebene berufliche Entwicklung in dem Betrieb oder der Dienststelle nachzuholen. ³Für Vertrauenspersonen, die drei volle aufeinander folgende Amtszeiten freigestellt waren, erhöht sich der genannte Zeitraum auf zwei Jahre.

(6) Zum Ausgleich für ihre Tätigkeit, die aus betriebsbedingten oder dienstlichen Gründen außerhalb der Arbeitszeit durchzuführen ist, haben die Vertrauenspersonen Anspruch auf entsprechende Arbeits- oder Dienstbefreiung unter Fortzahlung des Arbeitsentgelts oder der Dienstbezüge.

(7) ¹Die Vertrauenspersonen sind verpflichtet,

1. über ihnen wegen ihres Amtes bekannt gewordene persönliche Verhältnisse und Angelegenheiten von Beschäftigten im Sinne des § 73, die ihrer Bedeutung oder ihrem Inhalt nach einer vertraulichen Behandlung bedürfen, Stillschweigen zu bewahren und
2. ihnen wegen ihres Amtes bekannt gewordene und vom Arbeitgeber ausdrücklich als geheimhaltungsbedürftig bezeichnete Betriebs- oder Geschäftsgeheimnisse nicht zu offenbaren und nicht zu verwerten.

²Diese Pflichten gelten auch nach dem Ausscheiden aus dem Amt. ³Sie gelten nicht gegenüber der Bundesagentur für Arbeit, den Integrationsämtern und den Rehabilitationsträgern, soweit deren Aufgaben den schwerbehinderten Menschen gegenüber es erfordern, gegenüber den Vertrauenspersonen in den

Stufenvertretungen (§ 97) sowie gegenüber den in § 79 Abs. 1 des Betriebsverfassungsgesetzes[1]) und den in den entsprechenden Vorschriften des Personalvertretungsrechtes genannten Vertretungen, Personen und Stellen.

(8) [1]Die durch die Tätigkeit der Schwerbehindertenvertretung entstehenden Kosten trägt der Arbeitgeber. [2]Das Gleiche gilt für die durch die Teilnahme des mit der höchsten Stimmenzahl gewählten stellvertretenden Mitglieds an Schulungs- und Bildungsveranstaltungen nach Absatz 4 Satz 3 entstehenden Kosten.

(9) Die Räume und der Geschäftsbedarf, die der Arbeitgeber dem Betriebs-, Personal-, Richter-, Staatsanwalts- oder Präsidialrat für dessen Sitzungen, Sprechstunden und laufende Geschäftsführung zur Verfügung stellt, stehen für die gleichen Zwecke auch der Schwerbehindertenvertretung zur Verfügung, soweit ihr hierfür nicht eigene Räume und sächliche Mittel zur Verfügung gestellt werden.

§ 97 Konzern-, Gesamt-, Bezirks- und Hauptschwerbehindertenvertretung. (1) [1]Ist für mehrere Betriebe eines Arbeitgebers ein Gesamtbetriebsrat oder für den Geschäftsbereich mehrerer Dienststellen ein Gesamtpersonalrat errichtet, wählen die Schwerbehindertenvertretungen der einzelnen Betriebe oder Dienststellen eine Gesamtschwerbehindertenvertretung. [2]Ist eine Schwerbehindertenvertretung nur in einem der Betriebe oder in einer der Dienststellen gewählt, nimmt sie die Rechte und Pflichten der Gesamtschwerbehindertenvertretung wahr.

(2) [1]Ist für mehrere Unternehmen ein Konzernbetriebsrat errichtet, wählen die Gesamtschwerbehindertenvertretungen eine Konzernschwerbehindertenvertretung. [2]Besteht ein Konzernunternehmen nur aus einem Betrieb, für den eine Schwerbehindertenvertretung gewählt ist, hat sie das Wahlrecht wie eine Gesamtschwerbehindertenvertretung.

(3) [1]Für den Geschäftsbereich mehrstufiger Verwaltungen, bei denen ein Bezirks- oder Hauptpersonalrat gebildet ist, gilt Absatz 1 sinngemäß mit der Maßgabe, dass bei den Mittelbehörden von deren Schwerbehindertenvertretung und den Schwerbehindertenvertretungen der nachgeordneten Dienststellen eine Bezirksschwerbehindertenvertretung zu wählen ist. [2]Bei den obersten Dienstbehörden ist von deren Schwerbehindertenvertretung und den Bezirksschwerbehindertenvertretungen des Geschäftsbereichs eine Hauptschwerbehindertenvertretung zu wählen; ist die Zahl der Bezirksschwerbehindertenvertretungen niedriger als zehn, sind auch die Schwerbehindertenvertretungen der nachgeordneten Dienststellen wahlberechtigt.

(4) [1]Für Gerichte eines Zweiges der Gerichtsbarkeit, für die ein Bezirks- oder Hauptrichterrat gebildet ist, gilt Absatz 3 entsprechend. [2]Sind in einem Zweig der Gerichtsbarkeit bei den Gerichten der Länder mehrere Schwerbehindertenvertretungen nach § 94 zu wählen und ist in diesem Zweig kein Hauptrichterrat gebildet, ist in entsprechender Anwendung von Absatz 3 eine Hauptschwerbehindertenvertretung zu wählen. [3]Die Hauptschwerbehindertenvertretung nimmt die Aufgabe der Schwerbehindertenvertretung gegenüber dem Präsidialrat wahr.

---

[1]) Nr. **81**.

(5) Für jede Vertrauensperson, die nach den Absätzen 1 bis 4 neu zu wählen ist, wird wenigstens ein stellvertretendes Mitglied gewählt.

(6) ¹Die Gesamtschwerbehindertenvertretung vertritt die Interessen der schwerbehinderten Menschen in Angelegenheiten, die das Gesamtunternehmen oder mehrere Betriebe oder Dienststellen des Arbeitgebers betreffen und von den Schwerbehindertenvertretungen der einzelnen Betriebe oder Dienststellen nicht geregelt werden können, sowie die Interessen der schwerbehinderten Menschen, die in einem Betrieb oder einer Dienststelle tätig sind, für die eine Schwerbehindertenvertretung nicht gewählt ist; dies umfasst auch Verhandlungen und den Abschluss entsprechender Integrationsvereinbarungen. ²Satz 1 gilt entsprechend für die Konzern-, Bezirks- und Hauptschwerbehindertenvertretung sowie für die Schwerbehindertenvertretung der obersten Dienstbehörde, wenn bei einer mehrstufigen Verwaltung Stufenvertretungen nicht gewählt sind. ³Die nach Satz 2 zuständige Schwerbehindertenvertretung ist auch in persönlichen Angelegenheiten schwerbehinderter Menschen, über die eine übergeordnete Dienststelle entscheidet, zuständig; sie gibt der Schwerbehindertenvertretung der Dienststelle, die den schwerbehinderten Menschen beschäftigt, Gelegenheit zur Äußerung. ⁴Satz 3 gilt nicht in den Fällen, in denen der Personalrat der Beschäftigungsbehörde zu beteiligen ist.

(7) § 94 Abs. 3 bis 7, § 95 Abs. 1 Satz 4, Abs. 2, 4, 5 und 7 und § 96 gelten entsprechend, § 94 Abs. 5 mit der Maßgabe, dass die Wahl der Gesamt- und Bezirksschwerbehindertenvertretungen in der Zeit vom 1. Dezember bis 31. Januar, die der Konzern- und Hauptschwerbehindertenvertretungen in der Zeit vom 1. Februar bis 31. März stattfindet.

(8) § 95 Abs. 6 gilt für die Durchführung von Versammlungen der Vertrauens- und der Bezirksvertrauenspersonen durch die Gesamt-, Bezirks- oder Hauptschwerbehindertenvertretung entsprechend.

§ 98 Beauftragter des Arbeitgebers. ¹Der Arbeitgeber bestellt einen Beauftragten, der ihn in Angelegenheiten schwerbehinderter Menschen verantwortlich vertritt; falls erforderlich, können mehrere Beauftragte bestellt werden. ²Der Beauftragte soll nach Möglichkeit selbst ein schwerbehinderter Mensch sein. ³Der Beauftragte achtet vor allem darauf, dass dem Arbeitgeber obliegende Verpflichtungen erfüllt werden.

§ 99 Zusammenarbeit. (1) Arbeitgeber, Beauftragter des Arbeitgebers, Schwerbehindertenvertretung und Betriebs-, Personal-, Richter-, Staatsanwalts- oder Präsidialrat arbeiten zur Teilhabe schwerbehinderter Menschen am Arbeitsleben in dem Betrieb oder der Dienststelle eng zusammen.

(2) ¹Die in Absatz 1 genannten Personen und Vertretungen, die mit der Durchführung des Teils 2 beauftragten Stellen und die Rehabilitationsträger unterstützen sich gegenseitig bei der Erfüllung ihrer Aufgaben. ²Vertrauensperson und Beauftragter des Arbeitgebers sind Verbindungspersonen zur Bundesagentur für Arbeit und zu dem Integrationsamt.

§ 100 Verordnungsermächtigung. Die Bundesregierung wird ermächtigt, durch Rechtsverordnung mit Zustimmung des Bundesrates nähere Vorschriften über die Vorbereitung und Durchführung der Wahl der Schwerbehindertenvertretung und ihrer Stufenvertretungen zu erlassen.

Kapitel 8. Beendigung der Anwendung der besonderen Regelungen zur Teilhabe schwerbehinderter und gleichgestellter behinderter Menschen

§ 116 Beendigung der Anwendung der besonderen Regelungen zur Teilhabe schwerbehinderter Menschen. (1) Die besonderen Regelungen für schwerbehinderte Menschen werden nicht angewendet nach dem Wegfall der Voraussetzungen nach § 2 Abs. 2; wenn sich der Grad der Behinderung auf weniger als 50 verringert, jedoch erst am Ende des dritten Kalendermonats nach Eintritt der Unanfechtbarkeit des die Verringerung feststellenden Bescheides.

(2) [1]Die besonderen Regelungen für gleichgestellte behinderte Menschen werden nach dem Widerruf oder der Rücknahme der Gleichstellung nicht mehr angewendet. [2]Der Widerruf der Gleichstellung ist zulässig, wenn die Voraussetzungen nach § 2 Abs. 3 in Verbindung mit § 68 Abs. 2 weggefallen sind. [3]Er wird erst am Ende des dritten Kalendermonats nach Eintritt seiner Unanfechtbarkeit wirksam.

(3) Bis zur Beendigung der Anwendung der besonderen Regelungen für schwerbehinderte Menschen und ihnen gleichgestellte behinderte Menschen werden die behinderten Menschen dem Arbeitgeber auf die Zahl der Pflichtarbeitsplätze für schwerbehinderte Menschen angerechnet.

Kapitel 9. Widerspruchsverfahren

§ 118 Widerspruch. (1) [1]Den Widerspruchsbescheid nach § 73 der Verwaltungsgerichtsordnung erlässt bei Verwaltungsakten der Integrationsämter und bei Verwaltungsakten der örtlichen Fürsorgestellen (§ 107 Abs. 2) der Widerspruchsausschuss bei dem Integrationsamt (§ 119). [2]Des Vorverfahrens bedarf es auch, wenn den Verwaltungsakt ein Integrationsamt erlassen hat, das bei einer obersten Landesbehörde besteht.

(2) Den Widerspruchsbescheid nach § 85 des Sozialgerichtsgesetzes erlässt bei Verwaltungsakten, welche die Bundesagentur für Arbeit auf Grund des Teils 2 erlässt, der Widerspruchsausschuss der Bundesagentur für Arbeit.

§ 119 Widerspruchsausschuss bei dem Integrationsamt. (1) Bei jedem Integrationsamt besteht ein Widerspruchsausschuss aus sieben Mitgliedern, und zwar aus

zwei Mitgliedern, die schwerbehinderte Arbeitnehmer oder Arbeitnehmerinnen sind,
zwei Mitgliedern, die Arbeitgeber sind,
einem Mitglied, das das Integrationsamt vertritt,
einem Mitglied, das die Bundesagentur für Arbeit vertritt,
einer Vertrauensperson schwerbehinderter Menschen.

(2) Für jedes Mitglied wird ein Stellvertreter oder eine Stellvertreterin berufen.

(3) [1]Das Integrationsamt beruft
auf Vorschlag der Organisationen behinderter Menschen des jeweiligen Landes die Mitglieder, die Arbeitnehmer sind,

auf Vorschlag der jeweils für das Land zuständigen Arbeitgeberverbände die Mitglieder, die Arbeitgeber sind, sowie

die Vertrauensperson.

²Die zuständige oberste Landesbehörde oder die von ihr bestimmte Behörde beruft das Mitglied, das das Integrationsamt vertritt. ³Die Bundesagentur für Arbeit beruft das Mitglied, das sie vertritt. ⁴Entsprechendes gilt für die Berufung des Stellvertreters oder der Stellvertreterin des jeweiligen Mitglieds.

(4) ¹In Kündigungsangelegenheiten schwerbehinderter Menschen, die bei einer Dienststelle oder in einem Betrieb beschäftigt sind, der zum Geschäftsbereich des Bundesministeriums der Verteidigung gehört, treten an die Stelle der Mitglieder, die Arbeitgeber sind, Angehörige des öffentlichen Dienstes. ²Dem Integrationsamt werden ein Mitglied und sein Stellvertreter oder seine Stellvertreterin von den von der Bundesregierung bestimmten Bundesbehörden benannt. ³Eines der Mitglieder, die schwerbehinderte Arbeitnehmer oder Arbeitnehmerinnen sind, muss dem öffentlichen Dienst angehören.

(5) ¹Die Amtszeit der Mitglieder der Widerspruchsausschüsse beträgt vier Jahre. ²Die Mitglieder der Ausschüsse üben ihre Tätigkeit unentgeltlich aus.

§ 120 Widerspruchsausschüsse der Bundesagentur für Arbeit.

(1) Die Bundesagentur für Arbeit richtet Widerspruchsausschüsse ein, die aus sieben Mitgliedern bestehen, und zwar aus

zwei Mitgliedern, die schwerbehinderte Arbeitnehmer oder Arbeitnehmerinnen sind,

zwei Mitgliedern, die Arbeitgeber sind,

einem Mitglied, das das Integrationsamt vertritt,

einem Mitglied, das die Bundesagentur für Arbeit vertritt,

einer Vertrauensperson schwerbehinderter Menschen.

(2) Für jedes Mitglied wird ein Stellvertreter oder eine Stellvertreterin berufen.

(3) ¹Die Bundesagentur für Arbeit beruft

die Mitglieder, die Arbeitnehmer oder Arbeitnehmerinnen sind, auf Vorschlag der jeweils zuständigen Organisationen behinderter Menschen, der im Benehmen mit den jeweils zuständigen Gewerkschaften, die für die Vertretung der Arbeitnehmerinteressen wesentliche Bedeutung haben, gemacht wird,

die Mitglieder, die Arbeitgeber sind, auf Vorschlag der jeweils zuständigen Arbeitgeberverbände, soweit sie für die Vertretung von Arbeitgeberinteressen wesentliche Bedeutung haben, sowie

das Mitglied, das die Bundesagentur für Arbeit vertritt und

die Vertrauensperson.

²Die zuständige oberste Landesbehörde oder die von ihr bestimmte Behörde beruft das Mitglied, das das Integrationsamt vertritt. ³Entsprechendes gilt für die Berufung des Stellvertreters oder der Stellvertreterin des jeweiligen Mitglieds.

(4) § 119 Abs. 5 gilt entsprechend.

§ 121 Verfahrensvorschriften. (1) Für den Widerspruchsausschuss bei dem Integrationsamt (§ 119) und die Widerspruchsausschüsse bei der Bundesagentur für Arbeit (§ 120) gilt § 106 Abs. 1 und 2 entsprechend.

(2) Im Widerspruchsverfahren nach Teil 2 Kapitel 4 werden der Arbeitgeber und der schwerbehinderte Mensch vor der Entscheidung gehört; in den übrigen Fällen verbleibt es bei der Anhörung des Widerspruchsführers.

(3) [1]Die Mitglieder der Ausschüsse können wegen Besorgnis der Befangenheit abgelehnt werden. [2]Über die Ablehnung entscheidet der Ausschuss, dem das Mitglied angehört.

Kapitel 10. Sonstige Vorschriften

§ 122 Vorrang der schwerbehinderten Menschen. Verpflichtungen zur bevorzugten Einstellung und Beschäftigung bestimmter Personenkreise nach anderen Gesetzen entbinden den Arbeitgeber nicht von der Verpflichtung zur Beschäftigung schwerbehinderter Menschen nach den besonderen Regelungen für schwerbehinderte Menschen.

§ 123 Arbeitsentgelt und Dienstbezüge. (1) [1]Bei der Bemessung des Arbeitsentgelts und der Dienstbezüge aus einem bestehenden Beschäftigungsverhältnis werden Renten und vergleichbare Leistungen, die wegen der Behinderung bezogen werden, nicht berücksichtigt. [2]Die völlige oder teilweise Anrechnung dieser Leistungen auf das Arbeitsentgelt oder die Dienstbezüge ist unzulässig.

(2) Absatz 1 gilt nicht für Zeiträume, in denen die Beschäftigung tatsächlich nicht ausgeübt wird und die Vorschriften über die Zahlung der Rente oder der vergleichbaren Leistung eine Anrechnung oder ein Ruhen vorsehen, wenn Arbeitsentgelt oder Dienstbezüge gezahlt werden.

§ 124 Mehrarbeit. Schwerbehinderte Menschen werden auf ihr Verlangen von Mehrarbeit freigestellt.

§ 125 Zusatzurlaub. (1) [1]Schwerbehinderte Menschen haben Anspruch auf einen bezahlten zusätzlichen Urlaub von fünf Arbeitstagen im Urlaubsjahr; verteilt sich die regelmäßige Arbeitszeit des schwerbehinderten Menschen auf mehr oder weniger als fünf Arbeitstage in der Kalenderwoche, erhöht oder vermindert sich der Zusatzurlaub entsprechend. [2]Soweit tarifliche, betriebliche oder sonstige Urlaubsregelungen für schwerbehinderte Menschen einen längeren Zusatzurlaub vorsehen, bleiben sie unberührt.

(2) [1]Besteht die Schwerbehinderteneigenschaft nicht während des gesamten Kalenderjahres, so hat der schwerbehinderte Mensch für jeden vollen Monat der im Beschäftigungsverhältnis vorliegenden Schwerbehinderteneigenschaft einen Anspruch auf ein Zwölftel des Zusatzurlaubs nach Absatz 1 Satz 1. [2]Bruchteile von Urlaubstagen, die mindestens einen halben Tag ergeben, sind auf volle Urlaubstage aufzurunden. [3]Der so ermittelte Zusatzurlaub ist dem Erholungsurlaub hinzuzurechnen und kann bei einem nicht im ganzen Kalenderjahr bestehenden Beschäftigungsverhältnis nicht erneut gemindert werden.

(3) Wird die Eigenschaft als schwerbehinderter Mensch nach § 69 Abs. 1 und 2 rückwirkend festgestellt, finden auch für die Übertragbarkeit des Zusatzurlaubs in das nächste Kalenderjahr die dem Beschäftigungsverhältnis zugrunde liegenden urlaubsrechtlichen Regelungen Anwendung.

§ 126 Nachteilsausgleich.

(1) Die Vorschriften über Hilfen für behinderte Menschen zum Ausgleich behinderungsbedingter Nachteile oder Mehraufwendungen (Nachteilsausgleich) werden so gestaltet, dass sie unabhängig von der Ursache der Behinderung der Art oder Schwere der Behinderung Rechnung tragen.

(2) Nachteilsausgleiche, die auf Grund bisher geltender Rechtsvorschriften erfolgen, bleiben unberührt.

§ 127 Beschäftigung schwerbehinderter Menschen in Heimarbeit.

(1) Schwerbehinderte Menschen, die in Heimarbeit beschäftigt oder diesen gleichgestellt sind (§ 1 Abs. 1 und 2 des Heimarbeitsgesetzes[1])) und in der Hauptsache für den gleichen Auftraggeber arbeiten, werden auf die Arbeitsplätze für schwerbehinderte Menschen dieses Auftraggebers angerechnet.

(2) [1] Für in Heimarbeit beschäftigte und diesen gleichgestellte schwerbehinderte Menschen wird die in § 29 Abs. 2 des Heimarbeitsgesetzes festgelegte Kündigungsfrist von zwei Wochen auf vier Wochen erhöht; die Vorschrift des § 29 Abs. 7 des Heimarbeitsgesetzes ist sinngemäß anzuwenden. [2] Der besondere Kündigungsschutz schwerbehinderter Menschen im Sinne des Kapitels 4 gilt auch für die in Satz 1 genannten Personen.

(3) [1] Die Bezahlung des zusätzlichen Urlaubs der in Heimarbeit beschäftigten oder diesen gleichgestellten schwerbehinderten Menschen erfolgt nach den für die Bezahlung ihres sonstigen Urlaubs geltenden Berechnungsgrundsätzen. [2] Sofern eine besondere Regelung nicht besteht, erhalten die schwerbehinderten Menschen als zusätzliches Urlaubsgeld 2 Prozent des in der Zeit vom 1. Mai des vergangenen bis zum 30. April des laufenden Jahres verdienten Arbeitsentgelts ausschließlich der Unkostenzuschläge.

(4) [1] Schwerbehinderte Menschen, die als fremde Hilfskräfte eines Hausgewerbetreibenden oder eines Gleichgestellten beschäftigt werden (§ 2 Abs. 6 des Heimarbeitsgesetzes[1])) können auf Antrag eines Auftraggebers auch auf dessen Pflichtarbeitsplätze für schwerbehinderte Menschen angerechnet werden, wenn der Arbeitgeber in der Hauptsache für diesen Auftraggeber arbeitet. [2] Wird einem schwerbehinderten Menschen im Sinne des Satzes 1, dessen Anrechnung die Bundesagentur für Arbeit zugelassen hat, durch seinen Arbeitgeber gekündigt, weil der Auftraggeber die Zuteilung von Arbeit eingestellt oder die regelmäßige Arbeitsmenge erheblich herabgesetzt hat, erstattet der Auftraggeber dem Arbeitgeber die Aufwendungen für die Zahlung des regelmäßigen Arbeitsverdienstes an den schwerbehinderten Menschen bis zur rechtmäßigen Beendigung seines Arbeitsverhältnisses.

(5) Werden fremde Hilfskräfte eines Hausgewerbetreibenden oder eines Gleichgestellten (§ 2 Abs. 6 des Heimarbeitsgesetzes[1])) einem Auftraggeber gemäß Absatz 4 auf seine Arbeitsplätze für schwerbehinderte Menschen angerechnet, erstattet der Auftraggeber dem Arbeitgeber die nach Absatz 3 entstehenden Aufwendungen.

(6) Die den Arbeitgeber nach § 80 Abs. 1 und 5 treffenden Verpflichtungen gelten auch für Personen, die Heimarbeit ausgeben.

---

[1]) Nr. **60**.

§ 128 Schwerbehinderte Beamte und Beamtinnen, Richter und Richterinnen, Soldaten und Soldatinnen. (1) Die besonderen Vorschriften und Grundsätze für die Besetzung der Beamtenstellen sind unbeschadet der Geltung des Teils 2 auch für schwerbehinderte Beamte und Beamtinnen so zu gestalten, dass die Einstellung und Beschäftigung schwerbehinderter Menschen gefördert und ein angemessener Anteil schwerbehinderter Menschen unter den Beamten und Beamtinnen erreicht wird.

(2) *(aufgehoben)*

(3) Die Vorschriften des Absatzes 1 finden auf Richter und Richterinnen entsprechende Anwendung.

(4) ¹Für die persönliche Rechtsstellung schwerbehinderter Soldaten und Soldatinnen gelten § 2 Abs. 1 und 2, §§ 69, 93 bis 99, 116 Abs. 1 sowie §§ 123, 125, 126 und 145 bis 147. ²Im Übrigen gelten für Soldaten und Soldatinnen die Vorschriften über die persönliche Rechtsstellung der schwerbehinderten Menschen, soweit sie mit den Besonderheiten des Dienstverhältnisses vereinbar sind.

§ 129 Unabhängige Tätigkeit. Soweit zur Ausübung einer unabhängigen Tätigkeit eine Zulassung erforderlich ist, soll schwerbehinderten Menschen, die eine Zulassung beantragen, bei fachlicher Eignung und Erfüllung der sonstigen gesetzlichen Voraussetzungen die Zulassung bevorzugt erteilt werden.

§ 130 Geheimhaltungspflicht. (1) Die Beschäftigten der Integrationsämter, der Bundesagentur für Arbeit, der Rehabilitationsträger einschließlich ihrer Beschäftigten in gemeinsamen Servicestellen sowie die von diesen Stellen beauftragten Integrationsfachdienste und die Mitglieder der Ausschüsse und des Beirates für die Teilhabe behinderter Menschen (§ 64) und ihre Stellvertreter oder Stellvertreterinnen sowie zur Durchführung ihrer Aufgaben hinzugezogene Sachverständige sind verpflichtet,

1. über ihnen wegen ihres Amtes oder Auftrages bekannt gewordene persönliche Verhältnisse und Angelegenheiten von Beschäftigten auf Arbeitsplätzen für schwerbehinderte Menschen, die ihrer Bedeutung oder ihrem Inhalt nach einer vertraulichen Behandlung bedürfen, Stillschweigen zu bewahren, und

2. ihnen wegen ihres Amtes oder Auftrages bekannt gewordene und vom Arbeitgeber ausdrücklich als geheimhaltungsbedürftig bezeichnete Betriebs- oder Geschäftsgeheimnisse nicht zu offenbaren und nicht zu verwerten.

(2) ¹Diese Pflichten gelten auch nach dem Ausscheiden aus dem Amt oder nach Beendigung des Auftrages. ²Sie gelten nicht gegenüber der Bundesagentur für Arbeit, den Integrationsämtern und den Rehabilitationsträgern, soweit deren Aufgaben gegenüber schwerbehinderten Menschen es erfordern, gegenüber der Schwerbehindertenvertretung sowie gegenüber den in § 79 Abs. 1 des Betriebsverfassungsgesetzes[1)] und den in den entsprechenden Vorschriften des Personalvertretungsrechts genannten Vertretungen, Personen und Stellen.

§ 131 Statistik. (1) ¹Über schwerbehinderte Menschen wird alle zwei Jahre eine Bundesstatistik durchgeführt. ²Sie umfasst folgende Tatbestände:

[1)] Nr. 81.

1. die Zahl der schwerbehinderten Menschen mit gültigem Ausweis,
2. persönliche Merkmale schwerbehinderter Menschen wie Alter, Geschlecht, Staatsangehörigkeit, Wohnort,
3. Art, Ursache und Grad der Behinderung.

(2) ¹Für die Erhebung besteht Auskunftspflicht. ²Auskunftspflichtig sind die nach § 69 Abs. 1 und 5 zuständigen Behörden.

Kapitel 11. Integrationsprojekte

§ 132 Begriff und Personenkreis. (1) Integrationsprojekte sind rechtlich und wirtschaftlich selbständige Unternehmen (Integrationsunternehmen) oder unternehmensinterne oder von öffentlichen Arbeitgebern im Sinne des § 71 Abs. 3 geführte Betriebe (Integrationsbetriebe) oder Abteilungen (Integrationsabteilungen) zur Beschäftigung schwerbehinderter Menschen auf dem allgemeinen Arbeitsmarkt, deren Teilhabe an einer sonstigen Beschäftigung auf dem allgemeinen Arbeitsmarkt auf Grund von Art oder Schwere der Behinderung oder wegen sonstiger Umstände voraussichtlich trotz Ausschöpfens aller Fördermöglichkeiten und des Einsatzes von Integrationsfachdiensten auf besondere Schwierigkeiten stößt.

(2) Schwerbehinderte Menschen nach Absatz 1 sind insbesondere
1. schwerbehinderte Menschen mit geistiger oder seelischer Behinderung oder mit einer schweren Körper-, Sinnes- oder Mehrfachbehinderung, die sich im Arbeitsleben besonders nachteilig auswirkt und allein oder zusammen mit weiteren vermittlungshemmenden Umständen die Teilhabe am allgemeinen Arbeitsmarkt außerhalb eines Integrationsprojekts erschwert oder verhindert,
2. schwerbehinderte Menschen, die nach zielgerichteter Vorbereitung in einer Werkstatt für behinderte Menschen oder in einer psychiatrischen Einrichtung für den Übergang in einen Betrieb oder eine Dienststelle auf dem allgemeinen Arbeitsmarkt in Betracht kommen und auf diesen Übergang vorbereitet werden sollen, sowie
3. schwerbehinderte Menschen nach Beendigung einer schulischen Bildung, die nur dann Aussicht auf eine Beschäftigung auf dem allgemeinen Arbeitsmarkt haben, wenn sie zuvor in einem Integrationsprojekt an berufsvorbereitenden Bildungsmaßnahmen teilnehmen und dort beschäftigt und weiterqualifiziert werden.

(3) ¹Integrationsunternehmen beschäftigen mindestens 25 Prozent schwerbehinderte Menschen im Sinne von Absatz 1. ²Der Anteil der schwerbehinderten Menschen soll in der Regel 50 Prozent nicht übersteigen.

§ 133 Aufgaben. Die Integrationsprojekte bieten den schwerbehinderten Menschen Beschäftigung und arbeitsbegleitende Betreuung an, soweit erforderlich auch Maßnahmen der beruflichen Weiterbildung oder Gelegenheit zur Teilnahme an entsprechenden außerbetrieblichen Maßnahmen und Unterstützung bei der Vermittlung in eine sonstige Beschäftigung in einem Betrieb oder einer Dienststelle auf dem allgemeinen Arbeitsmarkt sowie geeignete Maßnahmen zur Vorbereitung auf eine Beschäftigung in einem Integrationsprojekt.

§ 134 Finanzielle Leistungen. Integrationsprojekte können aus Mitteln der Ausgleichsabgabe Leistungen für Aufbau, Erweiterung, Modernisierung und Ausstattung einschließlich einer betriebswirtschaftlichen Beratung und für besonderen Aufwand erhalten.

§ 135 Verordnungsermächtigung. Das Bundesministerium für Arbeit und Soziales wird ermächtigt, durch Rechtsverordnung mit Zustimmung des Bundesrates das Nähere über den Begriff und die Aufgaben der Integrationsprojekte, die für sie geltenden fachlichen Anforderungen, die Aufnahmevoraussetzungen und die finanziellen Leistungen zu regeln.

Kapitel 12. Werkstätten für behinderte Menschen

§ 136 Begriff und Aufgaben der Werkstatt für behinderte Menschen. (1) [1]Die Werkstatt für behinderte Menschen ist eine Einrichtung zur Teilhabe behinderter Menschen am Arbeitsleben im Sinne des Kapitels 5 des Teils 1 und zur Eingliederung in das Arbeitsleben. [2]Sie hat denjenigen behinderten Menschen, die wegen Art oder Schwere der Behinderung nicht, noch nicht oder noch nicht wieder auf dem allgemeinen Arbeitsmarkt beschäftigt werden können,
1. eine angemessene berufliche Bildung und eine Beschäftigung zu einem ihrer Leistung angemessenen Arbeitsentgelt aus dem Arbeitsergebnis anzubieten und
2. zu ermöglichen, ihre Leistungs- oder Erwerbsfähigkeit zu erhalten, zu entwickeln, zu erhöhen oder wiederzugewinnen und dabei ihre Persönlichkeit weiterzuentwickeln.

[3]Sie fördert den Übergang geeigneter Personen auf den allgemeinen Arbeitsmarkt durch geeignete Maßnahmen. [4]Sie verfügt über ein möglichst breites Angebot an Berufsbildungs- und Arbeitsplätzen sowie über qualifiziertes Personal und einen begleitenden Dienst.

(2) [1]Die Werkstatt steht allen behinderten Menschen im Sinne des Absatzes 1 unabhängig von Art oder Schwere der Behinderung offen, sofern erwartet werden kann, dass sie spätestens nach Teilnahme an Maßnahmen im Berufsbildungsbereich wenigstens ein Mindestmaß wirtschaftlich verwertbarer Arbeitsleistung erbringen werden. [2]Dies ist nicht der Fall bei behinderten Menschen, bei denen trotz einer der Behinderung angemessenen Betreuung eine erhebliche Selbst- oder Fremdgefährdung zu erwarten ist oder das Ausmaß der erforderlichen Betreuung und Pflege die Teilnahme an Maßnahmen im Berufsbildungsbereich oder sonstige Umstände ein Mindestmaß wirtschaftlich verwertbarer Arbeitsleistung im Arbeitsbereich dauerhaft nicht zulassen.

(3) Behinderte Menschen, die die Voraussetzungen für eine Beschäftigung in einer Werkstatt nicht erfüllen, sollen in Einrichtungen oder Gruppen betreut und gefördert werden, die der Werkstatt angegliedert sind.

§ 137 Aufnahme in die Werkstätten für behinderte Menschen.
(1) [1]Anerkannte Werkstätten nehmen diejenigen behinderten Menschen aus ihrem Einzugsgebiet auf, die die Aufnahmevoraussetzungen gemäß § 136 Abs. 2 erfüllen, wenn Leistungen durch die Rehabilitationsträger gewährleistet sind; die Möglichkeit zur Aufnahme in eine andere anerkannte Werkstatt

nach Maßgabe des § 9 des Zwölften Buches oder entsprechender Regelungen bleibt unberührt. ²Die Aufnahme erfolgt unabhängig von
1. der Ursache der Behinderung,
2. der Art der Behinderung, wenn in dem Einzugsgebiet keine besondere Werkstatt für behinderte Menschen für diese Behinderungsart vorhanden ist, und
3. der Schwere der Behinderung, der Minderung der Leistungsfähigkeit und einem besonderen Bedarf an Förderung, begleitender Betreuung oder Pflege.

(2) Behinderte Menschen werden in der Werkstatt beschäftigt, solange die Aufnahmevoraussetzungen nach Absatz 1 vorliegen.

§ 138 Rechtsstellung und Arbeitsentgelt behinderter Menschen.

(1) Behinderte Menschen im Arbeitsbereich anerkannter Werkstätten stehen, wenn sie nicht Arbeitnehmer sind, zu den Werkstätten in einem arbeitnehmerähnlichen Rechtsverhältnis, soweit sich aus dem zugrunde liegenden Sozialleistungsverhältnis nichts anderes ergibt.

(2) ¹Die Werkstätten zahlen aus ihrem Arbeitsergebnis an die im Arbeitsbereich beschäftigten behinderten Menschen ein Arbeitsentgelt, das sich aus einem Grundbetrag in Höhe des Ausbildungsgeldes, das die Bundesagentur für Arbeit nach den für sie geltenden Vorschriften behinderten Menschen im Berufsbildungsbereich zuletzt leistet, und einem leistungsangemessenen Steigerungsbetrag zusammensetzt. ²Der Steigerungsbetrag bemisst sich nach der individuellen Arbeitsleistung der behinderten Menschen, insbesondere unter Berücksichtigung von Arbeitsmenge und Arbeitsgüte.

(3) Der Inhalt des arbeitnehmerähnlichen Rechtsverhältnisses wird unter Berücksichtigung des zwischen den behinderten Menschen und dem Rehabilitationsträger bestehenden Sozialleistungsverhältnisses durch Werkstattverträge zwischen den behinderten Menschen und dem Träger der Werkstatt näher geregelt.

(4) Hinsichtlich der Rechtsstellung der Teilnehmer an Maßnahmen im Eingangsverfahren und im Berufsbildungsbereich gilt § 36 entsprechend.

(5) Ist ein volljähriger behinderter Mensch gemäß Absatz 1 in den Arbeitsbereich einer anerkannten Werkstatt für behinderte Menschen im Sinne des § 136 aufgenommen worden und war er zu diesem Zeitpunkt geschäftsunfähig, so gilt der von ihm geschlossene Werkstattvertrag in Ansehung einer bereits bewirkten Leistung und deren Gegenleistung, soweit diese in einem angemessenen Verhältnis zueinander stehen, als wirksam.

(6) War der volljährige behinderte Mensch bei Abschluss eines Werkstattvertrages geschäftsunfähig, so kann der Träger einer Werkstatt das Werkstattverhältnis nur unter den Voraussetzungen für gelöst erklären, unter denen ein wirksamer Vertrag seitens des Trägers einer Werkstatt gekündigt werden kann.

(7) Die Lösungserklärung durch den Träger einer Werkstatt bedarf der schriftlichen Form und ist zu begründen.

§ 139 Mitwirkung. (1) ¹Die in § 138 Abs. 1 genannten behinderten Menschen wirken unabhängig von ihrer Geschäftsfähigkeit durch Werkstatträte in

den ihre Interessen berührenden Angelegenheiten der Werkstatt mit. ²Die Werkstatträte berücksichtigen die Interessen der im Eingangsverfahren und im Berufsbildungsbereich der Werkstätten tätigen behinderten Menschen in angemessener und geeigneter Weise, solange für diese eine Vertretung nach § 36 nicht besteht.

(2) Ein Werkstattrat wird in Werkstätten gewählt; er setzt sich aus mindestens drei Mitgliedern zusammen.

(3) Wahlberechtigt zum Werkstattrat sind alle in § 138 Abs. 1 genannten behinderten Menschen; von ihnen sind die behinderten Menschen wählbar, die am Wahltag seit mindestens sechs Monaten in der Werkstatt beschäftigt sind.

(4) ¹Die Werkstätten für behinderte Menschen unterrichten die Personen, die behinderte Menschen gesetzlich vertreten oder mit ihrer Betreuung beauftragt sind, einmal im Kalenderjahr in einer Eltern- und Betreuerversammlung in angemessener Weise über die Angelegenheiten der Werkstatt, auf die sich die Mitwirkung erstreckt, und hören sie dazu an. ²In den Werkstätten kann im Einvernehmen mit dem Träger der Werkstatt ein Eltern- und Betreuerbeirat errichtet werden, der die Werkstatt und den Werkstattrat bei ihrer Arbeit berät und durch Vorschläge und Stellungnahmen unterstützt.

§ 140 Anrechnung von Aufträgen auf die Ausgleichsabgabe. (1) ¹Arbeitgeber, die durch Aufträge an anerkannte Werkstätten für behinderte Menschen zur Beschäftigung behinderter Menschen beitragen, können 50 vom Hundert des auf die Arbeitsleistung der Werkstatt entfallenden Rechnungsbetrages solcher Aufträge (Gesamtrechnungsbetrag abzüglich Materialkosten) auf die Ausgleichsabgabe anrechnen. ²Dabei wird die Arbeitsleistung des Fachpersonals zur Arbeits- und Berufsförderung berücksichtigt, nicht hingegen die Arbeitsleistung sonstiger nichtbehinderter Arbeitnehmerinnen und Arbeitnehmer. ³Bei Weiterveräußerung von Erzeugnissen anderer anerkannter Werkstätten für behinderte Menschen wird die von diesen erbrachte Arbeitsleistung berücksichtigt. ⁴Die Werkstätten bestätigen das Vorliegen der Anrechnungsvoraussetzungen in der Rechnung.

(2) Voraussetzung für die Anrechnung ist, dass
1. die Aufträge innerhalb des Jahres, in dem die Verpflichtung zur Zahlung der Ausgleichsabgabe entsteht, von der Werkstatt für behinderte Menschen ausgeführt und vom Auftraggeber bis spätestens 31. März des Folgejahres vergütet werden und
2. es sich nicht um Aufträge handelt, die Träger einer Gesamteinrichtung an Werkstätten für behinderte Menschen vergeben, die rechtlich unselbständige Teile dieser Einrichtung sind.

(3) Bei der Vergabe von Aufträgen an Zusammenschlüsse anerkannter Werkstätten für behinderte Menschen gilt Absatz 2 entsprechend.

§ 141 Vergabe von Aufträgen durch die öffentliche Hand. ¹Aufträge der öffentlichen Hand, die von anerkannten Werkstätten für behinderte Menschen ausgeführt werden können, werden bevorzugt diesen Werkstätten angeboten. ²Die Bundesregierung erlässt mit Zustimmung des Bundesrates hierzu allgemeine Verwaltungsvorschriften.

§ 142 Anerkennungsverfahren. ¹Werkstätten für behinderte Menschen, die eine Vergünstigung im Sinne dieses Kapitels in Anspruch nehmen wollen, bedürfen der Anerkennung. ²Die Entscheidung über die Anerkennung trifft auf Antrag die Bundesagentur für Arbeit im Einvernehmen mit dem überörtlichen Träger der Sozialhilfe. ³Die Bundesagentur für Arbeit führt ein Verzeichnis der anerkannten Werkstätten für behinderte Menschen. ⁴In dieses Verzeichnis werden auch Zusammenschlüsse anerkannter Werkstätten für behinderte Menschen aufgenommen.

§ 143 Blindenwerkstätten. Die §§ 140 und 141 sind auch zugunsten von auf Grund des Blindenwarenvertriebsgesetzes anerkannten Blindenwerkstätten anzuwenden.

§ 144 Verordnungsermächtigungen. (1) Die Bundesregierung bestimmt durch Rechtsverordnung mit Zustimmung des Bundesrates das Nähere über den Begriff und die Aufgaben der Werkstatt für behinderte Menschen, die Aufnahmevoraussetzungen, die fachlichen Anforderungen, insbesondere hinsichtlich der Wirtschaftsführung sowie des Begriffs und der Verwendung des Arbeitsergebnisses sowie das Verfahren zur Anerkennung als Werkstatt für behinderte Menschen.

(2) ¹Das Bundesministerium für Arbeit und Soziales bestimmt durch Rechtsverordnung mit Zustimmung des Bundesrates im Einzelnen die Errichtung, Zusammensetzung und Aufgaben des Werkstattrats, die Fragen, auf die sich die Mitwirkung erstreckt, einschließlich Art und Umfang der Mitwirkung, die Vorbereitung und Durchführung der Wahl, einschließlich der Wahlberechtigung und der Wählbarkeit, die Amtszeit sowie die Geschäftsführung des Werkstattrats einschließlich des Erlasses einer Geschäftsordnung und der persönlichen Rechte und Pflichten der Mitglieder des Werkstattrats und der Kostentragung. ²Die Rechtsverordnung kann darüber hinaus bestimmen, dass die in ihr getroffenen Regelungen keine Anwendung auf Religionsgemeinschaften und ihre Einrichtungen finden, soweit sie eigene gleichwertige Regelungen getroffen haben.

Kapitel 14. Straf-, Bußgeld- und Schlussvorschriften

§ 155 Strafvorschriften. (1) Wer unbefugt ein fremdes Geheimnis, namentlich ein zum persönlichen Lebensbereich gehörendes Geheimnis oder ein Betriebs- oder Geschäftsgeheimnis, offenbart, das ihm als Vertrauensperson schwerbehinderter Menschen anvertraut worden oder sonst bekannt geworden ist, wird mit Freiheitsstrafe bis zu einem Jahr oder mit Geldstrafe bestraft.

(2) ¹Handelt der Täter gegen Entgelt oder in der Absicht, sich oder einen anderen zu bereichern oder einen anderen zu schädigen, so ist die Strafe Freiheitsstrafe bis zu zwei Jahren oder Geldstrafe. ²Ebenso wird bestraft, wer unbefugt ein fremdes Geheimnis, namentlich ein Betriebs- oder Geschäftsgeheimnis, zu dessen Geheimhaltung er nach Absatz 1 verpflichtet ist, verwertet.

(3) Die Tat wird nur auf Antrag verfolgt.

§ 156 Bußgeldvorschriften. (1) Ordnungswidrig handelt, wer vorsätzlich oder fahrlässig
1. entgegen § 71 Abs. 1 Satz 1, auch in Verbindung mit einer Rechtsverordnung nach § 79 Nr. 1, oder § 71 Abs. 1 Satz 3 schwerbehinderte Menschen nicht beschäftigt,
2. entgegen § 80 Abs. 1 ein Verzeichnis nicht, nicht richtig, nicht vollständig oder nicht in der vorgeschriebenen Weise führt oder nicht oder nicht rechtzeitig vorlegt,
3. entgegen § 80 Abs. 2 Satz 1 oder Abs. 4 eine Anzeige nicht, nicht richtig, nicht vollständig, nicht in der vorgeschriebenen Weise oder nicht rechtzeitig erstattet,
4. entgegen § 80 Abs. 5 eine Auskunft nicht, nicht richtig, nicht vollständig oder nicht rechtzeitig erteilt,
5. entgegen § 80 Abs. 7 Einblick in den Betrieb oder die Dienststelle nicht oder nicht rechtzeitig gibt,
6. entgegen § 80 Abs. 8 eine dort bezeichnete Person nicht oder nicht rechtzeitig benennt,
7. entgegen § 81 Abs. 1 Satz 4 oder 9 eine dort bezeichnete Vertretung oder einen Beteiligten nicht, nicht richtig, nicht vollständig oder nicht rechtzeitig unterrichtet,
8. entgegen § 81 Abs. 1 Satz 7 eine Entscheidung nicht erörtert, oder
9. entgegen § 95 Abs. 2 Satz 1 die Schwerbehindertenvertretung nicht, nicht richtig, nicht vollständig oder nicht rechtzeitig unterrichtet oder nicht oder nicht rechtzeitig hört.

(2) Die Ordnungswidrigkeit kann mit einer Geldbuße bis zu 10 000 Euro geahndet werden.

(3) Verwaltungsbehörde im Sinne des § 36 Abs. 1 Nr. 1 des Gesetzes über Ordnungswidrigkeiten ist die Bundesagentur für Arbeit.

(4) § 66 des Zehnten Buches gilt entsprechend.

(5) [1]Die Geldbuße ist an das Integrationsamt abzuführen. [2]Für ihre Verwendung gilt § 77 Abs. 5.

§ 157 Stadtstaatenklausel. (1) [1]Der Senat der Freien und Hansestadt Hamburg wird ermächtigt, die Schwerbehindertenvertretung für Angelegenheiten, die mehrere oder alle Dienststellen betreffen, in der Weise zu regeln, dass die Schwerbehindertenvertretungen aller Dienststellen eine Gesamtschwerbehindertenvertretung wählen. [2]Für die Wahl gilt § 94 Abs. 2, 3, 6 und 7 entsprechend.

(2) § 97 Abs. 6 Satz 1 gilt entsprechend.

§ 158 Sonderregelung für den Bundesnachrichtendienst. Für den Bundesnachrichtendienst gilt dieses Gesetz mit folgenden Abweichungen:
1. Der Bundesnachrichtendienst gilt vorbehaltlich der Nummer 3 als einheitliche Dienststelle.
2. Für den Bundesnachrichtendienst gelten die Pflichten zur Vorlage des nach § 80 Abs. 1 zu führenden Verzeichnisses, zur Anzeige nach § 80 Abs. 2 und zur Gewährung von Einblick nach § 80 Abs. 7 nicht. Die Anzeige-

pflicht nach § 90 Abs. 3 gilt nur für die Beendigung von Probearbeitsverhältnissen.
3. Als Dienststelle im Sinne des Kapitels 5 gelten auch Teile und Stellen des Bundesnachrichtendienstes, die nicht zu seiner Zentrale gehören. § 94 Abs. 1 Satz 4 und 5 sowie § 97 sind nicht anzuwenden. In den Fällen des § 97 Abs. 6 ist die Schwerbehindertenvertretung der Zentrale des Bundesnachrichtendienstes zuständig. Im Falle des § 94 Abs. 6 Satz 4 lädt der Leiter oder die Leiterin der Dienststelle ein. Die Schwerbehindertenvertretung ist in den Fällen nicht zu beteiligen, in denen die Beteiligung der Personalvertretung nach dem Bundespersonalvertretungsgesetz ausgeschlossen ist. Der Leiter oder die Leiterin des Bundesnachrichtendienstes kann anordnen, dass die Schwerbehindertenvertretung nicht zu beteiligen ist, Unterlagen nicht vorgelegt oder Auskünfte nicht erteilt werden dürfen, wenn und soweit dies aus besonderen nachrichtendienstlichen Gründen geboten ist. Die Rechte und Pflichten der Schwerbehindertenvertretung ruhen, wenn die Rechte und Pflichten der Personalvertretung ruhen. § 96 Abs. 7 Satz 3 ist nach Maßgabe der Sicherheitsbestimmungen des Bundesnachrichtendienstes anzuwenden. § 99 Abs. 2 gilt nur für die in § 99 Abs. 1 genannten Personen und Vertretungen der Zentrale des Bundesnachrichtendienstes.
4. Im Widerspruchsausschuss bei dem Integrationsamt (§ 119) und *die Widerspruchsausschüsse bei der Bundesagentur für Arbeit*[1] (§ 120) treten in Angelegenheiten schwerbehinderter Menschen, die beim Bundesnachrichtendienst beschäftigt sind, an die Stelle der Mitglieder, die Arbeitnehmer oder Arbeitnehmerinnen und Arbeitgeber sind (§ 119 Abs. 1 und § 120 Abs. 1), Angehörige des Bundesnachrichtendienstes, an die Stelle der Schwerbehindertenvertretung die Schwerbehindertenvertretung der Zentrale des Bundesnachrichtendienstes. Sie werden dem Integrationsamt und der Bundesagentur für Arbeit vom Leiter oder der Leiterin des Bundesnachrichtendienstes benannt. Die Mitglieder der Ausschüsse müssen nach den dafür geltenden Bestimmungen ermächtigt sein, Kenntnis von Verschlusssachen des in Betracht kommenden Geheimhaltungsgrades zu erhalten.
5. Über Rechtsstreitigkeiten, die auf Grund dieses Buches im Geschäftsbereich des Bundesnachrichtendienstes entstehen, entscheidet im ersten und letzten Rechtszug der oberste Gerichtshof des zuständigen Gerichtszweiges.

§ 159 Übergangsregelung. (1) Abweichend von § 71 Abs. 1 beträgt die Pflichtquote für die in § 71 Abs. 3 Nr. 1 und 4 genannten öffentlichen Arbeitgeber des Bundes weiterhin 6 Prozent, wenn sie am 31. Oktober 1999 auf mindestens 6 Prozent der Arbeitsplätze schwerbehinderte Menschen beschäftigt hatten.

(2) Auf Leistungen nach § 33 Abs. 2 des Schwerbehindertengesetzes in Verbindung mit dem Ersten Abschnitt der Schwerbehinderten-Ausgleichsabgabeverordnung jeweils in der bis zum 30. September 2000 geltenden Fassung sind die zu diesem Zeitpunkt geltenden Rechtsvorschriften weiter anzuwenden, wenn die Entscheidung über die beantragten Leistungen vor dem 1. Oktober 2000 getroffen worden ist.

(3) Eine auf Grund des Schwerbehindertengesetzes getroffene bindende Feststellung über das Vorliegen einer Behinderung, eines Grades der Behin-

---

[1] Richtig wohl: „in den Widerspruchsausschüssen bei der Bundesagentur für Arbeit".

derung und das Vorliegen weiterer gesundheitlicher Merkmale gelten als Feststellungen nach diesem Buch.

(4) Die nach § 56 Abs. 2 des Schwerbehindertengesetzes erlassenen allgemeinen Richtlinien sind bis zum Erlass von allgemeinen Verwaltungsvorschriften nach § 141 weiter anzuwenden.

(5) § 17 Abs. 2 Satz 1 ist vom 1. Januar 2008 an mit der Maßgabe anzuwenden, dass auf Antrag Leistungen durch ein Persönliches Budget ausgeführt werden.

(6) Auf Erstattungen nach Teil 2 Kapitel 13 ist § 148 für bis zum 31. Dezember 2004 entstandene Fahrgeldausfälle in der bis zu diesem Zeitpunkt geltenden Fassung anzuwenden.

§ 159 a Übergangsvorschrift zum Dritten Gesetz für moderne Dienstleistungen am Arbeitsmarkt. § 73 Abs. 2 Nr. 4 ist in der bis zum 31. Dezember 2003 geltenden Fassung weiter anzuwenden, solange Personen an Strukturanpassungsmaßnahmen nach dem Dritten Buch teilnehmen.

§ 160 Überprüfungsregelung. (1) Die Bundesregierung berichtet den gesetzgebenden Körperschaften des Bundes bis zum 30. Juni 2005 über die Situation behinderter und schwerbehinderter Frauen und Männer auf dem Ausbildungsstellenmarkt und schlägt die danach zu treffenden Maßnahmen vor.

(2) [1]Sie berichtet den gesetzgebenden Körperschaften des Bundes bis zum 30. Juni 2007 über die Wirkungen der Instrumente zur Sicherung von Beschäftigung und zur betrieblichen Prävention. [2]Dabei wird auch die Höhe der Beschäftigungspflichtquote überprüft.

48. Zehntes Buch Sozialgesetzbuch
– Sozialverwaltungsverfahren und Sozialdatenschutz –
(SGB X)

In der Fassung der Bekanntmachung vom 18. Januar 2001[1]
(BGBl. I S. 130)

FNA 860-10-1

zuletzt geänd. durch Art. 26 JahressteuerG 2008 v. 20. 12. 2007 (BGBl. I S. 3150)

– Auszug[2] –

Drittes Kapitel. Zusammenarbeit der Leistungsträger und ihre Beziehungen zu Dritten

Dritter Abschnitt. Erstattungs- und Ersatzansprüche der Leistungsträger gegen Dritte

§ 115 Ansprüche gegen den Arbeitgeber. (1) Soweit der Arbeitgeber den Anspruch des Arbeitnehmers auf Arbeitsentgelt nicht erfüllt und deshalb ein Leistungsträger Sozialleistungen erbracht hat, geht der Anspruch des Arbeitnehmers gegen den Arbeitgeber auf den Leistungsträger bis zur Höhe der erbrachten Sozialleistungen über.

(2) Der Übergang wird nicht dadurch ausgeschlossen, dass der Anspruch nicht übertragen, verpfändet oder gepfändet werden kann.

(3) An Stelle der Ansprüche des Arbeitnehmers auf Sachbezüge tritt im Fall des Absatzes 1 der Anspruch auf Geld; die Höhe bestimmt sich nach den nach § 17 Abs. 1 Satz 1 Nr. 3 des Vierten Buches[3] festgelegten Werten der Sachbezüge.

---

[1] Neubekanntmachung des SGB X v. 18. 8. 1980 (BGBl. I S. 1469, 2218) in der ab 1. 1. 2001 geltenden Fassung.
[2] Vollständig abgedruckt in **Sozialgesetzbuch** (dtv 5024) Nr. **10**.
[3] Nr. **43**.

V. Technischer und sozialer Arbeitsschutz

51. Gesetz über die Durchführung von Maßnahmen des Arbeitsschutzes zur Verbesserung der Sicherheit und des Gesundheitsschutzes der Beschäftigten bei der Arbeit (Arbeitsschutzgesetz – ArbSchG)[1]

Vom 7. August 1996
(BGBl. I S. 1246)

FNA 805-3

zuletzt geänd. durch § 62 Abs. 16 BeamtenstatusG v. 17. 6. 2008 (BGBl. I S. 1010)

Erster Abschnitt. Allgemeine Vorschriften

§ 1 Zielsetzung und Anwendungsbereich. (1) [1]Dieses Gesetz dient dazu, Sicherheit und Gesundheitsschutz der Beschäftigten bei der Arbeit durch Maßnahmen des Arbeitsschutzes zu sichern und zu verbessern. [2]Es gilt in allen Tätigkeitsbereichen und findet im Rahmen der Vorgaben des Seerechtsübereinkommens der Vereinten Nationen vom 10. Dezember 1982 (BGBl. 1994 II S. 1799) auch in der ausschließlichen Wirtschaftszone Anwendung.

(2) [1]Dieses Gesetz gilt nicht für den Arbeitsschutz von Hausangestellten in privaten Haushalten. [2]Es gilt nicht für den Arbeitsschutz von Beschäftigten auf Seeschiffen und in Betrieben, die dem Bundesberggesetz unterliegen, soweit dafür entsprechende Rechtsvorschriften bestehen.

(3) [1]Pflichten, die die Arbeitgeber zur Gewährleistung von Sicherheit und Gesundheitsschutz der Beschäftigten bei der Arbeit nach sonstigen Rechtsvorschriften haben, bleiben unberührt. [2]Satz 1 gilt entsprechend für Pflichten und Rechte der Beschäftigten. [3]Unberührt bleiben Gesetze, die andere Personen als Arbeitgeber zu Maßnahmen des Arbeitsschutzes verpflichten.

(4) Bei öffentlich-rechtlichen Religionsgemeinschaften treten an die Stelle der Betriebs- oder Personalräte die Mitarbeitervertretungen entsprechend dem kirchlichen Recht.

§ 2 Begriffsbestimmungen. (1) Maßnahmen des Arbeitsschutzes im Sinne dieses Gesetzes sind Maßnahmen zur Verhütung von Unfällen bei der Arbeit

---

[1] Verkündet als Art. 1 G zur Umsetzung der EG-Rahmenrichtlinie Arbeitsschutz und weiterer Arbeitsschutz-Richtlinien v. 7. 8. 1996 (BGBl. I S. 1246); Inkrafttreten gem. Art. 6 Satz 1 dieses G am 21. 8. 1996 mit Ausnahme des § 6 Abs. 1, der gem. Art. 6 Satz 2 am 21. 8. 1997 in Kraft getreten ist.
Dieses G dient der Umsetzung folgender EG-Richtlinien:
– Richtlinie 89/391/EWG **(EU-Arbeitsrecht (dtv 5751) Nr. 60)** des Rates vom 12. Juni 1989 über die Durchführung von Maßnahmen zur Verbesserung der Sicherheit und des Gesundheitsschutzes der Arbeitnehmer bei der Arbeit (ABl. EG Nr. L 183 S. 1) und
– Richtlinie 91/383/EWG **(EU-Arbeitsrecht (dtv 5751) Nr. 62)** des Rates vom 25. Juni 1991 zur Ergänzung der Maßnahmen zur Verbesserung der Sicherheit und des Gesundheitsschutzes von Arbeitnehmern mit befristetem Arbeitsverhältnis oder Leiharbeitsverhältnis (ABl. EG Nr. L 206 S. 19).

und arbeitsbedingten Gesundheitsgefahren einschließlich Maßnahmen der menschengerechten Gestaltung der Arbeit.

(2) Beschäftigte im Sinne dieses Gesetzes sind:
1. Arbeitnehmerinnen und Arbeitnehmer,
2. die zu ihrer Berufsbildung Beschäftigten,
3. arbeitnehmerähnliche Personen im Sinne des § 5 Abs. 1 des Arbeitsgerichtsgesetzes[1], ausgenommen die in Heimarbeit Beschäftigten und die ihnen Gleichgestellten,
4. Beamtinnen und Beamte,
5. Richterinnen und Richter,
6. Soldatinnen und Soldaten,
7. die in Werkstätten für Behinderte Beschäftigten.

(3) Arbeitgeber im Sinne dieses Gesetzes sind natürliche und juristische Personen und rechtsfähige Personengesellschaften, die Personen nach Absatz 2 beschäftigen.

(4) Sonstige Rechtsvorschriften im Sinne dieses Gesetzes sind Regelungen über Maßnahmen des Arbeitsschutzes in anderen Gesetzen, in Rechtsverordnungen und Unfallverhütungsvorschriften.

(5) ¹Als Betriebe im Sinne dieses Gesetzes gelten für den Bereich des öffentlichen Dienstes die Dienststellen. ²Dienststellen sind die einzelnen Behörden, Verwaltungsstellen und Betriebe der Verwaltungen des Bundes, der Länder, der Gemeinden und der sonstigen Körperschaften, Anstalten und Stiftungen des öffentlichen Rechts, die Gerichte des Bundes und der Länder sowie die entsprechenden Einrichtungen der Streitkräfte.

Zweiter Abschnitt. Pflichten des Arbeitgebers

§ 3 Grundpflichten des Arbeitgebers. (1) ¹Der Arbeitgeber ist verpflichtet, die erforderlichen Maßnahmen des Arbeitsschutzes unter Berücksichtigung der Umstände zu treffen, die Sicherheit und Gesundheit der Beschäftigten bei der Arbeit beeinflussen. ²Er hat die Maßnahmen auf ihre Wirksamkeit zu überprüfen und erforderlichenfalls sich ändernden Gegebenheiten anzupassen. ³Dabei hat er eine Verbesserung von Sicherheit und Gesundheitsschutz der Beschäftigten anzustreben.

(2) Zur Planung und Durchführung der Maßnahmen nach Absatz 1 hat der Arbeitgeber unter Berücksichtigung der Art der Tätigkeiten und der Zahl der Beschäftigten
1. für eine geeignete Organisation zu sorgen und die erforderlichen Mittel bereitzustellen sowie
2. Vorkehrungen zu treffen, daß die Maßnahmen erforderlichenfalls bei allen Tätigkeiten und eingebunden in die betrieblichen Führungsstrukturen beachtet werden und die Beschäftigten ihren Mitwirkungspflichten nachkommen können.

(3) Kosten für Maßnahmen nach diesem Gesetz darf der Arbeitgeber nicht den Beschäftigten auferlegen.

---

[1] Nr. **91**.

§ 4 Allgemeine Grundsätze. Der Arbeitgeber hat bei Maßnahmen des Arbeitsschutzes von folgenden allgemeinen Grundsätzen auszugehen:
1. Die Arbeit ist so zu gestalten, daß eine Gefährdung für Leben und Gesundheit möglichst vermieden und die verbleibende Gefährdung möglichst gering gehalten wird;
2. Gefahren sind an ihrer Quelle zu bekämpfen;
3. bei den Maßnahmen sind der Stand von Technik, Arbeitsmedizin und Hygiene sowie sonstige gesicherte arbeitswissenschaftliche Erkenntnisse zu berücksichtigen;
4. Maßnahmen sind mit dem Ziel zu planen, Technik, Arbeitsorganisation, sonstige Arbeitsbedingungen, soziale Beziehungen und Einfluß der Umwelt auf den Arbeitsplatz sachgerecht zu verknüpfen;
5. individuelle Schutzmaßnahmen sind nachrangig zu anderen Maßnahmen;
6. spezielle Gefahren für besonders schutzbedürftige Beschäftigtengruppen sind zu berücksichtigen;
7. den Beschäftigten sind geeignete Anweisungen zu erteilen;
8. mittelbar oder unmittelbar geschlechtsspezifisch wirkende Regelungen sind nur zulässig, wenn dies aus biologischen Gründen zwingend geboten ist.

§ 5 Beurteilung der Arbeitsbedingungen. (1) Der Arbeitgeber hat durch eine Beurteilung der für die Beschäftigten mit ihrer Arbeit verbundenen Gefährdung zu ermitteln, welche Maßnahmen des Arbeitsschutzes erforderlich sind.

(2) ¹Der Arbeitgeber hat die Beurteilung je nach Art der Tätigkeiten vorzunehmen. ²Bei gleichartigen Arbeitsbedingungen ist die Beurteilung eines Arbeitsplatzes oder einer Tätigkeit ausreichend.

(3) Eine Gefährdung kann sich insbesondere ergeben durch
1. die Gestaltung und die Einrichtung der Arbeitsstätte und des Arbeitsplatzes,
2. physikalische, chemische und biologische Einwirkungen,
3. die Gestaltung, die Auswahl und den Einsatz von Arbeitsmitteln, insbesondere von Arbeitsstoffen, Maschinen, Geräten und Anlagen sowie den Umgang damit,
4. die Gestaltung von Arbeits- und Fertigungsverfahren, Arbeitsabläufen und Arbeitszeit und deren Zusammenwirken,
5. unzureichende Qualifikation und Unterweisung der Beschäftigten.

§ 6 Dokumentation. (1) ¹Der Arbeitgeber muß über die je nach Art der Tätigkeiten und der Zahl der Beschäftigten erforderlichen Unterlagen verfügen, aus denen das Ergebnis der Gefährdungsbeurteilung, die von ihm festgelegten Maßnahmen des Arbeitsschutzes und das Ergebnis ihrer Überprüfung ersichtlich sind. ²Bei gleichartiger Gefährdungssituation ist es ausreichend, wenn die Unterlagen zusammengefaßte Angaben enthalten. ³Soweit in sonstigen Rechtsvorschriften nichts anderes bestimmt ist, gilt Satz 1 nicht für Arbeitgeber mit zehn oder weniger Beschäftigten; die zuständige Behörde kann, wenn besondere Gefährdungssituationen gegeben sind, anordnen, daß Unterlagen verfügbar sein müssen. ⁴Bei der Feststellung der Zahl der Beschäftigten nach Satz 3 sind Teilzeitbeschäftigte mit einer regelmäßigen wöchentlichen Arbeitszeit von nicht mehr als 20 Stunden mit 0,5 und nicht mehr als 30 Stunden mit 0,75 zu berücksichtigen.

(2) Unfälle in seinem Betrieb, bei denen ein Beschäftigter getötet oder so verletzt wird, daß er stirbt oder für mehr als drei Tage völlig oder teilweise arbeits- oder dienstunfähig wird, hat der Arbeitgeber zu erfassen.

§ 7 Übertragung von Aufgaben. Bei der Übertragung von Aufgaben auf Beschäftigte hat der Arbeitgeber je nach Art der Tätigkeiten zu berücksichtigen, ob die Beschäftigten befähigt sind, die für die Sicherheit und den Gesundheitsschutz bei der Aufgabenerfüllung zu beachtenden Bestimmungen und Maßnahmen einzuhalten.

§ 8 Zusammenarbeit mehrerer Arbeitgeber. (1) [1]Werden Beschäftigte mehrerer Arbeitgeber an einem Arbeitsplatz tätig, sind die Arbeitgeber verpflichtet, bei der Durchführung der Sicherheits- und Gesundheitsschutzbestimmungen zusammenzuarbeiten. [2]Soweit dies für die Sicherheit und den Gesundheitsschutz der Beschäftigten bei der Arbeit erforderlich ist, haben die Arbeitgeber je nach Art der Tätigkeiten insbesondere sich gegenseitig und ihre Beschäftigten über die mit den Arbeiten verbundenen Gefahren für Sicherheit und Gesundheit der Beschäftigten zu unterrichten und Maßnahmen zur Verhütung dieser Gefahren abzustimmen.

(2) Der Arbeitgeber muß sich je nach Art der Tätigkeit vergewissern, daß die Beschäftigten anderer Arbeitgeber, die in seinem Betrieb tätig werden, hinsichtlich der Gefahren für ihre Sicherheit und Gesundheit während ihrer Tätigkeit in seinem Betrieb angemessene Anweisungen erhalten haben.

§ 9 Besondere Gefahren. (1) Der Arbeitgeber hat Maßnahmen zu treffen, damit nur Beschäftigte Zugang zu besonders gefährlichen Arbeitsbereichen haben, die zuvor geeignete Anweisungen erhalten haben.

(2) [1]Der Arbeitgeber hat Vorkehrungen zu treffen, daß alle Beschäftigten, die einer unmittelbaren erheblichen Gefahr ausgesetzt sind oder sein können, möglichst frühzeitig über diese Gefahr und die getroffenen oder zu treffenden Schutzmaßnahmen unterrichtet sind. [2]Bei unmittelbarer erheblicher Gefahr für die eigene Sicherheit oder die Sicherheit anderer Personen müssen die Beschäftigten die geeigneten Maßnahmen zur Gefahrenabwehr und Schadensbegrenzung selbst treffen können, wenn der zuständige Vorgesetzte nicht erreichbar ist; dabei sind die Kenntnisse der Beschäftigten und die vorhandenen technischen Mittel zu berücksichtigen. [3]Den Beschäftigten dürfen aus ihrem Handeln keine Nachteile entstehen, es sei denn, sie haben vorsätzlich oder grob fahrlässig ungeeignete Maßnahmen getroffen.

(3) [1]Der Arbeitgeber hat Maßnahmen zu treffen, die es den Beschäftigten bei unmittelbarer erheblicher Gefahr ermöglichen, sich durch sofortiges Verlassen der Arbeitsplätze in Sicherheit zu bringen. [2]Den Beschäftigten dürfen hierdurch keine Nachteile entstehen. [3]Hält die unmittelbare erhebliche Gefahr an, darf der Arbeitgeber die Beschäftigten nur in besonders begründeten Ausnahmefällen auffordern, ihre Tätigkeit wieder aufzunehmen. [4]Gesetzliche Pflichten der Beschäftigten zur Abwehr von Gefahren für die öffentliche Sicherheit sowie die §§ 7 und 11 des Soldatengesetzes bleiben unberührt.

§ 10 Erste Hilfe und sonstige Notfallmaßnahmen. (1) [1]Der Arbeitgeber hat entsprechend der Art der Arbeitsstätte und der Tätigkeiten sowie der Zahl der Beschäftigten die Maßnahmen zu treffen, die zur Ersten Hilfe, Brandbekämpfung und Evakuierung der Beschäftigten erforderlich sind. ²Dabei hat er der Anwesenheit anderer Personen Rechnung zu tragen. ³Er hat auch dafür zu sorgen, daß im Notfall die erforderlichen Verbindungen zu außerbetrieblichen Stellen, insbesondere in den Bereichen der Ersten Hilfe, der medizinischen Notversorgung, der Bergung und der Brandbekämpfung eingerichtet sind.

(2) ¹Der Arbeitgeber hat diejenigen Beschäftigten zu benennen, die Aufgaben der Ersten Hilfe, Brandbekämpfung und Evakuierung der Beschäftigten übernehmen. ²Anzahl, Ausbildung und Ausrüstung der nach Satz 1 benannten Beschäftigten müssen in einem angemessenen Verhältnis zur Zahl der Beschäftigten und zu den bestehenden besonderen Gefahren stehen. ³Vor der Benennung hat der Arbeitgeber den Betriebs- oder Personalrat zu hören. ⁴Weitergehende Beteiligungsrechte bleiben unberührt. ⁵Der Arbeitgeber kann die in Satz 1 genannten Aufgaben auch selbst wahrnehmen, wenn er über die nach Satz 2 erforderliche Ausbildung und Ausrüstung verfügt.

§ 11 Arbeitsmedizinische Vorsorge. Der Arbeitgeber hat den Beschäftigten auf ihren Wunsch unbeschadet der Pflichten aus anderen Rechtsvorschriften zu ermöglichen, sich je nach den Gefahren für ihre Sicherheit und Gesundheit bei der Arbeit regelmäßig arbeitsmedizinisch untersuchen zu lassen, es sei denn, auf Grund der Beurteilung der Arbeitsbedingungen und der getroffenen Schutzmaßnahmen ist nicht mit einem Gesundheitsschaden zu rechnen.

§ 12 Unterweisung. (1) ¹Der Arbeitgeber hat die Beschäftigten über Sicherheit und Gesundheitsschutz bei der Arbeit während ihrer Arbeitszeit ausreichend und angemessen zu unterweisen. ²Die Unterweisung umfaßt Anweisungen und Erläuterungen, die eigens auf den Arbeitsplatz oder den Aufgabenbereich der Beschäftigten ausgerichtet sind. ³Die Unterweisung muß bei der Einstellung, bei Veränderungen im Aufgabenbereich, der Einführung neuer Arbeitsmittel oder einer neuen Technologie vor Aufnahme der Tätigkeit der Beschäftigten erfolgen. ⁴Die Unterweisung muß an die Gefährdungsentwicklung angepaßt sein und erforderlichenfalls regelmäßig wiederholt werden.

(2) ¹Bei einer Arbeitnehmerüberlassung trifft die Pflicht zur Unterweisung nach Absatz 1 den Entleiher. ²Er hat die Unterweisung unter Berücksichtigung der Qualifikation und der Erfahrung der Personen, die ihm zur Arbeitsleistung überlassen werden, vorzunehmen. ³Die sonstigen Arbeitsschutzpflichten des Verleihers bleiben unberührt.

§ 13 Verantwortliche Personen. (1) Verantwortlich für die Erfüllung der sich aus diesem Abschnitt ergebenden Pflichten sind neben dem Arbeitgeber
1. sein gesetzlicher Vertreter,
2. das vertretungsberechtigte Organ einer juristischen Person,
3. der vertretungsberechtigte Gesellschafter einer Personenhandelsgesellschaft,
4. Personen, die mit der Leitung eines Unternehmens oder eines Betriebes beauftragt sind, im Rahmen der ihnen übertragenen Aufgaben und Befugnisse,
5. sonstige nach Absatz 2 oder nach einer auf Grund dieses Gesetzes erlassenen Rechtsverordnung oder nach einer Unfallverhütungsvorschrift beauftragte Personen im Rahmen ihrer Aufgaben und Befugnisse.

(2) Der Arbeitgeber kann zuverlässige und fachkundige Personen schriftlich damit beauftragen, ihm obliegende Aufgaben nach diesem Gesetz in eigener Verantwortung wahrzunehmen.

§ 14 Unterrichtung und Anhörung der Beschäftigten des öffentlichen Dienstes. (1) Die Beschäftigten des öffentlichen Dienstes sind vor Beginn der Beschäftigung und bei Veränderungen in ihren Arbeitsbereichen über Gefahren für Sicherheit und Gesundheit, denen sie bei der Arbeit ausgesetzt sein können, sowie über die Maßnahmen und Einrichtungen zur Verhütung dieser Gefahren und die nach § 10 Abs. 2 getroffenen Maßnahmen zu unterrichten.

(2) Soweit in Betrieben des öffentlichen Dienstes keine Vertretung der Beschäftigten besteht, hat der Arbeitgeber die Beschäftigten zu allen Maßnahmen zu hören, die Auswirkungen auf Sicherheit und Gesundheit der Beschäftigten haben können.

Dritter Abschnitt. Pflichten und Rechte der Beschäftigten

§ 15 Pflichten der Beschäftigten. (1) [1]Die Beschäftigten sind verpflichtet, nach ihren Möglichkeiten sowie gemäß der Unterweisung und Weisung des Arbeitgebers für ihre Sicherheit und Gesundheit bei der Arbeit Sorge zu tragen. [2]Entsprechend Satz 1 haben die Beschäftigten auch für die Sicherheit und Gesundheit der Personen zu sorgen, die von ihren Handlungen oder Unterlassungen bei der Arbeit betroffen sind.

(2) Im Rahmen des Absatzes 1 haben die Beschäftigten insbesondere Maschinen, Geräte, Werkzeuge, Arbeitsstoffe, Transportmittel und sonstige Arbeitsmittel sowie Schutzvorrichtungen und die ihnen zur Verfügung gestellte persönliche Schutzausrüstung bestimmungsgemäß zu verwenden.

§ 16 Besondere Unterstützungspflichten. (1) Die Beschäftigten haben dem Arbeitgeber oder dem zuständigen Vorgesetzten jede von ihnen festgestellte unmittelbare erhebliche Gefahr für die Sicherheit und Gesundheit sowie jeden an den Schutzsystemen festgestellten Defekt unverzüglich zu melden.

(2) [1]Die Beschäftigten haben gemeinsam mit dem Betriebsarzt und der Fachkraft für Arbeitssicherheit den Arbeitgeber darin zu unterstützen, die Sicherheit und den Gesundheitsschutz der Beschäftigten bei der Arbeit zu gewährleisten und seine Pflichten entsprechend den behördlichen Auflagen zu erfüllen. [2]Unbeschadet ihrer Pflicht nach Absatz 1 sollen die Beschäftigten von ihnen festgestellte Gefahren für Sicherheit und Gesundheit und Mängel an den Schutzsystemen auch der Fachkraft für Arbeitssicherheit, dem Betriebsarzt oder dem Sicherheitsbeauftragten nach § 22 des Siebten Buches Sozialgesetzbuch mitteilen.

§ 17 Rechte der Beschäftigten. (1) [1]Die Beschäftigten sind berechtigt, dem Arbeitgeber Vorschläge zu allen Fragen der Sicherheit und des Gesundheitsschutzes bei der Arbeit zu machen. [2]Für Beamtinnen und Beamte des Bundes ist § 171 des Bundesbeamtengesetzes anzuwenden.

Satz 3 in der bis 31. 3. 2009 geltenden Fassung: ³§ 60 des Beamtenrechtsrahmengesetzes und entsprechendes Landesrecht bleiben unberührt.
Satz 3 in der ab 1. 4. 2009 geltenden Fassung: ³Entsprechendes Landesrecht bleibt unberührt.

(2) ¹Sind Beschäftigte auf Grund konkreter Anhaltspunkte der Auffassung, daß die vom Arbeitgeber getroffenen Maßnahmen und bereitgestellten Mittel nicht ausreichen, um die Sicherheit und den Gesundheitsschutz bei der Arbeit zu gewährleisten, und hilft der Arbeitgeber darauf gerichteten Beschwerden von Beschäftigten nicht ab, können sich diese an die zuständige Behörde wenden. ²Hierdurch dürfen den Beschäftigten keine Nachteile entstehen. ³Die in Absatz 1 Satz 2 und 3 genannten Vorschriften sowie die Vorschriften der Wehrbeschwerdeordnung und des Gesetzes über den Wehrbeauftragten des Deutschen Bundestages bleiben unberührt.

Vierter Abschnitt. Verordnungsermächtigungen

§ 18 Verordnungsermächtigungen. (1) ¹Die Bundesregierung wird ermächtigt, durch Rechtsverordnung mit Zustimmung des Bundesrates vorzuschreiben, welche Maßnahmen der Arbeitgeber und die sonstigen verantwortlichen Personen zu treffen haben und wie sich die Beschäftigten zu verhalten haben, um ihre jeweiligen Pflichten, die sich aus diesem Gesetz ergeben, zu erfüllen. ²In diesen Rechtsverordnungen kann auch bestimmt werden, daß bestimmte Vorschriften des Gesetzes zum Schutz anderer als in § 2 Abs. 2 genannter Personen anzuwenden sind.

(2) Durch Rechtsverordnungen nach Absatz 1 kann insbesondere bestimmt werden,

1. daß und wie zur Abwehr bestimmter Gefahren Dauer oder Lage der Beschäftigung oder die Zahl der Beschäftigten begrenzt werden muß,
2. daß der Einsatz bestimmter Arbeitsmittel oder -verfahren mit besonderen Gefahren für die Beschäftigten verboten ist oder der zuständigen Behörde angezeigt oder von ihr erlaubt sein muß oder besonders gefährdete Personen dabei nicht beschäftigt werden dürfen,
3. daß bestimmte, besonders gefährliche Betriebsanlagen einschließlich der Arbeits- und Fertigungsverfahren vor Inbetriebnahme, in regelmäßigen Abständen oder auf behördliche Anordnung fachkundig geprüft werden müssen,
4. daß Beschäftigte, bevor sie eine bestimmte gefährdende Tätigkeit aufnehmen oder fortsetzen oder nachdem sie sie beendet haben, arbeitsmedizinisch zu untersuchen sind und welche besonderen Pflichten der Arzt dabei zu beachten hat,
5. dass Ausschüsse zu bilden sind, denen die Aufgabe übertragen wird, die Bundesregierung oder das zuständige Bundesministerium zur Anwendung der Rechtsverordnungen zu beraten, dem Stand der Technik, Arbeitsmedizin und Hygiene entsprechende Regeln und sonstige gesicherte arbeitswissenschaftliche Erkenntnisse zu ermitteln sowie Regeln zu ermitteln, wie die in den Rechtsverordnungen gestellten Anforderungen erfüllt werden können. Das Bundesministerium für Arbeit und Soziales kann die Regeln und Erkenntnisse amtlich bekannt machen.

§ 19[1] **Rechtsakte der Europäischen Gemeinschaften und zwischenstaatliche Vereinbarungen.** Rechtsverordnungen nach § 18 können auch erlassen werden, soweit dies zur Durchführung von Rechtsakten des Rates oder der Kommission der Europäischen Gemeinschaften oder von Beschlüssen internationaler Organisationen oder von zwischenstaatlichen Vereinbarungen, die Sachbereiche dieses Gesetzes betreffen, erforderlich ist, insbesondere um Arbeitsschutzpflichten für andere als in § 2 Abs. 3 genannte Personen zu regeln.

§ 20 Regelungen für den öffentlichen Dienst. (1) Für die Beamten der Länder, Gemeinden und sonstigen Körperschaften, Anstalten und Stiftungen des öffentlichen Rechts regelt das Landesrecht, ob und inwieweit die nach § 18 erlassenen Rechtsverordnungen gelten.

(2) [1]Für bestimmte Tätigkeiten im öffentlichen Dienst des Bundes, insbesondere bei der Bundeswehr, der Polizei, den Zivil- und Katastrophenschutzdiensten, dem Zoll oder den Nachrichtendiensten, können das Bundeskanzleramt, das Bundesministerium des Innern, das Bundesministerium für Verkehr, Bau und Stadtentwicklung, das Bundesministerium der Verteidigung oder das Bundesministerium der Finanzen, soweit sie hierfür jeweils zuständig sind, durch Rechtsverordnung ohne Zustimmung des Bundesrates bestimmen, daß Vorschriften dieses Gesetzes ganz oder zum Teil nicht anzuwenden sind, soweit öffentliche Belange dies zwingend erfordern, insbesondere zur Aufrechterhaltung oder Wiederherstellung der öffentlichen Sicherheit. [2]Rechtsverordnungen nach Satz 1 werden im Einvernehmen mit dem Bundesministerium für Arbeit und Soziales und, soweit nicht das Bundesministerium des Innern selbst ermächtigt ist, im Einvernehmen mit diesem Ministerium erlassen. [3]In den Rechtsverordnungen ist gleichzeitig festzulegen, wie die Sicherheit und der Gesundheitsschutz bei der Arbeit unter Berücksichtigung der Ziele dieses Gesetzes auf andere Weise gewährleistet werden. [4]Für Tätigkeiten im öffentlichen Dienst der Länder, Gemeinden und sonstigen landesunmittelbaren Körperschaften, Anstalten und Stiftungen des öffentlichen Rechts können den Sätzen 1 und 3 entsprechende Regelungen durch Landesrecht getroffen werden.

Fünfter Abschnitt. Schlußvorschriften

§ 21 Zuständige Behörden; Zusammenwirken mit den Trägern der gesetzlichen Unfallversicherung. (1) [1]Die Überwachung des Arbeitsschutzes nach diesem Gesetz ist staatliche Aufgabe. [2]Die zuständigen Behörden haben die Einhaltung dieses Gesetzes und der auf Grund dieses Gesetzes erlassenen Rechtsverordnungen zu überwachen und die Arbeitgeber bei der Erfüllung ihrer Pflichten zu beraten.

(2) [1]Die Aufgaben und Befugnisse der Träger der gesetzlichen Unfallversicherung richten sich, soweit nichts anderes bestimmt ist, nach den Vorschriften des Sozialgesetzbuchs. [2]Soweit die Träger der gesetzlichen Unfallversicherung nach dem Sozialgesetzbuch im Rahmen ihres Präventionsauftrags auch

---

[1] PSA-BenutzungsVO v. 4. 12. 1996 (BGBl. I S. 1841), LastenhandhabungsVO v. 4. 12. 1996 (BGBl. I S. 1841), zuletzt geänd. durch VO v. 31. 10. 2006 (BGBl. I S. 2407), BildschirmarbeitsVO v. 4. 12. 1996 (BGBl. I S. 1841), zuletzt geänd. durch VO v. 31. 10. 2006 (BGBl. I S. 2407), BetriebssicherheitsVO v. 27. 9. 2002 (BGBl. I S. 3777), zuletzt geänd. durch VO v. 6. 3. 2007 (BGBl. I S. 261), BaustellenVO v. 10. 6. 1998 (BGBl. I S. 1283), geänd. durch VO v. 23. 12. 2004 (BGBl. I S. 3758), BiostoffVO v. 27. 1. 1999 (BGBl. I S. 50), zuletzt geänd. durch VO v. 6. 3. 2007 (BGBl. I S. 261).

Aufgaben zur Gewährleistung von Sicherheit und Gesundheitsschutz der Beschäftigten wahrnehmen, werden sie ausschließlich im Rahmen ihrer autonomen Befugnisse tätig.

(3) ¹Die zuständigen Landesbehörden und die Träger der gesetzlichen Unfallversicherung wirken bei der Überwachung eng zusammen und fördern den Erfahrungsaustausch. ²Sie unterrichten sich gegenseitig über durchgeführte Betriebsbesichtigungen und deren wesentliche Ergebnisse.

(4) ¹Die für den Arbeitsschutz zuständige oberste Landesbehörde kann mit Trägern der gesetzlichen Unfallversicherung vereinbaren, daß diese in näher zu bestimmenden Tätigkeitsbereichen die Einhaltung dieses Gesetzes, bestimmter Vorschriften dieses Gesetzes oder der auf Grund dieses Gesetzes erlassenen Rechtsverordnungen überwachen. ²In der Vereinbarung sind Art und Umfang der Überwachung sowie die Zusammenarbeit mit den staatlichen Arbeitsschutzbehörden festzulegen.

(5) ¹Soweit nachfolgend nichts anderes bestimmt ist, ist zuständige Behörde für die Durchführung dieses Gesetzes und der auf dieses Gesetz gestützten Rechtsverordnungen in den Betrieben und Verwaltungen des Bundes die Zentralstelle für Arbeitsschutz beim Bundesministerium des Innern. ²Im Auftrag der Zentralstelle handelt, soweit nichts anderes bestimmt ist, die Unfallkasse des Bundes, die insoweit der Aufsicht des Bundesministeriums des Innern unterliegt; Aufwendungen werden nicht erstattet. ³Im öffentlichen Dienst im Geschäftsbereich des Bundesministeriums für Verkehr, Bau und Stadtentwicklung führt die Eisenbahn-Unfallkasse, soweit diese Träger der Unfallversicherung ist, dieses Gesetz durch. ⁴Für Betriebe und Verwaltungen in den Geschäftsbereichen des Bundesministeriums der Verteidigung und des Auswärtigen Amtes hinsichtlich seiner Auslandsvertretungen führt das jeweilige Bundesministerium, soweit es jeweils zuständig ist, oder die von ihm jeweils bestimmte Stelle dieses Gesetz durch. ⁵Im Geschäftsbereich des Bundesministeriums der Finanzen führt die Unfallkasse Post und Telekom dieses Gesetz durch, soweit der Geschäftsbereich des ehemaligen Bundesministeriums für Post und Telekommunikation betroffen ist. ⁶Die Sätze 1 bis 4 gelten auch für Betriebe und Verwaltungen, die zur Bundesverwaltung gehören, für die aber eine Berufsgenossenschaft Träger der Unfallversicherung ist. ⁷Die zuständigen Bundesministerien können mit den Berufsgenossenschaften für diese Betriebe und Verwaltungen vereinbaren, daß das Gesetz von den Berufsgenossenschaften durchgeführt wird; Aufwendungen werden nicht erstattet.

§ 22 Befugnisse der zuständigen Behörden. (1) ¹Die zuständige Behörde kann vom Arbeitgeber oder von den verantwortlichen Personen die zur Durchführung ihrer Überwachungsaufgabe erforderlichen Auskünfte und die Überlassung von entsprechenden Unterlagen verlangen. ²Die auskunftspflichtige Person kann die Auskunft auf solche Fragen oder die Vorlage derjenigen Unterlagen verweigern, deren Beantwortung oder Vorlage sie selbst oder einen ihrer in § 383 Abs. 1 Nr. 1 bis 3 der Zivilprozeßordnung bezeichneten Angehörigen der Gefahr der Verfolgung wegen einer Straftat oder Ordnungswidrigkeit aussetzen würde. ³Die auskunftspflichtige Person ist darauf hinzuweisen.

(2) ¹Die mit der Überwachung beauftragten Personen sind befugt, zu den Betriebs- und Arbeitszeiten Betriebsstätten, Geschäfts- und Betriebsräume zu betreten, zu besichtigen und zu prüfen sowie in die geschäftlichen Unterlagen

der auskunftspflichtigen Person Einsicht zu nehmen, soweit dies zur Erfüllung ihrer Aufgaben erforderlich ist. ²Außerdem sind sie befugt, Betriebsanlagen, Arbeitsmittel und persönliche Schutzausrüstungen zu prüfen, Arbeitsverfahren und Arbeitsabläufe zu untersuchen, Messungen vorzunehmen und insbesondere arbeitsbedingte Gesundheitsgefahren festzustellen und zu untersuchen, auf welche Ursachen ein Arbeitsunfall, eine arbeitsbedingte Erkrankung oder ein Schadensfall zurückzuführen ist. ³Sie sind berechtigt, die Begleitung durch den Arbeitgeber oder eine von ihm beauftragte Person zu verlangen. ⁴Der Arbeitgeber oder die verantwortlichen Personen haben die mit der Überwachung beauftragten Personen bei der Wahrnehmung ihrer Befugnisse nach den Sätzen 1 und 2 zu unterstützen. ⁵Außerhalb der in Satz 1 genannten Zeiten, oder wenn die Arbeitsstätte sich in einer Wohnung befindet, dürfen die mit der Überwachung beauftragten Personen ohne Einverständnis des Arbeitgebers die Maßnahmen nach den Sätzen 1 und 2 nur zur Verhütung dringender Gefahren für die öffentliche Sicherheit oder Ordnung treffen. ⁶Die auskunftspflichtige Person hat die Maßnahmen nach den Sätzen 1, 2 und 5 zu dulden. ⁷Die Sätze 1 und 5 gelten entsprechend, wenn nicht feststeht, ob in der Arbeitsstätte Personen beschäftigt werden, jedoch Tatsachen gegeben sind, die diese Annahme rechtfertigen. ⁸Das Grundrecht der Unverletzlichkeit der Wohnung (Artikel 13 des Grundgesetzes) wird insoweit eingeschränkt.

(3) ¹Die zuständige Behörde kann im Einzelfall anordnen,
1. welche Maßnahmen der Arbeitgeber und die verantwortlichen Personen oder die Beschäftigten zur Erfüllung der Pflichten zu treffen haben, die sich aus diesem Gesetz und den auf Grund dieses Gesetzes erlassenen Rechtsverordnungen ergeben,
2. welche Maßnahmen der Arbeitgeber und die verantwortlichen Personen zur Abwendung einer besonderen Gefahr für Leben und Gesundheit der Beschäftigten zu treffen haben.

²Die zuständige Behörde hat, wenn nicht Gefahr im Verzug ist, zur Ausführung der Anordnung eine angemessene Frist zu setzen. ³Wird eine Anordnung nach Satz 1 nicht innerhalb einer gesetzten Frist oder eine für sofort vollziehbar erklärte Anordnung nicht sofort ausgeführt, kann die zuständige Behörde die von der Anordnung betroffene Arbeit oder die Verwendung oder den Betrieb der von der Anordnung betroffenen Arbeitsmittel untersagen. ⁴Maßnahmen der zuständigen Behörde im Bereich des öffentlichen Dienstes, die den Dienstbetrieb wesentlich beeinträchtigen, sollen im Einvernehmen mit der obersten Bundes- oder Landesbehörde oder dem Hauptverwaltungsbeamten der Gemeinde getroffen werden.

§ 23 Betriebliche Daten; Zusammenarbeit mit anderen Behörden; Jahresbericht. (1) ¹Der Arbeitgeber hat der zuständigen Behörde zu einem von ihr bestimmten Zeitpunkt Mitteilungen über
1. die Zahl der Beschäftigten und derer, an die er Heimarbeit vergibt, aufgegliedert nach Geschlecht, Alter und Staatsangehörigkeit,
2. den Namen oder die Bezeichnung und Anschrift des Betriebs, in dem er sie beschäftigt,
3. seinen Namen, seine Firma und seine Anschrift sowie
4. den Wirtschaftszweig, dem sein Betrieb angehört,

zu machen. ²Das Bundesministerium für Arbeit und Soziales wird ermächtigt, durch Rechtsverordnung mit Zustimmung des Bundesrates zu bestimmen, daß die Stellen der Bundesverwaltung, denen der Arbeitgeber die in Satz 1 genannten Mitteilungen bereits auf Grund einer Rechtsvorschrift mitgeteilt hat, diese Angaben an die für die Behörden nach Satz 1 zuständigen obersten Landesbehörden als Schreiben oder auf maschinell verwertbaren Datenträgern oder durch Datenübertragung weiterzuleiten haben. ³In der Rechtsverordnung können das Nähere über die Form der weiterzuleitenden Angaben sowie die Frist für die Weiterleitung bestimmt werden. ⁴Die weitergeleiteten Angaben dürfen nur zur Erfüllung der in der Zuständigkeit der Behörden nach § 21 Abs. 1 liegenden Arbeitsschutzaufgaben verwendet sowie in Datenverarbeitungssystemen gespeichert oder verarbeitet werden.

(2) ¹Die mit der Überwachung beauftragten Personen dürfen die ihnen bei ihrer Überwachungstätigkeit zur Kenntnis gelangenden Geschäfts- und Betriebsgeheimnisse nur in den gesetzlich geregelten Fällen oder zur Verfolgung von Gesetzwidrigkeiten oder zur Erfüllung von gesetzlich geregelten Aufgaben zum Schutz der Versicherten dem Träger der gesetzlichen Unfallversicherung oder zum Schutz der Umwelt den dafür zuständigen Behörden offenbaren. ²Soweit es sich bei Geschäfts- und Betriebsgeheimnissen um Informationen über die Umwelt im Sinne des Umweltinformationsgesetzes handelt, richtet sich die Befugnis zu ihrer Offenbarung nach dem Umweltinformationsgesetz.

(3) ¹Ergeben sich im Einzelfall für die zuständigen Behörden konkrete Anhaltspunkte für
1. eine Beschäftigung oder Tätigkeit von Ausländern ohne den erforderlichen Aufenthaltstitel nach § 4 Abs. 3 des Aufenthaltsgesetzes, eine Aufenthaltsgestattung oder eine Duldung, die zur Ausübung der Beschäftigung berechtigen, oder eine Genehmigung nach § 284 Abs. 1 des Dritten Buches Sozialgesetzbuch[1]),
2. Verstöße gegen die Mitwirkungspflicht nach § 60 Abs. 1 Satz 1 Nr. 2 des Ersten Buches Sozialgesetzbuch gegenüber einer Dienststelle der Bundesagentur für Arbeit, einem Träger der gesetzlichen Kranken-, Pflege-, Unfall- oder Rentenversicherung oder einem Träger der Sozialhilfe oder gegen die Meldepflicht nach § 8 a des Asylbewerberleistungsgesetzes.
3. Verstöße gegen das Gesetz zur Bekämpfung der Schwarzarbeit,
4. Verstöße gegen das Arbeitnehmerüberlassungsgesetz[2]),
5. Verstöße gegen die Vorschriften des Vierten und Siebten Buches Sozialgesetzbuch über die Verpflichtung zur Zahlung von Sozialversicherungsbeiträgen,
6. Verstöße gegen das Aufenthaltsgesetz,
7. Verstöße gegen die Steuergesetze,

unterrichten sie für die Verfolgung und Ahndung der Verstöße nach den Nummern 1 bis 7 zuständigen Behörden, die Träger der Sozialhilfe sowie die Behörden nach § 71 des Aufenthaltsgesetzes. ²In den Fällen des Satzes 1 arbeiten die zuständigen Behörden insbesondere mit den Agenturen für Arbeit, den Hauptzollämtern, den Rentenversicherungsträgern, den Krankenkassen als Einzugsstellen für die Sozialversicherungsbeiträgen, den Trägern der gesetzlichen Unfallversicherung, den nach Landesrecht für die Verfolgung und Ahndung von Verstößen gegen das Gesetz zur Bekämpfung der Schwarzarbeit zu-

---
[1]) Nr. 42.
[2]) Nr. 31.

ständigen Behörden, den Trägern der Sozialhilfe, den in § 71 des Aufenthaltsgesetzes genannten Behörden und den Finanzbehörden zusammen.

(4) [1]Die zuständigen obersten Landesbehörden haben über die Überwachungstätigkeit der ihnen unterstellten Behörden einen Jahresbericht zu veröffentlichen. [2]Der Jahresbericht umfaßt auch Angaben zur Erfüllung von Unterrichtungspflichten aus internationalen Übereinkommen oder Rechtsakten der Europäischen Gemeinschaften, soweit sie den Arbeitsschutz betreffen.

§ 24 Ermächtigung zum Erlaß von allgemeinen Verwaltungsvorschriften. [1]Das Bundesministerium für Arbeit und Soziales kann mit Zustimmung des Bundesrates allgemeine Verwaltungsvorschriften erlassen
1. zur Durchführung dieses Gesetzes und der auf Grund dieses Gesetzes erlassenen Rechtsverordnungen, soweit die Bundesregierung zu ihrem Erlaß ermächtigt ist,
2. über die Gestaltung der Jahresberichte nach § 23 Abs. 4 und
3. über die Angaben, die die zuständigen obersten Landesbehörden dem Bundesministerium für Arbeit und Soziales für den Unfallverhütungsbericht nach § 25 Abs. 2 des Siebten Buches Sozialgesetzbuch bis zu einem bestimmten Zeitpunkt mitzuteilen haben.

[2]Verwaltungsvorschriften, die Bereiche des öffentlichen Dienstes einbeziehen, werden im Einvernehmen mit dem Bundesministerium des Innern erlassen.

§ 25 Bußgeldvorschriften. (1) Ordnungswidrig handelt, wer vorsätzlich oder fahrlässig
1. einer Rechtsverordnung nach § 18 Abs. 1 oder § 19 zuwiderhandelt, soweit sie für einen bestimmten Tatbestand auf diese Bußgeldvorschrift verweist, oder
2. a) als Arbeitgeber oder als verantwortliche Person einer vollziehbaren Anordnung nach § 22 Abs. 3 oder
   b) als Beschäftigter einer vollziehbaren Anordnung nach § 22 Abs. 3 Satz 1 Nr. 1

zuwiderhandelt.

(2) Die Ordnungswidrigkeit kann in den Fällen des Absatzes 1 Nr. 1 und 2 Buchstabe b mit einer Geldbuße bis zu fünftausend Euro, in den Fällen des Absatzes 1 Nr. 2 Buchstabe a mit einer Geldbuße bis zu fünfundzwanzigtausend Euro geahndet werden.

§ 26 Strafvorschriften. Mit Freiheitsstrafe bis zu einem Jahr oder mit Geldstrafe wird bestraft, wer
1. eine in § 25 Abs. 1 Nr. 2 Buchstabe a bezeichnete Handlung beharrlich wiederholt oder
2. durch eine in § 25 Abs. 1 Nr. 1 oder Nr. 2 Buchstabe a bezeichnete vorsätzliche Handlung Leben oder Gesundheit eines Beschäftigten gefährdet.

52. Gesetz über Betriebsärzte, Sicherheitsingenieure und andere Fachkräfte für Arbeitssicherheit

Vom 12. Dezember 1973

(BGBl. I S. 1885)

FNA 805-2

zuletzt geänd. durch Art. 226 Neunte ZuständigkeitsanpassungsVO v. 31. 10. 2006
(BGBl. I S. 2407)

– Auszug –

Erster Abschnitt

§ 1 Grundsatz. ¹Der Arbeitgeber hat nach Maßgabe dieses Gesetzes Betriebsärzte und Fachkräfte für Arbeitssicherheit zu bestellen. ²Diese sollen ihn beim Arbeitsschutz und bei der Unfallverhütung unterstützen. ³Damit soll erreicht werden, daß

1. die dem Arbeitsschutz und der Unfallverhütung dienenden Vorschriften den besonderen Betriebsverhältnissen entsprechend angewandt werden,
2. gesicherte arbeitsmedizinische und sicherheitstechnische Erkenntnisse zur Verbesserung des Arbeitsschutzes und der Unfallverhütung verwirklicht werden können,
3. die dem Arbeitsschutz und der Unfallverhütung dienenden Maßnahmen einen möglichst hohen Wirkungsgrad erreichen.

Zweiter Abschnitt. Betriebsärzte

§ 2[1)] Bestellung von Betriebsärzten. (1) Der Arbeitgeber hat Betriebsärzte schriftlich zu bestellen und ihnen die in § 3 genannten Aufgaben zu übertragen, soweit dies erforderlich ist im Hinblick auf

1. die Betriebsart und die damit für die Arbeitnehmer verbundenen Unfall- und Gesundheitsgefahren,
2. die Zahl der beschäftigten Arbeitnehmer und die Zusammensetzung der Arbeitnehmerschaft und

---

[1)] Für das Gebiet der ehem. DDR gilt Folgendes:
a) Die Verpflichtung der Arbeitgeber nach § 2 gilt als erfüllt, wenn die betriebsärztlichen Aufgaben durch eine Einrichtung des betriebsärztlichen Gesundheitswesens wahrgenommen werden. Die Buchstaben b) und d) sind anzuwenden.
b) Der Arbeitgeber kann die Fachkunde als Betriebsarzt nach § 4 als nachgewiesen ansehen bei Fachärzten für Arbeitsmedizin oder Arbeitshygiene und Fachärzten mit staatlicher Anerkennung als Betriebsarzt.
c) Der Arbeitgeber kann die Fachkunde als Fachkraft für die Arbeitssicherheit nach § 7 als nachgewiesen ansehen bei Fachkräften, die eine Hochschul-, Fachschul- oder Meisterqualifikation besitzen und eine der Ausbildung entsprechenden praktische Tätigkeit mindestens zwei Jahre lang ausgeübt haben und eine Ausbildung als Fachingenieur oder Fachökonom für Arbeitsschutz oder Arbeitsschutzinspektor oder Sicherheitsingenieur oder Fachingenieur für Brandschutz oder den Erwerb der anerkannten Zusatzqualifikation im Gesundheits- und Arbeitsschutz für Sicherheitsinspektoren oder eine entsprechende Ausbildung auf dem Gebiet der Arbeitshygiene nachweisen können. Fachkräfte für Arbeitssicherheit erfüllen die Anforderungen auch, wenn sie vor dem Inkrafttreten dieses Gesetzes mindestens zwei Jahre auf dem Gebiet der Arbeitssicherheit tätig waren.

(Fortsetzung der Anm. auf nächster Seite)

52 ASiG § 3 V. Technischer und sozialer Arbeitsschutz

3. die Betriebsorganisation, insbesondere im Hinblick auf die Zahl und die Art der für den Arbeitsschutz und die Unfallverhütung verantwortlichen Personen.

(2) ¹Der Arbeitgeber hat dafür zu sorgen, daß die von ihm bestellten Betriebsärzte ihre Aufgaben erfüllen. ²Er hat sie bei der Erfüllung ihrer Aufgaben zu unterstützen; insbesondere ist er verpflichtet, ihnen, soweit dies zur Erfüllung ihrer Aufgaben erforderlich ist, Hilfspersonal sowie Räume, Einrichtungen, Geräte und Mittel zur Verfügung zu stellen. ³Er hat sie über den Einsatz von Personen zu unterrichten, die mit einem befristeten Arbeitsvertrag beschäftigt oder ihm zur Arbeitsleistung überlassen sind.

(3) ¹Der Arbeitgeber hat den Betriebsärzten die zur Erfüllung ihrer Aufgaben erforderliche Fortbildung unter Berücksichtigung der betrieblichen Belange zu ermöglichen. ²Ist der Betriebsarzt als Arbeitnehmer eingestellt, so ist er für die Zeit der Fortbildung unter Fortentrichtung der Arbeitsvergütung von der Arbeit freizustellen. ³Die Kosten der Fortbildung trägt der Arbeitgeber. ⁴Ist der Betriebsarzt nicht als Arbeitnehmer eingestellt, so ist er für die Zeit der Fortbildung von der Erfüllung der ihm übertragenen Aufgaben freizustellen.

§ 3 Aufgaben der Betriebsärzte. (1) ¹Die Betriebsärzte haben die Aufgabe, den Arbeitgeber beim Arbeitsschutz und bei der Unfallverhütung in allen Fragen des Gesundheitsschutzes zu unterstützen. ²Sie haben insbesondere

---

Fortsetzung der Anm. von voriger Seite:

d) Für die Ermittlung der Einsatzzeit der Betriebsärzte sind folgende Mindestwerte zugrunde zu legen:
   aa) 0,25 Stunden/Beschäftigten x Jahr für Betriebe mit geringfügigen Gefährdungen,
   bb) 0,6 Stunden/Beschäftigen x Jahr für Betriebe, in denen eine arbeitsmedizinische Betreuung durchzuführen ist, weil besondere Arbeitserschwernisse vorliegen oder besonderen Berufserkrankungen vorzubeugen ist oder besondere arbeitsbedingte Gefährdungen für die Arbeitnehmer oder Dritte vorliegen,
   cc) 1,2 Stunden/Beschäftigten x Jahr für Betriebe in denen diese arbeitsmedizinischen Untersuchungen in jährlichen oder kürzeren Zeitabständen durchzuführen sind.
   Die auf der Grundlage der Mindestwerte ermittelte Einsatzzeit ist zu erhöhen, wenn der Umfang der vom Betriebsarzt durchzuführenden arbeitsmedizinischen Untersuchungen überdurchschnittlich hoch ist oder in Durchsetzung von Rechtsvorschriften zusätzliche Aufgaben im Betrieb zu lösen sind.

e) Für die Ermittlung der Einsatzzeit der Fachkräfte für Arbeitssicherheit sind folgende Mindestwerte zugrunde zu legen:
   aa) 0,2 Stunden/Beschäftigen x Jahr für Betriebe mit geringfügigen Gefährdungen,
   bb) 1,5 Stunden/Beschäftigen x Jahr für Betriebe mit mittleren Gefährdungen,
   cc) 3,0 Stunden/Beschäftigen x Jahr für Betriebe mit hohen Gefährdungen,
   dd) 4,0 Stunden/Beschäftigen x Jahr für Betriebe mit sehr hohen Gefährdungen.
   Die auf der Grundlage der Mindestwerte ermittelte Einsatzzeit ist zu erhöhen, wenn der Schwierigkeitsgrad der arbeitssicherheitlichen Aufgabe oder der Umfang der Aufgabe der technischen Arbeitshygiene überdurchschnittlich hoch ist oder zusätzliche Aufgaben, z.B. für die Bereiche des Brand- oder Strahlenschutzes, zu lösen sind.

f) Wird der Arbeitgeber Mitglied eines Unfallversicherungsträgers und hat dieser Unfallverhütungsvorschriften gemäß § 14 Abs. 1 erlassen, so treten an die Stelle der Bestimmungen in den Buchstaben b) bis e) die entsprechenden Bestimmungen der Unfallverhütungsvorschriften. Die erforderliche Fachkunde kann auch weiterhin als nachgewiesen angesehen werden, wenn die Voraussetzungen der Buchstaben b) und c) erfüllt sind.

g) Für den öffentlichen Dienst der in Artikel 1 des Vertrages genannten Länder und des Landes Berlin für den Teil, in dem das Grundgesetz bisher nicht galt, ist bis zum Erlaß entsprechender Vorschriften durch die für den öffentlichen Dienst zuständigen Minister der Länder die Richtlinie des Bundesministers des Inneren für den betriebsärztlichen und sicherheitstechnischen Dienst in den Verwaltungen und Betrieben des Bundes vom 28. Januar 1978 (GMBl. S. 114 ff.) anzuwenden.

Vgl. Einigungsvertrag vom 31. August 1990 (BGBl. II S. 889/1029).

1. den Arbeitgeber und die sonst für den Arbeitsschutz und die Unfallverhütung verantwortlichen Personen zu beraten, insbesondere bei
   a) der Planung, Ausführung und Unterhaltung von Betriebsanlagen und von sozialen und sanitären Einrichtungen,
   b) der Beschaffung von technischen Arbeitsmitteln und der Einführung von Arbeitsverfahren und Arbeitsstoffen,
   c) der Auswahl und Erprobung von Körperschutzmitteln,
   d) arbeitsphysiologischen, arbeitspsychologischen und sonstigen ergonomischen sowie arbeitshygienischen Fragen, insbesondere
      des Arbeitsrhythmus, der Arbeitszeit und der Pausenregelung,
      der Gestaltung der Arbeitsplätze, des Arbeitsablaufs und der Arbeitsumgebung,
   e) der Organisation der „Ersten Hilfe" im Betrieb,
   f) Fragen des Arbeitsplatzwechsels sowie der Eingliederung und Wiedereingliederung Behinderter in den Arbeitsprozeß,
   g) der Beurteilung der Arbeitsbedingungen,
2. die Arbeitnehmer zu untersuchen, arbeitsmedizinisch zu beurteilen und zu beraten sowie die Untersuchungsergebnisse zu erfassen und auszuwerten,
3. die Durchführung des Arbeitsschutzes und der Unfallverhütung zu beobachten und im Zusammenhang damit
   a) die Arbeitsstätten in regelmäßigen Abständen zu begehen und festgestellte Mängel dem Arbeitgeber oder der sonst für den Arbeitsschutz und die Unfallverhütung verantwortlichen Person mitzuteilen, Maßnahmen zur Beseitigung dieser Mängel vorzuschlagen und auf deren Durchführung hinzuwirken,
   b) auf die Benutzung der Körperschutzmittel zu achten,
   c) Ursachen von arbeitsbedingten Erkrankungen zu untersuchen, die Untersuchungsergebnisse zu erfassen und auszuwerten und dem Arbeitgeber Maßnahmen zur Verhütung dieser Erkrankungen vorzuschlagen,
4. darauf hinzuwirken, daß sich alle im Betrieb Beschäftigten den Anforderungen des Arbeitsschutzes und der Unfallverhütung entsprechend verhalten, insbesondere sie über die Unfall- und Gesundheitsgefahren, denen sie bei der Arbeit ausgesetzt sind, sowie über die Einrichtungen und Maßnahmen zur Abwendung dieser Gefahren zu belehren und bei der Einsatzplanung und Schulung der Helfer in „Erster Hilfe" und des medizinischen Hilfspersonals mitzuwirken.

(2) Die Betriebsärzte haben auf Wunsch des Arbeitnehmers diesem das Ergebnis arbeitsmedizinischer Untersuchungen mitzuteilen; § 8 Abs. 1 Satz 3 bleibt unberührt.

(3) Zu den Aufgaben der Betriebsärzte gehört es nicht, Krankmeldungen der Arbeitnehmer auf ihre Berechtigung zu überprüfen.

§ 4 Anforderungen an Betriebsärzte. Der Arbeitgeber darf als Betriebsärzte nur Personen bestellen, die berechtigt sind, den ärztlichen Beruf auszuüben, und die über die zur Erfüllung der ihnen übertragenen Aufgaben erforderliche arbeitsmedizinische Fachkunde verfügen.

Dritter Abschnitt. Fachkräfte für Arbeitssicherheit

§ 5 Bestellung von Fachkräften für Arbeitssicherheit. (1) Der Arbeitgeber hat Fachkräfte für Arbeitssicherheit (Sicherheitsingenieure, -techniker, -meister) schriftlich zu bestellen und ihnen die in § 6 genannten Aufgaben zu übertragen, soweit dies erforderlich ist im Hinblick auf
1. die Betriebsart und die damit für die Arbeitnehmer verbundenen Unfall- und Gesundheitsgefahren,
2. die Zahl der beschäftigten Arbeitnehmer und die Zusammensetzung der Arbeitnehmerschaft,
3. die Betriebsorganisation, insbesondere im Hinblick auf die Zahl und Art der für den Arbeitsschutz und die Unfallverhütung verantwortlichen Personen,
4. die Kenntnisse und die Schulung des Arbeitgebers oder der nach § 13 Abs. 1 Nr. 1, 2 oder 3 des Arbeitsschutzgesetzes[1)] verantwortlichen Personen in Fragen des Arbeitsschutzes.

(2) ¹Der Arbeitgeber hat dafür zu sorgen, daß die von ihm bestellten Fachkräfte für Arbeitssicherheit ihre Aufgaben erfüllen. ²Er hat sie bei der Erfüllung ihrer Aufgaben zu unterstützen; insbesondere ist er verpflichtet, ihnen, soweit dies zur Erfüllung ihrer Aufgaben erforderlich ist, Hilfspersonal sowie Räume, Einrichtungen, Geräte und Mittel zur Verfügung zu stellen. ³Er hat sie über den Einsatz von Personen zu unterrichten, die mit einem befristeten Arbeitsvertrag beschäftigt oder ihm zur Arbeitsleistung überlassen sind.

(3) ¹Der Arbeitgeber hat den Fachkräften für Arbeitssicherheit die zur Erfüllung ihrer Aufgaben erforderliche Fortbildung unter Berücksichtigung der betrieblichen Belange zu ermöglichen. ²Ist die Fachkraft für Arbeitssicherheit als Arbeitnehmer eingestellt, so ist sie für die Zeit der Fortbildung unter Fortentrichtung der Arbeitsvergütung von der Arbeit freizustellen. ³Die Kosten der Fortbildung trägt der Arbeitgeber. ⁴Ist die Fachkraft für Arbeitssicherheit nicht als Arbeitnehmer eingestellt, so ist sie für die Zeit der Fortbildung von der Erfüllung der ihr übertragenen Aufgaben freizustellen.

§ 6 Aufgaben der Fachkräfte für Arbeitssicherheit. ¹Die Fachkräfte für Arbeitssicherheit haben die Aufgabe, den Arbeitgeber beim Arbeitsschutz und bei der Unfallverhütung in allen Fragen der Arbeitssicherheit einschließlich der menschengerechten Gestaltung der Arbeit zu unterstützen. ²Sie haben insbesondere
1. den Arbeitgeber und die sonst für den Arbeitsschutz und die Unfallverhütung verantwortlichen Personen zu beraten, insbesondere bei
   a) der Planung, Ausführung und Unterhaltung von Betriebsanlagen und von sozialen und sanitären Einrichtungen,
   b) der Beschaffung von technischen Arbeitsmitteln und der Einführung von Arbeitsverfahren und Arbeitsstoffen,
   c) der Auswahl und Erprobung von Körperschutzmitteln,
   d) der Gestaltung der Arbeitsplätze, des Arbeitsablaufs, der Arbeitsumgebung und in sonstigen Fragen der Ergonomie,
   e) der Beurteilung der Arbeitsbedingungen,

[1)] Nr. 51.

2. die Betriebsanlagen und die technischen Arbeitsmittel insbesondere vor der Inbetriebnahme und Arbeitsverfahren insbesondere vor ihrer Einführung sicherheitstechnisch zu überprüfen,
3. die Durchführung des Arbeitsschutzes und der Unfallverhütung zu beobachten und im Zusammenhang damit
    a) die Arbeitsstätten in regelmäßigen Abständen zu begehen und festgestellte Mängel dem Arbeitgeber oder der sonst für den Arbeitsschutz und die Unfallverhütung verantwortlichen Person mitzuteilen, Maßnahmen zur Beseitigung dieser Mängel vorzuschlagen und auf deren Durchführung hinzuwirken,
    b) auf die Benutzung der Körperschutzmittel zu achten,
    c) Ursachen von Arbeitsunfällen zu untersuchen, die Untersuchungsergebnisse zu erfassen und auszuwerten und dem Arbeitgeber Maßnahmen zur Verhütung dieser Arbeitsunfälle vorzuschlagen,
4. darauf hinzuwirken, daß sich alle im Betrieb Beschäftigten den Anforderungen des Arbeitsschutzes und der Unfallverhütung entsprechend verhalten, insbesondere sie über die Unfall- und Gesundheitsgefahren, denen sie bei der Arbeit ausgesetzt sind, sowie über die Einrichtungen und Maßnahmen zur Abwendung dieser Gefahren zu belehren und bei der Schulung der Sicherheitsbeauftragten mitzuwirken.

§ 7 Anforderungen an Fachkräfte für Arbeitssicherheit. (1) [1]Der Arbeitgeber darf als Fachkräfte für Arbeitssicherheit nur Personen bestellen, die den nachstehenden Anforderungen genügen: Der Sicherheitsingenieur muß berechtigt sein, die Berufsbezeichnung Ingenieur zu führen und über die zur Erfüllung der ihm übertragenen Aufgaben erforderliche sicherheitstechnische Fachkunde verfügen. [2]Der Sicherheitstechniker oder -meister muß über die zur Erfüllung der ihm übertragenen Aufgaben erforderliche sicherheitstechnische Fachkunde verfügen.

(2) Die zuständige Behörde kann es im Einzelfall zulassen, daß an Stelle eines Sicherheitsingenieurs, der berechtigt ist, die Berufsbezeichnung Ingenieur zu führen, jemand bestellt werden darf, der zur Erfüllung der sich aus § 6 ergebenden Aufgaben über entsprechende Fachkenntnisse verfügt.

Vierter Abschnitt. Gemeinsame Vorschriften

§ 8 Unabhängigkeit bei der Anwendung der Fachkunde. (1) [1]Betriebsärzte und Fachkräfte für Arbeitssicherheit sind bei der Anwendung ihrer arbeitsmedizinischen und sicherheitstechnischen Fachkunde weisungsfrei. [2]Sie dürfen wegen der Erfüllung der ihnen übertragenen Aufgaben nicht benachteiligt werden. [3]Betriebsärzte sind nur ihrem ärztlichen Gewissen unterworfen und haben die Regeln der ärztlichen Schweigepflicht zu beachten.

(2) Betriebsärzte und Fachkräfte für Arbeitssicherheit oder, wenn für einen Betrieb mehrere Betriebsärzte oder Fachkräfte für Arbeitssicherheit bestellt sind, der leitende Betriebsarzt und die leitende Fachkraft für Arbeitssicherheit, unterstehen unmittelbar dem Leiter des Betriebs.

(3) [1]Können sich Betriebsärzte oder Fachkräfte für Arbeitssicherheit über eine von ihnen vorgeschlagene arbeitsmedizinische oder sicherheitstechnische Maßnahme mit dem Leiter des Betriebs nicht verständigen, so können sie ihren Vorschlag unmittelbar dem Arbeitgeber und, wenn dieser eine juristische

Person ist, dem zuständigen Mitglied des zur gesetzlichen Vertretung berufenen Organs unterbreiten. ²Ist für einen Betrieb oder ein Unternehmen ein leitender Betriebsarzt oder eine leitende Fachkraft für Arbeitssicherheit bestellt, steht diesen das Vorschlagsrecht nach Satz 1 zu. ³Lehnt der Arbeitgeber oder das zuständige Mitglied des zur gesetzlichen Vertretung berufenen Organs den Vorschlag ab, so ist dies den Vorschlagenden schriftlich mitzuteilen und zu begründen; der Betriebsrat erhält eine Abschrift.

§ 9 Zusammenarbeit mit dem Betriebsrat. (1) Die Betriebsärzte und die Fachkräfte für Arbeitssicherheit haben bei der Erfüllung ihrer Aufgaben mit dem Betriebsrat zusammenzuarbeiten.

(2) ¹Die Betriebsärzte und die Fachkräfte für Arbeitssicherheit haben den Betriebsrat über wichtige Angelegenheiten des Arbeitsschutzes und der Unfallverhütung zu unterrichten; sie haben ihm den Inhalt eines Vorschlages mitzuteilen, den sie nach § 8 Abs. 3 dem Arbeitgeber machen. ²Sie haben den Betriebsrat auf sein Verlangen in Angelegenheiten des Arbeitsschutzes und der Unfallverhütung zu beraten.

(3) ¹Die Betriebsärzte und Fachkräfte für Arbeitssicherheit sind mit Zustimmung des Betriebsrats zu bestellen und abzuberufen. ²Das gleiche gilt, wenn deren Aufgaben erweitert oder eingeschränkt werden sollen; im übrigen gilt § 87 in Verbindung mit § 76 des Betriebsverfassungsgesetzes[1]. ³Vor der Verpflichtung oder Entpflichtung eines freiberuflich tätigen Arztes, einer freiberuflich tätigen Fachkraft für Arbeitssicherheit oder eines überbetrieblichen Dienstes ist der Betriebsrat zu hören.

§ 10 Zusammenarbeit der Betriebsärzte und der Fachkräfte für Arbeitssicherheit. ¹Die Betriebsärzte und die Fachkräfte für Arbeitssicherheit haben bei der Erfüllung ihrer Aufgaben zusammenzuarbeiten. ²Dazu gehört es insbesondere, gemeinsame Betriebsbegehungen vorzunehmen. ³Die Betriebsärzte und die Fachkräfte für Arbeitssicherheit arbeiten bei der Erfüllung ihrer Aufgaben mit den anderen im Betrieb für Angelegenheiten der technischen Sicherheit, des Gesundheits- und des Umweltschutzes beauftragten Personen zusammen.

§ 11 Arbeitsschutzausschuß. ¹Soweit in einer sonstigen Rechtsvorschrift nichts anderes bestimmt ist, hat der Arbeitgeber in Betrieben mit mehr als zwanzig Beschäftigten einen Arbeitsschutzausschuß zu bilden; bei der Feststellung der Zahl der Beschäftigten sind Teilzeitbeschäftigte mit einer regelmäßigen wöchentlichen Arbeitszeit von nicht mehr als 20 Stunden mit 0,5 und nicht mehr als 30 Stunden mit 0,75 zu berücksichtigen. ²Dieser Ausschuß setzt sich zusammen aus:

dem Arbeitgeber oder einem von ihm Beauftragten,

zwei vom Betriebsrat bestimmten Betriebsratsmitgliedern,

Betriebsärzten,

Fachkräften für Arbeitssicherheit und

Sicherheitsbeauftragten nach § 22 des Siebten Buches Sozialgesetzbuch[2].

---

[1] Nr. 81.
[2] Nr. 46.

³Der Arbeitsschutzausschuß hat die Aufgabe, Anliegen des Arbeitsschutzes und der Unfallverhütung zu beraten. ⁴Der Arbeitsschutzausschuß tritt mindestens einmal vierteljährlich zusammen.

§ 12 Behördliche Anordnungen. (1) Die zuständige Behörde kann im Einzelfall anordnen, welche Maßnahmen der Arbeitgeber zur Erfüllung der sich aus diesem Gesetz und den die gesetzlichen Pflichten näher bestimmenden Rechtsverordnungen und Unfallverhütungsvorschriften ergebenden Pflichten, insbesondere hinsichtlich der Bestellung von Betriebsärzten und Fachkräften für Arbeitssicherheit, zu treffen hat.

(2) Die zuständige Behörde hat, bevor sie eine Anordnung trifft,
1. den Arbeitgeber und den Betriebsrat zu hören und mit ihnen zu erörtern, welche Maßnahmen angebracht erscheinen und
2. dem zuständigen Träger der gesetzlichen Unfallversicherung Gelegenheit zu geben, an der Erörterung mit dem Arbeitgeber teilzunehmen und zu der von der Behörde in Aussicht genommenen Anordnung Stellung zu nehmen.

(3) Die zuständige Behörde hat dem Arbeitgeber zur Ausführung der Anordnung eine angemessene Frist zu setzen.

(4) Die zuständige Behörde hat den Betriebsrat über eine gegenüber dem Arbeitgeber getroffene Anordnung schriftlich in Kenntnis zu setzen.

§ 13 Auskunfts- und Besichtigungsrechte. (1) ¹Der Arbeitgeber hat der zuständigen Behörde auf deren Verlangen die zur Durchführung des Gesetzes erforderlichen Auskünfte zu erteilen. ²Er kann die Auskunft auf solche Fragen verweigern, deren Beantwortung ihn selbst oder einen der in § 383 Abs. 1 Nr. 1 bis 3 der Zivilprozeßordnung bezeichneten Angehörigen der Gefahr strafgerichtlicher Verfolgung oder eines Verfahrens nach dem Gesetz über Ordnungswidrigkeiten aussetzen würde.

(2) ¹Die Beauftragten der zuständigen Behörde sind berechtigt, die Arbeitsstätten während der üblichen Betriebs- und Arbeitszeit zu betreten und zu besichtigen; außerhalb dieser Zeit oder wenn sich die Arbeitsstätten in einer Wohnung befinden, dürfen sie nur zur Verhütung von dringenden Gefahren für die öffentliche Sicherheit und Ordnung betreten und besichtigt werden. ²Das Grundrecht der Unverletzlichkeit der Wohnung (Artikel 13 des Grundgesetzes) wird insoweit eingeschränkt.

§ 14 Ermächtigung zum Erlaß von Rechtsverordnungen. ¹Das Bundesministerium für Arbeit und Soziales kann mit Zustimmung des Bundesrates durch Rechtsverordnung bestimmen, welche Maßnahmen der Arbeitgeber zur Erfüllung der sich aus diesem Gesetz ergebenden Pflichten zu treffen hat. ²Soweit die Träger der gesetzlichen Unfallversicherung ermächtigt sind, die gesetzlichen Pflichten durch Unfallverhütungsvorschriften näher zu bestimmen, macht das Bundesministerium für Arbeit und Soziales von der Ermächtigung erst Gebrauch, nachdem innerhalb einer von ihm gesetzten angemessenen Frist der Träger der gesetzlichen Unfallversicherung eine entsprechende Unfallverhütungsvorschrift nicht erlassen hat oder eine unzureichend gewordene Unfallverhütungsvorschrift nicht ändert.

§ 15 Ermächtigung zum Erlaß von allgemeinen Verwaltungsvorschriften. Das Bundesministerium für Arbeit und Soziales erläßt mit Zustimmung des Bundesrates allgemeine Verwaltungsvorschriften zu diesem Gesetz und den auf Grund des Gesetzes erlassenen Rechtsverordnungen.

§ 16 Öffentliche Verwaltung. In Verwaltungen und Betrieben des Bundes, der Länder, der Gemeinden und der sonstigen Körperschaften, Anstalten und Stiftungen des öffentlichen Rechts ist ein den Grundsätzen dieses Gesetzes gleichwertiger arbeitsmedizinischer und sicherheitstechnischer Arbeitsschutz zu gewährleisten.

§ 17 Nichtanwendung des Gesetzes. (1) Dieses Gesetz ist nicht anzuwenden, soweit Arbeitnehmer im Haushalt beschäftigt werden.

(2) [1]Soweit im Bereich der Seeschiffahrt die Vorschriften der Verordnung über die Seediensttauglichkeit und der Verordnung über die Krankenfürsorge auf Kauffahrteischiffen gleichwertige Regelungen enthalten, gelten diese Regelungen für die beschäftigten Kapitäne, Besatzungsmitglieder und sonstige an Bord tätigen Personen deutscher Seeschiffe. [2]Soweit dieses Gesetz auf die Seeschiffahrt nicht anwendbar ist, wird das Nähere durch Rechtsverordnung geregelt.

(3) [1]Soweit das Bergrecht diesem Gesetz gleichwertige Regelungen enthält, gelten diese Regelungen. [2]Im übrigen gilt dieses Gesetz.

§ 18 Ausnahmen. Die zuständige Behörde kann dem Arbeitgeber gestatten, auch solche Betriebsärzte und Fachkräfte für Arbeitssicherheit zu bestellen, die noch nicht über die erforderliche Fachkunde im Sinne des § 4 oder § 7 verfügen, wenn der Arbeitgeber sich verpflichtet, in einer festzulegenden Frist den Betriebsarzt oder die Fachkraft für Arbeitssicherheit entsprechend fortbilden zu lassen.

§ 19 Überbetriebliche Dienste. Die Verpflichtung des Arbeitgebers, Betriebsärzte und Fachkräfte für Arbeitssicherheit zu bestellen, kann auch dadurch erfüllt werden, daß der Arbeitgeber einen überbetrieblichen Dienst von Betriebsärzten oder Fachkräften für Arbeitssicherheit zur Wahrnehmung der Aufgaben nach § 3 oder § 6 verpflichtet.

§ 20 Ordnungswidrigkeiten. (1) Ordnungswidrig handelt, wer vorsätzlich oder fahrlässig
1. einer vollziehbaren Anordnung nach § 12 Abs. 1 zuwiderhandelt,
2. entgegen § 13 Abs. 1 Satz 1 eine Auskunft nicht, nicht richtig oder nicht vollständig erteilt oder
3. entgegen § 13 Abs. 2 Satz 1 eine Besichtigung nicht duldet.

(2) Eine Ordnungswidrigkeit nach Absatz 1 Nr. 1 kann mit einer Geldbuße bis zu fünfundzwanzigtausend Euro, eine Ordnungswidrigkeit nach Absatz 1 Nr. 2 und 3 mit einer Geldbuße bis zu fünfhundert Euro geahndet werden.

§ 21 *(nicht wiedergegebene Änderungsvorschrift)*

§ 22 Berlin-Klausel. *(gegenstandslos)*

§ 23 Inkrafttreten. (1) ¹Dieses Gesetz, ausgenommen § 14 und § 21, tritt am ersten Tage des auf die Verkündung[1]) folgenden zwölften Kalendermonats in Kraft. ²§ 14 und § 21 treten am Tage nach der Verkündung des Gesetzes in Kraft.

(2) ¹§ 6 Abs. 3 Satz 2 und § 7 des Berliner Gesetzes über die Durchführung des Arbeitsschutzes vom 9. August 1949 (VOBl. I S. 265), zuletzt geändert durch Artikel LVIII des Gesetzes vom 6. März 1970 (GVBl. S. 474), treten außer Kraft. ²Im übrigen bleibt das Gesetz unberührt.

---

¹) Verkündet am 15. 12. 1973.

53. Gesetz zum Schutz vor schädlichen Umwelteinwirkungen durch Luftverunreinigungen, Geräusche, Erschütterungen und ähnliche Vorgänge (Bundes-Immissionsschutzgesetz – BImSchG)

In der Fassung der Bekanntmachung vom 26. September 2002[1]
(BGBl. I S. 3830)
FNA 2129-8
zuletzt geänd. durch Art. 1 G zur Reduzierung und Beschleunigung von immissionsschutzrechtl. Genehmigungsverfahren v. 23. 10. 2007 (BGBl. I S. 2470)

– Auszug[2] –

Siebenter Teil. Gemeinsame Vorschriften

§ 58 Benachteiligungsverbot, Kündigungsschutz. (1) Der Immissionsschutzbeauftragte darf wegen der Erfüllung der ihm übertragenen Aufgaben nicht benachteiligt werden.

(2) [1]Ist der Immissionsschutzbeauftragte Arbeitnehmer des zur Bestellung verpflichteten Betreibers, so ist die Kündigung des Arbeitsverhältnisses unzulässig, es sei denn, dass Tatsachen vorliegen, die den Betreiber zur Kündigung aus wichtigem Grund ohne Einhaltung einer Kündigungsfrist berechtigen. [2]Nach der Abberufung als Immissionsschutzbeauftragter ist die Kündigung innerhalb eines Jahres, vom Zeitpunkt der Beendigung der Bestellung an gerechnet, unzulässig, es sei denn, dass Tatsachen vorliegen, die den Betreiber zur Kündigung aus wichtigem Grund ohne Einhaltung einer Kündigungsfrist berechtigen.

§ 58 a Bestellung eines Störfallbeauftragten. (1) [1]Betreiber genehmigungsbedürftiger Anlagen haben einen oder mehrere Störfallbeauftragte zu bestellen, sofern dies im Hinblick auf die Art und Größe der Anlage wegen der bei einer Störung des bestimmungsgemäßen Betriebs auftretenden Gefahren für die Allgemeinheit und die Nachbarschaft erforderlich ist. [2]Die Bundesregierung bestimmt nach Anhörung der beteiligten Kreise (§ 51) durch Rechtsverordnung mit Zustimmung des Bundesrates die genehmigungsbedürftigen Anlagen, deren Betreiber Störfallbeauftragte zu bestellen haben.

(2) Die zuständige Behörde kann anordnen, dass Betreiber genehmigungsbedürftiger Anlagen, für die die Bestellung eines Störfallbeauftragten nicht durch Rechtsverordnung vorgeschrieben ist, einen oder mehrere Störfall-

---

[1] Neubekanntmachung des BImSchG idF der Bek. v. 14. 5. 1990 (BGBl. I S. 880) in der ab 18. 9. 2002 geltenden Fassung.
[2] Vollständig abgedruckt in **Bundes-Immissionsschutzgesetz** (dtv 5575) Nr. **1**; **Umweltrecht** (dtv 5533) Nr. **6.1** sowie **Gewerbeordnung** (dtv 5004) Nr. **7**.

beauftragte zu bestellen haben, soweit sich im Einzelfall die Notwendigkeit der Bestellung aus dem in Absatz 1 Satz 1 genannten Gesichtspunkt ergibt.

§ 58 b Aufgaben des Störfallbeauftragten. (1) ¹Der Störfallbeauftragte berät den Betreiber in Angelegenheiten, die für die Sicherheit der Anlage bedeutsam sein können. ²Er ist berechtigt und verpflichtet,

1. auf die Verbesserung der Sicherheit der Anlage hinzuwirken,
2. dem Betreiber unverzüglich ihm bekannt gewordene Störungen des bestimmungsgemäßen Betriebs mitzuteilen, die zu Gefahren für die Allgemeinheit und die Nachbarschaft führen können,
3. die Einhaltung der Vorschriften dieses Gesetzes und der auf Grund dieses Gesetzes erlassenen Rechtsverordnungen sowie die Erfüllung erteilter Bedingungen und Auflagen im Hinblick auf die Verhinderung von Störungen des bestimmungsgemäßen Betriebs der Anlage zu überwachen, insbesondere durch Kontrolle der Betriebsstätte in regelmäßigen Abständen, Mitteilung festgestellter Mängel und Vorschläge zur Beseitigung dieser Mängel,
4. Mängel, die den vorbeugenden und abwehrenden Brandschutz sowie die technische Hilfeleistung betreffen, unverzüglich dem Betreiber zu melden.

(2) ¹Der Störfallbeauftragte erstattet dem Betreiber jährlich einen Bericht über die nach Absatz 1 Satz 2 Nr. 1 bis 3 getroffenen und beabsichtigten Maßnahmen. ²Darüber hinaus ist er verpflichtet, die von ihm ergriffenen Maßnahmen zur Erfüllung seiner Aufgaben nach Absatz 1 Satz 2 Nr. 2 schriftlich aufzuzeichnen. ³Er muss diese Aufzeichnungen mindestens fünf Jahre aufbewahren.

§ 58 c Pflichten und Rechte des Betreibers gegenüber dem Störfallbeauftragten. (1) Die in den §§ 55 und 57 genannten Pflichten des Betreibers gelten gegenüber dem Störfallbeauftragten entsprechend; in Rechtsverordnungen nach § 55 Abs. 2 Satz 3 kann auch geregelt werden, welche Anforderungen an die Fachkunde und Zuverlässigkeit des Störfallbeauftragten zu stellen sind.

(2) ¹Der Betreiber hat vor Investitionsentscheidungen sowie vor der Planung von Betriebsanlagen und der Einführung von Arbeitsverfahren und Arbeitsstoffen eine Stellungnahme des Störfallbeauftragten einzuholen, wenn diese Entscheidungen für die Sicherheit der Anlage bedeutsam sein können. ²Die Stellungnahme ist so rechtzeitig einzuholen, dass sie bei den Entscheidungen nach Satz 1 angemessen berücksichtigt werden kann; sie ist derjenigen Stelle vorzulegen, die die Entscheidungen trifft.

(3) Der Betreiber kann dem Störfallbeauftragten für die Beseitigung und die Begrenzung der Auswirkungen von Störungen des bestimmungsgemäßen Betriebs, die zu Gefahren für die Allgemeinheit und die Nachbarschaft führen können oder bereits geführt haben, Entscheidungsbefugnisse übertragen.

§ 58 d Verbot der Benachteiligung des Störfallbeauftragten, Kündigungsschutz. § 58 gilt für den Störfallbeauftragten entsprechend.

54. Arbeitszeitgesetz (ArbZG)[1)]

Vom 6. Juni 1994
(BGBl. I S. 1170)
FNA 8050-21
zuletzt geänd. durch Art. 229 Neunte ZuständigkeitsanpassungsVO v. 31. 10. 2006
(BGBl. I S. 2407)

Erster Abschnitt. Allgemeine Vorschriften

§ 1 Zweck des Gesetzes. Zweck des Gesetzes ist es,
1. die Sicherheit und den Gesundheitsschutz der Arbeitnehmer bei der Arbeitszeitgestaltung zu gewährleisten und die Rahmenbedingungen für flexible Arbeitszeiten zu verbessern sowie
2. den Sonntag und die staatlich anerkannten Feiertage als Tage der Arbeitsruhe und der seelischen Erhebung der Arbeitnehmer zu schützen.

§ 2 Begriffsbestimmungen. (1) ¹Arbeitszeit im Sinne dieses Gesetzes ist die Zeit vom Beginn bis zum Ende der Arbeit ohne die Ruhepausen; Arbeitszeiten bei mehreren Arbeitgebern sind zusammenzurechnen. ²Im Bergbau unter Tage zählen die Ruhepausen zur Arbeitszeit.

(2) Arbeitnehmer im Sinne dieses Gesetzes sind Arbeiter und Angestellte sowie die zu ihrer Berufsbildung Beschäftigten.

(3) Nachtzeit im Sinne dieses Gesetzes ist die Zeit von 23 bis 6 Uhr, in Bäckereien und Konditoreien die Zeit von 22 bis 5 Uhr.

(4) Nachtarbeit im Sinne dieses Gesetzes ist jede Arbeit, die mehr als zwei Stunden der Nachtzeit umfaßt.

(5) Nachtarbeitnehmer im Sinne dieses Gesetzes sind Arbeitnehmer, die
1. auf Grund ihrer Arbeitszeitgestaltung normalerweise Nachtarbeit in Wechselschicht zu leisten haben oder
2. Nachtarbeit an mindestens 48 Tagen im Kalenderjahr leisten.

Zweiter Abschnitt. Werktägliche Arbeitszeit und arbeitsfreie Zeiten

§ 3 Arbeitszeit der Arbeitnehmer. ¹Die werktägliche Arbeitszeit der Arbeitnehmer darf acht Stunden nicht überschreiten. ²Sie kann auf bis zu zehn Stunden nur verlängert werden, wenn innerhalb von sechs Kalendermonaten oder innerhalb von 24 Wochen im Durchschnitt acht Stunden werktäglich nicht überschritten werden.

[1)] Verkündet als Art. 1 ArbeitszeitrechtsG vom 6. 6. 1994 (BGBl. I S. 1170); Inkrafttreten gem. Art. 21 Satz 2 dieses G am 1. 7. 1994.

§ 4 Ruhepausen. ¹Die Arbeit ist durch im voraus feststehende Ruhepausen von mindestens 30 Minuten bei einer Arbeitszeit von mehr als sechs bis zu neun Stunden und 45 Minuten bei einer Arbeitszeit von mehr als neun Stunden insgesamt zu unterbrechen. ²Die Ruhepausen nach Satz 1 können in Zeitabschnitte von jeweils mindestens 15 Minuten aufgeteilt werden. ³Länger als sechs Stunden hintereinander dürfen Arbeitnehmer nicht ohne Ruhepause beschäftigt werden.

§ 5 Ruhezeit. (1) Die Arbeitnehmer müssen nach Beendigung der täglichen Arbeitszeit eine ununterbrochene Ruhezeit von mindestens elf Stunden haben.

(2) Die Dauer der Ruhezeit des Absatzes 1 kann in Krankenhäusern und anderen Einrichtungen zur Behandlung, Pflege und Betreuung von Personen, in Gaststätten und anderen Einrichtungen zur Bewirtung und Beherbergung, in Verkehrsbetrieben, beim Rundfunk sowie in der Landwirtschaft und in der Tierhaltung um bis zu eine Stunde verkürzt werden, wenn jede Verkürzung der Ruhezeit innerhalb eines Kalendermonats oder innerhalb von vier Wochen durch Verlängerung einer anderen Ruhezeit auf mindestens zwölf Stunden ausgeglichen wird.

(3) Abweichend von Absatz 1 können in Krankenhäusern und anderen Einrichtungen zur Behandlung, Pflege und Betreuung von Personen Kürzungen der Ruhezeit durch Inanspruchnahmen während der Rufbereitschaft, die nicht mehr als die Hälfte der Ruhezeit betragen, zu anderen Zeiten ausgeglichen werden.

§ 6 Nacht- und Schichtarbeit. (1) Die Arbeitszeit der Nacht- und Schichtarbeitnehmer ist nach den gesicherten arbeitswissenschaftlichen Erkenntnissen über die menschengerechte Gestaltung der Arbeit festzulegen.

(2) ¹Die werktägliche Arbeitszeit der Nachtarbeitnehmer darf acht Stunden nicht überschreiten. ²Sie kann auf bis zu zehn Stunden nur verlängert werden, wenn abweichend von § 3 innerhalb von einem Kalendermonat oder innerhalb von vier Wochen im Durchschnitt acht Stunden werktäglich nicht überschritten werden. ³Für Zeiträume, in denen Nachtarbeitnehmer im Sinne des § 2 Abs. 5 Nr. 2 nicht zur Nachtarbeit herangezogen werden, findet § 3 Satz 2 Anwendung.

(3) ¹Nachtarbeitnehmer sind berechtigt, sich vor Beginn der Beschäftigung und danach in regelmäßigen Zeitabständen von nicht weniger als drei Jahren arbeitsmedizinisch untersuchen zu lassen. ²Nach Vollendung des 50. Lebensjahres steht Nachtarbeitnehmern dieses Recht in Zeitabständen von einem Jahr zu. ³Die Kosten der Untersuchungen hat der Arbeitgeber zu tragen, sofern er die Untersuchungen den Nachtarbeitnehmern nicht kostenlos durch einen Betriebsarzt oder einen überbetrieblichen Dienst von Betriebsärzten anbietet.

(4) ¹Der Arbeitgeber hat den Nachtarbeitnehmer auf dessen Verlangen auf einen für ihn geeigneten Tagesarbeitsplatz umzusetzen, wenn

a) nach arbeitsmedizinischer Feststellung die weitere Verrichtung von Nachtarbeit den Arbeitnehmer in seiner Gesundheit gefährdet oder

b) im Haushalt des Arbeitnehmers ein Kind unter zwölf Jahren lebt, das nicht von einer anderen im Haushalt lebenden Person betreut werden kann, oder

c) der Arbeitnehmer einen schwerpflegebedürftigen Angehörigen zu versorgen hat, der nicht von einem anderen im Haushalt lebenden Angehörigen versorgt werden kann,

sofern dem nicht dringende betriebliche Erfordernisse entgegenstehen. ²Stehen der Umsetzung des Nachtarbeitnehmers auf einen für ihn geeigneten Tagesarbeitsplatz nach Auffassung des Arbeitgebers dringende betriebliche Erfordernisse entgegen, so ist der Betriebs- oder Personalrat zu hören. ³Der Betriebs- oder Personalrat kann dem Arbeitgeber Vorschläge für eine Umsetzung unterbreiten.

(5) Soweit keine tarifvertraglichen Ausgleichsregelungen bestehen, hat der Arbeitgeber dem Nachtarbeitnehmer für die während der Nachtzeit geleisteten Arbeitsstunden eine angemessene Zahl bezahlter freier Tage oder einen angemessenen Zuschlag auf das ihm hierfür zustehende Bruttoarbeitsentgelt zu gewähren.

(6) Es ist sicherzustellen, daß Nachtarbeitnehmer den gleichen Zugang zur betrieblichen Weiterbildung und zu aufstiegsfördernden Maßnahmen haben wie die übrigen Arbeitnehmer.

§ 7 Abweichende Regelungen. (1) In einem Tarifvertrag oder auf Grund eines Tarifvertrags in einer Betriebs- oder Dienstvereinbarung kann zugelassen werden,

1. abweichend von § 3
   a) die Arbeitszeit über zehn Stunden werktäglich zu verlängern, wenn in die Arbeitszeit regelmäßig und in erheblichem Umfang Arbeitsbereitschaft oder Bereitschaftsdienst fällt,
   b) einen anderen Ausgleichszeitraum festzulegen,
2. abweichend von § 4 Satz 2 die Gesamtdauer der Ruhepausen in Schichtbetrieben und Verkehrsbetrieben auf Kurzpausen von angemessener Dauer aufzuteilen,
3. abweichend von § 5 Abs. 1 die Ruhezeit um bis zu zwei Stunden zu kürzen, wenn die Art der Arbeit dies erfordert und die Kürzung der Ruhezeit innerhalb eines festzulegenden Ausgleichszeitraums ausgeglichen wird,
4. abweichend von § 6 Abs. 2
   a) die Arbeitszeit über zehn Stunden werktäglich hinaus zu verlängern, wenn in die Arbeitszeit regelmäßig und in erheblichem Umfang Arbeitsbereitschaft oder Bereitschaftsdienst fällt,
   b) einen anderen Ausgleichszeitraum festzulegen,
5. den Beginn des siebenstündigen Nachtzeitraums des § 2 Abs. 3 auf die Zeit zwischen 22 und 24 Uhr festzulegen.

(2) Sofern der Gesundheitsschutz der Arbeitnehmer durch einen entsprechenden Zeitausgleich gewährleistet wird, kann in einem Tarifvertrag oder auf Grund eines Tarifvertrags in einer Betriebs- oder Dienstvereinbarung ferner zugelassen werden,

1. abweichend von § 5 Abs. 1 die Ruhezeiten bei Rufbereitschaft den Besonderheiten dieses Dienstes anzupassen, insbesondere Kürzungen der Ruhezeit infolge von Inanspruchnahmen während dieses Dienstes zu anderen Zeiten auszugleichen,
2. die Regelungen der §§ 3, 5 Abs. 1 und § 6 Abs. 2 in der Landwirtschaft der Bestellungs- und Erntezeit sowie den Witterungseinflüssen anzupassen,

3. die Regelungen der §§ 3, 4, 5 Abs. 1 und § 6 Abs. 2 bei der Behandlung, Pflege und Betreuung von Personen der Eigenart dieser Tätigkeit und dem Wohl dieser Personen entsprechend anzupassen,
4. die Regelungen der §§ 3, 4, 5 Abs. 1 und § 6 Abs. 2 bei Verwaltungen und Betrieben des Bundes, der Länder, der Gemeinden und sonstigen Körperschaften, Anstalten und Stiftungen des öffentlichen Rechts sowie bei anderen Arbeitgebern, die der Tarifbindung eines für den öffentlichen Dienst geltenden oder eines im wesentlichen inhaltsgleichen Tarifvertrags unterliegen, der Eigenart der Tätigkeit bei diesen Stellen anzupassen.

(2 a) In einem Tarifvertrag oder auf Grund eines Tarifvertrags in einer Betriebs- oder Dienstvereinbarung kann abweichend von den §§ 3, 5 Abs. 1 und § 6 Abs. 2 zugelassen werden, die werktägliche Arbeitszeit auch ohne Ausgleich über acht Stunden zu verlängern, wenn in die Arbeitszeit regelmäßig und in erheblichem Umfang Arbeitsbereitschaft oder Bereitschaftsdienst fällt und durch besondere Regelungen sichergestellt wird, dass die Gesundheit der Arbeitnehmer nicht gefährdet wird.

(3) ¹Im Geltungsbereich eines Tarifvertrags nach Absatz 1, 2 oder 2a können abweichende tarifvertragliche Regelungen im Betrieb eines nicht tarifgebundenen Arbeitgebers durch Betriebs- oder Dienstvereinbarung oder, wenn ein Betriebs- oder Personalrat nicht besteht, durch schriftliche Vereinbarung zwischen dem Arbeitgeber und dem Arbeitnehmer übernommen werden. ²Können auf Grund eines solchen Tarifvertrags abweichende Regelungen in einer Betriebs- oder Dienstvereinbarung getroffen werden, kann auch in Betrieben eines nicht tarifgebundenen Arbeitgebers davon Gebrauch gemacht werden. ³Eine nach Absatz 2 Nr. 4 getroffene abweichende tarifvertragliche Regelung hat zwischen nicht tarifgebundenen Arbeitgebern und Arbeitnehmern Geltung, wenn zwischen ihnen die Anwendung der für den öffentlichen Dienst geltenden tarifvertraglichen Bestimmungen vereinbart ist und die Arbeitgeber die Kosten des Betriebs überwiegend mit Zuwendungen im Sinne des Haushaltsrechts decken.

(4) Die Kirchen und die öffentlich-rechtlichen Religionsgesellschaften können die in Absatz 1, 2 oder 2a genannten Abweichungen in ihren Regelungen vorsehen.

(5) In einem Bereich, in dem Regelungen durch Tarifvertrag üblicherweise nicht getroffen werden, können Ausnahmen im Rahmen des Absatzes 1, 2 oder 2a durch die Aufsichtsbehörde bewilligt werden, wenn dies aus betrieblichen Gründen erforderlich ist und die Gesundheit der Arbeitnehmer nicht gefährdet wird.

(6) Die Bundesregierung kann durch Rechtsverordnung mit Zustimmung des Bundesrates Ausnahmen im Rahmen des Absatzes 1 oder 2 zulassen, sofern dies aus betrieblichen Gründen erforderlich ist und die Gesundheit der Arbeitnehmer nicht gefährdet wird.

(7) ¹Auf Grund einer Regelung nach Absatz 2a oder den Absätzen 3 bis 5 jeweils in Verbindung mit Absatz 2a darf die Arbeitszeit nur verlängert werden, wenn der Arbeitnehmer schriftlich eingewilligt hat. ²Der Arbeitnehmer kann die Einwilligung mit einer Frist von sechs Monaten schriftlich widerrufen. ³Der Arbeitgeber darf einen Arbeitnehmer nicht benachteiligen, weil dieser die Einwilligung zur Verlängerung der Arbeitszeit nicht erklärt oder die Einwilligung widerrufen hat.

(8) ¹Werden Regelungen nach Absatz 1 Nr. 1 und 4, Absatz 2 Nr. 2 bis 4 oder solche Regelungen auf Grund der Absätze 3 und 4 zugelassen, darf die Arbeitszeit 48 Stunden wöchentlich im Durchschnitt von zwölf Kalendermonaten nicht überschreiten. ²Erfolgt die Zulassung auf Grund des Absatzes 5, darf die Arbeitszeit 48 Stunden wöchentlich im Durchschnitt von sechs Kalendermonaten oder 24 Wochen nicht überschreiten.

(9) Wird die werktägliche Arbeitszeit über zwölf Stunden hinaus verlängert, muss im unmittelbaren Anschluss an die Beendigung der Arbeitszeit eine Ruhezeit von mindestens elf Stunden gewährt werden.

§ 8 Gefährliche Arbeiten. ¹Die Bundesregierung kann durch Rechtsverordnung mit Zustimmung des Bundesrates für einzelne Beschäftigungsbereiche, für bestimmte Arbeiten oder für bestimmte Arbeitnehmergruppen, bei denen besondere Gefahren für die Gesundheit der Arbeitnehmer zu erwarten sind, die Arbeitzeit über § 3 hinaus beschränken, die Ruhepausen und Ruhezeiten über die §§ 4 und 5 hinaus ausdehnen, die Regelungen zum Schutz der Nacht- und Schichtarbeitnehmer in § 6 erweitern und die Abweichungsmöglichkeiten nach § 7 beschränken, soweit dies zum Schutz der Gesundheit der Arbeitnehmer erforderlich ist. ²Satz 1 gilt nicht für Beschäftigungsbereiche und Arbeiten in Betrieben, die der Bergaufsicht unterliegen.

Dritter Abschnitt. Sonn- und Feiertagsruhe

§ 9 Sonn- und Feiertagsruhe. (1) Arbeitnehmer dürfen an Sonn- und gesetzlichen Feiertagen von 0 bis 24 Uhr nicht beschäftigt werden.

(2) In mehrschichtigen Betrieben mit regelmäßiger Tag- und Nachtschicht kann Beginn oder Ende der Sonn- und Feiertagsruhe um bis zu sechs Stunden vor- oder zurückverlegt werden, wenn für die auf den Beginn der Ruhezeit folgenden 24 Stunden der Betrieb ruht.

(3) Für Kraftfahrer und Beifahrer kann der Beginn der 24 stündigen Sonn- und Feiertagsruhe um bis zu zwei Stunden vorverlegt werden.

§ 10 Sonn- und Feiertagsbeschäftigung. (1) Sofern die Arbeiten nicht an Werktagen vorgenommen werden können, dürfen Arbeitnehmer an Sonn- und Feiertagen abweichend von § 9 beschäftigt werden
1. in Not- und Rettungsdiensten sowie bei der Feuerwehr,
2. zur Aufrechterhaltung der öffentlichen Sicherheit und Ordnung sowie der Funktionsfähigkeit von Gerichten und Behörden und für Zwecke der Verteidigung,
3. in Krankenhäusern und anderen Einrichtungen zur Behandlung, Pflege und Betreuung von Personen,
4. in Gaststätten und anderen Einrichtungen zur Bewirtung und Beherbergung sowie im Haushalt,
5. bei Musikaufführungen, Theatervorstellungen, Filmvorführungen, Schaustellungen, Darbietungen und anderen ähnlichen Veranstaltungen,
6. bei nichtgewerblichen Aktionen und Veranstaltungen der Kirchen, Religionsgesellschaften, Verbände, Vereine, Parteien und anderer ähnlicher Vereinigungen,

7. beim Sport und in Freizeit-, Erholungs- und Vergnügungseinrichtungen, beim Fremdenverkehr sowie in Museen und wissenschaftlichen Präsenzbibliotheken,
8. beim Rundfunk, bei der Tages- und Sportpresse, bei Nachrichtenagenturen sowie bei den der Tagesaktualität dienenden Tätigkeiten für andere Presseerzeugnisse einschließlich des Austragens, bei der Herstellung von Satz, Filmen und Druckformen für tagesaktuelle Nachrichten und Bilder, bei tagesaktuellen Aufnahmen auf Ton- und Bildträger sowie beim Transport und Kommissionieren von Presseerzeugnissen, deren Ersterscheinungstag am Montag oder am Tag nach einem Feiertag liegt,
9. bei Messen, Ausstellungen und Märkten im Sinne des Titels IV der Gewerbeordnung sowie bei Volksfesten,
10. in Verkehrsbetrieben sowie beim Transport und Kommissionieren von leichtverderblichen Waren im Sinne des § 30 Abs. 3 Nr. 2 der Straßenverkehrsordnung,
11. in den Energie- und Wasserversorgungsbetrieben sowie in Abfall- und Abwasserentsorgungsbetrieben,
12. in der Landwirtschaft und in der Tierhaltung sowie in Einrichtungen zur Behandlung und Pflege von Tieren,
13. im Bewachungsgewerbe und bei der Bewachung von Betriebsanlagen,
14. bei der Reinigung und Instandhaltung von Betriebseinrichtungen, soweit hierdurch der regelmäßige Fortgang des eigenen oder eines fremden Betriebs bedingt ist, bei der Vorbereitung der Wiederaufnahme des vollen werktägigen Betriebs sowie bei der Aufrechterhaltung der Funktionsfähigkeit von Datennetzen und Rechnersystemen,
15. zur Verhütung des Verderbens von Naturerzeugnissen oder Rohstoffen oder des Mißlingens von Arbeitsergebnissen sowie bei kontinuierlich durchzuführenden Forschungsarbeiten,
16. zur Vermeidung einer Zerstörung oder erheblichen Beschädigung der Produktionseinrichtungen.

(2) Abweichend von § 9 dürfen Arbeitnehmer an Sonn- und Feiertagen mit den Produktionsarbeiten beschäftigt werden, wenn die infolge der Unterbrechung der Produktion nach Absatz 1 Nr. 14 zulässigen Arbeiten den Einsatz von mehr Arbeitnehmern als bei durchgehender Produktion erfordern.

(3) Abweichend von § 9 dürfen Arbeitnehmer an Sonn- und Feiertagen in Bäckereien und Konditoreien für bis zu drei Stunden mit der Herstellung und dem Austragen oder Ausfahren von Konditorwaren und an diesem Tag zum Verkauf kommenden Bäckerwaren beschäftigt werden.

(4) Sofern die Arbeiten nicht an Werktagen vorgenommen werden können, dürfen Arbeitnehmer zur Durchführung des Eil- und Großbetragszahlungsverkehrs und des Geld-, Devisen-, Wertpapier- und Derivatehandels abweichend von § 9 Abs. 1 an den auf einen Werktag fallenden Feiertagen beschäftigt werden, die nicht in allen Mitgliedstaaten der Europäischen Union Feiertage sind.

§ 11 Ausgleich für Sonn- und Feiertagsbeschäftigung. (1) Mindestens 15 Sonntage im Jahr müssen beschäftigungsfrei bleiben.

(2) Für die Beschäftigung an Sonn- und Feiertagen gelten die §§ 3 bis 8 entsprechend, jedoch dürfen durch die Arbeitszeit an Sonn- und Feiertagen

die in den §§ 3, 6 Abs. 2 und §§ 7, 21 a Abs. 4 bestimmten Höchstarbeitszeiten und Ausgleichszeiträume nicht überschritten werden.

(3) [1]Werden Arbeitnehmer an einem Sonntag beschäftigt, müssen sie einen Ersatzruhetag haben, der innerhalb eines den Beschäftigungstag einschließenden Zeitraums von zwei Wochen zu gewähren ist. [2]Werden Arbeitnehmer an einem auf einen Werktag fallenden Feiertag beschäftigt, müssen sie einen Ersatzruhetag haben, der innerhalb eines den Beschäftigungstag einschließenden Zeitraums von acht Wochen zu gewähren ist.

(4) Die Sonn- oder Feiertagsruhe des § 9 oder der Ersatzruhetag des Absatzes 3 ist den Arbeitnehmern unmittelbar in Verbindung mit einer Ruhezeit nach § 5 zu gewähren, soweit dem technische oder arbeitsorganisatorische Gründe nicht entgegenstehen.

§ 12 Abweichende Regelungen. [1]In einem Tarifvertrag oder auf Grund eines Tarifvertrags in einer Betriebs- oder Dienstvereinbarung kann zugelassen werden,
1. abweichend von § 11 Abs. 1 die Anzahl der beschäftigungsfreien Sonntage in den Einrichtungen des § 10 Abs. 1 Nr. 2, 3, 4 und 10 auf mindestens zehn Sonntage, im Rundfunk, in Theaterbetrieben, Orchestern sowie bei Schaustellungen auf mindestens acht Sonntage, in Filmtheatern und in der Tierhaltung auf mindestens sechs Sonntage im Jahr zu verringern,
2. abweichend von § 11 Abs. 3 den Wegfall von Ersatzruhetagen für auf Werktage fallende Feiertage zu vereinbaren oder Arbeitnehmer innerhalb eines festzulegenden Ausgleichszeitraums beschäftigungsfrei zu stellen,
3. abweichend von § 11 Abs. 1 bis 3 in der Seeschiffahrt die den Arbeitnehmern nach diesen Vorschriften zustehenden freien Tage zusammenhängend zu geben,
4. abweichend von § 11 Abs. 2 die Arbeitszeit in vollkontinuierlichen Schichtbetrieben an Sonn- und Feiertagen auf bis zu zwölf Stunden zu verlängern, wenn dadurch zusätzliche freie Schichten an Sonn- und Feiertagen erreicht werden.

[2]§ 7 Abs. 3 bis 6 findet Anwendung.

§ 13 Ermächtigung, Anordnung, Bewilligung. (1) Die Bundesregierung kann durch Rechtsverordnung mit Zustimmung des Bundesrates zur Vermeidung erheblicher Schäden unter Berücksichtigung des Schutzes der Arbeitnehmer und der Sonn- und Feiertagsruhe
1. die Bereiche mit Sonn- und Feiertagsbeschäftigung nach § 10 sowie die dort zugelassenen Arbeiten näher bestimmen,
2. über die Ausnahmen nach § 10 hinaus weitere Ausnahmen abweichend von § 9
    a) für Betriebe, in denen die Beschäftigung von Arbeitnehmern an Sonn- oder Feiertagen zur Befriedigung täglicher oder an diesen Tagen besonders hervortretender Bedürfnisse der Bevölkerung erforderlich ist,
    b) für Betriebe, in denen Arbeiten vorkommen, deren Unterbrechung oder Aufschub
        aa) nach dem Stand der Technik ihrer Art nach nicht oder nur mit erheblichen Schwierigkeiten möglich ist,

Arbeitszeitgesetz § 14 ArbZG 54

bb) besondere Gefahren für Leben oder Gesundheit der Arbeitnehmer zur Folge hätte,

cc) zu erheblichen Belastungen der Umwelt oder der Energie- oder Wasserversorgung führen würde,

c) aus Gründen des Gemeinwohls, insbesondere auch zur Sicherung der Beschäftigung,

zulassen und die zum Schutz der Arbeitnehmer und der Sonn- und Feiertagsruhe notwendigen Bedingungen bestimmen.

(2) ¹Soweit die Bundesregierung von der Ermächtigung des Absatzes 1 Nr. 2 Buchstabe a keinen Gebrauch gemacht hat, können die Landesregierungen durch Rechtsverordnung entsprechende Bestimmungen erlassen. ²Die Landesregierungen können diese Ermächtigung durch Rechtsverordnung auf oberste Landesbehörden übertragen.

(3) Die Aufsichtsbehörde kann
1. feststellen, ob eine Beschäftigung nach § 10 zulässig ist,
2. abweichend von § 9 bewilligen, Arbeitnehmer zu beschäftigen
   a) im Handelsgewerbe an bis zu zehn Sonn- und Feiertagen im Jahr, an denen besondere Verhältnisse einen erweiterten Geschäftsverkehr erforderlich machen,
   b) an bis zu fünf Sonn- und Feiertagen im Jahr, wenn besondere Verhältnisse zur Verhütung eines unverhältnismäßigen Schadens dies erfordern,
   c) an einem Sonntag im Jahr zur Durchführung einer gesetzlich vorgeschriebenen Inventur,

und Anordnungen über die Beschäftigungszeit unter Berücksichtigung der für den öffentlichen Gottesdienst bestimmten Zeit treffen.

(4) Die Aufsichtsbehörde soll abweichend von § 9 bewilligen, daß Arbeitnehmer an Sonn- und Feiertagen mit Arbeiten beschäftigt werden, die aus chemischen, biologischen, technischen oder physikalischen Gründen einen ununterbrochenen Fortgang auch an Sonn- und Feiertagen erfordern.

(5) Die Aufsichtsbehörde hat abweichend von § 9 die Beschäftigung von Arbeitnehmern an Sonn- und Feiertagen zu bewilligen, wenn bei einer weitgehenden Ausnutzung der gesetzlich zulässigen wöchentlichen Betriebszeiten und bei längeren Betriebszeiten im Ausland die Konkurrenzfähigkeit unzumutbar beeinträchtigt ist und durch die Genehmigung von Sonn- und Feiertagsarbeit die Beschäftigung gesichert werden kann.

Vierter Abschnitt. Ausnahmen in besonderen Fällen

§ 14 Außergewöhnliche Fälle. (1) Von den §§ 3 bis 5, 6 Abs. 2, §§ 7, 9 bis 11 darf abgewichen werden bei vorübergehenden Arbeiten in Notfällen und in außergewöhnlichen Fällen, die unabhängig vom Willen der Betroffenen eintreten und deren Folgen nicht auf andere Weise zu beseitigen sind, besonders wenn Rohstoffe oder Lebensmittel zu verderben oder Arbeitsergebnisse zu mißlingen drohen.

(2) Von den §§ 3 bis 5, 6 Abs. 2, §§ 7, 11 Abs. 1 bis 3 und § 12 darf ferner abgewichen werden,

1. wenn eine verhältnismäßig geringe Zahl von Arbeitnehmern vorübergehend mit Arbeiten beschäftigt wird, deren Nichterledigung das Ergebnis der Arbeiten gefährden oder einen unverhältnismäßigen Schaden zur Folge haben würden,
2. bei Forschung und Lehre, bei unaufschiebbaren Vor- und Abschlußarbeiten sowie bei unaufschiebbaren Arbeiten zur Behandlung, Pflege und Betreuung von Personen oder zur Behandlung und Pflege von Tieren an einzelnen Tagen,

wenn dem Arbeitgeber andere Vorkehrungen nicht zugemutet werden können.

(3) Wird von den Befugnissen nach Absatz 1 oder 2 Gebrauch gemacht, darf die Arbeitszeit 48 Stunden wöchentlich im Durchschnitt von sechs Kalendermonaten oder 24 Wochen nicht überschreiten.

§ 15 Bewilligung, Ermächtigung. (1) Die Aufsichtsbehörde kann

1. eine von den §§ 3, 6 Abs. 2 und § 11 Abs. 2 abweichende längere tägliche Arbeitszeit bewilligen

   a) für kontinuierliche Schichtbetriebe zur Erreichung zusätzlicher Freischichten,

   b) für Bau- und Montagestellen,

2. eine von den §§ 3, 6 Abs. 2 und § 11 Abs. 2 abweichende längere tägliche Arbeitszeit für Saison- und Kampagnebetriebe für die Zeit der Saison oder Kampagne bewilligen, wenn die Verlängerung der Arbeitszeit über acht Stunden werktäglich durch eine entsprechende Verkürzung der Arbeitszeit zu anderen Zeiten ausgeglichen wird,

3. eine von den §§ 5 und 11 Abs. 2 abweichende Dauer und Lage der Ruhezeit bei Arbeitsbereitschaft, Bereitschaftsdienst und Rufbereitschaft den Besonderheiten dieser Inanspruchnahmen im öffentlichen Dienst entsprechend bewilligen,

4. eine von den §§ 5 und 11 Abs. 2 abweichende Ruhezeit zur Herbeiführung eines regelmäßigen wöchentlichen Schichtwechsels zweimal innerhalb eines Zeitraums von drei Wochen bewilligen.

(2) Die Aufsichtsbehörde kann über die in diesem Gesetz vorgesehenen Ausnahmen hinaus weitergehende Ausnahmen zulassen, soweit sie im öffentlichen Interesse dringend nötig werden.

(3) Das Bundesministerium der Verteidigung kann in seinem Geschäftsbereich durch Rechtsverordnung mit Zustimmung des Bundesministeriums für Arbeit und Soziales aus zwingenden Gründen der Verteidigung Arbeitnehmer verpflichten, über die in diesem Gesetz und in den auf Grund dieses Gesetzes erlassenen Rechtsverordnungen und Tarifverträgen festgelegten Arbeitszeitgrenzen und -beschränkungen hinaus Arbeit zu leisten.

(4) Werden Ausnahmen nach Absatz 1 oder 2 zugelassen, darf die Arbeitszeit 48 Stunden wöchentlich im Durchschnitt von sechs Kalendermonaten oder 24 Wochen nicht überschreiten.

Fünfter Abschnitt. Durchführung des Gesetzes

§ 16 Aushang und Arbeitszeitnachweise. (1) Der Arbeitgeber ist verpflichtet, einen Abdruck dieses Gesetzes, der auf Grund dieses Gesetzes erlassenen, für den Betrieb geltenden Rechtsverordnungen und der für den Betrieb geltenden Tarifverträge und Betriebs- oder Dienstvereinbarungen im Sinne des § 7 Abs. 1 bis 3, §§ 12 und 21a Abs. 6 an geeigneter Stelle im Betrieb zur Einsichtnahme auszulegen oder auszuhängen.

(2) [1]Der Arbeitgeber ist verpflichtet, die über die werktägliche Arbeitszeit des § 3 Satz 1 hinausgehende Arbeitszeit der Arbeitnehmer aufzuzeichnen und ein Verzeichnis der Arbeitnehmer zu führen, die in eine Verlängerung der Arbeitszeit gemäß § 7 Abs. 7 eingewilligt haben. [2]Die Nachweise sind mindestens zwei Jahre aufzubewahren.

§ 17 Aufsichtsbehörde. (1) Die Einhaltung dieses Gesetzes und der auf Grund dieses Gesetzes erlassenen Rechtsverordnungen wird von den nach Landesrecht zuständigen Behörden (Aufsichtsbehörden) überwacht.

(2) Die Aufsichtsbehörde kann die erforderlichen Maßnahmen anordnen, die der Arbeitgeber zur Erfüllung der sich aus diesem Gesetz und den auf Grund dieses Gesetzes erlassenen Rechtsverordnungen ergebenden Pflichten zu treffen hat.

(3) Für den öffentlichen Dienst des Bundes sowie für die bundesunmittelbaren Körperschaften, Anstalten und Stiftungen des öffentlichen Rechts werden die Aufgaben und Befugnisse der Aufsichtsbehörde vom zuständigen Bundesministerium oder den von ihm bestimmten Stellen wahrgenommen; das gleiche gilt für die Befugnisse nach § 15 Abs. 1 und 2.

(4) [1]Die Aufsichtsbehörde kann vom Arbeitgeber die für die Durchführung dieses Gesetzes und der auf Grund dieses Gesetzes erlassenen Rechtsverordnungen erforderlichen Auskünfte verlangen. [2]Sie kann ferner vom Arbeitgeber verlangen, die Arbeitszeitnachweise und Tarifverträge oder Betriebs- oder Dienstvereinbarungen im Sinne des § 7 Abs. 1 bis 3, §§ 12 und 21a Abs. 6 vorzulegen oder zur Einsicht einzusenden.

(5) [1]Die Beauftragten der Aufsichtsbehörde sind berechtigt, die Arbeitsstätten während der Betriebs- und Arbeitszeit zu betreten und zu besichtigen; außerhalb dieser Zeit oder wenn sich die Arbeitsstätten in einer Wohnung befinden, dürfen sie ohne Einverständnis des Inhabers nur zur Verhütung von dringenden Gefahren für die öffentliche Sicherheit und Ordnung betreten und besichtigt werden. [2]Der Arbeitgeber hat das Betreten und Besichtigen der Arbeitsstätten zu gestatten. [3]Das Grundrecht der Unverletzlichkeit der Wohnung (Artikel 13 des Grundgesetzes) wird insoweit eingeschränkt.

(6) Der zur Auskunft Verpflichtete kann die Auskunft auf solche Fragen verweigern, deren Beantwortung ihn selbst oder einen der in § 383 Abs. 1 Nr. 1 bis 3 der Zivilprozeßordnung bezeichneten Angehörigen der Gefahr strafrechtlicher Verfolgung oder eines Verfahrens nach dem Gesetz über Ordnungswidrigkeiten aussetzen würde.

Sechster Abschnitt. Sonderregelungen

§ 18 **Nichtanwendung des Gesetzes.** (1) Dieses Gesetz ist nicht anzuwenden auf
1. leitende Angestellte im Sinne des § 5 Abs. 3 des Betriebsverfassungsgesetzes[1]) sowie Chefärzte,
2. Leiter von öffentlichen Dienststellen und deren Vertreter sowie Arbeitnehmer im öffentlichen Dienst, die zu selbständigen Entscheidungen in Personalangelegenheiten befugt sind,
3. Arbeitnehmer, die in häuslicher Gemeinschaft mit den ihnen anvertrauten Personen zusammenleben und sie eigenverantwortlich erziehen, pflegen oder betreuen,
4. den liturgischen Bereich der Kirchen und der Religionsgemeinschaften.

(2) Für die Beschäftigung von Personen unter 18 Jahren gilt anstelle dieses Gesetzes das Jugendarbeitsschutzgesetz.

(3) Für die Beschäftigung von Arbeitnehmern auf Kauffahrteischiffen als Besatzungsmitglieder im Sinne des § 3 des Seemannsgesetzes gilt anstelle dieses Gesetzes das Seemannsgesetz.

§ 19 **Beschäftigung im öffentlichen Dienst.** Bei der Wahrnehmung hoheitlicher Aufgaben im öffentlichen Dienst können, soweit keine tarifvertragliche Regelung besteht, durch die zuständige Dienstbehörde die für Beamte geltenden Bestimmungen über die Arbeitszeit auf die Arbeitnehmer übertragen werden; insoweit finden die §§ 3 bis 13 keine Anwendung.

§ 20 **Beschäftigung in der Luftfahrt.** Für die Beschäftigung von Arbeitnehmern als Besatzungsmitglieder von Luftfahrzeugen gelten anstelle der Vorschriften dieses Gesetzes über Arbeits- und Ruhezeiten die Vorschriften über Flug-, Flugdienst- und Ruhezeiten der Zweiten Druchführungsverordnung zur Betriebsordnung für Luftfahrtgerät in der jeweils geltenden Fassung.

§ 21 **Beschäftigung in der Binnenschiffahrt.** ¹Die Vorschriften dieses Gesetzes gelten für die Beschäftigung von Fahrpersonal in der Binnenschiffahrt, soweit die Vorschriften über Ruhezeiten der Rheinschiffs-Untersuchungsordnung und der Binnenschiffs-Untersuchungsordnung in der jeweils geltenden Fassung dem nicht entgegenstehen. ²Sie können durch Tarifvertrag der Eigenart der Binnenschiffahrt angepaßt werden.

§ 21 a **Beschäftigung im Straßentransport.** (1) ¹Für die Beschäftigung von Arbeitnehmern als Fahrer oder Beifahrer bei Straßenverkehrstätigkeiten im Sinne der Verordnung (EG) Nr. 561/2006[2]) des Europäischen Parlaments und des Rates vom 15. März 2006 zur Harmonisierung bestimmter Sozialvorschriften im Straßenverkehr und zur Änderung der Verordnungen (EWG) Nr. 3821/85 und (EG) Nr. 2135/98 des Rates sowie zur Aufhebung der Verordnung (EWG) Nr. 3820/85 des Rates (ABl. EG Nr. L 102 S. 1) oder des Europäischen Übereinkommens über die Arbeit des im internationalen Straßen-

---
[1]) Nr. 81.
[2]) **EU-Arbeitsrecht (dtv 5751) Nr. 51.**

verkehr beschäftigten Fahrpersonals (AETR) vom 1. Juli 1970 (BGBl. II 1974 S. 1473) in ihren jeweiligen Fassungen gelten die Vorschriften dieses Gesetzes, soweit nicht die folgenden Absätze abweichende Regelungen enthalten. ²Die Vorschriften der Verordnung (EG) Nr. 561/2006[1]) und des AETR bleiben unberührt.

(2) Eine Woche im Sinne dieser Vorschriften ist der Zeitraum von Montag 0 Uhr bis Sonntag 24 Uhr.

(3) ¹Abweichend von § 2 Abs. 1 ist keine Arbeitszeit:
1. die Zeit, während derer sich ein Arbeitnehmer am Arbeitsplatz bereithalten muss, um seine Tätigkeit aufzunehmen,
2. die Zeit, während derer sich ein Arbeitnehmer bereithalten muss, um seine Tätigkeit auf Anweisung aufnehmen zu können, ohne sich an seinem Arbeitsplatz aufhalten zu müssen;
3. für Arbeitnehmer, die sich beim Fahren abwechseln, die während der Fahrt neben dem Fahrer oder in einer Schlafkabine verbrachte Zeit.

²Für die Zeiten nach Satz 1 Nr. 1 und 2 gilt dies nur, wenn der Zeitraum und dessen voraussichtliche Dauer im Voraus, spätestens unmittelbar vor Beginn des betreffenden Zeitraums bekannt ist. ³Die in Satz 1 genannten Zeiten sind keine Ruhezeiten. ⁴Die in Satz 1 Nr. 1 und 2 genannten Zeiten sind keine Ruhepausen.

(4) ¹Die Arbeitszeit darf 48 Stunden wöchentlich nicht überschreiten. ²Sie kann auf bis zu 60 Stunden verlängert werden, wenn innerhalb von vier Kalendermonaten oder 16 Wochen im Durchschnitt 48 Stunden wöchentlich nicht überschritten werden.

(5) ¹Die Ruhezeiten bestimmen sich nach den Vorschriften der Europäischen Gemeinschaften für Kraftfahrer und Beifahrer sowie nach dem AETR. ²Dies gilt auch für Auszubildende und Praktikanten.

(6) ¹In einem Tarifvertrag oder auf Grund eines Tarifvertrags in einer Betriebs- oder Dienstvereinbarung kann zugelassen werden,
1. nähere Einzelheiten zu den in Absatz 3 Satz 1 Nr. 1, 2 und Satz 2 genannten Voraussetzungen zu regeln,
2. abweichend von Absatz 4 sowie den §§ 3 und 6 Abs. 2 die Arbeitszeit festzulegen, wenn objektive, technische oder arbeitszeitorganisatorische Gründe vorliegen. Dabei darf die Arbeitszeit 48 Stunden wöchentlich im Durchschnitt von sechs Kalendermonaten nicht überschreiten.

²§ 7 Abs. 1 Nr. 2 und Abs. 2a gilt nicht. ³§ 7 Abs. 3 gilt entsprechend.

(7) ¹Der Arbeitgeber ist verpflichtet, die Arbeitszeit der Arbeitnehmer aufzuzeichnen. ²Die Aufzeichnungen sind mindestens zwei Jahre aufzubewahren. ³Der Arbeitgeber hat dem Arbeitnehmer auf Verlangen eine Kopie der Aufzeichnungen seiner Arbeitszeit auszuhändigen.

(8) ¹Zur Berechnung der Arbeitszeit fordert der Arbeitgeber den Arbeitnehmer schriftlich auf, ihm eine Aufstellung der bei einem anderen Arbeitgeber geleisteten Arbeitszeit vorzulegen. ²Der Arbeitnehmer legt diese Angaben schriftlich vor.

---

[1]) **EU-Arbeitsrecht (dtv 5751) Nr. 51.**

Siebter Abschnitt. Straf- und Bußgeldvorschriften

§ 22 Bußgeldvorschriften. (1) Ordnungswidrig handelt, wer als Arbeitgeber vorsätzlich oder fahrlässig
1. entgegen §§ 3, 6 Abs. 2 oder § 21 a Abs. 4, jeweils auch in Verbindung mit § 11 Abs. 2, einen Arbeitnehmer über die Grenzen der Arbeitzeit hinaus beschäftigt,
2. entgegen § 4 Ruhepausen nicht, nicht mit der vorgeschriebenen Mindestdauer oder nicht rechtzeitig gewährt,
3. entgegen § 5 Abs. 1 die Mindestruhezeit nicht gewährt oder entgegen § 5 Abs. 2 die Verkürzung der Ruhezeit durch Verlängerung einer anderen Ruhezeit nicht oder nicht rechtzeitig ausgleicht,
4. einer Rechtsverordnung nach § 8 Satz 1, § 13 Abs. 1 oder 2 oder § 24 zuwiderhandelt, soweit sie für einen bestimmten Tatbestand auf diese Bußgeldvorschrift verweist,
5. entgegen § 9 Abs. 1 einen Arbeitnehmer an Sonn- oder Feiertagen beschäftigt,
6. entgegen § 11 Abs. 1 einen Arbeitnehmer an allen Sonntagen beschäftigt oder entgegen § 11 Abs. 3 einen Ersatzruhetag nicht oder nicht rechtzeitig gewährt,
7. einer vollziehbaren Anordnung nach § 13 Abs. 3 Nr. 2 zuwiderhandelt,
8. entgegen § 16 Abs. 1 die dort bezeichnete Auslage oder den dort bezeichneten Aushang nicht vornimmt,
9. entgegen § 16 Abs. 2 oder § 21 a Abs. 7 Aufzeichnungen nicht oder nicht richtig erstellt oder nicht für die vorgeschriebene Dauer aufbewahrt oder
10. entgegen § 17 Abs. 4 eine Auskunft nicht, nicht richtig oder nicht vollständig erteilt, Unterlagen nicht oder nicht vollständig vorlegt oder nicht einsendet oder entgegen § 17 Abs. 5 Satz 2 eine Maßnahme nicht gestattet.

(2) Die Ordnungwidrigkeit kann in den Fällen des Absatzes 1 Nr. 1 bis 7, 9 und 10 mit einer Geldbuße bis zu fünfzehntausend Euro, in den Fällen des Absatzes 1 Nr. 8 mit einer Geldbuße bis zu zweitausendfünfhundert Euro geahndet werden.

§ 23 Strafvorschriften. (1) Wer eine der in § 22 Abs. 1 Nr. 1 bis 3, 5 bis 7 bezeichneten Handlungen
1. vorsätzlich begeht und dadurch Gesundheit oder Arbeitskraft eines Arbeitnehmers gefährdet oder
2. beharrlich wiederholt,

wird mit Freiheitsstrafe bis zu einem Jahr oder mit Geldstrafe bestraft.

(2) Wer in den Fällen des Absatzes 1 Nr. 1 die Gefahr fahrlässig verursacht, wird mit Freiheitsstrafe bis zu sechs Monaten oder mit Geldstrafe bis zu 180 Tagessätzen bestraft.

Achter Abschnitt. Schlußvorschriften

§ 24 Umsetzung von zwischenstaatlichen Vereinbarungen und Rechtsakten der EG. Die Bundesregierung kann mit Zustimmung des Bundesrates zur Erfüllung von Verpflichtungen aus zwischenstaatlichen Vereinbarungen oder zur Umsetzung von Rechtsakten des Rates oder der Kommission der Europäischen Gemeinschaften, die Sachbereiche dieses Gesetzes betreffen, Rechtsverordnungen nach diesem Gesetz erlassen.

§ 25 Übergangsregelung für Tarifverträge. [1]Enthält ein am 1. Januar 2004 bestehender oder nachwirkender Tarifvertrag abweichende Regelungen nach § 7 Abs. 1 oder 2 oder § 12 Satz 1, die den in diesen Vorschriften festgelegten Höchstrahmen überschreiten, bleiben diese tarifvertraglichen Bestimmungen bis zum 31. Dezember 2006 unberührt. [2]Tarifverträgen nach Satz 1 stehen durch Tarifvertrag zugelassene Betriebsvereinbarungen sowie Regelungen nach § 7 Abs. 4 gleich.

§ 26 *(aufgehoben)*

55. Gesetz über den Ladenschluss[1]

In der Fassung der Bekanntmachung vom 2. Juni 2003[2]
(BGBl. I S. 744)

FNA 8050-20

zuletzt geänd. durch Art. 228 Neunte ZuständigkeitsanpassungsVO v. 31. 10. 2006
(BGBl. I S. 2407)

Erster Abschnitt. Begriffsbestimmungen

§ 1 Verkaufsstellen. (1) Verkaufsstellen im Sinne dieses Gesetzes sind
1. Ladengeschäfte aller Art, Apotheken, Tankstellen und Bahnhofsverkaufsstellen,
2. sonstige Verkaufsstände und -buden, Kioske, Basare und ähnliche Einrichtungen, falls in ihnen ebenfalls von einer festen Stelle aus ständig Waren zum Verkauf an jedermann feilgehalten werden. Dem Feilhalten steht das Zeigen von Mustern, Proben und ähnlichem gleich, wenn Warenbestellungen in der Einrichtung entgegengenommen werden,
3. Verkaufsstellen von Genossenschaften.

---

[1] Gilt nur noch bis zur Änderung der Ladenöffnungszeiten durch die Länder. Bislang haben die Länder Baden-Württemberg, Berlin, Brandenburg, Bremen, Hamburg, Hessen, Mecklenburg-Vorpommern, Niedersachsen, Nordrhein-Westfalen, Rheinland-Pfalz, Saarland, Sachsen, Sachsen-Anhalt, Schleswig-Holstein und Thüringen entsprechende Vorschriften erlassen:
– Gesetz über die Ladenöffnung in Baden-Württemberg (LadÖG) v. 14. 2. 2007 (GBl. S. 135).
– Berliner Ladenöffnungsgesetz (BerlLadÖffG) v. 14. 11. 2006 (GVBl. S. 1046), geänd. durch G v. 16. 11. 2007 (GVBl. S. 580).
– Brandenburgisches Ladenöffnungsgesetz (BbgLöG) v. 27. 11. 2006 (GVBl. I S. 158).
– Bremisches Ladenschlussgesetz v. 22. 3. 2007 (Brem.GBl. S. 221).
– Hamburgisches Gesetz zur Regelung der Ladenöffnungszeiten (Ladenöffnungsgesetz) v. 22. 12. 2006 (HmbGVBl. S. 611).
– Hessisches Ladenöffnungsgesetz (HLöG) v. 23. 11. 2006 (GVBl. I S. 606).
– Gesetz über die Ladenöffnungszeiten für das Land Mecklenburg-Vorpommern (Ladenöffnungsgesetz - LÖffG M-V) v. 18. 6. 2007 (GVOBl. M-V S. 226).
– Niedersächsisches Gesetz über Ladenöffnungs- und Verkaufszeiten (NLöffVZG) v. 8. 3. 2007 (Nds. GVBl. S. 111).
– Gesetz zur Regelung der Ladenöffnungszeiten (Ladenöffnungsgesetz - LÖG NRW) v. 16. 11. 2006 (GV. NRW. S. 516).
– Ladenöffnungsgesetz Rheinland-Pfalz (LadÖffnG) v. 21. 11. 2006 (GVBl. S. 351).
– Gesetz zur Regelung der Ladenöffnungszeiten (Ladenöffnungsgesetz - LÖG Saarland) v. 15. 11. 2006 (Amtsbl. S. 1974).
– Sächsisches Gesetz über die Ladenöffnungszeiten (Sächsisches Ladenöffnungsgesetz - SächsLadÖffG) v. 16. 3. 2007 (SächsGVBl. S. 42), zuletzt geänd. durch G v. 17. 4. 2008 (SächsGVBl. S. 274).
– Gesetz über die Ladenöffnungszeiten im Land Sachsen-Anhalt (Ladenöffnungszeitengesetz Sachsen-Anhalt - LÖffzeitG LSA) v. 22. 11. 2006 (GVBl. LSA S. 528).
– Gesetz über die Ladenöffnungszeiten (Ladenöffnungszeitengesetz - LÖffZG) v. 29. 11. 2006 (GVOBl. Schl.-H. S. 243).
– Thüringer Ladenöffnungsgesetz (ThürLadÖffG) v. 24. 11. 2006 (GVBl. S. 541).
[2] Neubekanntmachung des LadenschlussG v. 28. 11. 1956 in der ab 1. 6. 2003 geltenden Fassung.

(2) Zur Herbeiführung einer einheitlichen Handhabung des Gesetzes kann das Bundesministerium für Arbeit und Soziales im Einvernehmen mit dem Bundesministerium für Wirtschaft und Technologie durch Rechtsverordnung mit Zustimmung des Bundesrates bestimmen, welche Einrichtungen Verkaufsstellen gemäß Absatz 1 sind.

§ 2 Begriffsbestimmungen. (1) Feiertage im Sinne dieses Gesetzes sind die gesetzlichen Feiertage.

(2) Reisebedarf im Sinne dieses Gesetzes sind Zeitungen, Zeitschriften, Straßenkarten, Stadtpläne, Reiselektüre, Schreibmaterialien, Tabakwaren, Schnittblumen, Reisetoilettenartikel, Filme, Tonträger, Bedarf für Reiseapotheken, Reiseandenken und Spielzeug geringeren Wertes, Lebens- und Genussmittel in kleineren Mengen sowie ausländische Geldsorten.

Zweiter Abschnitt. Ladenschlusszeiten

§ 3 Allgemeine Ladenschlusszeiten. [1]Verkaufsstellen müssen zu folgenden Zeiten für den geschäftlichen Verkehr mit Kunden geschlossen sein:
1. an Sonn- und Feiertagen,
2. montags bis samstags bis 6 Uhr und ab 20 Uhr,
3. am 24. Dezember, wenn dieser Tag auf einen Werktag fällt, bis 6 Uhr und ab 14 Uhr.

[2]Verkaufsstellen für Bäckerwaren dürfen abweichend von Satz 1 den Beginn der Ladenöffnungszeit an Werktagen auf 5.30 Uhr vorverlegen. [3]Die beim Ladenschluss anwesenden Kunden dürfen noch bedient werden.

§ 4 Apotheken. (1) [1]Abweichend von den Vorschriften des § 3 dürfen Apotheken an allen Tagen während des ganzen Tages geöffnet sein. [2]An Werktagen während der allgemeinen Ladenschlusszeiten (§ 3) und an Sonn- und Feiertagen ist nur die Abgabe von Arznei-, Krankenpflege-, Säuglingspflege- und Säuglingsnährmitteln, hygienischen Artikeln sowie Desinfektionsmitteln gestattet.

(2) [1]Die nach Landesrecht zuständige Verwaltungsbehörde hat für eine Gemeinde oder für benachbarte Gemeinden mit mehreren Apotheken anzuordnen, dass während der allgemeinen Ladenschlusszeiten (§ 3) abwechselnd ein Teil der Apotheken geschlossen sein muss. [2]An den geschlossenen Apotheken ist an sichtbarer Stelle ein Aushang anzubringen, der die zur Zeit offenen Apotheken bekannt gibt. [3]Dienstbereitschaft der Apotheken steht der Offenhaltung gleich.

§ 5 Zeitungen und Zeitschriften. Abweichend von den Vorschriften des § 3 dürfen Kioske für den Verkauf von Zeitungen und Zeitschriften an Sonn- und Feiertagen von 11 bis 13 Uhr geöffnet sein.

§ 6 Tankstellen. (1) Abweichend von den Vorschriften des § 3 dürfen Tankstellen an allen Tagen während des ganzen Tages geöffnet sein.

(2) An Werktagen während der allgemeinen Ladenschlusszeiten (§ 3) und an Sonn- und Feiertagen ist nur die Abgabe von Ersatzteilen für Kraftfahrzeu-

ge, soweit dies für die Erhaltung oder Wiederherstellung der Fahrbereitschaft notwendig ist, sowie die Abgabe von Betriebsstoffen und von Reisebedarf gestattet.

§ 7 (weggefallen)

§ 8 Verkaufsstellen auf Personenbahnhöfen. (1) [1]Abweichend von den Vorschriften des § 3 dürfen Verkaufsstellen auf Personenbahnhöfen von Eisenbahnen und Magnetschwebebahnen, soweit sie den Bedürfnissen des Reiseverkehrs zu dienen bestimmt sind, an allen Tagen während des ganzen Tages geöffnet sein, am 24. Dezember jedoch nur bis 17.00 Uhr. [2]Während der allgemeinen Ladenschlusszeiten ist der Verkauf von Reisebedarf zulässig.

(2) Das Bundesministerium für Verkehr, Bau und Stadtentwicklung wird ermächtigt, im Einvernehmen mit den Bundesministerien für Wirtschaft und Technologie und für Arbeit und Soziales durch Rechtsverordnung mit Zustimmung des Bundesrates Ladenschlusszeiten für die Verkaufsstellen auf Personenbahnhöfen vorzuschreiben, die sicherstellen, dass die Dauer der Offenhaltung nicht über das von den Bedürfnissen des Reiseverkehrs geforderte Maß hinausgeht; es kann ferner die Abgabe von Waren in den genannten Verkaufsstellen während der allgemeinen Ladenschlusszeiten (§ 3) auf bestimmte Waren beschränken.

(2 a) Die Landesregierungen werden ermächtigt, durch Rechtsverordnung zu bestimmen, dass in Städten mit über 200 000 Einwohnern zur Versorgung der Berufspendler und der anderen Reisenden mit Waren des täglichen Ge- und Verbrauchs sowie mit Geschenkartikeln
1. Verkaufsstellen auf Personenbahnhöfen des Schienenfernverkehrs und
2. Verkaufsstellen innerhalb einer baulichen Anlage, die einen Personenbahnhof des Schienenfernverkehrs mit einem Verkehrsknotenpunkt des Nah- und Stadtverkehrs verbindet,
an Werktagen von 6 bis 22 Uhr geöffnet sein dürfen; sie haben dabei die Größe der Verkaufsfläche auf das für diesen Zweck erforderliche Maß zu begrenzen.

(3) Für Apotheken bleibt es bei den Vorschriften des § 4.

§ 9 Verkaufsstellen auf Flughäfen und in Fährhäfen. (1) [1]Abweichend von den Vorschriften des § 3 dürfen Verkaufsstellen auf Flughäfen an allen Tagen während des ganzen Tages geöffnet sein, am 24. Dezember jedoch nur bis 17 Uhr. [2]An Werktagen während der allgemeinen Ladenschlusszeiten (§ 3) und an Sonn- und Feiertagen ist nur die Abgabe von Reisebedarf an Reisende gestattet.

(2) Das Bundesministerium für Verkehr, Bau und Stadtentwicklung wird ermächtigt, im Einvernehmen mit den Bundesministerien für Wirtschaft und Technologie und für Arbeit und Soziales durch Rechtsverordnung mit Zustimmung des Bundesrates Ladenschlusszeiten für die in Absatz 1 genannten Verkaufsstellen vorzuschreiben und die Abgabe von Waren näher zu regeln.

(3) Die Landesregierungen werden ermächtigt, durch Rechtsverordnung abweichend von Absatz 1 Satz 2 zu bestimmen, dass auf internationalen Verkehrsflughäfen und in internationalen Fährhäfen Waren des täglichen Ge- und Verbrauchs sowie Geschenkartikel an Werktagen während der allgemeinen

Ladenschlusszeiten (§ 3) und an Sonn- und Feiertagen auch an andere Personen als an Reisende abgegeben werden dürfen; sie haben dabei die Größe der Verkaufsflächen auf das für diesen Zweck erforderliche Maß zu begrenzen.

§ 10 Kur- und Erholungsorte. (1) [1]Die Landesregierungen können durch Rechtsverordnung bestimmen, dass und unter welchen Voraussetzungen und Bedingungen in Kurorten und in einzeln aufzuführenden Ausflugs-, Erholungs- und Wallfahrtsorten mit besonders starkem Fremdenverkehr Badegegenstände, Devotionalien, frische Früchte, alkoholfreie Getränke, Milch und Milcherzeugnisse im Sinne des § 4 Abs. 2 des Milch- und Fettgesetzes in der im Bundesgesetzblatt Teil III, Gliederungsnummer 7842–1, veröffentlichten bereinigten Fassung, Süßwaren, Tabakwaren, Blumen und Zeitungen sowie Waren, die für diese Orte kennzeichnend sind, abweichend von den Vorschriften des § 3 Abs. 1 Nr. 1 an jährlich höchstens 40 Sonn- und Feiertagen bis zur Dauer von acht Stunden verkauft werden dürfen. [2]Sie können durch Rechtsverordnung die Festsetzung der zugelassenen Öffnungszeiten auf andere Stellen übertragen. [3]Bei der Festsetzung der Öffnungszeiten ist auf die Zeit des Hauptgottesdienstes Rücksicht zu nehmen.

(2) In den nach Absatz 1 erlassenen Rechtsverordnungen kann die Offenhaltung auf bestimmte Ortsteile beschränkt werden.

§ 11 Verkauf in ländlichen Gebieten an Sonntagen. (1) Die Landesregierungen oder die von ihnen bestimmten Stellen können durch Rechtsverordnung bestimmen, dass und unter welchen Voraussetzungen und Bedingungen in ländlichen Gebieten während der Zeit der Feldbestellung und der Ernte abweichend von den Vorschriften des § 3 alle oder bestimmte Arten von Verkaufsstellen an Sonn- und Feiertagen bis zur Dauer von zwei Stunden geöffnet sein dürfen, falls dies zur Befriedigung dringender Kaufbedürfnisse der Landbevölkerung erforderlich ist.

§ 12 Verkauf bestimmter Waren an Sonntagen. (1) Das Bundesministerium für Arbeit und Soziales bestimmt im Einvernehmen mit den Bundesministerien für Wirtschaft und Technologie und für Ernährung, Landwirtschaft und Verbraucherschutz durch Rechtsverordnung mit Zustimmung des Bundesrates, dass und wie lange an Sonn- und Feiertagen abweichend von der Vorschrift des § 3 Abs. 1 Nr. 1 Verkaufsstellen für die Abgabe von Milch und Milcherzeugnissen im Sinne des § 4 Abs. 2 des Milch- und Fettgesetzes in der im Bundesgesetzblatt Teil III, Gliederungsnummer 7842–1, veröffentlichten bereinigten Fassung, Bäcker- und Konditorwaren, frischen Früchten, Blumen und Zeitungen geöffnet sein dürfen.

(2) [1]In den nach Absatz 1 erlassenen Rechtsverordnungen kann die Offenhaltung auf bestimmte Sonn- und Feiertage oder Jahreszeiten sowie auf bestimmte Arten von Verkaufsstellen beschränkt werden. [2]Eine Offenhaltung am 2. Weihnachts-, Oster- und Pfingstfeiertag soll nicht zugelassen werden. [3]Die Lage der zugelassenen Öffnungszeiten wird unter Berücksichtigung der Zeit des Hauptgottesdienstes von den Landesregierungen oder den von ihnen bestimmten Stellen durch Rechtsverordnung festgesetzt.

§ 13 (weggefallen)

§ 14 Weitere Verkaufssonntage.

(1) ¹Abweichend von der Vorschrift des § 3 Abs. 1 Nr. 1 dürfen Verkaufsstellen aus Anlass von Märkten, Messen oder ähnlichen Veranstaltungen an jährlich höchstens vier Sonn- und Feiertagen geöffnet sein. ²Diese Tage werden von den Landesregierungen oder den von ihnen bestimmten Stellen durch Rechtsverordnung freigegeben.

(2) ¹Bei der Freigabe kann die Offenhaltung auf bestimmte Bezirke und Handelszweige beschränkt werden. ²Der Zeitraum, während dessen die Verkaufsstellen geöffnet sein dürfen, ist anzugeben. ³Er darf fünf zusammenhängende Stunden nicht überschreiten, muss spätestens um 18 Uhr enden und soll außerhalb der Zeit des Hauptgottesdienstes liegen.

(3) ¹Sonn- und Feiertage im Dezember dürfen nicht freigegeben werden. ²In Orten, für die eine Regelung nach § 10 Abs. 1 Satz 1 getroffen ist, dürfen Sonn- und Feiertage nach Absatz 1 nur freigegeben werden, soweit die Zahl dieser Tage zusammen mit den nach § 10 Abs. 1 Nr. 1 freigegebenen Sonn- und Feiertagen 40 nicht übersteigt.

§ 15 Sonntagsverkauf am 24. Dezember.

Abweichend von der Vorschrift des § 3 Abs. 1 Nr. 1 dürfen, wenn der 24. Dezember auf einen Sonntag fällt,
1. Verkaufsstellen, die gemäß § 12 oder den hierauf gestützten Vorschriften an Sonn- und Feiertagen geöffnet sein dürfen,
2. Verkaufsstellen, die überwiegend Lebens- und Genussmittel feilhalten,
3. alle Verkaufsstellen für die Abgabe von Weihnachtsbäumen

während höchstens drei Stunden bis längstens 14 Uhr geöffnet sein.

§ 16 (weggefallen)

Dritter Abschnitt. Besonderer Schutz der Arbeitnehmer

§ 17 Arbeitszeit an Sonn- und Feiertagen.

(1) In Verkaufsstellen dürfen Arbeitnehmer an Sonn- und Feiertagen nur während der ausnahmsweise zugelassenen Öffnungszeiten (§§ 4 bis 15 und die hierauf gestützten Vorschriften) und, falls dies zur Erledigung von Vorbereitungs- und Abschlussarbeiten unerlässlich ist, während insgesamt weiterer 30 Minuten beschäftigt werden.

(2) Die Dauer der Beschäftigungszeit des einzelnen Arbeitnehmers an Sonn- und Feiertagen darf acht Stunden nicht überschreiten.

(2a) ¹In Verkaufsstellen, die gemäß § 10 oder den hierauf gestützten Vorschriften an Sonn- und Feiertagen geöffnet sein dürfen, dürfen Arbeitnehmer an jährlich höchstens 22 Sonn- und Feiertagen beschäftigt werden. ²Ihre Arbeitszeit an Sonn- und Feiertagen darf vier Stunden nicht überschreiten.

(3) ¹Arbeitnehmer, die an Sonn- und Feiertagen in Verkaufsstellen gemäß §§ 4 bis 6, 8 bis 12, 14 und 15 und den hierauf gestützten Vorschriften beschäftigt werden, sind, wenn die Beschäftigung länger als drei Stunden dauert, an einem Werktag derselben Woche ab 13 Uhr, wenn sie länger als sechs Stunden dauert, an einem ganzen Werktag derselben Woche von der Arbeit freizustellen; mindestens jeder dritte Sonntag muss beschäftigungsfrei bleiben. ²Werden sie bis zu drei Stunden beschäftigt, so muss jeder zweite Sonntag oder in jeder zweiten Woche ein Nachmittag ab 13 Uhr beschäftigungsfrei

bleiben. ³Statt an einem Nachmittag darf die Freizeit am Sonnabend oder Montagvormittag bis 14 Uhr gewährt werden. ⁴Während der Zeiten, zu denen die Verkaufsstelle geschlossen sein muss, darf die Freizeit nicht gegeben werden.

(4) Arbeitnehmerinnen und Arbeitnehmer in Verkaufsstellen können verlangen, in jedem Kalendermonat an einem Samstag von der Beschäftigung freigestellt zu werden.

(5) Mit dem Beschicken von Warenautomaten dürfen Arbeitnehmer außerhalb der Öffnungszeiten, die für die mit dem Warenautomaten in räumlichem Zusammenhang stehende Verkaufsstelle gelten, nicht beschäftigt werden.

(6) (weggefallen)

(7) Das Bundesministerium für Arbeit und Soziales wird ermächtigt, zum Schutze der Arbeitnehmer in Verkaufsstellen vor übermäßiger Inanspruchnahme ihrer Arbeitskraft oder sonstiger Gefährdung ihrer Gesundheit durch Rechtsverordnung mit Zustimmung des Bundesrates zu bestimmen,

1. dass während der ausnahmsweise zugelassenen Öffnungszeiten (§§ 4 bis 16 und die hierauf gestützten Vorschriften) bestimmte Arbeitnehmer nicht oder die Arbeitnehmer nicht mit bestimmten Arbeiten beschäftigt werden dürfen,

2. dass den Arbeitnehmern für Sonn- und Feiertagsarbeit über die Vorschriften des Absatzes 3 hinaus ein Ausgleich zu gewähren ist,

3. dass die Arbeitnehmer während der Ladenschlusszeiten an Werktagen (§ 3 Abs. 1 Nr. 2, §§ 5, 6, 8 bis 10 und die hierauf gestützten Vorschriften) nicht oder nicht mit bestimmten Arbeiten beschäftigt werden dürfen.

(8) ¹Das Gewerbeaufsichtsamt kann in begründeten Einzelfällen Ausnahmen von den Vorschriften der Absätze 1 bis 5 bewilligen. ²Die Bewilligung kann jederzeit widerrufen werden.

(9) Die Vorschriften der Absätze 1 bis 8 finden auf pharmazeutisch vorgebildete Arbeitnehmer in Apotheken keine Anwendung.

Vierter Abschnitt. Bestimmungen für einzelne Gewerbezweige und für den Marktverkehr

§§ 18 und 18a (weggefallen)

§ 19 Marktverkehr. (1) Während der allgemeinen Ladenschlusszeiten (§ 3) dürfen auf behördlich genehmigten Groß- und Wochenmärkten Waren zum Verkauf an den letzten Verbraucher nicht feilgehalten werden; jedoch kann die nach Landesrecht zuständige Verwaltungsbehörde in den Grenzen einer gemäß §§ 10 bis 15 oder den hierauf gestützten Vorschriften zulässigen Offenhaltung der Verkaufsstellen einen geschäftlichen Verkehr auf Groß- und Wochenmärkten zulassen.

(2) Am 24. Dezember dürfen nach 14 Uhr Waren auch im sonstigen Marktverkehr nicht feilgehalten werden.

(3) Im Übrigen bleibt es bei den Vorschriften der §§ 64 bis 71a der Gewerbeordnung, insbesondere bei den auf Grund des § 69 Abs. 1 Satz 1 der Gewerbeordnung festgesetzten Öffnungszeiten für Messen, Ausstellungen und Märkte.

§ 20 Sonstiges gewerbliches Feilhalten. (1) ¹Während der allgemeinen Ladenschlusszeiten (§ 3) ist auch das gewerbliche Feilhalten von Waren zum Verkauf an jedermann außerhalb von Verkaufsstellen verboten; dies gilt nicht für Volksbelustigungen, die den Vorschriften des Titels III der Gewerbeordnung unterliegen und von der nach Landesrecht zuständigen Behörde genehmigt worden sind, sowie für das Feilhalten von Tageszeitungen an Werktagen. ²Dem Feilhalten steht das Zeigen von Mustern, Proben und ähnlichem gleich, wenn dazu Räume benutzt werden, die für diesen Zweck besonders bereitgestellt sind, und dabei Warenbestellungen entgegengenommen werden.

(2) Soweit für Verkaufsstellen gemäß §§ 10 bis 15 oder den hierauf gestützten Vorschriften Abweichungen von den Ladenschlusszeiten des § 3 zugelassen sind, gelten diese Abweichungen unter denselben Voraussetzungen und Bedingungen auch für das Feilhalten gemäß Absatz 1.

(2a) Die nach Landesrecht zuständige Verwaltungsbehörde kann abweichend von den Vorschriften der Absätze 1 und 2 Ausnahmen für das Feilhalten von leichtverderblichen Waren und Waren zum sofortigen Verzehr, Gebrauch oder Verbrauch zulassen, sofern dies zur Befriedigung örtlich auftretender Bedürfnisse notwendig ist und diese Ausnahmen im Hinblick auf den Arbeitsschutz unbedenklich sind.

(3) Die Vorschriften des § 17 Abs. 1 bis 3 gelten entsprechend.

(4) Das Bundesministerium für Arbeit und Soziales kann durch Rechtsverordnung mit Zustimmung des Bundesrates zum Schutze der Arbeitnehmer vor übermäßiger Inanspruchnahme ihrer Arbeitskraft oder sonstiger Gefährdung ihrer Gesundheit Vorschriften, wie in § 17 Abs. 7 genannt, erlassen.

Fünfter Abschnitt. Durchführung des Gesetzes

§ 21 Auslage des Gesetzes, Verzeichnisse. (1) Der Inhaber einer Verkaufsstelle, in der regelmäßig mindestens ein Arbeitnehmer beschäftigt wird, ist verpflichtet,

1. einen Abdruck dieses Gesetzes und der auf Grund dieses Gesetzes erlassenen Rechtsverordnungen mit Ausnahme der Vorschriften, die Verkaufsstellen anderer Art betreffen, an geeigneter Stelle in der Verkaufsstelle auszulegen oder auszuhängen,
2. ein Verzeichnis über Namen, Tag, Beschäftigungsart und -dauer der an Sonn- und Feiertagen beschäftigten Arbeitnehmer und über die diesen gemäß § 17 Abs. 3 als Ersatz für die Beschäftigung an diesen Tagen gewährte Freizeit zu führen; dies gilt nicht für die pharmazeutisch vorgebildeten Arbeitnehmer in Apotheken. Die Landesregierungen können durch Rechtsverordnung eine einheitliche Form für das Verzeichnis vorschreiben.

(2) Die Verpflichtung nach Absatz 1 Nr. 2 obliegt auch den in § 20 genannten Gewerbetreibenden.

§ 22 Aufsicht und Auskunft. (1) Die Aufsicht über die Ausführung der Vorschriften dieses Gesetzes und der auf Grund dieses Gesetzes erlassenen Vorschriften üben, soweit es sich nicht um Wochenmärkte (§ 19) handelt, die nach Landesrecht für den Arbeitsschutz zuständigen Verwaltungsbehörden aus;

Ladenschlussgesetz **§§ 23, 24 LadSchlG 55**

ob und inwieweit andere Dienststellen an der Aufsicht beteiligt werden, bestimmen die obersten Landesbehörden.

(2) Auf die Befugnisse und Obliegenheiten der in Absatz 1 genannten Behörden finden die Vorschriften des § 139b der Gewerbeordnung entsprechend Anwendung.

(3) Die Inhaber von Verkaufsstellen und die in § 20 genannten Gewerbetreibenden sind verpflichtet, den Behörden, denen auf Grund des Absatzes 1 die Aufsicht obliegt, auf Verlangen
1. die zur Erfüllung der Aufgaben dieser Behörden erforderlichen Angaben wahrheitsgemäß und vollständig zu machen,
2. das Verzeichnis gemäß § 21 Abs. 1 Nr. 2, die Unterlagen, aus denen Namen, Beschäftigungsart und -zeiten der Arbeitnehmer sowie Lohn- und Gehaltszahlungen ersichtlich sind, und alle sonstigen Unterlagen, die sich auf die nach Nummer 1 zu machenden Angaben beziehen, vorzulegen oder zur Einsicht einzusenden. Die Verzeichnisse und Unterlagen sind mindestens bis zum Ablauf eines Jahres nach der letzten Eintragung aufzubewahren.

(4) Die Auskunftspflicht nach Absatz 3 Nr. 1 obliegt auch den in Verkaufsstellen oder beim Feilhalten gemäß § 20 beschäftigten Arbeitnehmern.

§ 23 Ausnahmen im öffentlichen Interesse. (1) [1]Die obersten Landesbehörden können in Einzelfällen befristete Ausnahmen von den Vorschriften der §§ 3 bis 15 und 19 bis 21 dieses Gesetzes bewilligen, wenn die Ausnahmen im öffentlichen Interesse dringend nötig werden. [2]Die Bewilligung kann jederzeit widerrufen werden. [3]Die Landesregierungen werden ermächtigt, durch Rechtsverordnung die zuständigen Behörden abweichend von Satz 1 zu bestimmen. [4]Sie können diese Ermächtigung auf oberste Landesbehörden übertragen.

(2) Das Bundesministerium für Arbeit und Soziales kann im Einvernehmen mit dem Bundesministerium für Wirtschaft und Technologie durch Rechtsverordnung mit Zustimmung des Bundesrates Vorschriften über die Voraussetzungen und Bedingungen für die Bewilligung von Ausnahmen im Sinne des Absatzes 1 erlassen.

Sechster Abschnitt. Straftaten und Ordnungswidrigkeiten

§ 24 Ordnungswidrigkeiten. (1) Ordnungswidrig handelt, wer vorsätzlich oder fahrlässig
1. als Inhaber einer Verkaufsstelle oder als Gewerbetreibender im Sinne des § 20
   a) einer Vorschrift des § 17 Abs. 1 bis 3 über die Beschäftigung an Sonn- und Feiertagen, die Freizeit oder den Ausgleich,
   b) einer Vorschrift einer Rechtsverordnung nach § 17 Abs. 7 oder § 20 Abs. 4, soweit sie für einen bestimmten Tatbestand auf diese Bußgeldvorschrift verweist,
   c) einer Vorschrift des § 21 Abs. 1 Nr. 2 über Verzeichnisse oder des § 22 Abs. 3 Nr. 2 über die Einsicht, Vorlage oder Aufbewahrung der Verzeichnisse,

2. als Inhaber einer Verkaufsstelle
   a) einer Vorschrift der §§ 3, 4 Abs. 1 Satz 2, des § 6 Abs. 2, des § 9 Abs. 1 Satz 2, des § 17 Abs. 5 oder einer nach § 4 Abs. 2 Satz 1, § 8 Abs. 2, § 9 Abs. 2 oder nach § 10 oder § 11 erlassenen Rechtsvorschrift über die Ladenschlusszeiten,
   b) einer sonstigen Vorschrift einer Rechtsverordnung nach § 10 oder § 11, soweit sie für einen bestimmten Tatbestand auf diese Bußgeldvorschrift verweist,
   c) der Vorschrift des § 21 Abs. 1 Nr. 1 über Auslagen und Aushänge,
3. als Gewerbetreibender im Sinne des § 19 oder des § 20 einer Vorschrift des § 19 Abs. 1, 2 oder des § 20 Abs. 1, 2 über das Feilhalten von Waren im Marktverkehr oder außerhalb einer Verkaufsstelle oder
4. einer Vorschrift des § 22 Abs. 3 Nr. 1 oder Abs. 4 über die Auskunft

zuwiderhandelt.

(2) Die Ordnungswidrigkeit nach Absatz 1 Nr. 1 Buchstabe a und b kann mit einer Geldbuße bis zu zweitausendfünfhundert Euro, die Ordnungswidrigkeit nach Absatz 1 Nr. 1 Buchstabe c und Nr. 2 bis 4 mit einer Geldbuße bis zu fünfhundert Euro geahndet werden.

§ 25 Straftaten. Wer vorsätzlich als Inhaber einer Verkaufsstelle oder als Gewerbetreibender im Sinne des § 20 eine der in § 24 Abs. 1 Nr. 1 Buchstaben a und b bezeichneten Handlungen begeht und dadurch vorsätzlich oder fahrlässig Arbeitnehmer in ihrer Arbeitskraft oder Gesundheit gefährdet, wird mit Freiheitsstrafe bis zu sechs Monaten oder mit Geldstrafe bis zu 180 Tagessätzen bestraft.

§ 26 (weggefallen)

Siebenter Abschnitt. Schlussbestimmungen

§ 27 Vorbehalt für die Landesgesetzgebung. Unberührt bleiben die landesrechtlichen Vorschriften, durch die der Gewerbebetrieb und die Beschäftigung von Arbeitnehmern in Verkaufsstellen an anderen Festtagen als an Sonn- und Feiertagen beschränkt werden.

§ 28 Bestimmung der zuständigen Behörden. Soweit in diesem Gesetz auf die nach Landesrecht zuständige Verwaltungsbehörde verwiesen wird, bestimmt die Landesregierung durch Verordnung, welche Behörden zuständig sind.

§§ 29 und 30 (weggefallen)

§ 31 (Inkrafttreten, Außerkrafttreten).

56. Bundesdatenschutzgesetz (BDSG)[1]

In der Fassung der Bekanntmachung vom 14. Januar 2003[2]

(BGBl. I S. 66)

FNA 204-3

zuletzt geänd. durch Art. 1 Erstes G zum Abbau bürokratischer Hemmnisse insbesondere in der mittelständischen Wirtschaft v. 22. 8. 2006 (BGBl. I S. 1970)

– Auszug[3] –

Erster Abschnitt. Allgemeine und gemeinsame Bestimmungen

§ 1 Zweck und Anwendungsbereich des Gesetzes. (1) Zweck dieses Gesetzes ist es, den Einzelnen davor zu schützen, dass er durch den Umgang mit seinen personenbezogenen Daten in seinem Persönlichkeitsrecht beeinträchtigt wird.

(2) Dieses Gesetz gilt für die Erhebung, Verarbeitung und Nutzung personenbezogener Daten durch

1. öffentliche Stellen des Bundes,
2. öffentliche Stellen der Länder, soweit der Datenschutz nicht durch Landesgesetz geregelt ist und soweit sie
    a) Bundesrecht ausführen oder
    b) als Organe der Rechtspflege tätig werden und es sich nicht um Verwaltungsangelegenheiten handelt,
3. nicht-öffentliche Stellen, soweit sie die Daten unter Einsatz von Datenverarbeitungsanlagen verarbeiten, nutzen oder dafür erheben oder die Daten in oder aus nicht automatisierten Dateien verarbeiten, nutzen oder dafür erheben, es sei denn, die Erhebung, Verarbeitung oder Nutzung der Daten erfolgt ausschließlich für persönliche oder familiäre Tätigkeiten.

(3) [1]Soweit andere Rechtsvorschriften des Bundes auf personenbezogene Daten einschließlich deren Veröffentlichung anzuwenden sind, gehen sie den Vorschriften dieses Gesetzes vor. [2]Die Verpflichtung zur Wahrung gesetzlicher Geheimhaltungspflichten oder von Berufs- oder besonderen Amtsgeheimnissen, die nicht auf gesetzlichen Vorschriften beruhen, bleibt unberührt.

(4) Die Vorschriften dieses Gesetzes gehen denen des Verwaltungsverfahrensgesetzes vor, soweit bei der Ermittlung des Sachverhalts personenbezogene Daten verarbeitet werden.

---

[1] **Amtl. Anm.**: Dieses Gesetz dient der Umsetzung der Richtlinie 95/46/EG des Europäischen Parlaments und des Rates vom 24. Oktober 1995 zum Schutz natürlicher Personen bei der Verarbeitung personenbezogener Daten und zum freien Datenverkehr (ABl. EG Nr. L 281 S. 31).

[2] Neubekanntmachung des BDSG idF der Bek. v. 20. 12. 1990 (BGBl. I S. 2954) in der ab 28. 8. 2002 geltenden Fassung.

[3] Vollständig abgedruckt in **Computerrecht** (dtv 5562) Nr. **55**.

(5) ¹Dieses Gesetz findet keine Anwendung, sofern eine in einem anderen Mitgliedstaat der Europäischen Union oder in einem anderen Vertragsstaat des Abkommens über den Europäischen Wirtschaftsraum[1)] belegene verantwortliche Stelle personenbezogene Daten im Inland erhebt, verarbeitet oder nutzt, es sei denn, dies erfolgt durch eine Niederlassung im Inland. ²Dieses Gesetz findet Anwendung, sofern eine verantwortliche Stelle, die nicht in einem Mitgliedstaat der Europäischen Union oder in einem anderen Vertragsstaat des Abkommens über den Europäischen Wirtschaftsraum[1)] belegen ist, personenbezogene Daten im Inland erhebt, verarbeitet oder nutzt. ³Soweit die verantwortliche Stelle nach diesem Gesetz zu nennen ist, sind auch Angaben über im Inland ansässige Vertreter zu machen. ⁴Die Sätze 2 und 3 gelten nicht, sofern Datenträger nur zum Zweck des Transits durch das Inland eingesetzt werden. ⁵§ 38 Abs. 1 Satz 1 bleibt unberührt.

§ 2 Öffentliche und nicht-öffentliche Stellen. (1) ¹Öffentliche Stellen des Bundes sind die Behörden, die Organe der Rechtspflege und andere öffentlich-rechtlich organisierte Einrichtungen des Bundes, der bundesunmittelbaren Körperschaften, Anstalten und Stiftungen des öffentlichen Rechts sowie deren Vereinigungen ungeachtet ihrer Rechtsform. ²Als öffentliche Stellen gelten die aus dem Sondervermögen Deutsche Bundespost durch Gesetz hervorgegangenen Unternehmen, solange ihnen ein ausschließliches Recht nach dem Postgesetz zusteht.

(2) Öffentliche Stellen der Länder sind die Behörden, die Organe der Rechtspflege und andere öffentlich-rechtlich organisierte Einrichtungen eines Landes, einer Gemeinde, eines Gemeindeverbandes und sonstiger der Aufsicht des Landes unterstehender juristischer Personen des öffentlichen Rechts sowie deren Vereinigungen ungeachtet ihrer Rechtsform.

(3) ¹Vereinigungen des privaten Rechts von öffentlichen Stellen des Bundes und der Länder, die Aufgaben der öffentlichen Verwaltung wahrnehmen, gelten ungeachtet der Beteiligung nicht-öffentlicher Stellen als öffentliche Stellen des Bundes, wenn

1. sie über den Bereich eines Landes hinaus tätig werden oder
2. dem Bund die absolute Mehrheit der Anteile gehört oder die absolute Mehrheit der Stimmen zusteht.

²Andernfalls gelten sie als öffentliche Stellen der Länder.

(4) ¹Nicht-öffentliche Stellen sind natürliche und juristische Personen, Gesellschaften und andere Personenvereinigungen des privaten Rechts, soweit sie nicht unter die Absätze 1 bis 3 fallen. ²Nimmt eine nicht-öffentliche Stelle hoheitliche Aufgaben der öffentlichen Verwaltung wahr, ist sie insoweit öffentliche Stelle im Sinne dieses Gesetzes.

§ 3 Weitere Begriffsbestimmungen. (1) Personenbezogene Daten sind Einzelangaben über persönliche oder sachliche Verhältnisse einer bestimmten oder bestimmbaren natürlichen Person (Betroffener).

(2) ¹Automatisierte Verarbeitung ist die Erhebung, Verarbeitung oder Nutzung personenbezogener Daten unter Einsatz von Datenverarbeitungsanlagen. ²Eine nicht automatisierte Datei ist jede nicht automatisierte Sammlung per-

---

[1)] **EU-Arbeitsrecht (dtv 5751) Nr. 2.**

sonenbezogener Daten, die gleichartig aufgebaut ist und nach bestimmten Merkmalen zugänglich ist und ausgewertet werden kann.

(3) Erheben ist das Beschaffen von Daten über den Betroffenen.

(4) ¹Verarbeiten ist das Speichern, Verändern, Übermitteln, Sperren und Löschen personenbezogener Daten. ²Im Einzelnen ist, ungeachtet der dabei angewendeten Verfahren:
1. Speichern das Erfassen, Aufnehmen oder Aufbewahren personenbezogener Daten auf einem Datenträger zum Zweck ihrer weiteren Verarbeitung oder Nutzung,
2. Verändern das inhaltliche Umgestalten gespeicherter personenbezogener Daten,
3. Übermitteln das Bekanntgeben gespeicherter oder durch Datenverarbeitung gewonnener personenbezogener Daten an einen Dritten in der Weise, dass
   a) die Daten an den Dritten weitergegeben werden oder
   b) der Dritte zur Einsicht oder zum Abruf bereitgehaltene Daten einsieht oder abruft,
4. Sperren das Kennzeichnen gespeicherter personenbezogener Daten, um ihre weitere Verarbeitung oder Nutzung einzuschränken,
5. Löschen das Unkenntlichmachen gespeicherter personenbezogener Daten.

(5) Nutzen ist jede Verwendung personenbezogener Daten, soweit es sich nicht um Verarbeitung handelt.

(6) Anonymisieren ist das Verändern personenbezogener Daten derart, dass die Einzelangaben über persönliche oder sachliche Verhältnisse nicht mehr oder nur mit einem unverhältnismäßig großen Aufwand an Zeit, Kosten und Arbeitskraft einer bestimmten oder bestimmbaren natürlichen Person zugeordnet werden können.

(6 a) Pseudonymisieren ist das Ersetzen des Namens und anderer Identifikationsmerkmale durch ein Kennzeichen zu dem Zweck, die Bestimmung des Betroffenen auszuschließen oder wesentlich zu erschweren.

(7) Verantwortliche Stelle ist jede Person oder Stelle, die personenbezogene Daten für sich selbst erhebt, verarbeitet oder nutzt oder dies durch andere im Auftrag vornehmen lässt.

(8) ¹Empfänger ist jede Person oder Stelle, die Daten erhält. ²Dritter ist jede Person oder Stelle außerhalb der verantwortlichen Stelle. ³Dritte sind nicht der Betroffene sowie Personen und Stellen, die im Inland, in einem anderen Mitgliedstaat der Europäischen Union oder in einem anderen Vertragsstaat des Abkommens über den Europäischen Wirtschaftsraum[1] personenbezogene Daten im Auftrag erheben, verarbeiten oder nutzen.

(9) Besondere Arten personenbezogener Daten sind Angaben über die rassische und ethnische Herkunft, politische Meinungen, religiöse oder philosophische Überzeugungen, Gewerkschaftszugehörigkeit, Gesundheit oder Sexualleben.

(10) Mobile personenbezogene Speicher- und Verarbeitungsmedien sind Datenträger,
1. die an den Betroffenen ausgegeben werden,

---

[1] **EU-Arbeitsrecht (dtv 5751) Nr. 2.**

2. auf denen personenbezogene Daten über die Speicherung hinaus durch die ausgebende oder eine andere Stelle automatisiert verarbeitet werden können und
3. bei denen der Betroffene diese Verarbeitung nur durch den Gebrauch des Mediums beeinflussen kann.

§ 3a Datenvermeidung und Datensparsamkeit. [1]Gestaltung und Auswahl von Datenverarbeitungssystemen haben sich an dem Ziel auszurichten, keine oder so wenig personenbezogene Daten wie möglich zu erheben, zu verarbeiten oder zu nutzen. [2]Insbesondere ist von den Möglichkeiten der Anonymisierung und Pseudonymisierung Gebrauch zu machen, soweit dies möglich ist und der Aufwand in einem angemessenen Verhältnis zu dem angestrebten Schutzzweck steht.

§ 4 Zulässigkeit der Datenerhebung, -verarbeitung und -nutzung.
(1) Die Erhebung, Verarbeitung und Nutzung personenbezogener Daten sind nur zulässig, soweit dieses Gesetz oder eine andere Rechtsvorschrift dies erlaubt oder anordnet oder der Betroffene eingewilligt hat.

(2) [1]Personenbezogene Daten sind beim Betroffenen zu erheben. [2]Ohne seine Mitwirkung dürfen sie nur erhoben werden, wenn
1. eine Rechtsvorschrift dies vorsieht oder zwingend voraussetzt oder
2. a) die zu erfüllende Verwaltungsaufgabe ihrer Art nach oder der Geschäftszweck eine Erhebung bei anderen Personen oder Stellen erforderlich macht oder
   b) die Erhebung beim Betroffenen einen unverhältnismäßigen Aufwand erfordern würde

und keine Anhaltspunkte dafür bestehen, dass überwiegende schutzwürdige Interessen des Betroffenen beeinträchtigt werden.

(3) [1]Werden personenbezogene Daten beim Betroffenen erhoben, so ist er, sofern er nicht bereits auf andere Weise Kenntnis erlangt hat, von der verantwortlichen Stelle über
1. die Identität der verantwortlichen Stelle,
2. die Zweckbestimmungen der Erhebung, Verarbeitung oder Nutzung und
3. die Kategorien von Empfängern nur, soweit der Betroffene nach den Umständen des Einzelfalles nicht mit der Übermittlung an diese rechnen muss,

zu unterrichten. [2]Werden personenbezogene Daten beim Betroffenen aufgrund einer Rechtsvorschrift erhoben, die zur Auskunft verpflichtet, oder ist die Erteilung der Auskunft Voraussetzung für die Gewährung von Rechtsvorteilen, so ist der Betroffene hierauf, sonst auf die Freiwilligkeit seiner Angaben hinzuweisen. [3]Soweit nach den Umständen des Einzelfalles erforderlich oder auf Verlangen, ist er über die Rechtsvorschrift und über die Folgen der Verweigerung von Angaben aufzuklären.

§ 4a Einwilligung. (1) [1]Die Einwilligung ist nur wirksam, wenn sie auf der freien Entscheidung des Betroffenen beruht. [2]Er ist auf den vorgesehenen Zweck der Erhebung, Verarbeitung oder Nutzung sowie, soweit nach den Umständen des Einzelfalles erforderlich oder auf Verlangen, auf die Folgen der Verweigerung der Einwilligung hinzuweisen. [3]Die Einwilligung bedarf der Schriftform, soweit nicht wegen besonderer Umstände eine andere Form an-

Bundesdatenschutzgesetz § 4b BDSG 56

gemessen ist. ⁴Soll die Einwilligung zusammen mit anderen Erklärungen schriftlich erteilt werden, ist sie besonders hervorzuheben.

(2) ¹Im Bereich der wissenschaftlichen Forschung liegt ein besonderer Umstand im Sinne von Absatz 1 Satz 3 auch dann vor, wenn durch die Schriftform der bestimmte Forschungszweck erheblich beeinträchtigt würde. ²In diesem Fall sind der Hinweis nach Absatz 1 Satz 2 und die Gründe, aus denen sich die erhebliche Beeinträchtigung des bestimmten Forschungszwecks ergibt, schriftlich festzuhalten.

(3) Soweit besondere Arten personenbezogener Daten (§ 3 Abs. 9) erhoben, verarbeitet oder genutzt werden, muss sich die Einwilligung darüber hinaus ausdrücklich auf diese Daten beziehen.

§ 4 b Übermittlung personenbezogener Daten ins Ausland sowie an über- oder zwischenstaatliche Stellen. (1) Für die Übermittlung personenbezogener Daten an Stellen
1. in anderen Mitgliedstaaten der Europäischen Union,
2. in anderen Vertragsstaaten des Abkommens über den Europäischen Wirtschaftsraum¹⁾ oder
3. der Organe und Einrichtungen der Europäischen Gemeinschaften

gelten § 15 Abs. 1, § 16 Abs. 1 und §§ 28 bis 30 nach Maßgabe der für diese Übermittlung geltenden Gesetze und Vereinbarungen, soweit die Übermittlung im Rahmen von Tätigkeiten erfolgt, die ganz oder teilweise in den Anwendungsbereich des Rechts der Europäischen Gemeinschaften fallen.

(2) ¹Für die Übermittlung personenbezogener Daten an Stellen nach Absatz 1, die nicht im Rahmen von Tätigkeiten erfolgt, die ganz oder teilweise in den Anwendungsbereich des Rechts der Europäischen Gemeinschaften fallen, sowie an sonstige ausländische oder über- oder zwischenstaatliche Stellen gilt Absatz 1 entsprechend. ²Die Übermittlung unterbleibt, soweit der Betroffene ein schutzwürdiges Interesse an dem Ausschluss der Übermittlung hat, insbesondere wenn bei den in Satz 1 genannten Stellen ein angemessenes Datenschutzniveau nicht gewährleistet ist. ³Satz 2 gilt nicht, wenn die Übermittlung zur Erfüllung eigener Aufgaben einer öffentlichen Stelle des Bundes aus zwingenden Gründen der Verteidigung oder der Erfüllung über- oder zwischenstaatlicher Verpflichtungen auf dem Gebiet der Krisenbewältigung oder Konfliktverhinderung oder für humanitäre Maßnahmen erforderlich ist.

(3) Die Angemessenheit des Schutzniveaus wird unter Berücksichtigung aller Umstände beurteilt, die bei einer Datenübermittlung oder einer Kategorie von Datenübermittlungen von Bedeutung sind; insbesondere können die Art der Daten, die Zweckbestimmung, die Dauer der geplanten Verarbeitung, das Herkunfts- und das Endbestimmungsland, die für den betreffenden Empfänger geltenden Rechtsnormen sowie die für ihn geltenden Standesregeln und Sicherheitsmaßnahmen herangezogen werden.

(4) ¹In den Fällen des § 16 Abs. 1 Nr. 2 unterrichtet die übermittelnde Stelle den Betroffenen von der Übermittlung seiner Daten. ²Dies gilt nicht, wenn damit zu rechnen ist, dass er davon auf andere Weise Kenntnis erlangt, oder wenn die Unterrichtung die öffentliche Sicherheit gefährden oder sonst dem Wohl des Bundes oder eines Landes Nachteile bereiten würde.

---

¹⁾ **EU-Arbeitsrecht** (dtv 5751) Nr. 2.

(5) Die Verantwortung für die Zulässigkeit der Übermittlung trägt die übermittelnde Stelle.

(6) Die Stelle, an die die Daten übermittelt werden, ist auf den Zweck hinzuweisen, zu dessen Erfüllung die Daten übermittelt werden.

§ 4 c Ausnahmen. (1) ¹Im Rahmen von Tätigkeiten, die ganz oder teilweise in den Anwendungsbereich des Rechts der Europäischen Gemeinschaften fallen, ist eine Übermittlung personenbezogener Daten an andere als die in § 4b Abs. 1 genannten Stellen, auch wenn bei ihnen ein angemessenes Datenschutzniveau nicht gewährleistet ist, zulässig, sofern
1. der Betroffene seine Einwilligung gegeben hat,
2. die Übermittlung für die Erfüllung eines Vertrags zwischen dem Betroffenen und der verantwortlichen Stelle oder zur Durchführung von vorvertraglichen Maßnahmen, die auf Veranlassung des Betroffenen getroffen worden sind, erforderlich ist,
3. die Übermittlung zum Abschluss oder zur Erfüllung eines Vertrags erforderlich ist, der im Interesse des Betroffenen von der verantwortlichen Stelle mit einem Dritten geschlossen wurde oder geschlossen werden soll,
4. die Übermittlung für die Wahrung eines wichtigen öffentlichen Interesses oder zur Geltendmachung, Ausübung oder Verteidigung von Rechtsansprüchen vor Gericht erforderlich ist,
5. die Übermittlung für die Wahrung lebenswichtiger Interessen des Betroffenen erforderlich ist oder
6. die Übermittlung aus einem Register erfolgt, das zur Information der Öffentlichkeit bestimmt ist und entweder der gesamten Öffentlichkeit oder allen Personen, die ein berechtigtes Interesse nachweisen können, zur Einsichtnahme offen steht, soweit die gesetzlichen Voraussetzungen im Einzelfall gegeben sind.

²Die Stelle, an die die Daten übermittelt werden, ist darauf hinzuweisen, dass die übermittelten Daten nur zu dem Zweck verarbeitet oder genutzt werden dürfen, zu dessen Erfüllung sie übermittelt werden.

(2) ¹Unbeschadet des Absatzes 1 Satz 1 kann die zuständige Aufsichtsbehörde einzelne Übermittlungen oder bestimmte Arten von Übermittlungen personenbezogener Daten an andere als die in § 4b Abs. 1 genannten Stellen genehmigen, wenn die verantwortliche Stelle ausreichende Garantien hinsichtlich des Schutzes des Persönlichkeitsrechts und der Ausübung der damit verbundenen Rechte vorweist; die Garantien können sich insbesondere aus Vertragsklauseln oder verbindlichen Unternehmensregelungen ergeben. ²Bei den Post- und Telekommunikationsunternehmen ist der Bundesbeauftragte für den Datenschutz und die Informationsfreiheit zuständig. ³Sofern die Übermittlung durch öffentliche Stellen erfolgen soll, nehmen diese die Prüfung nach Satz 1 vor.

(3) Die Länder teilen dem Bund die nach Absatz 2 Satz 1 ergangenen Entscheidungen mit.

§ 4 d Meldepflicht. (1) Verfahren automatisierter Verarbeitungen sind vor ihrer Inbetriebnahme von nicht-öffentlichen verantwortlichen Stellen der zuständigen Aufsichtsbehörde und von öffentlichen verantwortlichen Stellen des Bundes sowie von den Post- und Telekommunikationsunternehmen dem

Bundesbeauftragten für den Datenschutz und die Informationsfreiheit nach Maßgabe von § 4 e zu melden.

(2) Die Meldepflicht entfällt, wenn die verantwortliche Stelle einen Beauftragten für den Datenschutz bestellt hat.

(3) Die Meldepflicht entfällt ferner, wenn die verantwortliche Stelle personenbezogene Daten für eigene Zwecke erhebt, verarbeitet oder nutzt, hierbei höchstens neun Personen mit der Erhebung, Verarbeitung oder Nutzung personenbezogener Daten beschäftigt und entweder eine Einwilligung der Betroffenen vorliegt oder die Erhebung, Verarbeitung oder Nutzung der Zweckbestimmung eines Vertragsverhältnisses oder vertragsähnlichen Vertrauensverhältnisses mit den Betroffenen dient.

(4) Die Absätze 2 und 3 gelten nicht, wenn es sich um automatisierte Verarbeitungen handelt, in denen geschäftsmäßig personenbezogene Daten von der jeweiligen Stelle
1. zum Zweck der Übermittlung oder
2. zum Zweck der anonymisierten Übermittlung
gespeichert werden.

(5) [1]Soweit automatisierte Verarbeitungen besondere Risiken für die Rechte und Freiheiten der Betroffenen aufweisen, unterliegen sie der Prüfung vor Beginn der Verarbeitung (Vorabkontrolle). [2]Eine Vorabkontrolle ist insbesondere durchzuführen, wenn
1. besondere Arten personenbezogener Daten (§ 3 Abs. 9) verarbeitet werden oder
2. die Verarbeitung personenbezogener Daten dazu bestimmt ist, die Persönlichkeit des Betroffenen zu bewerten einschließlich seiner Fähigkeiten, seiner Leistung oder seines Verhaltens,

es sei denn, eine gesetzliche Verpflichtung oder eine Einwilligung des Betroffenen vorliegt oder die Erhebung, Verarbeitung oder Nutzung der Zweckbestimmung eines Vertragsverhältnisses oder vertragsähnlichen Vertrauensverhältnisses mit dem Betroffenen dient.

(6) [1]Zuständig für die Vorabkontrolle ist der Beauftragte für den Datenschutz. [2]Dieser nimmt die Vorabkontrolle nach Empfang der Übersicht nach § 4 g Abs. 2 Satz 1 vor. [3]Er hat sich in Zweifelsfällen an die Aufsichtsbehörde oder bei den Post- und Telekommunikationsunternehmen an den Bundesbeauftragten für den Datenschutz und die Informationsfreiheit zu wenden.

§ 4 e Inhalt der Meldepflicht. [1]Sofern Verfahren automatisierter Verarbeitungen meldepflichtig sind, sind folgende Angaben zu machen:
1. Name oder Firma der verantwortlichen Stelle,
2. Inhaber, Vorstände, Geschäftsführer oder sonstige gesetzliche oder nach der Verfassung des Unternehmens berufene Leiter und die mit der Leitung der Datenverarbeitung beauftragten Personen,
3. Anschrift der verantwortlichen Stelle,
4. Zweckbestimmungen der Datenerhebung, -verarbeitung oder -nutzung,
5. eine Beschreibung der betroffenen Personengruppen und der diesbezüglichen Daten oder Datenkategorien,
6. Empfänger oder Kategorien von Empfängern, denen die Daten mitgeteilt werden können,

7. Regelfristen für die Löschung der Daten,
8. eine geplante Datenübermittlung in Drittstaaten,
9. eine allgemeine Beschreibung, die es ermöglicht, vorläufig zu beurteilen, ob die Maßnahmen nach § 9 zur Gewährleistung der Sicherheit der Verarbeitung angemessen sind.
²§ 4d Abs. 1 und 4 gilt für die Änderung der nach Satz 1 mitgeteilten Angaben sowie für den Zeitpunkt der Aufnahme und der Beendigung der meldepflichtigen Tätigkeit entsprechend.

§ 4f Beauftragter für den Datenschutz. (1) ¹Öffentliche und nicht-öffentliche Stellen, die personenbezogene Daten automatisiert verarbeiten, haben einen Beauftragten für den Datenschutz schriftlich zu bestellen. ²Nicht-öffentliche Stellen sind hierzu spätestens innerhalb eines Monats nach Aufnahme ihrer Tätigkeit verpflichtet. ³Das Gleiche gilt, wenn personenbezogene Daten auf andere Weise erhoben, verarbeitet oder genutzt werden und damit in der Regel mindestens 20 Personen beschäftigt sind. ⁴Die Sätze 1 und 2 gelten nicht für die nicht-öffentlichen Stellen, die in der Regel höchstens neun Personen ständig mit der automatisierten Verarbeitung personenbezogener Daten beschäftigen. ⁵Soweit aufgrund der Struktur einer öffentlichen Stelle erforderlich, genügt die Bestellung eines Beauftragten für den Datenschutz für mehrere Bereiche. ⁶Soweit nicht-öffentliche Stellen automatisierte Verarbeitungen vornehmen, die einer Vorabkontrolle unterliegen, oder personenbezogene Daten geschäftsmäßig zum Zweck der Übermittlung oder der anonymisierten Übermittlung automatisiert verarbeiten, haben sie unabhängig von der Anzahl der mit der automatisierten Verarbeitung beschäftigten Personen einen Beauftragten für den Datenschutz zu bestellen.

(2) ¹Zum Beauftragten für den Datenschutz darf nur bestellt werden, wer die zur Erfüllung seiner Aufgaben erforderliche Fachkunde und Zuverlässigkeit besitzt. ²Das Maß der erforderlichen Fachkunde bestimmt sich insbesondere nach dem Umfang der Datenverarbeitung der verantwortlichen Stelle und dem Schutzbedarf der personenbezogenen Daten, die die verantwortliche Stelle erhebt oder verwendet. ³Zum Beauftragten für den Datenschutz kann auch eine Person außerhalb der verantwortlichen Stelle bestellt werden; die Kontrolle erstreckt sich auch auf personenbezogene Daten, die einem Berufs- oder besonderen Amtsgeheimnis, insbesondere dem Steuergeheimnis nach § 30 der Abgabenordnung, unterliegen. ⁴Öffentliche Stellen können mit Zustimmung ihrer Aufsichtsbehörde einen Bediensteten aus einer anderen öffentlichen Stelle zum Beauftragten für den Datenschutz bestellen.

(3) ¹Der Beauftragte für den Datenschutz ist dem Leiter der öffentlichen oder nicht-öffentlichen Stelle unmittelbar zu unterstellen. ²Er ist in Ausübung seiner Fachkunde auf dem Gebiet des Datenschutzes weisungsfrei. ³Er darf wegen der Erfüllung seiner Aufgaben nicht benachteiligt werden. ⁴Die Bestellung zum Beauftragten für den Datenschutz kann in entsprechender Anwendung von § 626 des Bürgerlichen Gesetzbuchs[1)], bei nicht-öffentlichen Stellen auch auf Verlangen der Aufsichtsbehörde, widerrufen werden.

(4) Der Beauftragte für den Datenschutz ist zur Verschwiegenheit über die Identität des Betroffenen sowie über Umstände, die Rückschlüsse auf den Be-

---

[1)] Nr. 11.

troffenen zulassen, verpflichtet, soweit er nicht davon durch den Betroffenen befreit wird.

(4a) [1]Soweit der Beauftragte für den Datenschutz bei seiner Tätigkeit Kenntnis von Daten erhält, für die dem Leiter oder einer bei der öffentlichen oder nichtöffentlichen Stelle beschäftigten Person aus beruflichen Gründen ein Zeugnisverweigerungsrecht zusteht, steht dieses Recht auch dem Beauftragten für den Datenschutz und dessen Hilfspersonal zu. [2]Über die Ausübung dieses Rechts entscheidet die Person, der das Zeugnisverweigerungsrecht aus beruflichen Gründen zusteht, es sei denn, dass diese Entscheidung in absehbarer Zeit nicht herbeigeführt werden kann. [3]Soweit das Zeugnisverweigerungsrecht des Beauftragten für den Datenschutz reicht, unterliegen seine Akten und andere Schriftstücke einem Beschlagnahmeverbot.

(5) [1]Die öffentlichen und nicht-öffentlichen Stellen haben den Beauftragten für den Datenschutz bei der Erfüllung seiner Aufgaben zu unterstützen und ihm insbesondere, soweit dies zur Erfüllung seiner Aufgaben erforderlich ist, Hilfspersonal sowie Räume, Einrichtungen, Geräte und Mittel zur Verfügung zu stellen. [2]Betroffene können sich jederzeit an den Beauftragten für den Datenschutz wenden.

§ 4g Aufgaben des Beauftragten für den Datenschutz. (1) [1]Der Beauftragte für den Datenschutz wirkt auf die Einhaltung dieses Gesetzes und anderer Vorschriften über den Datenschutz hin. [2]Zu diesem Zweck kann sich der Beauftragte für den Datenschutz in Zweifelsfällen an die für die Datenschutzkontrolle bei der verantwortlichen Stelle zuständige Behörde wenden. [3]Er kann die Beratung nach § 38 Abs. 1 Satz 2 in Anspruch nehmen. [4]Er hat insbesondere

1. die ordnungsgemäße Anwendung der Datenverarbeitungsprogramme, mit deren Hilfe personenbezogene Daten verarbeitet werden sollen, zu überwachen; zu diesem Zweck ist er über Vorhaben der automatisierten Verarbeitung personenbezogener Daten rechtzeitig zu unterrichten,
2. die bei der Verarbeitung personenbezogener Daten tätigen Personen durch geeignete Maßnahmen mit den Vorschriften dieses Gesetzes sowie anderen Vorschriften über den Datenschutz und mit den jeweiligen besonderen Erfordernissen des Datenschutzes vertraut zu machen.

(2) [1]Dem Beauftragten für den Datenschutz ist von der verantwortlichen Stelle eine Übersicht über die in § 4e Satz 1 genannten Angaben sowie über zugriffsberechtigte Personen zur Verfügung zu stellen. [2]Der Beauftragte für den Datenschutz macht die Angaben nach § 4e Satz 1 Nr. 1 bis 8 auf Antrag jedermann in geeigneter Weise verfügbar.

(2a) Soweit bei einer nichtöffentlichen Stelle keine Verpflichtung zur Bestellung eines Beauftragten für den Datenschutz besteht, hat der Leiter der nichtöffentlichen Stelle die Erfüllung der Aufgaben nach den Absätzen 1 und 2 in anderer Weise sicherzustellen.

(3) [1]Auf die in § 6 Abs. 2 Satz 4 genannten Behörden findet Absatz 2 Satz 2 keine Anwendung. [2]Absatz 1 Satz 2 findet mit der Maßgabe Anwendung, dass der behördliche Beauftragte für den Datenschutz das Benehmen mit dem Behördenleiter herstellt; bei Unstimmigkeiten zwischen dem behördlichen Beauftragten für den Datenschutz und dem Behördenleiter entscheidet die oberste Bundesbehörde.

§ 5 Datengeheimnis. ¹Den bei der Datenverarbeitung beschäftigten Personen ist untersagt, personenbezogene Daten unbefugt zu erheben, zu verarbeiten oder zu nutzen (Datengeheimnis). ²Diese Personen sind, soweit sie bei nicht-öffentlichen Stellen beschäftigt werden, bei der Aufnahme ihrer Tätigkeit auf das Datengeheimnis zu verpflichten. ³Das Datengeheimnis besteht auch nach Beendigung ihrer Tätigkeit fort.

§ 6 Unabdingbare Rechte des Betroffenen. (1) Die Rechte des Betroffenen auf Auskunft (§§ 19, 34) und auf Berichtigung, Löschung oder Sperrung (§§ 20, 35) können nicht durch Rechtsgeschäft ausgeschlossen oder beschränkt werden.

(2) ¹Sind die Daten des Betroffenen automatisiert in der Weise gespeichert, dass mehrere Stellen speicherungsberechtigt sind, und ist der Betroffene nicht in der Lage festzustellen, welche Stelle die Daten gespeichert hat, so kann er sich an jede dieser Stellen wenden. ²Diese ist verpflichtet, das Vorbringen des Betroffenen an die Stelle, die die Daten gespeichert hat, weiterzuleiten. ³Der Betroffene ist über die Weiterleitung und jene Stelle zu unterrichten. ⁴Die in § 19 Abs. 3 genannten Stellen, die Behörden der Staatsanwaltschaft und der Polizei sowie öffentliche Stellen der Finanzverwaltung, soweit sie personenbezogene Daten in Erfüllung ihrer gesetzlichen Aufgaben im Anwendungsbereich der Abgabenordnung zur Überwachung und Prüfung speichern, können statt des Betroffenen den Bundesbeauftragten für den Datenschutz und die Informationsfreiheit unterrichten. ⁵In diesem Fall richtet sich das weitere Verfahren nach § 19 Abs. 6.

§ 6a Automatisierte Einzelentscheidung. (1) Entscheidungen, die für den Betroffenen eine rechtliche Folge nach sich ziehen oder ihn erheblich beeinträchtigen, dürfen nicht ausschließlich auf eine automatisierte Verarbeitung personenbezogener Daten gestützt werden, die der Bewertung einzelner Persönlichkeitsmerkmale dienen.

(2) Dies gilt nicht, wenn
1. die Entscheidung im Rahmen des Abschlusses oder der Erfüllung eines Vertragsverhältnisses oder eines sonstigen Rechtsverhältnisses ergeht und dem Begehren des Betroffenen stattgegeben wurde oder
2. die Wahrung der berechtigten Interessen des Betroffenen durch geeignete Maßnahmen gewährleistet und dem Betroffenen von der verantwortlichen Stelle die Tatsache des Vorliegens einer Entscheidung im Sinne des Absatzes 1 mitgeteilt wird. Als geeignete Maßnahme gilt insbesondere die Möglichkeit des Betroffenen, seinen Standpunkt geltend zu machen. Die verantwortliche Stelle ist verpflichtet, ihre Entscheidung erneut zu prüfen.

(3) Das Recht des Betroffenen auf Auskunft nach den §§ 19 und 34 erstreckt sich auch auf den logischen Aufbau der automatisierten Verarbeitung der ihn betreffenden Daten.

§ 6b Beobachtung öffentlich zugänglicher Räume mit optisch-elektronischen Einrichtungen. (1) Die Beobachtung öffentlich zugänglicher Räume mit optisch-elektronischen Einrichtungen (Videoüberwachung) ist nur zulässig, soweit sie
1. zur Aufgabenerfüllung öffentlicher Stellen,

2. zur Wahrnehmung des Hausrechts oder

3. zur Wahrnehmung berechtigter Interessen für konkret festgelegte Zwecke

erforderlich ist und keine Anhaltspunkte bestehen, dass schutzwürdige Interessen der Betroffenen überwiegen.

(2) Der Umstand der Beobachtung und die verantwortliche Stelle sind durch geeignete Maßnahmen erkennbar zu machen.

(3) ¹Die Verarbeitung oder Nutzung von nach Absatz 1 erhobenen Daten ist zulässig, wenn sie zum Erreichen des verfolgten Zwecks erforderlich ist und keine Anhaltspunkte bestehen, dass schutzwürdige Interessen der Betroffenen überwiegen. ²Für einen anderen Zweck dürfen sie nur verarbeitet oder genutzt werden, soweit dies zur Abwehr von Gefahren für die staatliche und öffentliche Sicherheit sowie zur Verfolgung von Straftaten erforderlich ist.

(4) Werden durch Videoüberwachung erhobene Daten einer bestimmten Person zugeordnet, ist diese über eine Verarbeitung oder Nutzung entsprechend den §§ 19a und 33 zu benachrichtigen.

(5) Die Daten sind unverzüglich zu löschen, wenn sie zur Erreichung des Zwecks nicht mehr erforderlich sind oder schutzwürdige Interessen der Betroffenen einer weiteren Speicherung entgegenstehen.

§ 6c Mobile personenbezogene Speicher- und Verarbeitungsmedien. (1) Die Stelle, die ein mobiles personenbezogenes Speicher- und Verarbeitungsmedium ausgibt oder ein Verfahren zur automatisierten Verarbeitung personenbezogener Daten, das ganz oder teilweise auf einem solchen Medium abläuft, auf das Medium aufbringt, ändert oder hierzu bereithält, muss den Betroffenen

1. über ihre Identität und Anschrift,
2. in allgemein verständlicher Form über die Funktionsweise des Mediums einschließlich der Art der zu verarbeitenden personenbezogenen Daten,
3. darüber, wie er seine Rechte nach den §§ 19, 20, 34 und 35 ausüben kann, und
4. über die bei Verlust oder Zerstörung des Mediums zu treffenden Maßnahmen

unterrichten, soweit der Betroffene nicht bereits Kenntnis erlangt hat.

(2) Die nach Absatz 1 verpflichtete Stelle hat dafür Sorge zu tragen, dass die zur Wahrnehmung des Auskunftsrechts erforderlichen Geräte oder Einrichtungen in angemessenem Umfang zum unentgeltlichen Gebrauch zur Verfügung stehen.

(3) Kommunikationsvorgänge, die auf dem Medium eine Datenverarbeitung auslösen, müssen für den Betroffenen eindeutig erkennbar sein.

§ 7 Schadensersatz. ¹Fügt eine verantwortliche Stelle dem Betroffenen durch eine nach diesem Gesetz oder nach anderen Vorschriften über den Datenschutz unzulässige oder unrichtige Erhebung, Verarbeitung oder Nutzung seiner personenbezogenen Daten einen Schaden zu, ist sie oder ihr Träger dem Betroffenen zum Schadensersatz verpflichtet. ²Die Ersatzpflicht entfällt, soweit die verantwortliche Stelle die nach den Umständen des Falles gebotene Sorgfalt beachtet hat.

§ 8 Schadensersatz bei automatisierter Datenverarbeitung durch öffentliche Stellen. (1) Fügt eine verantwortliche öffentliche Stelle dem Betroffenen durch eine nach diesem Gesetz oder nach anderen Vorschriften über den Datenschutz unzulässige oder unrichtige automatisierte Erhebung, Verarbeitung oder Nutzung seiner personenbezogenen Daten einen Schaden zu, ist ihr Träger dem Betroffenen unabhängig von einem Verschulden zum Schadensersatz verpflichtet.

(2) Bei einer schweren Verletzung des Persönlichkeitsrechts ist dem Betroffenen der Schaden, der nicht Vermögensschaden ist, angemessen in Geld zu ersetzen.

(3) [1]Die Ansprüche nach den Absätzen 1 und 2 sind insgesamt auf einen Betrag von 130 000 Euro begrenzt. [2]Ist aufgrund desselben Ereignisses an mehrere Personen Schadensersatz zu leisten, der insgesamt den Höchstbetrag von 130 000 Euro übersteigt, so verringern sich die einzelnen Schadensersatzleistungen in dem Verhältnis, in dem ihr Gesamtbetrag zu dem Höchstbetrag steht.

(4) Sind bei einer automatisierten Verarbeitung mehrere Stellen speicherungsberechtigt und ist der Geschädigte nicht in der Lage, die speichernde Stelle festzustellen, so haftet jede dieser Stellen.

(5) Hat bei der Entstehung des Schadens ein Verschulden des Betroffenen mitgewirkt, gilt § 254 des Bürgerlichen Gesetzbuchs[1]).

(6) Auf die Verjährung finden die für unerlaubte Handlungen geltenden Verjährungsvorschriften des Bürgerlichen Gesetzbuchs entsprechende Anwendung.

§ 9 Technische und organisatorische Maßnahmen. [1]Öffentliche und nicht-öffentliche Stellen, die selbst oder im Auftrag personenbezogene Daten erheben, verarbeiten oder nutzen, haben die technischen und organisatorischen Maßnahmen zu treffen, die erforderlich sind, um die Ausführung der Vorschriften dieses Gesetzes, insbesondere die in der Anlage zu diesem Gesetz genannten Anforderungen, zu gewährleisten. [2]Erforderlich sind Maßnahmen nur, wenn ihr Aufwand in einem angemessenen Verhältnis zu dem angestrebten Schutzzweck steht.

§ 9a Datenschutzaudit. [1]Zur Verbesserung des Datenschutzes und der Datensicherheit können Anbieter von Datenverarbeitungssystemen und -programmen und datenverarbeitende Stellen ihr Datenschutzkonzept sowie ihre technischen Einrichtungen durch unabhängige und zugelassene Gutachter prüfen und bewerten lassen sowie das Ergebnis der Prüfung veröffentlichen. [2]Die näheren Anforderungen an die Prüfung und Bewertung, das Verfahren sowie die Auswahl und Zulassung der Gutachter werden durch besonderes Gesetz geregelt.

§ 10 Einrichtung automatisierter Abrufverfahren. (1) [1]Die Einrichtung eines automatisierten Verfahrens, das die Übermittlung personenbezogener Daten durch Abruf ermöglicht, ist zulässig, soweit dieses Verfahren unter Berücksichtigung der schutzwürdigen Interessen der Betroffenen und der Auf-

---

[1]) Nr. 11.

gaben oder Geschäftszwecke der beteiligten Stellen angemessen ist. ²Die Vorschriften über die Zulässigkeit des einzelnen Abrufs bleiben unberührt.

(2) ¹Die beteiligten Stellen haben zu gewährleisten, dass die Zulässigkeit des Abrufverfahrens kontrolliert werden kann. ²Hierzu haben sie schriftlich festzulegen:
1. Anlass und Zweck des Abrufverfahrens,
2. Dritte, an die übermittelt wird,
3. Art der zu übermittelnden Daten,
4. nach § 9 erforderliche technische und organisatorische Maßnahmen.
³Im öffentlichen Bereich können die erforderlichen Festlegungen auch durch die Fachaufsichtsbehörden getroffen werden.

(3) ¹Über die Einrichtung von Abrufverfahren ist in Fällen, in denen die in § 12 Abs. 1 genannten Stellen beteiligt sind, der Bundesbeauftragte für den Datenschutz und die Informationsfreiheit unter Mitteilung der Festlegungen nach Absatz 2 zu unterrichten. ²Die Einrichtung von Abrufverfahren, bei denen die in § 6 Abs. 2 und in § 19 Abs. 3 genannten Stellen beteiligt sind, ist nur zulässig, wenn das für die speichernde und die abrufende Stelle jeweils zuständige Bundes- oder Landesministerium zugestimmt hat.

(4) ¹Die Verantwortung für die Zulässigkeit des einzelnen Abrufs trägt der Dritte, an den übermittelt wird. ²Die speichernde Stelle prüft die Zulässigkeit der Abrufe nur, wenn dazu Anlass besteht. ³Die speichernde Stelle hat zu gewährleisten, dass die Übermittlung personenbezogener Daten zumindest durch geeignete Stichprobenverfahren festgestellt und überprüft werden kann. ⁴Wird ein Gesamtbestand personenbezogener Daten abgerufen oder übermittelt (Stapelverarbeitung), so bezieht sich die Gewährleistung der Feststellung und Überprüfung nur auf die Zulässigkeit des Abrufes oder der Übermittlung des Gesamtbestandes.

(5) ¹Die Absätze 1 bis 4 gelten nicht für den Abruf allgemein zugänglicher Daten. ²Allgemein zugänglich sind Daten, die jedermann, sei es ohne oder nach vorheriger Anmeldung, Zulassung oder Entrichtung eines Entgelts, nutzen kann.

§ 11 Erhebung, Verarbeitung oder Nutzung personenbezogener Daten im Auftrag. (1) ¹Werden personenbezogene Daten im Auftrag durch andere Stellen erhoben, verarbeitet oder genutzt, ist der Auftraggeber für die Einhaltung der Vorschriften dieses Gesetzes und anderer Vorschriften über den Datenschutz verantwortlich. ²Die in den §§ 6, 7 und 8 genannten Rechte sind ihm gegenüber geltend zu machen.

(2) ¹Der Auftragnehmer ist unter besonderer Berücksichtigung der Eignung der von ihm getroffenen technischen und organisatorischen Maßnahmen sorgfältig auszuwählen. ²Der Auftrag ist schriftlich zu erteilen, wobei die Datenerhebung, -verarbeitung oder -nutzung, die technischen und organisatorischen Maßnahmen und etwaige Unterauftragsverhältnisse festzulegen sind. ³Er kann bei öffentlichen Stellen auch durch die Fachaufsichtsbehörde erteilt werden. ⁴Der Auftraggeber hat sich von der Einhaltung der beim Auftragnehmer getroffenen technischen und organisatorischen Maßnahmen zu überzeugen.

(3) ¹Der Auftragnehmer darf die Daten nur im Rahmen der Weisungen des Auftraggebers erheben, verarbeiten oder nutzen. ²Ist er der Ansicht, dass eine Weisung des Auftraggebers gegen dieses Gesetz oder andere Vorschriften über

den Datenschutz verstößt, hat er den Auftraggeber unverzüglich darauf hinzuweisen.

(4) Für den Auftragnehmer gelten neben den §§ 5, 9, 43 Abs. 1 Nr. 2, 10 und 11, Abs. 2 Nr. 1 bis 3 und Abs. 3 sowie § 44 nur die Vorschriften über die Datenschutzkontrolle oder die Aufsicht, und zwar für
1. a) öffentliche Stellen,
   b) nicht-öffentliche Stellen, bei denen der öffentlichen Hand die Mehrheit der Anteile gehört oder die Mehrheit der Stimmen zusteht und der Auftraggeber eine öffentliche Stelle ist,
   die §§ 18, 24 bis 26 oder die entsprechenden Vorschriften der Datenschutzgesetze der Länder,
2. die übrigen nicht-öffentlichen Stellen, soweit sie personenbezogene Daten im Auftrag als Dienstleistungsunternehmen geschäftsmäßig erheben, verarbeiten oder nutzen, die §§ 4 f, 4 g und 38.

(5) Die Absätze 1 bis 4 gelten entsprechend, wenn die Prüfung oder Wartung automatisierter Verfahren oder von Datenverarbeitungsanlagen durch andere Stellen im Auftrag vorgenommen wird und dabei ein Zugriff auf personenbezogene Daten nicht ausgeschlossen werden kann.

Dritter Abschnitt. Datenverarbeitung nicht-öffentlicher Stellen und öffentlich-rechtlicher Wettbewerbsunternehmen

Erster Unterabschnitt. Rechtsgrundlagen der Datenverarbeitung

§ 27 Anwendungsbereich. (1) [1]Die Vorschriften dieses Abschnittes finden Anwendung, soweit personenbezogene Daten unter Einsatz von Datenverarbeitungsanlagen verarbeitet, genutzt oder dafür erhoben werden oder die Daten in oder aus nicht automatisierten Dateien verarbeitet, genutzt oder dafür erhoben werden durch
1. nicht-öffentliche Stellen,
2. a) öffentliche Stellen des Bundes, soweit sie als öffentlich-rechtliche Unternehmen am Wettbewerb teilnehmen,
   b) öffentliche Stellen der Länder, soweit sie als öffentlich-rechtliche Unternehmen am Wettbewerb teilnehmen, Bundesrecht ausführen und der Datenschutz nicht durch Landesgesetz geregelt ist.

[2]Dies gilt nicht, wenn die Erhebung, Verarbeitung oder Nutzung der Daten ausschließlich für persönliche oder familiäre Tätigkeiten erfolgt. [3]In den Fällen der Nummer 2 Buchstabe a gelten anstelle des § 38 die §§ 18, 21 und 24 bis 26.

(2) Die Vorschriften dieses Abschnittes gelten nicht für die Verarbeitung und Nutzung personenbezogener Daten außerhalb von nicht automatisierten Dateien, soweit es sich nicht um personenbezogene Daten handelt, die offensichtlich aus einer automatisierten Verarbeitung entnommen worden sind.

§ 28 Datenerhebung, -verarbeitung und -nutzung für eigene Zwecke. (1) [1]Das Erheben, Speichern, Verändern oder Übermitteln personenbe-

zogener Daten oder ihre Nutzung als Mittel für die Erfüllung eigener Geschäftszwecke ist zulässig
1. wenn es der Zweckbestimmung eines Vertragsverhältnisses oder vertragsähnlichen Vertrauensverhältnisses mit dem Betroffenen dient,
2. soweit es zur Wahrung berechtigter Interessen der verantwortlichen Stelle erforderlich ist und kein Grund zu der Annahme besteht, dass das schutzwürdige Interesse des Betroffenen an dem Ausschluss der Verarbeitung oder Nutzung überwiegt, oder
3. wenn die Daten allgemein zugänglich sind oder die verantwortliche Stelle sie veröffentlichen dürfte, es sei denn, dass das schutzwürdige Interesse des Betroffenen an dem Ausschluss der Verarbeitung oder Nutzung gegenüber dem berechtigten Interesse der verantwortlichen Stelle offensichtlich überwiegt.

²Bei der Erhebung personenbezogener Daten sind die Zwecke, für die die Daten verarbeitet oder genutzt werden sollen, konkret festzulegen.

(2) Für einen anderen Zweck dürfen sie nur unter den Voraussetzungen des Absatzes 1 Satz 1 Nr. 2 und 3 übermittelt oder genutzt werden.

(3) ¹Die Übermittlung oder Nutzung für einen anderen Zweck ist auch zulässig:
1. soweit es zur Wahrung berechtigter Interessen eines Dritten oder
2. zur Abwehr von Gefahren für die staatliche und öffentliche Sicherheit sowie zur Verfolgung von Straftaten erforderlich ist, oder
3. für Zwecke der Werbung, der Markt- und Meinungsforschung, wenn es sich um listenmäßig oder sonst zusammengefasste Daten über Angehörige einer Personengruppe handelt, die sich auf
  a) eine Angabe über die Zugehörigkeit des Betroffenen zu dieser Personengruppe,
  b) Berufs-, Branchen- oder Geschäftsbezeichnung,
  c) Namen,
  d) Titel,
  e) akademische Grade,
  f) Anschrift und
  g) Geburtsjahr
beschränken

und kein Grund zu der Annahme besteht, dass der Betroffene ein schutzwürdiges Interesse an dem Ausschluss der Übermittlung oder Nutzung hat, oder
4. wenn es im Interesse einer Forschungseinrichtung zur Durchführung wissenschaftlicher Forschung erforderlich ist, das wissenschaftliche Interesse an der Durchführung des Forschungsvorhabens das Interesse des Betroffenen an dem Ausschluss der Zweckänderung erheblich überwiegt und der Zweck der Forschung auf andere Weise nicht oder nur mit unverhältnismäßigem Aufwand erreicht werden kann.

²In den Fällen des Satzes 1 Nr. 3 ist anzunehmen, dass dieses Interesse besteht, wenn im Rahmen der Zweckbestimmung eines Vertragsverhältnisses oder vertragsähnlichen Vertrauensverhältnisses gespeicherte Daten übermittelt werden sollen, die sich
1. auf strafbare Handlungen,
2. auf Ordnungswidrigkeiten sowie

3. bei Übermittlung durch den Arbeitgeber auf arbeitsrechtliche Rechtsverhältnisse

beziehen.

(4) [1]Widerspricht der Betroffene bei der verantwortlichen Stelle der Nutzung ober Übermittlung seiner Daten für Zwecke der Werbung oder der Markt- oder Meinungsforschung, ist eine Nutzung oder Übermittlung für diese Zwecke unzulässig. [2]Der Betroffene ist bei der Ansprache zum Zweck der Werbung oder der Markt- oder Meinungsforschung über die verantwortliche Stelle sowie über das Widerspruchsrecht nach Satz 1 zu unterrichten; soweit der Ansprechende personenbezogene Daten des Betroffenen nutzt, die bei einer ihm nicht bekannten Stelle gespeichert sind, hat er auch sicherzustellen, dass der Betroffene Kenntnis über die Herkunft der Daten erhalten kann. [3]Widerspricht der Betroffene bei dem Dritten, dem die Daten nach Absatz 3 übermittelt werden, der Verarbeitung oder Nutzung für Zwecke der Werbung oder der Markt- oder Meinungsforschung, hat dieser die Daten für diese Zwecke zu sperren.

(5) [1]Der Dritte, dem die Daten übermittelt worden sind, darf diese nur für den Zweck verarbeiten oder nutzen, zu dessen Erfüllung sie ihm übermittelt werden. [2]Eine Verarbeitung oder Nutzung für andere Zwecke ist nicht-öffentlichen Stellen nur unter den Voraussetzungen der Absätze 2 und 3 und öffentlichen Stellen nur unter den Voraussetzungen des § 14 Abs. 2 erlaubt. [3]Die übermittelnde Stelle hat ihn darauf hinzuweisen.

(6) Das Erheben, Verarbeiten und Nutzen von besonderen Arten personenbezogener Daten (§ 3 Abs. 9) für eigene Geschäftszwecke ist zulässig, soweit nicht der Betroffene nach Maßgabe des § 4 a Abs. 3 eingewilligt hat, wenn

1. dies zum Schutz lebenswichtiger Interessen des Betroffenen oder eines Dritten erforderlich ist, sofern der Betroffene aus physischen oder rechtlichen Gründen außerstande ist, seine Einwilligung zu geben,
2. es sich um Daten handelt, die der Betroffene offenkundig öffentlich gemacht hat,
3. dies zur Geltendmachung, Ausübung oder Verteidigung rechtlicher Ansprüche erforderlich ist und kein Grund zu der Annahme besteht, dass das schutzwürdige Interesse des Betroffenen an dem Ausschluss der Erhebung, Verarbeitung oder Nutzung überwiegt, oder
4. dies zur Durchführung wissenschaftlicher Forschung erforderlich ist, das wissenschaftliche Interesse an der Durchführung des Forschungsvorhabens das Interesse des Betroffenen an dem Ausschluss der Erhebung, Verarbeitung und Nutzung erheblich überwiegt und der Zweck der Forschung auf andere Weise nicht oder nur mit unverhältnismäßigem Aufwand erreicht werden kann.

(7) [1]Das Erheben von besonderen Arten personenbezogener Daten (§ 3 Abs. 9) ist ferner zulässig, wenn dies zum Zweck der Gesundheitsvorsorge, der medizinischen Diagnostik, der Gesundheitsversorgung oder Behandlung oder für die Verwaltung von Gesundheitsdiensten erforderlich ist und die Verarbeitung dieser Daten durch ärztliches Personal oder durch sonstige Personen erfolgt, die einer entsprechenden Geheimhaltungspflicht unterliegen. [2]Die Verarbeitung und Nutzung von Daten zu den in Satz 1 genannten Zwecken richtet sich nach den für die in Satz 1 genannten Personen geltenden Geheimhaltungspflichten. [3]Werden zu einem in Satz 1 genannten Zweck Da-

ten über die Gesundheit von Personen durch Angehörige eines anderen als in § 203 Abs. 1 und 3 des Strafgesetzbuchs genannten Berufes, dessen Ausübung die Feststellung, Heilung oder Linderung von Krankheiten oder die Herstellung oder den Vertrieb von Hilfsmitteln mit sich bringt, erhoben, verarbeitet oder genutzt, ist dies nur unter den Voraussetzungen zulässig, unter denen ein Arzt selbst hierzu befugt wäre.

(8) [1]Für einen anderen Zweck dürfen die besonderen Arten personenbezogener Daten (§ 3 Abs. 9) nur unter den Voraussetzungen des Absatzes 6 Nr. 1 bis 4 oder des Absatzes 7 Satz 1 übermittelt oder genutzt werden. [2]Eine Übermittlung oder Nutzung ist auch zulässig, wenn dies zur Abwehr von erheblichen Gefahren für die staatliche und öffentliche Sicherheit sowie zur Verfolgung von Straftaten von erheblicher Bedeutung erforderlich ist.

(9) [1]Organisationen, die politisch, philosophisch, religiös oder gewerkschaftlich ausgerichtet sind und keinen Erwerbszweck verfolgen, dürfen besondere Arten personenbezogener Daten (§ 3 Abs. 9) erheben, verarbeiten oder nutzen, soweit dies für die Tätigkeit der Organisation erforderlich ist. [2]Dies gilt nur für personenbezogene Daten ihrer Mitglieder oder von Personen, die im Zusammenhang mit deren Tätigkeitszweck regelmäßig Kontakte mit ihr unterhalten. [3]Die Übermittlung dieser personenbezogenen Daten an Personen oder Stellen außerhalb der Organisation ist nur unter den Voraussetzungen des § 4a Abs. 3 zulässig. [4]Absatz 3 Nr. 2 gilt entsprechend.

§ 29. Geschäftsmäßige Datenerhebung und -speicherung zum Zweck der Übermittlung. (1) [1]Das geschäftsmäßige Erheben, Speichern oder Verändern personenbezogener Daten zum Zweck der Übermittlung, insbesondere wenn dies der Werbung, der Tätigkeit von Auskunfteien, dem Adresshandel oder der Markt- und Meinungsforschung dient, ist zulässig, wenn

1. kein Grund zu der Annahme besteht, dass der Betroffene ein schutzwürdiges Interesse an dem Ausschluss der Erhebung, Speicherung oder Veränderung hat, oder
2. die Daten aus allgemein zugänglichen Quellen entnommen werden können oder die verantwortliche Stelle sie veröffentlichen dürfte, es sei denn, dass das schutzwürdige Interesse des Betroffenen an dem Ausschluss der Erhebung, Speicherung oder Veränderung offensichtlich überwiegt.

[2]§ 28 Abs. 1 Satz 2 ist anzuwenden.

(2) [1]Die Übermittlung im Rahmen der Zwecke nach Absatz 1 ist zulässig, wenn

1. a) der Dritte, dem die Daten übermittelt werden, ein berechtigtes Interesse an ihrer Kenntnis glaubhaft dargelegt hat oder

   b) es sich um listenmäßig oder sonst zusammengefasste Daten nach § 28 Abs. 3 Nr. 3 handelt, die für Zwecke der Werbung oder der Markt- oder Meinungsforschung übermittelt werden sollen, und
2. kein Grund zu der Annahme besteht, dass der Betroffene ein schutzwürdiges Interesse an dem Ausschluss der Übermittlung hat.

[2]§ 28 Abs. 3 Satz 2 gilt entsprechend. [3]Bei der Übermittlung nach Nummer 1 Buchstabe a sind die Gründe für das Vorliegen eines berechtigten Interesses und die Art und Weise ihrer glaubhaften Darlegung von der übermittelnden Stelle aufzuzeichnen. [4]Bei der Übermittlung im automatisierten Ab-

rufverfahren obliegt die Aufzeichnungspflicht dem Dritten, dem die Daten übermittelt werden.

(3) [1]Die Aufnahme personenbezogener Daten in elektronische oder gedruckte Adress-, Telefon-, Branchen- oder vergleichbare Verzeichnisse hat zu unterbleiben, wenn der entgegenstehende Wille des Betroffenen aus dem zugrunde liegenden elektronischen oder gedruckten Verzeichnis oder Register ersichtlich ist. [2]Der Empfänger der Daten hat sicherzustellen, dass Kennzeichnungen aus elektronischen oder gedruckten Verzeichnissen oder Registern bei der Übernahme in Verzeichnisse oder Register übernommen werden.

(4) Für die Verarbeitung oder Nutzung der übermittelten Daten gilt § 28 Abs. 4 und 5.

(5). § 28 Abs. 6 bis 9 gilt entsprechend.

§ 30 Geschäftsmäßige Datenerhebung und -speicherung zum Zweck der Übermittlung in anonymisierter Form. (1) [1]Werden personenbezogene Daten geschäftsmäßig erhoben und gespeichert, um sie in anonymisierter Form zu übermitteln, sind die Merkmale gesondert zu speichern, mit denen Einzelangaben über persönliche oder sachliche Verhältnisse einer bestimmten oder bestimmbaren natürlichen Person zugeordnet werden können. [2]Diese Merkmale dürfen mit den Einzelangaben nur zusammengeführt werden, soweit dies für die Erfüllung des Zwecks der Speicherung oder zu wissenschaftlichen Zwecken erforderlich ist.

(2) Die Veränderung personenbezogener Daten ist zulässig, wenn
1. kein Grund zu der Annahme besteht, dass der Betroffene ein schutzwürdiges Interesse an dem Ausschluss der Veränderung hat, oder
2. die Daten aus allgemein zugänglichen Quellen entnommen werden können oder die verantwortliche Stelle sie veröffentlichen dürfte, soweit nicht das schutzwürdige Interesse des Betroffenen an dem Ausschluss der Veränderung offensichtlich überwiegt.

(3) Die personenbezogenen Daten sind zu löschen, wenn ihre Speicherung unzulässig ist.

(4) § 29 gilt nicht.

(5) § 28 Abs. 6 bis 9 gilt entsprechend.

§ 31 Besondere Zweckbindung. Personenbezogene Daten, die ausschließlich zu Zwecken der Datenschutzkontrolle, der Datensicherung oder zur Sicherung eines ordnungsgemäßen Betriebes einer Datenverarbeitungsanlage gespeichert werden, dürfen nur für diese Zwecke verwendet werden.

§ 32 (weggefallen)

Zweiter Unterabschnitt. Rechte des Betroffenen

§ 33 Benachrichtigung des Betroffenen. (1) [1]Werden erstmals personenbezogene Daten für eigene Zwecke ohne Kenntnis des Betroffenen gespeichert, ist der Betroffene von der Speicherung, der Art der Daten, der Zweckbestimmung der Erhebung, Verarbeitung oder Nutzung und der Identität der verantwortlichen Stelle zu benachrichtigen. [2]Werden personenbezogene Daten geschäftsmäßig zum Zweck der Übermittlung ohne Kenntnis des Betroffenen gespeichert, ist der Betroffene von der erstmaligen Übermittlung und der Art der übermittelten Daten zu benachrichtigen. ³Der Betroffene ist in den Fällen der Sätze 1 und 2 auch über die Kategorien von Empfängern zu unterrichten, soweit er nach den Umständen des Einzelfalles nicht mit der Übermittlung an diese rechnen muss.

(2) ¹Eine Pflicht zur Benachrichtigung besteht nicht, wenn
1. der Betroffene auf andere Weise Kenntnis von der Speicherung oder der Übermittlung erlangt hat,
2. die Daten nur deshalb gespeichert sind, weil sie aufgrund gesetzlicher, satzungsmäßiger oder vertraglicher Aufbewahrungsvorschriften nicht gelöscht werden dürfen oder ausschließlich der Datensicherung oder der Datenschutzkontrolle dienen und eine Benachrichtigung einen unverhältnismäßigen Aufwand erfordern würde,
3. die Daten nach einer Rechtsvorschrift oder ihrem Wesen nach, namentlich wegen des überwiegenden rechtlichen Interesses eines Dritten, geheimgehalten werden müssen,
4. die Speicherung oder Übermittlung durch Gesetz ausdrücklich vorgesehen ist,
5. die Speicherung oder Übermittlung für Zwecke der wissenschaftlichen Forschung erforderlich ist und eine Benachrichtigung einen unverhältnismäßigen Aufwand erfordern würde,
6. die zuständige öffentliche Stelle gegenüber der verantwortlichen Stelle festgestellt hat, dass das Bekanntwerden der Daten die öffentliche Sicherheit oder Ordnung gefährden oder sonst dem Wohle des Bundes oder eines Landes Nachteile bereiten würde,
7. die Daten für eigene Zwecke gespeichert sind und
   a) aus allgemein zugänglichen Quellen entnommen sind und eine Benachrichtigung wegen der Vielzahl der betroffenen Fälle unverhältnismäßig ist, oder
   b) die Benachrichtigung die Geschäftszwecke der verantwortlichen Stelle erheblich gefährden würde, es sei denn, dass das Interesse an der Benachrichtigung die Gefährdung überwiegt, oder
8. die Daten geschäftsmäßig zum Zweck der Übermittlung gespeichert sind und
   a) aus allgemein zugänglichen Quellen entnommen sind, soweit sie sich auf diejenigen Personen beziehen, die diese Daten veröffentlicht haben, oder
   b) es sich um listenmäßig oder sonst zusammengefasste Daten handelt (§ 29 Abs. 2 Nr. 1 Buchstabe b)

und eine Benachrichtigung wegen der Vielzahl der betroffenen Fälle unverhältnismäßig ist.
²Die verantwortliche Stelle legt schriftlich fest, unter welchen Voraussetzungen von einer Benachrichtigung nach Satz 1 Nr. 2 bis 7 abgesehen wird.

§ 34 Auskunft an den Betroffenen. (1) ¹Der Betroffene kann Auskunft verlangen über
1. die zu seiner Person gespeicherten Daten, auch soweit sie sich auf die Herkunft dieser Daten beziehen,

2. Empfänger oder Kategorien von Empfängern, an die Daten weitergegeben werden, und
3. den Zweck der Speicherung.

²Er soll die Art der personenbezogenen Daten, über die Auskunft erteilt werden soll, näher bezeichnen. ³Werden die personenbezogenen Daten geschäftsmäßig zum Zweck der Übermittlung gespeichert, kann der Betroffene über Herkunft und Empfänger nur Auskunft verlangen, sofern nicht das Interesse an der Wahrung des Geschäftsgeheimnisses überwiegt. ⁴In diesem Falle ist Auskunft über Herkunft und Empfänger auch dann zu erteilen, wenn diese Angaben nicht gespeichert sind.

(2) ¹Der Betroffene kann von Stellen, die geschäftsmäßig personenbezogene Daten zum Zweck der Auskunftserteilung speichern, Auskunft über seine personenbezogenen Daten verlangen, auch wenn sie weder in einer automatisierten Verarbeitung noch in einer nicht automatisierten Datei gespeichert sind. ²Auskunft über Herkunft und Empfänger kann der Betroffene nur verlangen, sofern nicht das Interesse an der Wahrung des Geschäftsgeheimnisses überwiegt.

(3) Die Auskunft wird schriftlich erteilt, soweit nicht wegen der besonderen Umstände eine andere Form der Auskunftserteilung angemessen ist.

(4) Eine Pflicht zur Auskunftserteilung besteht nicht, wenn der Betroffene nach § 33 Abs. 2 Satz 1 Nr. 2, 3 und 5 bis 7 nicht zu benachrichtigen ist.

(5) ¹Die Auskunft ist unentgeltlich. ²Werden die personenbezogenen Daten geschäftsmäßig zum Zweck der Übermittlung gespeichert, kann jedoch ein Entgelt verlangt werden, wenn der Betroffene die Auskunft gegenüber Dritten zu wirtschaftlichen Zwecken nutzen kann. ³Das Entgelt darf über die durch die Auskunftserteilung entstandenen direkt zurechenbaren Kosten nicht hinausgehen. ⁴Ein Entgelt kann in den Fällen nicht verlangt werden, in denen besondere Umstände die Annahme rechtfertigen, dass Daten unrichtig oder unzulässig gespeichert werden, oder in denen die Auskunft ergibt, dass die Daten zu berichtigen oder unter der Voraussetzung des § 35 Abs. 2 Satz 2 Nr. 1 zu löschen sind.

(6) ¹Ist die Auskunftserteilung nicht unentgeltlich, ist dem Betroffenen die Möglichkeit zu geben, sich im Rahmen seines Auskunftsanspruchs persönlich Kenntnis über die ihn betreffenden Daten und Angaben zu verschaffen. ²Er ist hierauf in geeigneter Weise hinzuweisen.

§ 35 Berichtigung, Löschung und Sperrung von Daten. (1) Personenbezogene Daten sind zu berichtigen, wenn sie unrichtig sind.

(2) ¹Personenbezogene Daten können außer in den Fällen des Absatzes 3 Nr. 1 und 2 jederzeit gelöscht werden. ²Personenbezogene Daten sind zu löschen, wenn

1. ihre Speicherung unzulässig ist,
2. es sich um Daten über die rassische oder ethnische Herkunft, politische Meinungen, religiöse oder philosophische Überzeugungen oder die Gewerkschaftszugehörigkeit, über Gesundheit oder das Sexualleben, strafbare Handlungen oder Ordnungswidrigkeiten handelt und ihre Richtigkeit von der verantwortlichen Stelle nicht bewiesen werden kann,
3. sie für eigene Zwecke verarbeitet werden, sobald ihre Kenntnis für die Erfüllung des Zwecks der Speicherung nicht mehr erforderlich ist, oder

Bundesdatenschutzgesetz §§ 36, 37 BDSG 56

4. sie geschäftsmäßig zum Zweck der Übermittlung verarbeitet werden und eine Prüfung jeweils am Ende des vierten Kalenderjahrs beginnend mit ihrer erstmaligen Speicherung ergibt, dass eine längerwährende Speicherung nicht erforderlich ist.

(3) An die Stelle einer Löschung tritt eine Sperrung, soweit

1. im Fall des Absatzes 2 Nr. 3 einer Löschung gesetzliche, satzungsmäßige oder vertragliche Aufbewahrungsfristen entgegenstehen,
2. Grund zu der Annahme besteht, dass durch eine Löschung schutzwürdige Interessen des Betroffenen beeinträchtigt würden, oder
3. eine Löschung wegen der besonderen Art der Speicherung nicht oder nur mit unverhältnismäßig hohem Aufwand möglich ist.

(4) Personenbezogene Daten sind ferner zu sperren, soweit ihre Richtigkeit vom Betroffenen bestritten wird und sich weder die Richtigkeit noch die Unrichtigkeit feststellen lässt.

(5) [1]Personenbezogene Daten dürfen nicht für eine automatisierte Verarbeitung oder Verarbeitung in nicht automatisierten Dateien erhoben, verarbeitet oder genutzt werden, soweit der Betroffene dieser bei der verantwortlichen Stelle widerspricht und eine Prüfung ergibt, dass das schutzwürdige Interesse des Betroffenen wegen seiner besonderen persönlichen Situation das Interesse der verantwortlichen Stelle an dieser Erhebung, Verarbeitung oder Nutzung überwiegt. [2]Satz 1 gilt nicht, wenn eine Rechtsvorschrift zur Erhebung, Verarbeitung oder Nutzung verpflichtet.

(6) [1]Personenbezogene Daten, die unrichtig sind oder deren Richtigkeit bestritten wird, müssen bei der geschäftsmäßigen Datenspeicherung zum Zweck der Übermittlung außer in den Fällen des Absatzes 2 Nr. 2 nicht berichtigt, gesperrt oder gelöscht werden, wenn sie aus allgemein zugänglichen Quellen entnommen und zu Dokumentationszwecken gespeichert sind. [2]Auf Verlangen des Betroffenen ist diesen Daten für die Dauer der Speicherung seine Gegendarstellung beizufügen. [3]Die Daten dürfen nicht ohne diese Gegendarstellung übermittelt werden.

(7) Von der Berichtigung unrichtiger Daten, der Sperrung bestrittener Daten sowie der Löschung oder Sperrung wegen Unzulässigkeit der Speicherung sind die Stellen zu verständigen, denen im Rahmen einer Datenübermittlung diese Daten zur Speicherung weitergegeben wurden, wenn dies keinen unverhältnismäßigen Aufwand erfordert und schutzwürdige Interessen des Betroffenen nicht entgegenstehen.

(8) Gesperrte Daten dürfen ohne Einwilligung des Betroffenen nur übermittelt oder genutzt werden, wenn

1. es zu wissenschaftlichen Zwecken, zur Behebung einer bestehenden Beweisnot oder aus sonstigen im überwiegenden Interesse der verantwortlichen Stelle oder eines Dritten liegenden Gründen unerlässlich ist und
2. die Daten hierfür übermittelt oder genutzt werden dürften, wenn sie nicht gesperrt wären.

Dritter Unterabschnitt. Aufsichtsbehörde

§§ 36, 37 (weggefallen)

§ 38 Aufsichtsbehörde.

(1) [1]Die Aufsichtsbehörde kontrolliert die Ausführung dieses Gesetzes sowie anderer Vorschriften über den Datenschutz, soweit diese die automatisierte Verarbeitung personenbezogener Daten oder die Verarbeitung oder Nutzung personenbezogener Daten in oder aus nicht automatisierten Dateien regeln einschließlich des Rechts der Mitgliedstaaten in den Fällen des § 1 Abs. 5. [2]Sie berät und unterstützt die Beauftragten für den Datenschutz und die verantwortlichen Stellen mit Rücksicht auf deren typische Bedürfnisse. [3]Die Aufsichtsbehörde darf die von ihr gespeicherten Daten nur für Zwecke der Aufsicht verarbeiten und nutzen; § 14 Abs. 2 Nr. 1 bis 3, 6 und 7 gilt entsprechend. [4]Insbesondere darf die Aufsichtsbehörde zum Zweck der Aufsicht Daten an andere Aufsichtsbehörden übermitteln. [5]Sie leistet den Aufsichtsbehörden anderer Mitgliedstaaten der Europäischen Union auf Ersuchen ergänzende Hilfe (Amtshilfe). [6]Stellt die Aufsichtsbehörde einen Verstoß gegen dieses Gesetz oder andere Vorschriften über den Datenschutz fest, so ist sie befugt, die Betroffenen hierüber zu unterrichten, den Verstoß bei den für die Verfolgung oder Ahndung zuständigen Stellen anzuzeigen sowie bei schwerwiegenden Verstößen die Gewerbeaufsichtsbehörde zur Durchführung gewerberechtlicher Maßnahmen zu unterrichten. [7]Sie veröffentlicht regelmäßig, mindestens alle zwei Jahre, einen Tätigkeitsbericht. [8]§ 21 Satz 1 und § 23 Abs. 5 Satz 4 bis 7 gelten entsprechend.

(2) [1]Die Aufsichtsbehörde führt ein Register der nach § 4d meldepflichtigen automatisierten Verarbeitungen mit den Angaben nach § 4e Satz 1. [2]Das Register kann von jedem eingesehen werden. [3]Das Einsichtsrecht erstreckt sich nicht auf die Angaben nach § 4e Satz 1 Nr. 9 sowie auf die Angabe der zugriffsberechtigten Personen.

(3) [1]Die der Kontrolle unterliegenden Stellen sowie die mit deren Leitung beauftragten Personen haben der Aufsichtsbehörde auf Verlangen die für die Erfüllung ihrer Aufgaben erforderlichen Auskünfte unverzüglich zu erteilen. [2]Der Auskunftspflichtige kann die Auskunft auf solche Fragen verweigern, deren Beantwortung ihn selbst oder einen der in § 383 Abs. 1 Nr. 1 bis 3 der Zivilprozessordnung bezeichneten Angehörigen der Gefahr strafgerichtlicher Verfolgung oder eines Verfahrens nach dem Gesetz über Ordnungswidrigkeiten aussetzen würde. [3]Der Auskunftspflichtige ist darauf hinzuweisen.

(4) [1]Die von der Aufsichtsbehörde mit der Kontrolle beauftragten Personen sind befugt, soweit es zur Erfüllung der der Aufsichtsbehörde übertragenen Aufgaben erforderlich ist, während der Betriebs- und Geschäftszeiten Grundstücke und Geschäftsräume der Stelle zu betreten und dort Prüfungen und Besichtigungen vorzunehmen. [2]Sie können geschäftliche Unterlagen, insbesondere die Übersicht nach § 4g Abs. 2 Satz 1 sowie die gespeicherten personenbezogenen Daten und die Datenverarbeitungsprogramme, einsehen. [3]§ 24 Abs. 6 gilt entsprechend. [4]Der Auskunftspflichtige hat diese Maßnahmen zu dulden.

(5) [1]Zur Gewährleistung des Datenschutzes nach diesem Gesetz und anderen Vorschriften über den Datenschutz, soweit diese die automatisierte Verarbeitung personenbezogener Daten oder die Verarbeitung personenbezogener Daten in oder aus nicht automatisierten Dateien regeln, kann die Aufsichtsbehörde anordnen, dass im Rahmen der Anforderungen nach § 9 Maßnahmen zur Beseitigung festgestellter technischer oder organisatorischer Mängel getroffen werden. [2]Bei schwerwiegenden Mängeln dieser Art, insbesondere, wenn sie mit besonderer Gefährdung des Persönlichkeitsrechts ver-

bunden sind, kann sie den Einsatz einzelner Verfahren untersagen, wenn die Mängel entgegen der Anordnung nach Satz 1 und trotz der Verhängung eines Zwangsgeldes nicht in angemessener Zeit beseitigt werden. ³Sie kann die Abberufung des Beauftragten für den Datenschutz verlangen, wenn er die zur Erfüllung seiner Aufgaben erforderliche Fachkunde und Zuverlässigkeit nicht besitzt.

(6) Die Landesregierungen oder die von ihnen ermächtigten Stellen bestimmen die für die Kontrolle der Durchführung des Datenschutzes im Anwendungsbereich dieses Abschnittes zuständigen Aufsichtsbehörden.

(7) Die Anwendung der Gewerbeordnung auf die unter Vorschriften dieses Abschnittes unterliegenden Gewerbebetriebe bleibt unberührt.

§ 38a Verhaltensregeln zur Förderung der Durchführung datenschutzrechtlicher Regelungen. (1) Berufsverbände und andere Vereinigungen, die bestimmte Gruppen von verantwortlichen Stellen vertreten, können Entwürfe für Verhaltensregeln zur Förderung der Durchführung von datenschutzrechtlichen Regelungen der zuständigen Aufsichtsbehörde unterbreiten.

(2) Die Aufsichtsbehörde überprüft die Vereinbarkeit der ihr unterbreiteten Entwürfe mit dem geltenden Datenschutzrecht.

Vierter Abschnitt. Sondervorschriften

§ 39 Zweckbindung bei personenbezogenen Daten, die einem Berufs- oder besonderen Amtsgeheimnis unterliegen. (1) ¹Personenbezogene Daten, die einem Berufs- oder besonderen Amtsgeheimnis unterliegen und die von der zur Verschwiegenheit verpflichteten Stelle in Ausübung ihrer Berufs- oder Amtspflicht zur Verfügung gestellt worden sind, dürfen von der verantwortlichen Stelle nur für den Zweck verarbeitet oder genutzt werden, für den sie sie erhalten hat. ²In die Übermittlung an eine nicht-öffentliche Stelle muss die zur Verschwiegenheit verpflichtete Stelle einwilligen.

(2) Für einen anderen Zweck dürfen die Daten nur verarbeitet oder genutzt werden, wenn die Änderung des Zwecks durch besonderes Gesetz zugelassen ist.

§ 40 Verarbeitung und Nutzung personenbezogener Daten durch Forschungseinrichtungen. (1) Für Zwecke der wissenschaftlichen Forschung erhobene oder gespeicherte personenbezogene Daten dürfen nur für Zwecke der wissenschaftlichen Forschung verarbeitet oder genutzt werden.

(2) ¹Die personenbezogenen Daten sind zu anonymisieren, sobald dies nach dem Forschungszweck möglich ist. ²Bis dahin sind die Merkmale gesondert zu speichern, mit denen Einzelangaben über persönliche oder sachliche Verhältnisse einer bestimmten oder bestimmbaren Person zugeordnet werden können. ³Sie dürfen mit den Einzelangaben nur zusammengeführt werden, soweit der Forschungszweck dies erfordert.

(3) Die wissenschaftliche Forschung betreibenden Stellen dürfen personenbezogene Daten nur veröffentlichen, wenn
1. der Betroffene eingewilligt hat oder
2. dies für die Darstellung von Forschungsergebnissen über Ereignisse der Zeitgeschichte unerlässlich ist.

§ 41 Erhebung, Verarbeitung und Nutzung personenbezogener Daten durch die Medien. (1) Die Länder haben in ihrer Gesetzgebung vorzusehen, dass für die Erhebung, Verarbeitung und Nutzung personenbezogener Daten von Unternehmen und Hilfsunternehmen der Presse ausschließlich zu eigenen journalistisch-redaktionellen oder literarischen Zwecken den Vorschriften der §§ 5, 9 und 38a entsprechende Regelungen einschließlich einer hierauf bezogenen Haftungsregelung entsprechend § 7 zur Anwendung kommen.

(2) Führt die journalistisch-redaktionelle Erhebung, Verarbeitung oder Nutzung personenbezogener Daten durch die Deutsche Welle zur Veröffentlichung von Gegendarstellungen des Betroffenen, so sind diese Gegendarstellungen zu den gespeicherten Daten zu nehmen und für dieselbe Zeitdauer aufzubewahren wie die Daten selbst.

(3) [1]Wird jemand durch eine Berichterstattung der Deutsche Welle in seinem Persönlichkeitsrecht beeinträchtigt, so kann er Auskunft über die der Berichterstattung zugrunde liegenden, zu seiner Person gespeicherten Daten verlangen. [2]Die Auskunft kann nach Abwägung der schutzwürdigen Interessen der Beteiligten verweigert werden, soweit
1. aus den Daten auf Personen, die bei der Vorbereitung, Herstellung oder Verbreitung von Rundfunksendungen berufsmäßig journalistisch mitwirken oder mitgewirkt haben, geschlossen werden kann,
2. aus den Daten auf die Person des Einsenders oder des Gewährsträgers von Beiträgen, Unterlagen und Mitteilungen für den redaktionellen Teil geschlossen werden kann,
3. durch die Mitteilung der recherchierten oder sonst erlangten Daten die journalistische Aufgabe der Deutschen Welle durch Ausforschung des Informationsbestandes beeinträchtigt würde.

[3]Der Betroffene kann die Berichtigung unrichtiger Daten verlangen.

(4) [1]Im Übrigen gelten für die Deutsche Welle von den Vorschriften dieses Gesetzes die §§ 5, 7, 9 und 38a. [2]Anstelle der §§ 24 bis 26 gilt § 42, auch soweit es sich um Verwaltungsangelegenheiten handelt.

§ 42 Datenschutzbeauftragter der Deutschen Welle. (1) [1]Die Deutsche Welle bestellt einen Beauftragten für den Datenschutz, der an die Stelle des Bundesbeauftragten für den Datenschutz und die Informationsfreiheit tritt. [2]Die Bestellung erfolgt auf Vorschlag des Intendanten durch den Verwaltungsrat für die Dauer von vier Jahren, wobei Wiederbestellungen zulässig sind. [3]Das Amt eines Beauftragten für den Datenschutz kann neben anderen Aufgaben innerhalb der Rundfunkanstalt wahrgenommen werden.

(2) [1]Der Beauftragte für den Datenschutz kontrolliert die Einhaltung der Vorschriften dieses Gesetzes sowie anderer Vorschriften über den Datenschutz. [2]Er ist in Ausübung dieses Amtes unabhängig und nur dem Gesetz unterworfen. [3]Im Übrigen untersteht er der Dienst- und Rechtsaufsicht des Verwaltungsrates.

(3) Jedermann kann sich entsprechend § 21 Satz 1 an den Beauftragten für den Datenschutz wenden.

(4) [1]Der Beauftragte für den Datenschutz erstattet den Organen der Deutschen Welle alle zwei Jahre, erstmals zum 1. Januar 1994 einen Tätigkeitsbericht. [2]Er erstattet darüber hinaus besondere Berichte auf Beschluss eines

Organes der Deutschen Welle. ³Die Tätigkeitsberichte übermittelt der Beauftragte auch an den Bundesbeauftragten für den Datenschutz und die Informationsfreiheit.

(5) ¹Weitere Regelungen entsprechend den §§ 23 bis 26 trifft die Deutsche Welle für ihren Bereich. ²Die §§ 4f und 4g bleiben unberührt.

Fünfter Abschnitt. Schlussvorschriften

§ 43 Bußgeldvorschriften. (1) Ordnungswidrig handelt, wer vorsätzlich oder fahrlässig
1. entgegen § 4d Abs. 1, auch in Verbindung mit § 4e Satz 2, eine Meldung nicht, nicht richtig, nicht vollständig oder nicht rechtzeitig macht,
2. entgegen § 4f Abs. 1 Satz 1 oder 2, jeweils auch in Verbindung mit Satz 3 und 6, einen Beauftragten für den Datenschutz nicht, nicht in der vorgeschriebenen Weise oder nicht rechtzeitig bestellt,
3. entgegen § 28 Abs. 4 Satz 2 den Betroffenen nicht, nicht richtig oder nicht rechtzeitig unterrichtet oder nicht sicherstellt, dass der Betroffene Kenntnis erhalten kann,
4. entgegen § 28 Abs. 5 Satz 2 personenbezogene Daten übermittelt oder nutzt,
5. entgegen § 29 Abs. 2 Satz 3 oder 4 die dort bezeichneten Gründe oder die Art und Weise ihrer glaubhaften Darlegung nicht aufzeichnet,
6. entgegen § 29 Abs. 3 Satz 1 personenbezogene Daten in elektronische oder gedruckte Adress-, Rufnummern-, Branchen- oder vergleichbare Verzeichnisse aufnimmt,
7. entgegen § 29 Abs. 3 Satz 2 die Übernahme von Kennzeichnungen nicht sicherstellt,
8. entgegen § 33 Abs. 1 den Betroffenen nicht, nicht richtig oder nicht vollständig benachrichtigt,
9. entgegen § 35 Abs. 6 Satz 3 Daten ohne Gegendarstellung übermittelt,
10. entgegen § 38 Abs. 3 Satz 1 oder Abs. 4 Satz 1 eine Auskunft nicht, nicht richtig, nicht vollständig oder nicht rechtzeitig erteilt oder eine Maßnahme nicht duldet oder
11. einer vollziehbaren Anordnung nach § 38 Abs. 5 Satz 1 zuwiderhandelt.

(2) Ordnungswidrig handelt, wer vorsätzlich oder fahrlässig
1. unbefugt personenbezogene Daten, die nicht allgemein zugänglich sind, erhebt oder verarbeitet,
2. unbefugt personenbezogene Daten, die nicht allgemein zugänglich sind, zum Abruf mittels automatisierten Verfahrens bereithält,
3. unbefugt personenbezogene Daten, die nicht allgemein zugänglich sind, abruft oder sich oder einem anderen aus automatisierten Verarbeitungen oder nicht automatisierten Dateien verschafft,
4. die Übermittlung von personenbezogenen Daten, die nicht allgemein zugänglich sind, durch unrichtige Angaben erschleicht,
5. entgegen § 16 Abs. 4 Satz 1, § 28 Abs. 5 Satz 1, auch in Verbindung mit § 29 Abs. 4, § 39 Abs. 1 Satz 1 oder § 40 Abs. 1, die übermittelten Daten für andere Zwecke nutzt, indem er sie an Dritte weitergibt, oder

6. entgegen § 30 Abs. 1 Satz 2 die in § 30 Abs. 1 Satz 1 bezeichneten Merkmale oder entgegen § 40 Abs. 2 Satz 3 die in § 40 Abs. 2 Satz 2 bezeichneten Merkmale mit den Einzelangaben zusammenführt.

(3) Die Ordnungswidrigkeit kann im Falle des Absatzes 1 mit einer Geldbuße bis zu fünfundzwanzigtausend Euro, in den Fällen des Absatzes 2 mit einer Geldbuße bis zu zweihundertfünfzigtausend Euro geahndet werden.

§ 44 Strafvorschriften. (1) Wer eine in § 43 Abs. 2 bezeichnete vorsätzliche Handlung gegen Entgelt oder in der Absicht, sich oder einen anderen zu bereichern oder einen anderen zu schädigen, begeht, wird mit Freiheitsstrafe bis zu zwei Jahren oder mit Geldstrafe bestraft.

(2) [1]Die Tat wird nur auf Antrag verfolgt. [2]Antragsberechtigt sind der Betroffene, die verantwortliche Stelle, der Bundesbeauftragte für den Datenschutz und die Informationsfreiheit und die Aufsichtsbehörde.

Sechster Abschnitt. Übergangsvorschriften

§ 45 Laufende Verwendungen. [1]Erhebungen, Verarbeitungen oder Nutzungen personenbezogener Daten, die am 23. Mai 2001 bereits begonnen haben, sind binnen drei Jahren nach diesem Zeitpunkt mit den Vorschriften dieses Gesetzes in Übereinstimmung zu bringen. [2]Soweit Vorschriften dieses Gesetzes in Rechtsvorschriften außerhalb des Anwendungsbereichs der Richtlinie 95/46/EG des Europäischen Parlaments und des Rates vom 24. Oktober 1995 zum Schutz natürlicher Personen bei der Verarbeitung personenbezogener Daten und zum freien Datenverkehr zur Anwendung gelangen, sind Erhebungen, Verarbeitungen oder Nutzungen personenbezogener Daten, die am 23. Mai 2001 bereits begonnen haben, binnen fünf Jahren nach diesem Zeitpunkt mit den Vorschriften dieses Gesetzes in Übereinstimmung zu bringen.

§ 46 Weitergeltung von Begriffsbestimmungen. (1) [1]Wird in besonderen Rechtsvorschriften des Bundes der Begriff Datei verwendet, ist Datei
1. eine Sammlung personenbezogener Daten, die durch automatisierte Verfahren nach bestimmten Merkmalen ausgewertet werden kann (automatisierte Datei), oder
2. jede sonstige Sammlung personenbezogener Daten, die gleichartig aufgebaut ist und nach bestimmten Merkmalen geordnet, umgeordnet und ausgewertet werden kann (nicht automatisierte Datei).

[2]Nicht hierzu gehören Akten und Aktensammlungen, es sei denn, dass sie durch automatisierte Verfahren umgeordnet und ausgewertet werden können.

(2) [1]Wird in besonderen Rechtsvorschriften des Bundes der Begriff Akte verwendet, ist Akte jede amtlichen oder dienstlichen Zwecken dienende Unterlage, die nicht dem Dateibegriff des Absatzes 1 unterfällt; dazu zählen auch Bild- und Tonträger. [2]Nicht hierunter fallen Vorentwürfe und Notizen, die nicht Bestandteil eines Vorgangs werden sollen.

(3) [1]Wird in besonderen Rechtsvorschriften des Bundes der Begriff Empfänger verwendet, ist Empfänger jede Person oder Stelle außerhalb der verantwortlichen Stelle. [2]Empfänger sind nicht der Betroffene sowie Personen und

Stellen, die im Inland, in einem anderen Mitgliedstaat der Europäischen Union oder in einem anderen Vertragsstaat des Abkommens über den Europäischen Wirtschaftsraum[1] personenbezogene Daten im Auftrag erheben, verarbeiten oder nutzen.

Anlage
(zu § 9 Satz 1)

Werden personenbezogene Daten automatisiert verarbeitet oder genutzt, ist die innerbehördliche oder innerbetriebliche Organisation so zu gestalten, dass sie den besonderen Anforderungen des Datenschutzes gerecht wird. Dabei sind insbesondere Maßnahmen zu treffen, die je nach der Art der zu schützenden personenbezogenen Daten oder Datenkategorien geeignet sind,

1. Unbefugten den Zutritt zu Datenverarbeitungsanlagen, mit denen personenbezogene Daten verarbeitet oder genutzt werden, zu verwehren (Zutrittskontrolle),
2. zu verhindern, dass Datenverarbeitungssysteme von Unbefugten genutzt werden können (Zugangskontrolle),
3. zu gewährleisten, dass die zur Benutzung eines Datenverarbeitungssystems Berechtigten ausschließlich auf die ihrer Zugriffsberechtigung unterliegenden Daten zugreifen können, und dass personenbezogene Daten bei der Verarbeitung, Nutzung und nach der Speicherung nicht unbefugt gelesen, kopiert, verändert oder entfernt werden können (Zugriffskontrolle),
4. zu gewährleisten, dass personenbezogene Daten bei der elektronischen Übertragung oder während ihres Transports oder ihrer Speicherung auf Datenträger nicht unbefugt gelesen, kopiert, verändert oder entfernt werden können, und dass überprüft und festgestellt werden kann, an welche Stellen eine Übermittlung personenbezogener Daten durch Einrichtungen zur Datenübertragung vorgesehen ist (Weitergabekontrolle),
5. zu gewährleisten, dass nachträglich überprüft und festgestellt werden kann, ob und von wem personenbezogene Daten in Datenverarbeitungssysteme eingegeben, verändert oder entfernt worden sind (Eingabekontrolle),
6. zu gewährleisten, dass personenbezogene Daten, die im Auftrag verarbeitet werden, nur entsprechend den Weisungen des Auftraggebers verarbeitet werden können (Auftragskontrolle),
7. zu gewährleisten, dass personenbezogene Daten gegen zufällige Zerstörung oder Verlust geschützt sind (Verfügbarkeitskontrolle),
8. zu gewährleisten, dass zu unterschiedlichen Zwecken erhobene Daten getrennt verarbeitet werden können.

---

[1] **EU-Arbeitsrecht** (dtv 5751) Nr. 2.

57. Gesetz zum Schutze der erwerbstätigen Mutter (Mutterschutzgesetz – MuSchG)

In der Fassung der Bekanntmachung vom 20. Juni 2002[1]
(BGBl. I S. 2318)
FNA 8052-1
zuletzt geänd. durch Art. 2 Abs. 10 Elterngeld- EinführungsG v. 5. 12. 2006 (BGBl. I S. 2748)

– Auszug[2] –

Erster Abschnitt. Allgemeine Vorschriften

§ 1 Geltungsbereich. Dieses Gesetz gilt
1. für Frauen, die in einem Arbeitsverhältnis stehen,
2. für weibliche in Heimarbeit Beschäftigte und ihnen Gleichgestellte (§ 1 Abs. 1 und 2 des Heimarbeitsgesetzes[3]) vom 14. März 1951, BGBl. I S. 191), soweit sie am Stück mitarbeiten.

§ 2 Gestaltung des Arbeitsplatzes. (1) Wer eine werdende oder stillende Mutter beschäftigt, hat bei der Einrichtung und der Unterhaltung des Arbeitsplatzes einschließlich der Maschinen, Werkzeuge und Geräte und bei der Regelung der Beschäftigung die erforderlichen Vorkehrungen und Maßnahmen zum Schutze von Leben und Gesundheit der werdenden oder stillenden Mutter zu treffen.

(2) Wer eine werdende oder stillende Mutter mit Arbeiten beschäftigt, bei denen sie ständig stehen oder gehen muss, hat für sie eine Sitzgelegenheit zum kurzen Ausruhen bereitzustellen.

(3) Wer eine werdende oder stillende Mutter mit Arbeiten beschäftigt, bei denen sie ständig sitzen muss, hat ihr Gelegenheit zu kurzen Unterbrechungen ihrer Arbeit zu geben.

(4) Die Bundesregierung wird ermächtigt, durch Rechtsverordnung mit Zustimmung des Bundesrates
1. den Arbeitgeber zu verpflichten, zur Vermeidung von Gesundheitsgefährdungen der werdenden oder stillenden Mütter oder ihrer Kinder Liegeräume für diese Frauen einzurichten und sonstige Maßnahmen zur Durchführung des in Absatz 1 enthaltenen Grundsatzes zu treffen,
2. nähere Einzelheiten zu regeln wegen der Verpflichtung des Arbeitgebers zur Beurteilung einer Gefährdung für die werdenden oder stillenden Mütter, zur Durchführung der notwendigen Schutzmaßnahmen und zur Unterrichtung der betroffenen Arbeitnehmerinnen nach Maßgabe der insoweit

---
[1] Neubekanntmachung des MuSchG idF der Bek. v. 17. 1. 1997 (BGBl. I S. 22, ber. S. 293) in der ab 20. 6. 2002 geltenden Fassung.
[2] Vollständig abgedruckt in **Nipperdey** I Arbeitsrecht Nr. **400**.
[3] Nr. **60**.

umzusetzenden Artikel 4 bis 6 der Richtlinie 92/85/EWG[1]) des Rates vom 19. Oktober 1992 über die Durchführung von Maßnahmen zur Verbesserung der Sicherheit und des Gesundheitsschutzes von schwangeren Arbeitnehmerinnen, Wöchnerinnen und stillenden Arbeitnehmerinnen am Arbeitsplatz (ABl. EG Nr. L 348 S. 1).

(5) Unabhängig von den auf Grund des Absatzes 4 erlassenen Vorschriften kann die Aufsichtsbehörde in Einzelfällen anordnen, welche Vorkehrungen und Maßnahmen zur Durchführung des Absatzes 1 zu treffen sind.

Zweiter Abschnitt. Beschäftigungsverbote

§ 3 Beschäftigungsverbote für werdende Mütter. (1) Werdende Mütter dürfen nicht beschäftigt werden, soweit nach ärztlichem Zeugnis Leben oder Gesundheit von Mutter oder Kind bei Fortdauer der Beschäftigung gefährdet ist.

(2) Werdende Mütter dürfen in den letzten sechs Wochen vor der Entbindung nicht beschäftigt werden, es sei denn, dass sie sich zur Arbeitsleistung ausdrücklich bereit erklären; die Erklärung kann jederzeit widerrufen werden.

§ 4 Weitere Beschäftigungsverbote. (1) Werdende Mütter dürfen nicht mit schweren körperlichen Arbeiten und nicht mit Arbeiten beschäftigt werden, bei denen sie schädlichen Einwirkungen von gesundheitsgefährdenden Stoffen oder Strahlen, von Staub, Gasen oder Dämpfen, von Hitze, Kälte oder Nässe, von Erschütterungen oder Lärm ausgesetzt sind.

(2) Werdende Mütter dürfen insbesondere nicht beschäftigt werden
1. mit Arbeiten, bei denen regelmäßig Lasten von mehr als fünf Kilogramm Gewicht oder gelegentlich Lasten von mehr als zehn Kilogramm Gewicht ohne mechanische Hilfsmittel von Hand gehoben, bewegt oder befördert werden. Sollen größere Lasten mit mechanischen Hilfsmitteln von Hand gehoben, bewegt oder befördert werden, so darf die körperliche Beanspruchung der werdenden Mutter nicht größer sein als bei Arbeiten nach Satz 1,
2. nach Ablauf des fünften Monats der Schwangerschaft mit Arbeiten, bei denen sie ständig stehen müssen, soweit diese Beschäftigung täglich vier Stunden überschreitet,
3. mit Arbeiten, bei denen sie sich häufig erheblich strecken oder beugen oder bei denen sie dauernd hocken oder sich gebückt halten müssen,
4. mit der Bedienung von Geräten und Maschinen aller Art mit hoher Fußbeanspruchung, insbesondere von solchen mit Fußantrieb,
5. mit dem Schälen von Holz,
6. mit Arbeiten, bei denen sie infolge ihrer Schwangerschaft in besonderem Maße der Gefahr, an einer Berufskrankheit zu erkranken, ausgesetzt sind oder bei denen durch das Risiko der Entstehung einer Berufskrankheit eine erhöhte Gefährdung für die werdende Mutter oder eine Gefahr für die Leibesfrucht besteht,

---

[1]) **EU-Arbeitsrecht (dtv 5751) Nr. 53.**

7. nach Ablauf des dritten Monats der Schwangerschaft auf Beförderungsmitteln,
8. mit Arbeiten, bei denen sie erhöhten Unfallgefahren, insbesondere der Gefahr auszugleiten, zu fallen oder abzustürzen, ausgesetzt sind.

(3) [1]Die Beschäftigung von werdenden Müttern mit
1. Akkordarbeit und sonstigen Arbeiten, bei denen durch ein gesteigertes Arbeitstempo ein höheres Entgelt erzielt werden kann,
2. Fließarbeit mit vorgeschriebenem Arbeitstempo

ist verboten. [2]Die Aufsichtsbehörde kann Ausnahmen bewilligen, wenn die Art der Arbeit und das Arbeitstempo eine Beeinträchtigung der Gesundheit von Mutter oder Kind nicht befürchten lassen. [3]Die Aufsichtsbehörde kann die Beschäftigung für alle werdenden Mütter eines Betriebes oder einer Betriebsabteilung bewilligen, wenn die Voraussetzungen des Satzes 2 für alle im Betrieb oder in der Betriebsabteilung beschäftigten Frauen gegeben sind.

(4) Die Bundesregierung wird ermächtigt, zur Vermeidung von Gesundheitsgefährdungen der werdenden oder stillenden Mütter und ihrer Kinder durch Rechtsverordnung mit Zustimmung des Bundesrates
1. Arbeiten zu bestimmen, die unter die Beschäftigungsverbote der Absätze 1 und 2 fallen,
2. weitere Beschäftigungsverbote für werdende und stillende Mütter vor und nach der Entbindung zu erlassen.

(5) [1]Die Aufsichtsbehörde kann in Einzelfällen bestimmen, ob eine Arbeit unter die Beschäftigungsverbote der Absätze 1 bis 3 oder einer von der Bundesregierung gemäß Absatz 4 erlassenen Verordnung fällt. [2]Sie kann in Einzelfällen die Beschäftigung mit bestimmten anderen Arbeiten verbieten.

§ 5 Mitteilungspflicht, ärztliches Zeugnis. (1) [1]Werdende Mütter sollen dem Arbeitgeber ihre Schwangerschaft und den mutmaßlichen Tag der Entbindung mitteilen, sobald ihnen ihr Zustand bekannt ist. [2]Auf Verlangen des Arbeitgebers sollen sie das Zeugnis eines Arztes oder einer Hebamme vorlegen. [3]Der Arbeitgeber hat die Aufsichtsbehörde unverzüglich von der Mitteilung der werdenden Mutter zu benachrichtigen. [4]Er darf die Mitteilung der werdenden Mutter Dritten nicht unbefugt bekannt geben.

(2) [1]Für die Berechnung der in § 3 Abs. 2 bezeichneten Zeiträume vor der Entbindung ist das Zeugnis eines Arztes oder einer Hebamme maßgebend; das Zeugnis soll den mutmaßlichen Tag der Entbindung angeben. [2]Irrt sich der Arzt oder die Hebamme über den Zeitpunkt der Entbindung, so verkürzt oder verlängert sich diese Frist entsprechend.

(3) Die Kosten für die Zeugnisse nach den Absätzen 1 und 2 trägt der Arbeitgeber.

§ 6 Beschäftigungsverbote nach der Entbindung. (1) [1]Mütter dürfen bis zum Ablauf von acht Wochen, bei Früh- und Mehrlingsgeburten bis zum Ablauf von zwölf Wochen nach der Entbindung nicht beschäftigt werden. [2]Bei Frühgeburten und sonstigen vorzeitigen Entbindungen verlängern sich die Fristen nach Satz 1 zusätzlich um den Zeitraum der Schutzfrist nach § 3 Abs. 2, der nicht in Anspruch genommen werden konnte. [3]Beim Tod ihres Kindes kann die Mutter auf ihr ausdrückliches Verlangen ausnahmsweise schon vor Ablauf dieser Fristen, aber noch nicht in den ersten zwei Wochen nach der Entbindung, wieder beschäftigt werden, wenn nach ärztlichem Zeugnis nichts dagegen spricht. ⁴Sie kann ihre Erklärung jederzeit widerrufen.[1]

(2) Frauen, die in den ersten Monaten nach der Entbindung nach ärztlichem Zeugnis nicht voll leistungsfähig sind, dürfen nicht zu einer ihre Leistungsfähigkeit übersteigenden Arbeit herangezogen werden.

(3) ¹Stillende Mütter dürfen mit den in § 4 Abs. 1, 2 Nr. 1, 3, 4, 5, 6 und 8 sowie Abs. 3 Satz 1 genannten Arbeiten nicht beschäftigt werden. ²Die Vorschriften des § 4 Abs. 3 Satz 2 und 3 sowie Abs. 5 gelten entsprechend.

§ 7 Stillzeit. (1) ¹Stillenden Müttern ist auf ihr Verlangen die zum Stillen erforderliche Zeit, mindestens aber zweimal täglich eine halbe Stunde oder einmal täglich eine Stunde freizugeben. ²Bei einer zusammenhängenden Arbeitszeit von mehr als acht Stunden soll auf Verlangen zweimal eine Stillzeit von mindestens 45 Minuten oder, wenn in der Nähe der Arbeitsstätte keine Stillgelegenheit vorhanden ist, einmal eine Stillzeit von mindestens 90 Minuten gewährt werden. ³Die Arbeitszeit gilt als zusammenhängend, soweit sie nicht durch eine Ruhepause von mindestens zwei Stunden unterbrochen wird.

(2) ¹Durch die Gewährung der Stillzeit darf ein Verdienstausfall nicht eintreten. ²Die Stillzeit darf von stillenden Müttern nicht vor- oder nachgearbeitet und nicht auf die in dem Arbeitszeitgesetz[2] oder in anderen Vorschriften festgesetzten Ruhepausen angerechnet werden.

(3) Die Aufsichtsbehörde kann in Einzelfällen nähere Bestimmungen über Zahl, Lage und Dauer der Stillzeiten treffen; sie kann die Einrichtung von Stillräumen vorschreiben.

(4) ¹Der Auftraggeber oder Zwischenmeister hat den in Heimarbeit Beschäftigten und den ihnen Gleichgestellten für die Stillzeit ein Entgelt von 75 vom Hundert eines durchschnittlichen Stundenverdienstes, mindestens aber 0,38 Euro für jeden Werktag zu zahlen. ²Ist die Frau für mehrere Auftraggeber oder Zwischenmeister tätig, so haben diese das Entgelt für die Stillzeit zu gleichen Teilen zu gewähren. ³Auf das Entgelt finden die Vorschriften der §§ 23 bis 25 des Heimarbeitsgesetzes[3] vom 14. März 1951 (BGBl. I S. 191) über den Entgeltschutz Anwendung.

§ 8 Mehrarbeit, Nacht- und Sonntagsarbeit. (1) Werdende und stillende Mütter dürfen nicht mit Mehrarbeit, nicht in der Nacht zwischen 20 und 6 Uhr und nicht an Sonn- und Feiertagen beschäftigt werden.

(2) ¹Mehrarbeit im Sinne des Absatzes 1 ist jede Arbeit, die
1. von Frauen unter 18 Jahren über 8 Stunden täglich oder 80 Stunden in der Doppelwoche,

---

[1] **Amtl. Anm.:** § 6 Abs. 1 dieses Gesetzes dient der Umsetzung des Artikels 8 (Mutterschaftsurlaub) der Richtlinie 92/85/EWG **[EU-Arbeitsrecht (dtv 5751) Nr. 53]** des Rates vom 19. Oktober 1992 über die Durchführung von Maßnahmen zur Verbesserung der Sicherheit und des Gesundheitsschutzes von schwangeren Arbeitnehmerinnen, Wöchnerinnen und stillenden Arbeitnehmerinnen am Arbeitsplatz (Zehnte Einzelrichtlinie im Sinne des Artikels 16 Abs. 1 der Richtlinie 89/391/EWG) – ABl. EG Nr. L 348 S. 1.

[2] Nr. **54**.

[3] Nr. **60**.

2. von sonstigen Frauen über 8½ Stunden täglich oder 90 Stunden in der Doppelwoche

hinaus geleistet wird. ²In die Doppelwoche werden die Sonntage eingerechnet.

(3) Abweichend vom Nachtarbeitsverbot des Absatzes 1 dürfen werdende Mütter in den ersten vier Monaten der Schwangerschaft und stillende Mütter beschäftigt werden
1. in Gast- und Schankwirtschaften und im übrigen Beherbergungswesen bis 22 Uhr,
2. in der Landwirtschaft mit dem Melken von Vieh ab 5 Uhr,
3. als Künstlerinnen bei Musikaufführungen, Theatervorstellungen und ähnlichen Aufführungen bis 23 Uhr.

(4) Im Verkehrswesen, in Gast- und Schankwirtschaften und im übrigen Beherbergungswesen, im Familienhaushalt, in Krankenpflege- und in Badeanstalten, bei Musikaufführungen, Theatervorstellungen, anderen Schaustellungen, Darbietungen oder Lustbarkeiten dürfen werdende oder stillende Mütter, abweichend von Absatz 1, an Sonn- und Feiertagen beschäftigt werden, wenn ihnen in jeder Woche eine ununterbrochene Ruhezeit von mindestens 24 Stunden im Anschluss an eine Nachtruhe gewährt wird.

(5) ¹An in Heimarbeit Beschäftigte und ihnen Gleichgestellte, die werdende oder stillende Mütter sind, darf Heimarbeit nur in solchem Umfang und mit solchen Fertigungsfristen ausgegeben werden, dass sie von der werdenden Mutter voraussichtlich während einer 8-stündigen Tagesarbeitszeit, von der stillenden Mutter voraussichtlich während einer 7¼-stündigen Tagesarbeitszeit an Werktagen ausgeführt werden kann. ²Die Aufsichtsbehörde kann in Einzelfällen nähere Bestimmungen über die Arbeitsmenge treffen; falls ein Heimarbeitsausschuss besteht, hat sie diesen vorher zu hören.

(6) Die Aufsichtsbehörde kann in begründeten Einzelfällen Ausnahmen von den vorstehenden Vorschriften zulassen.

Abschnitt 2a. Mutterschaftsurlaub

§§ 8a–8d[1] (weggefallen)

Dritter Abschnitt. Kündigung

§ 9 Kündigungsverbot. (1) ¹Die Kündigung gegenüber einer Frau während der Schwangerschaft und bis zum Ablauf von vier Monaten nach der Entbindung ist unzulässig, wenn dem Arbeitgeber zur Zeit der Kündigung die Schwangerschaft oder Entbindung bekannt war oder innerhalb zweier Wochen nach Zugang der Kündigung mitgeteilt wird; das Überschreiten dieser Frist ist unschädlich, wenn es auf einem von der Frau nicht zu vertretenden Grund beruht und die Mitteilung unverzüglich nachgeholt wird. ²Die Vorschrift des Satzes 1 gilt für Frauen, die den in Heimarbeit Beschäftigten gleichgestellt sind, nur, wenn sich die Gleichstellung auch auf den Neunten Ab-

---

[1] Siehe nunmehr §§ 15ff. BEEG (Nr. 58).

schnitt – Kündigung – des Heimarbeitsgesetzes[1] vom 14. März 1951 (BGBl. I S. 191) erstreckt.

(2) Kündigt eine schwangere Frau, gilt § 5 Abs. 1 Satz 3 entsprechend.

(3) ¹Die für den Arbeitsschutz zuständige oberste Landesbehörde oder die von ihr bestimmte Stelle kann in besonderen Fällen, die nicht mit dem Zustand einer Frau während der Schwangerschaft oder ihrer Lage bis zum Ablauf von vier Monaten nach der Entbindung in Zusammenhang stehen, ausnahmsweise die Kündigung für zulässig erklären. ²Die Kündigung bedarf der schriftlichen Form und sie muss den zulässigen Kündigungsgrund angeben.

(4) In Heimarbeit Beschäftigte und ihnen Gleichgestellte dürfen während der Schwangerschaft und bis zum Ablauf von vier Monaten nach der Entbindung nicht gegen ihren Willen bei der Ausgabe von Heimarbeit ausgeschlossen werden; die Vorschriften der §§ 3, 4, 6 und 8 Abs. 5 bleiben unberührt.

§ 9 a[2] (weggefallen)

§ 10 Erhaltung von Rechten. (1) Eine Frau kann während der Schwangerschaft und während der Schutzfrist nach der Entbindung (§ 6 Abs. 1) das Arbeitsverhältnis ohne Einhaltung einer Frist zum Ende der Schutzfrist nach der Entbindung kündigen.

(2) ¹Wird das Arbeitsverhältnis nach Absatz 1 aufgelöst und wird die Frau innerhalb eines Jahres nach der Entbindung in ihrem bisherigen Betrieb wieder eingestellt, so gilt, soweit Rechte aus dem Arbeitsverhältnis von der Dauer der Betriebs- oder Berufszugehörigkeit oder von der Dauer der Beschäftigungs- oder Dienstzeit abhängen, das Arbeitsverhältnis als nicht unterbrochen. ²Dies gilt nicht, wenn die Frau in der Zeit von der Auflösung des Arbeitsverhältnisses bis zur Wiedereinstellung bei einem anderen Arbeitgeber beschäftigt war.

Vierter Abschnitt. Leistungen

§ 11 Arbeitsentgelt bei Beschäftigungsverboten. (1) ¹Den unter den Geltungsbereich des § 1 fallenden Frauen ist, soweit sie nicht Mutterschaftsgeld nach den Vorschriften der Reichsversicherungsordnung beziehen können, vom Arbeitgeber mindestens der Durchschnittsverdienst der letzten 13 Wochen oder der letzten drei Monate vor Beginn des Monats, in dem die Schwangerschaft eingetreten ist, weiter zu gewähren, wenn sie wegen eines Beschäftigungsverbots nach § 3 Abs. 1, §§ 4, 6 Abs. 2 oder 3 oder wegen des Mehr-, Nacht- oder Sonntagsarbeitsverbots nach § 8 Abs. 1, 3 oder 5 teilweise oder völlig mit der Arbeit aussetzen. ²Dies gilt auch, wenn wegen dieser Verbote die Beschäftigung oder die Entlohnungsart wechselt. ³Wird das Arbeitsverhältnis erst nach Eintritt der Schwangerschaft begonnen, so ist der Durchschnittsverdienst aus dem Arbeitsentgelt der ersten 13 Wochen oder drei Monate der Beschäftigung zu berechnen. ⁴Hat das Arbeitsverhältnis nach Satz 1 oder 3 kürzer gedauert, so ist der kürzere Zeitraum der Berechnung

---
[1] Nr. **60**.
[2] Siehe nunmehr §§ 15ff. BEEG (Nr. **58**).

zugrunde zu legen. ⁵Zeiten, in denen kein Arbeitsentgelt erzielt wurde, bleiben außer Betracht.

(2) ¹Bei Verdiensterhöhungen nicht nur vorübergehender Natur, die während oder nach Ablauf des Berechnungszeitraums eintreten, ist von dem erhöhten Verdienst auszugehen. ²Verdienstkürzungen, die im Berechnungszeitraum infolge von Kurzarbeit, Arbeitsausfällen oder unverschuldeter Arbeitsversäumnis eintreten, bleiben für die Berechnung des Durchschnittsverdienstes außer Betracht. ³Zu berücksichtigen sind dauerhafte Verdienstkürzungen, die während oder nach Ablauf des Berechnungszeitraums eintreten und nicht auf einem mutterschutzrechtlichen Beschäftigungsverbot beruhen.

(3) Die Bundesregierung wird ermächtigt, durch Rechtsverordnung mit Zustimmung des Bundesrates Vorschriften über die Berechnung des Durchschnittsverdienstes im Sinne der Absätze 1 und 2 zu erlassen.

§ 12 (weggefallen)

§ 13 Mutterschaftsgeld. (1) Frauen, die Mitglied einer gesetzlichen Krankenkasse sind, erhalten für die Zeit der Schutzfristen des § 3 Abs. 2 und des § 6 Abs. 1 sowie für den Entbindungstag Mutterschaftsgeld nach den Vorschriften der Reichsversicherungsordnung oder des Gesetzes über die Krankenversicherung der Landwirte über das Mutterschaftsgeld.

(2) ¹Frauen, die nicht Mitglied einer gesetzlichen Krankenkasse sind, erhalten, wenn sie bei Beginn der Schutzfrist nach § 3 Abs. 2 in einem Arbeitsverhältnis stehen oder in Heimarbeit beschäftigt sind, für die Zeit der Schutzfristen des § 3 Abs. 2 und des § 6 Abs. 1 sowie für den Entbindungstag Mutterschaftsgeld zu Lasten des Bundes in entsprechender Anwendung der Vorschriften der Reichsversicherungsordnung über das Mutterschaftsgeld, höchstens jedoch insgesamt 210 Euro. ²Das Mutterschaftsgeld wird diesen Frauen auf Antrag vom Bundesversicherungsamt gezahlt. ³Die Sätze 1 und 2 gelten für Frauen entsprechend, deren Arbeitsverhältnis während ihrer Schwangerschaft oder der Schutzfrist des § 6 Abs. 1 nach Maßgabe von § 9 Abs. 3 aufgelöst worden ist.

(3) Frauen, die während der Schutzfristen des § 3 Abs. 2 oder des § 6 Abs. 1 von einem Beamten- in ein Arbeitsverhältnis wechseln, erhalten von diesem Zeitpunkt an Mutterschaftsgeld entsprechend den Absätzen 1 und 2.

§ 14[1]**) Zuschuss zum Mutterschaftsgeld.** (1) ¹Frauen, die Anspruch auf Mutterschaftsgeld nach § 200 Abs. 1, 2 Satz 1 bis 4 und Abs. 3 der Reichsversicherungsordnung, § 29 Abs. 1, 2 und 4 des Gesetzes über die Krankenversicherung der Landwirte oder § 13 Abs. 2, 3 haben, erhalten während ihres

---

[1]) Aus dem Beschluss des BVerfG v. 18. 12. 2003 – 1 BvR 302/96 – wird folgende Entscheidungsformel veröffentlicht:
1. § 14 Abs. 1 Satz 1 des Mutterschutzgesetzes idF der Bekanntmachung v. 18. April 1968 (BGBl. I S. 315) und in der Fassung späterer Bekanntmachungen ist nach Maßgabe der Gründe mit Art. 12 Abs. 1 des Grundgesetzes unvereinbar.
2. Dem Gesetzgeber wird aufgegeben, bis zum 31. Dezember 2005 eine verfassungsmäßige Regelung zu treffen.

Die vorstehende Entscheidungsformel hat gemäß § 31 Abs. 2 des Bundesverfassungsgerichtsgesetzes v. 11. 8. 1993 (BGBl. I S. 1473), zuletzt geänd. durch G v. 23. 11. 2007 (BGBl. I S. 2614) Gesetzeskraft.

bestehenden Arbeitsverhältnisses für die Zeit der Schutzfristen des § 3 Abs. 2 und § 6 Abs. 1 sowie für den Entbindungstag von ihrem Arbeitgeber einen Zuschuss in Höhe des Unterschiedsbetrages zwischen 13 Euro und dem um die gesetzlichen Abzüge verminderten durchschnittlichen kalendertäglichen Arbeitsentgelt. ²Das durchschnittliche kalendertägliche Arbeitsentgelt ist aus den letzten drei abgerechneten Kalendermonaten, bei wöchentlicher Abrechnung aus den letzten 13 abgerechneten Wochen vor Beginn der Schutzfrist nach § 3 Abs. 2 zu berechnen. ³Nicht nur vorübergehende Erhöhungen des Arbeitsentgeltes, die während der Schutzfristen des § 3 Abs. 2 und § 6 Abs. 1 wirksam werden, sind ab diesem Zeitpunkt in die Berechnung einzubeziehen. ⁴Einmalig gezahltes Arbeitsentgelt (§ 23 a des Vierten Buches Sozialgesetzbuch) sowie Tage, an denen infolge von Kurzarbeit, Arbeitsausfällen oder unverschuldeter Arbeitsversäumnis kein oder ein vermindertes Arbeitsentgelt erzielt wurde, bleiben außer Betracht. ⁵Zu berücksichtigen sind dauerhafte Verdienstkürzungen, die während oder nach Ablauf des Berechnungszeitraums eintreten und nicht auf einem mutterschutzrechtlichen Beschäftigungsverbot beruhen. ⁶Ist danach eine Berechnung nicht möglich, so ist das durchschnittliche kalendertägliche Arbeitsentgelt einer gleichartig Beschäftigten zugrunde zu legen.

(2) Frauen, deren Arbeitsverhältnis während ihrer Schwangerschaft oder während der Schutzfrist des § 6 Abs. 1 nach Maßgabe von § 9 Abs. 3 aufgelöst worden ist, erhalten bis zum Ende dieser Schutzfrist den Zuschuss nach Absatz 1 zu Lasten des Bundes von der für die Zahlung des Mutterschaftsgeldes zuständigen Stelle.

(3) Absatz 2 gilt für den Zuschuss des Bundes entsprechend, wenn der Arbeitgeber wegen eines Insolvenzereignisses im Sinne des § 183 Abs. 1 Satz 1 des Dritten Buches Sozialgesetzbuch¹⁾ seinen Zuschuss nach Absatz 1 nicht zahlen kann.

(4) ¹Der Zuschuss nach den Absätzen 1 bis 3 entfällt für die Zeit, in der Frauen die Elternzeit nach dem Bundeselterngeld- und Elternzeitgesetz²⁾ in Anspruch nehmen oder in Anspruch genommen hätten, wenn deren Arbeitsverhältnis nicht während ihrer Schwangerschaft oder während der Schutzfrist des § 6 Abs. 1 vom Arbeitgeber zulässig aufgelöst worden wäre. ²Dies gilt nicht, soweit sie eine zulässige Teilzeitarbeit leisten.

§ 15 Sonstige Leistungen bei Schwangerschaft und Mutterschaft.

Frauen, die in der gesetzlichen Krankenversicherung versichert sind, erhalten auch die folgenden Leistungen bei Schwangerschaft und Mutterschaft nach den Vorschriften der Reichsversicherungsordnung oder des Gesetzes über die Krankenversicherung der Landwirte:

1. ärztliche Betreuung und Hebammenhilfe,

2. Versorgung mit Arznei-, Verband- und Heilmitteln,

3. stationäre Entbindung,

4. häusliche Pflege,

5. Haushaltshilfe.

---

¹⁾ Nr. **42**.
²⁾ Nr. **58**.

§ 16 Freistellung für Untersuchungen. ¹Der Arbeitgeber hat die Frau für die Zeit freizustellen, die zur Durchführung der Untersuchungen im Rahmen der Leistungen der gesetzlichen Krankenversicherung bei Schwangerschaft und Mutterschaft erforderlich ist. ²Entsprechendes gilt zugunsten der Frau, die nicht in der gesetzlichen Krankenversicherung versichert ist. ³Ein Entgeltausfall darf hierdurch nicht eintreten.

§ 17 Erholungsurlaub. ¹Für den Anspruch auf bezahlten Erholungsurlaub und dessen Dauer gelten die Ausfallzeiten wegen mutterschutzrechtlicher Beschäftigungsverbote als Beschäftigungszeiten. ²Hat die Frau ihren Urlaub vor Beginn der Beschäftigungsverbote nicht oder nicht vollständig erhalten, so kann sie nach Ablauf der Fristen den Resturlaub im laufenden oder im nächsten Urlaubsjahr beanspruchen.

Fünfter Abschnitt. Durchführung des Gesetzes

§ 18 Auslage des Gesetzes. (1) In Betrieben und Verwaltungen, in denen regelmäßig mehr als drei Frauen beschäftigt werden, ist ein Abdruck dieses Gesetzes an geeigneter Stelle zur Einsicht auszulegen oder auszuhängen.

(2) Wer Heimarbeit ausgibt oder abnimmt, hat in den Räumen der Ausgabe und Abnahme einen Abdruck dieses Gesetzes an geeigneter Stelle zur Einsicht auszulegen oder auszuhängen.

§ 19 Auskunft. (1) Der Arbeitgeber ist verpflichtet, der Aufsichtsbehörde auf Verlangen
1. die zur Erfüllung der Aufgaben dieser Behörde erforderlichen Angaben wahrheitsgemäß und vollständig zu machen,
2. die Unterlagen, aus denen Namen, Beschäftigungsart und -zeiten der werdenden und stillenden Mütter sowie Lohn- und Gehaltszahlungen ersichtlich sind, und alle sonstigen Unterlagen, die sich auf die zu Nummer 1 zu machenden Angaben beziehen, zur Einsicht vorzulegen oder einzusenden.

(2) Die Unterlagen sind mindestens bis zum Ablauf von zwei Jahren nach der letzten Eintragung aufzubewahren.

§ 20 Aufsichtsbehörden. (1) Die Aufsicht über die Ausführung der Vorschriften dieses Gesetzes und der auf Grund dieses Gesetzes erlassenen Vorschriften obliegt den nach Landesrecht zuständigen Behörden (Aufsichtsbehörden).

(2) ¹Die Aufsichtsbehörden haben dieselben Befugnisse und Obliegenheiten wie nach § 139b der Gewerbeordnung die dort genannten besonderen Beamten. ²Das Grundrecht der Unverletzlichkeit der Wohnung (Artikel 13 des Grundgesetzes) wird insoweit eingeschränkt.

Sechster Abschnitt. Straftaten und Ordnungswidrigkeiten

§ 21 Straftaten und Ordnungswidrigkeiten. (1) Ordnungswidrig handelt der Arbeitgeber, der vorsätzlich oder fahrlässig

1. den Vorschriften der §§ 3, 4 Abs. 1 bis 3 Satz 1 oder § 6 Abs. 1 bis 3 Satz 1 über die Beschäftigungsverbote vor und nach der Entbindung,
2. den Vorschriften des § 7 Abs. 1 Satz 1 oder Abs. 2 Satz 2 über die Stillzeit,
3. den Vorschriften des § 8 Abs. 1 oder 3 bis 5 Satz 1 über Mehr-, Nacht- oder Sonntagsarbeit,
4. den auf Grund des § 4 Abs. 4 erlassenen Vorschriften, soweit sie für einen bestimmten Tatbestand auf diese Bußgeldvorschrift verweisen,
5. einer vollziehbaren Verfügung der Aufsichtsbehörde nach § 2 Abs. 5, § 4 Abs. 5, § 6 Abs. 3 Satz 2, § 7 Abs. 3 oder § 8 Abs. 5 Satz 2 Halbsatz 1,
6. den Vorschriften des § 5 Abs. 1 Satz 3 über die Benachrichtigung,
7. der Vorschrift des § 16 Satz 1, auch in Verbindung mit Satz 2, über die Freistellung für Untersuchungen oder
8. den Vorschriften des § 18 über die Auslage des Gesetzes oder des § 19 über die Einsicht, Aufbewahrung und Vorlage der Unterlagen und über die Auskunft

zuwiderhandelt.

(2) Die Ordnungswidrigkeit nach Absatz 1 Nr. 1 bis 5 kann mit einer Geldbuße bis zu fünfzehntausend Euro, die Ordnungswidrigkeit nach Absatz 1 Nr. 6 bis 8 mit einer Geldbuße bis zu zweitausendfünfhundert Euro geahndet werden.

(3) Wer vorsätzlich eine der in Absatz 1 Nr. 1 bis 5 bezeichneten Handlungen begeht und dadurch die Frau in ihrer Arbeitskraft oder Gesundheit gefährdet, wird mit Freiheitsstrafe bis zu einem Jahr oder mit Geldstrafe bestraft.

(4) Wer in den Fällen des Absatzes 3 die Gefahr fahrlässig verursacht, wird mit Freiheitsstrafe bis zu sechs Monaten oder mit Geldstrafe bis zu einhundertachtzig Tagessätzen bestraft.

§§ 22 und 23 (weggefallen)

Siebter Abschnitt. Schlussvorschriften

§ 24 In Heimarbeit Beschäftigte. Für die in Heimarbeit Beschäftigten und die ihnen Gleichgestellten gelten

1. die §§ 3, 4 und 6 mit der Maßgabe, dass an die Stelle der Beschäftigungsverbote das Verbot der Ausgabe von Heimarbeit tritt,
2. § 2 Abs. 4, § 5 Abs. 1 und 3, § 9 Abs. 1, § 11 Abs. 1, § 13 Abs. 2, die §§ 14, 16, 19 Abs. 1 und § 21 Abs. 1 mit der Maßgabe, dass an die Stelle des Arbeitgebers der Auftraggeber oder Zwischenmeister tritt.

§ 25 (weggefallen)

57 a. Verordnung zum Schutze der Mütter am Arbeitsplatz[1] [2]

Vom 15. April 1997
(BGBl. I S. 782)
FNA 8052-1-1
zuletzt geänd. durch Art. 440 Neunte ZuständigkeitsanpassungsVO v. 31. 10. 2006
(BGBl. I S. 2407)

Auf Grund
– des § 2 Abs. 4 Nr. 2 und des § 4 Abs. 4 des Mutterschutzgesetzes in der Fassung der Bekanntmachung vom 17. Januar 1997 (BGBl. I S. 22, 293),
– des § 19 Abs. 1 Satz 1 in Verbindung mit Abs. 3 des Chemikaliengesetzes in der Fassung der Bekanntmachung vom 25. Juli 1994 (BGBl. I S. 1703),
– des § 18 Abs. 1 in Verbindung mit § 19 des Arbeitsschutzgesetzes[3] vom 7. August 1996 (BGBl. I S. 1246) und
– des § 8 Satz 1 des Arbeitszeitgesetzes[4] vom 6. Juni 1994 (BGBl. I S. 1170)
verordnet die Bundesregierung:

§ 1 Beurteilung der Arbeitsbedingungen. (1) ¹Der Arbeitgeber muß rechtzeitig für jede Tätigkeit, bei der werdende oder stillende Mütter durch die chemischen Gefahrstoffe, biologischen Arbeitsstoffe, physikalischen Schadfaktoren, die Verfahren oder Arbeitsbedingungen nach Anlage 1 dieser Verordnung gefährdet werden können, Art, Ausmaß und Dauer der Gefährdung beurteilen. ²Die Pflichten nach dem Arbeitsschutzgesetz bleiben unberührt.

(2) Zweck der Beurteilung ist es,
1. alle Gefahren für die Sicherheit und Gesundheit sowie alle Auswirkungen auf Schwangerschaft oder Stillzeit der betroffenen Arbeitnehmerinnen abzuschätzen und
2. die zu ergreifenden Schutzmaßnahmen zu bestimmen.

(3) Der Arbeitgeber kann zuverlässige und fachkundige Personen schriftlich damit beauftragen, ihm obliegende Aufgaben nach dieser Verordnung in eigener Verantwortung wahrzunehmen.

§ 2 Unterrichtung. ¹Der Arbeitgeber ist verpflichtet, werdende oder stillende Mütter sowie die übrigen bei ihm beschäftigten Arbeitnehmerinnen und, wenn ein Betriebs- oder Personalrat vorhanden ist, diesen über die Ergebnisse

---

[1] Verkündet als Art. 1 MutterschutzrichtlinienVO v. 15. 4. 1997 (BGBl. I S. 782); Inkrafttreten gem. Art. 4 dieses G am 19. April 1997.
[2] **Amtl. Anm.:** Die VO dient der Umsetzung der Artikel 4 bis 6 der Richtlinie 92/85/EWG des Rates vom 19. Oktober 1992 über die Durchführung von Maßnahmen zur Verbesserung der Sicherheit und des Gesundheitsschutzes von schwangeren Arbeitnehmerinnen, Wöchnerinnen und stillenden Arbeitnehmerinnen am Arbeitsplatz (10. Einzelrichtlinie im Sinne des Artikels 16 Abs. 1 der Richtlinie 89/391/EWG) (ABl. EG Nr. L 348 S. 1) (EG-Mutterschutz-Richtlinie).
[3] Nr. **51**.
[4] Nr. **54**.

der Beurteilung nach § 1 und über die zu ergreifenden Maßnahmen für Sicherheit und Gesundheitsschutz am Arbeitsplatz zu unterrichten, sobald das möglich ist. ²Eine formlose Unterrichtung reicht aus. ³Die Pflichten nach dem Arbeitsschutzgesetz sowie weitergehende Pflichten nach dem Betriebsverfassungs- und den Personalvertretungsgesetzen bleiben unberührt.

§ 3 Weitere Folgerungen aus der Beurteilung. (1) Ergibt die Beurteilung nach § 1, daß die Sicherheit oder Gesundheit der betroffenen Arbeitnehmerinnen gefährdet ist und daß Auswirkungen auf Schwangerschaft oder Stillzeit möglich sind, so trifft der Arbeitgeber die erforderlichen Maßnahmen, damit durch eine einstweilige Umgestaltung der Arbeitsbedingungen und gegebenenfalls der Arbeitszeiten für werdende oder stillende Mütter ausgeschlossen wird, daß sie dieser Gefährdung ausgesetzt sind.

(2) Ist die Umgestaltung der Arbeitsbedingungen oder gegebenenfalls der Arbeitszeiten unter Berücksichtigung des Standes von Technik, Arbeitsmedizin und Hygiene sowie sonstiger gesicherter arbeitswissenschaftlicher Erkenntnisse nicht möglich oder wegen des nachweislich unverhältnismäßigen Aufwandes nicht zumutbar, so trifft der Arbeitgeber die erforderlichen Maßnahmen für einen Arbeitsplatzwechsel der betroffenen Arbeitnehmerinnen.

(3) Ist der Arbeitsplatzwechsel nicht möglich oder nicht zumutbar, dürfen werdende oder stillende Mütter so lange nicht beschäftigt werden, wie dies zum Schutze ihrer Sicherheit und Gesundheit erforderlich ist.

§ 4 Verbot der Beschäftigung. (1) ¹Werdende oder stillende Mütter dürfen nicht mit Arbeiten beschäftigt werden, bei denen die Beurteilung ergeben hat, daß die Sicherheit oder Gesundheit von Mutter oder Kind durch die chemischen Gefahrstoffe, biologischen Arbeitsstoffe, physikalischen Schadfaktoren oder die Arbeitsbedingungen nach Anlage 2 dieser Verordnung gefährdet wird. ²Andere Beschäftigungsverbote aus Gründen des Mutterschutzes bleiben unberührt.

(2) § 3 gilt entsprechend, wenn eine Arbeitnehmerin, die eine Tätigkeit nach Absatz 1 ausübt, schwanger wird oder stillt und ihren Arbeitgeber davon unterrichtet.

§ 5 Besondere Beschäftigungsbeschränkungen. (1) ¹Nicht beschäftigt werden dürfen
1. werdende oder stillende Mütter mit sehr giftigen, giftigen, gesundheitsschädlichen oder in sonstiger Weise den Menschen chronisch schädigenden Gefahrstoffen, wenn der Grenzwert überschritten wird;
2. werdende oder stillende Mütter mit Stoffen, Zubereitungen oder Erzeugnissen, die ihrer Art nach erfahrungsgemäß Krankheitserreger übertragen können, wenn sie den Krankheitserregern ausgesetzt sind;
3. werdende Mütter mit krebserzeugenden, fruchtschädigenden oder erbgutverändernden Gefahrstoffen;
4. stillende Mütter mit Gefahrstoffen nach Nummer 3, wenn der Grenzwert überschritten wird;
5. gebärfähige Arbeitnehmerinnen beim Umgang mit Gefahrstoffen, die Blei oder Quecksilberalkyle enthalten, wenn der Grenzwert überschritten wird;

6. werdende oder stillende Mütter in Druckluft (Luft mit einem Überdruck von mehr als 0,1 bar).
²In Nummer 2 bleibt § 4 Abs. 2 Nr. 6 des Mutterschutzgesetzes[1]) unberührt.
³Nummer 3 gilt nicht, wenn die werdenden Mütter bei bestimmungsgemäßem Umgang den Gefahrstoffen nicht ausgesetzt sind.

(2) Für Absatz 1 Satz 1 Nr. 1 bis 5 gelten die Vorschriften der Gefahrstoffverordnung entsprechend.

§ 6 Straftaten und Ordnungswidrigkeiten. (1) Ordnungswidrig im Sinne des § 25 Abs. 1 Nr. 1 des Arbeitsschutzgesetzes[2]) handelt, wer vorsätzlich oder fahrlässig entgegen § 2 eine werdende oder stillende Mutter nicht, nicht richtig oder nicht vollständig unterrichtet.

(2) Ordnungswidrig im Sinne des § 21 Abs. 1 Nr. 4 des Mutterschutzgesetzes[1]) handelt, wer vorsätzlich oder fahrlässig entgegen § 3 Abs. 3 oder § 5 Abs. 1 Satz 1 Nr. 1, 2, 3, 4 oder 6 eine werdende oder stillende Mutter beschäftigt.

(3) Ordnungswidrig im Sinne des § 26 Abs. 1 Nr. 8 Buchstabe b des Chemikaliengesetzes handelt, wer vorsätzlich oder fahrlässig entgegen § 5 Abs. 1 Satz 1 Nr. 5 eine gebärfähige Arbeitnehmerin beschäftigt.

(4) Wer vorsätzlich oder fahrlässig durch eine in Absatz 2 bezeichnete vorsätzliche Handlung eine Frau in ihrer Arbeitskraft oder Gesundheit gefährdet, ist nach § 21 Abs. 3,4 des Mutterschutzgesetzes[1]) strafbar.

(5) Wer vorsätzlich oder fahrlässig durch eine in Absatz 3 bezeichnete Handlung das Leben oder die Gesundheit einer Frau gefährdet, ist nach § 27 Abs. 2 bis 4 des Chemikaliengesetzes strafbar.

Anlage 1
(zu § 1 Abs. 1)

Nicht erschöpfende Liste der chemischen Gefahrstoffe und biologischen Arbeitsstoffe, der physikalischen Schadfaktoren sowie der Verfahren und Arbeitsbedingungen nach § 1 Abs. 1

A. Gefahr- und Arbeitsstoffe (Agenzien) und Schadfaktoren
1. **Chemische Gefahrstoffe**
   Folgende chemische Gefahrstoffe, soweit bekannt ist, daß sie die Gesundheit der schwangeren Arbeitnehmerin und des ungeborenen Kindes gefährden und soweit sie noch nicht in Anlage 2 dieser Verordnung aufgenommen sind:
   a. nach der Gefahrstoffverordnung als R40, R45, R46 und R61 gekennzeichnete Stoffe, sofern sie noch nicht in Anlage 2 aufgenommen sind,
   b. die in Anhang I der Richtlinie 90/394/EWG[3]) aufgeführten chemischen Gefahrstoffe,
   c. Quecksilber und Quecksilberderivate,

---
[1]) Nr. 57.
[2]) Nr. 51.
[3]) **Amtl. Anm.:** ABl. EG Nr. L 196 S. 1.

Mutterschutz am Arbeitsplatz **Anl. 2 MuSchV 57a**

    d. Mitosehemmstoffe,
    e. Kohlenmonoxid,
    f. gefährliche chemische Gefahrstoffe, die nachweislich in die Haut eindringen.

2. **Biologische Arbeitsstoffe**
Biologische Arbeitsstoffe der Risikogruppen 2 bis 4 im Sinne des Artikels 2 Buchstabe d der Richtlinie 90/679/EWG[1], soweit bekannt ist, daß diese Arbeitsstoffe oder die durch sie bedingten therapeutischen Maßnahmen die Gesundheit der schwangeren Arbeitnehmerin und des ungeborenen Kindes gefährden und soweit sie noch nicht in Anlage 2 dieser Verordnung aufgenommen sind

3. **Physikalische Schadfaktoren, die zu Schädigungen des Fötus führen und/oder eine Lösung der Plazenta verursachen können, insbesondere**
    a. Stöße, Erschütterungen oder Bewegungen,
    b. Bewegen schwerer Lasten von Hand, gefahrenträchtig insbesondere für den Rücken- und Lendenwirbelbereich,
    c. Lärm,
    d. ionisierende Strahlungen,
    e. nicht ionisierende Strahlungen,
    f. extreme Kälte und Hitze,
    g. Bewegungen und Körperhaltungen, sowohl innerhalb als auch außerhalb des Betriebs, geistige und körperliche Ermüdung und sonstige körperliche Belastungen, die mit der Tätigkeit der werdenden oder stillenden Mutter verbunden sind

B. **Verfahren**
Die in Anhang I der Richtlinie 90/394/EWG aufgeführten industriellen Verfahren

C. **Arbeitsbedingungen**
Tätigkeiten im Bergbau unter Tage

Anlage 2
(zu § 4 Abs. 1)

Nicht erschöpfende Liste der chemischen Gefahrstoffe und biologischen Arbeitsstoffe, der physikalischen Schadfaktoren und der Arbeitsbedingungen nach § 4 Abs. 1

A. **Werdende Mütter**
1. **Gefahr- und Arbeitsstoffe (Agenzien) und Schadfaktoren**
    a. Chemische Gefahrstoffe
    Blei und Bleiderivate, soweit die Gefahr besteht, daß diese Gefahrstoffe vom menschlichen Organismus absorbiert werden. Die Bekannt-

---

[1] **Amtl. Anm.:** ABl. EG Nr. L 374 S. 1; Richtlinie geändert durch die Richtlinie 93/88/EWG (ABl. EG Nr. L 268 S. 71), angepaßt durch die Richtlinie 95/30/EWG (ABl. EG Nr. L 155 S. 41).

machungen des Bundesministeriums für Arbeit und Soziales nach § 21 Abs. 4 der Gefahrstoffverordnung sind zu beachten.
  b. Biologische Arbeitsstoffe
    Toxoplasma,
    Rötelnvirus,
    außer in Fällen, in denen nachgewiesen wird, daß die Arbeitnehmerin durch Immunisierung ausreichend gegen diese Arbeitsstoffe geschützt ist
  c. Physikalische Schadfaktoren
    Arbeit bei Überdruck, zum Beispiel in Druckkammern, beim Tauchen
2. **Arbeitsbedingungen**
  Tätigkeiten im Bergbau unter Tage

B. **Stillende Mütter**
1. **Gefahrstoffe (Agenzien) und Schadfaktoren**
  a. Chemische Gefahrstoffe
    Blei und Bleiderivate, soweit die Gefahr besteht, daß diese Gefahrstoffe vom menschlichen Organismus absorbiert werden
  b. Physikalische Schadfaktoren
    Arbeit bei Überdruck, zum Beispiel in Druckkammern, beim Tauchen
2. **Arbeitsbedingungen**
  Tätigkeiten im Bergbau unter Tage

57 b. Reichsversicherungsordnung

In der Fassung der Bekanntmachung vom 15. Dezember 1924[1]

BGBl. III/FNA 820-1

zuletzt geänd. durch Art. 11 GKV-WettbewerbsstärkungsG v. 26. 3. 2007 (BGBl. I S. 378)

– Auszug –

Zweites Buch. Krankenversicherung

Zweiter Abschnitt. Gegenstand der Versicherung

III. Leistungen bei Schwangerschaft und Mutterschaft

§ 195 [Umfang der Leistungen] (1) Die Leistungen bei Schwangerschaft und Mutterschaft umfassen

1. ärztliche Betreuung und Hebammenhilfe,
2. Versorgung mit Arznei-, Verband- und Heilmitteln,
3. stationäre Entbindung,
4. häusliche Pflege,
5. Haushaltshilfe,
6. Mutterschaftsgeld.

(2) ¹Für die Leistungen nach Absatz 1 gelten die für die Leistungen nach dem Fünften Buch Sozialgesetzbuch geltenden Vorschriften entsprechend, soweit nichts Abweichendes bestimmt ist. ²§ 16 Abs. 1 des Fünften Buches Sozialgesetzbuch gilt nicht für den Anspruch auf Mutterschaftsgeld. ³Bei Anwendung des § 65 Abs. 2 des Fünften Buches Sozialgesetzbuch bleiben die Leistungen nach Absatz 1 unberücksichtigt.

§ 196 [Ärztliche Betreuung, Hebammenhilfe, Versorgung mit Arznei-, Verband- und Heilmitteln] (1) ¹Die Versicherte hat während der Schwangerschaft, bei und nach der Entbindung Anspruch auf ärztliche Betreuung einschließlich der Untersuchungen zur Feststellung der Schwangerschaft und zur Schwangerenvorsorge sowie auf Hebammenhilfe. ²Die ärztliche Betreuung umfaßt auch die Beratung der Schwangeren zur Bedeutung der Mundgesundheit für Mutter und Kind einschließlich des Zusammenhangs zwischen Ernährung und Krankheitsrisiko sowie die Einschätzung oder Bestimmung des Übertragungsrisikos von Karies.

(2) ¹Bei Schwangerschaftsbeschwerden und im Zusammenhang mit der Entbindung gelten § 31 Abs. 3, § 32 Abs. 2, § 33 Abs. 7 Satz 2 und Abs. 8 und § 127 Abs. 4 des Fünften Buches Sozialgesetzbuch nicht.

---

[1] Neubekanntmachung der RVO v. 19. 7. 1911 (RGBl. I S. 509).

§ 197 [Stationäre Entbindung] ¹Wird die Versicherte zur Entbindung in ein Krankenhaus oder eine andere Einrichtung aufgenommen, hat sie für sich und das Neugeborene auch Anspruch auf Unterkunft, Pflege und Verpflegung. ²Für diese Zeit besteht kein Anspruch auf Krankenhausbehandlung. ³§ 39 Abs. 2 des Fünften Buches Sozialgesetzbuch gilt entsprechend.

§ 198 [Häusliche Pflege] ¹Die Versicherte hat Anspruch auf häusliche Pflege, soweit diese wegen Schwangerschaft oder Entbindung erforderlich ist. ²§ 37 Abs. 3 und 4 des Fünften Buches Sozialgesetzbuch gilt entsprechend.

§ 199 [Haushaltshilfe] ¹Die Versicherte erhält Haushaltshilfe, soweit ihr wegen Schwangerschaft oder Entbindung die Weiterführung des Haushalts nicht möglich ist und eine andere im Haushalt lebende Person den Haushalt nicht weiterführen kann. ²§ 38 Abs. 4 des Fünften Buches Sozialgesetzbuch gilt entsprechend.

§ 200 [Mutterschaftsgeld] (1) Weibliche Mitglieder, die bei Arbeitsunfähigkeit Anspruch auf Krankengeld haben oder denen wegen der Schutzfristen nach § 3 Abs. 2 und § 6 Abs. 1 des Mutterschutzgesetzes[1] kein Arbeitsentgelt gezahlt wird, erhalten Mutterschaftsgeld.

(2) ¹Für Mitglieder, die bei Beginn der Schutzfrist nach § 3 Abs. 2 des Mutterschutzgesetzes in einem Arbeitsverhältnis stehen oder in Heimarbeit beschäftigt sind oder deren Arbeitsverhältnis während ihrer Schwangerschaft oder der Schutzfrist nach § 6 Abs. 1 des Mutterschutzgesetzes[1] nach Maßgabe von § 9 Abs. 3 des Mutterschutzgesetzes[1] aufgelöst worden ist, wird als Mutterschaftsgeld das um die gesetzlichen Abzüge verminderte durchschnittliche kalendertägliche Arbeitsentgelt der letzten drei abgerechneten Kalendermonate vor Beginn der Schutzfrist nach § 3 Abs. 2 des Mutterschutzgesetzes[1] gezahlt. ²Es beträgt höchstens 13 Euro für den Kalendertag. ³Einmalig gezahltes Arbeitsentgelt (§ 23a des Vierten Buches Sozialgesetzbuch) sowie Tage, an denen infolge von Kurzarbeit, Arbeitsausfällen oder unverschuldeter Arbeitsversäumnis kein oder ein vermindertes Arbeitsentgelt erzielt wurde, bleiben außer Betracht. ⁴Ist danach eine Berechnung nicht möglich, ist das durchschnittliche kalendertägliche Arbeitsentgelt einer gleichartig Beschäftigten zugrunde zu legen. ⁵Für Mitglieder, deren Arbeitsverhältnis während der Mutterschutzfristen vor oder nach der Geburt beginnt, wird das Mutterschaftsgeld von Beginn des Arbeitsverhältnisses an gezahlt. ⁶Übersteigt das Arbeitsentgelt 13 Euro kalendertäglich, wird der übersteigende Betrag vom Arbeitgeber oder vom Bund nach den Vorschriften des Mutterschutzgesetzes[1] gezahlt. ⁷Für andere Mitglieder wird das Mutterschaftsgeld in Höhe des Krankengeldes gezahlt.

(3) ¹Das Mutterschaftsgeld wird für die letzten sechs Wochen vor der Entbindung, den Entbindungstag und für die ersten acht Wochen, bei Mehrlings- und Frühgeburten für die ersten zwölf Wochen nach der Entbindung gezahlt. ²Bei Frühgeburten und sonstigen vorzeitigen Entbindungen verlängert sich die Bezugsdauer um den Zeitraum, der nach § 3 Abs. 2 des Mutterschutzgesetzes[1] nicht in Anspruch genommen werden konnte. ³Für die Zahlung des Mutterschaftsgeldes vor der Entbindung ist das Zeugnis eines Arztes oder einer

---

[1] Nr. 57.

Reichsversicherungsordnung § 200 RVO 57b

Hebamme maßgebend, in dem der mutmaßliche Tag der Entbindung angegeben ist. ⁴Das Zeugnis darf nicht früher als eine Woche vor Beginn der Schutzfrist nach § 3 Abs. 2 des Mutterschutzgesetzes[1]) ausgestellt sein. ⁵Bei Geburten nach dem mutmaßlichen Tag der Entbindung verlängert sich die Bezugsdauer vor der Geburt entsprechend.

(4) ¹Der Anspruch auf Mutterschaftsgeld ruht, soweit und solange das Mitglied beitragspflichtiges Arbeitsentgelt oder Arbeitseinkommen erhält. ²Dies gilt nicht für einmalig gezahltes Arbeitsentgelt.

---

¹) Nr. 57.

58. Gesetz zum Elterngeld und zur Elternzeit (Bundeselterngeld- und Elternzeitgesetz – BEEG)[1]

Vom 5. Dezember 2006
(BGBl. I S. 2748)

FNA 85-5

geänd. durch Art. 6 Abs. 8 G zur Umsetzung aufenthalts- und asylrechtlicher Richtlinien der EU
v. 19. 8. 2007 (BGBl. I S. 1970)

Abschnitt 1. Elterngeld

§ 1 Berechtigte. (1) Anspruch auf Elterngeld hat, wer
1. einen Wohnsitz oder seinen gewöhnlichen Aufenthalt in Deutschland hat,
2. mit seinem Kind in einem Haushalt lebt,
3. dieses Kind selbst betreut und erzieht und
4. keine oder keine volle Erwerbstätigkeit ausübt.

(2) ¹Anspruch auf Elterngeld hat auch, wer, ohne eine der Voraussetzungen des Absatzes 1 Nr. 1 zu erfüllen,
1. nach § 4 des Vierten Buches Sozialgesetzbuch[2] dem deutschen Sozialversicherungsrecht unterliegt oder im Rahmen seines in Deutschland bestehenden öffentlich-rechtlichen Dienst- oder Amtsverhältnisses vorübergehend ins Ausland abgeordnet, versetzt oder kommandiert ist,
2. Entwicklungshelfer oder Entwicklungshelferin im Sinne des § 1 des Entwicklungshelfer-Gesetzes ist oder als Missionar oder Missionarin der Missionswerke und -gesellschaften, die Mitglieder oder Vereinbarungspartner des Evangelischen Missionswerkes Hamburg, der Arbeitsgemeinschaft Evangelikaler Missionen e.V., des Deutschen katholischen Missionsrates oder der Arbeitsgemeinschaft pfingstlich-charismatischer Missionen sind, tätig ist oder
3. die deutsche Staatsangehörigkeit besitzt und nur vorübergehend bei einer zwischen- oder überstaatlichen Einrichtung tätig ist, insbesondere nach den Entsenderichtlinien des Bundes beurlaubte Beamte und Beamtinnen, oder wer vorübergehend eine nach § 123 a des Beamtenrechtsrahmengesetzes zugewiesene Tätigkeit im Ausland wahrnimmt.

²Dies gilt auch für mit der nach Satz 1 berechtigten Person in einem Haushalt lebende Ehegatten, Ehegattinnen, Lebenspartner oder Lebenspartnerinnen.

(3) ¹Anspruch auf Elterngeld hat abweichend von Absatz 1 Nr. 2 auch, wer
1. mit einem Kind in einem Haushalt lebt, das er mit dem Ziel der Annahme als Kind aufgenommen hat,

---

[1] Verkündet als Art. 1 G zur Einführung des Elterngeldes v. 5. 12. 2006 (BGBl. I S. 2748); Inkrafttreten gem. Art. 3 Abs. 1 dieses G am 1. 1. 2007. Zur Fortgeltung des Bundeserziehungsgeldgesetzes – BErzGG (Nr. **58 a**) siehe die Übergangsvorschriften in § 27.
[2] Nr. **43**.

2. ein Kind des Ehegatten, der Ehegattin, des Lebenspartners oder der Lebenspartnerin in seinen Haushalt aufgenommen hat oder
3. mit einem Kind in einem Haushalt lebt und die von ihm erklärte Anerkennung der Vaterschaft nach § 1594 Abs. 2 des Bürgerlichen Gesetzbuchs noch nicht wirksam oder über die von ihm beantragte Vaterschaftsfeststellung nach § 1600 d des Bürgerlichen Gesetzbuchs noch nicht entschieden ist.

²Für angenommene Kinder und Kinder im Sinne des Satzes 1 Nr. 1 sind die Vorschriften dieses Gesetzes mit der Maßgabe anzuwenden, dass statt des Zeitpunktes der Geburt der Zeitpunkt der Aufnahme des Kindes bei der berechtigten Person maßgeblich ist.

(4) Können die Eltern wegen einer schweren Krankheit, Schwerbehinderung oder Tod der Eltern ihr Kind nicht betreuen, haben Verwandte bis zum dritten Grad und ihre Ehegatten, Ehegattinnen, Lebenspartner oder Lebenspartnerinnen Anspruch auf Elterngeld, wenn sie die übrigen Voraussetzungen nach Absatz 1 erfüllen und von anderen Berechtigten Elterngeld nicht in Anspruch genommen wird.

(5) Der Anspruch auf Elterngeld bleibt unberührt, wenn die Betreuung und Erziehung des Kindes aus einem wichtigen Grund nicht sofort aufgenommen werden kann oder wenn sie unterbrochen werden muss.

(6) Eine Person ist nicht voll erwerbstätig, wenn ihre wöchentliche Arbeitszeit 30 Wochenstunden im Durchschnitt des Monats nicht übersteigt, sie eine Beschäftigung zur Berufsbildung ausübt oder sie eine geeignete Tagespflegeperson im Sinne des § 23 des Achten Buches Sozialgesetzbuch ist und nicht mehr als fünf Kinder in Tagespflege betreut.

(7) Ein nicht freizügigkeitsberechtigter Ausländer oder eine nicht freizügigkeitsberechtigte Ausländerin ist nur anspruchsberechtigt, wenn diese Person
1. eine Niederlassungserlaubnis besitzt,
2. eine Aufenthaltserlaubnis besitzt, die zur Ausübung einer Erwerbstätigkeit berechtigt oder berechtigt hat, es sei denn, die Aufenthaltserlaubnis wurde
   a) nach § 16 oder § 17 des Aufenthaltsgesetzes erteilt,
   b) nach § 18 Abs. 2 des Aufenthaltsgesetzes erteilt und die Zustimmung der Bundesagentur für Arbeit darf nach der Beschäftigungsverordnung nur für einen bestimmten Höchstzeitraum erteilt werden,
   c) nach § 23 Abs. 1 des Aufenthaltsgesetzes wegen eines Krieges in ihrem Heimatland oder nach den §§ 23 a, 24, 25 Abs. 3 bis 5 des Aufenthaltsgesetzes erteilt,
   d) nach § 104 a des Aufenthaltsgesetzes erteilt oder
3. eine in Nummer 2 Buchstabe c genannte Aufenthaltserlaubnis besitzt und
   a) sich seit mindestens drei Jahren rechtmäßig, gestattet oder geduldet im Bundesgebiet aufhält und
   b) im Bundesgebiet berechtigt erwerbstätig ist, laufende Geldleistungen nach dem Dritten Buch Sozialgesetzbuch bezieht oder Elternzeit in Anspruch nimmt.

§ 2 Höhe des Elterngeldes. (1) ¹Elterngeld wird in Höhe von 67 Prozent des in den zwölf Kalendermonaten vor dem Monat der Geburt des Kindes durchschnittlich erzielten monatlichen Einkommens aus Erwerbstätigkeit bis zu einem Höchstbetrag von 1 800 Euro monatlich für volle Monate gezahlt, in denen die berechtigte Person kein Einkommen aus Erwerbstätigkeit erzielt. ²Als

Einkommen aus Erwerbstätigkeit ist die Summe der positiven Einkünfte aus Land- und Forstwirtschaft, Gewerbebetrieb, selbstständiger Arbeit und nichtselbstständiger Arbeit im Sinne von § 2 Abs. 1 Satz 1 Nr. 1 bis 4 des Einkommensteuergesetzes[1)] nach Maßgabe der Absätze 7 bis 9 zu berücksichtigen.

(2) In den Fällen, in denen das durchschnittlich erzielte monatliche Einkommen aus Erwerbstätigkeit vor der Geburt geringer als 1 000 Euro war, erhöht sich der Prozentsatz von 67 Prozent um 0,1 Prozentpunkte für je 2 Euro, um die das maßgebliche Einkommen den Betrag von 1 000 Euro unterschreitet, auf bis zu 100 Prozent.

(3) [1]Für Monate nach der Geburt des Kindes, in denen die berechtigte Person ein Einkommen aus Erwerbstätigkeit erzielt, das durchschnittlich geringer ist als das nach Absatz 1 berücksichtigte durchschnittlich erzielte Einkommen aus Erwerbstätigkeit vor der Geburt, wird Elterngeld in Höhe des nach Absatz 1 oder 2 maßgeblichen Prozentsatzes des Unterschiedsbetrages dieser durchschnittlich erzielten monatlichen Einkommen aus Erwerbstätigkeit gezahlt. [2]Als vor der Geburt des Kindes durchschnittlich erzieltes monatliches Einkommen aus Erwerbstätigkeit ist dabei höchstens der Betrag von 2 700 Euro anzusetzen.

(4) [1]Lebt die berechtigte Person mit zwei Kindern, die das dritte Lebensjahr noch nicht vollendet haben, oder mit drei oder mehr Kindern, die das sechste Lebensjahr noch nicht vollendet haben, in einem Haushalt, so wird das nach den Absätzen 1 bis 3 und 5 zustehende Elterngeld um zehn Prozent, mindestens um 75 Euro, erhöht. [2]Zu berücksichtigen sind alle Kinder, für die die berechtigte Person die Voraussetzungen des § 1 Abs. 1 und 3 erfüllt und für die sich das Elterngeld nicht nach Absatz 6 erhöht. [3]Für angenommene Kinder und Kinder im Sinne von § 1 Abs. 3 Satz 1 Nr. 1 gilt als Alter des Kindes der Zeitraum seit der Aufnahme des Kindes bei der berechtigten Person. [4]Die Altersgrenze nach Satz 1 beträgt bei behinderten Kindern im Sinne von § 2 Abs. 1 Satz 1 des Neunten Buches Sozialgesetzbuch[2)] jeweils 14 Jahre. [5]Der Anspruch auf den Erhöhungsbetrag endet mit dem Ablauf des Monats, in dem eine der in Satz 1 genannten Anspruchsvoraussetzungen entfallen ist.

(5) [1]Elterngeld wird mindestens in Höhe von 300 Euro gezahlt. [2]Dies gilt auch, wenn in dem nach Absatz 1 Satz 1 maßgeblichen Zeitraum vor der Geburt des Kindes kein Einkommen aus Erwerbstätigkeit erzielt worden ist. [3]Der Betrag nach Satz 1 wird nicht zusätzlich zu dem Elterngeld nach den Absätzen 1 bis 3 gezahlt.

(6) Bei Mehrlingsgeburten erhöht sich das nach den Absätzen 1 bis 5 zustehende Elterngeld um je 300 Euro für das zweite und jedes weitere Kind.

(7) [1]Als Einkommen aus nichtselbstständiger Arbeit ist der um die auf dieses Einkommen entfallenden Steuern und die aufgrund dieser Erwerbstätigkeit geleisteten Pflichtbeiträge zur Sozialversicherung in Höhe der gesetzlichen Anteile der beschäftigten Person einschließlich der Beiträge zur Arbeitsförderung verminderte Überschuss der Einnahmen in Geld oder Geldeswert über die mit einem Zwölftel des Pauschbetrags nach § 9a Abs. 1 Satz 1 Nr. 1 Buchstabe a des Einkommensteuergesetzes anzusetzenden Werbungskosten zu berücksichtigen. [2]Sonstige Bezüge im Sinne von § 38a Abs. 1 Satz 3 des Einkommensteuergesetzes werden nicht als Einnahmen berücksichtigt. [3]Als auf die Einnahmen ent-

---

[1)] Nr. 24.
[2)] Nr. 47.

fallende Steuern gelten die abgeführte Lohnsteuer einschließlich Solidaritätszuschlag und Kirchensteuer, im Falle einer Steuervorauszahlung der auf die Einnahmen entfallende monatliche Anteil. [4]Grundlage der Einkommensermittlung sind die entsprechenden monatlichen Lohn- und Gehaltsbescheinigungen des Arbeitgebers. [5]Kalendermonate, in denen die berechtigte Person vor der Geburt des Kindes ohne Berücksichtigung einer Verlängerung des Auszahlungszeitraums nach § 6 Satz 2 Elterngeld für ein älteres Kind bezogen hat, bleiben bei der Bestimmung der zwölf für die Einkommensermittlung vor der Geburt des Kindes zu Grunde zu legenden Kalendermonate unberücksichtigt. [6]Das Gleiche gilt für Kalendermonate, in denen die berechtigte Person Mutterschaftsgeld nach der Reichsversicherungsordnung oder dem Gesetz über die Krankenversicherung der Landwirte bezogen hat oder in denen während der Schwangerschaft wegen einer maßgeblich auf die Schwangerschaft zurückzuführenden Erkrankung Einkommen aus Erwerbstätigkeit ganz oder teilweise weggefallen ist.

(8) [1]Als Einkommen aus Land- und Forstwirtschaft, Gewerbebetrieb und selbstständiger Arbeit ist der um die auf dieses Einkommen entfallenden Steuern und die aufgrund dieser Erwerbstätigkeit geleisteten Pflichtbeiträge zur gesetzlichen Sozialversicherung einschließlich der Beiträge zur Arbeitsförderung verminderte Gewinn zu berücksichtigen. [2]Grundlage der Einkommensermittlung ist der Gewinn, wie er sich aus einer mindestens den Anforderungen des § 4 Abs. 3 des Einkommensteuergesetzes entsprechenden Berechnung ergibt. [3]Kann der Gewinn danach nicht ermittelt werden, ist von den Einnahmen eine Betriebsausgabenpauschale in Höhe von 20 Prozent abzuziehen. [4]Als auf den Gewinn entfallende Steuern gilt im Falle einer Steuervorauszahlung der auf die Einnahmen entfallende monatliche Anteil der Einkommensteuer einschließlich Solidaritätszuschlag und Kirchensteuer. [5]Auf Antrag der berechtigten Person ist Absatz 7 Satz 5 und 6 entsprechend anzuwenden.

(9) [1]Ist die dem zu berücksichtigenden Einkommen aus Land- und Forstwirtschaft, Gewerbebetrieb und selbstständiger Arbeit zu Grunde liegende Erwerbstätigkeit sowohl während des gesamten für die Einkommensermittlung vor der Geburt des Kindes maßgeblichen Zeitraums als auch während des gesamten letzten abgeschlossenen steuerlichen Veranlagungszeitraums ausgeübt worden, gilt abweichend von Absatz 8 als vor der Geburt des Kindes durchschnittlich erzieltes monatliches Einkommen aus dieser Erwerbstätigkeit der durchschnittlich monatlich erzielte Gewinn, wie er sich aus dem für den Veranlagungszeitraum ergangenen Steuerbescheid ergibt. [2]Dies gilt nicht, wenn im Veranlagungszeitraum die Voraussetzungen des Absatzes 7 Satz 5 und 6 vorgelegen haben. [3]Ist in dem für die Einkommensermittlung vor der Geburt des Kindes maßgeblichen Zeitraum zusätzlich Einkommen aus nichtselbstständiger Arbeit erzielt worden, ist Satz 1 nur anzuwenden, wenn die Voraussetzungen der Sätze 1 und 2 auch für die dem Einkommen aus nichtselbstständiger Arbeit zu Grunde liegende Erwerbstätigkeit erfüllt sind; in diesen Fällen gilt als vor der Geburt durchschnittlich erzieltes monatliches Einkommen nach Absatz 7 das in dem dem Veranlagungszeitraum nach Satz 1 zu Grunde liegenden Gewinnermittlungszeitraum durchschnittlich erzielte monatliche Einkommen aus nichtselbstständiger Arbeit. [4]Als auf den Gewinn entfallende Steuern ist bei Anwendung von Satz 1 der auf die Einnahmen entfallende monatliche Anteil der im Steuerbescheid festgesetzten Einkommensteuer einschließlich Solidaritätszuschlag und Kirchensteuer anzusetzen.

§ 3 Anrechnung von anderen Leistungen. (1) ¹Mutterschaftsgeld, das der Mutter nach der Reichsversicherungsordnung oder dem Gesetz über die Krankenversicherung der Landwirte für die Zeit ab dem Tag der Geburt zusteht, wird mit Ausnahme des Mutterschaftsgeldes nach § 13 Abs. 2 des Mutterschutzgesetzes[1)] auf das ihr zustehende Elterngeld nach § 2 angerechnet. ²Das Gleiche gilt für Mutterschaftsgeld, das der Mutter im Bezugszeitraum des Elterngeldes für die Zeit vor dem Tag der Geburt eines weiteren Kindes zusteht. ³Die Sätze 1 und 2 gelten auch für den Zuschuss zum Mutterschaftsgeld nach § 14 des Mutterschutzgesetzes[1)] sowie für Dienstbezüge, Anwärterbezüge und Zuschüsse, die nach beamten- oder soldatenrechtlichen Vorschriften für die Zeit der Beschäftigungsverbote zustehen. ⁴Stehen die Leistungen nach den Sätzen 1 bis 3 nur für einen Teil des Lebensmonats des Kindes zu, sind sie nur auf den entsprechenden Teil des Elterngeldes anzurechnen.

(2) ¹Soweit Berechtigte an Stelle des vor der Geburt des Kindes erzielten Einkommens aus Erwerbstätigkeit nach der Geburt andere Einnahmen erzielen, die nach ihrer Zweckbestimmung dieses Einkommen aus Erwerbstätigkeit ganz oder teilweise ersetzen, werden diese Einnahmen auf das für das ersetzte Einkommen zustehende Elterngeld angerechnet, soweit letzteres den Betrag von 300 Euro übersteigt; dieser Betrag erhöht sich bei Mehrlingsgeburten um je 300 Euro für das zweite und jedes weitere Kind. ²Absatz 1 Satz 4 ist entsprechend anzuwenden.

(3) ¹Dem Elterngeld vergleichbare Leistungen, auf die eine nach § 1 berechtigte Person außerhalb Deutschlands oder gegenüber einer zwischen- oder überstaatlichen Einrichtung Anspruch hat, werden auf das Elterngeld angerechnet, soweit sie für denselben Zeitraum zustehen und die auf der Grundlage des Vertrages zur Gründung der Europäischen Gemeinschaft erlassenen Verordnungen nicht anzuwenden sind. ²Solange kein Antrag auf die in Satz 1 genannten vergleichbaren Leistungen gestellt wird, ruht der Anspruch auf Elterngeld bis zur möglichen Höhe der vergleichbaren Leistung.

§ 4 Bezugszeitraum. (1) ¹Elterngeld kann in der Zeit vom Tag der Geburt bis zur Vollendung des 14. Lebensmonats des Kindes bezogen werden. ²Für angenommene Kinder und Kinder im Sinne des § 1 Abs. 3 Nr. 1 kann Elterngeld ab Aufnahme bei der berechtigten Person für die Dauer von bis zu 14 Monaten, längstens bis zur Vollendung des achten Lebensjahres des Kindes bezogen werden.

(2) ¹Elterngeld wird in Monatsbeträgen für Lebensmonate des Kindes gezahlt. ²Die Eltern haben insgesamt Anspruch auf zwölf Monatsbeträge. ³Sie haben Anspruch auf zwei weitere Monatsbeträge, wenn für zwei Monate eine Minderung des Einkommens aus Erwerbstätigkeit erfolgt. ⁴Die Eltern können die jeweiligen Monatsbeträge abwechselnd oder gleichzeitig beziehen.

(3) ¹Ein Elternteil kann höchstens für zwölf Monate Elterngeld beziehen. ²Lebensmonate des Kindes, in denen nach § 3 Abs. 1 oder 3 anzurechnende Leistungen zustehen, gelten als Monate, für die die berechtigte Person Elterngeld bezieht. ³Ein Elternteil kann abweichend von Satz 1 für 14 Monate Elterngeld beziehen, wenn eine Minderung des Einkommens aus Erwerbstätigkeit erfolgt und mit der Betreuung durch den anderen Elternteil eine Gefährdung des Kindeswohls im Sinne von § 1666 Abs. 1 und 2 des Bürgerlichen

---

[1)] Nr. 57.

Gesetzbuchs verbunden wäre oder die Betreuung durch den anderen Elternteil unmöglich ist, insbesondere weil er wegen einer schweren Krankheit oder Schwerbehinderung sein Kind nicht betreuen kann; für die Feststellung der Unmöglichkeit der Betreuung bleiben wirtschaftliche Gründe und Gründe einer Verhinderung wegen anderweitiger Tätigkeiten außer Betracht. [4]Elterngeld für 14 Monate steht einem Elternteil auch zu, wenn

1. ihm die elterliche Sorge oder zumindest das Aufenthaltsbestimmungsrecht allein zusteht oder er eine einstweilige Anordnung erwirkt hat, mit der ihm die elterliche Sorge oder zumindest das Aufenthaltsbestimmungsrecht für das Kind vorläufig übertragen worden ist,
2. eine Minderung des Einkommens aus Erwerbstätigkeit erfolgt und
3. der andere Elternteil weder mit ihm noch mit dem Kind in einer Wohnung lebt.

(4) Der Anspruch endet mit dem Ablauf des Monats, in dem eine Anspruchsvoraussetzung entfallen ist.

(5) [1]Die Absätze 2 und 3 gelten in den Fällen des § 1 Abs. 3 und 4 entsprechend. [2]Nicht sorgeberechtigte Elternteile und Personen, die nach § 1 Abs. 3 Nr. 2 und 3 Elterngeld beziehen können, bedürfen der Zustimmung des sorgeberechtigten Elternteils.

§ 5 Zusammentreffen von Ansprüchen. (1) [1]Erfüllen beide Elternteile die Anspruchsvoraussetzungen, bestimmen sie, wer von ihnen welche Monatsbeträge in Anspruch nimmt. [2]Die im Antrag getroffene Entscheidung ist verbindlich. [3]Eine einmalige Änderung ist bis zum Ende des Bezugszeitraums möglich in Fällen besonderer Härte, insbesondere bei Eintritt einer schweren Krankheit, Schwerbehinderung oder Tod eines Elternteils oder eines Kindes oder bei erheblich gefährdeter wirtschaftlicher Existenz der Eltern nach Antragstellung.

(2) [1]Beanspruchen beide Elternteile zusammen mehr als die ihnen zustehenden zwölf oder 14 Monatsbeträge Elterngeld, besteht der Anspruch eines Elternteils, der nicht über die Hälfte der Monatsbeträge hinausgeht, ungekürzt; der Anspruch des anderen Elternteils wird gekürzt auf die verbleibenden Monatsbeträge. [2]Beanspruchen beide Elternteile Elterngeld für mehr als die Hälfte der Monate, steht ihnen jeweils die Hälfte der Monatsbeträge zu.

(3) [1]Die Absätze 1 und 2 gelten in den Fällen des § 1 Abs. 3 und 4 entsprechend. [2]Wird eine Einigung mit einem nicht sorgeberechtigten Elternteil oder einer Person, die nach § 1 Abs. 3 Nr. 2 und 3 Elterngeld beziehen kann, nicht erzielt, kommt es abweichend von Absatz 2 allein auf die Entscheidung des sorgeberechtigten Elternteils an.

§ 6 Auszahlung und Verlängerungsmöglichkeit. [1]Das Elterngeld wird im Laufe des Monats gezahlt, für den es bestimmt ist. [2]Die einer Person zustehenden Monatsbeträge werden auf Antrag in jeweils zwei halben Monatsbeträgen ausgezahlt, so dass sich der Auszahlungszeitraum verdoppelt. [3]Die zweite Hälfte der jeweiligen Monatsbeträge wird beginnend mit dem Monat gezahlt, der auf den letzen Monat folgt, für den der berechtigten Person ein Monatsbetrag der ersten Hälfte gezahlt wurde.

§ 7 Antragstellung. (1) ¹Das Elterngeld ist schriftlich zu beantragen. ²Es wird rückwirkend nur für die letzten drei Monate vor Beginn des Monats geleistet, in dem der Antrag auf Elterngeld eingegangen ist.

(2) ¹In dem Antrag ist anzugeben, für welche Monate Elterngeld beantragt wird. ²Außer in den Fällen des § 4 Abs. 3 Satz 3 und 4 und der Antragstellung durch eine allein sorgeberechtigte Person ist der Antrag von der Person, die ihn stellt, und der anderen berechtigten Person zu unterschreiben. ³Die andere berechtigte Person kann gleichzeitig einen Antrag auf das von ihr beanspruchte Elterngeld stellen oder der Behörde anzeigen, für wie viele Monate sie Elterngeld beansprucht, wenn mit ihrem Anspruch die Höchstgrenze nach § 4 Abs. 2 Satz 2 und 3 überschritten würde. ⁴Liegt der Behörde weder ein Antrag noch eine Anzeige der anderen berechtigten Person nach Satz 3 vor, erhält der Antragsteller oder die Antragstellerin die Monatsbeträge ausgezahlt; die andere berechtigte Person kann bei einem späteren Antrag abweichend von § 5 Abs. 2 nur für die unter Berücksichtigung von § 4 Abs. 2 Satz 2 und 3 verbleibenden Monate Elterngeld erhalten.

§ 8 Auskunftspflicht, Nebenbestimmungen. (1) Soweit im Antrag Angaben zum voraussichtlichen Einkommen aus Erwerbstätigkeit gemacht wurden, ist nach Ablauf des Bezugszeitraums das in dieser Zeit tatsächlich erzielte Einkommen aus Erwerbstätigkeit nachzuweisen.

(2) Elterngeld wird in den Fällen, in denen nach den Angaben im Antrag im Bezugszeitraum voraussichtlich kein Einkommen aus Erwerbstätigkeit erzielt wird, unter dem Vorbehalt des Widerrufs für den Fall gezahlt, dass entgegen den Angaben im Antrag Einkommen aus Erwerbstätigkeit erzielt wird.

(3) Kann das vor der Geburt des Kindes erzielte Einkommen aus Erwerbstätigkeit nicht ermittelt werden oder wird nach den Angaben im Antrag im Bezugszeitraum voraussichtlich Einkommen aus Erwerbstätigkeit erzielt, wird Elterngeld bis zum Nachweis des tatsächlich erzielten Einkommens aus Erwerbstätigkeit vorläufig unter Berücksichtigung des glaubhaft gemachten Einkommens aus Erwerbstätigkeit gezahlt.

§ 9 Einkommens- und Arbeitszeitnachweis, Auskunftspflicht des Arbeitgebers. ¹Soweit es zum Nachweis des Einkommens aus Erwerbstätigkeit oder der wöchentlichen Arbeitszeit erforderlich ist, hat der Arbeitgeber Beschäftigten deren Arbeitsentgelt, die abgezogene Lohnsteuer und den Arbeitnehmeranteil der Sozialversicherungsbeiträge sowie die Arbeitszeit auf Verlangen zu bescheinigen; das Gleiche gilt für ehemalige Arbeitgeber. ²Für die in Heimarbeit Beschäftigten und die ihnen Gleichgestellten (§ 1 Abs. 1 und 2 des Heimarbeitsgesetzes[1)]) tritt an die Stelle des Arbeitgebers der Auftraggeber oder Zwischenmeister.

§ 10 Verhältnis zu anderen Sozialleistungen. (1) Das Elterngeld und vergleichbare Leistungen der Länder sowie die nach § 3 auf das Elterngeld angerechneten Leistungen bleiben bei Sozialleistungen, deren Zahlung von anderen Einkommen abhängig ist, bis zu einer Höhe von insgesamt 300 Euro im Monat als Einkommen unberücksichtigt.

[1)] Nr. **60**.

(2) Das Elterngeld und vergleichbare Leistungen der Länder sowie die nach § 3 auf das Elterngeld angerechneten Leistungen dürfen bis zu einer Höhe von 300 Euro nicht dafür herangezogen werden, um auf Rechtsvorschriften beruhende Leistungen anderer, auf die kein Anspruch besteht, zu versagen.

(3) In den Fällen des § 6 Satz 2 bleibt das Elterngeld nur bis zu einer Höhe von 150 Euro als Einkommen unberücksichtigt und darf nur bis zu einer Höhe von 150 Euro nicht dafür herangezogen werden, um auf Rechtsvorschriften beruhende Leistungen anderer, auf die kein Anspruch besteht, zu versagen.

(4) Die nach den Absätzen 1 bis 3 nicht zu berücksichtigenden oder nicht heranzuziehenden Beträge vervielfachen sich bei Mehrlingsgeburten mit der Zahl der geborenen Kinder.

§ 11 Unterhaltspflichten. [1]Unterhaltsverpflichtungen werden durch die Zahlung des Elterngeldes und vergleichbarer Leistungen der Länder nur insoweit berührt, als die Zahlung 300 Euro monatlich übersteigt. [2]In den Fällen des § 6 Satz 2 werden die Unterhaltspflichten insoweit berührt, als die Zahlung 150 Euro übersteigt. [3]Die in den Sätzen 1 und 2 genannten Beträge vervielfachen sich bei Mehrlingsgeburten mit der Zahl der geborenen Kinder. [4]Die Sätze 1 bis 3 gelten nicht in den Fällen des § 1361 Abs. 3, der §§ 1579, 1603 Abs. 2 und des § 1611 Abs. 1 des Bürgerlichen Gesetzbuchs.

§ 12 Zuständigkeit; Aufbringung der Mittel. (1) [1]Die Landesregierungen oder die von ihnen beauftragten Stellen bestimmen die für die Ausführung dieses Gesetzes zuständigen Behörden. [2]Diesen Behörden obliegt auch die Beratung zur Elternzeit. [3]In den Fällen des § 1 Abs. 2 ist die von den Ländern für die Durchführung dieses Gesetzes bestimmte Behörde des Bezirks zuständig, in dem die berechtigte Person ihren letzten inländischen Wohnsitz hatte; hilfsweise ist die Behörde des Bezirks zuständig, in dem der entsendende Dienstherr oder Arbeitgeber der berechtigten Person oder der Arbeitgeber des Ehegatten, der Ehegattin, des Lebenspartners oder der Lebenspartnerin der berechtigten Person den inländischen Sitz hat.

(2) Der Bund trägt die Ausgaben für das Elterngeld.

§ 13 Rechtsweg. (1) [1]Über öffentlich-rechtliche Streitigkeiten in Angelegenheiten der §§ 1 bis 12 entscheiden die Gerichte der Sozialgerichtsbarkeit. [2]§ 85 Abs. 2 Nr. 2 des Sozialgerichtsgesetzes gilt mit der Maßgabe, dass die zuständige Stelle nach § 12 bestimmt wird.

(2) Widerspruch und Anfechtungsklage haben keine aufschiebende Wirkung.

§ 14 Bußgeldvorschriften. (1) Ordnungswidrig handelt, wer vorsätzlich oder fahrlässig
1. entgegen § 9 eine dort genannte Angabe nicht, nicht richtig, nicht vollständig oder nicht rechtzeitig bescheinigt,
2. entgegen § 60 Abs. 1 Satz 1 Nr. 1 des Ersten Buches Sozialgesetzbuch, auch in Verbindung mit § 8 Abs. 1 Satz 1, eine Angabe nicht, nicht richtig, nicht vollständig oder nicht rechtzeitig macht,

3. entgegen § 60 Abs. 1 Satz 1 Nr. 2 des Ersten Buches Sozialgesetzbuch eine Mitteilung nicht, nicht richtig, nicht vollständig oder nicht rechtzeitig macht oder
4. entgegen § 60 Abs. 1 Satz 1 Nr. 3 des Ersten Buches Sozialgesetzbuch eine Beweisurkunde nicht, nicht richtig, nicht vollständig oder nicht rechtzeitig vorlegt.

(2) Die Ordnungswidrigkeit kann mit einer Geldbuße von bis zu zweitausend Euro geahndet werden.

(3) Verwaltungsbehörden im Sinne des § 36 Abs. 1 Nr. 1 des Gesetzes über Ordnungswidrigkeiten sind die in § 12 Abs. 1 Satz 1 und 3 genannten Behörden.

Abschnitt 2. Elternzeit für Arbeitnehmerinnen und Arbeitnehmer

§ 15 Anspruch auf Elternzeit. (1) ¹Arbeitnehmerinnen und Arbeitnehmer haben Anspruch auf Elternzeit, wenn sie
1. a) mit ihrem Kind,
   b) mit einem Kind, für das sie die Anspruchsvoraussetzungen nach § 1 Abs. 3 oder 4 erfüllen, oder
   c) mit einem Kind, das sie in Vollzeitpflege nach § 33 des Achten Buches Sozialgesetzbuch aufgenommen haben,
   in einem Haushalt leben und
2. dieses Kind selbst betreuen und erziehen.

²Nicht sorgeberechtigte Elternteile und Personen, die nach Satz 1 Nr. 1 Buchstabe b und c Elternzeit nehmen können, bedürfen der Zustimmung des sorgeberechtigten Elternteils.

(2) ¹Der Anspruch auf Elternzeit besteht bis zur Vollendung des dritten Lebensjahres eines Kindes. ²Die Zeit der Mutterschutzfrist nach § 6 Abs. 1 des Mutterschutzgesetzes[1]) wird auf die Begrenzung nach Satz 1 angerechnet. ³Bei mehreren Kindern besteht der Anspruch auf Elternzeit für jedes Kind, auch wenn sich die Zeiträume im Sinne von Satz 1 überschneiden. ⁴Ein Anteil der Elternzeit von bis zu zwölf Monaten ist mit Zustimmung des Arbeitgebers auf die Zeit bis zur Vollendung des achten Lebensjahres übertragbar; dies gilt auch, wenn sich die Zeiträume im Sinne von Satz 1 bei mehreren Kindern überschneiden. ⁵Bei einem angenommenen Kind und bei einem Kind in Vollzeit- oder Adoptionspflege kann Elternzeit von insgesamt bis zu drei Jahren ab der Aufnahme bei der berechtigten Person, längstens bis zur Vollendung des achten Lebensjahres des Kindes genommen werden; die Sätze 3 und 4 sind entsprechend anwendbar, soweit sie die zeitliche Aufteilung regeln. ⁶Der Anspruch kann nicht durch Vertrag ausgeschlossen oder beschränkt werden.

(3) ¹Die Elternzeit kann, auch anteilig, von jedem Elternteil allein oder von beiden Elternteilen gemeinsam genommen werden. ²Satz 1 gilt in den Fällen des Absatzes 1 Satz 1 Nr. 1 Buchstabe b und c entsprechend.

---

[1]) Nr. 57.

(4) ¹Der Arbeitnehmer oder die Arbeitnehmerin darf während der Elternzeit nicht mehr als 30 Wochenstunden erwerbstätig sein. ²Eine im Sinne des § 23 des Achten Buches Sozialgesetzbuch geeignete Tagespflegeperson kann bis zu fünf Kinder in Tagespflege betreuen, auch wenn die wöchentliche Betreuungszeit 30 Stunden übersteigt. ³Teilzeitarbeit bei einem anderen Arbeitgeber oder selbstständige Tätigkeit nach Satz 1 bedürfen der Zustimmung des Arbeitgebers. ⁴Dieser kann sie nur innerhalb von vier Wochen aus dringenden betrieblichen Gründen schriftlich ablehnen.

(5) ¹Der Arbeitnehmer oder die Arbeitnehmerin kann eine Verringerung der Arbeitszeit und ihre Ausgestaltung beantragen. ²Über den Antrag sollen sich der Arbeitgeber und der Arbeitnehmer oder die Arbeitnehmerin innerhalb von vier Wochen einigen. ³Der Antrag kann mit der schriftlichen Mitteilung nach Absatz 7 Satz 1 Nr. 5 verbunden werden. ⁴Unberührt bleibt das Recht, sowohl die vor der Elternzeit bestehende Teilzeitarbeit unverändert während der Elternzeit fortzusetzen, soweit Absatz 4 beachtet ist, als auch nach der Elternzeit zu der Arbeitszeit zurückzukehren, die vor Beginn der Elternzeit vereinbart war.

(6) Der Arbeitnehmer oder die Arbeitnehmerin kann gegenüber dem Arbeitgeber, soweit eine Einigung nach Absatz 5 nicht möglich ist, unter den Voraussetzungen des Absatzes 7 während der Gesamtdauer der Elternzeit zweimal eine Verringerung seiner oder ihrer Arbeitszeit beanspruchen.

(7) ¹Für den Anspruch auf Verringerung der Arbeitszeit gelten folgende Voraussetzungen:
1. Der Arbeitgeber beschäftigt, unabhängig von der Anzahl der Personen in Berufsbildung, in der Regel mehr als 15 Arbeitnehmer und Arbeitnehmerinnen,
2. das Arbeitsverhältnis in demselben Betrieb oder Unternehmen besteht ohne Unterbrechung länger als sechs Monate,
3. die vertraglich vereinbarte regelmäßige Arbeitszeit soll für mindestens zwei Monate auf einen Umfang zwischen 15 und 30 Wochenstunden verringert werden,
4. dem Anspruch stehen keine dringenden betrieblichen Gründe entgegen und
5. der Anspruch wurde dem Arbeitgeber sieben Wochen vor Beginn der Tätigkeit schriftlich mitgeteilt.

²Der Antrag muss den Beginn und den Umfang der verringerten Arbeitszeit enthalten. ³Die gewünschte Verteilung der verringerten Arbeitszeit soll im Antrag angegeben werden. ⁴Falls der Arbeitgeber die beanspruchte Verringerung der Arbeitszeit ablehnen will, muss er dies innerhalb von vier Wochen mit schriftlicher Begründung tun. ⁵Soweit der Arbeitgeber der Verringerung der Arbeitszeit nicht oder nicht rechtzeitig zustimmt, kann der Arbeitnehmer oder die Arbeitnehmerin Klage vor den Gerichten für Arbeitssachen erheben.

§ 16 Inanspruchnahme der Elternzeit. (1) ¹Wer Elternzeit beanspruchen will, muss sie spätestens sieben Wochen vor Beginn schriftlich vom Arbeitgeber verlangen und gleichzeitig erklären, für welche Zeiten innerhalb von zwei Jahren Elternzeit genommen werden soll. ²Bei dringenden Gründen ist ausnahmsweise eine angemessene kürzere Frist möglich. ³Nimmt die Mutter die Elternzeit im Anschluss an die Mutterschutzfrist, wird die Zeit der Mutterschutzfrist nach § 6 Abs. 1 des Mutterschutzgesetzes[1]) auf den Zeitraum nach Satz 1 angerechnet. [4]Nimmt die Mutter die Elternzeit im Anschluss an einen auf die Mutterschutzfrist folgenden Erholungsurlaub, werden die Zeit der Mutterschutzfrist nach § 6 Abs. 1 des Mutterschutzgesetzes und die Zeit des Erholungsurlaubs auf den Zweijahreszeitraum nach Satz 1 angerechnet. [5]Die Elternzeit kann auf zwei Zeitabschnitte verteilt werden; eine Verteilung auf weitere Zeitabschnitte ist nur mit der Zustimmung des Arbeitgebers möglich. [6]Der Arbeitgeber hat dem Arbeitnehmer oder der Arbeitnehmerin die Elternzeit zu bescheinigen.

(2) Können Arbeitnehmerinnen und Arbeitnehmer aus einem von ihnen nicht zu vertretenden Grund eine sich unmittelbar an die Mutterschutzfrist des § 6 Abs. 1 des Mutterschutzgesetzes anschließende Elternzeit nicht rechtzeitig verlangen, können sie dies innerhalb einer Woche nach Wegfall des Grundes nachholen.

(3) [1]Die Elternzeit kann vorzeitig beendet oder im Rahmen des § 15 Abs. 2 verlängert werden, wenn der Arbeitgeber zustimmt. [2]Die vorzeitige Beendigung wegen der Geburt eines weiteren Kindes oder wegen eines besonderen Härtefalles im Sinne des § 5 Abs. 1 Satz 3 kann der Arbeitgeber nur innerhalb von vier Wochen aus dringenden betrieblichen Gründen schriftlich ablehnen. [3]Die Arbeitnehmerin kann ihre Elternzeit nicht wegen der Mutterschutzfristen des § 3 Abs. 2 und § 6 Abs. 1 des Mutterschutzgesetzes vorzeitig beenden; dies gilt nicht während ihrer zulässigen Teilzeitarbeit. [4]Eine Verlängerung kann verlangt werden, wenn ein vorgesehener Wechsel in der Anspruchsberechtigung aus einem wichtigen Grund nicht erfolgen kann.

(4) Stirbt das Kind während der Elternzeit, endet diese spätestens drei Wochen nach dem Tod des Kindes.

(5) Eine Änderung in der Anspruchsberechtigung hat der Arbeitnehmer oder die Arbeitnehmerin dem Arbeitgeber unverzüglich mitzuteilen.

§ 17 Urlaub. (1) [1]Der Arbeitgeber kann den Erholungsurlaub, der dem Arbeitnehmer oder der Arbeitnehmerin für das Urlaubsjahr zusteht, für jeden vollen Kalendermonat der Elternzeit um ein Zwölftel kürzen. [2]Dies gilt nicht, wenn der Arbeitnehmer oder die Arbeitnehmerin während der Elternzeit bei seinem oder ihrem Arbeitgeber Teilzeitarbeit leistet.

(2) Hat der Arbeitnehmer oder die Arbeitnehmerin den ihm oder ihr zustehenden Urlaub vor dem Beginn der Elternzeit nicht oder nicht vollständig erhalten, hat der Arbeitgeber den Resturlaub nach der Elternzeit im laufenden oder im nächsten Urlaubsjahr zu gewähren.

(3) Endet das Arbeitsverhältnis während der Elternzeit oder wird es im Anschluss an die Elternzeit nicht fortgesetzt, so hat der Arbeitgeber den noch nicht gewährten Urlaub abzugelten.

(4) Hat der Arbeitnehmer oder die Arbeitnehmerin vor Beginn der Elternzeit mehr Urlaub erhalten, als ihm oder ihr nach Absatz 1 zusteht, kann der Arbeitgeber den Urlaub, der dem Arbeitnehmer oder der Arbeitnehmerin nach dem Ende der Elternzeit zusteht, um die zu viel gewährten Urlaubstage kürzen.

---

[1]) Nr. 57.

§ 18 Kündigungsschutz. (1) ¹Der Arbeitgeber darf das Arbeitsverhältnis ab dem Zeitpunkt, von dem an Elternzeit verlangt worden ist, höchstens jedoch acht Wochen vor Beginn der Elternzeit, und während der Elternzeit nicht kündigen. ²In besonderen Fällen kann ausnahmsweise eine Kündigung für zulässig erklärt werden. ³Die Zulässigkeitserklärung erfolgt durch die für den Arbeitsschutz zuständige oberste Landesbehörde oder die von ihr bestimmte Stelle. ⁴Die Bundesregierung kann mit Zustimmung des Bundesrates allgemeine Verwaltungsvorschriften zur Durchführung des Satzes 2 erlassen.

(2) Absatz 1 gilt entsprechend, wenn Arbeitnehmer oder Arbeitnehmerinnen
1. während der Elternzeit bei demselben Arbeitgeber Teilzeitarbeit leisten oder
2. ohne Elternzeit in Anspruch zu nehmen, Teilzeitarbeit leisten und Anspruch auf Elterngeld nach § 1 während des Bezugszeitraums nach § 4 Abs. 1 haben.

§ 19 Kündigung zum Ende der Elternzeit. Der Arbeitnehmer oder die Arbeitnehmerin kann das Arbeitsverhältnis zum Ende der Elternzeit nur unter Einhaltung einer Kündigungsfrist von drei Monaten kündigen.

§ 20 Zur Berufsbildung Beschäftigte, in Heimarbeit Beschäftigte.

(1) ¹Die zu ihrer Berufsbildung Beschäftigten gelten als Arbeitnehmer oder Arbeitnehmerinnen im Sinne dieses Gesetzes. ²Die Elternzeit wird auf Berufsbildungszeiten nicht angerechnet.

(2) ¹Anspruch auf Elternzeit haben auch die in Heimarbeit Beschäftigten und die ihnen Gleichgestellten (§ 1 Abs. 1 und 2 des Heimarbeitsgesetzes[1]), soweit sie am Stück mitarbeiten. ²Für sie tritt an die Stelle des Arbeitgebers der Auftraggeber oder Zwischenmeister und an die Stelle des Arbeitsverhältnisses das Beschäftigungsverhältnis.

§ 21 Befristete Arbeitsverträge. (1) Ein sachlicher Grund, der die Befristung eines Arbeitsverhältnisses rechtfertigt, liegt vor, wenn ein Arbeitnehmer oder eine Arbeitnehmerin zur Vertretung eines anderen Arbeitnehmers oder einer anderen Arbeitnehmerin für die Dauer eines Beschäftigungsverbotes nach dem Mutterschutzgesetz, einer Elternzeit, einer auf Tarifvertrag, Betriebsvereinbarung oder einzelvertraglicher Vereinbarung beruhenden Arbeitsfreistellung zur Betreuung eines Kindes oder für diese Zeiten zusammen oder für Teile davon eingestellt wird.

(2) Über die Dauer der Vertretung nach Absatz 1 hinaus ist die Befristung für notwendige Zeiten einer Einarbeitung zulässig.

(3) Die Dauer der Befristung des Arbeitsvertrags muss kalendermäßig bestimmt oder bestimmbar oder den in den Absätzen 1 und 2 genannten Zwecken zu entnehmen sein.

(4) ¹Der Arbeitgeber kann den befristeten Arbeitsvertrag unter Einhaltung einer Frist von mindestens drei Wochen, jedoch frühestens zum Ende der Elternzeit, kündigen, wenn die Elternzeit ohne Zustimmung des Arbeitgebers vorzeitig endet und der Arbeitnehmer oder die Arbeitnehmerin die vorzeitige

---

[1] Nr. 60.

Beendigung der Elternzeit mitgeteilt hat. ²Satz 1 gilt entsprechend, wenn der Arbeitgeber die vorzeitige Beendigung der Elternzeit in den Fällen des § 16 Abs. 3 Satz 2 nicht ablehnen darf.

(5) Das Kündigungsschutzgesetz[1]) ist im Falle des Absatzes 4 nicht anzuwenden.

(6) Absatz 4 gilt nicht, soweit seine Anwendung vertraglich ausgeschlossen ist.

(7) ¹Wird im Rahmen arbeitsrechtlicher Gesetze oder Verordnungen auf die Zahl der beschäftigten Arbeitnehmer und Arbeitnehmerinnen abgestellt, so sind bei der Ermittlung dieser Zahl Arbeitnehmer und Arbeitnehmerinnen, die sich in der Elternzeit befinden oder zur Betreuung eines Kindes freigestellt sind, nicht mitzuzählen, solange für sie aufgrund von Absatz 1 ein Vertreter oder eine Vertreterin eingestellt ist. ²Dies gilt nicht, wenn der Vertreter oder die Vertreterin nicht mitzuzählen ist. ³Die Sätze 1 und 2 gelten entsprechend, wenn im Rahmen arbeitsrechtlicher Gesetze oder Verordnungen auf die Zahl der Arbeitsplätze abgestellt wird.

Abschnitt 3. Statistik und Schlussvorschriften

§ 22 Bundesstatistik. (1) ¹Zur Beurteilung der Auswirkungen dieses Gesetzes sowie zu seiner Fortentwicklung ist eine laufende Erhebung zum Bezug von Elterngeld als Bundesstatistik durchzuführen. ²Die Erhebung erfolgt zentral beim Statistischen Bundesamt.

(2) Die Statistik erfasst nach Maßgabe des Absatzes 3 vierteljährlich für die vorangegangenen drei Kalendermonate erstmalig zum 31. März 2007 folgende Erhebungsmerkmale:
1. Bewilligung oder Ablehnung des Antrags,
2. Monat und Jahr des ersten Leistungsbezugs,
3. Monat und Jahr des letzten Leistungsbezugs,
4. Art der Berechtigung nach § 1,
5. Grundlagen der Berechnung des zustehenden Monatsbetrags (§ 2 Abs. 1, 2, 3, 4, 5 oder 6),
6. Höhe des ersten vollen zustehenden Monatsbetrags,
7. Höhe des letzten zustehenden Monatsbetrags,
8. voraussichtliche Bezugsdauer des Elterngeldes,
9. Art und Höhe anderer angerechneter Leistungen nach § 3,
10. Ausübung der Verlängerungsmöglichkeit (§ 6),
11. Inanspruchnahme und Anzahl der Partnermonate (§ 4 Abs. 2 und 3),
12. Geburtstag des Kindes,
13. für die Antragstellerin oder den Antragsteller:
    a) Geschlecht, Geburtsjahr und -monat,
    b) Staatsangehörigkeit,
    c) Wohnsitz oder gewöhnlicher Aufenthalt,
    d) Familienstand und
    e) Anzahl der Kinder.

---

[1]) Nr. 20.

(3) Die Angaben nach Absatz 2 Nr. 1, 2, 4 bis 6 und 8 bis 13 sind für das Jahr 2007 für jeden Antrag, nach Absatz 2 Nr. 2 bis 7 und 9 bis 13 ab 2008 für jeden beendeten Leistungsbezug zu melden.

(4) Hilfsmerkmale sind:
1. Name und Anschrift der zuständigen Behörde und
2. Name und Telefonnummer sowie Adresse für elektronische Post der für eventuelle Rückfragen zur Verfügung stehenden Person.

§ 23 Auskunftspflicht; Datenübermittlung. (1) [1]Für die Erhebung nach § 22 besteht Auskunftspflicht. [2]Die Angaben nach § 22 Abs. 4 Nr. 2 sind freiwillig. [3]Auskunftspflichtig sind die nach § 12 Abs. 1 zuständigen Stellen.

(2) Die in sich schlüssigen Angaben sind als Einzeldatensätze elektronisch bis zum Ablauf von 30 Arbeitstagen nach Ablauf des Berichtszeitraums an das Statistische Bundesamt zu übermitteln.

§ 24 Übermittlung. [1]An die fachlich zuständigen obersten Bundes- oder Landesbehörden dürfen für die Verwendung gegenüber den gesetzgebenden Körperschaften und für Zwecke der Planung, jedoch nicht für die Regelung von Einzelfällen, vom Statistischen Bundesamt Tabellen mit statistischen Ergebnissen übermittelt werden, auch soweit Tabellenfelder nur einen einzigen Fall ausweisen. [2]Tabellen, deren Tabellenfelder nur einen einzigen Fall ausweisen, dürfen nur dann übermittelt werden, wenn sie nicht differenzierter als auf Regierungsbezirksebene, im Falle der Stadtstaaten auf Bezirksebene, aufbereitet sind.

§ 25 Bericht. [1]Die Bundesregierung legt dem Deutschen Bundestag bis zum 1. Oktober 2008 einen Bericht über die Auswirkungen dieses Gesetzes sowie über die gegebenenfalls notwendige Weiterentwicklung dieser Vorschriften vor. [2]Er darf keine personenbezogenen Daten enthalten.

§ 26 Anwendung der Bücher des Sozialgesetzbuches. (1) Soweit dieses Gesetz zum Elterngeld keine ausdrückliche Regelung trifft, ist bei der Ausführung des Ersten Abschnitts das Erste Kapitel des Zehnten Buches Sozialgesetzbuch anzuwenden.

(2) § 331 des Dritten Buches Sozialgesetzbuch gilt entsprechend.

§ 27 Übergangsvorschrift. (1) Für die vor dem 1. Januar 2007 geborenen oder mit dem Ziel der Adoption aufgenommenen Kinder sind die Vorschriften des Ersten und Dritten Abschnitts des Bundeserziehungsgeldgesetzes[1)] in der bis zum 31. Dezember 2006 geltenden Fassung weiter anzuwenden; ein Anspruch auf Elterngeld besteht in diesen Fällen nicht.

(2) [1]Der Zweite Abschnitt ist in den in Absatz 1 genannten Fällen mit der Maßgabe anzuwenden, dass es bei der Prüfung des § 15 Abs. 1 Satz 1 Nr. 1 Buchstabe b auf den Zeitpunkt der Geburt oder der Aufnahme des Kindes nicht ankommt. [2]Ein vor dem 1. Januar 2007 zustehender Anspruch auf Elternzeit kann bis zum 31. Dezember 2008 geltend gemacht werden.

[1)] Nr. 58 a.

58 BEEG § 27 V. Technischer und sozialer Arbeitsschutz

(3) In den Fällen des Absatzes 1 ist § 18 Abs. 2 Satz 1 Nr. 2 des Bundeserziehungsgeldgesetzes in der bis zum 31. Dezember 2006 geltenden Fassung weiter anzuwenden.

(4) Für die dem Erziehungsgeld vergleichbaren Leistungen der Länder sind § 8 Abs. 1 und § 9 des Bundeserziehungsgeldgesetzes in der bis zum 31. Dezember 2006 geltenden Fassung weiter anzuwenden.

in der bis 30. 12. 2008 geltenden Fassung:

58 a. Gesetz zum Erziehungsgeld und zur Elternzeit (Bundeserziehungsgeldgesetz – BErzGG)[1]

In der Fassung der Bekanntmachung vom 9. Februar 2004[2]

(BGBl. I S. 206)

FNA 85-3

zuletzt geänd. durch Art. 3 G zur Anspruchsberechtigung von Ausländern wegen Kindergeld, Erziehungsgeld und Unterhaltsvorschuss v. 13. 12. 2006 (BGBl. I S. 2915)

Erster Abschnitt. Erziehungsgeld

§ 1 Berechtigte. (1) ¹Anspruch auf Erziehungsgeld hat, wer
1. einen Wohnsitz oder seinen gewöhnlichen Aufenthalt in Deutschland hat,
2. mit einem Kind, für das ihm die Personensorge zusteht, in einem Haushalt lebt,
3. dieses Kind selbst betreut und erzieht und
4. keine oder keine volle Erwerbstätigkeit ausübt.

²Die Anspruchsvoraussetzungen müssen bei Beginn des Leistungszeitraums vorliegen. ³Abweichend von Satz 2, § 1594, § 1600d und §§ 1626a bis 1626e des Bürgerlichen Gesetzbuchs können im Einzelfall nach billigem Ermessen die Tatsachen der Vaterschaft und der elterlichen Sorgeerklärung des Anspruchsberechtigten auch schon vor dem Zeitpunkt ihrer Rechtswirksamkeit berücksichtigt werden.

(2) ¹Anspruch auf Erziehungsgeld hat auch, wer, ohne eine der Voraussetzungen des Absatzes 1 Nr. 1 zu erfüllen,
1. im Rahmen seines in Deutschland bestehenden Beschäftigungsverhältnisses vorübergehend ins Ausland entsandt ist und aufgrund über- oder zwischenstaatlichen Rechts oder nach § 4 des Vierten Buches Sozialgesetzbuch[3] dem deutschen Sozialversicherungsrecht unterliegt oder im Rahmen seines in Deutschland bestehenden öffentlich-rechtlichen Dienst- oder Amtsverhältnisses vorübergehend ins Ausland abgeordnet, versetzt oder kommandiert ist,
2. Versorgungsbezüge nach beamten- oder soldatenrechtlichen Vorschriften oder Grundsätzen oder eine Versorgungsrente von einer Zusatzversorgungsanstalt für Arbeitnehmer des öffentlichen Dienstes erhält oder
3. Entwicklungshelfer im Sinne des § 1 des Entwicklungshelfer-Gesetzes ist.

²Dies gilt auch für den mit ihm in einem Haushalt lebenden Ehegatten oder Lebenspartner, wenn dieser im Ausland keine Erwerbstätigkeit ausübt, welche den dortigen Vorschriften der sozialen Sicherheit unterliegt.

---

[1] **Aufgehoben mWv 31. 12. 2008** durch Art. 3 Abs. 2 Satz 2 G v. 5. 12. 2006 (BGBl. I S. 2748); siehe jetzt das Bundeselterngeld- und Elternzeitgesetz – BEEG mit Überleitungsvorschriften in § 27.

[2] Neubekanntmachung des BErzGG idF der Bek. v. 7. 12. 2001 (BGBl. I S. 3358) in der ab 1. 1. 2004 geltenden Fassung.

[3] Nr. 43.

(3) Einem in Absatz 1 Nr. 2 genannten Kind steht gleich
1. ein Kind, das mit dem Ziel der Annahme als Kind bei der berechtigten Person aufgenommen wurde,
2. ein Kind des Ehegatten oder Lebenspartners, das der Antragsteller in seinen Haushalt aufgenommen hat,
3. ein leibliches Kind des nicht sorgeberechtigten Antragstellers, mit dem dieser in einem Haushalt lebt.

(4) Der Anspruch auf Erziehungsgeld bleibt unberührt, wenn der Antragsteller aus einem wichtigen Grund die Betreuung und Erziehung des Kindes nicht sofort aufnehmen kann oder sie unterbrechen muss.

(5) ¹In Fällen besonderer Härte, insbesondere bei schwerer Krankheit, Behinderung oder Tod eines Elternteils oder bei erheblich gefährdeter wirtschaftlicher Existenz, kann von dem Erfordernis der Personensorge oder den Voraussetzungen des Absatzes 1 Nr. 3 und 4 abgesehen werden. ²Das Erfordernis der Personensorge kann nur entfallen, wenn die sonstigen Voraussetzungen des Absatzes 1 erfüllt sind, das Kind mit einem Verwandten bis dritten Grades oder dessen Ehegatten oder Lebenspartner in einem Haushalt lebt und kein Erziehungsgeld für dieses Kind von einem Personensorgeberechtigten in Anspruch genommen wird.

(6) Ein nicht freizügigkeitsberechtigter Ausländer ist nur anspruchsberechtigt, wenn er
1. eine Niederlassungserlaubnis besitzt,
2. eine Aufenthaltserlaubnis besitzt, die zur Ausübung einer Erwerbstätigkeit berechtigt oder berechtigt hat, es sei denn, die Aufenthaltserlaubnis wurde
   a) nach § 16 oder § 17 des Aufenthaltsgesetzes erteilt,
   b) nach § 18 Abs. 2 des Aufenthaltsgesetzes[1)] erteilt und die Zustimmung der Bundesagentur für Arbeit darf nach der Beschäftigungsverordnung nur für einen bestimmten Höchstzeitraum erteilt werden,
   c) nach § 23 Abs. 1 des Aufenthaltsgesetzes wegen eines Krieges in seinem Heimatland oder nach den §§ 23a, 24, 25 Abs. 3 bis 5 des Aufenthaltsgesetzes erteilt
oder
3. eine in Nummer 2 Buchstabe c genannte Aufenthaltserlaubnis besitzt und
   a) sich seit mindestens drei Jahren rechtmäßig, gestattet oder geduldet im Bundesgebiet aufhält und
   b) im Bundesgebiet berechtigt erwerbstätig ist, laufende Geldleistungen nach dem Dritten Buch Sozialgesetzbuch bezieht oder Elternzeit in Anspruch nimmt.

(7) ¹Anspruchsberechtigt ist unter den Voraussetzungen des Absatzes 1 Nr. 2 bis 4 auch, wer als
1. EU/EWR-Bürger mit dem Wohnsitz in einem anderen Mitgliedstaat der Europäischen Union oder des Europäischen Wirtschaftsraums (anderen EU/EWR-Gebiet) oder
2. Grenzgänger aus einem sonstigen, unmittelbar an Deutschland angrenzenden Staat

---

[1)] Nr. **42a**.

Bundeserziehungsgeldgesetz   §§ 2, 3   BErzGG 58a

in Deutschland in einem öffentlich-rechtlichen Dienst- oder Amtsverhältnis steht oder ein Arbeitsverhältnis mit einer mehr als geringfügigen Beschäftigung hat. ²Im Fall der Nummer 1 ist eine mehr als geringfügige selbständige Tätigkeit (§ 8 des Vierten Buches Sozialgesetzbuch[1]) gleichgestellt. ³Der in einem anderen EU/EWR-Gebiet wohnende Ehegatte des in Satz 1 genannten EU/EWR-Bürgers ist anspruchsberechtigt, wenn er die Voraussetzungen des Absatzes 1 Nr. 2 bis 4 sowie die in den Verordnungen (EWG) Nr. 1408/71[2]) und Nr. 574/72[3]) niedergelegten Voraussetzungen erfüllt. ⁴Im Übrigen gelten § 3 und § 8 Abs. 3.

(8) Unter den Voraussetzungen des Absatzes 1 ist auch der Ehegatte oder Lebenspartner eines Mitglieds der Truppe oder des zivilen Gefolges eines NATO-Mitgliedstaates anspruchsberechtigt, soweit er EU/EWR-Bürger ist oder bis zur Geburt des Kindes in einem öffentlich-rechtlichen Dienst- oder Amtsverhältnis steht oder eine mehr als geringfügige Beschäftigung (§ 8 des Vierten Buches Sozialgesetzbuch[1]) ausgeübt hat oder Mutterschaftsgeld oder eine Entgeltersatzleistung nach § 6 Abs. 1 Satz 3 bezogen hat.

(9) ¹Kein Erziehungsgeld erhält, wer Saisonarbeitnehmer oder Werkvertragsarbeitnehmer ist oder im Rahmen seines im Ausland bestehenden Beschäftigungsverhältnisses vorübergehend nach Deutschland entsandt ist und aufgrund über- oder zwischenstaatlichen Rechts oder nach § 5 des Vierten Buches Sozialgesetzbuch[1]) nicht dem deutschen Sozialversicherungsrecht unterliegt. ²Entsprechendes gilt für den ihn begleitenden Ehegatten oder Lebenspartner, wenn er in Deutschland keine mehr als geringfügige Beschäftigung (§ 8 des Vierten Buches Sozialgesetzbuch[1]) ausübt.

§ 2 Keine volle Erwerbstätigkeit. ¹Der Antragsteller übt keine volle Erwerbstätigkeit aus, wenn die wöchentliche Arbeitszeit 30 Wochenstunden nicht übersteigt oder eine Beschäftigung zur Berufsbildung ausgeübt wird. ²Keine volle Erwerbstätigkeit liegt auch vor, wenn die berechtigte Person als im Sinne des § 23 des Achten Buches Sozialgesetzbuch geeignete Tagespflegeperson nicht mehr als fünf Kinder betreut.

§ 3 Zusammentreffen von Ansprüchen. (1) ¹Für die Betreuung und Erziehung eines Kindes wird nur einer Person Erziehungsgeld gezahlt. ²Werden in einem Haushalt mehrere Kinder betreut und erzogen, wird für jedes Kind Erziehungsgeld gezahlt.

(2) ¹Erfüllen beide Elternteile oder Lebenspartner die Anspruchsvoraussetzungen, so wird das Erziehungsgeld demjenigen gezahlt, den sie zum Berechtigten bestimmen. ²Wird die Bestimmung nicht im Antrag auf Erziehungsgeld getroffen, ist die Mutter die Berechtigte; Entsprechendes gilt für den Lebenspartner, der Elternteil ist. ³Die Bestimmung kann nur geändert werden, wenn die Betreuung und Erziehung des Kindes nicht mehr sichergestellt werden kann.

(3) Einem nicht sorgeberechtigten Elternteil kann Erziehungsgeld nur mit Zustimmung des sorgeberechtigten Elternteils gezahlt werden.

(4) Ein Wechsel in der Anspruchsberechtigung wird mit Beginn des folgenden Lebensmonats des Kindes wirksam.

---

[1]) Nr. 43.
[2]) **EU-Arbeitsrecht** (dtv 5751) Nr. 20.
[3]) **EU-Arbeitsrecht** (dtv 5751) Nr. 21.

§ 4 Beginn und Ende des Anspruchs. (1) ¹Erziehungsgeld wird unter Beachtung der Einkommensgrenzen des § 5 Abs. 3 vom Tag der Geburt bis zur Vollendung des 12. Lebensmonats (Budget) oder bis zur Vollendung des 24. Lebensmonats (Regelbetrag) gezahlt. ²Für angenommene Kinder und Kinder im Sinne des § 1 Abs. 3 Nr. 1 wird Erziehungsgeld ab Aufnahme bei der berechtigten Person für die Dauer von bis zu zwei Jahren und längstens bis zur Vollendung des achten Lebensjahres gezahlt.

(2) ¹Erziehungsgeld ist schriftlich für jeweils ein Lebensjahr zu beantragen. ²Der Antrag für das zweite Lebensjahr kann frühestens ab dem neunten Lebensmonat des Kindes gestellt werden. ³Rückwirkend wird Erziehungsgeld höchstens für sechs Monate vor der Antragstellung bewilligt. ⁴Für die ersten sechs Lebensmonate kann Erziehungsgeld unter dem Vorbehalt der Rückforderung bewilligt werden, wenn das Einkommen nach den Angaben des Antragstellers unterhalb der Einkommensgrenze nach § 5 Abs. 3 Satz 1, 2 und 4 liegt, und die Einkünfte im Kalenderjahr vor der Geburt nicht ohne weitere Prüfung abschließend ermittelt werden können.

(3) Vor Erreichen der Altersgrenze (Absatz 1) endet der Anspruch mit dem Ablauf des Lebensmonats, in dem eine der Anspruchsvoraussetzungen entfallen ist.

§ 5 Höhe des Erziehungsgeldes; Einkommensgrenzen. (1) ¹Das monatliche Erziehungsgeld beträgt bei einer beantragten Zahlung für längstens bis zur Vollendung des
1. 12. Lebensmonats 450 Euro (Budget),
2. 24. Lebensmonats 300 Euro (Regelbetrag).
²Die im Antrag getroffene Entscheidung für das Budget oder den Regelbetrag ist für die volle Bezugsdauer verbindlich. ³Ist im Antrag keine Entscheidung getroffen, wird der Regelbetrag gezahlt. ⁴Eine einmalige rückwirkende Änderung ist möglich in Fällen besonderer Härte, insbesondere bei schwerer Krankheit, Behinderung oder Tod eines Elternteils oder eines Kindes oder bei erheblich gefährdeter wirtschaftlicher Existenz bei der Geburt eines weiteren Kindes und nach Aufnahme einer Erwerbstätigkeit der berechtigten Person in den ersten sechs Lebensmonaten, die dazu führt, dass der Anspruch auf das Budget entfällt. ⁵Bei einer Änderung vom Budget zum Regelbetrag ist die bereits gezahlte Differenz zwischen Budget und Regelbetrag zu erstatten; § 22 Abs. 4 Satz 2 gilt nicht.

(2) ¹Die Entscheidung nach Absatz 1 Satz 2 ist bei einem Berechtigtenwechsel auch für den neuen Berechtigten verbindlich. ²Im Fall einer Erstattungspflicht nach Absatz 1 Satz 5 haften die nicht dauernd getrennt lebenden Ehegatten als Gesamtschuldner; das Gleiche gilt für Lebenspartner oder in eheähnlicher Gemeinschaft lebende Eltern.

(3) ¹In den ersten sechs Lebensmonaten des Kindes entfällt der Anspruch auf den Regelbetrag, wenn das Einkommen nach § 6 bei Ehegatten, die nicht dauernd getrennt leben, 30 000 Euro und bei anderen Berechtigten 23 000 Euro übersteigt. ²Der Anspruch auf das Budget entfällt, wenn das Einkommen nach § 6 bei Ehegatten, die nicht dauernd getrennt leben, 22 086 Euro und bei anderen Berechtigten 19 086 Euro übersteigt. ³Vom Beginn des siebten Lebensmonats an verringert sich das Erziehungsgeld, wenn das Einkommen nach § 6 bei Ehegatten, die nicht dauernd getrennt leben, 16 500 Euro und

bei anderen Berechtigten 13 500 Euro übersteigt. ⁴Die Beträge der Einkommensgrenzen nach Satz 1, 2 und 3 erhöhen sich um 3 140 Euro für jedes weitere Kind des Berechtigten oder seines nicht dauernd von ihm getrennt lebenden Ehegatten, für das ihm oder seinem Ehegatten Kindergeld gezahlt wird oder ohne die Anwendung des § 65 Abs. 1 des Einkommensteuergesetzes oder des § 4 Abs. 1 des Bundeskindergeldgesetzes gezahlt würde. ⁵Maßgeblich sind, abgesehen von ausdrücklich abweichenden Regelungen dieses Gesetzes, die Verhältnisse zum Zeitpunkt der Antragstellung. ⁶Für Eltern in einer eheähnlichen Gemeinschaft gelten die Vorschriften zur Einkommensgrenze für Verheiratete, die nicht dauernd getrennt leben. ⁷Für Lebenspartner gilt die Einkommensgrenze für Verheiratete entsprechend.

(4) ¹Das Erziehungsgeld wird ab dem siebten Lebensmonat gemindert, wenn das Einkommen die in Absatz 3 Satz 3 und 4 geregelten Grenzen übersteigt. ²Der Regelbetrag verringert sich um 5,2 Prozent und das Budget verringert sich um 7,2 Prozent des Einkommens, das die in Absatz 3 Satz 3 und 4 geregelten Grenzen übersteigt.

(5) ¹Das Erziehungsgeld wird im Laufe des Lebensmonats gezahlt, für den es bestimmt ist. ²Soweit Erziehungsgeld für Teile von Monaten zu leisten ist, beträgt es für einen Kalendertag ein Dreißigstel des jeweiligen Monatsbetrages. ³Ein Betrag von monatlich weniger als 10 Euro wird ab dem siebten Lebensmonat nicht gezahlt. ⁴Auszuzahlende Beträge, die nicht volle Euro ergeben, sind bis zu 0,49 Euro abzurunden und von 0,50 Euro an aufzurunden.

§ 6 Einkommen. (1) ¹Als Einkommen gilt die nicht um Verluste in einzelnen Einkommensarten zu vermindernde Summe der positiven Einkünfte im Sinne des § 2 Abs. 1 und 2 des Einkommensteuergesetzes[1]) abzüglich 24 vom Hundert, bei Personen im Sinne des § 10c Abs. 3 des Einkommensteuergesetzes abzüglich 19 vom Hundert und der Entgeltersatzleistungen, gemindert um folgende Beträge:

1. Unterhaltsleistungen an andere Kinder, für die die Einkommensgrenze nicht nach § 5 Abs. 3 Satz 4 erhöht worden ist, bis zu dem durch Unterhaltstitel oder durch Vereinbarung festgelegten Betrag,
2. Unterhaltsleistungen an sonstige Personen, soweit sie nach § 10 Abs. 1 Nr. 1 oder § 33a Abs. 1 des Einkommensteuergesetzes berücksichtigt werden,
3. Pauschbetrag nach § 33b Abs. 1 bis 3 des Einkommensteuergesetzes wegen der Behinderung eines Kindes, für das die Eltern Kindergeld erhalten oder ohne die Anwendung des § 65 Abs. 1 des Einkommensteuergesetzes oder des § 4 Abs. 1 des Bundeskindergeldgesetzes erhalten würden, oder wegen der Behinderung der berechtigten Person, ihres Ehegatten, ihres Lebenspartners oder des anderen Elternteils im Sinne von Absatz 3 Satz 2 erster Halbsatz.

²Als Einkommen gelten nicht Einkünfte, die gemäß §§ 40 bis 40b des Einkommensteuergesetzes pauschal versteuert werden können. ³Entgeltersatzleistungen im Sinne von Satz 1 sind Arbeitslosengeld, Krankengeld, Verletztengeld oder eine vergleichbare Entgeltersatzleistung des Dritten, Fünften, Sechsten oder Siebten Buches Sozialgesetzbuch, des Bundesversorgungsgesetzes, des

---

[1]) Nr. 24.

Soldatenversorgungsgesetzes oder einer aus dem Europäischen Sozialfonds finanzierten vergleichbaren Entgeltersatzleistung.

(2) ¹Für die Berechnung des Erziehungsgeldes im ersten Lebensjahr des Kindes ist das Einkommen im Kalenderjahr vor der Geburt des Kindes, beim angenommenen Kind im Kalenderjahr vor der Aufnahme des Kindes bei der berechtigten Person maßgebend. ²Für die Berechnung des Erziehungsgeldes im zweiten Lebensjahr des Kindes ist das Einkommen im Kalenderjahr der Geburt des Kindes, beim angenommenen Kind im Kalenderjahr seiner Aufnahme bei der berechtigten Person maßgebend.

(3) ¹Zu berücksichtigen ist das Einkommen der berechtigten Person und ihres Ehegatten oder Lebenspartners, soweit sie nicht dauernd getrennt leben. ²Leben die Eltern in einer eheähnlichen Gemeinschaft, ist auch das Einkommen des Partners zu berücksichtigen; dabei reicht die formlose Erklärung über die gemeinsame Elternschaft und das Zusammenleben aus.

(4) Soweit ein ausreichender Nachweis der Einkünfte in dem maßgebenden Kalenderjahr nicht möglich ist, werden der Ermittlung die Einkünfte in dem Kalenderjahr davor zugrunde gelegt.

(5) ¹Bei Einkünften aus nicht selbständiger Arbeit, die allein nach ausländischem Steuerrecht zu versteuern sind oder keiner staatlichen Besteuerung unterliegen, ist von dem um den Arbeitnehmer-Pauschbetrag gemäß § 9a Satz 1 Nr. 1 des Einkommensteuergesetzes verminderten Bruttobetrag auszugehen. ²Andere Einkünfte, die allein nach ausländischem Steuerrecht zu versteuern sind oder keiner staatlichen Besteuerung unterliegen, sind entsprechend § 2 Abs. 1 und 2 des Einkommensteuergesetzes[1]) zu ermitteln. ³Beträge in ausländischer Währung werden in Euro umgerechnet.

(6) ¹Ist die berechtigte Person während des Erziehungsgeldbezugs nicht erwerbstätig, bleiben ihre Einkünfte aus einer vorherigen Erwerbstätigkeit unberücksichtigt. ²Ist sie während des Erziehungsgeldbezugs erwerbstätig, sind ihre voraussichtlichen Erwerbseinkünfte in dieser Zeit maßgebend. ³Sonderzuwendungen bleiben unberücksichtigt. ⁴Entgeltersatzleistungen der berechtigten Person werden nur während des Erziehungsgeldbezugs berücksichtigt. ⁵Für die anderen Einkünfte gelten die übrigen Vorschriften des § 6.

(7) ¹Ist das Einkommen während des ersten oder zweiten Lebensjahres beziehungsweise während des ersten oder zweiten Jahres nach der Aufnahme des Kindes bei der berechtigten Person insgesamt um mindestens 20 Prozent geringer als das Einkommen im entsprechenden Kalenderjahr im Sinne von Absatz 2, wird es auf Antrag neu ermittelt. ²Dabei sind die insoweit verringerten voraussichtlichen Einkünfte während des Erziehungsgeldbezugs zusammen mit den übrigen Einkünften nach § 6 maßgebend.

§ 7 Anrechnung von Mutterschaftsgeld und entsprechenden Bezügen. (1) ¹Für die Zeit nach der Geburt laufend zu zahlendes Mutterschaftsgeld, das der Mutter nach der Reichsversicherungsordnung, dem Gesetz über die Krankenversicherung der Landwirte oder dem Mutterschutzgesetz gezahlt wird, wird mit Ausnahme des Mutterschaftsgeldes nach § 13 Abs. 2 des Mutterschutzgesetzes[2]) auf das Erziehungsgeld angerechnet. ²Das Gleiche gilt für die Dienstbezüge, Anwärterbezüge und Zuschüsse, die nach beamten- oder

---

[1]) Nr. 24.
[2]) Nr. 57.

soldatenrechtlichen Vorschriften für die Zeit der Beschäftigungsverbote gezahlt werden.

(2) ¹Die Anrechnung ist beim Budget auf 13 Euro, sonst auf 10 Euro kalendertäglich begrenzt. ²Nicht anzurechnen ist das Mutterschaftsgeld für ein weiteres Kind vor und nach seiner Geburt auf das Erziehungsgeld für ein vorher geborenes Kind.

§ 8 Andere Sozialleistungen. (1) ¹Das Erziehungsgeld und vergleichbare Leistungen der Länder sowie das Mutterschaftsgeld nach § 7 Abs. 1 Satz 1 und vergleichbare Leistungen nach § 7 Abs. 1 Satz 2, soweit sie auf das Erziehungsgeld angerechnet worden sind, bleiben als Einkommen bei Sozialleistungen und bei Leistungen nach dem Asylbewerberleistungsgesetz, deren Zahlung von anderen Einkommen abhängig ist, unberücksichtigt. ²Bei gleichzeitiger Zahlung von Erziehungsgeld und vergleichbaren Leistungen der Länder sowie von Sozialhilfe ist § 38 des Zwölften Buches Sozialgesetzbuch auf den Berechtigten nicht anwendbar. ³Im Übrigen gilt für die Dauer der Elternzeit, in der dem Berechtigten kein Erziehungsgeld gezahlt wird, der Nachrang der Sozialhilfe und der Nachrang der Leistungen der Grundsicherung für Arbeitsuchende des Zweiten Buches Sozialgesetzbuch.

(2) Auf Rechtsvorschriften beruhende Leistungen anderer, auf die kein Anspruch besteht, dürfen nicht deshalb versagt werden, weil in diesem Gesetz Leistungen vorgesehen sind.

(3) Die dem Erziehungsgeld und dem Mutterschaftsgeld vergleichbaren Leistungen, die im Ausland in Anspruch genommen werden können, sind, soweit sich aus dem vorrangigen Recht der Europäischen Union über Familienleistungen nichts Abweichendes ergibt, anzurechnen und sie schließen insoweit Erziehungsgeld aus.

§ 9 Unterhaltspflichten. ¹Unterhaltsverpflichtungen werden durch die Zahlung des Erziehungsgeldes und anderer vergleichbarer Leistungen der Länder nicht berührt. ²Dies gilt nicht in den Fällen des § 1361 Abs. 3, der §§ 1579, 1603 Abs. 2 und des § 1611 Abs. 1 des Bürgerlichen Gesetzbuchs.

§ 10 Zuständigkeit. ¹Die Landesregierungen oder die von ihnen beauftragten Stellen bestimmen die für die Ausführung dieses Gesetzes zuständigen Behörden. ²Diesen Behörden obliegt auch die Beratung zur Elternzeit.

§ 11 Kostentragung. Der Bund trägt die Ausgaben für das Erziehungsgeld.

§ 12 Einkommens- und Arbeitszeitnachweis; Auskunftspflicht des Arbeitgebers. (1) § 60 Abs. 1 des Ersten Buches Sozialgesetzbuch gilt auch für den Ehegatten oder Lebenspartner des Antragstellers und für den Partner der eheähnlichen Gemeinschaft.

(2) Soweit es zum Nachweis des Einkommens oder der wöchentlichen Arbeitszeit erforderlich ist, hat der Arbeitgeber dem Arbeitnehmer dessen Brutto-Arbeitsentgelt und Sonderzuwendungen sowie die Arbeitszeit zu bescheinigen.

(3) Die Erziehungsgeldstelle kann eine schriftliche Erklärung des Arbeitgebers oder des Selbständigen darüber verlangen, ob und wie lange die Eltern-

zeit beziehungsweise die Unterbrechung der Erwerbstätigkeit andauert oder eine Teilzeittätigkeit nach § 2 ausgeübt wird.

§ 13 Rechtsweg. (1) ¹Über öffentlich-rechtliche Streitigkeiten in Angelegenheiten der §§ 1 bis 12 entscheiden die Gerichte der Sozialgerichtsbarkeit. ²§ 85 Abs. 2 Nr. 2 des Sozialgerichtsgesetzes gilt mit der Maßgabe, dass die zuständige Stelle nach § 10 bestimmt wird.

(2) Widerspruch und Anfechtungsklage haben keine aufschiebende Wirkung.

§ 14 Bußgeldvorschrift. (1) Ordnungswidrig handelt, wer vorsätzlich oder fahrlässig

1. entgegen § 60 Abs. 1 Nr. 1 oder 3 des Ersten Buches Sozialgesetzbuch in Verbindung mit § 12 Abs. 1 auf Verlangen die leistungserheblichen Tatsachen nicht angibt oder Beweisurkunden nicht vorlegt,
2. entgegen § 60 Abs. 1 Nr. 2 des Ersten Buches Sozialgesetzbuch eine Änderung in den Verhältnissen, die für den Anspruch auf Erziehungsgeld erheblich ist, der nach § 10 zuständigen Behörde nicht, nicht richtig, nicht vollständig oder nicht rechtzeitig mitteilt,
3. entgegen § 12 Abs. 2 auf Verlangen eine Bescheinigung nicht, nicht richtig oder nicht vollständig ausfüllt oder
4. einer vollziehbaren Anordnung nach § 12 Abs. 3 zuwiderhandelt.

(2) Die Ordnungswidrigkeit kann mit einer Geldbuße geahndet werden.

(3) Verwaltungsbehörden im Sinne des § 36 Abs. 1 Nr. 1 des Gesetzes über Ordnungswidrigkeiten sind die nach § 10 zuständigen Behörden.

Zweiter Abschnitt.[1] *(aufgehoben)*

§§ 15–21 *(aufgehoben)*

Dritter Abschnitt. Übergangs- und Schlussvorschriften

§ 22 Ergänzendes Verfahren zum Erziehungsgeld. (1) Soweit dieses Gesetz zum Erziehungsgeld keine ausdrückliche Regelung trifft, ist bei der Ausführung des Ersten Abschnitts das Erste Kapitel des Zehnten Buches Sozialgesetzbuch anzuwenden.

---

[1] Zweiter Abschn. (§§ 15 bis 21) aufgeh. mWv 31. 12. 2006 durch G v. 5. 12. 2006 (BGBl. I S. 2748). Gem. § 27 Abs. 3 BEEG ist § 18 Abs. 2 Satz 1 Nr. 2 für die vor dem 1. Januar 2007 geborenen oder mit dem Ziel der Adoption aufgenommenen Kinder in der bis zum 31. Dezember 2006 geltenden Fassung weiter anzuwenden. Sie lautet:
§ 18 Kündigungsschutz. (1) ...
(2) ¹Absatz 1 gilt entsprechend, wenn der Arbeitnehmer
1. ...
2. ohne Elternzeit in Anspruch zu nehmen, bei seinem Arbeitgeber Teilzeitarbeit leistet und Anspruch auf Erziehungsgeld hat oder nur deshalb nicht hat, weil das Einkommen (§ 6) die Einkommensgrenzen (§ 5 Abs. 3) übersteigt.

(2) ¹Steigt die Anzahl der Kinder oder treten die Voraussetzungen nach § 1 Abs. 5, § 5 Abs. 1 Satz 4, § 6 Abs. 1 Nr. 3, Abs. 6 und 7 nach der Entscheidung über das Erziehungsgeld ein, werden sie mit Ausnahme des § 6 Abs. 6 nur auf Antrag berücksichtigt. ²Soweit diese Voraussetzungen danach wieder entfallen, ist das unerheblich. ³Die Regelungen nach § 4 Abs. 3, § 5 Abs. 1 Satz 5 und § 12 Abs. 1 und 3 bleiben unberührt.

(3) Mit Ausnahme von Absatz 2 sind nachträgliche Veränderungen im Familienstand einschließlich der Familiengröße und im Einkommen nicht zu berücksichtigen.

(4) ¹In den Fällen des Absatzes 2 und, mit Ausnahme von Absatz 3, bei sonstigen wesentlichen Veränderungen in den tatsächlichen oder rechtlichen Verhältnissen, die für den Anspruch auf Erziehungsgeld erheblich sind, ist über das Erziehungsgeld mit Beginn des nächsten Lebensmonats nach der wesentlichen Änderung der Verhältnisse durch Aufhebung oder Änderung des Bescheides neu zu entscheiden. ²§ 4 Abs. 2 Satz 3, Abs. 3 bleibt unberührt.

(5) § 331 des Dritten Buches Sozialgesetzbuch gilt entsprechend.

§ 23 Statistik. (1) Zum Erziehungsgeld und zur gleichzeitigen Elternzeit werden nach diesem Gesetz bundesweit statistische Angaben (Statistik) erfasst.

(2) Die Statistik erfasst jährlich für das vorangegangene Kalenderjahr für jede Bewilligung von Erziehungsgeld, jeweils im ersten und zweiten Lebensjahr des Kindes, folgende Erhebungsmerkmale der Empfängerin oder des Empfängers:

1. Geschlecht, Geburtsmonat und Geburtsjahr,
2. Staatsangehörigkeit,
3. Wohnsitz/gewöhnlicher Aufenthalt,
4. Familienstand,
5. Anzahl der Kinder,
6. Dauer des Erziehungsgeldbezugs,
7. Höhe des monatlichen Erziehungsgeldes vor und nach dem sechsten Lebensmonat,
8. Beteiligung am Erwerbsleben während des Erziehungsgeldbezugs,
9. Elternzeit, auch des Ehegatten oder Lebenspartners, Dauer der Elternzeit und gleichzeitige Erwerbstätigkeit.

(3) Hilfsmerkmale sind Geburtsjahr und -monat des Kindes sowie Name und Anschrift der zuständigen Behörden (§ 10).

(4) ¹Die nach § 10 bestimmten zuständigen Behörden erfassen die statistischen Angaben. ²Diese sind jährlich bis zum 30. April des folgenden Jahres dem Bundesministerium für Familie, Senioren, Frauen und Jugend mitzuteilen.

§ 24 Übergangsvorschriften. (1) ¹Für die vor dem 1. Januar 2001 geborenen Kinder oder die vor diesem Zeitpunkt mit dem Ziel der Adoption in Obhut genommenen Kinder sind die Vorschriften dieses Gesetzes in der bis zum 31. Dezember 2000 geltenden Fassung weiter anzuwenden. ²Die in diesem Gesetz genannten Euro-Beträge und Euro-Bezeichnungen sowie der Cent-Betrag gelten erstmalig für Kinder, die ab dem 1. Januar 2002 geboren oder mit dem Ziel der Adoption in Obhut genommen wurden. ³Für die im

58a BErzGG § 24   V. Technischer und sozialer Arbeitsschutz

Jahr 2001 geborenen oder mit dem Ziel der Adoption in Obhut genommenen Kinder gelten die in diesem Gesetz genannten Deutsche Mark-/Pfennig-Beträge und -Bezeichnungen weiter.

(2) Für Geburten vor dem 1. Januar 2004 und die vor diesem Zeitpunkt bei der berechtigten Person aufgenommenen Kinder richtet sich der Anspruch auf Erziehungsgeld für das erste Lebensjahr nach den Vorschriften dieses Gesetzes in der bis zum 31. Dezember 2003 geltenden Fassung; für Geburten vor dem 1. Mai 2003 und die vor diesem Zeitpunkt bei der berechtigten Person aufgenommenen Kinder richtet sich der Anspruch auf Erziehungsgeld für das zweite Lebensjahr nach den Vorschriften dieses Gesetzes in der bis zum 31. Dezember 2003 geltenden Fassung.

(3) [1]§ 1 Abs. 6 in der am 19. Dezember 2006 geltenden Fassung ist in Fällen, in denen eine Entscheidung über den Anspruch auf Erziehungsgeld für einen Bezugszeitraum zwischen dem 27. Juni 1993 und dem 18. Dezember 2006 noch nicht bestandskräftig geworden ist, anzuwenden, wenn dies für die Erziehungsgeld beantragende Person günstiger ist. [2]In diesem Fall werden die Aufenthaltsgenehmigungen nach dem Ausländergesetz den Aufenthaltstiteln nach dem Aufenthaltsgesetz entsprechend den Fortgeltungsregelungen in § 101 des Aufenthaltsgesetzes gleichgestellt.

(4) Für die nach dem 31. Dezember 2006 geborenen oder mit dem Ziel der Adoption aufgenommenen Kinder sind die Vorschriften des Bundeselterngeld- und Elternzeitgesetzes[1)] anzuwenden.

[1)] Nr. 58.

59. Gesetz zum Schutze der arbeitenden Jugend (Jugendarbeitsschutzgesetz – JArbSchG)

Vom 12. April 1976
(BGBl. I S. 965)
FNA 8051-10
zuletzt geänd. durch Art. 230 Neunte ZuständigkeitsanpassungsVO v. 31. 10. 2006
(BGBl. I S. 2407)

– Auszug[1] –

Erster Abschnitt. Allgemeine Vorschriften

§ 1 Geltungsbereich. (1) Dieses Gesetz gilt für die Beschäftigung von Personen, die noch nicht 18 Jahre alt sind,
1. in der Berufsausbildung,
2. als Arbeitnehmer oder Heimarbeiter,
3. mit sonstigen Dienstleistungen, die der Arbeitsleistung von Arbeitnehmern oder Heimarbeitern ähnlich sind,
4. in einem der Berufsausbildung ähnlichen Ausbildungsverhältnis.

(2) Dieses Gesetz gilt nicht
1. für geringfügige Hilfeleistungen, soweit sie gelegentlich
   a) aus Gefälligkeit,
   b) auf Grund familienrechtlicher Vorschriften,
   c) in Einrichtungen der Jugendhilfe,
   d) in Einrichtungen zur Eingliederung Behinderter[2]
   erbracht werden,
2. für die Beschäftigung durch die Personensorgeberechtigten im Familienhaushalt.

§ 2 Kind, Jugendlicher. (1) Kind im Sinne dieses Gesetzes ist, wer noch nicht 15 Jahre alt ist.

(2) Jugendlicher im Sinne dieses Gesetzes ist, wer 15, aber noch nicht 18 Jahre alt ist.

(3) Auf Jugendliche, die der Vollzeitschulpflicht unterliegen, finden die für Kinder geltenden Vorschriften Anwendung.

§ 3 Arbeitgeber. Arbeitgeber im Sinne dieses Gesetzes ist, wer ein Kind oder einen Jugendlichen gemäß § 1 beschäftigt.

---

[1] Vollständig abgedruckt in **Nipperdey I** Arbeitsrecht Nr. **420**.
[2] Richtig wohl: „behinderter Menschen".

§ 4 Arbeitszeit. (1) Tägliche Arbeitszeit ist die Zeit vom Beginn bis zum Ende der täglichen Beschäftigung ohne die Ruhepausen (§ 11).

(2) Schichtzeit ist die tägliche Arbeitszeit unter Hinzurechnung der Ruhepausen (§ 11).

(3) [1]Im Bergbau unter Tage gilt die Schichtzeit als Arbeitszeit. [2]Sie wird gerechnet vom Betreten des Förderkorbes bei der Einfahrt bis zum Verlassen des Förderkorbes bei der Ausfahrt oder vom Eintritt des einzelnen Beschäftigten in das Stollenmundloch bis zu seinem Wiederaustritt.

(4) [1]Für die Berechnung der wöchentlichen Arbeitszeit ist als Woche die Zeit von Montag bis einschließlich Sonntag zugrunde zu legen. [2]Die Arbeitszeit, die an einem Werktag infolge eines gesetzlichen Feiertags ausfällt, wird auf die wöchentliche Arbeitszeit angerechnet.

(5) Wird ein Kind oder ein Jugendlicher von mehreren Arbeitgebern beschäftigt, so werden die Arbeits- und Schichtzeiten sowie die Arbeitstage zusammengerechnet.

Zweiter Abschnitt. Beschäftigung von Kindern

§ 5 Verbot der Beschäftigung von Kindern. (1) Die Beschäftigung von Kindern (§ 2 Abs. 1) ist verboten.

(2) [1]Das Verbot des Absatzes 1 gilt nicht für die Beschäftigung von Kindern
1. zum Zwecke der Beschäftigungs- und Arbeitstherapie,
2. im Rahmen des Betriebspraktikums während der Vollzeitschulpflicht,
3. in Erfüllung einer richterlichen Weisung.

[2]Auf die Beschäftigung finden § 7 Satz 1 Nr. 2 und die §§ 9 bis 46 entsprechende Anwendung.

(3) [1]Das Verbot des Absatzes 1 gilt ferner nicht für die Beschäftigung von Kindern über 13 Jahre mit Einwilligung des Personensorgeberechtigten, soweit die Beschäftigung leicht und für Kinder geeignet ist. [2]Die Beschäftigung ist leicht, wenn sie auf Grund ihrer Beschaffenheit und der besonderen Bedingungen, unter denen sie ausgeführt wird,
1. die Sicherheit, Gesundheit und Entwicklung der Kinder,
2. ihren Schulbesuch, ihre Beteiligung an Maßnahmen zur Berufswahlvorbereitung oder Berufsausbildung, die von der zuständigen Stelle anerkannt sind, und
3. ihre Fähigkeit, dem Unterricht mit Nutzen zu folgen,

nicht nachteilig beeinflußt. [3]Die Kinder dürfen nicht mehr als zwei Stunden täglich, in landwirtschaftlichen Familienbetrieben nicht mehr als drei Stunden täglich, nicht zwischen 18 und 8 Uhr, nicht vor dem Schulunterricht und nicht während des Schulunterrichts beschäftigt werden. [4]Auf die Beschäftigung finden die §§ 15 bis 31 entsprechende Anwendung.

(4) [1]Das Verbot des Absatzes 1 gilt ferner nicht für die Beschäftigung von Jugendlichen (§ 2 Abs. 3) während der Schulferien für höchstens vier Wochen im Kalenderjahr. [2]Auf die Beschäftigung finden die §§ 8 bis 31 entsprechende Anwendung.

(4 a) Die Bundesregierung[1]) hat durch Rechtsverordnung mit Zustimmung des Bundesrates die Beschäftigung nach Absatz 3 näher zu bestimmen.

(4 b) Der Arbeitgeber unterrichtet die Personensorgeberechtigten der von ihm beschäftigten Kinder über mögliche Gefahren sowie über alle zu ihrer Sicherheit und ihrem Gesundheitsschutz getroffenen Maßnahmen.

(5) Für Veranstaltungen kann die Aufsichtsbehörde Ausnahmen gemäß § 6 bewilligen.

§ 6 Behördliche Ausnahmen für Veranstaltungen. (1) ¹Die Aufsichtsbehörde kann auf Antrag bewilligen, daß
1. bei Theatervorstellungen Kinder über sechs Jahre bis zu vier Stunden täglich in der Zeit von 10 bis 23 Uhr,
2. bei Musikaufführungen und anderen Aufführungen, bei Werbeveranstaltungen sowie bei Aufnahmen im Rundfunk (Hörfunk und Fernsehen), auf Ton- und Bildträger sowie bei Film- und Fotoaufnahmen
   a) Kinder über drei bis sechs Jahre bis zu zwei Stunden täglich in der Zeit von 8 bis 17 Uhr,
   b) Kinder über sechs Jahre bis zu drei Stunden täglich in der Zeit von 8 bis 22 Uhr

gestaltend mitwirken und an den erforderlichen Proben teilnehmen. ²Eine Ausnahme darf nicht bewilligt werden für die Mitwirkung in Kabaretts, Tanzlokalen und ähnlichen Betrieben sowie auf Vergnügungsparks, Kirmessen, Jahrmärkten und bei ähnlichen Veranstaltungen, Schaustellungen oder Darbietungen.

(2) Die Aufsichtsbehörde darf nach Anhörung des zuständigen Jugendamtes die Beschäftigung nur bewilligen, wenn
1. die Personensorgeberechtigten in die Beschäftigung schriftlich eingewilligt haben,
2. der Aufsichtsbehörde eine nicht länger als vor drei Monaten ausgestellte ärztliche Bescheinigung vorgelegt wird, nach der gesundheitliche Bedenken gegen die Beschäftigung nicht bestehen,
3. die erforderlichen Vorkehrungen und Maßnahmen zum Schutze des Kindes gegen Gefahren für Leben und Gesundheit sowie zur Vermeidung einer Beeinträchtigung der körperlichen oder seelisch-geistigen Entwicklung getroffen sind,
4. Betreuung und Beaufsichtigung des Kindes bei der Beschäftigung sichergestellt sind,
5. nach Beendigung der Beschäftigung eine ununterbrochene Freizeit von mindestens 14 Stunden eingehalten wird,
6. das Fortkommen in der Schule nicht beeinträchtigt wird.

(3) Die Aufsichtsbehörde bestimmt,
1. wie lange, zu welcher Zeit und an welchem Tage das Kind beschäftigt werden darf,
2. Dauer und Lage der Ruhepausen,
3. die Höchstdauer des täglichen Aufenthalts an der Beschäftigungsstätte.

---

[1]) Siehe die KindArbSchV (Nr. 59 a).

(4) ¹Die Entscheidung der Aufsichtsbehörde ist dem Arbeitgeber schriftlich bekanntzugeben. ²Er darf das Kind erst nach Empfang des Bewilligungsbescheides beschäftigen.

§ 7 Beschäftigung von nicht vollzeitschulpflichtigen Kindern. ¹Kinder, die der Vollzeitschulpflicht nicht mehr unterliegen, dürfen
1. im Berufsausbildungsverhältnis,
2. außerhalb eines Berufsausbildungsverhältnisses nur mit leichten und für sie geeigneten Tätigkeiten bis zu sieben Stunden täglich und 35 Stunden wöchentlich

beschäftigt werden. ²Auf die Beschäftigung finden die §§ 8 bis 46 entsprechende Anwendung.

Dritter Abschnitt. Beschäftigung Jugendlicher

Erster Titel. Arbeitszeit und Freizeit

§ 8 Dauer der Arbeitszeit. (1) Jugendliche dürfen nicht mehr als acht Stunden täglich und nicht mehr als 40 Stunden wöchentlich beschäftigt werden.

(2) ¹Wenn in Verbindung mit Feiertagen an Werktagen nicht gearbeitet wird, damit die Beschäftigten eine längere zusammenhängende Freizeit haben, so darf die ausfallende Arbeitszeit auf die Werktage von fünf zusammenhängenden, die Ausfalltage einschließenden Wochen nur dergestalt verteilt werden, daß die Wochenarbeitszeit im Durchschnitt dieser fünf Wochen 40 Stunden nicht überschreitet. ²Die tägliche Arbeitszeit darf hierbei achteinhalb Stunden nicht überschreiten.

(2 a) Wenn an einzelnen Werktagen die Arbeitszeit auf weniger als acht Stunden verkürzt ist, können Jugendliche an den übrigen Werktagen derselben Woche achteinhalb Stunden beschäftigt werden.

(3) In der Landwirtschaft dürfen Jugendliche über 16 Jahre während der Erntezeit nicht mehr als neun Stunden täglich und nicht mehr als 85 Stunden in der Doppelwoche beschäftigt werden.

§ 9 Berufsschule. (1) ¹Der Arbeitgeber hat den Jugendlichen für die Teilnahme am Berufsschulunterricht freizustellen. ²Er darf den Jugendlichen nicht beschäftigen
1. vor einem vor 9 Uhr beginnenden Unterricht; dies gilt auch für Personen, die über 18 Jahre alt und noch berufsschulpflichtig sind,
2. an einem Berufsschultag mit mehr als fünf Unterrichtsstunden von mindestens je 45 Minuten, einmal in der Woche,
3. in Berufsschulwochen mit einem planmäßigen Blockunterricht von mindestens 25 Stunden an mindestens fünf Tagen; zusätzliche betriebliche Ausbildungsveranstaltungen bis zu zwei Stunden wöchentlich sind zulässig.

(2) Auf die Arbeitszeit werden angerechnet
1. Berufsschultage nach Absatz 1 Nr. 2 mit acht Stunden,
2. Berufsschulwochen nach Absatz 1 Nr. 3 mit 40 Stunden,
3. im übrigen die Unterrichtszeit einschließlich der Pausen.

(3) Ein Entgeltausfall darf durch den Besuch der Berufsschule nicht eintreten.

§ 10 Prüfungen und außerbetriebliche Ausbildungsmaßnahmen.
(1) Der Arbeitgeber hat den Jugendlichen
1. für die Teilnahme an Prüfungen und Ausbildungsmaßnahmen, die auf Grund öffentlich-rechtlicher oder vertraglicher Bestimmungen außerhalb der Ausbildungsstätte durchzuführen sind,
2. an dem Arbeitstag, der der schriftlichen Abschlußprüfung unmittelbar vorangeht,

freizustellen.

(2) ^{1}Auf die Arbeitszeit werden angerechnet
1. die Freistellung nach Absatz 1 Nr. 1 mit der Zeit der Teilnahme einschließlich der Pausen,
2. die Freistellung nach Absatz 1 Nr. 2 mit acht Stunden.

^{2}Ein Entgeltausfall darf nicht eintreten.

§ 11 Ruhepausen, Aufenthaltsräume. (1) ^{1}Jugendlichen müssen im voraus feststehende Ruhepausen von angemessener Dauer gewährt werden. ^{2}Die Ruhepausen müssen mindestens betragen
1. 30 Minuten bei einer Arbeitszeit von mehr als viereinhalb bis zu sechs Stunden,
2. 60 Minuten bei einer Arbeitszeit von mehr als sechs Stunden.

^{3}Als Ruhepause gilt nur eine Arbeitsunterbrechung von mindestens 15 Minuten.

(2) ^{1}Die Ruhepausen müssen in angemessener zeitlicher Lage gewährt werden, frühestens eine Stunde nach Beginn und spätestens eine Stunde vor Ende der Arbeitszeit. ^{2}Länger als viereinhalb Stunden hintereinander dürfen Jugendliche nicht ohne Ruhepause beschäftigt werden.

(3) Der Aufenthalt während der Ruhepausen in Arbeitsräumen darf den Jugendlichen nur gestattet werden, wenn die Arbeit in diesen Räumen während dieser Zeit eingestellt ist und auch sonst die notwendige Erholung nicht beeinträchtigt wird.

(4) Absatz 3 gilt nicht für den Bergbau unter Tage.

§ 12 Schichtzeit. Bei der Beschäftigung Jugendlicher darf die Schichtzeit (§ 4 Abs. 2) 10 Stunden, im Bergbau unter Tage 8 Stunden, im Gaststättengewerbe, in der Landwirtschaft, in der Tierhaltung, auf Bau- und Montagestellen 11 Stunden nicht überschreiten.

§ 13 Tägliche Freizeit. Nach Beendigung der täglichen Arbeitszeit dürfen Jugendliche nicht vor Ablauf einer ununterbrochenen Freizeit von mindestens 12 Stunden beschäftigt werden.

§ 14 Nachtruhe. (1) Jugendliche dürfen nur in der Zeit von 6 bis 20 Uhr beschäftigt werden.

(2) Jugendliche über 16 Jahre dürfen
1. im Gaststätten- und Schaustellergewerbe bis 22 Uhr,
2. in mehrschichtigen Betrieben bis 23 Uhr,
3. in der Landwirtschaft ab 5 Uhr oder bis 21 Uhr,
4. in Bäckereien und Konditoreien ab 5 Uhr

beschäftigt werden.

(3) Jugendliche über 17 Jahre dürfen in Bäckereien ab 4 Uhr beschäftigt werden.

(4) An dem einem Berufsschultag unmittelbar vorangehenden Tag dürfen Jugendliche auch nach Absatz 2 Nr. 1 bis 3 nicht nach 20 Uhr beschäftigt werden, wenn der Berufsschulunterricht am Berufsschultag vor 9 Uhr beginnt.

(5) [1]Nach vorheriger Anzeige an die Aufsichtsbehörde dürfen in Betrieben, in denen die übliche Arbeitszeit aus verkehrstechnischen Gründen nach 20 Uhr endet, Jugendliche bis 21 Uhr beschäftigt werden, soweit sie hierdurch unnötige Wartezeiten vermeiden können. [2]Nach vorheriger Anzeige an die Aufsichtsbehörde dürfen ferner in mehrschichtigen Betrieben Jugendliche über 16 Jahre ab 5.30 Uhr oder bis 23.30 Uhr beschäftigt werden, soweit sie hierdurch unnötige Wartezeiten vermeiden können.

(6) [1]Jugendliche dürfen in Betrieben, in denen die Beschäftigten in außergewöhnlichem Grade der Einwirkung von Hitze ausgesetzt sind, in der warmen Jahreszeit ab 5 Uhr beschäftigt werden. [2]Die Jugendlichen sind berechtigt, sich vor Beginn der Beschäftigung und danach in regelmäßigen Zeitabständen arbeitsmedizinisch untersuchen zu lassen. [3]Die Kosten der Untersuchungen hat der Arbeitgeber zu tragen, sofern er diese nicht kostenlos durch einen Betriebsarzt oder einen überbetrieblichen Dienst von Betriebsärzten anbietet.

(7) [1]Jugendliche dürfen bei Musikaufführungen, Theatervorstellungen und anderen Aufführungen, bei Aufnahmen im Rundfunk (Hörfunk und Fernsehen), auf Ton- und Bildträger sowie bei Film- und Fotoaufnahmen bis 23 Uhr gestaltend mitwirken. [2]Eine Mitwirkung ist nicht zulässig bei Veranstaltungen, Schaustellungen oder Darbietungen, bei denen die Anwesenheit Jugendlicher nach den Vorschriften des Jugendschutzgesetzes verboten ist. [3]Nach Beendigung der Tätigkeit dürfen Jugendliche nicht vor Ablauf einer ununterbrochenen Freizeit von mindestens 14 Stunden beschäftigt werden.

§ 15 Fünf-Tage-Woche. [1]Jugendliche dürfen nur an fünf Tagen in der Woche beschäftigt werden. [2]Die beiden wöchentlichen Ruhetage sollen nach Möglichkeit aufeinander folgen.

§ 16 Samstagsruhe. (1) An Samstagen dürfen Jugendliche nicht beschäftigt werden.

(2) [1]Zulässig ist die Beschäftigung Jugendlicher an Samstagen nur
1. in Krankenanstalten sowie in Alten-, Pflege- und Kinderheimen,
2. in offenen Verkaufsstellen, in Betrieben mit offenen Verkaufsstellen, in Bäckereien und Konditoreien, im Friseurhandwerk und im Marktverkehr,
3. im Verkehrswesen,
4. in der Landwirtschaft und Tierhaltung,
5. im Familienhaushalt,
6. im Gaststätten- und Schaustellergewerbe,
7. bei Musikaufführungen, Theatervorstellungen und anderen Aufführungen, bei Aufnahmen im Rundfunk (Hörfunk und Fernsehen), auf Ton- und Bildträger sowie bei Film- und Fotoaufnahmen,
8. bei außerbetrieblichen Ausbildungsmaßnahmen,

9. beim Sport,
10. im ärztlichen Notdienst,
11. in Reparaturwerkstätten für Kraftfahrzeuge.
²Mindestens zwei Samstage im Monat sollen beschäftigungsfrei bleiben.

(3) ¹Werden Jugendliche am Samstag beschäftigt, ist ihnen die Fünf-Tage-Woche (§ 15) durch Freistellung an einem anderen berufsschulfreien Arbeitstag derselben Woche sicherzustellen. ²In Betrieben mit einem Betriebsruhetag in der Woche kann die Freistellung auch an diesem Tage erfolgen, wenn die Jugendlichen an diesem Tage keinen Berufsschulunterricht haben.

(4) Können Jugendliche in den Fällen des Absatzes 2 Nr. 2 am Samstag nicht acht Stunden beschäftigt werden, kann der Unterschied zwischen der tatsächlichen und der nach § 8 Abs. 1 höchstzulässigen Arbeitszeit an dem Tage bis 13 Uhr ausgeglichen werden, an dem die Jugendlichen nach Absatz 3 Satz 1 freizustellen sind.

§ 17 Sonntagsruhe. (1) An Sonntagen dürfen Jugendliche nicht beschäftigt werden.

(2) ¹Zulässig ist die Beschäftigung Jugendlicher an Sonntagen nur
1. in Krankenanstalten sowie in Alten-, Pflege- und Kinderheimen,
2. in der Landwirtschaft und Tierhaltung mit Arbeiten, die auch an Sonn- und Feiertagen naturnotwendig vorgenommen werden müssen,
3. im Familienhaushalt, wenn der Jugendliche in die häusliche Gemeinschaft aufgenommen ist,
4. im Schaustellergewerbe,
5. bei Musikaufführungen, Theatervorstellungen und anderen Aufführungen sowie bei Direktsendungen im Rundfunk (Hörfunk und Fernsehen),
6. beim Sport,
7. im ärztlichen Notdienst,
8. im Gaststättengewerbe.
²Jeder zweite Sonntag soll, mindestens zwei Sonntage im Monat müssen beschäftigungsfrei bleiben.

(3) ¹Werden Jugendliche am Sonntag beschäftigt, ist ihnen die Fünf-Tage-Woche (§ 15) durch Freistellung an einem anderen berufsschulfreien Arbeitstag derselben Woche sicherzustellen. ²In Betrieben mit einem Betriebsruhetag in der Woche kann die Freistellung auch an diesem Tage erfolgen, wenn die Jugendlichen an diesem Tage keinen Berufsschulunterricht haben.

§ 18 Feiertagsruhe. (1) Am 24. und 31. Dezember nach 14 Uhr und an gesetzlichen Feiertagen dürfen Jugendliche nicht beschäftigt werden.

(2) Zulässig ist die Beschäftigung Jugendlicher an gesetzlichen Feiertagen in den Fällen des § 17 Abs. 2, ausgenommen am 25. Dezember, am 1. Januar, am ersten Osterfeiertag und am 1. Mai.

(3) ¹Für die Beschäftigung an einem gesetzlichen Feiertag, der auf einen Werktag fällt, ist der Jugendliche an einem anderen berufsschulfreien Arbeitstag derselben oder der folgenden Woche freizustellen. ²In Betrieben mit einem Betriebsruhetag in der Woche kann die Freistellung auch an diesem Tage erfolgen, wenn die Jugendlichen an diesem Tage keinen Berufsschulunterricht haben.

§ 19 Urlaub. (1) Der Arbeitgeber hat Jugendlichen für jedes Kalenderjahr einen bezahlten Erholungsurlaub zu gewähren.

(2) ¹Der Urlaub beträgt jährlich
1. mindestens 30 Werktage, wenn der Jugendliche zu Beginn des Kalenderjahres noch nicht 16 Jahre alt ist,
2. mindestens 27 Werktage, wenn der Jugendliche zu Beginn des Kalenderjahres noch nicht 17 Jahre alt ist,
3. mindestens 25 Werktage, wenn der Jugendliche zu Beginn des Kalenderjahres noch nicht 18 Jahre alt ist.

²Jugendliche, die im Bergbau unter Tage beschäftigt werden, erhalten in jeder Altersgruppe einen zusätzlichen Urlaub von drei Werktagen.

(3) ¹Der Urlaub soll Berufsschülern in der Zeit der Berufsschulferien gegeben werden. ²Soweit er nicht in den Berufsschulferien gegeben wird, ist für jeden Berufsschultag, an dem die Berufsschule während des Urlaubs besucht wird, ein weiterer Urlaubstag zu gewähren.

(4) ¹Im übrigen gelten für den Urlaub der Jugendlichen § 3 Abs. 2, §§ 4 bis 12 und § 13 Abs. 3 des Bundesurlaubsgesetzes[1]). ²Der Auftraggeber oder Zwischenmeister hat jedoch abweichend von § 12 Nr. 1 des Bundesurlaubsgesetzes[1]) den jugendlichen Heimarbeitern für jedes Kalenderjahr einen bezahlten Erholungsurlaub entsprechend Absatz 2 zu gewähren; das Urlaubsentgelt der jugendlichen Heimarbeiter beträgt bei einem Urlaub von 30 Werktagen 11,6 vom Hundert, bei einem Urlaub von 27 Werktagen 10,3 vom Hundert und bei einem Urlaub von 25 Werktagen 9,5 vom Hundert.

§ 20 Binnenschiffahrt. In der Binnenschiffahrt gelten folgende Abweichungen:
1. Abweichend von § 12 darf die Schichtzeit Jugendlicher über 16 Jahre während der Fahrt bis auf 14 Stunden täglich ausgedehnt werden, wenn ihre Arbeitszeit sechs Stunden täglich nicht überschreitet. Ihre tägliche Freizeit kann abweichend von § 13 der Ausdehnung der Schichtzeit entsprechend bis auf 10 Stunden verkürzt werden.
2. Abweichend von § 14 Abs. 1 dürfen Jugendliche über 16 Jahre während der Fahrt bis 22 Uhr beschäftigt werden.
3. Abweichend von §§ 15, 16 Abs. 1, § 17 Abs. 1 und § 18 Abs. 1 dürfen Jugendliche an jedem Tag der Woche beschäftigt werden, jedoch nicht am 24. Dezember, an den Weihnachtsfeiertagen, am 31. Dezember, am 1. Januar, an den Osterfeiertagen und am 1. Mai. Für die Beschäftigung an einem Samstag, Sonntag und an einem gesetzlichen Feiertag, der auf einen Werktag fällt, ist ihnen je ein freier Tag zu gewähren. Diese freien Tage sind den Jugendlichen in Verbindung mit anderen freien Tagen zu gewähren, spätestens, wenn ihnen 10 freie Tage zustehen.

§ 21 Ausnahmen in besonderen Fällen. (1) Die §§ 8 und 11 bis 18 finden keine Anwendung auf die Beschäftigung Jugendlicher mit vorübergehenden und unaufschiebbaren Arbeiten in Notfällen, soweit erwachsene Beschäftigte nicht zur Verfügung stehen.

---

[1]) Nr. **19**.

(2) Wird in den Fällen des Absatzes 1 über die Arbeitszeit des § 8 hinaus Mehrarbeit geleistet, so ist sie durch entsprechende Verkürzung der Arbeitszeit innerhalb der folgenden drei Wochen auszugleichen.

§ 21 a Abweichende Regelungen. (1) In einem Tarifvertrag oder auf Grund eines Tarifvertrages in einer Betriebsvereinbarung kann zugelassen werden

1. abweichend von den §§ 8, 15, 16 Abs. 3 und 4, § 17 Abs. 3 und § 18 Abs. 3 die Arbeitszeit bis zu neun Stunden täglich, 44 Stunden wöchentlich und bis zu fünfeinhalb Tagen in der Woche anders zu verteilen, jedoch nur unter Einhaltung einer durchschnittlichen Wochenarbeitszeit von 40 Stunden in einem Ausgleichszeitraum von zwei Monaten,
2. abweichend von § 11 Abs. 1 Satz 2 Nr. 2 und Abs. 2 die Ruhepausen bis zu 15 Minuten zu kürzen und die Lage der Pausen anders zu bestimmen,
3. abweichend von § 12 die Schichtzeit mit Ausnahme des Bergbaus unter Tage bis zu einer Stunde täglich zu verlängern,
4. abweichend von § 16 Abs. 1 und 2 Jugendliche an 26 Samstagen im Jahr oder an jedem Samstag zu beschäftigen, wenn statt dessen der Jugendliche an einem anderen Werktag derselben Woche von der Beschäftigung freigestellt wird,
5. abweichend von den §§ 15, 16 Abs. 3 und 4, § 17 Abs. 3 und § 18 Abs. 3 Jugendliche bei einer Beschäftigung an einem Samstag oder an einem Sonn- oder Feiertag unter vier Stunden an einem anderen Arbeitstag derselben oder der folgenden Woche vor- oder nachmittags von der Beschäftigung freizustellen,
6. abweichend von § 17 Abs. 2 Satz 2 Jugendliche im Gaststätten- und Schaustellergewerbe sowie in der Landwirtschaft während der Saison oder der Erntezeit an drei Sonntagen im Monat zu beschäftigen.

(2) Im Geltungsbereich eines Tarifvertrages nach Absatz 1 kann die abweichende tarifvertragliche Regelung im Betrieb eines nicht tarifgebundenen Arbeitgebers durch Betriebsvereinbarung oder, wenn ein Betriebsrat nicht besteht, durch schriftliche Vereinbarung zwischen dem Arbeitgeber und dem Jugendlichen übernommen werden.

(3) Die Kirchen und die öffentlich-rechtlichen Religionsgesellschaften können die in Absatz 1 genannten Abweichungen in ihren Regelungen vorsehen.

§ 21 b Ermächtigung. Das Bundesministerium für Arbeit und Soziales kann im Interesse der Berufsausbildung oder der Zusammenarbeit von Jugendlichen und Erwachsenen durch Rechtsverordnung mit Zustimmung des Bundesrates Ausnahmen von den Vorschriften

1. des § 8, der §§ 11 und 12, der §§ 15 und 16, des § 17 Abs. 2 und 3 sowie des § 18 Abs. 3 im Rahmen des § 21 a Abs. 1,
2. des § 14, jedoch nicht vor 5 Uhr und nicht nach 23 Uhr, sowie
3. des § 17 Abs. 1 und des § 18 Abs. 1 an höchstens 26 Sonn- und Feiertagen im Jahr

zulassen, soweit eine Beeinträchtigung der Gesundheit oder der körperlichen oder seelisch-geistigen Entwicklung der Jugendlichen nicht zu befürchten ist.

Zweiter Titel. Beschäftigungsverbote und -beschränkungen

§ 22 Gefährliche Arbeiten. (1) Jugendliche dürfen nicht beschäftigt werden
1. mit Arbeiten, die ihre physische oder psychische Leistungsfähigkeit übersteigen,
2. mit Arbeiten, bei denen sie sittlichen Gefahren ausgesetzt sind,
3. mit Arbeiten, die mit Unfallgefahren verbunden sind, von denen anzunehmen ist, daß Jugendliche sie wegen mangelnden Sicherheitsbewußtseins oder mangelnder Erfahrung nicht erkennen oder nicht abwenden können,
4. mit Arbeiten, bei denen ihre Gesundheit durch außergewöhnliche Hitze oder Kälte oder starke Nässe gefährdet wird,
5. mit Arbeiten, bei denen sie schädlichen Einwirkungen von Lärm, Erschütterungen oder Strahlen ausgesetzt sind,
6. mit Arbeiten, bei denen sie schädlichen Einwirkungen von Gefahrstoffen im Sinne des Chemikaliengesetzes ausgesetzt sind,
7. mit Arbeiten, bei denen sie schädlichen Einwirkungen von biologischen Arbeitsstoffen im Sinne der Richtlinie 90/679/EWG des Rates vom 26. November 1990 zum Schutze der Arbeitnehmer gegen Gefährdung durch biologische Arbeitsstoffe bei der Arbeit ausgesetzt sind.

(2) [1]Absatz 1 Nr. 3 bis 7 gilt nicht für die Beschäftigung Jugendlicher, soweit
1. dies zur Erreichung ihres Ausbildungszieles erforderlich ist,
2. ihr Schutz durch die Aufsicht eines Fachkundigen gewährleistet ist und
3. der Luftgrenzwert bei gefährlichen Stoffen (Absatz 1 Nr. 6) unterschritten wird.

[2]Satz 1 findet keine Anwendung auf den absichtlichen Umgang mit biologischen Arbeitsstoffen der Gruppen 3 und 4 im Sinne der Richtlinie 90/679/EWG des Rates vom 26. November 1990 zum Schutze der Arbeitnehmer gegen Gefährdung durch biologische Arbeitsstoffe bei der Arbeit.

(3) Werden Jugendliche in einem Betrieb beschäftigt, für den ein Betriebsarzt oder eine Fachkraft für Arbeitssicherheit verpflichtet ist, muß ihre betriebsärztliche oder sicherheitstechnische Betreuung sichergestellt sein.

§ 23 Akkordarbeit; tempoabhängige Arbeiten. (1) Jugendliche dürfen nicht beschäftigt werden
1. mit Akkordarbeit und sonstigen Arbeiten, bei denen durch ein gesteigertes Arbeitstempo ein höheres Entgelt erzielt werden kann,
2. in einer Arbeitsgruppe mit erwachsenen Arbeitnehmern, die mit Arbeiten nach Nummer 1 beschäftigt werden,
3. mit Arbeiten, bei denen ihr Arbeitstempo nicht nur gelegentlich vorgeschrieben, vorgegeben oder auf andere Weise erzwungen wird.

(2) Absatz 1 Nr. 2 gilt nicht für die Beschäftigung Jugendlicher,
1. soweit dies zur Erreichung ihres Ausbildungszieles erforderlich ist oder
2. wenn sie eine Berufsausbildung für diese Beschäftigung abgeschlossen haben und ihr Schutz durch die Aufsicht eines Fachkundigen gewährleistet ist.

§ 24 Arbeiten unter Tage. (1) Jugendliche dürfen nicht mit Arbeiten unter Tage beschäftigt werden.

(2) Absatz 1 gilt nicht für die Beschäftigung Jugendlicher über 16 Jahre,
1. soweit dies zur Erreichung ihres Ausbildungszieles erforderlich ist,
2. wenn sie eine Berufsausbildung für die Beschäftigung unter Tage abgeschlossen haben oder
3. wenn sie an einer von der Bergbehörde genehmigten Ausbildungsmaßnahme für Bergjungarbeiter teilnehmen oder teilgenommen haben

und ihr Schutz durch die Aufsicht eines Fachkundigen gewährleistet ist.

§ 25 Verbot der Beschäftigung durch bestimmte Personen. (1) [1]Personen, die
1. wegen eines Verbrechens zu einer Freiheitsstrafe von mindestens zwei Jahren,
2. wegen einer vorsätzlichen Straftat, die sie unter Verletzung der ihnen als Arbeitgeber, Ausbildender oder Ausbilder obliegenden Pflichten zum Nachteil von Kindern oder Jugendlichen begangen haben, zu einer Freiheitsstrafe von mehr als drei Monaten,
3. wegen einer Straftat nach den §§ 109h, 171, 174 bis 174c, 176 bis 181a, 182 bis 184e, 225, 232 bis 233a des Strafgesetzbuches,
4. wegen einer Straftat nach dem Betäubungsmittelgesetz oder
5. wegen einer Straftat nach dem Jugendschutzgesetz oder nach dem Gesetz über die Verbreitung jugendgefährdender Schriften wenigstens zweimal

rechtskräftig verurteilt worden sind, dürfen Jugendliche nicht beschäftigen sowie im Rahmen eines Rechtsverhältnisses im Sinne des § 1 nicht beaufsichtigen, nicht anweisen, nicht ausbilden und nicht mit der Beaufsichtigung, Anweisung oder Ausbildung von Jugendlichen beauftragt werden. [2]Eine Verurteilung bleibt außer Betracht, wenn seit dem Tage ihrer Rechtskraft fünf Jahre verstrichen sind. [3]Die Zeit, in welcher der Täter auf behördliche Anordnung in einer Anstalt verwahrt worden ist, wird nicht eingerechnet.

(2) [1]Das Verbot des Absatzes 1 Satz 1 gilt auch für Personen, gegen die wegen einer Ordnungswidrigkeit nach § 58 Abs. 1 bis 4 wenigstens dreimal eine Geldbuße rechtskräftig festgesetzt worden ist. [2]Eine Geldbuße bleibt außer Betracht, wenn seit dem Tage ihrer rechtskräftigen Festsetzung fünf Jahre verstrichen sind.

(3) Das Verbot des Absatzes 1 und 2 gilt nicht für die Beschäftigung durch die Personensorgeberechtigten.

§ 26 Ermächtigungen. Das Bundesministerium für Arbeit und Soziales kann zum Schutze der Jugendlichen gegen Gefahren für Leben und Gesundheit sowie zur Vermeidung einer Beeinträchtigung der körperlichen oder seelisch-geistigen Entwicklung durch Rechtsverordnung mit Zustimmung des Bundesrates
1. die für Kinder, die der Vollzeitschulpflicht nicht mehr unterliegen, geeigneten und leichten Tätigkeiten nach § 7 Satz 1 Nr. 2 und die Arbeiten nach § 22 Abs. 1 und den §§ 23 und 24 näher bestimmen,
2. über die Beschäftigungsverbote in den §§ 22 bis 25 hinaus die Beschäftigung Jugendlicher in bestimmten Betriebsarten oder mit bestimmten Arbeiten verbieten oder beschränken, wenn sie bei diesen Arbeiten infolge ihres

Entwicklungsstandes in besonderem Maße Gefahren ausgesetzt sind oder wenn das Verbot oder die Beschränkung der Beschäftigung infolge der technischen Entwicklung oder neuer arbeitsmedizinischer oder sicherheitstechnischer Erkenntnisse notwendig ist.

§ 27 Behördliche Anordnungen und Ausnahmen. (1) ¹Die Aufsichtsbehörde kann in Einzelfällen feststellen, ob eine Arbeit unter die Beschäftigungsverbote oder -beschränkungen der §§ 22 bis 24 oder einer Rechtsverordnung nach § 26 fällt. ²Sie kann in Einzelfällen die Beschäftigung Jugendlicher mit bestimmten Arbeiten über die Beschäftigungsverbote und -beschränkungen der §§ 22 bis 24 und einer Rechtsverordnung nach § 26 hinaus verbieten oder beschränken, wenn diese Arbeiten mit Gefahren für Leben, Gesundheit oder für die körperliche oder seelisch-geistige Entwicklung der Jugendlichen verbunden sind.

(2) Die zuständige Behörde kann

1. den Personen, die die Pflichten, die ihnen kraft Gesetzes zugunsten der von ihnen beschäftigten, beaufsichtigten, angewiesenen oder auszubildenden Kinder und Jugendlichen obliegen, wiederholt oder gröblich verletzt haben,
2. den Personen, gegen die Tatsachen vorliegen, die sie in sittlicher Beziehung zur Beschäftigung, Beaufsichtigung, Anweisung oder Ausbildung von Kindern und Jugendlichen ungeeignet erscheinen lassen,

verbieten, Kinder und Jugendliche zu beschäftigen oder im Rahmen eines Rechtsverhältnisses im Sinne des § 1 zu beaufsichtigen, anzuweisen oder auszubilden.

(3) Die Aufsichtsbehörde kann auf Antrag Ausnahmen von § 23 Abs. 1 Nr. 2 und 3 für Jugendliche über 16 Jahre bewilligen,

1. wenn die Art der Arbeit oder das Arbeitstempo eine Beeinträchtigung der Gesundheit oder der körperlichen oder seelisch-geistigen Entwicklung des Jugendlichen nicht befürchten lassen und
2. wenn eine nicht länger als vor drei Monaten ausgestellte ärztliche Bescheinigung vorgelegt wird, nach der gesundheitliche Bedenken gegen die Beschäftigung nicht bestehen.

Dritter Titel. Sonstige Pflichten des Arbeitgebers

§ 28 Menschengerechte Gestaltung der Arbeit. (1) ¹Der Arbeitgeber hat bei der Einrichtung und der Unterhaltung der Arbeitsstätte einschließlich der Maschinen, Werkzeuge und Geräte und bei der Regelung der Beschäftigung die Vorkehrungen und Maßnahmen zu treffen, die zum Schutze der Jugendlichen gegen Gefahren für Leben und Gesundheit sowie zur Vermeidung einer Beeinträchtigung der körperlichen oder seelisch-geistige Entwicklung der Jugendlichen erforderlich sind. ²Hierbei sind das mangelnde Sicherheitsbewußtsein, die mangelnde Erfahrung und der Entwicklungsstand der Jugendlichen zu berücksichtigen und die allgemein anerkannten sicherheitstechnischen und arbeitsmedizinischen Regeln sowie die sonstigen gesicherten arbeitswissenschaftlichen Erkenntnisse zu beachten.

(2) Das Bundesministerium für Arbeit und Soziales kann durch Rechtsverordnung mit Zustimmung des Bundesrates bestimmen, welche Vorkehrungen

und Maßnahmen der Arbeitgeber zur Erfüllung der sich aus Absatz 1 ergebenden Pflichten zu treffen hat.

(3) Die Aufsichtsbehörde kann in Einzelfällen anordnen, welche Vorkehrungen und Maßnahmen zur Durchführung des Absatzes 1 oder einer vom Bundesministerium für Arbeit und Soziales gemäß Absatz 2 erlassenen Verordnung zu treffen sind.

§ 28a Beurteilung der Arbeitsbedingungen. ¹Vor Beginn der Beschäftigung Jugendlicher und bei wesentlicher Änderung der Arbeitsbedingungen hat der Arbeitgeber die mit der Beschäftigung verbundenen Gefährdungen Jugendlicher zu beurteilen. ²Im übrigen gelten die Vorschriften des Arbeitsschutzgesetzes[1]).

§ 29 Unterweisung über Gefahren. (1) ¹Der Arbeitgeber hat die Jugendlichen vor Beginn der Beschäftigung und bei wesentlicher Änderung der Arbeitsbedingungen über die Unfall- und Gesundheitsgefahren, denen sie bei der Beschäftigung ausgesetzt sind, sowie über die Einrichtungen und Maßnahmen zur Abwendung dieser Gefahren zu unterweisen. ²Er hat die Jugendlichen vor der erstmaligen Beschäftigung an Maschinen oder gefährlichen Arbeitsstellen oder mit Arbeiten, bei denen sie mit gesundheitsgefährdenden Stoffen in Berührung kommen, über die besonderen Gefahren dieser Arbeiten sowie über das bei ihrer Verrichtung erforderliche Verhalten zu unterweisen.

(2) Die Unterweisungen sind in angemessenen Zeitabständen, mindestens aber halbjährlich, zu wiederholen.

(3) Der Arbeitgeber beteiligt die Betriebsärzte und die Fachkräfte für Arbeitssicherheit an der Planung, Durchführung und Überwachung der für die Sicherheit und den Gesundheitsschutz bei der Beschäftigung Jugendlicher geltenden Vorschriften.

§ 30 Häusliche Gemeinschaft. (1) Hat der Arbeitgeber einen Jugendlichen in die häusliche Gemeinschaft aufgenommen, so muß er
1. ihm eine Unterkunft zur Verfügung stellen und dafür sorgen, daß sie so beschaffen, ausgestattet und belegt ist und so benutzt wird, daß die Gesundheit des Jugendlichen nicht beeinträchtigt wird, und
2. ihm bei einer Erkrankung, jedoch nicht über die Beendigung der Beschäftigung hinaus, die erforderliche Pflege und ärztliche Behandlung zuteil werden lassen, soweit diese nicht von einem Sozialversicherungsträger geleistet wird.

(2) Die Aufsichtsbehörde kann im Einzelfall anordnen, welchen Anforderungen die Unterkunft (Absatz 1 Nr. 1) und die Pflege bei Erkrankungen (Absatz 1 Nr. 2) genügen müssen.

§ 31 Züchtigungsverbot; Verbot der Abgabe von Alkohol und Tabak. (1) Wer Jugendliche beschäftigt oder im Rahmen eines Rechtsverhältnisses im Sinne des § 1 beaufsichtigt, anweist oder ausbildet, darf sie nicht körperlich züchtigen.

---
[1]) Nr. 51.

(2) ¹Wer Jugendliche beschäftigt, muß sie vor körperlicher Züchtigung und Mißhandlung und vor sittlicher Gefährdung durch andere bei ihm Beschäftigte und durch Mitglieder seines Haushalts an der Arbeitsstätte und in seinem Hause schützen. ²Er darf Jugendlichen unter 16 Jahren keine alkoholischen Getränke und Tabakwaren, Jugendlichen über 16 Jahre keinen Branntwein geben.

Vierter Titel. Gesundheitliche Betreuung

§ 32 Erstuntersuchung. (1) Ein Jugendlicher, der in das Berufsleben eintritt, darf nur beschäftigt werden, wenn
1. er innerhalb der letzten vierzehn Monate von einem Arzt untersucht worden ist (Erstuntersuchung) und
2. dem Arbeitgeber eine von diesem Arzt ausgestellte Bescheinigung vorliegt.

(2) Absatz 1 gilt nicht für eine nur geringfügige oder eine nicht länger als zwei Monate dauernde Beschäftigung mit leichten Arbeiten, von denen keine gesundheitlichen Nachteile für den Jugendlichen zu befürchten sind.

§ 33 Erste Nachuntersuchung. (1) ¹Ein Jahr nach Aufnahme der ersten Beschäftigung hat sich der Arbeitgeber die Bescheinigung eines Arztes darüber vorlegen zu lassen, daß der Jugendliche nachuntersucht worden ist (erste Nachuntersuchung). ²Die Nachuntersuchung darf nicht länger als drei Monate zurückliegen. ³Der Arbeitgeber soll den Jugendlichen neun Monate nach Aufnahme der ersten Beschäftigung nachdrücklich auf den Zeitpunkt, bis zu dem der Jugendliche ihm die ärztliche Bescheinigung nach Satz 1 vorzulegen hat, hinweisen und ihn auffordern, die Nachuntersuchung bis dahin durchführen zu lassen.

(2) ¹Legt der Jugendliche die Bescheinigung nicht nach Ablauf eines Jahres vor, hat ihn der Arbeitgeber innerhalb eines Monats unter Hinweis auf das Beschäftigungsverbot nach Absatz 3 schriftlich aufzufordern, ihm die Bescheinigung vorzulegen. ²Je eine Durchschrift des Aufforderungsschreibens hat der Arbeitgeber dem Personensorgeberechtigten und dem Betriebs- oder Personalrat zuzusenden.

(3) Der Jugendliche darf nach Ablauf von 14 Monaten nach Aufnahme der ersten Beschäftigung nicht weiterbeschäftigt werden, solange er die Bescheinigung nicht vorgelegt hat.

§ 34 Weitere Nachuntersuchungen. ¹Nach Ablauf jedes weiteren Jahres nach der ersten Nachuntersuchung kann sich der Jugendliche erneut nachuntersuchen lassen (weitere Nachuntersuchungen). ²Der Arbeitgeber soll ihn auf diese Möglichkeit rechtzeitig hinweisen und darauf hinwirken, daß der Jugendliche ihm die Bescheinigung über die weitere Nachuntersuchung vorlegt.

§ 35 Außerordentliche Nachuntersuchung. (1) Der Arzt soll eine außerordentliche Nachuntersuchung anordnen, wenn eine Untersuchung ergibt, daß
1. ein Jugendlicher hinter dem seinem Alter entsprechenden Entwicklungsstand zurückgeblieben ist,
2. gesundheitliche Schwächen oder Schäden vorhanden sind,

3. die Auswirkungen der Beschäftigung auf die Gesundheit oder Entwicklung des Jugendlichen noch nicht zu übersehen sind.

(2) Die in § 33 Abs. 1 festgelegten Fristen werden durch die Anordnung einer außerordentlichen Nachuntersuchung nicht berührt.

§ 36 Ärztliche Untersuchungen und Wechsel des Arbeitgebers. Wechselt der Jugendliche den Arbeitgeber, so darf ihn der neue Arbeitgeber erst beschäftigen, wenn ihm die Bescheinigung über die Erstuntersuchung (§ 32 Abs. 1) und, falls seit der Aufnahme der Beschäftigung ein Jahr vergangen ist, die Bescheinigung über die erste Nachuntersuchung (§ 33) vorliegen.

§ 37 Inhalt und Durchführung der ärztlichen Untersuchungen.

(1) Die ärztlichen Untersuchungen haben sich auf den Gesundheits- und Entwicklungsstand und die körperliche Beschaffenheit, die Nachuntersuchungen außerdem auf die Auswirkungen der Beschäftigung auf Gesundheit und Entwicklung des Jugendlichen zu erstrecken.

(2) Der Arzt hat unter Berücksichtigung der Krankheitsvorgeschichte des Jugendlichen auf Grund der Untersuchungen zu beurteilen,
1. ob die Gesundheit oder die Entwicklung des Jugendlichen durch die Ausführung bestimmter Arbeiten oder durch die Beschäftigung während bestimmter Zeiten gefährdet wird,
2. ob besondere der Gesundheit dienende Maßnahmen erforderlich sind,
3. ob eine außerordentliche Nachuntersuchung (§ 35 Abs. 1) erforderlich ist.

(3) Der Arzt hat schriftlich festzuhalten:
1. den Untersuchungsbefund,
2. die Arbeiten, durch deren Ausführung er die Gesundheit oder die Entwicklung des Jugendlichen für gefährdet hält,
3. die besonderen der Gesundheit dienenden Maßnahmen,
4. die Anordnung einer außerordentlichen Nachuntersuchung (§ 35 Abs. 1).

§ 38 Ergänzungsuntersuchung. Kann der Arzt den Gesundheits- und Entwicklungsstand des Jugendlichen nur beurteilen, wenn das Ergebnis einer Ergänzungsuntersuchung durch einen anderen Arzt oder einen Zahnarzt vorliegt, so hat er die Ergänzungsuntersuchung zu veranlassen und ihre Notwendigkeit schriftlich zu begründen.

§ 39 Mitteilung, Bescheinigung. (1) Der Arzt hat dem Personensorgeberechtigten schriftlich mitzuteilen:
1. das wesentliche Ergebnis der Untersuchung,
2. die Arbeiten, durch deren Ausführung er die Gesundheit oder die Entwicklung des Jugendlichen für gefährdet hält,
3. die besonderen der Gesundheit dienenden Maßnahmen,
4. die Anordnung einer außerordentlichen Nachuntersuchung (§ 35 Abs. 1).

(2) Der Arzt hat eine für den Arbeitgeber bestimmte Bescheinigung darüber auszustellen, daß die Untersuchung stattgefunden hat und darin die Arbeiten zu vermerken, durch deren Ausführung er die Gesundheit oder die Entwicklung des Jugendlichen für gefährdet hält.

§ 40 Bescheinigung mit Gefährdungsvermerk. (1) Enthält die Bescheinigung des Arztes (§ 39 Abs. 2) einen Vermerk über Arbeiten, durch deren Ausführung er die Gesundheit oder die Entwicklung des Jugendlichen für gefährdet hält, so darf der Jugendliche mit solchen Arbeiten nicht beschäftigt werden.

(2) Die Aufsichtsbehörde kann die Beschäftigung des Jugendlichen mit den in der Bescheinigung des Arztes (§ 39 Abs. 2) vermerkten Arbeiten im Einvernehmen mit einem Arzt zulassen und die Zulassung mit Auflagen verbinden.

§ 41 Aufbewahren der ärztlichen Bescheinigungen. (1) Der Arbeitgeber hat die ärztlichen Bescheinigungen bis zur Beendigung der Beschäftigung, längstens jedoch bis zur Vollendung des 18. Lebensjahres des Jugendlichen aufzubewahren und der Aufsichtsbehörde sowie der Berufsgenossenschaft auf Verlangen zur Einsicht vorzulegen oder einzusenden.

(2) Scheidet der Jugendliche aus dem Beschäftigungsverhältnis aus, so hat ihm der Arbeitgeber die Bescheinigungen auszuhändigen.

§ 42 Eingreifen der Aufsichtsbehörde. Die Aufsichtsbehörde hat, wenn die dem Jugendlichen übertragenen Arbeiten Gefahren für seine Gesundheit befürchten lassen, dies dem Personensorgeberechtigten und dem Arbeitgeber mitzuteilen und den Jugendlichen aufzufordern, sich durch einen von ihr ermächtigten Arzt untersuchen zu lassen.

§ 43 Freistellung für Untersuchungen. [1]Der Arbeitgeber hat den Jugendlichen für die Durchführung der ärztlichen Untersuchungen nach diesem Abschnitt freizustellen. [2]Ein Entgeltausfall darf hierdurch nicht eintreten.

§ 44 Kosten der Untersuchungen. Die Kosten der Untersuchungen trägt das Land.

§ 45 Gegenseitige Unterrichtung der Ärzte. (1) Die Ärzte, die Untersuchungen nach diesem Abschnitt vorgenommen haben, müssen, wenn der Personensorgeberechtigte und der Jugendliche damit einverstanden sind,
1. dem staatlichen Gewerbearzt,
2. dem Arzt, der einen Jugendlichen nach diesem Abschnitt nachuntersucht,
auf Verlangen die Aufzeichnungen über die Untersuchungsbefunde zur Einsicht aushändigen.

(2) Unter den Voraussetzungen des Absatzes 1 kann der Amtsarzt des Gesundheitsamtes einem Arzt, der einen Jugendlichen nach diesem Abschnitt untersucht, Einsicht in andere in seiner Dienststelle vorhandene Unterlagen über Gesundheit und Entwicklung des Jugendlichen gewähren.

§ 46 Ermächtigungen. (1) Das Bundesministerium für Arbeit und Soziales kann zum Zwecke einer gleichmäßigen und wirksamen gesundheitlichen Betreuung durch Rechtsverordnung mit Zustimmung des Bundesrates Vorschriften über die Durchführung der ärztlichen Untersuchungen und über die für die Aufzeichnungen der Untersuchungsbefunde, die Bescheinigungen und Mitteilungen zu verwendenden Vordrucke erlassen.

(2) Die Landesregierung kann durch Rechtsverordnung
1. zur Vermeidung von mehreren Untersuchungen innerhalb eines kurzen Zeitraumes aus verschiedenen Anlässen bestimmen, daß die Untersuchungen nach den §§ 32 bis 34 zusammen mit Untersuchungen nach anderen Vorschriften durchzuführen sind, und hierbei von der Frist des § 32 Abs. 1 Nr. 1 bis zu drei Monaten abweichen,
2. zur Vereinfachung der Abrechnung
    a) Pauschbeträge für die Kosten der ärztlichen Untersuchungen im Rahmen der geltenden Gebührenordnungen festsetzen,
    b) Vorschriften über die Erstattung der Kosten beim Zusammentreffen mehrerer Untersuchungen nach Nummer 1 erlassen.

Vierter Abschnitt. Durchführung des Gesetzes

Erster Titel. Aushänge und Verzeichnisse

§ 47 Bekanntgabe des Gesetzes und der Aufsichtsbehörde. Arbeitgeber, die regelmäßig mindestens einen Jugendlichen beschäftigen, haben einen Abdruck dieses Gesetzes und die Anschrift der zuständigen Aufsichtsbehörde an geeigneter Stelle im Betrieb zur Einsicht auszulegen oder auszuhängen.

§ 48 Aushang über Arbeitszeit und Pausen. Arbeitgeber, die regelmäßig mindestens drei Jugendliche beschäftigen, haben einen Aushang über Beginn und Ende der regelmäßigen täglichen Arbeitszeit und der Pausen der Jugendlichen an geeigneter Stelle im Betrieb anzubringen.

§ 49 Verzeichnisse der Jugendlichen. Arbeitgeber haben Verzeichnisse der bei ihnen beschäftigten Jugendlichen unter Angabe des Vor- und Familiennamens, des Geburtsdatums und der Wohnanschrift zu führen, in denen das Datum des Beginns der Beschäftigung bei ihnen, bei einer Beschäftigung unter Tage auch das Datum des Beginns dieser Beschäftigung, enthalten ist.

§ 50 Auskunft; Vorlage der Verzeichnisse. (1) Der Arbeitgeber ist verpflichtet, der Aufsichtsbehörde auf Verlangen
1. die zur Erfüllung ihrer Aufgaben erforderlichen Angaben wahrheitsgemäß und vollständig zu machen,
2. die Verzeichnisse gemäß § 49, die Unterlagen, aus denen Name, Beschäftigungsart und -zeiten der Jugendlichen sowie Lohn- und Gehaltszahlungen ersichtlich sind, und alle sonstigen Unterlagen, die sich auf die nach Nummer 1 zu machenden Angaben beziehen, zur Einsicht vorzulegen oder einzusenden.

(2) Die Verzeichnisse und Unterlagen sind mindestens bis zum Ablauf von zwei Jahren nach der letzten Eintragung aufzubewahren.

Zweiter Titel. Aufsicht

§ 51 Aufsichtsbehörde; Besichtigungsrechte und Berichtspflicht.

(1) ¹Die Aufsicht über die Ausführung dieses Gesetzes und der auf Grund dieses Gesetzes erlassenen Rechtsverordnungen obliegt der nach Landesrecht zuständigen Behörde (Aufsichtsbehörde). ²Die Landesregierung kann durch Rechtsverordnung die Aufsicht über die Ausführung dieser Vorschriften in Familienhaushalten auf gelegentliche Prüfungen beschränken.

(2) ¹Die Beauftragten der Aufsichtsbehörde sind berechtigt, die Arbeitsstätten während der üblichen Betriebs- und Arbeitszeit zu betreten und zu besichtigen; außerhalb dieser Zeit oder wenn sich die Arbeitsstätten in einer Wohnung befinden, dürfen sie nur zur Verhütung von dringenden Gefahren für die öffentliche Sicherheit und Ordnung betreten und besichtigt werden. ²Der Arbeitgeber hat das Betreten und Besichtigen der Arbeitsstätten zu gestatten. ³Das Grundrecht der Unverletzlichkeit der Wohnung (Artikel 13 des Grundgesetzes) wird insoweit eingeschränkt.

(3) Die Aufsichtsbehörden haben im Rahmen der Jahresberichte nach § 139b Abs. 3 der Gewerbeordnung über ihre Aufsichtstätigkeit gemäß Absatz 1 zu berichten.

§ 52 Unterrichtung über Lohnsteuerkarten an Kinder.
Über die Ausstellung von Lohnsteuerkarten an Kinder im Sinne des § 2 Abs. 1 und 3 ist die Aufsichtsbehörde durch die ausstellende Behörde zu unterrichten.

§ 53 Mitteilung über Verstöße.
¹Die Aufsichtsbehörde teilt schwerwiegende Verstöße gegen die Vorschriften dieses Gesetzes oder gegen die auf Grund dieses Gesetzes erlassenen Rechtsverordnungen der nach dem Berufsbildungsgesetz oder der Handwerksordnung zuständigen Stelle mit. ²Die zuständige Agentur für Arbeit erhält eine Durchschrift dieser Mitteilung.

§ 54 Ausnahmebewilligungen.
(1) ¹Ausnahmen, die die Aufsichtsbehörde nach diesem Gesetz oder den auf Grund dieses Gesetzes erlassenen Rechtsverordnungen bewilligen kann, sind zu befristen. ²Die Ausnahmebewilligungen können

1. mit einer Bedingung erlassen werden,
2. mit einer Auflage oder mit einem Vorbehalt der nachträglichen Aufnahme, Änderung oder Ergänzung einer Auflage verbunden werden und
3. jederzeit widerrufen werden.

(2) Ausnahmen können nur für einzelne Beschäftigte, einzelne Betriebe oder einzelne Teile des Betriebs bewilligt werden.

(3) Ist eine Ausnahme für einen Betrieb oder einen Teil des Betriebs bewilligt worden, so hat der Arbeitgeber hierüber an geeigneter Stelle im Betrieb einen Aushang anzubringen.

Fünfter Abschnitt. Straf- und Bußgeldvorschriften

§ 58 Bußgeld- und Strafvorschriften.
(1) Ordnungswidrig handelt, wer als Arbeitgeber vorsätzlich oder fahrlässig

1. entgegen § 5 Abs. 1, auch in Verbindung mit § 2 Abs. 3, ein Kind oder einen Jugendlichen, der der Vollzeitschulpflicht unterliegt, beschäftigt,

Jugendarbeitsschutzgesetz **§ 58 JArbSchG 59**

2. entgegen § 5 Abs. 3 Satz 1 oder Satz 3, jeweils auch in Verbindung mit § 2 Abs. 3, ein Kind über 13 Jahre oder einen Jugendlichen, der der Vollzeitschulpflicht unterliegt, in anderer als der zugelassenen Weise beschäftigt,
3. *(aufgehoben)*
4. entgegen § 7 Satz 1 Nr. 2, auch in Verbindung mit einer Rechtsverordnung nach § 26 Nr. 1, ein Kind, das der Vollzeitschulpflicht nicht mehr unterliegt, in anderer als der zugelassenen Weise beschäftigt,
5. entgegen § 8 einen Jugendlichen über die zulässige Dauer der Arbeitszeit hinaus beschäftigt,
6. entgegen § 9 Abs. 1 oder 4 in Verbindung mit Absatz 1 eine dort bezeichnete Person an Berufsschultagen oder in Berufsschulwochen nicht freistellt,
7. entgegen § 10 Abs. 1 einen Jugendlichen für die Teilnahme an Prüfungen oder Ausbildungsmaßnahmen oder an dem Arbeitstag, der der schriftlichen Abschlußprüfung unmittelbar vorangeht, nicht freistellt,
8. entgegen § 11 Abs. 1 oder 2 Ruhepausen nicht, nicht mit der vorgeschriebenen Mindestdauer oder nicht in der vorgeschriebenen zeitlichen Lage gewährt,
9. entgegen § 12 einen Jugendlichen über die zulässige Schichtzeit hinaus beschäftigt,
10. entgegen § 13 die Mindestfreizeit nicht gewährt,
11. entgegen § 14 Abs. 1 einen Jugendlichen außerhalb der Zeit von 6 bis 20 Uhr oder entgegen § 14 Abs. 7 Satz 3 vor Ablauf der Mindestfreizeit beschäftigt,
12. entgegen § 15 einen Jugendlichen an mehr als fünf Tagen in der Woche beschäftigt,
13. entgegen § 16 Abs. 1 einen Jugendlichen an Samstagen beschäftigt oder entgegen § 16 Abs. 3 Satz 1 den Jugendlichen nicht freistellt,
14. entgegen § 17 Abs. 1 einen Jugendlichen an Sonntagen beschäftigt oder entgegen § 17 Abs. 2 Satz 2 Halbsatz 2 oder Abs. 3 Satz 1 den Jugendlichen nicht freistellt,
15. entgegen § 18 Abs. 1 einen Jugendlichen am 24. oder 31. Dezember nach 14 Uhr oder an gesetzlichen Feiertagen beschäftigt oder entgegen § 18 Abs. 3 nicht freistellt,
16. entgegen § 19 Abs. 1, auch in Verbindung mit Abs. 2 Satz 1 oder 2, oder entgegen § 19 Abs. 3 Satz 2 oder Abs. 4 Satz 2 Urlaub nicht oder nicht mit der vorgeschriebenen Dauer gewährt,
17. entgegen § 21 Abs. 2 die geleistete Mehrarbeit durch Verkürzung der Arbeitszeit nicht ausgleicht,
18. entgegen § 22 Abs. 1, auch in Verbindung mit einer Rechtsverordnung nach § 26 Nr. 1, einen Jugendlichen mit den dort genannten Arbeiten beschäftigt,
19. entgegen § 23 Abs. 1, auch in Verbindung mit einer Rechtsverordnung nach § 26 Nr. 1, einen Jugendlichen mit Arbeiten mit Lohnanreiz, in einer Arbeitsgruppe mit Erwachsenen, deren Entgelt vom Ergebnis ihrer Arbeit abhängt, oder mit tempoabhängigen Arbeiten beschäftigt,
20. entgegen § 24 Abs. 1, auch in Verbindung mit einer Rechtsverordnung nach § 26 Nr. 1, einen Jugendlichen mit Arbeiten unter Tage beschäftigt,

21. entgegen § 31 Abs. 2 Satz 2 einen Jugendlichen für seine Altersstufe nicht zulässige Getränke oder Tabakwaren gibt,
22. entgegen § 32 Abs. 1 einen Jugendlichen ohne ärztliche Bescheinigung über die Erstuntersuchung beschäftigt,
23. entgegen § 33 Abs. 3 einen Jugendlichen ohne ärztliche Bescheinigung über die erste Nachuntersuchung weiterbeschäftigt,
24. entgegen § 36 einen Jugendlichen ohne Vorlage der erforderlichen ärztlichen Bescheinigungen beschäftigt,
25. entgegen § 40 Abs. 1 einen Jugendlichen mit Arbeiten beschäftigt, durch deren Ausführung der Arzt nach der von ihm erteilten Bescheinigung die Gesundheit oder die Entwicklung des Jugendlichen für gefährdet hält,
26. einer Rechtsverordnung nach
   a) § 26 Nr. 2 oder
   b) § 28 Abs. 2
   zuwiderhandelt, soweit sie für einen bestimmten Tatbestand auf diese Bußgeldvorschrift verweist,
27. einer vollziehbaren Anordnung der Aufsichtsbehörde nach § 6 Abs. 3, § 27 Abs. 1 Satz 2 oder Abs. 2, § 28 Abs. 3 oder § 30 Abs. 2 zuwiderhandelt,
28. einer vollziehbaren Auflage der Aufsichtsbehörde nach § 6 Abs. 1, § 14 Abs. 7, § 27 Abs. 3 oder § 40 Abs. 2, jeweils in Verbindung mit § 54 Abs. 1, zuwiderhandelt,
29. einer vollziehbaren Anordnung oder Auflage der Aufsichtsbehörde auf Grund einer Rechtsverordnung nach § 26 Nr. 2 oder § 28 Abs. 2 zuwiderhandelt, soweit die Rechtsverordnung für einen bestimmten Tatbestand auf die Bußgeldvorschrift verweist.

(2) Ordnungswidrig handelt, wer vorsätzlich oder fahrlässig entgegen § 25 Abs. 1 Satz 1 oder Abs. 2 Satz 1 einen Jugendlichen beschäftigt, beaufsichtigt, anweist oder ausbildet, obwohl ihm dies verboten ist, oder einen anderen, dem dies verboten ist, mit der Beaufsichtigung, Anweisung oder Ausbildung eines Jugendlichen beauftragt.

(3) [1]Absatz 1 Nr. 4, 6 bis 29 und Absatz 2 gelten auch für die Beschäftigung von Kindern (§ 2 Abs. 1) oder Jugendlichen, die der Vollzeitschulpflicht unterliegen (§ 2 Abs. 3), nach § 5 Abs. 2. [2]Absatz 1 Nr. 6 bis 29 und Absatz 2 gelten auch für die Beschäftigung von Kindern, die der Vollzeitschulpflicht nicht mehr unterliegen, nach § 7.

(4) Die Ordnungswidrigkeit kann mit einer Geldbuße bis zu fünfzehntausend Euro geahndet werden.

(5) [1]Wer vorsätzlich eine in Absatz 1, 2 oder 3 bezeichnete Handlung begeht und dadurch ein Kind, einen Jugendlichen oder im Falle des Absatzes 1 Nr. 6 eine Person, die noch nicht 21 Jahre alt ist, in ihrer Gesundheit oder Arbeitskraft gefährdet, wird mit Freiheitsstrafe bis zu einem Jahr oder mit Geldstrafe bestraft. [2]Ebenso wird bestraft, wer eine in Absatz 1, 2 oder 3 bezeichnete Handlung beharrlich wiederholt.

(6) Wer in den Fällen des Absatzes 5 Satz 1 die Gefahr fahrlässig verursacht, wird mit Freiheitsstrafe bis zu sechs Monaten oder mit Geldstrafe bis zu einhundertachtzig Tagessätzen bestraft.

§ 59 Bußgeldvorschriften. (1) Ordnungswidrig handelt, wer als Arbeitgeber vorsätzlich oder fahrlässig
1. entgegen § 6 Abs. 4 Satz 2 ein Kind vor Erhalt des Bewilligungsbescheides beschäftigt,
2. entgegen § 11 Abs. 3 den Aufenthalt in Arbeitsräumen gestattet,
3. entgegen § 29 einen Jugendlichen über Gefahren nicht, nicht richtig oder nicht rechtzeitig unterweist,
4. entgegen § 33 Abs. 2 Satz 1 einen Jugendlichen nicht oder nicht rechtzeitig zur Vorlage einer ärztlichen Bescheinigung auffordert,
5. entgegen § 41 die ärztliche Bescheinigung nicht aufbewahrt, vorlegt, einsendet oder aushändigt,
6. entgegen § 43 Satz 1 einen Jugendlichen für ärztliche Untersuchungen nicht freistellt,
7. entgegen § 47 einen Abdruck des Gesetzes oder die Anschrift der zuständigen Aufsichtsbehörde nicht auslegt oder aushängt,
8. entgegen § 48 Arbeitszeit und Pausen nicht oder nicht in der vorgeschriebenen Weise aushängt,
9. entgegen § 49 ein Verzeichnis nicht oder nicht in der vorgeschriebenen Weise führt,
10. entgegen § 50 Abs. 1 Angaben nicht, nicht richtig oder nicht vollständig macht oder Verzeichnisse oder Unterlagen nicht vorlegt oder einsendet oder entgegen § 50 Abs. 2 Verzeichnisse oder Unterlagen nicht oder nicht vorschriftsmäßig aufbewahrt,
11. entgegen § 51 Abs. 2 Satz 2 das Betreten oder Besichtigen der Arbeitsstätten nicht gestattet,
12. entgegen § 54 Abs. 3 einen Aushang nicht anbringt.

(2) Absatz 1 Nr. 2 bis 6 gilt auch für die Beschäftigung von Kindern (§ 2 Abs. 1 und 3) nach § 5 Abs. 2 Satz 1.

(3) Die Ordnungswidrigkeit kann mit einer Geldbuße bis zu zweitausendfünfhundert Euro geahndet werden.

§ 60 Verwaltungsvorschriften für die Verfolgung und Ahndung von Ordnungswidrigkeiten. Der Bundesminister für Arbeit und Sozialordnung kann mit Zustimmung des Bundesrates allgemeine Verwaltungsvorschriften für die Verfolgung und Ahndung von Ordnungswidrigkeiten nach §§ 58 und 59 durch die Verwaltungsbehörde (§ 35 des Gesetzes über Ordnungswidrigkeiten) und über die Erteilung einer Verwarnung (§§ 56, 58 Abs. 2 des Gesetzes über Ordnungswidrigkeiten) wegen einer Ordnungswidrigkeit nach §§ 58 und 59 erlassen.

59 a. Verordnung über den Kinderarbeitsschutz (Kinderarbeitsschutzverordnung – KindArbSchV)

Vom 23. Juni 1998
(BGBl. I S. 1508)
FNA 8051-10-2

Auf Grund des § 5 Abs. 4 a des Jugendarbeitsschutzgesetzes, der durch Artikel 1 Nr. 2 Buchstabe e des Gesetzes vom 24. Februar 1997 (BGBl. I S. 311) eingefügt worden ist, verordnet die Bundesregierung:

§ 1 Beschäftigungsverbot. Kinder über 13 Jahre und vollzeitschulpflichtige Jugendliche dürfen nicht beschäftigt werden, soweit nicht das Jugendarbeitsschutzgesetz und § 2 dieser Verordnung Ausnahmen vorsehen.

§ 2 Zulässige Beschäftigungen. (1) Kinder über 13 Jahre und vollzeitschulpflichtige Jugendliche dürfen nur beschäftigt werden
1. mit dem Austragen von Zeitungen, Zeitschriften, Anzeigenblättern und Werbeprospekten,
2. in privaten und landwirtschaftlichen Haushalten mit
   a) Tätigkeiten in Haushalt und Garten,
   b) Botengängen,
   c) der Betreuung von Kindern und anderen zum Haushalt gehörenden Personen,
   d) Nachhilfeunterricht,
   e) der Betreuung von Haustieren,
   f) Einkaufstätigkeiten mit Ausnahme des Einkaufs von alkoholischen Getränken und Tabakwaren,
3. in landwirtschaftlichen Betrieben mit Tätigkeiten bei
   a) der Ernte und der Feldbestellung,
   b) der Selbstvermarktung landwirtschaftlicher Erzeugnisse,
   c) der Versorgung von Tieren,
4. mit Handreichungen beim Sport,
5. mit Tätigkeiten bei nichtgewerblichen Aktionen und Veranstaltungen der Kirchen, Religionsgemeinschaften, Verbände, Vereine und Parteien,

wenn die Beschäftigung nach § 5 Abs. 3 des Jugendarbeitsschutzgesetzes leicht und für sie geeignet ist.

(2) [1]Eine Beschäftigung mit Arbeiten nach Absatz 1 ist nicht leicht und für Kinder über 13 Jahre und vollzeitschulpflichtige Jugendliche nicht geeignet, wenn sie insbesondere
1. mit einer manuellen Handhabung von Lasten verbunden ist, die regelmäßig das maximale Lastgewicht von 7,5 kg oder gelegentlich das maximale Lastgewicht von 10 kg überschreiten; manuelle Handhabung in diesem Sinne ist jedes Befördern oder Abstützen einer Last durch menschliche Kraft, un-

ter anderem das Heben, Absetzen, Schieben, Ziehen, Tragen und Bewegen einer Last,
2. infolge einer ungünstigen Körperhaltung physisch belastend ist oder
3. mit Unfallgefahren, insbesondere bei Arbeiten an Maschinen und bei der Betreuung von Tieren, verbunden ist, von denen anzunehmen ist, daß Kinder über 13 Jahre und vollzeitschulpflichtige Jugendliche sie wegen mangelnden Sicherheitsbewußtseins oder mangelnder Erfahrung nicht erkennen oder nicht abwenden können.
²Satz 1 Nr. 1 gilt nicht für vollzeitschulpflichtige Jugendliche.

(3) Die zulässigen Beschäftigungen müssen im übrigen den Schutzvorschriften des Jugendarbeitsschutzgesetzes entsprechen.

§ 3 Behördliche Befugnisse. Die Aufsichtsbehörde kann im Einzelfall feststellen, ob die Beschäftigung nach § 2 zulässig ist.

§ 4 lnkrafttreten. Diese Verordnung tritt am ersten Tage des auf die Verkündung[1]) folgenden Kalendermonats in Kraft.

---

[1]) Verkündet am 26. 6. 1998.

60. Heimarbeitsgesetz[1)]

Vom 14. März 1951

(BGBl. I S. 191)

FNA 804-1

zuletzt geänd. durch Art. 225 Neunte ZuständigkeitsanpassungsVO v. 31. 10. 2006
(BGBl. I S. 2407)

Erster Abschnitt. Allgemeine Vorschriften

§ 1 Geltungsbereich. (1) In Heimarbeit Beschäftigte sind
a) die Heimarbeiter (§ 2 Abs. 1);
b) die Hausgewerbetreibenden (§ 2 Abs. 2).

(2) [1]Ihnen können, wenn dieses wegen ihrer Schutzbedürftigkeit gerechtfertigt erscheint, gleichgestellt werden
a) Personen, die in der Regel allein oder mit ihren Familienangehörigen (§ 2 Abs. 5) in eigener Wohnung oder selbstgewählter Betriebsstätte eine sich in regelmäßigen Arbeitsvorgängen wiederholende Arbeit im Auftrage eines anderen gegen Entgelt ausüben, ohne daß ihre Tätigkeit als gewerblich anzusehen oder daß der Auftraggeber ein Gewerbetreibender oder Zwischenmeister (§ 2 Abs. 3) ist;
b) Hausgewerbetreibende, die mit mehr als zwei fremden Hilfskräften (§ 2 Abs. 6) oder Heimarbeitern (§ 2 Abs. 1) arbeiten;
c) andere im Lohnauftrag arbeitende Gewerbetreibende, die infolge ihrer wirtschaftlichen Abhängigkeit eine ähnliche Stellung wie Hausgewerbetreibende einnehmen;
d) Zwischenmeister (§ 2 Abs. 3).
[2]Für die Feststellung der Schutzbedürftigkeit ist das Ausmaß der wirtschaftlichen Abhängigkeit maßgebend. [3]Dabei sind insbesondere die Zahl der fremden Hilfskräfte, die Abhängigkeit von einem oder mehreren Auftraggebern, die Möglichkeiten des unmittelbaren Zugangs zum Absatzmarkt, die Höhe und die Art der Eigeninvestitionen sowie der Umsatz zu berücksichtigen.

(3) [1]Die Gleichstellung erstreckt sich, wenn in ihr nichts anderes bestimmt ist, auf die allgemeinen Schutzvorschriften und die Vorschriften über die Entgeltregelung, den Entgeltschutz und die Auskunftspflicht über Entgelte (Dritter, Sechster, Siebenter und Achter Abschnitt). [2]Die Gleichstellung kann auf einzelne dieser Vorschriften beschränkt oder auf weitere Vorschriften des Gesetzes ausgedehnt werden. [3]Sie kann für bestimmte Personengruppen oder Gewerbezweige oder Beschäftigungsarten allgemein oder räumlich begrenzt ergehen; auch bestimmte einzelne Personen können gleichgestellt werden.

[1)] Sieh hierzu auch die 1. HAGDV v. 27. 1. 1976 (BGBl. I S. 221), zuletzt geänd. durch VO v. 31. 10. 2006 (BGBl. I S. 2407), abgedruckt in **Nipperdey** I Arbeitsrecht Nr. **450 a**, betr. das Gleichstellungsverfahren, die Errichtung und das Verfahren der Heimarbeits- und Entgeltausschüsse sowie die Durchführung der allgemeinen Schutzvorschriften.

(4) ¹Die Gleichstellung erfolgt durch widerrufliche Entscheidung des zuständigen Heimarbeitsausschusses (§ 4) nach Anhörung der Beteiligten. ²Sie ist vom Vorsitzenden zu unterschreiben und bedarf der Zustimmung der zuständigen Arbeitsbehörde (§ 3 Abs. 1) und der Veröffentlichung im Wortlaut an der von der zuständigen Arbeitsbehörde bestimmten Stelle. ³Sie tritt am Tage nach der Veröffentlichung in Kraft, wenn in ihr nicht ein anderer Zeitpunkt bestimmt ist. ⁴Die Veröffentlichung kann unterbleiben, wenn die Gleichstellung nur bestimmte einzelne Personen betrifft; in diesem Falle ist in der Gleichstellung der Zeitpunkt ihres Inkrafttretens festzusetzen.

(5) ¹Besteht ein Heimarbeitsausschuß für den Gewerbezweig oder die Beschäftigungsart nicht, so entscheidet über die Gleichstellung die zuständige Arbeitsbehörde nach Anhörung der Beteiligten. ²Die Entscheidung ergeht unter Mitwirkung der zuständigen Gewerkschaften und Vereinigungen der Auftraggeber, soweit diese zur Mitwirkung bereit sind. ³Die Vorschriften des Absatzes 4 über die Veröffentlichung und das Inkrafttreten finden entsprechende Anwendung.

(6) Gleichgestellte haben bei Entgegennahme von Heimarbeit auf Befragen des Auftraggebers ihre Gleichstellung bekanntzugeben.

§ 2 Begriffe. (1) ¹Heimarbeiter im Sinne dieses Gesetzes ist, wer in selbstgewählter Arbeitsstätte (eigener Wohnung oder selbstgewählter Betriebsstätte) allein oder mit seinen Familienangehörigen (Absatz 5) im Auftrag von Gewerbetreibenden oder Zwischenmeistern erwerbsmäßig arbeitet, jedoch die Verwertung der Arbeitsergebnisse dem unmittelbar oder mittelbar auftraggebenden Gewerbetreibenden überläßt. ²Beschafft der Heimarbeiter die Roh- und Hilfsstoffe selbst, so wird hierdurch seine Eigenschaft als Heimarbeiter nicht beeinträchtigt.

(2) ¹Hausgewerbetreibender im Sinne dieses Gesetzes ist, wer in eigener Arbeitsstätte (eigener Wohnung oder Betriebsstätte) mit nicht mehr als zwei fremden Hilfskräften (Absatz 6) oder Heimarbeitern (Absatz 1) im Auftrag von Gewerbetreibenden oder Zwischenmeistern Waren herstellt, bearbeitet oder verpackt, wobei er selbst wesentlich am Stück mitarbeitet, jedoch die Verwertung der Arbeitsergebnisse dem unmittelbar oder mittelbar auftraggebenden Gewerbetreibenden überläßt. ²Beschafft der Hausgewerbetreibende die Roh- und Hilfsstoffe selbst oder arbeitet er vorübergehend unmittelbar für den Absatzmarkt, so wird hierdurch seine Eigenschaft als Hausgewerbetreibender nicht beeinträchtigt.

(3) Zwischenmeister im Sinne dieses Gesetzes ist, wer, ohne Arbeitnehmer zu sein, die ihm von Gewerbetreibenden übertragene Arbeit an Heimarbeiter oder Hausgewerbetreibende weitergibt.

(4) Die Eigenschaft als Heimarbeiter, Hausgewerbetreibender und Zwischenmeister ist auch dann gegeben, wenn Personen, Personenvereinigungen oder Körperschaften des privaten oder öffentlichen Rechts, welche die Herstellung, Bearbeitung oder Verpackung von Waren nicht zum Zwecke der Gewinnerzielung betreiben, die Auftraggeber sind.

(5) Als Familienangehörige im Sinne dieses Gesetzes gelten, wenn sie Mitglieder der häuslichen Gemeinschaft sind:

a) Ehegatten und Lebenspartner der in Heimarbeit Beschäftigten (§ 1 Abs. 1) oder der nach § 1 Abs. 2 Buchstabe a Gleichgestellten;

b) Personen, die mit dem in Heimarbeit Beschäftigten oder nach § 1 Abs. 2 Buchstabe a Gleichgestellten oder deren Ehegatten bis zum dritten Grade verwandt oder verschwägert sind;
c) Mündel, Betreute und Pflegekinder des in Heimarbeit Beschäftigten oder nach § 1 Abs. 2 Buchstabe a Gleichgestellten oder deren Ehegatten sowie Kinder oder Jugendliche, die sich bei einem in Heimarbeit Beschäftigten oder nach § 1 Abs. 2 Buchstabe a Gleichgestellten oder deren Ehegatten in freiwilliger Erziehungshilfe oder Fürsorgeerziehung befinden.

(6) Fremde Hilfskraft im Sinne dieses Gesetzes ist, wer als Arbeitnehmer eines Hausgewerbetreibenden oder nach § 1 Abs. 2 Buchstaben b und c Gleichgestellten in deren Arbeitsstätte beschäftigt ist.

Zweiter Abschnitt. Zuständige Arbeitsbehörde, Heimarbeitsausschüsse

§ 3 Zuständige Arbeitsbehörde. (1) ¹Zuständige Arbeitsbehörde im Sinne dieses Gesetzes ist die Oberste Arbeitsbehörde des Landes. ²Für Angelegenheiten (§§ 1, 4, 5, 11, 19 und 22), die nach Umfang, Auswirkung oder Bedeutung den Zuständigkeitsbereich mehrerer Länder umfassen, wird die Zuständigkeit durch die Obersten Arbeitsbehörden der beteiligten Länder nach näherer Vereinbarung gemeinsam im Einvernehmen mit dem Bundesministerium für Arbeit und Soziales wahrgenommen. ³Betrifft eine Angelegenheit nach Umfang, Auswirkung oder Bedeutung das gesamte Bundesgebiet oder kommt eine Vereinbarung nach Satz 2 nicht zustande, so ist das Bundesministerium für Arbeit und Soziales zuständig.

(2) ¹Den Obersten Arbeitsbehörden der Länder und den von ihnen bestimmten Stellen obliegt die Aufsicht über die Durchführung dieses Gesetzes. ²Die Vorschriften des § 139 b der Gewerbeordnung über die Aufsicht gelten für die Befugnisse der mit der Aufsicht über die Durchführung dieses Gesetzes beauftragten Stellen auch hinsichtlich der Arbeitsstätten der in Heimarbeit Beschäftigten entsprechend.

§ 4 Heimarbeitsausschüsse. (1) ¹Die zuständige Arbeitsbehörde errichtet zur Wahrnehmung der in den §§ 1, 10, 11, 18 und 19 genannten Aufgaben Heimarbeitsausschüsse für die Gewerbezweige und Beschäftigungsarten, in denen Heimarbeit in nennenswertem Umfang geleistet wird. ²Erfordern die unterschiedlichen Verhältnisse innerhalb eines Gewerbezweiges gesonderte Regelungen auf einzelnen Gebieten, so sind zu diesem Zweck jeweils besondere Heimarbeitsausschüsse zu errichten. ³Die Heimarbeitsausschüsse können innerhalb ihres sachlichen Zuständigkeitsbereichs Unterausschüsse bilden, wenn dies erforderlich erscheint. ⁴Für Heimarbeit, für die nach den Sätzen 1 und 2 dieses Absatzes Heimarbeitsausschüsse nicht errichtet werden, ist ein gemeinsamer Heimarbeitsausschuß zu errichten.

(2) ¹Der Heimarbeitsausschuß besteht aus je drei Beisitzern aus Kreisen der Auftraggeber und Beschäftigten seines Zuständigkeitsbereichs und einem von der zuständigen Arbeitsbehörde bestimmten Vorsitzenden. ²Weitere sachkundige Personen können zugezogen werden; sie haben kein Stimmrecht. ³Die Beisitzer haben Stellvertreter, für die Satz 1 entsprechend gilt.

(3) ¹Der Heimarbeitsausschuß ist beschlußfähig, wenn außer dem Vorsitzenden mindestens mehr als die Hälfte der Beisitzer anwesend sind. ²Die Beschlüsse des Heimarbeitsausschusses bedürfen der Mehrheit der Stimmen seiner anwesenden Mitglieder. ³Bei der Beschlußfassung hat sich der Vorsitzende zunächst der Stimme zu enthalten; kommt eine Stimmenmehrheit nicht zustande, so übt nach weiterer Beratung der Vorsitzende sein Stimmrecht aus.

(4) ¹Der Heimarbeitsausschuß kann sonstige Bestimmungen über die Geschäftsführung in einer schriftlichen Geschäftsordnung treffen. ²Für die Beschlußfassung über die Geschäftsordnung gilt Absatz 3.

§ 5 Beisitzer. (1) ¹Als Beisitzer oder Stellvertreter werden von der zuständigen Arbeitsbehörde geeignete Personen unter Berücksichtigung der Gruppen der Beschäftigten (§ 1 Abs. 1 und 2) auf Grund von Vorschlägen der fachlich und räumlich zuständigen Gewerkschaften und Vereinigungen der Auftraggeber oder, soweit solche nicht bestehen oder keine Vorschläge einreichen, auf Grund von Vorschlägen der Zusammenschlüsse von Gewerkschaften und von Vereinigungen von Arbeitgebern (Spitzenorganisationen) für die Dauer von drei Jahren berufen. ²Soweit eine Spitzenorganisation keine Vorschläge einreicht, werden die Beisitzer oder Stellvertreter dieser Seite nach Anhörung geeigneter Personen aus den Kreisen der Auftraggeber oder Beschäftigten des Zuständigkeitsbereichs, für den der Heimarbeitsausschuß errichtet ist, berufen.

(2) Auf die Voraussetzungen für das Beisitzeramt, die Besonderheiten für Beisitzer aus Kreisen der Auftraggeber und der Beschäftigten, die Ablehnung des Beisitzeramtes und den Schutz der Beschäftigtenbeisitzer finden die für die ehrenamtlichen Richter der Arbeitsgerichte geltenden Vorschriften mit den sich aus Absatz 3 ergebenden Abweichungen entsprechende Anwendung.

(3) ¹Wird das Fehlen einer Voraussetzung für die Berufung nachträglich bekannt oder fällt eine Voraussetzung nachträglich fort oder verletzt ein Beisitzer gröblich seine Amtspflichten, so kann ihn die zuständige Arbeitsbehörde seines Amtes entheben. ²Über die Berechtigung zur Ablehnung des Beisitzeramtes entscheidet die zuständige Arbeitsbehörde.

(4) ¹Das Amt des Beisitzers ist ein Ehrenamt. ²Die Beisitzer erhalten eine angemessene Entschädigung für den ihnen aus der Wahrnehmung ihrer Tätigkeit erwachsenden Verdienstausfall und Aufwand sowie Ersatz der Fahrkosten entsprechend den für die ehrenamtlichen Richter der Arbeitsgerichte geltenden Vorschriften. ³Die Entschädigung und die erstattungsfähigen Fahrkosten setzt im Einzelfall der Vorsitzende des Heimarbeitsausschusses fest.

Dritter Abschnitt. Allgemeine Schutzvorschriften

§ 6 Listenführung. ¹Wer Heimarbeit ausgibt oder weitergibt, hat jeden, den er mit Heimarbeit beschäftigt oder dessen er sich zur Weitergabe von Heimarbeit bedient, in Listen auszuweisen. ²Die Listen sind in den Ausgaberäumen an gut sichtbarer Stelle auszuhängen. ³Je drei Abschriften sind halbjährlich der Obersten Arbeitsbehörde des Landes oder der von ihr bestimmten Stelle einzusenden. ⁴Die Oberste Arbeitsbehörde des Landes oder die von ihr bestimmte Stelle hat der zuständigen Gewerkschaft und der zuständigen Vereinigung der Auftraggeber auf Verlangen jederzeit Abschriften zu übersenden.

§ 7 Mitteilungspflicht. ¹Wer erstmalig Personen mit Heimarbeit beschäftigen will, hat dies der Obersten Arbeitsbehörde des Landes oder der von ihr bestimmten Stelle mitzuteilen. ²Der Mitteilung sind zwei Abschriften beizufügen; § 6 Satz 4 gilt entsprechend.

§ 7 a Unterrichtungspflicht. ¹Wer Heimarbeit ausgibt oder weitergibt, hat die Personen, die die Arbeit entgegennehmen, vor Aufnahme der Beschäftigung über die Art und Weise der zu verrichtenden Arbeit, die Unfall- und Gesundheitsgefahren, denen diese bei der Beschäftigung ausgesetzt sind, sowie über die Maßnahmen und Einrichtungen zur Abwendung dieser Gefahren zu unterrichten. ²Der Auftraggeber hat sich von der Person, die von ihm Arbeit entgegennimmt, schriftlich bestätigen zu lassen, daß sie entsprechend dieser Vorschrift unterrichtet worden ist.

§ 8 Entgeltverzeichnisse. (1) ¹Wer Heimarbeit ausgibt oder abnimmt, hat in den Räumen der Ausgabe und Abnahme Entgeltverzeichnisse und Nachweise über die sonstigen Vertragsbedingungen offen auszulegen. ²Soweit Musterbücher Verwendung finden, sind sie den Entgeltverzeichnissen beizufügen. ³Wird Heimarbeit den Beschäftigten in die Wohnung oder Betriebsstätte gebracht, so hat der Auftraggeber dafür zu sorgen, daß das Entgeltverzeichnis zur Einsichtnahme vorgelegt wird.

(2) ¹Die Entgeltverzeichnisse müssen die Entgelte für jedes einzelne Arbeitsstück enthalten. ²Die Preise für mitzuliefernde Roh- und Hilfsstoffe sind besonders auszuweisen. ³Können die Entgelte für das einzelne Arbeitsstück nicht aufgeführt werden, so ist eine zuverlässige und klare Berechnungsgrundlage einzutragen.

(3) ¹Bei Vorliegen einer Entgeltregelung gemäß den §§ 17 bis 19 ist diese auszulegen. ²Hierbei ist für die Übersichtlichkeit dadurch zu sorgen, daß nur der Teil der Entgeltregelung ausgelegt wird, der für die Beschäftigten in Betracht kommt.

(4) Die Vorschriften der Absätze 1 bis 3 gelten nicht für neue Muster, die als Einzelstücke erst auszuarbeiten sind.

§ 9 Entgeltbelege. (1) ¹Wer Heimarbeit ausgibt oder weitergibt, hat den Personen, welche die Arbeit entgegennehmen, auf seine Kosten Entgeltbücher für jeden Beschäftigten (§ 1 Abs. 1 und 2) auszuhändigen. ²In die Entgeltbücher, die bei den Beschäftigten verbleiben, sind bei jeder Ausgabe und Abnahme von Arbeit ihre Art und ihr Umfang, die Entgelte und die Tage der Ausgabe und der Lieferung einzutragen. ³Diese Vorschrift gilt nicht für neue Muster, die als Einzelstücke erst auszuarbeiten sind.

(2) An Stelle von Entgeltbüchern (Absatz 1) können auch Entgelt- oder Arbeitszettel mit den zu einer ordnungsmäßigen Sammlung geeigneten Heften ausgegeben werden, falls die Oberste Arbeitsbehörde des Landes oder die von ihr bestimmte Stelle dieses genehmigt hat.

(3) ¹Die in Heimarbeit Beschäftigten haben für die ordnungsmäßige Aufbewahrung der Entgeltbelege zu sorgen. ²Sie haben sie den von der Obersten Arbeitsbehörde des Landes bestimmten Stellen auf Verlangen vorzulegen. ³Diese Verpflichtung gilt auch für die Auftraggeber, in deren Händen sich die Entgeltbelege befinden.

Vierter Abschnitt. Arbeitszeitschutz

§ 10 Schutz vor Zeitversäumnis. [1]Wer Heimarbeit ausgibt oder abnimmt, hat dafür zu sorgen, daß unnötige Zeitversäumnis bei der Ausgabe oder Abnahme vermieden wird. [2]Die Oberste Arbeitsbehörde des Landes oder die von ihr bestimmte Stelle kann im Benehmen mit dem Heimarbeitsausschuß die zur Vermeidung unnötiger Zeitversäumnis bei der Abfertigung erforderlichen Maßnahmen anordnen. [3]Bei Anordnungen gegenüber einem einzelnen Auftraggeber kann die Beteiligung des Heimarbeitsausschusses unterbleiben.

§ 11 Verteilung der Heimarbeit. (1) Wer Heimarbeit an mehrere in Heimarbeit Beschäftigte ausgibt, soll die Arbeitsmenge auf die Beschäftigten gleichmäßig unter Berücksichtigung ihrer und ihrer Mitarbeiter Leistungsfähigkeit verteilen.

(2) [1]Der Heimarbeitsausschuß kann zur Beseitigung von Mißständen, die durch ungleichmäßige Verteilung der Heimarbeit entstehen, für einzelne Gewerbezweige oder Arten von Heimarbeit die Arbeitsmenge festsetzen, die für einen bestimmten Zeitraum auf einen Entgeltbeleg (§ 9) ausgegeben werden darf. [2]Die Arbeitsmenge ist so zu bemessen, daß sie durch eine vollwertige Arbeitskraft ohne Hilfskräfte in der für vergleichbare Betriebsarbeiter üblichen Arbeitszeit bewältigt werden kann. [3]Für jugendliche Heimarbeiter ist eine Arbeitsmenge festzusetzen, die von vergleichbaren jugendlichen Betriebsarbeitern in der für sie üblichen Arbeitszeit bewältigt werden kann. [4]Die Festsetzung erfolgt durch widerrufliche Entscheidung nach Anhörung der Beteiligten. [5]Sie ist vom Vorsitzenden zu unterschreiben und bedarf der Zustimmung der zuständigen Arbeitsbehörde und der Veröffentlichung im Wortlaut an der von der zuständigen Arbeitsbehörde bestimmten Stelle. [6]Sie tritt am Tage nach der Veröffentlichung in Kraft, wenn in ihr nicht ein anderer Zeitpunkt bestimmt ist. [7]Die Vorschriften des § 8 Abs. 1 über die Auslegung und Vorlegung von Entgeltverzeichnissen gelten entsprechend.

(3) [1]Soweit für einzelne Gewerbezweige oder Arten von Heimarbeit Bestimmungen nach Absatz 2 getroffen sind, darf an einen in Heimarbeit Beschäftigten eine größere Menge nicht ausgegeben werden. [2]Die Ausgabe einer größeren Menge ist zulässig, wenn Hilfskräfte (Familienangehörige oder fremde Hilfskräfte) zur Mitarbeit herangezogen werden. [3]Für diese Hilfskräfte sind dann weitere Entgeltbelege nach § 9 auszustellen.

(4) [1]Aus wichtigen Gründen, insbesondere wenn nach Auskunft der Agentur für Arbeit geeignete unbeschäftigte Heimarbeiter und Hausgewerbetreibende nicht oder nicht in ausreichender Zahl vorhanden sind oder wenn besondere persönliche Verhältnisse eines in Heimarbeit Beschäftigten es rechtfertigen, kann der Vorsitzende des Heimarbeitsausschusses einem Auftraggeber die Ausgabe größerer Arbeitsmengen auf einen Entgeltbeleg gestatten. [2]Die Erlaubnis kann jeweils nur für einen bestimmten Zeitraum, der sechs Monate nicht überschreiten darf, erteilt werden.

Fünfter Abschnitt. Gefahrenschutz (Arbeitsschutz und öffentlicher Gesundheitsschutz)

§ 12 Grundsätze des Gefahrenschutzes. (1) Die Arbeitsstätten der in Heimarbeit Beschäftigten einschließlich der Maschinen, Werkzeuge und Geräte müssen so beschaffen, eingerichtet und unterhalten und Heimarbeit muß so ausgeführt werden, daß keine Gefahren für Leben, Gesundheit und Sittlichkeit der Beschäftigten und ihrer Mitarbeiter sowie für die öffentliche Gesundheit im Sinne des § 14 entstehen.

(2) Werden von Hausgewerbetreibenden oder Gleichgestellten fremde Hilfskräfte beschäftigt, so gelten auch die sonstigen Vorschriften über den Betriebsschutz und die sich daraus ergebenden Verpflichtungen des Arbeitgebers seinen Arbeitnehmern gegenüber.

§ 13 Arbeitsschutz. (1) Die Bundesregierung kann mit Zustimmung des Bundesrates für einzelne Gewerbezweige oder bestimmte Arten von Beschäftigungen oder Arbeitsstätten Rechtsverordnungen zur Durchführung des Arbeitsschutzes durch die in Heimarbeit Beschäftigten und ihre Auftraggeber erlassen.

(2) Die Bundesregierung kann mit Zustimmung des Bundesrates Heimarbeit, die mit erheblichen Gefahren für Leben, Gesundheit oder Sittlichkeit der Beschäftigten verbunden ist, durch Rechtsverordnung verbieten.

§ 14 Schutz der öffentlichen Gesundheit. (1) Die Bundesregierung kann mit Zustimmung des Bundesrates für einzelne Gewerbezweige oder bestimmte Arten von Beschäftigungen oder Arbeitsstätten Rechtsverordnungen zum Schutze der Öffentlichkeit gegen gemeingefährliche und übertragbare Krankheiten und gegen Gefahren, die beim Verkehr mit Arznei-, Heil- und Betäubungsmitteln, Giften, Lebens- und Genußmitteln sowie Bedarfsgegenständen entstehen können, erlassen.

(2) Die Polizeibehörde kann im Benehmen mit dem Gewerbeaufsichtsamt und dem Gesundheitsamt für einzelne Arbeitsstätten Verfügungen zur Durchführung des öffentlichen Gesundheitsschutzes im Sinne des Absatzes 1 treffen, insbesondere zur Verhütung von Gefahren für die öffentliche Gesundheit, die sich bei der Herstellung, Verarbeitung oder Verpackung von Lebens- und Genußmitteln ergeben.

(3) Die Bundesregierung kann mit Zustimmung des Bundesrates Heimarbeit, die mit erheblichen Gefahren für die öffentliche Gesundheit im Sinne des Absatzes 1 verbunden ist, durch Rechtsverordnung verbieten.

§ 15 Anzeigepflicht. Wer Heimarbeit ausgibt, für die zur Durchführung des Gefahrenschutzes besondere Vorschriften gelten, hat dem Gewerbeaufsichtsamt und der Polizeibehörde Namen und Arbeitsstätte der von ihm mit Heimarbeit Beschäftigten anzuzeigen.

§ 16 Durchführungspflicht. (1) Wer Heimarbeit ausgibt oder weitergibt, hat dafür zu sorgen, daß Leben oder Gesundheit der in der Heimarbeit Beschäftigten durch technische Arbeitsmittel und Arbeitsstoffe, die er ihnen zur Verwendung überläßt, nicht gefährdet werden.

(2) Die zur Durchführung des Gefahrenschutzes erforderlichen Maßnahmen, die sich auf Räume oder Betriebseinrichtungen beziehen, hat der zu treffen, der die Räume und Betriebseinrichtungen unterhält.

§ 16a Anordnungen. [1]Das Gewerbeaufsichtsamt kann in Einzelfällen anordnen, welche Maßnahmen zur Durchführung der §§ 12, 13 und 16 sowie der auf § 13 und § 34 Abs. 2 gestützten Rechtsverordnungen zu treffen sind. [2]Neben den auf Grund von § 3 Abs. 2 bestimmten Stellen nimmt das Gewerbeaufsichtsamt die Aufsichtsbefugnisse nach § 139b der Gewerbeordnung wahr.

Sechster Abschnitt. Entgeltregelung

§ 17 Tarifverträge, Entgeltregelungen. (1) Als Tarifverträge gelten auch schriftliche Vereinbarungen zwischen Gewerkschaften einerseits und Auftraggebern oder deren Vereinigungen andererseits über Inhalt, Abschluß oder Beendigung von Vertragsverhältnissen der in Heimarbeit Beschäftigten oder Gleichgestellten mit ihren Auftraggebern.

(2) Entgeltregelungen im Sinne dieses Gesetzes sind Tarifverträge, bindende Festsetzungen von Entgelten und sonstigen Vertragsbedingungen (§ 19) und von Mindestarbeitsbedingungen für fremde Hilfskräfte (§ 22).

§ 18 Aufgaben des Heimarbeitsausschusses auf dem Gebiete der Entgeltregelung. Der Heimarbeitsausschuß hat die Aufgabe:
a) auf das Zustandekommen von Tarifverträgen hinzuwirken;
b) zur Vermeidung und Beendigung von Gesamtstreitigkeiten zwischen den in § 17 Abs. 1 genannten Parteien diesen auf Antrag einer Partei Vorschläge für den Abschluß eines Tarifvertrages zu unterbreiten; wird ein schriftlich abgefaßter Vorschlag von allen Parteien durch Erklärung gegenüber dem Heimarbeitsausschuß angenommen, so hat er die Wirkung eines Tarifvertrages;
c) bindende Festsetzungen für Entgelte und sonstige Vertragsbedingungen nach Maßgabe des § 19 zu treffen.

§ 19 Bindende Festsetzungen. (1) [1]Bestehen Gewerkschaften oder Vereinigungen der Auftraggeber für den Zuständigkeitsbereich eines Heimarbeitsausschusses nicht oder umfassen sie nur eine Minderheit der Auftraggeber oder Beschäftigten, so kann der Heimarbeitsausschuß nach Anhörung der Auftraggeber und Beschäftigten, für die eine Regelung getroffen werden soll, Entgelte und sonstige Vertragsbedingungen mit bindender Wirkung für alle Auftraggeber und Beschäftigten seines Zuständigkeitsbereichs festsetzen, wenn unzulängliche Entgelte gezahlt werden oder die sonstigen Vertragsbedingungen unzulänglich sind. [2]Als unzulänglich sind insbesondere Entgelte und sonstige Vertragsbedingungen anzusehen, die unter Berücksichtigung der sozialen und wirtschaftlichen Eigenart der Heimarbeit unter den tarifvertraglichen Löhnen oder sonstigen durch Tarifvertrag festgelegten Arbeitsbedingungen für gleiche oder gleichwertige Betriebsarbeit liegen. [3]Soweit im Zuständigkeitsbereich eines Heimarbeitsausschusses Entgelte und sonstige Vertragsbedingungen für Heimarbeit derselben Art tarifvertraglich vereinbart sind, sollen in der bindenden Festsetzung keine für die Beschäftigten günstigeren Entgelte oder sonstigen Vertragsbedingungen festgesetzt werden.

(2) ¹Die bindende Festsetzung bedarf der Zustimmung der zuständigen Arbeitsbehörde und der Veröffentlichung im Wortlaut an der von der zuständigen Arbeitsbehörde bestimmten Stelle. ²Der persönliche Geltungsbereich der bindenden Festsetzung ist unter Berücksichtigung der Vorschriften des § 1 zu bestimmen. ³Sie tritt am Tage nach der Veröffentlichung in Kraft, wenn in ihr nicht ein anderer Zeitpunkt bestimmt ist. ⁴Beabsichtigt die zuständige Arbeitsbehörde die Zustimmung zu einer bindenden Festsetzung insbesondere wegen Unzulänglichkeit der Entgelte oder der sonstigen Vertragsbedingungen (Absatz 1 Satz 2) zu versagen, so hat sie dies dem Heimarbeitsausschuß unter Angabe von Gründen mitzuteilen und ihm vor ihrer Entscheidung über die Zustimmung Gelegenheit zu geben, die bindende Festsetzung zu ändern.

(3) ¹Die bindende Festsetzung hat die Wirkung eines allgemeinverbindlichen Tarifvertrages und ist in das beim Bundesministerium für Arbeit und Soziales geführte Tarifregister einzutragen. ²Von den Vorschriften einer bindenden Festsetzung kann nur zugunsten des Beschäftigten abgewichen werden. ³Ein Verzicht auf Rechte, die auf Grund einer bindenden Festsetzung eines[1]) Beschäftigten entstanden sind, ist nur in einem von der Obersten Arbeitsbehörde des Landes oder der von ihr bestimmten Stelle gebilligten Vergleich zulässig. ⁴Die Verwirkung solcher Rechte ist ausgeschlossen. ⁵Ausschlußfristen für ihre Geltendmachung können nur durch eine bindende Festsetzung vorgesehen werden; das gleiche gilt für die Abkürzung von Verjährungsfristen. ⁶Im übrigen gelten für die bindende Festsetzung die gesetzlichen Vorschriften über den Tarifvertrag sinngemäß, soweit sich aus dem Fehlen der Vertragsparteien nicht etwas anderes ergibt.

(4) ¹Der Heimarbeitsausschuß kann nach Anhörung der Auftraggeber und Beschäftigten bindende Festsetzungen ändern oder aufheben. ²Die Absätze 1 bis 3 gelten entsprechend.

(5) Die Absätze 1 bis 4 gelten entsprechend für die Festsetzung von vermögenswirksamen Leistungen im Sinne des Fünften Vermögensbildungsgesetzes.

§ 20 Art der Entgelte.
¹Die Entgelte für Heimarbeit sind in der Regel als Stückentgelte, und zwar möglichst auf der Grundlage von Stückzeiten zu regeln. ²Ist dieses nicht möglich, so sind Zeitentgelte festzusetzen, die der Stückentgeltberechnung im Einzelfall zugrunde gelegt werden können.

§ 21 Entgeltregelung für Zwischenmeister, Mithaftung des Auftraggebers.
(1) Für Zwischenmeister, die nach § 1 Abs. 2 Buchstabe d den in Heimarbeit Beschäftigten gleichgestellt sind, können im Verhältnis zu ihren Auftraggebern durch Entgeltregelungen gemäß den §§ 17 bis 19 Zuschläge festgelegt werden.

(2) Zahlt ein Auftraggeber an einen Zwischenmeister ein Entgelt, von dem er weiß oder den Umständen nach wissen muß, daß es zur Zahlung der in der Entgeltregelung festgelegten Entgelte an die Beschäftigten nicht ausreicht,

---

[1]) Richtig wohl: „einem".

oder zahlt er an einen Zwischenmeister, dessen Unzuverlässigkeit er kennt oder kennen muß, so haftet er neben dem Zwischenmeister für diese Entgelte.

§ 22 Mindestarbeitsbedingungen für fremde Hilfskräfte. (1) [1]Für fremde Hilfskräfte, die von Hausgewerbetreibenden oder Gleichgestellten beschäftigt werden, können Mindestarbeitsbedingungen festgesetzt werden. [2]Voraussetzung ist, daß die Entgelte der Hausgewerbetreibenden oder Gleichgestellten durch eine Entgeltregelung (§§ 17 bis 19) festgelegt sind.

(2) [1]Für die Festsetzung gilt § 19 entsprechend mit der Maßgabe, daß an die Stelle der Heimarbeitsausschüsse Entgeltausschüsse für fremde Hilfskräfte der Heimarbeit treten. [2]Für die Auslegung der Mindestarbeitsbedingungen gilt § 8 Abs. 3 entsprechend.

(3) [1]Die Entgeltausschüsse werden im Bedarfsfall durch die zuständige Arbeitsbehörde errichtet. [2]Für ihre Zusammensetzung und das Verfahren vor ihnen gelten § 4 Absätze 2 bis 4 und § 5 entsprechend. [3]Die Beisitzer und Stellvertreter sind aus Kreisen der beteiligten Arbeitnehmer einerseits sowie der Hausgewerbetreibenden und Gleichgestellten andererseits auf Grund von Vorschlägen der fachlich und räumlich zuständigen Gewerkschaften und Vereinigungen der Hausgewerbetreibenden oder Gleichgestellten, soweit solche nicht bestehen oder keine Vorschläge einreichen, nach Anhörung der Beteiligten jeweils zu berufen.

Siebenter Abschnitt. Entgeltschutz

§ 23 Entgeltprüfung. (1) Die Oberste Arbeitsbehörde des Landes hat für eine wirksame Überwachung der Entgelte und sonstigen Vertragsbedingungen durch Entgeltprüfer Sorge zu tragen.

(2) Die Entgeltprüfer haben die Innehaltung der Vorschriften des Dritten Abschnittes dieses Gesetzes und der gemäß den §§ 17 bis 19, 21 und 22 geregelten Entgelte und sonstigen Vertragsbedingungen zu überwachen sowie auf Antrag bei der Errechnung der Stückentgelte Berechnungshilfe zu leisten.

(3) Die Oberste Arbeitsbehörde des Landes kann die Aufgaben der Entgeltprüfer anderen Stellen übertragen, insbesondere für Bezirke, in denen Heimarbeit nur in geringem Umfange geleistet wird.

§ 24 Aufforderung zur Nachzahlung der Minderbeträge. [1]Hat ein Auftraggeber oder Zwischenmeister einem in Heimarbeit Beschäftigten oder einem Gleichgestellten ein Entgelt gezahlt, das niedriger ist als das in einer Entgeltregelung gemäß den §§ 17 bis 19 festgesetzte oder das in § 29 Abs. 5 oder 6 bestimmte, so kann ihn die Oberste Arbeitsbehörde des Landes oder die von ihr bestimmte Stelle auffordern, innerhalb einer in der Aufforderung festzusetzenden Frist den Minderbetrag nachzuzahlen und den Zahlungsnachweis vorzulegen. [2]Satz 1 gilt entsprechend für sonstige Vertragsbedingungen, die gemäß den §§ 17 bis 19 festgesetzt sind und die Geldleistungen an einen in Heimarbeit Beschäftigten oder einen Gleichgestellten zum Inhalt haben. [3]Die Oberste Arbeitsbehörde des Landes soll von einer Maßnahme nach Satz 1 absehen, wenn glaubhaft gemacht worden ist, daß ein Gleichgestellter im Falle des § 1 Abs. 6 nicht oder wahrheitswidrig geantwortet hat.

§ 25 Klagebefugnis der Länder. [1]Das Land, vertreten durch die Oberste Arbeitsbehörde oder die von ihr bestimmte Stelle, kann im eigenen Namen den Anspruch auf Nachzahlung des Minderbetrages an den Berechtigten gerichtlich geltend machen. [2]Das Urteil wirkt auch für und gegen den in Heimarbeit Beschäftigten oder den Gleichgestellten. [3] § 24 Satz 3 gilt entsprechend.

§ 26 Entgeltschutz für fremde Hilfskräfte. (1) Hat ein Hausgewerbetreibender oder Gleichgestellter einer fremden Hilfskraft ein Entgelt gezahlt, das niedriger ist als das durch Mindestarbeitsbedingungen (§ 22) festgesetzte, so gelten die Vorschriften der §§ 24 und 25 über die Aufforderung zur Nachzahlung der Minderbeträge und über die Klagebefugnis der Länder sinngemäß.

(2) [1]Das gleiche gilt, wenn ein Hausgewerbetreibender oder Gleichgestellter eine fremde Hilfskraft nicht nach der einschlägigen tariflichen Regelung entlohnt. [2]Voraussetzung ist, daß die Entgelte des Hausgewerbetreibenden oder Gleichgestellten durch eine Entgeltregelung (§§ 17 bis 19) festgelegt sind.

§ 27 Pfändungsschutz. Für das Entgelt, das den in Heimarbeit Beschäftigten oder den Gleichgestellten gewährt wird, gelten die Vorschriften über den Pfändungsschutz für Vergütungen, die auf Grund eines Arbeits- oder Dienstverhältnisses geschuldet werden, entsprechend.

Achter Abschnitt. Auskunfts- und Aufklärungspflicht über Entgelte

§ 28 (1) [1]Auftraggeber, Zwischenmeister, Beschäftigte und fremde Hilfskräfte haben den mit der Entgeltfestsetzung oder Entgeltprüfung beauftragten Stellen auf Verlangen Auskunft über alle die Entgelte berührenden Fragen zu erteilen und hierbei auch außer den Entgeltbelegen (§ 9) Arbeitsstücke, Stoffproben und sonstige Unterlagen für die Entgeltfestsetzung oder Entgeltprüfung vorzulegen. [2]Die mit der Entgeltfestsetzung oder Entgeltprüfung beauftragten Stellen können Erhebungen über Arbeitszeiten für einzelne Arbeitsstücke anstellen oder anstellen lassen.

(2) Der in Heimarbeit Beschäftigte und Gleichgestellte kann von seinem Auftraggeber verlangen, daß ihm die Berechnung und Zusammensetzung seines Entgelts erläutert wird.

Neunter Abschnitt. Kündigung

§ 29 Allgemeiner Kündigungsschutz. (1) Das Beschäftigungsverhältnis eines in Heimarbeit Beschäftigten kann beiderseits an jedem Tag für den Ablauf des folgenden Tages gekündigt werden.

(2) Wird ein in Heimarbeit Beschäftigter von einem Auftraggeber oder Zwischenmeister länger als vier Wochen beschäftigt, so kann das Beschäftigungsverhältnis beiderseits nur mit einer Frist von zwei Wochen gekündigt werden.

(3) ¹Wird ein in Heimarbeit Beschäftigter überwiegend von einem Auftraggeber oder Zwischenmeister beschäftigt, so kann das Beschäftigungsverhältnis mit einer Frist von vier Wochen zum Fünfzehnten oder zum Ende eines Kalendermonats gekündigt werden. ²Während einer vereinbarten Probezeit, längstens für die Dauer von sechs Monaten, beträgt die Kündigungsfrist zwei Wochen.

(4) ¹Unter der in Absatz 3 Satz 1 genannten Voraussetzung beträgt die Frist für eine Kündigung durch den Auftraggeber oder Zwischenmeister, wenn das Beschäftigungsverhältnis
1. zwei Jahre bestanden hat, einen Monat zum Ende eines Kalendermonats,
2. fünf Jahre bestanden hat, zwei Monate zum Ende eines Kalendermonats,
3. acht Jahre bestanden hat, drei Monate zum Ende eines Kalendermonats,
4. zehn Jahre bestanden hat, vier Monate zum Ende eines Kalendermonats,
5. zwölf Jahre bestanden hat, fünf Monate zum Ende eines Kalendermonats,
6. fünfzehn Jahre bestanden hat, sechs Monate zum Ende eines Kalendermonats,
7. zwanzig Jahre bestanden hat, sieben Monate zum Ende eines Kalendermonats.

²Bei der Berechnung der Beschäftigungsdauer werden Zeiten, die vor der Vollendung des 25. Lebensjahres des Beschäftigten liegen, nicht berücksichtigt.

(5) § 622 Abs. 4 bis 6 des Bürgerlichen Gesetzbuches gilt entsprechend.

(6) Für die Kündigung aus wichtigem Grund gilt § 626 des Bürgerlichen Gesetzbuches entsprechend.

(7) ¹Für die Dauer der Kündigungsfrist nach den Absätzen 2 bis 5 hat der Beschäftigte auch bei Ausgabe einer geringeren Arbeitsmenge Anspruch auf Arbeitsentgelt in Höhe von einem Zwölftel bei einer Kündigungsfrist von zwei Wochen, zwei Zwölfteln bei einer Kündigungsfrist von vier Wochen, drei Zwölfteln bei einer Kündigungsfrist von einem Monat, vier Zwölfteln bei einer Kündigungsfrist von zwei Monaten, sechs Zwölfteln bei einer Kündigungsfrist von drei Monaten, acht Zwölfteln bei einer Kündigungsfrist von vier Monaten, zehn Zwölfteln bei einer Kündigungsfrist von fünf Monaten, zwölf Zwölfteln bei einer Kündigungsfrist von sechs Monaten und vierzehn Zwölfteln bei einer Kündigungsfrist von sieben Monaten des Gesamtbetrages, den er in den dem Zugang der Kündigung vorausgegangenen 24 Wochen als Entgelt erhalten hat. ²Bei Entgelterhöhungen während des Berechnungszeitraums oder der Kündigungsfrist ist von dem erhöhten Entgelt auszugehen. ³Zeiten des Bezugs von Krankengeld und Kurzarbeitergeld sind in den Berechnungszeitraum nicht mit einzubeziehen.

(8) ¹Absatz 7 gilt entsprechend, wenn ein Auftraggeber oder Zwischenmeister die Arbeitsmenge, die er mindestens ein Jahr regelmäßig an einen Beschäftigten, auf den die Voraussetzungen der Absätze 2, 3, 4 oder 5 zutreffen, ausgegeben hat, um mindestens ein Viertel verringert, es sei denn, daß die Verringerung auf einer Festsetzung gemäß § 11 Abs. 2 beruht. ²Hat das Beschäftigungsverhältnis im Falle des Absatzes 2 ein Jahr noch nicht erreicht, so ist von der während der Dauer des Beschäftigungsverhältnisses ausgegebenen Arbeitsmenge auszugehen. ³Die Sätze 1 und 2 finden keine Anwendung, wenn die Verringerung der Arbeitsmenge auf rechtswirksam eingeführter Kurzarbeit beruht.

(9) Teilt ein Auftraggeber einem Zwischenmeister, der überwiegend für ihn Arbeit weitergibt, eine künftige Herabminderung der regelmäßig zu verteilenden Arbeitsmenge nicht rechtzeitig mit, so kann dieser vom Auftraggeber Ersatz der durch Einhaltung der Kündigungsfrist verursachten Aufwendungen insoweit verlangen, als während der Kündigungsfrist die Beschäftigung wegen des Verhaltens des Auftraggebers nicht möglich war.

§ 29 a Kündigungsschutz im Rahmen der Betriebsverfassung.

(1) ¹Die Kündigung des Beschäftigungsverhältnisses eines in Heimarbeit beschäftigten Mitglieds eines Betriebsrats oder einer Jugend- und Auszubildendenvertretung ist unzulässig, es sei denn, daß Tatsachen vorliegen, die einen Arbeitgeber zur Kündigung eines Arbeitsverhältnisses aus wichtigem Grund ohne Einhaltung einer Kündigungsfrist berechtigen würden, und daß die nach § 103 des Betriebsverfassungsgesetzes[1]) erforderliche Zustimmung vorliegt oder durch gerichtliche Entscheidung ersetzt ist. ²Nach Beendigung der Amtszeit ist die Kündigung innerhalb eines Jahres, jeweils vom Zeitpunkt der Beendigung der Amtszeit an gerechnet, unzulässig, es sei denn, daß Tatsachen vorliegen, die einen Arbeitgeber zur Kündigung eines Arbeitsverhältnisses aus wichtigem Grund ohne Einhaltung einer Kündigungsfrist berechtigen würden; dies gilt nicht, wenn die Beendigung der Mitgliedschaft auf einer gerichtlichen Entscheidung beruht.

(2) ¹Die Kündigung eines in Heimarbeit beschäftigten Mitglieds eines Wahlvorstands ist vom Zeitpunkt seiner Bestellung an, die Kündigung eines in Heimarbeit beschäftigten Wahlbewerbers vom Zeitpunkt der Aufstellung des Wahlvorschlags an jeweils bis zur Bekanntgabe des Wahlergebnisses unzulässig, es sei denn, daß Tatsachen vorliegen, die einen Arbeitgeber zur Kündigung eines Arbeitsverhältnisses aus wichtigem Grund ohne Einhaltung einer Kündigungsfrist berechtigen würden, und daß die nach § 103 des Betriebsverfassungsgesetzes[1]) erforderliche Zustimmung vorliegt oder durch eine gerichtliche Entscheidung ersetzt ist. ²Innerhalb von sechs Monaten nach Bekanntgabe des Wahlergebnisses ist die Kündigung unzulässig, es sei denn, daß Tatsachen vorliegen, die einen Arbeitgeber zur Kündigung eines Arbeitsverhältnisses aus wichtigem Grund ohne Einhaltung einer Kündigungsfrist berechtigen würden; dies gilt nicht für Mitglieder des Wahlvorstands, wenn dieser nach § 18 Abs. 1 des Betriebsverfassungsgesetzes[1]) durch gerichtliche Entscheidung durch einen anderen Wahlvorstand ersetzt wird.

(3) Wird die Vergabe von Heimarbeit eingestellt, so ist die Kündigung des Beschäftigungsverhältnisses der in den Absätzen 1 und 2 genannten Personen frühestens zum Zeitpunkt der Einstellung der Vergabe zulässig, es sei denn, daß die Kündigung zu einem früheren Zeitpunkt durch zwingende betriebliche Erfordernisse bedingt ist.

Zehnter Abschnitt. Ausgabeverbot

§ 30 Verbot der Ausgabe von Heimarbeit.
Die Oberste Arbeitsbehörde des Landes oder die von ihr bestimmte Stelle kann einer Person, die

1. in den letzten fünf Jahren wiederholt wegen eines Verstoßes gegen die Vorschriften dieses Gesetzes rechtskräftig verurteilt oder mit Geldbuße belegt worden ist,

---

[1]) Nr. 81.

2. der Obersten Arbeitsbehörde des Landes oder der von ihr bestimmten Stelle falsche Angaben gemacht oder falsche Unterlagen vorgelegt hat, um sich der Pflicht zur Nachzahlung von Minderbeträgen (§ 24) zu entziehen, oder
3. der Aufforderung der Obersten Arbeitsbehörde des Landes oder der von ihr bestimmten Stelle zur Nachzahlung von Minderbeträgen (§ 24) wiederholt nicht nachgekommen ist oder die Minderbeträge nach Aufforderung zwar nachgezahlt, jedoch weiter zu niedrige Entgelte gezahlt hat,

die Aus- und Weitergabe von Heimarbeit verbieten.

Elfter Abschnitt. Straftaten und Ordnungswidrigkeiten

§ 31 Ausgabe verbotener Heimarbeit. (1) Wer Heimarbeit, die nach einer zur Durchführung des Gefahrenschutzes erlassenen Rechtsvorschrift (§ 13 Abs. 2, § 14 Abs. 3, § 34 Abs. 2 Satz 2) verboten ist, ausgibt oder weitergibt, wird mit Freiheitsstrafe bis zu einem Jahr oder mit Geldstrafe bestraft.

(2) Handelt der Täter fahrlässig, so ist die Strafe Freiheitsstrafe bis zu sechs Monaten oder Geldstrafe bis zu einhundertachtzig Tagessätzen.

§ 32 Straftaten und Ordnungswidrigkeiten im Bereich des Arbeits- und Gefahrenschutzes. (1) ¹Ordnungswidrig handelt, wer, abgesehen von den Fällen des § 31, vorsätzlich oder fahrlässig
1. einer zur Durchführung des Gefahrenschutzes erlassenen Rechtsvorschrift (§§ 13, 14 Abs. 1, 3, § 34 Abs. 2 Satz 2), soweit sie für einen bestimmten Tatbestand auf diese Bußgeldvorschrift verweist, oder
2. einer vollziehbaren Verfügung nach § 14 Abs. 2 oder § 16 a

zuwiderhandelt. ²Die in Satz 1 Nr. 1 vorgeschriebene Verweisung ist nicht erforderlich, soweit die dort genannten Rechtsvorschriften vor Inkrafttreten dieses Gesetzes erlassen sind.

(2) Die Ordnungswidrigkeit kann mit einer Geldbuße bis zu zehntausend Euro geahndet werden.

(3) Wer vorsätzlich eine der in Absatz 1 bezeichneten Handlungen begeht und dadurch in Heimarbeit Beschäftigte in ihrer Arbeitskraft oder Gesundheit gefährdet, wird mit Freiheitsstrafe bis zu einem Jahr oder mit Geldstrafe bestraft.

(4) Wer in den Fällen des Absatzes 3 die Gefahr fahrlässig verursacht, wird mit Freiheitsstrafe bis zu sechs Monaten oder mit Geldstrafe bis zu einhundertachtzig Tagessätzen bestraft.

§ 32 a Sonstige Ordnungswidrigkeiten. (1) Ordnungswidrig handelt, wer vorsätzlich oder fahrlässig einem nach § 30 ergangenen vollziehbaren Verbot der Ausgabe oder Weitergabe von Heimarbeit zuwiderhandelt.

(2) Ordnungswidrig handelt auch, wer vorsätzlich oder fahrlässig
1. einer Vorschrift über die Listenführung (§ 6), die Mitteilung oder Anzeige von Heimarbeit (§§ 7, 15), die Unterrichtungspflicht (§ 7 a), die Offenlegung der Entgeltverzeichnisse (§ 8), die Entgeltbelege (§ 9) oder die Auskunftspflicht über die Entgelte (§ 28 Abs. 1) zuwiderhandelt,
2. einer vollziehbaren Anordnung zum Schutze der Heimarbeiter vor Zeitversäumnis (§ 10) zuwiderhandelt,

3. einer Regelung zur Verteilung der Heimarbeit nach § 11 Abs. 2 zuwiderhandelt, soweit sie für einen bestimmten Tatbestand auf diese Bußgeldvorschrift verweist oder
4. als in Heimarbeit Beschäftigter (§ 1 Abs. 1) oder diesem Gleichgestellter (§ 1 Abs. 2) duldet, daß ein mitarbeitender Familienangehöriger eine Zuwiderhandlung nach § 32 begeht.

(3) Die Ordnungswidrigkeit nach Absatz 1 kann mit einer Geldbuße bis zu zehntausend Euro, die Ordnungswidrigkeit nach Absatz 2 mit einer Geldbuße bis zu zweitausendfünfhundert Euro geahndet werden.

Zwölfter Abschnitt. Schlußvorschriften

§ 33 Durchführungsvorschriften. (1) Das Bundesministerium für Arbeit und Soziales wird ermächtigt, mit Zustimmung des Bundesrates und nach Anhörung der Spitzenverbände der Gewerkschaften und der Vereinigungen der Arbeitgeber die zur Durchführung dieses Gesetzes erforderlichen Rechtsverordnungen zu erlassen über
a) das Verfahren bei der Gleichstellung (§ 1 Abs. 2 bis 5);
b) die Errichtung von Heimarbeitsausschüssen und von Entgeltausschüssen für fremde Hilfskräfte der Heimarbeit und das Verfahren vor ihnen (§§ 4, 5, 11, 18 bis 22);
c) Form, Inhalt und Einsendung der Listen und der Anzeige bei erstmaliger Ausgabe von Heimarbeit (§§ 6 und 7);
d) Form, Inhalt, Ausgabe und Aufbewahrung von Entgeltbelegen (§ 9).

(2) Das Bundesministerium für Arbeit und Soziales kann mit Zustimmung des Bundesrates und nach Anhörung der Spitzenverbände der Gewerkschaften und der Vereinigung der Arbeitgeber allgemeine Verwaltungsvorschriften für die Durchführung dieses Gesetzes erlassen.

§ 34 Inkrafttreten. (1) Das Gesetz tritt einen Monat nach seiner Verkündung[1], der § 33 am Tage nach der Verkündung in Kraft.

(2) ¹Mit dem Inkrafttreten dieses Gesetzes treten das Gesetz über die Heimarbeit in der Fassung der Bekanntmachung vom 30. Oktober 1939 (Reichsgesetzbl. I S. 2145) und die Verordnung zur Durchführung des Gesetzes über die Heimarbeit vom 30. Oktober 1939 (Reichsgesetzbl. I S. 2152) außer Kraft. ²Die auf Grund der bisherigen gesetzlichen Vorschriften zur Durchführung des Gefahrenschutzes erlassenen Verordnungen bleiben mit der Maßgabe in Kraft, daß anstelle der in ihnen erwähnten Vorschriften des Gesetzes über die Heimarbeit in der Fassung vom 30. Oktober 1939 und des Hausarbeitsgesetzes in der Fassung vom 30. Juni 1923 (Reichsgesetzbl. S. 472/730) die entsprechenden Vorschriften dieses Gesetzes treten.

---

[1] Verkündet am 21. 3. 1951.

VI. Koaltitionsfreiheit und Tarifautonomie

71. Vertrag über die Schaffung einer Währungs-, Wirtschafts- und Sozialunion zwischen der Bundesrepublik Deutschland und der Deutschen Demokratischen Republik

Vom 18. Mai 1990

(BGBl. II S. 537)

– Auszug –

Gemeinsames Protokoll über Leitsätze

A. Generelle Leitsätze

I., II. ...

III. Sozialunion

1. Jedermann hat das Recht, zur Wahrung und Förderung der Arbeits- und Wirtschaftsbedingungen Vereinigungen zu bilden, bestehenden Vereinigungen beizutreten, aus solchen Vereinigungen auszutreten und ihnen fernzubleiben. Ferner wird das Recht gewährleistet, sich in den Koalitionen zu betätigen. Alle Abreden, die diese Rechte einschränken, sind unwirksam. Gewerkschaften und Arbeitgeberverbände sind in ihrer Bildung, ihrer Existenz, ihrer organisatorischen Autonomie und ihrer koalitionsgemäßen Betätigung geschützt.
2. Tariffähige Gewerkschaften und Arbeitgeberverbände müssen frei gebildet, gegnerfrei, auf überbetrieblicher Grundlage organisiert und unabhängig sein sowie das geltende Tarifrecht als für sich verbindlich anerkennen; ferner müssen sie in der Lage sein, durch Ausüben von Druck auf den Tarifpartner zu einem Tarifabschluß zu kommen.
3. Löhne und sonstige Arbeitsbedingungen werden nicht vom Staat, sondern durch freie Vereinbarungen von Gewerkschaften, Arbeitgeberverbänden und Arbeitgebern festgelegt.
4. Rechtsvorschriften, die besondere Mitwirkungsrechte des Freien Deutschen Gewerkschaftsbundes, von Betriebsgewerkschaftsorganisationen und betrieblichen Gewerkschaftsleitungen vorsehen, werden nicht mehr angewendet.

72. Tarifvertragsgesetz (TVG)[1)]

In der Fassung der Bekanntmachung vom 25. August 1969[2)]
(BGBl. I S. 1323)

FNA 802-1

zuletzt geänd. durch Art. 223 Neunte ZuständigkeitsanpassungsVO v. 31. 10. 2006 (BGBl. I S. 2407)

§ 1 Inhalt und Form des Tarifvertrages. (1) Der Tarifvertrag regelt die Rechte und Pflichten der Tarifvertragsparteien und enthält Rechtsnormen, die den Inhalt, den Abschluß und die Beendigung von Arbeitsverhältnissen sowie betriebliche und betriebsverfassungsrechtliche Fragen ordnen können[3)].

(2) Tarifverträge bedürfen der Schriftform.

§ 2 Tarifvertragsparteien. (1) Tarifvertragsparteien sind Gewerkschaften, einzelne Arbeitgeber sowie Vereinigungen von Arbeitgebern.

(2) Zusammenschlüsse von Gewerkschaften und von Vereinigungen von Arbeitgebern (Spitzenorganisationen) können im Namen der ihnen angeschlossenen Verbände Tarifverträge abschließen, wenn sie eine entsprechende Vollmacht haben.

(3) Spitzenorganisationen können selbst Parteien eines Tarifvertrages sein, wenn der Abschluß von Tarifverträgen zu ihren satzungsgemäßen Aufgaben gehört.

(4) In den Fällen der Absätze 2 und 3 haften sowohl die Spitzenorganisationen wie die ihnen angeschlossenen Verbände für die Erfüllung der gegenseitigen Verpflichtungen der Tarifvertragsparteien.

[1)] Für das Gebiet der ehem. DDR gilt das TVG mit folgender Maßgabe:
Bis zum Abschluss eines neuen Tarifvertrages ist der geltende Rahmenkollektivvertrag oder Tarifvertrag mit nachträgen und Zusatzvereinbarungen weiter anzuwenden, soweit eine Registrierung entsprechend dem Arbeitsgesetzbuch erfolgt ist. Der Rahmenkollektivvertrag oder Tarifvertrag tritt ganz oder teilweise außer Kraft, wenn für denselben Geltungsbereich oder Teile desselben ein neuer Tarifvertrag in Kraft tritt. Bestimmungen bisheriger Rahmenkollektivverträge oder Tarifverträge, die im neuen Tarifvertrag nicht aufgehoben oder ersetzt sind, gelten weiter.
Rationalisierungsschutzabkommen, die vor dem 1. Juli 1990 abgeschlossen und registriert worden sind, treten ohne Nachwirkung am 31. Dezember 1990 außer Kraft; soweit Arbeitnehmer bis zum 31. Dezember 1990 die Voraussetzungen der Rationalisierungsschutzabkommen erfüllt haben, bleiben deren Ansprüche und Rechte vorbehaltlich neuer tarifvertraglicher Regelungen unberührt. Die Regelungen des Artikels 20 des Vertrages und der dazu ergangenen Anlagen bleiben unberührt.
Vgl. Einigungsvertrag v. 31. 8. 1990 (BGBl. II S. 885, 889), geänd. durch Vereinb. v. 18. 9. 1990 (BGBl. II 885, 1239) vom 31. August 1990 (BGBl. II S. 889/1023).
[2)] Neubekanntmachung des TVG i.d.F. vom 9. 4. 1949 (WiGBl. S. 55) in der ab 1. 9. 1969 geltenden Fassung.
[3)] Hiernach erfolgt die Regelung von Entgelten und sonstigen Arbeitsbedingungen grundsätzlich in freier Vereinbarung zwischen den Tarifvertragsparteien durch Tarifverträge. Zur Regelung von Entgelten und sonstigen Arbeitsbedingungen können jedoch unter bestimmten Voraussetzungen durch staatliche Stellen Mindestarbeitsbedingungen festgesetzt werden (vgl. Gesetz über die Festsetzung von Mindestarbeitsbedingungen (Nr. **73**).

Tarifvertragsgesetz

§ 3 Tarifgebundenheit. (1) Tarifgebunden sind die Mitglieder der Tarifvertragsparteien und der Arbeitgeber, der selbst Partei des Tarifvertrages ist.

(2) Rechtsnormen des Tarifvertrages über betriebliche und betriebsverfassungsrechtliche Fragen gelten für alle Betriebe, deren Arbeitgeber tarifgebunden ist.

(3) Die Tarifgebundenheit bleibt bestehen, bis der Tarifvertrag endet.

§ 4 Wirkung der Rechtsnormen. (1) [1]Die Rechtsnormen des Tarifvertrages, die den Inhalt, den Abschluß oder die Beendigung von Arbeitsverhältnissen ordnen, gelten unmittelbar und zwingend zwischen den beiderseits Tarifgebundenen, die unter den Geltungsbereich des Tarifvertrages fallen. [2]Diese Vorschrift gilt entsprechend für Rechtsnormen des Tarifvertrages über betriebliche und betriebsverfassungsrechtliche Fragen.

(2) Sind im Tarifvertrag gemeinsame Einrichtungen der Tarifvertragsparteien vorgesehen und geregelt (Lohnausgleichskassen, Urlaubskassen usw.), so gelten diese Regelungen auch unmittelbar und zwingend für die Satzung dieser Einrichtung und das Verhältnis der Einrichtung zu den tarifgebundenen Arbeitgebern und Arbeitnehmern.

(3) Abweichende Abmachungen sind nur zulässig, soweit sie durch den Tarifvertrag gestattet sind oder eine Änderung der Regelungen zugunsten des Arbeitnehmers enthalten.

(4) [1]Ein Verzicht auf entstandene tarifliche Rechte ist nur in einem von den Tarifvertragsparteien gebilligten Vergleich zulässig. [2]Die Verwirkung von tariflichen Rechten ist ausgeschlossen. [3]Ausschlußfristen für die Geltendmachung tariflicher Rechte können nur im Tarifvertrag vereinbart werden.

(5) Nach Ablauf des Tarifvertrages gelten seine Rechtsnormen weiter, bis sie durch eine andere Abmachung ersetzt werden.

§ 5 Allgemeinverbindlichkeit. (1) [1]Das Bundesministerium für Arbeit und Soziales kann einen Tarifvertrag im Einvernehmen mit einem aus je drei Vertretern der Spitzenorganisationen der Arbeitgeber und der Arbeitnehmer bestehenden Ausschuß auf Antrag einer Tarifvertragspartei für allgemeinverbindlich erklären, wenn

1. die tarifgebundenen Arbeitgeber nicht weniger als 50 vom Hundert der unter den Geltungsbereich des Tarifvertrages fallenden Arbeitnehmer beschäftigen und
2. die Allgemeinverbindlicherklärung im öffentlichen Interesse geboten erscheint.

[2]Von den Voraussetzungen der Nummern 1 und 2 kann abgesehen werden, wenn die Allgemeinverbindlicherklärung zur Behebung eines sozialen Notstandes erforderlich erscheint.

(2) Vor der Entscheidung über den Antrag ist Arbeitgebern und Arbeitnehmern, die von der Allgemeinverbindlicherklärung betroffen werden würden, den am Ausgang des Verfahrens interessierten Gewerkschaften und Vereinigungen der Arbeitgeber sowie den obersten Arbeitsbehörden der Länder, auf deren Bereich sich der Tarifvertrag erstreckt, Gelegenheit zur schriftlichen Stellungnahme sowie zur Äußerung in einer mündlichen und öffentlichen Verhandlung zu geben.

(3) Erhebt die oberste Arbeitsbehörde eines beteiligten Landes Einspruch gegen die beantragte Allgemeinverbindlicherklärung, so kann Das Bundesministerium für Arbeit und Soziales dem Antrag nur mit Zustimmung der Bundesregierung stattgeben.

(4) Mit der Allgemeinverbindlicherklärung erfassen die Rechtsnormen des Tarifvertrages in seinem Geltungsbereich auch die bisher nicht tarifgebundenen Arbeitgeber und Arbeitnehmer.

(5) [1]Das Bundesministerium für Arbeit und Soziales kann die Allgemeinverbindlicherklärung eines Tarifvertrages im Einvernehmen mit dem in Absatz 1 genannten Ausschuß aufheben, wenn die Aufhebung im öffentlichen Interesse geboten erscheint. [2]Die Absätze 2 und 3 gelten entsprechend. [3]Im übrigen endet die Allgemeinverbindlichkeit eines Tarifvertrages mit dessen Ablauf.

(6) Das Bundesministerium für Arbeit und Soziales kann der obersten Arbeitsbehörde eines Landes für einzelne Fälle das Recht zur Allgemeinverbindlicherklärung sowie zur Aufhebung der Allgemeinverbindlichkeit übertragen.

(7) Die Allgemeinverbindlicherklärung wie die Aufhebung der Allgemeinverbindlichkeit bedürfen der öffentlichen Bekanntmachung.

§ 6 Tarifregister. Bei dem Bundesministerium für Arbeit und Soziales wird ein Tarifregister geführt, in das der Abschluß, die Änderung und die Aufhebung der Tarifverträge sowie der Beginn und die Beendigung der Allgemeinverbindlichkeit eingetragen werden.

§ 7 Übersendungs- und Mitteilungspflicht. (1) [1]Die Tarifvertragsparteien sind verpflichtet, dem Bundesministerium für Arbeit und Soziales innerhalb eines Monats nach Abschluß kostenfrei die Urschrift oder eine beglaubigte Abschrift sowie zwei weitere Abschriften eines jeden Tarifvertrages und seiner Änderungen zu übersenden; sie haben ihm das Außerkrafttreten eines jeden Tarifvertrages innerhalb eines Monats mitzuteilen. [2]Sie sind ferner verpflichtet, den obersten Arbeitsbehörden der Länder, auf deren Bereich sich der Tarifvertrag erstreckt, innerhalb eines Monats nach Abschluß kostenfrei je drei Abschriften des Tarifvertrages und seiner Änderungen zu übersenden und auch das Außerkrafttreten des Tarifvertrages innerhalb eines Monats mitzuteilen. [3]Erfüllt eine Tarifvertragspartei die Verpflichtungen, so werden die übrigen Tarifvertragsparteien davon befreit.

(2) [1]Ordnungswidrig handelt, wer vorsätzlich oder fahrlässig entgegen Absatz 1 einer Übersendungs- oder Mitteilungspflicht nicht, unrichtig, nicht vollständig oder nicht rechtzeitig genügt. [2]Die Ordnungswidrigkeit kann mit einer Geldbuße geahndet werden.

(3) Verwaltungsbehörde im Sinne des § 36 Abs. 1 Nr. 1 des Gesetzes über Ordnungswidrigkeiten ist die Behörde, der gegenüber die Pflicht nach Absatz 1 zu erfüllen ist.

§ 8 Bekanntgabe des Tarifvertrages. Die Arbeitgeber sind verpflichtet, die für ihren Betrieb maßgebenden Tarifverträge an geeigneter Stelle im Betrieb auszulegen.

§ 9 Feststellung der Rechtswirksamkeit. Rechtskräftige Entscheidungen der Gerichte für Arbeitssachen, die in Rechtsstreitigkeiten zwischen Tarifvertragsparteien aus dem Tarifvertrag oder über das Bestehen oder Nichtbestehen des Tarifvertrages ergangen sind, sind in Rechtsstreitigkeiten zwischen tarifgebundenen Parteien sowie zwischen diesen und Dritten für die Gerichte und Schiedsgerichte bindend.

§ 10 Tarifvertrag und Tarifordnungen. (1) Mit dem Inkrafttreten eines Tarifvertrages treten Tarifordnungen und Anordnungen auf Grund der Verordnung über die Lohngestaltung vom 25. Juni 1938 (Reichsgesetzbl. I S. 691) und ihrer Durchführungsverordnung vom 23. April 1941 (Reichsgesetzbl. I S. 222), die für den Geltungsbereich des Tarifvertrages oder Teile desselben erlassen worden sind, außer Kraft, mit Ausnahme solcher Bestimmungen, die durch den Tarifvertrag nicht geregelt worden sind.

(2) Das Bundesministerium für Arbeit und Soziales kann Tarifordnungen und die in Abs. 1 bezeichneten Anordnungen aufheben; die Aufhebung bedarf der öffentlichen Bekanntmachung.

§ 11 Durchführungsbestimmungen. Das Bundesministerium für Arbeit und Soziales kann unter Mitwirkung der Spitzenorganisationen der Arbeitgeber und der Arbeitnehmer die zur Durchführung des Gesetzes erforderlichen Verordnungen[1]) erlassen, insbesondere über
1. die Errichtung und die Führung des Tarifregisters und des Tarifarchivs;
2. das Verfahren bei der Allgemeinverbindlicherklärung von Tarifverträgen und der Aufhebung von Tarifordnungen und Anordnungen, die öffentlichen Bekanntmachungen bei der Antragsstellung, der Erklärung und Beendigung der Allgemeinverbindlichkeit und der Aufhebung von Tarifordnungen und Anordnungen sowie die hierdurch entstehenden Kosten;
3. den in § 5 genannten Ausschuß.

§ 12 Spitzenorganisationen. [1]Spitzenorganisationen im Sinne dieses Gesetzes sind – unbeschadet der Regelung in § 2 – diejenigen Zusammenschlüsse von Gewerkschaften oder von Arbeitgebervereinigungen, die für die Vertretung der Arbeitnehmer – oder der Arbeitgeberinteressen im Arbeitsleben des Bundesgebietes wesentliche Bedeutung haben. [2]Ihnen stehen gleich Gewerkschaften und Arbeitgebervereinigungen, die keinem solchen Zusammenschluß angehören, wenn sie die Voraussetzungen des letzten Halbsatzes in Satz 1 erfüllen.

§ 12a Arbeitnehmerähnliche Personen. (1) Die Vorschriften dieses Gesetzes gelten entsprechend
1. für Personen, die wirtschaftlich abhängig und vergleichbar einem Arbeitnehmer sozial schutzbedürftig sind (arbeitnehmerähnliche Personen), wenn sie auf Grund von Dienst- oder Werkverträgen für andere Personen tätig sind, die geschuldeten Leistungen persönlich und im wesentlichen ohne Mitarbeit von Arbeitnehmern erbringen und
   a) überwiegend für eine Person tätig sind oder

---

[1]) Siehe hierzu die VO zur Durchführung des TVG v. 16. 1. 1989 (BGBl. I S. 76), zuletzt geänd. durch VO v. 31. 10. 2006 (BGBl. I S. 2407); **Nipperdey I** Arbeitsgesetze Nr. **504a**.

b) ihnen von einer Person im Durchschnitt mehr als die Hälfte des Entgelts zusteht, das ihnen für ihre Erwerbstätigkeit insgesamt zusteht; ist dies nicht voraussehbar, so sind für die Berechnung, soweit im Tarifvertrag nichts anderes vereinbart ist, jeweils die letzten sechs Monate, bei kürzerer Dauer der Tätigkeit dieser Zeitraum, maßgebend,

2. für die in Nummer 1 genannten Personen, für die die arbeitnehmerähnlichen Personen tätig sind, sowie für die zwischen ihnen und den arbeitnehmerähnlichen Personen durch Dienst- oder Werkverträge begründeten Rechtsverhältnisse.

(2) Mehrere Personen, für die arbeitnehmerähnliche Personen tätig sind, gelten als eine Person, wenn diese mehreren Personen nach der Art eines Konzerns (§ 18 des Aktiengesetzes) zusammengefaßt sind oder zu einer zwischen ihnen bestehenden Organisationsgemeinschaft oder nicht nur vorübergehenden Arbeitsgemeinschaft gehören.

(3) Die Absätze 1 und 2 finden auf Personen, die künstlerische, schriftstellerische oder journalistische Leistungen erbringen, sowie auf Personen, die an der Erbringung, insbesondere der technischen Gestaltung solcher Leistungen unmittelbar mitwirken, auch dann Anwendung, wenn ihnen abweichend von Absatz 1 Nr. 1 Buchstabe b erster Halbsatz von einer Person im Durchschnitt mindestens ein Drittel des Entgelts zusteht, das ihnen für ihre Erwerbstätigkeit insgesamt zusteht.

(4) Die Vorschrift findet keine Anwendung auf Handelsvertreter im Sinne des § 84 des Handelsgesetzbuchs[1]).

§ 12 b Berlin-Klausel. *(gegenstandslos)*

§ 13 Inkrafttreten.
(1) Dieses Gesetz tritt mit seiner Verkündung in Kraft.[2])

(2) Tarifverträge, die vor dem Inkrafttreten dieses Gesetzes abgeschlossen sind, unterliegen diesem Gesetz.

---

[1]) Nr. 13.
[2]) **Amtl. Anm.:** Die Vorschrift betrifft das Inkrafttreten des Gesetzes in der Fassung vom 9. April 1949 (Gesetzblatt der Verwaltung des Vereinigten Wirtschaftsgebietes S. 55). Der Zeitpunkt des Inkrafttretens der späteren Änderungen und Ergänzungen ergibt sich aus den in der vorangestellten Bekanntmachung bezeichneten Vorschriften.

73. Gesetz über die Festsetzung von Mindestarbeitsbedingungen

Vom 11. Januar 1952
(BGBl. I S. 17)
FNA 802-2
zuletzt geänd. durch Art. 224 Neunte ZuständigkeitsanpassungsVO v. 31. 10. 2006
(BGBl. I S. 2407)

Erster Abschnitt. Festsetzung von Mindestarbeitsbedingungen

§ 1 [Festsetzung von Mindestarbeitsbedingungen] (1) Die Regelung von Entgelten und sonstigen Arbeitsbedingungen erfolgt grundsätzlich in freier Vereinbarung zwischen den Tarifvertragsparteien durch Tarifverträge[1].

(2) Mindestarbeitsbedingungen können zur Regelung von Entgelten und sonstigen Arbeitsbedingungen festgesetzt werden, wenn

a) Gewerkschaften oder Vereinigungen von Arbeitgebern für den Wirtschaftszweig oder die Beschäftigungsart nicht bestehen oder nur eine Minderheit der Arbeitnehmer oder der Arbeitgeber umfassen und

b) die Festsetzung von Mindestarbeitsbedingungen zur Befriedigung der notwendigen sozialen und wirtschaftlichen Bedürfnisse der Arbeitnehmer erforderlich erscheint und

c) eine Regelung von Entgelten oder sonstigen Arbeitsbedingungen durch Allgemeinverbindlicherklärung eines Tarifvertrages nicht erfolgt ist.

(3) Die Vorschriften des Heimarbeitsgesetzes[2] werden durch dieses Gesetz nicht berührt.

§ 2 [Hauptausschuß] (1) Das Bundesministerium für Arbeit und Soziales errichtet einen Hauptausschuß für Mindestarbeitsbedingungen (Hauptausschuß).

(2) ¹Der Hauptausschuß besteht aus dem Bundesminister für Arbeit und Soziales oder einer von ihm bestimmten Person als Vorsitzendem und je fünf Vertretern der Gewerkschaften und der Vereinigungen der Arbeitgeber als Mitgliedern. ²Für jedes Mitglied ist mindestens ein Stellvertreter zu bestellen.

(3) Das Bundesministerium für Arbeit und Soziales beruft die Mitglieder und ihre Stellvertreter unter billiger Berücksichtigung der Minderheiten auf Grund von Vorschlägen der Gewerkschaften und Vereinigungen der Arbeitgeber auf die Dauer von drei Jahren.

(4) Der Hauptausschuß ist von Amts wegen oder auf Antrag von mindestens fünf Mitgliedern einzuberufen.

(5) Die Tätigkeit der Mitglieder und ihrer Stellvertreter ist ehrenamtlich.

---

[1] Siehe das Tarifvertragsgesetz (Nr. **72**).
[2] Nr. **60**.

§ 3 [Wirtschaftszweige und Beschäftigungsarten] (1) Das Bundesministerium für Arbeit und Soziales bestimmt im Einvernehmen mit dem Hauptausschuß die Wirtschaftszweige oder Beschäftigungsarten, für die Mindestarbeitsbedingungen zu erlassen oder aufzuheben sind.

(2) Der Hauptausschuß kann die Festsetzung von Mindestarbeitsbedingungen, deren Änderung oder Aufhebung vorschlagen.

§ 4 [Fachausschüsse] (1) Das Bundesministerium für Arbeit und Soziales errichtet Fachausschüsse für die Wirtschaftszweige und Beschäftigungsarten, für die Mindestarbeitsbedingungen festgesetzt werden sollen.

(2) Der Fachausschuß setzt die Mindestarbeitsbedingungen durch Beschluß fest.

(3) [1]Die Mindestarbeitsbedingungen bedürfen der Zustimmung des Das Bundesministerium für Arbeit und Soziales. [2]Stimmt das Bundesministerium für Arbeit und Soziales zu, so erläßt es die vom Fachausschuß festgesetzten Mindestarbeitsbedingungen als Rechtsverordnung; die Rechtsverordnung bedarf nicht der Zustimmung des Bundesrates. [3]Sie ist an der vom Bundesministerium für Arbeit und Soziales zu bestimmenden Stelle zu verkünden und tritt am Tage nach der Verkündung in Kraft, sofern das Bundesministerium für Arbeit und Soziales keinen anderen Zeitpunkt bestimmt.

(4) Durch Mindestarbeitsbedingungen wird die unterste Grenze der Entgelte und sonstigen Arbeitsbedingungen in einem Wirtschaftszweig oder einer Beschäftigungsart festgelegt.

§ 5 [Zusammensetzung der Fachausschüsse] (1) [1]Der Fachausschuß besteht aus mindestens je drei, höchstens je fünf Beisitzern aus Kreisen der beteiligten Arbeitnehmer und Arbeitgeber und einem vom Bundesministerium für Arbeit und Soziales bestimmten Vorsitzenden. [2]Weitere sachverständige Personen können zugezogen werden; sie haben jedoch kein Stimmrecht.

(2) [1]Die Beschlüsse des Fachausschusses werden mit einfacher Stimmenmehrheit gefaßt. [2]Bei der Beschlußfassung hat sich der Vorsitzende zunächst der Stimme zu enthalten; kommt eine Stimmenmehrheit nicht zustande, so übt nach weiterer Beratung der Vorsitzende sein Stimmrecht aus.

§ 6 [Beisitzer der Fachausschüsse] (1) [1]Das Bundesministerium für Arbeit und Soziales beruft als Beisitzer der Fachausschüsse geeignete Personen auf Grund von Vorschlägen der Gewerkschaften und der Vereinigungen von Arbeitgebern für die Dauer von drei Jahren. [2]Soweit keine Vorschläge eingereicht werden, sind die Beisitzer dieser Seite aus den Kreisen der Beteiligten zu berufen. [3]Für jeden Beisitzer ist mindestens ein Stellvertreter zu bestellen.

(2) Für die Beisitzer des Fachausschusses finden die für die Beisitzer der Arbeitsgerichte geltenden Vorschriften über die Voraussetzungen für das Beisitzeramt, die Besonderheiten für Beisitzer aus Kreisen der Arbeitnehmer und Arbeitgeber, die Ablehnung des Beisitzeramts und den Schutz der Beisitzer aus Kreisen der Arbeitnehmer mit den sich aus Absatz 3 ergebenden Abweichungen sinngemäß Anwendung.

(3) [1]Wird das Fehlen einer Voraussetzung für die Berufung nachträglich bekannt oder fällt eine Voraussetzung nachträglich fort oder verletzt ein Beisitzer gröblich seine Amtspflichten, so kann ihn das Bundesministerium für

Arbeit und Soziales seines Amtes entheben. ²Über die Berechtigung zur Ablehnung des Beisitzeramtes entscheidet das Bundesministerium für Arbeit und Soziales.

(4) ¹Das Beisitzeramt ist ein Ehrenamt. ²Die Beisitzer erhalten eine angemessene Entschädigung für den ihnen aus der Wahrnehmung ihrer Tätigkeit erwachsenden Verdienstausfall und Aufwand sowie Ersatz der Fahrtkosten entsprechend den für die Beisitzer der Arbeitsgerichte geltenden Vorschriften. ³Die Entschädigung und die erstattungsfähigen Fahrtkosten setzt im Einzelfall der Vorsitzende des Fachausschusses fest.

§ 7 [Stellungnahme der Beteiligten] Vor Festsetzung von Mindestarbeitsbedingungen gibt das Bundesministerium für Arbeit und Soziales den obersten Arbeitsbehörden der beteiligten Länder, den Arbeitnehmern und Arbeitgebern, die von der Regelung berührt würden, sowie den zuständigen Gewerkschaften und Vereinigungen von Arbeitgebern, soweit solche bestehen, Gelegenheit zu schriftlicher Stellungnahme, sowie zur Äußerung in einer öffentlichen mündlichen Verhandlung vor dem Fachausschuß.

§ 8 [Geltung von Tarifvertragsrecht] (1) Für die Mindestarbeitsbedingungen gelten, soweit sich nicht aus dem Fehlen von Tarifvertragsparteien oder aus diesem Gesetz etwas anderes ergibt, die gesetzlichen Vorschriften über den Tarifvertrag sinngemäß.

(2) Tarifvertragliche Bestimmungen gehen den Mindestarbeitsbedingungen vor.

(3) ¹Ein Verzicht auf entstandene Rechte aus den Mindestarbeitsbedingungen ist nur durch Vergleich zulässig. ²Er bedarf der Billigung der obersten Arbeitsbehörde des Landes oder der von ihr bestimmten Stelle.

§ 9 [Änderung und Aufhebung] Die § 4 bis 7 gelten entsprechend für die Änderung und Aufhebung von Mindestarbeitsbedingungen.

§ 10 [Übertragung von Befugnissen des Bundesarbeitsministers] ¹Das Bundesministerium für Arbeit und Soziales kann die Befugnis zur Errichtung von Fachausschüssen und zum Erlaß von Mindestarbeitsbedingungen auf die oberste Arbeitsbehörde eines Landes übertragen, wenn Mindestarbeitsbedingungen festgesetzt werden sollen, die nach Umfang, Auswirkung und Bedeutung nur ein Land betreffen. ²Im Falle der Übertragung gelten die § 4 bis 9 entsprechend.

Zweiter Abschnitt. Überwachung von Mindestarbeitsbedingungen

§ 11 [Auslagepflicht; Auskunftspflicht] (1) Die Arbeitgeber sind verpflichtet, die für ihren Betrieb maßgebenden Mindestarbeitsbedingungen an geeigneter Stelle im Betrieb auszulegen, sowie jedem Arbeitnehmer auszuhändigen, dessen Arbeitsverhältnis durch die Mindestarbeitsbedingungen geregelt ist.

(2) Arbeitnehmer und Arbeitgeber haben den mit der Festsetzung und Überwachung von Mindestarbeitsbedingungen beauftragten Stellen auf Verlangen Auskunft über alle die Arbeitsbedingungen betreffenden Fragen zu erteilen und die gewünschten Unterlagen vorzulegen.

§ 12 [Überwachung] [1] Die oberste Arbeitsbehörde des Landes hat für eine wirksame Überwachung der Einhaltung der Mindestarbeitsbedingungen Sorge zu tragen. [2] Sie kann die Aufgaben der Überwachung anderen Stellen übertragen.

§ 13 [Nichteinhaltung von Mindestarbeitsbedingungen] Hat ein Arbeitgeber die Mindestarbeitsbedingungen nicht eingehalten, so kann ihn die oberste Arbeitsbehörde des Landes oder die von ihr bestimmte Stelle auffordern, innerhalb einer in der Aufforderung festzusetzenden Frist die bestehenden Ansprüche zu befriedigen und den Leistungsnachweis vorzulegen.

§ 14 [Gerichtliche Geltendmachung von Ansprüchen] [1] Das Land, vertreten durch die oberste Arbeitsbehörde oder die von ihr bestimmte Stelle, kann im eigenen Namen den Anspruch eines Arbeitnehmers aus Mindestarbeitsbedingungen gerichtlich geltend machen. [2] Das Urteil gilt auch für und gegen den Arbeitnehmer.

§ 15 [Sonstige Ansprüche aus dem Arbeitsverhältnis] Ist das Arbeitsverhältnis eines Arbeitnehmers durch Mindestarbeitsbedingungen geregelt, so gelten die § 13 und 14 entsprechend für sonstige Ansprüche aus dem Arbeitsverhältnis, die dem Arbeitnehmer auf Grund anderer gesetzlicher Vorschriften zustehen.

Dritter Abschnitt. Schlußvorschriften

§ 16 [Durchführungsverordnungen] Das Bundesministerium für Arbeit und Soziales kann mit Zustimmung des Bundesrates und nach Beratung mit den Gewerkschaften und den Vereinigungen von Arbeitgebern die zur Durchführung dieses Gesetzes erforderlichen Rechtsverordnungen erlassen über

a) die Errichtung des Hauptausschusses (§ 2) und sein Verfahren;
b) die Errichtung von Fachausschüssen und ihr Verfahren;
c) das Verfahren nach § 7.

§ 17 [Berlin-Klausel] *(gegenstandslos)*

§ 18 [Inkrafttreten] Das Gesetz tritt einen Monat nach seiner Verkündung[1] in Kraft.

---

[1] Verkündet am 17. 1. 1952.

74. Gesetz über zwingende Arbeitsbedingungen bei grenzüberschreitenden Dienstleistungen (Arbeitnehmer-Entsendegesetz – AEntG)

Vom 26. Februar 1996

(BGBl. I S. 227)

FNA 810-1-56

zuletzt geänd. durch Art. 1 Zweites ÄndG v. 21. 12. 2007 (BGBl. I S. 3140)

Der Bundestag hat mit der Mehrheit seiner Mitglieder und mit Zustimmung des Bundesrates das folgende Gesetz beschlossen:

§ 1 [Anwendungsbereich] (1) ¹Die Rechtsnormen eines für allgemeinverbindlich erklärten Tarifvertrages des Bauhauptgewerbes oder des Baunebengewerbes im Sinne der §§ 1 und 2 der Baubetriebe-Verordnung, die
1. die Mindestentgeltsätze einschließlich der Überstundensätze oder
2. die Dauer des Erholungsurlaubs, das Urlaubsentgelt oder ein zusätzliches Urlaubsgeld

zum Gegenstand haben, finden auch auf ein Arbeitsverhältnis zwischen einem Arbeitgeber mit Sitz im Ausland und seinem im räumlichen Geltungsbereich des Tarifvertrages beschäftigten Arbeitnehmer zwingend Anwendung, wenn der Betrieb oder die selbständige Betriebsabteilung im Sinne des fachlichen Geltungsbereichs des Tarifvertrages überwiegend Bauleistungen gemäß § 175 Abs. 2 des Dritten Buches Sozialgesetzbuch[1]) erbringt und auch inländische Arbeitgeber ihren im räumlichen Geltungsbereich des Tarifvertrages beschäftigten Arbeitnehmern mindestens die am Arbeitsort geltenden tarifvertraglichen Arbeitsbedingungen gewähren müssen. ²Ein Arbeitgeber im Sinne des Satzes 1 ist verpflichtet, seinem im räumlichen Geltungsbereich eines Tarifvertrages nach Satz 1 beschäftigten Arbeitnehmer mindestens die in dem Tarifvertrag vorgeschriebenen Arbeitsbedingungen zu gewähren. ³Dies gilt auch für einen unter den Geltungsbereich eines Tarifvertrages nach Satz 1 fallenden Arbeitgeber mit Sitz im Inland unabhängig davon, ob der Tarifvertrag kraft Tarifbindung nach § 3 des Tarifvertragsgesetzes[2]) oder aufgrund der Allgemeinverbindlicherklärung Anwendung findet. ⁴Die Sätze 1 bis 3 gelten entsprechend auch für einen Tarifvertrag, der die Erbringung von Montageleistungen auf Baustellen außerhalb des Betriebssitzes zum Gegenstand hat, sowie für Tarifverträge des Gebäudereinigerhandwerks und für Tarifverträge für Briefdienstleistungen, wenn der Betrieb oder die selbständige Betriebsabteilung überwiegend gewerbs- oder geschäftsmäßig Briefsendungen für Dritte befördert.

(2) Wird ein Leiharbeitnehmer von einem Entleiher mit Tätigkeiten beschäftigt, die in den Geltungsbereich eines für allgemeinverbindlich erklärten Tarifvertrages nach Absatz 1 oder 3 oder einer Rechtsverordnung nach Ab-

---

[1]) Nr. **42**.
[2]) Nr. **72**.

satz 3 a fallen, so hat ihm der Verleiher zumindest die in diesem Tarifvertrag oder dieser Rechtsverordnung vorgeschriebenen Arbeitsbedingungen zu gewähren sowie die der gemeinsamen Einrichtung nach diesem Tarifvertrag zustehenden Beiträge zu leisten.

(3) [1]Sind im Zusammenhang mit der Gewährung von Urlaubsansprüchen nach Absatz 1 die Einziehung von Beiträgen und die Gewährung von Leistungen durch allgemeinverbindliche Tarifverträge einer gemeinsamen Einrichtung der Tarifvertragsparteien übertragen, so finden die Rechtsnormen solcher Tarifverträge auch auf einen ausländischen Arbeitgeber und seinen im räumlichen Geltungsbereich des Tarifvertrages beschäftigten Arbeitnehmer zwingend Anwendung, wenn in den betreffenden Tarifverträgen oder auf sonstige Weise sichergestellt ist, daß

1. der ausländische Arbeitgeber nicht gleichzeitig zu Beiträgen nach dieser Vorschrift und Beiträgen zu einer vergleichbaren Einrichtung im Staat seines Sitzes herangezogen wird und
2. das Verfahren der gemeinsamen Einrichtung der Tarifvertragsparteien eine Anrechnung derjenigen Leistungen vorsieht, die der ausländische Arbeitgeber zur Erfüllung des gesetzlichen, tarifvertraglichen oder einzelvertraglichen Urlaubsanspruchs seines Arbeitnehmers bereits erbracht hat.

[2]Ein Arbeitgeber im Sinne des Absatzes 1 Satz 1 ist verpflichtet, einer gemeinsamen Einrichtung der Tarifvertragsparteien die ihr nach Satz 1 zustehenden Beiträge zu leisten. [3]Dies gilt auch für einen unter den Geltungsbereich eines Tarifvertrages nach Satz 1 fallenden Arbeitgeber mit Sitz im Inland unabhängig davon, ob der Tarifvertrag kraft Tarifbindung nach § 3 des Tarifvertragsgesetzes[1]) oder aufgrund der Allgemeinverbindlicherklärung Anwendung findet.

(3 a) [1]Ist ein Antrag auf Allgemeinverbindlicherklärung eines Tarifvertrages nach Absatz 1 oder Absatz 3 Satz 1 gestellt worden, kann das Bundesministerium für Arbeit und Soziales unter den dort genannten Voraussetzungen durch Rechtsverordnung ohne Zustimmung des Bundesrates bestimmen, daß die Rechtsnormen dieses Tarifvertrages auf alle unter den Geltungsbereich dieses Tarifvertrages fallenden und nicht tarifgebundenen Arbeitgeber und Arbeitnehmer Anwendung finden. [2]Vor Erlaß der Rechtsverordnung gibt das Bundesministerium für Arbeit und Soziales den in den Geltungsbereich der Rechtsverordnung fallenden Arbeitgebern und Arbeitnehmern sowie den Parteien des Tarifvertrages Gelegenheit zur schriftlichen Stellungnahme. [3]Die Rechtsverordnung findet auch auf ein Arbeitsverhältnis zwischen einem Arbeitgeber mit Sitz im Ausland und seinem im Geltungsbereich der Rechtsverordnung beschäftigten Arbeitnehmer zwingende Anwendung. [4]Unter den Geltungsbereich eines Tarifvertrages nach Absatz 1 oder Absatz 3 fallende Arbeitgeber mit Sitz im Inland sind verpflichtet, ihren Arbeitnehmern mindestens die in der Rechtsverordnung vorgeschriebenen Arbeitsbedingungen zu gewähren sowie einer gemeinsamen Einrichtung der Tarifvertragsparteien die ihr nach Satz 1 zustehenden Beiträge zu leisten; dies gilt unabhängig davon, ob die entsprechende Verpflichtung kraft Tarifbindung nach § 3 des Tarifvertragsgesetzes[1]) oder aufgrund der Rechtsverordnung besteht. [5]Satz 4 Halbsatz 1 gilt auch für Arbeitgeber mit Sitz im Ausland und ihre im Geltungsbereich der Rechtsverordnung beschäftigten Arbeitnehmer.

---

[1]) Nr. 72.

(4) ¹Die Absätze 1 bis 3a finden keine Anwendung auf Erstmontage- oder Einbauarbeiten, die Bestandteil eines Liefervertrages sind, für die Inbetriebnahme der gelieferten Güter unerlässlich sind und von Facharbeitern oder angelernten Arbeitern des Lieferunternehmens ausgeführt werden, wenn die Dauer der Entsendung acht Tage nicht übersteigt. ²Satz 1 gilt nicht für Bauleistungen im Sinne des § 175 Abs. 2 des Dritten Buches Sozialgesetzbuch[1].

§ 1a [Haftung zur Zahlung des Mindestentgelts] ¹Ein Unternehmer, der einen anderen Unternehmer mit der Erbringung von Werk- oder Dienstleistungen beauftragt, haftet für die Verpflichtungen dieses Unternehmers, eines Nachunternehmers oder eines von dem Unternehmer oder einem Nachunternehmer beauftragten Verleihers zur Zahlung des Mindestentgelts an einen Arbeitnehmer oder zur Zahlung von Beiträgen an eine gemeinsame Einrichtung der Tarifvertragsparteien nach § 1 Abs. 1 Satz 2 und 3, Abs. 2, Abs. 3 Satz 2 und 3 oder Abs. 3a Satz 4 und 5 wie ein Bürge, der auf die Einrede der Vorausklage verzichtet hat. ²Das Mindestentgelt im Sinne des Satzes 1 umfaßt nur den Betrag, der nach Abzug der Steuern und der Beiträge zur Sozialversicherung und zur Arbeitsförderung oder entsprechender Aufwendungen zur sozialen Sicherung an den Arbeitnehmer auszuzahlen ist (Nettoentgelt).

§ 2 [Prüfung und Kontrolle] (1) Für die Prüfung der Arbeitsbedingungen nach § 1 sind die Behörden der Zollverwaltung zuständig.

(2) §§ 2 bis 6, 14, 15, 20, 22 und 23 des Schwarzarbeitsbekämpfungsgesetzes[2] sind entsprechend anzuwenden mit der Maßgabe, daß die dort genannten Behörden auch Einsicht in Arbeitsverträge, Niederschriften nach § 2 des Nachweisgesetzes[3] und andere Geschäftsunterlagen nehmen können, die mittelbar oder unmittelbar Auskunft über die Einhaltung der Arbeitsbedingungen nach § 1 geben, und die nach § 5 Abs. 1 des Schwarzarbeitsbekämpfungsgesetzes zur Mitwirkung Verpflichteten diese Unterlagen vorzulegen haben; §§ 16 bis 19 des Schwarzarbeitsbekämpfungsgesetzes finden Anwendung. ²§ 6 Abs. 3 des Schwarzarbeitsbekämpfungsgesetzes findet entsprechende Anwendung. ³Die genannten Behörden dürfen nach Maßgabe der datenschutzrechtlichen Vorschriften auch mit Behörden anderer Mitgliedstaaten des Europäischen Wirtschaftsraums, die entsprechende Aufgabe wie nach diesem Gesetz durchführen oder für die Bekämpfung illegaler Beschäftigung zuständig sind oder Auskünfte geben können, ob ein Arbeitgeber die Arbeitsbedingungen nach § 1 einhält, zusammenarbeiten. ⁴Für die Datenverarbeitung, die dem in Absatz 1 genannten Zweck oder der Zusammenarbeit mit den Behörden des Europäischen Wirtschaftsraums dient, findet § 67 Abs. 2 Nr. 4 des Zehnten Buches Sozialgesetzbuch keine Anwendung.

(2a) Soweit die Rechtsnormen eines für allgemeinverbindlich erklärten Tarifvertrages nach § 1 Satz 1 Nr. 1 oder einer entsprechenden Rechtsverordnung nach § 1 Abs. 3a auf das Arbeitsverhältnis Anwendung finden, ist der Arbeitgeber verpflichtet, Beginn, Ende und Dauer der täglichen Arbeitszeit des Arbeitnehmers aufzuzeichnen und diese Aufzeichnungen mindestens zwei Jahre aufzubewahren.

---

[1] Nr. **42**.
[2] Nr. **25**.
[3] Nr. **15**.

(3) Jeder Arbeitgeber ist verpflichtet, die für die Kontrolle der Einhaltung der Rechtspflichten nach § 1 Abs. 1 Satz 2, 3 und 4, Abs. 2, 3 Satz 2 und 3 und Abs. 3a Satz 4 und 5 erforderlichen Unterlagen im Inland für die gesamte Dauer der tatsächlichen Beschäftigung des Arbeitnehmers im Geltungsbereich dieses Gesetzes, mindestens für die Dauer der gesamten Werk- oder Dienstleistung, insgesamt jedoch nicht länger als zwei Jahre in deutscher Sprache, auf Verlangen der Prüfbehörde auch am Ort der Beschäftigung, bei Bauleistungen auf der Baustelle, bereitzuhalten.

§ 3 [Anmeldung] (1) [1]Soweit die Rechtsnormen eines für allgemein verbindlich erklärten Tarifvertrages nach § 1 Abs. 1 oder 3 oder einer Rechtsverordnung nach § 1 Abs. 3a auf das Arbeitsverhältnis Anwendung finden, ist ein Arbeitgeber mit Sitz im Ausland, der einen oder mehrere Arbeitnehmer innerhalb des Geltungsbereichs dieses Gesetzes beschäftigt, verpflichtet, vor Beginn jeder Werk- oder Dienstleistung eine schriftliche Anmeldung in deutscher Sprache bei der zuständigen Behörde der Zollverwaltung vorzulegen, die die für die Prüfung wesentlichen Angaben enthält. [2]Wesentlich sind die Angaben über
1. Familiennamen, Vornamen und Geburtsdaten der von ihm im Geltungsbereich dieses Gesetzes beschäftigten Arbeitnehmer,
2. Beginn und voraussichtliche Dauer der Beschäftigung,
3. Ort der Beschäftigung, bei Bauleistungen die Baustelle,
4. den Ort im Inland, an dem die nach § 2 Abs. 3 erforderlichen Unterlagen bereitgehalten werden,
5. Name, Vorname, Geburtsdatum und Anschrift in Deutschland des verantwortlich Handelnden,
6. die Branche, in die die Arbeitnehmer entsandt werden sollen,
7. Name, Vorname und Anschrift in Deutschland eines Zustellungsbevollmächtigten, soweit dieser nicht mit dem in Nummer 5 genannten verantwortlich Handelnden identisch ist.

[3]Änderungen zu diesen Angaben sind zu melden. [4]Der Arbeitgeber hat der Anmeldung eine Versicherung beizufügen, dass er die in § 1 vorgeschriebenen Arbeitsbedingungen einhält.

(2) [1]Überläßt ein Verleiher mit Sitz im Ausland einen oder mehrere Arbeitnehmer zur Arbeitsleistung einem Entleiher im Geltungsbereich dieses Gesetzes, so hat der Entleiher unter den Voraussetzungen des Absatzes 1 Satz 1 vor Beginn jeder Werk- oder Dienstleistung der zuständigen Behörde der Zollverwaltung schriftlich eine Anmeldung in deutscher Sprache mit folgenden Angaben zuzuleiten:
1. Familiennamen, Vornamen und Geburtsdaten der überlassenen Arbeitnehmer,
2. Beginn und Dauer der Überlassung,
3. Ort der Beschäftigung, bei Bauleistungen die Baustelle,
4. den Ort im Inland, an dem die nach § 2 Abs. 3 erforderlichen Unterlagen bereitgehalten werden,
5. Familienname, Vorname und Anschrift des Verleihers,
6. die Branche, in die die Arbeitnehmer entsandt werden sollen,
7. Familienname, Vorname und Anschrift in Deutschland eines Zustellungsbevollmächtigten des Verleihers.

²Absatz 1 Satz 3 findet entsprechende Anwendung. ³Der Entleiher hat der Anmeldung eine Versicherung des Verleihers beizufügen, dass dieser die in § 1 vorgeschriebenen Arbeitsbedingungen einhält.

(3) Das Bundesministerium für Arbeit und Soziales kann im Einvernehmen mit dem Bundesministerium der Finanzen durch Rechtsverordnung ohne Zustimmung des Bundesrates bestimmen,
1. dass, auf welche Weise und unter welchen technischen und organisatorischen Voraussetzungen eine Anmeldung, Änderungsmeldung und Versicherung abweichend von Absatz 1 Satz 1, 3 und 4 sowie Absatz 2 Satz 1, 2 und 3 elektronisch übermittelt werden kann,
2. unter welchen Voraussetzungen eine Änderungsmeldung ausnahmsweise entfallen kann,
3. wie das Meldeverfahren vereinfacht oder abgewandelt werden kann, sofern die entsandten Arbeitnehmer im Rahmen einer regelmäßig wiederkehrenden Werk- oder Dienstleistung eingesetzt werden oder sonstige Besonderheiten der zu erbringenden Werk- oder Dienstleistung dies erfordern.

(4) Die zuständige Behörde der Zollverwaltung im Sinne der Absätze 1 und 2 unterrichtet die zuständigen Finanzämter.

(5) Das Bundesministerium der Finanzen wird ermächtigt, durch Rechtsverordnung ohne Zustimmung des Bundesrates die zuständige Behörde nach Absatz 1 Satz 1 sowie nach den Absätzen 2 und 4 zu bestimmen.

§ 4 [Zustellung] Für die Anwendung dieses Gesetzes gilt der im Inland gelegene Ort der Werk- oder Dienstleistung als Geschäftsraum und der mit der Ausübung des Weisungsrechts des Arbeitgebers Beauftragte als dort beschäftigte Person im Sinn des § 5 Abs. 2 des Verwaltungszustellungsgesetzes in Verbindung mit § 178 Abs. 1 Nr. 2 der Zivilprozessordnung.

§ 5 [Ordnungswidrigkeiten; Sanktionen] (1) Ordnungswidrig handelt, wer vorsätzlich oder fahrlässig
1. entgegen § 1 Abs. 1 Satz 2 oder Abs. 3a Satz 5 als Arbeitgeber mit Sitz im Ausland oder entgegen § 1 Abs. 1 Satz 3 oder Abs. 3a Satz 4 als Arbeitgeber mit Sitz im Inland einem Arbeitnehmer eine dort genannte Arbeitsbedingung nicht gewährt,
1a. entgegen § 1 Abs. 2 eine dort genannte Arbeitsbedingung nicht gewährt oder einen Beitrag nicht leistet,
2. entgegen § 1 Abs. 3 Satz 2 oder Abs. 3a Satz 5 als Arbeitgeber mit Sitz im Ausland oder entgegen § 1 Abs. 3 Satz 3 oder Abs. 3a Satz 4 als Arbeitgeber mit Sitz im Inland einen Beitrag nicht leistet,
3. entgegen § 2 Abs. 2 Satz 1 in Verbindung mit § 5 Abs. 1 Satz 1 des Schwarzarbeitsbekämpfungsgesetzes eine Prüfung nicht duldet oder bei einer Prüfung nicht
4. entgegen § 2 Abs. 2 Satz 1 in Verbindung mit § 5 Abs. 1 Satz 2 des Schwarzarbeitsbekämpfungsgesetzes das Betreten eines Grundstücks oder Geschäftsraums nicht duldet,
5. entgegen § 2 Abs. 2 Satz 1 in Verbindung mit § 5 Abs. 3 Satz 1 des Schwarzarbeitsbekämpfungsgesetzes Daten nicht, nicht richtig, nicht vollständig, nicht in der vorgeschriebenen Weise oder nicht rechtzeitig übermittelt,

6. entgegen § 2 Abs. 2a eine Aufzeichnung nicht, nicht richtig oder nicht vollständig erstellt oder nicht oder nicht mindestens zwei Jahre aufbewahrt,
7. entgegen § 2 Abs. 3 eine Unterlage nicht, nicht richtig, nicht vollständig oder nicht in der vorgeschriebenen Weise bereithält,
8. entgegen § 3 Abs. 1 Satz 1 oder Abs. 2 Satz 1 eine Anmeldung oder entgegen § 3 Abs. 1 Satz 3, auch in Verbindung mit Abs. 2 Satz 2, eine Änderungsmeldung nicht, nicht richtig, nicht vollständig, nicht in der vorgeschriebenen Weise oder nicht rechtzeitig vorlegt oder zuleitet oder
9. entgegen § 3 Abs. 1 Satz 4 oder Abs. 2 Satz 3 eine Versicherung nicht beifügt.

(2) Ordnungswidrig handelt, wer Werk- oder Dienstleistungen in erheblichem Umfang ausführen läßt, indem er als Unternehmer einen anderen Unternehmer beauftragt, von dem er weiß oder fahrlässig nicht weiß, daß dieser bei der Erfüllung dieses Auftrags
1. gegen § 1 verstößt oder
2. einen Nachunternehmer einsetzt oder zuläßt, daß ein Nachunternehmer tätig wird, der gegen § 1 verstößt.

(3) Die Ordnungswidrigkeit kann in den Fällen des Absatzes 1 Nr. 1, 1a und 2 sowie des Absatzes 2 mit einer Geldbuße bis zu fünfhunderttausend Euro, in den übrigen Fällen mit einer Geldbuße bis zu fünfundzwanzigtausend Euro geahndet werden.

(4) Verwaltungsbehörden im Sinne des § 36 Abs. 1 Nr. 1 des Gesetzes über Ordnungswidrigkeiten sind die in § 2 Abs. 1 genannten Behörden jeweils für ihren Geschäftsbereich.

(5) [1]Die Geldbußen fließen in die Kasse der Verwaltungsbehörde, die den Bußgeldbescheid erlassen hat. [2]Für die Vollstreckung zugunsten der Behörden des Bundes und der unmittelbaren Körperschaften und Anstalten des öffentlichen Rechts sowie für die Vollziehung des dinglichen Arrestes nach § 111d der Strafprozeßordnung in Verbindung mit § 46 des Gesetzes über Ordnungswidrigkeiten durch die in § 2 Abs. 1 genannten Behörden gilt das Verwaltungs-Vollstreckungsgesetz. [3]Die nach Satz 1 zuständige Kasse trägt abweichend von § 105 Abs. 2 des Gesetzes über Ordnungswidrigkeiten die notwendigen Auslagen; sie ist auch ersatzpflichtig im Sinne des § 110 Abs. 4 des Gesetzes über Ordnungswidrigkeiten.

(6) Die Behörden der Zollverwaltung unterrichten das Gewerbezentralregister über rechtskräftige Bußgeldentscheidungen nach den Absätzen 1 bis 3, sofern die Geldbuße mehr als zweihundert Euro beträgt.

(7) [1]Gerichte und Staatsanwaltschaften sollen den nach diesem Gesetz zuständigen Behörden Erkenntnisse übermitteln, die aus ihrer Sicht zur Verfolgung von Ordnungswidrigkeiten nach den Absätzen 1 und 2 erforderlich sind, soweit nicht für das Gericht oder die Staatsanwaltschaft erkennbar ist, daß schutzwürdige Interessen des Betroffenen oder anderer Verfahrensbeteiligter an dem Ausschluß der Übermittlung überwiegen. [2]Dabei ist zu berücksichtigen, wie gesichert die zu übermittelnden Erkenntnisse sind.

§ 6 [Ausschluß vom Wettbewerb] [1]Von der Teilnahme an einem Wettbewerb um einen Liefer-, Bau- oder Dienstleistungsauftrag der in § 98 des Gesetzes gegen Wettbewerbsbeschränkungen genannten Auftraggeber sollen

Bewerber für eine angemessene Zeit bis zur nachgewiesenen Wiederherstellung ihrer Zuverlässigkeit ausgeschlossen werden, die wegen eines Verstoßes nach § 5 mit einer Geldbuße von wenigstens zweitausendfünfhundert Euro belegt worden sind. ²Das gleiche gilt auch schon vor Durchführung eines Bußgeldverfahrens, wenn im Einzelfall angesichts der Beweislage kein vernünftiger Zweifel an einer schwerwiegenden Verfehlung nach Satz 1 besteht. ³Die für die Verfolgung oder Ahndung der Ordnungswidrigkeiten nach § 5 zuständigen Behörden dürfen öffentlichen Auftraggebern nach § 98 Nr. 1 bis 3 und 5 des Gesetzes gegen Wettbewerbsbeschränkungen auf Verlangen die erforderlichen Auskünfte geben. ⁴Öffentliche Auftraggeber nach Satz 3 fordern im Rahmen ihrer Tätigkeit beim Gewerbezentralregister Auskünfte über rechtskräftige Bußgeldentscheidungen wegen einer Ordnungswidrigkeit nach § 5 Abs. 1 oder 2 an oder verlangen von Bewerbern eine Erklärung, dass die Voraussetzungen für einen Ausschluss nach Satz 1 oder 2 nicht vorliegen; auch im Falle einer Erklärung des Bewerbers können öffentliche Auftraggeber nach Satz 3 Auskünfte des Gewerbezentralregisters nach § 150a der Gewerbeordnung jederzeit anfordern. ⁵Für den Bewerber, der den Zuschlag erhalten soll, fordert der öffentliche Auftraggeber nach Satz 3 bei Aufträgen ab einer Höhe von 30 000 Euro vor Zuschlagserteilung eine Auskunft aus dem Gewerbezentralregister nach § 150a der Gewerbeordnung an. ⁶Der Bewerber ist vor der Entscheidung über den Ausschluss zu hören.

§ 7 [Anwendungsbereich] (1) Die in Rechts- oder Verwaltungsvorschriften enthaltenen Regelungen über
1. die Höchstarbeitszeiten und Mindestruhezeiten,
2. den bezahlten Mindestjahresurlaub,
3. die Mindestentgeltsätze einschließlich der Überstundensätze,
4. die Bedingungen für die Überlassung von Arbeitskräften, insbesondere durch Leiharbeitsunternehmen,
5. die Sicherheit, den Gesundheitsschutz und die Hygiene am Arbeitsplatz,
6. die Schutzmaßnahmen im Zusammenhang mit den Arbeits- und Beschäftigungsbedingungen von Schwangeren und Wöchnerinnen, Kindern und Jugendlichen und
7. die Gleichbehandlung von Männern und Frauen sowie andere Nichtdiskriminierungsbestimmungen

finden auch auf ein Arbeitsverhältnis zwischen einem im Ausland ansässigen Arbeitgeber und seinem im Inland beschäftigten Arbeitnehmer zwingend Anwendung.

(2) Die Arbeitsbedingungen nach Absatz 1 Nr. 1 und 4 bis 7 betreffenden Rechtsnormen eines für allgemeinverbindlich erklärten Tarifvertrages nach § 1 Abs. 1 finden unter den dort genannten Voraussetzungen auch auf ein Arbeitsverhältnis zwischen einem Arbeitgeber mit Sitz im Ausland und seinem im räumlichen Geltungsbereich dieses Tarifvertrages beschäftigten Arbeitnehmer zwingend Anwendung.

§ 8 [Internationale Zuständigkeit] ¹Ein Arbeitnehmer, der in den Geltungsbereich dieses Gesetzes entsandt ist oder war, kann eine auf den Zeitraum der Entsendung bezogene Klage auf Gewährung der Arbeitsbedingungen nach §§ 1, 1a und 7 auch vor einem deutschen Gericht für Arbeitssachen erheben. ²Diese Klagemöglichkeit besteht auch für eine gemeinsame Einrichtung der Tarifvertragsparteien nach § 1 Abs. 3 in bezug auf die ihr zustehenden Beiträge.

§ 9 *(aufgehoben)*

81. Betriebsverfassungsgesetz

In der Fassung der Bekanntmachung vom 25. September 2001[1])
(BGBl. I S. 2518)

FNA 801-7

zuletzt geänd. durch Art. 221 Neunte ZuständigkeitsanpassungsVO v. 31. 10. 2006
(BGBl. I S. 2407)

– Auszug –

Erster Teil. Allgemeine Vorschriften

§ 1 Errichtung von Betriebsräten. (1) ¹In Betrieben mit in der Regel mindestens fünf ständigen wahlberechtigten Arbeitnehmern, von denen drei wählbar sind, werden Betriebsräte gewählt. ²Dies gilt auch für gemeinsame Betriebe mehrerer Unternehmen.

(2) Ein gemeinsamer Betrieb mehrerer Unternehmen wird vermutet, wenn
1. zur Verfolgung arbeitstechnischer Zwecke die Betriebsmittel sowie die Arbeitnehmer von den Unternehmen gemeinsam eingesetzt werden oder
2. die Spaltung eines Unternehmens zur Folge hat, dass von einem Betrieb ein oder mehrere Betriebsteile einem an der Spaltung beteiligten anderen Unternehmen zugeordnet werden, ohne dass sich dabei die Organisation des betroffenen Betriebs wesentlich ändert.

§ 2 Stellung der Gewerkschaften und Vereinigungen der Arbeitgeber. (1) Arbeitgeber und Betriebsrat arbeiten unter Beachtung der geltenden Tarifverträge vertrauensvoll und im Zusammenwirken mit den im Betrieb vertretenen Gewerkschaften und Arbeitgebervereinigungen zum Wohl der Arbeitnehmer und des Betriebs zusammen.

(2) Zur Wahrnehmung der in diesem Gesetz genannten Aufgaben und Befugnisse der im Betrieb vertretenen Gewerkschaften ist deren Beauftragten nach Unterrichtung des Arbeitgebers oder seines Vertreters Zugang zum Betrieb zu gewähren, soweit dem nicht unumgängliche Notwendigkeiten des Betriebsablaufs, zwingende Sicherheitsvorschriften oder der Schutz von Betriebsgeheimnissen entgegenstehen.

(3) Die Aufgaben der Gewerkschaften und der Vereinigungen der Arbeitgeber, insbesondere die Wahrnehmung der Interessen ihrer Mitglieder, werden durch dieses Gesetz nicht berührt.

§ 3 Abweichende Regelungen. (1) Durch Tarifvertrag können bestimmt werden:
1. für Unternehmen mit mehreren Betrieben
   a) die Bildung eines unternehmenseinheitlichen Betriebsrats oder
   b) die Zusammenfassung von Betrieben,

---

[1]) Neubekanntmachung des BetrVG idF der Bek. v. 23. 12. 1988 (BGBl. 1989 I S. 1, ber. S. 902) in der ab 28. Juli 2001 geltenden Fassung.

wenn dies die Bildung von Betriebsräten erleichtert oder einer sachgerechten Wahrnehmung der Interessen der Arbeitnehmer dient;
2. für Unternehmen und Konzerne, soweit sie nach produkt- oder projektbezogenen Geschäftsbereichen (Sparten) organisiert sind und die Leitung der Sparte auch Entscheidungen in beteiligungspflichtigen Angelegenheiten trifft, die Bildung von Betriebsräten in den Sparten (Spartenbetriebsräte), wenn dies der sachgerechten Wahrnehmung der Aufgaben des Betriebsrats dient;
3. andere Arbeitnehmervertretungsstrukturen, soweit dies insbesondere aufgrund der Betriebs-, Unternehmens- oder Konzernorganisation oder aufgrund anderer Formen der Zusammenarbeit von Unternehmen einer wirksamen und zweckmäßigen Interessenvertretung der Arbeitnehmer dient;
4. zusätzliche betriebsverfassungsrechtliche Gremien (Arbeitsgemeinschaften), die der unternehmensübergreifenden Zusammenarbeit von Arbeitnehmervertretungen dienen;
5. zusätzliche betriebsverfassungsrechtliche Vertretungen der Arbeitnehmer, die die Zusammenarbeit zwischen Betriebsrat und Arbeitnehmern erleichtern.

(2) Besteht in den Fällen des Absatzes 1 Nr. 1, 2, 4 oder 5 keine tarifliche Regelung und gilt auch kein anderer Tarifvertrag, kann die Regelung durch Betriebsvereinbarung getroffen werden.

(3) [1]Besteht im Fall des Absatzes 1 Nr. 1 Buchstabe a keine tarifliche Regelung und besteht in dem Unternehmen kein Betriebsrat, können die Arbeitnehmer mit Stimmenmehrheit die Wahl eines unternehmenseinheitlichen Betriebsrats beschließen. [2]Die Abstimmung kann von mindestens drei wahlberechtigten Arbeitnehmern des Unternehmens oder einer im Unternehmen vertretenen Gewerkschaft veranlasst werden.

(4) [1]Sofern der Tarifvertrag oder die Betriebsvereinbarung nichts anderes bestimmt, sind Regelungen nach Absatz 1 Nr. 1 bis 3 erstmals bei der nächsten regelmäßigen Betriebsratswahl anzuwenden, es sei denn, es besteht kein Betriebsrat oder es ist aus anderen Gründen eine Neuwahl des Betriebsrats erforderlich. [2]Sieht der Tarifvertrag oder die Betriebsvereinbarung einen anderen Wahlzeitpunkt vor, endet die Amtszeit bestehender Betriebsräte, die durch die Regelungen nach Absatz 1 Nr. 1 bis 3 entfallen, mit Bekanntgabe des Wahlergebnisses.

(5) [1]Die aufgrund eines Tarifvertrages oder einer Betriebsvereinbarung nach Absatz 1 Nr. 1 bis 3 gebildeten betriebsverfassungsrechtlichen Organisationseinheiten gelten als Betriebe im Sinne dieses Gesetzes. [2]Auf die in ihnen gebildeten Arbeitnehmervertretungen finden die Vorschriften über die Rechte und Pflichten des Betriebsrats und die Rechtsstellung seiner Mitglieder Anwendung.

§ 4 Betriebsteile, Kleinstbetriebe. (1) [1]Betriebsteile gelten als selbständige Betriebe, wenn sie die Voraussetzungen des § 1 Abs. 1 Satz 1 erfüllen und
1. räumlich weit vom Hauptbetrieb entfernt oder
2. durch Aufgabenbereich und Organisation eigenständig sind.
[2]Die Arbeitnehmer eines Betriebsteils, in dem kein eigener Betriebsrat besteht, können mit Stimmenmehrheit formlos beschließen, an der Wahl des Betriebsrats im Hauptbetrieb teilzunehmen; § 3 Abs. 3 Satz 2 gilt entspre-

chend. ³Die Abstimmung kann auch vom Betriebsrat des Hauptbetriebs veranlasst werden. ³Der Beschluss ist dem Betriebsrat des Hauptbetriebs spätestens zehn Wochen vor Ablauf seiner Amtszeit mitzuteilen. ⁴Für den Widerruf des Beschlusses gelten die Sätze 2 bis 4 entsprechend.

(2) Betriebe, die die Voraussetzungen des § 1 Abs. 1 Satz 1 nicht erfüllen, sind dem Hauptbetrieb zuzuordnen.

§ 5 Arbeitnehmer. (1) ¹Arbeitnehmer (Arbeitnehmerinnen und Arbeitnehmer) im Sinne dieses Gesetzes sind Arbeiter und Angestellte einschließlich der zu ihrer Berufsausbildung Beschäftigten, unabhängig davon, ob sie im Betrieb, im Außendienst oder mit Telearbeit beschäftigt werden. ²Als Arbeitnehmer gelten auch die in Heimarbeit Beschäftigten, die in der Hauptsache für den Betrieb arbeiten.

(2) Als Arbeitnehmer im Sinne dieses Gesetzes gelten nicht
1. in Betrieben einer juristischen Person die Mitglieder des Organs, das zur gesetzlichen Vertretung der juristischen Person berufen ist;
2. die Gesellschafter einer offenen Handelsgesellschaft oder die Mitglieder einer anderen Personengesamtheit, soweit sie durch Gesetz, Satzung oder Gesellschaftsvertrag zur Vertretung der Personengesamtheit oder zur Geschäftsführung berufen sind, in deren Betrieben;
3. Personen, deren Beschäftigung nicht in erster Linie ihrem Erwerb dient, sondern vorwiegend durch Beweggründe karitativer oder religiöser Art bestimmt ist;
4. Personen, deren Beschäftigung nicht in erster Linie ihrem Erwerb dient und die vorwiegend zu ihrer Heilung, Wiedereingewöhnung, sittlichen Besserung oder Erziehung beschäftigt werden;
5. der Ehegatte, der Lebenspartner, Verwandte und Verschwägerte ersten Grades, die in häuslicher Gemeinschaft mit dem Arbeitgeber leben.

(3) ¹Dieses Gesetz findet, soweit in ihm nicht ausdrücklich etwas anderes bestimmt ist, keine Anwendung auf leitende Angestellte. ²Leitender Angestellter ist, wer nach Arbeitsvertrag und Stellung im Unternehmen oder im Betrieb
1. zur selbständigen Einstellung und Entlassung von im Betrieb oder in der Betriebsabteilung beschäftigten Arbeitnehmern berechtigt ist oder
2. Generalvollmacht oder Prokura hat und die Prokura auch im Verhältnis zum Arbeitgeber nicht unbedeutend ist oder
3. regelmäßig sonstige Aufgaben wahrnimmt, die für den Bestand und die Entwicklung des Unternehmens oder eines Betriebs von Bedeutung sind und deren Erfüllung besondere Erfahrungen und Kenntnisse voraussetzt, wenn er dabei entweder die Entscheidungen im Wesentlichen frei von Weisungen trifft oder sie maßgeblich beeinflusst; dies kann auch bei Vorgaben insbesondere auf Grund von Rechtsvorschriften, Plänen oder Richtlinien sowie bei Zusammenarbeit mit anderen leitenden Angestellten gegeben sein.

(4) Leitender Angestellter nach Absatz 3 Nr. 3 ist im Zweifel, wer
1. aus Anlass der letzten Wahl des Betriebsrats, des Sprecherausschusses oder von Aufsichtsratsmitgliedern der Arbeitnehmer oder durch rechtskräftige gerichtliche Entscheidung den leitenden Angestellten zugeordnet worden ist oder

2. einer Leitungsebene angehört, auf der in dem Unternehmen überwiegend leitende Angestellte vertreten sind, oder
3. ein regelmäßiges Jahresarbeitsentgelt erhält, das für leitende Angestellte in dem Unternehmen üblich ist, oder
4. falls auch bei der Anwendung der Nummer 3 noch Zweifel bleiben, ein regelmäßiges Jahresarbeitsentgelt erhält, das das Dreifache der Bezugsgröße nach § 18 des Vierten Buches Sozialgesetzbuch[1]) überschreitet.

§ 6 (weggefallen)

Zweiter Teil. Betriebsrat, Betriebsversammlung, Gesamt- und Konzernbetriebsrat

Erster Abschnitt. Zusammensetzung und Wahl des Betriebsrats

§ 7 Wahlberechtigung. [1]Wahlberechtigt sind alle Arbeitnehmer des Betriebs, die das 18. Lebensjahr vollendet haben. [2]Werden Arbeitnehmer eines anderen Arbeitgebers zur Arbeitsleistung überlassen, so sind diese wahlberechtigt, wenn sie länger als drei Monate im Betrieb eingesetzt werden.

§ 8 Wählbarkeit. (1) [1]Wählbar sind alle Wahlberechtigten, die sechs Monate dem Betrieb angehören oder als in Heimarbeit Beschäftigte in der Hauptsache für den Betrieb gearbeitet haben. [2]Auf diese sechsmonatige Betriebszugehörigkeit werden Zeiten angerechnet, in denen der Arbeitnehmer unmittelbar vorher einem anderen Betrieb desselben Unternehmens oder Konzerns (§ 18 Abs. 1 des Aktiengesetzes) angehört hat. [3]Nicht wählbar ist, wer infolge strafgerichtlicher Verurteilung die Fähigkeit, Rechte aus öffentlichen Wahlen zu erlangen, nicht besitzt.

(2) Besteht der Betrieb weniger als sechs Monate, so sind abweichend von der Vorschrift in Absatz 1 über die sechsmonatige Betriebszugehörigkeit diejenigen Arbeitnehmer wählbar, die bei der Einleitung der Betriebsratswahl im Betrieb beschäftigt sind und die übrigen Voraussetzungen für die Wählbarkeit erfüllen.

§ 9[2]) **Zahl der Betriebsratsmitglieder.** [1]Der Betriebsrat besteht in Betrieben mit in der Regel

5 bis	20	wahlberechtigten Arbeitnehmern aus einer Person,
21 bis	50	wahlberechtigten Arbeitnehmern aus 3 Mitgliedern,
51	wahlberechtigten Arbeitnehmern	
bis	100	Arbeitnehmern aus 5 Mitgliedern,
101 bis	200	Arbeitnehmern aus 7 Mitgliedern,

---
[1]) Nr. **43**.
[2]) **Amtl. Anm.:** Gemäß Artikel 14 Satz 2 des Gesetzes zur Reform des Betriebsverfassungsgesetzes (BetrVerf-Reformgesetz) vom 23. Juli 2001 (BGBl. I S. 1852) gilt § 9 (Artikel 1 Nr. 8 des BetrVerf-Reformgesetzes) für im Zeitpunkt des Inkrafttretens bestehende Betriebsräte erst bei deren Neuwahl.

201	bis	400 Arbeitnehmern	aus	9	Mitgliedern,
401	bis	700 Arbeitnehmern	aus	11	Mitgliedern,
701	bis	1 000 Arbeitnehmern	aus	13	Mitgliedern,
1 001	bis	1 500 Arbeitnehmern	aus	15	Mitgliedern,
1 501	bis	2 000 Arbeitnehmern	aus	17	Mitgliedern,
2 001	bis	2 500 Arbeitnehmern	aus	19	Mitgliedern,
2 501	bis	3 000 Arbeitnehmern	aus	21	Mitgliedern,
3 001	bis	3 500 Arbeitnehmern	aus	23	Mitgliedern,
3 501	bis	4 000 Arbeitnehmern	aus	25	Mitgliedern,
4 001	bis	4 500 Arbeitnehmern	aus	27	Mitgliedern,
4 501	bis	5 000 Arbeitnehmern	aus	29	Mitgliedern,
5 001	bis	6 000 Arbeitnehmern	aus	31	Mitgliedern,
6 001	bis	7 000 Arbeitnehmern	aus	33	Mitgliedern,
7 001	bis	9 000 Arbeitnehmern	aus	35	Mitgliedern.

²In Betrieben mit mehr als 9 000 Arbeitnehmern erhöht sich die Zahl der Mitglieder des Betriebsrats für je angefangene weitere 3 000 Arbeitnehmer um 2 Mitglieder.

§ 10 (weggefallen)

§ 11 Ermäßigte Zahl der Betriebsratsmitglieder. Hat ein Betrieb nicht die ausreichende Zahl von wählbaren Arbeitnehmern, so ist die Zahl der Betriebsratsmitglieder der nächstniedrigeren Betriebsgröße zugrunde zu legen.

§ 12 (weggefallen)

§ 13 Zeitpunkt der Betriebsratswahlen. (1) ¹Die regelmäßigen Betriebsratswahlen finden alle vier Jahre in der Zeit vom 1. März bis 31. Mai statt. ²Sie sind zeitgleich mit den regelmäßigen Wahlen nach § 5 Abs. 1 des Sprecherausschussgesetzes¹⁾ einzuleiten.

(2) Außerhalb dieser Zeit ist der Betriebsrat zu wählen, wenn
1. mit Ablauf von 24 Monaten, vom Tage der Wahl an gerechnet, die Zahl der regelmäßig beschäftigten Arbeitnehmer um die Hälfte, mindestens aber um fünfzig, gestiegen oder gesunken ist,
2. die Gesamtzahl der Betriebsratsmitglieder nach Eintreten sämtlicher Ersatzmitglieder unter die vorgeschriebene Zahl der Betriebsratsmitglieder gesunken ist,
3. der Betriebsrat mit der Mehrheit seiner Mitglieder seinen Rücktritt beschlossen hat,
4. die Betriebsratswahl mit Erfolg angefochten worden ist,
5. der Betriebsrat durch eine gerichtliche Entscheidung aufgelöst ist oder
6. im Betrieb ein Betriebsrat nicht besteht.

(3) ¹Hat außerhalb des für die regelmäßigen Betriebsratswahlen festgelegten Zeitraums eine Betriebsratswahl stattgefunden, so ist der Betriebsrat in dem

---

¹⁾ Nr. 84.

auf die Wahl folgenden nächsten Zeitraum der regelmäßigen Betriebsratswahlen neu zu wählen. ²Hat die Amtszeit des Betriebsrats zu Beginn des für die regelmäßigen Betriebsratswahlen festgelegten Zeitraums noch nicht ein Jahr betragen, so ist der Betriebsrat in dem übernächsten Zeitraum der regelmäßigen Betriebsratswahlen neu zu wählen.

§ 14 Wahlvorschriften. (1) Der Betriebsrat wird in geheimer und unmittelbarer Wahl gewählt.

(2) ¹Die Wahl erfolgt nach den Grundsätzen der Verhältniswahl. ²Sie erfolgt nach den Grundsätzen der Mehrheitswahl, wenn nur ein Wahlvorschlag eingereicht wird oder wenn der Betriebsrat im vereinfachten Wahlverfahren nach § 14a zu wählen ist.

(3) Zur Wahl des Betriebsrats können die wahlberechtigten Arbeitnehmer und die im Betrieb vertretenen Gewerkschaften Wahlvorschläge machen.

(4) ¹Jeder Wahlvorschlag der Arbeitnehmer muss von mindestens einem Zwanzigstel der wahlberechtigten Arbeitnehmer, mindestens jedoch von drei Wahlberechtigten unterzeichnet sein; in Betrieben mit in der Regel bis zu zwanzig wahlberechtigten Arbeitnehmern genügt die Unterzeichnung durch zwei Wahlberechtigte. ²In jedem Fall genügt die Unterzeichnung durch fünfzig wahlberechtigte Arbeitnehmer.

(5) Jeder Wahlvorschlag einer Gewerkschaft muss von zwei Beauftragten unterzeichnet sein.

§ 14a Vereinfachtes Wahlverfahren für Kleinbetriebe. (1) ¹In Betrieben mit in der Regel fünf bis fünfzig wahlberechtigten Arbeitnehmern wird der Betriebsrat in einem zweistufigen Verfahren gewählt. ²Auf einer ersten Wahlversammlung wird der Wahlvorstand nach § 17a Nr. 3 gewählt. ³Auf einer zweiten Wahlversammlung wird der Betriebsrat in geheimer und unmittelbarer Wahl gewählt. ⁴Diese Wahlversammlung findet eine Woche nach der Wahlversammlung zur Wahl des Wahlvorstands statt.

(2) Wahlvorschläge können bis zum Ende der Wahlversammlung zur Wahl des Wahlvorstands nach § 17a Nr. 3 gemacht werden; für Wahlvorschläge der Arbeitnehmer gilt § 14 Abs. 4 mit der Maßgabe, dass für Wahlvorschläge, die erst auf dieser Wahlversammlung gemacht werden, keine Schriftform erforderlich ist.

(3) ¹Ist der Wahlvorstand in Betrieben mit in der Regel fünf bis fünfzig wahlberechtigten Arbeitnehmern nach § 17a Nr. 1 in Verbindung mit § 16 vom Betriebsrat, Gesamtbetriebsrat oder Konzernbetriebsrat oder nach § 17a Nr. 4 vom Arbeitsgericht bestellt, wird der Betriebsrat abweichend von Absatz 1 Satz 1 und 2 auf nur einer Wahlversammlung in geheimer und unmittelbarer Wahl gewählt. ²Wahlvorschläge können bis eine Woche vor der Wahlversammlung zur Wahl des Betriebsrats gemacht werden; § 14 Abs. 4 gilt unverändert.

(4) Wahlberechtigten Arbeitnehmern, die an der Wahlversammlung zur Wahl des Betriebsrats nicht teilnehmen können, ist Gelegenheit zur schriftlichen Stimmabgabe zu geben.

(5) In Betrieben mit in der Regel 51 bis 100 wahlberechtigten Arbeitnehmern können der Wahlvorstand und der Arbeitgeber die Anwendung des vereinfachten Wahlverfahrens vereinbaren.

§ 15[1]) Zusammensetzung nach Beschäftigungsarten und Geschlechter.
(1) Der Betriebsrat soll sich möglichst aus Arbeitnehmern der einzelnen Organisationsbereiche und der verschiedenen Beschäftigungsarten der im Betrieb tätigen Arbeitnehmer zusammensetzen.

(2) Das Geschlecht, das in der Belegschaft in der Minderheit ist, muss mindestens entsprechend seinem zahlenmäßigen Verhältnis im Betriebsrat vertreten sein, wenn dieser aus mindestens drei Mitgliedern besteht.

§ 16 Bestellung des Wahlvorstands.
(1) [1]Spätestens zehn Wochen vor Ablauf seiner Amtszeit bestellt der Betriebsrat einen aus drei Wahlberechtigten bestehenden Wahlvorstand und einen von ihnen als Vorsitzenden. [2]Der Betriebsrat kann die Zahl der Wahlvorstandsmitglieder erhöhen, wenn dies zur ordnungsgemäßen Durchführung der Wahl erforderlich ist. [3]Der Wahlvorstand muss in jedem Fall aus einer ungeraden Zahl von Mitgliedern bestehen. [4]Für jedes Mitglied des Wahlvorstands kann für den Fall seiner Verhinderung ein Ersatzmitglied bestellt werden. [5]In Betrieben mit weiblichen und männlichen Arbeitnehmern sollen dem Wahlvorstand Frauen und Männer angehören. [6]Jede im Betrieb vertretene Gewerkschaft kann zusätzlich einen dem Betrieb angehörenden Beauftragten als nicht stimmberechtigtes Mitglied in den Wahlvorstand entsenden, sofern ihr nicht ein stimmberechtigtes Wahlvorstandsmitglied angehört.

(2) [1]Besteht acht Wochen vor Ablauf der Amtszeit des Betriebsrats kein Wahlvorstand, so bestellt ihn das Arbeitsgericht auf Antrag von mindestens drei Wahlberechtigten oder einer im Betrieb vertretenen Gewerkschaft; Absatz 1 gilt entsprechend. [2]In dem Antrag können Vorschläge für die Zusammensetzung des Wahlvorstands gemacht werden. [3]Das Arbeitsgericht kann für Betriebe mit in der Regel mehr als zwanzig wahlberechtigten Arbeitnehmern auch Mitglieder einer im Betrieb vertretenen Gewerkschaft, die nicht Arbeitnehmer des Betriebs sind, zu Mitgliedern des Wahlvorstands bestellen, wenn dies zur ordnungsgemäßen Durchführung der Wahl erforderlich ist.

(3) [1]Besteht acht Wochen vor Ablauf der Amtszeit des Betriebsrats kein Wahlvorstand, kann auch der Gesamtbetriebsrat oder, falls ein solcher nicht besteht, der Konzernbetriebsrat den Wahlvorstand bestellen. [2]Absatz 1 gilt entsprechend.

§ 17 Bestellung des Wahlvorstands in Betrieben ohne Betriebsrat.
(1) [1]Besteht in einem Betrieb, der die Voraussetzungen des § 1 Abs. 1 Satz 1 erfüllt, kein Betriebsrat, so bestellt der Gesamtbetriebsrat oder, falls ein solcher nicht besteht, der Konzernbetriebsrat einen Wahlvorstand. [2]§ 16 Abs. 1 gilt entsprechend.

(2) [1]Besteht weder ein Gesamtbetriebsrat noch ein Konzernbetriebsrat, so wird in einer Betriebsversammlung von der Mehrheit der anwesenden Arbeitnehmer ein Wahlvorstand gewählt; § 16 Abs. 1 gilt entsprechend. [2]Gleiches gilt, wenn der Gesamtbetriebsrat oder Konzernbetriebsrat die Bestellung des Wahlvorstands nach Absatz 1 unterlässt.

---

[1]) **Amtl. Anm.:** Gemäß Artikel 14 Satz 2 des Gesetzes zur Reform des Betriebsverfassungsgesetzes (BetrVerf-Reformgesetz) vom 23. Juli 2001 (BGBl. I S. 1852) gilt § 15 (Artikel 1 Nr. 13 des BetrVerf-Reformgesetzes) für im Zeitpunkt des Inkrafttretens bestehende Betriebsräte erst bei deren Neuwahl.

(3) Zu dieser Betriebsversammlung können drei wahlberechtigte Arbeitnehmer des Betriebs oder eine im Betrieb vertretene Gewerkschaft einladen und Vorschläge für die Zusammensetzung des Wahlvorstands machen.

(4) [1]Findet trotz Einladung keine Betriebsversammlung statt oder wählt die Betriebsversammlung keinen Wahlvorstand, so bestellt ihn das Arbeitsgericht auf Antrag von mindestens drei wahlberechtigten Arbeitnehmern oder einer im Betrieb vertretenen Gewerkschaft. [2]§ 16 Abs. 2 gilt entsprechend.

§ 17a Bestellung des Wahlvorstands im vereinfachten Wahlverfahren. Im Fall des § 14a finden die §§ 16 und 17 mit folgender Maßgabe Anwendung:
1. Die Frist des § 16 Abs. 1 Satz 1 wird auf vier Wochen und die des § 16 Abs. 2 Satz 1, Abs. 3 Satz 1 auf drei Wochen verkürzt.
2. § 16 Abs. 1 Satz 2 und 3 findet keine Anwendung.
3. In den Fällen des § 17 Abs. 2 wird der Wahlvorstand in einer Wahlversammlung von der Mehrheit der anwesenden Arbeitnehmer gewählt. Für die Einladung zu der Wahlversammlung gilt § 17 Abs. 3 entsprechend.
4. § 17 Abs. 4 gilt entsprechend, wenn trotz Einladung keine Wahlversammlung stattfindet oder auf der Wahlversammlung kein Wahlvorstand gewählt wird.

§ 18 Vorbereitung und Durchführung der Wahl. (1) [1]Der Wahlvorstand hat die Wahl unverzüglich einzuleiten, sie durchzuführen und das Wahlergebnis festzustellen. [2]Kommt der Wahlvorstand dieser Verpflichtung nicht nach, so ersetzt ihn das Arbeitsgericht auf Antrag des Betriebsrats, von mindestens drei wahlberechtigten Arbeitnehmern oder einer im Betrieb vertretenen Gewerkschaft. [3]§ 16 Abs. 2 gilt entsprechend.

(2) Ist zweifelhaft, ob eine betriebsratsfähige Organisationseinheit vorliegt, so können der Arbeitgeber, jeder beteiligte Betriebsrat, jeder beteiligte Wahlvorstand oder eine im Betrieb vertretene Gewerkschaft eine Entscheidung des Arbeitsgerichts beantragen.

(3) [1]Unverzüglich nach Abschluss der Wahl nimmt der Wahlvorstand öffentlich die Auszählung der Stimmen vor, stellt deren Ergebnis in einer Niederschrift fest und gibt es den Arbeitnehmern des Betriebs bekannt. [2]Dem Arbeitgeber und den im Betrieb vertretenen Gewerkschaften ist eine Abschrift der Wahlniederschrift zu übersenden.

§ 18a Zuordnung der leitenden Angestellten bei Wahlen. (1) [1]Sind die Wahlen nach § 13 Abs. 1 und nach § 5 Abs. 1 des Sprecherausschussgesetzes[1]) zeitgleich einzuleiten, so haben sich die Wahlvorstände unverzüglich nach Aufstellung der Wählerlisten, spätestens jedoch zwei Wochen vor Einleitung der Wahlen, gegenseitig darüber zu unterrichten, welche Angestellten sie den leitenden Angestellten zugeordnet haben; dies gilt auch, wenn die Wahlen ohne Bestehen einer gesetzlichen Verpflichtung zeitgleich eingeleitet werden. [2]Soweit zwischen den Wahlvorständen kein Einvernehmen über die Zuordnung besteht, haben sie in gemeinsamer Sitzung eine Einigung zu versuchen. [3]Soweit eine Einigung zustande kommt, sind die Angestellten entsprechend ihrer Zuordnung in die jeweilige Wählerliste einzutragen.

---

[1]) Nr. **84.**

(2) ¹Soweit eine Einigung nicht zustande kommt, hat ein Vermittler spätestens eine Woche vor Einleitung der Wahlen erneut eine Verständigung der Wahlvorstände über die Zuordnung zu versuchen. ²Der Arbeitgeber hat den Vermittler auf dessen Verlangen zu unterstützen, insbesondere die erforderlichen Auskünfte zu erteilen und die erforderlichen Unterlagen zur Verfügung zu stellen. ³Bleibt der Verständigungsversuch erfolglos, so entscheidet der Vermittler nach Beratung mit dem Arbeitgeber. ⁴Absatz 1 Satz 3 gilt entsprechend.

(3) ¹Auf die Person des Vermittlers müssen sich die Wahlvorstände einigen. ²Zum Vermittler kann nur ein Beschäftigter des Betriebs oder eines anderen Betriebs des Unternehmens oder Konzerns oder der Arbeitgeber bestellt werden. ³Kommt eine Einigung nicht zustande, so schlagen die Wahlvorstände je eine Person als Vermittler vor; durch Los wird entschieden, wer als Vermittler tätig wird.

(4) ¹Wird mit der Wahl nach § 13 Abs. 1 oder 2 nicht zeitgleich eine Wahl nach dem Sprecherausschussgesetz[1]) eingeleitet, so hat der Wahlvorstand den Sprecherausschuss entsprechend Absatz 1 Satz 1 erster Halbsatz zu unterrichten. ²Soweit kein Einvernehmen über die Zuordnung besteht, hat der Sprecherausschuss Mitglieder zu benennen, die anstelle des Wahlvorstands an dem Zuordnungsverfahren teilnehmen. ³Wird mit der Wahl nach § 5 Abs. 1 oder 2 des Sprecherausschussgesetzes[1]) nicht zeitgleich eine Wahl nach diesem Gesetz eingeleitet, so gelten die Sätze 1 und 2 für den Betriebsrat entsprechend.

(5) ¹Durch die Zuordnung wird der Rechtsweg nicht ausgeschlossen. ²Die Anfechtung der Betriebsratswahl oder der Wahl nach dem Sprecherausschussgesetz[1]) ist ausgeschlossen, soweit sie darauf gestützt wird, die Zuordnung sei fehlerhaft erfolgt. ³Satz 2 gilt nicht, soweit die Zuordnung offensichtlich fehlerhaft ist.

§ 19 Wahlanfechtung. (1) Die Wahl kann beim Arbeitsgericht angefochten werden, wenn gegen wesentliche Vorschriften über das Wahlrecht, die Wählbarkeit oder das Wahlverfahren verstoßen worden ist und eine Berichtigung nicht erfolgt ist, es sei denn, dass durch den Verstoß das Wahlergebnis nicht geändert oder beeinflusst werden konnte.

(2) ¹Zur Anfechtung berechtigt sind mindestens drei Wahlberechtigte, eine im Betrieb vertretene Gewerkschaft oder der Arbeitgeber. ²Die Wahlanfechtung ist nur binnen einer Frist von zwei Wochen, vom Tage der Bekanntgabe des Wahlergebnisses an gerechnet, zulässig.

§ 20 Wahlschutz und Wahlkosten. (1) ¹Niemand darf die Wahl des Betriebsrats behindern. ²Insbesondere darf kein Arbeitnehmer in der Ausübung des aktiven und passiven Wahlrechts beschränkt werden.

(2) Niemand darf die Wahl des Betriebsrats durch Zufügung oder Androhung von Nachteilen oder durch Gewährung oder Versprechen von Vorteilen beeinflussen.

(3) ¹Die Kosten der Wahl trägt der Arbeitgeber. ²Versäumnis von Arbeitszeit, die zur Ausübung des Wahlrechts, zur Betätigung im Wahlvorstand oder zur Tätigkeit als Vermittler (§ 18 a) erforderlich ist, berechtigt den Arbeitgeber nicht zur Minderung des Arbeitsentgelts.

---

[1]) Nr. 84.

Zweiter Abschnitt. Amtszeit des Betriebsrats

§ 21 Amtszeit. ¹Die regelmäßige Amtszeit des Betriebsrats beträgt vier Jahre. ²Die Amtszeit beginnt mit der Bekanntgabe des Wahlergebnisses oder, wenn zu diesem Zeitpunkt noch ein Betriebsrat besteht, mit Ablauf von dessen Amtszeit. ³Die Amtszeit endet spätestens am 31. Mai des Jahres, in dem nach § 13 Abs. 1 die regelmäßigen Betriebsratswahlen stattfinden. ⁴In dem Fall des § 13 Abs. 3 Satz 2 endet die Amtszeit spätestens am 31. Mai des Jahres, in dem der Betriebsrat neu zu wählen ist. ⁵In den Fällen des § 13 Abs. 2 Nr. 1 und 2 endet die Amtszeit mit der Bekanntgabe des Wahlergebnisses des neu gewählten Betriebsrats.

§ 21 a[1]) **Übergangsmandat.** (1) ¹Wird ein Betrieb gespalten, so bleibt dessen Betriebsrat im Amt und führt die Geschäfte für die ihm bislang zugeordneten Betriebsteile weiter, soweit sie die Voraussetzungen des § 1 Abs. 1 Satz 1 erfüllen und nicht in einen Betrieb eingegliedert werden, in dem ein Betriebsrat besteht (Übergangsmandat). ²Der Betriebsrat hat insbesondere unverzüglich Wahlvorstände zu bestellen. ³Das Übergangsmandat endet, sobald in den Betriebsteilen ein neuer Betriebsrat gewählt und das Wahlergebnis bekanntgegeben ist, spätestens jedoch sechs Monate nach Wirksamwerden der Spaltung. ⁴Durch Tarifvertrag oder Betriebsvereinbarung kann das Übergangsmandat um weitere sechs Monate verlängert werden.

(2) ¹Werden Betriebe oder Betriebsteile zu einem Betrieb zusammengefasst, so nimmt der Betriebsrat des nach der Zahl der wahlberechtigten Arbeitnehmer größten Betriebs oder Betriebsteils das Übergangsmandat wahr. ²Absatz 1 gilt entsprechend.

(3) Die Absätze 1 und 2 gelten auch, wenn die Spaltung oder Zusammenlegung von Betrieben und Betriebsteilen im Zusammenhang mit einer Betriebsveräußerung oder einer Umwandlung nach dem Umwandlungsgesetz erfolgt.

§ 21 b Restmandat. Geht ein Betrieb durch Stilllegung, Spaltung oder Zusammenlegung unter, so bleibt dessen Betriebsrat so lange im Amt, wie dies zur Wahrnehmung der damit im Zusammenhang stehenden Mitwirkungs- und Mitbestimmungsrechte erforderlich ist.

§ 22 Weiterführung der Geschäfte des Betriebsrats. In den Fällen des § 13 Abs. 2 Nr. 1 bis 3 führt der Betriebsrat die Geschäfte weiter, bis der neue Betriebsrat gewählt und das Wahlergebnis bekanntgegeben ist.

§ 23 Verletzung gesetzlicher Pflichten. (1) ¹Mindestens ein Viertel der wahlberechtigten Arbeitnehmer, der Arbeitgeber oder eine im Betrieb vertretene Gewerkschaft können beim Arbeitsgericht den Ausschluss eines Mitglieds aus dem Betriebsrat oder die Auflösung des Betriebsrats wegen grober Verletzung seiner gesetzlichen Pflichten beantragen. ²Der Ausschluss eines Mitglieds kann auch vom Betriebsrat beantragt werden.

---

[1]) **Amtl. Anm.:** Diese Vorschrift dient der Umsetzung des Artikels 6 der Richtlinie 2001/23/EG **[EU-Arbeitsrecht (dtv 5751) Nr. 33]** des Rates vom 12. März 2001 zur Angleichung der Rechtsvorschriften der Mitgliedstaaten über die Wahrung von Ansprüchen der Arbeitnehmer beim Übergang von Unternehmen, Betrieben oder Betriebsteilen (ABl. EG Nr. L 82 S. 16).

(2) ¹Wird der Betriebsrat aufgelöst, so setzt das Arbeitsgericht unverzüglich einen Wahlvorstand für die Neuwahl ein. ²§ 16 Abs. 2 gilt entsprechend.

(3) ¹Der Betriebsrat oder eine im Betrieb vertretene Gewerkschaft können bei groben Verstößen des Arbeitgebers gegen seine Verpflichtungen aus diesem Gesetz beim Arbeitsgericht beantragen, dem Arbeitgeber aufzugeben, eine Handlung zu unterlassen, die Vornahme einer Handlung zu dulden oder eine Handlung vorzunehmen. ²Handelt der Arbeitgeber der ihm durch rechtskräftige gerichtliche Entscheidung auferlegten Verpflichtung zuwider, eine Handlung zu unterlassen oder die Vornahme einer Handlung zu dulden, so ist er auf Antrag vom Arbeitsgericht wegen einer jeden Zuwiderhandlung nach vorheriger Androhung zu einem Ordnungsgeld zu verurteilen. ³Führt der Arbeitgeber die ihm durch eine rechtskräftige gerichtliche Entscheidung auferlegte Handlung nicht durch, so ist auf Antrag vom Arbeitsgericht zu erkennen, dass er zur Vornahme der Handlung durch Zwangsgeld anzuhalten sei. ⁴Antragsberechtigt sind der Betriebsrat oder eine im Betrieb vertretene Gewerkschaft. ⁵Das Höchstmaß des Ordnungsgeldes und Zwangsgeldes beträgt 10 000 Euro.

§ 24 Erlöschen der Mitgliedschaft. Die Mitgliedschaft im Betriebsrat erlischt durch
1. Ablauf der Amtszeit,
2. Niederlegung des Betriebsratsamtes,
3. Beendigung des Arbeitsverhältnisses,
4. Verlust der Wählbarkeit,
5. Ausschluss aus dem Betriebsrat oder Auflösung des Betriebsrats auf Grund einer gerichtlichen Entscheidung,
6. gerichtliche Entscheidung über die Feststellung der Nichtwählbarkeit nach Ablauf der in § 19 Abs. 2 bezeichneten Frist, es sei denn, der Mangel liegt nicht mehr vor.

§ 25 Ersatzmitglieder. (1) ¹Scheidet ein Mitglied des Betriebsrats aus, so rückt ein Ersatzmitglied nach. ²Dies gilt entsprechend für die Stellvertretung eines zeitweilig verhinderten Mitglieds des Betriebsrats.

(2) ¹Die Ersatzmitglieder werden unter Berücksichtigung des § 15 Abs. 2 der Reihe nach aus den nichtgewählten Arbeitnehmern derjenigen Vorschlagslisten entnommen, denen die zu ersetzenden Mitglieder angehören. ²Ist eine Vorschlagsliste erschöpft, so ist das Ersatzmitglied derjenigen Vorschlagsliste zu entnehmen, auf die nach den Grundsätzen der Verhältniswahl der nächste Sitz entfallen würde. ³Ist das ausgeschiedene oder verhinderte Mitglied nach den Grundsätzen der Mehrheitswahl gewählt, so bestimmt sich die Reihenfolge der Ersatzmitglieder unter Berücksichtigung des § 15 Abs. 2 nach der Höhe der erreichten Stimmenzahlen.

Dritter Abschnitt. Geschäftsführung des Betriebsrats

§ 26 Vorsitzender. (1) Der Betriebsrat wählt aus seiner Mitte den Vorsitzenden und dessen Stellvertreter.

(2) ¹Der Vorsitzende des Betriebsrats oder im Fall seiner Verhinderung sein Stellvertreter vertritt den Betriebsrat im Rahmen der von ihm gefassten Be-

schlüsse. ²Zur Entgegennahme von Erklärungen, die dem Betriebsrat gegenüber abzugeben sind, ist der Vorsitzende des Betriebsrats oder im Fall seiner Verhinderung sein Stellvertreter berechtigt.

§ 27 Betriebsausschuss. (1) ¹Hat ein Betriebsrat neun oder mehr Mitglieder, so bildet er einen Betriebsausschuss. ²Der Betriebsausschuss besteht aus dem Vorsitzenden des Betriebsrats, dessen Stellvertreter und bei Betriebsräten mit

9 bis 15 Mitgliedern aus 3 weiteren Ausschussmitgliedern,
17 bis 23 Mitgliedern aus 5 weiteren Ausschussmitgliedern,
25 bis 35 Mitgliedern aus 7 weiteren Ausschussmitgliedern,
37 oder mehr Mitgliedern aus 9 weiteren Ausschussmitgliedern.

³Die weiteren Ausschussmitglieder werden vom Betriebsrat aus seiner Mitte in geheimer Wahl und nach den Grundsätzen der Verhältniswahl gewählt. ⁴Wird nur ein Wahlvorschlag gemacht, so erfolgt die Wahl nach den Grundsätzen der Mehrheitswahl. ⁵Sind die weiteren Ausschussmitglieder nach den Grundsätzen der Verhältniswahl gewählt, so erfolgt die Abberufung durch Beschluss des Betriebsrats, der in geheimer Abstimmung gefasst wird und einer Mehrheit von drei Vierteln der Stimmen der Mitglieder des Betriebsrats bedarf.

(2) ¹Der Betriebsausschuss führt die laufenden Geschäfte des Betriebsrats. ²Der Betriebsrat kann dem Betriebsausschuss mit der Mehrheit der Stimmen seiner Mitglieder Aufgaben zur selbständigen Erledigung übertragen; dies gilt nicht für den Abschluss von Betriebsvereinbarungen. ³Die Übertragung bedarf der Schriftform. ⁴Die Sätze 2 und 3 gelten entsprechend für den Widerruf der Übertragung von Aufgaben.

(3) Betriebsräte mit weniger als neun Mitgliedern können die laufenden Geschäfte auf den Vorsitzenden des Betriebsrats oder andere Betriebsratsmitglieder übertragen.

§ 28 Übertragung von Aufgaben auf Ausschüsse. (1) ¹Der Betriebsrat kann in Betrieben mit mehr als 100 Arbeitnehmern Ausschüsse bilden und ihnen bestimmte Aufgaben übertragen. ²Für die Wahl und Abberufung der Ausschussmitglieder gilt § 27 Abs. 1 Satz 3 bis 5 entsprechend. ³Ist ein Betriebsausschuss gebildet, kann der Betriebsrat den Ausschüssen Aufgaben zur selbständigen Erledigung übertragen; § 27 Abs. 2 Satz 2 bis 4 gilt entsprechend.

(2) Absatz 1 gilt entsprechend für die Übertragung von Aufgaben zur selbständigen Entscheidung auf Mitglieder des Betriebsrats in Ausschüssen, deren Mitglieder vom Betriebsrat und vom Arbeitgeber benannt werden.

§ 28a Übertragung von Aufgaben auf Arbeitsgruppen. (1) ¹In Betrieben mit mehr als 100 Arbeitnehmern kann der Betriebsrat mit der Mehrheit der Stimmen seiner Mitglieder bestimmte Aufgaben auf Arbeitsgruppen übertragen; dies erfolgt nach Maßgabe einer mit dem Arbeitgeber abzuschließenden Rahmenvereinbarung. ²Die Aufgaben müssen im Zusammenhang mit den von der Arbeitsgruppe zu erledigenden Tätigkeiten stehen. ³Die Übertragung bedarf der Schriftform. ⁴Für den Widerruf der Übertragung gelten Satz 1 erster Halbsatz und Satz 3 entsprechend.

(2) ¹Die Arbeitsgruppe kann im Rahmen der ihr übertragenen Aufgaben mit dem Arbeitgeber Vereinbarungen schließen; eine Vereinbarung bedarf der Mehrheit der Stimmen der Gruppenmitglieder. ²§ 77 gilt entsprechend. ³Können sich Arbeitgeber und Arbeitsgruppe in einer Angelegenheit nicht einigen, nimmt der Betriebsrat das Beteiligungsrecht wahr.

§ 29 Einberufung der Sitzungen. (1) ¹Vor Ablauf einer Woche nach dem Wahltag hat der Wahlvorstand die Mitglieder des Betriebsrats zu der nach § 26 Abs. 1 vorgeschriebenen Wahl einzuberufen. ²Der Vorsitzende des Wahlvorstands leitet die Sitzung, bis der Betriebsrat aus seiner Mitte einen Wahlleiter bestellt hat.

(2) ¹Die weiteren Sitzungen beruft der Vorsitzende des Betriebsrats ein. ²Er setzt die Tagesordnung fest und leitet die Verhandlung. ³Der Vorsitzende hat die Mitglieder des Betriebsrats zu den Sitzungen rechtzeitig unter Mitteilung der Tagesordnung zu laden. ⁴Dies gilt auch für die Schwerbehindertenvertretung sowie für die Jugend- und Auszubildendenvertreter, soweit sie ein Recht auf Teilnahme an der Betriebsratssitzung haben. ⁵Kann ein Mitglied des Betriebsrats oder der Jugend- und Auszubildendenvertretung an der Sitzung nicht teilnehmen, so soll es dies unter Angabe der Gründe unverzüglich dem Vorsitzenden mitteilen. ⁶Der Vorsitzende hat für ein verhindertes Betriebsratsmitglied oder für einen verhinderten Jugend- und Auszubildendenvertreter das Ersatzmitglied zu laden.

(3) Der Vorsitzende hat eine Sitzung einzuberufen und den Gegenstand, dessen Beratung beantragt ist, auf die Tagesordnung zu setzen, wenn dies ein Viertel der Mitglieder des Betriebsrats oder der Arbeitgeber beantragt.

(4) ¹Der Arbeitgeber nimmt an den Sitzungen, die auf sein Verlangen anberaumt sind, und an den Sitzungen, zu denen er ausdrücklich eingeladen ist, teil. ²Er kann einen Vertreter der Vereinigung der Arbeitgeber, der er angehört, hinzuziehen.

§ 30 Betriebsratssitzungen. ¹Die Sitzungen des Betriebsrats finden in der Regel während der Arbeitszeit statt. ²Der Betriebsrat hat bei der Ansetzung von Betriebsratssitzungen auf die betrieblichen Notwendigkeiten Rücksicht zu nehmen. ³Der Arbeitgeber ist vom Zeitpunkt der Sitzung vorher zu verständigen. ⁴Die Sitzungen des Betriebsrats sind nicht öffentlich.

§ 31 Teilnahme der Gewerkschaften. Auf Antrag von einem Viertel der Mitglieder des Betriebsrats kann ein Beauftragter einer im Betriebsrat vertretenen Gewerkschaft an den Sitzungen beratend teilnehmen; in diesem Fall sind der Zeitpunkt der Sitzung und die Tagesordnung der Gewerkschaft rechtzeitig mitzuteilen.

§ 32 Teilnahme der Schwerbehindertenvertretung. Die Schwerbehindertenvertretung (§ 94 des Neunten Buches Sozialgesetzbuch[1]) kann an allen Sitzungen des Betriebsrats beratend teilnehmen.

§ 33 Beschlüsse des Betriebsrats. (1) ¹Die Beschlüsse des Betriebsrats werden, soweit in diesem Gesetz nichts anderes bestimmt ist, mit der Mehr-

---
[1] Nr. 47.

heit der Stimmen der anwesenden Mitglieder gefasst. ²Bei Stimmengleichheit ist ein Antrag abgelehnt.

(2) Der Betriebsrat ist nur beschlussfähig, wenn mindestens die Hälfte der Betriebsratsmitglieder an der Beschlussfassung teilnimmt; Stellvertretung durch Ersatzmitglieder ist zulässig.

(3) Nimmt die Jugend- und Auszubildendenvertretung an der Beschlussfassung teil, so werden die Stimmen der Jugend- und Auszubildendenvertreter bei der Feststellung der Stimmenmehrheit mitgezählt.

§ 34 Sitzungsniederschrift. (1) ¹Über jede Verhandlung des Betriebsrats ist eine Niederschrift aufzunehmen, die mindestens den Wortlaut der Beschlüsse und die Stimmenmehrheit, mit der sie gefasst sind, enthält. ²Die Niederschrift ist von dem Vorsitzenden und einem weiteren Mitglied zu unterzeichnen. ³Der Niederschrift ist eine Anwesenheitsliste beizufügen, in die sich jeder Teilnehmer eigenhändig einzutragen hat.

(2) ¹Hat der Arbeitgeber oder ein Beauftragter einer Gewerkschaft an der Sitzung teilgenommen, so ist ihm der entsprechende Teil der Niederschrift abschriftlich auszuhändigen. ²Einwendungen gegen die Niederschrift sind unverzüglich schriftlich zu erheben; sie sind der Niederschrift beizufügen.

(3) Die Mitglieder des Betriebsrats haben das Recht, die Unterlagen des Betriebsrats und seiner Ausschüsse jederzeit einzusehen.

§ 35 Aussetzung von Beschlüssen. (1) Erachtet die Mehrheit der Jugend- und Auszubildendenvertretung oder die Schwerbehindertenvertretung einen Beschluss des Betriebsrats als eine erhebliche Beeinträchtigung wichtiger Interessen der durch sie vertretenen Arbeitnehmer, so ist auf ihren Antrag der Beschluss auf die Dauer von einer Woche vom Zeitpunkt der Beschlussfassung an auszusetzen, damit in dieser Frist eine Verständigung, gegebenenfalls mit Hilfe der im Betrieb vertretenen Gewerkschaften, versucht werden kann.

(2) ¹Nach Ablauf der Frist ist über die Angelegenheit neu zu beschließen. ²Wird der erste Beschluss bestätigt, so kann der Antrag auf Aussetzung nicht wiederholt werden; dies gilt auch, wenn der erste Beschluss nur unerheblich geändert wird.

§ 36 Geschäftsordnung. Sonstige Bestimmungen über die Geschäftsführung sollen in einer schriftlichen Geschäftsordnung getroffen werden, die der Betriebsrat mit der Mehrheit der Stimmen seiner Mitglieder beschließt.

§ 37 Ehrenamtliche Tätigkeit, Arbeitsversäumnis. (1) Die Mitglieder des Betriebsrats führen ihr Amt unentgeltlich als Ehrenamt.

(2) Mitglieder des Betriebsrats sind von ihrer beruflichen Tätigkeit ohne Minderung des Arbeitsentgelts zu befreien, wenn und soweit es nach Umfang und Art des Betriebs zur ordnungsgemäßen Durchführung ihrer Aufgaben erforderlich ist.

(3) ¹Zum Ausgleich für Betriebsratstätigkeit, die aus betriebsbedingten Gründen außerhalb der Arbeitszeit durchzuführen ist, hat das Betriebsratsmitglied Anspruch auf entsprechende Arbeitsbefreiung unter Fortzahlung des Arbeitsentgelts. ²Betriebsbedingte Gründe liegen auch vor, wenn die Betriebsratstätigkeit wegen der unterschiedlichen Arbeitszeiten der Betriebsratsmitglie-

der nicht innerhalb der persönlichen Arbeitszeit erfolgen kann. ³Die Arbeitsbefreiung ist vor Ablauf eines Monats zu gewähren; ist dies aus betriebsbedingten Gründen nicht möglich, so ist die aufgewendete Zeit wie Mehrarbeit zu vergüten.

(4) ¹Das Arbeitsentgelt von Mitgliedern des Betriebsrats darf einschließlich eines Zeitraums von einem Jahr nach Beendigung der Amtszeit nicht geringer bemessen werden als das Arbeitsentgelt vergleichbarer Arbeitnehmer mit betriebsüblicher beruflicher Entwicklung. ²Dies gilt auch für allgemeine Zuwendungen des Arbeitgebers.

(5) Soweit nicht zwingende betriebliche Notwendigkeiten entgegenstehen, dürfen Mitglieder des Betriebsrats einschließlich eines Zeitraums von einem Jahr nach Beendigung der Amtszeit nur mit Tätigkeiten beschäftigt werden, die den Tätigkeiten der in Absatz 4 genannten Arbeitnehmer gleichwertig sind.

(6) ¹Die Absätze 2 und 3 gelten entsprechend für die Teilnahme an Schulungs- und Bildungsveranstaltungen, soweit diese Kenntnisse vermitteln, die für die Arbeit des Betriebsrats erforderlich sind. ²Betriebsbedingte Gründe im Sinne des Absatzes 3 liegen auch vor, wenn wegen Besonderheiten der betrieblichen Arbeitszeitgestaltung die Schulung des Betriebsratsmitglieds außerhalb seiner Arbeitszeit erfolgt; in diesem Fall ist der Umfang des Ausgleichsanspruchs unter Einbeziehung der Arbeitsbefreiung nach Absatz 2 pro Schulungstag begrenzt auf die Arbeitszeit eines vollzeitbeschäftigten Arbeitnehmers. ³Der Betriebsrat hat bei der Festlegung der zeitlichen Lage der Teilnahme an Schulungs- und Bildungsveranstaltungen die betrieblichen Notwendigkeiten zu berücksichtigen. ⁴Er hat dem Arbeitgeber die Teilnahme und die zeitliche Lage der Schulungs- und Bildungsveranstaltungen rechtzeitig bekannt zu geben. ⁵Hält der Arbeitgeber die betrieblichen Notwendigkeiten für nicht ausreichend berücksichtigt, so kann er die Einigungsstelle anrufen. ⁶Der Spruch der Einigungsstelle ersetzt die Einigung zwischen Arbeitgeber und Betriebsrat.

(7) ¹Unbeschadet der Vorschrift des Absatzes 6 hat jedes Mitglied des Betriebsrats während seiner regelmäßigen Amtszeit Anspruch auf bezahlte Freistellung für insgesamt drei Wochen zur Teilnahme an Schulungs- und Bildungsveranstaltungen, die von der zuständigen obersten Arbeitsbehörde des Landes nach Beratung mit den Spitzenorganisationen der Gewerkschaften und der Arbeitgeberverbände als geeignet anerkannt sind. ²Der Anspruch nach Satz 1 erhöht sich für Arbeitnehmer, die erstmals das Amt eines Betriebsratsmitglieds übernehmen und auch nicht zuvor Jugend- und Auszubildendenvertreter waren, auf vier Wochen. ³Absatz 6 Satz 2 bis 6 findet Anwendung.

§ 38 Freistellungen. (1) ¹Von ihrer beruflichen Tätigkeit sind mindestens freizustellen in Betrieben mit in der Regel

200	bis	500	Arbeitnehmern	ein	Betriebsratsmitglied,
501	bis	900	Arbeitnehmern	2	Betriebsratsmitglieder,
901	bis	1 500	Arbeitnehmern	3	Betriebsratsmitglieder,
1 501	bis	2 000	Arbeitnehmern	4	Betriebsratsmitglieder,
2 001	bis	3 000	Arbeitnehmern	5	Betriebsratsmitglieder,
3 001	bis	4 000	Arbeitnehmern	6	Betriebsratsmitglieder,
4 001	bis	5 000	Arbeitnehmern	7	Betriebsratsmitglieder,

5 001	bis	6 000	Arbeitnehmern	8 Betriebsratsmitglieder,
6 001	bis	7 000	Arbeitnehmern	9 Betriebsratsmitglieder,
7 001	bis	8 000	Arbeitnehmern	10 Betriebsratsmitglieder,
8 001	bis	9 000	Arbeitnehmern	11 Betriebsratsmitglieder,
9 001	bis	10 000	Arbeitnehmern	12 Betriebsratsmitglieder.

²In Betrieben mit über 10 000 Arbeitnehmern ist für je angefangene weitere 2 000 Arbeitnehmer ein weiteres Betriebsratsmitglied freizustellen. ³Freistellungen können auch in Form von Teilfreistellungen erfolgen. ⁴Diese dürfen zusammengenommen nicht den Umfang der Freistellungen nach den Sätzen 1 und 2 überschreiten. ⁵Durch Tarifvertrag oder Betriebsvereinbarung können anderweitige Regelungen über die Freistellung vereinbart werden.

(2) ¹Die freizustellenden Betriebsratsmitglieder werden nach Beratung mit dem Arbeitgeber vom Betriebsrat aus seiner Mitte in geheimer Wahl und nach den Grundsätzen der Verhältniswahl gewählt. ²Wird nur ein Wahlvorschlag gemacht, so erfolgt die Wahl nach den Grundsätzen der Mehrheitswahl; ist nur ein Betriebsratsmitglied freizustellen, so wird dieses mit einfacher Stimmenmehrheit gewählt. ³Der Betriebsrat hat die Namen der Freizustellenden dem Arbeitgeber bekannt zu geben. ⁴Hält der Arbeitgeber eine Freistellung für sachlich nicht vertretbar, so kann er innerhalb einer Frist von zwei Wochen nach der Bekanntgabe die Einigungsstelle anrufen. ⁵Der Spruch der Einigungsstelle ersetzt die Einigung zwischen Arbeitgeber und Betriebsrat. ⁶Bestätigt die Einigungsstelle die Bedenken des Arbeitgebers, so hat sie bei der Bestimmung eines anderen freizustellenden Betriebsratsmitglieds auch den Minderheitenschutz im Sinne des Satzes 1 zu beachten. ⁷Ruft der Arbeitgeber die Einigungsstelle nicht an, so gilt sein Einverständnis mit den Freistellungen nach Ablauf der zweiwöchigen Frist als erteilt. ⁸Für die Abberufung gilt § 27 Abs. 1 Satz 5 entsprechend.

(3) Der Zeitraum für die Weiterzahlung des nach § 37 Abs. 4 zu bemessenden Arbeitsentgelts und für die Beschäftigung nach § 37 Abs. 5 erhöht sich für Mitglieder des Betriebsrats, die drei volle aufeinanderfolgende Amtszeiten freigestellt waren, auf zwei Jahre nach Ablauf der Amtszeit.

(4) ¹Freigestellte Betriebsratsmitglieder dürfen von inner- und außerbetrieblichen Maßnahmen der Berufsbildung nicht ausgeschlossen werden. ²Innerhalb eines Jahres nach Beendigung der Freistellung eines Betriebsratsmitglieds ist diesem im Rahmen der Möglichkeiten des Betriebs Gelegenheit zu geben, eine wegen der Freistellung unterbliebene betriebsübliche berufliche Entwicklung nachzuholen. ³Für Mitglieder des Betriebsrats, die drei volle aufeinanderfolgende Amtszeiten freigestellt waren, erhöht sich der Zeitraum nach Satz 2 auf zwei Jahre.

§ 39 Sprechstunden. (1) ¹Der Betriebsrat kann während der Arbeitszeit Sprechstunden einrichten. ²Zeit und Ort sind mit dem Arbeitgeber zu vereinbaren. ³Kommt eine Einigung nicht zustande, so entscheidet die Einigungsstelle. ⁴Der Spruch der Einigungsstelle ersetzt die Einigung zwischen Arbeitgeber und Betriebsrat.

(2) Führt die Jugend- und Auszubildendenvertretung keine eigenen Sprechstunden durch, so kann an den Sprechstunden des Betriebsrats ein Mit-

glied der Jugend- und Auszubildendenvertretung zur Beratung der in § 60 Abs. 1 genannten Arbeitnehmer teilnehmen.

(3) Versäumnis von Arbeitszeit, die zum Besuch der Sprechstunden oder durch sonstige Inanspruchnahme des Betriebsrats erforderlich ist, berechtigt den Arbeitgeber nicht zur Minderung des Arbeitsentgelts des Arbeitnehmers.

§ 40 Kosten und Sachaufwand des Betriebsrats. (1) Die durch die Tätigkeit des Betriebsrats entstehenden Kosten trägt der Arbeitgeber.

(2) Für die Sitzungen, die Sprechstunden und die laufende Geschäftsführung hat der Arbeitgeber in erforderlichem Umfang Räume, sachliche Mittel, Informations- und Kommunikationstechnik sowie Büropersonal zur Verfügung zu stellen.

§ 41 Umlageverbot. Die Erhebung und Leistung von Beiträgen der Arbeitnehmer für Zwecke des Betriebsrats ist unzulässig.

Vierter Abschnitt. Betriebsversammlung

§ 42 Zusammensetzung, Teilversammlung, Abteilungsversammlung. (1) [1]Die Betriebsversammlung besteht aus den Arbeitnehmern des Betriebs; sie wird von dem Vorsitzenden des Betriebsrats geleitet. [2]Sie ist nicht öffentlich. [3]Kann wegen der Eigenart des Betriebs eine Versammlung aller Arbeitnehmer zum gleichen Zeitpunkt nicht stattfinden, so sind Teilversammlungen durchzuführen.

(2) [1]Arbeitnehmer organisatorisch oder räumlich abgegrenzter Betriebsteile sind vom Betriebsrat zu Abteilungsversammlungen zusammenzufassen, wenn dies für die Erörterung der besonderen Belange der Arbeitnehmer erforderlich ist. [2]Die Abteilungsversammlung wird von einem Mitglied des Betriebsrats geleitet, das möglichst einem beteiligten Betriebsteil als Arbeitnehmer angehört. [3]Absatz 1 Satz 2 und 3 gilt entsprechend.

§ 43 Regelmäßige Betriebs- und Abteilungsversammlungen. (1) [1]Der Betriebsrat hat einmal in jedem Kalendervierteljahr eine Betriebsversammlung einzuberufen und in ihr einen Tätigkeitsbericht zu erstatten. [2]Liegen die Voraussetzungen des § 42 Abs. 2 Satz 1 vor, so hat der Betriebsrat in jedem Kalenderjahr zwei der in Satz 1 genannten Betriebsversammlungen als Abteilungsversammlungen durchzuführen. [3]Die Abteilungsversammlungen sollen möglichst gleichzeitig stattfinden. [4]Der Betriebsrat kann in jedem Kalenderhalbjahr eine weitere Betriebsversammlung oder, wenn die Voraussetzungen des § 42 Abs. 2 Satz 1 vorliegen, einmal weitere Abteilungsversammlungen durchführen, wenn dies aus besonderen Gründen zweckmäßig erscheint.

(2) [1]Der Arbeitgeber ist zu den Betriebs- und Abteilungsversammlungen unter Mitteilung der Tagesordnung einzuladen. [2]Er ist berechtigt, in den Versammlungen zu sprechen. [3]Der Arbeitgeber oder sein Vertreter hat mindestens einmal in jedem Kalenderjahr in einer Betriebsversammlung über das Personal- und Sozialwesen einschließlich des Stands der Gleichstellung von Frauen und Männern im Betrieb sowie der Integration der im Betrieb beschäftigten ausländischen Arbeitnehmer, über die wirtschaftliche Lage und Entwicklung des Betriebs sowie über den betrieblichen Umweltschutz zu be-

richten, soweit dadurch nicht Betriebs- oder Geschäftsgeheimnisse gefährdet werden.

(3) ¹Der Betriebsrat ist berechtigt und auf Wunsch des Arbeitgebers oder von mindestens einem Viertel der wahlberechtigten Arbeitnehmer verpflichtet, eine Betriebsversammlung einzuberufen und den beantragten Beratungsgegenstand auf die Tagesordnung zu setzen. ²Vom Zeitpunkt der Versammlungen, die auf Wunsch des Arbeitgebers stattfinden, ist dieser rechtzeitig zu verständigen.

(4) Auf Antrag einer im Betrieb vertretenen Gewerkschaft muss der Betriebsrat vor Ablauf von zwei Wochen nach Eingang des Antrags eine Betriebsversammlung nach Absatz 1 Satz 1 einberufen, wenn im vorhergegangenen Kalenderhalbjahr keine Betriebsversammlung und keine Abteilungsversammlungen durchgeführt worden sind.

§ 44 Zeitpunkt und Verdienstausfall. (1) ¹Die in den §§ 14a, 17 und 43 Abs. 1 bezeichneten und die auf Wunsch des Arbeitgebers einberufenen Versammlungen finden während der Arbeitszeit statt, soweit nicht die Eigenart des Betriebs eine andere Regelung zwingend erfordert. ²Die Zeit der Teilnahme an diesen Versammlungen einschließlich der zusätzlichen Wegezeiten ist den Arbeitnehmern wie Arbeitszeit zu vergüten. ³Dies gilt auch dann, wenn die Versammlungen wegen der Eigenart des Betriebs außerhalb der Arbeitszeit stattfinden; Fahrkosten, die den Arbeitnehmern durch die Teilnahme an diesen Versammlungen entstehen, sind vom Arbeitgeber zu erstatten.

(2) ¹Sonstige Betriebs- oder Abteilungsversammlungen finden außerhalb der Arbeitszeit statt. ²Hiervon kann im Einvernehmen mit dem Arbeitgeber abgewichen werden; im Einvernehmen mit dem Arbeitgeber während der Arbeitszeit durchgeführte Versammlungen berechtigen den Arbeitgeber nicht, das Arbeitsentgelt der Arbeitnehmer zu mindern.

§ 45 Themen der Betriebs- und Abteilungsversammlungen. ¹Die Betriebs- und Abteilungsversammlungen können Angelegenheiten einschließlich solcher tarifpolitischer, sozialpolitischer, umweltpolitischer und wirtschaftlicher Art sowie Fragen der Förderung der Gleichstellung von Frauen und Männern und der Vereinbarkeit von Familie und Erwerbstätigkeit sowie der Integration der im Betrieb beschäftigten ausländischen Arbeitnehmer behandeln, die den Betrieb oder seine Arbeitnehmer unmittelbar betreffen; die Grundsätze des § 74 Abs. 2 finden Anwendung. ²Die Betriebs- und Abteilungsversammlungen können dem Betriebsrat Anträge unterbreiten und zu seinen Beschlüssen Stellung nehmen.

§ 46 Beauftragte der Verbände. (1) ¹An den Betriebs- oder Abteilungsversammlungen können Beauftragte der im Betrieb vertretenen Gewerkschaften beratend teilnehmen. ²Nimmt der Arbeitgeber an Betriebs- oder Abteilungsversammlungen teil, so kann er einen Beauftragten der Vereinigung der Arbeitgeber, der er angehört, hinzuziehen.

(2) Der Zeitpunkt und die Tagesordnung der Betriebs- oder Abteilungsversammlungen sind den im Betriebsrat vertretenen Gewerkschaften rechtzeitig schriftlich mitzuteilen.

Fünfter Abschnitt. Gesamtbetriebsrat

§ 47[1] **Voraussetzungen der Errichtung, Mitgliederzahl, Stimmengewicht.** (1) Bestehen in einem Unternehmen mehrere Betriebsräte, so ist ein Gesamtbetriebsrat zu errichten.

(2) ¹In den Gesamtbetriebsrat entsendet jeder Betriebsrat mit bis zu drei Mitgliedern eines seiner Mitglieder; jeder Betriebsrat mit mehr als drei Mitgliedern entsendet zwei seiner Mitglieder. ²Die Geschlechter sollen angemessen berücksichtigt werden.

(3) Der Betriebsrat hat für jedes Mitglied des Gesamtbetriebsrats mindestens ein Ersatzmitglied zu bestellen und die Reihenfolge des Nachrückens festzulegen.

(4) Durch Tarifvertrag oder Betriebsvereinbarung kann die Mitgliederzahl des Gesamtbetriebsrats abweichend von Absatz 2 Satz 1 geregelt werden.

(5) Gehören nach Absatz 2 Satz 1 dem Gesamtbetriebsrat mehr als vierzig Mitglieder an und besteht keine tarifliche Regelung nach Absatz 4, so ist zwischen Gesamtbetriebsrat und Arbeitgeber eine Betriebsvereinbarung über die Mitgliederzahl des Gesamtbetriebsrats abzuschließen, in der bestimmt wird, dass Betriebsräte mehrerer Betriebe eines Unternehmens, die regional oder durch gleichartige Interessen miteinander verbunden sind, gemeinsam Mitglieder in den Gesamtbetriebsrat entsenden.

(6) ¹Kommt im Fall des Absatzes 5 eine Einigung nicht zustande, so entscheidet eine für das Gesamtunternehmen zu bildende Einigungsstelle. ²Der Spruch der Einigungsstelle ersetzt die Einigung zwischen Arbeitgeber und Gesamtbetriebsrat.

(7) ¹Jedes Mitglied des Gesamtbetriebsrats hat so viele Stimmen, wie in dem Betrieb, in dem es gewählt wurde, wahlberechtigte Arbeitnehmer in der Wählerliste eingetragen sind. ²Entsendet der Betriebsrat mehrere Mitglieder, so stehen ihnen die Stimmen nach Satz 1 anteilig zu.

(8) Ist ein Mitglied des Gesamtbetriebsrats für mehrere Betriebe entsandt worden, so hat es so viele Stimmen, wie in den Betrieben, für die es entsandt ist, wahlberechtigte Arbeitnehmer in den Wählerlisten eingetragen sind; sind mehrere Mitglieder entsandt worden, gilt Absatz 7 Satz 2 entsprechend.

(9) Für Mitglieder des Gesamtbetriebsrats, die aus einem gemeinsamen Betrieb mehrerer Unternehmen entsandt worden sind, können durch Tarifvertrag oder Betriebsvereinbarung von den Absätzen 7 und 8 abweichende Regelungen getroffen werden.

§ 48 Ausschluss von Gesamtbetriebsratsmitgliedern. Mindestens ein Viertel der wahlberechtigten Arbeitnehmer des Unternehmens, der Arbeitgeber, der Gesamtbetriebsrat oder eine im Unternehmen vertretene Gewerkschaft können beim Arbeitsgericht den Ausschluss eines Mitglieds aus dem Gesamtbetriebsrat wegen grober Verletzung seiner gesetzlichen Pflichten beantragen.

---

[1] Amtl. Anm.: Gemäß Artikel 14 Satz 2 des Gesetzes zur Reform des Betriebsverfassungsgesetzes (BetrVerf-Reformgesetz) vom 23. Juli 2001 (BGBl. I S. 1852) gilt § 47 Abs. 2 (Artikel 1 Nr. 35 Buchstabe a des BetrVerf-Reformgesetzes) für im Zeitpunkt des Inkrafttretens bestehende Betriebsräte erst bei deren Neuwahl.

§ 49 Erlöschen der Mitgliedschaft. Die Mitgliedschaft im Gesamtbetriebsrat endet mit dem Erlöschen der Mitgliedschaft im Betriebsrat, durch Amtsniederlegung, durch Ausschluss aus dem Gesamtbetriebsrat aufgrund einer gerichtlichen Entscheidung oder Abberufung durch den Betriebsrat.

§ 50 Zuständigkeit. (1) ¹Der Gesamtbetriebsrat ist zuständig für die Behandlung von Angelegenheiten, die das Gesamtunternehmen oder mehrere Betriebe betreffen und nicht durch die einzelnen Betriebsräte innerhalb ihrer Betriebe geregelt werden können; seine Zuständigkeit erstreckt sich insoweit auch auf Betriebe ohne Betriebsrat. ²Er ist den einzelnen Betriebsräten nicht übergeordnet.

(2) ¹Der Betriebsrat kann mit der Mehrheit der Stimmen seiner Mitglieder den Gesamtbetriebsrat beauftragen, eine Angelegenheit für ihn zu behandeln. ²Der Betriebsrat kann sich dabei die Entscheidungsbefugnis vorbehalten. ³§ 27 Abs. 2 Satz 3 und 4 gilt entsprechend.

§ 51 Geschäftsführung. (1) ¹Für den Gesamtbetriebsrat gelten § 25 Abs. 1, die §§ 26, 27 Abs. 2 und 3, § 28 Abs. 1 Satz 1 und 3, Abs. 2, die §§ 30, 31, 34, 35, 36, 37 Abs. 1 bis 3 sowie die §§ 40 und 41 entsprechend. ²§ 27 Abs. 1 gilt entsprechend mit der Maßgabe, dass der Gesamtbetriebsausschuss aus dem Vorsitzenden des Gesamtbetriebsrats, dessen Stellvertreter und bei Gesamtbetriebsräten mit

9 bis 16 Mitgliedern aus 3 weiteren Ausschussmitgliedern,
17 bis 24 Mitgliedern aus 5 weiteren Ausschussmitgliedern,
25 bis 36 Mitgliedern aus 7 weiteren Ausschussmitgliedern,
mehr als 36 Mitgliedern aus 9 weiteren Ausschussmitgliedern

besteht.

(2) ¹Ist ein Gesamtbetriebsrat zu errichten, so hat der Betriebsrat der Hauptverwaltung des Unternehmens oder, soweit ein solcher Betriebsrat nicht besteht, der Betriebsrat des nach der Zahl der wahlberechtigten Arbeitnehmer größten Betriebs zu der Wahl des Vorsitzenden und des stellvertretenden Vorsitzenden des Gesamtbetriebsrats einzuladen. ²Der Vorsitzende des einladenden Betriebsrats hat die Sitzung zu leiten, bis der Gesamtbetriebsrat aus seiner Mitte einen Wahlleiter bestellt hat. ³§ 29 Abs. 2 bis 4 gilt entsprechend.

(3) ¹Die Beschlüsse des Gesamtbetriebsrats werden, soweit nichts anderes bestimmt ist, mit Mehrheit der Stimmen der anwesenden Mitglieder gefasst. ²Bei Stimmengleichheit ist ein Antrag abgelehnt. ³Der Gesamtbetriebsrat ist nur beschlussfähig, wenn mindestens die Hälfte seiner Mitglieder an der Beschlussfassung teilnimmt und die Teilnehmenden mindestens die Hälfte aller Stimmen vertreten; Stellvertretung durch Ersatzmitglieder ist zulässig. § 33 Abs. 3 gilt entsprechend.

(4) Auf die Beschlussfassung des Gesamtbetriebsausschusses und weiterer Ausschüsse des Gesamtbetriebsrats ist § 33 Abs. 1 und 2 anzuwenden.

(5) Die Vorschriften über die Rechte und Pflichten des Betriebsrats gelten entsprechend für den Gesamtbetriebsrat, soweit dieses Gesetz keine besonderen Vorschriften enthält.

§ 52 Teilnahme der Gesamtschwerbehindertenvertretung. Die Gesamtschwerbehindertenvertretung (§ 97 Abs. 1 des Neunten Buches Sozialgesetzbuch[1]) kann an allen Sitzungen des Gesamtbetriebsrats beratend teilnehmen.

§ 53 Betriebsräteversammlung. (1) ¹Mindestens einmal in jedem Kalenderjahr hat der Gesamtbetriebsrat die Vorsitzenden und die stellvertretenden Vorsitzenden der Betriebsräte sowie die weiteren Mitglieder der Betriebsausschüsse zu einer Versammlung einzuberufen. ²Zu dieser Versammlung kann der Betriebsrat abweichend von Satz 1 aus seiner Mitte andere Mitglieder entsenden, soweit dadurch die Gesamtzahl der sich für ihn nach Satz 1 ergebenden Teilnehmer nicht überschritten wird.

(2) In der Betriebsräteversammlung hat
1. der Gesamtbetriebsrat einen Tätigkeitsbericht,
2. der Unternehmer einen Bericht über das Personal- und Sozialwesen einschließlich des Stands der Gleichstellung von Frauen und Männern im Unternehmen, der Integration der im Unternehmen beschäftigten ausländischen Arbeitnehmer, über die wirtschaftliche Lage und Entwicklung des Unternehmens sowie über Fragen des Umweltschutzes im Unternehmen, soweit dadurch nicht Betriebs- und Geschäftsgeheimnisse gefährdet werden,

zu erstatten.

(3) ¹Der Gesamtbetriebsrat kann die Betriebsräteversammlung in Form von Teilversammlungen durchführen. ²Im Übrigen gelten § 42 Abs. 1 Satz 1 zweiter Halbsatz und Satz 2, § 43 Abs. 2 Satz 1 und 2 sowie die §§ 45 und 46 entsprechend.

Sechster Abschnitt. Konzernbetriebsrat

§ 54 Errichtung des Konzernbetriebsrats. (1) ¹Für einen Konzern (§ 18 Abs. 1 des Aktiengesetzes) kann durch Beschlüsse der einzelnen Gesamtbetriebsräte ein Konzernbetriebsrat errichtet werden. ²Die Errichtung erfordert die Zustimmung der Gesamtbetriebsräte der Konzernunternehmen, in denen insgesamt mehr als 50 vom Hundert der Arbeitnehmer der Konzernunternehmen beschäftigt sind.

(2) Besteht in einem Konzernunternehmen nur ein Betriebsrat, so nimmt dieser die Aufgaben eines Gesamtbetriebsrats nach den Vorschriften dieses Abschnitts wahr.

§ 55 Zusammensetzung des Konzernbetriebsrats, Stimmengewicht.
(1) ¹In den Konzernbetriebsrat entsendet jeder Gesamtbetriebsrat zwei seiner Mitglieder. ²Die Geschlechter sollen angemessen berücksichtigt werden.

(2) Der Gesamtbetriebsrat hat für jedes Mitglied des Konzernbetriebsrats mindestens ein Ersatzmitglied zu bestellen und die Reihenfolge des Nachrückens festzulegen.

(3) Jedem Mitglied des Konzernbetriebsrats stehen die Stimmen der Mitglieder des entsendenden Gesamtbetriebsrats je zur Hälfte zu.

---

[1] Nr. 47.

(4) ¹Durch Tarifvertrag oder Betriebsvereinbarung kann die Mitgliederzahl des Konzernbetriebsrats abweichend von Absatz 1 Satz 1 geregelt werden. ²§ 47 Abs. 5 bis 9 gilt entsprechend.

§ 56 Ausschluss von Konzernbetriebsratsmitgliedern. Mindestens ein Viertel der wahlberechtigten Arbeitnehmer der Konzernunternehmen, der Arbeitgeber, der Konzernbetriebsrat oder eine im Konzern vertretene Gewerkschaft können beim Arbeitsgericht den Ausschluss eines Mitglieds aus dem Konzernbetriebsrat wegen grober Verletzung seiner gesetzlichen Pflichten beantragen.

§ 57 Erlöschen der Mitgliedschaft. Die Mitgliedschaft im Konzernbetriebsrat endet mit dem Erlöschen der Mitgliedschaft im Gesamtbetriebsrat, durch Amtsniederlegung, durch Ausschluss aus dem Konzernbetriebsrat auf Grund einer gerichtlichen Entscheidung oder Abberufung durch den Gesamtbetriebsrat.

§ 58 Zuständigkeit. (1) ¹Der Konzernbetriebsrat ist zuständig für die Behandlung von Angelegenheiten, die den Konzern oder mehrere Konzernunternehmen betreffen und nicht durch die einzelnen Gesamtbetriebsräte innerhalb ihrer Unternehmen geregelt werden können; seine Zuständigkeit erstreckt sich insoweit auch auf Unternehmen, die einen Gesamtbetriebsrat nicht gebildet haben, sowie auf Betriebe der Konzernunternehmen ohne Betriebsrat. ²Er ist den einzelnen Gesamtbetriebsräten nicht übergeordnet.

(2) ¹Der Gesamtbetriebsrat kann mit der Mehrheit der Stimmen seiner Mitglieder den Konzernbetriebsrat beauftragen, eine Angelegenheit für ihn zu behandeln. ²Der Gesamtbetriebsrat kann sich dabei die Entscheidungsbefugnis vorbehalten. ³§ 27 Abs. 2 Satz 3 und 4 gilt entsprechend.

§ 59 Geschäftsführung. (1) Für den Konzernbetriebsrat gelten § 25 Abs. 1, die §§ 26, 27 Abs. 2 und 3, § 28 Abs. 1 Satz 1 und 3, Abs. 2, die §§ 30, 31, 34, 35, 36, 37 Abs. 1 bis 3 sowie die §§ 40, 41 und 51 Abs. 1 Satz 2 und Abs. 3 bis 5 entsprechend.

(2) ¹Ist ein Konzernbetriebsrat zu errichten, so hat der Gesamtbetriebsrat des herrschenden Unternehmens oder, soweit ein solcher Gesamtbetriebsrat nicht besteht, der Gesamtbetriebsrat des nach der Zahl der wahlberechtigten Arbeitnehmer größten Konzernunternehmens zu der Wahl des Vorsitzenden und des stellvertretenden Vorsitzenden des Konzernbetriebsrats einzuladen. ²Der Vorsitzende des einladenden Gesamtbetriebsrats hat die Sitzung zu leiten, bis der Konzernbetriebsrat aus seiner Mitte einen Wahlleiter bestellt hat. ³§ 29 Abs. 2 bis 4 gilt entsprechend.

§ 59 a Teilnahme der Konzernschwerbehindertenvertretung. Die Konzernschwerbehindertenvertretung (§ 97 Abs. 2 des Neunten Buches Sozialgesetzbuch[1])) kann an allen Sitzungen des Konzernbetriebsrats beratend teilnehmen.

---

[1]) Nr. 47.

Dritter Teil. Jugend- und Auszubildendenvertretung

Erster Abschnitt. Betriebliche Jugend- und Auszubildendenvertretung

§ 60 Errichtung und Aufgabe. (1) In Betrieben mit in der Regel mindestens fünf Arbeitnehmern, die das 18. Lebensjahr noch nicht vollendet haben (jugendliche Arbeitnehmer) oder die zu ihrer Berufsausbildung beschäftigt sind und das 25. Lebensjahr noch nicht vollendet haben, werden Jugend- und Auszubildendenvertretungen gewählt.

(2) Die Jugend- und Auszubildendenvertretung nimmt nach Maßgabe der folgenden Vorschriften die besonderen Belange der in Absatz 1 genannten Arbeitnehmer wahr.

§ 61 Wahlberechtigung und Wählbarkeit. (1) Wahlberechtigt sind alle in § 60 Abs. 1 genannten Arbeitnehmer des Betriebs.

(2) [1]Wählbar sind alle Arbeitnehmer des Betriebs, die das 25. Lebensjahr noch nicht vollendet haben; § 8 Abs. 1 Satz 3 findet Anwendung. [2]Mitglieder des Betriebsrats können nicht zu Jugend- und Auszubildendenvertretern gewählt werden.

§ 62 Zahl der Jugend- und Auszubildendenvertreter, Zusammensetzung der Jugend- und Auszubildendenvertretung. (1) Die Jugend- und Auszubildendenvertretung besteht in Betrieben mit in der Regel

5 bis	20	der in § 60 Abs. 1 genannten Arbeitnehmer	aus einer Person,
21 bis	50	der in § 60 Abs. 1 genannten Arbeitnehmer	aus 3 Mitgliedern,
51 bis	150	der in § 60 Abs. 1 genannten Arbeitnehmer	aus 5 Mitgliedern,
151 bis	300	der in § 60 Abs. 1 genannten Arbeitnehmer	aus 7 Mitgliedern,
301 bis	500	der in § 60 Abs. 1 genannten Arbeitnehmer	aus 9 Mitgliedern,
501 bis	700	der in § 60 Abs. 1 genannten Arbeitnehmer	aus 11 Mitgliedern,
701 bis	1000	der in § 60 Abs. 1 genannten Arbeitnehmer	aus 13 Mitgliedern,
mehr als	1000	der in § 60 Abs. 1 genannten Arbeitnehmer	aus 15 Mitgliedern.

(2) Die Jugend- und Auszubildendenvertretung soll sich möglichst aus Vertretern der verschiedenen Beschäftigungsarten und Ausbildungsberufe der im Betrieb tätigen in § 60 Abs. 1 genannten Arbeitnehmer zusammensetzen.

(3) Das Geschlecht, das unter den in § 60 Abs. 1 genannten Arbeitnehmern in der Minderheit ist, muss mindestens entsprechend seinem zahlenmäßigen Verhältnis in der Jugend- und Auszubildendenvertretung vertreten sein, wenn diese aus mindestens drei Mitgliedern besteht.

§ 63 Wahlvorschriften. (1) Die Jugend- und Auszubildendenvertretung wird in geheimer und unmittelbarer Wahl gewählt.

(2) [1]Spätestens acht Wochen vor Ablauf der Amtszeit der Jugend- und Auszubildendenvertretung bestellt der Betriebsrat den Wahlvorstand und seinen Vorsitzenden. [2]Für die Wahl der Jugend- und Auszubildendenvertreter gelten § 14 Abs. 2 bis 5, § 16 Abs. 1 Satz 4 bis 6, § 18 Abs. 1 Satz 1 und Abs. 3 sowie die §§ 19 und 20 entsprechend.

(3) Bestellt der Betriebsrat den Wahlvorstand nicht oder nicht spätestens sechs Wochen vor Ablauf der Amtszeit der Jugend- und Auszubildendenvertretung oder kommt der Wahlvorstand seiner Verpflichtung nach § 18 Abs. 1 Satz 1 nicht nach, so gelten § 16 Abs. 2 Satz 1 und 2, Abs. 3 Satz 1 und § 18 Abs. 1 Satz 2 entsprechend; der Antrag beim Arbeitsgericht kann auch von jugendlichen Arbeitnehmern gestellt werden.

(4) ¹In Betrieben mit in der Regel fünf bis fünfzig der in § 60 Abs. 1 genannten Arbeitnehmer gilt auch § 14a entsprechend. ²Die Frist zur Bestellung des Wahlvorstands wird im Fall des Absatzes 2 Satz 1 auf vier Wochen und im Fall des Absatzes 3 Satz 1 auf drei Wochen verkürzt.

(5) In Betrieben mit in der Regel 51 bis 100 der in § 60 Abs. 1 genannten Arbeitnehmer gilt § 14a Abs. 5 entsprechend.

§ 64 Zeitpunkt der Wahlen und Amtszeit. (1) ¹Die regelmäßigen Wahlen der Jugend- und Auszubildendenvertretung finden alle zwei Jahre in der Zeit vom 1. Oktober bis 30. November statt. ²Für die Wahl der Jugend- und Auszubildendenvertretung außerhalb dieser Zeit gilt § 13 Abs. 2 Nr. 2 bis 6 und Abs. 3 entsprechend.

(2) ¹Die regelmäßige Amtszeit der Jugend- und Auszubildendenvertretung beträgt zwei Jahre. ²Die Amtszeit beginnt mit der Bekanntgabe des Wahlergebnisses oder, wenn zu diesem Zeitpunkt noch eine Jugend- und Auszubildendenvertretung besteht, mit Ablauf von deren Amtszeit. ³Die Amtszeit endet spätestens am 30. November des Jahres, in dem nach Absatz 1 Satz 1 die regelmäßigen Wahlen stattfinden. ⁴In dem Fall des § 13 Abs. 3 Satz 2 endet die Amtszeit spätestens am 30. November des Jahres, in dem die Jugend- und Auszubildendenvertretung neu zu wählen ist. ⁵In dem Fall des § 13 Abs. 2 Nr. 2 endet die Amtszeit mit der Bekanntgabe des Wahlergebnisses der neu gewählten Jugend- und Auszubildendenvertretung.

(3) Ein Mitglied der Jugend- und Auszubildendenvertretung, das im Laufe der Amtszeit das 25. Lebensjahr vollendet, bleibt bis zum Ende der Amtszeit Mitglied der Jugend- und Auszubildendenvertretung.

§ 65 Geschäftsführung. (1) Für die Jugend- und Auszubildendenvertretung gelten § 23 Abs. 1, die §§ 24, 25, 26, 28 Abs. 1 Satz 1 und 2, die §§ 30, 31, 33 Abs. 1 und 2 sowie die §§ 34, 36, 37, 40 und 41 entsprechend.

(2) ¹Die Jugend- und Auszubildendenvertretung kann nach Verständigung des Betriebsrats Sitzungen abhalten; § 29 gilt entsprechend. ²An diesen Sitzungen kann der Betriebsratsvorsitzende oder ein beauftragtes Betriebsratsmitglied teilnehmen.

§ 66 Aussetzung von Beschlüssen des Betriebsrats. (1) Erachtet die Mehrheit der Jugend- und Auszubildendenvertreter einen Beschluss des Betriebsrats als eine erhebliche Beeinträchtigung wichtiger Interessen der in § 60 Abs. 1 genannten Arbeitnehmer, so ist auf ihren Antrag der Beschluss auf die Dauer von einer Woche auszusetzen, damit in dieser Frist eine Verständigung, gegebenenfalls mit Hilfe der im Betrieb vertretenen Gewerkschaften, versucht werden kann.

(2) Wird der erste Beschluss bestätigt, so kann der Antrag auf Aussetzung nicht wiederholt werden; dies gilt auch, wenn der erste Beschluss nur unerheblich geändert wird.

§ 67 Teilnahme an Betriebsratssitzungen. (1) [1]Die Jugend- und Auszubildendenvertretung kann zu allen Betriebsratssitzungen einen Vertreter entsenden. [2]Werden Angelegenheiten behandelt, die besonders die in § 60 Abs. 1 genannten Arbeitnehmer betreffen, so hat zu diesen Tagesordnungspunkten die gesamte Jugend- und Auszubildendenvertretung ein Teilnahmerecht.

(2) Die Jugend- und Auszubildendenvertreter haben Stimmrecht, soweit die zu fassenden Beschlüsse des Betriebsrats überwiegend die in § 60 Abs. 1 genannten Arbeitnehmer betreffen.

(3) [1]Die Jugend- und Auszubildendenvertretung kann beim Betriebsrat beantragen, Angelegenheiten, die besonders die in § 60 Abs. 1 genannten Arbeitnehmer betreffen und über die sie beraten hat, auf die nächste Tagesordnung zu setzen. [2]Der Betriebsrat soll Angelegenheiten, die besonders die in § 60 Abs. 1 genannten Arbeitnehmer betreffen, der Jugend- und Auszubildendenvertretung zur Beratung zuleiten.

§ 68 Teilnahme an gemeinsamen Besprechungen. Der Betriebsrat hat die Jugend- und Auszubildendenvertretung zu Besprechungen zwischen Arbeitgeber und Betriebsrat beizuziehen, wenn Angelegenheiten behandelt werden, die besonders die in § 60 Abs. 1 genannten Arbeitnehmer betreffen.

§ 69 Sprechstunden. [1]In Betrieben, die in der Regel mehr als fünfzig der in § 60 Abs. 1 genannten Arbeitnehmer beschäftigen, kann die Jugend- und Auszubildendenvertretung Sprechstunden während der Arbeitszeit einrichten. [2]Zeit und Ort sind durch Betriebsrat und Arbeitgeber zu vereinbaren. [3]§ 39 Abs. 1 Satz 3 und 4 und Abs. 3 gilt entsprechend. [4]An den Sprechstunden der Jugend- und Auszubildendenvertretung kann der Betriebsratsvorsitzende oder ein beauftragtes Betriebsratsmitglied beratend teilnehmen.

§ 70 Allgemeine Aufgaben. (1) Die Jugend- und Auszubildendenvertretung hat folgende allgemeine Aufgaben:
1. Maßnahmen, die den in § 60 Abs. 1 genannten Arbeitnehmern dienen, insbesondere in Fragen der Berufsbildung und der Übernahme der zu ihrer Berufsausbildung Beschäftigten in ein Arbeitsverhältnis, beim Betriebsrat zu beantragen;
1 a. Maßnahmen zur Durchsetzung der tatsächlichen Gleichstellung der in § 60 Abs. 1 genannten Arbeitnehmer entsprechend § 80 Abs. 1 Nr. 2 a und 2 b beim Betriebsrat zu beantragen;
2. darüber zu wachen, dass die zugunsten der in § 60 Abs. 1 genannten Arbeitnehmer geltenden Gesetze, Verordnungen, Unfallverhütungsvorschriften, Tarifverträge und Betriebsvereinbarungen durchgeführt werden;
3. Anregungen von in § 60 Abs. 1 genannten Arbeitnehmern, insbesondere in Fragen der Berufsbildung, entgegenzunehmen und, falls sie berechtigt erscheinen, beim Betriebsrat auf eine Erledigung hinzuwirken. Die Jugend- und Auszubildendenvertretung hat die betroffenen in § 60 Abs. 1

genannten Arbeitnehmer über den Stand und das Ergebnis der Verhandlungen zu informieren;
4. die Integration ausländischer, in § 60 Abs. 1 genannter Arbeitnehmer im Betrieb zu fördern und entsprechende Maßnahmen beim Betriebsrat zu beantragen.

(2) [1]Zur Durchführung ihrer Aufgaben ist die Jugend- und Auszubildendenvertretung durch den Betriebsrat rechtzeitig und umfassend zu unterrichten. [2]Die Jugend- und Auszubildendenvertretung kann verlangen, dass ihr der Betriebsrat die zur Durchführung ihrer Aufgaben erforderlichen Unterlagen zur Verfügung stellt.

§ 71 Jugend- und Auszubildendenversammlung. [1]Die Jugend- und Auszubildendenvertretung kann vor oder nach jeder Betriebsversammlung im Einvernehmen mit dem Betriebsrat eine betriebliche Jugend- und Auszubildendenversammlung einberufen. [2]Im Einvernehmen mit Betriebsrat und Arbeitgeber kann die betriebliche Jugend- und Auszubildendenversammlung auch zu einem anderen Zeitpunkt einberufen werden. [3]§ 43 Abs. 2 Satz 1 und 2, die §§ 44 bis 46 und § 65 Abs. 2 Satz 2 gelten entsprechend.

Zweiter Abschnitt. Gesamt-Jugend- und Auszubildendenvertretung

§ 72 Voraussetzungen der Errichtung, Mitgliederzahl, Stimmengewicht. (1) Bestehen in einem Unternehmen mehrere Jugend- und Auszubildendenvertretungen, so ist eine Gesamt-Jugend- und Auszubildendenvertretung zu errichten.

(2) In die Gesamt-Jugend- und Auszubildendenvertretung entsendet jede Jugend- und Auszubildendenvertretung ein Mitglied.

(3) Die Jugend- und Auszubildendenvertretung hat für das Mitglied der Gesamt-Jugend- und Auszubildendenvertretung mindestens ein Ersatzmitglied zu bestellen und die Reihenfolge des Nachrückens festzulegen.

(4) Durch Tarifvertrag oder Betriebsvereinbarung kann die Mitgliederzahl der Gesamt-Jugend- und Auszubildendenvertretung abweichend von Absatz 2 geregelt werden.

(5) Gehören nach Absatz 2 der Gesamt-Jugend- und Auszubildendenvertretung mehr als zwanzig Mitglieder an und besteht keine tarifliche Regelung nach Absatz 4, so ist zwischen Gesamtbetriebsrat und Arbeitgeber eine Betriebsvereinbarung über die Mitgliederzahl der Gesamt-Jugend- und Auszubildendenvertretung abzuschließen, in der bestimmt wird, dass Jugend- und Auszubildendenvertretungen mehrerer Betriebe eines Unternehmens, die regional oder durch gleichartige Interessen miteinander verbunden sind, gemeinsam Mitglieder in die Gesamt-Jugend- und Auszubildendenvertretung entsenden.

(6) [1]Kommt im Fall des Absatzes 5 eine Einigung nicht zustande, so entscheidet eine für das Gesamtunternehmen zu bildende Einigungsstelle. [2]Der Spruch der Einigungsstelle ersetzt die Einigung zwischen Arbeitgeber und Gesamtbetriebsrat.

(7) [1]Jedes Mitglied der Gesamt-Jugend- und Auszubildendenvertretung hat so viele Stimmen, wie in dem Betrieb, in dem es gewählt wurde, in § 60

Abs. 1 genannte Arbeitnehmer in der Wählerliste eingetragen sind. ²Ist ein Mitglied der Gesamt-Jugend- und Auszubildendenvertretung für mehrere Betriebe entsandt worden, so hat es so viele Stimmen, wie in den Betrieben, für die es entsandt ist, in § 60 Abs. 1 genannte Arbeitnehmer in den Wählerlisten eingetragen sind. ³Sind mehrere Mitglieder der Jugend- und Auszubildendenvertretung entsandt worden, so stehen diesen die Stimmen nach Satz 1 anteilig zu.

(8) Für Mitglieder der Gesamt-Jugend- und Auszubildendenvertretung, die aus einem gemeinsamen Betrieb mehrerer Unternehmen entsandt worden sind, können durch Tarifvertrag oder Betriebsvereinbarung von Absatz 7 abweichende Regelungen getroffen werden.

§ 73 Geschäftsführung und Geltung sonstiger Vorschriften. (1) ¹Die Gesamt-Jugend- und Auszubildendenvertretung kann nach Verständigung des Gesamtbetriebsrats Sitzungen abhalten. ²An den Sitzungen kann der Vorsitzende des Gesamtbetriebsrats oder ein beauftragtes Mitglied des Gesamtbetriebsrats teilnehmen.

(2) Für die Gesamt-Jugend- und Auszubildendenvertretung gelten § 25 Abs. 1, die §§ 26, 28 Abs. 1 Satz 1, die §§ 30, 31, 34, 36, 37 Abs. 1 bis 3, die §§ 40, 41, 48, 49, 50, 51 Abs. 2 bis 5 sowie die §§ 66 bis 68 entsprechend.

Dritter Abschnitt. Konzern-Jugend- und Auszubildendenvertretung

§ 73 a Voraussetzung der Errichtung, Mitgliederzahl, Stimmengewicht. (1) ¹Bestehen in einem Konzern (§ 18 Abs. 1 des Aktiengesetzes) mehrere Gesamt-Jugend- und Auszubildendenvertretungen, kann durch Beschlüsse der einzelnen Gesamt-Jugend- und Auszubildendenvertretungen eine Konzern-Jugend- und Auszubildendenvertretung errichtet werden. ²Die Errichtung erfordert die Zustimmung der Gesamt-Jugend- und Auszubildendenvertretungen der Konzernunternehmen, in denen insgesamt mindestens 75 vom Hundert der in § 60 Abs. 1 genannten Arbeitnehmer beschäftigt sind. ³Besteht in einem Konzernunternehmen nur eine Jugend- und Auszubildendenvertretung, so nimmt diese die Aufgaben einer Gesamt-Jugend- und Auszubildendenvertretung nach den Vorschriften dieses Abschnitts wahr.

(2) ¹In die Konzern-Jugend- und Auszubildendenvertretung entsendet jede Gesamt-Jugend- und Auszubildendenvertretung eines ihrer Mitglieder. ²Sie hat für jedes Mitglied mindestens ein Ersatzmitglied zu bestellen und die Reihenfolge des Nachrückens festzulegen.

(3) Jedes Mitglied der Konzern-Jugend- und Auszubildendenvertretung hat so viele Stimmen, wie die Mitglieder der entsendenden Gesamt-Jugend- und Auszubildendenvertretung insgesamt Stimmen haben.

(4) § 72 Abs. 4 bis 8 gilt entsprechend.

§ 73 b Geschäftsführung und Geltung sonstiger Vorschriften.
(1) ¹Die Konzern-Jugend- und Auszubildendenvertretung kann nach Verständigung des Konzernbetriebsrats Sitzungen abhalten. ²An den Sitzungen kann der Vorsitzende oder ein beauftragtes Mitglied des Konzernbetriebsrats teilnehmen.

(2) Für die Konzern-Jugend- und Auszubildendenvertretung gelten § 25 Abs. 1, die §§ 26, 28 Abs. 1 Satz 1, die §§ 30, 31, 34, 36, 37 Abs. 1 bis 3, die §§ 40, 41, 51 Abs. 3 bis 5, die §§ 56, 57, 58, 59 Abs. 2 und die §§ 66 bis 68 entsprechend.

Vierter Teil. Mitwirkung und Mitbestimmung der Arbeitnehmer

Erster Abschnitt. Allgemeines

§ 74 Grundsätze für die Zusammenarbeit. (1) ¹Arbeitgeber und Betriebsrat sollen mindestens einmal im Monat zu einer Besprechung zusammentreten. ²Sie haben über strittige Fragen mit dem ernsten Willen zur Einigung zu verhandeln und Vorschläge für die Beilegung von Meinungsverschiedenheiten zu machen.

(2) ¹Maßnahmen des Arbeitskampfes zwischen Arbeitgeber und Betriebsrat sind unzulässig; Arbeitskämpfe tariffähiger Parteien werden hierdurch nicht berührt. ²Arbeitgeber und Betriebsrat haben Betätigungen zu unterlassen, durch die der Arbeitsablauf oder der Frieden des Betriebs beeinträchtigt werden. ³Sie haben jede parteipolitische Betätigung im Betrieb zu unterlassen; die Behandlung von Angelegenheiten tarifpolitischer, sozialpolitischer, umweltpolitischer und wirtschaftlicher Art, die den Betrieb oder seine Arbeitnehmer unmittelbar betreffen, wird hierdurch nicht berührt.

(3) Arbeitnehmer, die im Rahmen dieses Gesetzes Aufgaben übernehmen, werden hierdurch in der Betätigung für ihre Gewerkschaft auch im Betrieb nicht beschränkt.

§ 75 Grundsätze für die Behandlung der Betriebsangehörigen.

(1) Arbeitgeber und Betriebsrat haben darüber zu wachen, dass alle im Betrieb tätigen Personen nach den Grundsätzen von Recht und Billigkeit behandelt werden, insbesondere, dass jede Benachteiligung von Personen aus Gründen ihrer Rasse oder wegen ihrer ethnischen Herkunft, ihrer Abstammung oder sonstigen Herkunft, ihrer Nationalität, ihrer Religion oder Weltanschauung, ihrer Behinderung, ihres Alters, ihrer politischen oder gewerkschaftlichen Betätigung oder Einstellung oder wegen ihres Geschlechts oder ihrer sexuellen Identität unterbleibt.

(2) ¹Arbeitgeber und Betriebsrat haben die freie Entfaltung der Persönlichkeit der im Betrieb beschäftigten Arbeitnehmer zu schützen und zu fördern. ²Sie haben die Selbständigkeit und Eigeninitiative der Arbeitnehmer und Arbeitsgruppen zu fördern.

§ 76 Einigungsstelle. (1) ¹Zur Beilegung von Meinungsverschiedenheiten zwischen Arbeitgeber und Betriebsrat, Gesamtbetriebsrat oder Konzernbetriebsrat ist bei Bedarf eine Einigungsstelle zu bilden. ²Durch Betriebsvereinbarung kann eine ständige Einigungsstelle errichtet werden.

(2) ¹Die Einigungsstelle besteht aus einer gleichen Anzahl von Beisitzern, die vom Arbeitgeber und Betriebsrat bestellt werden, und einem unparteiischen Vorsitzenden, auf dessen Person sich beide Seiten einigen müssen.

²Kommt eine Einigung über die Person des Vorsitzenden nicht zustande, so bestellt ihn das Arbeitsgericht. ³Dieses entscheidet auch, wenn kein Einverständnis über die Zahl der Beisitzer erzielt wird.

(3) ¹Die Einigungsstelle hat unverzüglich tätig zu werden. ²Sie fasst ihre Beschlüsse nach mündlicher Beratung mit Stimmenmehrheit. ³Bei der Beschlussfassung hat sich der Vorsitzende zunächst der Stimme zu enthalten; kommt eine Stimmenmehrheit nicht zustande, so nimmt der Vorsitzende nach weiterer Beratung an der erneuten Beschlussfassung teil. ⁴Die Beschlüsse der Einigungsstelle sind schriftlich niederzulegen, vom Vorsitzenden zu unterschreiben und Arbeitgeber und Betriebsrat zuzuleiten.

(4) Durch Betriebsvereinbarung können weitere Einzelheiten des Verfahrens vor der Einigungsstelle geregelt werden.

(5) ¹In den Fällen, in denen der Spruch der Einigungsstelle die Einigung zwischen Arbeitgeber und Betriebsrat ersetzt, wird die Einigungsstelle auf Antrag einer Seite tätig. ²Benennt eine Seite keine Mitglieder oder bleiben die von einer Seite genannten Mitglieder trotz rechtzeitiger Einladung der Sitzung fern, so entscheiden der Vorsitzende und die erschienenen Mitglieder nach Maßgabe des Absatzes 3 allein. ³Die Einigungsstelle fasst ihre Beschlüsse unter angemessener Berücksichtigung der Belange des Betriebs und der betroffenen Arbeitnehmer nach billigem Ermessen. ⁴Die Überschreitung der Grenzen des Ermessens kann durch den Arbeitgeber oder den Betriebsrat nur binnen einer Frist von zwei Wochen, vom Tage der Zuleitung des Beschlusses an gerechnet, beim Arbeitsgericht geltend gemacht werden.

(6) ¹Im Übrigen wird die Einigungsstelle nur tätig, wenn beide Seiten es beantragen oder mit ihrem Tätigwerden einverstanden sind. ²In diesen Fällen ersetzt ihr Spruch die Einigung zwischen Arbeitgeber und Betriebsrat nur, wenn beide Seiten sich dem Spruch im Voraus unterworfen oder ihn nachträglich angenommen haben.

(7) Soweit nach anderen Vorschriften der Rechtsweg gegeben ist, wird er durch den Spruch der Einigungsstelle nicht ausgeschlossen.

(8) Durch Tarifvertrag kann bestimmt werden, dass an die Stelle der in Absatz 1 bezeichneten Einigungsstelle eine tarifliche Schlichtungsstelle tritt.

§ 76a Kosten der Einigungsstelle. (1) Die Kosten der Einigungsstelle trägt der Arbeitgeber.

(2) ¹Die Beisitzer der Einigungsstelle, die dem Betrieb angehören, erhalten für ihre Tätigkeit keine Vergütung; § 37 Abs. 2 und 3 gilt entsprechend. ²Ist die Einigungsstelle zur Beilegung von Meinungsverschiedenheiten zwischen Arbeitgeber und Gesamtbetriebsrat oder Konzernbetriebsrat zu bilden, so gilt Satz 1 für die einem Betrieb des Unternehmens oder eines Konzernunternehmens angehörenden Beisitzer entsprechend.

(3) ¹Der Vorsitzende und die Beisitzer der Einigungsstelle, die nicht zu den in Absatz 2 genannten Personen zählen, haben gegenüber dem Arbeitgeber Anspruch auf Vergütung ihrer Tätigkeit. ²Die Höhe der Vergütung richtet sich nach den Grundsätzen des Absatzes 4 Satz 3 bis 5.

(4) ¹Das Bundesministerium für Arbeit und Soziales kann durch Rechtsverordnung die Vergütung nach Absatz 3 regeln. ²In der Vergütungsordnung sind Höchstsätze festzusetzen. ³Dabei sind insbesondere der erforderliche Zeitaufwand, die Schwierigkeit der Streitigkeit sowie ein Verdienstausfall zu be-

rücksichtigen. ⁴Die Vergütung der Beisitzer ist niedriger zu bemessen als die des Vorsitzenden. ⁵Bei der Festsetzung der Höchstsätze ist den berechtigten Interessen der Mitglieder der Einigungsstelle und des Arbeitgebers Rechnung zu tragen.

(5) Von Absatz 3 und einer Vergütungsordnung nach Absatz 4 kann durch Tarifvertrag oder in einer Betriebsvereinbarung, wenn ein Tarifvertrag dies zulässt oder eine tarifliche Regelung nicht besteht, abgewichen werden.

§ 77 Durchführung gemeinsamer Beschlüsse, Betriebsvereinbarungen.

(1) ¹Vereinbarungen zwischen Betriebsrat und Arbeitgeber, auch soweit sie auf einem Spruch der Einigungsstelle beruhen, führt der Arbeitgeber durch, es sei denn, dass im Einzelfall etwas anderes vereinbart ist. ²Der Betriebsrat darf nicht durch einseitige Handlungen in die Leitung des Betriebs eingreifen.

(2) ¹Betriebsvereinbarungen sind von Betriebsrat und Arbeitgeber gemeinsam zu beschließen und schriftlich niederzulegen. ²Sie sind von beiden Seiten zu unterzeichnen; dies gilt nicht, soweit Betriebsvereinbarungen auf einem Spruch der Einigungsstelle beruhen. ³Der Arbeitgeber hat die Betriebsvereinbarungen an geeigneter Stelle im Betrieb auszulegen.

(3) ¹Arbeitsentgelte und sonstige Arbeitsbedingungen, die durch Tarifvertrag geregelt sind oder üblicherweise geregelt werden, können nicht Gegenstand einer Betriebsvereinbarung sein. ²Dies gilt nicht, wenn ein Tarifvertrag den Abschluss ergänzender Betriebsvereinbarungen ausdrücklich zulässt.

(4) ¹Betriebsvereinbarungen gelten unmittelbar und zwingend. ²Werden Arbeitnehmern durch die Betriebsvereinbarung Rechte eingeräumt, so ist ein Verzicht auf sie nur mit Zustimmung des Betriebsrats zulässig. ³Die Verwirkung dieser Rechte ist ausgeschlossen. ⁴Ausschlussfristen für ihre Geltendmachung sind nur insoweit zulässig, als sie in einem Tarifvertrag oder einer Betriebsvereinbarung vereinbart werden; dasselbe gilt für die Abkürzung der Verjährungsfristen.

(5) Betriebsvereinbarungen können, soweit nichts anderes vereinbart ist, mit einer Frist von drei Monaten gekündigt werden.

(6) Nach Ablauf einer Betriebsvereinbarung gelten ihre Regelungen in Angelegenheiten, in denen ein Spruch der Einigungsstelle die Einigung zwischen Arbeitgeber und Betriebsrat ersetzen kann, weiter, bis sie durch eine andere Abmachung ersetzt werden.

§ 78 Schutzbestimmungen.

¹Die Mitglieder des Betriebsrats, des Gesamtbetriebsrats, des Konzernbetriebsrats, der Jugend- und Auszubildendenvertretung, der Gesamt-Jugend- und Auszubildendenvertretung, der Konzenrn-Jugend- und Auszubildendenvertretung, des Wirtschaftsausschusses, der Bordvertretung, des Seebetriebsrats, der in § 3 Abs. 1 genannten Vertretungen der Arbeitnehmer, der Einigungsstelle, einer tariflichen Schlichtungsstelle (§ 76 Abs. 8) und einer betrieblichen Beschwerdestelle (§ 86) sowie Auskunftspersonen (§ 80 Abs. 2 Satz 3) dürfen in der Ausübung ihrer Tätigkeit nicht gestört oder behindert werden. ²Sie dürfen wegen ihrer Tätigkeit nicht benachteiligt oder begünstigt werden; dies gilt auch für ihre berufliche Entwicklung.

§ 78 a Schutz Auszubildender in besonderen Fällen. (1) Beabsichtigt der Arbeitgeber, einen Auszubildenden, der Mitglied der Jugend- und Auszubildendenvertretung, des Betriebsrats, der Bordvertretung oder des Seebetriebsrats ist, nach Beendigung des Berufsausbildungsverhältnisses nicht in ein Arbeitsverhältnis auf unbestimmte Zeit zu übernehmen, so hat er dies drei Monate vor Beendigung des Berufsausbildungsverhältnisses dem Auszubildenden schriftlich mitzuteilen.

(2) [1]Verlangt ein in Absatz 1 genannter Auszubildender innerhalb der letzten drei Monate vor Beendigung des Berufsausbildungsverhältnisses schriftlich vom Arbeitgeber die Weiterbeschäftigung, so gilt zwischen Auszubildendem und Arbeitgeber im Anschluss an das Berufsausbildungsverhältnis ein Arbeitsverhältnis auf unbestimmte Zeit als begründet. [2]Auf dieses Arbeitsverhältnis ist insbesondere § 37 Abs. 4 und 5 entsprechend anzuwenden.

(3) Die Absätze 1 und 2 gelten auch, wenn das Berufsausbildungsverhältnis vor Ablauf eines Jahres nach Beendigung der Amtszeit der Jugend- und Auszubildendenvertretung, des Betriebsrats, der Bordvertretung oder des Seebetriebsrats endet.

(4) [1]Der Arbeitgeber kann spätestens bis zum Ablauf von zwei Wochen nach Beendigung des Berufsausbildungsverhältnisses beim Arbeitsgericht beantragen,

1. festzustellen, dass ein Arbeitsverhältnis nach Absatz 2 oder 3 nicht begründet wird, oder

2. das bereits nach Absatz 2 oder 3 begründete Arbeitsverhältnis aufzulösen,

wenn Tatsachen vorliegen, aufgrund derer dem Arbeitgeber unter Berücksichtigung aller Umstände die Weiterbeschäftigung nicht zugemutet werden kann. [2]In dem Verfahren vor dem Arbeitsgericht sind der Betriebsrat, die Bordvertretung, der Seebetriebsrat, bei Mitgliedern der Jugend- und Auszubildendenvertretung auch diese Beteiligte.

(5) Die Absätze 2 bis 4 finden unabhängig davon Anwendung, ob der Arbeitgeber seiner Mitteilungspflicht nach Absatz 1 nachgekommen ist.

§ 79 Geheimhaltungspflicht. (1) [1]Die Mitglieder und Ersatzmitglieder des Betriebsrats sind verpflichtet, Betriebs- oder Geschäftsgeheimnisse, die ihnen wegen ihrer Zugehörigkeit zum Betriebsrat bekannt geworden und vom Arbeitgeber ausdrücklich als geheimhaltungsbedürftig bezeichnet worden sind, nicht zu offenbaren und nicht zu verwerten. [2]Dies gilt auch nach dem Ausscheiden aus dem Betriebsrat. [3]Die Verpflichtung gilt nicht gegenüber Mitgliedern des Betriebsrats. [4]Sie gilt ferner nicht gegenüber dem Gesamtbetriebsrat, dem Konzernbetriebsrat, der Bordvertretung, dem Seebetriebsrat und den Arbeitnehmervertretern im Aufsichtsrat sowie im Verfahren vor der Einigungsstelle, der tariflichen Schlichtungsstelle (§ 76 Abs. 8) oder einer betrieblichen Beschwerdestelle (§ 86).

(2) Absatz 1 gilt sinngemäß für die Mitglieder und Ersatzmitglieder des Gesamtbetriebsrats, des Konzernbetriebsrats, der Jugend- und Auszubildendenvertretung, der Gesamt-Jugend- und Auszubildendenvertretung, der Konzenrn-Jugend- und Auszubildendenvertretung, des Wirtschaftsausschusses, der Bordvertretung, des Seebetriebsrats, der gemäß § 3 Abs. 1 gebildeten Vertretungen der Arbeitnehmer, der Einigungsstelle, der tariflichen Schlichtungsstelle (§ 76 Abs. 8) und einer betrieblichen Beschwerdestelle (§ 86) sowie für die Vertreter von Gewerkschaften oder von Arbeitgebervereinigungen.

§ 80 Allgemeine Aufgaben. (1) Der Betriebsrat hat folgende allgemeine Aufgaben:
1. darüber zu wachen, dass die zugunsten der Arbeitnehmer geltenden Gesetze, Verordnungen, Unfallverhütungsvorschriften, Tarifverträge und Betriebsvereinbarungen durchgeführt werden;
2. Maßnahmen, die dem Betrieb und der Belegschaft dienen, beim Arbeitgeber zu beantragen;
2 a. die Durchsetzung der tatsächlichen Gleichstellung von Frauen und Männern, insbesondere bei der Einstellung, Beschäftigung, Aus-, Fort- und Weiterbildung und dem beruflichen Aufstieg, zu fördern;
2 b. die Vereinbarkeit von Familie und Erwerbstätigkeit zu fördern;
3. Anregungen von Arbeitnehmern und der Jugend- und Auszubildendenvertretung entgegenzunehmen und, falls sie berechtigt erscheinen, durch Verhandlungen mit dem Arbeitgeber auf eine Erledigung hinzuwirken; er hat die betreffenden Arbeitnehmer über den Stand und das Ergebnis der Verhandlungen zu unterrichten;
4. die Eingliederung Schwerbehinderter und sonstiger besonders schutzbedürftiger Personen zu fördern;
5. die Wahl einer Jugend- und Auszubildendenvertretung vorzubereiten und durchzuführen und mit dieser zur Förderung der Belange der in § 60 Abs. 1 genannten Arbeitnehmer eng zusammenzuarbeiten; er kann von der Jugend- und Auszubildendenvertretung Vorschläge und Stellungnahmen anfordern;
6. die Beschäftigung älterer Arbeitnehmer im Betrieb zu fördern;
7. die Integration ausländischer Arbeitnehmer im Betrieb und das Verständnis zwischen ihnen und den deutschen Arbeitnehmern zu fördern sowie Maßnahmen zur Bekämpfung von Rassismus und Fremdenfeindlichkeit im Betrieb zu beantragen;
8. die Beschäftigung im Betrieb zu fördern und zu sichern;
9. Maßnahmen des Arbeitsschutzes und des betrieblichen Umweltschutzes zu fördern.

(2) [1] Zur Durchführung seiner Aufgaben nach diesem Gesetz ist der Betriebsrat rechtzeitig und umfassend vom Arbeitgeber zu unterrichten; die Unterrichtung erstreckt sich auch auf die Beschäftigung von Personen, die nicht in einem Arbeitsverhältnis zum Arbeitgeber stehen. [2] Dem Betriebsrat sind auf Verlangen jederzeit die zur Durchführung seiner Aufgaben erforderlichen Unterlagen zur Verfügung zu stellen; in diesem Rahmen ist der Betriebsausschuss oder ein nach § 28 gebildeter Ausschuss berechtigt, in die Listen über die Bruttolöhne und -gehälter Einblick zu nehmen. [3] Soweit es zur ordnungsgemäßen Erfüllung der Aufgaben des Betriebsrats erforderlich ist, hat der Arbeitgeber ihm sachkundige Arbeitnehmer als Auskunftspersonen zur Verfügung zu stellen; er hat hierbei die Vorschläge des Betriebsrats zu berücksichtigen, soweit betriebliche Notwendigkeiten nicht entgegenstehen.

(3) Der Betriebsrat kann bei der Durchführung seiner Aufgaben nach näherer Vereinbarung mit dem Arbeitgeber Sachverständige hinzuziehen, soweit dies zur ordnungsgemäßen Erfüllung seiner Aufgaben erforderlich ist.

(4) Für die Geheimhaltungspflicht der Auskunftspersonen und der Sachverständigen gilt § 79 entsprechend.

Zweiter Abschnitt. Mitwirkungs- und Beschwerderecht des Arbeitnehmers

§ 81 Unterrichtungs- und Erörterungspflicht des Arbeitgebers.

(1) ¹Der Arbeitgeber hat den Arbeitnehmer über dessen Aufgabe und Verantwortung sowie über die Art seiner Tätigkeit und ihre Einordnung in den Arbeitsablauf des Betriebs zu unterrichten. ²Er hat den Arbeitnehmer vor Beginn der Beschäftigung über die Unfall- und Gesundheitsgefahren, denen dieser bei der Beschäftigung ausgesetzt ist, sowie über die Maßnahmen und Einrichtungen zur Abwendung dieser Gefahren und die nach § 10 Abs. 2 des Arbeitsschutzgesetzes[1]) getroffenen Maßnahmen zu belehren.

(2) ¹Über Veränderungen in seinem Arbeitsbereich ist der Arbeitnehmer rechtzeitig zu unterrichten. ²Absatz 1 gilt entsprechend.

(3) In Betrieben, in denen kein Betriebsrat besteht, hat der Arbeitgeber die Arbeitnehmer zu allen Maßnahmen zu hören, die Auswirkungen auf Sicherheit und Gesundheit der Arbeitnehmer haben können.

(4) ¹Der Arbeitgeber hat den Arbeitnehmer über die aufgrund einer Planung von technischen Anlagen, von Arbeitsverfahren und Arbeitsabläufen oder der Arbeitsplätze vorgesehenen Maßnahmen und ihre Auswirkungen auf seinen Arbeitsplatz, die Arbeitsumgebung sowie auf Inhalt und Art seiner Tätigkeit zu unterrichten. ²Sobald feststeht, dass sich die Tätigkeit des Arbeitnehmers ändern wird und seine beruflichen Kenntnisse und Fähigkeiten zur Erfüllung seiner Aufgaben nicht ausreichen, hat der Arbeitgeber mit dem Arbeitnehmer zu erörtern, wie dessen berufliche Kenntnisse und Fähigkeiten im Rahmen der betrieblichen Möglichkeiten den künftigen Anforderungen angepasst werden können. ³Der Arbeitnehmer kann bei der Erörterung ein Mitglied des Betriebsrats hinzuziehen.

§ 82 Anhörungs- und Erörterungsrecht des Arbeitnehmers.

(1) ¹Der Arbeitnehmer hat das Recht, in betrieblichen Angelegenheiten, die seine Person betreffen, von den nach Maßgabe des organisatorischen Aufbaus des Betriebs hierfür zuständigen Personen gehört zu werden. ²Er ist berechtigt, zu Maßnahmen des Arbeitgebers, die ihn betreffen, Stellung zu nehmen sowie Vorschläge für die Gestaltung des Arbeitsplatzes und des Arbeitsablaufs zu machen.

(2) ¹Der Arbeitnehmer kann verlangen, dass ihm die Berechnung und Zusammensetzung seines Arbeitsentgelts erläutert und dass mit ihm die Beurteilung seiner Leistungen sowie die Möglichkeiten seiner beruflichen Entwicklung im Betrieb erörtert werden. ²Er kann ein Mitglied des Betriebsrats hinzuziehen. ³Das Mitglied des Betriebsrats hat über den Inhalt dieser Verhandlungen Stillschweigen zu bewahren, soweit es vom Arbeitnehmer im Einzelfall nicht von dieser Verpflichtung entbunden wird.

§ 83 Einsicht in die Personalakten.

(1) ¹Der Arbeitnehmer hat das Recht, in die über ihn geführten Personalakten Einsicht zu nehmen. ²Er kann hierzu ein Mitglied des Betriebsrats hinzuziehen. ³Das Mitglied des Betriebsrats hat über den Inhalt der Personalakte Stillschweigen zu bewahren, soweit

---

[1]) Nr. 51.

es vom Arbeitnehmer im Einzelfall nicht von dieser Verpflichtung entbunden wird.

(2) Erklärungen des Arbeitnehmers zum Inhalt der Personalakte sind dieser auf sein Verlangen beizufügen.

§ 84 Beschwerderecht. (1) ¹Jeder Arbeitnehmer hat das Recht, sich bei den zuständigen Stellen des Betriebs zu beschweren, wenn er sich vom Arbeitgeber oder von Arbeitnehmern des Betriebs benachteiligt oder ungerecht behandelt oder in sonstiger Weise beeinträchtigt fühlt. ²Er kann ein Mitglied des Betriebsrats zur Unterstützung oder Vermittlung hinzuziehen.

(2) Der Arbeitgeber hat den Arbeitnehmer über die Behandlung der Beschwerde zu bescheiden und, soweit er die Beschwerde für berechtigt erachtet, ihr abzuhelfen.

(3) Wegen der Erhebung einer Beschwerde dürfen dem Arbeitnehmer keine Nachteile entstehen.

§ 85 Behandlung von Beschwerden durch den Betriebsrat. (1) Der Betriebsrat hat Beschwerden von Arbeitnehmern entgegenzunehmen und, falls er sie für berechtigt erachtet, beim Arbeitgeber auf Abhilfe hinzuwirken.

(2) ¹Bestehen zwischen Betriebsrat und Arbeitgeber Meinungsverschiedenheiten über die Berechtigung der Beschwerde, so kann der Betriebsrat die Einigungsstelle anrufen. ²Der Spruch der Einigungsstelle ersetzt die Einigung zwischen Arbeitgeber und Betriebsrat. ³Dies gilt nicht, soweit Gegenstand der Beschwerde ein Rechtsanspruch ist.

(3) ¹Der Arbeitgeber hat den Betriebsrat über die Behandlung der Beschwerde zu unterrichten. ²§ 84 Abs. 2 bleibt unberührt.

§ 86 Ergänzende Vereinbarungen. ¹Durch Tarifvertrag oder Betriebsvereinbarung können die Einzelheiten des Beschwerdeverfahrens geregelt werden. ²Hierbei kann bestimmt werden, dass in den Fällen des § 85 Abs. 2 an die Stelle der Einigungsstelle eine betriebliche Beschwerdestelle tritt.

§ 86 a Vorschlagsrecht der Arbeitnehmer. ¹Jeder Arbeitnehmer hat das Recht, dem Betriebsrat Themen zur Beratung vorzuschlagen. ²Wird ein Vorschlag von mindestens 5 vom Hundert der Arbeitnehmer des Betriebs unterstützt, hat der Betriebsrat diesen innerhalb von zwei Monaten auf die Tagesordnung einer Betriebsratssitzung zu setzen.

Dritter Abschnitt. Soziale Angelegenheiten

§ 87 Mitbestimmungsrechte. (1) Der Betriebsrat hat, soweit eine gesetzliche oder tarifliche Regelung nicht besteht, in folgenden Angelegenheiten mitzubestimmen:

1. Fragen der Ordnung des Betriebs und des Verhaltens der Arbeitnehmer im Betrieb;
2. Beginn und Ende der täglichen Arbeitszeit einschließlich der Pausen sowie Verteilung der Arbeitszeit auf die einzelnen Wochentage;
3. vorübergehende Verkürzung oder Verlängerung der betriebsüblichen Arbeitszeit;

Betriebsverfassungsgesetz **§§ 88, 89 BetrVG 81**

4. Zeit, Ort und Art der Auszahlung der Arbeitsentgelte;
5. Aufstellung allgemeiner Urlaubsgrundsätze und des Urlaubsplans sowie die Festsetzung der zeitlichen Lage des Urlaubs für einzelne Arbeitnehmer, wenn zwischen dem Arbeitgeber und den beteiligten Arbeitnehmern kein Einverständnis erzielt wird;
6. Einführung und Anwendung von technischen Einrichtungen, die dazu bestimmt sind, das Verhalten oder die Leistung der Arbeitnehmer zu überwachen;
7. Regelungen über die Verhütung von Arbeitsunfällen und Berufskrankheiten sowie über den Gesundheitsschutz im Rahmen der gesetzlichen Vorschriften oder der Unfallverhütungsvorschriften;
8. Form, Ausgestaltung und Verwaltung von Sozialeinrichtungen, deren Wirkungsbereich auf den Betrieb, das Unternehmen oder den Konzern beschränkt ist;
9. Zuweisung und Kündigung von Wohnräumen, die den Arbeitnehmern mit Rücksicht auf das Bestehen eines Arbeitsverhältnisses vermietet werden, sowie die allgemeine Festlegung der Nutzungsbedingungen;
10. Fragen der betrieblichen Lohngestaltung, insbesondere die Aufstellung von Entlohnungsgrundsätzen und die Einführung und Anwendung von neuen Entlohnungsmethoden sowie deren Änderung;
11. Festsetzung der Akkord- und Prämiensätze und vergleichbarer leistungsbezogener Entgelte, einschließlich des Geldfaktoren;
12. Grundsätze über das betriebliche Vorschlagswesen;
13. Grundsätze über die Durchführung von Gruppenarbeit; Gruppenarbeit im Sinne dieser Vorschrift liegt vor, wenn im Rahmen des betrieblichen Arbeitsablaufs eine Gruppe von Arbeitnehmern eine ihr übertragene Gesamtaufgabe im Wesentlichen eigenverantwortlich erledigt.

(2) ¹Kommt eine Einigung über eine Angelegenheit nach Absatz 1 nicht zustande, so entscheidet die Einigungsstelle. ²Der Spruch der Einigungsstelle ersetzt die Einigung zwischen Arbeitgeber und Betriebsrat.

§ 88 Freiwillige Betriebsvereinbarungen. Durch Betriebsvereinbarung können insbesondere geregelt werden
1. zusätzliche Maßnahmen zur Verhütung von Arbeitsunfällen und Gesundheitsschädigungen;
1a. Maßnahmen des betrieblichen Umweltschutzes;
2. die Errichtung von Sozialeinrichtungen, deren Wirkungsbereich auf den Betrieb, das Unternehmen oder den Konzern beschränkt ist;
3. Maßnahmen zur Förderung der Vermögensbildung;
4. Maßnahmen zur Integration ausländischer Arbeitnehmer sowie zur Bekämpfung von Rassismus und Fremdenfeindlichkeit im Betrieb.

§ 89 Arbeits- und betrieblicher Umweltschutz. (1) ¹Der Betriebsrat hat sich dafür einzusetzen, dass die Vorschriften über den Arbeitsschutz und die Unfallverhütung im Betrieb sowie über den betrieblichen Umweltschutz durchgeführt werden. ²Er hat bei der Bekämpfung von Unfall- und Gesundheitsgefahren die für den Arbeitsschutz zuständigen Behörden, die Träger der gesetzlichen Unfallversicherung und die sonstigen in Betracht kommenden Stellen durch Anregung, Beratung und Auskunft zu unterstützen.

(2) ¹Der Arbeitgeber und die in Absatz 1 Satz 2 genannten Stellen sind verpflichtet, den Betriebsrat oder die von ihm bestimmten Mitglieder des Betriebsrats bei allen im Zusammenhang mit dem Arbeitsschutz oder der Unfallverhütung stehenden Besichtigungen und Fragen und bei Unfalluntersuchungen hinzuzuziehen. ²Der Arbeitgeber hat den Betriebsrat auch bei allen im Zusammenhang mit dem betrieblichen Umweltschutz stehenden Besichtigungen und Fragen hinzuzuziehen und ihm unverzüglich die den Arbeitsschutz, die Unfallverhütung und den betrieblichen Umweltschutz betreffenden Auflagen und Anordnungen der zuständigen Stellen mitzuteilen.

(3) Als betrieblicher Umweltschutz im Sinne dieses Gesetzes sind alle personellen und organisatorischen Maßnahmen sowie alle die betrieblichen Bauten, Räume, technische Anlagen, Arbeitsverfahren, Arbeitsabläufe und Arbeitsplätze betreffenden Maßnahmen zu verstehen, die dem Umweltschutz dienen.

(4) An Besprechungen des Arbeitgebers mit den Sicherheitsbeauftragten im Rahmen des § 22 Abs. 2 des Siebten Buches Sozialgesetzbuch¹⁾ nehmen vom Betriebsrat beauftragte Betriebsratsmitglieder teil.

(5) Der Betriebsrat erhält vom Arbeitgeber die Niederschriften über Untersuchungen, Besichtigungen und Besprechungen, zu denen er nach den Absätzen 2 und 4 hinzuzuziehen ist.

(6) Der Arbeitgeber hat dem Betriebsrat eine Durchschrift der nach § 193 Abs. 5 des Siebten Buches Sozialgesetzbuch vom Betriebsrat zu unterschreibenden Unfallanzeige auszuhändigen.

Vierter Abschnitt. Gestaltung von Arbeitsplatz, Arbeitsablauf und Arbeitsumgebung

§ 90 Unterrichtungs- und Beratungsrechte. (1) Der Arbeitgeber hat den Betriebsrat über die Planung
1. von Neu-, Um- und Erweiterungsbauten von Fabrikations-, Verwaltungs- und sonstigen betrieblichen Räumen,
2. von technischen Anlagen,
3. von Arbeitsverfahren und Arbeitsabläufen oder
4. der Arbeitsplätze

rechtzeitig unter Vorlage der erforderlichen Unterlagen zu unterrichten.

(2) ¹Der Arbeitgeber hat mit dem Betriebsrat die vorgesehenen Maßnahmen und ihre Auswirkungen auf die Arbeitnehmer, insbesondere auf die Art ihrer Arbeit sowie die sich daraus ergebenden Anforderungen an die Arbeitnehmer so rechtzeitig zu beraten, dass Vorschläge und Bedenken des Betriebsrats bei der Planung berücksichtigt werden können. ²Arbeitgeber und Betriebsrat sollen dabei auch die gesicherten arbeitswissenschaftlichen Erkenntnisse über die menschengerechte Gestaltung der Arbeit berücksichtigen.

§ 91 Mitbestimmungsrecht. ¹Werden die Arbeitnehmer durch Änderungen der Arbeitsplätze, des Arbeitsablaufs oder der Arbeitsumgebung, die den gesicherten arbeitswissenschaftlichen Erkenntnissen über die menschengerech-

---

¹⁾ Nr. 46.

te Gestaltung der Arbeit offensichtlich widersprechen, in besonderer Weise belastet, so kann der Betriebsrat angemessene Maßnahmen zur Abwendung, Milderung oder zum Ausgleich der Belastung verlangen. ²Kommt eine Einigung nicht zustande, so entscheidet die Einigungsstelle. ³Der Spruch der Einigungsstelle ersetzt die Einigung zwischen Arbeitgeber und Betriebsrat.

Fünfter Abschnitt. Personelle Angelegenheiten

Erster Unterabschnitt. Allgemeine personelle Angelegenheiten

§ 92 Personalplanung. (1) ¹Der Arbeitgeber hat den Betriebsrat über die Personalplanung, insbesondere über den gegenwärtigen und künftigen Personalbedarf sowie über die sich daraus ergebenden personellen Maßnahmen und Maßnahmen der Berufsbildung an Hand von Unterlagen rechtzeitig und umfassend zu unterrichten. ²Er hat mit dem Betriebsrat über Art und Umfang der erforderlichen Maßnahmen und über die Vermeidung von Härten zu beraten.

(2) Der Betriebsrat kann dem Arbeitgeber Vorschläge für die Einführung einer Personalplanung und ihre Durchführung machen.

(3) Die Absätze 1 und 2 gelten entsprechend für Maßnahmen im Sinne des § 80 Abs. 1 Nr. 2a und 2b, insbesondere für die Aufstellung und Durchführung von Maßnahmen zur Förderung der Gleichstellung von Frauen und Männern.

§ 92 a Beschäftigungssicherung. (1) ¹Der Betriebsrat kann dem Arbeitgeber Vorschläge zur Sicherung und Förderung der Beschäftigung machen. ²Diese können insbesondere eine flexible Gestaltung der Arbeitszeit, die Förderung von Teilzeitarbeit und Altersteilzeit, neue Formen der Arbeitsorganisation, Änderungen der Arbeitsverfahren und Arbeitsabläufe, die Qualifizierung der Arbeitnehmer, Alternativen zur Ausgliederung von Arbeit oder ihrer Vergabe an andere Unternehmen sowie zum Produktions- und Investitionsprogramm zum Gegenstand haben.

(2) ¹Der Arbeitgeber hat die Vorschläge mit dem Betriebsrat zu beraten. ²Hält der Arbeitgeber die Vorschläge des Betriebsrats für ungeeignet, hat er dies zu begründen; in Betrieben mit mehr als 100 Arbeitnehmern erfolgt die Begründung schriftlich. ³Zu den Beratungen kann der Arbeitgeber oder der Betriebsrat einen Vertreter der Bundesagentur für Arbeit hinzuziehen.

§ 93 Ausschreibung von Arbeitsplätzen. Der Betriebsrat kann verlangen, dass Arbeitsplätze, die besetzt werden sollen, allgemein oder für bestimmte Arten von Tätigkeiten vor ihrer Besetzung innerhalb des Betriebs ausgeschrieben werden.

§ 94 Personalfragebogen, Beurteilungsgrundsätze. (1) ¹Personalfragebogen bedürfen der Zustimmung des Betriebsrats. ²Kommt eine Einigung über ihren Inhalt nicht zustande, so entscheidet die Einigungsstelle. ³Der Spruch der Einigungsstelle ersetzt die Einigung zwischen Arbeitgeber und Betriebsrat.

(2) Absatz 1 gilt entsprechend für persönliche Angaben in schriftlichen Arbeitsverträgen, die allgemein für den Betrieb verwendet werden sollen, sowie für die Aufstellung allgemeiner Beurteilungsgrundsätze.

§ 95 Auswahlrichtlinien. (1) [1]Richtlinien über die personelle Auswahl bei Einstellungen, Versetzungen, Umgruppierungen und Kündigungen bedürfen der Zustimmung des Betriebsrats. [2]Kommt eine Einigung über die Richtlinien oder ihren Inhalt nicht zustande, so entscheidet auf Antrag des Arbeitgebers die Einigungsstelle. [3]Der Spruch der Einigungsstelle ersetzt die Einigung zwischen Arbeitgeber und Betriebsrat.

(2) [1]In Betrieben mit mehr als 500 Arbeitnehmern kann der Betriebsrat die Aufstellung von Richtlinien über die bei Maßnahmen des Absatzes 1 Satz 1 zu beachtenden fachlichen und persönlichen Voraussetzungen und sozialen Gesichtspunkte verlangen. [2]Kommt eine Einigung über die Richtlinien oder ihren Inhalt nicht zustande, so entscheidet die Einigungsstelle. [3]Der Spruch der Einigungsstelle ersetzt die Einigung zwischen Arbeitgeber und Betriebsrat.

(3) [1]Versetzung im Sinne dieses Gesetzes ist die Zuweisung eines anderen Arbeitsbereichs, die voraussichtlich die Dauer von einem Monat überschreitet, oder die mit einer erheblichen Änderung der Umstände verbunden ist, unter denen die Arbeit zu leisten ist. [2]Werden Arbeitnehmer nach der Eigenart ihres Arbeitsverhältnisses üblicherweise nicht ständig an einem bestimmten Arbeitsplatz beschäftigt, so gilt die Bestimmung des jeweiligen Arbeitsplatzes nicht als Versetzung.

Zweiter Unterabschnitt. Berufsbildung

§ 96 Förderung der Berufsbildung. (1) [1]Arbeitgeber und Betriebsrat haben im Rahmen der betrieblichen Personalplanung und in Zusammenarbeit mit den für die Berufsbildung und den für die Förderung der Berufsbildung zuständigen Stellen die Berufsbildung der Arbeitnehmer zu fördern. [2]Der Arbeitgeber hat auf Verlangen des Betriebsrats den Berufsbildungsbedarf zu ermitteln und mit ihm Fragen der Berufsbildung der Arbeitnehmer des Betriebs zu beraten. [3]Hierzu kann der Betriebsrat Vorschläge machen.

(2) [1]Arbeitgeber und Betriebsrat haben darauf zu achten, dass unter Berücksichtigung der betrieblichen Notwendigkeiten den Arbeitnehmern die Teilnahme an betrieblichen oder außerbetrieblichen Maßnahmen der Berufsbildung ermöglicht wird. [2]Sie haben dabei auch die Belange älterer Arbeitnehmer, Teilzeitbeschäftigter und von Arbeitnehmern mit Familienpflichten zu berücksichtigen.

§ 97 Einrichtungen und Maßnahmen der Berufsbildung. (1) Der Arbeitgeber hat mit dem Betriebsrat über die Errichtung und Ausstattung betrieblicher Einrichtungen zur Berufsbildung, die Einführung betrieblicher Berufsbildungsmaßnahmen und die Teilnahme an außerbetrieblichen Berufsbildungsmaßnahmen zu beraten.

(2) [1]Hat der Arbeitgeber Maßnahmen geplant oder durchgeführt, die dazu führen, dass sich die Tätigkeit der betroffenen Arbeitnehmer ändert und ihre beruflichen Kenntnisse und Fähigkeiten zur Erfüllung ihrer Aufgaben nicht mehr ausreichen, so hat der Betriebsrat bei der Einführung von Maßnahmen der betrieblichen Berufsbildung mitzubestimmen. [2]Kommt eine Einigung

nicht zustande, so entscheidet die Einigungsstelle. ³Der Spruch der Einigungsstelle ersetzt die Einigung zwischen Arbeitgeber und Betriebsrat.

§ 98 Durchführung betrieblicher Bildungsmaßnahmen. (1) Der Betriebsrat hat bei der Durchführung von Maßnahmen der betrieblichen Berufsbildung mitzubestimmen.

(2) Der Betriebsrat kann der Bestellung einer mit der Durchführung der betrieblichen Berufsbildung beauftragten Person widersprechen oder ihre Abberufung verlangen, wenn diese die persönliche oder fachliche, insbesondere die berufs- und arbeitspädagogische Eignung im Sinne des Berufsbildungsgesetzes nicht besitzt oder ihre Aufgaben vernachlässigt.

(3) Führt der Arbeitgeber betriebliche Maßnahmen der Berufsbildung durch oder stellt er für außerbetriebliche Maßnahmen der Berufsbildung Arbeitnehmer frei oder trägt er die durch die Teilnahme von Arbeitnehmern an solchen Maßnahmen entstehenden Kosten ganz oder teilweise, so kann der Betriebsrat Vorschläge für die Teilnahme von Arbeitnehmern oder Gruppen von Arbeitnehmern des Betriebs an diesen Maßnahmen der beruflichen Bildung machen.

(4) ¹Kommt im Fall des Absatzes 1 oder über die nach Absatz 3 vom Betriebsrat vorgeschlagenen Teilnehmer eine Einigung nicht zustande, so entscheidet die Einigungsstelle. ²Der Spruch der Einigungsstelle ersetzt die Einigung zwischen Arbeitgeber und Betriebsrat.

(5) ¹Kommt im Fall des Absatzes 2 eine Einigung nicht zustande, so kann der Betriebsrat beim Arbeitsgericht beantragen, dem Arbeitgeber aufzugeben, die Bestellung zu unterlassen oder die Abberufung durchzuführen. ²Führt der Arbeitgeber die Bestellung einer rechtskräftigen gerichtlichen Entscheidung zuwider durch, so ist er auf Antrag des Betriebsrats vom Arbeitsgericht wegen der Bestellung nach vorheriger Androhung zu einem Ordnungsgeld zu verurteilen; das Höchstmaß des Ordnungsgeldes beträgt 10 000 Euro. ³Führt der Arbeitgeber die Abberufung einer rechtskräftigen gerichtlichen Entscheidung zuwider nicht durch, so ist auf Antrag des Betriebsrats vom Arbeitsgericht zu erkennen, dass der Arbeitgeber zur Abberufung durch Zwangsgeld anzuhalten sei; das Höchstmaß des Zwangsgeldes beträgt für jeden Tag der Zuwiderhandlung 250 Euro. ⁴Die Vorschriften des Berufsbildungsgesetzes über die Ordnung der Berufsbildung bleiben unberührt.

(6) Die Absätze 1 bis 5 gelten entsprechend, wenn der Arbeitgeber sonstige Bildungsmaßnahmen im Betrieb durchführt.

Dritter Unterabschnitt. Personelle Einzelmaßnahmen

§ 99 Mitbestimmung bei personellen Einzelmaßnahmen. (1) ¹In Unternehmen mit in der Regel mehr als zwanzig wahlberechtigten Arbeitnehmern hat der Arbeitgeber den Betriebsrat vor jeder Einstellung, Eingruppierung, Umgruppierung und Versetzung zu unterrichten, ihm die erforderlichen Bewerbungsunterlagen vorzulegen und Auskunft über die Person der Beteiligten zu geben; er hat dem Betriebsrat unter Vorlage der erforderlichen Unterlagen Auskunft über die Auswirkungen der geplanten Maßnahme zu geben und die Zustimmung des Betriebsrats zu der geplanten Maßnahme einzuholen. ²Bei Einstellungen und Versetzungen hat der Arbeitgeber insbesondere den in Aussicht genommenen Arbeitsplatz und die vorgesehene Eingruppierung mitzuteilen. ³Die Mitglieder des Betriebsrats sind verpflichtet, über die ihnen im Rahmen der personellen Maßnahmen nach den Sätzen 1 und 2 bekannt gewordenen persönlichen Verhältnisse und Angelegenheiten der Arbeitnehmer, die ihrer Bedeutung oder ihrem Inhalt nach einer vertraulichen Behandlung bedürfen, Stillschweigen zu bewahren; § 79 Abs. 1 Satz 2 bis 4 gilt entsprechend.

(2) Der Betriebsrat kann die Zustimmung verweigern, wenn
1. die personelle Maßnahme gegen ein Gesetz, eine Verordnung, eine Unfallverhütungsvorschrift oder gegen eine Bestimmung in einem Tarifvertrag oder in einer Betriebsvereinbarung oder gegen eine gerichtliche Entscheidung oder eine behördliche Anordnung verstoßen würde,
2. die personelle Maßnahme gegen eine Richtlinie nach § 95 verstoßen würde,
3. die durch Tatsachen begründete Besorgnis besteht, dass infolge der personellen Maßnahme im Betrieb beschäftigte Arbeitnehmer gekündigt werden oder sonstige Nachteile erleiden, ohne dass dies aus betrieblichen oder persönlichen Gründen gerechtfertigt ist; als Nachteil gilt bei unbefristeter Einstellung auch die Nichtberücksichtigung eines gleich geeigneten befristet Beschäftigten,
4. der betroffene Arbeitnehmer durch die personelle Maßnahme benachteiligt wird, ohne dass dies aus betrieblichen oder in der Person des Arbeitnehmers liegenden Gründen gerechtfertigt ist,
5. eine nach § 93 erforderliche Ausschreibung im Betrieb unterblieben ist oder
6. die durch Tatsachen begründete Besorgnis besteht, dass der für die personelle Maßnahme in Aussicht genommene Bewerber oder Arbeitnehmer den Betriebsfrieden durch gesetzwidriges Verhalten oder durch grobe Verletzung der in § 75 Abs. 1 enthaltenen Grundsätze, insbesondere durch rassistische oder fremdenfeindliche Betätigung, stören werde.

(3) ¹Verweigert der Betriebsrat seine Zustimmung, so hat er dies unter Angabe von Gründen innerhalb einer Woche nach Unterrichtung durch den Arbeitgeber diesem schriftlich mitzuteilen. ²Teilt der Betriebsrat dem Arbeitgeber die Verweigerung seiner Zustimmung nicht innerhalb der Frist schriftlich mit, so gilt die Zustimmung als erteilt.

(4) Verweigert der Betriebsrat seine Zustimmung, so kann der Arbeitgeber beim Arbeitsgericht beantragen, die Zustimmung zu ersetzen.

§ 100 Vorläufige personelle Maßnahmen.
(1) ¹Der Arbeitgeber kann, wenn dies aus sachlichen Gründen dringend erforderlich ist, die personelle Maßnahme im Sinne des § 99 Abs. 1 Satz 1 vorläufig durchführen, bevor der Betriebsrat sich geäußert oder wenn er die Zustimmung verweigert hat. ²Der Arbeitgeber hat den Arbeitnehmer über die Sach- und Rechtslage aufzuklären.

(2) ¹Der Arbeitgeber hat den Betriebsrat unverzüglich von der vorläufigen personellen Maßnahme zu unterrichten. ²Bestreitet der Betriebsrat, dass die Maßnahme aus sachlichen Gründen dringend erforderlich ist, so hat er dies dem Arbeitgeber unverzüglich mitzuteilen. ³In diesem Fall darf der Arbeitgeber die vorläufige personelle Maßnahme nur aufrechterhalten, wenn er in-

Betriebsverfassungsgesetz §§ 101, 102 BetrVG 81

nerhalb von drei Tagen beim Arbeitsgericht die Ersetzung der Zustimmung des Betriebsrats und die Feststellung beantragt, dass die Maßnahme aus sachlichen Gründen dringend erforderlich war.

(3) ¹Lehnt das Gericht durch rechtskräftige Entscheidung die Ersetzung der Zustimmung des Betriebsrats ab oder stellt es rechtskräftig fest, dass offensichtlich die Maßnahme aus sachlichen Gründen nicht dringend erforderlich war, so endet die vorläufige personelle Maßnahme mit Ablauf von zwei Wochen nach Rechtskraft der Entscheidung. ²Von diesem Zeitpunkt an darf die personelle Maßnahme nicht aufrechterhalten werden.

§ 101 Zwangsgeld. ¹Führt der Arbeitgeber eine personelle Maßnahme im Sinne des § 99 Abs. 1 Satz 1 ohne Zustimmung des Betriebsrats durch oder hält er eine vorläufige personelle Maßnahme entgegen § 100 Abs. 2 Satz 3 oder Abs. 3 aufrecht, so kann der Betriebsrat beim Arbeitsgericht beantragen, dem Arbeitgeber aufzugeben, die personelle Maßnahme aufzuheben. ²Hebt der Arbeitgeber entgegen einer rechtskräftigen gerichtlichen Entscheidung die personelle Maßnahme nicht auf, so ist auf Antrag des Betriebsrats vom Arbeitsgericht zu erkennen, dass der Arbeitgeber zur Aufhebung der Maßnahme durch Zwangsgeld anzuhalten sei. ³Das Höchstmaß des Zwangsgeldes beträgt für jeden Tag der Zuwiderhandlung 250 Euro.

§ 102 Mitbestimmung bei Kündigungen. (1) ¹Der Betriebsrat ist vor jeder Kündigung zu hören. ²Der Arbeitgeber hat ihm die Gründe für die Kündigung mitzuteilen. ³Eine ohne Anhörung des Betriebsrats ausgesprochene Kündigung ist unwirksam.

(2) ¹Hat der Betriebsrat gegen eine ordentliche Kündigung Bedenken, so hat er diese unter Angabe der Gründe dem Arbeitgeber spätestens innerhalb einer Woche schriftlich mitzuteilen. ²Äußert er sich innerhalb dieser Frist nicht, gilt seine Zustimmung zur Kündigung als erteilt. ³Hat der Betriebsrat gegen eine außerordentliche Kündigung Bedenken, so hat er diese unter Angabe der Gründe dem Arbeitgeber unverzüglich, spätestens jedoch innerhalb von drei Tagen, schriftlich mitzuteilen. ⁴Der Betriebsrat soll, soweit dies erforderlich erscheint, vor seiner Stellungnahme den betroffenen Arbeitnehmer hören. ⁵§ 99 Abs. 1 Satz 3 gilt entsprechend.

(3) Der Betriebsrat kann innerhalb der Frist des Absatzes 2 Satz 1 der ordentlichen Kündigung widersprechen, wenn

1. der Arbeitgeber bei der Auswahl des zu kündigenden Arbeitnehmers soziale Gesichtspunkte nicht oder nicht ausreichend berücksichtigt hat,
2. die Kündigung gegen eine Richtlinie nach § 95 verstößt,
3. der zu kündigende Arbeitnehmer an einem anderen Arbeitsplatz im selben Betrieb oder in einem anderen Betrieb des Unternehmens weiterbeschäftigt werden kann,
4. die Weiterbeschäftigung des Arbeitnehmers nach zumutbaren Umschulungs- oder Fortbildungsmaßnahmen möglich ist oder
5. eine Weiterbeschäftigung des Arbeitnehmers unter geänderten Vertragsbedingungen möglich ist und der Arbeitnehmer sein Einverständnis hiermit erklärt hat.

(4) Kündigt der Arbeitgeber, obwohl der Betriebsrat nach Absatz 3 der Kündigung widersprochen hat, so hat er dem Arbeitnehmer mit der Kündigung eine Abschrift der Stellungnahme des Betriebsrats zuzuleiten.

(5) ¹Hat der Betriebsrat einer ordentlichen Kündigung frist- und ordnungsgemäß widersprochen und hat der Arbeitnehmer nach dem Kündigungsschutzgesetz¹) Klage auf Feststellung erhoben, dass das Arbeitsverhältnis durch die Kündigung nicht aufgelöst ist, so muss der Arbeitgeber auf Verlangen des Arbeitnehmers diesen nach Ablauf der Kündigungsfrist bis zum rechtskräftigen Abschluss des Rechtsstreits bei unveränderten Arbeitsbedingungen weiterbeschäftigen. ²Auf Antrag des Arbeitgebers kann das Gericht ihn durch einstweilige Verfügung von der Verpflichtung zur Weiterbeschäftigung nach Satz 1 entbinden, wenn

1. die Klage des Arbeitnehmers keine hinreichende Aussicht auf Erfolg bietet oder mutwillig erscheint oder
2. die Weiterbeschäftigung des Arbeitnehmers zu einer unzumutbaren wirtschaftlichen Belastung des Arbeitgebers führen würde oder
3. der Widerspruch des Betriebsrats offensichtlich unbegründet war.

(6) Arbeitgeber und Betriebsrat können vereinbaren, dass Kündigungen der Zustimmung des Betriebsrats bedürfen und dass bei Meinungsverschiedenheiten über die Berechtigung der Nichterteilung der Zustimmung die Einigungsstelle entscheidet.

(7) Die Vorschriften über die Beteiligung des Betriebsrats nach dem Kündigungsschutzgesetz¹) bleiben unberührt.

§ 103 Außerordentliche Kündigung und Versetzung in besonderen Fällen.
(1) Die außerordentliche Kündigung von Mitgliedern des Betriebsrats, der Jugend- und Auszubildendenvertretung, der Bordvertretung und des Seebetriebsrats, des Wahlvorstands sowie von Wahlbewerbern bedarf der Zustimmung des Betriebsrats.

(2) ¹Verweigert der Betriebsrat seine Zustimmung, so kann das Arbeitsgericht sie auf Antrag des Arbeitgebers ersetzen, wenn die außerordentliche Kündigung unter Berücksichtigung aller Umstände gerechtfertigt ist. ²In dem Verfahren vor dem Arbeitsgericht ist der betroffene Arbeitnehmer Beteiligter.

(3) ¹Die Versetzung der in Absatz 1 genannten Personen, die zu einem Verlust des Amtes oder der Wählbarkeit führen würde, bedarf der Zustimmung des Betriebsrats; dies gilt nicht, wenn der betroffene Arbeitnehmer mit der Versetzung einverstanden ist. ²Absatz 2 gilt entsprechend mit der Maßgabe, dass das Arbeitsgericht die Zustimmung zu der Versetzung ersetzen kann, wenn diese auch unter Berücksichtigung der betriebsverfassungsrechtlichen Stellung des betroffenen Arbeitnehmers aus dringenden betrieblichen Gründen notwendig ist.

§ 104 Entfernung betriebsstörender Arbeitnehmer.
¹Hat ein Arbeitnehmer durch gesetzwidriges Verhalten oder durch grobe Verletzung der in § 75 Abs. 1 enthaltenen Grundsätze, insbesondere durch rassistische oder fremdenfeindliche Betätigungen, den Betriebsfrieden wiederholt ernstlich gestört, so kann der Betriebsrat vom Arbeitgeber die Entlassung oder Versetzung

---

¹) Nr. 20.

verlangen. ²Gibt das Arbeitsgericht einem Antrag des Betriebsrats statt, dem Arbeitgeber aufzugeben, die Entlassung oder Versetzung durchzuführen, und führt der Arbeitgeber die Entlassung oder Versetzung einer rechtskräftigen gerichtlichen Entscheidung zuwider nicht durch, so ist auf Antrag des Betriebsrats vom Arbeitsgericht zu erkennen, dass er zur Vornahme der Entlassung oder Versetzung durch Zwangsgeld anzuhalten sei. ³Das Höchstmaß des Zwangsgeldes beträgt für jeden Tag der Zuwiderhandlung 250 Euro.

§ 105 Leitende Angestellte. Eine beabsichtigte Einstellung oder personelle Veränderung eines in § 5 Abs. 3 genannten leitenden Angestellten ist dem Betriebsrat rechtzeitig mitzuteilen.

Sechster Abschnitt. Wirtschaftliche Angelegenheiten

Erster Unterabschnitt. Unterrichtung in wirtschaftlichen Angelegenheiten

§ 106 Wirtschaftsausschuss. (1) ¹In allen Unternehmen mit in der Regel mehr als einhundert ständig beschäftigten Arbeitnehmern ist ein Wirtschaftsausschuss zu bilden. ²Der Wirtschaftsausschuss hat die Aufgabe, wirtschaftliche Angelegenheiten mit dem Unternehmer zu beraten und den Betriebsrat zu unterrichten.

(2) Der Unternehmer hat den Wirtschaftsausschuss rechtzeitig und umfassend über die wirtschaftlichen Angelegenheiten des Unternehmens unter Vorlage der erforderlichen Unterlagen zu unterrichten, soweit dadurch nicht die Betriebs- und Geschäftsgeheimnisse des Unternehmens gefährdet werden, sowie die sich daraus ergebenden Auswirkungen auf die Personalplanung darzustellen.

(3) Zu den wirtschaftlichen Angelegenheiten im Sinne dieser Vorschrift gehören insbesondere
1. die wirtschaftliche und finanzielle Lage des Unternehmens;
2. die Produktions- und Absatzlage;
3. das Produktions- und Investitionsprogramm;
4. Rationalisierungsvorhaben;
5. Fabrikations- und Arbeitsmethoden, insbesondere die Einführung neuer Arbeitsmethoden;
5 a. Fragen des betrieblichen Umweltschutzes;
6. die Einschränkung oder Stilllegung von Betrieben oder von Betriebsteilen;
7. die Verlegung von Betrieben oder Betriebsteilen;
8. der Zusammenschluss oder die Spaltung von Unternehmen oder Betrieben;
9. die Änderung der Betriebsorganisation oder des Betriebszwecks sowie
10. sonstige Vorgänge und Vorhaben, welche die Interessen der Arbeitnehmer des Unternehmens wesentlich berühren können.

§ 107 Bestellung und Zusammensetzung des Wirtschaftsausschusses.
(1) ¹Der Wirtschaftsausschuss besteht aus mindestens drei und höchstens sieben Mitgliedern, die dem Unternehmen angehören müssen, darunter min-

81 BetrVG §§ 108, 109 VII. Mitbestimmung in Betrieb u. Unternehmen

destens einem Betriebsratsmitglied. ²Zu Mitgliedern des Wirtschaftsausschusses können auch die in § 5 Abs. 3 genannten Angestellten bestimmt werden. ³Die Mitglieder sollen die zur Erfüllung ihrer Aufgaben erforderliche fachliche und persönliche Eignung besitzen.

(2) ¹Die Mitglieder des Wirtschaftsausschusses werden vom Betriebsrat für die Dauer seiner Amtszeit bestimmt. ²Besteht ein Gesamtbetriebsrat, so bestimmt dieser die Mitglieder des Wirtschaftsausschusses; die Amtszeit der Mitglieder endet in diesem Fall in dem Zeitpunkt, in dem die Amtszeit der Mehrheit der Mitglieder des Gesamtbetriebsrats, die an der Bestimmung mitzuwirken berechtigt waren, abgelaufen ist. ³Die Mitglieder des Wirtschaftsausschusses können jederzeit abberufen werden; auf die Abberufung sind die Sätze 1 und 2 entsprechend anzuwenden.

(3) ¹Der Betriebsrat kann mit der Mehrheit der Stimmen seiner Mitglieder beschließen, die Aufgaben des Wirtschaftsausschusses einem Ausschuss des Betriebsrats zu übertragen. ²Die Zahl der Mitglieder des Ausschusses darf die Zahl der Mitglieder des Betriebsausschusses nicht überschreiten. ³Der Betriebsrat kann jedoch weitere Arbeitnehmer einschließlich der in § 5 Abs. 3 genannten leitenden Angestellten bis zur selben Zahl, wie der Ausschuss Mitglieder hat, in den Ausschuss berufen; für die Beschlussfassung gilt Satz 1. ⁴Für die Verschwiegenheitspflicht der in Satz 3 bezeichneten weiteren Arbeitnehmer gilt § 79 entsprechend. ⁵Für die Abänderung und den Widerruf der Beschlüsse nach den Sätzen 1 bis 3 sind die gleichen Stimmenmehrheiten erforderlich wie für die Beschlüsse nach den Sätzen 1 bis 3. ⁶Ist in einem Unternehmen ein Gesamtbetriebsrat errichtet, so beschließt dieser über die anderweitige Wahrnehmung der Aufgaben des Wirtschaftsausschusses; die Sätze 1 bis 5 gelten entsprechend.

§ 108 Sitzungen. (1) Der Wirtschaftsausschuss soll monatlich einmal zusammentreten.

(2) ¹An den Sitzungen des Wirtschaftsausschusses hat der Unternehmer oder sein Vertreter teilzunehmen. ²Er kann sachkundige Arbeitnehmer des Unternehmens einschließlich der in § 5 Abs. 3 genannten Angestellten hinzuziehen. ³Für die Hinzuziehung und die Verschwiegenheitspflicht von Sachverständigen gilt § 80 Abs. 3 und 4 entsprechend.

(3) Die Mitglieder des Wirtschaftsausschusses sind berechtigt, in die nach § 106 Abs. 2 vorzulegenden Unterlagen Einsicht zu nehmen.

(4) Der Wirtschaftsausschuss hat über jede Sitzung dem Betriebsrat unverzüglich und vollständig zu berichten.

(5) Der Jahresabschluss ist dem Wirtschaftsausschuss unter Beteiligung des Betriebsrats zu erläutern.

(6) Hat der Betriebsrat oder der Gesamtbetriebsrat eine anderweitige Wahrnehmung der Aufgaben des Wirtschaftsausschusses beschlossen, so gelten die Absätze 1 bis 5 entsprechend.

§ 109 Beilegung von Meinungsverschiedenheiten. ¹Wird eine Auskunft über wirtschaftliche Angelegenheiten des Unternehmens im Sinne des § 106 entgegen dem Verlangen des Wirtschaftsausschusses nicht, nicht rechtzeitig oder nur ungenügend erteilt und kommt hierüber zwischen Unternehmer und Betriebsrat eine Einigung nicht zustande, so entscheidet die Einigungsstelle. ²Der Spruch der Einigungsstelle ersetzt die Einigung zwischen Arbeitgeber und Betriebsrat. ³Die Einigungsstelle kann, wenn dies für ihre Entscheidung erforderlich ist, Sachverständige anhören; § 80 Abs. 4 gilt entsprechend. ⁴Hat der Betriebsrat oder der Gesamtbetriebsrat eine anderweitige Wahrnehmung der Aufgaben des Wirtschaftsausschusses beschlossen, so gilt Satz 1 entsprechend.

§ 110 Unterrichtung der Arbeitnehmer. (1) In Unternehmen mit in der Regel mehr als 1 000 ständig beschäftigten Arbeitnehmern hat der Unternehmer mindestens einmal in jedem Kalendervierteljahr nach vorheriger Abstimmung mit dem Wirtschaftsausschuss oder den in § 107 Abs. 3 genannten Stellen und dem Betriebsrat die Arbeitnehmer schriftlich über die wirtschaftliche Lage und Entwicklung des Unternehmens zu unterrichten.

(2) ¹In Unternehmen, die die Voraussetzungen des Absatzes 1 nicht erfüllen, aber in der Regel mehr als zwanzig wahlberechtigte ständige Arbeitnehmer beschäftigen, gilt Absatz 1 mit der Maßgabe, dass die Unterrichtung der Arbeitnehmer mündlich erfolgen kann. ²Ist in diesen Unternehmen ein Wirtschaftsausschuss nicht zu errichten, so erfolgt die Unterrichtung nach vorheriger Abstimmung mit dem Betriebsrat.

Zweiter Unterabschnitt. Betriebsänderungen

§ 111 Betriebsänderungen. ¹In Unternehmen mit in der Regel mehr als zwanzig wahlberechtigten Arbeitnehmern hat der Unternehmer den Betriebsrat über geplante Betriebsänderungen, die wesentliche Nachteile für die Belegschaft oder erhebliche Teile der Belegschaft zur Folge haben können, rechtzeitig und umfassend zu unterrichten und die geplanten Betriebsänderungen mit dem Betriebsrat zu beraten. ²Der Betriebsrat kann in Unternehmen mit mehr als 300 Arbeitnehmern zu seiner Unterstützung einen Berater hinzuziehen; § 80 Abs. 4 gilt entsprechend; im Übrigen bleibt § 80 Abs. 3 unberührt. ³Als Betriebsänderungen im Sinne des Satzes 1 gelten

1. Einschränkung und Stilllegung des ganzen Betriebs oder von wesentlichen Betriebsteilen,
2. Verlegung des ganzen Betriebs oder von wesentlichen Betriebsteilen,
3. Zusammenschluss mit anderen Betrieben oder die Spaltung von Betrieben,
4. grundlegende Änderungen der Betriebsorganisation, des Betriebszwecks oder der Betriebsanlagen,
5. Einführung grundlegend neuer Arbeitsmethoden und Fertigungsverfahren.

§ 112 Interessenausgleich über die Betriebsänderung, Sozialplan.

(1) ¹Kommt zwischen Unternehmer und Betriebsrat ein Interessenausgleich über die geplante Betriebsänderung zustande, so ist dieser schriftlich niederzulegen und vom Unternehmer und Betriebsrat zu unterschreiben. ²Das Gleiche gilt für eine Einigung über den Ausgleich oder die Milderung der wirtschaftlichen Nachteile, die den Arbeitnehmern infolge der geplanten Betriebsänderung entstehen (Sozialplan). ³Der Sozialplan hat die Wirkung einer Betriebsvereinbarung. ⁴§ 77 Abs. 3 ist auf den Sozialplan nicht anzuwenden.

(2) ¹Kommt ein Interessenausgleich über die geplante Betriebsänderung oder eine Einigung über den Sozialplan nicht zustande, so können der Unter-

nehmer oder der Betriebsrat den Vorstand der Bundesagentur für Arbeit um Vermittlung ersuchen, der Vorstand kann die Aufgabe auf andere Bedienstete der Bundesagentur für Arbeit übertragen. ²Erfolgt kein Vermittlungsersuchen oder bleibt der Vermittlungsversuch ergebnislos, so können der Unternehmer oder der Betriebsrat die Einigungsstelle anrufen. ³Auf Ersuchen des Vorsitzenden der Einigungsstelle nimmt ein Mitglied des Vorstands der Bundesagentur für Arbeit oder ein vom Vorstand der Bundesagentur für Arbeit benannter Bediensteter der Bundesagentur für Arbeit an der Verhandlung teil.

(3) ¹Unternehmer und Betriebsrat sollen der Einigungsstelle Vorschläge zur Beilegung der Meinungsverschiedenheiten über den Interessenausgleich und den Sozialplan machen. ²Die Einigungsstelle hat eine Einigung der Parteien zu versuchen. ³Kommt eine Einigung zustande, so ist sie schriftlich niederzulegen und von den Parteien und vom Vorsitzenden zu unterschreiben.

(4) ¹Kommt eine Einigung über den Sozialplan nicht zustande, so entscheidet die Einigungsstelle über die Aufstellung eines Sozialplans. ²Der Spruch der Einigungsstelle ersetzt die Einigung zwischen Arbeitgeber und Betriebsrat.

(5) ¹Die Einigungsstelle hat bei ihrer Entscheidung nach Absatz 4 sowohl die sozialen Belange der betroffenen Arbeitnehmer zu berücksichtigen als auch auf die wirtschaftliche Vertretbarkeit ihrer Entscheidung für das Unternehmen zu achten. ²Dabei hat die Einigungsstelle sich im Rahmen billigen Ermessens insbesondere von folgenden Grundsätzen leiten zu lassen:

1. Sie soll beim Ausgleich oder bei der Milderung wirtschaftlicher Nachteile, insbesondere durch Einkommensminderung, Wegfall von Sonderleistungen oder Verlust von Anwartschaften auf betriebliche Altersversorgung, Umzugskosten oder erhöhte Fahrtkosten, Leistungen vorsehen, die in der Regel den Gegebenheiten des Einzelfalles Rechnung tragen.
2. Sie hat die Aussichten der betroffenen Arbeitnehmer auf dem Arbeitsmarkt zu berücksichtigen. Sie soll Arbeitnehmer von Leistungen ausschließen, die in einem zumutbaren Arbeitsverhältnis im selben Betrieb oder in einem anderen Betrieb des Unternehmens oder eines zum Konzern gehörenden Unternehmens weiterbeschäftigt werden können und die Weiterbeschäftigung ablehnen; die mögliche Weiterbeschäftigung an einem anderen Ort begründet für sich allein nicht die Unzumutbarkeit.
2 a. Sie soll insbesondere die im Dritten Buch des Sozialgesetzbuches vorgesehenen Förderungsmöglichkeiten zur Vermeidung von Arbeitslosigkeit berücksichtigen.
3. Sie hat bei der Bemessung des Gesamtbetrages der Sozialplanleistungen darauf zu achten, dass der Fortbestand des Unternehmens oder die nach Durchführung der Betriebsänderung verbleibenden Arbeitsplätze nicht gefährdet werden.

§ 112 a Erzwingbarer Sozialplan bei Personalabbau, Neugründungen. (1) ¹Besteht eine geplante Betriebsänderung im Sinne des § 111 Satz 3 Nr. 1 allein in der Entlassung von Arbeitnehmern, so findet § 112 Abs. 4 und 5 nur Anwendung, wenn

1. in Betrieben mit in der Regel weniger als 60 Arbeitnehmern 20 vom Hundert der regelmäßig beschäftigten Arbeitnehmer, aber mindestens 6 Arbeitnehmer,

2. in Betrieben mit in der Regel mindestens 60 und weniger als 250 Arbeitnehmern 20 vom Hundert der regelmäßig beschäftigten Arbeitnehmer oder mindestens 37 Arbeitnehmer,
3. in Betrieben mit in der Regel mindestens 250 und weniger als 500 Arbeitnehmern 15 vom Hundert der regelmäßig beschäftigten Arbeitnehmer oder mindestens 60 Arbeitnehmer,
4. in Betrieben mit in der Regel mindestens 500 Arbeitnehmern 10 vom Hundert der regelmäßig beschäftigten Arbeitnehmer, aber mindestens 60 Arbeitnehmer

aus betriebsbedingten Gründen entlassen werden sollen. [2]Als Entlassung gilt auch das vom Arbeitgeber aus Gründen der Betriebsänderung veranlasste Ausscheiden von Arbeitnehmern aufgrund von Aufhebungsverträgen.

(2) [1]§ 112 Abs. 4 und 5 findet keine Anwendung auf Betriebe eines Unternehmens in den ersten vier Jahren nach seiner Gründung. [2]Dies gilt nicht für Neugründungen im Zusammenhang mit der rechtlichen Umstrukturierung von Unternehmen und Konzernen. [3]Maßgebend für den Zeitpunkt der Gründung ist die Aufnahme einer Erwerbstätigkeit, die nach § 138 der Abgabenordnung dem Finanzamt mitzuteilen ist.

§ 113 Nachteilsausgleich. (1) Weicht der Unternehmer von einem Interessenausgleich über die geplante Betriebsänderung ohne zwingenden Grund ab, so können Arbeitnehmer, die infolge dieser Abweichung entlassen werden, beim Arbeitsgericht Klage erheben mit dem Antrag, den Arbeitgeber zur Zahlung von Abfindungen zu verurteilen; § 10 des Kündigungsschutzgesetzes[1]) gilt entsprechend.

(2) Erleiden Arbeitnehmer infolge einer Abweichung nach Absatz 1 andere wirtschaftliche Nachteile, so hat der Unternehmer diese Nachteile bis zu einem Zeitraum von zwölf Monaten auszugleichen.

(3) Die Absätze 1 und 2 gelten entsprechend, wenn der Unternehmer eine geplante Betriebsänderung nach § 111 durchführt, ohne über sie einen Interessenausgleich mit dem Betriebsrat versucht zu haben, und infolge der Maßnahme Arbeitnehmer entlassen werden oder andere wirtschaftliche Nachteile erleiden.

Fünfter Teil. Besondere Vorschriften für einzelne Betriebsarten

Erster Abschnitt. Seeschiffahrt

§ 114 Grundsätze. (1) Auf Seeschifffahrtsunternehmen und ihre Betriebe ist dieses Gesetz anzuwenden, soweit sich aus den Vorschriften dieses Abschnitts nichts anderes ergibt.

(2) [1]Seeschifffahrtsunternehmen im Sinne dieses Gesetzes ist ein Unternehmen, das Handelsschifffahrt betreibt und seinen Sitz im Geltungsbereich dieses Gesetzes hat. [2]Ein Seeschifffahrtsunternehmen im Sinne dieses Abschnitts betreibt auch, wer als Korrespondenzreeder, Vertragsreeder, Ausrüster oder aufgrund eines ähnlichen Rechtsverhältnisses Schiffe zum Erwerb durch die See-

---

[1]) Nr. 20.

schifffahrt verwendet, wenn er Arbeitgeber des Kapitäns und der Besatzungsmitglieder ist oder überwiegend die Befugnisse des Arbeitgebers ausübt.

(3) Als Seebetrieb im Sinne dieses Gesetzes gilt die Gesamtheit der Schiffe eines Seeschifffahrtsunternehmens einschließlich der in Absatz 2 Satz 2 genannten Schiffe.

(4) [1]Schiffe im Sinne dieses Gesetzes sind Kauffahrteischiffe, die nach dem Flaggenrechtsgesetz die Bundesflagge führen. [2]Schiffe, die in der Regel binnen 24 Stunden nach dem Auslaufen an den Sitz eines Landbetriebs zurückkehren, gelten als Teil dieses Landbetriebs des Seeschifffahrtsunternehmens.

(5) Jugend- und Auszubildendenvertretungen werden nur für die Landbetriebe von Seeschifffahrtsunternehmen gebildet.

(6) [1]Besatzungsmitglieder sind die in § 3 des Seemannsgesetzes genannten Personen. [2]Leitende Angestellte im Sinne des § 5 Abs. 3 dieses Gesetzes sind nur die Kapitäne.

§ 115 Bordvertretung. (1) [1]Auf Schiffen, die mit in der Regel mindestens fünf wahlberechtigten Besatzungsmitgliedern besetzt sind, von denen drei wählbar sind, wird eine Bordvertretung gewählt. [2]Auf die Bordvertretung finden, soweit sich aus diesem Gesetz oder aus anderen gesetzlichen Vorschriften nicht etwas anderes ergibt, die Vorschriften über die Rechte und Pflichten des Betriebsrats und die Rechtsstellung seiner Mitglieder Anwendung.

(2) Die Vorschriften über die Wahl und Zusammensetzung des Betriebsrats finden mit folgender Maßgabe Anwendung:
1. Wahlberechtigt sind alle Besatzungsmitglieder des Schiffes.
2. Wählbar sind die Besatzungsmitglieder des Schiffes, die am Wahltag das 18. Lebensjahr vollendet haben und ein Jahr Besatzungsmitglied eines Schiffes waren, das nach dem Flaggenrechtsgesetz die Bundesflagge führt. § 8 Abs. 1 Satz 3 bleibt unberührt.
3. Die Bordvertretung besteht auf Schiffen mit in der Regel
    5 bis 20 wahlberechtigten Besatzungsmitgliedern
    aus einer Person,
    21 bis 75 wahlberechtigten Besatzungsmitgliedern
    aus drei Mitgliedern,
    über 75 wahlberechtigten Besatzungsmitgliedern
    aus fünf Mitgliedern.
4. (weggefallen)
5. § 13 Abs. 1 und 3 findet keine Anwendung. Die Bordvertretung ist vor Ablauf ihrer Amtszeit unter den in § 13 Abs. 2 Nr. 2 bis 5 genannten Voraussetzungen neu zu wählen.
6. Die wahlberechtigten Besatzungsmitglieder können mit der Mehrheit aller Stimmen beschließen, die Wahl der Bordvertretung binnen 24 Stunden durchzuführen.
7. Die in § 16 Abs. 1 Satz 1 genannte Frist wird auf zwei Wochen, die in § 16 Abs. 2 Satz 1 genannte Frist wird auf eine Woche verkürzt.
8. Bestellt die im Amt befindliche Bordvertretung nicht rechtzeitig einen Wahlvorstand oder besteht keine Bordvertretung, wird der Wahlvorstand in einer Bordversammlung von der Mehrheit der anwesenden Besatzungsmitglieder gewählt; § 17 Abs. 3 gilt entsprechend. Kann aus Gründen der Aufrechterhaltung des ordnungsgemäßen Schiffsbetriebs eine Bordversammlung

nicht stattfinden, so kann der Kapitän auf Antrag von drei Wahlberechtigten den Wahlvorstand bestellen. Bestellt der Kapitän den Wahlvorstand nicht, so ist der Seebetriebsrat berechtigt, den Wahlvorstand zu bestellen. Die Vorschriften über die Bestellung des Wahlvorstands durch das Arbeitsgericht bleiben unberührt.

9. Die Frist für die Wahlanfechtung beginnt für Besatzungsmitglieder an Bord, wenn das Schiff nach Bekanntgabe des Wahlergebnisses erstmalig einen Hafen im Geltungsbereich dieses Gesetzes oder einen Hafen, in dem ein Seemannsamt seinen Sitz hat, anläuft. Die Wahlanfechtung kann auch zu Protokoll des Seemannsamtes erklärt werden. Wird die Wahl zur Bordvertretung angefochten, zieht das Seemannsamt die an Bord befindlichen Wahlunterlagen ein. Die Anfechtungserklärung und die eingezogenen Wahlunterlagen sind vom Seemannsamt unverzüglich an das für die Anfechtung zuständige Arbeitsgericht weiterzuleiten.

(3) Auf die Amtszeit der Bordvertretung finden die §§ 21, 22 bis 25 mit der Maßgabe Anwendung, dass
1. die Amtszeit ein Jahr beträgt,
2. die Mitgliedschaft in der Bordvertretung auch endet, wenn das Besatzungsmitglied den Dienst an Bord beendet, es sei denn, dass es den Dienst an Bord vor Ablauf der Amtszeit nach Nummer 1 wieder antritt.

(4) [1]Für die Geschäftsführung der Bordvertretung gelten die §§ 26 bis 36, § 37 Abs. 1 bis 3 sowie die §§ 39 bis 41 entsprechend. [2]§ 40 Abs. 2 ist mit der Maßgabe anzuwenden, dass die Bordvertretung in dem für ihre Tätigkeit erforderlichen Umfang auch die für die Verbindung des Schiffes zur Reederei eingerichteten Mittel zur beschleunigten Übermittlung von Nachrichten in Anspruch nehmen kann.

(5) [1]Die §§ 42 bis 46 über die Betriebsversammlung finden für die Versammlung der Besatzungsmitglieder eines Schiffes (Bordversammlung) entsprechende Anwendung. [2]Auf Verlangen der Bordvertretung hat der Kapitän der Bordversammlung einen Bericht über die Schiffsreise und die damit zusammenhängenden Angelegenheiten zu erstatten. [3]Er hat Fragen, die den Schiffsbetrieb, die Schiffsreise und die Schiffssicherheit betreffen, zu beantworten.

(6) Die §§ 47 bis 59 über den Gesamtbetriebsrat und den Konzernbetriebsrat finden für die Bordvertretung keine Anwendung.

(7) Die §§ 74 bis 105 über die Mitwirkung und Mitbestimmung der Arbeitnehmer finden auf die Bordvertretung mit folgender Maßgabe Anwendung:
1. Die Bordvertretung ist zuständig für die Behandlung derjenigen nach diesem Gesetz der Mitwirkung und Mitbestimmung des Betriebsrats unterliegenden Angelegenheiten, die den Bordbetrieb oder die Besatzungsmitglieder des Schiffes betreffen und deren Regelung dem Kapitän aufgrund gesetzlicher Vorschriften oder der ihm von der Reederei übertragenen Befugnisse obliegt.
2. Kommt es zwischen Kapitän und Bordvertretung in einer der Mitwirkung oder Mitbestimmung der Bordvertretung unterliegenden Angelegenheit nicht zu einer Einigung, so kann die Angelegenheit von der Bordvertretung an den Seebetriebsrat abgegeben werden. Der Seebetriebsrat hat die Bordvertretung über die weitere Behandlung der Angelegenheit zu unterrichten.

Bordvertretung und Kapitän dürfen die Einigungsstelle oder das Arbeitsgericht nur anrufen, wenn ein Seebetriebsrat nicht gewählt ist.
3. Bordvertretung und Kapitän können im Rahmen ihrer Zuständigkeiten Bordvereinbarungen abschließen. Die Vorschriften über Betriebsvereinbarungen gelten für Bordvereinbarungen entsprechend. Bordvereinbarungen sind unzulässig, soweit eine Angelegenheit durch eine Betriebsvereinbarung zwischen Seebetriebsrat und Arbeitgeber geregelt ist.
4. In Angelegenheiten, die der Mitbestimmung der Bordvertretung unterliegen, kann der Kapitän, auch wenn eine Einigung mit der Bordvertretung noch nicht erzielt ist, vorläufige Regelungen treffen, wenn dies zur Aufrechterhaltung des ordnungsgemäßen Schiffsbetriebs dringend erforderlich ist. Den von der Anordnung betroffenen Besatzungsmitgliedern ist die Vorläufigkeit der Regelung bekannt zu geben. Soweit die vorläufige Regelung der endgültigen Regelung nicht entspricht, hat das Schifffahrtsunternehmen Nachteile auszugleichen, die den Besatzungsmitgliedern durch die vorläufige Regelung entstanden sind.
5. Die Bordvertretung hat das Recht auf regelmäßige und umfassende Unterrichtung über den Schiffsbetrieb. Die erforderlichen Unterlagen sind der Bordvertretung vorzulegen. Zum Schiffsbetrieb gehören insbesondere die Schiffssicherheit, die Reiserouten, die voraussichtlichen Ankunfts- und Abfahrtszeiten sowie die zu befördernde Ladung.
6. Auf Verlangen der Bordvertretung hat der Kapitän ihr Einsicht in die an Bord befindlichen Schiffstagebücher zu gewähren. In den Fällen, in denen der Kapitän eine Eintragung über Angelegenheiten macht, die der Mitwirkung oder Mitbestimmung der Bordvertretung unterliegen, kann diese eine Abschrift der Eintragung verlangen und Erklärungen zum Schiffstagebuch abgeben. In den Fällen, in denen über eine der Mitwirkung oder Mitbestimmung der Bordvertretung unterliegenden Angelegenheit eine Einigung zwischen Kapitän und Bordvertretung nicht erzielt wird, kann die Bordvertretung dies zum Schiffstagebuch erklären und eine Abschrift dieser Eintragung verlangen.
7. Die Zuständigkeit der Bordvertretung im Rahmen des Arbeitsschutzes bezieht sich auch auf die Schiffssicherheit und die Zusammenarbeit mit den insoweit zuständigen Behörden und sonstigen in Betracht kommenden Stellen.

§ 116 Seebetriebsrat. (1) [1]In Seebetrieben werden Seebetriebsräte gewählt. [2]Auf die Seebetriebsräte finden, soweit sich aus diesem Gesetz oder aus anderen gesetzlichen Vorschriften nicht etwas anderes ergibt, die Vorschriften über die Rechte und Pflichten des Betriebsrats und die Rechtsstellung seiner Mitglieder Anwendung.

(2) Die Vorschriften über die Wahl, Zusammensetzung und Amtszeit des Betriebsrats finden mit folgender Maßgabe Anwendung:
1. Wahlberechtigt zum Seebetriebsrat sind alle zum Seeschifffahrtsunternehmen gehörenden Besatzungsmitglieder.
2. Für die Wählbarkeit zum Seebetriebsrat gilt § 8 mit der Maßgabe, dass
   a) in Seeschifffahrtsunternehmen, zu denen mehr als acht Schiffe gehören oder in denen in der Regel mehr als 250 Besatzungsmitglieder beschäftigt

Betriebsverfassungsgesetz § 116 BetrVG 81

sind, nur nach § 115 Abs. 2 Nr. 2 wählbare Besatzungsmitglieder wählbar sind;

b) in den Fällen, in denen die Voraussetzungen des Buchstabens a nicht vorliegen, nur Arbeitnehmer wählbar sind, die nach § 8 die Wählbarkeit im Landbetrieb des Seeschifffahrtsunternehmens besitzen, es sei denn, dass der Arbeitgeber mit der Wahl von Besatzungsmitgliedern einverstanden ist.

3. Der Seebetriebsrat besteht in Seebetrieben mit in der Regel
5 bis 400 wahlberechtigten Besatzungsmitgliedern aus einer Person,
401 bis 800 wahlberechtigten Besatzungsmitgliedern aus drei Mitgliedern,
über 800 wahlberechtigten Besatzungsmitgliedern aus fünf Mitgliedern.

4. Ein Wahlvorschlag ist gültig, wenn er im Fall des § 14 Abs. 4 Satz 1 erster Halbsatz und Satz 2 mindestens von drei wahlberechtigten Besatzungsmitgliedern unterschrieben ist.

5. § 14a findet keine Anwendung.

6. Die in § 16 Abs. 1 Satz 1 genannte Frist wird auf drei Monate, die in § 16 Abs. 2 Satz 1 genannte Frist auf zwei Monate verlängert.

7. Zu Mitgliedern des Wahlvorstands können auch im Landbetrieb des Seeschifffahrtsunternehmens beschäftigte Arbeitnehmer bestellt werden. § 17 Abs. 2 bis 4 findet keine Anwendung. Besteht kein Seebetriebsrat, so bestellt der Gesamtbetriebsrat oder, falls ein solcher nicht besteht, der Konzernbetriebsrat den Wahlvorstand. Besteht weder ein Gesamtbetriebsrat noch ein Konzernbetriebsrat, wird der Wahlvorstand gemeinsam vom Arbeitgeber und den im Seebetrieb vertretenen Gewerkschaften bestellt; Gleiches gilt, wenn der Gesamtbetriebsrat oder der Konzernbetriebsrat die Bestellung des Wahlvorstands nach Satz 3 unterlässt. Einigen sich Arbeitgeber und Gewerkschaften nicht, so bestellt ihn das Arbeitsgericht auf Antrag des Arbeitgebers, einer im Seebetrieb vertretenen Gewerkschaft oder von mindestens drei wahlberechtigten Besatzungsmitgliedern. § 16 Abs. 2 Satz 2 und 3 gilt entsprechend.

8. Die Frist für die Wahlanfechtung nach § 19 Abs. 2 beginnt für Besatzungsmitglieder an Bord, wenn das Schiff nach Bekanntgabe des Wahlergebnisses erstmalig einen Hafen im Geltungsbereich dieses Gesetzes oder einen Hafen, in dem ein Seemannsamt seinen Sitz hat, anläuft. Nach Ablauf von drei Monaten seit Bekanntgabe des Wahlergebnisses ist eine Wahlanfechtung unzulässig. Die Wahlanfechtung kann auch zu Protokoll des Seemannsamtes erklärt werden. Die Anfechtungserklärung ist vom Seemannsamt unverzüglich an das für die Anfechtung zuständige Arbeitsgericht weiterzuleiten.

9. Die Mitgliedschaft im Seebetriebsrat endet, wenn der Seebetriebsrat aus Besatzungsmitgliedern besteht, auch, wenn das Mitglied des Seebetriebsrats nicht mehr Besatzungsmitglied ist. Die Eigenschaft als Besatzungsmitglied wird durch die Tätigkeit im Seebetriebsrat oder durch eine Beschäftigung gemäß Absatz 3 Nr. 2 nicht berührt.

(3) Die §§ 26 bis 41 über die Geschäftsführung des Betriebsrats finden auf den Seebetriebsrat mit folgender Maßgabe Anwendung:

1. In Angelegenheiten, in denen der Seebetriebsrat nach diesem Gesetz innerhalb einer bestimmten Frist Stellung zu nehmen hat, kann er, abweichend von § 33 Abs. 2, ohne Rücksicht auf die Zahl der zur Sitzung erschienenen

Mitglieder einen Beschluss fassen, wenn die Mitglieder ordnungsgemäß geladen worden sind.
2. Soweit die Mitglieder des Seebetriebsrats nicht freizustellen sind, sind sie so zu beschäftigen, dass sie durch ihre Tätigkeit nicht gehindert sind, die Aufgaben des Seebetriebsrats wahrzunehmen. Der Arbeitsplatz soll den Fähigkeiten und Kenntnissen des Mitglieds des Seebetriebsrats und seiner bisherigen beruflichen Stellung entsprechen. Der Arbeitsplatz ist im Einvernehmen mit dem Seebetriebsrat zu bestimmen. Kommt eine Einigung über die Bestimmung des Arbeitsplatzes nicht zustande, so entscheidet die Einigungsstelle. Der Spruch der Einigungsstelle ersetzt die Einigung zwischen Arbeitgeber und Seebetriebsrat.
3. Den Mitgliedern des Seebetriebsrats, die Besatzungsmitglieder sind, ist die Heuer auch dann fortzuzahlen, wenn sie im Landbetrieb beschäftigt werden. Sachbezüge sind angemessen abzugelten. Ist der neue Arbeitsplatz höherwertig, so ist das diesem Arbeitsplatz entsprechende Arbeitsentgelt zu zahlen.
4. Unter Berücksichtigung der örtlichen Verhältnisse ist über die Unterkunft der in den Seebetriebsrat gewählten Besatzungsmitglieder eine Regelung zwischen dem Seebetriebsrat und dem Arbeitgeber zu treffen, wenn der Arbeitsplatz sich nicht am Wohnort befindet. Kommt eine Einigung nicht zustande, so entscheidet die Einigungsstelle. Der Spruch der Einigungsstelle ersetzt die Einigung zwischen Arbeitgeber und Seebetriebsrat.
5. Der Seebetriebsrat hat das Recht, jedes zum Seebetrieb gehörende Schiff zu betreten, dort im Rahmen seiner Aufgaben tätig zu werden sowie an den Sitzungen der Bordvertretung teilzunehmen. § 115 Abs. 7 Nr. 5 Satz 1 gilt entsprechend.
6. Liegt ein Schiff in einem Hafen innerhalb des Geltungsbereichs dieses Gesetzes, so kann der Seebetriebsrat nach Unterrichtung des Kapitäns Sprechstunden an Bord abhalten und Bordversammlungen der Besatzungsmitglieder durchführen.
7. Läuft ein Schiff innerhalb eines Kalenderjahres keinen Hafen im Geltungsbereich dieses Gesetzes an, so gelten die Nummern 5 und 6 für europäische Häfen. Die Schleusen des Nordostseekanals gelten nicht als Häfen.
8. Im Einvernehmen mit dem Arbeitgeber können Sprechstunden und Bordversammlungen, abweichend von den Nummern 6 und 7, auch in anderen Liegehäfen des Schiffes durchgeführt werden, wenn ein dringendes Bedürfnis hierfür besteht. Kommt eine Einigung nicht zustande, so entscheidet die Einigungsstelle. Der Spruch der Einigungsstelle ersetzt die Einigung zwischen Arbeitgeber und Seebetriebsrat.

(4) Die §§ 42 bis 46 über die Betriebsversammlung finden auf den Seebetrieb keine Anwendung.

(5) Für den Seebetrieb nimmt der Seebetriebsrat die in den §§ 47 bis 59 dem Betriebsrat übertragenen Aufgaben, Befugnisse und Pflichten wahr.

(6) Die §§ 74 bis 113 über die Mitwirkung und Mitbestimmung der Arbeitnehmer finden auf den Seebetriebsrat mit folgender Maßgabe Anwendung:
1. Der Seebetriebsrat ist zuständig für die Behandlung derjenigen nach diesem Gesetz der Mitwirkung oder Mitbestimmung des Betriebsrats unterliegenden Angelegenheiten,
   a) die alle oder mehrere Schiffe des Seebetriebs oder die Besatzungsmitglieder aller oder mehrerer Schiffe des Seebetriebs betreffen,

Betriebsverfassungsgesetz §§ 117–119 BetrVG 81

b) die nach § 115 Abs. 7 Nr. 2 von der Bordvertretung abgegeben worden sind oder
c) für die nicht die Zuständigkeit der Bordvertretung nach § 115 Abs. 7 Nr. 1 gegeben ist.
2. Der Seebetriebsrat ist regelmäßig und umfassend über den Schiffsbetrieb des Seeschifffahrtsunternehmens zu unterrichten. Die erforderlichen Unterlagen sind ihm vorzulegen.

Zweiter Abschnitt. Luftfahrt

§ 117 Geltung für die Luftfahrt. (1) Auf Landbetriebe von Luftfahrtunternehmen ist dieses Gesetz anzuwenden.

(2) ¹Für im Flugbetrieb beschäftigte Arbeitnehmer von Luftfahrtunternehmen kann durch Tarifvertrag eine Vertretung errichtet werden. ²Über die Zusammenarbeit dieser Vertretung mit den nach diesem Gesetz zu errichtenden Vertretungen der Arbeitnehmer der Landbetriebe des Luftfahrtunternehmens kann der Tarifvertrag von diesem Gesetz abweichende Regelungen vorsehen.

Dritter Abschnitt. Tendenzbetriebe und Religionsgemeinschaften

§ 118 Geltung für Tendenzbetriebe und Religionsgemeinschaften.
(1) ¹Auf Unternehmen und Betriebe, die unmittelbar und überwiegend
1. politischen, koalitionspolitischen, konfessionellen, karitativen, erzieherischen, wissenschaftlichen oder künstlerischen Bestimmungen oder
2. Zwecken der Berichterstattung oder Meinungsäußerung, auf die Artikel 5 Abs. 1 Satz 2 des Grundgesetzes[1] Anwendung findet,

dienen, finden die Vorschriften dieses Gesetzes keine Anwendung, soweit die Eigenart des Unternehmens oder des Betriebs dem entgegensteht. ²Die §§ 106 bis 110 sind nicht, die §§ 111 bis 113 nur insoweit anzuwenden, als sie den Ausgleich oder die Milderung wirtschaftlicher Nachteile für die Arbeitnehmer infolge von Betriebsänderungen regeln.

(2) Dieses Gesetz findet keine Anwendung auf Religionsgemeinschaften und ihre karitativen und erzieherischen Einrichtungen unbeschadet deren Rechtsform.

Sechster Teil. Straf- und Bußgeldvorschriften

§ 119 Straftaten gegen Betriebsverfassungsorgane und ihre Mitglieder. (1) Mit Freiheitsstrafe bis zu einem Jahr oder mit Geldstrafe wird bestraft, wer
1. eine Wahl des Betriebsrats, der Jugend- und Auszubildendenvertretung, der Bordvertretung, des Seebetriebsrats oder der in § 3 Abs. 1 Nr. 1 bis 3 oder 5 bezeichneten Vertretungen der Arbeitnehmer behindert oder durch Zu-

---

[1] Nr. 1.

fügung oder Androhung von Nachteilen oder durch Gewährung oder Versprechen von Vorteilen beeinflußt,
2. die Tätigkeit des Betriebsrats, des Gesamtbetriebsrats, des Konzernbetriebsrats, der Jugend- und Auszubildendenvertretung, der Gesamt-Jugend- und Auszubildendenvertretung, der Konzern-Jugend- und Auszubildendenvertretung, der Bordvertretung, des Seebetriebsrats, der in § 3 Abs. 1 bezeichneten Vertretungen der Arbeitnehmer, der Einigungsstelle, der in § 76 Abs. 8 bezeichneten tariflichen Schlichtungsstelle, der in § 86 bezeichneten betrieblichen Beschwerdestelle oder des Wirtschaftsausschusses behindert oder stört, oder
3. ein Mitglied oder ein Ersatzmitglied des Betriebsrats, des Gesamtbetriebsrats, des Konzernbetriebsrats, der Jugend- und Auszubildendenvertretung, der Gesamt-Jugend- und Auszubildendenvertretung, der Konzern-Jugend- und Auszubildendenvertretung, der Bordvertretung, des Seebetriebsrats, der in § 3 Abs. 1 bezeichneten Vertretungen der Arbeitnehmer, der Einigungsstelle, der in § 76 Abs. 8 bezeichneten Schlichtungsstelle, der in § 86 bezeichneten betrieblichen Beschwerdestelle oder des Wirtschaftsausschusses um seiner Tätigkeit willen oder eine Auskunftsperson nach § 80 Abs. 2 Satz 3 um ihrer Tätigkeit willen benachteiligt oder begünstigt.

(2) Die Tat wird nur auf Antrag des Betriebsrats, des Gesamtbetriebsrats, des Konzernbetriebsrats, der Bordvertretung, des Seebetriebsrats, einer der in § 3 Abs. 1 bezeichneten Vertretungen der Arbeitnehmer, des Wahlvorstands, des Unternehmers oder einer im Betrieb vertretenen Gewerkschaft verfolgt.

§ 120 Verletzung von Geheimnissen. (1) Wer unbefugt ein fremdes Betriebs- oder Geschäftsgeheimnis offenbart, das ihm in seiner Eigenschaft als
1. Mitglied oder Ersatzmitglied des Betriebsrats oder einer der in § 79 Abs. 2 bezeichneten Stellen,
2. Vertreter einer Gewerkschaft oder Arbeitgebervereinigung,
3. Sachverständiger, der vom Betriebsrat nach § 80 Abs. 3 hinzugezogen oder von der Einigungsstelle nach § 109 Satz 3 angehört worden ist,
3 a. Berater, der vom Betriebsrat nach § 111 Satz 2 hinzugezogen worden ist;
3 b. Auskunftsperson, die dem Betriebsrat nach § 80 Abs. 2 Satz 3 zur Verfügung gestellt worden ist, oder
4. Arbeitnehmer, der vom Betriebsrat nach § 107 Abs. 3 Satz 3 oder vom Wirtschaftsausschuss nach § 108 Abs. 2 Satz 2 hinzugezogen worden ist,
bekannt geworden und das vom Arbeitgeber ausdrücklich als geheimhaltungsbedürftig bezeichnet worden ist, wird mit Freiheitsstrafe bis zu einem Jahr oder mit Geldstrafe bestraft.

(2) Ebenso wird bestraft, wer unbefugt ein fremdes Geheimnis eines Arbeitnehmers, namentlich ein zu dessen persönlichen Lebensbereich gehörendes Geheimnis, offenbart, das ihm in seiner Eigenschaft als Mitglied oder Ersatzmitglied des Betriebsrats oder einer der in § 79 Abs. 2 bezeichneten Stellen bekanntgeworden ist und über das nach den Vorschriften dieses Gesetzes Stillschweigen zu bewahren ist.

(3) [1]Handelt der Täter gegen Entgelt oder in der Absicht, sich oder einen anderen zu bereichern oder einen anderen zu schädigen, so ist die Strafe Freiheitsstrafe bis zu zwei Jahren oder Geldstrafe. [2]Ebenso wird bestraft, wer unbefugt ein fremdes Geheimnis, namentlich ein Betriebs- oder Geschäfts-

geheimnis, zu dessen Geheimhaltung er nach den Absätzen 1 oder 2 verpflichtet ist, verwertet.

(4) Die Absätze 1 bis 3 sind auch anzuwenden, wenn der Täter das fremde Geheimnis nach dem Tode des Betroffenen unbefugt offenbart oder verwertet.

(5) ¹Die Tat wird nur auf Antrag des Verletzten verfolgt. ²Stirbt der Verletzte, so geht das Antragsrecht nach § 77 Abs. 2 des Strafgesetzbuches auf die Angehörigen über, wenn das Geheimnis zum persönlichen Lebensbereich des Verletzten gehört; in anderen Fällen geht es auf die Erben über. ³Offenbart der Täter das Geheimnis nach dem Tode des Betroffenen, so gilt Satz 2 sinngemäß.

§ 121 Bußgeldvorschriften. (1) Ordnungswidrig handelt, wer eine der in § 90 Abs. 1, 2 Satz 1, § 92 Abs. 1 Satz 1 auch in Verbindung mit Abs. 3, § 99 Abs. 1, § 106 Abs. 2, § 108 Abs. 5, § 110 oder § 111 bezeichneten Aufklärungs- oder Auskunftspflichten nicht, wahrheitswidrig, unvollständig oder verspätet erfüllt.

(2) Die Ordnungswidrigkeit kann mit einer Geldbuße bis zu 10 000 Euro geahndet werden.

Siebenter Teil. Änderung von Gesetzen

§ 122 (Änderung des Bürgerlichen Gesetzbuchs). (gegenstandslos)

§ 123 (Änderung des Kündigungsschutzgesetzes[1]). (gegenstandslos)

§ 124 (Änderung des Arbeitsgerichtsgesetzes[2]). (gegenstandslos)

Achter Teil. Übergangs- und Schlussvorschriften

§ 125 Erstmalige Wahlen nach diesem Gesetz. (1) Die erstmaligen Betriebsratswahlen nach § 13 Abs. 1 finden im Jahre 1972 statt.

(2) ¹Die erstmaligen Wahlen der Jugend- und Auszubildendenvertretung nach § 64 Abs. 1 Satz 1 finden im Jahre 1988 statt. ²Die Amtszeit der Jugendvertretung endet mit der Bekanntgabe des Wahlergebnisses der neu gewählten Jugend- und Auszubildendenvertretung, spätestens am 30. November 1988.

(3) Auf Wahlen des Betriebsrats, der Bordvertretung, des Seebetriebsrats und der Jugend- und Auszubildendenvertretung, die nach dem 28. Juli 2001 eingeleitet werden, finden die Erste Verordnung zur Durchführung des Betriebsverfassungsgesetzes vom 16. Januar 1972 (BGBl. I S. 49), zuletzt geändert durch Verordnung vom 16. Januar 1995 (BGBl. I S. 43), die Zweite Verordnung zur Durchführung des Betriebsverfassungsgesetzes vom 24. Oktober 1972 (BGBl. I S. 2029), zuletzt geändert durch die Verordnung vom 28. September 1989 (BGBl. I S. 1795) und die Verordnung zur Durchfüh-

---
[1] Nr. 20.
[2] Nr. 91.

rung der Betriebsratswahlen bei den Postunternehmen vom 26. Juni 1995 (BGBl. I S. 871) bis zu deren Änderung entsprechende Anwendung.

(4) Ergänzend findet für das vereinfachte Wahlverfahren nach § 14a die Erste Verordnung zur Durchführung des Betriebsverfassungsgesetzes bis zu deren Änderung mit folgenden Maßgaben entsprechende Anwendung:

1. Die Frist für die Einladung zur Wahlversammlung zur Wahl des Wahlvorstands nach § 14a Abs. 1 des Gesetzes beträgt mindestens sieben Tage. Die Einladung muss Ort, Tag und Zeit der Wahlversammlung sowie den Hinweis enthalten, dass bis zum Ende dieser Wahlversammlung Wahlvorschläge zur Wahl des Betriebsrats gemacht werden können (§ 14a Abs. 2 des Gesetzes).

2. § 3 findet wie folgt Anwendung:

a) Im Fall des § 14a Abs. 1 des Gesetzes erlässt der Wahlvorstand auf der Wahlversammlung das Wahlausschreiben. Die Einspruchsfrist nach § 3 Abs. 2 Nr. 3 verkürzt sich auf drei Tage. Die Angabe nach § 3 Abs. 2 Nr. 4 muss die Zahl der Mindestsitze des Geschlechts in der Minderheit (§ 15 Abs. 2 des Gesetzes) enthalten. Die Wahlvorschläge sind abweichend von § 3 Abs. 2 Nr. 7 bis zum Abschluss der Wahlversammlung zur Wahl des Wahlvorstands bei diesem einzureichen. Ergänzend zu § 3 Abs. 2 Nr. 10 gibt der Wahlvorstand den Ort, Tag und Zeit der nachträglichen Stimmabgabe an (§ 14a Abs. 4 des Gesetzes).

b) Im Fall des § 14a Abs. 3 des Gesetzes erlässt der Wahlvorstand unverzüglich das Wahlausschreiben mit den unter Buchstabe a genannten Maßgaben zu § 3 Abs. 2 Nr. 3, 4 und 10. Abweichend von § 3 Abs. 2 Nr. 7 sind die Wahlvorschläge spätestens eine Woche vor der Wahlversammlung zur Wahl des Betriebsrats (§ 14a Abs. 3 Satz 2 des Gesetzes) beim Wahlvorstand einzureichen.

3. Die Einspruchsfrist des § 4 Abs. 1 verkürzt sich auf drei Tage.

4. Die §§ 6 bis 8 und § 10 Abs. 2 finden entsprechende Anwendung mit der Maßgabe, dass die Wahl aufgrund von Wahlvorschlägen erfolgt. Im Fall des § 14a Abs. 1 des Gesetzes sind die Wahlvorschläge bis zum Abschluss der Wahlversammlung zur Wahl des Wahlvorstands bei diesem einzureichen; im Fall des § 14a Abs. 3 des Gesetzes sind die Wahlvorschläge spätestens eine Woche vor der Wahlversammlung zur Wahl des Betriebsrats (§ 14a Abs. 3 Satz 2 des Gesetzes) beim Wahlvorstand einzureichen.

5. § 9 findet keine Anwendung.

6. Auf das Wahlverfahren finden die §§ 21 ff. entsprechende Anwendung. Auf den Stimmzetteln sind die Bewerber in alphabetischer Reihenfolge unter Angabe von Familienname, Vorname und Art der Beschäftigung im Betrieb aufzuführen.

7. § 25 Abs. 5 bis 8 findet keine Anwendung.

8. § 26 Abs. 1 findet mit der Maßgabe Anwendung, dass der Wahlberechtigte sein Verlangen auf schriftliche Stimmabgabe spätestens drei Tage vor dem Tag der Wahlversammlung zur Wahl des Betriebsrats dem Wahlvorstand mitgeteilt haben muss.

9. § 31 findet entsprechende Anwendung mit der Maßgabe, dass die Wahl der Jugend- und Auszubildendenvertretung aufgrund von Wahlvorschlägen erfolgt.

§ 126 Ermächtigung zum Erlass von Wahlordnungen. Das Bundesministerium für Arbeit und Soziales wird ermächtigt, mit Zustimmung des Bundesrates Rechtsverordnungen zu erlassen zur Regelung der in den §§ 7 bis 20, 60 bis 63, 115 und 116 bezeichneten Wahlen über

1. die Vorbereitung der Wahl, insbesondere die Aufstellung der Wählerlisten und die Errechnung der Vertreterzahl;
2. die Frist für die Einsichtnahme in die Wählerlisten und die Erhebung von Einsprüchen gegen sie;
3. die Vorschlagslisten und die Frist für ihre Einreichung;
4. das Wahlausschreiben und die Fristen für seine Bekanntmachung;
5. die Stimmabgabe;
5 a. die Verteilung der Sitze im Betriebsrat, in der Bordvertretung, im Seebetriebsrat sowie in der Jugend- und Auszubildendenvertretung auf die Geschlechter, auch soweit die Sitze nicht gemäß § 15 Abs. 2 und § 62 Abs. 3 besetzt werden können;
6. die Feststellung des Wahlergebnisses und die Fristen für seine Bekanntmachung;
7. die Aufbewahrung der Wahlakten.

§ 127 Verweisungen. Soweit in anderen Vorschriften auf Vorschriften verwiesen wird oder Bezeichnungen verwendet werden, die durch dieses Gesetz aufgehoben oder geändert werden, treten an ihre Stelle die entsprechenden Vorschriften oder Bezeichnungen dieses Gesetzes.

§ 128 Bestehende abweichende Tarifverträge. Die im Zeitpunkt des Inkrafttretens dieses Gesetzes nach § 20 Abs. 3 des Betriebsverfassungsgesetzes vom 11. Oktober 1952 geltenden Tarifverträge über die Errichtung einer anderen Vertretung der Arbeitnehmer für Betriebe, in denen wegen ihrer Eigenart der Errichtung von Betriebsräten besondere Schwierigkeiten entgegenstehen, werden durch dieses Gesetz nicht berührt.

§ 129 *(aufgehoben)*

§ 130 Öffentlicher Dienst. Dieses Gesetz findet keine Anwendung auf Verwaltungen und Betriebe des Bundes, der Länder, der Gemeinden und sonstiger Körperschaften, Anstalten und Stiftungen des öffentlichen Rechts.

§ 131 Berlin-Klausel. (gegenstandslos)

§ 132 (Inkrafttreten)

82. Erste Verordnung zur Durchführung des Betriebsverfassungsgesetzes (Wahlordnung – WO)

Vom 11. Dezember 2001
(BGBl. I S. 3494)
FNA 801-7-1-1

geänd. durch Art. 2 VO zum Zweiten G zur Vereinfachung der Wahl der Arbeitnehmervertreter in den Aufsichtsrat v. 23. 6. 2004 (BGBl. I S. 1393)

– Auszug –

Auf Grund des § 126 des Betriebsverfassungsgesetzes[1]) in der Fassung der Bekanntmachung vom 25. September 2001 (BGBl. I S. 2518) verordnet das Bundesministerium für Arbeit und Sozialordnung:

Erster Teil. Wahl des Betriebsrats (§ 14 des Gesetzes[1]))

Erster Abschnitt. Allgemeine Vorschriften

§ 1 Wahlvorstand. (1) Die Leitung der Wahl obliegt dem Wahlvorstand.

(2) ¹Der Wahlvorstand kann sich eine schriftliche Geschäftsordnung geben. ²Er kann wahlberechtigte Arbeitnehmer als Wahlhelferinnen und Wahlhelfer zu seiner Unterstützung bei der Durchführung der Stimmabgabe und bei der Stimmenzählung heranziehen.

(3) ¹Die Beschlüsse des Wahlvorstands werden mit einfacher Stimmenmehrheit seiner stimmberechtigten Mitglieder gefasst. ²Über jede Sitzung des Wahlvorstands ist eine Niederschrift aufzunehmen, die mindestens den Wortlaut der gefassten Beschlüsse enthält. ³Die Niederschrift ist von der oder dem Vorsitzenden und einem weiteren stimmberechtigten Mitglied des Wahlvorstands zu unterzeichnen.

§ 2 Wählerliste. (1) ¹Der Wahlvorstand hat für jede Betriebsratswahl eine Liste der Wahlberechtigten (Wählerliste), getrennt nach den Geschlechtern, aufzustellen. ²Die Wahlberechtigten sollen mit Familienname, Vorname und Geburtsdatum in alphabetischer Reihenfolge aufgeführt werden. ³Die nach § 14 Abs. 2 Satz 1 des Arbeitnehmerüberlassungsgesetzes[2]) nicht passiv Wahlberechtigten sind in der Wählerliste auszuweisen.

(2) ¹Der Arbeitgeber hat dem Wahlvorstand alle für die Anfertigung der Wählerliste erforderlichen Auskünfte zu erteilen und die erforderlichen Unterlagen zur Verfügung zu stellen. ²Er hat den Wahlvorstand insbesondere bei

---

[1]) Nr. **81**.
[2]) Nr. **31**.

Feststellung der in § 5 Abs. 3 des Gesetzes[1]) genannten Personen zu unterstützen.

(3) ¹Das aktive und passive Wahlrecht steht nur Arbeitnehmerinnen und Arbeitnehmern zu, die in die Wählerliste eingetragen sind. ²Wahlberechtigten Leiharbeitnehmerinnen und Leiharbeitnehmern im Sinne des Arbeitnehmerüberlassungsgesetzes[2]) steht nur das aktive Wahlrecht zu (§ 14 Abs. 2 Satz 1 des Arbeitnehmerüberlassungsgesetzes[2])).

(4) ¹Ein Abdruck der Wählerliste und ein Abdruck dieser Verordnung sind vom Tage der Einleitung der Wahl (§ 3 Abs. 1) bis zum Abschluss der Stimmabgabe an geeigneter Stelle im Betrieb zur Einsichtnahme auszulegen. ²Der Abdruck der Wählerliste soll die Geburtsdaten der Wahlberechtigten nicht enthalten. ³Ergänzend können der Abdruck der Wählerliste und die Verordnung mittels der im Betrieb vorhandenen Informations- und Kommunikationstechnik bekannt gemacht werden. ⁴Die Bekanntmachung ausschließlich in elektronischer Form ist nur zulässig, wenn alle Arbeitnehmerinnen und Arbeitnehmer von der Bekanntmachung Kenntnis erlangen können und Vorkehrungen getroffen werden, dass Änderungen der Bekanntmachung nur vom Wahlvorstand vorgenommen werden können.

(5) Der Wahlvorstand soll dafür sorgen, dass ausländische Arbeitnehmerinnen und Arbeitnehmer, die der deutschen Sprache nicht mächtig sind, vor Einleitung der Betriebsratswahl über Wahlverfahren, Aufstellung der Wähler- und Vorschlagslisten, Wahlvorgang und Stimmabgabe in geeigneter Weise unterrichtet werden.

§ 3 Wahlausschreiben. (1) ¹Spätestens sechs Wochen vor dem ersten Tag der Stimmabgabe erlässt der Wahlvorstand ein Wahlausschreiben, das von der oder dem Vorsitzenden und von mindestens einem weiteren stimmberechtigten Mitglied des Wahlvorstands zu unterschreiben ist. ²Mit Erlass des Wahlausschreibens ist die Betriebsratswahl eingeleitet. ³Der erste Tag der Stimmabgabe soll spätestens eine Woche vor dem Tag liegen, an dem die Amtszeit des Betriebsrats abläuft.

(2) Das Wahlausschreiben muss folgende Angaben enthalten:
1. das Datum seines Erlasses;
2. die Bestimmung des Orts, an dem die Wählerliste und diese Verordnung ausliegen, sowie im Fall der Bekanntmachung in elektronischer Form (§ 2 Abs. 4 Satz 3 und 4) wo und wie von der Wählerliste und der Verordnung Kenntnis genommen werden kann;
3. dass nur Arbeitnehmerinnen und Arbeitnehmer wählen oder gewählt werden können, die in die Wählerliste eingetragen sind, und dass Einsprüche gegen die Wählerliste (§ 4) nur vor Ablauf von zwei Wochen seit dem Erlass des Wahlausschreibens schriftlich beim Wahlvorstand eingelegt werden können; der letzte Tag der Frist ist anzugeben;
4. den Anteil der Geschlechter und den Hinweis, dass das Geschlecht in der Minderheit im Betriebsrat mindestens entsprechend seinem zahlenmäßigen Verhältnis vertreten sein muss, wenn der Betriebsrat aus mindestens drei Mitgliedern besteht (§ 15 Abs. 2 des Gesetzes[1]));

---
[1]) Nr. **81**.
[2]) Nr. **31**.

5. die Zahl der zu wählenden Betriebsratsmitglieder (§ 9 des Gesetzes[1]) sowie die auf das Geschlecht in der Minderheit entfallenden Mindestsitze im Betriebsrat (§ 15 Abs. 2 des Gesetzes[1]);
6. die Mindestzahl von Wahlberechtigten, von denen ein Wahlvorschlag unterzeichnet sein muss (§ 14 Abs. 4 des Gesetzes[1]);
7. dass der Wahlvorschlag einer im Betrieb vertretenen Gewerkschaft von zwei Beauftragten unterzeichnet sein muss (§ 14 Abs. 5 des Gesetzes[1]);
8. dass Wahlvorschläge vor Ablauf von zwei Wochen seit dem Erlass des Wahlausschreibens beim Wahlvorstand in Form von Vorschlagslisten einzureichen sind, wenn mehr als drei Betriebsratsmitglieder zu wählen sind; der letzte Tag der Frist ist anzugeben;
9. dass die Stimmabgabe an die Wahlvorschläge gebunden ist und dass nur solche Wahlvorschläge berücksichtigt werden dürfen, die fristgerecht (Nr. 8) eingereicht sind;
10. die Bestimmung des Orts, an dem die Wahlvorschläge bis zum Abschluss der Stimmabgabe aushängen;
11. Ort, Tag und Zeit der Stimmabgabe sowie die Betriebsteile und Kleinstbetriebe, für die schriftliche Stimmabgabe (§ 24 Abs. 3) beschlossen ist;
12. den Ort, an dem Einsprüche, Wahlvorschläge und sonstige Erklärungen gegenüber dem Wahlvorstand abzugeben sind (Betriebsadresse des Wahlvorstands);
13. Ort, Tag und Zeit der öffentlichen Stimmauszählung.

(3) Sofern es nach Größe, Eigenart oder Zusammensetzung der Arbeitnehmerschaft des Betriebs zweckmäßig ist, soll der Wahlvorstand im Wahlausschreiben darauf hinweisen, dass bei der Aufstellung von Wahlvorschlägen die einzelnen Organisationsbereiche und die verschiedenen Beschäftigungsarten berücksichtigt werden sollen.

(4) [1]Ein Abdruck des Wahlausschreibens ist vom Tage seines Erlasses bis zum letzten Tage der Stimmabgabe an einer oder mehreren geeigneten, den Wahlberechtigten zugänglichen Stellen vom Wahlvorstand auszuhängen und in gut lesbarem Zustand zu erhalten. [2]Ergänzend kann das Wahlausschreiben mittels der im Betrieb vorhandenen Informations- und Kommunikationstechnik bekannt gemacht werden. [3]§ 2 Abs. 4 Satz 4 gilt entsprechend.

§ 4 Einspruch gegen die Wählerliste. (1) Einsprüche gegen die Richtigkeit der Wählerliste können mit Wirksamkeit für die Betriebsratswahl nur vor Ablauf von zwei Wochen seit Erlass des Wahlausschreibens beim Wahlvorstand schriftlich eingelegt werden.

(2) [1]Über Einsprüche nach Absatz 1 hat der Wahlvorstand unverzüglich zu entscheiden. [2]Der Einspruch ist ausgeschlossen, soweit er darauf gestützt wird, dass die Zuordnung nach § 18a des Gesetzes[1] fehlerhaft erfolgt sei. [3]Satz 2 gilt nicht, soweit die nach § 18a Abs. 1 oder 4 Satz 1 und 2 des Gesetzes[1] am Zuordnungsverfahren Beteiligten die Zuordnung übereinstimmend für offensichtlich fehlerhaft halten. [4]Wird der Einspruch für begründet erachtet, so ist die Wählerliste zu berichtigen. [5]Die Entscheidung des Wahlvorstands ist der Arbeitnehmerin oder dem Arbeitnehmer, die oder der den Einspruch eingelegt hat, unverzüglich schriftlich mitzuteilen; die Entscheidung muss der Ar-

---

[1] Nr. **81**.

beitnehmerin oder dem Arbeitnehmer spätestens am Tage vor dem Beginn der Stimmabgabe zugehen.

(3) ¹Nach Ablauf der Einspruchsfrist soll der Wahlvorstand die Wählerliste nochmals auf ihre Vollständigkeit hin überprüfen. ²Im Übrigen kann nach Ablauf der Einspruchsfrist die Wählerliste nur bei Schreibfehlern, offenbaren Unrichtigkeiten, in Erledigung rechtzeitig eingelegter Einsprüche oder bei Eintritt von Wahlberechtigten in den Betrieb oder bei Ausscheiden aus dem Betrieb bis zum Tage vor dem Beginn der Stimmabgabe berichtigt oder ergänzt werden.

§ 5 Bestimmung der Mindestsitze für das Geschlecht in der Minderheit. (1) ¹Der Wahlvorstand stellt fest, welches Geschlecht von seinem zahlenmäßigen Verhältnis im Betrieb in der Minderheit ist. ²Sodann errechnet der Wahlvorstand den Mindestanteil der Betriebsratssitze für das Geschlecht in der Minderheit (§ 15 Abs. 2 des Gesetzes¹)) nach den Grundsätzen der Verhältniswahl. ³Zu diesem Zweck werden die Zahlen der am Tage des Erlasses des Wahlausschreibens im Betrieb beschäftigten Frauen und Männer in einer Reihe nebeneinander gestellt und beide durch 1, 2, 3, 4 usw. geteilt. ⁴Die ermittelten Teilzahlen sind nacheinander reihenweise unter den Zahlen der ersten Reihe aufzuführen, bis höhere Teilzahlen für die Zuweisung der zu verteilenden Sitze nicht mehr in Betracht kommen.

(2) ¹Unter den so gefundenen Teilzahlen werden so viele Höchstzahlen ausgesondert und der Größe nach geordnet, wie Betriebsratsmitglieder zu wählen sind. ²Das Geschlecht in der Minderheit erhält so viele Mitgliedersitze zugeteilt, wie Höchstzahlen auf es entfallen. ³Wenn die niedrigste in Betracht kommende Höchstzahl auf beide Geschlechter zugleich entfällt, so entscheidet das Los darüber, welchem Geschlecht dieser Sitz zufällt.

Zweiter Abschnitt. Wahl von mehr als drei Betriebsratsmitgliedern (aufgrund von Vorschlagslisten)

Erster Unterabschnitt. Einreichung und Bekanntmachung von Vorschlagslisten

§ 6 Vorschlagslisten. (1) ¹Sind mehr als drei Betriebsratsmitglieder zu wählen, so erfolgt die Wahl aufgrund von Vorschlagslisten. ²Die Vorschlagslisten sind von den Wahlberechtigten vor Ablauf von zwei Wochen seit Erlass des Wahlausschreibens beim Wahlvorstand einzureichen.

(2) Jede Vorschlagsliste soll mindestens doppelt so viele Bewerberinnen oder Bewerber aufweisen, wie Betriebsratsmitglieder zu wählen sind.

(3) ¹In jeder Vorschlagsliste sind die einzelnen Bewerberinnen oder Bewerber in erkennbarer Reihenfolge unter fortlaufender Nummer und unter Angabe von Familienname, Vorname, Geburtsdatum und Art der Beschäftigung im Betrieb aufzuführen. ²Die schriftliche Zustimmung der Bewerberinnen oder der Bewerber zur Aufnahme in die Liste ist beizufügen.

(4) ¹Wenn kein anderer Unterzeichner der Vorschlagsliste ausdrücklich als Listenvertreter bezeichnet ist, wird die oder der an erster Stelle Unterzeichne-

---

¹⁾ Nr. **81**.

te als Listenvertreterin oder Listenvertreter angesehen. ²Diese Person ist berechtigt und verpflichtet, dem Wahlvorstand die zur Beseitigung von Beanstandungen erforderlichen Erklärungen abzugeben sowie Erklärungen und Entscheidungen des Wahlvorstands entgegenzunehmen.

(5) ¹Die Unterschrift eines Wahlberechtigten zählt nur auf einer Vorschlagsliste. ²Hat ein Wahlberechtigter mehrere Vorschlagslisten unterzeichnet, so hat er auf Aufforderung des Wahlvorstands binnen einer ihm gesetzten angemessenen Frist, spätestens jedoch vor Ablauf von drei Arbeitstagen, zu erklären, welche Unterschrift er aufrechterhält. ³Unterbleibt die fristgerechte Erklärung, so wird sein Name auf der zuerst eingereichten Vorschlagsliste gezählt und auf den übrigen Listen gestrichen; sind mehrere Vorschlagslisten, die von demselben Wahlberechtigten unterschrieben sind, gleichzeitig eingereicht worden, so entscheidet das Los darüber, auf welcher Vorschlagsliste die Unterschrift gilt.

(6) Eine Verbindung von Vorschlagslisten ist unzulässig.

(7) ¹Eine Bewerberin oder ein Bewerber kann nur auf einer Vorschlagsliste vorgeschlagen werden. ²Ist der Name dieser Person mit ihrer schriftlichen Zustimmung auf mehreren Vorschlagslisten aufgeführt, so hat sie auf Aufforderung des Wahlvorstands vor Ablauf von drei Arbeitstagen zu erklären, welche Bewerbung sie aufrechterhält. ³Unterbleibt die fristgerechte Erklärung, so ist die Bewerberin oder der Bewerber auf sämtlichen Listen zu streichen.

§ 7 Prüfung der Vorschlagslisten. (1) Der Wahlvorstand hat bei Überbringen der Vorschlagsliste oder, falls die Vorschlagsliste auf eine andere Weise eingereicht wird, der Listenvertreterin oder dem Listenvertreter den Zeitpunkt der Einreichung schriftlich zu bestätigen.

(2) ¹Der Wahlvorstand hat die eingereichten Vorschlagslisten, wenn die Liste nicht mit einem Kennwort versehen ist, mit Familienname und Vorname der beiden in der Liste an erster Stelle Benannten zu bezeichnen. ²Er hat die Vorschlagsliste unverzüglich, möglichst binnen einer Frist von zwei Arbeitstagen nach ihrem Eingang, zu prüfen und bei Ungültigkeit oder Beanstandung einer Liste die Listenvertreterin oder den Listenvertreter unverzüglich schriftlich unter Angabe der Gründe zu unterrichten.

§ 8 Ungültige Vorschlagslisten. (1) Ungültig sind Vorschlagslisten,
1. die nicht fristgerecht eingereicht worden sind,
2. auf denen die Bewerberinnen oder die Bewerber nicht in erkennbarer Reihenfolge aufgeführt sind,
3. die bei der Einreichung nicht die erforderliche Zahl von Unterschriften (§ 14 Abs. 4 des Gesetzes[1]) aufweisen. Die Rücknahme von Unterschriften auf einer eingereichten Vorschlagsliste beeinträchtigt deren Gültigkeit nicht; § 6 Abs. 5 bleibt unberührt.

(2) Ungültig sind auch Vorschlagslisten,
1. auf denen die Bewerberinnen oder Bewerber nicht in der in § 6 Abs. 3 bestimmten Weise bezeichnet sind,
2. wenn die schriftliche Zustimmung der Bewerberinnen oder der Bewerber zur Aufnahme in die Vorschlagsliste nicht vorliegt,

---

[1] Nr. **81**.

Wahlordnung §§ 9–11 WO 82

3. wenn die Vorschlagsliste infolge von Streichung gemäß § 6 Abs. 5 nicht mehr die erforderliche Zahl von Unterschriften aufweist,

falls diese Mängel trotz Beanstandung nicht binnen einer Frist von drei Arbeitstagen beseitigt werden.

§ 9 Nachfrist für Vorschlagslisten. (1) [1]Ist nach Ablauf der in § 6 Abs. 1 genannten Frist keine gültige Vorschlagsliste eingereicht, so hat dies der Wahlvorstand sofort in der gleichen Weise bekannt zu machen wie das Wahlausschreiben und eine Nachfrist von einer Woche für die Einreichung von Vorschlagslisten zu setzen. [2]In der Bekanntmachung ist darauf hinzuweisen, dass die Wahl nur stattfinden kann, wenn innerhalb der Nachfrist mindestens eine gültige Vorschlagsliste eingereicht wird.

(2) Wird trotz Bekanntmachung nach Absatz 1 eine gültige Vorschlagsliste nicht eingereicht, so hat der Wahlvorstand sofort bekannt zu machen, dass die Wahl nicht stattfindet.

§ 10 Bekanntmachung der Vorschlagslisten. (1) [1]Nach Ablauf der in § 6 Abs. 1, § 8 Abs. 2 und § 9 Abs. 1 genannten Fristen ermittelt der Wahlvorstand durch das Los die Reihenfolge der Ordnungsnummern, die den eingereichten Vorschlagslisten zugeteilt werden (Liste 1 usw.). [2]Die Listenvertreterin oder der Listenvertreter sind zu der Losentscheidung rechtzeitig einzuladen.

(2) Spätestens eine Woche vor Beginn der Stimmabgabe hat der Wahlvorstand die als gültig anerkannten Vorschlagslisten bis zum Abschluss der Stimmabgabe in gleicher Weise bekannt zu machen wie das Wahlausschreiben (§ 3 Abs. 4).

Zweiter Unterabschnitt. Wahlverfahren bei mehreren Vorschlagslisten (§ 14 Abs. 2 Satz 1 des Gesetzes[1])

§ 11 Stimmabgabe. (1) [1]Die Wählerin oder der Wähler kann ihre oder seine Stimme nur für eine der als gültig anerkannten Vorschlagslisten abgeben. [2]Die Stimmabgabe erfolgt durch Abgabe von Stimmzetteln in den hierfür bestimmten Umschlägen (Wahlumschlägen).

(2) [1]Auf den Stimmzetteln sind die Vorschlagslisten nach der Reihenfolge der Ordnungsnummern sowie unter Angabe der beiden an erster Stelle benannten Bewerberinnen oder Bewerber mit Familienname, Vorname und Art der Beschäftigung im Betrieb untereinander aufzuführen; bei Listen, die mit Kennworten versehen sind, ist auch das Kennwort anzugeben. [2]Die Stimmzettel für die Betriebsratswahl müssen sämtlich die gleiche Größe, Farbe, Beschaffenheit und Beschriftung haben. [3]Das Gleiche gilt für die Wahlumschläge.

(3) Die Wählerin oder der Wähler kennzeichnet die von ihr oder ihm gewählte Vorschlagsliste durch Ankreuzen an der im Stimmzettel hierfür vorgesehenen Stelle.

(4) Stimmzettel, die mit einem besonderen Merkmal versehen sind oder aus denen sich der Wille der Wählerin oder des Wählers nicht unzweifelhaft er-

---
[1]) Nr. 81.

gibt oder die andere Angaben als die in Absatz 1 genannten Vorschlagslisten, einen Zusatz oder sonstige Änderungen enthalten, sind ungültig.

§ 12 Wahlvorgang. (1) [1]Der Wahlvorstand hat geeignete Vorkehrungen für die unbeobachtete Bezeichnung der Stimmzettel im Wahlraum zu treffen und für die Bereitstellung einer Wahlurne oder mehrerer Wahlurnen zu sorgen. [2]Die Wahlurne muss vom Wahlvorstand verschlossen und so eingerichtet sein, dass die eingeworfenen Wahlumschläge nicht herausgenommen werden können, ohne dass die Urne geöffnet wird.

(2) Während der Wahl müssen immer mindestens zwei stimmberechtigte Mitglieder des Wahlvorstands im Wahlraum anwesend sein; sind Wahlhelferinnen oder Wahlhelfer bestellt (§ 1 Abs. 2), so genügt die Anwesenheit eines stimmberechtigten Mitglieds des Wahlvorstands und einer Wahlhelferin oder eines Wahlhelfers.

(3) Die Wählerin oder der Wähler gibt ihren oder seinen Namen an und wirft den Wahlumschlag, in den der Stimmzettel eingelegt ist, in die Wahlurne ein, nachdem die Stimmabgabe in der Wählerliste vermerkt worden ist.

(4) [1]Wer infolge seiner Behinderung bei der Stimmabgabe beeinträchtigt ist, kann eine Person seines Vertrauens bestimmen, die ihm bei der Stimmabgabe behilflich sein soll, und teilt dies dem Wahlvorstand mit. [2]Wahlbewerberinnen oder Wahlbewerber, Mitglieder des Wahlvorstands sowie Wahlhelferinnen und Wahlhelfer dürfen nicht zur Hilfeleistung herangezogen werden. [3]Die Hilfeleistung beschränkt sich auf die Erfüllung der Wünsche der Wählerin oder des Wählers zur Stimmabgabe; die Person des Vertrauens darf gemeinsam mit der Wählerin oder dem Wähler die Wahlzelle aufsuchen. [4]Sie ist zur Geheimhaltung der Kenntnisse verpflichtet, die sie bei der Hilfeleistung zur Stimmabgabe erlangt hat. [5]Die Sätze 1 bis 4 gelten entsprechend für des Lesens unkundige Wählerinnen und Wähler.

(5) [1]Nach Abschluss der Stimmabgabe ist die Wahlurne zu versiegeln, wenn die Stimmenzählung nicht unmittelbar nach Beendigung der Wahl durchgeführt wird. [2]Gleiches gilt, wenn die Stimmabgabe unterbrochen wird, insbesondere wenn sie an mehreren Tagen erfolgt.

§ 13 Öffentliche Stimmauszählung. Unverzüglich nach Abschluss der Wahl nimmt der Wahlvorstand öffentlich die Auszählung der Stimmen vor und gibt das aufgrund der Auszählung sich ergebende Wahlergebnis bekannt.

§ 14 Verfahren bei der Stimmauszählung. (1) [1]Nach Öffnung der Wahlurne entnimmt der Wahlvorstand die Stimmzettel den Wahlumschlägen und zählt die auf jede Vorschlagsliste entfallenden Stimmen zusammen. [2]Dabei ist die Gültigkeit der Stimmzettel zu prüfen.

(2) Befinden sich in einem Wahlumschlag mehrere gekennzeichnete Stimmzettel (§ 11 Abs. 3), so werden sie, wenn sie vollständig übereinstimmen, nur einfach gezählt, andernfalls als ungültig angesehen.

§ 15 Verteilung der Betriebsratssitze auf die Vorschlagslisten. (1) [1]Die Betriebsratssitze werden auf die Vorschlagslisten verteilt. [2]Dazu werden die den einzelnen Vorschlagslisten zugefallenen Stimmenzahlen in einer Reihe nebeneinander gestellt und sämtlich durch 1, 2, 3, 4 usw. geteilt. [3]Die ermittelten Teilzahlen sind nacheinander reihenweise unter den Zahlen der ersten Reihe aufzuführen, bis höhere Teilzahlen für die Zuweisung der zu verteilenden Sitze nicht mehr in Betracht kommen.

(2) ¹Unter den so gefundenen Teilzahlen werden so viele Höchstzahlen ausgesondert und der Größe nach geordnet, wie Betriebsratsmitglieder zu wählen sind. ²Jede Vorschlagsliste erhält so viele Mitgliedersitze zugeteilt, wie Höchstzahlen auf sie entfallen. ³Entfällt die niedrigste in Betracht kommende Höchstzahl auf mehrere Vorschlagslisten zugleich, so entscheidet das Los darüber, welcher Vorschlagsliste dieser Sitz zufällt.

(3) Wenn eine Vorschlagsliste weniger Bewerberinnen oder Bewerber enthält, als Höchstzahlen auf sie entfallen, so gehen die überschüssigen Mitgliedersitze auf die folgenden Höchstzahlen der anderen Vorschlagslisten über.

(4) Die Reihenfolge der Bewerberinnen oder Bewerber innerhalb der einzelnen Vorschlagslisten bestimmt sich nach der Reihenfolge ihrer Benennung.

(5) Befindet sich unter den auf die Vorschlagslisten entfallenden Höchstzahlen nicht die erforderliche Mindestzahl von Angehörigen des Geschlechts in der Minderheit nach § 15 Abs. 2 des Gesetzes[1]), so gilt Folgendes:
1. An die Stelle der auf der Vorschlagsliste mit der niedrigsten Höchstzahl benannten Person, die nicht dem Geschlecht in der Minderheit angehört, tritt die in derselben Vorschlagsliste in der Reihenfolge nach ihr benannte, nicht berücksichtigte Person des Geschlechts in der Minderheit.
2. Enthält diese Vorschlagsliste keine Person des Geschlechts in der Minderheit, so geht dieser Sitz auf die Vorschlagsliste mit der folgenden, noch nicht berücksichtigten Höchstzahl und mit Angehörigen des Geschlechts in der Minderheit über. Entfällt die folgende Höchstzahl auf mehrere Vorschlagslisten zugleich, so entscheidet das Los darüber, welcher Vorschlagsliste dieser Sitz zufällt.
3. Das Verfahren nach den Nummern 1 und 2 ist so lange fortzusetzen, bis der Mindestanteil der Sitze des Geschlechts in der Minderheit nach § 15 Abs. 2 des Gesetzes[1]) erreicht ist.
4. Bei der Verteilung der Sitze des Geschlechts in der Minderheit sind auf den einzelnen Vorschlagslisten nur die Angehörigen dieses Geschlechts in der Reihenfolge ihrer Benennung zu berücksichtigen.
5. Verfügt keine andere Vorschlagsliste über Angehörige des Geschlechts in der Minderheit, verbleibt der Sitz bei der Vorschlagsliste, die zuletzt ihren Sitz zu Gunsten des Geschlechts in der Minderheit nach Nummer 1 hätte abgeben müssen.

§ 16 Wahlniederschrift. (1) Nachdem ermittelt ist, welche Arbeitnehmerinnen und Arbeitnehmer als Betriebsratsmitglieder gewählt sind, hat der Wahlvorstand in einer Niederschrift festzustellen:
1. die Gesamtzahl der abgegebenen Wahlumschläge und die Zahl der abgegebenen gültigen Stimmen;
2. die jeder Liste zugefallenen Stimmenzahlen;
3. die berechneten Höchstzahlen;
4. die Verteilung der berechneten Höchstzahlen auf die Listen;
5. die Zahl der ungültigen Stimmen;

---

[1]) Nr. **81**.

6. die Namen der in den Betriebsrat gewählten Bewerberinnen und Bewerber;
7. gegebenenfalls besondere während der Betriebsratswahl eingetretene Zwischenfälle oder sonstige Ereignisse.

(2) Die Niederschrift ist von der oder dem Vorsitzenden und von mindestens einem weiteren stimmberechtigten Mitglied des Wahlvorstands zu unterschreiben.

§ 17 Benachrichtigung der Gewählten.
(1) [1]Der Wahlvorstand hat die als Betriebsratsmitglieder gewählten Arbeitnehmerinnen und Arbeitnehmer unverzüglich schriftlich von ihrer Wahl zu benachrichtigen. [2]Erklärt die gewählte Person nicht binnen drei Arbeitstagen nach Zugang der Benachrichtigung dem Wahlvorstand, dass sie die Wahl ablehne, so gilt die Wahl als angenommen.

(2) [1]Lehnt eine gewählte Person die Wahl ab, so tritt an ihre Stelle die in derselben Vorschlagsliste in der Reihenfolge nach ihr benannte, nicht gewählte Person. [2]Gehört die gewählte Person dem Geschlecht in der Minderheit an, so tritt an ihre Stelle, die in derselben Vorschlagsliste in der Reihenfolge nach ihr benannte, nicht gewählte Person desselben Geschlechts, wenn ansonsten das Geschlecht in der Minderheit nicht die ihm nach § 15 Abs. 2 des Gesetzes[1]) zustehenden Mindestsitze erhält. [3]§ 15 Abs. 5 Nr. 2 bis 5 gilt entsprechend.

§ 18 Bekanntmachung der Gewählten.
[1]Sobald die Namen der Betriebsratsmitglieder endgültig feststehen, hat der Wahlvorstand sie durch zweiwöchigen Aushang in gleicher Weise bekannt zu machen wie das Wahlausschreiben (§ 3 Abs. 4). [2]Je eine Abschrift der Wahlniederschrift (§ 16) ist dem Arbeitgeber und den im Betrieb vertretenen Gewerkschaften unverzüglich zu übersenden.

§ 19 Aufbewahrung der Wahlakten.
Der Betriebsrat hat die Wahlakten mindestens bis zur Beendigung seiner Amtszeit aufzubewahren.

Dritter Unterabschnitt. Wahlverfahren bei nur einer Vorschlagsliste
(§ 14 Abs. 2 Satz 2 erster Halbsatz des Gesetzes[1]))

§ 20 Stimmabgabe.
(1) Ist nur eine gültige Vorschlagsliste eingereicht, so kann die Wählerin oder der Wähler ihre oder seine Stimme nur für solche Bewerberinnen oder Bewerber abgeben, die in der Vorschlagsliste aufgeführt sind.

(2) Auf den Stimmzetteln sind die Bewerberinnen oder Bewerber unter Angabe von Familienname, Vorname und Art der Beschäftigung im Betrieb in der Reihenfolge aufzuführen, in der sie auf der Vorschlagsliste benannt sind.

(3) [1]Die Wählerin oder der Wähler kennzeichnet die von ihr oder ihm gewählten Bewerberinnen oder Bewerber durch Ankreuzen an der hierfür im Stimmzettel vorgesehenen Stelle; es dürfen nicht mehr Bewerberinnen oder Bewerber angekreuzt werden, als Betriebsratsmitglieder zu wählen sind. [2]§ 11 Abs. 1 Satz 2, Abs. 2 Satz 2 und 3, Abs. 4, §§ 12 und 13 gelten entsprechend.

---

[1]) Nr. **81**.

§ 21 Stimmauszählung. Nach Öffnung der Wahlurne entnimmt der Wahlvorstand die Stimmzettel den Wahlumschlägen und zählt die auf jede Bewerberin oder jeden Bewerber entfallenden Stimmen zusammen; § 14 Abs. 1 Satz 2 und Abs. 2 gilt entsprechend.

§ 22 Ermittlung der Gewählten. (1) ¹Zunächst werden die dem Geschlecht in der Minderheit zustehenden Mindestsitze (§ 15 Abs. 2 des Gesetzes[1])) verteilt. ²Dazu werden die dem Geschlecht in der Minderheit zustehenden Mindestsitze mit Angehörigen dieses Geschlechts in der Reihenfolge der jeweils höchsten auf sie entfallenden Stimmenzahlen besetzt.

(2) ¹Nach der Verteilung der Mindestsitze des Geschlechts in der Minderheit nach Absatz 1 erfolgt die Verteilung der weiteren Sitze. ²Die weiteren Sitze werden mit Bewerberinnen und Bewerbern, unabhängig von ihrem Geschlecht, in der Reihenfolge der jeweils höchsten auf sie entfallenden Stimmenzahlen besetzt.

(3) Haben in den Fällen des Absatzes 1 oder 2 für den zuletzt zu vergebenden Betriebsratssitz mehrere Bewerberinnen oder Bewerber die gleiche Stimmenzahl erhalten, so entscheidet das Los darüber, wer gewählt ist.

(4) Haben sich weniger Angehörige des Geschlechts in der Minderheit zur Wahl gestellt oder sind weniger Angehörige dieses Geschlechts gewählt worden als ihm nach § 15 Abs. 2 des Gesetzes[1]) Mindestsitze zustehen, so sind die insoweit überschüssigen Mitgliedersitze des Geschlechts in der Minderheit bei der Sitzverteilung nach Absatz 2 Satz 2 zu berücksichtigen.

§ 23 Wahlniederschrift, Bekanntmachung. (1) ¹Nachdem ermittelt ist, welche Arbeitnehmerinnen und Arbeitnehmer als Betriebsratsmitglieder gewählt sind, hat der Wahlvorstand eine Niederschrift anzufertigen, in der außer den Angaben nach § 16 Abs. 1 Nr. 1, 5 bis 7 die jeder Bewerberin und jedem Bewerber zugefallenen Stimmenzahlen festzustellen sind. ²§ 16 Abs. 2, § 17 Abs. 1, §§ 18 und 19 gelten entsprechend.

(2) ¹Lehnt eine gewählte Person die Wahl ab, so tritt an ihre Stelle die nicht gewählte Person mit der nächsthöchsten Stimmenzahl. ²Gehört die gewählte Person dem Geschlecht in der Minderheit an, so tritt an ihre Stelle die nicht gewählte Person dieses Geschlechts mit der nächsthöchsten Stimmenzahl, wenn ansonsten das Geschlecht in der Minderheit nicht die ihm nach § 15 Abs. 2 des Gesetzes[1]) zustehenden Mindestsitze erhalten würde. ³Gibt es keine weiteren Angehörigen dieses Geschlechts, auf die Stimmen entfallen sind, geht dieser Sitz auf die nicht gewählte Person des anderen Geschlechts mit der nächsthöchsten Stimmenzahl über.

Dritter Abschnitt. Schriftliche Stimmabgabe

§ 24 Voraussetzungen. (1) ¹Wahlberechtigten, die im Zeitpunkt der Wahl wegen Abwesenheit vom Betrieb verhindert sind, ihre Stimme persönlich abzugeben, hat der Wahlvorstand auf ihr Verlangen
1. das Wahlausschreiben,
2. die Vorschlagslisten,

---

[1]) Nr. **81.**

3. den Stimmzettel und den Wahlumschlag,
4. eine vorgedruckte von der Wählerin oder dem Wähler abzugebende Erklärung, in der gegenüber dem Wahlvorstand zu versichern ist, dass der Stimmzettel persönlich gekennzeichnet worden ist, sowie
5. einen größeren Freiumschlag, der die Anschrift des Wahlvorstands und als Absender den Namen und die Anschrift der oder des Wahlberechtigten sowie den Vermerk „Schriftliche Stimmabgabe" trägt,

auszuhändigen oder zu übersenden. ²Der Wahlvorstand soll der Wählerin oder dem Wähler ferner ein Merkblatt über die Art und Weise der schriftlichen Stimmabgabe (§ 25) aushändigen oder übersenden. ³Der Wahlvorstand hat die Aushändigung oder die Übersendung der Unterlagen in der Wählerliste zu vermerken.

(2) Wahlberechtigte, von denen dem Wahlvorstand bekannt ist, dass sie im Zeitpunkt der Wahl nach der Eigenart ihres Beschäftigungsverhältnisses voraussichtlich nicht im Betrieb anwesend sein werden (insbesondere im Außendienst oder mit Telearbeit Beschäftigte und in Heimarbeit Beschäftigte), erhalten die in Absatz 1 bezeichneten Unterlagen, ohne dass es eines Verlangens der Wahlberechtigten bedarf.

(3) ¹Für Betriebsteile und Kleinstbetriebe, die räumlich weit vom Hauptbetrieb entfernt sind, kann der Wahlvorstand die schriftliche Stimmabgabe beschließen. ²Absatz 2 gilt entsprechend.

§ 25 Stimmabgabe. ¹Die Stimmabgabe erfolgt in der Weise, dass die Wählerin oder der Wähler
1. den Stimmzettel unbeobachtet persönlich kennzeichnet und in dem Wahlumschlag verschließt,
2. die vorgedruckte Erklärung unter Angabe des Orts und des Datums unterschreibt und
3. den Wahlumschlag und die unterschriebene vorgedruckte Erklärung in dem Freiumschlag verschließt und diesen so rechtzeitig an den Wahlvorstand absendet oder übergibt, dass er vor Abschluss der Stimmabgabe vorliegt.

²Die Wählerin oder der Wähler kann unter den Voraussetzungen des § 12 Abs. 4 die in den Nummern 1 bis 3 bezeichneten Tätigkeiten durch eine Person des Vertrauens verrichten lassen.

§ 26 Verfahren bei der Stimmabgabe. (1) ¹Unmittelbar vor Abschluss der Stimmabgabe öffnet der Wahlvorstand in öffentlicher Sitzung die bis zu diesem Zeitpunkt eingegangenen Freiumschläge und entnimmt ihnen die Wahlumschläge sowie die vorgedruckten Erklärungen. ²Ist die schriftliche Stimmabgabe ordnungsgemäß erfolgt (§ 25), so legt der Wahlvorstand den Wahlumschlag nach Vermerk der Stimmabgabe in der Wählerliste ungeöffnet in die Wahlurne.

(2) ¹Verspätet eingehende Briefumschläge hat der Wahlvorstand mit einem Vermerk über den Zeitpunkt des Eingangs ungeöffnet zu den Wahlunterlagen zu nehmen. ²Die Briefumschläge sind einen Monat nach Bekanntgabe des Wahlergebnisses ungeöffnet zu vernichten, wenn die Wahl nicht angefochten worden ist.

Wahlordnung §§ 27, 28 WO 82

Vierter Abschnitt. Wahlvorschläge der Gewerkschaften

§ 27 Voraussetzungen, Verfahren. (1) Für den Wahlvorschlag einer im Betrieb vertretenen Gewerkschaft (§ 14 Abs. 3 des Gesetzes[1]) gelten die §§ 6 bis 26 entsprechend.

(2) Der Wahlvorschlag einer Gewerkschaft ist ungültig, wenn er nicht von zwei Beauftragten der Gewerkschaft unterzeichnet ist (§ 14 Abs. 5 des Gesetzes[1]).

(3) ¹Die oder der an erster Stelle unterzeichnete Beauftragte gilt als Listenvertreterin oder Listenvertreter. ²Die Gewerkschaft kann hierfür eine Arbeitnehmerin oder einen Arbeitnehmer des Betriebs, die oder der Mitglied der Gewerkschaft ist, benennen.

Zweiter Teil. Wahl des Betriebsrats im vereinfachten Wahlverfahren (§ 14 a des Gesetzes[1])

Erster Abschnitt. Wahl des Betriebsrats im zweistufigen Verfahren (§ 14 a Abs. 1 des Gesetzes[1])

Erster Unterabschnitt. Wahl des Wahlvorstands

§ 28 Einladung zur Wahlversammlung. (1) ¹Zu der Wahlversammlung, in der der Wahlvorstand nach § 17a Nr. 3 des Gesetzes[1] (§ 14a Abs. 1 des Gesetzes[1]) gewählt wird, können drei Wahlberechtigte des Betriebs oder eine im Betrieb vertretene Gewerkschaft einladen (einladende Stelle) und Vorschläge für die Zusammensetzung des Wahlvorstands machen. ²Die Einladung muss mindestens sieben Tage vor dem Tag der Wahlversammlung erfolgen. ³Sie ist durch Aushang an geeigneten Stellen im Betrieb bekannt zu machen. ⁴Ergänzend kann die Einladung mittels der im Betrieb vorhandenen Informations- und Kommunikationstechnik bekannt gemacht werden; § 2 Abs. 4 Satz 4 gilt entsprechend. ⁵Die Einladung muss folgende Hinweise enthalten:
a) Ort, Tag und Zeit der Wahlversammlung zur Wahl des Wahlvorstands;
b) dass Wahlvorschläge zur Wahl des Betriebsrats bis zum Ende der Wahlversammlung zur Wahl des Wahlvorstands gemacht werden können (§ 14a Abs. 2 des Gesetzes[1]);
c) dass Wahlvorschläge der Arbeitnehmerinnen und Arbeitnehmer zur Wahl des Betriebsrats mindestens von einem Zwanzigstel der Wahlberechtigten, mindestens jedoch von drei Wahlberechtigten unterzeichnet sein müssen; in Betrieben mit in der Regel bis zu zwanzig Wahlberechtigten reicht die Unterzeichnung durch zwei Wahlberechtigte.
d) dass Wahlvorschläge zur Wahl des Betriebsrats, die erst in der Wahlversammlung zur Wahl des Wahlvorstands gemacht werden, nicht der Schriftform bedürfen.

(2) Der Arbeitgeber hat unverzüglich nach Aushang der Einladung zur Wahlversammlung nach Absatz 1 der einladenden Stelle alle für die Anfer-

---
[1] Nr. 81.

tigung der Wählerliste erforderlichen Unterlagen (§ 2) in einem versiegelten Umschlag auszuhändigen.

§ 29 Wahl des Wahlvorstands. [1]Der Wahlvorstand wird in der Wahlversammlung zur Wahl des Wahlvorstands von der Mehrheit der anwesenden Arbeitnehmerinnen und Arbeitnehmer gewählt (§ 17a Nr. 3 Satz 1 des Gesetzes[1])). [2]Er besteht aus drei Mitgliedern (§ 17a Nr. 2 des Gesetzes[1])). [3]Für die Wahl der oder des Vorsitzendendes Wahlvorstands gilt Satz 1 entsprechend.

Zweiter Unterabschnitt. Wahl des Betriebsrats

§ 30 Wahlvorstand, Wählerliste. (1) [1]Unmittelbar nach seiner Wahl hat der Wahlvorstand in der Wahlversammlung zur Wahl des Wahlvorstands die Wahl des Betriebsrats einzuleiten. [2]§ 1 gilt entsprechend. [3]Er hat unverzüglich in der Wahlversammlung eine Liste der Wahlberechtigten (Wählerliste), getrennt nach den Geschlechtern, aufzustellen. [4]Die einladende Stelle hat dem Wahlvorstand den ihr nach § 28 Abs. 2 ausgehändigten versiegelten Umschlag zu übergeben. [5]Die Wahlberechtigten sollen in der Wählerliste mit Familienname, Vorname und Geburtsdatum in alphabetischer Reihenfolge aufgeführt werden. [6]§ 2 Abs. 1 Satz 3, Abs. 2 bis 4 gilt entsprechend.

(2) [1]Einsprüche gegen die Richtigkeit der Wählerliste können mit Wirksamkeit für die Betriebsratswahl nur vor Ablauf von drei Tagen seit Erlass des Wahlausschreibens beim Wahlvorstand schriftlich eingelegt werden. [2]§ 4 Abs. 2 und 3 gilt entsprechend.

§ 31 Wahlausschreiben. (1) [1]Im Anschluss an die Aufstellung der Wählerliste erlässt der Wahlvorstand in der Wahlversammlung das Wahlausschreiben, das von der oder dem Vorsitzenden und von mindestens einem weiteren stimmberechtigten Mitglied des Wahlvorstands zu unterschreiben ist. [2]Mit Erlass des Wahlausschreibens ist die Betriebsratswahl eingeleitet. [3]Das Wahlausschreiben muss folgende Angaben enthalten:

1. das Datum seines Erlasses;
2. die Bestimmung des Orts, an dem die Wählerliste und diese Verordnung ausliegen sowie im Fall der Bekanntmachung in elektronischer Form (§ 2 Abs. 4 Satz 3 und 4) wo und wie von der Wählerliste und der Verordnung Kenntnis genommen werden kann;
3. dass nur Arbeitnehmerinnen und Arbeitnehmer wählen oder gewählt werden können, die in die Wählerliste eingetragen sind, und dass Einsprüche gegen die Wählerliste (§ 4) nur vor Ablauf von drei Tagen seit dem Erlass des Wahlausschreibens schriftlich beim Wahlvorstand eingelegt werden können; der letzte Tag der Frist ist anzugeben;
4. den Anteil der Geschlechter und den Hinweis, dass das Geschlecht in der Minderheit im Betriebsrat mindestens entsprechend seinem zahlenmäßigen Verhältnis vertreten sein muss, wenn der Betriebsrat aus mindestens drei Mitgliedern besteht (§ 15 Abs. 2 des Gesetzes[1]));

---

[1]) Nr. 81.

Wahlordnung § 32 WO 82

5. die Zahl der zu wählenden Betriebsratsmitglieder (§ 9 des Gesetzes[1]) sowie die auf das Geschlecht in der Minderheit entfallenden Mindestsitze im Betriebsrat (§ 15 Abs. 2 des Gesetzes[1]);
6. die Mindestzahl von Wahlberechtigten, von denen ein Wahlvorschlag unterzeichnet sein muss (§ 14 Abs. 4 des Gesetzes[1]) und den Hinweis, dass Wahlvorschläge, die erst in der Wahlversammlung zur Wahl des Wahlvorstands gemacht werden, nicht der Schriftform bedürfen (§ 14a Abs. 2 zweiter Halbsatz des Gesetzes[1]);
7. dass der Wahlvorschlag einer im Betrieb vertretenen Gewerkschaft von zwei Beauftragten unterzeichnet sein muss (§ 14 Abs. 5 des Gesetzes[1]);
8. dass Wahlvorschläge bis zum Abschluss der Wahlversammlung zur Wahl des Wahlvorstands bei diesem einzureichen sind (§ 14a Abs. 2 erster Halbsatz des Gesetzes[1]);
9. dass die Stimmabgabe an die Wahlvorschläge gebunden ist und dass nur solche Wahlvorschläge berücksichtigt werden dürfen, die fristgerecht (Nr. 8) eingereicht sind;
10. die Bestimmung des Orts, an dem die Wahlvorschläge bis zum Abschluss der Stimmabgabe aushängen;
11. Ort, Tag und Zeit der Wahlversammlung zur Wahl des Betriebsrats (Tag der Stimmabgabe – § 14a Abs. 1 Satz 3 und 4 des Gesetzes[1]);
12. dass Wahlberechtigten, die an der Wahlversammlung zur Wahl des Betriebsrats nicht teilnehmen können, Gelegenheit zur nachträglichen schriftlichen Stimmabgabe gegeben wird (§ 14a Abs. 4 des Gesetzes[1]); das Verlangen auf nachträgliche schriftliche Stimmabgabe muss spätestens drei Tage vor dem Tag der Wahlversammlung zur Wahl des Betriebsrats dem Wahlvorstand mitgeteilt werden;
13. Ort, Tag und Zeit der nachträglichen schriftlichen Stimmabgabe (§ 14a Abs. 4 des Gesetzes[1]) sowie die Betriebsteile und Kleinstbetriebe, für die nachträgliche schriftliche Stimmabgabe entsprechend § 24 Abs. 3 beschlossen ist;
14. den Ort, an dem Einsprüche, Wahlvorschläge und sonstige Erklärungen gegenüber dem Wahlvorstand abzugeben sind (Betriebsadresse des Wahlvorstands);
15. Ort, Tag und Zeit der öffentlichen Stimmauszählung.

(2) ¹Ein Abdruck des Wahlausschreibens ist vom Tage seines Erlasses bis zum letzten Tage der Stimmabgabe an einer oder mehreren geeigneten, den Wahlberechtigten zugänglichen Stellen vom Wahlvorstand auszuhängen und in gut lesbarem Zustand zu erhalten. ²Ergänzend kann das Wahlausschreiben mittels der im Betrieb vorhandenen Informations- und Kommunikationstechnik bekannt gemacht werden. ³§ 2 Abs. 4 Satz 4 gilt entsprechend.

§ 32 Bestimmung der Mindestsitze für das Geschlecht in der Minderheit. Besteht der zu wählende Betriebsrat aus mindestens drei Mitgliedern, so hat der Wahlvorstand den Mindestanteil der Betriebsratssitze für das Geschlecht in der Minderheit (§ 15 Abs. 2 des Gesetzes[1]) gemäß § 5 zu errechnen.

---

[1] Nr. **81**.

§ 33 Wahlvorschläge. (1) ¹Die Wahl des Betriebsrats erfolgt aufgrund von Wahlvorschlägen. ²Die Wahlvorschläge sind von den Wahlberechtigten und den im Betrieb vertretenen Gewerkschaften bis zum Ende der Wahlversammlung zur Wahl des Wahlvorstands bei diesem einzureichen. ³Wahlvorschläge, die erst in dieser Wahlversammlung gemacht werden, bedürfen nicht der Schriftform (§ 14a Abs. 2 des Gesetzes[1]).

(2) ¹Für Wahlvorschläge gilt § 6 Abs. 2 bis 4 entsprechend. ²§ 6 Abs. 5 gilt entsprechend mit der Maßgabe, dass ein Wahlberechtigter, der mehrere Wahlvorschläge unterstützt, auf Aufforderung des Wahlvorstands in der Wahlversammlung erklären muss, welche Unterstützung er aufrechterhält. ³Für den Wahlvorschlag einer im Betrieb vertretenen Gewerkschaft gilt § 27 entsprechend.

(3) ¹§ 7 gilt entsprechend. ²§ 8 gilt entsprechend mit der Maßgabe, dass Mängel der Wahlvorschläge nach § 8 Abs. 2 nur in der Wahlversammlung zur Wahl des Wahlvorstands beseitigt werden können.

(4) Unmittelbar nach Abschluss der Wahlversammlung hat der Wahlvorstand die als gültig anerkannten Wahlvorschläge bis zum Abschluss der Stimmabgabe in gleicher Weise bekannt zu machen, wie das Wahlausschreiben (§ 31 Abs. 2).

(5) ¹Ist in der Wahlversammlung kein Wahlvorschlag zur Wahl des Betriebsrats gemacht worden, hat der Wahlvorstand bekannt zu machen, dass die Wahl nicht stattfindet. ²Die Bekanntmachung hat in gleicher Weise wie das Wahlausschreiben (§ 31 Abs. 2) zu erfolgen.

§ 34 Wahlverfahren. (1) ¹Die Wählerin oder der Wähler kann ihre oder seine Stimme nur für solche Bewerberinnen oder Bewerber abgeben, die in einem Wahlvorschlag benannt sind. ²Auf den Stimmzetteln sind die Bewerberinnen oder Bewerber in alphabetischer Reihenfolge unter Angabe von Familienname, Vorname und Art der Beschäftigung im Betrieb aufzuführen. ³Die Wählerin oder der Wähler kennzeichnet die von ihm Gewählten durch Ankreuzen an der hierfür im Stimmzettel vorgesehenen Stelle; es dürfen nicht mehr Bewerberinnen oder Bewerber angekreuzt werden, als Betriebsratsmitglieder zu wählen sind. ⁴§ 11 Abs. 1 Satz 2, Abs. 2 Satz 2 und 3, Abs. 4 und § 12 gelten entsprechend.

(2) Im Fall der nachträglichen schriftlichen Stimmabgabe (§ 35) hat der Wahlvorstand am Ende der Wahlversammlung zur Wahl des Betriebsrats die Wahlurne zu versiegeln und aufzubewahren.

(3) ¹Erfolgt keine nachträgliche schriftliche Stimmabgabe, hat der Wahlvorstand unverzüglich nach Abschluss der Wahl die öffentliche Auszählung der Stimmen vorzunehmen und das sich daraus ergebende Wahlergebnis bekannt zu geben. ²Die §§ 21, 23 Abs. 1 gelten entsprechend.

(4) ¹Ist nur ein Betriebsratsmitglied zu wählen, so ist die Person gewählt, die die meisten Stimmen erhalten hat. ²Bei Stimmengleichheit entscheidet das Los. ³Lehnt eine gewählte Person die Wahl ab, so tritt an ihre Stelle die nicht gewählte Person mit der nächsthöchsten Stimmenzahl.

(5) Sind mehrere Betriebsratsmitglieder zu wählen, gelten für die Ermittlung der Gewählten die §§ 22 und 23 Abs. 2 entsprechend.

---

[1] Nr. **81**.

§ 35 Nachträgliche schriftliche Stimmabgabe. (1) [1]Können Wahlberechtigte an der Wahlversammlung zur Wahl des Betriebsrats nicht teilnehmen, um ihre Stimme persönlich abzugeben, können sie beim Wahlvorstand die nachträgliche schriftliche Stimmabgabe beantragen (§ 14 a Abs. 4 des Gesetzes[1]). [2]Das Verlangen auf nachträgliche schriftliche Stimmabgabe muss die oder der Wahlberechtigte dem Wahlvorstand spätestens drei Tage vor dem Tag der Wahlversammlung zur Wahl des Betriebsrats mitgeteilt haben. [3]Die §§ 24, 25 gelten entsprechend.

(2) Wird die nachträgliche schriftliche Stimmabgabe aufgrund eines Antrags nach Absatz 1 Satz 1 erforderlich, hat dies der Wahlvorstand unter Angabe des Orts, des Tags und der Zeit der öffentlichen Stimmauszählung in gleicher Weise bekannt zu machen wie das Wahlausschreiben (§ 31 Abs. 2).

(3) [1]Unmittelbar nach Ablauf der Frist für die nachträgliche schriftliche Stimmabgabe öffnet der Wahlvorstand in öffentlicher Sitzung die bis zu diesem Zeitpunkt eingegangenen Freiumschläge und entnimmt ihnen die Wahlumschläge sowie die vorgedruckten Erklärungen. [2]Ist die nachträgliche schriftliche Stimmabgabe ordnungsgemäß erfolgt (§ 25), so legt der Wahlvorstand den Wahlumschlag nach Vermerk der Stimmabgabe in der Wählerliste in die bis dahin versiegelte Wahlurne.

(4) [1]Nachdem alle ordnungsgemäß nachträglich abgegebenen Wahlumschläge in die Wahlurne gelegt worden sind, nimmt der Wahlvorstand die Auszählung der Stimmen vor. [2]§ 34 Abs. 3 bis 5 gilt entsprechend.

Zweiter Abschnitt. Wahl des Betriebsrats im einstufigen Verfahren (§ 14 a Abs. 3 des Gesetzes[1])

§ 36 Wahlvorstand, Wahlverfahren. (1) [1]Nach der Bestellung des Wahlvorstands durch den Betriebsrat, Gesamtbetriebsrat, Konzernbetriebsrat oder das Arbeitsgericht (§ 14 a Abs. 3, § 17 des Gesetzes[1]) hat der Wahlvorstand die Wahl des Betriebsrats unverzüglich einzuleiten. [2]Die Wahl des Betriebsrats findet auf einer Wahlversammlung statt (§ 14 a Abs. 3 des Gesetzes[1]). [3]Die §§ 1, 2 und 30 Abs. 2 gelten entsprechend.

(2) [1]Im Anschluss an die Aufstellung der Wählerliste erlässt der Wahlvorstand das Wahlausschreiben, das von der oder dem Vorsitzenden und von mindestens einem weiteren stimmberechtigten Mitglied des Wahlvorstands zu unterschreiben ist. [2]Mit Erlass des Wahlausschreibens ist die Betriebsratswahl eingeleitet. [3]Besteht im Betrieb ein Betriebsrat, soll der letzte Tag der Stimmabgabe (nachträgliche schriftliche Stimmabgabe) eine Woche vor dem Tag liegen, an dem die Amtszeit des Betriebsrats abläuft.

(3) [1]Das Wahlausschreiben hat die in § 31 Abs. 1 Satz 3 vorgeschriebenen Angaben zu enthalten, soweit nachfolgend nichts anderes bestimmt ist:
1. Abweichend von Nummer 6 ist ausschließlich die Mindestzahl von Wahlberechtigten anzugeben, von denen ein Wahlvorschlag unterzeichnet sein muss (§ 14 Abs. 4 des Gesetzes[1]).
2. Abweichend von Nummer 8 hat der Wahlvorstand anzugeben, dass die Wahlvorschläge spätestens eine Woche vor dem Tag der Wahlversammlung

---
[1] Nr. **81**.

zur Wahl des Betriebsrats beim Wahlvorstand einzureichen sind (§ 14a Abs. 3 Satz 2 des Gesetzes[1])); der letzte Tag der Frist ist anzugeben.
²Für die Bekanntmachung des Wahlausschreibens gilt § 31 Abs. 2 entsprechend.

(4) Die Vorschriften über die Bestimmung der Mindestsitze nach § 32, das Wahlverfahren nach § 34 und die nachträgliche Stimmabgabe nach § 35 gelten entsprechend.

(5) ¹Für Wahlvorschläge gilt § 33 Abs. 1 entsprechend mit der Maßgabe, dass die Wahlvorschläge von den Wahlberechtigten und den im Betrieb vertretenen Gewerkschaften spätestens eine Woche vor der Wahlversammlung zur Wahl des Betriebsrats beim Wahlvorstand schriftlich einzureichen sind (§ 14a Abs. 3 Satz 2 zweiter Halbsatz des Gesetzes[1]). ²§ 6 Abs. 2 bis 5 und die §§ 7 und 8 gelten entsprechend mit der Maßgabe, dass die in § 6 Abs. 5 und § 8 Abs. 2 genannten Fristen nicht die gesetzliche Mindestfrist zur Einreichung der Wahlvorschläge nach § 14a Abs. 3 Satz 2 erster Halbsatz des Gesetzes[1]) überschreiten dürfen. ³Nach Ablauf der gesetzlichen Mindestfrist zur Einreichung der Wahlvorschläge hat der Wahlvorstand die als gültig anerkannten Wahlvorschläge bis zum Abschluss der Stimmabgabe in gleicher Weise bekannt zu machen wie das Wahlausschreiben (Absatz 3).

(6) ¹Ist kein Wahlvorschlag zur Wahl des Betriebsrats gemacht worden, hat der Wahlvorstand bekannt zu machen, dass die Wahl nicht stattfindet. ²Die Bekanntmachung hat in gleicher Weise wie das Wahlausschreiben (Absatz 3) zu erfolgen.

Dritter Abschnitt. Wahl des Betriebsrats in Betrieben mit in der Regel 51 bis 100 Wahlberechtigten (§ 14a Abs. 5 des Gesetzes[1]))

§ 37 Wahlverfahren. Haben Arbeitgeber und Wahlvorstand in einem Betrieb mit in der Regel 51 bis 100 Wahlberechtigten die Wahl des Betriebsrats im vereinfachten Wahlverfahren vereinbart (§ 14a Abs. 5 des Gesetzes[1])), richtet sich das Wahlverfahren nach § 36.

Dritter Teil. Wahl der Jugend- und Auszubildendenvertretung

§ 38 Wahlvorstand, Wahlvorbereitung. ¹Für die Wahl der Jugend- und Auszubildendenvertretung gelten die Vorschriften der §§ 1 bis 5 über den Wahlvorstand, die Wählerliste, das Wahlausschreiben und die Bestimmung der Mindestsitze für das Geschlecht in der Minderheit entsprechend. ²Dem Wahlvorstand muss mindestens eine nach § 8 des Gesetzes[1]) wählbare Person angehören.

§ 39 Durchführung der Wahl. (1) ¹Sind mehr als drei Mitglieder zur Jugend- und Auszubildendenvertretung zu wählen, so erfolgt die Wahl aufgrund von Vorschlagslisten. ²§ 6 Abs. 1 Satz 2, Abs. 2 und 4 bis 7, die §§ 7 bis 10 und § 27 gelten entsprechend. ³§ 6 Abs. 3 gilt entsprechend mit der Maß-

---

[1]) Nr. **81**.

gabe, dass in jeder Vorschlagsliste auch der Ausbildungsberuf der einzelnen Bewerberinnen oder Bewerber aufzuführen ist.

(2) ¹Sind mehrere gültige Vorschlagslisten eingereicht, so kann die Stimme nur für eine Vorschlagsliste abgegeben werden. ²§ 11 Abs. 1 Satz 2, Abs. 3 und 4, die §§ 12 bis 19 gelten entsprechend. ³§ 11 Abs. 2 gilt entsprechend mit der Maßgabe, dass auf den Stimmzetteln auch der Ausbildungsberuf der einzelnen Bewerberinnen oder Bewerber aufzuführen ist.

(3) ¹Ist nur eine gültige Vorschlagsliste eingereicht, so kann die Stimme nur für solche Bewerberinnen oder Bewerber abgegeben werden, die in der Vorschlagsliste aufgeführt sind. ²§ 20 Abs. 3, die §§ 21 bis 23 gelten entsprechend. ³§ 20 Abs. 2 gilt entsprechend mit der Maßgabe, dass auf den Stimmzetteln auch der Ausbildungsberuf der einzelnen Bewerber aufzuführen ist.

(4) Für die schriftliche Stimmabgabe gelten die §§ 24 bis 26 entsprechend.

§ 40 Wahl der Jugend- und Auszubildendenvertretung im vereinfachten Wahlverfahren. (1) ¹In Betrieben mit in der Regel fünf bis fünfzig der in § 60 Abs. 1 des Gesetzes[1] genannten Arbeitnehmerinnen und Arbeitnehmern wird die Jugend- und Auszubildendenvertretung im vereinfachten Wahlverfahren gewählt (§ 63 Abs. 4 Satz 1 des Gesetzes[1]). ²Für das Wahlverfahren gilt § 36 entsprechend mit der Maßgabe, dass in den Wahlvorschlägen und auf den Stimmzetteln auch der Ausbildungsberuf der einzelnen Bewerberinnen oder Bewerber aufzuführen ist. ³§ 38 Satz 2 gilt entsprechend.

(2) Absatz 1 Satz 2 und 3 gilt entsprechend, wenn in einem Betrieb mit in der Regel 51 bis 100 der in § 60 Abs. 1 des Gesetzes[1] genannten Arbeitnehmerinnen und Arbeitnehmern Arbeitgeber und Wahlvorstand die Anwendung des vereinfachten Wahlverfahrens vereinbart haben (§ 63 Abs. 5 des Gesetzes[1]).

Vierter Teil. Übergangs- und Schlussvorschriften

§ 41 Berechnung der Fristen. Für die Berechnung der in dieser Verordnung festgelegten Fristen finden die §§ 186 bis 193 des Bürgerlichen Gesetzbuchs entsprechende Anwendung.

§ 42 Bereich der Seeschifffahrt. Die Regelung der Wahlen für die Bordvertretung und den Seebetriebsrat (§§ 115 und 116 des Gesetzes[1]) bleibt einer besonderen Rechtsverordnung vorbehalten.

§ 43 Inkrafttreten. ¹Diese Verordnung tritt am Tage nach der Verkündung[2] in Kraft. ²Gleichzeitig tritt die Erste Verordnung zur Durchführung des Betriebsverfassungsgesetzes vom 16. Januar 1972 (BGBl. I S. 49), zuletzt geändert durch die Verordnung vom 16. Januar 1995 (BGBl. I S. 43), außer Kraft.

---

[1] Nr. **81**.
[2] Verkündet am 14. 12. 2001.

83. Umwandlungsgesetz (UmwG)[1)]

Vom 28. Oktober 1994
(BGBl. I S. 3210, ber. 1995 I S. 428)

FNA 4120-9-2

zuletzt geänd. durch Art. 1 Zweites ÄndG v. 19. 4. 2007 (BGBl. I S. 542)

– Auszug[2)] –

Siebentes Buch. Übergangs- und Schlußvorschriften

§ 321[3)] *(aufgehoben)*

§ 322 Gemeinsamer Betrieb. Führen an einer Spaltung oder an einer Teilübertragung nach dem Dritten oder Vierten Buch beteiligte Rechtsträger nach dem Wirksamwerden der Spaltung oder der Teilübertragung einen Betrieb gemeinsam, gilt dieser als Betrieb im Sinne des Kündigungsschutzrechts.

§ 323 Kündigungsrechtliche Stellung. (1) Die kündigungsrechtliche Stellung eines Arbeitnehmers, der vor dem Wirksamwerden einer Spaltung oder Teilübertragung nach dem Dritten oder Vierten Buch zu dem übertragenden Rechtsträger in einem Arbeitsverhältnis steht, verschlechtert sich auf Grund der Spaltung oder Teilübertragung für die Dauer von zwei Jahren ab dem Zeitpunkt ihres Wirksamwerdens nicht.

(2) Kommt bei einer Verschmelzung, Spaltung oder Vermögensübertragung ein Interessenausgleich zustande, in dem diejenigen Arbeitnehmer namentlich bezeichnet werden, die nach der Umwandlung einem bestimmten Betrieb oder Betriebsteil zugeordnet werden, so kann die Zuordnung der Arbeitnehmer durch das Arbeitsgericht nur auf grobe Fehlerhaftigkeit überprüft werden.

§ 324 Rechte und Pflichten bei Betriebsübergang. § 613a Abs. 1, 4 bis 6 des Bürgerlichen Gesetzbuchs[4)] bleibt durch die Wirkungen der Eintragung einer Verschmelzung, Spaltung oder Vermögensübertragung unberührt.

§ 325 Mitbestimmungsbeibehaltung. (1) ¹Entfallen durch Abspaltung oder Ausgliederung im Sinne des § 123 Abs. 2 und 3 bei einem übertragenden Rechtsträger die gesetzlichen Voraussetzungen für die Beteiligung der Arbeitnehmer im Aufsichtsrat, so finden die vor der Spaltung geltenden Vorschriften noch für einen Zeitraum von fünf Jahren nach dem Wirksamwerden

---

[1)] Verkündet als Art. 1 UmwandlungsrechtsbereinigungsG v. 28. 10. 1994 (BGBl. I S. 3210); Inkrafttreten gem. Art. 20 dieses G am 1. 1. 1995.
[2)] Vollständig abgedruckt in **Aktien-GmbH Gesetz** (dtv 5010) Nr. **4** sowie in **Gesellschaftsrecht** (dtv 5585) Nr. **10**.
[3)] Siehe nunmehr § 21a BetrVG (Nr. **81**)
[4)] Nr. **11**.

Umwandlungsgesetz § 325 UmwG 83

der Abspaltung oder Ausgliederung Anwendung. ²Dies gilt nicht, wenn die betreffenden Vorschriften eine Mindestzahl von Arbeitnehmern voraussetzen und die danach berechnete Zahl der Arbeitnehmer des übertragenden Rechtsträgers auf weniger als in der Regel ein Viertel dieser Mindestzahl sinkt.

(2) ¹Hat die Spaltung oder Teilübertragung eines Rechtsträgers die Spaltung eines Betriebes zur Folge und entfallen für die aus der Spaltung hervorgegangenen Betriebe Rechte oder Beteiligungsrechte des Betriebsrats, so kann durch Betriebsvereinbarung oder Tarifvertrag die Fortgeltung dieser Rechte und Beteiligungsrechte vereinbart werden. ²Die §§ 9 und 27 des Betriebsverfassungsgesetzes[1] bleiben unberührt.

---

[1] Nr. 81.

84. Gesetz über Sprecherausschüsse der leitenden Angestellten (Sprecherausschußgesetz – SprAuG)[1]

Vom 20. Dezember 1988
(BGBl. I S. 2312)
FNA 801-11
zuletzt geänd. durch Art. 222 Neunte ZuständigkeitsanpassungsVO v. 31. 10. 2006
(BGBl. I S. 2407)

Erster Teil. Allgemeine Vorschriften

§ 1 Errichtung von Sprecherausschüssen. (1) In Betrieben mit in der Regel mindestens zehn leitenden Angestellten (§ 5 Abs. 3 des Betriebsverfassungsgesetzes[2]) werden Sprecherausschüsse der leitenden Angestellten gewählt.

(2) Leitende Angestellte eines Betriebs mit in der Regel weniger als zehn leitenden Angestellten gelten für die Anwendung dieses Gesetzes als leitende Angestellte des räumlich nächstgelegenen Betriebs desselben Unternehmens, der die Voraussetzungen des Absatzes 1 erfüllt.

(3) Dieses Gesetz findet keine Anwendung auf
1. Verwaltungen und Betriebe des Bundes, der Länder, der Gemeinden und sonstiger Körperschaften, Anstalten und Stiftungen des öffentlichen Rechts sowie
2. Religionsgemeinschaften und ihre karitativen und erzieherischen Einrichtungen unbeschadet deren Rechtsform.

§ 2 Zusammenarbeit. (1) ¹Der Sprecherausschuß arbeitet mit dem Arbeitgeber vertrauensvoll unter Beachtung der geltenden Tarifverträge zum Wohl der leitenden Angestellten und des Betriebs zusammen. ²Der Arbeitgeber hat vor Abschluß einer Betriebsvereinbarung oder sonstigen Vereinbarung mit dem Betriebsrat, die rechtliche Interessen der leitenden Angestellten berührt, den Sprecherausschuß rechtzeitig anzuhören.

(2) ¹Der Sprecherausschuß kann dem Betriebsrat oder Mitgliedern des Betriebsrats das Recht einräumen, an Sitzungen des Sprecherausschusses teilzunehmen. ²Der Betriebsrat kann dem Sprecherausschuß oder Mitgliedern des Sprecherausschusses das Recht einräumen, an Sitzungen des Betriebsrats teilzunehmen. ³Einmal im Kalenderjahr soll eine gemeinsame Sitzung des Sprecherausschusses und des Betriebsrats stattfinden.

(3) ¹Die Mitglieder des Sprecherausschusses dürfen in der Ausübung ihrer Tätigkeit nicht gestört oder behindert werden. ²Sie dürfen wegen ihrer Tätig-

---
[1] Verkündet als Art. 2 des Gesetzes zur Änderung des Betriebsverfassungsgesetzes, über Sprecherausschüsse der leitenden Angestellten und zur Sicherung der Montan-Mitbestimmung v. 20. 12. 1988 (BGBl. I S. 2312); Inkrafttreten am 1. 1. 1989.
[2] Nr. **81**.

keit nicht benachteiligt oder begünstigt werden; dies gilt auch für ihre berufliche Entwicklung.

(4) ¹Arbeitgeber und Sprecherausschuß haben Betätigungen zu unterlassen, durch die der Arbeitsablauf oder der Frieden des Betriebs beeinträchtigt werden. ²Sie haben jede parteipolitische Betätigung im Betrieb zu unterlassen; die Behandlung von Angelegenheiten tarifpolitischer, sozialpolitischer und wirtschaftlicher Art, die den Betrieb oder die leitenden Angestellten unmittelbar betreffen, wird hierdurch nicht berührt.

Zweiter Teil. Sprecherausschuß, Versammlung der leitenden Angestellten, Gesamt-, Unternehmens- und Konzernsprecherausschuß

Erster Abschnitt. Wahl, Zusammensetzung und Amtszeit des Sprecherausschusses

§ 3 Wahlberechtigung und Wählbarkeit. (1) Wahlberechtigt sind alle leitenden Angestellten des Betriebs.

(2) ¹Wählbar sind alle leitenden Angestellten, die sechs Monate dem Betrieb angehören. ²Auf die sechsmonatige Betriebszugehörigkeit werden Zeiten angerechnet, in denen der leitende Angestellte unmittelbar vorher einem anderen Betrieb desselben Unternehmens oder Konzerns (§ 18 Abs. 1 des Aktiengesetzes) als Beschäftigter angehört hat. ³Nicht wählbar ist, wer

1. aufgrund allgemeinen Auftrags des Arbeitgebers Verhandlungspartner des Sprecherausschusses ist,
2. nicht Aufsichtsratsmitglied der Arbeitnehmer nach § 6 Abs. 2 Satz 1 des Mitbestimmungsgesetzes¹⁾ in Verbindung mit § 105 Abs. 1 des Aktiengesetzes sein kann oder
3. infolge strafgerichtlicher Verurteilung die Fähigkeit, Rechte aus öffentlichen Wahlen zu erlangen, nicht besitzt.

§ 4 Zahl der Sprecherausschußmitglieder. (1) Der Sprecherausschuß besteht in Betrieben mit in der Regel

10 bis 20 leitenden Angestellten	aus einer Person,
21 bis 100 leitenden Angestellten	aus drei Mitgliedern,
101 bis 300 leitenden Angestellten	aus fünf Mitgliedern,
über 300 leitenden Angestellten	aus sieben Mitgliedern.

(2) Männer und Frauen sollen entsprechend ihrem zahlenmäßigen Verhältnis im Sprecherausschuß vertreten sein.

§ 5 Zeitpunkt der Wahlen und Amtszeit. (1) ¹Die regelmäßigen Wahlen des Sprecherausschusses finden alle vier Jahre in der Zeit vom 1. März bis

---

¹⁾ Nr. **86**.

31. Mai statt. ²Sie sind zeitgleich mit den regelmäßigen Betriebsratswahlen nach § 13 Abs. 1 des Betriebsverfassungsgesetzes[1]) einzuleiten.

(2) Außerhalb dieses Zeitraums ist der Sprecherausschuß zu wählen, wenn
1. im Betrieb ein Sprecherausschuß nicht besteht,
2. der Sprecherausschuß durch eine gerichtliche Entscheidung aufgelöst ist,
3. die Wahl des Sprecherausschusses mit Erfolg angefochten worden ist oder
4. der Sprecherausschuß mit der Mehrheit seiner Mitglieder seinen Rücktritt beschlossen hat.

(3) ¹Hat außerhalb des in Absatz 1 festgelegten Zeitraums eine Wahl des Sprecherausschusses stattgefunden, ist der Sprecherausschuß in dem auf die Wahl folgenden nächsten Zeitraum der regelmäßigen Wahlen des Sprecherausschusses neu zu wählen. ²Hat die Amtszeit des Sprecherausschusses zu Beginn des in Absatz 1 festgelegten Zeitraums noch nicht ein Jahr betragen, ist der Sprecherausschuß in dem übernächsten Zeitraum der regelmäßigen Wahlen des Sprecherausschusses neu zu wählen.

(4) ¹Die regelmäßige Amtszeit des Sprecherausschusses beträgt vier Jahre. ²Die Amtszeit beginnt mit der Bekanntgabe des Wahlergebnisses oder, wenn zu diesem Zeitpunkt noch ein Sprecherausschuß besteht, mit Ablauf von dessen Amtszeit. ³Die Amtszeit endet spätestens am 31. Mai des Jahres, in dem nach Absatz 1 die regelmäßigen Wahlen des Sprecherausschusses stattfinden. ⁴In dem Fall des Absatzes 3 Satz 2 endet die Amtszeit spätestens am 31. Mai des Jahres, in dem der Sprecherausschuß neu zu wählen ist.

(5) In dem Fall des Absatzes 2 Nr. 4 führt der Sprecherausschuß die Geschäfte weiter, bis der neue Sprecherausschuß gewählt und das Wahlergebnis bekanntgegeben ist.

§ 6 Wahlvorschriften. (1) Der Sprecherausschuß wird in geheimer und unmittelbarer Wahl gewählt.

(2) Die Wahl erfolgt nach den Grundsätzen der Verhältniswahl; wird nur ein Wahlvorschlag eingereicht, erfolgt die Wahl nach den Grundsätzen der Mehrheitswahl.

(3) ¹In Betrieben, deren Sprecherausschuß aus einer Person besteht, wird dieser mit einfacher Stimmenmehrheit gewählt. ²In einem getrennten Wahlgang ist ein Ersatzmitglied zu wählen.

(4) ¹Zur Wahl des Sprecherausschusses können die leitenden Angestellten Wahlvorschläge machen. ²Jeder Wahlvorschlag muß von mindestens einem Zwanzigstel der leitenden Angestellten, jedoch von mindestens drei leitenden Angestellten unterzeichnet sein; in Betrieben mit in der Regel bis zu zwanzig leitenden Angestellten genügt die Unterzeichnung durch zwei leitende Angestellte. ³In jedem Fall genügt die Unterzeichnung durch fünfzig leitende Angestellte.

§ 7 Bestellung, Wahl und Aufgaben des Wahlvorstands. (1) Spätestens zehn Wochen vor Ablauf seiner Amtszeit bestellt der Sprecherausschuß einen aus drei oder einer höheren ungeraden Zahl von leitenden Angestellten bestehenden Wahlvorstand und einen von ihnen als Vorsitzenden.

---

[1]) Nr. **81**.

(2) ¹Besteht in einem Betrieb, der die Voraussetzungen des § 1 Abs. 1 erfüllt, kein Sprecherausschuß, wird in einer Versammlung von der Mehrheit der anwesenden leitenden Angestellten des Betriebs ein Wahlvorstand gewählt. ²Zu dieser Versammlung können drei leitende Angestellte des Betriebs einladen und Vorschläge für die Zusammensetzung des Wahlvorstands machen. ³Der Wahlvorstand hat unverzüglich eine Abstimmung darüber herbeizuführen, ob ein Sprecherausschuß gewählt werden soll. ⁴Ein Sprecherausschuß wird gewählt, wenn dies die Mehrheit der leitenden Angestellten des Betriebs in einer Versammlung oder durch schriftliche Stimmabgabe verlangt.

(3) ¹Zur Teilnahme an der Versammlung und der Abstimmung nach Absatz 2 sind die Angestellten berechtigt, die vom Wahlvorstand aus Anlaß der letzten Betriebsratswahl oder der letzten Wahl von Aufsichtsratsmitgliedern der Arbeitnehmer, falls diese Wahl später als die Betriebsratswahl stattgefunden hat, oder durch gerichtliche Entscheidung den leitenden Angestellten zugeordnet worden sind. ²Hat zuletzt oder im gleichen Zeitraum wie die nach Satz 1 maßgebende Wahl eine Wahl nach diesem Gesetz stattgefunden, ist die für diese Wahl erfolgte Zuordnung entscheidend.

(4) ¹Der Wahlvorstand hat die Wahl unverzüglich einzuleiten, sie durchzuführen und nach Abschluß der Wahl öffentlich die Auszählung der Stimmen vorzunehmen, deren Ergebnis in einer Niederschrift festzustellen und es im Betrieb bekanntzugeben. ²Dem Arbeitgeber ist eine Abschrift der Wahlniederschrift zu übersenden.

§ 8 Wahlanfechtung, Wahlschutz und Wahlkosten. (1) ¹Die Wahl kann beim Arbeitsgericht angefochten werden, wenn gegen wesentliche Vorschriften über das Wahlrecht, die Wählbarkeit oder das Wahlverfahren verstoßen worden ist und eine Berichtigung nicht erfolgt ist, es sei denn, daß durch den Verstoß das Wahlergebnis nicht geändert oder beeinflußt werden konnte. ²Zur Anfechtung berechtigt sind mindestens drei leitende Angestellte oder der Arbeitgeber. ³Die Wahlanfechtung ist nur innerhalb einer Frist von zwei Wochen, vom Tage der Bekanntgabe des Wahlergebnisses an gerechnet, zulässig.

(2) ¹Niemand darf die Wahl des Sprecherausschusses behindern. ²Insbesondere darf kein leitender Angestellter in der Ausübung des aktiven und passiven Wahlrechts beschränkt werden. ³Niemand darf die Wahl des Sprecherausschusses durch Zufügung oder Androhung von Nachteilen oder durch Gewährung oder Versprechen von Vorteilen beeinflussen.

(3) ¹Die Kosten der Wahl trägt der Arbeitgeber. ²Versäumnis von Arbeitszeit, die zur Ausübung des Wahlrechts, zur Betätigung im Wahlvorstand oder zur Tätigkeit als Vermittler (§ 18 a des Betriebsverfassungsgesetzes¹)) erforderlich ist, berechtigt den Arbeitgeber nicht zur Minderung des Arbeitsentgelts.

§ 9 Ausschluß von Mitgliedern, Auflösung des Sprecherausschusses und Erlöschen der Mitgliedschaft. (1) ¹Mindestens ein Viertel der leitenden Angestellten oder der Arbeitgeber können beim Arbeitsgericht den Ausschluß eines Mitglieds aus dem Sprecherausschuß oder die Auflösung des Sprecherausschusses wegen grober Verletzung seiner gesetzlichen Pflichten beantragen. ²Der Ausschluß eines Mitglieds kann auch vom Sprecherausschuß beantragt werden.

---

¹) Nr. **81**.

(2) ¹Die Mitgliedschaft im Sprecherausschuß erlischt durch
1. Ablauf der Amtszeit,
2. Niederlegung des Sprecherausschußamtes,
3. Beendigung des Arbeitsverhältnisses,
4. Verlust der Wählbarkeit,
5. Ausschluß aus dem Sprecherausschuß oder Auflösung des Sprecherausschusses aufgrund einer gerichtlichen Entscheidung oder
6. gerichtliche Entscheidung über die Feststellung der Nichtwählbarkeit nach Ablauf der in § 8 Abs. 1 Satz 3 bezeichneten Frist, es sei denn, der Mangel liegt nicht mehr vor.

§ 10 Ersatzmitglieder. (1) ¹Scheidet ein Mitglied des Sprecherausschusses aus, rückt ein Ersatzmitglied nach. ²Dies gilt entsprechend für die Stellvertretung eines zeitweilig verhinderten Mitglieds des Sprecherausschusses.

(2) ¹Die Ersatzmitglieder werden der Reihe nach aus den nicht gewählten leitenden Angestellten derjenigen Vorschlagslisten entnommen, denen die zu ersetzenden Mitglieder angehören. ²Ist eine Vorschlagsliste erschöpft, ist das Ersatzmitglied derjenigen Vorschlagsliste zu entnehmen, auf die nach den Grundsätzen der Verhältniswahl der nächste Sitz entfallen würde. ³Ist das ausgeschiedene oder verhinderte Mitglied nach den Grundsätzen der Mehrheitswahl gewählt, bestimmt sich die Reihenfolge der Ersatzmitglieder nach der Höhe der erreichten Stimmenzahl.

(3) In dem Fall des § 6 Abs. 3 gilt Absatz 1 mit der Maßgabe, daß das gewählte Ersatzmitglied nachrückt oder die Stellvertretung übernimmt.

Zweiter Abschnitt. Geschäftsführung des Sprecherausschusses

§ 11 Vorsitzender. (1) Der Sprecherausschuß wählt aus seiner Mitte den Vorsitzenden und dessen Stellvertreter.

(2) ¹Der Vorsitzende vertritt den Sprecherausschuß im Rahmen der von diesem gefaßten Beschlüsse. ²Zur Entgegennahme von Erklärungen, die dem Sprecherausschuß gegenüber abzugeben sind, ist der Vorsitzende berechtigt. ³Im Falle der Verhinderung des Vorsitzenden nimmt sein Stellvertreter diese Aufgaben wahr.

(3) ¹Der Sprecherausschuß kann die laufenden Geschäfte auf den Vorsitzenden oder andere Mitglieder des Sprecherausschusses übertragen.

§ 12 Sitzungen des Sprecherausschusses. (1) ¹Vor Ablauf einer Woche nach dem Wahltag hat der Wahlvorstand die Mitglieder des Sprecherausschusses zu der nach § 11 Abs. 1 vorgeschriebenen Wahl einzuberufen. ²Der Vorsitzende des Wahlvorstands leitet die Sitzung, bis der Sprecherausschuß aus seiner Mitte einen Wahlleiter zur Wahl des Vorsitzenden und seines Stellvertreters bestellt hat.

(2) ¹Die weiteren Sitzungen beruft der Vorsitzende des Sprecherausschusses ein. ²Er setzt die Tagesordnung fest und leitet die Verhandlung. ³Der Vorsitzende hat die Mitglieder des Sprecherausschusses zu den Sitzungen rechtzeitig unter Mitteilung der Tagesordnung zu laden.

(3) Der Vorsitzende hat eine Sitzung einzuberufen und den Gegenstand, dessen Beratung beantragt ist, auf die Tagesordnung zu setzen, wenn dies ein Drittel der Mitglieder des Sprecherausschusses oder der Arbeitgeber beantragen.

(4) Der Arbeitgeber nimmt an den Sitzungen, die auf sein Verlangen anberaumt sind, und an den Sitzungen, zu denen er ausdrücklich eingeladen ist, teil.

(5) [1]Die Sitzungen des Sprecherausschusses finden in der Regel während der Arbeitszeit statt. [2]Der Sprecherausschuß hat bei der Anberaumung von Sitzungen auf die betrieblichen Notwendigkeiten Rücksicht zu nehmen. [3]Der Arbeitgeber ist über den Zeitpunkt der Sitzung vorher zu verständigen. [4]Die Sitzungen des Sprecherausschusses sind nicht öffentlich; § 2 Abs. 2 bleibt unberührt.

§ 13 Beschlüsse und Geschäftsordnung des Sprecherausschusses.

(1) [1]Die Beschlüsse des Sprecherausschusses werden, soweit in diesem Gesetz nichts anderes bestimmt ist, mit der Mehrheit der Stimmen der anwesenden Mitglieder gefaßt. [2]Bei Stimmengleichheit ist ein Antrag abgelehnt.

(2) [1]Der Sprecherausschuß ist nur beschlußfähig, wenn mindestens die Hälfte seiner Mitglieder an der Beschlußfassung teilnimmt. [2]Stellvertretung durch Ersatzmitglieder ist zulässig.

(3) [1]Über jede Verhandlung des Sprecherausschusses ist eine Niederschrift anzufertigen, die mindestens den Wortlaut der Beschlüsse und der Stimmenmehrheit, mit der sie gefaßt sind, enthält. [2]Die Niederschrift ist von dem Vorsitzenden und einem weiteren Mitglied zu unterzeichnen. [3]Der Niederschrift ist eine Anwesenheitsliste beizufügen, in die sich jeder Teilnehmer eigenhändig einzutragen hat.

(4) Die Mitglieder des Sprecherausschusses haben das Recht, die Unterlagen des Sprecherausschusses jederzeit einzusehen.

(5) Sonstige Bestimmungen über die Geschäftsführung können in einer schriftlichen Geschäftsordnung getroffen werden, die der Sprecherausschuß mit der Mehrheit der Stimmen seiner Mitglieder beschließt.

§ 14 Arbeitsversäumnis und Kosten.

(1) Mitglieder des Sprecherausschusses sind von ihrer beruflichen Tätigkeit ohne Minderung des Arbeitsentgelts zu befreien, wenn und soweit es nach Umfang und Art des Betriebs zur ordnungsgemäßen Durchführung ihrer Aufgaben erforderlich ist.

(2) [1]Die durch die Tätigkeit des Sprecherausschusses entstehenden Kosten trägt der Arbeitgeber. [2]Für die Sitzungen und die laufende Geschäftsführung hat der Arbeitgeber in erforderlichem Umfang Räume, sachliche Mittel und Büropersonal zur Verfügung zu stellen.

Dritter Abschnitt. Versammlung der leitenden Angestellten

§ 15 Zeitpunkt, Einberufung und Themen der Versammlung.

(1) [1]Der Sprecherausschuß soll einmal im Kalenderjahr eine Versammlung der leitenden Angestellten einberufen und in ihr einen Tätigkeitsbericht erstatten. [2]Auf Antrag des Arbeitgebers oder eines Viertels der leitenden Ange-

stellten hat der Sprecherausschuß eine Versammlung der leitenden Angestellten einzuberufen und den beantragten Beratungsgegenstand auf die Tagesordnung zu setzen.

(2) ¹Die Versammlung der leitenden Angestellten soll während der Arbeitszeit stattfinden. ²Sie wird vom Vorsitzenden des Sprecherausschusses geleitet. ³Sie ist nicht öffentlich.

(3) ¹Der Arbeitgeber ist zu der Versammlung der leitenden Angestellten unter Mitteilung der Tagesordnung einzuladen. ²Er ist berechtigt, in der Versammlung zu sprechen. ³Er hat über Angelegenheiten der leitenden Angestellten und die wirtschaftliche Lage und Entwicklung des Betriebs zu berichten, soweit dadurch nicht Betriebs- oder Geschäftsgeheimnisse gefährdet werden.

(4) ¹Die Versammlung der leitenden Angestellten kann dem Sprecherausschuß Anträge unterbreiten und zu seinen Beschlüssen Stellung nehmen. ²§ 2 Abs. 4 gilt entsprechend.

Vierter Abschnitt. Gesamtsprecherausschuß

§ 16 Errichtung, Mitgliederzahl und Stimmengewicht. (1) Bestehen in einem Unternehmen mehrere Sprecherausschüsse, ist ein Gesamtsprecherausschuß zu errichten.

(2) ¹In den Gesamtsprecherausschuß entsendet jeder Sprecherausschuß eines seiner Mitglieder. ²Satz 1 gilt entsprechend für die Abberufung. ³Durch Vereinbarung zwischen Gesamtsprecherausschuß und Arbeitgeber kann die Mitgliederzahl des Gesamtsprecherausschusses abweichend von Satz 1 geregelt werden.

(3) Der Sprecherausschuß hat für jedes Mitglied des Gesamtsprecherausschusses mindestens ein Ersatzmitglied zu bestellen und die Reihenfolge des Nachrückens festzulegen; § 10 Abs. 3 gilt entsprechend.

(4) ¹Jedes Mitglied des Gesamtsprecherausschusses hat so viele Stimmen, wie in dem Betrieb, in dem es gewählt wurde, leitende Angestellte in der Wählerliste der leitenden Angestellten eingetragen sind. ²Ist ein Mitglied des Gesamtsprecherausschusses für mehrere Betriebe entsandt worden, hat es so viele Stimmen, wie in den Betrieben, für die es entsandt ist, leitende Angestellte in den Wählerlisten eingetragen sind. ³Sind für einen Betrieb mehrere Mitglieder des Sprecherausschusses entsandt worden, stehen diesen die Stimmen nach Satz 1 anteilig zu.

§ 17 Ausschluß von Mitgliedern und Erlöschen der Mitgliedschaft.

(1) Mindestens ein Viertel der leitenden Angestellten des Unternehmens, der Gesamtsprecherausschuß oder der Arbeitgeber können beim Arbeitsgericht den Ausschluß eines Mitglieds aus dem Gesamtsprecherausschuß wegen grober Verletzung seiner gesetzlichen Pflichten beantragen.

(2) Die Mitgliedschaft im Gesamtsprecherausschuß endet mit Erlöschen der Mitgliedschaft im Sprecherausschuß, durch Amtsniederlegung, durch Ausschluß aus dem Gesamtsprecherausschuß aufgrund einer gerichtlichen Entscheidung oder Abberufung durch den Sprecherausschuß.

§ 18 Zuständigkeit. (1) ¹Der Gesamtsprecherausschuß ist zuständig für die Behandlung von Angelegenheiten, die das Unternehmen oder mehrere Betriebe des Unternehmens betreffen und nicht durch die einzelnen Sprecherausschüsse innerhalb ihrer Betriebe behandelt werden können. ²Er ist den Sprecherausschüssen nicht übergeordnet.

(2) ¹Der Sprecherausschuß kann mit der Mehrheit der Stimmen seiner Mitglieder den Gesamtsprecherausschuß schriftlich beauftragen, eine Angelegenheit für ihn zu behandeln. ²Der Sprecherausschuß kann sich dabei die Entscheidungsbefugnis vorbehalten. ³Für den Widerruf der Beauftragung gilt Satz 1 entsprechend.

(3) Die Vorschriften über die Rechte und Pflichten des Sprecherausschusses und die Rechtsstellung seiner Mitglieder gelten entsprechend für den Gesamtsprecherausschuß.

§ 19 Geschäftsführung. (1) Für den Gesamtsprecherausschuß gelten § 10 Abs. 1, die §§ 11, 13 Abs. 1, 3 bis 5 und § 14 entsprechend.

(2) ¹Ist ein Gesamtsprecherausschuß zu errichten, hat der Sprecherausschuß der Hauptverwaltung des Unternehmens oder, sofern ein solcher nicht besteht, der Sprecherausschuß des nach der Zahl der leitenden Angestellten größten Betriebs zu der Wahl des Vorsitzenden und des stellvertretenden Vorsitzenden des Gesamtsprecherausschusses einzuladen. ²Der Vorsitzende des einladenden Sprecherausschusses hat die Sitzung zu leiten, bis der Gesamtsprecherausschuß aus seiner Mitte einen Wahlleiter zur Wahl des Vorsitzenden und seines Stellvertreters bestellt hat. ³§ 12 Abs. 2 bis 5 gilt entsprechend.

(3) ¹Der Gesamtsprecherausschuß ist nur beschlußfähig, wenn mindestens die Hälfte seiner Mitglieder an der Beschlußfassung teilnimmt und die Teilnehmenden mindestens die Hälfte aller Stimmen vertreten. ²Stellvertretung durch Ersatzmitglieder ist zulässig.

Fünfter Abschnitt. Unternehmenssprecherausschuß

§ 20 Errichtung. (1) ¹Sind in einem Unternehmen mit mehreren Betrieben in der Regel insgesamt mindestens zehn leitende Angestellte beschäftigt, kann abweichend von § 1 Abs. 1 und 2 ein Unternehmenssprecherausschuß der leitenden Angestellten gewählt werden, wenn dies die Mehrheit der leitenden Angestellten des Unternehmens verlangt. ²Die §§ 2 bis 15 gelten entsprechend.

(2) ¹Bestehen in dem Unternehmen Sprecherausschüsse, hat auf Antrag der Mehrheit der leitenden Angestellten des Unternehmens der Sprecherausschuß der Hauptverwaltung oder, sofern ein solcher nicht besteht, der Sprecherausschuß des nach der Zahl der leitenden Angestellten größten Betriebs einen Unternehmenswahlvorstand für die Wahl eines Unternehmenssprecherausschusses zu bestellen. ²Die Wahl des Unternehmenssprecherausschusses findet im nächsten Zeitraum der regelmäßigen Wahlen im Sinne des § 5 Abs. 1 Satz 1 statt. ³Die Amtszeit der Sprecherausschüsse endet mit der Bekanntgabe des Wahlergebnisses.

(3) ¹Besteht ein Unternehmenssprecherausschuß, können auf Antrag der Mehrheit der leitenden Angestellten des Unternehmens Sprecherausschüsse gewählt werden. ²Der Unternehmenssprecherausschuß hat für jeden Betrieb,

der die Voraussetzungen des § 1 Abs. 1 erfüllt, einen Wahlvorstand nach § 7 Abs. 1 zu bestellen. ³Die Wahl von Sprecherausschüssen findet im nächsten Zeitraum der regelmäßigen Wahlen im Sinne des § 5 Abs. 1 Satz 1 statt. ⁴Die Amtszeit des Unternehmenssprecherausschusses endet mit der Bekanntgabe des Wahlergebnisses eines Sprecherausschusses.

(4) Die Vorschriften über die Rechte und Pflichten des Sprecherausschusses und die Rechtsstellung seiner Mitglieder gelten entsprechend für den Unternehmenssprecherausschuß.

Sechster Abschnitt. Konzernsprecherausschuß

§ 21 Errichtung, Mitgliederzahl und Stimmengewicht. (1) ¹Für einen Konzern (§ 18 Abs. 1 des Aktiengesetzes) kann durch Beschlüsse der einzelnen Gesamtsprecherausschüsse ein Konzernsprecherausschuß errichtet werden. ²Die Errichtung erfordert die Zustimmung der Gesamtsprecherausschüsse der Konzernunternehmen, in denen insgesamt mindestens 75 vom Hundert der leitenden Angestellten der Konzernunternehmen beschäftigt sind. ³Besteht in einem Konzernunternehmen nur ein Sprecherausschuß oder ein Unternehmenssprecherausschuß, tritt er an die Stelle des Gesamtsprecherausschusses und nimmt dessen Aufgaben nach den Vorschriften dieses Abschnitts wahr.

(2) ¹In den Konzernsprecherausschuß entsendet jeder Gesamtsprecherausschuß eines seiner Mitglieder. ²Satz 1 gilt entsprechend für die Abberufung. ³Durch Vereinbarung zwischen Konzernsprecherausschuß und Arbeitgeber kann die Mitgliederzahl des Konzernsprecherausschusses abweichend von Satz 1 geregelt werden.

(3) Der Gesamtsprecherausschuß hat für jedes Mitglied des Konzernsprecherausschusses mindestens ein Ersatzmitglied zu bestellen und die Reihenfolge des Nachrückens festzulegen; nimmt der Sprecherausschuß oder der Unternehmenssprecherausschuß eines Konzernunternehmens die Aufgaben des Gesamtsprecherausschusses nach Absatz 1 Satz 3 wahr, gilt § 10 Abs. 3 entsprechend.

(4) ¹Jedes Mitglied des Konzernsprecherausschusses hat so viele Stimmen, wie die Mitglieder des Gesamtsprecherausschusses, von dem es entsandt wurde, im Gesamtsprecherausschuß Stimmen haben. ²Ist ein Mitglied des Konzernsprecherausschusses von einem Sprecherausschuß oder Unternehmenssprecherausschuß entsandt worden, hat es so viele Stimmen, wie in dem Betrieb oder Konzernunternehmen, in dem es gewählt wurde, leitende Angestellte in der Wählerliste der leitenden Angestellten eingetragen sind. ³§ 16 Abs. 4 Satz 2 und 3 gilt entsprechend.

§ 22 Ausschluß von Mitgliedern und Erlöschen der Mitgliedschaft.

(1) Mindestens ein Viertel der leitenden Angestellten der Konzernunternehmen, der Konzernsprecherausschuß oder der Arbeitgeber können beim Arbeitsgericht den Ausschluß eines Mitglieds aus dem Konzernsprecherausschuß wegen grober Verletzung seiner gesetzlichen Pflichten beantragen.

(2) Die Mitgliedschaft im Konzernsprecherausschuß endet mit dem Erlöschen der Mitgliedschaft im Gesamtsprecherausschuß, durch Amtsniederlegung, durch Ausschluß aus dem Konzernsprecherausschuß aufgrund einer gerichtlichen Entscheidung oder Abberufung durch den Gesamtsprecherausschuß.

§ 23 Zuständigkeit.

(1) ¹Der Konzernsprecherausschuß ist zuständig für die Behandlung von Angelegenheiten, die den Konzern oder mehrere Konzernunternehmen betreffen und nicht durch die einzelnen Gesamtsprecherausschüsse innerhalb ihrer Unternehmen geregelt werden können. ²Er ist den Gesamtsprecherausschüssen nicht übergeordnet.

(2) ¹Der Gesamtsprecherausschuß kann mit der Mehrheit der Stimmen seiner Mitglieder den Konzernsprecherausschuß schriftlich beauftragen, eine Angelegenheit für ihn zu behandeln. ²Der Gesamtsprecherausschuß kann sich dabei die Entscheidungsbefugnis vorbehalten. ³Für den Widerruf der Beauftragung gilt Satz 1 entsprechend.

§ 24 Geschäftsführung.

(1) Für den Konzernsprecherausschuß gelten § 10 Abs. 1, die §§ 11, 13 Abs. 1, 3 bis 5, die §§ 14, 18 Abs. 3 und § 19 Abs. 3 entsprechend.

(2) ¹Ist ein Konzernsprecherausschuß zu errichten, hat der Gesamtsprecherausschuß des herrschenden Unternehmens oder, sofern ein solcher nicht besteht, der Gesamtsprecherausschuß des nach der Zahl der leitenden Angestellten größten Konzernunternehmens zu der Wahl des Vorsitzenden und des stellvertretenden Vorsitzenden des Konzernsprecherausschusses einzuladen. ²Der Vorsitzende des einladenden Gesamtsprecherausschusses hat die Sitzung zu leiten, bis der Konzernsprecherausschuß aus seiner Mitte einen Wahlleiter zur Wahl des Vorsitzenden und seines Stellvertreters bestellt hat. ³§ 12 Abs. 2 bis 5 gilt entsprechend.

Dritter Teil. Mitwirkung der leitenden Angestellten

Erster Abschnitt. Allgemeine Vorschriften

§ 25 Aufgaben des Sprecherausschusses.

(1) ¹Der Sprecherausschuß vertritt die Belange der leitenden Angestellten des Betriebs (§ 1 Abs. 1 und 2). ²Die Wahrnehmung eigener Belange durch den einzelnen leitenden Angestellten bleibt unberührt.

(2) ¹Der Sprecherausschuß ist zur Durchführung seiner Aufgaben nach diesem Gesetz rechtzeitig und umfassend vom Arbeitgeber zu unterrichten. ²Auf Verlangen sind ihm die erforderlichen Unterlagen jederzeit zur Verfügung zu stellen.

§ 26 Unterstützung einzelner leitender Angestellter.

(1) Der leitende Angestellte kann bei der Wahrnehmung seiner Belange gegenüber dem Arbeitgeber ein Mitglied des Sprecherausschusses zur Unterstützung und Vermittlung hinzuziehen.

(2) ¹Der leitende Angestellte hat das Recht, in die über ihn geführten Personalakten Einsicht zu nehmen. ²Er kann hierzu ein Mitglied des Sprecherausschusses hinzuziehen. ³Das Mitglied des Sprecherausschusses hat über den Inhalt der Personalakten Stillschweigen zu bewahren, soweit es von dem leitenden Angestellten im Einzelfall nicht von dieser Verpflichtung entbunden wird. ⁴Erkärungen des leitenden Angestellten zum Inhalt der Personalakten sind diesen auf sein Verlangen beizufügen.

§ 27 Grundsätze für die Behandlung der leitenden Angestellten.

(1) Arbeitgeber und Sprecherausschuss haben darüber zu wachen, dass alle leitenden Angestellten des Betriebs nach den Grundsätzen von Recht und Billigkeit behandelt werden, insbesondere, dass jede Benachteiligung von Personen aus Gründen ihrer Rasse oder wegen ihrer ethnischen Herkunft, ihrer Abstammung oder sonstigen Herkunft, ihrer Nationalität, ihrer Religion oder Weltanschauung, ihrer Behinderung, ihres Alters, ihrer politischen oder gewerkschaftlichen Betätigung oder Einstellung oder wegen ihres Geschlechts oder ihrer sexuellen Identität unterbleibt.

(2) Arbeitgeber und Sprecherausschuß haben die freie Entfaltung der Persönlichkeit der leitenden Angestellten des Betriebs zu schützen und zu fördern.

§ 28 Richtlinien und Vereinbarungen.

(1) Arbeitgeber und Sprecherausschuß können Richtlinien über den Inhalt, den Abschluß oder die Beendigung von Arbeitsverhältnissen der leitenden Angestellten schriftlich vereinbaren.

(2) [1]Der Inhalt der Richtlinien gilt für die Arbeitsverhältnisse unmittelbar und zwingend, soweit dies zwischen Arbeitgeber und Sprecherausschuß vereinbart ist. [2]Abweichende Regelungen zugunsten leitender Angestellter sind zulässig. [3]Werden leitenden Angestellten Rechte nach Satz 1 eingeräumt, so ist ein Verzicht auf sie nur mit Zustimmung des Sprecherausschusses zulässig. [4]Vereinbarungen nach Satz 1 können, soweit nichts anderes vereinbart ist, mit einer Frist von drei Monaten gekündigt werden.

§ 29 Geheimhaltungspflicht.

(1) [1]Die Mitglieder und Ersatzmitglieder des Sprecherausschusses sind verpflichtet, Betriebs- oder Geschäftsgeheimnisse, die ihnen wegen ihrer Zugehörigkeit zum Sprecherausschuß bekanntgeworden und vom Arbeitgeber ausdrücklich als geheimhaltungsbedürftig bezeichnet worden sind, nicht zu offenbaren und nicht zu verwerten. [2]Dies gilt auch nach dem Ausscheiden aus dem Sprecherausschuß. [3]Die Verpflichtung gilt nicht gegenüber Mitgliedern des Sprecherausschusses, des Gesamtsprecherausschusses, des Unternehmenssprecherausschusses, des Konzernsprecherausschusses und den Arbeitnehmervertretern im Aufsichtsrat.

(2) Absatz 1 gilt entsprechend für die Mitglieder und Ersatzmitglieder des Gesamtsprecherausschusses, des Unternehmenssprecherausschusses und des Konzernsprecherausschusses.

Zweiter Abschnitt. Mitwirkungsrechte

§ 30 Arbeitsbedingungen und Beurteilungsgrundsätze.

[1]Der Arbeitgeber hat den Sprecherausschuß rechtzeitig in folgenden Angelegenheiten der leitenden Angestellten zu unterrichten:
1. Änderung der Gehaltsgestaltung und sonstiger allgemeiner Arbeitsbedingungen;
2. Einführung oder Änderung allgemeiner Beurteilungsgrundsätze.

[2]Er hat die vorgesehenen Maßnahmen mit dem Sprecherausschuß zu beraten.

§ 31 Personelle Maßnahmen.

(1) Eine beabsichtigte Einstellung oder personelle Veränderung eines leitenden Angestellten ist dem Sprecherausschuß rechtzeitig mitzuteilen.

(2) ¹Der Sprecherausschuß ist vor jeder Kündigung eines leitenden Angestellten zu hören. ²Der Arbeitgeber hat ihm die Gründe für die Kündigung mitzuteilen. ³Eine ohne Anhörung des Sprecherausschusses ausgesprochene Kündigung ist unwirksam. ⁴Bedenken gegen eine ordentliche Kündigung hat der Sprecherausschuß dem Arbeitgeber spätestens innerhalb einer Woche, Bedenken gegen eine außerordentliche Kündigung unverzüglich, spätestens jedoch innerhalb von drei Tagen, unter Angabe der Gründe schriftlich mitzuteilen. ⁵Äußert er sich innerhalb der nach Satz 4 maßgebenden Frist nicht, so gilt dies als Einverständnis des Sprecherausschusses mit der Kündigung.

(3) Die Mitglieder des Sprecherausschusses sind verpflichtet, über die ihnen im Rahmen personeller Maßnahmen nach den Absätzen 1 und 2 bekanntgewordenen persönlichen Verhältnisse und Angelegenheiten der leitenden Angestellten, die ihrer Bedeutung oder ihrem Inhalt nach einer vertraulichen Behandlung bedürfen, Stillschweigen zu bewahren; § 29 Abs. 1 Satz 2 und 3 gilt entsprechend.

§ 32 Wirtschaftliche Angelegenheiten. (1) ¹Der Unternehmer hat den Sprecherausschuß mindestens einmal im Kalenderhalbjahr über die wirtschaftlichen Angelegenheiten des Betriebs und des Unternehmens im Sinne des § 106 Abs. 3 des Betriebsverfassungsgesetzes¹) zu unterrichten, soweit dadurch nicht die Betriebs- oder Geschäftsgeheimnisse des Unternehmens gefährdet werden. ²Satz 1 gilt nicht für Unternehmen und Betriebe im Sinne des § 118 Abs. 1 des Betriebsverfassungsgesetzes¹).

(2) ¹Der Unternehmer hat den Sprecherausschuß über geplante Betriebsänderungen im Sinne des § 111 des Betriebsverfassungsgesetzes¹), die auch wesentliche Nachteile für leitende Angestellte zur Folge haben können, rechtzeitig und umfassend zu unterrichten. ²Entstehen leitenden Angestellten infolge der geplanten Betriebsänderung wirtschaftliche Nachteile, hat der Unternehmer mit dem Sprecherausschuß über Maßnahmen zum Ausgleich oder zur Milderung dieser Nachteile zu beraten.

Vierter Teil. Besondere Vorschriften

§ 33 Seeschiffahrt. (1) Auf Seeschiffahrtsunternehmen (§ 114 Abs. 2 des Betriebsverfassungsgesetzes¹)) und ihre Betriebe ist dieses Gesetz anzuwenden, soweit sich aus den Absätzen 2 bis 4 nichts anderes ergibt.

(2) Sprecherausschüsse werden nur in den Landbetrieben von Seeschiffahrtsunternehmen gewählt.

(3) ¹Leitende Angestellte im Sinne des § 1 Abs. 1 dieses Gesetzes sind in einem Seebetrieb (§ 114 Abs. 3 und 4 des Betriebsverfassungsgesetzes¹)) nur die Kapitäne. ²Sie gelten für die Anwendung dieses Gesetzes als leitende Angestellte des Landbetriebs. ³Bestehen mehrere Landbetriebe, so gelten sie als leitende Angestellte des nach der Zahl der leitenden Angestellten größten Landbetriebs.

---

¹) Nr. **81**.

(4) ¹Die Vorschriften über die Wahl des Sprecherausschusses finden auf Sprecherausschüsse in den Landbetrieben von Seeschiffahrtsunternehmen mit folgender Maßgabe Anwendung:
1. Die in § 7 Abs. 1 genannte Frist wird auf sechzehn Wochen verlängert.
2. Die Frist für die Wahlanfechtung nach § 8 Abs. 1 Satz 3 beginnt für die leitenden Angestellten an Bord, wenn das Schiff nach Bekanntgabe des Wahlergebnisses erstmalig einen Hafen im Geltungsbereich dieses Gesetzes oder einen Hafen, in dem ein Seemannsamt seinen Sitz hat, anläuft. Nach Ablauf von drei Monaten seit Bekanntgabe des Wahlergebnisses ist eine Wahlanfechtung unzulässig. Die Wahlanfechtung kann auch zu Protokoll des Seemannsamtes erklärt werden. Die Anfechtungserklärung ist vom Seemannsamt unverzüglich an das für die Anfechtung zuständige Arbeitsgericht weiterzuleiten.

Fünfter Teil. Straf- und Bußgeldvorschriften

§ 34 Straftaten gegen Vertretungsorgane der leitenden Angestellten und ihre Mitglieder. (1) Mit Freiheitsstrafe bis zu einem Jahr oder mit Geldstrafe wird bestraft, wer
1. eine Wahl des Sprecherausschusses oder des Unternehmenssprecherausschusses behindert oder durch Zufügung oder Androhung von Nachteilen oder durch Gewährung oder Versprechen von Vorteilen beeinflußt,
2. die Tätigkeit des Sprecherausschusses, des Gesamtsprecherausschusses, des Unternehmenssprecherausschusses oder des Konzernsprecherausschusses behindert oder stört oder
3. ein Mitglied oder ein Ersatzmitglied des Sprecherausschusses, des Gesamtsprecherausschusses, des Unternehmenssprecherausschusses oder des Konzernsprecherausschusses um seiner Tätigkeit willen benachteiligt oder begünstigt.

(2) Die Tat wird nur auf Antrag des Sprecherausschusses, des Gesamtsprecherausschusses, des Unternehmenssprecherausschusses, des Konzernsprecherausschusses, des Wahlvorstands oder des Unternehmers verfolgt.

§ 35 Verletzung von Geheimnissen. (1) Wer unbefugt ein fremdes Betriebs- oder Geschäftsgeheimnis offenbart, das ihm in seiner Eigenschaft als Mitglied oder Ersatzmitglied des Sprecherausschusses, des Gesamtsprecherausschusses, des Unternehmenssprecherausschusses oder des Konzernsprecherausschusses bekanntgeworden und das vom Arbeitgeber ausdrücklich als geheimhaltungsbedürftig bezeichnet worden ist, wird mit Freiheitsstrafe bis zu einem Jahr oder mit Geldstrafe bestraft.

(2) Ebenso wird bestraft, wer unbefugt ein fremdes Geheimnis eines leitenden Angestellten oder eines anderen Arbeitnehmers, namentlich ein zu dessen persönlichen Lebensbereich gehörendes Geheimnis, offenbart, das ihm in seiner Eigenschaft als Mitglied oder Ersatzmitglied des Sprecherausschusses oder einer der in Absatz 1 genannten Vertretungen bekanntgeworden ist und über das nach den Vorschriften dieses Gesetzes Stillschweigen zu bewahren ist.

(3) ¹Handelt der Täter gegen Entgelt oder in der Absicht, sich oder einen anderen zu bereichern oder einen anderen zu schädigen, so ist die Strafe Freiheitsstrafe bis zu zwei Jahren oder Geldstrafe. ²Ebenso wird bestraft, wer unbefugt ein fremdes Geheimnis, namentlich ein Betriebs- oder Geschäfts-

geheimnis, zu dessen Geheimhaltung er nach den Absätzen 1 oder 2 verpflichtet ist, verwertet.

(4) Die Absätze 1 bis 3 sind auch anzuwenden, wenn der Täter das fremde Geheimnis nach dem Tode des Betroffenen unbefugt offenbart oder verwertet.

(5) [1]Die Tat wird nur auf Antrag des Verletzten verfolgt. [2]Stirbt der Verletzte, so geht das Antragsrecht nach § 77 Abs. 2 des Strafgesetzbuches auf die Angehörigen über, wenn das Geheimnis zum persönlichen Lebensbereich des Verletzten gehört; in anderen Fällen geht es auf die Erben über. [3]Offenbart der Täter das Geheimnis nach dem Tode des Betroffenen, so gilt Satz 2 entsprechend.

§ 36 Bußgeldvorschriften. (1) Ordnungswidrig handelt, wer eine der in § 30 Satz 1, § 31 Abs. 1 oder § 32 Abs. 1 Satz 1 oder Abs. 2 Satz 1 genannten Unterrichtungs- oder Mitteilungspflichten nicht, wahrheitswidrig, unvollständig oder verspätet erfüllt.

(2) Die Ordnungswidrigkeit kann mit einer Geldbuße bis zu zehntausend Euro geahndet werden.

Sechster Teil. Übergangs- und Schlußvorschriften

§ 37 Erstmalige Wahlen nach diesem Gesetz. (1) [1]Die erstmaligen Wahlen des Sprecherausschusses oder des Unternehmenssprecherausschusses finden im Zeitraum der regelmäßigen Wahlen nach § 5 Abs. 1 im Jahre 1990 statt. [2]§ 7 Abs. 2 und 3 findet Anwendung.

(2) [1]Auf Sprecherausschüsse, die aufgrund von Vereinbarungen gebildet worden sind und bei Inkrafttreten dieses Gesetzes bestehen, findet dieses Gesetz keine Anwendung. [2]Sie bleiben bis zur Wahl nach Absatz 1, spätestens bis zum 31. Mai 1990, im Amt.

§ 38 Ermächtigung zum Erlaß von Wahlordnungen. Das Bundesministerium für Arbeit und Soziales kann durch Rechtsverordnung zur Regelung des Wahlverfahrens Vorschriften über die in den §§ 3 bis 8, 20 und 33 bezeichneten Wahlen erlassen, insbesondere über

1. die Vorbereitung der Wahl, insbesondere die Aufstellung der Wählerlisten;
2. die Frist für die Einsichtnahme in die Wählerlisten und die Erhebung von Einsprüchen gegen sie;
3. die Vorschlagslisten und die Frist für ihre Einreichung;
4. das Wahlausschreiben und die Fristen für seine Bekanntmachung;
5. die Stimmabgabe;
6. die Feststellung des Wahlergebnisses und die Fristen für seine Bekanntmachung;
7. die Aufbewahrung der Wahlakten.

§ 39 Berlin-Klausel. *(gegenstandslos)*

85. Gesetz über Europäische Betriebsräte (Europäische Betriebsräte-Gesetz – EBRG)[1) 2)]

Vom 28. Oktober 1996
(BGBl. I S. 1548, ber. S. 2022)
FNA 801-13
zuletzt geänd. durch Art. 30 4. Euro-EinführungsG v. 21. 12. 2000 (BGBl. I S. 1983)

Erster Teil. Allgemeine Vorschriften

§ 1 Grenzübergreifende Unterrichtung und Anhörung. (1) [1]Zur Stärkung des Rechts auf grenzübergreifende Unterrichtung und Anhörung der Arbeitnehmer in gemeinschaftsweit tätigen Unternehmen und Unternehmensgruppen werden Europäische Betriebsräte oder Verfahren zur Unterrichtung und Anhörung der Arbeitnehmer vereinbart. [2]Kommt es nicht zu einer Vereinbarung, wird ein Europäischer Betriebsrat kraft Gesetzes errichtet.

(2) Die grenzübergreifende Unterrichtung und Anhörung der Arbeitnehmer erstreckt sich in einem Unternehmen auf alle in einem Mitgliedstaat liegenden Betriebe sowie in einer Unternehmensgruppe auf alle Unternehmen, die ihren Sitz in einem Mitgliedstaat haben, soweit kein größerer Geltungsbereich vereinbart wird.

(3) Zentrale Leitung im Sinne dieses Gesetzes ist ein gemeinschaftsweit tätiges Unternehmen oder das herrschende Unternehmen einer gemeinschaftsweit tätigen Unternehmensgruppe.

(4) Anhörung im Sinne dieses Gesetzes bezeichnet den Meinungsaustausch und die Einrichtung eines Dialogs zwischen den Arbeitnehmervertretern und der zentralen Leitung oder einer anderen geeigneten Leitungsebene.

§ 2 Geltungsbereich. (1) Dieses Gesetz gilt für gemeinschaftsweit tätige Unternehmen mit Sitz im Inland und für gemeinschaftsweit tätige Unternehmensgruppen mit Sitz des herrschenden Unternehmens im Inland.

(2) [1]Liegt die zentrale Leitung nicht in einem Mitgliedstaat, besteht jedoch eine nachgeordnete Leitung für in Mitgliedstaaten liegende Betriebe oder Unternehmen, findet dieses Gesetz Anwendung, wenn die nachgeordnete Leitung im Inland liegt. [2]Gibt es keine nachgeordnete Leitung, findet das Gesetz Anwendung, wenn die zentrale Leitung einen Betrieb oder ein Unternehmen im Inland als ihren Vertreter benennt. [3]Wird kein Vertreter benannt, findet das Gesetz Anwendung, wenn der Betrieb oder das Unternehmen im Inland liegt, in dem verglichen mit anderen in den Mitgliedstaaten liegenden Betrie-

---

[1)] **Amtl. Anm.:** Dieses Gesetz dient der Umsetzung der Richtlinie 94/45/EG **[EU-Arbeitsrecht (dtv 5751) Nr. 90]** des Rates vom 22. September 1994 über die Einsetzung eines Europäischen Betriebsrats oder die Schaffung eines Verfahrens zur Unterrichtung und Anhörung der Arbeitnehmer in gemeinschaftsweit operierenden Unternehmen und Unternehmensgruppen (ABl. EG Nr. L 254 S. 64).
[2)] Verkündet als Art. 1 des Europäischen Betriebsräte-Gesetzes v. 28. 10. 1996 (BGBl. I S. 1548); Inkrafttreten gem. Art. 3 mWv 1. 11. 1996.

ben des Unternehmens oder Unternehmen der Unternehmensgruppe die meisten Arbeitnehmer beschäftigt sind. ⁴Die vorgenannten Stellen gelten als zentrale Leitung.

(3) Mitgliedstaaten im Sinne dieses Gesetzes sind die Mitgliedstaaten der Europäischen Union sowie die anderen Vertragsstaaten des Abkommens über den Europäischen Wirtschaftsraum.

(4) Für die Berechnung der Anzahl der im Inland beschäftigten Arbeitnehmer (§ 4), den Auskunftsanspruch (§ 5 Abs. 2), die Bestimmung des herrschenden Unternehmens (§ 6), die Weiterleitung des Antrags (§ 9 Abs. 2 Satz 3), die gesamtschuldnerische Haftung des Arbeitgebers (§ 16 Abs. 2), die Bestellung der auf das Inland entfallenden Arbeitnehmervertreter (§§ 11, 23 Abs. 1 bis 5 und § 18 Abs. 2 in Verbindung mit § 23) und die für sie geltenden Schutzbestimmungen (§ 40) sowie für den Bericht gegenüber den örtlichen Arbeitnehmervertretungen im Inland (§ 35 Abs. 2) gilt dieses Gesetz auch dann, wenn die zentrale Leitung nicht im Inland liegt.

§ 3 Gemeinschaftsweite Tätigkeit. (1) Ein Unternehmen ist gemeinschaftsweit tätig, wenn es mindestens 1 000 Arbeitnehmer in den Mitgliedstaaten und davon jeweils mindestens 150 Arbeitnehmer in mindestens zwei Mitgliedstaaten beschäftigt.

(2) Eine Unternehmensgruppe ist gemeinschaftsweit tätig, wenn sie mindestens 1 000 Arbeitnehmer in den Mitgliedstaaten beschäftigt und ihr mindestens zwei Unternehmen mit Sitz in verschiedenen Mitgliedstaaten angehören, die jeweils mindestens je 150 Arbeitnehmer in verschiedenen Mitgliedstaaten beschäftigen.

§ 4 Berechnung der Arbeitnehmerzahlen. ¹In Betrieben und Unternehmen des Inlands errechnen sich die im Rahmen des § 3 zu berücksichtigenden Arbeitnehmerzahlen nach der Anzahl der im Durchschnitt während der letzten zwei Jahre beschäftigten Arbeitnehmer im Sinne des § 5 Abs. 1 des Betriebsverfassungsgesetzes[1]. ²Maßgebend für den Beginn der Frist nach Satz 1 ist der Zeitpunkt, in dem die zentrale Leitung die Initiative zur Bildung des besonderen Verhandlungsgremiums ergreift oder der zentralen Leitung ein in den Voraussetzungen des § 9 Abs. 2 entsprechender Antrag der Arbeitnehmer oder ihrer Vertreter zugeht.

§ 5 Auskunftsanspruch. (1) Die zentrale Leitung hat einer Arbeitnehmervertretung auf Verlangen Auskünfte über die durchschnittliche Gesamtzahl der Arbeitnehmer und ihre Verteilung auf die Mitgliedstaaten, die Unternehmen und Betriebe sowie über die Struktur des Unternehmens oder der Unternehmensgruppe zu erteilen.

(2) Ein Betriebsrat oder ein Gesamtbetriebsrat kann den Anspruch nach Absatz 1 gegenüber der örtlichen Betriebs- oder Unternehmensleitung geltend machen; diese ist verpflichtet, die für die Auskünfte erforderlichen Informationen und Unterlagen bei der zentralen Leitung einzuholen.

§ 6 Herrschendes Unternehmen. (1) Ein Unternehmen, das zu einer gemeinschaftsweit tätigen Unternehmensgruppe gehört, ist herrschendes Unter-

---

[1] Nr. **81**.

nehmen, wenn es unmittelbar oder mittelbar einen beherrschenden Einfluß auf ein anderes Unternehmen derselben Gruppe (abhängiges Unternehmen) ausüben kann.

(2) ¹Ein beherrschender Einfluß wird vermutet, wenn ein Unternehmen in bezug auf ein anderes Unternehmen unmittelbar oder mittelbar
1. mehr als die Hälfte der Mitglieder des Verwaltungs-, Leitungs- oder Aufsichtsorgans des anderen Unternehmens bestellen kann oder
2. über die Mehrheit der mit den Anteilen am anderen Unternehmen verbundenen Stimmrechte verfügt oder
3. die Mehrheit des gezeichneten Kapitals dieses Unternehmens besitzt.
²Erfüllen mehrere Unternehmen eines der in Satz 1 Nr. 1 bis 3 genannten Kriterien, bestimmt sich das herrschende Unternehmen nach Maßgabe der dort bestimmten Rangfolge.

(3) Bei der Anwendung des Absatzes 2 müssen den Stimm- und Ernennungsrechten eines Unternehmens die Rechte aller von ihm abhängigen Unternehmen sowie aller natürlichen oder juristischen Personen, die zwar im eigenen Namen, aber für Rechnung des Unternehmens oder eines von ihm abhängigen Unternehmens handeln, hinzugerechnet werden.

(4) Investment- und Beteiligungsgesellschaften im Sinne des Artikels 3 Abs. 5 Buchstabe a oder c der Verordnung (EWG) Nr. 4064/89 des Rates vom 21. Dezember 1989 über die Kontrolle von Unternehmenszusammenschlüssen (ABl. EG Nr. L 395 S. 1) gelten nicht als herrschendes Unternehmen gegenüber einem anderen Unternehmen, an dem sie Anteile halten, an dessen Leitung sie jedoch nicht beteiligt sind.

§ 7 Europäischer Betriebsrat in Unternehmensgruppen. Gehören einer gemeinschaftsweit tätigen Unternehmensgruppe ein oder mehrere gemeinschaftsweit tätige Unternehmen an, wird ein Europäischer Betriebsrat nur bei dem herrschenden Unternehmen errichtet, sofern nichts anderes vereinbart wird.

Zweiter Teil. Besonderes Verhandlungsgremium

§ 8 Aufgabe. (1) Das besondere Verhandlungsgremium hat die Aufgabe, mit der zentralen Leitung eine Vereinbarung über eine grenzübergreifende Unterrichtung und Anhörung der Arbeitnehmer abzuschließen.

(2) Die zentrale Leitung hat dem besonderen Verhandlungsgremium rechtzeitig alle zur Durchführung seiner Aufgaben erforderlichen Auskünfte zu erteilen und die erforderlichen Unterlagen zur Verfügung zu stellen.

(3) ¹Die zentrale Leitung und das besondere Verhandlungsgremium arbeiten vertrauensvoll zusammen. ²Zeitpunkt, Häufigkeit und Ort der Verhandlungen werden zwischen der zentralen Leitung und dem besonderen Verhandlungsgremium einvernehmlich festgelegt.

§ 9 Bildung. (1) Die Bildung des besonderen Verhandlungsgremiums ist von den Arbeitnehmern oder ihren Vertretern schriftlich bei der zentralen Leitung zu beantragen oder erfolgt auf Initiative der zentralen Leitung.

(2) ¹Der Antrag ist wirksam gestellt, wenn er von mindestens 100 Arbeitnehmern oder ihren Vertretern aus mindestens zwei Betrieben oder Unternehmen, die in verschiedenen Mitgliedstaaten liegen, unterzeichnet ist und der zentralen Leitung zugeht. ²Werden mehrere Anträge gestellt, sind die Unterschriften zusammenzuzählen. ³Wird ein Antrag bei einer im Inland liegenden Betriebs- oder Unternehmensleitung eingereicht, hat diese den Antrag unverzüglich an die zentrale Leitung weiterzuleiten und die Antragsteller darüber zu unterrichten.

(3) Die zentrale Leitung hat die Antragsteller, die örtlichen Betriebs- oder Unternehmensleitungen, die dort bestehenden Arbeitnehmervertretungen sowie die in inländischen Betrieben vertretenen Gewerkschaften über die Bildung eines besonderen Verhandlungsgremiums und seine Zusammensetzung zu unterrichten.

§ 10 Zusammensetzung. (1) Aus jedem Mitgliedstaat, in dem das Unternehmen oder die Unternehmensgruppe einen Betrieb hat, wird ein Arbeitnehmervertreter in das besondere Verhandlungsgremium entsandt.

(2) ¹Aus Mitgliedstaaten, in denen mindestens 25 vom Hundert der Arbeitnehmer des Unternehmens oder der Unternehmensgruppe beschäftigt sind, wird ein zusätzlicher Vertreter entsandt. ²Aus Mitgliedstaaten, in denen mindestens 50 vom Hundert der Arbeitnehmer beschäftigt sind, werden zwei zusätzliche Vertreter, aus einem Mitgliedstaat, in dem mindestens 75 vom Hundert der Arbeitnehmer beschäftigt sind, werden drei zusätzliche Vertreter entsandt.

(3) Es können Ersatzmitglieder bestellt werden.

§ 11 Bestellung inländischer Arbeitnehmervertreter. (1) ¹Die nach diesem Gesetz oder dem Gesetz eines anderen Mitgliedstaates auf die im Inland beschäftigten Arbeitnehmer entfallenden Mitglieder des besonderen Verhandlungsgremiums werden in gemeinschaftsweit tätigen Unternehmen vom Gesamtbetriebsrat (§ 47 des Betriebsverfassungsgesetzes[1]) bestellt. ²Besteht nur ein Betriebsrat, so bestellt dieser die Mitglieder des besonderen Verhandlungsgremiums.

(2) ¹Die in Absatz 1 Satz 1 genannten Mitglieder des besonderen Verhandlungsgremiums werden in gemeinschaftsweit tätigen Unternehmensgruppen vom Konzernbetriebsrat (§ 54 des Betriebsverfassungsgesetzes[1]) bestellt. ²Besteht neben dem Konzernbetriebsrat noch ein in ihm nicht vertretener Gesamtbetriebsrat oder Betriebsrat, ist der Konzernbetriebsrat um deren Vorsitzende und um deren Stellvertreter zu erweitern; die Vorsitzenden und ihre Stellvertreter gelten insoweit als Konzernbetriebsratsmitglieder.

(3) Besteht kein Konzernbetriebsrat, werden die in Absatz 1 Satz 1 genannten Mitglieder des besonderen Verhandlungsgremiums wie folgt bestellt:

a) Bestehen mehrere Gesamtbetriebsräte, werden die Mitglieder des besonderen Verhandlungsgremiums auf einer gemeinsamen Sitzung der Gesamtbetriebsräte bestellt, zu welcher der Gesamtbetriebsratsvorsitzende des nach der Zahl der wahlberechtigten Arbeitnehmer größten inländischen Unternehmens einzuladen hat. Besteht daneben noch mindestens ein in den Ge-

---

[1] Nr. 81.

samtbetriebsräten nicht vertretener Betriebsrat, sind der Betriebsratsvorsitzende und dessen Stellvertreter zu dieser Sitzung einzuladen; sie gelten insoweit als Gesamtbetriebsratsmitglieder.

b) Besteht neben einem Gesamtbetriebsrat noch mindestens ein in ihm nicht vertretener Betriebsrat, ist der Gesamtbetriebsrat um den Vorsitzenden des Betriebsrats und dessen Stellvertreter zu erweitern; der Betriebsratsvorsitzende und sein Stellvertreter gelten insoweit als Gesamtbetriebsratsmitglieder. Der Gesamtbetriebsrat bestellt die Mitglieder des besonderen Verhandlungsgremiums. Besteht nur ein Gesamtbetriebsrat, so hat dieser die Mitglieder des besonderen Verhandlungsgremiums zu bestellen.

c) Bestehen mehrere Betriebsräte, werden die Mitglieder des besonderen Verhandlungsgremiums auf einer gemeinsamen Sitzung bestellt, zu welcher der Betriebsratsvorsitzende des nach der Zahl der wahlberechtigten Arbeitnehmer größten inländischen Betriebs einzuladen hat. Zur Teilnahme an dieser Sitzung sind die Betriebsratsvorsitzenden und deren Stellvertreter berechtigt; § 47 Abs. 7 des Betriebsverfassungsgesetzes[1]) gilt entsprechend.

d) Besteht nur ein Betriebsrat, so hat dieser die Mitglieder des besonderen Verhandlungsgremiums zu bestellen.

(4) Zu Mitgliedern des besonderen Verhandlungsgremiums können auch die in § 5 Abs. 3 des Betriebsverfassungsgesetzes[1]) genannten Angestellten bestellt werden.

(5) Frauen und Männer sollen entsprechend ihrem zahlenmäßigen Verhältnis bestellt werden.

§ 12 Unterrichtung über die Mitglieder des besonderen Verhandlungsgremiums. ¹Der zentralen Leitung sind unverzüglich die Namen der Mitglieder des besonderen Verhandlungsgremiums, ihre Anschriften sowie die jeweilige Betriebszugehörigkeit mitzuteilen. ²Die zentrale Leitung hat die örtlichen Betriebs- oder Unternehmensleitungen, die dort bestehenden Arbeitnehmervertretungen sowie die in inländischen Betrieben vertretenen Gewerkschaften über diese Angaben zu unterrichten.

§ 13 Sitzungen, Geschäftsordnung, Sachverständige. (1) ¹Die zentrale Leitung lädt unverzüglich nach Benennung der Mitglieder zur konstituierenden Sitzung des besonderen Verhandlungsgremiums ein und unterrichtet die örtlichen Betriebs- oder Unternehmensleitungen. ²Das besondere Verhandlungsgremium wählt aus seiner Mitte einen Vorsitzenden und kann sich eine Geschäftsordnung geben.

(2) Vor jeder Verhandlung mit der zentralen Leitung hat das besondere Verhandlungsgremium das Recht, eine Sitzung durchzuführen und zu dieser einzuladen; § 8 Abs. 3 Satz 2 gilt entsprechend.

(3) Beschlüsse des besonderen Verhandlungsgremiums werden, soweit in diesem Gesetz nichts anderes bestimmt ist, mit der Mehrheit der Stimmen seiner Mitglieder gefaßt.

(4) ¹Das besondere Verhandlungsgremium kann sich durch Sachverständige seiner Wahl unterstützen lassen, soweit dies zur ordnungsgemäßen Erfüllung seiner Aufgaben erforderlich ist. ²Sachverständige können auch Beauftragte von Gewerkschaften sein.

---

[1]) Nr. **81**.

§ 14 Einbeziehung von Arbeitnehmervertretern aus Drittstaaten. Kommen die zentrale Leitung und das besondere Verhandlungsgremium überein, die nach § 17 auszuhandelnde Vereinbarung auf nicht in einem Mitgliedstaat (Drittstaat) liegende Betriebe oder Unternehmen zu erstrecken, können sie vereinbaren, Arbeitnehmervertreter aus diesen Staaten in das besondere Verhandlungsgremium einzubeziehen und die Anzahl der auf den jeweiligen Drittstaat entfallenden Mitglieder sowie deren Rechtsstellung festlegen.

§ 15 Beschluß über Beendigung der Verhandlungen. (1) [1]Das besondere Verhandlungsgremium kann mit mindestens zwei Dritteln der Stimmen seiner Mitglieder beschließen, keine Verhandlungen aufzunehmen oder diese zu beenden. [2]Der Beschluß und das Abstimmungsergebnis sind in eine Niederschrift aufzunehmen, die vom Vorsitzenden und einem weiteren Mitglied zu unterzeichnen ist. [3]Eine Abschrift der Niederschrift ist der zentralen Leitung zuzuleiten.

(2) Ein neuer Antrag auf Bildung eines besonderen Verhandlungsgremiums (§ 9) kann frühestens zwei Jahre nach dem Beschluß gemäß Absatz 1 gestellt werden, sofern das besondere Verhandlungsgremium und die zentrale Leitung nicht schriftlich eine kürzere Frist festlegen.

§ 16 Kosten und Sachaufwand. (1) [1]Die durch die Bildung und Tätigkeit des besonderen Verhandlungsgremiums entstehenden Kosten trägt die zentrale Leitung. [2]Werden Sachverständige nach § 13 Abs. 4 hinzugezogen, beschränkt sich die Kostentragungspflicht auf einen Sachverständigen. [3]Die zentrale Leitung hat für die Sitzungen in erforderlichem Umfang Räume, sachliche Mittel, Dolmetscher und Büropersonal zur Verfügung zu stellen sowie die erforderlichen Reise- und Aufenthaltskosten der Mitglieder des besonderen Verhandlungsgremiums zu tragen.

(2) Der Arbeitgeber eines aus dem Inland entsandten Mitglieds des besonderen Verhandlungsgremiums haftet neben der zentralen Leitung für dessen Anspruch auf Kostenerstattung als Gesamtschuldner.

Dritter Teil. Vereinbarungen über grenzübergreifende Unterrichtung und Anhörung

§ 17 Gestaltungsfreiheit. [1]Die zentrale Leitung und das besondere Verhandlungsgremium können frei vereinbaren, wie die grenzübergreifende Unterrichtung und Anhörung der Arbeitnehmer ausgestaltet wird; sie sind nicht an die Bestimmungen des Vierten Teils dieses Gesetzes gebunden. [2]Die Vereinbarung muß sich auf alle in den Mitgliedstaaten beschäftigten Arbeitnehmer erstrecken, in denen das Unternehmen oder die Unternehmensgruppe einen Betrieb hat. [3]Die Parteien verständigen sich darauf, ob die grenzübergreifende Unterrichtung und Anhörung durch die Errichtung eines Europäischen Betriebsrats oder mehrerer Europäischer Betriebsräte nach § 18 oder durch ein Verfahren zur Unterrichtung und Anhörung der Arbeitnehmer nach § 19 erfolgen soll.

§ 18 Europäischer Betriebsrat kraft Vereinbarung.
(1) [1]Soll ein Europäischer Betriebsrat errichtet werden, ist schriftlich zu vereinbaren, wie dieser ausgestaltet werden soll. [2]Dabei soll insbesondere folgendes geregelt werden:
1. Bezeichnung der erfaßten Betriebe und Unternehmen, einschließlich der außerhalb des Hoheitsgebictes der Mitgliedstaaten liegenden Niederlassungen, sofern diese in den Geltungsbereich einbezogen werden,
2. Zusammensetzung des Europäischen Betriebsrats, Anzahl der Mitglieder, Ersatzmitglieder, Sitzverteilung und Mandatsdauer,
3. Zuständigkeit und Aufgaben des Europäischen Betriebsrats sowie das Verfahren zu seiner Unterrichtung und Anhörung,
4. Ort, Häufigkeit und Dauer der Sitzungen,
5. die für den Europäischen Betriebsrat zur Verfügung zu stellenden finanziellen und sachlichen Mittel,
6. Klausel zur Anpassung der Vereinbarung an Strukturänderungen, die Geltungsdauer der Vereinbarung und das bei ihrer Neuverhandlung anzuwendende Verfahren, einschließlich einer Übergangsregelung.

(2) § 23 gilt entsprechend.

§ 19 Verfahren zur Unterrichtung und Anhörung.
[1]Soll ein Verfahren zur Unterrichtung und Anhörung der Arbeitnehmer eingeführt werden, ist schriftlich zu vereinbaren, unter welchen Voraussetzungen die Arbeitnehmervertreter das Recht haben, die ihnen übermittelten Informationen gemeinsam zu beraten und wie sie ihre Vorschläge oder Bedenken mit der zentralen Leitung oder einer anderen geeigneten Leitungsebene erörtern können. [2]Die Unterrichtung muß sich insbesondere auf grenzübergreifende Angelegenheiten erstrecken, die erhebliche Auswirkungen auf die Interessen der Arbeitnehmer haben.

§ 20 Übergangsbestimmung.
[1]Eine nach § 18 oder 19 bestehende Vereinbarung gilt fort, wenn vor ihrer Beendigung das Antrags- oder Initiativrecht nach § 9 Abs. 1 ausgeübt worden ist. [2]Das Antragsrecht kann auch ein auf Grund einer Vereinbarung bestehendes Arbeitnehmervertretungsgremium ausüben. [3]Die Fortgeltung endet, wenn die Vereinbarung durch eine neue Vereinbarung ersetzt oder ein Europäischer Betriebsrat kraft Gesetzes errichtet worden ist. [4]Die Fortgeltung endet auch dann, wenn das besondere Verhandlungsgremium einen Beschluß nach § 15 Abs. 1 faßt; § 15 Abs. 2 gilt entsprechend. [5]Die Sätze 1 bis 4 finden keine Anwendung, wenn in der bestehenden Vereinbarung eine Übergangsregelung enthalten ist.

Vierter Teil. Europäischer Betriebsrat kraft Gesetzes

Erster Abschnitt. Errichtung des Europäischen Betriebsrats

§ 21 Voraussetzungen.
(1) [1]Verweigert die zentrale Leitung die Aufnahme von Verhandlungen innerhalb von sechs Monaten nach Antragstellung (§ 9), ist ein Europäischer Betriebsrat gemäß den §§ 22 und 23 zu errichten. [2]Das gleiche gilt, wenn innerhalb von drei Jahren nach Antragstellung keine Vereinbarung nach § 18 oder 19 zustande kommt oder die zentrale Leitung und

das besondere Verhandlungsgremium das vorzeitige Scheitern der Verhandlungen erklären. ³Die Sätze 1 und 2 gelten entsprechend, wenn die Bildung des besonderen Verhandlungsgremiums auf Initiative der zentralen Leitung erfolgt.

(2) Ein Europäischer Betriebsrat ist nicht zu errichten, wenn das besondere Verhandlungsgremium vor Ablauf der in Absatz 1 genannten Fristen einen Beschluß nach § 15 Abs. 1 faßt.

§ 22 Zusammensetzung des Europäischen Betriebsrats. (1) ¹Der Europäische Betriebsrat setzt sich aus Arbeitnehmern des gemeinschaftsweit tätigen Unternehmens oder der gemeinschaftsweit tätigen Unternehmensgruppe zusammen. ²Es können Ersatzmitglieder bestellt werden.

(2) Aus jedem Mitgliedstaat, in dem das Unternehmen oder die Unternehmensgruppe einen Betrieb hat, wird ein Arbeitnehmervertreter in den Europäischen Betriebsrat entsandt.

(3) ¹Hat das Unternehmen oder die Unternehmensgruppe insgesamt bis zu 10 000 Arbeitnehmer innerhalb der Mitgliedstaaten, wird aus Mitgliedstaaten, in denen mindestens 20 vom Hundert der Arbeitnehmer beschäftigt sind, ein zusätzlicher Vertreter entsandt. ²Aus Mitgliedstaaten, in denen mindestens 30 vom Hundert der Arbeitnehmer beschäftigt sind, werden zwei zusätzliche Vertreter, mindestens 40 vom Hundert der Arbeitnehmer beschäftigt sind, werden drei zusätzliche Vertreter, mindestens 50 vom Hundert der Arbeitnehmer beschäftigt sind, werden vier zusätzliche Vertreter entsandt. ³Aus einem Mitgliedstaat, in dem mindestens 60 vom Hundert der Arbeitnehmer beschäftigt sind, werden fünf zusätzliche Vertreter, mindestens 70 vom Hundert der Arbeitnehmer beschäftigt sind, werden sechs zusätzliche Vertreter, mindestens 80 vom Hundert der Arbeitnehmer beschäftigt sind, werden sieben zusätzliche Vertreter entsandt.

(4) ¹Hat das Unternehmen oder die Unternehmensgruppe insgesamt mehr als 10 000 Arbeitnehmer innerhalb der Mitgliedstaaten, wird aus Mitgliedstaaten, in denen mindestens 20 vom Hundert der Arbeitnehmer beschäftigt sind, ein zusätzlicher Vertreter entsandt. ²Aus Mitgliedstaaten, in denen mindestens 30 vom Hundert der Arbeitnehmer beschäftigt sind, werden drei zusätzliche Vertreter, mindestens 40 vom Hundert der Arbeitnehmer beschäftigt sind, werden fünf zusätzliche Vertreter, mindestens 50 vom Hundert der Arbeitnehmer beschäftigt sind, werden sieben zusätzliche Vertreter entsandt. ³Aus einem Mitgliedstaat, in dem mindestens 60 vom Hundert der Arbeitnehmer beschäftigt sind, werden neun zusätzliche Vertreter, mindestens 70 vom Hundert der Arbeitnehmer beschäftigt sind, werden elf zusätzliche Vertreter, mindestens 80 vom Hundert der Arbeitnehmer beschäftigt sind, werden dreizehn zusätzliche Vertreter entsandt.

§ 23 Bestellung inländischer Arbeitnehmervertreter. (1) ¹Die nach diesem Gesetz oder dem Gesetz eines anderen Mitgliedstaates auf die im Inland beschäftigten Arbeitnehmer entfallenden Mitglieder des Europäischen Betriebsrats werden in gemeinschaftsweit tätigen Unternehmen vom Gesamtbetriebsrat (§ 47 des Betriebsverfassungsgesetzes[1])) bestellt. ²Besteht nur ein Betriebsrat, so bestellt dieser die Mitglieder des Europäischen Betriebsrats.

---

[1]) Nr. 81.

(2) ¹Die in Absatz 1 Satz 1 genannten Mitglieder des Europäischen Betriebsrats werden in gemeinschaftsweit tätigen Unternehmensgruppen vom Konzernbetriebsrat (§ 54 des Betriebsverfassungsgesetzes[1])) bestellt. ²Besteht neben dem Konzernbetriebsrat noch ein in ihm nicht vertretener Gesamtbetriebsrat oder Betriebsrat, ist der Konzernbetriebsrat und deren Vorsitzende und um deren Stellvertreter zu erweitern; die Vorsitzenden und ihre Stellvertreter gelten insoweit als Konzernbetriebsratsmitglieder.

(3) Besteht kein Konzernbetriebsrat, werden die in Absatz 1 Satz 1 genannten Mitglieder des Europäischen Betriebsrats wie folgt bestellt:

a) Bestehen mehrere Gesamtbetriebsräte, werden die Mitglieder des Europäischen Betriebsrats auf einer gemeinsamen Sitzung der Gesamtbetriebsräte bestellt, zu welcher der Gesamtbetriebsratsvorsitzende des nach der Zahl der wahlberechtigten Arbeitnehmer größten inländischen Unternehmens einzuladen hat. Besteht daneben noch mindestens ein in den Gesamtbetriebsräten nicht vertretener Betriebsrat, sind der Betriebsratsvorsitzende und dessen Stellvertreter zu dieser Sitzung einzuladen; sie gelten insoweit als Gesamtbetriebsratsmitglieder.

b) Besteht neben einem Gesamtbetriebsrat noch mindestens ein in ihm nicht vertretener Betriebsrat, ist der Gesamtbetriebsrat um den Vorsitzenden des Betriebsrats und dessen Stellvertreter zu erweitern; der Betriebsratsvorsitzende und sein Stellvertreter gelten insoweit als Gesamtbetriebsratsmitglieder. Der Gesamtbetriebsrat bestellt die Mitglieder des Europäischen Betriebsrats. Besteht nur ein Gesamtbetriebsrat, so hat dieser die Mitglieder des Europäischen Betriebsrats zu bestellen.

c) Bestehen mehrere Betriebsräte, werden die Mitglieder des Europäischen Betriebsrats auf einer gemeinsamen Sitzung bestellt, zu welcher der Betriebsratsvorsitzende des nach der Zahl der wahlberechtigten Arbeitnehmer größten inländischen Betriebs einzuladen hat. Zur Teilnahme an dieser Sitzung sind die Betriebsratsvorsitzenden und deren Stellvertreter berechtigt; § 47 Abs. 7 des Betriebsverfassungsgesetzes[1]) gilt entsprechend.

d) Besteht nur ein Betriebsrat, so hat dieser die Mitglieder des Europäischen Betriebsrats zu bestellen.

(4) Die Absätze 1 bis 3 gelten entsprechend für die Abberufung.

(5) Frauen und Männer sollen entsprechend ihrem zahlenmäßigen Verhältnis bestellt werden.

(6) ¹Das zuständige Sprecherausschußgremium eines gemeinschaftsweit tätigen Unternehmens oder einer gemeinschaftsweit tätigen Unternehmensgruppe mit Sitz der zentralen Leitung im Inland kann einen der in § 5 Abs. 3 des Betriebsverfassungsgesetzes[1]) genannten Angestellten bestimmen, der mit Rederecht an den Sitzungen zur Unterrichtung und Anhörung des Europäischen Betriebsrats teilnimmt, sofern nach § 22 Abs. 2 bis 4 mindestens fünf inländische Vertreter entsandt werden. ²Die §§ 30 und 39 Abs. 2 gelten entsprechend.

§ 24 Unterrichtung über die Mitglieder des Europäischen Betriebsrats. ¹Der zentralen Leitung sind unverzüglich die Namen der Mitglieder des Europäischen Betriebsrats, ihre Anschriften sowie die jeweilige Betriebszuge-

---

[1]) Nr. **81**.

hörigkeit mitzuteilen. ²Die zentrale Leitung hat die örtlichen Betriebs- oder Unternehmensleitungen, die dort bestehenden Arbeitnehmervertretungen sowie die in inländischen Betrieben vertretenen Gewerkschaften über diese Angaben zu unterrichten.

Zweiter Abschnitt. Geschäftsführung des Europäischen Betriebsrats

§ 25 Konstituierende Sitzung, Vorsitzender. (1) ¹Die zentrale Leitung lädt unverzüglich nach Benennung der Mitglieder zur konstituierenden Sitzung des Europäischen Betriebsrats ein. ²Der Europäische Betriebsrat wählt aus seiner Mitte einen Vorsitzenden und dessen Stellvertreter.

(2) ¹Der Vorsitzende des Europäischen Betriebsrats oder im Falle seiner Verhinderung der Stellvertreter vertritt den Europäischen Betriebsrat im Rahmen der von ihm gefaßten Beschlüsse. ²Zur Entgegennahme von Erklärungen, die dem Europäischen Betriebsrat gegenüber abzugeben sind, ist der Vorsitzende oder im Falle seiner Verhinderung der Stellvertreter berechtigt.

§ 26 Ausschuß. (1) ¹Besteht der Europäische Betriebsrat aus neun oder mehr Mitgliedern, bildet er aus seiner Mitte einen Ausschuß von drei Mitgliedern, dem neben dem Vorsitzenden zwei weitere zu wählende Mitglieder angehören. ²Die Mitglieder des Ausschusses sollen in verschiedenen Mitgliedstaaten beschäftigt sein. ³Der Ausschuß führt die laufenden Geschäfte des Europäischen Betriebsrats.

(2) Ein Europäischer Betriebsrat mit weniger als neun Mitgliedern kann die Führung der laufenden Geschäfte auf den Vorsitzenden oder ein anderes Mitglied des Europäischen Betriebsrats übertragen.

§ 27 Sitzungen. (1) ¹Der Europäische Betriebsrat hat das Recht, im Zusammenhang mit der Unterrichtung durch die zentrale Leitung nach § 32 eine Sitzung durchzuführen und zu dieser einzuladen. ²Das gleiche gilt bei einer Unterrichtung über außergewöhnliche Umstände nach § 33. ³Der Zeitpunkt und der Ort der Sitzungen sind mit der zentralen Leitung abzustimmen. ⁴Mit Einverständnis der zentralen Leitung kann der Europäische Betriebsrat weitere Sitzungen durchführen. ⁵Die Sitzungen des Europäischen Betriebsrats sind nicht öffentlich.

(2) Absatz 1 gilt entsprechend für die Wahrnehmung der Mitwirkungsrechte des Europäischen Betriebsrats durch den Ausschuß nach § 26 Abs. 1.

§ 28 Beschlüsse, Geschäftsordnung. ¹Die Beschlüsse des Europäischen Betriebsrats werden, soweit in diesem Gesetz nichts anderes bestimmt ist, mit der Mehrheit der Stimmen der anwesenden Mitglieder gefaßt. ²Sonstige Bestimmungen über die Geschäftsführung sollen in einer schriftlichen Geschäftsordnung getroffen werden, die der Europäische Betriebsrat mit der Mehrheit der Stimmen seiner Mitglieder beschließt.

§ 29 Sachverständige. ¹Der Europäische Betriebsrat und der Ausschuß können sich durch Sachverständige ihrer Wahl unterstützen lassen, soweit dies zur ordnungsgemäßen Erfüllung ihrer Aufgaben erforderlich ist. ²Sachverständige können auch Beauftragte von Gewerkschaften sein.

§ 30 Kosten und Sachaufwand. ¹Die durch die Bildung und Tätigkeit des Europäischen Betriebsrats und des Ausschusses (§ 26 Abs. 1) entstehenden Kosten trägt die zentrale Leitung. ²Werden Sachverständige nach § 29 hinzugezogen, beschränkt sich die Kostentragungspflicht auf einen Sachverständigen. ³Die zentrale Leitung hat insbesondere für die Sitzungen und die laufende Geschäftsführung in erforderlichem Umfang Räume, sachliche Mittel und Büropersonal, für die Sitzungen außerdem Dolmetscher zur Verfügung zu stellen. ⁴Sie trägt die erforderlichen Reise- und Aufenthaltskosten der Mitglieder des Europäischen Betriebsrats und des Ausschusses. ⁵§ 16 Abs. 2 gilt entsprechend.

Dritter Abschnitt. Zuständigkeit und Mitwirkungsrechte

§ 31 Grenzübergreifende Angelegenheiten. (1) Der Europäische Betriebsrat ist zuständig in Angelegenheiten der §§ 32 und 33, die mindestens zwei Betriebe oder zwei Unternehmen in verschiedenen Mitgliedstaaten betreffen.

(2) Bei Unternehmen und Unternehmensgruppen nach § 2 Abs. 2 ist der Europäische Betriebsrat nur in solchen Angelegenheiten zuständig, die sich auf das Hoheitsgebiet der Mitgliedstaaten erstrecken und mindestens zwei Betriebe oder zwei Unternehmen in verschiedenen Mitgliedstaaten betreffen.

§ 32 Jährliche Unterrichtung und Anhörung. (1) Die zentrale Leitung hat den Europäischen Betriebsrat einmal im Kalenderjahr über die Entwicklung der Geschäftslage und die Perspektiven des gemeinschaftsweit tätigen Unternehmens oder der gemeinschaftsweit tätigen Unternehmensgruppe unter rechtzeitiger Vorlage der erforderlichen Unterlagen zu unterrichten und ihn anzuhören.

(2) Zu der Entwicklung der Geschäftslage und den Perspektiven im Sinne des Absatzes 1 gehören insbesondere
1. Struktur des Unternehmens oder der Unternehmensgruppe sowie die wirtschaftliche und finanzielle Lage,
2. die voraussichtliche Entwicklung der Geschäfts-, Produktions- und Absatzlage,
3. die Beschäftigungslage und ihre voraussichtliche Entwicklung,
4. Investitionen (Investitionsprogramme),
5. grundlegende Änderungen der Organisation,
6. die Einführung neuer Arbeits- und Fertigungsverfahren,
7. die Verlegung von Unternehmen, Betrieben oder wesentlichen Betriebsteilen sowie Verlagerungen der Produktion,
8. Zusammenschlüsse oder Spaltungen von Unternehmen oder Betrieben,
9. die Einschränkung oder Stillegung von Unternehmen, Betrieben oder wesentlichen Betriebsteilen,
10. Massenentlassungen.

§ 33 Unterrichtung und Anhörung. (1) ¹Über außergewöhnliche Umstände, die erhebliche Auswirkungen auf die Interessen der Arbeitnehmer haben, hat die zentrale Leitung den Europäischen Betriebsrat rechtzeitig unter

Vorlage der erforderlichen Unterlagen zu unterrichten und auf Verlangen anzuhören. ²Als außergewöhnliche Umstände gelten insbesondere
1. die Verlegung von Unternehmen, Betrieben oder wesentlichen Betriebsteilen,
2. die Stillegung von Unternehmen, Betrieben oder wesentlichen Betriebsteilen,
3. Massenentlassungen.

(2) ¹Besteht ein Ausschuß nach § 26 Abs. 1, so ist dieser anstelle des Europäischen Betriebsrats nach Absatz 1 Satz 1 zu beteiligen. ²§ 27 Abs. 1 Satz 2 bis 5 gilt entsprechend. ³Zu den Sitzungen des Ausschusses sind auch diejenigen Mitglieder des Europäischen Betriebsrats zu laden, die für die Betriebe oder Unternehmen bestellt worden sind, die unmittelbar von den geplanten Maßnahmen betroffen sind; sie gelten insoweit als Ausschußmitglieder.

§ 34 Tendenzunternehmen. Auf Unternehmen und herrschende Unternehmen von Unternehmensgruppen, die unmittelbar und überwiegend in § 118 Abs. 1 Satz 1 Nr. 1 und 2 des Betriebsverfassungsgesetzes[1]) genannten Bestimmungen oder Zwecken dienen, finden nur § 32 Abs. 2 Nr. 5 bis 10 und § 33 Anwendung mit der Maßgabe, daß eine Unterrichtung und Anhörung nur über den Ausgleich oder die Milderung der wirtschaftlichen Nachteile erfolgen muß, die den Arbeitnehmern infolge der Unternehmens- oder Betriebsänderungen entstehen.

§ 35 Unterrichtung der örtlichen Arbeitnehmervertreter. (1) Der Europäische Betriebsrat oder der Ausschuß (§ 33 Abs. 2) berichtet den örtlichen Arbeitnehmervertretern oder, wenn es diese nicht gibt, den Arbeitnehmern der Betriebe oder Unternehmen über die Unterrichtung und Anhörung.

(2) ¹Das Mitglied des Europäischen Betriebsrats oder des Ausschusses, das den örtlichen Arbeitnehmervertretungen im Inland berichtet, hat den Bericht in Betrieben und Unternehmen, in denen Sprecherausschüsse der leitenden Angestellten bestehen, auf einer gemeinsamen Sitzung im Sinne des § 2 Abs. 2 des Sprecherausschußgesetzes[2]) zu erstatten. ²Dies gilt nicht, wenn ein nach § 23 Abs. 6 bestimmter Angestellter an der Sitzung zur Unterrichtung und Anhörung des Europäischen Betriebsrats teilgenommen hat. ³Wird der Bericht nach Absatz 1 nur schriftlich erstattet, ist er auch dem zuständigen Sprecherausschuß zuzuleiten.

Vierter Abschnitt. Änderung der Zusammensetzung, Übergang zu einer Vereinbarung

§ 36 Dauer der Mitgliedschaft, Neubestellung von Mitgliedern.

(1) ¹Die Dauer der Mitgliedschaft im Europäischen Betriebsrat beträgt vier Jahre, wenn sie nicht durch Abberufung oder aus anderen Gründen vorzeitig endet. ²Die Mitgliedschaft beginnt mit der Bestellung.

(2) ¹Alle zwei Jahre, vom Tage der konstituierenden Sitzung des Europäischen Betriebsrats (§ 25 Abs. 1) an gerechnet, hat die zentrale Leitung zu prü-

---
[1]) Nr. **81**.
[2]) Nr. **84**.

fen, ob sich die Arbeitnehmerzahlen in den einzelnen Mitgliedstaaten derart geändert haben, daß sich eine andere Zusammensetzung des Europäischen Betriebsrats nach § 22 Abs. 2 bis 4 errechnet. ²Sie hat das Ergebnis dem Europäischen Betriebsrat mitzuteilen. ³Ist danach eine andere Zusammensetzung des Europäischen Betriebsrats erforderlich, veranlaßt dieser bei den zuständigen Stellen, daß die Mitglieder des Europäischen Betriebsrats in den Mitgliedstaaten neu bestellt werden, in denen sich eine gegenüber dem vorhergehenden Zeitraum abweichende Anzahl der Arbeitnehmervertreter ergibt; mit der Neubestellung endet die Mitgliedschaft der bisher aus diesen Mitgliedstaaten stammenden Arbeitnehmervertreter im Europäischen Betriebsrat. ⁴Die Sätze 1 bis 3 gelten entsprechend bei Berücksichtigung eines bisher im Europäischen Betriebsrat nicht vertretenen Mitgliedstaats.

§ 37 Aufnahme von Verhandlungen. ¹Vier Jahre nach der konstituierenden Sitzung (§ 25 Abs. 1) hat der Europäische Betriebsrat mit der Mehrheit der Stimmen seiner Mitglieder einen Beschluß darüber zu fassen, ob mit der zentralen Leitung eine Vereinbarung nach § 17 ausgehandelt werden soll. ²Beschließt der Europäische Betriebsrat die Aufnahme von Verhandlungen, hat er die Rechte und Pflichten des besonderen Verhandlungsgremiums; die §§ 8, 13, 14 und 15 Abs. 1 sowie die §§ 16 bis 19 gelten entsprechend. ³Das Amt des Europäischen Betriebsrats endet, wenn eine Vereinbarung nach § 17 geschlossen worden ist.

Fünfter Teil. Grundsätze der Zusammenarbeit und Schutzbestimmungen

§ 38 Vertrauensvolle Zusammenarbeit. ¹Zentrale Leitung und Europäischer Betriebsrat arbeiten vertrauensvoll zum Wohl der Arbeitnehmer und des Unternehmens oder der Unternehmensgruppe zusammen. ²Satz 1 gilt entsprechend für die Zusammenarbeit zwischen zentraler Leitung und Arbeitnehmervertretern im Rahmen eines Verfahrens zur Unterrichtung und Anhörung.

§ 39 Geheimhaltung, Vertraulichkeit. (1) Die Pflicht der zentralen Leitung, über die im Rahmen der §§ 18 und 19 vereinbarten oder die sich aus den §§ 32 und 33 Abs. 1 ergebenden Angelegenheiten zu unterrichten, besteht nur, soweit dadurch nicht Betriebs- oder Geschäftsgeheimnisse des Unternehmens oder der Unternehmensgruppe gefährdet werden.

(2) ¹Die Mitglieder und Ersatzmitglieder eines Europäischen Betriebsrats sind verpflichtet, Betriebs- oder Geschäftsgeheimnisse, die ihnen wegen ihrer Zugehörigkeit zum Europäischen Betriebsrat bekannt geworden und von der zentralen Leitung ausdrücklich als geheimhaltungsbedürftig bezeichnet worden sind, nicht zu offenbaren und nicht zu verwerten. ²Dies gilt auch nach dem Ausscheiden aus dem Europäischen Betriebsrat. ³Die Verpflichtung gilt nicht gegenüber Mitgliedern eines Europäischen Betriebsrats. ⁴Sie gilt ferner nicht gegenüber den örtlichen Arbeitnehmervertretern der Betriebe oder Unternehmen, wenn diese auf Grund einer Vereinbarung nach § 18 oder nach § 35 über den Inhalt der Unterrichtungen und die Ergebnisse der Anhörungen zu unterrichten sind, den Arbeitnehmervertretern im Aufsichtsrat sowie

gegenüber Dolmetschern und Sachverständigen, die zur Unterstützung herangezogen werden.

(3) Die Pflicht zur Vertraulichkeit nach Absatz 2 Satz 1 und 2 gilt entsprechend für
1. die Mitglieder und Ersatzmitglieder des besonderen Verhandlungsgremiums,
2. die Arbeitnehmervertreter im Rahmen eines Verfahrens zur Unterrichtung und Anhörung (§ 19),
3. die Sachverständigen und Dolmetscher sowie
4. die örtlichen Arbeitnehmervertreter.

(4) Die Ausnahmen von der Pflicht zur Vertraulichkeit nach Absatz 2 Satz 3 und 4 gelten entsprechend für
1. das besondere Verhandlungsgremium gegenüber Sachverständigen und Dolmetschern,
2. die Arbeitnehmervertreter im Rahmen eines Verfahrens zur Unterrichtung und Anhörung gegenüber Dolmetschern und Sachverständigen, die vereinbarungsgemäß zur Unterstützung herangezogen werden und gegenüber örtlichen Arbeitnehmervertretern, sofern diese nach der Vereinbarung (§ 19) über die Inhalte der Unterrichtungen und die Ergebnisse der Anhörungen zu unterrichten sind.

§ 40 Schutz inländischer Arbeitnehmervertreter. (1) Für die Mitglieder eines Europäischen Betriebsrats, die im Inland beschäftigt sind, gelten § 37 Abs. 1 bis 5 und die §§ 78 und 103 des Betriebsverfassungsgesetzes[1] sowie § 15 Abs. 1 und 3 bis 5 des Kündigungsschutzgesetzes[2] entsprechend.

(2) Absatz 1 gilt entsprechend für die Mitglieder des besonderen Verhandlungsgremiums und die Arbeitnehmervertreter im Rahmen eines Verfahrens zur Unterrichtung und Anhörung.

Sechster Teil. Bestehende Vereinbarungen

§ 41 Fortgeltung. (1) [1]Auf die in den §§ 2 und 3 genannten Unternehmen und Unternehmensgruppen, in denen vor dem 22. September 1996 eine Vereinbarung über grenzübergreifende Unterrichtung und Anhörung besteht, sind die Bestimmungen dieses Gesetzes nicht anwendbar, solange die Vereinbarung wirksam ist. [2]Die Vereinbarung muß sich auf alle in den Mitgliedstaaten beschäftigten Arbeitnehmer erstrecken und den Arbeitnehmern aus denjenigen Mitgliedstaaten eine angemessene Beteiligung an der Unterrichtung und Anhörung ermöglichen, in denen das Unternehmen oder die Unternehmensgruppe einen Betrieb hat.

(2) [1]Der Anwendung des Absatzes 1 steht nicht entgegen, daß die Vereinbarung auf seiten der Arbeitnehmer nur von einer im Betriebsverfassungsgesetz[1] vorgesehenen Arbeitnehmervertretung geschlossen worden ist. [2]Das gleiche gilt, wenn für ein Unternehmen oder eine Unternehmensgruppe anstelle einer Vereinbarung mehrere Vereinbarungen geschlossen worden sind.

---
[1] Nr. **81**.
[2] Nr. **20**.

(3) Sind die Voraussetzungen des Absatzes 1 deshalb nicht erfüllt, weil die an dem in Absatz 1 Satz 1 genannten Stichtag bestehende Vereinbarung nicht alle Arbeitnehmer erfaßt, können die Parteien deren Einbeziehung innerhalb einer Frist von sechs Monaten nachholen.

(4) Bestehende Vereinbarungen können auch nach dem in Absatz 1 Satz 1 genannten Stichtag an Änderungen der Struktur des Unternehmens oder der Unternehmensgruppe sowie der Zahl der beschäftigten Arbeitnehmer angepaßt werden.

(5) Ist eine Vereinbarung befristet geschlossen worden, können die Parteien ihre Fortgeltung unter Berücksichtigung der Absätze 1, 3 und 4 beschließen.

(6) [1] Eine Vereinbarung gilt fort, wenn vor ihrer Beendigung das Antrags- oder Initiativrecht nach § 9 Abs. 1 ausgeübt worden ist. [2] Das Antragsrecht kann auch ein auf Grund der Vereinbarung bestehendes Arbeitnehmervertretungsgremium ausüben. [3] Die Fortgeltung endet, wenn die Vereinbarung durch eine grenzübergreifende Unterrichtung und Anhörung nach § 18 oder 19 ersetzt oder ein Europäischer Betriebsrat kraft Gesetzes errichtet worden ist. [4] Die Fortgeltung endet auch dann, wenn das besondere Verhandlungsgremium einen Beschluß nach § 15 Abs. 1 faßt; § 15 Abs. 2 gilt entsprechend.

(7) [1] Auf Unternehmen und Unternehmensgruppen, die auf Grund der Berücksichtigung von im Vereinigten Königreich Großbritannien und Nordirland liegenden Betrieben und Unternehmen die in den §§ 2 und 3 genannten Voraussetzungen erfüllen, sind die Bestimmungen dieses Gesetzes nicht anwendbar, wenn in diesen Unternehmen und Unternehmensgruppen vor dem 15. Dezember 1999 eine Vereinbarung über grenzübergreifende Unterrichtung und Anhörung besteht. [2] Die Absätze 1 bis 6 gelten entsprechend.

Siebter Teil. Besondere Vorschriften; Straf- und Bußgeldvorschriften

§ 42 Errichtungs- und Tätigkeitsschutz. Niemand darf
1. die Bildung des besonderen Verhandlungsgremiums (§ 9) oder die Errichtung eines Europäischen Betriebsrats (§§ 18, 21 Abs. 1) oder die Einführung eines Verfahrens zur Unterrichtung und Anhörung (§ 19) behindern oder durch Zufügung oder Androhung von Nachteilen oder durch Gewährung oder Versprechen von Vorteilen beeinflussen,
2. die Tätigkeit des besonderen Verhandlungsgremiums, eines Europäischen Betriebsrats oder der Arbeitnehmervertreter im Rahmen eines Verfahrens zur Unterrichtung und Anhörung behindern oder stören oder
3. ein Mitglied oder Ersatzmitglied des besonderen Verhandlungsgremiums oder eines Europäischen Betriebsrats oder einen Arbeitnehmervertreter im Rahmen eines Verfahrens zur Unterrichtung und Anhörung um seiner Tätigkeit willen benachteiligen oder begünstigen.

§ 43 Strafvorschriften. (1) Mit Freiheitsstrafe bis zu zwei Jahren oder mit Geldstrafe wird bestraft, wer entgegen § 39 Abs. 2 Satz 1 oder 2, jeweils auch in Verbindung mit Absatz 3, ein Betriebs- oder Geschäftsgeheimnis verwertet.

(2) Die Tat wird nur auf Antrag verfolgt.

§ 44 Strafvorschriften. (1) Mit Freiheitsstrafe bis zu einem Jahr oder mit Geldstrafe wird bestraft, wer
1. entgegen § 39 Abs. 2 Satz 1 oder 2, jeweils auch in Verbindung mit Absatz 3, ein Betriebs- oder Geschäftsgeheimnis offenbart oder
2. einer Vorschrift des § 42 über die Errichtung der dort genannten Gremien oder die Einführung des dort genannten Verfahrens, die Tätigkeit der dort genannten Gremien oder der Arbeitnehmervertreter oder über die Benachteiligung oder Begünstigung eines Mitglieds oder Ersatzmitglieds der dort genannten Gremien oder eines Arbeitnehmervertreters zuwiderhandelt.

(2) Handelt der Täter in den Fällen des Absatzes 1 Nr. 1 gegen Entgelt oder in der Absicht, sich oder einen anderen zu bereichern oder einen anderen zu schädigen, so ist die Strafe Freiheitsstrafe bis zu zwei Jahren oder Geldstrafe.

(3) [1]Die Tat wird nur auf Antrag verfolgt. [2]In den Fällen des Absatzes 1 Nr. 2 sind das besondere Verhandlungsgremium, der Europäische Betriebsrat, die Mehrheit der Arbeitnehmervertreter im Rahmen eines Verfahrens zur Unterrichtung und Anhörung, die zentrale Leitung oder eine im Betrieb vertretene Gewerkschaft antragsberechtigt.

§ 45 Bußgeldvorschriften. (1) Ordnungswidrig handelt, wer
1. entgegen § 5 Abs. 1 eine Auskunft nicht, nicht richtig, nicht vollständig oder nicht rechtzeitig erteilt oder
2. entgegen § 32 Abs. 1 oder § 33 Abs. 1 Satz 1 oder Abs. 2 Satz 1 den Europäischen Betriebsrat oder den Ausschuß nach § 26 Abs. 1 nicht, nicht richtig, nicht vollständig, nicht in der vorgeschriebenen Weise oder nicht rechtzeitig unterrichtet.

(2) Die Ordnungswidrigkeit kann mit einer Geldbuße bis zu fünfzehntausend Euro geahndet werden.

86. Gesetz über die Mitbestimmung der Arbeitnehmer (Mitbestimmungsgesetz – MitbestG)

Vom 4. Mai 1976

(BGBl. I S. 1153)

FNA 801-8

zuletzt geänd. durch Art. 18 G zur Einführung der Europäischen Genossenschaft und zur Änd. des Genossenschaftsrechts v. 14. 8. 2006 (BGBl. I S. 1911)

Erster Teil. Geltungsbereich

§ 1 Erfaßte Unternehmen. (1) In Unternehmen, die

1. in der Rechtsform einer Aktiengesellschaft, einer Kommanditgesellschaft auf Aktien, einer Gesellschaft mit beschränkter Haftung oder einer Genossenschaft betrieben werden und

2. in der Regel mehr als 2 000 Arbeitnehmer beschäftigen,

haben die Arbeitnehmer ein Mitbestimmungsrecht nach Maßgabe dieses Gesetzes.

(2) Dieses Gesetz ist nicht anzuwenden auf die Mitbestimmung in Organen von Unternehmen, in denen die Arbeitnehmer nach

1. dem Gesetz über die Mitbestimmung der Arbeitnehmer in den Aufsichtsräten und Vorständen der Unternehmen des Bergbaus und der Eisen und Stahl erzeugenden Industrie[1]) vom 21. Mai 1951 (Bundesgesetzbl. I S. 347) – Montan-Mitbestimmungsgesetz –, oder

2. dem Gesetz zur Ergänzung des Gesetzes über die Mitbestimmung der Arbeitnehmer in den Aufsichtsräten und Vorständen der Unternehmen des Bergbaus und der Eisen und Stahl erzeugenden Industrie[2]) vom 7. August 1956 (Bundesgesetzbl. I S. 707) – Mitbestimmungsergänzungsgesetz –

ein Mitbestimmungsrecht haben.

(3) Die Vertretung der Arbeitnehmer in den Aufsichtsräten von Unternehmen, in denen die Arbeitnehmer nicht nach Absatz 1 oder nach den in Absatz 2 bezeichneten Gesetzen ein Mitbestimmungsrecht haben, bestimmt sich nach den Vorschriften des Drittelbeteiligungsgesetzes[3]) (BGBl. 2004 I S. 974).

(4) ¹Dieses Gesetz ist nicht anzuwenden auf Unternehmen, die unmittelbar und überwiegend

1. politischen, koalitionspolitischen, konfessionellen, karitativen, erzieherischen, wissenschaftlichen oder künstlerischen Bestimmungen oder

2. Zwecken der Berichterstattung oder Meinungsäußerung, auf die Artikel 5 Abs. 1 Satz 2 des Grundgesetzes anzuwenden ist,

---

[1]) Nr. **87**.
[2]) Nr. **88**.
[3]) Nr. **89**.

dienen. ²Dieses Gesetz ist nicht anzuwenden auf Religionsgemeinschaften und ihre karitativen und erzieherischen Einrichtungen unbeschadet deren Rechtsform.

§ 2 Anteilseigner. Anteilseigner im Sinne dieses Gesetzes sind je nach der Rechtsform der in § 1 Abs. 1 Nr. 1 bezeichneten Unternehmen Aktionäre, Gesellschafter oder Mitglieder einer Genossenschaft.

§ 3 Arbeitnehmer und Betrieb. (1) ¹Arbeitnehmer im Sinne dieses Gesetzes sind
1. die in § 5 Abs. 1 des Betriebsverfassungsgesetzes[1]) bezeichneten Personen mit Ausnahme der in § 5 Abs. 3 des Betriebsverfassungsgesetzes[1]) bezeichneten leitenden Angestellten,
2. die in § 5 Abs. 3 des Betriebsverfassungsgesetzes[1]) bezeichneten leitenden Angestellten.

²Keine Arbeitnehmer im Sinne dieses Gesetzes sind die in § 5 Abs. 2 des Betriebsverfassungsgesetzes[1]) bezeichneten Personen.

(2) ¹Betriebe im Sinne dieses Gesetzes sind solche des Betriebsverfassungsgesetzes[1]). ²§ 4 Abs. 2 des Betriebsverfassungsgesetzes[1]) ist anzuwenden.

§ 4 Kommanditgesellschaft. (1) ¹Ist ein in § 1 Abs. 1 Nr. 1 bezeichnetes Unternehmen persönlich haftender Gesellschafter einer Kommanditgesellschaft und hat die Mehrheit der Kommanditisten dieser Kommanditgesellschaft, berechnet nach der Mehrheit der Anteile oder der Stimmen, die Mehrheit der Anteile oder der Stimmen in dem Unternehmen des persönlich haftenden Gesellschafters inne, so gelten für die Anwendung dieses Gesetzes auf den persönlich haftenden Gesellschafter die Arbeitnehmer der Kommanditgesellschaft als Arbeitnehmer des persönlich haftenden Gesellschafters, sofern nicht der persönlich haftende Gesellschafter einen eigenen Geschäftsbetrieb mit in der Regel mehr als 500 Arbeitnehmern hat. ²Ist die Kommanditgesellschaft persönlich haftender Gesellschafter einer anderen Kommanditgesellschaft, so gelten auch deren Arbeitnehmer als Arbeitnehmer des in § 1 Abs. 1 Nr. 1 bezeichneten Unternehmens. ³Dies gilt entsprechend, wenn sich die Verbindung von Kommanditgesellschaften in dieser Weise fortsetzt.

(2) Das Unternehmen kann von der Führung der Geschäfte der Kommanditgesellschaft nicht ausgeschlossen werden.

§ 5 Konzern. (1) ¹Ist ein in § 1 Abs. 1 Nr. 1 bezeichnetes Unternehmen herrschendes Unternehmen eines Konzerns (§ 18 Abs. 1 des Aktiengesetzes), so gelten für die Anwendung dieses Gesetzes auf das herrschende Unternehmen die Arbeitnehmer der Konzernunternehmen als Arbeitnehmer des herrschenden Unternehmens. ²Dies gilt auch für die Arbeitnehmer eines in § 1 Abs. 1 Nr. 1 bezeichneten Unternehmens, das persönlich haftender Gesellschafter eines abhängigen Unternehmens (§ 18 Abs. 1 des Aktiengesetzes) in der Rechtsform einer Kommanditgesellschaft ist.

(2) ¹Ist eine Kommanditgesellschaft, bei der für die Anwendung dieses Gesetzes auf den persönlich haftenden Gesellschafter die Arbeitnehmer der Kommanditgesellschaft nach § 4 Abs. 1 als Arbeitnehmer des persönlich haftenden

---

[1]) Nr. **81**.

Gesellschafters gelten, herrschendes Unternehmen eines Konzerns (§ 18 Abs. 1 des Aktiengesetzes), so gelten für die Anwendung dieses Gesetzes auf den persönlich haftenden Gesellschafter der Kommanditgesellschaft die Arbeitnehmer der Konzernunternehmen als Arbeitnehmer des persönlich haftenden Gesellschafters. ²Absatz 1 Satz 2 sowie § 4 Abs. 2 sind entsprechend anzuwenden.

(3) Stehen in einem Konzern die Konzernunternehmen unter der einheitlichen Leitung eines anderen als eines in Absatz 1 oder 2 bezeichneten Unternehmens, beherrscht aber die Konzernleitung über ein in Absatz 1 oder 2 bezeichnetes Unternehmen oder über mehrere solcher Unternehmen andere Konzernunternehmen, so gelten die in Absatz 1 oder 2 bezeichneten und der Konzernleitung am nächsten stehenden Unternehmen, über die die Konzernleitung andere Konzernunternehmen beherrscht, für die Anwendung dieses Gesetzes als herrschende Unternehmen.

Zweiter Teil. Aufsichtsrat

Erster Abschnitt. Bildung und Zusammensetzung

§ 6 Grundsatz. (1) Bei den in § 1 Abs. 1 bezeichneten Unternehmen ist ein Aufsichtsrat zu bilden, soweit sich dies nicht schon aus anderen gesetzlichen Vorschriften ergibt.

(2) ¹Die Bildung und die Zusammensetzung des Aufsichtsrats sowie die Bestellung und die Abberufung seiner Mitglieder bestimmen sich nach den §§ 7 bis 24 dieses Gesetzes und, soweit sich dies nicht schon aus anderen gesetzlichen Vorschriften ergibt, nach § 96 Abs. 2, den §§ 97 bis 101 Abs. 1 und 3 und den §§ 102 bis 106 des Aktiengesetzes mit der Maßgabe, daß die Wählbarkeit eines Prokuristen als Aufsichtsratsmitglied der Arbeitnehmer nur ausgeschlossen ist, wenn dieser dem zur gesetzlichen Vertretung des Unternehmens befugten Organ unmittelbar unterstellt und zur Ausübung der Prokura für den gesamten Geschäftsbereich des Organs ermächtigt ist. ²Andere gesetzliche Vorschriften und Bestimmungen der Satzung (des Gesellschaftsvertrags, des Statuts) über die Zusammensetzung des Aufsichtsrats sowie über die Bestellung und die Abberufung seiner Mitglieder bleiben unberührt, soweit Vorschriften dieses Gesetzes dem nicht entgegenstehen.

(3) ¹Auf Genossenschaften sind die §§ 100, 101 Abs. 1 und 3 und die §§ 103 und 106 des Aktiengesetzes nicht anzuwenden. ²Auf die Aufsichtsratsmitglieder der Arbeitnehmer ist § 9 Abs. 2 des Genossenschaftsgesetzes nicht anzuwenden.

§ 7 Zusammensetzung des Aufsichtsrats. (1) ¹Der Aufsichtsrat eines Unternehmens
1. mit in der Regel nicht mehr als 10 000 Arbeitnehmern setzt sich zusammen aus je sechs Aufsichtsratsmitgliedern der Anteilseigner und der Arbeitnehmer;
2. mit in der Regel mehr als 10 000, jedoch nicht mehr als 20 000 Arbeitnehmern setzt sich zusammen aus je acht Aufsichtsratsmitgliedern der Anteilseigner und der Arbeitnehmer;

3. mit in der Regel mehr als 20 000 Arbeitnehmern setzt sich zusammen aus je zehn Aufsichtsratsmitgliedern der Anteilseigner und der Arbeitnehmer.
²Bei den in Satz 1 Nr. 1 bezeichneten Unternehmen kann die Satzung (der Gesellschaftsvertrag) bestimmen, daß Satz 1 Nr. 2 oder 3 anzuwenden ist.
³Bei den in Satz 1 Nr. 2 bezeichneten Unternehmen kann die Satzung (der Gesellschaftsvertrag) bestimmen, daß Satz 1 Nr. 3 anzuwenden ist.

(2) Unter den Aufsichtsratsmitgliedern der Arbeitnehmer müssen sich befinden
1. in einem Aufsichtsrat, dem sechs Aufsichtsratsmitglieder der Arbeitnehmer angehören, vier Arbeitnehmer des Unternehmens und zwei Vertreter von Gewerkschaften;
2. in einem Aufsichtsrat, dem acht Aufsichtsratsmitglieder der Arbeitnehmer angehören, sechs Arbeitnehmer des Unternehmens und zwei Vertreter von Gewerkschaften;
3. in einem Aufsichtsrat, dem zehn Aufsichtsratsmitglieder der Arbeitnehmer angehören, sieben Arbeitnehmer des Unternehmens und drei Vertreter von Gewerkschaften.

(3) ¹Die in Absatz 2 bezeichneten Arbeitnehmer des Unternehmens müssen das 18. Lebensjahr vollendet haben und ein Jahr dem Unternehmen angehören. ²Auf die einjährige Unternehmensangehörigkeit werden Zeiten der Angehörigkeit zu einem anderen Unternehmen, dessen Arbeitnehmer nach diesem Gesetz an der Wahl von Aufsichtsratsmitgliedern des Unternehmens teilnehmen, angerechnet. ³Diese Zeiten müssen unmittelbar vor dem Zeitpunkt liegen, ab dem die Arbeitnehmer zur Wahl von Aufsichtsratsmitgliedern des Unternehmens berechtigt sind. ⁴Die weiteren Wählbarkeitsvoraussetzungen des § 8 Abs. 1 des Betriebsverfassungsgesetzes[1]) müssen erfüllt sein.

(4) Die in Absatz 2 bezeichneten Gewerkschaften müssen in dem Unternehmen selbst oder in einem anderen Unternehmen vertreten sein, dessen Arbeitnehmer nach diesem Gesetz an der Wahl von Aufsichtsratsmitgliedern des Unternehmens teilnehmen.

Zweiter Abschnitt. Bestellung der Aufsichtsratsmitglieder

Erster Unterabschnitt. Aufsichtsratsmitglieder der Anteilseigner

§ 8 [Aufsichtsratsmitglieder der Anteilseigner] (1) Die Aufsichtsratsmitglieder der Anteilseigner werden durch das nach Gesetz, Satzung oder Gesellschaftsvertrag zur Wahl von Mitgliedern des Aufsichtsrats befugte Organ (Wahlorgan) und, soweit gesetzliche Vorschriften dem nicht entgegenstehen, nach Maßgabe der Satzung oder des Gesellschaftsvertrags bestellt.

(2) § 101 Abs. 2 des Aktiengesetzes bleibt unberührt.

Zweiter Unterabschnitt. Aufsichtsratsmitglieder der Arbeitnehmer, Grundsatz

§ 9 [Aufsichtsratsmitglieder der Arbeitnehmer, Grundsatz] (1) Die Aufsichtsratsmitglieder der Arbeitnehmer (§ 7 Abs. 2) eines Unternehmens

---
¹) Nr. 81.

mit in der Regel mehr als 8 000 Arbeitnehmern werden durch Delegierte gewählt, sofern nicht die wahlberechtigten Arbeitnehmer die unmittelbare Wahl beschließen.

(2) Die Aufsichtsratsmitglieder der Arbeitnehmer (§ 7 Abs. 2) eines Unternehmens mit in der Regel nicht mehr als 8 000 Arbeitnehmern werden in unmittelbarer Wahl gewählt, sofern nicht die wahlberechtigten Arbeitnehmer die Wahl durch Delegierte beschließen.

(3) ¹Zur Abstimmung darüber, ob die Wahl durch Delegierte oder unmittelbar erfolgen soll, bedarf es eines Antrags, der von einem Zwanzigstel der wahlberechtigten Arbeitnehmer des Unternehmens unterzeichnet sein muß. ²Die Abstimmung ist geheim. ³Ein Beschluß nach Absatz 1 oder 2 kann nur unter Beteiligung von mindestens der Hälfte der wahlberechtigten Arbeitnehmer und nur mit der Mehrheit der abgegebenen Stimmen gefaßt werden.

Dritter Unterabschnitt. Wahl der Aufsichtsratsmitglieder der Arbeitnehmer durch Delegierte

§ 10 Wahl der Delegierten. (1) In jedem Betrieb des Unternehmens wählen die Arbeitnehmer in geheimer Wahl und nach den Grundsätzen der Verhältniswahl Delegierte.

(2) ¹Wahlberechtigt für die Wahl von Delegierten sind die Arbeitnehmer des Unternehmens, die das 18. Lebensjahr vollendet haben. ²§ 7 Satz 2 des Betriebsverfassungsgesetzes[1]) gilt entsprechend.

(3) Zu Delegierten wählbar sind die in Absatz 2 Satz 1 bezeichneten Arbeitnehmer, die die weiteren Wählbarkeitsvoraussetzungen des § 8 des Betriebsverfassungsgesetzes[1]) erfüllen.

(4) ¹Wird für einen Wahlgang nur ein Wahlvorschlag gemacht, so gelten die darin aufgeführten Arbeitnehmer in der angegebenen Reihenfolge als gewählt. ²§ 11 Abs. 2 ist anzuwenden.

§ 11 Errechnung der Zahl der Delegierten. (1) ¹In jedem Betrieb entfällt auf je 90 wahlberechtigte Arbeitnehmer ein Delegierter. ²Ergibt die Errechnung nach Satz 1 in einem Betrieb mehr als

1. 25 Delegierte, so vermindert sich die Zahl der zu wählenden Delegierten auf die Hälfte; diese Delegierten erhalten je zwei Stimmen;
2. 50 Delegierte, so vermindert sich die Zahl der zu wählenden Delegierten auf ein Drittel; diese Delegierten erhalten je drei Stimmen;
3. 75 Delegierte, so vermindert sich die Zahl der zu wählenden Delegierten auf ein Viertel; diese Delegierten erhalten je vier Stimmen;
4. 100 Delegierte, so vermindert sich die Zahl der zu wählenden Delegierten auf ein Fünftel; diese Delegierten erhalten je fünf Stimmen;
5. 125 Delegierte, so vermindert sich die Zahl der zu wählenden Delegierten auf ein Sechstel; diese Delegierten erhalten je sechs Stimmen;
6. 150 Delegierte, so vermindert sich die Zahl der zu wählenden Delegierten auf ein Siebtel; diese Delegierten erhalten je sieben Stimmen.

³Bei der Errechnung der Zahl der Delegierten werden Teilzahlen voll gezählt, wenn sie mindestens die Hälfte der vollen Zahl betragen.

---

[1]) Nr. **81**.

(2) ¹Unter den Delegierten müssen in jedem Betrieb die in § 3 Abs. 1 Nr. 1 bezeichneten Arbeitnehmer und die leitenden Angestellten entsprechend ihrem zahlenmäßigen Verhältnis vertreten sein. ²Sind in einem Betrieb mindestens neun Delegierte zu wählen, so entfällt auf die in § 3 Abs. 1 Nr. 1 bezeichneten Arbeitnehmer und die leitenden Angestellten mindestens je ein Delegierter; dies gilt nicht, soweit in dem Betrieb nicht mehr als fünf in § 3 Abs. 1 Nr. 1 bezeichnete Arbeitnehmer oder leitende Angestellte wahlberechtigt sind. ³Soweit auf die in § 3 Abs. 1 Nr. 1 bezeichneten Arbeitnehmer und die leitenden Angestellten lediglich nach Satz 2 Delegierte entfallen, vermehrt sich die nach Absatz 1 errechnete Zahl der Delegierten des Betriebs entsprechend.

(3) ¹Soweit nach Absatz 2 auf die in § 3 Abs. 1 Nr. 1 bezeichneten Arbeitnehmer und die leitenden Angestellten eines Betriebs nicht mindestens je ein Delegierter entfällt, gelten diese für die Wahl der Delegierten als Arbeitnehmer des Betriebs der Hauptniederlassung des Unternehmens. ²Soweit nach Absatz 2 und nach Satz 1 auf die in § 3 Abs. 1 Nr. 1 bezeichneten Arbeitnehmer und die leitenden Angestellten des Betriebs der Hauptniederlassung nicht mindestens je ein Delegierter entfällt, gelten diese für die Wahl der Delegierten als Arbeitnehmer des nach der Zahl der wahlberechtigten Arbeitnehmer größten Betriebs des Unternehmens.

(4) Entfällt auf einen Betrieb oder auf ein Unternehmen, dessen Arbeitnehmer nach diesem Gesetz an der Wahl von Aufsichtsratsmitgliedern des Unternehmens teilnehmen, kein Delegierter, so ist Absatz 3 entsprechend anzuwenden.

(5) Die Eigenschaft eines Delegierten als Delegierter der Arbeiternehmer nach § 3 Abs. 1 Nr. 1 oder § 3 Abs. 1 Nr. 2 bleibt bei einem Wechsel der Eigenschaft als Arbeitnehmer nach § 3 Abs. 1 Nr. 1 oder § 3 Abs. 1 Nr. 2 erhalten.

§ 12 Wahlvorschläge für Delegierte. (1) ¹Zur Wahl der Delegierten können die wahlberechtigten Arbeitnehmer des Betriebs Wahlvorschläge machen. ²Jeder Wahlvorschlag muss von einem Zwanzigstel oder 50 der jeweils wahlberechtigten in § 3 Abs. 1 Nr. 1 bezeichneten Arbeitnehmer oder der leitenden Angestellten des Betriebs unterzeichnet sein.

(2) Jeder Wahlvorschlag soll mindestens doppelt so viele Bewerber enthalten, wie in dem Wahlgang Delegierte zu wählen sind.

§ 13 Amtszeit der Delegierten. (1) ¹Die Delegierten werden für eine Zeit gewählt, die der Amtszeit der von ihnen zu wählenden Aufsichtsratsmitglieder entspricht. ²Sie nehmen die ihnen nach den Vorschriften dieses Gesetzes zustehenden Aufgaben und Befugnisse bis zur Einleitung der Neuwahl der Aufsichtsratsmitglieder der Arbeitnehmer wahr.

(2) In den Fällen des § 9 Abs. 1 endet die Amtszeit der Delegierten, wenn
1. die wahlberechtigten Arbeitnehmer nach § 9 Abs. 1 die unmittelbare Wahl beschließen;
2. das Unternehmen nicht mehr die Voraussetzungen für die Anwendung des § 9 Abs. 1 erfüllt, es sei denn, die wahlberechtigten Arbeitnehmer beschließen, daß die Amtszeit bis zu dem in Absatz 1 genannten Zeitpunkt fortdauern soll; § 9 Abs. 3 ist entsprechend anzuwenden.

(3) In den Fällen des § 9 Abs. 2 endet die Amtszeit der Delegierten, wenn die wahlberechtigten Arbeitnehmer die unmittelbare Wahl beschließen; § 9 Abs. 3 ist anzuwenden.

(4) Abweichend von Absatz 1 endet die Amtszeit der Delegierten eines Betriebs, wenn nach Eintreten aller Ersatzdelegierten des Wahlvorschlags, dem die zu ersetzenden Delegierten angehören, die Gesamtzahl der Delegierten des Betriebs unter die im Zeitpunkt ihrer Wahl vorgeschriebene Zahl der auf den Betrieb entfallenden Delegierten gesunken ist.

§ 14 Vorzeitige Beendigung der Amtszeit oder Verhinderung von Delegierten.
(1) Die Amtszeit eines Delegierten endet vor dem in § 13 bezeichneten Zeitpunkt

1. durch Niederlegung des Amtes,
2. durch Beendigung der Beschäftigung des Delegierten in dem Betrieb, dessen Delegierter er ist,
3. durch Verlust der Wählbarkeit.

(2) ¹Endet die Amtszeit eines Delegierten vorzeitig oder ist er verhindert, so tritt an seine Stelle ein Ersatzdelegierter. ²Die Ersatzdelegierten werden der Reihe nach aus den nicht gewählten Arbeitnehmern derjenigen Wahlvorschläge entnommen, denen die zu ersetzenden Delegierten angehören.

§ 15 Wahl der unternehmensangehörigen Aufsichtsratsmitglieder der Arbeitnehmer.
(1) ¹Die Delegierten wählen die Aufsichtsratsmitglieder, die nach § 7 Abs. 2 Arbeitnehmer des Unternehmens sein müssen, geheim und nach den Grundsätzen der Verhältniswahl für die Zeit, die im Gesetz oder in der Satzung (im Gesellschaftsvertrag) für die durch das Wahlorgan der Anteilseigner zu wählenden Mitglieder des Aufsichtsrats bestimmt ist. ²Dem Aufsichtsrat muss ein leitender Angestellter angehören.

(2) ¹Die Wahl erfolgt auf Grund von Wahlvorschlägen. ²Jeder Wahlvorschlag für

1. Aufsichtsratsmitglieder der Arbeitnehmer nach § 3 Abs. 1 Nr. 1 muss von einem Fünftel oder 100 der wahlberechtigten Arbeitnehmer des Unternehmens unterzeichnet sein;
2. das Aufsichtsratsmitglied der leitenden Angestellten wird auf Grund von Abstimmungsvorschlägen durch Beschluß der wahlberechtigten leitenden Angestellten aufgestellt. Jeder Abstimmungsvorschlag muß von einem Zwanzigstel oder 50 der wahlberechtigten leitenden Angestellten unterzeichnet sein. Der Beschluß wird in geheimer Abstimmung gefaßt. Jeder leitende Angestellte hat so viele Stimmen, wie für den Wahlvorschlag nach Absatz 3 Satz 2 Bewerber zu benennen sind. In den Wahlvorschlag ist die nach Absatz 3 Satz 2 vorgeschriebene Anzahl von Bewerbern in der Reihenfolge der auf sie entfallenden Stimmenzahlen aufzunehmen.

(3) ¹Abweichend von Absatz 1 findet Mehrheitswahl statt, soweit nur ein Wahlvorschlag gemacht wird. ²In diesem Fall muss der Wahlvorschlag doppelt so viele Bewerber enthalten, wie Aufsichtsratsmitglieder auf die Arbeitnehmer nach § 3 Abs. 1 Nr. 1 und auf die leitenden Angestellten entfallen.

§ 16 Wahl der Vertreter von Gewerkschaften in den Aufsichtsrat.

(1) Die Delegierten wählen die Aufsichtsratsmitglieder, die nach § 7 Abs. 2 Vertreter von Gewerkschaften sind, in geheimer Wahl und nach den Grundsätzen der Verhältniswahl für die in § 15 Abs. 1 bestimmte Zeit.

(2) ¹Die Wahl erfolgt auf Grund von Wahlvorschlägen der Gewerkschaften, die in dem Unternehmen selbst oder in einem anderen Unternehmen vertreten sind, dessen Arbeitnehmer nach diesem Gesetz an der Wahl von Aufsichtsratsmitgliedern des Unternehmens teilnehmen. ²Wird nur ein Wahlvorschlag gemacht, so findet abweichend von Satz 1 Mehrheitswahl statt. ³In diesem Falle muß der Wahlvorschlag mindestens doppelt so viele Bewerber enthalten, wie Vertreter von Gewerkschaften in den Aufsichtsrat zu wählen sind.

§ 17 Ersatzmitglieder.
(1) ¹In jedem Wahlvorschlag kann zusammen mit jedem Bewerber für diesen ein Ersatzmitglied des Aufsichtsrats vorgeschlagen werden. ²Für einen Bewerber, der Arbeiternehmer nach § 3 Abs. 1 Nr. 1 ist, kann nur ein Arbeitnehmer nach § 3 Abs. 1 Nr. 1 und für einen leitenden Angestellten nach § 3 Abs. 1 Nr. 2 nur ein leitender Angestellter als Ersatzmitglied vorgeschlagen werden. ³Ein Bewerber kann nicht zugleich als Ersatzmitglied vorgeschlagen werden.

(2) Wird ein Bewerber als Aufsichtsratsmitglied gewählt, so ist auch das zusammen mit ihm vorgeschlagene Ersatzmitglied gewählt.

Vierter Unterabschnitt. Unmittelbare Wahl der Aufsichtsratsmitglieder der Arbeitnehmer

§ 18 [Unmittelbare Wahl]
¹Sind nach § 9 die Aufsichtsratsmitglieder der Arbeitnehmer in unmittelbarer Wahl zu wählen, so sind die Arbeitnehmer des Unternehmens, die das 18. Lebensjahr vollendet haben, wahlberechtigt. ²§ 7 Satz 2 des Betriebsverfassungsgesetzes[1]) gilt entsprechend. ³Für die Wahl sind die §§ 15 bis 17 mit der Maßgabe anzuwenden, daß an die Stelle der Delegierten die wahlberechtigten Arbeitnehmer des Unternehmens treten.

Fünfter Unterabschnitt. Weitere Vorschriften über das Wahlverfahren sowie über die Bestellung und Abberufung von Aufsichtsratsmitgliedern

§ 19 Bekanntmachung der Mitglieder des Aufsichtsrats.
¹Das zur gesetzlichen Vertretung des Unternehmens befugte Organ hat die Namen der Mitglieder und der Ersatzmitglieder des Aufsichtsrats unverzüglich nach ihrer Bestellung in den Betrieben des Unternehmens bekanntzumachen und im elektronischen Bundesanzeiger zu veröffentlichen. ²Nehmen an der Wahl der Aufsichtsratsmitglieder des Unternehmens auch die Arbeitnehmer eines anderen Unternehmens teil, so ist daneben das zur gesetzlichen Vertretung des anderen Unternehmens befugte Organ zur Bekanntmachung in seinen Betrieben verpflichtet.

---

[1]) Nr. **81**.

§ 20 Wahlschutz und Wahlkosten.
(1) ¹Niemand darf die Wahlen nach den §§ 10, 15, 16 und 18 behindern. ²Insbesondere darf niemand in der Ausübung des aktiven und passiven Wahlrechts beschränkt werden.

(2) Niemand darf die Wahlen durch Zufügung oder Androhung von Nachteilen oder durch Gewährung oder Versprechen von Vorteilen beeinflussen.

(3) ¹Die Kosten der Wahlen trägt das Unternehmen. ²Versäumnis von Arbeitszeit, die zur Ausübung des Wahlrechts oder der Betätigung im Wahlvorstand erforderlich ist, berechtigt den Arbeitgeber nicht zur Minderung des Arbeitsentgelts.

§ 21 Anfechtung der Wahl von Delegierten.
(1) Die Wahl der Delegierten eines Betriebs kann beim Arbeitsgericht angefochten werden, wenn gegen wesentliche Vorschriften über das Wahlrecht, die Wählbarkeit oder das Wahlverfahren verstoßen worden und eine Berichtigung nicht erfolgt ist, es sei denn, daß durch den Verstoß das Wahlergebnis nicht geändert oder beeinflußt werden konnte.

(2) ¹Zur Anfechtung berechtigt sind
1. mindestens drei wahlberechtigte Arbeitnehmer des Betriebs,
2. der Betriebsrat,
3. der Sprecherausschuss,
4. das zur gesetzlichen Vertretung des Unternehmens befugte Organ.

²Die Anfechtung ist nur binnen einer Frist von zwei Wochen, vom Tage der Bekanntgabe des Wahlergebnisses an gerechnet, zulässig.

§ 22 Anfechtung der Wahl von Aufsichtsratsmitgliedern der Arbeitnehmer.
(1) Die Wahl eines Aufsichtsratsmitglieds oder eines Ersatzmitglieds der Arbeitnehmer kann beim Arbeitsgericht angefochten werden, wenn gegen wesentliche Vorschriften über das Wahlrecht, die Wählbarkeit oder das Wahlverfahren verstoßen worden und eine Berichtigung nicht erfolgt ist, es sei denn, daß durch den Verstoß das Wahlergebnis nicht geändert oder beeinflußt werden konnte.

(2) ¹Zur Anfechtung berechtigt sind
1. mindestens drei wahlberechtigte Arbeitnehmer des Unternehmens,
2. der Gesamtbetriebsrat des Unternehmens oder, wenn in dem Unternehmen nur ein Betriebsrat besteht, der Betriebsrat sowie, wenn das Unternehmen herrschendes Unternehmen eines Konzerns ist, der Konzernbetriebsrat, soweit ein solcher besteht,
3. der Gesamt- oder Unternehmenssprecherausschuss des Unternehmens oder, wenn in dem Unternehmen nur ein Sprecherausschuss besteht, der Sprecherausschuss sowie, wenn das Unternehmen herrschendes Unternehmen eines Konzerns ist, der Konzernsprecherausschuss, soweit ein solcher besteht,
4. der Gesamtbetriebsrat eines anderen Unternehmens, dessen Arbeitnehmer nach diesem Gesetz an der Wahl der Aufsichtsratsmitglieder des Unternehmens teilnehmen, oder, wenn in dem anderen Unternehmen nur ein Betriebsrat besteht, der Betriebsrat,
5. der Gesamt- oder Unternehmenssprecherausschuss eines anderen Unternehmens, dessen Arbeitnehmer nach diesem Gesetz an der Wahl der Aufsichtsratsmitglieder des Unternehmens teilnehmen, oder, wenn in dem anderen Unternehmen nur ein Sprecherausschuss besteht, der Sprecherausschuss,

6. jede nach § 16 Abs. 2 vorschlagsberechtigte Gewerkschaft,
7. das zur gesetzlichen Vertretung des Unternehmens befugte Organ.
²Die Anfechtung ist nur binnen einer Frist von zwei Wochen, vom Tage der Veröffentlichung im elektronischen Bundesanzeiger an gerechnet, zulässig.

§ 23 Abberufung von Aufsichtsratsmitgliedern der Arbeitnehmer.
(1) ¹Ein Aufsichtsratsmitglied der Arbeitnehmer kann vor Ablauf der Amtszeit auf Antrag abberufen werden. ²Antragsberechtigt sind für die Abberufung eines
1. Aufsichtsratsmitglieds der Arbeitnehmer nach § 3 Abs. 1 Nr. 1 drei Viertel der wahlberechtigten Arbeitnehmer nach § 3 Abs. 1 Nr. 1,
2. Aufsichtsratsmitglieds der leitenden Angestellten drei Viertel der wahlberechtigten leitenden Angestellten,
3. Aufsichtsratsmitglieds, das nach § 7 Abs. 2 Vertreter einer Gewerkschaft ist, die Gewerkschaft, die das Mitglied vorgeschlagen hat.

(2) ¹Ein durch Delegierte gewähltes Aufsichtsratsmitglied wird durch Beschluß der Delegierten abberufen. ²Dieser Beschluss wird in geheimer Abstimmung gefasst; er bedarf einer Mehrheit von drei Vierteln der abgegebenen Stimmen.

(3) ¹Ein von den Arbeitnehmern unmittelbar gewähltes Aufsichtsratsmitglied wird durch Beschluß der wahlberechtigten Arbeitnehmer abberufen. ²Dieser Beschluss wird in geheimer, unmittelbarer Abstimmung gefasst; er bedarf einer Mehrheit von drei Vierteln der abgegebenen Stimmen.

(4) Die Absätze 1 bis 3 sind für die Abberufung von Ersatzmitgliedern entsprechend anzuwenden.

§ 24 Verlust der Wählbarkeit und Änderung der Zuordnung unternehmensangehöriger Aufsichtsratsmitglieder. (1) Verliert ein Aufsichtsratsmitglied, das nach § 7 Abs. 2 Arbeitnehmer des Unternehmens sein muß, die Wählbarkeit, so erlischt sein Amt.

(2) Die Änderung der Zuordnung eines Aufsichtsratsmitglieds zu den in § 3 Abs. 1 Nr. 1 oder § 3 Abs. 1 Nr. 2 genannten Arbeitnehmern führt nicht zum Erlöschen seines Amtes.

Dritter Abschnitt. Innere Ordnung, Rechte und Pflichten des Aufsichtsrats

§ 25 Grundsatz. (1) ¹Die innere Ordnung, die Beschlußfassung sowie die Rechte und Pflichten des Aufsichtsrats bestimmen sich nach den §§ 27 bis 29, den §§ 31 und 32 und, soweit diese Vorschriften dem nicht entgegenstehen,
1. für Aktiengesellschaften und Kommanditgesellschaften auf Aktien nach dem Aktiengesetz,
2. für Gesellschaften mit beschränkter Haftung nach § 90 Abs. 3, 4 und 5 Satz 1 und 2, den §§ 107 bis 116, 118 Abs. 2, § 125 Abs. 3 und 4 und den §§ 170, 171 und 268 Abs. 2 des Aktiengesetzes,
3. für Genossenschaften nach dem Genossenschaftsgesetz.
²§ 4 Abs. 2 des Gesetzes über die Überführung der Anteilsrechte an der Volkswagenwerk Gesellschaft mit beschränkter Haftung in private Hand vom 21. Juli 1960 (Bundesgesetzbl. I S. 585), zuletzt geändert durch das Zweite Gesetz zur Änderung des Gesetzes über die Überführung der Anteilsrechte an

der Volkswagenwerk Gesellschaft mit beschränkter Haftung in private Hand vom 31. Juli 1970 (Bundesgesetzbl. I S. 1149), bleibt unberührt.

(2) Andere gesetzliche Vorschriften und Bestimmungen der Satzung (des Gesellschaftsvertrags) oder der Geschäftsordnung des Aufsichtsrats über die innere Ordnung, die Beschlußfassung sowie die Rechte und Pflichten des Aufsichtsrats bleiben unberührt, soweit Absatz 1 dem nicht entgegensteht.

§ 26 Schutz von Aufsichtsratsmitgliedern vor Benachteiligung. [1]Aufsichtsratsmitglieder der Arbeitnehmer dürfen in der Ausübung ihrer Tätigkeit nicht gestört oder behindert werden. [2]Sie dürfen wegen ihrer Tätigkeit im Aufsichtsrat eines Unternehmens, dessen Arbeitnehmer sie sind oder als dessen Arbeitnehmer sie nach § 4 oder § 5 gelten, nicht benachteiligt werden. [3]Dies gilt auch für ihre berufliche Entwicklung.

§ 27 Vorsitz im Aufsichtsrat. (1) Der Aufsichtsrat wählt mit einer Mehrheit von zwei Dritteln der Mitglieder, aus denen er insgesamt zu bestehen hat, aus seiner Mitte einen Aufsichtsratsvorsitzenden und einen Stellvertreter.

(2) [1]Wird bei der Wahl des Aufsichtsratsvorsitzenden oder seines Stellvertreters die nach Absatz 1 erforderliche Mehrheit nicht erreicht, so findet für die Wahl des Aufsichtsratsvorsitzenden und seines Stellvertreters ein zweiter Wahlgang statt. [2]In diesem Wahlgang wählen die Aufsichtsratsmitglieder der Anteilseigner den Aufsichtsratsvorsitzenden und die Aufsichtsratsmitglieder der Arbeitnehmer den Stellvertreter jeweils mit der Mehrheit der abgegebenen Stimmen.

(3) Unmittelbar nach der Wahl des Aufsichtsratsvorsitzenden und seines Stellvertreters bildet der Aufsichtsrat zur Wahrnehmung der in § 31 Abs. 3 Satz 1 bezeichneten Aufgabe einen Ausschuß, dem der Aufsichtsratsvorsitzende, sein Stellvertreter sowie je ein von den Aufsichtsratsmitgliedern der Arbeitnehmer und von den Aufsichtsratsmitgliedern der Anteilseigner mit der Mehrheit der abgegebenen Stimmen gewähltes Mitglied angehören.

§ 28 Beschlußfähigkeit. [1]Der Aufsichtsrat ist nur beschlußfähig, wenn mindestens die Hälfte der Mitglieder, aus denen er insgesamt zu bestehen hat, an der Beschlußfassung teilnimmt. [2]§ 108 Abs. 2 Satz 4 des Aktiengesetzes ist anzuwenden.

§ 29 Abstimmungen. (1) Beschlüsse des Aufsichtsrats bedürfen der Mehrheit der abgegebenen Stimmen, soweit nicht in Absatz 2 und in den §§ 27, 31 und 32 etwas anderes bestimmt ist.

(2) [1]Ergibt eine Abstimmung im Aufsichtsrat Stimmengleichheit, so hat bei einer erneuten Abstimmung über denselben Gegenstand, wenn auch sie Stimmengleichheit ergibt, der Aufsichtsratsvorsitzende zwei Stimmen. [2]§ 108 Abs. 3 des Aktiengesetzes ist auch auf die Abgabe der zweiten Stimme anzuwenden. [3]Dem Stellvertreter steht die zweite Stimme nicht zu.

Dritter Teil. Gesetzliches Vertretungsorgan

§ 30 Grundsatz. Die Zusammensetzung, die Rechte und Pflichten des zur gesetzlichen Vertretung des Unternehmens befugten Organs sowie die Bestellung seiner Mitglieder bestimmen sich nach den für die Rechtsform des Unternehmens geltenden Vorschriften, soweit sich aus den §§ 31 bis 33 nichts anderes ergibt.

§ 31 Bestellung und Widerruf. (1) ¹Die Bestellung der Mitglieder des zur gesetzlichen Vertretung des Unternehmens befugten Organs und der Widerruf der Bestellung bestimmen sich nach den §§ 84 und 85 des Aktiengesetzes, soweit sich nicht aus den Absätzen 2 bis 5 etwas anderes ergibt. ²Dies gilt nicht für Kommanditgesellschaften auf Aktien.

(2) Der Aufsichtsrat bestellt die Mitglieder des zur gesetzlichen Vertretung des Unternehmens befugten Organs mit einer Mehrheit, die mindestens zwei Drittel der Stimmen seiner Mitglieder umfaßt.

(3) ¹Kommt eine Bestellung nach Absatz 2 nicht zustande, so hat der in § 27 Abs. 3 bezeichnete Ausschuß des Aufsichtsrats innerhalb eines Monats nach der Abstimmung, in der die in Absatz 2 vorgeschriebene Mehrheit nicht erreicht worden ist, dem Aufsichtsrat einen Vorschlag für die Bestellung zu machen; dieser Vorschlag schließt andere Vorschläge nicht aus. ²Der Aufsichtsrat bestellt die Mitglieder des zur gesetzlichen Vertretung des Unternehmens befugten Organs mit der Mehrheit der Stimmen seiner Mitglieder.

(4) ¹Kommt eine Bestellung nach Absatz 3 nicht zustande, so hat bei einer erneuten Abstimmung der Aufsichtsratsvorsitzende zwei Stimmen; Absatz 3 Satz 2 ist anzuwenden. ²Auf die Abgabe der zweiten Stimme ist § 108 Abs. 3 des Aktiengesetzes anzuwenden. ³Dem Stellvertreter steht die zweite Stimme nicht zu.

(5) Die Absätze 2 bis 4 sind für den Widerruf der Bestellung eines Mitglieds des zur gesetzlichen Vertretung des Unternehmens befugten Organs entsprechend anzuwenden.

§ 32 Ausübung von Beteiligungsrechten. (1) ¹Die einem Unternehmen, in dem die Arbeitnehmer nach diesem Gesetz ein Mitbestimmungsrecht haben, auf Grund von Beteiligungen an einem anderen Unternehmen, in dem die Arbeitnehmer nach diesem Gesetz ein Mitbestimmungsrecht haben, zustehenden Rechte bei der Bestellung, dem Widerruf der Bestellung oder der Entlastung von Verwaltungsträgern sowie bei der Beschlußfassung über die Auflösung oder Umwandlung des anderen Unternehmens, den Abschluß von Unternehmensverträgen (§§ 291, 292 des Aktiengesetzes) mit dem anderen Unternehmen, über dessen Fortsetzung nach seiner Auflösung oder über die Übertragung seines Vermögens können durch das zur gesetzlichen Vertretung des Unternehmens befugte Organ nur auf Grund von Beschlüssen des Aufsichtsrats ausgeübt werden. ²Diese Beschlüsse bedürfen nur der Mehrheit der Stimmen der Aufsichtsratsmitglieder der Anteilseigner; sie sind für das zur gesetzlichen Vertretung des Unternehmens befugte Organ verbindlich.

(2) Absatz 1 ist nicht anzuwenden, wenn die Beteiligung des Unternehmens an dem anderen Unternehmen weniger als ein Viertel beträgt.

§ 33 Arbeitsdirektor. (1) ¹Als gleichberechtigtes Mitglied des zur gesetzlichen Vertretung des Unternehmens befugten Organs wird ein Arbeitsdirektor bestellt. ²Dies gilt nicht für Kommanditgesellschaften auf Aktien.

(2) ¹Der Arbeitsdirektor hat wie die übrigen Mitglieder des zur gesetzlichen Vertretung des Unternehmens befugten Organs seine Aufgaben im engsten Einvernehmen mit dem Gesamtorgan auszuüben. ²Das Nähere bestimmt die Geschäftsordnung.

(3) Bei Genossenschaften ist auf den Arbeitsdirektor § 9 Abs. 2 des Genossenschaftsgesetzes nicht anzuwenden.

Vierter Teil. Seeschiffahrt

§ 34 [Schiffe] (1) Die Gesamtheit der Schiffe eines Unternehmens gilt für die Anwendung dieses Gesetzes als ein Betrieb.

(2) ¹Schiffe im Sinne dieses Gesetzes sind Kauffahrteischiffe, die nach dem Flaggenrechtsgesetz die Bundesflagge führen. ²Schiffe, die in der Regel binnen 48 Stunden nach dem Auslaufen an den Sitz eines Landbetriebs zurückkehren, gelten als Teil dieses Landbetriebs.

(3) Leitende Angestellte im Sinne des § 3 Abs. 1 Nr. 2 dieses Gesetzes sind in einem in Absatz 1 bezeichneten Betrieb nur die Kapitäne.

(4) Die Arbeitnehmer eines in Absatz 1 bezeichneten Betriebs nehmen an einer Abstimmung nach § 9 nicht teil und bleiben für die Errechnung der für die Antragstellung und für die Beschlußfassung erforderlichen Zahl von Arbeitnehmern außer Betracht.

(5) ¹Werden die Aufsichtsratsmitglieder der Arbeitnehmer durch Delegierte gewählt, so werden abweichend von § 10 in einem in Absatz 1 bezeichneten Betrieb keine Delegierten gewählt. ²Abweichend von § 15 Abs. 1 nehmen die Arbeitnehmer dieses Betriebs unmittelbar an der Wahl der Aufsichtsratsmitglieder der Arbeitnehmer teil mit der Maßgabe, daß die Stimme eines dieser Arbeitnehmer als ein Neunzigstel der Stimme eines Delegierten zu zählen ist; § 11 Abs. 1 Satz 3 ist entsprechend anzuwenden.

Fünfter Teil. Übergangs- und Schlußvorschriften

§ 35 *(aufgehoben)*

§ 36 Verweisungen. (1) Soweit in anderen Vorschriften auf Vorschriften des Betriebsverfassungsgesetzes 1952 über die Vertretung der Arbeitnehmer in den Aufsichtsräten von Unternehmen verwiesen wird, gelten diese Verweisungen für die in § 1 Abs. 1 dieses Gesetzes bezeichneten Unternehmen als Verweisungen auf dieses Gesetz.

(2) Soweit in anderen Vorschriften für das Gesetz über die Mitbestimmung der Arbeitnehmer in den Aufsichtsräten und Vorständen der Unternehmen des Bergbaus und der Eisen und Stahl erzeugenden Industrie[1] vom 21. Mai 1951 (Bundesgesetzbl. I S. 347) die Bezeichnung „Mitbestimmungsgesetz" verwendet wird, tritt an ihre Stelle die Bezeichnung „Montan-Mitbestimmungsgesetz".

§ 37 Erstmalige Anwendung des Gesetzes auf ein Unternehmen.

(1) ¹Andere als die in § 97 Abs. 2 Satz 2 des Aktiengesetzes bezeichneten Bestimmungen der Satzung (des Gesellschaftsvertrags), die mit den Vorschriften dieses Gesetzes nicht vereinbar sind, treten mit dem in § 97 Abs. 2 Satz 2 des Aktiengesetzes bezeichneten Zeitpunkt oder, im Falle einer gerichtlichen Entscheidung, mit dem in § 98 Abs. 4 Satz 2 des Aktiengesetzes bezeichneten Zeitpunkt außer Kraft. ²Eine Hauptversammlung (Gesellschafterversammlung, Generalversammlung), die bis zu diesem Zeitpunkt stattfindet, kann an Stelle der außer Kraft tretenden Satzungsbestimmungen mit einfacher Mehrheit neue Satzungsbestimmungen beschließen.

---

[1] Nr. **87**.

(2) Die §§ 25 bis 29, 31 bis 33 sind erstmalig anzuwenden, wenn der Aufsichtsrat nach den Vorschriften dieses Gesetzes zusammengesetzt ist.

(3) ¹Die Bestellung eines vor dem Inkrafttreten dieses Gesetzes bestellten Mitglieds des zur gesetzlichen Vertretung befugten Organs eines Unternehmens, auf das dieses Gesetz bereits bei seinem Inkrafttreten anzuwenden ist, kann, sofern die Amtszeit dieses Mitglieds nicht aus anderen Gründen früher endet, nach Ablauf von fünf Jahren seit dem Inkrafttreten dieses Gesetzes von dem nach diesem Gesetz gebildeten Aufsichtsrat jederzeit widerrufen werden. ²Für den Widerruf bedarf es der Mehrheit der abgegebenen Stimmen der Aufsichtsratsmitglieder, aller Stimmen der Aufsichtsratsmitglieder der Anteilseigner oder aller Stimmen der Aufsichtsratsmitglieder der Arbeitnehmer. ³Für die Ansprüche aus dem Anstellungsvertrag gelten die allgemeinen Vorschriften. ⁴Bis zum Widerruf bleiben für diese Mitglieder Satzungsbestimmungen über die Amtszeit abweichend von Absatz 1 Satz 1 in Kraft. ⁵Diese Vorschriften sind entsprechend anzuwenden, wenn dieses Gesetz auf ein Unternehmen erst nach dem Zeitpunkt des Inkrafttretens dieses Gesetzes erstmalig anzuwenden ist.

(4) Absatz 3 gilt nicht für persönlich haftende Gesellschafter einer Kommanditgesellschaft auf Aktien.

§ 38 *(aufgehoben)*

§ 39 Ermächtigung zum Erlaß von Rechtsverordnungen. Die Bundesregierung wird ermächtigt, durch Rechtsverordnung[1]) Vorschriften über das Verfahren für die Wahl und die Abberufung von Aufsichtsratsmitgliedern der Arbeitnehmer zu erlassen, insbesondere über

1. die Vorbereitung der Wahl oder Abstimmung, die Bestellung der Wahlvorstände und Abstimmungsvorstände sowie die Aufstellung der Wählerlisten,
2. die Abstimmungen darüber, ob die Wahl der Aufsichtsratsmitglieder in unmittelbarer Wahl oder durch Delegierte erfolgen soll,
3. die Frist für die Einsichtnahme in die Wählerlisten und die Erhebung von Einsprüchen,
4. die Errechnung der Zahl der Aufsichtsratsmitglieder der Arbeitnehmer sowie ihre Verteilung auf die in § 3 Abs. 1 Nr. 1 bezeichneten Arbeitnehmer, die leitenden Angestellten und die Gewerkschaftsvertreter,
5. die Errechnung der Zahl der Delegierten,
6. die Wahlvorschläge und die Frist für ihre Einreichung,
7. die Ausschreibung der Wahl oder der Abstimmung und die Fristen für die Bekanntmachung des Ausschreibens,
8. die Teilnahme von Arbeitnehmern eines in § 34 Abs. 1 bezeichneten Betriebs an Wahlen und Abstimmungen,
9. die Stimmabgabe,

---

[1]) Vgl. 1. Wahlordnung zum Mitbestimmungsgesetz v. 27. 5. 2002 (BGBl. I S. 1682), geänd. durch Wahlordnung v. 10. 10. 2005 (BGBl. I S. 2927), 2. Wahlordnung zum Mitbestimmungsgesetz v. 27. 5. 2002 (BGBl. I S. 1708), geänd. durch Wahlordnung v. 10. 10. 2005 (BGBl. I S. 2927), 3. Wahlordnung zum Mitbestimmungsgesetz v. 27. 5. 2002 (BGBl. I S. 1741), geänd. durch Wahlordnung v. 10. 10. 2005 (BGBl. I S. 2927), **MitbestG** (dtv 5524) Nr. **1 a–1 c**.

10. die Feststellung des Ergebnisses der Wahl oder der Abstimmung und die Fristen für seine Bekanntmachung,
11. die Aufbewahrung der Wahlakten und der Abstimmungsakten.

§ 40 Übergangsregelung. (1) ¹Auf Wahlen oder Abberufungen von Aufsichtsratsmitgliedern der Arbeitnehmer, die nach dem 28. Juli 2001 bis zum 26. März 2002 eingeleitet wurden, ist das Mitbestimmungsgesetz vom 4. Mai 1976 (BGBl. I S. 1153) in der durch Artikel 12 des Betriebsverfassungs-Reformgesetzes vom 23. Juli 2001 (BGBl. I S. 1852) geänderten Fassung anzuwenden. ²Abweichend von Satz 1 findet § 11 des Mitbestimmungsgesetzes vom 4. Mai 1976 (BGBl. I S. 1153) in der durch Artikel 1 des Gesetzes zur Vereinfachung der Wahl der Arbeitnehmervertreter in den Aufsichtsrat vom 23. März 2002 (BGBl. I S. 1130) geänderten Fassung Anwendung, wenn feststeht, dass die Aufsichtsratsmitglieder der Arbeitnehmer durch Delegierte zu wählen sind und bis zum 26. März 2002 die Errechnung der Zahl der Delegierten noch nicht erfolgt ist.

(2) ¹Auf Wahlen oder Abberufungen von Aufsichtsratsmitgliedern der Arbeitnehmer, die nach dem 28. Juli 2001 eingeleitet wurden, finden die Erste Wahlordnung zum Mitbestimmungsgesetz vom 23. Juni 1977 (BGBl. I S. 861), geändert durch Artikel 1 der Verordnung vom 9. November 1990 (BGBl. I S. 2487), die Zweite Wahlordnung zum Mitbestimmungsgesetz vom 23. Juni 1977 (BGBl. I S. 893), geändert durch Artikel 2 der Verordnung vom 9. November 1990 (BGBl. I S. 2487) und die Dritte Wahlordnung zum Mitbestimmungsgesetz vom 23. Juni 1977 (BGBl. I S. 934), geändert durch Artikel 3 der Verordnung vom 9. November 1990 (BGBl. I S. 2487) bis zu deren Änderung entsprechende Anwendung. ²Für die entsprechende Anwendung ist für Wahlen oder Abberufungen von Aufsichtsratsmitgliedern der Arbeitnehmer, die in dem Zeitraum nach dem 28. Juli 2001 bis zum 26. März 2002 eingeleitet wurden, das Mitbestimmungsgesetz vom 4. Mai 1976 (BGBl. I S. 1153) in der nach Absatz 1 anzuwendenden Fassung maßgeblich; für Wahlen oder Abberufungen von Aufsichtsratsmitgliedern der Arbeitnehmer, die nach dem 26. März 2002 eingeleitet werden, ist das Mitbestimmungsgesetz vom 4. Mai 1976 (BGBl. I S. 1153) in der durch Artikel 1 des Gesetzes zur Vereinfachung der Wahl der Arbeitnehmervertreter in den Aufsichtsrat vom 23. März 2002 (BGBl. I S. 1130) geänderten Fassung maßgeblich.

§ 41 Inkrafttreten. Dieses Gesetz tritt am 1. Juli 1976 in Kraft.

87. Gesetz über die Mitbestimmung der Arbeitnehmer in den Aufsichtsräten und Vorständen der Unternehmen des Bergbaus und der Eisen und Stahl erzeugenden Industrie

Vom 21. Mai 1951

(BGBl. I S. 347)

BGBl. III/FNA 801-2

zuletzt geänd. durch Art. 220 Neunte ZuständigkeitsanpassungsVO v. 31. 10. 2006 (BGBl. I S. 2407)

Erster Teil. Allgemeines

§ 1[1) **[Arbeitnehmermitbestimmung in den Aufsichtsräten. Anwendungsbereich]** (1) [1]Die Arbeitnehmer haben ein Mitbestimmungsrecht in den Aufsichtsräten und in den zur gesetzlichen Vertretung berufenen Organen nach Maßgabe dieses Gesetzes in

a) den Unternehmen, deren überwiegender Betriebszweck in der Förderung von Steinkohle, Braunkohle oder Eisenerz oder in der Aufbereitung, Verkokung, Verschwelung oder Brikettierung dieser Grundstoffe liegt und deren Betrieb unter der Aufsicht der Bergbehörden steht,

b) den Unternehmen der Eisen und Stahl erzeugenden Industrie in dem Umfang, wie er in Gesetz Nr. 27 der Alliierten Hohen Kommission vom 16. Mai 1950 (Amtsblatt der Alliierten Hohen Kommission für Deutschland S. 299) bezeichnet ist, soweit diese Unternehmen in „Einheitsgesellschaf-

---

[1]) Im Gebiet der ehem. DDR ist § 1 Abs. 1 ab 1. April 1991 in folgender Fassung anzuwenden:
„(1) [1]Die Arbeitnehmer haben ein Mitbestimmungsrecht in den Aufsichtsräten und in den zur gesetzlichen Vertretung berufenen Organen nach Maßgabe dieses Gesetzes in
a) den Unternehmen, deren überwiegender Betriebszweck in der Förderung von Steinkohle, Braunkohle oder Eisenerz oder in der Aufbereitung, Verkokung, Verschwelung oder Brikettierung dieser Grundstoffe liegt und deren Betrieb unter der Aufsicht der Bergbehörden steht,b) den Unternehmen, deren überwiegender Betriebszweck in der Erzeugung von Eisen und Stahl besteht. Die Herstellung von Walzwerkserzeugnissen einschließlich Walzdraht, Röhren, Walzen, rollendem Eisenbahnmaterial, Freiformschmiedestücken und Gießereierzeugnissen aus Eisen oder Stahl ist als Erzeugung von Eisen und Stahl anzusehen

1. in einem Unternehmen, dessen Aufsichtsrat am 1. April 1991 nach §§ 4 oder 9 zusammengesetzt ist, oder
2. in einem anderen Unternehmen nach der Verschmelzung mit einem in Nummer 1 bezeichneten Unternehmen oder nach dem Übergang von Betrieben oder Betriebsteilen eines in Nummer 1 bezeichneten Unternehmens, die die genannten Erzeugnisse herstellen oder Roheisen oder Rohstahl erzeugen, auf das andere Unternehmen, wenn dieses mit dem in Nummer 1 bezeichneten Unternehmen verbunden ist (§ 15 des Aktiengesetzes), und solange nach der Verschmelzung oder dem Übergang der überwiegende Betriebszweck des anderen Unternehmens die Herstellung der genannten Erzeugnisse oder die Erzeugung von Roheisen oder Rohstahl ist.

[2]Satz 2 Nr. 2 gilt entsprechend für die weitere Verschmelzung sowie für den weiteren Übergang von Betrieben oder Betriebsteilen."

Vgl. Einigungsvertrag v. 31. 8. 1990 (BGBl. II S. 889, 1022).

ten" im Sinne des Gesetzes Nr. 27 überführt oder in anderer Form weiterbetrieben und nicht liquidiert werden,
c) den Unternehmen, die von einem vorstehend bezeichneten oder nach Gesetz Nr. 27 der Alliierten Hohen Kommission zu liquidierenden Unternehmen abhängig sind, wenn sie die Voraussetzungen nach Buchstabe a erfüllen oder überwiegend Eisen und Stahl erzeugen.

²Die Herstellung von Walzwerkserzeugnissen einschließlich Walzdraht, Röhren, Walzen, rollendem Eisenbahnmaterial, Freiformschmiedestücken und Gießereierzeugnissen aus Eisen oder Stahl ist als Erzeugung von Eisen und Stahl im Sinne von Satz 1 Buchstabe b und c anzusehen

1. in einem Unternehmen, dessen Aufsichtsrat am 1. Juli 1981 nach § 4 oder § 9 zusammengesetzt ist, oder
2. in einem anderen Unternehmen nach der Verschmelzung mit einem in Nummer 1 bezeichneten Unternehmen oder nach dem Übergang von Betrieben oder Betriebsteilen eines in Nummer 1 bezeichneten Unternehmens, die die genannten Erzeugnisse herstellen oder Roheisen oder Rohstahl erzeugen, auf das andere Unternehmen, wenn dieses mit dem in Nummer 1 bezeichneten Unternehmen verbunden ist (§ 15 des Aktiengesetzes) und solange nach der Verschmelzung oder dem Übergang der überwiegende Betriebszweck des anderen Unternehmens die Herstellung der genannten Erzeugnisse oder die Erzeugung von Roheisen oder Rohstahl ist.

³Satz 2 Nr. 2 gilt entsprechend für die weitere Verschmelzung sowie für den weiteren Übergang von Betrieben oder Betriebsteilen.

(2) Dieses Gesetz findet nur auf diejenigen in Absatz 1 bezeichneten Unternehmen Anwendung, welche in Form einer Aktiengesellschaft oder einer Gesellschaft mit beschränkter Haftung betrieben werden und in der Regel mehr als eintausend Arbeitnehmer beschäftigten oder „Einheitsgesellschaften" sind.

(3) Erfüllt ein Unternehmen die in Absatz 1 bezeichneten Voraussetzungen nicht mehr oder beschäftigt es nicht mehr die nach Absatz 2 erforderliche Zahl von Arbeitnehmern, so sind die Vorschriften dieses Gesetzes über das Mitbestimmungsrecht erst dann nicht mehr anzuwenden, wenn in sechs aufeinanderfolgenden Geschäftsjahren eine dieser Voraussetzungen nicht mehr vorgelegen hat.

(4) ¹Ist ein Unternehmen, dessen Aufsichtsrat nach § 4 oder § 9 zusammenzusetzen ist, herrschendes Unternehmen eines Konzerns (§ 18 Abs. 1 des Aktiengesetzes) und ist für diesen Konzern ein Konzernbetriebsrat errichtet, so gelten für die Anwendung der §§ 4, 6 und 9 auf das herrschende Unternehmen die Arbeitnehmer der Konzernunternehmen als Arbeitnehmer des herrschenden Unternehmens und die in Konzernunternehmen vertretenen Gewerkschaften als im herrschenden Unternehmen vertreten. ²Liegen die Voraussetzungen des Satzes 1 vor, so tritt für die Anwendung der §§ 6 und 11 auf das herrschende Unternehmen der Konzernbetriebsrat an die Stelle der Betriebsräte.

§ 2 [Vorrang des Montan-Mitbestimmungsgesetzes] Auf die in § 1 bezeichneten Unternehmen finden die Vorschriften des Aktiengesetzes, des Gesetzes betreffend die Gesellschaften mit beschränkter Haftung, der Berggesetze und des Betriebsverfassungsrechts insoweit keine Anwendung, als sie den Vorschriften dieses Gesetzes widersprechen.

Zweiter Teil. Aufsichtsrat

§ 3 [Aufsichtsrat bei GmbH] (1) Betreibt eine Gesellschaft mit beschränkter Haftung ein Unternehmen im Sinne des § 1, so ist nach Maßgabe dieses Gesetzes ein Aufsichtsrat zu bilden.

(2) Auf den Aufsichtsrat, seine Rechte und Pflichten finden die Vorschriften des Aktienrechts sinngemäß Anwendung.

§ 4 [Zusammensetzung. Rechte und Pflichten der Mitglieder]

(1) [1]Der Aufsichtsrat besteht aus elf Mitgliedern. [2]Er setzt sich zusammen aus

a) vier Vertretern der Anteilseigner und einem weiteren Mitglied,
b) vier Vertretern der Arbeitnehmer und einem weiteren Mitglied,
c) einem weiteren Mitglied.

(2) Die in Absatz 1 bezeichneten weiteren Mitglieder dürfen nicht

a) Repräsentant einer Gewerkschaft oder einer Vereinigung der Arbeitgeber oder einer Spitzenorganisation dieser Verbände sein oder zu diesen in einem ständigen Dienst- oder Geschäftsbesorgungsverhältnis stehen,
b) im Laufe des letzten Jahres vor der Wahl eine unter Buchstabe a bezeichnete Stellung innegehabt haben,
c) in den Unternehmen als Arbeitnehmer oder Arbeitgeber tätig sein,
d) an dem Unternehmen wirtschaftlich wesentlich interessiert sein.

(3) [1]Alle Aufsichtsratsmitglieder haben die gleichen Rechte und Pflichten. [2]Sie sind an Aufträge und Weisungen nicht gebunden.

§ 5 [Wahl der Vertreter der Anteilseigner] Die in § 4 Abs. 1 Buchstabe a bezeichneten Mitglieder des Aufsichtsrats werden durch das nach Gesetz, Satzung oder Gesellschaftsvertrag zur Wahl von Aufsichtsratsmitgliedern berufene Organ (Wahlorgan) nach Maßgabe der Satzung oder des Gesellschaftsvertrags gewählt.

§ 6 [Wahl der Vertreter der Arbeitnehmer] (1) [1]Unter den in § 4 Abs. 1 Buchstabe b bezeichneten Mitgliedern des Aufsichtsrats müssen sich zwei Arbeitnehmer befinden, die in einem Betriebe des Unternehmens beschäftigt sind. [2]Diese Mitglieder werden durch die Betriebsräte der Betriebe des Unternehmens in geheimer Wahl gewählt und dem Wahlorgan nach Beratung mit den in den Betrieben des Unternehmens vertretenen Gewerkschaften und deren Spitzenorganisationen vorgeschlagen.

(2) [1]Die nach Abs. 1 gewählten Personen sind vor Weiterleitung der Vorschläge an das Wahlorgan innerhalb von zwei Wochen nach der Wahl den Spitzenorganisationen mitzuteilen, denen die in den Betrieben des Unternehmens vertretenen Gewerkschaften angehören. [2]Jede Spitzenorganisation kann binnen zwei Wochen nach Zugang der Mitteilung Einspruch bei den Betriebsräten einlegen, wenn der begründete Verdacht besteht, daß ein Vorgeschlagener nicht die Gewähr bietet, zum Wohle des Unternehmens und der gesamten Volkswirtschaft verantwortlich im Aufsichtsrat mitzuarbeiten. [3]Lehnen die Betriebsräte den Einspruch mit einfacher Stimmenmehrheit ab, so können die Betriebsräte oder die Spitzenorganisation, welche den Einspruch

eingelegt hat, das Bundesministerium für Arbeit und Soziales anrufen; dieses entscheidet endgültig.

(3) ¹Zwei der in § 4 Abs. 1 Buchstabe b bezeichneten Mitglieder werden von den Spitzenorganisationen nach vorheriger Beratung mit den im Betriebe vertretenen Gewerkschaften den Betriebsräten vorgeschlagen. ²Die Spitzenorganisationen sind nach dem Verhältnis ihrer Vertretung in den Betrieben vorschlagsberechtigt; sie sollen bei ihren Vorschlägen die innerhalb der Belegschaften bestehenden Minderheiten in angemessener Weise berücksichtigen.

(4) Für das in § 4 Abs. 1 Buchstabe b bezeichnete weitere Mitglied gilt Abs. 3 entsprechend.

(5) ¹Die Mitglieder der Betriebsräte der Betriebe des Unternehmens wählen in geheimer Wahl auf Grund der nach den Absätzen 3 und 4 gemachten Vorschläge die Bewerber und schlagen diese dem Wahlorgan vor. ²Wird von einer Spitzenorganisation nur ein Bewerber für ein Aufsichtsratsmitglied vorgeschlagen, so bedarf der Vorschlag gegenüber dem Wahlorgan der Mehrheit der Stimmen der Mitglieder der Betriebsräte.

(6) Das Wahlorgan ist an die Vorschläge der Betriebsräte gebunden.

§ 7 *(aufgehoben)*

§ 8 [Wahl des weiteren Mitglieds. Vermittlungsausschuss] (1) ¹Das in § 4 Abs. 1 Buchstabe c bezeichnete weitere Mitglied des Aufsichtsrats wird durch das Wahlorgan auf Vorschlag der übrigen Aufsichtsratsmitglieder gewählt. ²Der Vorschlag wird durch diese Aufsichtsratsmitglieder mit Mehrheit aller Stimmen beschlossen. ³Er bedarf jedoch der Zustimmung von mindestens je drei Mitgliedern, die nach § 5 und die nach § 6 gewählt sind.

(2) ¹Kommt ein Vorschlag nach Absatz 1 nicht zustande oder wird eine vorgeschlagene Person nicht gewählt, so ist ein Vermittlungsausschuß zu bilden, der aus vier Mitgliedern besteht. ²Je zwei Mitglieder werden von den nach § 5 und den nach § 6 gewählten Aufsichtsratsmitgliedern gewählt.

(3) ¹Der Vermittlungsausschuß schlägt innerhalb eines Monats dem Wahlorgan drei Personen zur Wahl vor, aus denen das Wahlorgan das Aufsichtsratsmitglied wählen soll. ²Kommt die Wahl auf Grund des Vorschlages des Vermittlungsausschusses aus wichtigen Gründen nicht zustande, insbesondere dann, wenn keiner der Vorgeschlagenen die Gewähr für ein gedeihliches Wirken für das Unternehmen bietet, so muß die Ablehnung durch Beschluß festgestellt werden. ³Dieser Beschluß muß mit Gründen versehen sein. ⁴Über die Berechtigung der Ablehnung der Wahl entscheidet auf Antrag des Vermittlungsausschusses das für das Unternehmen zuständige Oberlandesgericht. ⁵Im Falle der Bestätigung der Ablehnung hat der Vermittlungsausschuß dem Wahlorgan drei weitere Personen vorzuschlagen; für diesen zweiten Vorschlag gilt die vorstehende Regelung (Sätze 2 bis 4) entsprechend. ⁶Wird die Ablehnung der Wahl von dem Gericht für unberechtigt erklärt, so hat das Wahlorgan einen der Vorgeschlagenen zu wählen. ⁷Wird die Ablehnung der Wahl aus dem zweiten Wahlvorschlag von dem Gericht für berechtigt erklärt, oder erfolgt kein Wahlvorschlag, so wählt das Wahlorgan von sich aus das weitere Mitglied.

(4) Wird die in Absatz 2 vorgesehene Anzahl von Mitgliedern des Vermittlungsausschusses nicht gewählt, oder bleiben Mitglieder des Vermittlungsaus-

schusses trotz rechtzeitiger Einladung ohne genügende Entschuldigung einer Sitzung fern, so kann der Vermittlungsausschuß tätig werden, wenn wenigstens zwei Mitglieder mitwirken.

§ 9 [Größerer Aufsichtsrat] (1) ¹Bei Gesellschaften mit einem Nennkapital von mehr als zehn Millionen Euro kann durch Satzung oder Gesellschaftsvertrag bestimmt werden, daß der Aufsichtsrat aus fünfzehn Mitgliedern besteht. ²Die Vorschriften der §§ 4 bis 8 finden sinngemäß Anwendung mit der Maßgabe, daß die Zahl der gemäß § 6 Abs. 1 und 2 zu wählenden Arbeitnehmer und die Zahl der in § 6 Abs. 3 bezeichneten Vertreter der Arbeitnehmer je drei beträgt.

(2) ¹Bei Gesellschaften mit einem Nennkapital von mehr als fünfundzwanzig Millionen Euro kann durch Satzung oder Gesellschaftsvertrag bestimmt werden, daß der Aufsichtsrat aus einundzwanzig Mitgliedern besteht. ²Die Vorschriften der §§ 4 bis 8 finden sinngemäß Anwendung mit der Maßgabe, daß die Zahl der in § 4 Abs. 1 Buchstaben a und b bezeichneten weiteren Mitglieder je zwei, die Zahl der gemäß § 6 Abs. 1 und 2 zu wählenden Arbeitnehmer und die Zahl der in § 6 Abs. 3 bezeichneten Vertreter der Arbeitnehmer je vier beträgt.

§ 10 [Beschlussfähigkeit] ¹Der Aufsichtsrat ist beschlußfähig, wenn mindestens die Hälfte der Mitglieder, aus denen er nach diesem Gesetz oder der Satzung insgesamt zu bestehen hat, an der Beschlußfassung teilnimmt. ²§ 108 Abs. 2 Satz 4 des Aktiengesetzes findet Anwendung.

§ 11 [Abberufung eines Aufsichtsratsmitglieds] (1) Auf die in § 5 bezeichneten Mitglieder des Aufsichtsrats findet § 103 des Aktiengesetzes Anwendung.

(2) ¹Auf die Abberufung eines in § 6 bezeichneten Mitglieds des Aufsichtsrats durch das Wahlorgan findet Absatz 1 entsprechende Anwendung mit der Maßgabe, daß die Abberufung auf Vorschlag der Betriebsräte der Betriebe des Unternehmens erfolgt. ²Die Abberufung eines in § 6 Abs. 3 oder 4 bezeichneten Mitglieds kann nur auf Antrag der Spitzenorganisation, die das Mitglied vorgeschlagen hat, von den Betriebsräten vorgeschlagen werden.

(3) Eine Abberufung des in § 8 bezeichneten Mitgliedes des Aufsichtsrats kann auf Antrag von mindestens drei Aufsichtsratsmitgliedern durch das Gericht aus wichtigem Grunde erfolgen.

Dritter Teil. Vorstand

§ 12 [Bestellung durch Aufsichtsrat] Die Bestellung der Mitglieder des zur gesetzlichen Vertretung berufenen Organs und der Widerruf ihrer Bestellung erfolgen nach Maßgabe des § 76 Abs. 3 und des § 84 des Aktiengesetzes durch den Aufsichtsrat.

§ 13 [Arbeitsdirektor] (1) ¹Als gleichberechtigtes Mitglied des zur gesetzlichen Vertretung berufenen Organs wird ein Arbeitsdirektor bestellt. ²Der Arbeitsdirektor kann nicht gegen die Stimmen der Mehrheit der nach § 6 gewählten Aufsichtsratsmitglieder bestellt werden. ³Das gleiche gilt für den Widerruf der Bestellung.

(2) ¹Der Arbeitsdirektor hat wie die übrigen Mitglieder des zur gesetzlichen Vertretung berufenen Organs seine Aufgaben im engsten Einvernehmen mit dem Gesamtorgan auszuüben. ²Das Nähere bestimmt die Geschäftsordnung.

Vierter Teil. Schlußvorschriften

§ 14 [Inkrafttreten] (1) Die Vorschriften dieses Gesetzes treten in Kraft
a) für Unternehmen, die dem Gesetz Nr. 27 der Alliierten Hohen Kommission nicht unterliegen, am 31. Dezember 1951,
b) für Unternehmen, die aus der Kontrolle nach dem Gesetz Nr. 27 der Alliierten Hohen Kommission entlassen werden, im Zeitpunkt ihrer Entlassung, spätestens am 31. Dezember 1951,
c) für Unternehmen, die auf Grund des Gesetzes Nr. 27 der Alliierten Hohen Kommission in eine „Einheitsgesellschaft" überführt werden, mit deren Errichtung, spätestens am 31. Dezember 1951,
d) für die übrigen Unternehmen in dem Zeitpunkt, in dem feststeht, daß sie auf Grund des Gesetzes Nr. 27 der Alliierten Hohen Kommission nicht in eine „Einheitsgesellschaft" überführt werden, spätestens am 31. Dezember 1951.

(2) Die Wahl von Aufsichtsratsmitgliedern nach §§ 5 und 6 findet erstmalig innerhalb von zwei Monaten nach Inkrafttreten dieses Gesetzes statt.

§ 14a *(gegenstandslos)*

§ 15 [Ermächtigung zum Erlass von Rechtsverordnungen] Die Bundesregierung wird ermächtigt, durch Rechtsverordnung Vorschriften zu erlassen über
a) die Anpassung von Satzungen und Gesellschaftsverträgen an die Vorschriften dieses Gesetzes,
b) das Verfahren für die Aufstellung der in § 6 bezeichneten Wahlvorschläge.

88. Gesetz zur Ergänzung des Gesetzes über die Mitbestimmung der Arbeitnehmer in den Aufsichtsräten und Vorständen der Unternehmen des Bergbaus und der Eisen und Stahl erzeugenden Industrie

Vom 7. August 1956

(BGBl. I S. 707)

BGBl. III/FNA 801-3

zuletzt geänd. durch Art. 194 Erstes G über die Bereinigung von BundesR im Zuständigkeitsbereich des BMJ v. 19. 4. 2006 (BGBl. I S. 866)

Art. 1. Mitbestimmung in herrschenden Unternehmen

§ 1 [Begriff] Die Mitbestimmung der Arbeitnehmer in den Aufsichtsräten und den zur gesetzlichen Vertretung berufenen Organen von Unternehmen in der Rechtsform einer Aktiengesellschaft oder einer Gesellschaft mit beschränkter Haftung, die ein Unternehmen beherrschen, in dem die Arbeitnehmer nach den Vorschriften des Gesetzes über die Mitbestimmung der Arbeitnehmer in den Aufsichtsräten und Vorständen der Unternehmen des Bergbaus und der Eisen und Stahl erzeugenden Industrie[1]) vom 21. Mai 1951 – Bundesgesetzbl. I S. 347 – (Montan-Mitbestimmungsgesetz) ein Mitbestimmungsrecht haben, regelt sich nach den Vorschriften dieses Gesetzes.

§ 2 [Anwendung des Montan-Mitbestimmungsgesetzes[1])] ¹Liegen bei dem herrschenden Unternehmen nach seinem eigenen überwiegenden Betriebszweck die Voraussetzungen für die Anwendung des Montan-Mitbestimmungsgesetzes[1]) vor, so gilt für das herrschende Unternehmen das Montan-Mitbestimmungsgesetz[1]). ²Dies gilt auch, solange in dem herrschenden Unternehmen das Mitbestimmungsrecht nach § 1 Abs. 3 des Montan-Mitbestimmungsgesetzes[1]) fortbesteht.

§ 3 [Unternehmenszweck] (1) ¹Liegen bei dem herrschenden Unternehmen die Voraussetzungen für die Anwendung des Montan-Mitbestimmungsgesetzes[1]) nach § 2 nicht vor, wird jedoch der Unternehmenszweck des Konzerns durch Konzernunternehmen und abhängige Unternehmen gekennzeichnet, die unter das Montan-Mitbestimmungsgesetz[1]) fallen, so gelten für das herrschende Unternehmen die §§ 5 bis 13. ²Ist das herrschende Unternehmen eine Gesellschaft mit beschränkter Haftung, so findet § 3 des Montan-Mitbestimmungsgesetzes[1]) entsprechende Anwendung.

(2) ¹Der Unternehmenszweck des Konzerns wird durch die unter das Montan-Mitbestimmungsgesetz[1]) fallenden Konzernunternehmen und abhängigen Unternehmen gekennzeichnet, wenn diese Konzernunternehmen und abhängigen Unternehmen insgesamt

---

[1]) Nr. 87.

88 MontMitBestErgG §§ 4, 5 VII. Mitbestimmung im Betrieb

1. mindestens ein Fünftel der Umsätze sämtlicher Konzernunternehmen und abhängigen Unternehmen erzielen, jeweils vermindert um die in den Umsätzen enthaltenen Kosten für fremdbezogene Roh-, Hilfs- und Betriebsstoffe und für Fremdleistungen, oder
2. in der Regel mehr als ein Fünftel der Arbeitnehmer sämtlicher Konzernunternehmen und abhängigen Unternehmen beschäftigen.

²Soweit Konzernunternehmen und abhängige Unternehmen Umsätze erzielen, die nicht auf der Veräußerung selbsterzeugter, bearbeiteter oder verarbeiteter Waren beruhen, ist ein Fünftel der unverminderten Umsätze anzurechnen.

§ 4 [Maßgebliches Umsatzverhältnis] (1) ¹Das nach § 3 maßgebliche Umsatzverhältnis hat der Abschlußprüfer des herrschenden Unternehmens zu ermitteln. ²Ist der Jahresabschluß des herrschenden Unternehmens nicht auf Grund gesetzlicher Vorschriften durch Abschlußprüfer zu prüfen, so wird das Umsatzverhältnis von einem in entsprechender Anwendung der §§ 318, 319 Abs. 1 bis 4, § 319a Abs. 1 des Handelsgesetzbuchs zu bestellenden Prüfer ermittelt.

(2) ¹Der Prüfer hat für jedes Geschäftsjahr vor Ablauf von fünf Monaten nach dessen Ende über das Ergebnis seiner Ermittlungen schriftlich zu berichten. ²Der Bericht ist den Verwaltungsträgern des herrschenden Unternehmens vorzulegen.

(3) ¹Der Prüfer hat, soweit dies für seine Ermittlungen erforderlich ist, gegenüber sämtlichen Konzernunternehmen und abhängigen Unternehmen die ihm nach § 320 Abs. 1 Satz 2, Abs. 2 des Handelsgesetzbuchs zustehenden Rechte. ²§ 323 des Handelsgesetzbuchs ist anzuwenden.

(4) Hat der Aufsichtsrat Bedenken gegen die von dem Prüfer getroffenen Feststellungen, so hat der Prüfer auf Verlangen des Aufsichtsrats die beanstandeten Feststellungen zu überprüfen und über das Ergebnis zu berichten.

(5) Das zur gesetzlichen Vertretung berufene Organ des herrschenden Unternehmens hat das festgestellte Umsatzverhältnis und die abschließende Stellungnahme des Aufsichtsrats unverzüglich den Betriebsräten (Gesamtbetriebsräten) der Konzernunternehmen und abhängigen Unternehmen sowie den nach § 7 vorschlagsberechtigten Spitzenorganisationen der Gewerkschaften mitzuteilen.

(6) Die Absätze 1 bis 5 sind nicht anzuwenden, wenn die Voraussetzungen des § 3 Abs. 2 Satz 1 Nr. 2 vorliegen.

§ 5 [Zusammensetzung des Aufsichtsrats] (1) ¹Der Aufsichtsrat besteht aus fünfzehn Mitgliedern. ²Er setzt sich zusammen aus
a) sieben Vertretern der Anteilseigner,
b) sieben Vertretern der Arbeitnehmer,
c) einem weiteren Mitglied.
³Bei Unternehmen mit einem Gesellschaftskapital von mehr als fünfundzwanzig Millionen Euro kann durch Satzung oder Gesellschaftsvertrag bestimmt werden, daß der Aufsichtsrat aus einundzwanzig Mitgliedern besteht. ⁴In diesem Fall beträgt die Zahl der in Satz 2 Buchstabe a und b bezeichneten Mitglieder je zehn.

(2) Für die Bestellung der in Absatz 1 Satz 2 Buchstabe a genannten Mitglieder gilt § 5 des Montan-Mitbestimmungsgesetzes[1]); für ihre Abberufung gilt § 103 des Aktiengesetzes.

(3) [1]Auf das in Absatz 1 Satz 2 Buchstabe c genannte Mitglied findet § 4 Abs. 2 des Montan-Mitbestimmungsgesetzes[1]) Anwendung. [2]Für seine Bestellung gilt § 8 des Montan-Mitbestimmungsgesetzes[1]), wobei an die Stelle des § 6 des Montan-Mitbestimmungsgesetzes[1]) die §§ 6 bis 10 h dieses Gesetzes treten; für seine Abberufung gilt § 11 Abs. 3 des Montan-Mitbestimmungsgesetzes[1]).

(4) § 4 Abs. 3 des Montan-Mitbestimmungsgesetzes[1]) findet Anwendung.

(5) [1]Arbeitnehmer im Sinne dieses Gesetzes sind die in § 5 Abs. 1 des Betriebsverfassungsgesetzes[2]) bezeichneten Personen. [2]Die in § 5 Abs. 2 des Betriebsverfassungsgesetzes[2]) bezeichneten Personen sind keine Arbeitnehmer im Sinne dieses Gesetzes.

(6) [1]Betriebe im Sinne dieses Gesetzes sind solche des Betriebsverfassungsgesetzes[2]). [2]§ 4 Abs. 2 des Betriebsverfassungsgesetzes[2]) ist anzuwenden.

§ 6 [Arbeitnehmervertreter] (1) [1]Unter den Aufsichtsratsmitgliedern der Arbeitnehmer müssen sich fünf Arbeitnehmer von Konzernunternehmen und zwei Vertreter von Gewerkschaften befinden. [2]Besteht der Aufsichtsrat aus einundzwanzig Mitgliedern, so müssen sich unter den Aufsichtsratsmitgliedern der Arbeitnehmer sieben Arbeitnehmer von Konzernunternehmen und drei Vertreter von Gewerkschaften befinden.

(2) [1]Die in Absatz 1 bezeichneten Arbeitnehmer müssen das 18. Lebensjahr vollendet haben und ein Jahr einem Konzernunternehmen angehören. [2]Auf die einjährige Angehörigkeit zu einem Konzernunternehmen werden Zeiten der Angehörigkeit zu einem anderen Unternehmen, dessen Arbeitnehmer nach diesem Gesetz an der Wahl von Aufsichtsratsmitgliedern des Konzerns teilnehmen, angerechnet. [3]Diese Zeiten müssen unmittelbar vor dem Zeitpunkt liegen, ab dem die Arbeitnehmer zur Wahl von Aufsichtsratsmitgliedern des Konzerns berechtigt sind. [4]Die weiteren Wählbarkeitsvoraussetzungen des § 8 Abs. 1 des Betriebsverfassungsgesetzes[2]) müssen erfüllt sein.

(3) Die in Absatz 1 bezeichneten Gewerkschaften müssen im Konzern vertreten sein.

§ 7 [Wahl durch Delegierte] (1) [1]Die Aufsichtsratsmitglieder der Arbeitnehmer eines Konzerns mit in der Regel mehr als 8000 Arbeitnehmern werden durch Delegierte gewählt, sofern nicht die wahlberechtigten Arbeitnehmer die unmittelbare Wahl beschließen. [2]Für die Wahl der Aufsichtsratsmitglieder der Arbeitnehmer durch Delegierte gelten die §§ 8 bis 10 f und 10 h.

(2) [1]Die Aufsichtsratsmitglieder der Arbeitnehmer eines Konzerns mit in der Regel nicht mehr als 8000 Arbeitnehmern werden in unmittelbarer Wahl gewählt, sofern nicht die wahlberechtigten Arbeitnehmer die Wahl durch Delegierte beschließen. [2]Für die unmittelbare Wahl der Aufsichtsratsmitglieder der Arbeitnehmer gelten die §§ 10 g und 10 h.

---

[1]) Nr. **87**.
[2]) Nr. **81**.

(3) ¹Zur Abstimmung darüber, ob die Wahl durch Delegierte oder unmittelbar erfolgen soll, bedarf es eines Antrags, der von einem Zwanzigstel der wahlberechtigten Arbeitnehmer des Konzerns unterzeichnet sein muß. ²Die Abstimmung ist geheim. ³Ein Beschluß nach Absatz 1 oder 2 kann nur unter Beteiligung von mindestens der Hälfte der wahlberechtigten Arbeitnehmer und nur mit der Mehrheit der abgegebenen Stimmen gefaßt werden.

§ 8 [Wahl der Delegierten] (1) Sind nach § 7 die Aufsichtsratsmitglieder der Arbeitnehmer durch Delegierte zu wählen, so wählen in jedem Betrieb des Konzerns die Arbeitnehmer in geheimer Wahl und nach den Grundsätzen der Verhältniswahl Delegierte.

(2) ¹Wahlberechtigt für die Wahl von Delegierten sind diejenigen Arbeitnehmer der Konzernunternehmen, die das 18. Lebensjahr vollendet haben. ²§ 7 Satz 2 des Betriebsverfassungsgesetzes¹⁾ gilt entsprechend.

(3) Zu Delegierten wählbar sind die in Absatz 2 Satz 1 bezeichneten Arbeitnehmer, die die weiteren Wählbarkeitsvoraussetzungen des § 8 des Betriebsverfassungsgesetzes¹⁾ erfüllen.

(4) Wird für einen Wahlgang nur ein Wahlvorschlag gemacht, so gelten die darin aufgeführten Arbeitnehmer in der angegebenen Reihenfolge als gewählt.

§ 9 [Anzahl der Delegierten] (1) ¹In jedem Betrieb entfällt auf je 90 wahlberechtigte Arbeitnehmer ein Delegierter. ²Ergibt die Berechnung nach Satz 1 in einem Betrieb mehr als

1. 25 Delegierte, so vermindert sich die Zahl der zu wählenden Delegierten auf die Hälfte; diese Delegierten erhalten je zwei Stimmen;
2. 50 Delegierte, so vermindert sich die Zahl der zu wählenden Delegierten auf ein Drittel; diese Delegierten erhalten je drei Stimmen;
3. 75 Delegierte, so vermindert sich die Zahl der zu wählenden Delegierten auf ein Viertel; diese Delegierten erhalten je vier Stimmen;
4. 100 Delegierte, so vermindert sich die Zahl der zu wählenden Delegierten auf ein Fünftel; diese Delegierten erhalten je fünf Stimmen;
5. 125 Delegierte, so vermindert sich die Zahl der zu wählenden Delegierten auf ein Sechstel; diese Delegierten erhalten je sechs Stimmen;
6. 150 Delegierte, so vermindert sich die Zahl der zu wählenden Delegierten auf ein Siebtel; diese Delegierten erhalten je sieben Stimmen.

³Bei der Errechnung der Zahl der Delegierten werden Teilzahlen voll gezählt, wenn sie mindestens die Hälfte der vollen Zahl betragen.

(2) ¹Entfällt auf einen Betrieb kein Delegierter, gelten die Arbeitnehmer dieses Betriebs für die Wahl der Delegierten als Arbeitnehmer des Betriebs der Hauptniederlassung des betreffenden Konzernunternehmens. ²Soweit auf die Arbeitnehmer des Betriebs der Hauptniederlassung kein Delegierter entfällt, gelten diese für die Wahl der Delegierten als Arbeitnehmer des nach der Zahl der wahlberechtigten Arbeitnehmer größten Betriebs des betreffenden Konzernunternehmens.

(3) ¹Entfällt auf ein Konzernunternehmen kein Delegierter, gelten die Arbeitnehmer dieses Unternehmens für die Wahl der Delegierten als Arbeitnehmer des nach der Zahl der wahlberechtigten Arbeitnehmer größten Betriebs

---

¹⁾ Nr. **81**.

des herrschenden Unternehmens. ²Soweit auf die Arbeitnehmer des herrschenden Unternehmens kein Delegierter entfällt, gelten diese für die Wahl der Delegierten als Arbeitnehmer des nach der Zahl der wahlberechtigten Arbeitnehmer größten Betriebs der Konzernunternehmen.

§ 10 [Wahlvorschläge] (1) ¹Zur Wahl der Delegierten können die wahlberechtigten Arbeitnehmer des Betriebs Wahlvorschläge machen. ²Jeder Wahlvorschlag für Delegierte muss von einem Zwanzigstel oder 50 der wahlberechtigten Arbeitnehmer des Betriebs unterzeichnet sein.

(2) Jeder Wahlvorschlag soll mindestens doppelt so viele Bewerber enthalten, wie in dem Wahlgang Delegierte zu wählen sind.

§ 10a [Amtszeit der Delegierten] (1) ¹Die Delegierten werden für eine Zeit gewählt, die der Amtszeit der von ihnen zu wählenden Aufsichtsratsmitglieder entspricht. ²Sie nehmen die ihnen nach den Vorschriften dieses Gesetzes zustehenden Aufgaben und Befugnisse bis zur Einleitung der Neuwahl der Aufsichtsratsmitglieder der Arbeitnehmer wahr.

(2) In den Fällen des § 7 Abs. 1 endet die Amtszeit der Delegierten, wenn
1. die wahlberechtigten Arbeitnehmer nach § 7 Abs. 1 die unmittelbare Wahl beschließen;
2. der Konzern nicht mehr die Voraussetzungen für die Anwendung des § 7 Abs. 1 erfüllt, es sei denn, die wahlberechtigten Arbeitnehmer beschließen, daß die Amtszeit bis zu dem in Absatz 1 genannten Zeitpunkt fortdauern soll; § 7 Abs. 3 ist entsprechend anzuwenden.

(3) In den Fällen des § 7 Abs. 2 endet die Amtszeit der Delegierten, wenn die wahlberechtigten Arbeitnehmer die unmittelbare Wahl beschließen; § 7 Abs. 3 ist anzuwenden.

(4) Abweichend von Absatz 1 endet die Amtszeit der Delegierten eines Betriebs, wenn nach Eintreten aller Ersatzdelegierten des Wahlvorschlags, dem die zu ersetzenden Delegierten angehören, die Gesamtzahl der Delegierten des Betriebs unter die im Zeitpunkt ihrer Wahl vorgeschriebene Zahl der auf den Betrieb entfallenden Delegierten gesunken ist.

§ 10b [Ende der Amtszeit der Delegierten] (1) Die Amtszeit eines Delegierten endet vor dem in § 10a bezeichneten Zeitpunkt
1. durch Niederlegung des Amtes,
2. durch Beendigung der Beschäftigung des Delegierten in dem Betrieb, dessen Delegierter er ist,
3. durch Verlust der Wählbarkeit.

(2) ¹Endet die Amtszeit eines Delegierten vorzeitig oder ist er verhindert, so tritt an seine Stelle ein Ersatzdelegierter. ²Die Ersatzdelegierten werden der Reihe nach aus den nicht gewählten Arbeitnehmern derjenigen Wahlvorschläge entnommen, denen die zu ersetzenden Delegierten angehören.

§ 10c [Wahl der Arbeitnehmervertreter] (1) Die Delegierten wählen die Aufsichtsratsmitglieder, die nach § 6 Abs. 1 Arbeitnehmer von Konzernunternehmen sein müssen, geheim und nach den Grundsätzen der Verhältniswahl für die Zeit, die im Gesetz oder in der Satzung (im Gesellschaftsvertrag, im Statut) für die durch das Wahlorgan der Anteilseigner zu wählenden Mitglieder des Aufsichtsrats bestimmt ist.

(2) ¹Die Wahl erfolgt aufgrund von Wahlvorschlägen. ²Jeder Wahlvorschlag muss von einem Fünftel oder 100 der wahlberechtigten Arbeitnehmer des Konzerns unterzeichnet sein.

(3) ¹Abweichend von Absatz 1 findet Mehrheitswahl statt, soweit nur ein Wahlvorschlag gemacht wird. ²In diesem Fall muss der Wahlvorschlag mindestens doppelt so viele Bewerber enthalten, wie Aufsichtsratsmitglieder auf die Arbeitnehmer entfallen.

§ 10d [Wahl der Gewerkschaftsvertreter] (1) Die Delegierten wählen die Aufsichtsratsmitglieder, die nach § 6 Abs. 1 Vertreter von Gewerkschaften sind, in geheimer Wahl und nach den Grundsätzen der Verhältniswahl für die in § 10c Abs. 1 bestimmte Zeit.

(2) ¹Die Wahl erfolgt aufgrund von Wahlvorschlägen der Gewerkschaften, die im Konzern vertreten sind. ²Wird nur ein Wahlvorschlag gemacht, so findet abweichend von Absatz 1 Mehrheitswahl statt. ³In diesem Falle muß der Wahlvorschlag mindestens doppelt so viele Bewerber enthalten, wie Vertreter von Gewerkschaften in den Aufsichtsrat zu wählen sind.

§ 10e [Ersatzmitglieder des Aufsichtsrats] (1) ¹In jedem Wahlvorschlag kann zusammen mit jedem Bewerber für diesen ein Ersatzmitglied des Aufsichtsrats vorgeschlagen werden. ²Ein Bewerber kann nicht zugleich als Ersatzmitglied vorgeschlagen werden.

(2) Wird ein Bewerber als Aufsichtsratsmitglied gewählt, so ist auch das zusammen mit ihm vorgeschlagene Ersatzmitglied gewählt.

§ 10f [Bekanntmachung des Wahlergebnisses] ¹Das zur gesetzlichen Vertretung berufene Organ des herrschenden Unternehmens hat die Namen der Mitglieder und der Ersatzmitglieder des Aufsichtsrats unverzüglich nach ihrer Bestellung in den Betrieben des Unternehmens bekanntzumachen und im elektronischen Bundesanzeiger zu veröffentlichen. ²Daneben ist in jedem abhängigen Konzernunternehmen das zur gesetzlichen Vertretung berufene Organ zur Bekanntmachung in dessen Betrieben verpflichtet.

§ 10g [Direkte Wahl] ¹Sind nach § 7 die Aufsichtsratsmitglieder der Arbeitnehmer in unmittelbarer Wahl zu wählen, so sind diejenigen Arbeitnehmer der Konzernunternehmen, die das 18. Lebensjahr vollendet haben, wahlberechtigt. ²§ 7 Satz 2 des Betriebsverfassungsgesetzes[1]) gilt entsprechend. ³Für die Wahl sind die §§ 10c bis 10f mit der Maßgabe anzuwenden, daß an die Stelle der Delegierten die wahlberechtigten Arbeitnehmer der Konzernunternehmen treten.

§ 10h [Schiffe] (1) Die Gesamtheit der Schiffe eines Unternehmens gilt für die Anwendung dieses Gesetzes als ein Betrieb.

(2) ¹Schiffe im Sinne dieses Gesetzes sind Kauffahrteischiffe, die nach dem Flaggenrechtsgesetz die Bundesflagge führen. ²Schiffe, die in der Regel bin-

---

[1]) Nr. **81**.

nen 48 Stunden nach dem Auslaufen an den Sitz eines Landbetriebs zurückkehren, gelten als Teil dieses Landbetriebs.

(3) Die Arbeitnehmer eines in Absatz 1 bezeichneten Betriebs nehmen an einer Abstimmung nach § 7 nicht teil und bleiben für die Errechnung der für die Antragstellung und für die Beschlußfassung erforderlichen Zahlen von Arbeitnehmern außer Betracht.

(4) ¹Werden die Aufsichtsratsmitglieder der Arbeitnehmer durch Delegierte gewählt, so werden abweichend von § 8 in einem in Absatz 1 bezeichneten Betrieb keine Delegierten gewählt. ²Abweichend von § 10c Abs. 1 nehmen die Arbeitnehmer dieses Betriebs unmittelbar an der Wahl der Aufsichtsratsmitglieder der Arbeitnehmer teil mit der Maßgabe, dass die Stimme eines dieser Arbeitnehmer als ein Neunzigstel der Stimme eines Delegierten zu zählen ist; § 9 Abs. 1 Satz 3 ist entsprechend anzuwenden.

§ 10 i [Freie Wahl, Kosten] (1) ¹Niemand darf die Wahlen nach den §§ 8, 10c, 10d und 10g behindern. ²Insbesondere darf niemand in der Ausübung des aktiven und passiven Wahlrechts beschränkt werden.

(2) Niemand darf die Wahlen durch Zufügung oder Androhung von Nachteilen oder durch Gewährung oder Versprechen von Vorteilen beeinflussen.

(3) ¹Die Kosten der Wahlen trägt das herrschende Unternehmen. ²Versäumnis von Arbeitszeit, die zur Ausübung des Wahlrechts oder der Betätigung im Wahlvorstand erforderlich ist, berechtigt den Arbeitgeber nicht zur Minderung des Arbeitsentgelts.

§ 10 k [Anfechtung der Delegiertenwahl] (1) Die Wahl der Delegierten eines Betriebs kann beim Arbeitsgericht angefochten werden, wenn gegen wesentliche Vorschriften über das Wahlrecht, die Wählbarkeit oder das Wahlverfahren verstoßen worden und eine Berichtigung nicht erfolgt ist, es sei denn, daß durch den Verstoß das Wahlergebnis nicht geändert oder beeinflußt werden konnte.

(2) ¹Zur Anfechtung berechtigt sind
1. mindestens drei wahlberechtigte Arbeitnehmer des Betriebs,
2. der Betriebsrat,
3. der Sprecherausschuss,
4. das zur gesetzlichen Vertretung berufene Organ des Unternehmens.

²Die Anfechtung ist nur binnen einer Frist von zwei Wochen, vom Tage der Bekanntgabe des Wahlergebnisses an gerechnet, zulässig.

§ 10 l [Anfechtung der direkten Wahl] (1) Die Wahl eines Aufsichtsratsmitglieds oder eines Ersatzmitglieds der Arbeitnehmer kann beim Arbeitsgericht angefochten werden, wenn gegen wesentliche Vorschriften über das Wahlrecht, die Wählbarkeit oder das Wahlverfahren verstoßen worden und eine Berichtigung nicht erfolgt ist, es sei denn, daß durch den Verstoß das Wahlergebnis nicht geändert oder beeinflußt werden konnte.

(2) ¹Zur Anfechtung berechtigt sind
1. mindestens drei wahlberechtigte Arbeitnehmer von Konzernunternehmen,

2. der Gesamtbetriebsrat des herrschenden Unternehmens oder, wenn in dem herrschenden Unternehmen nur ein Betriebsrat besteht, der Betriebsrat sowie der Konzernbetriebsrat, soweit ein solcher besteht,
3. der Gesamt- oder Unternehmenssprecherausschuss des herrschenden Unternehmens oder, wenn in dem herrschenden Unternehmen nur ein Sprecherausschuss besteht, der Sprecherausschuss sowie der Konzernsprecherausschuss, soweit ein solcher besteht,
4. der Gesamtbetriebsrat eines anderen Konzernunternehmens oder, wenn in dem anderen Konzernunternehmen nur ein Betriebsrat besteht, der Betriebsrat,
5. der Gesamt- oder Unternehmenssprecherausschuss eines anderen Konzernunternehmens oder, wenn in dem anderen Konzernunternehmen nur ein Sprecherausschuss besteht, der Sprecherausschuss,
6. jede nach § 10 d Abs. 2 vorschlagsberechtigte Gewerkschaft,
7. das zur gesetzlichen Vertretung berufene Organ des herrschenden Unternehmens.

[2]Die Anfechtung ist nur binnen einer Frist von zwei Wochen, vom Tage der Veröffentlichung im elektronischen Bundesanzeiger an gerechnet, zulässig.

§ 10 m [Abberufung eines Aufsichtsratsmitglieds] (1) [1]Ein Aufsichtsratsmitglied der Arbeitnehmer kann vor Ablauf der Amtszeit auf Antrag abberufen werden. [2]Antragsberechtigt für die Abberufung eines Aufsichtsratsmitglieds, das nach
1. § 6 Abs. 1 Arbeitnehmer eines Konzernunternehmens ist, sind drei Viertel der wahlberechtigten Arbeitnehmer,
2. § 6 Abs. 1 Vertreter einer Gewerkschaft ist, ist die Gewerkschaft, die das Mitglied vorgeschlagen hat.

(2) [1]Ein durch Delegierte gewähltes Aufsichtsratsmitglied wird durch Beschluss der Delegierten abberufen. [2]Dieser Beschluss wird in geheimer Abstimmung gefasst und bedarf einer Mehrheit von drei Vierteln der abgegebenen Stimmen.

(3) [1]Ein von den Arbeitnehmern unmittelbar gewähltes Aufsichtsratsmitglied wird durch Beschluss der wahlberechtigten Arbeitnehmer abberufen. [2]Dieser Beschluss wird in geheimer, unmittelbarer Abstimmung gefasst und bedarf einer Mehrheit von drei Vierteln der abgegebenen Stimmen.

(4) Die Absätze 1 bis 3 sind für die Abberufung von Ersatzmitgliedern entsprechend anzuwenden.

§ 10 n [Erlöschen des Amtes] Verliert ein Aufsichtsratsmitglied, das nach § 6 Abs. 1 Arbeitnehmer eines Konzernunternehmens sein muß, die Wählbarkeit, so erlischt sein Amt.

§ 11 [Beschlussfähigkeit des Aufsichtsrats] [1]Der Aufsichtsrat ist beschlußfähig, wenn mindestens die Hälfte der Mitglieder, aus denen er nach diesem Gesetz oder der Satzung insgesamt zu bestehen hat, an der Beschlußfassung teilnimmt. [2]§ 108 Abs. 2 Satz 4 des Aktiengesetzes findet Anwendung.

§ 12 *(aufgehoben)*

§ 13 [Organvertretung, Bestellung und Widerruf] ¹Für die Bestellung der Mitglieder des zur gesetzlichen Vertretung berufenen Organs und für den Widerruf ihrer Bestellung gelten § 76 Abs. 3 und § 84 des Aktiengesetzes und § 13 Abs. 1 Satz 1 des Montan-Mitbestimmungsgesetzes[1]. ²§ 13 Abs. 2 des Montan-Mitbestimmungsgesetzes[1] findet Anwendung.

§ 14 *(aufgehoben)*

§ 15 [Zuständigkeit des Aufsichtsrats] (1) ¹Die einem Unternehmen, in dem die Arbeitnehmer nach dem Montan-Mitbestimmungsgesetz[1] oder nach § 2 oder § 3 dieses Gesetzes ein Mitbestimmungsrecht haben, auf Grund von Beteiligungen an einem anderen Unternehmen zustehenden Rechte bei der Bestellung, dem Widerruf der Bestellung oder der Entlastung von Verwaltungsträgern sowie bei der Beschlußfassung über die Auflösung oder Umwandlung des anderen Unternehmens, über dessen Fortsetzung nach seiner Auflösung, über die Übertragung seines Vermögens können durch das zur gesetzlichen Vertretung berufene Organ nur auf Grund von Beschlüssen des Aufsichtsrats ausgeübt werden. ²Diese Beschlüsse bedürfen nur der Mehrheit der Stimmen der nach § 5 des Montan-Mitbestimmungsgesetzes[1] oder der nach § 5 Abs. 2 dieses Gesetzes bestellten Mitglieder; sie sind für das zur gesetzlichen Vertretung berufene Organ verbindlich.

(2) Absatz 1 gilt nicht, wenn die Beteiligung des Unternehmens an dem anderen Unternehmen weniger als ein Viertel beträgt.

§ 16 [Voraussetzung für die Anwendung der §§ 5 bis 13] (1) Die §§ 5 bis 13 sind auf das herrschende Unternehmen erst anzuwenden,
1. wenn in sechs aufeinanderfolgenden Geschäftsjahren der nach § 3 berechnete Anteil der unter das Montan-Mitbestimmungsgesetz[1] fallenden Unternehmen an den Umsätzen sämtlicher Konzernunternehmen und abhängigen Unternehmen mehr als die Hälfte betragen hat oder
2. wenn auf dieses Unternehmen das Montan-Mitbestimmungsgesetz[1], nach dem die Arbeitnehmer bisher ein Mitbestimmungsrecht hatten, nicht mehr anwendbar ist.

(2) Die §§ 5 bis 13 sind auf das herrschende Unternehmen nicht mehr anzuwenden, wenn in sechs aufeinanderfolgenden Geschäftsjahren
1. die Voraussetzungen des § 3 nicht mehr vorliegen oder
2. kein Unternehmen, in dem die Arbeitnehmer nach den Vorschriften des Montan-Mitbestimmungsgesetzes[1] ein Mitbestimmungsrecht haben, beherrscht wird.

§ 17 [Ermächtigung] Die Bundesregierung wird ermächtigt, durch Rechtsverordnung Vorschriften über das Verfahren für die Wahl und die Abberufung von Aufsichtsratsmitgliedern der Arbeitnehmer zu erlassen, insbesondere über
1. die Vorbereitung der Wahl oder Abstimmung, die Bestellung der Wahlvorstände und die Aufstellung der Wählerlisten,
2. die Abstimmungen darüber, ob die Wahl der Aufsichtsratsmitglieder in unmittelbarer Wahl oder durch Delegierte erfolgen soll,

---

[1] Nr. 87.

3. die Frist für die Einsichtnahme in die Wählerlisten und die Erhebung von Einsprüchen,
4. die Verteilung der Aufsichtsratsmitglieder der Arbeitnehmer auf diejenigen, die Arbeitnehmer eines Konzernunternehmens sein müssen, und die Gewerkschaftsvertreter,
5. die Errechnung der Zahl der Delegierten,
6. die Wahlvorschläge und die Frist für ihre Einreichung,
7. die Ausschreibung der Wahl oder der Abstimmung und die Fristen für die Bekanntmachung des Ausschreibens,
8. die Teilnahme von Arbeitnehmern eines in § 10h Abs. 1 bezeichneten Betriebs an Wahlen und Abstimmungen,
9. die Stimmabgabe,
10. die Feststellung des Ergebnisses der Wahl oder der Abstimmung und die Fristen für seine Bekanntmachung,
11. die Aufbewahrung der Wahlakten und der Abstimmungsakten.

Art. 2. Anwendung und Änderung des Gesetzes über die Angelegenheiten der freiwilligen Gerichtsbarkeit

§ 18 [Anwendung und Änderung des Gesetzes über die Angelegenheiten der freiwilligen Gerichtsbarkeit] (1) ¹Im Falle des § 8 Abs. 3 Satz 4 des Montan-Mitbestimmungsgesetzes[1]) sind auf das Verfahren des Oberlandesgerichts die Vorschriften des Gesetzes über die Angelegenheiten der freiwilligen Gerichtsbarkeit entsprechend anzuwenden. ²Gegen die Entscheidung des Oberlandesgerichts findet ein Rechtsmittel nicht statt.

(2) ¹Für das Verfahren des Oberlandesgerichts werden von dem Unternehmen Gebühren nach § 121 der Kostenordnung erhoben. ²§ 8 der Kostenordnung ist nicht anzuwenden.

§§ 19, 20 *(aufgehoben)*

Art. 3. Übergangs- und Schlußvorschriften

§ 21 *(gegenstandslose Überleitungsvorschrift)*

§ 22 [Übergangsregelung] (1) ¹Auf Wahlen oder Abberufungen von Aufsichtsratsmitgliedern der Arbeitnehmer, die nach dem 28. Juli 2001 bis zum 27. Mai 2004 eingeleitet wurden, findet das Mitbestimmungsergänzungsgesetz vom 7. August 1956 in der im Bundesgesetzblatt Teil III, Gliederungsnummer 801-3, veröffentlichten bereinigten Fassung in der durch Artikel 10 des Gesetzes vom 23. Juli 2001 (BGBl. I S. 1852) geänderten Fassung Anwendung. ²Abweichend von Satz 1 findet § 9 des Mitbestimmungsergänzungsgesetzes in der durch Artikel 2 des Zweiten Gesetzes zur Vereinfachung der Wahl der Arbeitnehmervertreter in den Aufsichtsrat vom 18. Mai 2004 (BGBl. I S. 974) geänderten Fassung Anwendung, wenn feststeht, dass die

---

[1]) Nr. **87**.

Aufsichtsratsmitglieder der Arbeitnehmer durch Delegierte zu wählen sind und bis zum 27. Mai 2004 die Errechnung der Zahl der Delegierten noch nicht erfolgt ist.

(2) ¹Auf Wahlen oder Abberufungen von Aufsichtsratsmitgliedern der Arbeitnehmer, die nach dem 28. Juli 2001 eingeleitet wurden, findet die Wahlordnung zum Mitbestimmungsergänzungsgesetz vom 23. Januar 1989 (BGBl. I S 147) bis zu ihrer Änderung entsprechende Anwendung. ²Für die entsprechende Anwendung ist für Wahlen oder Abberufungen von Aufsichtsratsmitgliedern der Arbeitnehmer, die in dem Zeitraum nach dem 28. Juli 2001 bis zum 27. Mai 2004 eingeleitet wurden, das Mitbestimmungsergänzungsgesetz in der nach Absatz 1 anzuwendenden Fassung maßgeblich; für Wahlen oder Abberufungen von Aufsichtsratsmitgliedern der Arbeitnehmer, die nach dem 27. Mai 2004 eingeleitet werden, ist das Mitbestimmungsergänzungsgesetz in der durch Artikel 2 des Zweiten Gesetzes zur Vereinfachung der Wahl der Arbeitnehmervertreter in den Aufsichtsrat vom 18. Mai 2004 (BGBl. I S. 974) geänderten Fassung maßgeblich.

§ 23 [Inkrafttreten] Dieses Gesetz tritt am Tage nach seiner Verkündung[1] in Kraft.

---

[1] Verkündet am 8. 8. 1956.

89. Gesetz über die Drittelbeteiligung der Arbeitnehmer im Aufsichtsrat (Drittelbeteiligungsgesetz – DrittelbG)[1) 2)]

Vom 18. Mai 2004

(BGBl. I S. 974)

FNA 801-14

geänd. durch Art. 19 G zur Einführung der Europäischen Genossenschaft und zur Änd. des Genossenschaftsrechts v. 14. 8. 2006 (BGBl. I S. 1911)

Teil 1. Geltungsbereich

§ 1 Erfasste Unternehmen. (1) Die Arbeitnehmer haben ein Mitbestimmungsrecht im Aufsichtsrat nach Maßgabe dieses Gesetzes in

1. einer Aktiengesellschaft mit in der Regel mehr als 500 Arbeitnehmern. Ein Mitbestimmungsrecht im Aufsichtsrat besteht auch in einer Aktiengesellschaft mit in der Regel weniger als 500 Arbeitnehmern, die vor dem 10. August 1994 eingetragen worden ist und keine Familiengesellschaft ist. Als Familiengesellschaften gelten solche Aktiengesellschaften, deren Aktionär eine einzelne natürliche Person ist oder deren Aktionäre untereinander im Sinne von § 15 Abs. 1 Nr. 2 bis 8, Abs. 2 der Abgabenordnung verwandt oder verschwägert sind;

2. einer Kommanditgesellschaft auf Aktien mit in der Regel mehr als 500 Arbeitnehmern. Nummer 1 Satz 2 und 3 gilt entsprechend;

3. einer Gesellschaft mit beschränkter Haftung mit in der Regel mehr als 500 Arbeitnehmern. Die Gesellschaft hat einen Aufsichtsrat zu bilden; seine Zusammensetzung sowie seine Rechte und Pflichten bestimmen sich nach § 90 Abs. 3, 4, 5 Satz 1 und 2, nach den §§ 95 bis 114, 116, 118 Abs. 2, § 125 Abs. 3 und 4 und nach den §§ 170, 171, 268 Abs. 2 des Aktiengesetzes;

4. einem Versicherungsverein auf Gegenseitigkeit mit in der Regel mehr als 500 Arbeitnehmern, wenn dort ein Aufsichtsrat besteht;

5. einer Genossenschaft mit in der Regel mehr als 500 Arbeitnehmern. § 96 Abs. 2 und die §§ 97 bis 99 des Aktiengesetzes sind entsprechend anzuwenden. Die Satzung kann nur eine durch drei teilbare Zahl von Aufsichtsratsmitgliedern festsetzen. Der Aufsichtsrat muss zwei Sitzungen im Kalenderhalbjahr abhalten.

[1)] Verkündet als Art. 1 G v. 18. 5. 2004 (BGBl. I S. 974); Inkrafttreten gem. Art. 6 Abs. 2 dieses G am 1. 7. 2004, mit Ausnahme von § 13, der gem. § 6 Abs. 1 dieses G bereits am 28. 5. 2004 in Kraft getreten ist.
[2)] Ersetzt das Betriebsverfassungsgesetz 1952 v. 11. 10. 1952 (BGBl. I S. 681), aufgeh. mWv 30. 6. 2004 durch G v. 18. 5. 2004 (BGBl. I S. 974).

Drittelbeteiligungsgesetz

(2) ¹Dieses Gesetz findet keine Anwendung auf
1. die in § 1 Abs. 1 des Mitbestimmungsgesetzes[1]), die in § 1 des Montan-Mitbestimmungsgesetzes[2]) und die in den §§ 1 und 3 Abs. 1 des Montan-Mitbestimmungsergänzungsgesetzes[3]) bezeichneten Unternehmen;
2. Unternehmen, die unmittelbar und überwiegend
   a) politischen, koalitionspolitischen, konfessionellen, karitativen, erzieherischen, wissenschaftlichen oder künstlerischen Bestimmungen oder
   b) Zwecken der Berichterstattung oder Meinungsäußerung, auf die Artikel 5 Abs. 1 Satz 2 des Grundgesetzes anzuwenden ist,
   dienen.
²Dieses Gesetz ist nicht anzuwenden auf Religionsgemeinschaften und ihre karitativen und erzieherischen Einrichtungen unbeschadet deren Rechtsform.

(3) Die Vorschriften des Genossenschaftsgesetzes über die Zusammensetzung des Aufsichtsrats sowie über die Wahl und die Abberufung von Aufsichtsratsmitgliedern gelten insoweit nicht, als sie den Vorschriften dieses Gesetzes widersprechen.

§ 2 Konzern. (1) An der Wahl der Aufsichtsratsmitglieder der Arbeitnehmer des herrschenden Unternehmens eines Konzerns (§ 18 Abs. 1 des Aktiengesetzes) nehmen auch die Arbeitnehmer der übrigen Konzernunternehmen teil.

(2) Soweit nach § 1 die Beteiligung der Arbeitnehmer im Aufsichtsrat eines herrschenden Unternehmens von dem Vorhandensein oder der Zahl von Arbeitnehmern abhängt, gelten die Arbeitnehmer eines Konzernunternehmens als solche des herrschenden Unternehmens, wenn zwischen den Unternehmen ein Beherrschungsvertrag besteht oder das abhängige Unternehmen in das herrschende Unternehmen eingegliedert ist.

§ 3 Arbeitnehmer, Betrieb. (1) Arbeitnehmer im Sinne dieses Gesetzes sind die in § 5 Abs. 1 des Betriebsverfassungsgesetzes[4]) bezeichneten Personen mit Ausnahme der in § 5 Abs. 3 des Betriebsverfassungsgesetzes[4]) bezeichneten leitenden Angestellten.

(2) ¹Betriebe im Sinne dieses Gesetzes sind solche des Betriebsverfassungsgesetzes[4]). ²§ 4 Abs. 2 des Betriebsverfassungsgesetzes[4]) ist anzuwenden.

(3) ¹Die Gesamtheit der Schiffe eines Unternehmens gilt für die Anwendung dieses Gesetzes als ein Betrieb. ²Schiffe im Sinne dieses Gesetzes sind Kauffahrteischiffe, die nach dem Flaggenrechtsgesetz die Bundesflagge führen. ³Schiffe, die in der Regel binnen 48 Stunden nach dem Auslaufen an den Sitz eines Landbetriebs zurückkehren, gelten als Teil dieses Landbetriebs.

Teil 2. Aufsichtsrat

§ 4 Zusammensetzung. (1) Der Aufsichtsrat eines in § 1 Abs. 1 bezeichneten Unternehmens muss zu einem Drittel aus Arbeitnehmervertretern bestehen.

---
[1]) Nr. **86.**
[2]) Nr. **87.**
[3]) Nr. **88.**
[4]) Nr. **81.**

(2) ¹Ist ein Aufsichtsratsmitglied der Arbeitnehmer oder sind zwei Aufsichtsratsmitglieder der Arbeitnehmer zu wählen, so müssen diese als Arbeitnehmer im Unternehmen beschäftigt sein. ²Sind mehr als zwei Aufsichtsratsmitglieder der Arbeitnehmer zu wählen, so müssen mindestens zwei Aufsichtsratsmitglieder als Arbeitnehmer im Unternehmen beschäftigt sein.

(3) ¹Die Aufsichtsratsmitglieder der Arbeitnehmer, die Arbeitnehmer des Unternehmens sind, müssen das 18. Lebensjahr vollendet haben und ein Jahr dem Unternehmen angehören. ²Auf die einjährige Unternehmensangehörigkeit werden Zeiten der Angehörigkeit zu einem anderen Unternehmen, dessen Arbeitnehmer nach diesem Gesetz an der Wahl von Aufsichtsratsmitgliedern des Unternehmens teilnehmen, angerechnet. ³Diese Zeiten müssen unmittelbar vor dem Zeitpunkt liegen, ab dem die Arbeitnehmer zur Wahl von Aufsichtsratsmitgliedern des Unternehmens berechtigt sind. ⁴Die weiteren Wählbarkeitsvoraussetzungen des § 8 Abs. 1 des Betriebsverfassungsgesetzes[1]) müssen erfüllt sein.

(4) Unter den Aufsichtsratsmitgliedern der Arbeitnehmer sollen Frauen und Männer entsprechend ihrem zahlenmäßigen Verhältnis im Unternehmen vertreten sein.

§ 5 Wahl der Aufsichtsratsmitglieder der Arbeitnehmer. (1) Die Aufsichtsratsmitglieder der Arbeitnehmer werden nach den Grundsätzen der Mehrheitswahl in allgemeiner, geheimer, gleicher und unmittelbarer Wahl für die Zeit gewählt, die im Gesetz oder in der Satzung für die von der Hauptversammlung zu wählenden Aufsichtsratsmitglieder bestimmt ist.

(2) ¹Wahlberechtigt sind die Arbeitnehmer des Unternehmens, die das 18. Lebensjahr vollendet haben. ²§ 7 Satz 2 des Betriebsverfassungsgesetzes[1]) gilt entsprechend.

§ 6 Wahlvorschläge. ¹Die Wahl erfolgt auf Grund von Wahlvorschlägen der Betriebsräte und der Arbeitnehmer. ²Die Wahlvorschläge der Arbeitnehmer müssen von mindestens einem Zehntel der Wahlberechtigten oder von mindestens 100 Wahlberechtigten unterzeichnet sein.

§ 7 Ersatzmitglieder. (1) ¹In jedem Wahlvorschlag kann zusammen mit jedem Bewerber für diesen ein Ersatzmitglied des Aufsichtsrats vorgeschlagen werden. ²Ein Bewerber kann nicht zugleich als Ersatzmitglied vorgeschlagen werden.

(2) Wird ein Bewerber als Aufsichtsratsmitglied gewählt, so ist auch das zusammen mit ihm vorgeschlagene Ersatzmitglied gewählt.

§ 8 Bekanntmachung der Mitglieder des Aufsichtsrats. ¹Das zur gesetzlichen Vertretung des Unternehmens befugte Organ hat die Namen der Mitglieder und der Ersatzmitglieder des Aufsichtsrats unverzüglich nach ihrer Bestellung in den Betrieben des Unternehmens bekannt zu machen und im elektronischen Bundesanzeiger zu veröffentlichen. ²Nehmen an der Wahl der Aufsichtsratsmitglieder des Unternehmens auch die Arbeitnehmer eines anderen Unternehmens teil, so ist daneben das zur gesetzlichen Vertretung des anderen Unternehmens befugte Organ zur Bekanntmachung in seinen Betrieben verpflichtet.

---

[1]) Nr. 81.

§ 9 Schutz von Aufsichtsratsmitgliedern vor Benachteiligung. [1]Aufsichtsratsmitglieder der Arbeitnehmer dürfen in der Ausübung ihrer Tätigkeit nicht gestört oder behindert werden. [2]Sie dürfen wegen ihrer Tätigkeit im Aufsichtsrat nicht benachteiligt oder begünstigt werden. [3]Dies gilt auch für ihre berufliche Entwicklung.

§ 10 Wahlschutz und Wahlkosten. (1) [1]Niemand darf die Wahl der Aufsichtsratsmitglieder der Arbeitnehmer behindern. [2]Insbesondere darf niemand in der Ausübung des aktiven und passiven Wahlrechts beschränkt werden.

(2) Niemand darf die Wahlen durch Zufügung oder Androhung von Nachteilen oder durch Gewährung oder Versprechen von Vorteilen beeinflussen.

(3) [1]Die Kosten der Wahlen trägt das Unternehmen. [2]Versäumnis von Arbeitszeit, die zur Ausübung des Wahlrechts oder der Betätigung im Wahlvorstand erforderlich ist, berechtigt nicht zur Minderung des Arbeitsentgelts.

§ 11 Anfechtung der Wahl von Aufsichtsratsmitgliedern der Arbeitnehmer. (1) Die Wahl eines Aufsichtsratsmitglieds oder eines Ersatzmitglieds der Arbeitnehmer kann beim Arbeitsgericht angefochten werden, wenn gegen wesentliche Vorschriften über das Wahlrecht, die Wählbarkeit oder das Wahlverfahren verstoßen worden und eine Berichtigung nicht erfolgt ist, es sei denn, dass durch den Verstoß das Wahlergebnis nicht geändert oder beeinflusst werden konnte.

(2) [1]Zur Anfechtung berechtigt sind
1. mindestens drei Wahlberechtigte,
2. die Betriebsräte,
3. das zur gesetzlichen Vertretung des Unternehmens befugte Organ.

[2]Die Anfechtung ist nur binnen einer Frist von zwei Wochen, vom Tag der Veröffentlichung im elektronischen Bundesanzeiger an gerechnet, zulässig.

§ 12 Abberufung von Aufsichtsratsmitgliedern der Arbeitnehmer.

(1) [1]Ein Aufsichtsratsmitglied der Arbeitnehmer kann vor Ablauf der Amtszeit auf Antrag eines Betriebsrats oder von mindestens einem Fünftel der Wahlberechtigten durch Beschluss abberufen werden. [2]Der Beschluss der Wahlberechtigten wird in allgemeiner, geheimer, gleicher und unmittelbarer Abstimmung gefasst; er bedarf einer Mehrheit von drei Vierteln der abgegebenen Stimmen. [3]Auf die Beschlussfassung findet § 2 Abs. 1 Anwendung.

(2) Absatz 1 ist für die Abberufung von Ersatzmitgliedern entsprechend anzuwenden.

Teil 3. Übergangs- und Schlussvorschriften

§ 13 Ermächtigung zum Erlass von Rechtsverordnungen. Die Bundesregierung wird ermächtigt, durch Rechtsverordnung Vorschriften über das Verfahren für die Wahl und die Abberufung von Aufsichtsratsmitgliedern der Arbeitnehmer zu erlassen, insbesondere über
1. die Vorbereitung der Wahl, insbesondere die Aufstellung der Wählerlisten und die Errechnung der Zahl der Aufsichtsratsmitglieder der Arbeitnehmer;

2. die Frist für die Einsichtnahme in die Wählerlisten und die Erhebung von Einsprüchen gegen sie;
3. die Wahlvorschläge und die Frist für ihre Einreichung;
4. das Wahlausschreiben und die Frist für seine Bekanntmachung;
5. die Teilnahme von Arbeitnehmern eines in § 3 Abs. 3 bezeichneten Betriebs an der Wahl;
6. die Stimmabgabe;
7. die Feststellung des Wahlergebnisses und die Fristen für seine Bekanntmachung;
8. die Anfechtung der Wahl;
9. die Aufbewahrung der Wahlakten.

§ 14 Verweisungen. Soweit in anderen Gesetzen auf Vorschriften verwiesen wird, die durch Artikel 6 Abs. 2 des Zweiten Gesetzes zur Vereinfachung der Wahl der Arbeitnehmervertreter in den Aufsichtsrat aufgehoben werden, treten an ihre Stelle die entsprechenden Vorschriften dieses Gesetzes.

§ 15 Übergangsregelung. Auf Wahlen oder Abberufungen, die vor dem 1. Juli 2004 eingeleitet worden sind, ist das Betriebsverfassungsgesetz 1952 in der im Bundesgesetzblatt Teil III, Gliederungsnummer 801-1, veröffentlichten bereinigten Fassung, zuletzt geändert durch Artikel 9 des Gesetzes vom 23. Juli 2001 (BGBl. I S. 1852), auch nach seinem Außerkrafttreten anzuwenden.

VIII. Verfahrensrecht

91. Arbeitsgerichtsgesetz

In der Fassung der Bekanntmachung vom 2. Juli 1979[1)]
(BGBl. I S. 853, ber. S. 1036)

FNA 320-1

zuletzt geänd. durch Art. 2 Abs. 2 Jugendfreiwilligendienst-FörderG v. 16. 5. 2008 (BGBl. I S. 842)

Erster Teil. Allgemeine Vorschriften

§ 1 Gerichte für Arbeitssachen. Die Gerichtsbarkeit in Arbeitssachen – §§ 2 bis 3 – wird ausgeübt durch die Arbeitsgerichte – §§ 14 bis 31 –, die Landesarbeitsgerichte – §§ 33 bis 39 – und das Bundesarbeitsgericht – §§ 40 bis 45 – (Gerichte für Arbeitssachen).

§ 2 Zuständigkeit im Urteilsverfahren. (1) Die Gerichte für Arbeitssachen sind ausschließlich zuständig für
1. bürgerliche Rechtsstreitigkeiten zwischen Tarifvertragsparteien oder zwischen diesen und Dritten aus Tarifverträgen oder über das Bestehen oder Nichtbestehen von Tarifverträgen;
2. bürgerliche Rechtsstreitigkeiten zwischen tariffähigen Parteien oder zwischen diesen und Dritten aus unerlaubten Handlungen, soweit es sich um Maßnahmen zum Zwecke des Arbeitskampfes oder um Fragen der Vereinigungsfreiheit einschließlich des hiermit im Zusammenhang stehenden Betätigungsrechts der Vereinigungen handelt;
3. bürgerliche Rechtsstreitigkeiten zwischen Arbeitnehmern und Arbeitgebern
   a) aus dem Arbeitsverhältnis;
   b) über das Bestehen oder Nichtbestehen eines Arbeitsverhältnisses;
   c) aus Verhandlungen über die Eingehung eines Arbeitsverhältnisses und aus dessen Nachwirkungen;
   d) aus unerlaubten Handlungen, soweit diese mit dem Arbeitsverhältnis im Zusammenhang stehen;
   e) über Arbeitspapiere;
4. bürgerliche Rechtsstreitigkeiten zwischen Arbeitnehmern oder ihren Hinterbliebenen und
   a) Arbeitgebern über Ansprüche, die mit dem Arbeitsverhältnis in rechtlichem oder unmittelbar wirtschaftlichem Zusammenhang stehen;
   b) gemeinsamen Einrichtungen der Tarifvertragsparteien oder Sozialeinrichtungen des privaten Rechts über Ansprüche aus dem Arbeitsverhält-

---

[1)] Neubekanntmachung des ArbGG v. 3. 9. 1953 (BGBl. I S. 1267) in der ab 1. 7. 1979 geltenden Fassung.

nis oder Ansprüche, die mit dem Arbeitsverhältnis in rechtlichem oder unmittelbar wirtschaftlichem Zusammenhang stehen,
soweit nicht die ausschließliche Zuständigkeit eines anderen Gerichts gegeben ist;
5. bürgerliche Rechtsstreitigkeiten zwischen Arbeitnehmern oder ihren Hinterbliebenen und dem Träger der Insolvenzsicherung über Ansprüche auf Leistungen der Insolvenzsicherung nach dem Vierten Abschnitt des Ersten Teils des Gesetzes zur Verbesserung der betrieblichen Altersversorgung;
6. bürgerliche Rechtsstreitigkeiten zwischen Arbeitgebern und Einrichtungen nach Nummer 4 Buchstabe b und Nummer 5 sowie zwischen diesen Einrichtungen, soweit nicht die ausschließliche Zuständigkeit eines anderen Gerichts gegeben ist;
7. bürgerliche Rechtsstreitigkeiten zwischen Entwicklungshelfern und Trägern des Entwicklungsdienstes nach dem Entwicklungshelfergesetz;
8. bürgerliche Rechtsstreitigkeiten zwischen den Trägern des freiwilligen sozialen oder ökologischen Jahres oder den Einsatzstellen und Freiwilligen nach dem Jugendfreiwilligendienstegesetz;
9. bürgerliche Rechtsstreitigkeiten zwischen Arbeitnehmern aus gemeinsamer Arbeit und aus unerlaubten Handlungen, soweit diese mit dem Arbeitsverhältnis im Zusammenhang stehen;
10. bürgerliche Rechtsstreitigkeiten zwischen behinderten Menschen im Arbeitsbereich von Werkstätten für behinderte Menschen und den Trägern der Werkstätten aus den in § 138 des Neunten Buches Sozialgesetzbuch[1]) geregelten arbeitnehmerähnlichen Rechtsverhältnissen.

(2) Die Gerichte für Arbeitssachen sind auch zuständig für bürgerliche Rechtsstreitigkeiten zwischen Arbeitnehmern und Arbeitgebern,
a) die ausschließlich Ansprüche auf Leistung einer festgestellten oder festgesetzten Vergütung für eine Arbeitnehmererfindung oder für einen technischen Verbesserungsvorschlag nach § 20 Abs. 1 des Gesetzes über Arbeitnehmererfindungen zum Gegenstand haben;
b) die als Urheberrechtsstreitsachen aus Arbeitsverhältnissen ausschließlich Ansprüche auf Leistung einer vereinbarten Vergütung zum Gegenstand haben.

(3) Vor die Gerichte für Arbeitssachen können auch nicht unter die Absätze 1 und 2 fallende Rechtsstreitigkeiten gebracht werden, wenn der Anspruch mit einer bei einem Arbeitsgericht anhängigen oder gleichzeitig anhängig werdenden bürgerlichen Rechtsstreitigkeit der in den Absätzen 1 und 2 bezeichneten Art in rechtlichem oder unmittelbar wirtschaftlichem Zusammenhang steht und für seine Geltendmachung nicht die ausschließliche Zuständigkeit eines anderen Gerichts gegeben ist.

(4) Auf Grund einer Vereinbarung können auch bürgerliche Rechtsstreitigkeiten zwischen juristischen Personen des Privatrechts und Personen, die kraft Gesetzes allein oder als Mitglieder des Vertretungsorgans der juristischen Person zu deren Vertretung berufen sind, vor die Gerichte für Arbeitssachen gebracht werden.

(5) In Rechtsstreitigkeiten nach diesen Vorschriften findet das Urteilsverfahren statt.

---

[1]) Nr. 47.

§ 2 a Zuständigkeit im Beschlußverfahren. (1) Die Gerichte für Arbeitssachen sind ferner ausschließlich zuständig für
1. Angelegenheiten aus dem Betriebsverfassungsgesetz[1], soweit nicht für Maßnahmen nach seinen §§ 119 bis 121 die Zuständigkeit eines anderen Gerichts gegeben ist;
2. Angelegenheiten aus dem Sprecherausschußgesetz[2], soweit nicht für Maßnahmen nach seinen §§ 34 bis 36 die Zuständigkeit eines anderen Gerichts gegeben ist;
3. Angelegenheiten aus dem Mitbestimmungsgesetz[3], dem Mitbestimmungsergänzungsgesetz[4] und dem Drittelbeteiligungsgesetz[5], soweit über die Wahl von Vertretern der Arbeitnehmer in den Aufsichtsrat und über ihre Abberufung mit Ausnahme der Abberufung nach § 103 Abs. 3 des Aktiengesetzes zu entscheiden ist;
3 a. Angelegenheiten aus den §§ 94, 95, 139 des Neunten Buches Sozialgesetzbuch[6];
3 b. Angelegenheiten aus dem Gesetz über Europäische Betriebsräte[7], soweit nicht für Maßnahmen nach seinen §§ 43 bis 45 die Zuständigkeit eines anderen Gerichts gegeben ist;
3 c. Angelegenheiten aus § 51 des Berufsbildungsgesetzes[8];
3 d. Angelegenheiten aus dem SE-Beteiligungsgesetz vom 22. Dezember 2004 (BGBl. I S. 3675, 3686) mit Ausnahme der §§ 45 und 46 und nach den §§ 34 bis 39 nur insoweit, als über die Wahl von Vertretern der Arbeitnehmer in das Aufsichts- oder Verwaltungsorgan sowie deren Abberufung mit Ausnahme der Abberufung nach § 103 Abs. 3 des Aktiengesetzes zu entscheiden ist;
3 e. Angelegenheiten aus dem SCE-Beteiligungsgesetz vom 14. August 2006 (BGBl. I S. 1911, 1917) mit Ausnahme der §§ 47 und 48 und nach den §§ 34 bis 39 nur insoweit, als über die Wahl von Vertretern der Arbeitnehmer in das Aufsichts- oder Verwaltungsorgan sowie deren Abberufung zu entscheiden ist;
3 f. Angelegenheiten aus dem Gesetz über die Mitbestimmung der Arbeitnehmer bei einer grenzüberschreitenden Verschmelzung vom 21. Dezember 2006 (BGBl. I S. 3332) mit Ausnahme der §§ 34 und 35 und nach den §§ 23 bis 28 nur insoweit, als über die Wahl von Vertretern der Arbeitnehmer in das Aufsichts- oder Verwaltungsorgan sowie deren Abberufung mit Ausnahme der Abberufung nach § 103 Abs. 3 des Aktiengesetzes zu entscheiden ist;
4. die Entscheidung über die Tariffähigkeit und die Tarifzuständigkeit einer Vereinigung.

(2) In Streitigkeiten nach diesen Vorschriften findet das Beschlußverfahren statt.

---
[1] Nr. 81.
[2] Nr. 84.
[3] Nr. 86.
[4] Nr. 88.
[5] Nr. 89.
[6] Nr. 47.
[7] Nr. 85.
[8] Nr. 32.

§ 3 Zuständigkeit in sonstigen Fällen. Die in den §§ 2 und 2a begründete Zuständigkeit besteht auch in den Fällen, in denen der Rechtsstreit durch einen Rechtsnachfolger oder durch eine Person geführt wird, die kraft Gesetzes an Stelle des sachlich Berechtigten oder Verpflichteten hierzu befugt ist.

§ 4 Ausschluß der Arbeitsgerichtsbarkeit. In den Fällen des § 2 Abs. 1 und 2 kann die Arbeitsgerichtsbarkeit nach Maßgabe der §§ 101 bis 110 ausgeschlossen werden.

§ 5 Begriff des Arbeitnehmers. (1) ¹Arbeitnehmer im Sinne dieses Gesetzes sind Arbeiter und Angestellte sowie die zu ihrer Berufsausbildung Beschäftigten. ²Als Arbeitnehmer gelten auch die in Heimarbeit Beschäftigten und die ihnen Gleichgestellten (§ 1 des Heimarbeitsgesetzes[1]) vom 14. März 1951 – Bundesgesetzbl. I S. 191 –) sowie sonstige Personen, die wegen ihrer wirtschaftlichen Unselbständigkeit als arbeitnehmerähnliche Personen anzusehen sind. ³Als Arbeitnehmer gelten nicht in Betrieben einer juristischen Person oder einer Personengesamtheit Personen, die kraft Gesetzes, Satzung oder Gesellschaftsvertrags allein oder als Mitglieder des Vertretungsorgans zur Vertretung der juristischen Person oder der Personengesamtheit berufen sind.

(2) Beamte sind als solche keine Arbeitnehmer.

(3) ¹Handelsvertreter gelten nur dann als Arbeitnehmer im Sinne dieses Gesetzes, wenn sie zu dem Personenkreis gehören, für den nach § 92a des Handelsgesetzbuchs[2]) die untere Grenze der vertraglichen Leistungen des Unternehmers festgesetzt werden kann, und wenn sie während der letzten sechs Monate des Vertragsverhältnisses, bei kürzerer Vertragsdauer während dieser, im Durchschnitt monatlich nicht mehr als 1 000 Euro auf Grund des Vertragsverhältnisses an Vergütung einschließlich Provision und Ersatz für im regelmäßigen Geschäftsbetrieb entstandene Aufwendungen bezogen haben. ²Das Bundesministerium für Arbeit und Soziales und das Bundesministerium der Justiz können im Einvernehmen mit dem Bundesministerium für Wirtschaft und Technologie die in Satz 1 bestimmte Vergütungsgrenze durch Rechtsverordnung, die nicht der Zustimmung des Bundesrates bedarf, den jeweiligen Lohn- und Preisverhältnissen anpassen.

§ 6 Besetzung der Gerichte für Arbeitssachen. (1) Die Gerichte für Arbeitssachen sind mit Berufsrichtern und mit ehrenamtlichen Richtern aus den Kreisen der Arbeitnehmer und Arbeitgeber besetzt.

(2) (weggefallen)

§ 6a Allgemeine Vorschriften über das Präsidium und die Geschäftsverteilung. Für die Gerichte für Arbeitssachen gelten die Vorschriften des Zweiten Titels des Gerichtsverfassungsgesetzes nach Maßgabe der folgenden Vorschriften entsprechend:
1. Bei einem Arbeitsgericht mit weniger als drei Richterplanstellen werden die Aufgaben des Präsidiums durch den Vorsitzenden oder, wenn zwei Vorsitzende bestellt sind, im Einvernehmen der Vorsitzenden wahrgenommen. Einigen sich die Vorsitzenden nicht, so entscheidet das Präsidium des Lan-

---
[1] Nr. **60**.
[2] Nr. **13**.

desarbeitsgerichts oder, soweit ein solches nicht besteht, der Präsident dieses Gerichts.
2. Bei einem Landesarbeitsgericht mit weniger als drei Richterplanstellen werden die Aufgaben des Präsidiums durch den Präsidenten, soweit ein zweiter Vorsitzender vorhanden ist, im Benehmen mit diesem wahrgenommen.
3. Der aufsichtführende Richter bestimmt, welche richterlichen Aufgaben er wahrnimmt.
4. Jeder ehrenamtliche Richter kann mehreren Spruchkörpern angehören.
5. Den Vorsitz in den Kammern der Arbeitsgerichte führen die Berufsrichter.

§ 7 Geschäftsstelle, Aufbringung der Mittel. (1) ¹Bei jedem Gericht für Arbeitssachen wird eine Geschäftsstelle eingerichtet, die mit der erforderlichen Zahl von Urkundsbeamten besetzt wird. ²Die Einrichtung der Geschäftsstelle bestimmt bei dem Bundesarbeitsgericht das Bundesministerium für Arbeit und Soziales im Benehmen mit dem Bundesministerium der Justiz. ³Die Einrichtung der Geschäftsstelle bestimmt bei den Arbeitsgerichten und Landesarbeitsgerichten die zuständige oberste Landesbehörde.

(2) ¹Die Kosten der Arbeitsgerichte und der Landesarbeitsgerichte trägt das Land, das sie errichtet. ²Die Kosten des Bundesarbeitsgerichts trägt der Bund.

§ 8 Gang des Verfahrens. (1) Im ersten Rechtszug sind die Arbeitsgerichte zuständig.

(2) Gegen die Urteile der Arbeitsgerichte findet die Berufung an die Landesarbeitsgerichte nach Maßgabe des § 64 Abs. 1 statt.

(3) Gegen die Urteile der Landesarbeitsgerichte findet die Revision an das Bundesarbeitsgericht nach Maßgabe des § 72 Abs. 1 statt.

(4) Gegen die Beschlüsse der Arbeitsgerichte und ihrer Vorsitzenden im Beschlußverfahren findet die Beschwerde an das Landesarbeitsgericht nach Maßgabe des § 87 statt.

(5) Gegen die Beschlüsse der Landesarbeitsgerichte im Beschlußverfahren findet die Rechtsbeschwerde an das Bundesarbeitsgericht nach Maßgabe des § 92 statt.

§ 9 Allgemeine Verfahrensvorschriften. (1) Das Verfahren ist in allen Rechtszügen zu beschleunigen.

(2) Die Vorschriften des Gerichtsverfassungsgesetzes über Zustellungs- und Vollstreckungsbeamte, über die Aufrechterhaltung der Ordnung in der Sitzung, über die Gerichtssprache, über die Wahrnehmung richterlicher Geschäfte durch Referendare und über Beratung und Abstimmung gelten in allen Rechtszügen entsprechend.

(3) ¹Die Vorschriften über die Wahrnehmung der Geschäfte bei den ordentlichen Gerichten durch Rechtspfleger gelten in allen Rechtszügen entsprechend. ²Als Rechtspfleger können nur Beamte bestellt werden, die die Rechtspflegerprüfung oder die Prüfung für den gehobenen Dienst bei der Arbeitsgerichtsbarkeit bestanden haben.

(4) Zeugen und Sachverständige erhalten eine Entschädigung oder Vergütung nach dem Justizvergütungs- und -entschädigungsgesetz.

(5) ¹Alle mit einem befristeten Rechtsmittel anfechtbaren Entscheidungen enthalten die Belehrung über das Rechtsmittel. ²Soweit ein Rechtsmittel nicht gegeben ist, ist eine entsprechende Belehrung zu erteilen. ³Die Frist für ein Rechtsmittel beginnt nur, wenn die Partei oder der Beteiligte über das Rechtsmittel und das Gericht, bei dem das Rechtsmittel einzulegen ist, die Anschrift des Gerichts und die einzuhaltende Frist und Form schriftlich belehrt worden ist. ⁴Ist die Belehrung unterblieben oder unrichtig erteilt, so ist die Einlegung des Rechtsmittels nur innerhalb eines Jahres seit Zustellung der Entscheidung zulässig, außer wenn die Einlegung vor Ablauf der Jahresfrist infolge höherer Gewalt unmöglich war oder eine Belehrung dahin erfolgt ist, daß ein Rechtsmittel nicht gegeben sei; § 234 Abs. 1, 2 und § 236 Abs. 2 der Zivilprozeßordnung gelten für den Fall höherer Gewalt entsprechend.

§ 10 Parteifähigkeit. ¹Parteifähig im arbeitsgerichtlichen Verfahren sind auch Gewerkschaften und Vereinigungen von Arbeitgebern sowie Zusammenschlüsse solcher Verbände; in den Fällen des § 2a Abs. 1 Nr. 1 bis 3f sind auch die nach dem Betriebsverfassungsgesetz[1], dem Sprecherausschussgesetz[2], dem Mitbestimmungsgesetz[3], dem Mitbestimmungsergänzungsgesetz[4], dem Drittelbeteiligungsgesetz[5], dem § 139 des Neunten Buches Sozialgesetzbuch, dem § 51 des Berufsbildungsgesetzes und den zu diesen Gesetzen ergangenen Rechtsverordnungen sowie die nach dem Gesetz über Europäische Betriebsräte[6], dem SE-Beteiligungsgesetz, dem SCE-Beteiligungsgesetz und dem Gesetz über die Mitbestimmung der Arbeitnehmer bei einer grenzüberschreitenden Verschmelzung beteiligten Personen und Stellen Beteiligte. ²Parteifähig im arbeitsgerichtlichen Verfahren sind in den Fällen des § 2a Abs. 1 Nr. 4 auch die beteiligten Vereinigungen von Arbeitnehmern oder von Arbeitgebern sowie die oberste Arbeitsbehörde des Bundes oder derjenigen Länder, auf deren Bereich sich die Tätigkeit der Vereinigung erstreckt.

§ 11 Prozessvertretung. (1) ¹Die Parteien können vor dem Arbeitsgericht den Rechtsstreit selbst führen. ²Parteien, die eine fremde oder ihnen zum Zweck der Einziehung auf fremde Rechnung abgetretene Geldforderung geltend machen, müssen sich durch einen Rechtsanwalt als Bevollmächtigten vertreten lassen, soweit sie nicht nach Maßgabe des Absatzes 2 zur Vertretung des Gläubigers befugt wären oder eine Forderung einziehen, deren ursprünglicher Gläubiger sie sind.

(2) ¹Die Parteien können sich durch einen Rechtsanwalt als Bevollmächtigten vertreten lassen. ²Darüber hinaus sind als Bevollmächtigte vor dem Arbeitsgericht vertretungsbefugt nur

1. Beschäftigte der Partei oder eines mit ihr verbundenen Unternehmens (§ 15 des Aktiengesetzes); Behörden und juristische Personen des öffentlichen Rechts einschließlich der von ihnen zur Erfüllung ihrer öffentlichen Auf-

---
[1] Nr. 81.
[2] Nr. 84.
[3] Nr. 86.
[4] Nr. 88.
[5] Nr. 89.
[6] Nr. 85.

gaben gebildeten Zusammenschlüsse können sich auch durch Beschäftigte anderer Behörden oder juristischer Personen des öffentlichen Rechts einschließlich der von ihnen zur Erfüllung ihrer öffentlichen Aufgaben gebildeten Zusammenschlüsse vertreten lassen,
2. volljährige Familienangehörige (§ 15 der Abgabenordnung, § 11 des Lebenspartnerschaftsgesetzes), Personen mit Befähigung zum Richteramt und Streitgenossen, wenn die Vertretung nicht im Zusammenhang mit einer entgeltlichen Tätigkeit steht,
3. selbständige Vereinigungen von Arbeitnehmern mit sozial- oder berufspolitischer Zwecksetzung für ihre Mitglieder,
4. Gewerkschaften und Vereinigungen von Arbeitgebern sowie Zusammenschlüsse solcher Verbände für ihre Mitglieder oder für andere Verbände oder Zusammenschlüsse mit vergleichbarer Ausrichtung und deren Mitglieder,
5. juristische Personen, deren Anteile sämtlich im wirtschaftlichen Eigentum einer der in Nummer 4 bezeichneten Organisationen stehen, wenn die juristische Person ausschließlich die Rechtsberatung und Prozessvertretung dieser Organisation und ihrer Mitglieder oder anderer Verbände oder Zusammenschlüsse mit vergleichbarer Ausrichtung und deren Mitglieder entsprechend deren Satzung durchführt, und wenn die Organisation für die Tätigkeit der Bevollmächtigten haftet.
[3]Bevollmächtigte, die keine natürlichen Personen sind, handeln durch ihre Organe und mit der Prozessvertretung beauftragten Vertreter.

(3) [1]Das Gericht weist Bevollmächtigte, die nicht nach Maßgabe des Absatzes 2 vertretungsbefugt sind, durch unanfechtbaren Beschluss zurück. [2]Prozesshandlungen eines nicht vertretungsbefugten Bevollmächtigten und Zustellungen oder Mitteilungen an diesen Bevollmächtigten sind bis zu seiner Zurückweisung wirksam. [3]Das Gericht kann den in Absatz 2 Satz 2 Nr. 1 bis 3 bezeichneten Bevollmächtigten durch unanfechtbaren Beschluss die weitere Vertretung untersagen, wenn sie nicht in der Lage sind, das Sach- und Streitverhältnis sachgerecht darzustellen.

(4) [1]Vor dem Bundesarbeitsgericht und dem Landesarbeitsgericht müssen sich die Parteien, außer im Verfahren vor einem beauftragten oder ersuchten Richter und bei Prozesshandlungen, die vor dem Urkundsbeamten der Geschäftsstelle vorgenommen werden können, durch Prozessbevollmächtigte vertreten lassen. [2]Als Bevollmächtigte sind außer Rechtsanwälten nur die in Absatz 2 Satz 2 Nr. 4 und 5 bezeichneten Organisationen zugelassen. [3]Diese müssen in Verfahren vor dem Bundesarbeitsgericht durch Personen mit Befähigung zum Richteramt handeln. [4]Eine Partei, die nach Maßgabe des Satzes 2 zur Vertretung berechtigt ist, kann sich selbst vertreten; Satz 3 bleibt unberührt.

(5) [1]Richter dürfen nicht als Bevollmächtigte vor dem Gericht auftreten, dem sie angehören. [2]Ehrenamtliche Richter dürfen, außer in den Fällen des Absatzes 2 Satz 2 Nr. 1, nicht vor einem Spruchkörper auftreten, dem sie angehören. [3]Absatz 3 Satz 1 und 2 gilt entsprechend.

(6) [1]In der Verhandlung können die Parteien mit Beiständen erscheinen. [2]Beistand kann sein, wer in Verfahren, in denen die Parteien den Rechtsstreit selbst führen können, als Bevollmächtigter zur Vertretung in der Verhandlung befugt ist. [3]Das Gericht kann andere Personen als Beistand zulassen, wenn dies

sachdienlich ist und hierfür nach den Umständen des Einzelfalls ein Bedürfnis besteht. [4]Absatz 3 Satz 1 und 3 und Absatz 5 gelten entsprechend. [5]Das von dem Beistand Vorgetragene gilt als von der Partei vorgebracht, soweit es nicht von dieser sofort widerrufen oder berichtigt wird.

§ 11 a Beiordnung eines Rechtsanwalts, Prozeßkostenhilfe. (1) [1]Einer Partei, die außerstande ist, ohne Beeinträchtigung des für sie und ihre Familie notwendigen Unterhalts die Kosten des Prozesses zu bestreiten, und die nicht durch ein Mitglied oder einen Angestellten einer Gewerkschaft oder einer Vereinigung von Arbeitgebern vertreten werden kann, hat der Vorsitzende des Arbeitsgerichts auf ihren Antrag einen Rechtsanwalt beizuordnen, wenn die Gegenpartei durch einen Rechtsanwalt vertreten ist. [2]Die Partei ist auf ihr Antragsrecht hinzuweisen.

(2) Die Beiordnung kann unterbleiben, wenn sie aus besonderen Gründen nicht erforderlich ist, oder wenn die Rechtsverfolgung offensichtlich mutwillig ist.

(2 a) Die Absätze 1 und 2 gelten auch für die grenzüberschreitende Prozesskostenhilfe innerhalb der Europäischen Union nach der Richtlinie 2003/8/EG des Rates vom 27. Januar 2003 zur Verbesserung des Zugangs zum Recht bei Streitsachen mit grenzüberschreitendem Bezug durch Festlegung gemeinsamer Mindestvorschriften für die Prozesskostenhilfe in derartigen Streitsachen (ABl. EG Nr. L 26 S. 41, ABl. EU Nr. L 32 S. 15).

(3) Die Vorschriften der Zivilprozessordnung über die Prozesskostenhilfe und über die grenzüberschreitende Prozesskostenhilfe innerhalb der Europäischen Union nach der Richtlinie 2003/8/EG gelten in Verfahren vor den Gerichten für Arbeitssachen entsprechend.

(4) Das Bundesministerium für Arbeit und Soziales wird ermächtigt, zur Vereinfachung und Vereinheitlichung des Verfahrens durch Rechtsverordnung mit Zustimmung des Bundesrates Formulare für die Erklärung der Partei über ihre persönlichen und wirtschaftlichen Verhältnisse (§ 117 Abs. 2 der Zivilprozeßordnung) einzuführen.

§ 12 Kosten. [1]Die Justizverwaltungskostenordnung und die Justizbeitreibungsordnung gelten entsprechend, soweit sie nicht unmittelbar Anwendung finden. [2]Bei Einziehung der Gerichts- und Verwaltungskosten leisten die Vollstreckungsbehörden der Justizverwaltung oder die sonst nach Landesrecht zuständigen Stellen den Gerichten für Arbeitssachen Amtshilfe, soweit sie diese Aufgaben nicht als eigene wahrnehmen. [3]Vollstreckungsbehörde ist für die Ansprüche, die beim Bundesarbeitsgericht entstehen, die Justizbeitreibungsstelle des Bundesarbeitsgerichts.

§ 12 a Kostentragungspflicht. (1) [1]In Urteilsverfahren des ersten Rechtszugs besteht kein Anspruch der obsiegenden Partei auf Entschädigung wegen Zeitversäumnis und auf Erstattung der Kosten für die Zuziehung eines Prozeßbevollmächtigten oder Beistandes. [2]Vor Abschluß der Vereinbarung über die Vertretung ist auf den Ausschluß der Kostenerstattung nach Satz 1 hinzuweisen. [3]Satz 1 gilt nicht für Kosten, die dem Beklagten dadurch entstanden sind, daß der Kläger ein Gericht der ordentlichen Gerichtsbarkeit, der allgemeinen Verwaltungsgerichtsbarkeit, der Finanz- oder Sozialgerichtsbarkeit angerufen und dieses den Rechtsstreit an das Arbeitsgericht verwiesen hat.

(2) ¹Werden im Urteilsverfahren des zweiten Rechtszugs die Kosten nach § 92 Abs. 1 der Zivilprozeßordnung verhältnismäßig geteilt und ist die eine Partei durch einen Rechtsanwalt, die andere Partei durch einen Verbandsvertreter nach § 11 Abs. 2 Satz 2 Nr. 4 und 5 vertreten, so ist diese Partei hinsichtlich der außergerichtlichen Kosten so zu stellen, als wenn sie durch einen Rechtsanwalt vertreten worden wäre. ²Ansprüche auf Erstattung stehen ihr jedoch nur insoweit zu, als ihr Kosten im Einzelfall tatsächlich erwachsen sind.

§ 13 Rechtshilfe. (1) ¹Die Arbeitsgerichte leisten den Gerichten für Arbeitssachen Rechtshilfe. ²Ist die Amtshandlung außerhalb des Sitzes eines Arbeitsgerichts vorzunehmen, so leistet das Amtsgericht Rechtshilfe.

(2) Die Vorschriften des Gerichtsverfassungsgesetzes über Rechtshilfe und des Einführungsgesetzes zum Gerichtsverfassungsgesetz über verfahrensübergreifende Mitteilungen von Amts wegen finden entsprechende Anwendung.

§ 13 a Internationale Verfahren. Die Vorschriften des Buches 11 der Zivilprozessordnung über die justizielle Zusammenarbeit in der Europäischen Union finden in Verfahren vor den Gerichten für Arbeitssachen Anwendung.

Zweiter Teil. Aufbau der Gerichte für Arbeitssachen

Erster Abschnitt. Arbeitsgerichte

§ 14 Errichtung und Organisation. (1) In den Ländern werden Arbeitsgerichte errichtet.

(2) Durch Gesetz werden angeordnet
1. die Errichtung und Aufhebung eines Arbeitsgerichts;
2. die Verlegung eines Gerichtssitzes;
3. Änderungen in der Abgrenzung der Gerichtsbezirke;
4. die Zuweisung einzelner Sachgebiete an ein Arbeitsgericht für die Bezirke mehrerer Arbeitsgerichte;
5. die Errichtung von Kammern des Arbeitsgerichts an anderen Orten;
6. der Übergang anhängiger Verfahren auf ein anderes Gericht bei Maßnahmen nach den Nummern 1, 3 und 4, wenn sich die Zuständigkeit nicht nach den bisher geltenden Vorschriften richten soll.

(3) Mehrere Länder können die Errichtung eines gemeinsamen Arbeitsgerichts oder gemeinsamer Kammern eines Arbeitsgerichts oder die Ausdehnung von Gerichtsbezirken über die Landesgrenzen hinaus, auch für einzelne Sachgebiete, vereinbaren.

(4) ¹Die zuständige oberste Landesbehörde kann anordnen, daß außerhalb des Sitzes des Arbeitsgerichts Gerichtstage abgehalten werden. ²Die Landesregie-

rung kann ferner durch Rechtsverordnung bestimmen, daß Gerichtstage außerhalb des Sitzes des Arbeitsgerichts abgehalten werden. ³Die Landesregierung kann die Ermächtigung nach Satz 2 durch Rechtsverordnung auf die zuständige oberste Landesbehörde übertragen.

(5) Bei der Vorbereitung gesetzlicher Regelungen nach Absatz 2 Nr. 1 bis 5 und Absatz 3 sind die Gewerkschaften und Vereinigungen von Arbeitgebern, die für das Arbeitsleben im Landesgebiet wesentliche Bedeutung haben, zu hören.

§ 15 Verwaltung und Dienstaufsicht. (1) ¹Die Geschäfte der Verwaltung und Dienstaufsicht führt die zuständige oberste Landesbehörde. ²Vor Erlaß allgemeiner Anordnungen, die die Verwaltung und Dienstaufsicht betreffen, soweit sie nicht rein technischer Art sind, sind die in § 14 Abs. 5 genannten Verbände zu hören.

(2) ¹Die Landesregierung kann durch Rechtsverordnung Geschäfte der Verwaltung und Dienstaufsicht dem Präsidenten des Landesarbeitsgerichts oder dem Vorsitzenden des Arbeitsgerichts oder, wenn mehrere Vorsitzende vorhanden sind, einem von ihnen übertragen. ²Die Landesregierung kann die Ermächtigung nach Satz 1 durch Rechtsverordnung auf die zuständige oberste Landesbehörde übertragen.

§ 16 Zusammensetzung. (1) ¹Das Arbeitsgericht besteht aus der erforderlichen Zahl von Vorsitzenden und ehrenamtlichen Richtern. ²Die ehrenamtlichen Richter werden je zur Hälfte aus den Kreisen der Arbeitnehmer und der Arbeitgeber entnommen.

(2) Jede Kammer des Arbeitsgerichts wird in der Besetzung mit einem Vorsitzenden und je einem ehrenamtlichen Richter aus Kreisen der Arbeitnehmer und der Arbeitgeber tätig.

§ 17 Bildung von Kammern. (1) Die zuständige oberste Landesbehörde bestimmt die Zahl der Kammern nach Anhörung der in § 14 Abs. 5 genannten Verbände.

(2) ¹Soweit ein Bedürfnis besteht, kann die Landesregierung durch Rechtsverordnung für die Streitigkeiten bestimmter Berufe und Gewerbe und bestimmter Gruppen von Arbeitnehmern Fachkammern bilden. ²Die Zuständigkeit einer Fachkammer kann durch Rechtsverordnung auf die Bezirke anderer Arbeitsgerichte oder Teile von ihnen erstreckt werden, sofern die Erstreckung für eine sachdienliche Förderung oder schnellere Erledigung der Verfahren zweckmäßig ist. ³Die Rechtsverordnungen auf Grund der Sätze 1 und 2 treffen Regelungen zum Übergang anhängiger Verfahren auf ein anderes Gericht, sofern die Regelungen zur sachdienlichen Erledigung der Verfahren zweckmäßig sind und sich die Zuständigkeit nicht nach den bisher geltenden Vorschriften richten soll. ⁴§ 14 Abs. 5 ist entsprechend anzuwenden.

(3) Die Landesregierung kann die Ermächtigung nach Absatz 2 durch Rechtsverordnung auf die zuständige oberste Landesbehörde übertragen.

§ 18 Ernennung der Vorsitzenden. (1) Die Vorsitzenden werden auf Vorschlag der zuständigen obersten Landesbehörde nach Beratung mit einem Ausschuß entsprechend den landesrechtlichen Vorschriften bestellt.

(2) ¹Der Ausschuß ist von der zuständigen obersten Landesbehörde zu errichten. ²Ihm müssen in gleichem Verhältnis Vertreter der in § 14 Abs. 5 genannten Gewerkschaften und Vereinigungen von Arbeitgebern sowie der Arbeitsgerichtsbarkeit angehören.

(3) Einem Vorsitzenden kann zugleich ein weiteres Richteramt bei einem anderen Arbeitsgericht übertragen werden.

(4)–(6) (weggefallen)

(7) Bei den Arbeitsgerichten können Richter auf Probe und Richter kraft Auftrags verwendet werden.

§ 19 Ständige Vertretung. (1) Ist ein Arbeitsgericht nur mit einem Vorsitzenden besetzt, so beauftragt das Präsidium des Landesarbeitsgerichts einen Richter seines Bezirks mit der ständigen Vertretung des Vorsitzenden.

(2) ¹Wird an einem Arbeitsgericht die vorübergehende Vertretung durch einen Richter eines anderen Gerichts nötig, so beauftragt das Präsidium des Landesarbeitsgerichts einen Richter seines Bezirks längstens für zwei Monate mit der Vertretung. ²In Eilfällen kann an Stelle des Präsidiums der Präsident des Landesarbeitsgerichts einen zeitweiligen Vertreter bestellen. ³Die Gründe für die getroffene Anordnung sind schriftlich niederzulegen.

§ 20 Berufung der ehrenamtlichen Richter. (1) ¹Die ehrenamtlichen Richter werden von der zuständigen obersten Landesbehörde oder der von der Landesregierung durch Rechtsverordnung beauftragten Stelle auf die Dauer von fünf Jahren berufen. ²Die Landesregierung kann die Ermächtigung nach Satz 1 durch Rechtsverordnung auf die zuständige oberste Landesbehörde übertragen.

(2) Die ehrenamtlichen Richter sind in angemessenem Verhältnis unter billiger Berücksichtigung der Minderheiten aus den Vorschlagslisten zu entnehmen, die der zuständigen Stelle von den im Land bestehenden Gewerkschaften, selbständigen Vereinigungen von Arbeitnehmern mit sozial- oder berufspolitischer Zwecksetzung und Vereinigungen von Arbeitgebern sowie von den in § 22 Abs. 2 Nr. 3 bezeichneten Körperschaften oder deren Arbeitgebervereinigungen eingereicht werden.

§ 21 Voraussetzungen für die Berufung als ehrenamtlicher Richter.

(1) Als ehrenamtliche Richter sind Arbeitnehmer und Arbeitgeber zu berufen, die das 25. Lebensjahr vollendet haben und im Bezirk des Arbeitsgerichts tätig sind oder wohnen.

(2) ¹Vom Amt des ehrenamtlichen Richters ist ausgeschlossen,
1. wer infolge Richterspruchs die Fähigkeit zur Bekleidung öffentlicher Ämter nicht besitzt oder wegen einer vorsätzlichen Tat zu einer Freiheitsstrafe von mehr als sechs Monaten verurteilt worden ist;
2. wer wegen einer Tat angeklagt ist, die den Verlust der Fähigkeit zur Bekleidung öffentlicher Ämter zur Folge haben kann;
3. wer das Wahlrecht zum Deutschen Bundestag nicht besitzt.

²Personen, die in Vermögensverfall geraten sind, sollen nicht als ehrenamtliche Richter berufen werden.

(3) Beamte und Angestellte eines Gerichts für Arbeitssachen dürfen nicht als ehrenamtliche Richter berufen werden.

(4) [1]Das Amt des ehrenamtlichen Richters, der zum ehrenamtlichen Richter in einem höheren Rechtszug berufen wird, endet mit Beginn der Amtszeit im höheren Rechtszug. [2]Niemand darf gleichzeitig ehrenamtlicher Richter der Arbeitnehmerseite und der Arbeitgeberseite sein oder als ehrenamtlicher Richter bei mehr als einem Gericht für Arbeitssachen berufen werden.

(5) [1]Wird das Fehlen einer Voraussetzung für die Berufung nachträglich bekannt oder fällt eine Voraussetzung nachträglich fort, so ist der ehrenamtliche Richter auf Antrag der zuständigen Stelle (§ 20) oder auf eigenen Antrag von seinem Amt zu entbinden. [2]Über den Antrag entscheidet die vom Präsidium für jedes Geschäftsjahr im voraus bestimmte Kammer des Landesarbeitsgerichts. [3]Vor der Entscheidung ist der ehrenamtliche Richter zu hören. [4]Die Entscheidung ist unanfechtbar. [5]Die nach Satz 2 zuständige Kammer kann anordnen, daß der ehrenamtliche Richter bis zu der Entscheidung über die Entbindung vom Amt nicht heranzuziehen ist.

(6) Verliert der ehrenamtliche Richter seine Eigenschaft als Arbeitnehmer oder Arbeitgeber wegen Erreichens der Altersgrenze, findet Absatz 5 mit der Maßgabe Anwendung, daß die Entbindung vom Amt nur auf Antrag des ehrenamtlichen Richters zulässig ist.

§ 22 Ehrenamtlicher Richter aus Kreisen der Arbeitgeber.

(1) Ehrenamtlicher Richter aus Kreisen der Arbeitgeber kann auch sein, wer vorübergehend oder regelmäßig zu gewissen Zeiten des Jahres keine Arbeitnehmer beschäftigt.

(2) Zu ehrenamtlichen Richtern aus Kreisen der Arbeitgeber können auch berufen werden

1. bei Betrieben einer juristischen Person oder einer Personengesamtheit Personen, die kraft Gesetzes, Satzung oder Gesellschaftsvertrag allein oder als Mitglieder des Vertretungsorgans zur Vertretung der juristischen Person oder der Personengesamtheit berufen sind;
2. Geschäftsführer, Betriebsleiter oder Personalleiter, soweit sie zur Einstellung von Arbeitnehmern in den Betrieb berechtigt sind, oder Personen, denen Prokura oder Generalvollmacht erteilt ist;
3. bei dem Bunde, den Ländern, den Gemeinden, den Gemeindeverbänden und anderen Körperschaften, Anstalten und Stiftungen des öffentlichen Rechts Beamte und Angestellte nach näherer Anordnung der zuständigen obersten Bundes- oder Landesbehörde;
4. Mitglieder und Angestellte von Vereinigungen von Arbeitgebern sowie Vorstandsmitglieder und Angestellte von Zusammenschlüssen solcher Vereinigungen, wenn diese Personen kraft Satzung oder Vollmacht zur Vertretung befugt sind.

§ 23 Ehrenamtlicher Richter aus Kreisen der Arbeitnehmer.

(1) Ehrenamtlicher Richter aus Kreisen der Arbeitnehmer kann auch sein, wer arbeitslos ist.

(2) [1]Den Arbeitnehmern stehen für die Berufung als ehrenamtliche Richter Mitglieder und Angestellte von Gewerkschaften, von selbständigen Vereinigungen von Arbeitnehmern mit sozial- oder berufspolitischer Zwecksetzung

sowie Vorstandsmitglieder und Angestellte von Zusammenschlüssen von Gewerkschaften gleich, wenn diese Personen kraft Satzung oder Vollmacht zur Vertretung befugt sind. ²Gleiches gilt für Bevollmächtigte, die als Angestellte juristischer Personen, deren Anteile sämtlich im wirtschaftlichen Eigentum einer der in Satz 1 genannten Organisationen stehen, handeln und wenn die juristische Person ausschließlich die Rechtsberatung und Prozeßvertretung der Mitglieder der Organisation entsprechend deren Satzung durchführt.

§ 24 Ablehnung und Niederlegung des ehrenamtlichen Richteramtes. (1) Das Amt des ehrenamtlichen Richters kann ablehnen oder niederlegen,
1. wer die Regelaltersgrenze nach dem Sechsten Buch Sozialgesetzbuch erreicht hat;
2. wer aus gesundheitlichen Gründen daran gehindert ist, das Amt ordnungsgemäß auszuüben;
3. wer durch ehrenamtliche Tätigkeit für die Allgemeinheit so in Anspruch genommen ist, daß ihm die Übernahme des Amtes nicht zugemutet werden kann;
4. wer in den zehn der Berufung vorhergehenden Jahren als ehrenamtlicher Richter bei einem Gericht für Arbeitssachen tätig gewesen ist;
5. wer glaubhaft macht, daß ihm wichtige Gründe, insbesondere die Fürsorge für seine Familie, die Ausübung des Amtes in besonderem Maße erschweren.

(2) ¹Über die Berechtigung zur Ablehnung oder Niederlegung entscheidet die zuständige Stelle (§ 20). ²Die Entscheidung ist endgültig.

§ 25 (weggefallen)

§ 26 Schutz der ehrenamtlichen Richter. (1) Niemand darf in der Übernahme oder Ausübung des Amtes als ehrenamtlicher Richter beschränkt oder wegen der Übernahme oder Ausübung des Amtes benachteiligt werden.

(2) Wer einen anderen in der Übernahme oder Ausübung seines Amtes als ehrenamtlicher Richter beschränkt oder wegen der Übernahme oder Ausübung des Amtes benachteiligt, wird mit Freiheitsstrafe bis zu einem Jahr oder mit Geldstrafe bestraft.

§ 27 Amtsenthebung der ehrenamtlichen Richter. ¹Ein ehrenamtlicher Richter ist auf Antrag der zuständigen Stelle (§ 20) seines Amtes zu entheben, wenn er seine Amtspflicht grob verletzt. ²§ 21 Abs. 5 Satz 2 bis 5 ist entsprechend anzuwenden.

§ 28 Ordnungsgeld gegen ehrenamtliche Richter. ¹Die vom Präsidium für jedes Geschäftsjahr im voraus bestimmte Kammer des Landesarbeitsgerichts kann auf Antrag des Vorsitzenden des Arbeitsgerichts gegen einen ehrenamtlichen Richter, der sich der Erfüllung seiner Pflichten entzieht, insbesondere ohne genügende Entschuldigung nicht oder nicht rechtzeitig zu den Sitzungen erscheint, ein Ordnungsgeld festsetzen. ²Vor dem Antrag hat der Vorsitzende des Arbeitsgerichts den ehrenamtlichen Richter zu hören. ³Die Entscheidung ist endgültig.

§ 29 Ausschuß der ehrenamtlichen Richter. (1) ¹Bei jedem Arbeitsgericht mit mehr als einer Kammer wird ein Ausschuß der ehrenamtlichen Richter gebildet. ²Er besteht aus mindestens je drei ehrenamtlichen Richtern aus den Kreisen der Arbeitnehmer und der Arbeitgeber in gleicher Zahl, die von den ehrenamtlichen Richtern aus den Kreisen der Arbeitnehmer und der Arbeitgeber in getrennter Wahl gewählt werden. ³Der Ausschuß tagt unter der Leitung des aufsichtführenden oder, wenn ein solcher nicht vorhanden oder verhindert ist, des dienstältesten Vorsitzenden des Arbeitsgerichts.

(2) ¹Der Ausschuß ist vor der Bildung von Kammern, vor der Geschäftsverteilung, vor der Verteilung der ehrenamtlichen Richter auf die Kammern und vor der Aufstellung der Listen über die Heranziehung der ehrenamtlichen Richter zu den Sitzungen mündlich oder schriftlich zu hören. ²Er kann den Vorsitzenden des Arbeitsgerichts und den die Verwaltung und Dienstaufsicht führenden Stellen (§ 15) Wünsche der ehrenamtlichen Richter übermitteln.

§ 30 Besetzung der Fachkammern. ¹Die ehrenamtlichen Richter einer Fachkammer sollen aus den Kreisen der Arbeitnehmer und der Arbeitgeber entnommen werden, für die die Fachkammer gebildet ist. ²Werden für Streitigkeiten der in § 22 Abs. 2 Nr. 2 bezeichneten Angestellten Fachkammern gebildet, so dürfen ihnen diese Angestellten nicht als ehrenamtliche Richter aus Kreisen der Arbeitgeber angehören. ³Wird die Zuständigkeit einer Fachkammer gemäß § 17 Abs. 2 erstreckt, so sollen die ehrenamtlichen Richter dieser Kammer aus den Bezirken derjenigen Arbeitsgerichte berufen werden, für deren Bezirke die Fachkammer zuständig ist.

§ 31 Heranziehung der ehrenamtlichen Richter. (1) Die ehrenamtlichen Richter sollen zu den Sitzungen nach der Reihenfolge einer Liste herangezogen werden, die der Vorsitzende vor Beginn des Geschäftsjahres oder vor Beginn der Amtszeit neu berufener ehrenamtlicher Richter gemäß § 29 Abs. 2 aufstellt.

(2) Für die Heranziehung von Vertretern bei unvorhergesehener Verhinderung kann eine Hilfsliste von ehrenamtlichen Richtern aufgestellt werden, die am Gerichtssitz oder in der Nähe wohnen oder ihren Dienstsitz haben.

§ 32 (weggefallen)

Zweiter Abschnitt. Landesarbeitsgerichte

§ 33 Errichtung und Organisation. ¹In den Ländern werden Landesarbeitsgerichte errichtet. ²§ 14 Abs. 2 bis 5 ist entsprechend anzuwenden.

§ 34 Verwaltung und Dienstaufsicht. (1) ¹Die Geschäfte der Verwaltung und Dienstaufsicht führt die zuständige oberste Landesbehörde. ²§ 15 Abs. 1 Satz 2 gilt entsprechend.

(2) ¹Die Landesregierung kann durch Rechtsverordnung Geschäfte der Verwaltung und Dienstaufsicht dem Präsidenten des Landesarbeitsgerichts übertragen. ²Die Landesregierung kann die Ermächtigung nach Satz 1 durch Rechtsverordnung auf die zuständige oberste Landesbehörde übertragen.

§ 35 Zusammensetzung, Bildung von Kammern. (1) ¹Das Landesarbeitsgericht besteht aus dem Präsidenten, der erforderlichen Zahl von weiteren Vorsitzenden und von ehrenamtlichen Richtern. ²Die ehrenamtlichen Richter werden je zur Hälfte aus den Kreisen der Arbeitnehmer und der Arbeitgeber entnommen.

(2) Jede Kammer des Landesarbeitsgerichts wird in der Besetzung mit einem Vorsitzenden und je einem ehrenamtlichen Richter aus den Kreisen der Arbeitnehmer und der Arbeitgeber tätig.

(3) ¹Die zuständige oberste Landesbehörde bestimmt die Zahl der Kammern. ²§ 17 gilt entsprechend.

§ 36 Vorsitzende.[1] Der Präsident und die weiteren Vorsitzenden werden auf Vorschlag der zuständigen obersten Landesbehörde nach Anhörung der in § 14 Abs. 5 genannten Gewerkschaften und Vereinigungen von Arbeitgebern als Richter auf Lebenszeit entsprechend den landesrechtlichen Vorschriften bestellt.

§ 37 Ehrenamtliche Richter. (1) Die ehrenamtlichen Richter müssen das dreißigste Lebensjahr vollendet haben und sollen mindestens fünf Jahre ehrenamtliche Richter eines Gerichts für Arbeitssachen gewesen sein.

(2) Im übrigen gelten für die Berufung und Stellung der ehrenamtlichen Richter sowie für die Amtsenthebung und die Amtsentbindung die §§ 20 bis 28 entsprechend.

§ 38 Ausschuß der ehrenamtlichen Richter. ¹Bei jedem Landesarbeitsgericht wird ein Ausschuß der ehrenamtlichen Richter gebildet. ²Die Vorschriften des § 29 Abs. 1 Satz 2 und 3 und Abs. 2 gelten entsprechend.

§ 39 Heranziehung der ehrenamtlichen Richter. ¹Die ehrenamtlichen Richter sollen zu den Sitzungen nach der Reihenfolge einer Liste herangezogen werden, die der Vorsitzende vor Beginn des Geschäftsjahres oder vor Beginn der Amtszeit neu berufener ehrenamtlicher Richter gemäß § 38 Satz 2 aufstellt. ²§ 31 Abs. 2 ist entsprechend anzuwenden.

Dritter Abschnitt. Bundesarbeitsgericht

§ 40 Errichtung. (1) Das Bundesarbeitsgericht hat seinen Sitz in Erfurt.

(2) ¹Die Geschäfte der Verwaltung und Dienstaufsicht führt das Bundesministerium für Arbeit und Soziales im Einvernehmen mit dem Bundesministerium der Justiz. ²Das Bundesministerium für Arbeit und Soziales kann im Einvernehmen mit dem Bundesministerium der Justiz Geschäfte der Verwaltung und Dienstaufsicht auf den Präsidenten des Bundesarbeitsgerichts übertragen.

§ 41 Zusammensetzung, Senate. (1) ¹Das Bundesarbeitsgericht besteht aus dem Präsidenten, der erforderlichen Zahl von Vorsitzenden Richtern, von berufsrichterlichen Beisitzern sowie ehrenamtlichen Richtern. ²Die ehrenamt-

---

[1] **Amtl. Anm.:** Diese Überschrift wurde bei der deklaratorischen Neufassung eingefügt.

lichen Richter werden je zur Hälfte aus den Kreisen der Arbeitnehmer und der Arbeitgeber entnommen.

(2) Jeder Senat wird in der Besetzung mit einem Vorsitzenden, zwei berufsrichterlichen Beisitzern und je einem ehrenamtlichen Richter aus den Kreisen der Arbeitnehmer und der Arbeitgeber tätig.

(3) Die Zahl der Senate bestimmt das Bundesministerium für Arbeit und Soziales im Einvernehmen mit dem Bundesministerium der Justiz.

§ 42 Bundesrichter. (1) [1]Für die Berufung der Bundesrichter (Präsident, Vorsitzende Richter und berufsrichterliche Beisitzer nach § 41 Abs. 1 Satz 1) gelten die Vorschriften des Richterwahlgesetzes. [2]Zuständiges Ministerium im Sinne des § 1 Abs. 1 des Richterwahlgesetzes ist das Bundesministerium für Arbeit und Soziales; es entscheidet im Benehmen mit dem Bundesministerium der Justiz.

(2) Die zu berufenden Personen müssen das fünfunddreißigste Lebensjahr vollendet haben.

§ 43 Ehrenamtliche Richter. (1) [1]Die ehrenamtlichen Richter werden vom Bundesministerium für Arbeit und Soziales für die Dauer von fünf Jahren berufen. [2]Sie sind im angemessenen Verhältnis unter billiger Berücksichtigung der Minderheiten aus den Vorschlagslisten zu entnehmen, die von den Gewerkschaften, den selbständigen Vereinigungen von Arbeitnehmern mit sozial- oder berufspolitischer Zwecksetzung und Vereinigungen von Arbeitgebern, die für das Arbeitsleben des Bundesgebietes wesentliche Bedeutung haben, sowie von den in § 22 Abs. 2 Nr. 3 bezeichneten Körperschaften eingereicht worden sind.

(2) [1]Die ehrenamtlichen Richter müssen das fünfunddreißigste Lebensjahr vollendet haben, besondere Kenntnisse und Erfahrungen auf dem Gebiet des Arbeitsrechts und des Arbeitslebens besitzen und sollen mindestens fünf Jahre ehrenamtliche Richter eines Gerichts für Arbeitssachen gewesen sein. [2]Sie sollen längere Zeit in Deutschland als Arbeitnehmer oder als Arbeitgeber tätig gewesen sein.

(3) Für die Berufung, Stellung und Heranziehung der ehrenamtlichen Richter sowie für die Amtsenthebung und die Amtsentbindung sind im übrigen die Vorschriften der §§ 21 bis 28 und des § 31 entsprechend anzuwenden mit der Maßgabe, daß die in § 21 Abs. 5, § 27 Satz 2 und § 28 Satz 1 bezeichneten Entscheidungen durch den vom Präsidium für jedes Geschäftsjahr im voraus bestimmten Senat des Bundesarbeitsgerichts getroffen werden.

§ 44 Anhörung der ehrenamtlichen Richter, Geschäftsordnung.

(1) Bevor zu Beginn des Geschäftsjahres die Geschäfte verteilt sowie die berufsrichterlichen Beisitzer und die ehrenamtlichen Richter den einzelnen Senaten und dem Großen Senat zugeteilt werden, sind je die beiden lebensältesten ehrenamtlichen Richter aus den Kreisen der Arbeitnehmer und der Arbeitgeber zu hören.

(2) [1]Der Geschäftsgang wird durch eine Geschäftsordnung geregelt, die das Präsidium beschließt; sie bedarf der Bestätigung durch den Bundesrat. [2]Absatz 1 gilt entsprechend.

§ 45 Großer Senat. (1) Bei dem Bundesarbeitsgericht wird ein Großer Senat gebildet.

(2) Der Große Senat entscheidet, wenn ein Senat in einer Rechtsfrage von der Entscheidung eines anderen Senats oder des Großen Senats abweichen will.

(3) ¹Eine Vorlage an den Großen Senat ist nur zulässig, wenn der Senat, von dessen Entscheidung abgewichen werden soll, auf Anfrage des erkennenden Senats erklärt hat, daß er an seiner Rechtsauffassung festhält. ²Kann der Senat, von dessen Entscheidung abgewichen werden soll, wegen einer Änderung des Geschäftsverteilungsplanes mit der Rechtsfrage nicht mehr befaßt werden, tritt der Senat an seine Stelle, der nach dem Geschäftsverteilungsplan für den Fall, in dem abweichend entschieden wurde, nunmehr zuständig wäre. ³Über die Anfrage und die Antwort entscheidet der jeweilige Senat durch Beschluß in der für Urteile erforderlichen Besetzung.

(4) Der erkennende Senat kann eine Frage von grundsätzlicher Bedeutung dem Großen Senat zur Entscheidung vorlegen, wenn das nach seiner Auffassung zur Fortbildung des Rechts oder zur Sicherung einer einheitlichen Rechtsprechung erforderlich ist.

(5) ¹Der Große Senat besteht aus dem Präsidenten, je einem Berufsrichter der Senate, in denen der Präsident nicht den Vorsitz führt, und je drei ehrenamtlichen Richtern aus den Kreisen der Arbeitnehmer und Arbeitgeber. ²Bei einer Verhinderung des Präsidenten tritt ein Berufsrichter des Senats, dem er angehört, an seine Stelle.

(6) ¹Die Mitglieder und die Vertreter werden durch das Präsidium für ein Geschäftsjahr bestellt. ²Den Vorsitz im Großen Senat führt der Präsident, bei Verhinderung das dienstälteste Mitglied. ³Bei Stimmengleichheit gibt die Stimme des Vorsitzenden den Ausschlag.

(7) ¹Der Große Senat entscheidet nur über die Rechtsfrage. ²Er kann ohne mündliche Verhandlung entscheiden. ³Seine Entscheidung ist in der vorliegenden Sache für den erkennenden Senat bindend.

Dritter Teil. Verfahren vor den Gerichten für Arbeitssachen

Erster Abschnitt. Urteilsverfahren

Erster Unterabschnitt. Erster Rechtszug

§ 46 Grundsatz. (1) Das Urteilsverfahren findet in den in § 2 Abs. 1 bis 4 bezeichneten bürgerlichen Rechtsstreitigkeiten Anwendung.

(2) ¹Für das Urteilsverfahren des ersten Rechtszugs gelten die Vorschriften der Zivilprozeßordnung über das Verfahren vor den Amtsgerichten entsprechend, soweit dieses Gesetz nichts anderes bestimmt. ²Die Vorschriften über den frühen ersten Termin zur mündlichen Verhandlung und das schriftliche Vorverfahren (§§ 275 bis 277 der Zivilprozeßordnung), über das vereinfachte Verfahren (§ 495a der Zivilprozeßordnung), über den Urkunden- und Wechselprozeß (§§ 592 bis 605a der Zivilprozeßordnung), über die Entscheidung ohne mündliche Verhandlung (§ 128 Abs. 2 der Zivilprozeßordnung)

und über die Verlegung von Terminen in der Zeit vom 1. Juli bis 31. August (§ 227 Abs. 3 Satz 1 der Zivilprozeßordnung) finden keine Anwendung. ³§ 127 Abs. 2 der Zivilprozeßordnung findet mit der Maßgabe Anwendung, dass die sofortige Beschwerde bei Bestandsschutzstreitigkeiten unabhängig von dem Streitwert zulässig ist.

§ 46 a Mahnverfahren. (1) ¹Für das Mahnverfahren vor den Gerichten für Arbeitssachen gelten die Vorschriften der Zivilprozeßordnung über das Mahnverfahren einschließlich der maschinellen Bearbeitung entsprechend, soweit dieses Gesetz nichts anderes bestimmt. ²§ 690 Abs. 3 Satz 2 der Zivilprozeßordnung ist nicht anzuwenden.

(2) Zuständig für die Durchführung des Mahnverfahrens ist das Arbeitsgericht, das für die im Urteilsverfahren erhobene Klage zuständig sein würde.

(3) Die in den Mahnbescheid nach § 692 Abs. 1 Nr. 3 der Zivilprozeßordnung aufzunehmende Frist beträgt eine Woche.

(4) ¹Wird rechtzeitig Widerspruch erhoben und beantragt eine Partei die Durchführung der mündlichen Verhandlung, so hat die Geschäftsstelle dem Antragsteller unverzüglich aufzugeben, seinen Anspruch binnen zwei Wochen schriftlich zu begründen. ²Bei Eingang der Anspruchsbegründung bestimmt der Vorsitzende den Termin zur mündlichen Verhandlung. ³Geht die Anspruchsbegründung nicht rechtzeitig ein, so wird bis zu ihrem Eingang der Termin nur auf Antrag des Antragsgegners bestimmt.

(5) Die Streitsache gilt als mit Zustellung des Mahnbescheids rechtshängig geworden, wenn alsbald nach Erhebung des Widerspruchs Termin zur mündlichen Verhandlung bestimmt wird.

(6) ¹Im Fall des Einspruchs hat das Gericht von Amts wegen zu prüfen, ob der Einspruch an sich statthaft und ob er in der gesetzlichen Form und Frist eingelegt ist. ²Fehlt es an einem dieser Erfordernisse, so ist der Einspruch als unzulässig zu verwerfen. ³Ist der Einspruch zulässig, hat die Geschäftsstelle dem Antragsteller unverzüglich aufzugeben, seinen Anspruch binnen zwei Wochen schriftlich zu begründen. ⁴Nach Ablauf der Begründungsfrist bestimmt der Vorsitzende unverzüglich Termin zur mündlichen Verhandlung.

(7) Das Bundesministerium für Arbeit und Soziales wird ermächtigt, durch Rechtsverordnung mit Zustimmung des Bundesrates den Verfahrensablauf zu regeln, soweit dies für eine einheitliche maschinelle Bearbeitung der Mahnverfahren erforderlich ist (Verfahrensablaufplan).

(8) ¹Das Bundesministerium für Arbeit und Soziales wird ermächtigt, durch Rechtsverordnung mit Zustimmung des Bundesrates zur Vereinfachung des Mahnverfahrens und zum Schutze der in Anspruch genommenen Partei Formulare einzuführen. ²Dabei können für Mahnverfahren bei Gerichten, die die Verfahren maschinell bearbeiten, und für Mahnverfahren bei Gerichten, die die Verfahren nicht maschinell bearbeiten, unterschiedliche Formulare eingeführt werden.

§ 46 b Einreichung elektronischer Dokumente. (1) ¹Soweit für vorbereitende Schriftsätze und deren Anlagen, für Anträge und Erklärungen der Parteien sowie für Auskünfte, Aussagen, Gutachten und Erklärungen Dritter die Schriftform vorgesehen ist, genügt dieser Form die Aufzeichnung als elektronisches Dokument, wenn dieses für die Bearbeitung durch das Gericht geeignet ist. ²Die verantwortende Person soll das Dokument mit einer qualifizierten elektronischen Signatur nach dem Signaturgesetz versehen. ³Ist ein übermitteltes elektronisches Dokument für das Gericht zur Bearbeitung nicht geeignet, ist dies dem Absender unter Angabe der geltenden technischen Rahmenbedingungen unverzüglich mitzuteilen.

(2) ¹Die Bundesregierung und die Landesregierungen bestimmen für ihren Bereich durch Rechtsverordnung den Zeitpunkt, von dem an elektronische Dokumente bei den Gerichten eingereicht werden können, sowie die für die Bearbeitung der Dokumente geeignete Form. ²Die Landesregierungen können die Ermächtigung durch Rechtsverordnung auf die jeweils zuständige oberste Landesbehörde übertragen. ³Die Zulassung der elektronischen Form kann auf einzelne Gerichte oder Verfahren beschränkt werden.

(3) Ein elektronisches Dokument ist eingereicht, sobald die für den Empfang bestimmte Einrichtung des Gerichts es aufgezeichnet hat.

§ 46 c Gerichtliches elektronisches Dokument. Soweit dieses Gesetz dem Richter, dem Rechtspfleger, dem Urkundsbeamten der Geschäftsstelle oder dem Gerichtsvollzieher die handschriftliche Unterzeichnung vorschreibt, genügt dieser Form die Aufzeichnung als elektronisches Dokument, wenn die verantwortenden Personen am Ende des Dokuments ihren Namen hinzufügen und das Dokument mit einer qualifizierten elektronischen Signatur versehen.

§ 46 d Elektronische Akte. (1) ¹Die Prozessakten können elektronisch geführt werden. ²Die Bundesregierung und die Landesregierungen bestimmen für ihren Bereich durch Rechtsverordnung den Zeitpunkt, von dem an elektronische Akten geführt werden sowie die hierfür geltenden organisatorisch-technischen Rahmenbedingungen für die Bildung, Führung und Aufbewahrung der elektronischen Akten. ³Die Landesregierungen können die Ermächtigung durch Rechtsverordnung auf die jeweils zuständige oberste Landesbehörde übertragen. ⁴Die Zulassung der elektronischen Akte kann auf einzelne Gerichte oder Verfahren beschränkt werden.

(2) ¹In Papierform eingereichte Schriftstücke und sonstige Unterlagen sollen zur Ersetzung der Urschrift in ein elektronisches Dokument übertragen werden. ²Die Unterlagen sind, sofern sie in Papierform weiter benötigt werden, mindestens bis zum rechtskräftigen Abschluss des Verfahrens aufzubewahren.

(3) Das elektronische Dokument muss den Vermerk enthalten, wann und durch wen die Unterlagen in ein elektronisches Dokument übertragen worden sind.

§ 47 Sondervorschriften über Ladung und Einlassung.[1] (1) Die Klageschrift muß mindestens eine Woche vor dem Termin zugestellt sein.

(2) Eine Aufforderung an den Beklagten, sich auf die Klage schriftlich zu äußern, erfolgt in der Regel nicht.

---

[1] **Amtl. Anm.:** Die Worte „Ladung und" sind gegenstandslos.

§ 48 Rechtsweg und Zuständigkeit. (1) Für die Zulässigkeit des Rechtsweges und der Verfahrensart sowie für die sachliche und örtliche Zuständigkeit gelten die §§ 17 bis 17 b des Gerichtsverfassungsgesetzes[1)] mit folgender Maßgabe entsprechend:
1. Beschlüsse entsprechend § 17 a Abs. 2 und 3 des Gerichtsverfassungsgesetzes über die örtliche Zuständigkeit sind unanfechtbar.
2. Der Beschluß nach § 17 a Abs. 4 des Gerichtsverfassungsgesetzes ergeht, sofern er nicht lediglich die örtliche Zuständigkeit zum Gegenstand hat, auch außerhalb der mündlichen Verhandlung stets durch die Kammer.

(1 a) [1]Für Streitigkeiten nach § 2 ist auch das Arbeitsgericht zuständig, in dessen Bezirk der Arbeitnehmer gewöhnlich seine Arbeit verrichtet oder zuletzt gewöhnlich verrichtet hat. [2]Ist ein gewöhnlicher Arbeitsort im Sinne des Satzes 1 nicht feststellbar, ist das Arbeitsgericht örtlich zuständig, von dessen Bezirk aus der Arbeitnehmer gewöhnlich seine Arbeit verrichtet oder zuletzt gewöhnlich verrichtet hat.

(2) [1]Die Tarifvertragsparteien können im Tarifvertrag die Zuständigkeit eines an sich örtlich unzuständigen Arbeitsgerichts festlegen für
1. bürgerliche Rechtsstreitigkeiten zwischen Arbeitnehmern und Arbeitgebern aus einem Arbeitsverhältnis und aus Verhandlungen über die Eingehung eines Arbeitsverhältnisses, das sich nach einem Tarifvertrag bestimmt,
2. bürgerliche Rechtsstreitigkeiten aus dem Verhältnis einer gemeinsamen Einrichtung der Tarifvertragsparteien zu den Arbeitnehmern oder Arbeitgebern.

[2]Im Geltungsbereich eines Tarifvertrags nach Satz 1 Nr. 1 gelten die tarifvertraglichen Bestimmungen über das örtlich zuständige Arbeitsgericht zwischen

---

[1)] §§ 17 und 17 a des GVG lauten:
17 [Rechtshängigkeit; Entscheidung des Rechtsstreits] „(1) [1]Die Zulässigkeit des beschrittenen Rechtsweges wird durch eine nach Rechtshängigkeit eintretende Veränderung der sie begründenden Umstände nicht berührt. [2]Während der Rechtshängigkeit kann die Sache von keiner Partei anderweitig anhängig gemacht werden.
(2) [1]Das Gericht des zulässigen Rechtsweges entscheidet den Rechtsstreit unter allen in Betracht kommenden rechtlichen Gesichtspunkten. [2]Artikel 14 Abs. 3 Satz 4 und Artikel 34 Satz 3 des Grundgesetzes bleiben unberührt.
17 a [Rechtsweg] (1) Hat ein Gericht den zu ihm beschrittenen Rechtsweg rechtskräftig für zulässig erklärt, sind andere Gerichte an diese Entscheidung gebunden.
(2) [1]Ist der beschrittene Rechtsweg unzulässig, spricht das Gericht dies nach Anhörung der Parteien von Amts wegen aus und verweist den Rechtsstreit zugleich an das zuständige Gericht des zulässigen Rechtsweges. [2]Sind mehrere Gerichte zuständig, wird an das vom Kläger oder Antragsteller auszuwählende Gericht verwiesen oder, wenn die Wahl unterbleibt, an das vom Gericht bestimmte. [3]Der Beschluß ist für das Gericht, an das der Rechtsstreit verwiesen worden ist, hinsichtlich des Rechtsweges bindend.
(3) [1]Ist der beschrittene Rechtsweg zulässig, kann das Gericht dies vorab aussprechen. [2]Es hat vorab zu entscheiden, wenn eine Partei die Zulässigkeit des Rechtsweges rügt.
(4) [1]Der Beschluß nach den Absätzen 2 und 3 kann ohne mündliche Verhandlung ergehen. [2]Er ist zu begründen. [3]Gegen den Beschluß ist die sofortige Beschwerde nach den Vorschriften der jeweils anzuwendenden Verfahrensordnung gegeben. [4]Den Beteiligten steht die Beschwerde gegen einen Beschluß des oberen Landesgerichts an den obersten Gerichtshof des Bundes nur zu, wenn sie in dem Beschluß zugelassen worden ist. [5]Die Beschwerde ist zuzulassen, wenn die Rechtsfrage grundsätzliche Bedeutung hat oder wenn das Gericht von der Entscheidung eines obersten Gerichtshofes des Bundes oder des Gemeinsamen Senats der obersten Gerichtshöfe des Bundes abweicht. [6]Der oberste Gerichtshof des Bundes ist an die Zulassung der Beschwerde gebunden.
(5) Das Gericht, das über ein Rechtsmittel gegen eine Entscheidung in der Hauptsache entscheidet, prüft nicht, ob der beschrittene Rechtsweg zulässig ist."

nicht tarifgebundenen Arbeitgebern und Arbeitnehmern, wenn die Anwendung des gesamten Tarifvertrags zwischen ihnen vereinbart ist. ³Die in § 38 Abs. 2 und 3 der Zivilprozeßordnung vorgesehenen Beschränkungen finden keine Anwendung.

§ 48 a *(aufgehoben)*

§ 49 Ablehnung von Gerichtspersonen. (1) Über die Ablehnung von Gerichtspersonen entscheidet die Kammer des Arbeitsgerichts.

(2) Wird sie durch das Ausscheiden des abgelehnten Mitgliedes beschlußunfähig, so entscheidet das Landesarbeitsgericht.

(3) Gegen den Beschluß findet kein Rechtsmittel statt.

§ 50 Zustellung. (1) ¹Die Urteile werden von Amts wegen binnen drei Wochen seit Übermittlung an die Geschäftsstelle zugestellt. ²§ 317 Abs. 1 Satz 3 der Zivilprozeßordnung ist nicht anzuwenden.

(2) Die §§ 174, 178 Abs. 1 Nr. 2 der Zivilprozessordnung sind auf die nach § 11 zur Prozessvertretung zugelassenen Personen entsprechend anzuwenden.

§ 51 Persönliches Erscheinen der Parteien. (1) ¹Der Vorsitzende kann das persönliche Erscheinen der Parteien in jeder Lage des Rechtsstreits anordnen. ²Im übrigen finden die Vorschriften des § 141 Abs. 2 und 3 der Zivilprozeßordnung entsprechende Anwendung.

(2) ¹Der Vorsitzende kann die Zulassung eines Prozeßbevollmächtigten ablehnen, wenn die Partei trotz Anordnung ihres persönlichen Erscheinens unbegründet ausgeblieben ist und hierdurch der Zweck der Anordnung vereitelt wird. ²§ 141 Abs. 3 Satz 2 und 3 der Zivilprozeßordnung findet entsprechende Anwendung.

§ 52 Öffentlichkeit. ¹Die Verhandlungen vor dem erkennenden Gericht einschließlich der Beweisaufnahme und der Verkündung der Entscheidung ist öffentlich. ²Das Arbeitsgericht kann die Öffentlichkeit für die Verhandlung oder für einen Teil der Verhandlung ausschließen, wenn durch die Öffentlichkeit eine Gefährdung der öffentlichen Ordnung, insbesondere der Staatssicherheit, oder eine Gefährdung der Sittlichkeit zu besorgen ist oder wenn eine Partei den Ausschluß der Öffentlichkeit beantragt, weil Betriebs-, Geschäfts- oder Erfindungsgeheimnisse zum Gegenstand der Verhandlung oder der Beweisaufnahme gemacht werden; außerdem ist § 171 b des Gerichtsverfassungsgesetzes entsprechend anzuwenden. ³Im Güteverfahren kann es die Öffentlichkeit auch aus Zweckmäßigkeitsgründen ausschließen. ⁴§ 169 Satz 2 sowie die §§ 173 bis 175 des Gerichtsverfassungsgesetzes sind entsprechend anzuwenden.

§ 53 Befugnisse des Vorsitzenden und der ehrenamtlichen Richter.

(1) ¹Die nicht auf Grund einer mündlichen Verhandlung ergehenden Beschlüsse und Verfügungen erläßt, soweit nichts anderes bestimmt ist, der Vorsitzende allein. ²Entsprechendes gilt für Amtshandlungen auf Grund eines Rechtshilfeersuchens.

(2) Im übrigen gelten für die Befugnisse des Vorsitzenden und der ehrenamtlichen Richter die Vorschriften der Zivilprozeßordnung über das landgerichtliche Verfahren entsprechend.

§ 54 Güteverfahren. (1) ¹Die mündliche Verhandlung beginnt mit einer Verhandlung vor dem Vorsitzenden zum Zwecke der gütlichen Einigung der Parteien (Güteverhandlung). ²Der Vorsitzende hat zu diesem Zwecke das gesamte Streitverhältnis mit den Parteien unter freier Würdigung aller Umstände zu erörtern. ³Zur Aufklärung des Sachverhalts kann er alle Handlungen vornehmen, die sofort erfolgen können. ⁴Eidliche Vernehmungen sind jedoch ausgeschlossen. ⁵Der Vorsitzende kann die Güteverhandlung mit Zustimmung der Parteien in einem weiteren Termin, der alsbald stattzufinden hat, fortsetzen.

(2) ¹Die Klage kann bis zum Stellen der Anträge ohne Einwilligung des Beklagten zurückgenommen werden. ²In der Güteverhandlung erklärte gerichtliche Geständnisse nach § 288 der Zivilprozeßordnung haben nur dann bindende Wirkung, wenn sie zu Protokoll erklärt worden sind. ³§ 39 Satz 1 und § 282 Abs. 3 Satz 1 der Zivilprozeßordnung sind nicht anzuwenden.

(3) Das Ergebnis der Güteverhandlung, insbesondere der Abschluß eines Vergleichs, ist in die Niederschrift aufzunehmen.

(4) Erscheint eine Partei in der Güteverhandlung nicht oder ist die Güteverhandlung erfolglos, schließt sich die weitere Verhandlung unmittelbar an oder es ist, falls der weiteren Verhandlung Hinderungsgründe entgegenstehen, Termin zur streitigen Verhandlung zu bestimmen; diese hat alsbald stattzufinden.

(5) ¹Erscheinen oder verhandeln beide Parteien in der Güteverhandlung nicht, ist das Ruhen des Verfahrens anzuordnen. ²Auf Antrag einer Partei ist Termin zur streitigen Verhandlung zu bestimmen. ³Dieser Antrag kann nur innerhalb von sechs Monaten nach der Güteverhandlung gestellt werden. ⁴Nach Ablauf der Frist ist § 269 Abs. 3 bis 5 der Zivilprozeßordnung entsprechend anzuwenden.

§ 55 Alleinentscheidung durch den Vorsitzenden. (1) Der Vorsitzende entscheidet außerhalb der streitigen Verhandlung allein

1. bei Zurücknahme der Klage;
2. bei Verzicht auf den geltend gemachten Anspruch;
3. bei Anerkenntnis des geltend gemachten Anspruchs;
4. bei Säumnis einer Partei;
4 a. über die Verwerfung des Einspruchs gegen ein Versäumnisurteil oder einen Vollstreckungsbescheid als unzulässig;
5. bei Säumnis beider Parteien;
6. über die einstweilige Einstellung der Zwangsvollstreckung;
7. über die örtliche Zuständigkeit;
8. über die Aussetzung des Verfahrens;
9. wenn nur noch über die Kosten zu entscheiden ist;
10. bei Entscheidungen über eine Berichtigung des Tatbestandes, soweit nicht eine Partei eine mündliche Verhandlung hierüber beantragt.[1]
11. im Fall des § 11 Abs. 3 über die Zurückweisung des Bevollmächtigten oder die Untersagung der weiteren Vertretung.

---

[1] Richtig wohl: „;".

(2) ¹Der Vorsitzende kann in den Fällen des Absatzes 1 Nr. 1, 3 und 4a bis 10 eine Entscheidung ohne mündliche Verhandlung treffen. ²Dies gilt mit Zustimmung der Parteien auch in dem Fall des Absatzes 1 Nr. 2.

(3) Der Vorsitzende entscheidet ferner allein, wenn in der Verhandlung, die sich unmittelbar an die Güteverhandlung anschließt, eine das Verfahren beendende Entscheidung ergehen kann und die Parteien übereinstimmend eine Entscheidung durch den Vorsitzenden beantragen; der Antrag ist in die Niederschrift aufzunehmen.

(4) ¹Der Vorsitzende kann vor der streitigen Verhandlung einen Beweisbeschluß erlassen, soweit er anordnet
1. eine Beweisaufnahme durch den ersuchten Richter;
2. eine schriftliche Beantwortung der Beweisfrage nach § 377 Abs. 3 der Zivilprozeßordnung;
3. die Einholung amtlicher Auskünfte;
4. eine Parteivernehmung;
5. die Einholung eines schriftlichen Sachverständigengutachtens.

²Anordnungen nach den Nummern 1 bis 3 und 5 können vor der streitigen Verhandlung ausgeführt werden.

§ 56 Vorbereitung der streitigen Verhandlung. (1) ¹Der Vorsitzende hat die streitige Verhandlung so vorzubereiten, daß sie möglichst in einem Termin zu Ende geführt werden kann. ²Zu diesem Zweck soll er, soweit es sachdienlich erscheint, insbesondere
1. den Parteien die Ergänzung oder Erläuterung ihrer vorbereitenden Schriftsätze sowie die Vorlegung von Urkunden und von anderen zur Niederlegung bei Gericht geeigneten Gegenständen aufgeben, insbesondere eine Frist zur Erklärung über bestimmte klärungsbedürftige Punkte setzen;
2. Behörden oder Träger eines öffentlichen Amtes um Mitteilung von Urkunden oder um Erteilung amtlicher Auskünfte ersuchen;
3. das persönliche Erscheinen der Parteien anordnen;
4. Zeugen, auf die sich eine Partei bezogen hat, und Sachverständige zur mündlichen Verhandlung laden sowie eine Anordnung nach § 378 der Zivilprozeßordnung treffen.

³Von diesen Maßnahmen sind die Parteien zu benachrichtigen.

(2) ¹Angriffs- und Verteidigungsmittel, die erst nach Ablauf einer nach Absatz 1 Satz 2 Nr. 1 gesetzten Frist vorgebracht werden, sind nur zuzulassen, wenn nach der freien Überzeugung des Gerichts ihre Zulassung die Erledigung des Rechtsstreits nicht verzögern würde oder wenn die Partei die Verspätung genügend entschuldigt. ²Die Parteien sind über die Folgen der Versäumung der nach Absatz 1 Satz 2 Nr. 1 gesetzten Frist zu belehren.

§ 57 Verhandlung vor der Kammer. (1) ¹Die Verhandlung ist möglichst in einem Termin zu Ende zu führen. ²Ist das nicht durchführbar, insbesondere weil eine Beweisaufnahme nicht sofort stattfinden kann, so ist der Termin zur weiteren Verhandlung, die sich alsbald anschließen soll, sofort zu verkünden.

(2) Die gütliche Erledigung des Rechtsstreits soll während des ganzen Verfahrens angestrebt werden.

§ 58 Beweisaufnahme. (1) ¹Soweit die Beweisaufnahme an der Gerichtsstelle möglich ist, erfolgt sie vor der Kammer. ²In den übrigen Fällen kann die

Beweisaufnahme, unbeschadet des § 13, dem Vorsitzenden übertragen werden.

(2) ¹Zeugen und Sachverständige werden nur beeidigt, wenn die Kammer dies im Hinblick auf die Bedeutung des Zeugnisses für die Entscheidung des Rechtsstreits für notwendig erachtet. ²Im Falle des § 377 Abs. 3 der Zivilprozeßordnung ist die eidesstattliche Versicherung nur erforderlich, wenn die Kammer sie aus dem gleichen Grunde für notwendig hält.

§ 59 Versäumnisverfahren. ¹Gegen ein Versäumnisurteil kann eine Partei, gegen die das Urteil ergangen ist, binnen einer Notfrist von einer Woche nach seiner Zustellung Einspruch einlegen. ²Der Einspruch wird beim Arbeitsgericht schriftlich oder durch Abgabe einer Erklärung zur Niederschrift der Geschäftsstelle eingelegt. ³Hierauf ist die Partei zugleich mit der Zustellung des Urteils schriftlich hinzuweisen. ⁴§ 345 der Zivilprozeßordnung bleibt unberührt.

§ 60 Verkündung des Urteils. (1) ¹Zur Verkündung des Urteils kann ein besonderer Termin nur bestimmt werden, wenn die sofortige Verkündung in dem Termin, auf Grund dessen es erlassen wird, aus besonderen Gründen nicht möglich ist, insbesondere weil die Beratung nicht mehr am Tage der Verhandlung stattfinden kann. ²Der Verkündungstermin wird nur dann über drei Wochen hinaus angesetzt, wenn wichtige Gründe, insbesondere der Umfang oder die Schwierigkeit der Sache, dies erfordern. ³Dies gilt auch dann, wenn ein Urteil nach der Lage der Akten erlassen wird.

(2) ¹Bei Verkündung des Urteils ist der wesentliche Inhalt der Entscheidungsgründe mitzuteilen. ²Dies gilt nicht, wenn beide Parteien abwesend sind; in diesem Fall genügt die Bezugnahme auf die unterschriebene Urteilsformel.

(3) ¹Die Wirksamkeit der Verkündung ist von der Anwesenheit der ehrenamtlichen Richter nicht abhängig. ²Wird ein von der Kammer gefälltes Urteil ohne Zuziehung der ehrenamtlichen Richter verkündet, so ist die Urteilsformel vorher von dem Vorsitzenden und den ehrenamtlichen Richtern zu unterschreiben.

(4) ¹Das Urteil nebst Tatbestand und Entscheidungsgründen ist vom Vorsitzenden zu unterschreiben. ²Wird das Urteil nicht in dem Termin verkündet, in dem die mündliche Verhandlung geschlossen wird, so muß es bei der Verkündung in vollständiger Form abgefaßt sein. ³Ein Urteil, das in dem Termin, in dem die mündliche Verhandlung geschlossen wird, verkündet wird, ist vor Ablauf von drei Wochen, vom Tage der Verkündung an gerechnet, vollständig abgefaßt der Geschäftsstelle zu übermitteln; kann dies ausnahmsweise nicht geschehen, so ist innerhalb dieser Frist das von dem Vorsitzenden unterschriebene Urteil ohne Tatbestand und Entscheidungsgründe der Geschäftsstelle zu übergeben. ⁴In diesem Fall sind Tatbestand und Entscheidungsgründe alsbald nachträglich anzufertigen, von dem Vorsitzenden besonders zu unterschreiben und der Geschäftsstelle zu übermitteln.

§ 61 Inhalt des Urteils. (1) Den Wert des Streitgegenstandes setzt das Arbeitsgericht im Urteil fest.

(2) ¹Spricht das Urteil die Verpflichtung zur Vornahme einer Handlung aus, so ist der Beklagte auf Antrag des Klägers zugleich für den Fall, daß die Handlung nicht binnen einer bestimmten Frist vorgenommen ist, zur Zahlung

einer vom Arbeitsgericht nach freiem Ermessen festzusetzenden Entschädigung zu verurteilen. ²Die Zwangsvollstreckung nach §§ 887 und 888 der Zivilprozeßordnung ist in diesem Falle ausgeschlossen.

(3) Ein über den Grund des Anspruchs vorab entscheidendes Zwischenurteil ist wegen der Rechtsmittel nicht als Endurteil anzusehen.

§ 61 a Besondere Prozeßförderung in Kündigungsverfahren. (1) Verfahren in Rechtsstreitigkeiten über das Bestehen, das Nichtbestehen oder die Kündigung eines Arbeitsverhältnisses sind nach Maßgabe der folgenden Vorschriften vorrangig zu erledigen.

(2) Die Güteverhandlung soll innerhalb von zwei Wochen nach Klageerhebung stattfinden.

(3) Ist die Güteverhandlung erfolglos oder wird das Verfahren nicht in einer sich unmittelbar anschließenden weiteren Verhandlung abgeschlossen, fordert der Vorsitzende den Beklagten auf, binnen einer angemessenen Frist, die mindestens zwei Wochen betragen muß, im einzelnen unter Beweisantritt schriftlich die Klage zu erwidern, wenn der Beklagte noch nicht oder nicht ausreichend auf die Klage erwidert hat.

(4) Der Vorsitzende kann dem Kläger eine angemessene Frist, die mindestens zwei Wochen betragen muß, zur schriftlichen Stellungnahme auf die Klageerwiderung setzen.

(5) Angriffs- und Verteidigungsmittel, die erst nach Ablauf der nach Absatz 3 oder 4 gesetzten Fristen vorgebracht werden, sind nur zuzulassen, wenn nach der freien Überzeugung des Gerichts ihre Zulassung die Erledigung des Rechtsstreits nicht verzögert oder wenn die Partei die Verspätung genügend entschuldigt.

(6) Die Parteien sind über die Folgen der Versäumung der nach Absatz 3 oder 4 gesetzten Fristen zu belehren.

§ 61 b Klage wegen Benachteiligung. (1) Eine Klage auf Entschädigung nach § 15 des Allgemeinen Gleichbehandlungsgesetzes[1] muss innerhalb von drei Monaten, nachdem der Anspruch schriftlich geltend gemacht worden ist, erhoben werden.

(2) ¹Machen mehrere Bewerber wegen Benachteiligung bei der Begründung eines Arbeitsverhältnisses oder beim beruflichen Aufstieg eine Entschädigung nach § 15 des Allgemeinen Gleichbehandlungsgesetzes[1] gerichtlich geltend, so wird auf Antrag des Arbeitgebers das Arbeitsgericht, bei dem die erste Klage erhoben ist, auch für die übrigen Klagen ausschließlich zuständig. ²Die Rechtsstreitigkeiten sind von Amts wegen an dieses Arbeitsgericht zu verweisen; die Prozesse sind zur gleichzeitigen Verhandlung und Entscheidung zu verbinden.

(3) Auf Antrag des Arbeitgebers findet die mündliche Verhandlung nicht vor Ablauf von sechs Monaten seit Erhebung der ersten Klage statt.

§ 62 Zwangsvollstreckung. (1) ¹Urteile der Arbeitsgerichte, gegen die Einspruch oder Berufung zulässig ist, sind vorläufig vollstreckbar. ²Macht der Beklagte glaubhaft, daß die Vollstreckung ihm einen nicht zu ersetzenden Nachteil bringen würde, so hat das Arbeitsgericht auf seinen Antrag die vor-

---

[1] Nr. 14.

läufige Vollstreckbarkeit im Urteil auszuschließen. ³In den Fällen des § 707 Abs. 1 und des § 719 Abs. 1 der Zivilprozeßordnung kann die Zwangsvollstreckung nur unter derselben Voraussetzung eingestellt werden. ⁴Die Einstellung der Zwangsvollstreckung nach Satz 3 erfolgt ohne Sicherheitsleistung. ⁵Die Entscheidung ergeht durch unanfechtbaren Beschluss.

(2) ¹Im übrigen finden auf die Zwangsvollstreckung einschließlich des Arrestes und der einstweiligen Verfügung die Vorschriften des Achten Buchs der Zivilprozeßordnung Anwendung. ²Die Entscheidung über den Antrag auf Erlaß einer einstweiligen Verfügung kann in dringenden Fällen, auch dann, wenn der Antrag zurückzuweisen ist, ohne mündliche Verhandlung ergehen.

§ 63 Übermittlung von Urteilen in Tarifvertragssachen. ¹Rechtskräftige Urteile, die in bürgerlichen Rechtsstreitigkeiten zwischen Tarifvertragsparteien aus dem Tarifvertrag oder über das Bestehen oder Nichtbestehen des Tarifvertrags ergangen sind, sind alsbald der zuständigen obersten Landesbehörde und dem Bundesministerium für Arbeit und Soziales in vollständiger Form abschriftlich zu übersenden oder elektronisch zu übermitteln. ²Ist die zuständige oberste Landesbehörde die Landesjustizverwaltung, so sind die Urteilsabschriften oder das Urteil in elektronischer Form auch der obersten Arbeitsbehörde des Landes zu übermitteln.

Zweiter Unterabschnitt. Berufungsverfahren

§ 64 Grundsatz. (1) Gegen die Urteile der Arbeitsgerichte findet, soweit nicht nach § 78 das Rechtsmittel der sofortigen Beschwerde gegeben ist, die Berufung an die Landesarbeitsgerichte statt.

(2) Die Berufung kann nur eingelegt werden,
a) wenn sie in dem Urteil des Arbeitsgerichts zugelassen worden ist,
b) wenn der Wert des Beschwerdegegenstandes 600 Euro übersteigt,
c) in Rechtsstreitigkeiten über das Bestehen, das Nichtbestehen oder die Kündigung eines Arbeitsverhältnisses oder
d) wenn es sich um ein Versäumnisurteil handelt, gegen das der Einspruch an sich nicht statthaft ist, wenn die Berufung oder Anschlussberufung darauf gestützt wird, dass der Fall der schuldhaften Versäumung nicht vorgelegen habe.

(3) Das Arbeitsgericht hat die Berufung zuzulassen, wenn
1. die Rechtssache grundsätzliche Bedeutung hat,
2. die Rechtssache Rechtsstreitigkeiten betrifft
   a) zwischen Tarifvertragsparteien aus Tarifverträgen oder über das Bestehen oder Nichtbestehen von Tarifverträgen,
   b) über die Auslegung eines Tarifvertrags, dessen Geltungsbereich sich über den Bezirk eines Arbeitsgerichts hinaus erstreckt, oder
   c) zwischen tariffähigen Parteien oder zwischen diesen und Dritten aus unerlaubten Handlungen, soweit es sich um Maßnahmen zum Zwecke des Arbeitskampfes oder um Fragen der Vereinigungsfreiheit einschließlich des hiermit im Zusammenhang stehenden Betätigungsrechts der Vereinigungen handelt, oder
3. das Arbeitsgericht in der Auslegung einer Rechtsvorschrift von einem ihm im Verfahren vorgelegten Urteil, das für oder gegen eine Partei des Rechts-

streits ergangen ist, oder von einem Urteil des im Rechtszug übergeordneten Landesarbeitsgerichts abweicht und die Entscheidung auf dieser Abweichung beruht.

(3a) ¹Die Entscheidung des Arbeitsgerichts, ob die Berufung zugelassen oder nicht zugelassen wird, ist in den Urteilstenor aufzunehmen. ²Ist dies unterblieben, kann binnen zwei Wochen ab Verkündung des Urteils eine entsprechende Ergänzung beantragt werden. ³Über den Antrag kann die Kammer ohne mündliche Verhandlung entscheiden.

(4) Das Landesarbeitsgericht ist an die Zulassung gebunden.

(5) Ist die Berufung nicht zugelassen worden, hat der Berufungskläger den Wert des Beschwerdegegenstandes glaubhaft zu machen; zur Versicherung an Eides Statt darf er nicht zugelassen werden.

(6) ¹Für das Verfahren vor den Landesarbeitsgerichten gelten, soweit dieses Gesetz nichts anderes bestimmt, die Vorschriften der Zivilprozeßordnung über die Berufung entsprechend. ²Die Vorschriften über das Verfahren vor dem Einzelrichter finden keine Anwendung.

(7) Die Vorschriften des § 49 Abs. 1 und 3, des § 50, des § 51 Abs. 1, der §§ 52, 53, § 55 Abs. 1 Nr. 1 bis 9, Abs. 2 und 4, der §§ 56 bis 59, 61 Abs. 2 und 3 und der §§ 62 und 63 über Ablehnung von Gerichtspersonen, Zustellungen, persönliches Erscheinen der Parteien, Öffentlichkeit, Befugnisse des Vorsitzenden und der ehrenamtlichen Richter, Vorbereitung der streitigen Verhandlung, Verhandlung vor der Kammer, Beweisaufnahme, Versäumnisverfahren, Inhalt des Urteils, Zwangsvollstreckung und Übersendung von Urteilen in Tarifvertragssachen gelten entsprechend.

(8) Berufungen in Rechtsstreitigkeiten über das Bestehen, das Nichtbestehen oder die Kündigung eines Arbeitsverhältnisses sind vorrangig zu erledigen.

§ 65 Beschränkung der Berufung. Das Berufungsgericht prüft nicht, ob der beschrittene Rechtsweg und die Verfahrensart zulässig sind und ob bei der Berufung der ehrenamtlichen Richter Verfahrensmängel unterlaufen sind oder Umstände vorgelegen haben, die die Berufung eines ehrenamtlichen Richters zu seinem Amte ausschließen.

§ 66 Einlegung der Berufung, Terminbestimmung. (1) ¹Die Frist für die Einlegung der Berufung beträgt einen Monat, die Frist für die Begründung der Berufung zwei Monate. ²Beide Fristen beginnen mit der Zustellung des in vollständiger Form abgefaßten Urteils, spätestens aber mit Ablauf von fünf Monaten nach der Verkündung. ³Die Berufung muß innerhalb einer Frist von einem Monat nach Zustellung der Berufungsbegründung beantwortet werden. ⁴Mit der Zustellung der Berufungsbegründung ist der Berufungsbeklagte auf die Frist für die Berufungsbeantwortung hinzuweisen. ⁵Die Fristen zur Begründung der Berufung und zur Berufungsbeantwortung können vom Vorsitzenden einmal auf Antrag verlängert werden, wenn nach seiner freien Überzeugung der Rechtsstreit durch die Verlängerung nicht verzögert wird oder wenn die Partei erhebliche Gründe darlegt.

(2) ¹Die Bestimmung des Termins zur mündlichen Verhandlung muss unverzüglich erfolgen. ²§ 522 Abs. 1 der Zivilprozessordnung bleibt unberührt; die Verwerfung der Berufung ohne mündliche Verhandlung ergeht durch Be-

schluss des Vorsitzenden. ³§ 522 Abs. 2 und 3 der Zivilprozessordnung findet keine Anwendung.

§ 67 Zulassung neuer Angriffs- und Verteidigungsmittel. (1) Angriffs- und Verteidigungsmittel, die im ersten Rechtszug zu Recht zurückgewiesen worden sind, bleiben ausgeschlossen.

(2) ¹Neue Angriffs- und Verteidigungsmittel, die im ersten Rechtszug entgegen einer hierfür nach § 56 Abs. 1 Satz 2 Nr. 1 oder § 61a Abs. 3 oder 4 gesetzten Frist nicht vorgebracht worden sind, sind nur zuzulassen, wenn nach der freien Überzeugung des Landesarbeitsgerichts ihre Zulassung die Erledigung des Rechtsstreits nicht verzögern würde oder wenn die Partei die Verspätung genügend entschuldigt. ²Der Entschuldigungsgrund ist auf Verlangen des Landesarbeitsgerichts glaubhaft zu machen.

(3) Neue Angriffs- und Verteidigungsmittel, die im ersten Rechtszug entgegen § 282 Abs. 1 der Zivilprozessordnung nicht rechtzeitig vorgebracht oder entgegen § 282 Abs. 2 der Zivilprozessordnung nicht rechtzeitig mitgeteilt worden sind, sind nur zuzulassen, wenn ihre Zulassung nach der freien Überzeugung des Landesarbeitsgerichts die Erledigung des Rechtsstreits nicht verzögern würde oder wenn die Partei das Vorbringen im ersten Rechtszug nicht aus grober Nachlässigkeit unterlassen hatte.

(4) ¹Soweit das Vorbringen neuer Angriffs- und Verteidigungsmittel nach den Absätzen 2 und 3 zulässig ist, sind diese vom Berufungskläger in der Berufungsbegründung, vom Berufungsbeklagten in der Berufungsbeantwortung vorzubringen. ²Werden sie später vorgebracht, sind sie nur zuzulassen, wenn sie nach der Berufungsbegründung oder der Berufungsbeantwortung entstanden sind oder das verspätete Vorbringen nach der freien Überzeugung des Landesarbeitsgerichts die Erledigung des Rechtsstreits nicht verzögern würde oder nicht auf Verschulden der Partei beruht.

§ 67a *(aufgehoben)*

§ 68 Zurückverweisung. Wegen eines Mangels im Verfahren des Arbeitsgerichts ist die Zurückverweisung unzulässig.

§ 69 Urteil. (1) ¹Das Urteil nebst Tatbestand und Entscheidungsgründen ist von sämtlichen Mitgliedern der Kammer zu unterschreiben. ²§ 60 Abs. 1 bis 3 und Abs. 4 Satz 2 bis 4 ist entsprechend mit der Maßgabe anzuwenden, dass die Frist nach Absatz 4 Satz 3 vier Wochen beträgt und im Falle des Absatzes 4 Satz 4 Tatbestand und Entscheidungsgründe von sämtlichen Mitgliedern der Kammer zu unterschreiben sind.

(2) Im Urteil kann von der Darstellung des Tatbestandes und, soweit das Berufungsgericht den Gründen der angefochtenen Entscheidung folgt und dies in seinem Urteil feststellt, auch von der Darstellung der Entscheidungsgründe abgesehen werden.

(3) ¹Ist gegen das Urteil die Revision statthaft, so soll der Tatbestand eine gedrängte Darstellung des Sach- und Streitstandes auf der Grundlage der mündlichen Vorträge der Parteien enthalten. ²Eine Bezugnahme auf das angefochtene Urteil sowie auf Schriftsätze, Protokolle und andere Unterlagen ist zulässig, soweit hierdurch die Beurteilung des Parteivorbringens durch das Revisionsgericht nicht wesentlich erschwert wird.

(4) ¹§ 540 Abs. 1 der Zivilprozeßordnung findet keine Anwendung. ²§ 313a Abs. 1 Satz 2 der Zivilprozeßordnung findet mit der Maßgabe entsprechende Anwendung, dass es keiner Entscheidungsgründe bedarf, wenn die Parteien auf sie verzichtet haben; im Übrigen sind die §§ 313a und 313b der Zivilprozeßordnung entsprechend anwendbar.

§ 70 *(aufgehoben)*

§ 71 *(weggefallen)*

Dritter Unterabschnitt. Revisionsverfahren

§ 72 Grundsatz. (1) ¹Gegen das Endurteil eines Landesarbeitsgerichts findet die Revision an das Bundesarbeitsgericht statt, wenn sie in dem Urteil des Landesarbeitsgerichts oder in dem Beschluß des Bundesarbeitsgerichts nach § 72a Abs. 5 Satz 2 zugelassen worden ist. ²§ 64 Abs. 3a ist entsprechend anzuwenden.

(2) Die Revision ist zuzulassen, wenn

1. eine entscheidungserhebliche Rechtsfrage grundsätzliche Bedeutung hat,
2. das Urteil von einer Entscheidung des Bundesverfassungsgerichts, von einer Entscheidung des Gemeinsamen Senats der obersten Gerichtshöfe des Bundes, von einer Entscheidung des Bundesarbeitsgerichts oder, solange eine Entscheidung des Bundesarbeitsgerichts in der Rechtsfrage nicht ergangen ist, von einer Entscheidung einer anderen Kammer desselben Landesarbeitsgerichts oder eines anderen Landesarbeitsgerichts abweicht und die Entscheidung auf dieser Abweichung beruht oder
3. ein absoluter Revisionsgrund gemäß § 547 Nr. 1 bis 5 der Zivilprozeßordnung oder eine entscheidungserhebliche Verletzung des Anspruchs auf rechtliches Gehör geltend gemacht wird und vorliegt.

(3) Das Bundesarbeitsgericht ist an die Zulassung der Revision durch das Landesarbeitsgericht gebunden.

(4) Gegen Urteile, durch die über die Anordnung, Abänderung oder Aufhebung eines Arrestes oder einer einstweiligen Verfügung entschieden wird, ist die Revision nicht zulässig.

(5) Für das Verfahren vor dem Bundesarbeitsgericht gelten, soweit dieses Gesetz nichts anderes bestimmt, die Vorschriften der Zivilprozeßordnung über die Revision mit Ausnahme des § 566 entsprechend.

(6) Die Vorschriften des § 49 Abs. 1, der §§ 50, 52 und 53, des § 57 Abs. 2, des § 61 Abs. 2 und des § 63 über Ablehnung von Gerichtspersonen, Zustellung, Öffentlichkeit, Befugnisse des Vorsitzenden und der ehrenamtlichen Richter, gütliche Erledigung des Rechtsstreits sowie Inhalt des Urteils und Übersendung von Urteilen in Tarifvertragssachen gelten entsprechend.

§ 72a Nichtzulassungsbeschwerde. (1) Die Nichtzulassung der Revision durch das Landesarbeitsgericht kann selbständig durch Beschwerde angefochten werden.

(2) ¹Die Beschwerde ist bei dem Bundesarbeitsgericht innerhalb einer Notfrist von einem Monat nach Zustellung des in vollständiger Form abgefaßten Urteils schriftlich einzulegen. ²Der Beschwerdeschrift soll eine Ausfertigung oder beglaubigte Abschrift des Urteils beigefügt werden, gegen das die Revision eingelegt werden soll.

(3) ¹Die Beschwerde ist innerhalb einer Notfrist von zwei Monaten nach Zustellung des in vollständiger Form abgefaßten Urteils zu begründen. ²Die Begründung muss enthalten:
1. die Darlegung der grundsätzlichen Bedeutung einer Rechtsfrage und deren Entscheidungserheblichkeit,
2. die Bezeichnung der Entscheidung, von der das Urteil des Landesarbeitsgerichts abweicht, oder
3. die Darlegung eines absoluten Revisionsgrundes nach § 547 Nr. 1 bis 5 der Zivilprozessordnung oder der Verletzung des Anspruchs auf rechtliches Gehör und der Entscheidungserheblichkeit der Verletzung.

(4) ¹Die Einlegung der Beschwerde hat aufschiebende Wirkung. ²Die Vorschriften des § 719 Abs. 2 und 3 der Zivilprozeßordnung sind entsprechend anzuwenden.

(5) ¹Das Landesarbeitsgericht ist zu einer Änderung seiner Entscheidung nicht befugt. ²Das Bundesarbeitsgericht entscheidet unter Hinzuziehung der ehrenamtlichen Richter durch Beschluß, der ohne mündliche Verhandlung ergehen kann. ³Die ehrenamtlichen Richter wirken nicht mit, wenn die Nichtzulassungsbeschwerde als unzulässig verworfen wird, weil sie nicht statthaft oder nicht in der gesetzlichen Form und Frist eingelegt und begründet ist. ⁴Dem Beschluss soll eine kurze Begründung beigefügt werden. ⁵Von einer Begründung kann abgesehen werden, wenn sie nicht geeignet wäre, zur Klärung der Voraussetzungen beizutragen, unter denen eine Revision zuzulassen ist, oder wenn der Beschwerde stattgegeben wird. ⁶Mit der Ablehnung der Beschwerde durch das Bundesarbeitsgericht wird das Urteil rechtskräftig.

(6) ¹Wird der Beschwerde stattgegeben, so wird das Beschwerdeverfahren als Revisionsverfahren fortgesetzt. ²In diesem Fall gilt die form- und fristgerechte Einlegung der Nichtzulassungsbeschwerde als Einlegung der Revision. ³Mit der Zustellung der Entscheidung beginnt die Revisionsbegründungsfrist.

(7) Hat das Landesarbeitsgericht den Anspruch des Beschwerdeführers auf rechtliches Gehör in entscheidungserheblicher Weise verletzt, so kann das Bundesarbeitsgericht abweichend von Absatz 6 in dem der Beschwerde stattgebenden Beschluss das angefochtene Urteil aufheben und den Rechtsstreit zur neuen Verhandlung und Entscheidung an das Landesarbeitsgericht zurückverweisen.

§ 72 b Sofortige Beschwerde wegen verspäteter Absetzung des Berufungsurteils. (1) ¹Das Endurteil eines Landesarbeitsgerichts kann durch sofortige Beschwerde angefochten werden, wenn es nicht binnen fünf Monaten nach der Verkündung vollständig abgefasst und mit den Unterschriften sämtlicher Mitglieder der Kammer versehen der Geschäftsstelle übergeben worden ist. ²§ 72 a findet keine Anwendung.

(2) ¹Die sofortige Beschwerde ist innerhalb einer Notfrist von einem Monat beim Bundesarbeitsgericht einzulegen und zu begründen. ²Die Frist beginnt mit dem Ablauf von fünf Monaten nach der Verkündung des Urteils des Landesarbeitsgerichts. ³§ 9 Abs. 5 findet keine Anwendung.

(3) ¹Die sofortige Beschwerde wird durch Einreichung einer Beschwerdeschrift eingelegt. ²Die Beschwerdeschrift muss die Bezeichnung der angefochtenen Entscheidung sowie die Erklärung enthalten, dass Beschwerde gegen

diese Entscheidung eingelegt werde. ³Die Beschwerde kann nur damit begründet werden, dass das Urteil des Landesarbeitsgerichts mit Ablauf von fünf Monaten nach der Verkündung noch nicht vollständig abgefasst und mit den Unterschriften sämtlicher Mitglieder der Kammer versehen der Geschäftsstelle übergeben worden ist.

(4) ¹Über die sofortige Beschwerde entscheidet das Bundesarbeitsgericht ohne Hinzuziehung der ehrenamtlichen Richter durch Beschluss, der ohne mündliche Verhandlung ergehen kann. ²Dem Beschluss soll eine kurze Begründung beigefügt werden.

(5) ¹Ist die sofortige Beschwerde zulässig und begründet, ist das Urteil des Landesarbeitsgerichts aufzuheben und die Sache zur neuen Verhandlung und Entscheidung an das Landesarbeitsgericht zurückzuverweisen. ²Die Zurückverweisung kann an eine andere Kammer des Landesarbeitsgerichts erfolgen.

§ 73 Revisionsgründe. (1) ¹Die Revision kann nur darauf gestützt werden, daß das Urteil des Landesarbeitsgerichts auf der Verletzung einer Rechtsnorm beruht. ²Sie kann nicht auf die Gründe des § 72 b gestützt werden.

(2) § 65 findet entsprechende Anwendung.

§ 74 Einlegung der Revision, Terminbestimmung. (1) ¹Die Frist für die Einlegung der Revision beträgt einen Monat, die Frist für die Begründung der Revision zwei Monate. ²Beide Fristen beginnen mit der Zustellung des in vollständiger Form abgefassten Urteils, spätestens aber mit Ablauf von fünf Monaten nach der Verkündung. ³Die Revisionsbegründungsfrist kann einmal bis zu einem weiteren Monat verlängert werden.

(2) ¹Die Bestimmung des Termins zur mündlichen Verhandlung muß unverzüglich erfolgen. ²§ 552 Abs. 1 der Zivilprozeßordnung bleibt unberührt. ³Die Verwerfung der Revision ohne mündliche Verhandlung ergeht durch Beschluß des Senats und ohne Zuziehung der ehrenamtlichen Richter.

§ 75 Urteil. (1) ¹Die Wirksamkeit der Verkündung des Urteils ist von der Anwesenheit der ehrenamtlichen Richter nicht abhängig. ²Wird ein Urteil in Abwesenheit der ehrenamtlichen Richter verkündet, so ist die Urteilsformel vorher von sämtlichen Mitgliedern des erkennenden Senats zu unterschreiben.

(2) Das Urteil nebst Tatbestand und Entscheidungsgründen ist von sämtlichen Mitgliedern des erkennenden Senats zu unterschreiben.

§ 76 Sprungrevision. (1) ¹Gegen das Urteil eines Arbeitsgerichts kann unter Übergehung der Berufungsinstanz unmittelbar die Revision eingelegt werden (Sprungrevision), wenn der Gegner schriftlich zustimmt und wenn sie vom Arbeitsgericht auf Antrag im Urteil oder nachträglich durch Beschluß zugelassen wird. ²Der Antrag ist innerhalb einer Notfrist von einem Monat nach Zustellung des in vollständiger Form abgefaßten Urteils schriftlich zu stellen. ³Die Zustimmung des Gegners ist, wenn die Revision im Urteil zugelassen ist, der Revisionsschrift, andernfalls dem Antrag beizufügen.

(2) ¹Die Sprungrevision ist nur zuzulassen, wenn die Rechtssache grundsätzliche Bedeutung hat und Rechtsstreitigkeiten betrifft
1. zwischen Tarifvertragsparteien aus Tarifverträgen oder über das Bestehen oder Nichtbestehen von Tarifverträgen,
2. über die Auslegung eines Tarifvertrags, dessen Geltungsbereich sich über den Bezirk des Landesarbeitsgerichts hinaus erstreckt, oder

3. zwischen tariffähigen Parteien oder zwischen diesen und Dritten aus unerlaubten Handlungen, soweit es sich um Maßnahmen zum Zwecke des Arbeitskampfes oder um Fragen der Vereinigungsfreiheit einschließlich des hiermit im Zusammenhang stehenden Betätigungsrechts der Vereinigungen handelt.

²Das Bundesarbeitsgericht ist an die Zulassung gebunden. ³Die Ablehnung der Zulassung ist unanfechtbar.

(3) ¹Lehnt das Arbeitsgericht den Antrag auf Zulassung der Revision durch Beschluß ab, so beginnt mit der Zustellung dieser Entscheidung der Lauf der Berufungsfrist von neuem, sofern der Antrag in der gesetzlichen Form und Frist gestellt und die Zustimmungserklärung beigefügt war. ²Läßt das Arbeitsgericht die Revision durch Beschluß zu, so beginnt mit der Zustellung dieser Entscheidung der Lauf der Revisionsfrist.

(4) Die Revision kann nicht auf Mängel des Verfahrens gestützt werden.

(5) Die Einlegung der Revision und die Zustimmung gelten als Verzicht auf die Berufung, wenn das Arbeitsgericht die Revision zugelassen hat.

(6) ¹Verweist das Bundesarbeitsgericht die Sache zur anderweitigen Verhandlung und Entscheidung zurück, so kann die Zurückverweisung nach seinem Ermessen auch an dasjenige Landesarbeitsgericht erfolgen, das für die Berufung zuständig gewesen wäre. ²In diesem Falle gelten für das Verfahren vor dem Landesarbeitsgericht die gleichen Grundsätze, wie wenn der Rechtsstreit auf eine ordnungsmäßig eingelegte Berufung beim Landesarbeitsgericht anhängig geworden wäre. ³Das Arbeitsgericht und das Landesarbeitsgericht haben die rechtliche Beurteilung, die der Aufhebung zugrunde gelegt ist, auch ihrer Entscheidung zugrunde zu legen. ⁴Von der Einlegung der Revision nach Absatz 1 hat die Geschäftsstelle des Bundesarbeitsgerichts der Geschäftsstelle des Arbeitsgerichts unverzüglich Nachricht zu geben.

§ 77 Revisionsbeschwerde. ¹Gegen den Beschluss des Landesarbeitsgerichts, der die Berufung als unzulässig verwirft, findet die Rechtsbeschwerde nur statt, wenn das Landesarbeitsgericht sie in dem Beschluss zugelassen hat. ²Für die Zulassung der Rechtsbeschwerde gilt § 72 Abs. 2 entsprechend. ³Über die Rechtsbeschwerde entscheidet das Bundesarbeitsgericht ohne Zuziehung der ehrenamtlichen Richter. ⁴Die Vorschriften der Zivilprozessordnung über die Rechtsbeschwerde gelten entsprechend.

Vierter Unterabschnitt. Beschwerdeverfahren, Abhilfe bei Verletzung des Anspruchs auf rechtliches Gehör

§ 78 Beschwerdeverfahren. ¹Hinsichtlich der Beschwerde gegen Entscheidungen der Arbeitsgerichte oder ihrer Vorsitzenden gelten die für die Beschwerde gegen Entscheidungen der Amtsgerichte maßgebenden Vorschriften der Zivilprozessordnung entsprechend. ²Für die Zulassung der Rechtsbeschwerde gilt § 72 Abs. 2 entsprechend. ³Über die sofortige Beschwerde entscheidet das Landesarbeitsgericht ohne Hinzuziehung der ehrenamtlichen Richter, über die Rechtsbeschwerde das Bundesarbeitsgericht.

§ 78 a Abhilfe bei Verletzung des Anspruchs auf rechtliches Gehör.

(1) ¹Auf die Rüge der durch die Entscheidung beschwerten Partei ist das Verfahren fortzuführen, wenn

Arbeitsgerichtsgesetz § 79 ArbGG 91

1. ein Rechtsmittel oder ein anderer Rechtsbehelf gegen die Entscheidung nicht gegeben ist und
2. das Gericht den Anspruch dieser Partei auf rechtliches Gehör in entscheidungserheblicher Weise verletzt hat.

²Gegen eine der Endentscheidung vorausgehende Entscheidung findet die Rüge nicht statt.

(2) ¹Die Rüge ist innerhalb einer Notfrist von zwei Wochen nach Kenntnis von der Verletzung des rechtlichen Gehörs zu erheben; der Zeitpunkt der Kenntniserlangung ist glaubhaft zu machen. ²Nach Ablauf eines Jahres seit Bekanntgabe der angegriffenen Entscheidung kann die Rüge nicht mehr erhoben werden. ³Formlos mitgeteilte Entscheidungen gelten mit dem dritten Tage nach Aufgabe zur Post als bekannt gegeben. ⁴Die Rüge ist schriftlich bei dem Gericht zu erheben, dessen Entscheidung angegriffen wird. ⁵Die Rüge muss die angegriffene Entscheidung bezeichnen und das Vorliegen der in Absatz 1 Satz 1 Nr. 2 genannten Voraussetzungen darlegen.

(3) Dem Gegner ist, soweit erforderlich, Gelegenheit zur Stellungnahme zu geben.

(4) ¹Das Gericht hat von Amts wegen zu prüfen, ob die Rüge an sich statthaft und ob sie in der gesetzlichen Form und Frist erhoben ist. ²Mangelt es an einem dieser Erfordernisse, so ist die Rüge als unzulässig zu verwerfen. ³Ist die Rüge unbegründet, weist das Gericht sie zurück. ⁴Die Entscheidung ergeht durch unanfechtbaren Beschluss. ⁵Der Beschluss soll kurz begründet werden.

(5) ¹Ist die Rüge begründet, so hilft ihr das Gericht ab, indem es das Verfahren fortführt, soweit dies aufgrund der Rüge geboten ist. ²Das Verfahren wird in die Lage zurückversetzt, in der es sich vor dem Schluss der mündlichen Verhandlung befand. ³§ 343 der Zivilprozessordnung gilt entsprechend. ⁴In schriftlichen Verfahren tritt an die Stelle des Schlusses der mündlichen Verhandlung der Zeitpunkt, bis zu dem Schriftsätze eingereicht werden können.

(6) ¹Die Entscheidungen nach den Absätzen 4 und 5 erfolgen unter Hinzuziehung der ehrenamtlichen Richter. ²Die ehrenamtlichen Richter wirken nicht mit, wenn die Rüge als unzulässig verworfen wird oder sich gegen eine Entscheidung richtet, die ohne Hinzuziehung der ehrenamtlichen Richter erlassen wurde.

(7) § 707 der Zivilprozessordnung ist unter der Voraussetzung entsprechend anzuwenden, dass der Beklagte glaubhaft macht, dass die Vollstreckung ihm einen nicht zu ersetzenden Nachteil bringen würde.

(8) Auf das Beschlussverfahren finden die Absätze 1 bis 7 entsprechende Anwendung.

Fünfter Unterabschnitt. Wiederaufnahme des Verfahrens

§ 79 [Wiederaufnahme des Verfahrens] ¹Die Vorschriften der Zivilprozeßordnung über die Wiederaufnahme des Verfahrens gelten für Rechtsstreitigkeiten nach § 2 Abs. 1 bis 4 entsprechend. ²Die Nichtigkeitsklage kann jedoch nicht auf Mängel des Verfahrens bei der Berufung der ehrenamtlichen Richter oder auf Umstände, die die Berufung eines ehrenamtlichen Richters zu seinem Amt ausschließen, gestützt werden.

Zweiter Abschnitt. Beschlußverfahren

Erster Unterabschnitt. Erster Rechtszug

§ 80 Grundsatz. (1) Das Beschlußverfahren findet in den in § 2a bezeichneten Fällen Anwendung.

(2) ¹Für das Beschlußverfahren des ersten Rechtszugs gelten die für das Urteilsverfahren des ersten Rechtszugs maßgebenden Vorschriften über Prozeßfähigkeit, Prozeßvertretung, Ladungen, Termine und Fristen, Ablehnung und Ausschließung von Gerichtspersonen, Zustellungen, persönliches Erscheinen der Parteien, Öffentlichkeit, Befugnisse des Vorsitzenden und der ehrenamtlichen Richter, Vorbereitung der streitigen Verhandlung, Verhandlung vor der Kammer, Beweisaufnahme, gütliche Erledigung des Verfahrens, Wiedereinsetzung in den vorigen Stand und Wiederaufnahme des Verfahrens entsprechend, soweit sich aus den §§ 81 bis 84 nichts anderes ergibt. ²Der Vorsitzende kann ein Güteverfahren ansetzen; die für das Urteilsverfahren des ersten Rechtszugs maßgebenden Vorschriften über das Güteverfahren gelten entsprechend.

(3) § 48 Abs. 1 findet entsprechende Anwendung.

§ 81 Antrag. (1) Das Verfahren wird nur auf Antrag eingeleitet; der Antrag ist bei dem Arbeitsgericht schriftlich einzureichen oder bei seiner Geschäftsstelle mündlich zur Niederschrift anzubringen.

(2) ¹Der Antrag kann jederzeit in derselben Form zurückgenommen werden. ²In diesem Fall ist das Verfahren vom Vorsitzenden des Arbeitsgerichts einzustellen. ³Von der Einstellung ist den Beteiligten Kenntnis zu geben, soweit ihnen der Antrag vom Arbeitsgericht mitgeteilt worden ist.

(3) ¹Eine Änderung des Antrags ist zulässig, wenn die übrigen Beteiligten zustimmen oder das Gericht die Änderung für sachdienlich hält. ²Die Zustimmung der Beteiligten zu der Änderung des Antrags gilt als erteilt, wenn die Beteiligten sich, ohne zu widersprechen, in einem Schriftsatz oder in der mündlichen Verhandlung auf den geänderten Antrag eingelassen haben. ³Die Entscheidung, daß eine Änderung des Antrags nicht vorliegt oder zugelassen wird, ist unanfechtbar.

§ 82 Örtliche Zuständigkeit. (1) ¹Zuständig ist das Arbeitsgericht, in dessen Bezirk der Betrieb liegt. ²In Angelegenheiten des Gesamtbetriebsrats, des Konzernbetriebsrats, der Gesamtjugendvertretung oder der Gesamt-Jugend- und Auszubildendenvertretung, des Wirtschaftsausschusses und der Vertretung der Arbeitnehmer im Aufsichtsrat ist das Arbeitsgericht zuständig, in dessen Bezirk das Unternehmen seinen Sitz hat. ³Satz 2 gilt entsprechend in Angelegenheiten des Gesamtsprecherausschusses, des Unternehmenssprecherausschusses und des Konzernsprecherausschusses.

(2) ¹In Angelegenheiten eines Europäischen Betriebsrats, im Rahmen eines Verfahrens zur Unterrichtung und Anhörung oder des besonderen Verhandlungsgremiums ist das Arbeitsgericht zuständig, in dessen Bezirk das Unternehmen oder das herrschende Unternehmen nach § 2 des Gesetzes über Europäische Betriebsräte[1]) seinen Sitz hat. ²Bei einer Vereinbarung nach § 41 des

---

[1]) Nr. **85**.

Gesetzes über Europäische Betriebsräte[1]) ist der Sitz des vertragschließenden Unternehmens maßgebend.

(3) In Angelegenheiten aus dem SE-Beteiligungsgesetz ist das Arbeitsgericht zuständig, in dessen Bezirk die Europäische Gesellschaft ihren Sitz hat; vor ihrer Eintragung ist das Arbeitsgericht zuständig, in dessen Bezirk die Europäische Gesellschaft ihren Sitz haben soll.

(4) In Angelegenheiten nach dem SCE-Beteiligungsgesetz ist das Arbeitsgericht zuständig, in dessen Bezirk die Europäische Genossenschaft ihren Sitz hat; vor ihrer Eintragung ist das Arbeitsgericht zuständig, in dessen Bezirk die Europäische Genossenschaft ihren Sitz haben soll.

(5) In Angelegenheiten nach dem Gesetz über die Mitbestimmung der Arbeitnehmer bei einer grenzüberschreitenden Verschmelzung ist das Arbeitsgericht zuständig, in dessen Bezirk die aus der grenzüberschreitenden Verschmelzung hervorgegangene Gesellschaft ihren Sitz hat; vor ihrer Eintragung ist das Arbeitsgericht zuständig, in dessen Bezirk die aus der grenzüberschreitenden Verschmelzung hervorgehende Gesellschaft ihren Sitz haben soll.

§ 83 Verfahren. (1) [1]Das Gericht erforscht den Sachverhalt im Rahmen der gestellten Anträge von Amts wegen. [2]Die am Verfahren Beteiligten haben an der Aufklärung des Sachverhalts mitzuwirken.

(1 a) [1]Der Vorsitzende kann den Beteiligten eine Frist für ihr Vorbringen setzen. [2]Nach Ablauf einer nach Satz 1 gesetzten Frist kann das Vorbringen zurückgewiesen werden, wenn nach der freien Überzeugung des Gerichts seine Zulassung die Erledigung des Beschlussverfahrens verzögern würde und der Beteiligte die Verspätung nicht genügend entschuldigt. [3]Die Beteiligten sind über die Folgen der Versäumung einer nach Satz 1 gesetzten Frist zu belehren.

(2) Zur Aufklärung des Sachverhalts können Urkunden eingesehen, Auskünfte eingeholt, Zeugen, Sachverständige und Beteiligte vernommen und der Augenschein eingenommen werden.

(3) In dem Verfahren sind der Arbeitgeber, die Arbeitnehmer und die Stellen zu hören, die nach dem Betriebsverfassungsgesetz[2]), dem Sprecherausschussgesetz[3]), dem Mitbestimmungsgesetz[4]), dem Mitbestimmungsergänzungsgesetz[5]), dem Drittelbeteiligungsgesetz[6]), den §§ 94, 95, 139 des Neunten Buches Sozialgesetzbuch[7]), dem § 18 a des Berufsbildungsgesetzes[8]) und den zu diesen Gesetzen ergangenen Rechtsverordnungen sowie nach dem Gesetz über Europäische Betriebsräte, dem SE-Beteiligungsgesetz, dem SCE-Beteiligungsgesetz und dem Gesetz über die Mitbestimmung der Arbeitnehmer bei einer grenzüberschreitenden Verschmelzung im einzelnen Fall beteiligt sind.

---

[1]) Nr. 85.
[2]) Nr. 81.
[3]) Nr. 84.
[4]) Nr. 86.
[5]) Nr. 88.
[6]) Nr. 89.
[7]) Nr. 47.
[8]) Nr. 32.

(4) ¹Die Beteiligten können sich schriftlich äußern. ²Bleibt ein Beteiligter auf Ladung unentschuldigt aus, so ist der Pflicht zur Anhörung genügt; hierauf ist in der Ladung hinzuweisen. ³Mit Einverständnis der Beteiligten kann das Gericht ohne mündliche Verhandlung entscheiden.

(5) Gegen Beschlüsse und Verfügungen des Arbeitsgerichts oder seines Vorsitzenden findet die Beschwerde nach Maßgabe des § 78 statt.

§ 83 a Vergleich, Erledigung des Verfahrens. (1) Die Beteiligten können, um das Verfahren ganz oder zum Teil zu erledigen, zur Niederschrift des Gerichts oder des Vorsitzenden einen Vergleich schließen, soweit sie über den Gegenstand des Vergleichs verfügen können, oder das Verfahren für erledigt erklären.

(2) ¹Haben die Beteiligten das Verfahren für erledigt erklärt, so ist es vom Vorsitzenden des Arbeitsgerichts einzustellen. ²§ 81 Abs. 2 Satz 3 ist entsprechend anzuwenden.

(3) ¹Hat der Antragsteller das Verfahren für erledigt erklärt, so sind die übrigen Beteiligten binnen einer von dem Vorsitzenden zu bestimmenden Frist von mindestens zwei Wochen aufzufordern, mitzuteilen, ob sie der Erledigung zustimmen. ²Die Zustimmung gilt als erteilt, wenn sich der Beteiligte innerhalb der vom Vorsitzenden bestimmten Frist nicht äußert.

§ 84 Beschluß. ¹Das Gericht entscheidet nach seiner freien, aus dem Gesamtergebnis des Verfahrens gewonnenen Überzeugung. ²Der Beschluß ist schriftlich abzufassen. ³§ 60 ist entsprechend anzuwenden.

§ 85 Zwangsvollstreckung. (1) ¹Soweit sich aus Absatz 2 nichts anderes ergibt, findet aus rechtskräftigen Beschlüssen der Arbeitsgerichte oder gerichtlichen Vergleichen, durch die einem Beteiligten eine Verpflichtung auferlegt wird, die Zwangsvollstreckung statt. ²Beschlüsse der Arbeitsgerichte in vermögensrechtlichen Streitigkeiten sind vorläufig vollstreckbar; § 62 Abs. 1 Satz 2 bis 5 ist entsprechend anzuwenden. ³Für die Zwangsvollstreckung gelten die Vorschriften des Achten Buches der Zivilprozeßordnung entsprechend mit der Maßgabe, daß der nach dem Beschluß Verpflichtete als Schuldner, derjenige, der die Erfüllung der Verpflichtung auf Grund des Beschlusses verlangen kann, als Gläubiger gilt und in den Fällen des § 23 Abs. 3, des § 98 Abs. 5 sowie der §§ 101 und 104 des Betriebsverfassungsgesetzes[1]) eine Festsetzung von Ordnungs- oder Zwangshaft nicht erfolgt.

(2) ¹Der Erlaß einer einstweiligen Verfügung ist zulässig. ²Für das Verfahren gelten die Vorschriften des Achten Buches der Zivilprozeßordnung über die einstweilige Verfügung entsprechend mit der Maßgabe, daß die Entscheidungen durch Beschluß der Kammer ergehen, erforderliche Zustellungen von Amts wegen erfolgen und ein Anspruch auf Schadensersatz nach § 945 der Zivilprozeßordnung in Angelegenheiten des Betriebsverfassungsgesetzes[1]) nicht besteht.

§ 86 (weggefallen)

---

[1]) Nr. 81.

Zweiter Unterabschnitt. Zweiter Rechtszug

§ 87 Grundsatz. (1) Gegen die das Verfahren beendenden Beschlüsse der Arbeitsgerichte findet die Beschwerde an das Landesarbeitsgericht statt.

(2) [1]Für das Beschwerdeverfahren gelten die für das Berufungsverfahren maßgebenden Vorschriften über die Einlegung der Berufung und ihre Begründung, über Prozeßfähigkeit, Ladungen, Termine und Fristen, Ablehnung und Ausschließung von Gerichtspersonen, Zustellungen, persönliches Erscheinen der Parteien, Öffentlichkeit, Befugnisse des Vorsitzenden und der ehrenamtlichen Richter, Vorbereitung der streitigen Verhandlung, Verhandlung vor der Kammer, Beweisaufnahme, gütliche Erledigung des Rechtsstreits, Wiedereinsetzung in den vorigen Stand und Wiederaufnahme des Verfahrens sowie die Vorschriften des § 85 über die Zwangsvollstreckung entsprechend. [2]Für die Vertretung der Beteiligten gilt § 11 Abs. 1 bis 3 und 5 entsprechend. [3]Der Antrag kann jederzeit mit Zustimmung der anderen Beteiligten zurückgenommen werden; § 81 Abs. 2 Satz 2 und 3 und Absatz 3 ist entsprechend anzuwenden.

(3) [1]In erster Instanz zu Recht zurückgewiesenes Vorbringen bleibt ausgeschlossen. [2]Neues Vorbringen, das im ersten Rechtszug entgegen einer hierfür nach § 83 Abs. 1a gesetzten Frist nicht vorgebracht wurde, kann zurückgewiesen werden, wenn seine Zulassung nach der freien Überzeugung des Landesarbeitsgerichts die Erledigung des Beschlussverfahrens verzögern würde und der Beteiligte die Verzögerung nicht genügend entschuldigt. [3]Soweit neues Vorbringen nach Satz 2 zulässig ist, muss es der Beschwerdeführer in der Beschwerdebegründung, der Beschwerdegegner in der Beschwerdebeantwortung vortragen. [4]Wird es später vorgebracht, kann es zurückgewiesen werden, wenn die Möglichkeit es vorzutragen vor der Beschwerdebegründung oder der Beschwerdebeantwortung entstanden ist und das verspätete Vorbringen nach der freien Überzeugung des Landesarbeitsgerichts die Erledigung des Rechtsstreits verzögern würde und auf dem Verschulden des Beteiligten beruht.

(4) Die Einlegung der Beschwerde hat aufschiebende Wirkung; § 85 Abs. 1 Satz 2 bleibt unberührt.

§ 88 Beschränkung der Beschwerde. § 65 findet entsprechende Anwendung.

§ 89 Einlegung. (1) Für die Einlegung und Begründung der Beschwerde gilt § 11 Abs. 4 und 5 entsprechend.

(2) [1]Die Beschwerdeschrift muß den Beschluß bezeichnen, gegen den die Beschwerde gerichtet ist, und die Erklärung enthalten, daß gegen diesen Beschluß die Beschwerde eingelegt wird. [2]Die Beschwerdebegründung muß angeben, auf welche im einzelnen anzuführenden Beschwerdegründe sowie auf welche neuen Tatsachen die Beschwerde gestützt wird.

(3) [1]Ist die Beschwerde nicht in der gesetzlichen Form oder Frist eingelegt oder begründet, so ist sie als unzulässig zu verwerfen. [2]Der Beschluss kann ohne vorherige mündliche Verhandlung durch den Vorsitzenden ergehen; er ist unanfechtbar. [3]Er ist dem Beschwerdeführer zuzustellen. [4]§ 522 Abs. 2 und 3 der Zivilprozessordnung ist nicht anwendbar.

(4) ¹Die Beschwerde kann jederzeit in der für ihre Einlegung vorgeschriebenen Form zurückgenommen werden. ²Im Falle der Zurücknahme stellt der Vorsitzende das Verfahren ein. ³Er gibt hiervon den Beteiligten Kenntnis, soweit ihnen die Beschwerde zugestellt worden ist.

§ 90 Verfahren. (1) ¹Die Beschwerdeschrift und die Beschwerdebegründung werden den Beteiligten zur Äußerung zugestellt. ²Die Äußerung erfolgt durch Einreichung eines Schriftsatzes beim Beschwerdegericht oder durch Erklärung zur Niederschrift der Geschäftsstelle des Arbeitsgerichts, das den angefochtenen Beschluß erlassen hat.

(2) Für das Verfahren sind die §§ 83 und 83 a entsprechend anzuwenden.

(3) Gegen Beschlüsse und Verfügungen des Landesarbeitsgerichts oder seines Vorsitzenden findet kein Rechtsmittel statt.

§ 91 Entscheidung. (1) ¹Über die Beschwerde entscheidet das Landesarbeitsgericht durch Beschluß. ²Eine Zurückverweisung ist nicht zulässig. ³§ 84 Satz 2 gilt entsprechend.

(2) ¹Der Beschluß nebst Gründen ist von den Mitgliedern der Kammer zu unterschreiben und den Beteiligten zuzustellen. ²§ 69 Abs. 1 Satz 2 gilt entsprechend.

Dritter Unterabschnitt. Dritter Rechtszug

§ 92 Rechtsbeschwerdeverfahren, Grundsatz. (1) ¹Gegen den das Verfahren beendenden Beschluß eines Landesarbeitsgerichts findet die Rechtsbeschwerde an das Bundesarbeitsgericht statt, wenn sie in dem Beschluß des Landesarbeitsgerichts oder in dem Beschluß des Bundesarbeitsgerichts nach § 92a Satz 2 zugelassen wird. ²§ 72 Abs. 1 Satz 2, Abs. 2 und 3 ist entsprechend anzuwenden. ³In den Fällen des § 85 Abs. 2 findet die Rechtsbeschwerde nicht statt.

(2) ¹Für das Rechtsbeschwerdeverfahren gelten die für das Revisionsverfahren maßgebenden Vorschriften über Einlegung der Revision und ihre Begründung, Prozeßfähigkeit, Ladung, Termine und Fristen, Ablehnung und Ausschließung von Gerichtspersonen, Zustellungen, persönliches Erscheinen der Parteien, Öffentlichkeit, Befugnisse des Vorsitzenden und der Beisitzer, gütliche Erledigung des Rechtsstreits, Wiedereinsetzung in den vorigen Stand und Wiederaufnahme des Verfahrens sowie die Vorschriften des § 85 über die Zwangsvollstreckung entsprechend, soweit sich aus den §§ 93 bis 96 nichts anderes ergibt. ²Für die Vertretung der Beteiligten gilt § 11 Abs. 1 bis 3 und 5 entsprechend. ³Der Antrag kann jederzeit mit Zustimmung der anderen Beteiligten zurückgenommen werden; § 81 Abs. 2 Satz 2 und 3 ist entsprechend anzuwenden.

(3) ¹Die Einlegung der Rechtsbeschwerde hat aufschiebende Wirkung. ²§ 85 Abs. 1 Satz 2 bleibt unberührt.

§ 92 a Nichtzulassungsbeschwerde. ¹Die Nichtzulassung der Rechtsbeschwerde durch das Landesarbeitsgericht kann selbständig durch Beschwerde angefochten werden. ²§ 72a Abs. 2 bis 7 ist entsprechend anzuwenden.

§ 92 b Sofortige Beschwerde wegen verspäteter Absetzung der Beschwerdeentscheidung. ¹Der Beschluss eines Landesarbeitsgerichts nach § 91 kann durch sofortige Beschwerde angefochten werden, wenn er nicht binnen fünf Monaten nach der Verkündung vollständig abgefasst und mit den Unterschriften sämtlicher Mitglieder der Kammer versehen der Geschäftsstelle übergeben worden ist. ²§ 72 b Abs. 2 bis 5 gilt entsprechend. ³§ 92 a findet keine Anwendung.

§ 93 Rechtsbeschwerdegründe. (1) ¹Die Rechtsbeschwerde kann nur darauf gestützt werden, daß der Beschluß des Landesarbeitsgerichts auf der Nichtanwendung oder der unrichtigen Anwendung einer Rechtsnorm beruht. ²Sie kann nicht auf die Gründe des § 92 b gestützt werden.

(2) § 65 findet entsprechende Anwendung.

§ 94 Einlegung. (1) Für die Einlegung und Begründung der Rechtsbeschwerde gilt § 11 Abs. 4 und 5 entsprechend.

(2) ¹Die Rechtsbeschwerdeschrift muß den Beschluß bezeichnen, gegen den die Rechtsbeschwerde gerichtet ist, und die Erklärung enthalten, daß gegen diesen Beschluß die Rechtsbeschwerde eingelegt werde. ²Die Rechtsbeschwerdebegründung muß angeben, inwieweit die Abänderung des angefochtenen Beschlusses beantragt wird, welche Bestimmungen verletzt sein sollen und worin die Verletzung bestehen soll. ³§ 74 Abs. 2 ist entsprechend anzuwenden.

(3) ¹Die Rechtsbeschwerde kann jederzeit in der für ihre Einlegung vorgeschriebenen Form zurückgenommen werden. ²Im Falle der Zurücknahme stellt der Vorsitzende das Verfahren ein. ³Er gibt hiervon den Beteiligten Kenntnis, soweit ihnen die Rechtsbeschwerde zugestellt worden ist.

§ 95 Verfahren. ¹Die Rechtsbeschwerdeschrift und die Rechtsbeschwerdebegründung werden den Beteiligten zur Äußerung zugestellt. ²Die Äußerung erfolgt durch Einreichung eines Schriftsatzes beim Bundesarbeitsgericht oder durch Erklärung zur Niederschrift der Geschäftsstelle des Landesarbeitsgerichts, das den angefochtenen Beschluß erlassen hat. ³Geht von einem Beteiligten die Äußerung nicht rechtzeitig ein, so steht dies dem Fortgang des Verfahrens nicht entgegen. ⁴§ 83 a ist entsprechend anzuwenden.

§ 96 Entscheidung. (1) ¹Über die Rechtsbeschwerde entscheidet das Bundesarbeitsgericht durch Beschluß. ²Die §§ 562, 563 der Zivilprozeßordnung gelten entsprechend.

(2) Der Beschluß nebst Gründen ist von sämtlichen Mitgliedern des Senats zu unterschreiben und den Beteiligten zuzustellen.

§ 96 a Sprungrechtsbeschwerde. (1) ¹Gegen den das Verfahren beendenden Beschluß eines Arbeitsgerichts kann unter Übergehung der Beschwerdeinstanz unmittelbar Rechtsbeschwerde eingelegt werden (Sprungrechtsbeschwerde), wenn die übrigen Beteiligten schriftlich zustimmen und wenn sie vom Arbeitsgericht wegen grundsätzlicher Bedeutung der Rechtssache auf Antrag in dem verfahrensbeendenden Beschluß oder nachträglich durch gesonderten Beschluß zugelassen wird. ²Der Antrag ist innerhalb einer Notfrist von einem Monat nach Zustellung des in vollständiger Form abgefaßten Beschlusses schriftlich zu stellen. ³Die Zustimmung der übrigen Beteiligten ist, wenn die Sprungrechtsbeschwerde in dem verfahrensbeendenden Beschluß zugelassen ist, der Rechtsbeschwerdeschrift, andernfalls dem Antrag beizufügen.

(2) § 76 Abs. 2 Satz 2, 3, Abs. 3 bis 6 ist entsprechend anzuwenden.

Vierter Unterabschnitt. Beschlußverfahren in besonderen Fällen

§ 97 Entscheidung über die Tariffähigkeit und Tarifzuständigkeit einer Vereinigung. (1) In den Fällen des § 2a Abs. 1 Nr. 4 wird das Verfahren auf Antrag einer räumlich und sachlich zuständigen Vereinigung von Arbeitnehmern oder von Arbeitgebern oder der obersten Arbeitsbehörde des Bundes oder der obersten Arbeitsbehörde eines Landes, auf dessen Gebiet sich die Tätigkeit der Vereinigung erstreckt, eingeleitet.

(2) Für das Verfahren sind die §§ 80 bis 84, 87 bis 96a entsprechend anzuwenden.

(3) Die Vorschrift des § 63 über die Übersendung von Urteilen gilt entsprechend für die rechtskräftigen Beschlüsse von Gerichten für Arbeitssachen im Verfahren nach § 2a Abs. 1 Nr. 4.

(4) ¹In den Fällen des § 2a Abs. 1 Nr. 4 findet eine Wiederaufnahme des Verfahrens auch dann statt, wenn die Entscheidung über die Tariffähigkeit und Tarifzuständigkeit darauf beruht, daß ein Beteiligter absichtlich unrichtige Angaben oder Aussagen gemacht hat. ²§ 581 der Zivilprozeßordnung findet keine Anwendung.

(5) ¹Hängt die Entscheidung eines Rechtsstreits davon ab, ob eine Vereinigung tariffähig oder ob die Tarifzuständigkeit der Vereinigung gegeben ist, so hat das Gericht das Verfahren bis zur Erledigung des Beschlußverfahrens nach § 2a Abs. 1 Nr. 4 auszusetzen. ²Im Falle des Satzes 1 sind die Parteien des Rechtsstreits auch im Beschlußverfahren nach § 2a Abs. 1 Nr. 4 antragsberechtigt.

§ 98 Entscheidung über die Besetzung der Einigungsstelle. (1) ¹In den Fällen des § 76 Abs. 2 Satz 2 und 3 des Betriebsverfassungsgesetzes[1]) entscheidet der Vorsitzende allein. ²Wegen fehlender Zuständigkeit der Einigungsstelle können die Anträge nur zurückgewiesen werden, wenn die Einigungsstelle offensichtlich unzuständig ist. ³Für das Verfahren gelten die §§ 80 bis 84 entsprechend. ⁴Die Einlassungs- und Ladungsfristen betragen 48 Stunden. ⁵Ein Richter darf nur dann zum Vorsitzenden der Einigungsstelle bestellt werden, wenn aufgrund der Geschäftsverteilung ausgeschlossen ist, dass er mit der Überprüfung, der Auslegung oder der Anwendung des Spruchs der Einigungsstelle befasst wird. ⁶Der Beschluss des Vorsitzenden soll den Beteiligten innerhalb von zwei Wochen nach Eingang des Antrags zugestellt werden; er ist den Beteiligten spätestens innerhalb von vier Wochen nach diesem Zeitpunkt zuzustellen.

(2) ¹Gegen die Entscheidungen des Vorsitzenden findet die Beschwerde an das Landesarbeitsgericht statt. ²Die Beschwerde ist innerhalb einer Frist von zwei Wochen einzulegen und zu begründen. ³Für das Verfahren gelten § 87

---

[1]) Nr. 81.

Abs. 2 und 3 und die §§ 88 bis 90 Abs. 1 und 2 sowie § 91 Abs. 1 und 2 entsprechend mit der Maßgabe, dass an die Stelle der Kammer des Landesarbeitsgerichts der Vorsitzende tritt. ⁴Gegen dessen Entscheidungen findet kein Rechtsmittel statt.

§ 99 (weggefallen)

§ 100 (weggefallen)

Vierter Teil. Schiedsvertrag in Arbeitsstreitigkeiten

§ 101 Grundsatz. (1) Für bürgerliche Rechtsstreitigkeiten zwischen Tarifvertragsparteien aus Tarifverträgen oder über das Bestehen oder Nichtbestehen von Tarifverträgen können die Parteien des Tarifvertrags die Arbeitsgerichtsbarkeit allgemein oder für den Einzelfall durch die ausdrückliche Vereinbarung ausschließen, daß die Entscheidung durch ein Schiedsgericht erfolgen soll.

(2) ¹Für bürgerliche Rechtsstreitigkeiten aus einem Arbeitsverhältnis, das sich nach einem Tarifvertrag bestimmt, können die Parteien des Tarifvertrags die Arbeitsgerichtsbarkeit im Tarifvertrag durch die ausdrückliche Vereinbarung ausschließen, daß die Entscheidung durch ein Schiedsgericht erfolgen soll, wenn der persönliche Geltungsbereich des Tarifvertrags überwiegend Bühnenkünstler, Filmschaffende, Artisten oder Kapitäne und Besatzungsmitglieder im Sinne der §§ 2 und 3 des Seemannsgesetzes umfaßt. ²Die Vereinbarung gilt nur für tarifgebundene Personen. ³Sie erstreckt sich auf Parteien, deren Verhältnisse sich aus anderen Gründen nach dem Tarifvertrag regeln, wenn die Parteien dies ausdrücklich und schriftlich vereinbart haben; der Mangel der Form wird durch Einlassung auf die schiedsgerichtliche Verhandlung zur Hauptsache geheilt.

(3) Die Vorschriften der Zivilprozeßordnung über das schiedsrichterliche Verfahren finden in Arbeitssachen keine Anwendung.

§ 102 Prozeßhindernde Einrede. (1) Wird das Arbeitsgericht wegen einer Rechtsstreitigkeit angerufen, für die die Parteien des Tarifvertrages einen Schiedsvertrag geschlossen haben, so hat das Gericht die Klage als unzulässig abzuweisen, wenn sich der Beklagte auf den Schiedsvertrag beruft.

(2) Der Beklagte kann sich nicht auf den Schiedsvertrag berufen,
1. wenn in einem Falle, in dem die Streitparteien selbst die Mitglieder des Schiedsgerichts zu ernennen haben, der Kläger dieser Pflicht nachgekommen ist, der Beklagte die Ernennung aber nicht binnen einer Woche nach der Aufforderung des Klägers vorgenommen hat;
2. wenn in einem Falle, in dem nicht die Streitparteien, sondern die Parteien des Schiedsvertrags die Mitglieder des Schiedsgerichts zu ernennen haben, das Schiedsgericht nicht gebildet ist und die den Parteien des Schiedsvertrags von dem Vorsitzenden des Arbeitsgerichts gesetzte Frist zur Bildung des Schiedsgerichts fruchtlos verstrichen ist;
3. wenn das nach dem Schiedsvertrag gebildete Schiedsgericht die Durchführung des Verfahrens verzögert und die ihm von dem Vorsitzenden des Ar-

beitsgerichts gesetzte Frist zur Durchführung des Verfahrens fruchtlos verstrichen ist;
4. wenn das Schiedsgericht den Parteien des streitigen Rechtsverhältnisses anzeigt, daß die Abgabe eines Schiedsspruchs unmöglich ist.

(3) In den Fällen des Absatzes 2 Nummern 2 und 3 erfolgt die Bestimmung der Frist auf Antrag des Klägers durch den Vorsitzenden des Arbeitsgerichts, das für die Geltendmachung des Anspruchs zuständig wäre.

(4) Kann sich der Beklagte nach Absatz 2 nicht auf den Schiedsvertrag berufen, so ist eine schiedsrichterliche Entscheidung des Rechtsstreits auf Grund des Schiedsvertrags ausgeschlossen.

§ 103 Zusammensetzung des Schiedsgerichts. (1) ¹Das Schiedsgericht muß aus einer gleichen Zahl von Arbeitnehmern und von Arbeitgebern bestehen; außerdem können ihm Unparteiische angehören. ²Personen, die infolge Richterspruchs die Fähigkeit zur Bekleidung öffentlicher Ämter nicht besitzen, dürfen ihm nicht angehören.

(2) Mitglieder des Schiedsgerichts können unter denselben Voraussetzungen abgelehnt werden, die zur Ablehnung eines Richters berechtigen.

(3) ¹Über die Ablehnung beschließt die Kammer des Arbeitsgerichts, das für die Geltendmachung des Anspruchs zuständig wäre. ²Vor dem Beschluß sind die Streitparteien und das abgelehnte Mitglied des Schiedsgerichts zu hören. ³Der Vorsitzende des Arbeitsgerichts entscheidet, ob sie mündlich oder schriftlich zu hören sind. ⁴Die mündliche Anhörung erfolgt vor der Kammer. ⁵Gegen den Beschluß findet kein Rechtsmittel statt.

§ 104 Verfahren vor dem Schiedsgericht. Das Verfahren vor dem Schiedsgericht regelt sich nach den §§ 105 bis 110 und dem Schiedsvertrag, im übrigen nach dem freien Ermessen des Schiedsgerichts.

§ 105 Anhörung der Parteien. (1) Vor der Fällung des Schiedsspruchs sind die Streitparteien zu hören.

(2) ¹Die Anhörung erfolgt mündlich. ²Die Parteien haben persönlich zu erscheinen oder sich durch einen mit schriftlicher Vollmacht versehenen Bevollmächtigten vertreten zu lassen. ³Die Beglaubigung der Vollmachtsurkunde kann nicht verlangt werden. ⁴Die Vorschrift des § 11 Abs. 1 bis 3 gilt entsprechend, soweit der Schiedsvertrag nicht anderes bestimmt.

(3) Bleibt eine Partei in der Verhandlung unentschuldigt aus oder äußert sie sich trotz Aufforderung nicht, so ist der Pflicht zur Anhörung genügt.

§ 106 Beweisaufnahme. (1) ¹Das Schiedsgericht kann Beweise erheben, soweit die Beweismittel ihm zur Verfügung gestellt werden. ²Zeugen und Sachverständige kann das Schiedsgericht nicht beeidigen, eidesstattliche Versicherungen nicht verlangen oder entgegennehmen.

(2) ¹Hält das Schiedsgericht eine Beweiserhebung für erforderlich, die es nicht vornehmen kann, so ersucht es um die Vornahme den Vorsitzenden desjenigen Arbeitsgerichts oder, falls dies aus Gründen der örtlichen Lage zweckmäßiger ist, dasjenige Amtsgericht, in dessen Bezirk die Beweisaufnahme erfolgen soll. ²Entsprechend ist zu verfahren, wenn das Schiedsgericht die Beeidigung eines Zeugen oder Sachverständigen gemäß § 58 Abs. 2 Satz 1 für

notwendig oder eine eidliche Parteivernehmung für sachdienlich erachtet.
³Die durch die Rechtshilfe entstehenden baren Auslagen sind dem Gericht zu ersetzen; § 22 Abs. 1 und 29 des Gerichtskostengesetzes[1]) finden entsprechende Anwendung.

§ 107 Vergleich. Ein vor dem Schiedsgericht geschlossener Vergleich ist unter Angabe des Tages seines Zustandekommens von den Streitparteien und den Mitgliedern des Schiedsgerichts zu unterschreiben.

§ 108 Schiedsspruch. (1) Der Schiedsspruch ergeht mit einfacher Mehrheit der Stimmen der Mitglieder des Schiedsgerichts, falls der Schiedsvertrag nichts anderes bestimmt.

(2) ¹Der Schiedsspruch ist unter Angabe des Tages seiner Fällung von den Mitgliedern des Schiedsgerichts zu unterschreiben und muß schriftlich begründet werden, soweit die Parteien nicht auf schriftliche Begründung ausdrücklich verzichten. ²Eine vom Verhandlungsleiter unterschriebene Ausfertigung des Schiedsspruchs ist jeder Streitpartei zuzustellen. ³Die Zustellung kann durch eingeschriebenen Brief gegen Rückschein erfolgen.

(3) ¹Eine vom Verhandlungsleiter unterschriebene Ausfertigung des Schiedsspruchs soll bei dem Arbeitsgericht, das für die Geltendmachung des Anspruchs zuständig wäre, niedergelegt werden. ²Die Akten des Schiedsgerichts oder Teile der Akten können ebenfalls dort niedergelegt werden.

(4) Der Schiedsspruch hat unter den Parteien dieselben Wirkungen wie ein rechtskräftiges Urteil des Arbeitsgerichts.

§ 109 Zwangsvollstreckung. (1) ¹Die Zwangsvollstreckung findet aus dem Schiedsspruch oder aus einem vor dem Schiedsgericht geschlossenen Vergleich nur statt, wenn der Schiedsspruch oder der Vergleich von dem Vorsitzenden des Arbeitsgerichts, das für die Geltendmachung des Anspruchs zuständig wäre, für vollstreckbar erklärt worden ist. ²Der Vorsitzende hat vor der Erklärung den Gegner zu hören. ³Wird nachgewiesen, daß auf Aufhebung des Schiedsspruchs geklagt ist, so ist die Entscheidung bis zur Erledigung dieses Rechtsstreits auszusetzen.

(2) ¹Die Entscheidung des Vorsitzenden ist endgültig. ²Sie ist den Parteien zuzustellen.

§ 110 Aufhebungsklage. (1) Auf Aufhebung des Schiedsspruchs kann geklagt werden,
1. wenn das schiedsgerichtliche Verfahren unzulässig war;
2. wenn der Schiedsspruch auf der Verletzung einer Rechtsnorm beruht;
3. wenn die Voraussetzungen vorliegen, unter denen gegen ein gerichtliches Urteil nach § 580 Nr. 1 bis 6 der Zivilprozeßordnung die Restitutionsklage zulässig wäre.

(2) Für die Klage ist das Arbeitsgericht zuständig, das für die Geltendmachung des Anspruchs zuständig wäre.

(3) ¹Die Klage ist binnen einer Notfrist von zwei Wochen zu erheben. ²Die Frist beginnt in den Fällen des Absatzes 1 Nr. 1 und 2 mit der Zustel-

---

[1]) Nr. 93.

lung des Schiedsspruchs. ³Im Falle des Absatzes 1 Nr. 3 beginnt sie mit der Rechtskraft des Urteils, das die Verurteilung wegen der Straftat ausspricht, oder mit dem Tage, an dem der Partei bekannt geworden ist, daß die Einleitung oder die Durchführung des Verfahrens nicht erfolgen kann; nach Ablauf von zehn Jahren, von der Zustellung des Schiedsspruchs an gerechnet, ist die Klage unstatthaft.

(4) Ist der Schiedsspruch für vollstreckbar erklärt, so ist in dem der Klage stattgebenden Urteil auch die Aufhebung der Vollstreckbarkeitserklärung auszusprechen.

Fünfter Teil. Übergangs- und Schlußvorschriften

§ 111 Änderung von Vorschriften. (1) ¹Soweit nach anderen Rechtsvorschriften andere Gerichte, Behörden oder Stellen zur Entscheidung oder Beilegung von Arbeitssachen zuständig sind, treten an ihre Stelle die Arbeitsgerichte. ²Dies gilt nicht für Seemannsämter, soweit sie zur vorläufigen Entscheidung von Arbeitssachen zuständig sind.

(2) ¹Zur Beilegung von Streitigkeiten zwischen Ausbildenden und Auszubildenden aus einem bestehenden Berufsausbildungsverhältnis können im Bereich des Handwerks die Handwerksinnungen, im übrigen die zuständigen Stellen im Sinne des Berufsbildungsgesetzes Ausschüsse bilden, denen Arbeitgeber und Arbeitnehmer in gleicher Zahl angehören müssen. ²Der Ausschuß hat die Parteien mündlich zu hören. ³Wird der von ihm gefällte Spruch nicht innerhalb einer Woche von beiden Parteien anerkannt, so kann binnen zwei Wochen nach ergangenem Spruch Klage beim zuständigen Arbeitsgericht erhoben werden. ⁴§ 9 Abs. 5 gilt entsprechend. ⁵Der Klage muß in allen Fällen die Verhandlung vor dem Ausschuß vorangegangen sein. ⁶Aus Vergleichen, die vor dem Ausschuß geschlossen sind, und aus Sprüchen des Ausschusses, die von beiden Seiten anerkannt sind, findet die Zwangsvollstreckung statt. ⁷Die §§ 107 und 109 gelten entsprechend.

§§ 112 bis 116 (weggefallen)

§ 117 [Verfahren bei Meinungsverschiedenheiten der beteiligten Verwaltungen] Soweit in den Fällen der §§ 40 und 41 das Einvernehmen nicht erzielt wird, entscheidet die Bundesregierung.

§§ 118 bis 120 (weggefallen)

§§ 121–122 *(aufgehoben)*

92. Zivilprozessordnung

In der Fassung der Bekanntmachung vom 5. Dezember 2005[1]
(BGBl. I S. 3202, ber. 2006 S. 431 u. 2007 S. 1781)

FNA 310-4
zuletzt geänd. durch Art. 2 G zur Klärung der Vaterschaft unabhängig vom Anfechtungsverfahren v. 26. 3. 2008 (BGBl. I S. 441)

– Auszug[2] –

Buch 8. Zwangsvollstreckung

Abschnitt 2. Zwangsvollstreckung wegen Geldforderungen

Titel 1. Zwangsvollstreckung in das bewegliche Vermögen

Untertitel 3. Zwangsvollstreckung in Forderungen und andere Vermögensrechte

§ 850 Pfändungsschutz für Arbeitseinkommen. (1) Arbeitseinkommen, das in Geld zahlbar ist, kann nur nach Maßgabe der §§ 850a bis 850i gepfändet werden.

(2) Arbeitseinkommen im Sinne dieser Vorschrift sind die Dienst- und Versorgungsbezüge der Beamten, Arbeits- und Dienstlöhne, Ruhegelder und ähnliche nach dem einstweiligen oder dauernden Ausscheiden aus dem Dienst- oder Arbeitsverhältnis gewährte fortlaufende Einkünfte, ferner Hinterbliebenenbezüge sowie sonstige Vergütungen für Dienstleistungen aller Art, die die Erwerbstätigkeit des Schuldners vollständig oder zu einem wesentlichen Teil in Anspruch nehmen.

(3) Arbeitseinkommen sind auch die folgenden Bezüge, soweit sie in Geld zahlbar sind:
a) Bezüge, die ein Arbeitnehmer zum Ausgleich für Wettbewerbsbeschränkungen für die Zeit nach Beendigung seines Dienstverhältnisses beanspruchen kann;
b) Renten, die auf Grund von Versicherungsverträgen gewährt werden, wenn diese Verträge zur Versorgung des Versicherungsnehmers oder seiner unterhaltsberechtigten Angehörigen eingegangen sind.

(4) Die Pfändung des in Geld zahlbaren Arbeitseinkommens erfasst alle Vergütungen, die dem Schuldner aus der Arbeits- oder Dienstleistung zustehen, ohne Rücksicht auf ihre Benennung oder Berechnungsart.

---

[1] Neubekanntmachung der ZPO idF der Bek. v. 12. 9. 1950 (BGBl. I S. 533) in der ab 21. 10. 2005 geltenden Fassung.
[2] Vollständig abgedruckt in **ZPO** (dtv 5005) Nr. **1**.

§ 850 a Unpfändbare Bezüge. Unpfändbar sind
1. zur Hälfte die für die Leistung von Mehrarbeitsstunden gezahlten Teile des Arbeitseinkommens;
2. die für die Dauer eines Urlaubs über das Arbeitseinkommen hinaus gewährten Bezüge, Zuwendungen aus Anlass eines besonderen Betriebsereignisses und Treugelder, soweit sie den Rahmen des Üblichen nicht übersteigen;
3. Aufwandsentschädigungen, Auslösungsgelder und sonstige soziale Zulagen für auswärtige Beschäftigungen, das Entgelt für selbstgestelltes Arbeitsmaterial, Gefahrenzulagen sowie Schmutz- und Erschwerniszulagen, soweit diese Bezüge den Rahmen des Üblichen nicht übersteigen;
4. Weihnachtsvergütungen bis zum Betrage der Hälfte des monatlichen Arbeitseinkommens, höchstens aber bis zum Betrag von 500 Euro;
5. Heirats- und Geburtsbeihilfen, sofern die Vollstreckung wegen anderer als der aus Anlass der Heirat oder der Geburt entstandenen Ansprüche betrieben wird;
6. Erziehungsgelder, Studienbeihilfen und ähnliche Bezüge;
7. Sterbe- und Gnadenbezüge aus Arbeits- oder Dienstverhältnissen;
8. Blindenzulagen.

§ 850 b Bedingt pfändbare Bezüge. (1) Unpfändbar sind ferner
1. Renten, die wegen einer Verletzung des Körpers oder der Gesundheit zu entrichten sind;
2. Unterhaltsrenten, die auf gesetzlicher Vorschrift beruhen, sowie die wegen Entziehung einer solchen Forderung zu entrichtenden Renten;
3. fortlaufende Einkünfte, die ein Schuldner aus Stiftungen oder sonst auf Grund der Fürsorge und Freigebigkeit eines Dritten oder auf Grund eines Altenteils oder Auszugsvertrags bezieht;
4. Bezüge aus Witwen-, Waisen-, Hilfs- und Krankenkassen, die ausschließlich oder zu einem wesentlichen Teil zu Unterstützungszwecken gewährt werden, ferner Ansprüche aus Lebensversicherungen, die nur auf den Todesfall des Versicherungsnehmers abgeschlossen sind, wenn die Versicherungssumme 3 579 Euro nicht übersteigt.

(2) Diese Bezüge können nach den für Arbeitseinkommen geltenden Vorschriften gepfändet werden, wenn die Vollstreckung in das sonstige bewegliche Vermögen des Schuldners zu einer vollständigen Befriedigung des Gläubigers nicht geführt hat oder voraussichtlich nicht führen wird und wenn nach den Umständen des Falles, insbesondere nach der Art des beizutreibenden Anspruchs und der Höhe der Bezüge, die Pfändung der Billigkeit entspricht.

(3) Das Vollstreckungsgericht soll vor seiner Entscheidung die Beteiligten hören.

§ 850 c Pfändungsgrenzen für Arbeitseinkommen. (1) [1]Arbeitseinkommen ist unpfändbar, wenn es, je nach dem Zeitraum, für den es gezahlt wird, nicht mehr als

Zivilprozessordnung § 850 c ZPO 92

  930   Euro*[1] monatlich,
  217,50 Euro*[2] wöchentlich oder
  43,50   Euro*[3] täglich,
beträgt.
²Gewährt der Schuldner auf Grund einer gesetzlichen Verpflichtung seinem Ehegatten, einem früheren Ehegatten, seinem Lebenspartner, einem früheren Lebenspartner oder einem Verwandten oder nach §§ 1615 l, 1615 n des Bürgerlichen Gesetzbuchs einem Elternteil Unterhalt, so erhöht sich der Betrag, bis zu dessen Höhe Arbeitseinkommen unpfändbar ist, auf bis zu

  2 060   Euro*[4] monatlich,
  478,50 Euro*[5] wöchentlich oder
  96,50   Euro*[6] täglich,
und zwar um
  350   Euro*[7] monatlich,
  81   Euro*[8] wöchentlich oder
  17   Euro*[9] täglich,
für die erste Person, der Unterhalt gewährt wird, und um je
  195   Euro*[10] monatlich,
  45   Euro*[11] wöchentlich oder
  9   Euro*[12] täglich
für die zweite bis fünfte Person.

(2) ¹Übersteigt das Arbeitseinkommen den Betrag, bis zu dessen Höhe es je nach der Zahl der Personen, denen der Schuldner Unterhalt gewährt, nach Absatz 1 unpfändbar ist, so ist es hinsichtlich des überschießenden Betrages zu einem Teil unpfändbar, und zwar in Höhe von drei Zehnteln, wenn der Schuldner keiner der in Absatz 1 genannten Personen Unterhalt gewährt, zwei weiteren Zehnteln für die erste Person, der Unterhalt gewährt wird, und je einem weiteren Zehntel für die zweite bis fünfte Person. ²Der Teil des Arbeitseinkommens, der 2 851 Euro*[13] monatlich (658 Euro*[14] wöchentlich, 131,58 Euro*[15] täglich) übersteigt, bleibt bei der Berechnung des unpfändbaren Betrages unberücksichtigt.

(2 a) ¹Die unpfändbaren Beträge nach Absatz 1 und Absatz 2 Satz 2 ändern sich jeweils zum 1. Juli eines jeden zweiten Jahres, erstmalig zum 1. Juli 2003, entsprechend der im Vergleich zum jeweiligen Vorjahreszeitraum sich ergebenden prozentualen Entwicklung des Grundfreibetrages nach § 32 a Abs. 1 Nr. 1 des Einkommensteuergesetzes; der Berechnung ist die am 1. Januar des jeweiligen Jahres geltende Fassung des § 32 a Abs. 1 Nr. 1 des Einkommensteuergesetzes zugrunde zu legen. ²Das Bundesministerium der Justiz gibt die maßgebenden Beträge rechtzeitig im Bundesgesetzblatt bekannt.[1)]

(3) ¹Bei der Berechnung des nach Absatz 2 pfändbaren Teils des Arbeitseinkommens ist das Arbeitseinkommen, gegebenenfalls nach Abzug des nach Ab-

---

* **Amtl. Anm.:** Die unpfändbaren Beträge nach Absatz 1 und Absatz 2 Satz 2 sind durch Bekanntmachung zu § 850 c der Zivilprozessordnung (Pfändungsfreigrenzenbekanntmachung 2005) vom 25. Februar 2005 (BGBl. I S. 493) geändert worden:
[1)] 985,15 Euro; [2)] 226,72 Euro; [3)] 45,34 Euro; [4)] 2 182,15 Euro; [5)] 502,20 Euro; [6)] 100,44 Euro; [7)] 370,76 Euro; [8)] 85,32 Euro; [9)] 17,06 Euro; [10)] 206,56 Euro; [11)] 47,54 Euro; [12)] 9,51 Euro; [13)] 3 020,06 Euro; [14)] 695,03 Euro; [15)] 139,01 Euro.

[1)] Gem. Bek. v. 22. 1. 2007 (BGBl. I S. 64) bleiben die unpfändbaren Beträge nach § 850 c Abs. 1 und 2 Satz 2 für den Zeitraum vom 1. 7. 2007 bis zum 30. 6. 2009 unverändert.

satz 2 Satz 2 pfändbaren Betrages, wie aus der Tabelle ersichtlich, die diesem Gesetz als Anlage[1]) beigefügt ist, nach unten abzurunden, und zwar bei Auszahlung für Monate auf einen durch 10 Euro, bei Auszahlung für Wochen auf einen durch 2,50 Euro oder bei Auszahlung für Tage auf einen durch 50 Cent teilbaren Betrag. ²Im Pfändungsbeschluss genügt die Bezugnahme auf die Tabelle.

(4) Hat eine Person, welcher der Schuldner auf Grund gesetzlicher Verpflichtung Unterhalt gewährt, eigene Einkünfte, so kann das Vollstreckungsgericht auf Antrag des Gläubigers nach billigem Ermessen bestimmen, dass diese Person bei der Berechnung des unpfändbaren Teils des Arbeitseinkommens ganz oder teilweise unberücksichtigt bleibt; soll die Person nur teilweise berücksichtigt werden, so ist Absatz 3 Satz 2 nicht anzuwenden.

§ 850 d Pfändbarkeit bei Unterhaltsansprüchen. (1) ¹Wegen der Unterhaltsansprüche, die kraft Gesetzes einem Verwandten, dem Ehegatten, einem früheren Ehegatten, dem Lebenspartner, einem früheren Lebenspartner oder nach §§ 1615 l, 1615 n des Bürgerlichen Gesetzbuchs einem Elternteil zustehen, sind das Arbeitseinkommen und die in § 850 a Nr. 1, 2 und 4 genannten Bezüge ohne die in § 850 c bezeichneten Beschränkungen pfändbar. ²Dem Schuldner ist jedoch so viel zu belassen, als er für seinen notwendigen Unterhalt und zur Erfüllung seiner laufenden gesetzlichen Unterhaltspflichten gegenüber den dem Gläubiger vorgehenden Berechtigten oder zur gleichmäßigen Befriedigung der dem Gläubiger gleichstehenden Berechtigten bedarf; von den in § 850 a Nr. 1, 2 und 4 genannten Bezügen hat ihm mindestens die Hälfte des nach § 850 a unpfändbaren Betrages zu verbleiben. ³Der dem Schuldner hiernach verbleibende Teil seines Arbeitseinkommens darf den Betrag nicht übersteigen, der ihm nach den Vorschriften des § 850 c gegenüber nicht bevorrechtigten Gläubigern zu verbleiben hätte. ⁴Für die Pfändung wegen der Rückstände, die länger als ein Jahr vor dem Antrag auf Erlass des Pfändungsbeschlusses fällig geworden sind, gelten die Vorschriften dieses Absatzes insoweit nicht, als nach Lage der Verhältnisse nicht anzunehmen ist, dass der Schuldner sich seiner Zahlungspflicht absichtlich entzogen hat.

(2) Mehrere nach Absatz 1 Berechtigte sind mit ihren Ansprüchen in der Reihenfolge nach § 1609 des Bürgerlichen Gesetzbuchs und § 16 des Lebenspartnerschaftsgesetzes zu berücksichtigen, wobei mehrere gleich nahe Berechtigte untereinander den gleichen Rang haben.

(3) Bei der Vollstreckung wegen der in Absatz 1 bezeichneten Ansprüche sowie wegen der aus Anlass einer Verletzung des Körpers oder der Gesundheit zu zahlenden Renten kann zugleich mit der Pfändung wegen fälliger Ansprüche auch künftig fällig werdendes Arbeitseinkommen wegen der dann jeweils fällig werdenden Ansprüche gepfändet und überwiesen werden.

§ 850 e Berechnung des pfändbaren Arbeitseinkommens. Für die Berechnung des pfändbaren Arbeitseinkommens gilt Folgendes:
1. ¹Nicht mitzurechnen sind die nach § 850 a der Pfändung entzogenen Bezüge, ferner Beträge, die unmittelbar auf Grund steuerrechtlicher oder sozialrechtlicher Vorschriften zur Erfüllung gesetzlicher Verpflichtungen des

---

[1]) Abgedruckt hier am Ende von Nr. **92**.

Zivilprozessordnung § 850f ZPO 92

Schuldners abzuführen sind. ²Diesen Beträgen stehen gleich die auf den Auszahlungszeitraum entfallenden Beträge, die der Schuldner

a) nach den Vorschriften der Sozialversicherungsgesetze zur Weiterversicherung entrichtet oder

b) an eine Ersatzkasse oder an ein Unternehmen der privaten Krankenversicherung leistet, soweit sie den Rahmen des Üblichen nicht übersteigen.

2. ¹Mehrere Arbeitseinkommen sind auf Antrag vom Vollstreckungsgericht bei der Pfändung zusammenzurechnen. ²Der unpfändbare Grundbetrag ist in erster Linie dem Arbeitseinkommen zu entnehmen, das die wesentliche Grundlage der Lebenshaltung des Schuldners bildet.

2a. ¹Mit Arbeitseinkommen sind auf Antrag auch Ansprüche auf laufende Geldleistungen nach dem Sozialgesetzbuch zusammenzurechnen, soweit diese der Pfändung unterworfen sind. ²Der unpfändbare Grundbetrag ist, soweit die Pfändung nicht wegen gesetzlicher Unterhaltsansprüche erfolgt, in erster Linie den laufenden Geldleistungen nach dem Sozialgesetzbuch zu entnehmen. ³Ansprüche auf Geldleistungen für Kinder dürfen mit Arbeitseinkommen nur zusammengerechnet werden, soweit sie nach § 76 des Einkommensteuergesetzes oder nach § 54 Abs. 5 des Ersten Buches Sozialgesetzbuch gepfändet werden können.

3. ¹Erhält der Schuldner neben seinem in Geld zahlbaren Einkommen auch Naturalleistungen, so sind Geld- und Naturalleistungen zusammenzurechnen. ²In diesem Fall ist der in Geld zahlbare Betrag insoweit pfändbar, als der nach § 850c unpfändbare Teil des Gesamteinkommens durch den Wert der dem Schuldner verbleibenden Naturalleistungen gedeckt ist.

4. ¹Trifft eine Pfändung, eine Abtretung oder eine sonstige Verfügung wegen eines der in § 850d bezeichneten Ansprüche mit einer Pfändung wegen eines sonstigen Anspruchs zusammen, so sind auf die Unterhaltsansprüche zunächst die gemäß § 850d der Pfändung in erweitertem Umfang unterliegenden Teile des Arbeitseinkommens zu verrechnen. ²Die Verrechnung nimmt auf Antrag eines Beteiligten das Vollstreckungsgericht vor. ³Der Drittschuldner kann, solange ihm eine Entscheidung des Vollstreckungsgerichts nicht zugestellt ist, nach dem Inhalt der ihm bekannten Pfändungsbeschlüsse, Abtretungen und sonstigen Verfügungen mit befreiender Wirkung leisten.

§ 850f Änderung des unpfändbaren Betrages. (1) Das Vollstreckungsgericht kann dem Schuldner auf Antrag von dem nach den Bestimmungen der §§ 850c, 850d und 850i pfändbaren Teil seines Arbeitseinkommens einen Teil belassen, wenn

a) der Schuldner nachweist, dass bei Anwendung der Pfändungsfreigrenzen entsprechend der Anlage zu diesem Gesetz (zu § 850c) der notwendige Lebensunterhalt im Sinne des Dritten und Elften Kapitels des Zwölften Buches Sozialgesetzbuch oder nach Kapitel 3 Abschnitt 2 des Zweiten Buches Sozialgesetzbuch für sich und für die Personen, denen er Unterhalt zu gewähren hat, nicht gedeckt ist,

b) besondere Bedürfnisse des Schuldners aus persönlichen oder beruflichen Gründen oder

c) der besondere Umfang der gesetzlichen Unterhaltspflichten des Schuldners, insbesondere die Zahl der Unterhaltsberechtigten, dies erfordern und überwiegende Belange des Gläubigers nicht entgegenstehen.

(2) Wird die Zwangsvollstreckung wegen einer Forderung aus einer vorsätzlich begangenen unerlaubten Handlung betrieben, so kann das Vollstreckungsgericht auf Antrag des Gläubigers den pfändbaren Teil des Arbeitseinkommens ohne Rücksicht auf die in § 850 c vorgesehenen Beschränkungen bestimmen; dem Schuldner ist jedoch so viel zu belassen, wie er für seinen notwendigen Unterhalt und zur Erfüllung seiner laufenden gesetzlichen Unterhaltspflichten bedarf.

(3) [1]Wird die Zwangsvollstreckung wegen anderer als der in Absatz 2 und in § 850 d bezeichneten Forderungen betrieben, so kann das Vollstreckungsgericht in den Fällen, in denen sich das Arbeitseinkommen des Schuldners auf mehr als monatlich 2 815 Euro*[1]) (wöchentlich 641 Euro*[2]), täglich 123,50 Euro*[3]) beläuft, über die Beträge hinaus, die nach § 850 c pfändbar wären, auf Antrag des Gläubigers die Pfändbarkeit unter Berücksichtigung der Belange des Gläubigers und des Schuldners nach freiem Ermessen festsetzen. [2]Dem Schuldner ist jedoch mindestens so viel zu belassen, wie sich bei einem Arbeitseinkommen von monatlich 2 815 Euro*[1]) (wöchentlich 641 Euro*[2]), täglich 123,50 Euro*[3]) aus § 850 c ergeben würde. [3]Die Beträge nach den Sätzen 1 und 2 werden entsprechend der in § 850 c Abs. 2 a getroffenen Regelung jeweils zum 1. Juli eines jeden zweiten Jahres, erstmalig zum 1. Juli 2003, geändert.

§ 850 g Änderung der Unpfändbarkeitsvoraussetzungen. [1]Ändern sich die Voraussetzungen für die Bemessung des unpfändbaren Teils des Arbeitseinkommens, so hat das Vollstreckungsgericht auf Antrag des Schuldners oder des Gläubigers den Pfändungsbeschluss entsprechend zu ändern. [2]Antragsberechtigt ist auch ein Dritter, dem der Schuldner kraft Gesetzes Unterhalt zu gewähren hat. [3]Der Drittschuldner kann nach dem Inhalt des früheren Pfändungsbeschlusses mit befreiender Wirkung leisten, bis ihm der Änderungsbeschluss zugestellt wird.

§ 850 h Verschleiertes Arbeitseinkommen. (1) [1]Hat sich der Empfänger der vom Schuldner geleisteten Arbeiten oder Dienste verpflichtet, Leistungen an einen Dritten zu bewirken, die nach Lage der Verhältnisse ganz oder teilweise eine Vergütung für die Leistung des Schuldners darstellen, so kann der Anspruch des Drittberechtigten insoweit auf Grund des Schuldtitels gegen den Schuldner gepfändet werden, wie wenn der Anspruch dem Schuldner zuständer. [2]Die Pfändung des Vergütungsanspruchs des Schuldners umfasst ohne weiteres den Anspruch des Drittberechtigten. [3]Der Pfändungsbeschluss ist dem Drittberechtigten ebenso wie dem Schuldner zuzustellen.

(2) [1]Leistet der Schuldner einem Dritten in einem ständigen Verhältnis Arbeiten oder Dienste, die nach Art und Umfang üblicherweise vergütet werden, unentgeltlich oder gegen eine unverhältnismäßig geringe Vergütung, so

---

* **Amtl. Anm.:** Die Beträge haben sich infolge der Bekanntmachung zu § 850 c der Zivilprozessordnung (Pfändungsfreigrenzenbekanntmachung 2005) vom 25. Februar 2005 (BGBl. I S. 493) geändert:
[1]) 2 985 Euro; [2]) 678,70 Euro; [3]) 131,25 Euro.

Zivilprozessordnung **§§ 850 i, 850 k   ZPO 92**

gilt im Verhältnis des Gläubigers zu dem Empfänger der Arbeits- und Dienstleistungen eine angemessene Vergütung als geschuldet. ²Bei der Prüfung, ob diese Voraussetzungen vorliegen, sowie bei der Bemessung der Vergütung ist auf alle Umstände des Einzelfalles, insbesondere die Art der Arbeits- und Dienstleistung, die verwandtschaftlichen oder sonstigen Beziehungen zwischen dem Dienstberechtigten und dem Dienstverpflichteten und die wirtschaftliche Leistungsfähigkeit des Dienstberechtigten Rücksicht zu nehmen.

§ 850 i Pfändungsschutz bei sonstigen Vergütungen. (1) ¹Ist eine nicht wiederkehrend zahlbare Vergütung für persönlich geleistete Arbeiten oder Dienste gepfändet, so hat das Gericht dem Schuldner auf Antrag so viel zu belassen, als er während eines angemessenen Zeitraums für seinen notwendigen Unterhalt und den seines Ehegatten, eines früheren Ehegatten, seines Lebenspartners, eines früheren Lebenspartners, seiner unterhaltsberechtigten Verwandten oder eines Elternteils nach §§ 1615 l, 1615 n des Bürgerlichen Gesetzbuchs bedarf. ²Bei der Entscheidung sind die wirtschaftlichen Verhältnisse des Schuldners, insbesondere seine sonstigen Verdienstmöglichkeiten, frei zu würdigen. ³Dem Schuldner ist nicht mehr zu belassen, als ihm nach freier Schätzung des Gerichts verbleiben würde, wenn sein Arbeitseinkommen aus laufendem Arbeits- oder Dienstlohn bestände. ⁴Der Antrag des Schuldners ist insoweit abzulehnen, als überwiegende Belange des Gläubigers entgegenstehen.

(2) Die Vorschriften des Absatzes 1 gelten entsprechend für Vergütungen, die für die Gewährung von Wohngelegenheit oder eine sonstige Sachbenutzung geschuldet werden, wenn die Vergütung zu einem nicht unwesentlichen Teil als Entgelt für neben der Sachbenutzung gewährte Dienstleistungen anzusehen ist.

(3) Die Vorschriften des § 27 des Heimarbeitsgesetzes[1]) vom 14. März 1951 (BGBl. I S. 191) bleiben unberührt.

(4) Die Bestimmungen der Versicherungs-, Versorgungs- und sonstigen gesetzlichen Vorschriften über die Pfändung von Ansprüchen bestimmter Art bleiben unberührt.[2])

§ 850 k Pfändungsschutz für Kontoguthaben aus Arbeitseinkommen. (1) Werden wiederkehrende Einkünfte der in den §§ 850 bis 850 b oder § 851 c bezeichneten Art auf das Konto des Schuldners bei einem Geldinstitut überwiesen, so ist eine Pfändung des Guthabens auf Antrag des Schuldners vom Vollstreckungsgericht insoweit aufzuheben, als das Guthaben dem der Pfändung nicht unterworfenen Teil der Einkünfte für die Zeit von der Pfändung bis zu dem nächsten Zahlungstermin entspricht.

(2) ¹Das Vollstreckungsgericht hebt die Pfändung des Guthabens für den Teil vorab auf, dessen der Schuldner bis zum nächsten Zahlungstermin dringend bedarf, um seinen notwendigen Unterhalt zu bestreiten und seine laufenden gesetzlichen Unterhaltspflichten gegenüber den dem Gläubiger vorgehenden Berechtigten zu erfüllen oder die dem Gläubiger gleichstehenden Unterhaltsberechtigten gleichmäßig zu befriedigen. ²Der vorab freigegebene

---

[1]) Nr. **60**.
[2]) Beachte hierzu insbesondere §§ 54 und 55 SGB I – Allgemeiner Teil – v. 11. 12. 1975 (BGBl. I S. 3015), zuletzt geänd. durch G v. 19. 12. 2007 (BGBl. I S. 3024).

Teil des Guthabens darf den Betrag nicht übersteigen, der dem Schuldner voraussichtlich nach Absatz 1 zu belassen ist. ³Der Schuldner hat glaubhaft zu machen, dass wiederkehrende Einkünfte der in den §§ 850 bis 850 b oder § 851 c bezeichneten Art auf das Konto überwiesen worden sind und dass die Voraussetzungen des Satzes 1 vorliegen. ⁴Die Anhörung des Gläubigers unterbleibt, wenn der damit verbundene Aufschub dem Schuldner nicht zuzumuten ist.

(3) Im Übrigen ist das Vollstreckungsgericht befugt, die in § 732 Abs. 2 bezeichneten Anordnungen zu erlassen.

§ 851 Nicht übertragbare Forderungen. (1) Eine Forderung ist in Ermangelung besonderer Vorschriften der Pfändung nur insoweit unterworfen, als sie übertragbar ist.

(2) Eine nach § 399 des Bürgerlichen Gesetzbuchs nicht übertragbare Forderung kann insoweit gepfändet und zur Einziehung überwiesen werden, als der geschuldete Gegenstand der Pfändung unterworfen ist.

§ 851 a Pfändungsschutz für Landwirte. (1) Die Pfändung von Forderungen, die einem die Landwirtschaft betreibenden Schuldner aus dem Verkauf von landwirtschaftlichen Erzeugnissen zustehen, ist auf seinen Antrag vom Vollstreckungsgericht insoweit aufzuheben, als die Einkünfte zum Unterhalt des Schuldners, seiner Familie und seiner Arbeitnehmer oder zur Aufrechterhaltung einer geordneten Wirtschaftsführung unentbehrlich sind.

(2) Die Pfändung soll unterbleiben, wenn offenkundig ist, dass die Voraussetzungen für die Aufhebung der Zwangsvollstreckung nach Absatz 1 vorliegen.

§ 851 b Pfändungsschutz bei Miet- und Pachtzinsen. (1) ¹Die Pfändung von Miete und Pacht ist auf Antrag des Schuldners vom Vollstreckungsgericht insoweit aufzuheben, als diese Einkünfte für den Schuldner zur laufenden Unterhaltung des Grundstücks, zur Vornahme notwendiger Instandsetzungsarbeiten und zur Befriedigung von Ansprüchen unentbehrlich sind, die bei einer Zwangsvollstreckung in das Grundstück dem Anspruch des Gläubigers nach § 10 des Gesetzes über die Zwangsversteigerung und die Zwangsverwaltung vorgehen würden. ²Das Gleiche gilt von der Pfändung von Barmitteln und Guthaben, die aus Miet- oder Pachtzahlungen herrühren und zu den in Satz 1 bezeichneten Zwecken unentbehrlich sind.

(2) ¹Die Vorschriften des § 813 b Abs 2, 3 und Abs. 5 Satz 1 und 2 gelten entsprechend. ²Die Pfändung soll unterbleiben, wenn offenkundig ist, dass die Voraussetzungen für die Aufhebung der Zwangsvollstreckung nach Absatz 1 vorliegen.

§ 851 c Pfändungsschutz bei Altersrenten. (1) Ansprüche auf Leistungen, die auf Grund von Verträgen gewährt werden, dürfen nur wie Arbeitseinkommen gepfändet werden, wenn
1. die Leistung in regelmäßigen Zeitabständen lebenslang und nicht vor Vollendung des 60. Lebensjahres oder nur bei Eintritt der Berufsunfähigkeit gewährt wird,
2. über die Ansprüche aus dem Vertrag nicht verfügt werden darf,

3. die Bestimmung von Dritten mit Ausnahme von Hinterbliebenen als Berechtigte ausgeschlossen ist und
4. die Zahlung einer Kapitalleistung, ausgenommen eine Zahlung für den Todesfall, nicht vereinbart wurde.

(2) ¹Um dem Schuldner den Aufbau einer angemessenen Alterssicherung zu ermöglichen, kann er unter Berücksichtigung der Entwicklung auf dem Kapitalmarkt, des Sterblichkeitsrisikos und der Höhe der Pfändungsfreigrenze, nach seinem Lebensalter gestaffelt, jährlich einen bestimmten Betrag unpfändbar auf der Grundlage eines in Absatz 1 bezeichneten Vertrags bis zu einer Gesamtsumme von 238 000 Euro ansammeln. ²Der Schuldner darf vom 18. bis zum vollendeten 29. Lebensjahr 2 000 Euro, vom 30. bis zum vollendeten 39. Lebensjahr 4 000 Euro, vom 40. bis zum vollendeten 47. Lebensjahr 4 500 Euro, vom 48. bis zum vollendeten 53. Lebensjahr 6 000 Euro, vom 54. bis zum vollendeten 59. Lebensjahr 8 000 Euro und vom 60. bis zum vollendeten 65. Lebensjahr 9 000 Euro jährlich ansammeln. ³Übersteigt der Rückkaufwert der Alterssicherung den unpfändbaren Betrag, sind drei Zehntel des überschießenden Betrags unpfändbar. ⁴Satz 3 gilt nicht für den Teil des Rückkaufwerts, der den dreifachen Wert des in Satz 1 genannten Betrags übersteigt.

(3) § 850 e Nr. 2 und 2 a gilt entsprechend.

§ 851 d Pfändungsschutz bei steuerlich gefördertem Altersvorsorgevermögen. Monatliche Leistungen in Form einer lebenslangen Rente oder monatlicher Ratenzahlungen im Rahmen eines Auszahlungsplans nach § 1 Abs. 1 Satz 1 Nr. 4 des Altersvorsorgeverträge-Zertifizierungsgesetzes aus steuerlich gefördertem Altersvorsorgevermögen sind wie Arbeitseinkommen pfändbar.

Abschnitt 4. Eidesstattliche Versicherung und Haft

§ 903 Wiederholte eidesstattliche Versicherung. ¹Ein Schuldner, der die in § 807 dieses Gesetzes oder in § 284 der Abgabenordnung bezeichnete eidesstattliche Versicherung abgegeben hat, ist, wenn die Abgabe der eidesstattlichen Versicherung in dem Schuldnerverzeichnis noch nicht gelöscht ist, in den ersten drei Jahren nach ihrer Abgabe zur nochmaligen eidesstattlichen Versicherung einem Gläubiger gegenüber nur verpflichtet, wenn glaubhaft gemacht wird, dass der Schuldner später Vermögen erworben hat oder dass ein bisher bestehendes Arbeitsverhältnis mit dem Schuldner aufgelöst ist. ²Der in § 807 Abs. 1 genannten Voraussetzungen bedarf es nicht.

92 ZPO Anhang VIII. Verfahrensrecht

Anhang[1)]
(zu § 850 c)

[Pfändungsfreigrenzen ab 1. 7. 2005 bis 30. 6. 2009]

Monatssätze

Nettolohn monatlich			Pfändbarer Betrag bei Unterhaltspflicht für…Personen					
			0	1	2	3	4	5 und mehr
			in Euro					
	bis	989,99	–	–	–	–	–	–
990,00	bis	999,99	3,40	–	–	–	–	–
1 000,00	bis	1 009,99	10,40	–	–	–	–	–
1 010,00	bis	1 019,99	17,40	–	–	–	–	–
1 020,00	bis	1 029,99	24,40	–	–	–	–	–
1 030,00	bis	1 039,99	31,40	–	–	–	–	–
1 040,00	bis	1 049,99	38,40	–	–	–	–	–
1 050,00	bis	1 059,99	45,40	–	–	–	–	–
1 060,00	bis	1 069,99	52,40	–	–	–	–	–
1 070,00	bis	1 079,99	59,40	–	–	–	–	–
1 080,00	bis	1 089,99	66,40	–	–	–	–	–
1 090,00	bis	1 099,99	73,40	–	–	–	–	–
1 100,00	bis	1 109,99	80,40	–	–	–	–	–
1 110,00	bis	1 119,99	87,40	–	–	–	–	–
1 120,00	bis	1 129,99	94,40	–	–	–	–	–
1 130,00	bis	1 139,99	101,40	–	–	–	–	–
1 140,00	bis	1 149,99	108,40	–	–	–	–	–
1 150,00	bis	1 159,99	115,40	–	–	–	–	–
1 160,00	bis	1 169,99	122,40	–	–	–	–	–
1 170,00	bis	1 179,99	129,40	–	–	–	–	–
1 180,00	bis	1 189,99	136,40	–	–	–	–	–
1 190,00	bis	1 199,99	143,40	–	–	–	–	–
1 200,00	bis	1 209,99	150,40	–	–	–	–	–
1 210,00	bis	1 219,99	157,40	–	–	–	–	–
1 220,00	bis	1 229,99	164,40	–	–	–	–	–
1 230,00	bis	1 239,99	171,40	–	–	–	–	–
1 240,00	bis	1 249,99	178,40	–	–	–	–	–
1 250,00	bis	1 259,99	185,40	–	–	–	–	–
1 260,00	bis	1 269,99	192,40	–	–	–	–	–
1 270,00	bis	1 279,99	199,40	–	–	–	–	–
1 280,00	bis	1 289,99	206,40	–	–	–	–	–
1 290,00	bis	1 299,99	213,40	–	–	–	–	–
1 300,00	bis	1 309,99	220,40	–	–	–	–	–
1 310,00	bis	1 319,99	227,40	–	–	–	–	–

[1)] Pfändungsfreibeträge in der **ab 1. 7. 2005** geltenden Fassung gem. dem Anhang der Pfändungsfreigrenzenbekanntmachung 2005 v. 25. 2. 2005 (BGBl. I S. 493); verlängert durch die Pfändungsfreigrenzenbekanntmachung 2007 v. 22. 1. 2007 (BGBl. I S. 64).

Anh. der Pfändungsfreigrenzen 2005 **Anhang ZPO 92**

Nettolohn monatlich			Pfändbarer Betrag bei Unterhaltspflicht für…Personen					
			0	1	2	3	4	5 und mehr
			in Euro					
1 320,00	bis	1 329,99	234,40	–	–	–	–	–
1 330,00	bis	1 339,99	241,40	–	–	–	–	–
1 340,00	bis	1 349,99	248,40	–	–	–	–	–
1 350,00	bis	1 359,99	255,40	–	–	–	–	–
1 360,00	bis	1 369,99	262,40	2,05	–	–	–	–
1 370,00	bis	1 379,99	269,40	7,05	–	–	–	–
1 380,00	bis	1 389,00	276,40	12,05	–	–	–	–
1 390,00	bis	1 399,99	283,40	17,05	–	–	–	–
1 400,00	bis	1 409,99	290,40	22,05	–	–	–	–
1 410,00	bis	1 419,99	297,40	27,05	–	–	–	–
1 420,00	bis	1 429,99	304,40	32,05	–	–	–	–
1 430,00	bis	1 439,99	311,40	37,05	–	–	–	–
1 440,00	bis	1 449,99	318,40	42,05	–	–	–	–
1 450,00	bis	1 459,99	325,40	47,05	–	–	–	–
1 460,00	bis	1 469,99	332,40	52,05	–	–	–	–
1 470,00	bis	1 479,99	339,40	57,05	–	–	–	–
1 480,00	bis	1 489,99	346,40	62,05	–	–	–	–
1 490,00	bis	1 499,99	353,40	67,05	–	–	–	–
1 500,00	bis	1 509,99	360,40	72,05	–	–	–	–
1 510,00	bis	1 519,99	367,40	77,05	–	–	–	–
1 520,00	bis	1 529,99	374,40	82,05	–	–	–	–
1 530,00	bis	1 539,99	381,40	87,05	–	–	–	–
1 540,00	bis	1 549,99	388,40	92,05	–	–	–	–
1 550,00	bis	1 559,99	395,40	97,05	–	–	–	–
1 560,00	bis	1 569,99	402,40	102,05	–	–	–	–
1 570,00	bis	1 579,99	409,40	107,05	3,01	–	–	–
1 580,00	bis	1 589,99	416,40	112,05	7,01	–	–	–
1 590,00	bis	1 599,99	423,40	117,05	11,01	–	–	–
1 600,00	bis	1 609,99	430,40	122,05	15,01	–	–	–
1 610,00	bis	1 619,99	437,40	127,05	19,01	–	–	–
1 620,00	bis	1 629,99	444,40	132,05	23,01	–	–	–
1 630,00	bis	1 639,99	451,40	137,05	27,01	–	–	–
1 640,00	bis	1 649,99	458,40	142,05	31,01	–	–	–
1 650,00	bis	1 659,99	465,40	147,05	35,01	–	–	–
1 660,00	bis	1 669,99	472,40	152,05	39,01	–	–	–
1 670,00	bis	1 679,99	479,40	157,05	43,01	–	–	–
1 680,00	bis	1 689,99	486,40	162,05	47,01	–	–	–
1 690,00	bis	1 699,99	493,40	167,05	51,01	–	–	–
1 700,00	bis	1 709,99	500,40	172,05	55,01	–	–	–
1 710,00	bis	1 719,99	507,40	177,05	59,01	–	–	–
1 720,00	bis	1 729,99	514,40	182,05	63,01	–	–	–
1 730,00	bis	1 739,99	521,40	187,05	67,01	–	–	–
1 740,00	bis	1 749,99	528,40	192,05	71,01	–	–	–

92 ZPO Anhang VIII. Verfahrensrecht

Nettolohn monatlich			Pfändbarer Betrag bei Unterhaltspflicht für...Personen					
			0	1	2	3	4	5 und mehr
in Euro								
1 750,00	bis	1 759,99	535,40	197,05	75,01	–	–	–
1 760,00	bis	1 769,99	542,40	202,05	79,01	–	–	–
1 770,00	bis	1 779,99	549,40	207,05	83,01	0,29	–	–
1 780,00	bis	1 789,99	556,40	212,05	87,01	3,29	–	–
1 790,00	bis	1 799,99	563,40	217,05	91,01	6,29	–	–
1 800,00	bis	1 809,99	570,40	222,05	95,01	9,29	–	–
1 810,00	bis	1 819,99	577,40	227,05	99,01	12,29	–	–
1 820,00	bis	1 829,99	584,40	232,05	103,01	15,29	–	–
1 830,00	bis	1 839,99	591,40	237,05	107,01	18,29	–	–
1 840,00	bis	1 849,99	598,40	242,05	111,01	21,29	–	–
1 850,00	bis	1 859,99	605,40	247,05	115,01	24,29	–	–
1 860,00	bis	1 869,99	612,40	252,05	119,01	27,29	–	–
1 870,00	bis	1 879,99	619,40	257,05	123,01	30,29	–	–
1 880,00	bis	1 889,99	626,40	262,05	127,01	33,29	–	–
1 890,00	bis	1 899,99	633,40	267,05	131,01	36,29	–	–
1 900,00	bis	1 909,99	640,40	272,05	135,01	39,29	–	–
1 910,00	bis	1 919,99	647,40	277,05	139,01	42,29	–	–
1 920,00	bis	1 929,99	654,40	282,05	143,01	45,29	–	–
1 930,00	bis	1 939,99	661,40	287,05	147,01	48,29	–	–
1 940,00	bis	1 949,99	668,40	292,05	151,01	51,29	–	–
1 950,00	bis	1 959,99	675,40	297,05	155,01	54,29	–	–
1 960,00	bis	1 969,99	682,40	302,05	159,01	57,29	–	–
1 970,00	bis	1 979,99	689,40	307,05	163,01	60,29	–	–
1 980,00	bis	1 989,99	696,40	312,05	167,01	63,29	0,88	–
1 990,00	bis	1 999,99	703,40	317,05	171,01	66,29	2,88	–
2 000,00	bis	2 009,99	710,40	322,05	175,01	69,29	4,88	–
2 010,00	bis	2 019,99	717,40	327,05	179,01	72,29	6,88	–
2 020,00	bis	2 029,99	724,40	332,05	183,01	75,29	8,88	–
2 030,00	bis	2 039,99	731,40	337,05	187,01	78,29	10,88	–
2 040,00	bis	2 049,99	738,40	342,05	191,01	81,29	12,88	–
2 050,00	bis	2 059,99	745,40	347,05	195,01	84,29	14,88	–
2 060,00	bis	2 069,99	752,40	352,05	199,01	87,29	16,88	–
2 070,00	bis	2 079,99	759,40	357,05	203,01	90,29	18,88	–
2 080,00	bis	2 089,99	766,40	362,05	207,01	93,29	20,88	–
2 090,00	bis	2 099,99	773,40	367,05	211,01	96,29	22,88	–
2 100,00	bis	2 109,99	780,40	372,05	215,01	99,29	24,88	–
2 110,00	bis	2 119,99	787,40	377,05	219,01	102,29	26,88	–
2 120,00	bis	2 129,99	794,40	382,05	223,01	105,29	28,88	–
2 130,00	bis	2 139,99	801,40	387,05	227,01	108,29	30,88	–
2 140,00	bis	2 149,99	808,40	392,05	231,01	111,29	32,88	–
2 150,00	bis	2 159,99	815,40	397,05	235,01	114,29	34,88	–
2 160,00	bis	2 169,99	822,40	402,05	239,01	117,29	36,88	–
2 170,00	bis	2 179,99	829,40	407,05	243,01	120,29	38,88	–

Anh. der Pfändungsfreigrenzen 2005 — Anhang ZPO 92

Nettolohn monatlich			Pfändbarer Betrag bei Unterhaltspflicht für...Personen					
			0	1	2	3	4	5 und mehr
in Euro								
2 180,00	bis	2 189,99	836,40	412,05	247,01	123,29	40,88	–
2 190,00	bis	2 199,99	843,40	417,05	251,01	126,29	42,88	0,79
2 200,00	bis	2 209,99	850,40	422,05	255,01	129,29	44,88	1,79
2 210,00	bis	2 219,99	857,40	427,05	259,01	132,29	46,88	2,79
2 220,00	bis	2 229,99	864,40	432,05	263,01	135,29	48,88	3,79
2 230,00	bis	2 239,99	871,40	437,05	267,01	138,29	50,88	4,79
2 240,00	bis	2 249,99	878,40	442,05	271,01	141,29	52,88	5,79
2 250,00	bis	2 259,99	885,40	447,05	275,01	144,29	54,88	6,79
2 260,00	bis	2 269,99	892,40	452,05	279,01	147,29	56,88	7,79
2 270,00	bis	2 279,99	899,40	457,05	283,01	150,29	58,88	8,79
2 280,00	bis	2 289,99	906,40	462,05	287,01	153,29	60,88	9,79
2 290,00	bis	2 299,99	913,40	467,05	291,01	156,29	62,88	10,79
2 300,00	bis	2 309,99	920,40	472,05	295,01	159,29	64,88	11,79
2 310,00	bis	2 319,99	927,40	477,05	299,01	162,29	66,88	12,79
2 320,00	bis	2 329,99	934,40	482,05	303,01	165,29	68,88	13,79
2 330,00	bis	2 339,99	941,40	487,05	307,01	168,29	70,88	14,79
2 340,00	bis	2 349,99	948,40	492,05	311,01	171,29	72,88	15,79
2 350,00	bis	2 359,99	955,40	497,05	315,01	174,29	74,88	16,79
2 360,00	bis	2 369,99	962,40	502,05	319,01	177,29	76,88	17,79
2 370,00	bis	2 379,99	969,40	507,05	323,01	180,29	78,88	18,79
2 380,00	bis	2 389,99	976,40	512,05	327,01	183,29	80,88	19,79
2 390,00	bis	2 399,99	983,40	517,05	331,01	186,29	82,88	20,79
2 400,00	bis	2 409,99	990,40	522,05	335,01	189,29	84,88	21,79
2 410,00	bis	2 419,99	997,40	527,05	339,01	192,29	86,88	22,79
2 420,00	bis	2 429,99	1 004,40	532,05	343,01	195,29	88,88	23,79
2 430,00	bis	2 439,99	1 011,40	537,05	347,01	198,29	90,88	24,79
2 440,00	bis	2 449,99	1 018,40	542,05	351,01	201,29	92,88	25,79
2 450,00	bis	2 459,99	1 025,40	547,05	355,01	204,29	94,88	26,79
2 460,00	bis	2 469,99	1 032,40	552,05	359,01	207,29	96,88	27,79
2 470,00	bis	2 479,99	1 039,40	557,05	363,01	210,29	98,88	28,79
2 480,00	bis	2 489,99	1 046,40	562,05	367,01	213,29	100,88	29,79
2 490,00	bis	2 499,99	1 053,40	567,05	371,01	216,29	102,88	30,79
2 500,00	bis	2 509,99	1 060,40	572,05	375,01	219,29	104,88	31,79
2 510,00	bis	2 519,99	1 067,40	577,05	379,01	222,29	106,88	32,79
2 520,00	bis	2 529,99	1 074,40	582,05	383,01	225,29	108,88	33,79
2 530,00	bis	2 539,99	1 081,40	587,05	387,01	228,29	110,88	34,79
2 540,00	bis	2 549,99	1 088,40	592,05	391,01	231,29	112,88	35,79
2 550,00	bis	2 559,99	1 095,40	597,05	395,01	234,29	114,88	36,79
2 560,00	bis	2 569,99	1 102,40	602,05	399,01	237,29	116,88	37,79
2 570,00	bis	2 579,99	1 109,40	607,05	403,01	240,29	118,88	38,79
2 580,00	bis	2 589,99	1 116,40	612,05	407,01	243,29	120,88	39,79
2 590,00	bis	2 599,99	1 123,40	617,05	411,01	246,29	122,88	40,79
2 600,00	bis	2 609,99	1 130,40	622,05	415,01	249,29	124,88	41,79

92 ZPO Anhang

Nettolohn monatlich	Pfändbarer Betrag bei Unterhaltspflicht für...Personen					
	0	1	2	3	4	5 und mehr
	in Euro					
2 610,00 bis 2 619,99	1 137,40	627,05	419,01	252,29	126,88	42,79
2 620,00 bis 2 629,99	1 144,40	632,05	423,01	255,29	128,88	43,79
2 630,00 bis 2 639,99	1 151,40	637,05	427,01	258,29	130,88	44,79
2 640,00 bis 2 649,99	1 158,40	642,05	431,01	261,29	132,88	45,79
2 650,00 bis 2 659,99	1 165,40	647,05	435,01	264,29	134,88	46,79
2 660,00 bis 2 669,99	1 172,40	652,05	439,01	267,29	136,88	47,79
2 670,00 bis 2 679,99	1 179,40	657,05	443,01	270,29	138,88	48,79
2 680,00 bis 2 689,99	1 186,40	662,05	447,01	273,29	140,88	49,79
2 690,00 bis 2 699,99	1 193,40	667,05	451,01	276,29	142,88	50,79
2 700,00 bis 2 709,99	1 200,40	672,05	455,01	279,29	144,88	51,79
2 710,00 bis 2 719,99	1 207,40	677,05	459,01	282,29	146,88	52,79
2 720,00 bis 2 729,99	1 214,40	682,05	463,01	285,29	148,88	53,79
2 730,00 bis 2 739,99	1 221,40	687,05	467,01	288,29	150,88	54,79
2 740,00 bis 2 749,99	1 228,40	692,05	471,01	291,29	152,88	55,79
2 750,00 bis 2 759,99	1 235,40	697,05	475,01	294,29	154,88	56,79
2 760,00 bis 2 769,99	1 242,40	702,05	479,01	297,29	156,88	57,79
2 770,00 bis 2 779,99	1 249,40	707,05	483,01	300,29	158,88	58,79
2 780,00 bis 2 789,99	1 256,40	712,05	487,01	303,29	160,88	59,79
2 790,00 bis 2 799,99	1 263,40	717,05	491,01	306,29	162,88	60,79
2 800,00 bis 2 809,99	1 270,40	722,05	495,01	309,29	164,88	61,79
2 810,00 bis 2 819,99	1 277,40	727,05	499,01	312,29	166,88	62,79
2 820,00 bis 2 829,99	1 284,40	732,05	503,01	315,29	168,88	63,79
2 830,00 bis 2 839,99	1 291,40	737,05	507,01	318,29	170,88	64,79
2 840,00 bis 2 849,99	1 298,40	742,05	511,01	321,29	172,88	65,79
2 850,00 bis 2 859,99	1 305,40	747,05	515,01	324,29	174,88	66,79
2 860,00 bis 2 869,99	1 312,40	752,05	519,01	327,29	176,88	67,79
2 870,00 bis 2 879,99	1 319,40	757,05	523,01	330,29	178,88	68,79
2 880,00 bis 2 889,99	1 326,40	762,05	527,01	333,29	180,88	69,79
2 890,00 bis 2 899,99	1 333,40	767,05	531,01	336,29	182,88	70,79
2 900,00 bis 2 909,99	1 340,40	772,05	535,01	339,29	184,88	71,79
2 910,00 bis 2 919,99	1 347,40	777,05	539,01	342,29	186,88	72,79
2 920,00 bis 2 929,99	1 354,40	782,05	543,01	345,29	188,88	73,79
2 930,00 bis 2 939,99	1 361,40	787,05	547,01	348,29	190,88	74,79
2 940,00 bis 2 949,99	1 368,40	792,05	551,01	351,29	192,88	75,79
2 950,00 bis 2 959,99	1 375,40	797,05	555,01	354,29	194,88	76,79
2 960,00 bis 2 969,99	1 382,40	802,05	559,01	357,29	196,88	77,79
2 970,00 bis 2 979,99	1 389,40	807,05	563,01	360,29	198,88	78,79
2 980,00 bis 2 989,99	1 396,40	812,05	567,01	363,29	200,88	79,79
2 990,00 bis 2 999,99	1 403,40	817,05	571,01	366,29	202,88	80,79
3 000,00 bis 3 009,99	1 410,40	822,05	575,01	369,29	204,88	81,79
3 010,00 bis 3 019,99	1 417,40	827,05	579,01	372,29	206,88	82,79
3 020,00 bis 3 020,06	1 424,40	832,05	583,01	375,29	208,88	83,79

Der Mehrbetrag über 3 020,06 Euro ist voll pfändbar.

Anh. der Pfändungsfreigrenzen 2005 **Wochensätze** **Anhang ZPO 92**

Nettolohn wöchentlich			Pfändbarer Betrag bei Unterhaltspflicht für ... Personen in Euro				
			0	1	2	3	4	5 und mehr
227,50	bis	229,99	–	–	–	–	–	–
230,00	bis	232,49	0,55	–	–	–	–	–
232,50	bis	234,99	2,30	–	–	–	–	–
235,00	bis	237,49	4,05	–	–	–	–	–
237,50	bis	239,99	5,80	–	–	–	–	–
240,00	bis	242,49	7,55	–	–	–	–	–
242,50	bis	244,99	9,30	–	–	–	–	–
245,00	bis	247,49	11,05	–	–	–	–	–
247,50	bis	249,99	12,80	–	–	–	–	–
250,00	bis	252,49	14,55	–	–	–	–	–
252,50	bis	254,99	16,30	–	–	–	–	–
255,00	bis	257,49	18,05	–	–	–	–	–
257,50	bis	259,99	19,80	–	–	–	–	–
260,00	bis	262,49	21,55	–	–	–	–	–
262,50	bis	264,99	23,30	–	–	–	–	–
265,00	bis	267,49	25,05	–	–	–	–	–
267,50	bis	269,99	26,80	–	–	–	–	–
270,00	bis	272,49	28,55	–	–	–	–	–
272,50	bis	274,99	30,30	–	–	–	–	–
275,00	bis	277,49	32,05	–	–	–	–	–
277,50	bis	279,99	33,80	–	–	–	–	–
280,00	bis	282,49	35,55	–	–	–	–	–
282,50	bis	284,99	37,30	–	–	–	–	–
285,00	bis	287,49	39,05	–	–	–	–	–
287,50	bis	289,99	40,80	–	–	–	–	–
290,00	bis	292,49	42,55	–	–	–	–	–
292,50	bis	294,99	44,30	–	–	–	–	–
295,00	bis	297,49	46,05	–	–	–	–	–
297,50	bis	299,99	47,80	–	–	–	–	–
300,00	bis	302,49	49,55	–	–	–	–	–
302,50	bis	304,99	51,30	–	–	–	–	–
305,00	bis	307,49	53,05	–	–	–	–	–
307,50	bis	309,99	54,80	–	–	–	–	–
310,00	bis	312,49	56,55	–	–	–	–	–
312,50	bis	314,99	58,30	–	–	–	–	–
315,00	bis	317,49	60,05	0,23	–	–	–	–
317,50	bis	319,99	61,80	1,48	–	–	–	–
320,00	bis	322,49	63,55	2,73	–	–	–	–
322,50	bis	324,99	65,30	3,98	–	–	–	–
325,00	bis	327,49	67,05	5,23	–	–	–	–
327,50	bis	329,99	68,80	6,48	–	–	–	–
			70,55	7,73	–	–	–	–

92 ZPO Anhang VIII. Verfahrensrecht

Nettolohn wöchentlich			Pfändbarer Betrag bei Unterhaltspflicht für … Personen					
			0	1	2	3	4	5 und mehr
			in Euro					
330,00	bis	332,49	72,30	8,98	–	–	–	–
332,50	bis	334,99	74,05	10,23	–	–	–	–
335,00	bis	337,49	75,80	11,48	–	–	–	–
337,50	bis	339,99	77,55	12,73	–	–	–	–
340,00	bis	342,49	79,30	13,98	–	–	–	–
342,50	bis	344,99	81,05	15,23	–	–	–	–
345,00	bis	347,49	82,80	16,48	–	–	–	–
347,50	bis	349,99	84,55	17,73	–	–	–	–
350,00	bis	352,49	86,30	18,98	–	–	–	–
352,50	bis	354,99	88,05	20,23	–	–	–	–
355,00	bis	357,49	89,80	21,48	–	–	–	–
357,50	bis	359,99	91,55	22,73	–	–	–	–
360,00	bis	362,49	93,30	23,98	0,17	–	–	–
362,50	bis	364,99	95,05	25,23	1,17	–	–	–
365,00	bis	367,49	96,80	26,48	2,17	–	–	–
367,50	bis	369,99	98,55	27,73	3,17	–	–	–
370,00	bis	372,49	100,30	28,98	4,17	–	–	–
372,50	bis	374,99	102,05	30,23	5,17	–	–	–
375,00	bis	377,49	103,80	31,48	6,17	–	–	–
377,50	bis	379,99	105,55	32,73	7,17	–	–	–
380,00	bis	382,49	107,30	33,98	8,17	–	–	–
382,50	bis	384,99	109,05	35,23	9,17	–	–	–
385,00	bis	387,49	110,80	36,48	10,17	–	–	–
387,50	bis	389,99	112,55	37,73	11,17	–	–	–
390,00	bis	392,49	114,30	38,98	12,17	–	–	–
392,50	bis	394,99	116,05	40,23	13,17	–	–	–
395,00	bis	397,49	117,80	41,48	14,17	–	–	–
397,50	bis	399,99	119,55	42,73	15,17	–	–	–
400,00	bis	402,49	121,30	43,98	16,17	–	–	–
402,50	bis	404,99	123,05	45,23	17,17	–	–	–
405,00	bis	407,49	124,80	46,48	18,17	–	–	–
407,50	bis	409,99	126,55	47,73	19,17	0,11	–	–
410,00	bis	412,49	128,30	48,98	20,17	0,86	–	–
412,50	bis	414,99	130,05	50,23	21,17	1,61	–	–
415,00	bis	417,49	131,80	51,48	22,17	2,36	–	–
417,50	bis	419,99	133,55	52,73	23,17	3,11	–	–
420,00	bis	422,49	135,30	53,98	24,17	3,86	–	–
422,50	bis	424,99	137,05	55,23	25,17	4,61	–	–
425,00	bis	427,49	138,80	56,48	26,17	5,36	–	–
427,50	bis	429,99	140,55	57,73	27,17	6,11	–	–
430,00	bis	432,49	142,30	58,98	28,17	6,86	–	–
432,50	bis	434,99	144,05	60,23	29,17	7,61	–	–
435,00	bis	437,49	145,80	61,48	30,17	8,36	–	–

Anh. der Pfändungsfreigrenzen 2005 **Anhang ZPO 92**

Nettolohn wöchentlich			Pfändbarer Betrag bei Unterhaltspflicht für...Personen					
			0	1	2	3	4	5 und mehr
in Euro								
437,50	bis	439,99	147,55	62,73	31,17	9,11	–	–
440,00	bis	442,49	149,30	63,98	32,17	9,86	–	–
442,50	bis	444,99	151,05	65,23	33,17	10,61	–	–
445,00	bis	447,49	152,80	66,48	34,17	11,36	–	–
447,50	bis	449,99	154,55	67,73	35,17	12,11	–	–
450,00	bis	452,49	156,30	68,98	36,17	12,86	–	–
452,50	bis	454,99	158,05	70,23	37,17	13,61	–	–
455,00	bis	457,49	159,80	71,48	38,17	14,36	0,07	–
457,50	bis	459,99	161,55	72,73	39,17	15,11	0,57	–
460,00	bis	462,49	163,30	73,98	40,17	15,86	1,07	–
462,50	bis	464,99	165,05	75,23	41,17	16,61	1,57	–
465,00	bis	467,49	166,80	76,48	42,17	17,36	2,07	–
467,50	bis	469,99	168,55	77,73	43,17	18,11	2,57	–
470,00	bis	472,49	170,30	78,98	44,17	18,86	3,07	–
472,50	bis	474,99	172,05	80,23	45,17	19,61	3,57	–
475,00	bis	477,49	173,80	81,48	46,17	20,36	4,07	–
477,50	bis	479,99	175,55	82,73	47,17	21,11	4,57	–
480,00	bis	482,49	177,30	83,98	48,17	21,86	5,07	–
482,50	bis	484,99	179,05	85,23	49,17	22,61	5,57	–
485,00	bis	487,49	180,80	86,48	50,17	23,36	6,07	–
487,50	bis	489,99	182,55	87,73	51,17	24,11	6,57	–
490,00	bis	492,49	184,30	88,98	52,17	24,86	7,07	–
492,50	bis	494,99	186,05	90,23	53,17	25,61	7,57	–
495,00	bis	497,49	187,80	91,48	54,17	26,36	8,07	–
497,50	bis	499,99	189,55	92,73	55,17	27,11	8,57	–
500,00	bis	502,49	191,30	93,98	56,17	27,86	9,07	–
502,50	bis	504,99	193,05	95,23	57,17	28,61	9,57	0,03
505,00	bis	507,49	194,80	96,48	58,17	29,36	10,07	0,28
507,50	bis	509,99	196,55	97,73	59,17	30,11	10,57	0,53
510,00	bis	512,49	198,30	98,98	60,17	30,86	11,07	0,78
512,50	bis	514,99	200,05	100,23	61,17	31,61	11,57	1,03
515,00	bis	517,49	201,80	101,48	62,17	32,36	12,07	1,28
517,50	bis	519,99	203,55	102,73	63,17	33,11	12,57	1,53
520,00	bis	522,49	205,30	103,98	64,17	33,86	13,07	1,78
522,50	bis	524,99	207,05	105,23	65,17	34,61	13,57	2,03
525,00	bis	527,49	208,80	106,48	66,17	35,36	14,07	2,28
527,50	bis	529,99	210,55	107,73	67,17	36,11	14,57	2,53
530,00	bis	532,49	212,30	108,98	68,17	36,86	15,07	2,78
532,50	bis	534,99	214,05	110,23	69,17	37,61	15,57	3,03
535,00	bis	537,49	215,80	111,48	70,17	38,36	16,07	3,28
537,50	bis	539,99	217,55	112,73	71,17	39,11	16,57	3,53
540,00	bis	542,49	219,30	113,98	72,17	39,86	17,07	3,78
542,50	bis	544,99	221,05	115,23	73,17	40,61	17,57	4,03

92 ZPO Anhang — VIII. Verfahrensrecht

Nettolohn wöchentlich			Pfändbarer Betrag bei Unterhaltspflicht für…Personen					
			0	1	2	3	4	5 und mehr
			in Euro					
545,00	bis	547,49	222,80	116,48	74,17	41,36	18,07	4,28
547,50	bis	549,99	224,55	117,73	75,17	42,11	18,57	4,53
550,00	bis	552,49	226,30	118,98	76,17	42,86	19,07	4,78
552,50	bis	554,99	228,05	120,23	77,17	43,61	19,57	5,03
555,00	bis	557,49	229,80	121,48	78,17	44,36	20,07	5,28
557,50	bis	559,99	231,55	122,73	79,17	45,11	20,57	5,53
560,00	bis	562,49	233,30	123,98	80,17	45,86	21,07	5,78
562,50	bis	564,99	235,05	125,23	81,17	46,61	21,57	6,03
565,00	bis	567,49	236,80	126,48	82,17	47,36	22,07	6,28
567,50	bis	569,99	238,55	127,73	83,17	48,11	22,57	6,53
570,00	bis	572,49	240,30	128,98	84,17	48,86	23,07	6,78
572,50	bis	574,99	242,05	130,23	85,17	49,61	23,57	7,03
575,00	bis	577,49	243,80	131,48	86,17	50,36	24,07	7,28
577,50	bis	579,99	245,55	132,73	87,17	51,11	24,57	7,53
580,00	bis	582,49	247,30	133,98	88,17	51,86	25,07	7,78
582,50	bis	584,99	249,05	135,23	89,17	52,61	25,57	8,03
585,00	bis	587,49	250,80	136,48	90,17	53,36	26,07	8,28
587,50	bis	589,99	252,55	137,73	91,17	54,11	26,57	8,53
590,00	bis	592,49	254,30	138,98	92,17	54,86	27,07	8,78
592,50	bis	594,99	256,05	140,23	93,17	55,61	27,57	9,03
595,00	bis	597,49	257,80	141,48	94,17	56,36	28,07	9,28
597,50	bis	599,99	259,55	142,73	95,17	57,11	28,57	9,53
600,00	bis	602,49	261,30	143,98	96,17	57,86	29,07	9,78
602,50	bis	604,99	263,05	145,23	97,17	58,61	29,57	10,03
605,00	bis	607,49	264,80	146,48	98,17	59,36	30,07	10,28
607,50	bis	609,99	266,55	147,73	99,17	60,11	30,57	10,53
610,00	bis	612,49	268,30	148,98	100,17	60,86	31,07	10,78
612,50	bis	614,99	270,05	150,23	101,17	61,61	31,57	11,03
615,00	bis	617,49	271,80	151,48	102,17	62,36	32,07	11,28
617,50	bis	619,99	273,55	152,73	103,17	63,11	32,57	11,53
620,00	bis	622,49	275,30	153,98	104,17	63,86	33,07	11,78
622,50	bis	624,99	277,05	155,23	105,17	64,61	33,57	12,03
625,00	bis	627,49	278,80	156,48	106,17	65,36	34,07	12,28
627,50	bis	629,99	280,55	157,73	107,17	66,11	34,57	12,53
630,00	bis	632,49	282,30	158,98	108,17	66,86	35,07	12,78
632,50	bis	634,99	284,05	160,23	109,17	67,61	35,57	13,03
635,00	bis	637,49	285,80	161,48	110,17	68,36	36,07	13,28
637,50	bis	639,99	287,55	162,73	111,17	69,11	36,57	13,53
640,00	bis	642,49	289,30	163,98	112,17	69,86	37,07	13,78
642,50	bis	644,99	291,05	165,23	113,17	70,61	37,57	14,03
645,00	bis	647,49	292,80	166,48	114,17	71,36	38,07	14,28
647,50	bis	649,99	294,55	167,73	115,17	72,11	38,57	14,53
650,00	bis	652,49	296,30	168,98	116,17	72,86	39,07	14,78

Anh. der Pfändungsfreigrenzen 2005 **Anhang ZPO 92**

Nettolohn wöchentlich			Pfändbarer Betrag bei Unterhaltspflicht für…Personen					
			0	1	2	3	4	5 und mehr
in Euro								
652,50	bis	654,99	298,05	170,23	117,17	73,61	39,57	15,03
655,00	bis	657,49	299,80	171,48	118,17	74,36	40,07	15,28
657,50	bis	659,99	301,55	172,73	119,17	75,11	40,57	15,53
660,00	bis	662,49	303,30	173,98	120,17	75,86	41,07	15,78
662,50	bis	664,99	305,05	175,23	121,17	76,61	41,57	16,03
665,00	bis	667,49	306,80	176,48	122,17	77,36	42,07	16,28
667,50	bis	669,99	308,55	177,73	123,17	78,11	42,57	16,53
670,00	bis	672,49	310,30	178,98	124,17	78,86	43,07	16,78
672,50	bis	674,99	312,05	180,23	125,17	79,61	43,57	17,03
675,00	bis	677,49	313,80	181,48	126,17	80,36	44,07	17,28
677,50	bis	679,99	315,55	182,73	127,17	81,11	44,57	17,53
680,00	bis	682,49	317,30	183,98	128,17	81,86	45,07	17,78
682,50	bis	684,99	319,05	185,23	129,17	82,61	45,57	18,03
685,00	bis	687,49	320,80	186,48	130,17	83,36	46,07	18,28
687,50	bis	689,99	322,55	187,73	131,17	84,11	46,57	18,53
690,00	bis	692,49	324,30	188,98	132,17	84,86	47,07	18,78
692,50	bis	694,99	326,05	190,23	133,17	85,61	47,57	19,03
695,00	bis	695,03	327,80	191,48	134,17	86,36	48,07	19,28
Der Mehrbetrag über 695,03 Euro ist voll pfändbar.								

92 ZPO Anhang VIII. Verfahrensrecht

Tagessätze

Nettolohn täglich			Pfändbarer Betrag bei Unterhaltspflicht für...Personen				
			0	1	2	3	4	5 und mehr
			in Euro					
	bis	45,49	–	–	–	–	–	–
45,50	bis	45,99	0,11	–	–	–	–	–
46,00	bis	46,49	0,46	–	–	–	–	–
46,50	bis	46,99	0,81	–	–	–	–	–
47,00	bis	47,49	1,16	–	–	–	–	–
47,50	bis	47,99	1,51	–	–	–	–	–
48,00	bis	48,49	1,86	–	–	–	–	–
48,50	bis	48,99	2,21	–	–	–	–	–
49,00	bis	49,49	2,56	–	–	–	–	–
49,50	bis	49,99	2,91	–	–	–	–	–
50,00	bis	50,49	3,26	–	–	–	–	–
50,50	bis	50,99	3,61	–	–	–	–	–
51,00	bis	51,49	3,96	–	–	–	–	–
51,50	bis	51,99	4,31	–	–	–	–	–
52,00	bis	52,49	4,66	–	–	–	–	–
52,50	bis	52,99	5,01	–	–	–	–	–
53,00	bis	53,49	5,36	–	–	–	–	–
53,50	bis	53,99	5,71	–	–	–	–	–
54,00	bis	54,49	6,06	–	–	–	–	–
54,50	bis	54,99	6,41	–	–	–	–	–
55,00	bis	55,49	6,76	–	–	–	–	–
55,50	bis	55,99	7,11	–	–	–	–	–
56,00	bis	56,49	7,46	–	–	–	–	–
56,50	bis	56,99	7,81	–	–	–	–	–
57,00	bis	57,49	8,16	–	–	–	–	–
57,50	bis	57,99	8,51	–	–	–	–	–
58,00	bis	58,49	8,86	–	–	–	–	–
58,50	bis	58,99	9,21	–	–	–	–	–
59,00	bis	59,49	9,56	–	–	–	–	–
59,50	bis	59,99	9,91	–	–	–	–	–
60,00	bis	60,49	10,26	–	–	–	–	–
60,50	bis	60,99	10,61	–	–	–	–	–
61,00	bis	61,49	10,96	–	–	–	–	–
61,50	bis	61,99	11,31	–	–	–	–	–
62,00	bis	62,49	11,66	–	–	–	–	–
62,50	bis	62,99	12,01	0,05	–	–	–	–
63,00	bis	63,49	12,36	0,30	–	–	–	–
63,50	bis	63,99	12,71	0,55	–	–	–	–
64,00	bis	64,49	13,06	0,80	–	–	–	–
64,50	bis	64,99	13,41	1,05	–	–	–	–
65,00	bis	65,49	13,76	1,30	–	–	–	–
65,50	bis	65,99	14,11	1,55	–	–	–	–

Anh. der Pfändungsfreigrenzen 2005 **Anhang ZPO 92**

Nettolohn täglich			Pfändbarer Betrag bei Unterhaltspflicht für...Personen				
			0	1	2	3	4	5 und mehr

Nettolohn täglich			0	1	2	3	4	5 und mehr
			in Euro					
66,00	bis	66,49	14,46	1,80	–	–	–	–
66,50	bis	66,99	14,81	2,05	–	–	–	–
67,00	bis	67,49	15,16	2,30	–	–	–	–
67,50	bis	67,99	15,51	2,55	–	–	–	–
68,00	bis	68,49	15,86	2,80	–	–	–	–
68,50	bis	68,99	16,21	3,05	–	–	–	–
69,00	bis	69,49	16,56	3,30	–	–	–	–
69,50	bis	69,99	16,91	3,55	–	–	–	–
70,00	bis	70,49	17,26	3,80	–	–	–	–
70,50	bis	70,99	17,61	4,05	–	–	–	–
71,00	bis	71,49	17,96	4,30	–	–	–	–
71,50	bis	71,99	18,31	4,55	–	–	–	–
72,00	bis	72,49	18,66	4,80	0,04	–	–	–
72,50	bis	72,99	19,01	5,05	0,24	–	–	–
73,00	bis	73,49	19,36	5,30	0,44	–	–	–
73,50	bis	73,99	19,71	5,55	0,64	–	–	–
74,00	bis	74,49	20,06	5,80	0,84	–	–	–
74,50	bis	74,99	20,41	6,05	1,04	–	–	–
75,00	bis	75,49	20,76	6,30	1,24	–	–	–
75,50	bis	75,99	21,11	6,55	1,44	–	–	–
76,00	bis	76,49	21,46	6,80	1,64	–	–	–
76,50	bis	76,99	21,81	7,05	1,84	–	–	–
77,00	bis	77,49	22,16	7,30	2,04	–	–	–
77,50	bis	77,99	22,51	7,55	2,24	–	–	–
78,00	bis	78,49	22,86	7,80	2,44	–	–	–
78,50	bis	78,99	23,21	8,05	2,64	–	–	–
79,00	bis	79,49	23,56	8,30	2,84	–	–	–
79,50	bis	79,99	23,91	8,55	3,04	–	–	–
80,00	bis	80,49	24,26	8,80	3,24	–	–	–
80,50	bis	80,99	24,61	9,05	3,44	–	–	–
81,00	bis	81,49	24,96	9,30	3,64	–	–	–
81,50	bis	81,99	25,31	9,55	3,84	0,02	–	–
82,00	bis	82,49	25,66	9,80	4,04	0,17	–	–
82,50	bis	82,99	26,01	10,05	4,24	0,32	–	–
83,00	bis	83,49	26,36	10,30	4,44	0,47	–	–
83,50	bis	83,99	26,71	10,55	4,64	0,62	–	–
84,00	bis	84,49	27,06	10,80	4,84	0,77	–	–
84,50	bis	84,99	27,41	11,05	5,04	0,92	–	–
85,00	bis	85,49	27,76	11,30	5,24	1,07	–	–
85,50	bis	85,99	28,11	11,55	5,44	1,22	–	–
86,00	bis	86,49	28,46	11,80	5,64	1,37	–	–
86,50	bis	86,99	28,81	12,05	5,84	1,52	–	–
87,00	bis	87,49	29,16	12,30	6,04	1,67	–	–

92 ZPO Anhang VIII. Verfahrensrecht

Nettolohn täglich	Pfändbarer Betrag bei Unterhaltspflicht für...Personen					
	0	1	2	3	4	5 und mehr
in Euro							

Nettolohn täglich	0	1	2	3	4	5 und mehr
87,50 bis 87,99	29,51	12,55	6,24	1,82	–	–
88,00 bis 88,49	29,86	12,80	6,44	1,97	–	–
88,50 bis 88,99	30,21	13,05	6,64	2,12	–	–
89,00 bis 89,49	30,56	13,30	6,84	2,27	–	–
89,50 bis 89,99	30,91	13,55	7,04	2,42	–	–
90,00 bis 90,49	31,26	13,80	7,24	2,57	–	–
90,50 bis 90,99	31,61	14,05	7,44	2,72	–	–
91,00 bis 91,49	31,96	14,30	7,64	2,87	0,01	–
91,50 bis 91,99	32,31	14,55	7,84	3,02	0,11	–
92,00 bis 92,49	32,66	14,80	8,04	3,17	0,21	–
92,50 bis 92,99	33,01	15,05	8,24	3,32	0,31	–
93,00 bis 93,49	33,36	15,30	8,44	3,47	0,41	–
93,50 bis 93,99	33,71	15,55	8,64	3,62	0,51	–
94,00 bis 94,49	34,06	15,80	8,84	3,77	0,61	–
94,50 bis 94,99	34,41	16,05	9,04	3,92	0,71	–
95,00 bis 95,49	34,76	16,30	9,24	4,07	0,81	–
95,50 bis 95,99	35,11	16,55	9,44	4,22	0,91	–
96,00 bis 96,49	35,46	16,80	9,64	4,37	1,01	–
96,50 bis 96,99	35,81	17,05	9,84	4,52	1,11	–
97,00 bis 97,49	36,16	17,30	10,04	4,67	1,21	–
97,50 bis 97,99	36,51	17,55	10,24	4,82	1,31	–
98,00 bis 98,49	36,86	17,80	10,44	4,97	1,41	–
98,50 bis 98,99	37,21	18,05	10,64	5,12	1,51	–
99,00 bis 99,49	37,56	18,30	10,84	5,27	1,61	–
99,50 bis 99,99	37,91	18,55	11,04	5,42	1,71	–
100,00 bis 100,49	38,26	18,80	11,24	5,57	1,81	–
100,50 bis 100,99	38,61	19,05	11,44	5,72	1,91	0,01
101,00 bis 101,49	38,96	19,30	11,64	5,87	2,01	0,06
101,50 bis 101,99	39,31	19,55	11,84	6,02	2,11	0,11
102,00 bis 102,49	39,66	19,80	12,04	6,17	2,21	0,16
102,50 bis 102,99	40,01	20,05	12,24	6,32	2,31	0,21
103,00 bis 103,49	40,36	20,30	12,44	6,47	2,41	0,26
103,50 bis 103,99	40,71	20,55	12,64	6,62	2,51	0,31
104,00 bis 104,49	41,06	20,80	12,84	6,77	2,61	0,36
104,50 bis 104,99	41,41	21,05	13,04	6,92	2,71	0,41
105,00 bis 105,49	41,76	21,30	13,24	7,07	2,81	0,46
105,50 bis 105,99	42,11	21,55	13,44	7,22	2,91	0,51
106,00 bis 106,49	42,46	21,80	13,64	7,37	3,01	0,56
106,50 bis 106,99	42,81	22,05	13,84	7,52	3,11	0,61
107,00 bis 107,49	43,16	22,30	14,04	7,67	3,21	0,66
107,50 bis 107,99	43,51	22,55	14,24	7,82	3,31	0,71
108,00 bis 108,49	43,86	22,80	14,44	7,97	3,41	0,76
108,50 bis 108,99	44,21	23,05	14,64	8,12	3,51	0,81

Anh. der Pfändungsfreigrenzen 2005 — Anhang ZPO 92

Nettolohn täglich			Pfändbarer Betrag bei Unterhaltspflicht für...Personen				
			0	1	2	3	4	5 und mehr

Nettolohn täglich			0	1	2	3	4	5 und mehr
\multicolumn{9}{c}{in Euro}								
109,00	bis	109,49	44,56	23,30	14,84	8,27	3,61	0,86
109,50	bis	109,99	44,91	23,55	15,04	8,42	3,71	0,91
110,00	bis	110,49	45,26	23,80	15,24	8,57	3,81	0,96
110,50	bis	110,99	45,61	24,05	15,44	8,72	3,91	1,01
111,00	bis	111,49	45,96	24,30	15,64	8,87	4,01	1,06
111,50	bis	111,99	46,31	24,55	15,84	9,02	4,11	1,11
112,00	bis	112,49	46,66	24,80	16,04	9,17	4,21	1,16
112,50	bis	112,99	47,01	25,05	16,24	9,32	4,31	1,21
113,00	bis	113,49	47,36	25,30	16,44	9,47	4,41	1,26
113,50	bis	113,99	47,71	25,55	16,64	9,62	4,51	1,31
114,00	bis	114,49	48,06	25,80	16,84	9,77	4,61	1,36
114,50	bis	114,99	48,41	26,05	17,04	9,92	4,71	1,41
115,00	bis	115,49	48,76	26,30	17,24	10,07	4,81	1,46
115,50	bis	115,99	49,11	26,55	17,44	10,22	4,91	1,51
116,00	bis	116,49	49,46	26,80	17,64	10,37	5,01	1,56
116,50	bis	116,99	49,81	27,05	17,84	10,52	5,11	1,61
117,00	bis	117,49	50,16	27,30	18,04	10,67	5,21	1,66
117,50	bis	117,99	50,51	27,55	18,24	10,82	5,31	1,71
118,00	bis	118,49	50,86	27,80	18,44	10,97	5,41	1,76
118,50	bis	118,99	51,21	28,05	18,64	11,12	5,51	1,81
119,00	bis	119,49	51,56	28,30	18,84	11,27	5,61	1,86
119,50	bis	119,99	51,91	28,55	19,04	11,42	5,71	1,91
120,00	bis	120,49	52,26	28,80	19,24	11,57	5,81	1,96
120,50	bis	120,99	52,61	29,05	19,44	11,72	5,91	2,01
121,00	bis	121,49	52,96	29,30	19,64	11,87	6,01	2,06
121,50	bis	121,99	53,31	29,55	19,84	12,02	6,11	2,11
122,00	bis	122,49	53,66	29,80	20,04	12,17	6,21	2,16
122,50	bis	122,99	54,01	30,05	20,24	12,32	6,31	2,21
123,00	bis	123,49	54,36	30,30	20,44	12,47	6,41	2,26
123,50	bis	123,99	54,71	30,55	20,64	12,62	6,51	2,31
124,00	bis	124,49	55,06	30,80	20,84	12,77	6,61	2,36
124,50	bis	124,99	55,41	31,05	21,04	12,92	6,71	2,41
125,00	bis	125,49	55,76	31,30	21,24	13,07	6,81	2,46
125,50	bis	125,99	56,11	31,55	21,44	13,22	6,91	2,51
126,00	bis	126,49	56,46	31,80	21,64	13,37	7,01	2,56
126,50	bis	126,99	56,81	32,05	21,84	13,52	7,11	2,61
127,00	bis	127,49	57,16	32,30	22,04	13,67	7,21	2,66
127,50	bis	127,99	57,51	32,55	22,24	13,82	7,31	2,71
128,00	bis	128,49	57,86	32,80	22,44	13,97	7,41	2,76
128,50	bis	128,99	58,21	33,05	22,64	14,12	7,51	2,81
129,00	bis	129,49	58,56	33,30	22,84	14,27	7,61	2,86
129,50	bis	129,99	58,91	33,55	23,04	14,42	7,71	2,91
130,00	bis	130,49	59,26	33,80	23,24	14,57	7,81	2,96

92 ZPO Anhang

Nettolohn täglich			Pfändbarer Betrag bei Unterhaltspflicht für...Personen					
			0	1	2	3	4	5 und mehr
in Euro								
130,50	bis	130,99	59,61	34,05	23,44	14,72	7,91	3,01
131,00	bis	131,49	59,96	34,30	23,64	14,87	8,01	3,06
131,50	bis	131,99	60,31	34,55	23,84	15,02	8,11	3,11
132,00	bis	132,49	60,66	34,80	24,04	15,17	8,21	3,16
132,50	bis	132,99	61,01	35,05	24,24	15,32	8,31	3,21
133,00	bis	133,49	61,36	35,30	24,44	15,47	8,41	3,26
133,50	bis	133,99	61,71	35,55	24,64	15,62	8,51	3,31
134,00	bis	134,49	62,06	35,80	24,84	15,77	8,61	3,36
134,50	bis	134,99	62,41	36,05	25,04	15,92	8,71	3,41
135,00	bis	135,49	62,76	36,30	25,24	16,07	8,81	3,46
135,50	bis	135,99	63,11	36,55	25,44	16,22	8,91	3,51
136,00	bis	136,49	63,46	36,80	25,64	16,37	9,01	3,56
136,50	bis	136,99	63,81	37,05	25,84	16,52	9,11	3,61
137,00	bis	137,49	64,16	37,30	26,04	16,67	9,21	3,66
137,50	bis	137,99	64,51	37,55	26,24	16,82	9,31	3,71
138,00	bis	138,49	64,86	37,80	26,44	16,97	9,41	3,76
138,50	bis	138,99	65,21	38,05	26,64	17,12	9,51	3,81
139,00	bis	139,01	65,56	38,30	26,84	17,27	9,61	3,86
Der Mehrbetrag über 139,01 Euro ist voll pfändbar.								

93. Gerichtskostengesetz (GKG)[1)]

Vom 5. Mai 2004
(BGBl. I S. 718)

FNA 360-6

zuletzt geänd. durch Art. 3 Abs. 4 G zur Änd. des UnterhaltsR v. 21. 12. 2007 (BGBl. I S. 3189)

− Auszug[2)] −

Abschnitt 1. Allgemeine Vorschriften

§ 2 Kostenfreiheit. (1) [1]In Verfahren vor den ordentlichen Gerichten und den Gerichten der Finanz- und Sozialgerichtsbarkeit sind von der Zahlung der Kosten befreit der Bund und die Länder sowie die nach Haushaltsplänen des Bundes oder eines Landes verwalteten öffentlichen Anstalten und Kassen. [2]In Verfahren der Zwangsvollstreckung wegen öffentlich-rechtlicher Geldforderungen ist maßgebend, wer ohne Berücksichtigung des § 252 der Abgabenordnung oder entsprechender Vorschriften Gläubiger der Forderung ist.

(2) Für Verfahren vor den Gerichten für Arbeitssachen nach § 2a Abs. 1, § 103 Abs. 3, § 108 Abs. 3 und § 109 des Arbeitsgerichtsgesetzes[3)] sowie nach den §§ 122 und 126 der Insolvenzordnung[4)] werden Kosten nicht erhoben.

(3) [1]Sonstige bundesrechtliche Vorschriften, durch die für Verfahren vor den ordentlichen Gerichten und den Gerichten der Finanz- und Sozialgerichtsbarkeit eine sachliche oder persönliche Befreiung von Kosten gewährt ist, bleiben unberührt. [2]Landesrechtliche Vorschriften, die für diese Verfahren in weiteren Fällen eine sachliche oder persönliche Befreiung von Kosten gewähren, bleiben unberührt.

(4) [1]Vor den Gerichten der Verwaltungsgerichtsbarkeit und den Gerichten für Arbeitssachen finden bundesrechtliche oder landesrechtliche Vorschriften über persönliche Kostenfreiheit keine Anwendung. [2]Vorschriften über sachliche Kostenfreiheit bleiben unberührt.

(5) [1]Soweit jemandem, der von Kosten befreit ist, Kosten des Verfahrens auferlegt werden, sind Kosten nicht zu erheben; bereits erhobene Kosten sind zurückzuzahlen. [2]Das Gleiche gilt, soweit ein von Kosten Befreiter Kosten des Verfahrens übernimmt.

§ 3 Höhe der Kosten. (1) Die Gebühren richten sich nach dem Wert des Streitgegenstands (Streitwert), soweit nichts anderes bestimmt ist.

(2) Kosten werden nach dem Kostenverzeichnis der Anlage 1 zu diesem Gesetz erhoben.

[1)] Verkündet als Art. 1 KostenrechtsmodernisierungsG v. 5. 5. 2004 (BGBl. I S. 718); Inkrafttreten gem. Art. 8 Satz 1 dieses G am 1. 7. 2004.
[2)] Vollständig abgedruckt in **ZPO** (dtv 5005) Nr. **8**.
[3)] Nr. **91**.
[4)] Nr. **23**.

Abschnitt 2. Fälligkeit

§ 6 Fälligkeit der Gebühren im Allgemeinen. (1)–(3) ...

(4) In Verfahren vor den Gerichten für Arbeitssachen bestimmt sich die Fälligkeit der Kosten nach § 9.

§ 9 Fälligkeit der Gebühren in sonstigen Fällen, Fälligkeit der Auslagen. (1) Die Auslagen des Musterverfahrens nach dem Kapitalanleger-Musterverfahrensgesetz werden mit dem rechtskräftigen Abschluss des Musterverfahrens fällig.

(2) Im Übrigen werden die Gebühren und die Auslagen fällig, wenn
1. eine unbedingte Entscheidung über die Kosten ergangen ist,
2. das Verfahren oder der Rechtszug durch Vergleich oder Zurücknahme beendet ist,
3. das Verfahren sechs Monate ruht oder sechs Monate nicht betrieben worden ist,
4. das Verfahren sechs Monate unterbrochen oder sechs Monate ausgesetzt war oder
5. das Verfahren durch anderweitige Erledigung beendet ist.

(3) Die Dokumentenpauschale sowie die Auslagen für die Versendung und die elektronische Übermittlung von Akten werden sofort nach ihrer Entstehung fällig.

Abschnitt 3. Vorschuss und Vorauszahlung

§ 11 Verfahren nach dem Arbeitsgerichtsgesetz[1] In Verfahren vor den Gerichten für Arbeitssachen sind die Vorschriften dieses Abschnitts nicht anzuwenden; dies gilt für die Zwangsvollstreckung in Arbeitssachen auch dann, wenn das Amtsgericht Vollstreckungsgericht ist.

Abschnitt 5. Kostenhaftung

§ 22 Streitverfahren, Bestätigungen und Bescheinigungen zu inländischen Titeln. (1) [1]In bürgerlichen Rechtsstreitigkeiten sowie in Verfahren nach § 1 Satz 1 Nr. 1 Buchstabe b, c und o und Nr. 2 bis 4 sowie Satz 2 schuldet die Kosten, wer das Verfahren des Rechtszugs beantragt hat, im Verfahren, das gemäß § 700 Abs. 3 der Zivilprozessordnung dem Mahnverfahren folgt, wer den Vollstreckungsbescheid beantragt hat. [2]Die Gebühr für den Abschluss eines gerichtlichen Vergleichs schuldet jeder, der an dem Abschluss beteiligt ist.

(2) [1]In Verfahren vor den Gerichten für Arbeitssachen ist Absatz 1 nicht anzuwenden, soweit eine Kostenhaftung nach § 29 Nr. 1 oder 2 besteht. [2]Absatz 1 ist ferner nicht anzuwenden, solange bei einer Zurückverweisung des Rechtsstreits an die Vorinstanz nicht feststeht, wer für die Kosten nach § 29 Nr. 1 haftet, und der Rechtsstreit noch anhängig ist; er ist jedoch anzuwenden, wenn das Verfahren nach Zurückverweisung sechs Monate geruht hat oder sechs Monate von den Parteien nicht betrieben worden ist.

---

[1] Nr. **91**.

(3) In Verfahren über Anträge auf Ausstellung einer Bestätigung nach § 1079 der Zivilprozessordnung oder einer Bescheinigung nach § 56 des Anerkennungs- und Vollstreckungsausführungsgesetzes[1] schuldet die Kosten der Antragsteller.

(4) ¹Im erstinstanzlichen Musterverfahren nach dem Kapitalanleger-Musterverfahrensgesetz ist Absatz 1 nicht anzuwenden. ²Im Verfahren über die Rechtsbeschwerde nach § 15 des Kapitalanleger-Musterverfahrensgesetzes schuldet neben dem Rechtsbeschwerdeführer auch der Beigeladene, der dem Rechtsbeschwerdeverfahren auf Seiten des Rechtsbeschwerdeführers beigetreten ist, die Kosten.

§ 29 Weitere Fälle der Kostenhaftung. Die Kosten schuldet ferner,
1. wem durch gerichtliche oder staatsanwaltschaftliche Entscheidung die Kosten des Verfahrens auferlegt sind;
2. wer sie durch eine vor Gericht abgegebene oder dem Gericht mitgeteilte Erklärung oder in einem vor Gericht abgeschlossenen oder dem Gericht mitgeteilten Vergleich übernommen hat; dies gilt auch, wenn bei einem Vergleich ohne Bestimmung über die Kosten diese als von beiden Teilen je zur Hälfte übernommen anzusehen sind;
3. wer für die Kostenschuld eines anderen kraft Gesetzes haftet und
4. der Vollstreckungsschuldner für die notwendigen Kosten der Zwangsvollstreckung.

Abschnitt 6. Gebührenvorschriften

§ 38 Verzögerung des Rechtsstreits. ¹Wird außer im Fall des § 335 der Zivilprozessordnung durch Verschulden des Klägers, des Beklagten oder eines Vertreters die Vertagung einer mündlichen Verhandlung oder die Anberaumung eines neuen Termins zur mündlichen Verhandlung nötig oder ist die Erledigung des Rechtsstreits durch nachträgliches Vorbringen von Angriffs- oder Verteidigungsmitteln, Beweismitteln oder Beweiseinreden, die früher vorgebracht werden konnten, verzögert worden, kann das Gericht dem Kläger oder dem Beklagten von Amts wegen eine besondere Gebühr mit einem Gebührensatz von 1,0 auferlegen. ²Die Gebühr kann bis auf einen Gebührensatz von 0,3 ermäßigt werden. ³Dem Kläger, dem Beklagten oder dem Vertreter stehen gleich der Nebenintervenient, der Beigeladene, der Vertreter des Bundesinteresses beim Bundesverwaltungsgericht und der Vertreter des öffentlichen Interesses sowie ihre Vertreter.

Abschnitt 7. Wertvorschriften

Unterabschnitt 1. Allgemeine Wertvorschriften

§ 42 Wiederkehrende Leistungen. (1), (2) …

(3) ¹Bei Ansprüchen auf wiederkehrende Leistungen aus einem öffentlich-rechtlichen Dienst- oder Amtsverhältnis, einer Dienstpflicht oder einer Tätigkeit, die anstelle einer gesetzlichen Dienstpflicht geleistet werden kann, bei Ansprüchen von Arbeitnehmern auf wiederkehrende Leistungen sowie in Verfahren vor Gerichten der Sozialgerichtsbarkeit, in denen Ansprüche auf

---

[1] **EU-Arbeitsrecht (dtv 5751) Nr. 102.**

wiederkehrende Leistungen dem Grunde oder der Höhe nach geltend gemacht oder abgewehrt werden, ist der dreifache Jahresbetrag der wiederkehrenden Leistungen maßgebend, wenn nicht der Gesamtbetrag der geforderten Leistungen geringer ist. ²Ist im Verfahren vor den Gerichten der Verwaltungs- und Sozialgerichtsbarkeit die Höhe des Jahresbetrags nicht nach dem Antrag des Klägers bestimmt oder nach diesem Antrag mit vertretbarem Aufwand bestimmbar, ist der Streitwert nach § 52 Abs. 1 und 2 zu bestimmen.

(4) ¹Für die Wertberechnung bei Rechtsstreitigkeiten vor den Gerichten für Arbeitssachen über das Bestehen, das Nichtbestehen oder die Kündigung eines Arbeitsverhältnisses ist höchstens der Betrag des für die Dauer eines Vierteljahres zu leistenden Arbeitsentgelts maßgebend; eine Abfindung wird nicht hinzugerechnet. ²Bei Rechtsstreitigkeiten über Eingruppierungen ist der Wert des dreijährigen Unterschiedsbetrags zur begehrten Vergütung maßgebend, sofern nicht der Gesamtbetrag der geforderten Leistungen geringer ist.

(5) ¹Die bei Einreichung der Klage fälligen Beträge werden dem Streitwert hinzugerechnet; dies gilt nicht in Rechtsstreitigkeiten vor den Gerichten für Arbeitssachen. ²Der Einreichung der Klage steht die Einreichung eines Antrags auf Bewilligung der Prozesskostenhilfe gleich, wenn die Klage alsbald nach Mitteilung der Entscheidung über den Antrag oder über eine alsbald eingelegte Beschwerde eingereicht wird. ³Die Sätze 1 und 2 sind im vereinfachten Verfahren zur Festsetzung von Unterhalt Minderjähriger entsprechend anzuwenden.

Unterabschnitt 3. Wertfestsetzung

§ 63 Wertfestsetzung für die Gerichtsgebühren. (1), (2) …

(3) ¹Die Festsetzung kann von dem Gericht, das sie getroffen hat, und, wenn das Verfahren wegen der Hauptsache oder wegen der Entscheidung über den Streitwert, den Kostenansatz oder die Kostenfestsetzung in der Rechtsmittelinstanz schwebt, von dem Rechtsmittelgericht von Amts wegen geändert werden. ²Die Änderung ist nur innerhalb von sechs Monaten zulässig, nachdem die Entscheidung in der Hauptsache Rechtskraft erlangt oder das Verfahren sich anderweitig erledigt hat.

Abschnitt 8. Erinnerung und Beschwerde

§ 66 Erinnerung gegen den Kostenansatz, Beschwerde. (1), (2) …

(3) ¹Soweit das Gericht die Beschwerde für zulässig und begründet hält, hat es ihr abzuhelfen; im Übrigen ist die Beschwerde unverzüglich dem Beschwerdegericht vorzulegen. ²Beschwerdegericht ist das nächsthöhere Gericht, in bürgerlichen Rechtsstreitigkeiten der in § 119 Abs. 1 Nr. 1, Abs. 2 und 3 des Gerichtsverfassungsgesetzes bezeichneten Art jedoch das Oberlandesgericht. ³Eine Beschwerde an einen obersten Gerichtshof des Bundes findet nicht statt. ⁴Das Beschwerdegericht ist an die Zulassung der Beschwerde gebunden; die Nichtzulassung ist unanfechtbar.

(4) …

(5) ¹Anträge und Erklärungen können zu Protokoll der Geschäftsstelle abgegeben oder schriftlich eingereicht werden; § 129a der Zivilprozessordnung gilt entsprechend. ²Für die Bevollmächtigung gelten die Regelungen der für das zugrunde liegende Verfahren geltenden Verfahrensordnung entsprechend.

³Die Erinnerung ist bei dem Gericht einzulegen, das für die Entscheidung über die Erinnerung zuständig ist. ⁴Die Erinnerung kann auch bei der Staatsanwaltschaft eingelegt werden, wenn die Kosten bei dieser angesetzt worden sind. ⁵Die Beschwerde ist bei dem Gericht einzulegen, dessen Entscheidung angefochten wird.

(6) ¹Das Gericht entscheidet über die Erinnerung durch eines seiner Mitglieder als Einzelrichter; dies gilt auch für die Beschwerde, wenn die angefochtene Entscheidung von einem Einzelrichter oder einem Rechtspfleger erlassen wurde. ²Der Einzelrichter überträgt das Verfahren der Kammer oder dem Senat, wenn die Sache besondere Schwierigkeiten tatsächlicher oder rechtlicher Art aufweist oder die Rechtssache grundsätzliche Bedeutung hat. ³Das Gericht entscheidet jedoch immer ohne Mitwirkung ehrenamtlicher Richter. ⁴Auf eine erfolgte oder unterlassene Übertragung kann ein Rechtsmittel nicht gestützt werden.

(7), (8) ...

§ 68 Beschwerde gegen die Festsetzung des Streitwerts. (1) ¹Gegen den Beschluss, durch den der Wert für die Gerichtsgebühren festgesetzt worden ist (§ 63 Abs. 2), findet die Beschwerde statt, wenn der Wert des Beschwerdegegenstands 200 Euro übersteigt. ²Die Beschwerde findet auch statt, wenn sie das Gericht, das die angefochtene Entscheidung erlassen hat, wegen der grundsätzlichen Bedeutung der zur Entscheidung stehenden Frage in dem Beschluss zulässt. ³Die Beschwerde ist nur zulässig, wenn sie innerhalb der in § 63 Abs. 3 Satz 2 bestimmten Frist eingelegt wird; ist der Streitwert später als einen Monat vor Ablauf dieser Frist festgesetzt worden, kann sie noch innerhalb eines Monats nach Zustellung oder formloser Mitteilung des Festsetzungsbeschlusses eingelegt werden. ⁴Im Fall der formlosen Mitteilung gilt der Beschluss mit dem dritten Tage nach Aufgabe zur Post als bekannt gemacht. ⁵§ 66 Abs. 3, 4, 5 Satz 1, 2 und 5 sowie Abs. 6 ist entsprechend anzuwenden. ⁶Die weitere Beschwerde ist innerhalb eines Monats nach Zustellung der Entscheidung des Beschwerdegerichts einzulegen.

(2) ¹War der Beschwerdeführer ohne sein Verschulden verhindert, die Frist einzuhalten, ist ihm auf Antrag von dem Gericht, das über die Beschwerde zu entscheiden hat, Wiedereinsetzung in den vorigen Stand zu gewähren, wenn er die Beschwerde binnen zwei Wochen nach der Beseitigung des Hindernisses einlegt und die Tatsachen, welche die Wiedereinsetzung begründen, glaubhaft macht. ²Nach Ablauf eines Jahres, von dem Ende der versäumten Frist an gerechnet, kann die Wiedereinsetzung nicht mehr beantragt werden. ³Gegen die Ablehnung der Wiedereinsetzung findet die Beschwerde statt. ⁴Sie ist nur zulässig, wenn sie innerhalb von zwei Wochen eingelegt wird. ⁵Die Frist beginnt mit der Zustellung der Entscheidung. ⁶§ 66 Abs. 3 Satz 1 bis 3, Abs. 5 Satz 1, 2 und 5 sowie Abs. 6 ist entsprechend anzuwenden.

(3) ¹Die Verfahren sind gebührenfrei. ²Kosten werden nicht erstattet.

Abschnitt 9. Schluss- und Übergangsvorschriften

§ 72 Übergangsvorschrift aus Anlass des Inkrafttretens dieses Gesetzes. Das Gerichtskostengesetz in der Fassung der Bekanntmachung vom 15. Dezember 1975 (BGBl. I S. 3047), zuletzt geändert durch Artikel 2

Abs. 5 des Gesetzes vom 12. März 2004 (BGBl. I S. 390), und Verweisungen hierauf sind weiter anzuwenden

1. in Rechtsstreitigkeiten, die vor dem 1. Juli 2004 anhängig geworden sind; dies gilt nicht im Verfahren über ein Rechtsmittel, das nach dem 1. Juli 2004 eingelegt worden ist;
2. in Strafsachen, in gerichtlichen Verfahren nach dem Gesetz über Ordnungswidrigkeiten und nach dem Strafvollzugsgesetz, wenn die über die Kosten ergehende Entscheidung vor dem 1. Juli 2004 rechtskräftig geworden ist;
3. in Insolvenzverfahren, Verteilungsverfahren nach der Schifffahrtsrechtlichen Verteilungsordnung und Verfahren der Zwangsversteigerung und Zwangsverwaltung für Kosten, die vor dem 1. Juli 2004 fällig geworden sind.

Gerichtskostengesetz Anl. 1 GKG 93

Anlage 1
(zu § 3 Abs. 2)

– Auszug –

Teil 8. Verfahren vor den Gerichten der Arbeitsgerichtsbarkeit

Nr.	Gebührentatbestand	Gebühr oder Satz der Gebühr nach § 34 GKG_Auszug
	Vorbemerkung 8: Bei Beendigung des Verfahrens durch einen gerichtlichen Vergleich entfällt die in dem betreffenden Rechtszug angefallene Gebühr; im ersten Rechtszug entfällt auch die Gebühr für das Verfahren über den Antrag auf Erlass eines Vollstreckungsbescheids. Dies gilt nicht, wenn der Vergleich nur einen Teil des Streitgegenstands betrifft (Teilvergleich).	
	Hauptabschnitt 1. Mahnverfahren	
8100	Verfahren über den Antrag auf Erlass eines Vollstreckungsbescheids .... Die Gebühr entfällt bei Zurücknahme des Antrags auf Erlass des Vollstreckungsbescheids. Sie entfällt auch nach Übergang in das streitige Verfahren, wenn dieses ohne streitige Verhandlung endet; dies gilt nicht, wenn ein Versäumnisurteil ergeht. Bei Erledigungserklärungen nach § 91 a ZPO entfällt die Gebühr, wenn keine Entscheidung über die Kosten ergeht oder die Kostenentscheidung einer zuvor mitgeteilten Einigung der Parteien über die Kostentragung oder der Kostenübernahmeerklärung einer Partei folgt.	0,4 – mindestens 18,00 EUR
	Hauptabschnitt 2. Urteilsverfahren *Abschnitt 1. Erster Rechtszug*	
8210	Verfahren im Allgemeinen .... (1) Soweit wegen desselben Anspruchs ein Mahnverfahren vorausgegangen ist, entsteht die Gebühr nach Erhebung des Widerspruchs, wenn ein Antrag auf Durchführung der mündlichen Verhandlung gestellt wird, oder mit der Einlegung des Einspruchs; in diesem Fall wird die Gebühr 8100 nach dem Wert des Streitgegenstands angerechnet, der in das Prozessverfahren übergegangen ist, sofern im Mahnverfahren der Antrag auf Erlass des Vollstreckungsbescheids gestellt wurde. (2) Die Gebühr entfällt bei Beendigung des gesamten Verfahrens ohne streitige Verhandlung, wenn kein Versäumnisurteil ergeht. Bei Erledigungserklärungen nach § 91 a ZPO entfällt die Gebühr, wenn keine Entscheidung über die Kosten ergeht oder die Kostenentscheidung einer zuvor mitgeteilten Einigung der Parteien über die Kostentragung oder der Kostenübernahmeerklärung einer Partei folgt.	2,0
8211	Beendigung des gesamten Verfahrens nach streitiger Verhandlung durch 1. Zurücknahme der Klage vor dem Schluss der mündlichen Verhandlung, wenn keine Entscheidung nach § 269 Abs. 3 Satz 3 ZPO über die Kosten ergeht oder die Entscheidung einer zuvor mitgeteilten Einigung der Parteien über die Kos-	

Nr.	Gebührentatbestand	Gebühr oder Satz der Gebühr nach § 34 GKG_Auszug
	tentragung oder der Kostenübernahmeerklärung einer Partei folgt, 2. Anerkenntnisurteil, Verzichtsurteil oder Urteil, das nach § 313a Abs. 2 ZPO keinen Tatbestand und keine Entscheidungsgründe enthält, oder 3. Erledigungserklärungen nach § 91a ZPO, wenn keine Entscheidung über die Kosten ergeht oder die Entscheidung einer zuvor mitgeteilten Einigung der Parteien über die Kostentragung oder der Kostenübernahmeerklärung einer Partei folgt, es sei denn, dass bereits ein anderes als eines der in Nummer 2 genannten Urteile vorausgegangen ist: Die Gebühr 8210 ermäßigt sich auf . . . . Die Zurücknahme des Antrags auf Durchführung des streitigen Verfahrens, des Widerspruchs gegen den Mahnbescheid oder des Einspruchs gegen den Vollstreckungsbescheid stehen der Zurücknahme der Klage gleich. Die Gebühr ermäßigt sich auch, wenn mehrere Ermäßigungstatbestände erfüllt sind oder Ermäßigungstatbestände mit einem Teilvergleich zusammentreffen.	0,4
	Abschnitt 2. Berufung	
8220	Verfahren im Allgemeinen	3,2
8221	Beendigung des gesamten Verfahrens durch Zurücknahme der Berufung oder der Klage, bevor die Schrift zur Begründung der Berufung bei Gericht eingegangen ist: Die Gebühr 8220 ermäßigt sich auf . . . . Erledigungserklärungen nach § 91a ZPO stehen der Zurücknahme gleich, wenn keine Entscheidung über die Kosten ergeht oder die Entscheidung einer zuvor mitgeteilten Einigung der Parteien über die Kostentragung oder der Kostenübernahmeerklärung einer Partei folgt.	0,8
8222	Beendigung des gesamten Verfahrens, wenn nicht Nummer 8221 erfüllt ist, durch 1. Zurücknahme der Berufung oder der Klage vor dem Schluss der mündlichen Verhandlung, 2. Anerkenntnisurteil, Verzichtsurteil oder Urteil, das nach § 313a Abs. 2 ZPO keinen Tatbestand und keine Entscheidungsgründe enthält, oder 3. Erledigungserklärungen nach § 91a ZPO, wenn keine Entscheidung über die Kosten ergeht oder die Entscheidung einer zuvor mitgeteilten Einigung der Parteien über die Kostentragung oder der Kostenübernahmeerklärung einer Partei folgt, es sei denn, dass bereits ein anderes als eines der in Nummer 2 genannten Urteile vorausgegangen ist:	

Nr.	Gebührentatbestand	Gebühr oder Satz der Gebühr nach § 34 GKG_Auszug
	Die Gebühr 8220 ermäßigt sich auf	1,6
	Die Gebühr ermäßigt sich auch, wenn mehrere Ermäßigungstatbestände erfüllt sind oder Ermäßigungstatbestände mit einem Teilvergleich zusammentreffen.	
8223	Beendigung des gesamten Verfahrens durch ein Urteil, das wegen eines Verzichts der Parteien nach § 313a Abs. 1 Satz 2 ZPO keine schriftliche Begründung enthält, wenn nicht bereits ein anderes als eines der in Nummer 8222 Nr. 2 genannten Urteile oder ein Beschluss in der Hauptsache vorausgegangen ist:	
	Die Gebühr 8220 ermäßigt sich auf	2,4
	Die Gebühr ermäßigt sich auch, wenn daneben Ermäßigungstatbestände nach Nummer 8222 erfüllt sind oder Ermäßigungstatbestände mit einem Teilvergleich zusammentreffen.	
	Abschnitt 3. Revision	
8230	Verfahren im Allgemeinen	4,0
8231	Beendigung des gesamten Verfahrens durch Zurücknahme der Revision oder der Klage, bevor die Schrift zur Begründung der Revision bei Gericht eingegangen ist:	
	Die Gebühr 8230 ermäßigt sich auf	0,8
	Erledigungserklärungen nach § 91a ZPO stehen der Zurücknahme gleich, wenn keine Entscheidung über die Kosten ergeht oder die Entscheidung einer zuvor mitgeteilten Einigung der Parteien über die Kostentragung oder der Kostenübernahmeerklärung einer Partei folgt.	
8232	Beendigung des gesamten Verfahrens, wenn nicht Nummer 8231 erfüllt ist, durch 1. Zurücknahme der Revision oder der Klage vor dem Schluss der mündlichen Verhandlung, 2. Anerkenntnis- oder Verzichtsurteil oder 3. Erledigungserklärungen nach § 91a ZPO, wenn keine Entscheidung über die Kosten ergibt oder die Entscheidung einer zuvor mitgeteilten Einigung der Parteien über die Kostentragung oder der Kostenübernahmeerklärung einer Partei folgt, es sei denn, dass bereits ein anderes als eines der in Nummer 2 genannten Urteile vorausgegangen ist:	
	Die Gebühr 8230 ermäßigt sich auf	2,4
	Die Gebühr ermäßigt sich auch, wenn mehrere Ermäßigungstatbestände erfüllt sind oder Ermäßigungstatbestände mit einem Teilvergleich zusammentreffen.	

Nr.	Gebührentatbestand	Gebühr oder Satz der Gebühr nach § 34 GKG_Auszug
	Hauptabschnitt 3. Arrest und einstweilige Verfügung	
	Vorbemerkung 8.3: Im Verfahren über den Antrag auf Anordnung eines Arrests oder einer einstweiligen Verfügung und im Verfahren über den Antrag auf Aufhebung oder Abänderung (§ 926 Abs. 2, §§ 927, 936 ZPO) werden die Gebühren jeweils gesondert erhoben. Im Fall des § 942 ZPO gilt dieses Verfahren und das Verfahren vor dem Gericht der Hauptsache als ein Rechtsstreit.	
	Abschnitt 1. Erster Rechtszug	
8310	Verfahren im Allgemeinen	0,4
8311	Es wird durch Urteil entschieden oder es ergeht ein Beschluss nach § 91 a oder § 269 Abs. 3 Satz 3 ZPO, es sei denn, der Beschluss folgt einer zuvor mitgeteilten Einigung der Parteien über die Kostentragung oder der Kostenübernahmeerklärung einer Partei:	
	Die Gebühr 8310 erhöht sich auf	2,0
	Die Gebühr wird nicht erhöht, wenn durch Anerkenntnisurteil, Verzichtsurteil oder Urteil, das nach § 313 a Abs. 2 ZPO keinen Tatbestand und keine Entscheidungsgründe enthält, entschieden wird. Dies gilt auch, wenn eine solche Entscheidung mit einem Teilvergleich zusammentrifft.	
	Abschnitt 2. Berufung	
8320	Verfahren im Allgemeinen	3,2
8321	Beendigung des gesamten Verfahrens durch Zurücknahme der Berufung, des Antrags oder des Widerspruchs, bevor die Schrift zur Begründung der Berufung bei Gericht eingegangen ist:	
	Die Gebühr 8320 ermäßigt sich auf	0,8
	Erledigungserklärungen nach § 91 a ZPO stehen der Zurücknahme gleich, wenn keine Entscheidung über die Kosten ergeht oder die Entscheidung einer zuvor mitgeteilten Einigung der Parteien über die Kostentragung oder der Kostenübernahmeerklärung einer Partei folgt.	
8322	Beendigung des gesamten Verfahrens, wenn nicht Nummer 8321 erfüllt ist, durch 1. Zurücknahme der Berufung oder des Antrags vor dem Schluss der mündlichen Verhandlung, 2. Anerkenntnisurteil, Verzichtsurteil oder Urteil, das nach § 313 a Abs. 2 ZPO keinen Tatbestand und keine Entscheidungsgründe enthält, oder 3. Erledigungserklärungen nach § 91 a ZPO, wenn keine Entscheidung über die Kosten ergeht oder die Entscheidung einer zuvor mitgeteilten Einigung der Parteien über die Kostentragung oder der Kostenübernahmeerklärung einer Partei folgt,	

Nr.	Gebührentatbestand	Gebühr oder Satz der Gebühr nach § 34 GKG_Auszug
	es sei denn, dass bereits ein anderes als eines der in Nummer 2 genannten Urteile vorausgegangen ist: Die Gebühr 8320 ermäßigt sich auf .... Die Gebühr ermäßigt sich auch, wenn mehrere Ermäßigungstatbestände erfüllt sind oder Ermäßigungstatbestände mit einem Teilvergleich zusammentreffen.	1,6
8323	Beendigung des gesamten Verfahrens durch ein Urteil, das wegen eines Verzichts der Parteien nach § 313a Abs. 1 Satz 2 ZPO keine schriftliche Begründung enthält, wenn nicht bereits ein anderes als eines der in Nummer 8322 Nr. 2 genannten Urteile oder ein Beschluss in der Hauptsache vorausgegangen ist: Die Gebühr 8320 ermäßigt sich auf .... Die Gebühr ermäßigt sich auch, wenn daneben Ermäßigungstatbestände nach Nummer 8322 erfüllt sind oder solche Ermäßigungstatbestände mit einem Teilvergleich zusammentreffen.	2,4
	Abschnitt 3. Beschwerde	
8330	Verfahren über Beschwerden gegen die Zurückweisung eines Antrags auf Anordnung eines Arrests oder einer einstweiligen Verfügung	1,2
8331	Beendigung des gesamten Verfahrens durch Zurücknahme der Beschwerde: Die Gebühr 8330 ermäßigt sich auf	0,8
	Hauptabschnitt 4. Besondere Verfahren	
8400	Selbstständiges Beweisverfahren	0,6
8401	Verfahren über Anträge auf Ausstellung einer Bestätigung nach § 1079 ZPO	12,00 EUR
Hauptabschnitt 5. Rüge wegen Verletzung des Anspruchs auf rechtliches Gehör		
8500	Verfahren über die Rüge wegen Verletzung des Anspruchs auf rechtliches Gehör (§ 78a des Arbeitsgerichtsgesetzes[1]): Die Rüge wird in vollem Umfang verworfen oder zurückgewiesen	40,00 EUR
Hauptabschnitt 6. Sonstige Beschwerden und Rechtsbeschwerden		
	Abschnitt 1. Sonstige Beschwerden	
8610	Verfahren über Beschwerden nach § 71 Abs. 2, § 91a Abs. 2, § 99 Abs. 2, § 269 Abs. 5 ZPO	60,00 EUR

---

[1] Nr. **91**.

Nr.	Gebührentatbestand	Gebühr oder Satz der Gebühr nach § 34 GKG_Auszug
8611	Beendigung des Verfahrens ohne Entscheidung: Die Gebühr 8610 ermäßigt sich auf .... (1) Die Gebühr ermäßigt sich auch im Fall der Zurücknahme der Beschwerde vor Ablauf des Tages, an dem die Entscheidung der Geschäftsstelle übermittelt wird. (2) Eine Entscheidung über die Kosten steht der Ermäßigung nicht entgegen, wenn die Entscheidung einer zuvor mitgeteilten Einigung der Parteien über die Kostentragung oder der Kostenübernahmeerklärung einer Partei folgt.	40,00 EUR
8612	Verfahren über die Beschwerde gegen die Nichtzulassung der Revision: Soweit die Beschwerde verworfen oder zurückgewiesen wird	1,6
8613	Verfahren über die Beschwerde gegen die Nichtzulassung der Revision: Soweit die Beschwerde zurückgenommen oder das Verfahren durch anderweitige Erledigung beendet wird .... Die Gebühr entsteht nicht, soweit die Revision zugelassen wird.	0,8
8614	Verfahren über nicht besonders aufgeführte Beschwerden, die nicht nach anderen Vorschriften gebührenfrei sind: Die Beschwerde wird verworfen oder zurückgewiesen .... Wird die Beschwerde nur teilweise verworfen oder zurückgewiesen, kann das Gericht die Gebühr nach billigem Ermessen auf die Hälfte ermäßigen oder bestimmen, dass eine Gebühr nicht zu erheben ist.	40,00 EUR
	Abschnitt 2. Sonstige Rechtsbeschwerden	
8620	Verfahren über Rechtsbeschwerden in den Fällen des § 71 Abs. 1, § 91a Abs. 1, § 99 Abs. 2, § 269 Abs. 4 oder § 516 Abs. 3 ZPO	120,00 EUR
8621	Beendigung des gesamten Verfahrens durch Zurücknahme der Rechtsbeschwerde, des Antrags oder der Klage, bevor die Schrift zur Begründung der Rechtsbeschwerde bei Gericht eingegangen ist: Die Gebühr 8620 ermäßigt sich auf	40,00 EUR
8622	Beendigung des gesamten Verfahrens durch Zurücknahme der Rechtsbeschwerde, des Antrags oder der Klage vor Ablauf des Tages, an dem die Entscheidung der Geschäftsstelle übermittelt wird, wenn nicht Nummer 8621 erfüllt ist: Die Gebühr 8620 ermäßigt sich auf	60,00 EUR

Gerichtskostengesetz **Anl. 1 GKG 93**

Nr.	Gebührentatbestand	Gebühr oder Satz der Gebühr nach § 34 GKG_Auszug
8623	Verfahren über nicht besonders aufgeführte Rechtsbeschwerden, die nicht nach anderen Vorschriften gebührenfrei sind: Die Rechtsbeschwerde wird verworfen oder zurückgewiesen .... Wird die Rechtsbeschwerde nur teilweise verworfen oder zurückgewiesen, kann das Gericht die Gebühr nach billigem Ermessen auf die Hälfte ermäßigen oder bestimmen, dass eine Gebühr nicht zu erheben ist.	80,00 EUR
8624	Beendigung des gesamten Verfahrens durch Zurücknahme der Rechtsbeschwerde, des Antrags oder der Klage vor Ablauf des Tages, an dem die Entscheidung der Geschäftsstelle übermittelt wird: Die Gebühr 8623 ermäßigt sich auf	40,00 EUR
	Hauptabschnitt 7. Besondere Gebühr	
8700	Auferlegung einer Gebühr nach § 38 GKG_Auszug wegen Verzögerung des Rechtsstreits	wie vom Gericht bestimmt

Anlage 2
(zu § 34)

Streitwert bis ... EUR	Gebühr ... EUR	Streitwert bis ... EUR	Gebühr ... EUR
300	25	40.000	398
600	35	45.000	427
900	45	50.000	456
1.200	55	65.000	556
1.500	65	80.000	656
2.000	73	95.000	756
2.500	81	110.000	856
3.000	89	125.000	956
3.500	97	140.000	1.056
4.000	105	155.000	1.156
4.500	113	170.000	1.256
5.000	121	185.000	1.356
6.000	136	200.000	1.456
7.000	151	230.000	1.606
8.000	166	260.000	1.756
9.000	181	290.000	1.906
10.000	196	320.000	2.056
13.000	219	350.000	2.206
16.000	242	380.000	2.356
19.000	265	410.000	2.506
22.000	288	440.000	2.656
25.000	311	470.000	2.806
30.000	340	500.000	2.956
35.000	369		

Sachverzeichnis

Die fetten Zahlen kennzeichnen die Nummern, unter denen
die Gesetze und Verordnungen in dieser Ausgabe abgedruckt sind.
Die mageren Zahlen bedeuten Artikel bzw. Paragraphen.

Abfindung, Arbeitslosengeld (Anrechnung) **42** 143 a; Auflösungsurteil **20** 10; außerordentliche Einkünfte **24** 34; Besteuerung **24** 3; Steuerfreiheit **24** 3
Abgeltung, Urlaub **19** 7
Ablehnungsandrohung, Zweiseitiger Vertrag **11** 326
Abmahnung, Außerordentliche Kündigung **11** 314; Schadensersatz **11** 281
AB-Maßnahme, Arbeitslosenversicherung **42** 27; Fördergrundsätze **42** 260
Abrechnung, Arbeitsvergütung **12** 108; Provision **13** 87 c
Abrufarbeit, Tarifvertrag (Inhalt) **16** 12; Voraussetzungen **16** 12
Abschlag, Abrechnung **12** 108
Abschlussprüfung, Berufsausbildungsverhältnis (Beendigung) **32** 21; Freistellung **32** 15; Kostenfreiheit **32** 37; Prüfungsausschüsse **32** 39; Prüfungsgegenstand **32** 38; Wiederholbarkeit **32** 37; Zeugnis **32** 37; Zulassung **32** 43 ff.
Abstammung, Betriebsverfassung **81** 75; Differenzierungsgrund (GG) **1** 3
Abteilungsversammlung, Voraussetzungen **81** 45; *siehe auch Betriebsversammlung*
Abtretung, Entgeltfortzahlung (Erstattung) **18 a** 5; Insolvenz **23** 114; Insolvenzgeld **42** 189
Akkord, Jugendliche **59** 23; Mitbestimmung **81** 87
Alkohol, Jugendliche **59** 31
Allgemeine Geschäftsbedingungen, Änderungsvorbehalt **11** 308; Annahmefrist **11** 308; Anwendungsbereich **11** 308; Arbeitsvertrag **11** 310; Aufrechnung **11** 309; Betriebsvereinbarung **11** 310; Beweislast **11** 309; Fristsetzung **11** 309; Haftung (Ausschluss) **11** 309; Individualvereinbarung **11** 305 b; Leistung (Nichtverfügbarkeit) **11** 308; Leistungsfrist **11** 308; Leistungsverweigerungsrecht **11** 309; Mahnung **11** 309; Mängel **11** 309; Mehrdeutige Klausel **11** 305 c; Nachfrist **11** 308, 310; Preiserhöhung **11** 309; Rücktrittsvorbehalt **11** 308; Schadensersatz (Pauschalierung) **11** 309; Tarifvertrag **11** 310; Teilunwirksamkeit **11** 306; Überraschende Klausel **11** 305 c; Umgehungsverbot **11** 306 a; Verbotene Klauseln **11** 308; Verjährung **11** 309; Verschulden **11** 309; Vertrag (Abwicklung) **11** 308; Vertrag (Einbeziehung) **11** 305; Vertragsstrafe **11** 309; Willenserklärung (Fiktion) **11** 308; Zugang (Fiktion) **11** 308; Zweifel **11** 305 c

Allgemeinverbindlicherklärung, Arbeitnehmerentsendung **74** 1; Verordnungsermächtigung **72** 11
Allgemeinverbindlichkeit, Begriff **72** 5
Alter, Gleichbehandlung (AGG) **14** 10; Sozialauswahl **20** 1; *siehe Lebensalter*
Ältere Arbeitnehmer, Befristetes Arbeitsverhältnis **16** 14; Betriebsrat (Aufgabe) **81** 80
Altersgrenze, Altersteilzeit **45** 237; Arbeitslosigkeit **45** 237; Bergleute **45** 40; Berufsunfähigkeit **45** 37; Erwerbsunfähigkeit **45** 37; flexible **45** 41; Frauen **45** 237 a; Gleichbehandlung (AGG) **14** 10; langjährig Versicherte **45** 36; Regelaltersgrenze **45** 35; Schwerbehinderte Menschen **45** 37
Altersrente, Arbeitslosenversicherung **42** 28; Voll- bzw. Teilrente **45** 42; *siehe auch Altersgrenze*
Altersteilzeit, Altersgrenze **45** 237; Arbeitnehmeranzahl **17** 7; Arbeitslosengeld **17** 10; Ausgleichskassen **17** 9; Ausgleichszeitraum **17** 2; Ausgleichszeitraum (Verfahren) **17** 12; Beitragsbemessungsgrenze **17** 3; Bemessungsentgelt **17** 10; Besteuerung **24** 3; Erlöschen und Ruhen **17** 5; Geringfügig Beschäftigte **17** 5; Krankenversicherung **17** 10; Kündigung **17** 8; Leistungen **17** 4; Mitwirkungspflichten **17** 11; Personenkreis **17** 2; Pflegeversicherung **17** 10; Rentenversicherung **17** 10; Soziale Auswahl **17** 8; Soziale Leistungen **17** 10; Tarifliche Regelarbeitszeit **17** 6; Übergangsvorschrift **17** 15 c; Unterhaltsgeld **17** 10; Vereinbarung **17** 8; Verfahren **17** 12; Verminderte Erwerbsfähigkeit (Übergangsvorschrift) **17** 15 c; Vollzeitarbeitsentgelt **17** 6; Voraussetzungen **17** 3; Zweck **17** 1; *siehe auch Wertguthaben*

Sachverzeichnis

Fette Zahlen = Nummern

Amtliche Auskünfte, Vorsitzender **91** 55
Amtsgeheimnis, Datenschutz **56** 39
Amtshilfe, betriebliche Altersversorgung **22** 11
Änderungskündigung, Arbeitsplatzteilung **16** 13; Begriff **20** 2; ursprüngliche Arbeitsbedingungen **20** 8; Vorbehalt **20** 7
Änderungsvorbehalt, Allgemeine Geschäftsbedingungen **11** 308
Anerkenntnis, Verjährung (Neubeginn) **11** 212
Anerkenntnisurteil, Vorsitzender **91** 55
Anfechtung, Anfechtungsfrist bei Drohung und Täuschung **11** 123; Anfechtungsfrist bei Irrtum **11** 121; Drohung **11** 123; Irrtum **11** 119; Schadensersatz **11** 122; Täuschung **11** 123; Übermittlungsfehler **11** 120; Wirkungen **11** 142
Angebot, Leistung Zug-um-Zug **11** 298; tatsächliches **11** 294; überflüssiges **11** 296; Unvermögen des Schuldners **11** 297; wörtliches **11** 295
Angestellte, Arbeitsgericht **91** 5; ArbZG **54** 2; BetrVG **81** 5; BUrlG **19** 2; Entgeltfortzahlung **18** 1; Krankenversicherung **44** 5; Rentenversicherung **45** 133
Anhörung, Betriebsrat bei Kündigungen **81** 102
Anhörungsrüge, Verfahren **91** 78
Annahme, Allgemeine Geschäftsbedingungen **11** 308
Annahmeverzug, Arbeitsverhältnis **11** 615
Anpassung, Betriebliche Altersversorgung **22** 16
Anschlussbeschäftigung, Befristung (sachlicher Grund) **16** 14
Anspruchsübergang, Sozialleistungen **48** 115
Antidiskriminierungsstelle 14 25 ff.
Antidiskriminierungsverbände, Unterstützung **14** 23
Anwartschaft, Arbeitslosengeld **42** 123; Versorgungsanwartschaft **22** 1 b
Anzeigepflicht, Arbeitsunfähigkeit **18** 5
Apotheken, Ladenschluss **55** 4
Arbeiter, Arbeitsgericht **91** 5; ArbZG **54** 2; BetrVG **81** 5; BUrlG **19** 2; Entgeltfortzahlung **18** 1; Krankenversicherung **44** 5
Arbeitgeber, Anpassungsprüfung (BetrAVG) **22** 16; Anspruchsübergang auf Sozialversicherung **48** 115; Arbeitnehmerentsendung **74** 1; Arbeitsbedingungen Jugendlicher **59** 28 f.; Arbeitsbescheinigung **42** 312; Arbeitskampfverbot (BetrVG) **81** 74; Arbeitsschutz (ArbPlSchG) **51** 2; Arbeitsschutz (BetrVG) **81** 89; Arbeitssicherheit **46** 21; Arbeitszeitnachweise **54** 16; Auskunft über gefährlichen Arbeitsplatz **57 a** 1; Auskunftspflicht (ASiG) **52** 13; Auskunftspflicht bei Insolvenzgeld **42** 316; Auskunftspflicht (BErzGG) **58 a** 12; Beauftragter (BetrVG) **81** 46; Beitragspflicht im Insolvenzfall (BetrAVG) **22** 10; Beitragsprüfung **43** 28 p; Bekanntgabe des Tarifvertrages **72** 8; Belegschaft (BetrVG) **81** 75; Benachteiligungsverbot **14** 12; Berufsbildung (BetrVG) **81** 96 ff.; Beschäftigungspflicht von schwerbehinderten Menschen **47** 71 ff.; Beschwerden (BetrVG) **81** 84 f.; Betriebsratsauflösung bzw. -ausschluss **81** 23; Betriebsratskosten **81** 40 f.; Betriebsratssitzung **81** 29 ff.; Betriebsratswahl **81** 19 ff.; Betriebsratszusammenarbeit **81** 74; Betriebsübergang **11** 613 a; Betriebsvereinbarung **81** 77; Betriebsversammlung **81** 43; Dokumentation über Arbeitsschutz **51** 6; Erläuterung der Arbeitsvergütung (BetrVG) **81** 82; Erstattung von Arbeitslosengeld **20** 11; Freistellung (BetrVG) **81** 38; freiwillige Unfallversicherung **46** 6; Fürsorgepflicht **13** 62; Fürsorgepflicht (schwerbehinderte Menschen) **47** 81; Gestaltung des Arbeitsplatzes von Jugendlichen **59** 28 ff.; Gleichbehandlung (AGG) **14** 6; Haftung bei Arbeitsunfall **46** 104; JArbSchG **59** 3; Jugend- und Auszubildendenvertreter **81** 78 a; Jugendarbeitsschutz (Auskunft) **59** 50; Leistungsverweigerungsrecht bei Entgeltfortzahlung **18** 7; Leitende Angestellte (Zuordnung) **81** 18 a; Massenentlassung **20** 17; Massenentlassungen (Auskunft) **20** 20; Maßnahmen des Arbeitsschutzes **51** 3; Melde- und Zahlungspflicht an Einzugsstelle **43** 28 a ff.; Mitteilung an – bei Arbeitsunfähigkeit **44** 277; Mitteilung der Schwangerschaft **57** 5; Monatsgespräch (BetrVG) **81** 74; Mutterschaftsgeld (Zuschuss) **57** 14; Mutterschutz (Auskunft) **57** 19; Nachweis der wesentlichen Arbeitsbedingungen **15** 2; Nachweis von Arbeitszeitregelungen **54** 16; Parteipolitik (BetrVG) **81** 74; personelle Einzelmaßnahme (BetrVG) **81** 99 ff.; Pflichtverletzung (BetrVG) **81** 23; Protokoll der Betriebsratssitzung **81** 34; Schulungs- und Bildungsveranstaltungen (BetrVG) **81** 37; Sprecherausschuss **84** 2; Tarifbindung **72** 3; Tarifvertragspartei **72** 2; Unfallanzeige **81** 89; Unfallversicherung **46** 83; Unterlassungsanspruch (BetrVG) **81** 23; Unternehmer **11** 14; Unterrichtung des Arbeitnehmers **81** 81; Verantwortung gegenüber Arbeitsverwaltung **42** 2; Wirtschaftsausschuss **81** 110

Arbeitgeberverband, Gleichbehandlung (AGG) **14** 18; Soziale Verantwortung (AGG) **14** 17

Arbeitgebervereinigung, Arbeitsgericht (Vertretung) **91** 10 f.; Betriebsratssitzungen **81** 29; Betriebsversammlung **81** 46; Geheimhaltungspflicht (BetrVG) **81** 79; Gleichbehandlung **14** 2; Tarifvertragspartei **72** 2

Arbeitnehmer, Abgrenzung **13** 84; Altersteilzeit **17** 2; Anhörung vor Kündigung **81** 102; Arbeitnehmerentsendung **74** 1; Arbeitslosenversicherung **42** 25; Arbeitsschutz **51** 2; Arbeitsschutz (Rechte) **51** 17; ArbGG **91** 5; ArbPlSchG **21** 15; ArbZG **54** 2; Auflösungsantrag nach Kündigung **20** 13; Auskunftspflicht gegenüber Arbeitsförderung **42** 317; Beschwerderecht (BetrVG) **81** 84; Betriebsratswahl **81** 16 ff.; Betriebsversammlung **81** 43 f.; BetrVG **81** 5; Diskriminierungsverbote (BetrVG) **81** 75; Erörterungsrecht (BetrVG) **81** 82; Freizügigkeit (EGV) **3** 39; gewerkschaftliche Betätigung **81** 74; Gleichbehandlung (AGG) **14** 6; Haftung bei Arbeitsunfall **46** 105; JArbSchG **59** 1; leitende Angestellte **81** 5; MitbestG **86** 3; Mitteilung bei Arbeitsunfähigkeit **44** 275; Mitwirkungspflicht bei Sozialversicherung **43** 28 o; Nachweis der wesentlichen Arbeitsbedingungen **15** 2; Personalakte **81** 83; Pflichtverstoß des Betriebsrats **81** 23; Prozessvertretung **91** 11; Sonn- und Feiertagsarbeit **55** 17; Sozialversicherung (Begriff) **43** 7; Tarifbindung **72** 3; Teilzeitarbeitnehmer (Begriff) **16** 2; Themenvorschlag für Betriebsrat **81** 86 a; Unfallversicherung **46** 2; Unterrichtung durch Arbeitgeber (BetrVG) **81** 81; Verantwortung gegenüber Arbeitsverwaltung **42** 2; Verbraucher **11** 13; vorläufige personelle Maßnahmen (BetrVG) **81** 100 f.; Wahlanfechtung (BetrVG) **81** 47; Wahlvorschlag (BetrVG) **81** 14; *siehe auch Scheinselbständigkeit*

Arbeitnehmerähnliche Personen, Arbeitsschutz **51** 2; BUrlG **19** 2; Pflegezeit **26** 7; (TVG) Begriff **72** 12 a

Arbeitnehmerbegriff *siehe auch Scheinselbständigkeit*

Arbeitnehmerentsendung, Allgemeinverbindlicherklärung **74** 1; Arbeitgeber **74** 1; Arbeitnehmer **74** 1; Arbeitnehmerüberlassung **74** 1; Arbeitsverwaltung **74** 1; Baugewerbe **74** 1; Baugewerbe (Haftung) **74** 1 a; Gebäudereinigerhandwerk **74** 1; Gemeinsame Einrichtung **74** 1; Leiharbeitnehmer **74** 1; Tarifvertrag **74** 1; Überstunden **74** 1; Urlaub **74** 1; Urlaubsgeld **74** 1; Wettbewerbsausschluss **74** 6; Zustellung **74** 4

Arbeitnehmererfindung, Arbeitsgerichte **91** 2

Arbeitnehmerüberlassung 31 1 ff.; Arbeitnehmerentsendung **74** 1; Arbeitsschutz **51** 12; Ausländer **31** 15 f.; Baugewerbe **31** 1 b; Behörden **31** 17 f.; Erlaubnispflicht **31** 1 ff.; Kleinbetriebe **31** 1 a; Nachweispflicht **31** 11; Ordnungswidrigkeiten **31** 16; Schriftform **31** 11; unwirksame Vereinbarungen **31** 9 f.; vergleichbare Arbeitsbedingungen **31** 10; Vergütung bei unerlaubter **31** 13

Arbeitsabläufe, Betriebsrat **81** 90 f.

Arbeitsamt *siehe Arbeitsverwaltung, Arbeitsförderung*

Arbeitsbedingungen, Änderung (Nachweis) **15** 3; Arbeitsschutz **51** 5; Gleichbehandlung (AGG) **14** 10; Nachweis **15** 3

Arbeitsbehörde, Anerkennung von Schulungs- und Bildungsveranstaltungen **81** 37; Meinungsverschiedenheiten mit Justizverwaltung **91** 117

Arbeitsberechtigung 42 286

Arbeitsbereitschaft, Tarifvertrag **54** 7

Arbeitsbeschaffungsmaßnahmen 42 260

Arbeitsbescheinigung 42 312

Arbeitsdirektor, MitbestG **86** 33; Montan-MitbestG **87** 13

Arbeitseinkommen *siehe Arbeitsvergütung*

Arbeitsentgelt *siehe Arbeitsvergütung*

Arbeitserlaubnis 42 285; Ausländer **42 a** 18; Forschung **42 a** 20; Verfahren **42 a** 39 ff.

Arbeitserlaubnisgebühr 42 287

Arbeitsförderung, Andere Leistungen **42** 22 f.; Arbeitslosengeld **42** 117 ff.; Aufgaben **42** 1; Begriffsbestimmungen **42** 12 ff.; Entgeltersatzleistungen **42** 116; freie Förderung **42** 10; Gründungszuschuss **42** 57 f.; Leistungen **42** 3; Vermittlung **42** 35 f.

Arbeitsgelegenheiten, Arbeitslosengeld II **41** 16

Arbeitsgerichte, Abfindung im Auflösungsurteil **20** 10; Anwendung des GVG **91** 9; Aufbau **91** 1; Auflösungsurteil **20** 9; Ausschluss **91** 4; Beschleunigungsgrundsatz **91** 9; Beschlussverfahren **91** 80 ff.; Beschlussverfahren (Zuständigkeit) **91** 2 a; Besetzung **91** 6; Bestellung des Wahlvorstands (BetrVG) **81** 17 ff.; Betriebsänderung (Insolvenzverfahren) **23** 122; ehrenamtliche Richter **91** 20 ff.; Einigungsstelle **91** 18; Elektronische Dokumente **91** 46 b ff.; Entscheidungen über Tarifverträge **72** 9; Ernennung der Vorsitzenden **91** 18;

793

Sachverzeichnis

Errichtung und Organisation **91** 14; Fachkammern **91** 30; Gebührenhöhe **91** Anl. 2; Gebührenverzeichnis **91** Anl. 1; Geschäftsstelle **91** 7; Instanzen (Zuständigkeit) **91** 8; Interessenausgleich im Insolvenzverfahren **23** 126; Internationales Verfahren **91** 13 a; Kammern **91** 17; Kapitäne und Besatzungsmitglieder **20** 24; Kosten **93** 2 ff.; Kündigungsschutzklage **20** 4 f.; Parteifähigkeit **91** 10; Präsidium **91** 6 a; Prozesskostenhilfe **91** 11 a; Prozessvertretung **91** 11; Rechtsmittelbelehrung **91** 9; Rechtspfleger **91** 9; Unfallversicherung (Aussetzung) **46** 108; Unternehmensumwandlung **83** 323; Urteilsverfahren **91** 46 ff.; Urteilsverfahren (Zuständigkeit) **91** 2; Vertretung **91** 47; Verwaltung und Dienstaufsicht **91** 15

Arbeitsgruppen, Bildung **81** 28 a; Förderungspflicht **81** 75

Arbeitskampf, Anwendbarkeit des KSchG **20** 25; Anzeigepflicht **42** 320; Arbeitsgerichte **91** 2; Arbeitslosengeld **42** 146; Betriebsverfassung **81** 74; Koalitionsfreiheit **1** 9; Krankenversicherung **44** 192; Kurzarbeitergeld **42** 174

Arbeitslose, Begriff **42** 16

Arbeitslosengeld 42 117 ff.; Abfindungen **42** 143 a; Altersteilzeit **17** 10; Anspruchsdauer **42** 127 f.; Antrag **42** 323 ff.; Arbeitsbescheinigung **42** 312; Arbeitslosenversicherung **42** 27; Arbeitslosmeldung **42** 122; Arbeitslosmeldung (verspätete) **42** 144; Arbeitsunfähigkeit (Nachweis) **42** 311; Bemessungsentgelt **42** 131; Bemessungszeitraum **42** 130; Besteuerung **24** 3; Ehrenamt **42** 119; Erlöschen des Anspruchs **42** 147; Erstattungspflicht (ältere Arbeitslose) **42** 147 a; Höhe **42** 129 ff.; Klage (Wirkung) **42** 149; Leistungsentgelt **42** 133; Lohnsteuerklasse **42** 133; Meldepflicht **42** 309; Nebeneinkommen **42** 141; Nebeneinkommensbescheinigung **42** 313; Ruhen **42** 142 ff.; Sozialversicherungsbeiträge (Erstattung) **42** 335; Sperrzeit **42** 144; Teilarbeitslosengeld **42** 150; Wertguthaben **42** 131; Widerspruch (Wirkung) **42** 149

Arbeitslosengeld II, Beschäftigungsgelegenheiten **41** 16

Arbeitslosenversicherung, Bindung **42** 336; Gesetzgebungskompetenz **1** 74; Versicherungspflicht **42** 24 ff.

Arbeitslosigkeit, Altersgrenze **45** 237; Arbeitslosmeldung (Zeitpunkt) **42** 37 b; Begriff **42** 118

Arbeitslosmeldung, persönliche **42** 122

Arbeitsmethoden, Sozialplan **81** 111 f.

Arbeitsort, Mitteilung an Arbeitnehmer **15** 2; örtliche Zuständigkeit **91** 48

Arbeitspapiere, Zuständigkeit der Arbeitsgerichte **91** 2

Arbeitsplatzteilung, Kündigung **16** 13; Tarifvertrag (Inhalt) **16** 13; Voraussetzungen **16** 13

Arbeitsplatzwahlfreiheit 1 12

Arbeitsräume, Schutzmaßnahmen **11** 618

Arbeitsrecht, konkurrierende Gesetzgebung **1** 74

Arbeitsschutz, allgemeiner **11** 618; Arbeitgeberpflichten **51** 3; Arbeitslosengeld II **41** 16; Behörden **51** 21; Betriebsrat **81** 89; Dokumentation **51** 6; Geltungsbereich **51** 1; Gesetzgebung **1** 74; Grundsätze **51** 4; Zweck **51** 1

Arbeitsschutzausschuss 52 11

Arbeitssicherheit, Arbeitsverhältnis **52** 1 ff.; Bestellung von Betriebsärzten und Sicherheitsbeauftragten (Ausnahmen) **52** 18; überbetriebliche Dienste **52** 19

Arbeitssuchendmeldung, Freistellung **42** 2; verspätete (Rechtsfolgen) **42** 144; Zeitpunkt **42** 37 b

Arbeitsuchende, Begriff **42** 15

Arbeits- und Wirtschaftsbedingungen 1 9

Arbeitsunfähigkeit, Arbeitslosengeld **42** 126; Begutachtung durch Krankenkassen **44** 275; *siehe auch Entgeltfortzahlung*

Arbeitsunfall, Begriff **46** 8; Betriebsvereinbarung **81** 88; Mitbestimmung **81** 87

Arbeitsverfahren, Mitwirkung des Betriebsrats **81** 90 f.

Arbeitsvergütung, Annahmeverzug **11** 615; Arbeitslosengeld (Gleichwohlgewährung) **42** 143; Außerordentliche Kündigung **11** 628; Auszahlung **12** 107; Beschäftigungsverbot (MuSchG) **57** 11; Dienstvertrag **11** 612; Diskriminierungsverbot (EGV) **3** 141; Erläuterung durch Arbeitgeber (BetrVG) **81** 82; Fälligkeit **11** 614; Fehlende Vergütungsvereinbarung **11** 612; Gleichbehandlung (AGG) **14** 10; Insolvenz (Massenverbindlichkeit) **23** 55; Insolvenzgeld **46** 188; Kündigungsschutzprozess **20** 11; Leiharbeitnehmer **31** 10; Mitbestimmung **81** 87; Mitteilung an Arbeitnehmer **15** 2; Pfändung **92** 850 ff.; Schwerbehindertenrente **47** 123; Sozialversicherung **43** 14 f.; Sozialversicherungsbeiträge **43** 14; Steuerpflicht **24** 3; Stillschweigende Vereinbarung **11** 612; Teilzeit (Diskriminierungsverbot) **16** 4; Vorübergehende Verhinderung **11** 616; Wehrdienst/-übung **21** 14

Arbeitsverhältnis, Altersgrenze **45** 41; Arbeitnehmerüberlassung **31** 11; Arbeitsgerichte **91** 2; Auflösung durch gerichtliches Urteil **20** 9; Begründung durch Weiterarbeit **16** 15; Begründung durch Weiterarbeit (BBiG) **32** 24; Höchstpersönlichkeit **11** 613; Insolvenz (Fortbestehen) **23** 108; Nachweis der Arbeitsbedingungen **15** 2; Unwirksamkeit (Arbeitnehmerüberlassung) **31** 9

Arbeitsvermittlung, Arbeitserlaubnis **42 a** 40; Dritte **42** 37; Gesetzgebung **1** 74; Grundsätze **42** 35 f.; Vergütungen **42** 296 f.

Arbeitsvertrag, Allgemeine Geschäftsbedingungen **11** 310; Auslandsberührung (Rechtswahl) **11 a** 30; Betriebsvereinbarung (Verhältnis) **12** 105; Gestaltung (freie) **12** 105; Inhaltskontrolle **11** 307; Nachweis über Arbeitsbedingungen **15** 2; Rücksichtnahme **11** 241; Tarifvertrag (Verhältnis) **12** 105; Weisungsrecht **12** 106; Wettbewerbsverbot **12** 110

Arbeitsverwaltung, Anzeige von Massenentlassungen **20** 17; Arbeitnehmerentsendung **74** 2; Entlassungssperre **20** 18; Entscheidung bei Massenentlassungen **20** 20; Integrationsamt (Zusammenwirken) **47** 80; Leistungen bei Altersteilzeit **17** 4; Massenentlassungen **20** 20

Arbeitszeit, abweichende Regelungen **54** 16 ff.; Abweichung **54** 14 ff.; Anwendungsbereich **54** 18; Arbeitszeitnachweise **54** 16; Aushang und Aushändigung des ArbZG **54** 16; Ausnahmen durch RechtsVO **54** 7; Begriff (ArbZG) **54** 2; Beschäftigung ohne Ruhepausen **54** 4; Betriebsrat **81** 87; gefährliche Arbeiten **54** 8; Genehmigung durch Behörde **54** 7; Heimarbeiter **60** 10 ff.; Jugendarbeitsschutz **59** 4; Jugendliche (ArbZG) **54** 18; Jugendliche (JArbSchG) **59** 8; Mitteilung an Arbeitnehmer **15** 2; Pflegezeit **26** 3; Rechtsakte der Europäischen Union **54** 24; regelmäßige **54** 3; Ruhezeit **54** 5; Sonn- und Feiertage **54** 10 f.; Straßentransport **54** 21a; Tarifvertrag **54** 7; Teilzeitarbeitnehmer (Begriff) **16** 2; Übergangsvorschriften **54** 25 f.; Überstunden von Auszubildenden **32** 10; Überwachung **54** 17; Verlängerung **16** 9; **54** 3; Verlängerung (Einwilligung) **54** 7; Verringerung (Anspruch auf) **16** 8; *siehe auch Wertguthaben*

Arrest, Verjährung (Hemmung) **11** 204
Arzt, Befristung bei Weiterbildung **16 b** 1
Ärztliche Bescheinigung, Entgeltfortzahlung **18** 5

Ästhetische Operation, Krankenversicherung **44** 52
Aufenthaltstitel *s. Arbeitserlaubnis*
Aufhebungsklage, Schiedsspruch **91** 110
Aufhebungsvertrag, Arbeitslosengeld (Ruhen) **42** 143 a; Schriftform **11** 623; Verbrauchervertrag **11** 355
Auflösende Bedingung, Anzuwendende Vorschriften **16** 21
Auflösungsantrag, außerordentliche Kündigung **20** 13; leitende Angestellte **20** 14; ordentliche Kündigung **20** 9
Aufrechnung, Allgemeine Geschäftsbedingungen **11** 309; Entgeltfortzahlung (Erstattung) **18 a** 6; Insolvenz **23** 114; Verjährung **11** 215; Verjährung (Hemmung) **11** 204
Aufschiebende Wirkung, Rechtsmittel (Anfrageverfahren) **43** 7 a
Aufsichtsrat, Arbeitnehmervertreter (DrittelbG) **89** 4 ff.; Geheimhaltungspflicht (BetrVG) **81** 79; örtliche Zuständigkeit **91** 82; Zusammensetzung und Bildung (MitbestErgG) **88** 5 ff.; Zusammensetzung und Bildung (MitbestG) **86** 6 ff.; Zusammensetzung und Bildung (Montan-MitbestG) **87** 3 ff.
Aufspaltung, Betriebsübergang **11** 613 a
Aufstockungsbetrag 17 4
Aufwandsentschädigung, Sozialversicherung **43** 14
Aufwendungen Entgeltfortzahlung **18** 4
Aufwendungsersatz, Anspruch auf **11** 670; Handelsvertreter **13** 87 d; Leistungshindernis **11** 311 a
Ausbeutung, Rechtsgeschäft **11** 138
Ausbildender *siehe Berufsausbildung*
Ausbilder, Eignung **32** 27 ff.; *siehe auch Berufsausbildung*
Ausbildung, Befristetes Arbeitsverhältnis **16** 19; Teilzeit **16** 10; *siehe auch Berufsausbildung*
Ausbildungsordnung, Inhalt **32** 5
Ausbildungsstätte, Anforderungen **32** 27
Ausbildungsuchende, Begriff **42** 15
Ausbildungsvergütung, Angabe im Vertrag **32** 11; Angemessenheit **32** 17; *siehe auch Berufsausbildung*
Ausbildungsverhältnis, Wehrdienst-/übung **21** 2
Ausbildungswahlfreiheit 1 12
Ausbildungszeit, Angabe im Vertrag **32** 11; Verlängerung/Verkürzung **32** 8
Ausgleichsanspruch, Handelsvertreter **13** 89 b
Ausgleichsfonds, Beschäftigung von schwerbehinderten Menschen **47** 78
Ausgleichskassen, Altersteilzeit **17** 9

Sachverzeichnis
Fette Zahlen = Nummern

Ausgleichszeitraum, Altersteilzeit **17** 2; Tarifvertrag (ArbZG) **54** 7
Aushang, ArbZG **54** 16; JArbSchG **59** 48; Mindestarbeitsbedingungen **73** 11; Tarifvertrag **72** 5
Aushilfe, Kündigungsfrist **11** 622; NachweisG **15** 1
Auskunftspersonen, Betriebsrat **81** 80
Ausland, Arbeitsvertrag **11 a** 27; Datenschutz **56** 4 b f.
Ausländer, Arbeitnehmerüberlassung **31** 15; Arbeitserlaubnispflicht **42** 284 ff.; Beschäftigung **42 a** 1 ff.; Beschäftigung zu ungünstigeren Arbeitsbedingungen **25** 10; Betriebsratsverfassung **81** 80; Schwarzarbeit **25** 11; Selbständige Tätigkeit **42 a** 21
Auslandstätigkeit, Mitteilung an Arbeitnehmer **15** 2
Auslegung, Vertrag **11** 157
Auslegungsregel, Frist- und Terminsbestimmung **11** 186
Ausschluss der Leistungspflicht, Schadensersatz **11** 283
Ausschlussfrist, Gleichbehandlung (Arbeitsrecht) **14** 15; Gleichbehandlung (Zivilrecht) **14** 21
Ausschlussfristen, Betriebsvereinbarung **81** 77; Tarifvertrag **72** 4
Ausschreibung, Arbeitsplatz (Gleichbehandlung) **14** 11; Arbeitsplatz (Teilzeit) **16** 7; Arbeitsplätze **81** 93; Zustimmungsverweigerungsgrund **81** 99
Außendienst, Arbeitnehmer (BetrVG) **81** 5
Außerbetriebliche Auszubildende, Interessenvertretung **32** 51
Außerordentliche Einkünfte, Besteuerung **24** 34
Außerordentliche Kündigung, Abmahnung **11** 314; Arbeitnehmervertreter (Verfahren) **81** 103; Arbeitnehmervertreter (wichtiger Grund) **20** 15; Auflösungsantrag **20** 13; Berufsausbildungsverhältnis **32** 22; Betriebsrat (Anhörung) **81** 102; Erklärungspflicht **11** 626; Handelsvertreter **13** 89 a; Heimarbeiter **60** 29; Klagefrist **20** 13; Schadensersatz **11** 628; Schwerbehinderte Menschen **47** 91; Unwirksamkeitsgründe **20** 13; verspätete Klageerhebung **20** 13; Vertrauensstellung **11** 627; Wehrdienst/-übung **21** 2; wichtiger Grund **11** 626
Aussetzung, Vorsitzender **91** 55
Ausstrahlung, Rechtswahl **11 a** 27
Auswahlrichtlinien, Begriff **81** 95; Gleichbehandlung **14** 2; Sozialauswahl **20** 1; Widerspruchsgrund **81** 102; Zustimmungsverweigerungsgrund **81** 99

Auszubildende, Arbeitnehmer (BetrVG) **81** 5; Arbeitsförderung **42** 14; Arbeitsgericht **91** 5; Ausbildungsvertrag **32** 11; Elternzeit **58** 20; Entgeltfortzahlung **18** 1; Gleichbehandlung (AGG) **14** 6; Jugendarbeitsschutz **59** 1; Mindestalter **59** 7; Übernahme in Arbeitsverhältnis (JAV) **81** 78 a; Unfallversicherung **46** 2; Urlaub **19** 2; *siehe auch Berufsausbildung*

Bahnhöfe, Ladenschluss **55** 8
Banken, Sonntagsbeschäftigung **54** 10
Baugewerbe, Arbeitnehmerüberlassung **31** 1 b; Beitragsabrechnungen **43** 28 e; Beitragszahlung (Haftung) **43** 28 f; Haftung bei Arbeitnehmerentsendung **74** 1 a; Massenentlassungen **20** 22; Saison-Kurzarbeit **42** 175; Tarifvertrag (Anwendung) **74** 1
Bausparkassenvertreter **13 92
Beamte, Arbeitsgericht **91** 5; Arbeitslosenversicherung **42** 27; Arbeitsschutz **51** 2; betriebliche Altersversorgung **22** 18; Wehrdienst/-übung **21** 9
Beauftragter, Arbeitsschutz **51** 13; Berufsbildung **81** 98; Datenschutz **56** 4 f; Schwerbehinderte Menschen **47** 98
Bedingt pfändbare Bezüge, Begriff **92** 850 b
Beförderung, Gleichbehandlung **14** 2
Befristung, 5-Jahres-Zeitraum **16** 15; Ältere Arbeitnehmer **16** 14; Anschlussbeschäftigung (sachlicher Grund) **16** 14; Arbeitnehmerüberlassung **31** 9; Arbeitslosengeld **42** 143 a; Arbeitslosmeldung (Zeitpunkt) **42** 37 b; Ärzte in der Weiterbildung **16 b** 1; Aus-/Weiterbildung **16** 19; Begriff **16** 3; Benachteiligungsverbot **16** 5; Berufsausbildung (sachlicher Grund) **16** 14; Beschäftigungsdauer **16** 4; Diskriminierungsverbot **16** 4; Drittmittel **16 a** 2; Eigenart der Beschäftigung (sachlicher Grund) **16** 14; Elternzeit **58** 21; Elternzeit (Ärzte) **16 b** 1; Entgeltfortzahlung **18** 8; Erprobung (sachlicher Grund) **16** 14; Existenzgründer **16** 14; Haushaltsmittel (sachlicher Grund) **16** 14; Hochschule **16 a** 1; Höchstdauer **16** 14; Information (Arbeitsplatz) **16** 18; Klagefrist **16** 17; Kleinbetrieb (Arbeitnehmerzahl) **20** 23; Kündigung (ordentliche) **16** 16; Kündigungsverbot **11** 620; Mitteilung an Arbeitnehmer **15** 2; Öffentlicher Dienst **16** 22; Pflegezeit **26** 6; sachlicher Grund **16** 14; Schriftform **16** 14; Tarifvertrag (Inhalt) **16** 14; Unwirksamkeit (Rechtsfolgen) **16** 16; Vergleich (sachlicher Grund) **16** 14; Verlängerung **16** 14; Vertretung (sachlicher Grund) **16** 14; Vorübergehender

Magere Zahlen = Artikel bzw. Paragraphen **Sachverzeichnis**

Bedarf (sachlicher Grund) **16** 14; Wehrdienst/-übung **21** 1; Weiterarbeit **11** 625; **16** 15; Zeitbefristung (Beendigung) **16** 15; Zulässigkeit **16** 14; Zweckbefristung (Beendigung) **16** 15; *siehe auch Befristung (Hochschule)*

Begutachtungsverfahren, Verjährung (Hemmung) **11** 204

Behinderte Menschen, Arbeitsförderung **42** 19; Arbeitsschutz **51** 2; Berufsausbildung (Ausbildungsberufe) **32** 64; Unfallversicherung **46** 2; *siehe auch schwerbehinderte Menschen*

Behinderung, Begriff **47** 2

Behörde, Prozessvertretung **91** 11; Verjährung (Hemmung) **11** 204

Behördliche Anordnung, Zustimmungsverweigerungsgrund **81** 99

Beistand, Prozessvertretung **91** 11

Beitragsbemessungsgrenze, Entgeltumwandlung **22** 1 a

Beitragsorientierte Leistungszusage, betriebliche Altersversorgung **22** 1

Beitragszahlung, Sozialversicherung **43** 28 d ff.

Beitragszusage mit Mindestleistung, betriebliche Altersversorgung **22** 1

Belästigung, Begriff (AGG) **14** 3

Bemessungsentgelt, Arbeitslosengeld **42** 131

Bemessungszeitraum, Arbeitslosengeld **42** 130

Benachteiligung, Begriff (AGG) **14** 3; Zustimmungsverweigerungsgrund **81** 99

Benachteiligungsverbot, Betriebsverfassung **81** 78; Sicherheitsbeauftragter **46** 22; Wehrdienst/-übung **21** 6

Berater, Betriebsänderung **81** 111

Bereitschaftsdienst, abweichende Regelung (Aufsichtsbehörde) **54** 15; Tarifvertrag **54** 7

Bergleute, Altersgrenze **45** 40

Berufliche Anforderungen, Gleichbehandlung **14** 8

Berufliche Weiterbildung, Arbeitslosengeld **42** 124 a; Gleichbehandlung **14** 2

Berufsaubildung, Zeugnis (Gleichstellung) **32** 50

Berufsausbildung, Abschlussprüfung **32** 37; Arbeitslosenversicherung **42** 25; Ausbildungsvertrag **32** 11; Beendigung **32** 22; Beendigung (vorzeitige) **32** 21; Befristung (sachlicher Grund) **16** 14; Begriff **32** 1; Berufsausbildungsverzeichnis **32** 34; Berufsschule **32** 14, 15; Direktionsrecht **32** 13; Entschädigungszahlung des Auszubildenden **32** 12; Fortzahlung der Ausbildungsvergütung **32** 19; Interessenvertretung **32** 51; Krankenversicherung **44** 5; Kündigung **32** 22; Mittel **32** 14; nichtige Vereinbarungen **32** 12; Pflegezeit **26** 7; Pflichten des Ausbildenden **32** 14; Pflichten des Auszubildenden **32** 13; Probezeit **32** 20; Prüfungen **32** 14; Sachleistungen **32** 17; Schadensersatz **32** 12; Schadensersatz (vorzeitige Beendigung) **32** 23; Unabdingbarkeit **32** 25; Vergütung **32** 10; Verlängerung **32** 21; Vertragsabschluss **32** 10; Vertragsniederschrift **32** 11; Vertragsstrafe **32** 12; Weiterbeschäftigung **32** 24; Zeugnis **32** 16; Zwischenprüfung **32** 48; *siehe auch Berufsbildung*

Berufsausbildungsbeihilfe, Antrag **42** 323 ff.; Nebeneinkommensbescheinigung **42** 313

Berufsausbildungsvorbereitung, Begriff **32** 1; Grundsätze **32** 68

Berufsausübung, Grundrecht **1** 12

Berufsbildung, anwendbare Vorschriften **32** 26; Arbeitnehmer (ArbZG) **54** 2; Arbeitsschutz **51** 2; Ausbildungsberufe (Anerkennung) **32** 3; Ausbildungsordnung **32** 5; Ausbildungsstätten **32** 2; Ausbildungszeit **32** 7 f.; Begriff **32** 1 f.; Berufsbildungsforschung **32** 84; Betriebsrat **81** 96 ff.; Erprobungsklausel **32** 6; Europaklausel **32** 31; Gleichbehandlung **14** 2; Landesausschüsse **32** 82; Regelungsbefugnis **32** 9; Überwachung **32** 76; Verbot **32** 33; Wehrdienst/-übung **21** 13; Zuständigkeit **32** 71; *siehe auch Berufsausbildung*

Berufsbildung (BetrVG), Beratung mit Betriebsrat **81** 96; Durchführung **81** 98; Errichtung und Ausstattung **81** 97; Förderung **81** 96; Grundsätze **81** 96; Qualifikationsmaßnahmen **81** 97

Berufsbildungsausschuss 32 77 ff.

Berufsbildungsbericht 32 86

Berufserfahrung, Alter (AGG) **14** 10

Berufsgeheimnis, Datenschutz **56** 39

Berufskrankheit, Begriff **46** 9; Mitbestimmung **81** 87

Berufspolitische Vereinigung, Prozessvertretung **91** 11

Berufsrückkehrer, Arbeitsförderung **42** 20

Berufsschule, Freistellung **32** 15

Berufsunfähigkeit, Altersgrenze **45** 37

Berufswahlfreiheit 1 12

Berufszugehörigkeitszeiten *siehe Betriebszugehörigkeit*

Berufung, Angriffs- und Verteidigungsmittel **91** 67; Beschwerde **91** 70; Fristen und Terminsbestimmung **91** 66; Gerichte für Arbeitssachen **91** 64 ff.; Rechtsweg **91** 65; Urteil **91** 69; Versäumnisurteil **91** 64; Zulassung **91** 64; Zurückverweisung **91** 68

797

Sachverzeichnis

Fette Zahlen = Nummern

Berufungsbegründungsfrist 91 66
Berufungsfrist 91 66
Besatzungsmitglied, Betriebsverfassung 81 114
Beschäftigungsbedingungen, Gleichbehandlung (AGG) 14 10
Beschäftigungsförderung, Beteiligungsrechte 81 92 a; Betriebsrat (Aufgabe) 81 80
Beschäftigungsort, Sozialversicherung 43 9 f.
Beschäftigungssicherung, Beteiligungsrechte 81 92 a; Betriebsrat (Aufgabe) 81 80
Beschäftigungsverbot, Erstattung (Verfahren) 18 a 1 ff.; gefährlicher Arbeitsplatz 57 a 3 f.; Mutterschutz 57 6
Beschäftigungsverhältnis, Arbeitsentgelt (Höhe) 43 14; Arbeitslosenversicherung 42 24; Begriff (Sozialversicherung) 43 7
Beschäftigungszeit siehe Betriebszugehörigkeit
Beschlagnahme, Insolvenz 23 80
Beschleunigungsgrundsatz, allgemeiner 91 9; Kündigungsschutzverfahren 91 61 a
Beschluss siehe auch Betriebsratsbeschluss
Beschlussverfahren, Amtsermittlungsgrundsatz 91 83; Anhörung vor der Kammer 91 83; Antrag 91 81; Beschwerde 91 83; Beschwerde zum LAG 91 87 ff.; Beteiligte 91 83; Einstweilige Verfügung 91 85; Entscheidung durch Beschluss 91 84; Erledigung des Verfahrens 91 83 a; Grundsätze 91 80; Güteverfahren 91 80; Insolvenz 23 126; Interessenausgleich (Insolvenz) 23 126; örtliche Zuständigkeit 91 82; Rechtsbeschwerdeverfahren 91 92 ff.; Rechtsweg 91 80; Vergleich 91 83 a; Verkündung (Beschluss) 91 84; verspätetes Vorbringen 91 83; Zuständigkeit 91 80; Zuständigkeit (Rechtsweg) 91 2 a; Zwangsvollstreckung 91 85
Beschwerde, Arbeitnehmer (BetrVG) 81 84 f.; Arbeitsschutz 51 17; Beschlussverfahren 91 83; Beschwerdegericht (Beschlussverfahren) 91 91; Entscheidung durch Beschluss 91 91; Gerichtskosten 93 66; Gleichbehandlung 14 13; Grundsatz (Beschlussverfahren) 91 87; Rechtsweg (Beschlussverfahren) 91 88; Unterzeichnung (Beschlussverfahren) 91 89; Urteilsverfahren 91 78; Verfahrensgrundsätze (Beschlussverfahren) 91 90; Verwerfung und Zurücknahme (Beschlussverfahren) 91 89; Zurückverweisung (Beschlussverfahren) 91 91
Beschwerdestelle, Benachteiligungsverbot 81 78; Einrichtung 81 86; Geheimhaltungspflicht (BetrVG) 81 79

Beseitigung, Gleichbehandlung (Zivilrecht) 14 21
Besoldungsdienstalter, Wehrdienst/-übung 21 12
Beteiligte, Beschlussverfahren 91 83; Beschlussverfahren (Insolvenz) 23 126; Zustimmungsersetzung (BetrVG) 81 103
Betrieb, MitbestG 86 3; Montan-MitbestG 87 5; Streitigkeiten 81 18; Zuordnung (Tarifvertrag/Betriebsvereinbarung) 81 3
Betriebliche Altersversorgung, Abfindung bei Ausscheiden 22 3; Abfindung einer Versorgungsanwartschaft 22 8; Alter (AGG) 14 10; Altersgrenze 22 6; Anpassungsprüfung des Arbeitgebers 22 16; Anrechnung anderer Leistungen 22 5; Anwartschaft 22 1 b; Anwartschaft (Beitragspflicht) 22 30 i; Arbeitgeberwechsel 22 3; Arbeitsgerichte 91 2; Auszehrungs- und Anrechnungsverbot 22 28; Beamte 22 18; Begriff 22 1; Beitragsorientierte Leistungszusage 22 1; Beitragspflicht der Arbeitgeber 22 10; Beitragszusage mit Mindestleistung 22 1; betriebliche Übung 22 1b; Direktversicherung 22 1b; Entgeltumwandlung 22 1; Finanzamt 22 11; Geltungsbereich 22 17; Gleichbehandlung 22 1b; Insolvenz 22 7 ff.; Insolvenzsicherung 22 14; Lebensversicherung 22 1b; Mitteilungs- und Auskunftspflichten der Arbeitgeber 22 11; Nachversicherung 22 18; öffentlicher Dienst 22 17 f.; Pensionsfonds 22 1b; Pensionskasse 22 1b; Pflichtversicherungszeiten 22 18; Rückwirkung 22 26; Schuldübernahme 22 4; Sozialplan 81 112; Steuerfreiheit 24 3; Übergangsvorschriften 22 27, 30 f; Unterstützungskasse 22 1b; unverfallbare Anwartschaft 22 2; Unverfallbarkeit 22 1b; Verjährung 22 18 a; Versorgungsausgleich 22 18; Versorgungskapital 22 1; Versorgungszusage 22 1b; Vorruhestand 22 1b; vorzeitigen Altersleistungen 22 29; Wartezeit 22 1b; Wehrpflicht 21 14 a f.; Zusage 22 1; Zusatzrente 22 18; Zusatzversorgung 22 18
Betriebliche Übung, betriebliche Altersversorgung 22 1 b
Betriebsänderung, Begriff 81 111 ff.; Berater 81 111; Insolvenz 23 121; Interessenausgleich/Sozialplan 81 111 ff.; Nachteilsausgleich 81 113; Sozialauswahl 20 1; Sozialplan (Insolvenzverfahren) 23 123 f.
Betriebsanlagen, Sozialplan 81 111 f.
Betriebsarzt, Bestellung und Aufgaben 52 2 ff.; Jugendarbeitsschutz 59 22 ff.; Unterstützungspflicht (Arbeitsschutz) 51 16

Magere Zahlen = Artikel bzw. Paragraphen   **Sachverzeichnis**

Betriebsausschuss, Bildung und Rechtsstellung **81** 27; Bruttolohn- und Gehaltslisten **81** 80
Betriebseinschränkung, Betriebsänderung **81** 111
Betriebsfrieden, Entfernung von Arbeitnehmern **81** 104; Zustimmungsverweigerungsgrund **81** 99
Betriebs- oder Geschäftsgeheimnis, Arbeitsgerichte (Öffentlichkeit) **91** 52; Ausbildungsverhältnis **32** 13; Betriebsrat **81** 79; Betriebsversammlung **81** 43; Handelsvertreter **13** 90; Pensions-Sicherungs-Verein **22** 15; Sprecherausschuss **84** 35; Strafvorschriften (BetrVG) **81** 120
Betriebsorganisation, Sozialplan **81** 111f.
Betriebsrat, Allgemeine Aufgaben **81** 80; ältere Arbeitnehmer **81** 80; Amtsfortführung (bei Rücktritt) **81** 22; Amtszeit **81** 21; Anzahl (Mitglieder) **81** 9ff.; Arbeitnehmervertreterwahl (DrittelbG) **89** 6; Arbeitsgruppen **81** 28a; Arbeitsgruppen (Förderungspflicht) **81** 75; Arbeitskampfverbot **81** 74; Arbeitsschutz **51** 16; **81** 89; Arbeitssicherheit **52** 9f.; Arbeitsversäumnis bei Inanspruchnahme (Sprechstunden) **81** 39; Aufgaben **81** 80; Auflösung **81** 23; Auflösung (Geschäftsführung) **81** 13; ausländische Arbeitnehmer **81** 80; Ausschluss eines Mitglieds **81** 23; außerordentliche Kündigung (Verfahren) **81** 103; Berufsausbildung **32** 51; Berufsbildung **81** 96ff.; Beschlüsse **81** 33ff.; Beschlussfähigkeit **81** 33; Beschwerden **81** 85; Betriebsänderung **81** 111f.; Betriebsänderung (Insolvenzverfahren) **23** 121f.; Betriebsangehörige (Behandlung) **81** 75; Betriebsausschuss **81** 27; Betriebsratsausschuss **81** 28; Betriebsstörende Arbeitnehmer **81** 104; Betriebsvereinbarung (Insolvenz) **23** 120; Betriebsversammlung **81** 43ff.; Bruttolohn- und Gehaltslisten **81** 80; Einsichtsrecht in Unterlagen **81** 80; Ersatzmitglied **81** 25; Ersatzmitglied (Wahl) **81** 14; Europäischer Betriebsrat **85** 1ff.; Fortgeltung bei Unternehmensumwandlung **83** 325; Freistellung **81** 38; Geheimhaltungspflicht (BetrVG) **81** 79; Gerichtliche Geltendmachung (AGG) **14** 17; Gesamtbetriebsrat **81** 50; Geschäftsordnung **81** 36; Geschlechter **81** 15; Hinzuziehung durch Arbeitnehmer **81** 81f.; Informations-/Kommunikationstechnik **81** 40; Insolvenz (Betriebsvereinbarung) **23** 120; Insolvenzplan **23** 218; Jugend- und Auszubildendenvertretung **81** 80; Kosten **81** 40; Kündigungseinspruch **20** 3; laufende Geschäfte **81** 27; Massenentlassungen **20** 17ff.; Mitbestimmung (soziale Angelegenheiten) **81** 87; Mitteilung über gefährlichen Arbeitsplatz **57a** 2; Monatsgespräch **81** 74; ordentliche Kündigung **81** 102; Ordnungs- und Zwangsgeld **81** 23; parteipolitische Neutralität **81** 74; Personalakte **81** 83; personelle Angelegenheiten **81** 92ff.; personelle Einzelmaßnahmen **81** 99ff.; Restmandat **81** 21b; Rücktritt **81** 13; Sachkundige Arbeitnehmer **81** 80; Sachverständige **81** 80; Schulungs- und Bildungsveranstaltungen (BetrVG) **81** 37; Schutz der schwerbehinderten Menschen **47**.93; Schwerbehinderte Menschen **81** 80; Sicherheitsbeauftragter **46** 22; **81** 89; Sitzungen **81** 29ff.; Sozialplan **81** 112; Spartenbetriebsrat **81** 3; Sprecherausschuss **84** 2; Sprechstunden **81** 39; Tarifvertrag/Betriebsvereinbarung **81** 3; Teilzeit (Information) **16** 7; Themenvorschlag der Arbeitnehmer **81** 86a; Übergangsmandat **81** 21a; Umlageverbot **81** 41; Umsetzung von Nachtarbeitern **54** 6; Unbefristetes Arbeitsverhältnis (Information) **16** 20; Unfallanzeige **81** 89; Unterlassungsanspruch (BetrVG) **81** 23; Unterrichtung des Arbeitnehmers **81** 81; Versetzung **81** 103; Vertretung **81** 26; Voraussetzungen **81** 1; Vorsitzendenwahl **81** 26; Wahlanfechtung **81** 19; Wahlrecht bei neuem Arbeitsverhältnis **20** 16; Wahlvorstand **81** 16; Wirtschaftsausschuss **81** 106ff.; Zusammenarbeitsgrundsätze **81** 74; Zusammensetzung **81** 10ff., 15; *siehe auch Betriebsratsbeschluss; Betriebsratsmitglied; Betriebsratssitzung; Betriebsratsvorsitzender; Betriebsratswahl; Gesamtbetriebsrat; Jugend- und Auszubildendenvertretung; Konzernbetriebsrat*
Betriebsräteversammlung 81 53
Betriebsratsbeschluss, Aussetzung **81** 35; Beanstandung (Jugend- und Auszubildendenvertretung) **81** 66; Beschlussfähigkeit **81** 33; Betriebs- oder Abteilungsversammlung **81** 45; Gesamtbetriebsrat **81** 51; Grundsatz **81** 33; Jugend- und Auszubildendenvertretung **81** 33; Niederschrift **81** 34; Stimmenmehrheit **81** 33
Betriebsratsmitglied, Abteilungsversammlung **81** 42; Amtszeitende **81** 24; Anwesenheitsliste **81** 34; Ausschluss aus Betriebsrat **81** 23; Befreiung von beruflicher Tätigkeit **81** 37; Behinderungsverbot bei Freistellung **81** 38; Benachteiligungsverbot **81** 78; Betriebsratssitzung **81** 29; Betriebsratstätigkeit außerhalb der Arbeitszeit **81** 37; ehrenamtliche Tätigkeit **81** 37; Entgeltschutz **81** 37f.; Freistellung **81** 38;

Sachverzeichnis

Fette Zahlen = Nummern

Gewerkschaftsvertreter (Hinzuziehung) **81** 31; Kündigungsschutz **20** 15; Kündigungsschutz (Verfahren) **81** 103; Nichtwählbarkeit **81** 24; Niederlegung des Amts **81** 25; Schulungs- und Bildungsveranstaltungen **81** 37; Sitzungsniederschriften **81** 34; Versetzung **81** 103; Wählbarkeitsverlust **81** 24

Betriebsratssitzung, Anwesenheitsliste **81** 34; Arbeitgeber **81** 29 f.; Einberufung **81** 29; Gewerkschaftsteilnahme **81** 31; Jugend- und Auszubildendenvertretung **81** 29; Ladung im Verhinderungsfall **81** 29; Niederschrift **81** 34; Öffentlichkeit **81** 30; Schwerbehindertenvertretung **81** 32; Schwerbehindertenvertretung (Einladung) **81** 29; Tagesordnung **81** 29 ff.; Zeitpunkt **81** 30

Betriebsratsvorsitzender, Abteilungsversammlung **81** 46; Aufgaben **81** 26; Betriebsversammlung **81** 42; Einberufung von Sitzungen **81** 29; Führung der laufenden Geschäfte **81** 27; Niederschrift (Unterzeichnung) **81** 34; Wahl **81** 26

Betriebsratswahl, Anfechtung **81** 47; Arbeitsversäumnis **81** 20; Behinderungsverbot **81** 20; Bekanntmachung (Ergebnis) **82** 18; einstufiges Verfahren (WahlO) **82** 36 ff.; Geschlechterquote **81** 15; Kosten **81** 20; Kündigungsschutz **20** 15; Leiharbeitnehmer **82** 2; Leitende Angestellte (Zuordnung) **81** 18 a; schriftliche Stimmabgabe **82** 24 ff.; Stimmabgabe **82** 11; Stimmauszählung **82** 13 f., 21; Übergangsvorschriften **81** 125; Vereinfachtes Wahlverfahren (Kleinbetriebe) **81** 14 a; vereinfachtes Wahlverfahren (WahlO) **82** 28 ff; Verhältniswahl **81** 14; Vorschlagsliste **82** 6 ff.; Wählbarkeit **81** 8; Wahlberechtigung **81** 7; Wahlgänge **81** 14; Wahlgrundsätze **81** 14; Wahlniederschrift **82** 16; Wahlordnung **82** 1 ff.; Wahlvorgang **82** 12; Wahlvorschläge **81** 14; Wahlvorschriften **81** 14; Wahlvorstand **81** 16; **82** 1; Wahlvorstand (vereinfachtes Wahlverfahren) **81** 17 a; Zeitpunkt **81** 13

Betriebsstilllegung, Betriebsrat **81** 111

Betriebsteile, Abteilungsversammlung **81** 42; Betriebsratsfähigkeit **81** 4; Zuordnung bei Betriebsratswahl **81** 18; Zuordnung (Tarifvertrag/Betriebsvereinbarung) **81** 3

Betriebsteilverlegung, Betriebsänderung **81** 111

Betriebsübergang, Grundsätze **11** 613 a; Insolvenz **23** 128; Textform **11** 613 a; Unternehmensumwandlung **83** 324; Unterrichtung (Arbeitnehmer) **11** 613 a; Widerspruch **11** 613 a

Betriebsveräußerung, Insolvenz **23** 128

Betriebsvereinbarung, Allgemeine Geschäftsbedingungen **11** 310; Arbeitsvertrag (Verhältnis) **12** 105; Arbeitszeit (Tarifvertrag) **54** 7; Arbeitszeitregelung (ArbZG) **54** 25; Aushang und Aushändigung (ArbZG) **54** 16; Ausschlussfristen **81** 77; Bekanntmachung **81** 77; Beschäftigung von Jugendlichen **59** 21 a; Beschwerdeverfahren **81** 86; Betriebsausschuss **81** 27; Betriebsratsausschüsse **81** 28; Betriebsübergang **11** 613 a; Betriebsverfassung (Änderung) **81** 3; Einigungsstellenverfahren **81** 76; Einigungsstellenvergütung **81** 76 a; Form **81** 77; Freistellung von Betriebsratsmitgliedern **81** 38; freiwillige **81** 88; Geltung **81** 77; Gesamtbetriebsrat (BetrVG) **81** 47; Gleichbehandlung **14** 2; Insolvenz **23** 120; Kündigung **81** 77; Mitgliederzahl der Gesamt-, Jugend- und Auszubildendenvertretung **81** 72; Mitgliederzahl des Gesamtbetriebsrats **81** 47; Mitgliederzahl des Konzernbetriebsrats **81** 55; Mitteilung an Arbeitnehmer **15** 2; Nachwirkung **81** 77; Sozialauswahl **20** 1; Sozialplan **81** 112; Tarifvorrang **81** 77; Überwachung durch Betriebsrat **81** 80; Unternehmensumwandlung **83** 325; Verzicht **81** 77; Zustimmungsverweigerungsgrund **81** 99

Betriebsverlegung, Betriebsänderung **81** 111

Betriebsversammlung, Abteilungsversammlung **81** 42; Betriebsratswahl (Kleinbetriebe) **81** 14 a; Grundsätze **81** 42 ff.; Kündigungsschutz **20** 15; Lage innerhalb der Arbeitszeit **81** 44; Leitung **81** 42; Öffentlichkeit **81** 42; Stellungnahme zu Beschlüssen des Betriebsrats **81** 45; Teilversammlung **81** 42; Themen **81** 45; Wahlvorstand **81** 17; Zeitpunkt **81** 43

Betriebszugehörigkeit, Alter (AGG) **14** 10; Anrechnung bei Wehrdienst/-übung **21** 6; Befristung (Berechnung) **16** 4; Schwangerschaft **57** 10; Sozialauswahl **20** 1

Betriebszweck, Sozialplan **81** 111 f.

Beurkundung, Gerichtlicher Vergleich **11** 127 a; notarielle und Schriftform **11** 126

Beurteilungsgrundsätze, Mitbestimmung **81** 94

Bewährungszeit, Wehrdienst/-übung **21** 6

Beweisaufnahme, Schiedsgericht **91** 106; Vorsitzender **91** 55; Zuständigkeit der Kammer **91** 58

Beweislast, Allgemeine Geschäftsbedingungen **11** 309; Gleichbehandlung (AGG) **14** 22; ordentliche Kündigung **20** 1

Magere Zahlen = Artikel bzw. Paragraphen **Sachverzeichnis**

Beweisverfahren, Verjährung (Hemmung) **11** 204
Bewerber, Gleichbehandlung (AGG) **14** 6
Bildung, Gleichbehandlung **14** 2
Billiges Ermessen, Anpassungsprüfung des Arbeitgebers (BetrAVG) **22** 16; einseitige Leistungsbestimmung **11** 315; Weisungsrecht **12** 106
Binnenschifffahrt, Arbeitszeitgesetz **54** 21; Beschäftigung von Jugendlichen **59** 20
Blindenwerkstätten, Ausgleichsabgabe/Auftragsvergabe **47** 143
Bordvereinbarungen 81 115
Bordvertretung, Außerordentliche Kündigung **81** 103; Benachteiligungsverbot **81** 78; Bildung und Aufgaben **81** 115; Geheimhaltungspflicht (BetrVG) **81** 79; Kündigungsschutz **20** 15; Versetzung **81** 103; Wahlrecht bei neuem Arbeitsverhältnis **20** 16
Börsen, Sonntagsbeschäftigung **54** 10
Botschaftsangehörige, Unfallversicherung **46** 2
Briefdienstleistungen, Tarifvertrag (Anwendung) **74** 1
Bruttolohn- und Gehaltslisten, Einsichtsrecht **81** 80
Bundesagentur für Arbeit siehe Arbeitsverwaltung
Bundesanstalt für Angestellte, Scheinselbständigkeit **45** 134
Bundesarbeitsgericht, Bundesrichter **91** 42; Dienstaufsicht **91** 40; Großer Senat **91** 45; Prozessvertretung **91** 11; Sitz **91** 40; Zusammensetzung **91** 41
Bundesregierung, Ermächtigungsverordnung bei Sonn- und Feiertagsruhe **54** 13
Bundesrepublik Deutschland, Bundesstaat **1** 20
Bundesrichter, Bundesarbeitsgericht **91** 42
Bundesstaat, demokratischer und sozialer **1** 20

Chefarzt, Arbeitszeit **54** 18

Darlehen, Insolvenz **23** 108
Datenerhebung, Zulässigkeit **56** 4
Datengeheimnis, Begriff **56** 5
Datennutzung, Auftrag **56** 11; Zulässigkeit **56** 4
Datenschutz, Abdingbarkeit **56** 6; Abrufverfahren **56** 10; Aufsichtsbehörde **56** 38; Aufsichtsbehörde (Verhaltensregeln) **56** 38 a; Ausland **56** 4 b f.; Beauftragter **56** 4 f; Begriffsbestimmungen **56** 3; Begriffsbestimmungen (Weitergeltung) **56** 46; Beobachtung (Räume) **56** 6 b; Berichtigung, Löschung und Sperrung von Daten **56** 35; Einwilligung **56** 4 a; Einzelentscheidung (automatisierte) **56** 6 a; Geltungsbereich **56** 1; Grundsätze **56** 1 ff.; Meldepflicht **56** 4 d f.; Rechte des Betroffenen **56** 33 f.; Schadensersatz **56** 7 f.; Speicher-/Verarbeitungsmedien **56** 6 c; Übergangsvorschriften **56** 45
Datenschutzbeauftragter, Aufgaben **56** 4 g; Bestellung **56** 4 f
Datenspeicherung, Zulässigkeit **56** 28 ff.
Datenverarbeitung, Auftragsarbeit **56** 11; Rechtsgrundlagen **56** 27; Zulässigkeit **56** 4
Deutsche Ausgleichsbank 22 14
Deutsche Bahn AG, Urlaub **19** 13
Dienstalter, Alter (AGG) **14** 10
Dienstvereinbarung, Arbeitszeit (Tarifvertrag) **54** 7; Aushang und Aushändigung (ArbZG) **54** 16; Mitteilung an Arbeitnehmer **15** 2
Dienstvertrag 11 611 ff.; Insolvenz (Fortbestehen) **23** 108
Dienstzeit, Wehrdienst/-übung **21** 6
Direktionsrecht, Arbeitsvertrag **12** 106; Berufsausbildung **32** 13
Direktversicherung, betriebliche Altersversorgung **22** 1 b; Entgeltumwandlung **22** 1 a
Diskriminierung, Arbeitsgerichte (Verfahren) **91** 61 b; mittelbare **3** 141; Verbote (BetrVG) **81** 75; siehe auch Gleichbehandlung, Gleichberechtigung
Drei-Wochen-Frist, Änderungskündigung **20** 2; Besatzungsmitglied **20** 24; Erhebung der Kündigungsschutzklage **20** 4; Wirksamwerden der Kündigung **20** 7
Drittmittel, Befristung **16 a** 2
Drohung, Anfechtung **11** 123

Ehrenamt, Arbeitslosengeld **42** 119
Ehrenamtliche Richter, Ablehnung und Niederlegung des Amtes **91** 24; Amtsenthebung **91** 27; Arbeitgebervertreter **91** 22; Arbeitnehmervertreter **91** 23; Ausschuss **91** 29; BAG **91** 43 f.; Benachteiligungsverbot **91** 26; Berufung **91** 20; Berufungsverfahren **91** 69; Beschwerdeverfahren **91** 91; Heranziehung **91** 86; Landesarbeitsgericht **91** 37 ff.; Ordnungsgeld **91** 28; Prozessvertretung **91** 11; Rechtsbeschwerdeverfahren **91** 96; Revisionsverfahren **91** 75; Urteil (Unterzeichnung) **91** 60; Voraussetzungen **91** 21; Zusammensetzung **91** 16
Ehrschutz 1 5
Eid, Arbeitsgerichte **91** 58
Eidesstattliche Versicherung, Arbeitsgerichte **91** 58

Sachverzeichnis

Fette Zahlen = Nummern

Eigenart der Beschäftigung, Befristung (sachlicher Grund) **16** 14
Eigentum (GG) **1** 14; Verjährung **11** 197
Einberufungsbescheid 21 1
Eingliederung, Arbeitslosengeld II **41** 16
Eingliederungsgutschein, Begriff **42** 223; Eingliederungsvereinbarung **42** 35
Eingliederungsvereinbarung, Begriff **42** 35
Eingliederungszuschuss, Arbeitsverwaltung **42** 217 ff.
Eingruppierung, Mitbestimmung **81** 99; Streitwert **93** 42; Wehrdienst/-übung **21** 6
Einigungsstelle, Arbeitsbedingungen und -abläufe **81** 90 f.; Arbeitsverträge **81** 94; Auswahlrichtlinien **81** 95; Beisitzer **81** 76; Benachteiligungsverbot **81** 78; Berufsbildung **81** 98; Beschlussfassung **81** 76; Beschwerden **81** 85; Beurteilungsgrundsätze **81** 94; Bildung **81** 76; Durchführung von Vereinbarungen **81** 77; Ermessensüberschreitung **81** 76; Freistellung von Betriebsratsmitgliedern **81** 38; Geheimhaltungspflicht (BetrVG) **81** 79; Gerichtliche Bestellung **91** 98; Gesamt-, Jugend- und Auszubildendenvertretung **81** 72; Gesamtbetriebsrat **81** 47; Kosten **81** 76 a; Kündigungen **81** 102; Personalfragebogen **81** 94; Schulungs- und Bildungsveranstaltungen **81** 37; Soziale Angelegenheiten **81** 87; Sozialplan **81** 112; Sprechstunden **81** 39; Sprechstunden (Jugend- und Auszubildendenvertretung) **81** 69; Verfahrensgrundsätze **81** 76; Vergütung der Beisitzer **81** 76 a; Vergütung des Vorsitzenden **81** 76 a; Vorsitzender **81** 76; Wirtschaftsausschuss **81** 109; Zusammensetzung **81** 76
Einlassung, Arbeitsgerichte (Frist) **91** 47
Einspruch, Wählerliste **82** 4
Einstellung, Alter (AGG) **14** 10; Anspruch (AGG) **14** 15; Ausschreibung (Gleichbehandlung) **14** 11; Auswahlrichtlinien **81** 95; Mitbestimmung **81** 99; Schwerbehinderte Menschen **47** 81; Wehrdienstleistende **21** 11 a
Einstellungszuschuss, Arbeitsverwaltung **42** 225 ff.
Einstufiges Verfahren, Durchführung **82** 36 ff.
Einstweilige Verfügung, Beschlussverfahren **91** 85; Urteilsverfahren **91** 62; Verjährung (Hemmung) **11** 204
Einzugsstelle 43 28 a ff.
Elektronische Akte, Arbeitsgerichte **91** 46 d
Elektronische Dokumente, Arbeitsgerichte **91** 46 b ff.

Elektronische Form, Begriff **11** 126 a
Elterngeld, Anrechnung **58** 3; Antrag **58** 7; Arbeitslosenversicherung **42** 26; Auskunftspflicht **58** 8; Auszahlung **58** 6; Berechtigte **58** 1 ff.; Bezugszeitraum **58** 4; Höhe **58** 2; Krankenversicherung **44** 192; mehrere Anspruchsberechtigte **58** 5; Nachweis **58** 9; Rechtsweg **58** 13; Sozialleistungen (Verhältnis) **58** 10; Unterhaltspflichten **58** 11; Zuständigkeit **58** 12
Elternzeit, Anmeldung **58** 16; Anspruchsberechtigte **58** 15; Arbeitslosenversicherung **42** 26; Befristung (Ärzte) **16 b** 1; Befristung (Verlängerung) **16 a** 2; Krankenversicherung **44** 119; Kündigungsfrist **58** 19; Kündigungsschutz **58** 18; Urlaub (Kürzung) **58** 17; Vertretung (Ersatzkraft) **58** 21
Entbindung, Beschäftigungsverbote **57** 3 ff.
Entbindungsgeld, MuSchG **57** 15; RVO **57 b** 200 b
Enteignung 1 14
Entgangener Gewinn, Schadensersatz **11** 252
Entgeltbeleg, Heimarbeit **60** 9
Entgeltfortzahlung, Anwendungsbereich **18** 1; Anzeige- und Nachweispflichten **18** 5; Arbeitsunfähigkeit und gesetzlicher Feiertag **18** 4; Auslandsaufenthalt **18** 5; Beendigung des Arbeitsverhältnisses **18** 8; Berufsausbildung **32** 19; Erstattung (Verfahren) **18 a** 1 ff.; Feiertage **18** 2; Feiertagsbezahlung der Heimarbeiter **18** 11; Forderungsübergang **18** 6; Gratifikation (Kürzung) **18** 4 a; Heimarbeit **18** 10; Höhe **18** 4; Krankengeld **44** 44 ff.; Krankheitsfall **18** 3; Leistungsverweigerungsrecht des Arbeitgebers **18** 7; medizinische Vorsorge und Rehabilitation **18** 9; Medizinischer Dienst **44** 275 ff.; Unabdingbarkeit **18** 12; *siehe auch Krankheit*
Entgeltumwandlung, Anpassungsprüfung **22** 16; Anspruch **22** 1 a; Anwartschaft **22** 1 b; Beitragsbemessungsgrenze **22** 1 a; betriebliche Altersvorsorge **22** 1; Direktversicherung **22** 1 a; Förderung **22** 1 a; Pensionskasse **22** 1 a; Übergangsvorschrift **22** 30 h
Entgeltverzeichnis, Heimarbeit **60** 8
Entlassungsentschädigung, Arbeitslosengeld (Anrechnung) **42** 143 a; *siehe auch Abfindung*
Entschädigung, Enteignung **1** 14; Gleichbehandlung **14** 15
Entwicklungshelfer, Arbeitsgerichte **91** 2; Unfallversicherung **46** 2
Erbrecht 1 14

Magere Zahlen = Artikel bzw. Paragraphen **Sachverzeichnis**

Erfüllungsgehilfe, Verschulden **11** 278; Vertrag **11** 278
Erinnerung, Gerichtskosten **93** 66
Erlaubnis, Arbeitnehmerüberlassung **31** 1
Erledigung der Hauptsache, Beschlussverfahren **91** 83a
Ernstlichkeit, Nichtigkeit **11** 118
Erprobung, Befristung (sachlicher Grund) **16** 14
Ersatzmitglieder, Nachrücken **81** 25
Erste Hilfe 51 10
Erwerbsunfähigkeit, Altersgrenze **45** 37
Erziehungsgeld, Anrechnung **58a** 7; Anspruchsbeginn und -ende **58a** 4; Aufteilung **58a** 3; Berechtigte **58a** 1ff.; Berücksichtigung von Einkommen **58a** 5ff.; Einkommen (Begriff) **58a** 6; Höhe **58a** 5; Rechtsweg **58a** 13; Sorgerecht **58a** 3; Teilzeit **58a** 2; Unterhaltspflicht **58a** 9; Zuständigkeit und Kostentragung **58a** 10f.
Erziehungsurlaub siehe Elternzeit
Ethnische Herkunft, Benachteiligungsverbot **14** 19
Europäischer Betriebsrat, Bildung und Befugnisse **85** 1ff.
Europäischer Gerichtshof, Vorabentscheidungsverfahren **3** 234
Europäische Union, Arbeitsschutz **51** 19; Arbeitszeitgesetz **54** 24; Mindestruhezeiten für Kraftfahrer **54** 5; Wahlberechtigung der Unionsbürger **1** 28
Existenzgründer, Befristung **16** 14; Einstellungszuschuss **42** 225ff.; Rentenversicherung **44** 2; Rentenversicherung (Befreiung) **44** 6

Fachausschüsse, Festsetzung von Mindestarbeitsbedingungen **73** 1; Mindestarbeitsbedingungen **73** 4ff.
Fachkraft für Arbeitssicherheit, Bestellung und Aufgaben **52** 5ff.; Jugendarbeitsschutz **59** 22ff.; Unterstützungspflicht (Arbeitsschutz) **51** 16
Fahrlässigkeit, Haftung (Schuldner) **11** 276
Fahrtkosten, Sozialplan **81** 112
Fälligkeit, Kosten **93** 6
Familie, Betriebsrat (Aufgabe) **81** 80; Heimarbeit **60** 2
Familienangehörige, Arbeitnehmerbegriff **43** 7; Pflegezeit **26** 7; Prozessvertretung **91** 11; Unfallversicherung **46** 2
Feiertage, Entgeltzahlung **18** 2; Fristen **11** 193; Übersicht über gesetzliche **18 b**
Feiertagsbeschäftigung siehe Sonntagsbeschäftigung
Feiertagsruhe, Jugendliche **59** 18; siehe auch Sonntagsruhe

Filmfreiheit, Grundrecht **1** 5
Finanzamt, Mitteilung an Pensions-Sicherungs-Verein **22** 11
Flughäfen, Ladenschluss **55** 9
Forderungsübergang, Betriebliche Altersversorgung **22** 9; Sozialversicherung **48** 115
Form, Gerichtlicher Vergleich **11** 127a; Nichtigkeit **11** 125; Unterzeichnung einer Urkunde **11** 126; vereinbarte **11** 127; siehe auch Schriftform, Elektronische Form, Textform
Forschung, Freiheit **1** 5
Forschungseinrichtung, Befristung **16a** 5
Fortbildung, Begriff **32** 1; Grundsätze **32** 53
Fortbildungsmaßnahmen, ordentliche Kündigung **20** 1
Fragebogen, Betriebsrat **81** 94
Fragerecht, Arbeitsförderung **42** 42
Frauen, Altersgrenze **45** 237a; Gleichberechtigung **1** 3; siehe auch Diskriminierung, Gleichberechtigung, Gleichstellung
Freiheit der Person, Unverletzlichkeit **1** 2
Freiheitsentziehung, Zwangsarbeit **1** 12
Freistellung, Arbeitslosmeldung **42** 2
Freiwilliges ökologisches Jahr, Arbeitslosengeld **42** 131
Freiwilliges soziales Jahr, Arbeitsgerichte **91** 2
Freizügigkeit, Arbeitnehmer (EGV) **3** 39
Fremdenfeindlichkeit, Betriebsrat (Aufgabe) **81** 80; Betriebsvereinbarung **81** 88; Kündigung **81** 104; personelle Einzelmaßnahme **81** 99
Fristen, Beginn **11** 187; Ende **11** 188; Geltungsbereich **11** 186; Kalenderabschnitte **11** 189; Monat **11** 192; Monats- und Jahreszeiträume **11** 191; Samstag **11** 193; Sonn- und Feiertage **11** 193; Verlängerung **11** 190; siehe auch Klagefrist
Fristlose Kündigung siehe außerordentliche Kündigung
Fristsetzung, Allgemeine Geschäftsbedingungen **11** 309; Schadensersatz **11** 281
Früher erster Termin, Arbeitsgerichte **91** 46

Gaststätten, Ruhezeit **54** 5
Gebäudereiniger, Tarifvertrag (Anwendung) **74** 1
Gefahrenschutz, Heimarbeit **60** 12ff.
Gefälligkeit, Schwarzarbeit **25** 1
Gefangene, Arbeitslosenversicherung **42** 27
Gemeinden, Volksvertretung **1** 28
Gemeinsame Ausschüsse, Betriebsverfassung **81** 28

803

Sachverzeichnis

Fette Zahlen = Nummern

Gemeinsame Einrichtungen, Arbeitnehmerentsendung **74** 1; Arbeitsgerichte **91** 2; örtliche Zuständigkeit im Tarifvertrag **91** 48; Tarifvertrag **72** 4
Gemeinsamer Betrieb, Gesamtbetriebsrat (Stimmengewichtung) **81** 47; Voraussetzungen **81** 1
Genehmigung, Vertreter ohne Vertretungsmacht **11** 177
Genossenschaft, Aufsichtsrat **89** 1
Gerichtliche Entscheidung, Zustimmungsverweigerungsgrund **81** 99
Gerichtliches elektronisches Dokument, Arbeitsgerichte **91** 46 c
Gerichtsferien, Arbeitsgerichtsbarkeit **91** 9
Gerichtskosten, Arbeitsgerichte **95** 2 ff.; Arbeitsgerichte (Höhe) **91** Anl. 1; Festsetzung **93** 63 ff.
Gerichtssprache, Arbeitsgerichte **91** 9
Gerichtsverfassung, Arbeitsgerichtsbarkeit **91** 9
Geringfügig Beschäftigte, Altersteilzeit **17** 5; Krankenversicherung **44** 7; Privathaushalt **43** 8 a; Rentenversicherung (Nachweis) **15** 2; Sozialversicherung **43** 8; Teilzeitarbeitnehmer **16** 2
Gesamtbetriebsausschuss 81 51
Gesamtbetriebsrat, Ausschluss von Mitgliedern **81** 48; Beauftragung des Konzernbetriebsrats **81** 58; Benachteiligungsverbot **81** 78; Beschlussverfahren (örtliche Zuständigkeit) **91** 82; Bestellung des Wirtschaftsausschusses **81** 107; Betriebsräteversammlung **81** 53; Erlöschen der Mitgliedschaft **81** 49; Geheimhaltungspflicht (BetrVG) **81** 79; Gesamtschwerbehindertenvertretung **81** 52; Geschäftsführung **81** 51; Konzernbetriebsrat **81** 54; Mitgliederzahl **81** 47; Rechtsstellung **81** 51; Seebetriebsrat **81** 116; Stimmengewicht **81** 47; Übertragung der Aufgaben des Wirtschaftsausschusses **81** 107; Unterrichtung durch Wirtschaftsausschuss **81** 108; Voraussetzungen **81** 47; Vorsitzender **81** 51; Wahlvorstand **81** 17; Zusammensetzung (Geschlechter) **81** 47; Zuständigkeit **81** 50
Gesamt-, Jugend- und Auszubildendenvertretung, Benachteiligungsverbot **81** 78; Bildung, Aufgaben und Geschäftsführung **81** 72 f.; Geheimhaltungspflicht (BetrVG) **81** 79
Gesamtprokura 13 48
Gesamtschwerbehindertenvertretung 81 52
Gesamtsozialversicherungsbeitrag 43 28 d

Gesamtsprecherausschuss, Beschlussverfahren **91** 82; Bildung, Aufgaben, Geschäftsführung **84** 16 ff.
Gesamtvollstreckung siehe *Insolvenz*
Geschäftsführer, Arbeitnehmer **91** 5; Gleichbehandlung (AGG) **14** 6
Geschäftsgeheimnis siehe *Betriebs- und Geschäftsgeheimnis*
Geschäftsordnung, Betriebsrat **81** 36
Geschäftsstelle, Arbeitsgerichte **91** 7; Übergabe des Urteils **91** 60
Geschlecht, Betriebsrat (Zusammensetzung) **81** 15; Differenzierungsgrund **1** 3
Gesellschaften, Gründungsfreiheit **1** 9
Gesetze, Grundrechte **1** 1; Meinungsäußerung **1** 5; Überwachung durch Betriebsrat **81** 80; Zustimmungsverweigerungsgrund **81** 99
Gesundheit, Jugendliche **59** 32 ff.
Gesundheitsfonds, Beiträge (Weiterleitung) **43** 28 k; Beitragsnachweise **43** 28 h
Gewerkschaften, Anfechtung der Betriebsratswahl **81** 47; Auflösung des Betriebsrats **81** 23; Ausschluss eines Betriebsratsmitglieds **81** 23; Aussetzung von Beschlüssen (BetrVG) **81** 35; Betätigung für (BetrVG) **81** 74 f.; Betriebs- oder Abteilungsversammlung (Teilnahme) **81** 46; Betriebsratssitzungen **81** 31; Betriebsversammlung (Einberufung) **81** 43; Geheimhaltungspflicht (BetrVG) **81** 79; Gerichtliche Geltendmachung (AGG) **14** 17; Gleichbehandlung **14** 2; Gleichbehandlung (AGG) **14** 18; Nebenbetriebe und Betriebsteile bei Betriebsratswahl **81** 18; Niederschrift der Betriebsratssitzung **81** 34; Ordnungs- und Zwangsgeld **81** 23; Parteifähigkeit **91** 10; Prozessvertretung **91** 11; Soziale Verantwortung (AGG) **14** 17; Tarifvertragspartei **72** 2; Übersendungs- und Mitteilungspflichten (TVG) **72** 7; Unterlassungsanspruch **81** 23; Wahlvorschläge **82** 27; Wahlvorschläge für Betriebsratswahl (BetrVG) **81** 14; Wahlvorstand (BetrVG) **81** 16 ff.; Zutrittsrecht **81** 2
Gewinn, Entgangener (Schadensersatz) **11** 252
Gewissensfreiheit 1 4
Glauben, Differenzierungsgrund **1** 3
Glaubensfreiheit 1 4
Gläubigerausschuss, Aufgaben **23** 69; Einsetzung **23** 67; Insolvenzplan **23** 218; Vergütung (Insolvenzkosten) **23** 54; Wahl (andere Mitglieder) **23** 68
Gläubigerversammlung, Insolvenzplan **23** 218
Gleichbehandlung, betriebliche Altersversorgung **22** 1 b; Teilzeitbeschäftigte **16** 4;

Magere Zahlen = Artikel bzw. Paragraphen **Sachverzeichnis**

siehe auch *Diskriminierung, Gleichberechtigung, Gleichstellung; Gleichbehandlung (AGG)*

Gleichbehandlung (AGG), Ansprüche (Zivilrecht) **14** 21; Antidiskriminierungsverbände **14** 23; Anwendungsbereich **14** 2; Aushang **14** 12; Benachteiligungsverbot **14** 7 f.; Beschwerde **14** 13; Entschädigung **14** 15; Gerichtliche Geltendmachung **14** 17; Klagefrist **91** 61 b; Leistungsverweigerung **14** 14; Maßregelungsverbot **14** 16; Rechtfertigung **14** 4; Rechtfertigung (Zivilrecht) **14** 20; Schadensersatz **14** 15; Unabdingbarkeit **14** 31; Zivilrecht **14** 19 ff.

Gleichberechtigung, Betriebsverfassung **81** 75; Grundrecht **1** 3; Jugend- und Auszubildendenvertretung **81** 62; *siehe auch Diskriminierung, Gleichbehandlung, Gleichstellung*

Gleichgestellte, Begriff **47** 2

Gleichheit, Menschen **1** 3

Gleichstellung, Betriebsrat **81** 80; Betriebsräteversammlung (Bericht Arbeitgeber) **81** 53; Betriebsversammlung (Bericht Arbeitgeber) **81** 43; Betriebsversammlung (Thema) **81** 45; Jugend- und Auszubildendenvertretung (Aufgabe) **81** 70; Personalplanung **81** 92

Gleitzone, Krankenversicherung **44** 47

GmbH, Aufsichtsrat (DrittelbG) **89** 1

Großer Senat 91 45

Grundrechte, Bindung der Gewalten **1** 1

Grundstück, Verjährung **11** 196

Grund und Boden, Sozialisierung **1** 15

Gründungszuschuss, Voraussetzungen **42** 57 f.

Grundwehrdienst 21 1 ff.

Gruppenarbeit, Mitbestimmung **81** 87

Günstigkeitsprinzip, betriebliche Altersversorgung **22** 17; Tarifrecht **72** 4

Güteantrag, Verjährung (Hemmung) **11** 204

Güteverhandlung, Beschlussverfahren **91** 80; Urteilsverfahren **91** 54

Haftung, Allgemeine Geschäftsbedingungen **11** 309; Arbeitslosengeld II **41** 16

Handelsvertreter, Arbeitsgericht **91** 5; Rechtsstellung **13** 84 ff.; Rentenversicherungspflicht **45** 2; Steuerpflichtigkeit von Ausgleichszahlungen **24** 24 f.; Wehrdienst/-übung **21** 6 ff.

Handlungsgehilfe 13 59 ff.

Handlungsvollmacht 13 54

Hauptausschuss, Mindestarbeitsbedingungen **73** 2 f.

Hausgewerbetreibende, Sozialversicherung **43** 12

Hausgewerbetreibender 60 2

Haushaltshilfe, Schwanger- und Mutterschaft (MuSchG) **57** 15; Schwanger- und Mutterschaft (RVO) **57 b** 199

Haushaltsmittel, Befristung (sachlicher Grund) **16** 14

Haushaltsscheck, Einzugsstelle **43** 28 a

Häusliche Pflege, Schwanger- und Mutterschaft (RVO) **57 b** 198

Haustürgeschäft, Widerrufsrecht **11** 312

Heimarbeit 60 1 ff.; Arbeitnehmer (BetrVG) **81** 5; Arbeitsförderung **42** 13; Arbeitsgericht **91** 5; Arbeitszeitschutz **60** 10 ff.; Ausgabeverbot **60** 30; Begriff **60** 2; Elternzeit **58** 20; Entgelt **60** 17 ff.; Entgeltfortzahlung **18** 10; Entgeltschutz **60** 23 ff.; Feiertagsbezahlung **18** 11; Gefahrenschutz **60** 12 ff.; Geltung des MuSchG **57** 24; Jugendarbeitsschutz **59** 1; Listen **60** 6; Mitteilungs- und Unterrichtungspflicht **60** 7 f.; Mutterschutz **57** 8 f.; Pflegezeit **26** 7; Schwerbehinderte Menschen **47** 127; Sozialversicherung **43** 12; Urlaub **19** 12; Wehrdienst/-übung **21** 7; Zuständige Arbeitsbehörde **60** 3

Heimarbeiterausschüsse, Bildung **60** 4 f.; Entgeltregelung **60** 18

Herkunft, Betriebsverfassung **81** 75; Differenzierungsgrund **1** 3

Hochqualifizierte, Niederlassungserlaubnis **42 a** 19

Hochschule, Befristung **16 a** 1

Illegale Beschäftigung *siehe auch Schwarzarbeit*

Immissionsschutzbeauftragter, Kündigungsschutz **53** 58

Individualvereinbarung, Allgemeine Geschäftsbedingungen **11** 305 b

Information, Arbeitsplatz (Teilzeit) **16** 7; Arbeitsplatz (unbefristeter) **16** 18

Informationstechnik, Betriebsrat **81** 40

Inhaltskontrolle, Allgemeine Geschäftsbedingungen **11** 307

Insolvenz, Arbeitsvergütung (Aufrechnung und Abtretung) **23** 114; Arbeitsvergütung (Zwangsvollstreckung) **23** 114; Arbeitsverhältnis (Fortbestehen) **23** 108; Beschlagnahme **23** 80; Beschlussverfahren **23** 126; Betriebliche Altersversorgung **22** 7 ff.; Betriebsänderungen **23** 121 ff.; Betriebsveräußerung **23** 128; Betriebsvereinbarungen **23** 120; Dauerschuldverhältnis (Fortbestehen) **23** 108; Dienstverhältnis (Fortbestehen) **23** 108; Gläubigerausschuss (Zusammensetzung und Aufgaben) **23** 67 ff.; Insolvenzgläubiger (Begriff) **23** 38; Insolvenzmasse (Begriff) **23** 35; Insolvenz-

805

Sachverzeichnis

Fette Zahlen = Nummern

plan **23** 217 f.; Interessenausgleich **23** 120 ff.; Kosten (Verfahren) **23** 54; Kündigungsfrist **23** 113; Kündigungsschutz **23** 125 ff.; Massegläubiger (Begriff) **23** 53; Masseverbindlichkeiten (Begriff) **23** 55; Mietverhältnis (Fortbestehen) **23** 108; Pachtverhältnis (Fortbestehen) **23** 108; Pfändung **23** 80; Sozialplan **23** 123 f.; Veräußerungsverbot **23** 80; Verfahrenseröffnung (Wirkungen) **23** 80; Verfahrensziele **23** 1; Verjährung **11** 197; Verjährung (Hemmung) **11** 204; Wertguthaben **43** 7 b; Zwangsvollstreckung **23** 80

Insolvenzgeld, Anspruchsübergang **42** 187; Anspruchsvoraussetzungen **42** 183 f.; Antrag **42** 323 ff.; Arbeitsvergütung (Verfügungen über) **42** 188; Auskunftspflicht **42** 316; Höhe **42** 185; Insolvenzgeldbescheinigung **42** 314; Pflichten (Arbeitgeber) **42** 320; Verfügung über **42** 189; Vorschuss **42** 186

Insolvenzgeldbescheinigung 42 314

Insolvenzgericht, Gläubigerausschuss (Zusammensetzung und Aufgaben) **23** 67 ff.; Insolvenzplan **23** 218; Sozialplan **23** 123 f.

Insolvenzgläubiger, Begriff **23** 38; Insolvenzplan **23** 217

Insolvenzkosten 23 54

Insolvenzmasse, Begriff **23** 35; Insolvenzplan **23** 217; selbstständige Tätigkeit **23** 35

Insolvenzplan, Abstimmungsverfahren **23** 244 f.; Arbeitnehmer **23** 222; Betriebsrat (Mitwirkung) **23** 218; Gläubigerausschuss **23** 218; Gläubigerversammlung **23** 218; Grundsatz **23** 217; Gruppenbildung **23** 222; Insolvenzgericht **23** 218; Insolvenzverwalter (Aufstellung) **23** 218; Schuldner (Aufstellung) **23** 218; Sprecherausschuss **23** 218; Wirkungen **23** 254

Insolvenzverwalter, Insolvenzplan **23** 217 f.; Mitteilungspflicht gegenüber Pensions-Sicherungs-Verein **22** 11; Sozialplan **23** 123 f.; Vergütung (Insolvenzkosten) **23** 54; Verwaltungs- und Verfügungsrecht **23** 80

Integration, Betriebsrat (Aufgabe) **81** 80; Betriebsrätevereinbarung (Bericht Arbeitgeber) **81** 53; Betriebsvereinbarung **81** 88; Betriebsversammlung (Bericht Arbeitgeber) **81** 43; Betriebsversammlung (Thema) **81** 45; Jugend- und Auszubildendenvertretung (Aufgabe) **81** 70

Integrationsamt, Arbeitsverwaltung (Zusammenwirken) **47** 80; Kündigung von schwerbehinderten Menschen **47** 87 f.; ordentliche Kündigung (Entscheidung) **47** 88

Integrationsprojekte, Schwerbehinderte Menschen **47** 132 ff.

Integrationsvereinbarung, Inhalt **47** 83

Interessenausgleich, Insolvenz **23** 121 ff., 125; Sozialauswahl **20** 1; Unternehmensumwandlung **83** 323; Voraussetzungen **81** 111; Zustandekommen **81** 112

Interessenvertretung (BBiG), Beschlussverfahren **91** 2 a; Beteiligte **91** 83; Parteifähigkeit **91** 10

Internationales Arbeitsrecht, Rechtswahl **11** a 27

Internationales Verfahren, Arbeitsgerichte **91** 13 a

Irrtumsanfechtung 11 119

Jahresabschluss, Wirtschaftsausschuss **81** 108

Jahresarbeitsentgeltgrenze, Krankenversicherung **44** 5

Job-Rotation 42 229 ff.

Jugendarbeitsschutz, Arbeitszeit **54** 18; **59** 4; Aufsicht **59** 51 ff.; Bekanntgabe und Aushang **59** 47 f.; Beschäftigung Jugendlicher **59** 7 ff.; besondere Veranstaltungen **59** 6; Geltungsbereich **59** 1; Straf- und Bußgeldvorschriften **59** 58 ff.; Verbot der Kinderarbeit **59** 5; Zusammenrechnen von Arbeitszeiten **59** 4; *siehe auch Jugendliche, Kinder, Minderjährige*

Jugendfreiwilligendienste, Arbeitsgerichte **91** 2; Arbeitslosengeld **42** 130; Arbeitslosenversicherung **42** 27; Beschäftigungsort **43** 10

Jugendliche, 5-Tage-Woche **59** 15; Akkordarbeit **59** 23; Alkohol **59** 31; Arbeiten unter Tage **59** 24; Arbeitgeberanforderungen **59** 25; Arbeitsplatzgestaltung **59** 28 f.; Arbeitszeit **59** 8; Aufenthaltsräume **59** 11; Ausnahmen von Beschäftigungsverboten **59** 26 f.; Begriff **59** 2; Behinderung (Gleichstellung) **47** 68; Berufsschule **59** 9; Beschäftigung in Ausnahmefällen **59** 21; Betriebsärzte **59** 22 ff.; Binnenschifffahrt **59** 20; Fachkräfte für Arbeitssicherheit **59** 22 ff.; Feiertagsruhe **59** 18; Freizeit **59** 13; geeignete Tätigkeiten **59** 7; Gefahrenschutz **59** 29; gefährliche Arbeiten **59** 22; Gesundheitsschutz **59** 32 ff.; häusliche Gemeinschaft mit Arbeitgeber **59** 30; Nachtruhe **59** 14; Prüfungen **59** 10; Ruhepausen **59** 11; Ruhetage **59** 7; Samstagsruhe **59** 16; Schichtzeit **59** 12; Sonntagsruhe **59** 17; Tabak **59** 31; Urlaub **59** 19; Verordnungsermächtigung **59** 21 b; Verzeichnisse **59** 49; Züchtigungsverbot **59** 31; *siehe auch Jugendarbeitsschutz, Kinder, Minderjährige*

Jugendschutz 1 5

Magere Zahlen = Artikel bzw. Paragraphen   **Sachverzeichnis**

Jugend- und Auszubildendenversammlung 81 71

Jugend- und Auszubildendenvertretung, Amtszeit 81 64; Aufgaben 81 60; Aufgaben (allgemeine) 81 70; Außerordentliche Kündigung 81 103; Aussetzung von Betriebsratsbeschlüssen 81 35; Beanstandung des Betriebsratsbeschlusses 81 66; Benachteiligungsverbot 81 78; Beschlussverfahren 91 82; Besprechungen mit Arbeitgeber 81 68; Betriebsratssitzungen 81 67; Errichtung 81 60; Geschäftsführung 81 65; Kündigungsschutz 20 15; Sprechstunden 81 69; Sprechstunden (Betriebsrat) 81 39; Stimmrecht 81 67; Teilnahme an Betriebsratssitzungen 81 33; Übernahme in Arbeitsverhältnis 81 78a; Versetzung 81 103; Wahl 82 38 ff.; Wählbarkeit 81 61; Wahlberechtigung 81 61; Wahlgrundsätze 81 63 f.; Wahlrecht bei neuem Arbeitsverhältnis 20 16; Zusammenarbeit mit Betriebsrat 81 80; Zusammensetzung 81 62

Junge Erwachsene, Behinderung (Gleichstellung) 47 68

Justizverwaltung, Meinungsverschiedenheiten mit Arbeitsbehörde 91 117

Kampagnebetriebe, Massenentlassungen 20 22

Kapitän, Anwendbarkeit des KSchG 20 24; Leitender Angestellter 81 114

Karenzentschädigung 13 74 ff.

Kinder, Begriff 59 2; Beschäftigungsverbot 59 5; Unfallversicherung 46 2; zulässige Beschäftigung 59 a 2

Kinderarbeit, Schutz (VO) 59 a 1

Kinderbetreuung, Befristung (Verlängerung) 16 a 2

Kioske, Ladenschluss 55 5

Kirchen, Arbeitslosenversicherung 42 27; Arbeitsschutz 51 1; Arbeitszeit 54 7; Arbeitszeitgesetz 54 18; Beschäftigung von Jugendlichen 59 21a; Betriebsverfassung 81 118; DrittelbG 89 1; MitbestG 86 1

Klage, Arbeitslosengeld (Wirkung) 42 149; Verjährung (Hemmung) 11 204; Zustellung bei Arbeitsgerichten 91 47

Klagebefugnis, Heimarbeit 60 25

Klagefrist, außerordentliche Kündigung 20 13; Befristung 16 17; Gleichbehandlung 91 61 b; ordentliche Kündigung 20 4

Klagerücknahme, Güteverhandlung 91 54

Kleinbetriebe, Anwendbarkeit des KSchG 20 23; Arbeitnehmerüberlassung 31 1a; Entgeltfortzahlung (Erstattung) 18 a 1 ff.; Kündigung bei Wehrdienst/-übung 21 2; Kündigungsfrist 11 622; Pflegezeit 26 3; Teilzeitanspruch 16 8

Kleinstbetriebe, Betriebsratsfähigkeit 81 4

Koalitionsfreiheit 1 9; Arbeitskampf 1 9

Kommanditgesellschaft, MitbestG 86 4

Kommunikationstechnik, Betriebsrat 81 40

Konkurrierende Gesetzgebung 1 74

Konkurs *siehe Insolvenz*

Kontrahierungsverbot, Berufsausbildungsverhältnis 32 10

Konzern, Arbeitnehmervertreter (DrittelbG) 89 2; MitbestG 86 5; Prozessvertretung 91 11.

Konzernbetriebsrat, Ausschluss von Mitgliedern 81 56; Benachteiligungsverbot 81 78; Beschlussverfahren 91 82; Erlöschen der Mitgliedschaft 81 57; Errichtung 81 54; Geheimhaltungspflicht (BetrVG) 81 79; Geschäftsführung 81 59; Konzernschwerbehindertenvertretung 81 59a; Seebetriebsrat 81 116; Stimmengewicht 81 55; Wahlvorstand 81 17; Zusammensetzung 81 55; Zuständigkeit 81 58

Konzern-, Jugend- und Auszubildendenvertretung, Benachteiligungsverbot 81 78; Bildung, Aufgaben, Geschäftsführung 81 73a f.; Geheimhaltungspflicht (BetrVG) 81 79

Konzernschwerbehindertenvertretung, Konzernbetriebsrat 81 59 a

Konzernsprecherausschuss 84 21 ff.; Beschlussverfahren 91 82

Körperliche Unversehrtheit 1 2

Kosten, Vorsitzender 91 55

Kraftfahrer, Mindestruhezeiten 54 5; Sonntagsruhe 54 9

Krankengeld, Anspruchsvoraussetzungen 44 44; Arbeitslosenversicherung 42 26; Krankenversicherung 44 192; Selbstverschulden 44 52; Wertguthaben 44 47

Krankenhäuser, Ruhezeit 54 5

Krankentagegeld, Altersteilzeit 17 10; Arbeitslosenversicherung 42 26

Krankenversicherung, Altersteilzeit 17 10; Befreiung 44 8; Begutachtung bei Arbeitsunfähigkeit 44 275; Einzugsstelle 43 28 h; Erstattungspflicht (ältere Arbeitslose) 42 147a; Fortbestehen 44 192; Jahresarbeitsentgeltgrenze 44 5; Krankengeld 44 44 ff.; Leistungsmissbrauch 44 52; Medizinischer Dienst 44 275 ff.; Mitgliedschaft 44 192; Nachwirkung (Arbeitsverhältnis) 44 19; Selbstverschulden 44 52; Versicherungsfreiheit 44 6; Versicherungspflicht 44 5

Sachverzeichnis Fette Zahlen = Nummern

Krankheit, Berufsausbildung **32** 19; Dienstverhältnis **11** 617; Urlaub **19** 9; *siehe auch Entgeltfortzahlung*
Kreditierungsverbot, Arbeitsvergütung **12** 107
Kriegsdienst, Verweigerung **1** 4
Kündigung, Altersteilzeit **17** 8; Änderungskündigung **20** 2; Angabe der Kündigungsgründe im Berufsausbildungsvertrag **32** 11; Anrechnung von Zwischenverdienst **20** 11; Anzeigepflicht bei Massenentlassung **20** 17; Arbeitnehmerüberlassung **31** 9; Arbeitslosmeldung (Zeitpunkt) **42** 37 b; Arbeitsplatzteilung **16** 13; Auswahlrichtlinien **81** 95; Befristetes Arbeitsverhältnis **16** 15; befristetes Dienst- oder Arbeitsverhältnis **11** 620; Befristung (Elternzeit) **58** 21; Berufsausbildungsverhältnis **32** 22; Betriebsübergang **11** 613 a; Beweislast bei Kündigung wegen Wehrdienst/-übung **21** 2; Eigenkündigung zum Ende der Schutzfrist **57** 10; Elternzeit **58** 18 f.; Entgeltfortzahlung **18** 8; Entlassungssperre **20** 18; Entscheidung des Landesarbeitsamts bei Massenentlassungen **20** 20; Geltungsbereich des KSchG **20** 23; Gleichbehandlung **14** 2; Handelsvertreter **13** 89; Heimarbeit **60** 29 ff.; Insolvenz **23** 113; Interessenausgleich im Insolvenzverfahren **23** 125; Lossagungsrecht des Arbeitnehmers bei unwirksamer **20** 12; Lossagungsrecht von Mitgliedern der Arbeitnehmervertretungen bei unwirksamer **20** 16; Mitbestimmung des Betriebsrats **81** 102; Mutterschutz **57** 9; Pflegezeit **26** 5; Schriftform **11** 623; Schriftform (BBiG) **32** 22; Spaltung oder Teilübertragung **83** 323; Teilzeit (Verbot) **16** 11; Vertretungsmacht des Kündigenden **11** 180; Wehrdienst/-übung **21** 2; Werkswohnung **81** 87; Zurückweisung wegen fehlender Vollmachtsurkunde **11** 174; Zustimmungserfordernis bei Schwerbehinderten **47** 85; Zustimmungsverweigerungsgrund **81** 99; *siehe auch außerordentliche Kündigung; ordentliche Kündigung*
Kündigungserklärung, Schriftform **11** 623; Schriftform (BBiG) **32** 22
Kündigungserklärungsfrist, Außerordentliche Kündigung **11** 626; Außerordentliche Kündigung (BBiG) **32** 22
Kündigungsfrist, Arbeitslosengeld **42** 143 a; Arbeitsverhältnis **11** 622; Aushilfen **11** 622; Berufsausbildungsverhältnis **32** 22; Dienstverhältnis **11** 621; Elternzeit **58** 19; Fünf-Jahres-Verträge **11** 624; Heimarbeiter **60** 29; Insolvenz **23** 113; Kleinbetrieb **11** 622; Mitteilung an Arbeitnehmer **15** 2; Probezeit **11** 622; Schwerbehinderte Menschen **47** 86; Tarifvertrag **11** 622
Kündigungsgründe, Außerordentlicher Kündigung (Angabe) **11** 626; Berufsausbildungsverhältnis (Angabe) **32** 22
Kündigungsschutz, Arbeitskampf **20** 25; Betriebe der Schifffahrt und des Luftverkehrs **20** 24; Geltungsbereich **20** 23; Inkrafttreten **20** 26; Interessenausgleich im Insolvenzverfahren **23** 125 ff.
Kündigungsschutzklage, behördliche Zustimmung **20** 4; Beschleunigungsgrundsatz **91** 61 a; Beschleunigungsgrundsatz (Berufungsverfahren) **91** 64; Einspruch des Betriebsrats **20** 3; Klagefrist **20** 4 ff.; Klagefrist (Besatzungsmitglied) **20** 24; Streitwert **93** 42; verlängerte Klagefrist **20** 6; Wehrdienst/-übung **21** 2; Zulassung verspäteter Klagen **20** 5
Kunstfreiheit 1 5
Künstler, betriebliche Altersversorgung **22** 18
Kurzarbeit, Antrag **42** 323 ff.; Arbeitslosenversicherung **42** 27; Entgeltfortzahlung **18** 4; Feiertage **18** 2; Pflichten (Arbeitgeber) **42** 320; Saison-Kurzarbeit **42** 175; Transferkurzarbeitergeld **42** 216 a; Zulässigkeit bei Massenentlassungen **20** 19
Kurzarbeitergeld, Auskunftspflicht **42** 317; Besteuerung **24** 3; Voraussetzungen **42** 169 ff.
Kurzfristige Beschäftigung, Sozialversicherung **43** 8

Ladenschluss, Ausnahmen **55** 4 ff.; Grundsätze **55** 1 ff.; Ladenschlusszeiten **55** 3; Samstagsarbeit (LadSchlG) **55** 17; Sonn- und Feiertagsarbeit **55** 17
Ladung, Arbeitsgerichte **91** 47
Länder, Volksvertretung **1** 28
Landesarbeitsgericht, Berufungsverfahren **91** 64 ff.; Beschwerde (Urteilsverfahren) **91** 78; Organisation **91** 33 ff.; Prozessvertretung **91** 11
Landkreis, Grundgesetz **1** 28
Landwirte, Rentenversicherungspflicht **45** 2
Landwirtschaft, Arbeitszeit durch Tarifvertrag **54** 7; Kinderarbeit **59** 5; Ruhezeit **54** 5; Unfallversicherung **46** 2
Langzeitarbeitslose, Arbeitsförderung **42** 18
Lebensversicherung, betriebliche Altersversorgung **22** 1 b
Lehrer, Rentenversicherungspflicht **45** 2
Lehrfreiheit 1 5
Leiharbeitnehmer, Arbeitnehmerentsendung **74** 1; Arbeitserlaubnis **42 a** 40; Be-

Magere Zahlen = Artikel bzw. Paragraphen **Sachverzeichnis**

triebsverfassung **31** 14; Wahlberechtigung **81** 7; Wählerliste **82** 2; *siehe auch Arbeitnehmerüberlassung*
Leistung, Allgemeine Geschäftsbedingungen **11** 308; Hindernis **11** 311 a
Leistungsbestimmung 11 315 ff.
Leistungsentgelt, Arbeitslosengeld **42** 133
Leistungsfähigkeit, Arbeitslosengeld **42** 125
Leistungspflicht, Unmöglichkeit **11** 275
Leistungsverweigerungsrecht, Allgemeine Geschäftsbedingungen **11** 309; Gleichbehandlung **14** 14; Verjährung (Hemmung) **11** 205
Leitende Angestellte, Anwendbarkeit des KSchG **20** 14; Arbeitszeitgesetz **54** 18; Auflösungsantrag (Arbeitgeber) **20** 14; Auflösungsantrag des Arbeitgebers **20** 14; Begriff **81** 5; Heranziehung durch Wirtschaftsausschuss **81** 108; MitbestG **86** 3; personelle Maßnahme **81** 105; Sprecherausschüsse **84** 1 ff.; Teilzeit (Förderungspflicht des Arbeitgebers) **16** 6; Versammlung **84** 15; Zuordnung bei Betriebsrats- und Sprecherausschusswahl **81** 18 a
Lohnfortzahlung, Arbeitgeberaufwendungen (Erstattung) **18 a** 1 ff.; *siehe auch Entgeltfortzahlung*
Lohngleichheitssatz 3 141
Lohnsteuerklasse, Arbeitslosengeld **42** 133
Luftfahrt, Arbeitszeitgesetz **54** 20; Betriebsverfassung **81** 115
Luftverkehr, Anwendbarkeit des KSchG **20** 24

Mahnbescheid, Verjährung (Hemmung) **11** 204
Mahnung, Allgemeine Geschäftsbedingungen **11** 309; Verzug **11** 286
Mahnverfahren, Arbeitsgerichte **91** 46 a
Mängel, Allgemeine Geschäftsbedingungen **11** 309
Männer, Gleichberechtigung **1** 3
Massegläubiger, Begriff **23** 53
Massenentlassungen, Anzeigepflicht **20** 17; Insolvenz (Stellungnahme des Betriebsrats) **23** 125
Masseverbindlichkeiten, Begriff **23** 55
Maßregelungsverbot, allgemeines **11** 612 a; Gleichbehandlung **14** 16
Medizinischer Dienst 44 275 ff.
Mehrarbeit, Ausgleichsregelung im Tarifvertrag **54** 7; Auszubildende **32** 10; Schwerbehinderte Menschen **47** 124; *siehe auch Überstunden*
Mehraufwands-Wintergeld, Kurzarbeit **42** 175 a

Mehrdeutige Klausel, Allgemeine Geschäftsbedingungen **11** 305 c
Meinungsfreiheit, Grundrechte **1** 5
Menschenrechte, Grundrechte **1** 1
Menschenwürde, Grundrechte **1** 1
Mietverhältnis, Benachteiligungsverbot **14** 19; Gleichbehandlung **14** 2; Insolvenz (Fortbestehen) **23** 108
Minderjährige, Dienst- oder Arbeitsverhältnis **11** 113; *siehe auch Jugendliche*
Mindestarbeitsbedingungen, gesetzliche **73** 1 ff.; Handelsvertreter **13** 92 a; Überwachung **73** 11 ff.; Verordnungsermächtigung **73** 16
Mitbestimmung *siehe Unternehmensmitbestimmung*
Mitbestimmung (BetrVG), Akkord- und Prämiensätze **81** 87; Arbeitsbedingungen und -abläufe **81** 90 f.; Arbeitsvergütung **81** 87; Arbeitszeit **81** 87; Ausschreibung von Arbeitsplätzen **81** 93; Außerordentliche Kündigung **81** 103; Berufsbildung **81** 98; Eingruppierung **81** 99; Einstellung **81** 99; Gesundheitsschutz **81** 87; Gruppenarbeit **81** 87; Kündigung **81** 102; Lohngestaltung **81** 87; Ordnung des Betriebes **81** 87; Personalfragebogen **81** 94; Personalplanung **81** 92; personelle Angelegenheiten **81** 92 ff.; persönliche Angaben in Arbeitsverträgen **81** 94; soziale Angelegenheiten **81** 87; Sozialeinrichtungen **81** 87; Technische Einrichtungen **81** 87; Überwachung **81** 87; Umgruppierung **81** 99; Urlaub **81** 87; Verhalten der Arbeitnehmer **81** 87; Versetzung **81** 99; Versetzung (Amtsträger) **81** 103; Werkswohnung **81** 87
Mittelbare Diskriminierung 3 141
Mitverschulden, Schadensersatz **11** 254
Montanindustrie *siehe Unternehmensmitbestimmung*
Mutterschaftsgeld 57 b 200; Arbeitslosenversicherung **42** 26; Erstattung **18 a** 1 ff.; Erziehungsgeld (Anrechnung) **58 a** 7; Krankenversicherung **44** 192; Voraussetzungen **57** 13; Zuschuss **57** 14
Mutterschutz, Arbeitsentgelt bei Beschäftigungsverbot **57** 11; Arbeitsplatzgestaltung **57** 2; Aushang des MuSchG **57** 18; Beschäftigungsverbot **57** 3 ff.; Durchführungsvorschriften **57** 18 ff.; Freizeitgewährung für Untersuchungen **57** 16; gefährlicher Arbeitsplatz **57 a** 1 ff.; Geltungsbereich **57** 1; Heimarbeit **57** 8; Kündigungsverbot **57** 9; Leistungen der Krankenversicherung **57 b** 195 ff.; Mehrarbeit **57** 8; Mitteilung der Schwangerschaft **57** 5; Mutterschaftsgeld **57** 13; Nacht- und Sonntagsarbeit **57** 8; sonstige

809

Sachverzeichnis

Fette Zahlen = Nummern

Leistungen **57** 15; Stillzeit **57** 7; Straf- und Ordnungsvorschriften **57** 21; Wiedereinstellung **57** 10

Nachbarschaftshilfe, Schwarzarbeit **25** 1
Nachfrist, Allgemeine Geschäftsbedingungen **11** 308, 310
Nachtarbeit, arbeitsmedizinische Untersuchung **54** 6; Ausgleich **54** 6; Begriff **54** 2; betriebliche Weiterbildung **54** 6; Dauer **54** 6; Gestaltung **54** 6; Tarifvertrag abweichender **54** 7; Umsetzung auf Tagesarbeitsplatz **54** 6
Nachteilsausgleich, Betriebsänderungen **81** 113
Nachträgliche Klagezulassung, Kündigungsschutzklage **20** 5
Nachtruhe, Jugendliche **59** 14
Nachweis, Altfälle **15** 4; Arbeitnehmerüberlassung **31** 11; Arbeitsbedingungen **15** 2 f.; Arbeitsunfähigkeit **18** 5
Nachwirkung, Betriebsvereinbarung **81** 77; Krankenversicherung **44** 19; Tarifvertrag **72** 4
Namensliste, Sozialauswahl **20** 1
Nationalität, Betriebsverfassung **81** 75
Naturalvergütung siehe Sachleistungen
Naturschätze, Sozialisierung **1** 15
Nebeneinkommen, Arbeitslosengeld **42** 141
Nebeneinkommensbescheinigung **42** 313
Nebentätigkeit, Handelsvertreter **13** 92 b
Nettoarbeitsentgelt, Sozialversicherung **43** 14
Nettolohnabrede, Illegales Beschäftigungsverhältnis **43** 14
Nichtigkeit, Allgemeine Geschäftsbedingungen **11** 306; Ernstlichkeit (Mangel) **11** 118; formbedürftiges Rechtsgeschäft **11** 125; Leistungshindernis **11** 311 a; Scheingeschäft **11** 117; Vorbehalt **11** 116
Nichtselbständige Arbeit, Besteuerung **24** 2
Nichtzulassungsbeschwerde, Beschlussverfahren **91** 92 a; Urteilsverfahren **91** 72 a
Niederlassungserlaubnis, Ausländer **42 a** 19
Notfallmaßnahmen, Arbeitszeit **51** 10

Öffentlicher Dienst, Arbeitsentgelt bei Wehrübung **21** 1; Arbeitsschutz **51** 14; Arbeitszeit für leitende Angestellte **54** 18; Arbeitszeit (Tarifvertrag) **54** 7; Arbeitszeitgesetz **54** 19; Arbeitszeitregelungen **54** 15; Befristete Arbeitsverhältnisse (Ausnahmen) **16** 22; Begriff (ArbPlSchG) **21** 15; Berufsbildungsgesetz **32** 3; Beschäftigungspflicht von schwerbehinderten Menschen **47** 71 ff.; Betriebsverfassung **81** 130; Datenschutz **56** 2; Einstellung bei Wehrdienst **21** 11 a; Geltung des BetrAVG **22** 17; ordentliche Kündigung **20** 1; persönlicher Geltungsbereich bei betrieblicher Altersversorgung **22** 18; Schwerbehinderte Menschen **47** 82; Sprecherausschussgesetz **84** 1; Überwachungszuständigkeit bei Arbeitszeit **54** 17
Öffentlichkeit, Arbeitsgerichte **91** 52
Öffnungsklausel, Tarifvertrag **81** 77
Ordentliche Gerichte, Enteignungsentschädigung **1** 14; Sozialisierungsentschädigung **1** 15
Ordentliche Kündigung, Abfindung (Urteil) **20** 10; Arbeitnehmervertretungen **20** 15; Auflösung (Urteil) **20** 9; Auswahlrichtlinie **20** 1; Befristetes Arbeitsverhältnis **16** 15; betriebsbedingte **20** 1; Betriebsrat **81** 102; Kündigungseinspruch **20** 3; öffentlicher Dienst **20** 1; personenbedingte **20** 1; soziale Auswahl **20** 1; verhaltensbedingte **20** 1; Weiterbeschäftigungsmöglichkeit **20** 1; Widerspruch des Betriebsrats **20** 1; Wirksamwerden **20** 7
Ordre Public, Rechtswahl **11 a** 34
Organvertreter, Anwendbarkeit des KSchG **20** 14; Arbeitnehmer (BetrVG) **81** 5; Arbeitsgerichte **91** 5; Arbeitslosenversicherung **42** 27
Örtliche Zuständigkeit, Arbeitsgerichte **91** 48

Pachtverhältnis, Insolvenz (Fortbestehen) **23** 108
Parteifähigkeit, Arbeitsgerichte **91** 10
Parteivernehmung, Vorsitzender **91** 55
Pausen, Mitbestimmung **81** 87
Pensionsfonds, Anwartschaft **22** 2; Betriebliche Altersversorgung **22** 1 b
Pensionskasse, betriebliche Altersversorgung **22** 1 b; Entgeltumwandlung **22** 1 a; Übergangsvorschrift **22** 30 e
Pensionsplan, Anwartschaft **22** 2
Pensions-Sicherungs-Verein, Amtshilfe **22** 11; Anpassungsprüfung **22** 16; Anspruchsausschluss bei Pensionskasse/Lebensversicherung **22** 8; Beitragspflicht der Arbeitgeber **22** 10; Forderungs- und Vermögensübergang **22** 9; Geheimhaltungspflicht **22** 15; Insolvenz des Arbeitgebers **22** 11; Mitteilungspflicht der Arbeitgeber **22** 11; Mitteilungspflichten an Arbeitnehmer **22** 9; Träger der Insolvenzsicherung **22** 14; Übertragung (Anwartschaft) **22** 7; Zwangsvollstreckung aus Beitragsbescheid **22** 10

Magere Zahlen = Artikel bzw. Paragraphen **Sachverzeichnis**

Personalabbau, Erstattungspflicht (Arbeitslosengeld) **42** 147a
Personalakte 81 83
Personalfragebogen 81 94
Personalplanung, Betriebsrat **81** 92
Personalstruktur, Sozialauswahl **20** 1
Personalvertretung, Kündigungsschutz **20** 15; Leiharbeitnehmer **31** 14; Mitteilung über gefährlichen Arbeitsplatz **57 a** 2; Sicherheitsbeauftragter **46** 22; Vorschlagsrecht bei Umsetzung von Nachtarbeitern **54** 6; Wahlrecht bei neuem Arbeitsverhältnis **20** 16
Personelle Einzelmaßnahmen, Mitbestimmung **81** 99ff.
Persönliches Erscheinen, Arbeitsgerichte **91** 51
Persönlichkeitsrecht, Betriebsverfassung **81** 75; Grundrecht **1** 2
Pfändung, Arbeitseinkommen **92** 850ff.; Heimarbeit **60** 27; Insolvenz **23** 80; Insolvenzgeld **42** 189
Pflegedienste, Arbeitszeit durch Tarifvertrag **54** 7; Arbeitszeitgesetz **54** 26; Verlängerung der Arbeitszeit bei außergewöhnlichen Fällen **54** 13
Pflegeversicherung, Altersteilzeit **17** 10; Erstattungspflicht (ältere Arbeitslose) **42** 147a
Pflegezeit, arbeitnehmerähnliche Personen **26** 7; Arbeitslosengeld **42** 130; Arbeitslosenversicherung **42** 26; Arbeitszeit **26** 3; ärztliche Bescheinigung **26** 2; Befristung **26** 6; Bescheinigung **26** 3; Dauer **26** 2; Freistellung **26** 3; Heimarbeit **26** 7; Kleinbetriebe **26** 3; Krankenversicherung **44** 8; Kündigungsschutz **26** 5; Nachweis **26** 3; Pflegebedürftigkeit **26** 7; Sozialversicherung **43** 7; Verfahren (Arbeitgeber **26** 2f.; Vergütung **26** 2
Pflichtverletzung, Schadensersatz **11** 280
Piercing, Krankenversicherung **44** 52
Politische Anschauungen, Differenzierungsgrund **1** 3
Politische Betätigung, Betriebsverfassung **81** 74f.
Pornographie, Schutz vor **14** 3
Prämiensatz, Mitbestimmung **81** 87
Präsident des Landesarbeitsamts, Beschäftigungssicherung (Vermittlung) **81** 92a; Betriebsänderung (Vermittlung) **81** 112
Präsidium, Arbeitsgerichte **91** 6a
Preiserhöhung, Allgemeine Geschäftsbedingungen **11** 309
Pressefreiheit, Grundrecht **1** 5
Privatdienstvertrag, Begriff **16 a** 3

Privathaushalt, Geringfügige Beschäftigung **43** 8a
Probezeit, Angabe der Dauer im Berufsausbildungsvertrag **32** 11; Berufsausbildung **32** 20; Kündigung des Berufsausbildungsverhältnisses **32** 22; Kündigungsfrist **11** 622; Wehrdienst/-übung **21** 6
Produktionsmittel, Sozialisierung **1** 15
Protokoll, Betriebsratssitzung **81** 34
Provision, Handelsvertreter **13** 87ff.; Handlungsgehilfe **13** 65
Prozessbevollmächtigte, Ablehnung durch Vorsitzenden **91** 51
Prozesskostenhilfe, Arbeitsgerichte **91** 11a; Verjährung (Hemmung) **11** 204
Prozessvertretung, Untersagung/Zurückweisung **91** 55
Prüfungsausschüsse, Verfahren **32** 41ff.; Zusammensetzung und Berufung **32** 40

Quote, Betriebsratswahl **81** 15

Rahmenfrist, Arbeitslosengeld **42** 124
Rasse, Benachteiligungsverbot **14** 19; Differenzierungsgrund **1** 3
Rassismus, Betriebsrat (Aufgabe) **81** 80; Betriebsvereinbarung **81** 88; Kündigung **81** 104; personelle Einzelmaßnahme **81** 99
Recht auf Leben 1 2
Rechtliches Gehör, Nichtzulassungsbeschwerde **91** 72
Rechtsanwälte, Beiordnung **91** 11a
Rechtsanwaltsgebühren, Erstattungspflicht **91** 12a
Rechtsbeschwerde, Begründung **91** 94; Einlegung **91** 94; Entscheidung durch Beschluss **91** 96; Gründe für **91** 93; Nichtzulassungsbeschwerde **91** 92a; Rechtsweg **91** 93; Sprungrechtsbeschwerde **91** 96a; Verfahrensgrundsätze **91** 95; Voraussetzungen **91** 92; Zurücknahme **91** 94
Rechtshilfe, Arbeitsgerichte **91** 13; Zuständigkeit des Vorsitzenden **91** 53
Rechtskraft, Verjährung **11** 197
Rechtsmittelbelehrung, Arbeitsgerichte **91** 9
Rechtsnachfolge, Verjährung **11** 198; Zuständigkeit der Arbeitsgerichte **91** 3
Rechtspfleger, Arbeitsgerichte **91** 9
Rechtsprechung, Grundrechte **1** 1
Rechtsverordnungen, Überwachung durch Betriebsrat **81** 80; Zustimmungsverweigerungsgrund **81** 99
Rechtswahl, Arbeitsvertrag **11 a** 30
Rechtsweg, Arbeitsgerichte **91** 48; Bindungswirkung **91** 48; Verfahren **91** 48; Zollverwaltung **25** 23

Sachverzeichnis

Fette Zahlen = Nummern

Reeder, Unfallversicherung **46** 3
Referendare, Arbeitsgerichte **91** 9
Rehabilitation Urlaub **19** 10
Religion, Ausübung **1** 4; Betriebsverfassung **81** 75; Differenzierungsgrund **1** 3; Freiheit **1** 4; Gleichbehandlung (AGG) **14** 9
Religionsgemeinschaften *siehe Kirchen*
Rentenversicherung, Altersrenten **45** 35 ff.; Altersteilzeit **17** 10; Befreiungsmöglichkeit (Übergangsregelung) **45** 231; Bundesanstalt für Angestellte **45** 134; Erstattungspflicht (ältere Arbeitslose) **42** 147 a; Existenzgründer **44** 2; Existenzgründer (Befreiung) **44** 6; Geringfügig Beschäftigte **15** 2; Personenkreis **45** 133; Versicherungspflicht **45** 2
Restmandat, Betriebsrat **81** 21 b
Revision, Begründungsfrist **91** 74; Frist **91** 74; Gründe **91** 73; Nichtzulassungsbeschwerde **91** 72 a; Rechtsweg **91** 73; Revisionsbeschwerde **91** 77; Sprungrevision **91** 76; Urteil **91** 75; Verfahrensgrundsätze **91** 72; Zulassung **91** 72
Richter, Ablehnung **91** 49; Arbeitslosenversicherung **42** 27; Arbeitsschutz **51** 2; Einigungsstellenvorsitzender **91** 98; Prozessvertretung **91** 11; Wehrdienst/-übung **21** 9
Richter auf Probe, Arbeitsgerichte **91** 18
Richter kraft Auftrag, Arbeitsgerichte **91** 18
Rücksichtnahme, Schadensersatz **11** 282; Schuldverhältnis **11** 241
Rücktritt, Allgemeine Geschäftsbedingungen **11** 308; Verbrauchervertrag **11** 355
Rückwirkung, betriebliche Altersversorgung **22** 26
Ruhegeld, Besteuerung **24** 3
Ruhen des Verfahrens, Arbeitsgerichte **91** 54
Ruhepausen, Begriff **54** 4; Jugendliche **59** 11; Tarifvertrag abweichender **54** 7
Ruhezeit, Begriff **54** 5; Jugendliche **59** 13; Tarifvertrag abweichender **54** 7
Rundfunk, Datenschutz **56** 41 f.; Ruhezeit **54** 5
Rundfunkfreiheit 1 5

Sachbezüge, Arbeitsvergütung **12** 107
Sachkundige Arbeitnehmer, Betriebsrat **81** 80
Sachleistungen, Berufsausbildung **32** 17; Wehrdienst/-übung **21** 3
Sachlicher Grund, Befristung **16** 14; Gleichbehandlung (Befristung) **16** 4; Teilzeitbeschäftigung **16** 4; vorläufige personelle Maßnahme **81** 100 f.
Sachliche Zuständigkeit *siehe Rechtsweg*

Sachverständige, Arbeitsgerichte **91** 9; Betriebsverfassung **81** 80; Vereidigung (Arbeitsgerichte) **91** 58; Vorsitzender **91** 55
Saisonbetriebe, abweichende Arbeitszeit **54** 15; Massenentlassungen **20** 22
Saison-Kurzarbeitergeld, Dauer **42** 177; Voraussetzungen **42** 175
Samstagsbeschäftigung, Zulässigkeit **55** 17
Samstagsruhe, Jugendliche **59** 16
Schadensersatz, Abmahnung **11** 281; Allgemeine Geschäftsbedingungen **11** 309; Anfechtung **11** 122; Arbeitsgerichte **91** 2; Arbeitsschutz **11** 618; Ausschluss der Leistungspflicht **11** 283; Außerordentliche Kündigung **11** 628; Diskriminierung (Verfahren) **91** 61 b; Entgangener Gewinn **11** 252; Forderungsübergang bei Entgeltfortzahlung **18** 6; Fristsetzung **11** 281; gegenseitiger Vertrag **11** 326; Gleichbehandlung **14** 15; Gleichbehandlung (Zivilrecht) **14** 21; Immaterieller Schaden **11** 253; Kündigung des Berufsausbildungsverhältnisses **32** 23; Kündigung zur Unzeit **11** 627; Leistungshindernis **11** 311 a; Mitverschulden **11** 254; Nebenpflichtverletzung **11** 282; Pflichtverletzung **11** 280; Umfang **11** 249; unerlaubte Handlung **11** 823; Verjährung **11** 199; Verrichtungsgehilfe **11** 831; Vertragsverhandlungen **11** 311; Vertreter ohne Vertretungsmacht **11** 179; vorsätzlich sittenwidrige Schädigung **11** 826
Scheingeschäft, Nichtigkeit **11** 117
Scheinselbständigkeit, Anfrageverfahren **43** 7 a; Arbeitsentgelt (Höhe) **43** 14; Bundesanstalt für Angestellte **45** 134; Insolvenzschutz **43** 7 b; Rentenversicherungspflicht **45** 2; Rentenversicherungspflicht (Befreiungsmöglichkeit) **45** 6; Rentenversicherungspflicht (Übergangsregelung) **45** 231; Sozialversicherungsbeiträge (Verjährung) **43** 25; Sozialversicherungspflicht (Einnahmen) **45** 165; Versorgungswerk **45** 6
Schichtarbeit, Gestaltung **54** 6; Nachtarbeit **54** 2; Tarifvertrag abweichender **54** 12; Verlängerung durch Behörde **54** 15
Schichtzeit, Jugendliche **59** 12
Schiedsgerichte, Arbeitsgerichtsbarkeit (Ausschluss) **91** 4; Schiedsspruch **91** 108; Schiedsvertrag (Arbeitsrechtsstreitigkeiten) **91** 101 ff.
Schiedsrichterliches Verfahren, Verjährung (Hemmung) **11** 204
Schifffahrt, Berufsbildung **32** 3; Betriebsverfassung **81** 114; Bordvertretung **81**

115; Kündigungsschutz **20** 23 f.; MitbestG **86** 34; MontanMitbestErgG **88** 10 a; Sozialversicherung **43** 13; Sprecherausschüsse **84** 33; Unfallversicherung **46** 107; *siehe auch Seeschifffahrt*
Schlechtwetter, Kurzarbeit **42** 175
Schlichtungsstelle, Benachteiligungsverbot **81** 78; Geheimhaltungspflicht (BetrVG) **81** 79
Schriftform, Aufhebungsvertrag **11** 623; Befristetes Arbeitsverhältnis **16** 14; Befristung **11** 623; **16** 14; Befristung (Kündigungsmöglichkeit) **16** 16; Berufsausbildungsverhältnis **32** 11; Elektronische Form **11** 126 a; gesetzliche **11** 126; Kündigung (Arbeitsvertrag) **11** 623; Kündigung (Berufsausbildungsvertrag) **32** 22
Schriftliches Verfahren, Arbeitsgerichte **91** 46
Schriftliches Vorverfahren, Arbeitsgerichte **91** 46
Schuldverhältnis, Begründung **11** 311
Schüler, Arbeitslosenversicherung **42** 28; Verfügbarkeit **42** 120
Schulferien, Beschäftigung von Jugendlichen **59** 5
Schulungs- und Bildungsveranstaltungen, Betriebsverfassung **81** 37
Schwangerschaft, gefährlicher Arbeitsplatz **57 a** 1 ff.; Krankenversicherung während **44** 192; Leistungen der Krankenversicherung **57 b** 195; nachträgliche Klagezulassung **20** 5; *siehe Mutterschutz*
Schwangerschaftsabbruch, Auszubildende **32** 19; unverschuldete Arbeitsunfähigkeit **18** 3
Schwangerschaftsbeschwerden, Leistungen der Krankenversicherung **57 b** 196
Schwarzarbeit, Ausländer **25** 11; Begriff **25** 1; Rechtsweg **25** 3; Straf- und Bußgeldvorschriften **25** 8 ff.
Schweigepflicht *siehe auch Betriebs- und Geschäftsgeheimnis*
Schwerbehinderte Menschen, Altersgrenze **45** 37; Ausgleichsabgabe **47** 77; Ausweis **47** 69; Begriff **47** 2; Berufsausbildung (Ausbildungsberufe) **32** 64; Beschäftigungspflicht **47** 71 ff.; Betriebsrat **81** 80; Diskriminierungsverbot (Einstellung) **47** 81; Fortfall der Schwerbehinderung **47** 116; Gleichgestellte **47** 2; Heimarbeiter **47** 127; Integrationsprojekte **47** 132 ff.; Kündigungsschutz **47** 85 ff.; Kündigungsschutz (Mitteilungspflicht) **47** 90; Mehrarbeit **47** 124; Schwerbehindertenvertretung **47** 93 ff.; Selbstbestimmung **47** 1; Vertrauensmänner und -frauen **47** 96; Weisungsrecht **12** 106; Widerspruchsverfahren **47** 118 ff.; Zusatzurlaub **47** 125; *siehe auch Behinderte*
Schwerbehindertenvertretung, Aussetzung von Betriebsratsbeschlüssen **81** 35; Bildung und Aufgaben **47** 93 ff.; Einladung zu Betriebsratssitzungen **81** 29; Teilnahme an Betriebsratssitzungen **81** 32
Schwerbehinderung, Sozialauswahl **20** 1
Seebetriebsrat, Außerordentliche Kündigung **81** 103; Benachteiligungsverbot **81** 78; Bildung **81** 116; Geheimhaltungspflicht (BetrVG) **81** 79; Kündigungsschutz **20** 15; Versetzung **81** 103; Wahlrecht bei neuem Arbeitsverhältnis **20** 16
Seemannsämter, KSchG **20** 24
Seeschifffahrt, Arbeitszeitgesetz **54** 18; Wahlvorschriften **82** 42
Selbsthilfe, Schwarzarbeit **25** 1
Sexuelle Belästigung, Begriff (AGG) **14** 3
Sexuelle Selbstbestimmung, Verjährung **11** 208
Sicherheitsbeauftragter, Bestellung **46** 22; Betriebsrat (Zusammenarbeit) **81** 89
Sicherheitsvorschriften, Zutrittsrecht (BetrVG) **81** 2
Sittengesetz 1 2
Sittenwidrigkeit, Rechtsgeschäft **11** 138
Sitzungsordnung, Arbeitsgerichte **91** 9
Soldat auf Zeit, Arbeitsplatzschutz **21** 16 a
Soldaten, Arbeitsschutz **51** 2
Sondervergütung *siehe Sonderzuwendung*
Sonderzuwendung, Entgeltfortzahlung **18** 4 a
Sonnabend, Fristen **11** 193
Sonntag, Fristen **11** 193
Sonntagsbeschäftigung, Ausgleich **54** 11; Ausnahmen **54** 10; Begriff **54** 9; Jugendliche **59** 17; Übergangsvorschriften für Tarifverträge **54** 25; Zulässigkeit (LadSchlG) **55** 17
Soziale Angelegenheiten, Mitbestimmung **81** 87
Soziale Auswahl, Altersteilzeit **17** 8; Arbeitszeit (Verlängerung) **16** 9; Betriebsvereinbarung **20** 1; Interessenausgleich (Insolvenz) **23** 125; Kündigung **81** 102; ordentliche Kündigung **20** 1; Tarifvertrag **20** 1; Wehrdienst/-übung **21** 2
Sozialeinrichtungen, freiwillige Betriebsvereinbarungen **81** 88; Mitbestimmung **81** 87
Soziale Sicherheit, Gleichbehandlung **14** 2
Soziale Vergünstigung, Gleichbehandlung **14** 2
Sozialgerichte, Elterngeld **58** 13; Erziehungsgeld **58 a** 13
Sozialisierung 1 15

Sachverzeichnis

Fette Zahlen = Nummern

Sozialleistungen, Erschleichen **25** 9
Sozialplan, Alter (AGG) **14** 10; Grundsätze **81** 112 f.; Insolvenz **23** 123 f.; Neugründung **81** 112 a; Zuschuss der Arbeitsverwaltung **42** 216 a
Sozialpolitische Vereinigung, Prozessvertretung **91** 11
Sozialversicherung, Arbeitsentgelt (Höhe) **43** 14; Arbeitsentgelt und -einkommen **43** 14 ff.; Beiträge (Verjährung) **43** 25; Beschäftigung **43** 7 ff.; Geltungsbereich **43** 3 ff.; gemeinsame Vorschriften **43** 2 ff.; Geringfügige Beschäftigung **43** 8; konkurrierende Gesetzgebung **1** 74; Kurzfristige Beschäftigung **43** 8; Scheinselbständigkeit (Einnahmehöhe) **45** 165; versicherter Personenkreis **43** 2
Spartenbetriebsrat, Tarifvertrag/Betriebsvereinbarung **81** 3
Sperrzeit, Arbeitslosengeld **42** 144
Spitzenorganisationen, Schulungsveranstaltungen (BetrVG) **81** 37; Tarifvertragsabschluss **72** 2
Sprache, Differenzierungsgrund **1** 3
Sprecherausschüsse, Arbeitsgerichte **91** 2 a; Arbeitsversäumnis **84** 14; Aufgaben **84** 25 ff.; Behinderungs- und Benachteiligungsverbot **84** 2; Errichtungsvoraussetzungen **84** 1; Friedenspflicht **84** 2; Geheimhaltungspflicht **84** 29; Gesamtsprecherausschuss **84** 16 ff.; Geschäftsführung **84** 11 ff.; Insolvenzplan **23** 218; Konzernsprecherausschuss **84** 21 ff.; Kosten **84** 14; Mitwirkungsrechte **84** 30 ff.; parteipolitische Neutralität **84** 2; Richtlinien und Vereinbarungen **84** 28; Seeschifffahrt **84** 33; Straf- und Bußgeldvorschriften **84** 34 ff.; Unternehmenssprecherausschuss **84** 20; Verordnungsermächtigung **84** 38; Versammlung der leitenden Angestellten **84** 15; Wahl **84** 3 ff.; Zuordnung von leitenden Angestellten **81** 18 a; Zusammenarbeit mit Arbeitgeber **84** 2; Zusammenarbeit mit Betriebsrat **84** 2
Sprungrechtsbeschwerde 91 96 a
Sprungrevision 91 76
Staatsangehörigkeit, Kommunalwahl **1** 28
Stellensuche, Freizeit **11** 629
Sterbegeld, Besteuerung **24** 3
Sterilisation, Auszubildender **32** 19; unverschuldete Arbeitsunfähigkeit **18** 3
Steuern, Steuerarten **24** 2
Stimmabgabe, Betriebsratswahl **82** 11; schriftliche **82** 24 ff.; Vorschlagsliste (eine) **82** 20
Stimmenauszählung, Betriebsratswahl **82** 13; Verfahren **82** 14

Störfallbeauftragter, Aufgaben **53** 58 b; Benachteiligungsverbot **53** 58 d; Bestellung **53** 58 a; Betreiber (Rechtsstellung) **53** 58 c; Kündigungsschutz **53** 58 d
Strafgesetz, Vereinigungsfreiheit **1** 9
Straßentransport, Arbeitszeitgesetz **54** 21 a
Streitverkündung, Verjährung (Hemmung) **11** 204
Streitwert, Arbeitsgerichte **93** 42; Festsetzung im Urteil **91** 61
Student, Arbeitslosenversicherung **42** 28; Verfügbarkeit **42** 120

Tankstellen, Ladenschluss **55** 6
Tarifbindung, Begriff **72** 3; Betriebsübergang **11** 613 a
Tariffähigkeit, Beschlussverfahren **91** 2 a; Verfahrensgrundsätze **91** 97
Tarifregister, Begriff **72** 6; Durchführungsbestimmungen **72** 11
Tarifvertrag, Abweichungen (TVG) **72** 4; Allgemeine Geschäftsbedingungen **1** 310; Allgemeinverbindlichkeit **72** 5; Altersteilzeit **17** 3; arbeitnehmerähnliche Personen **72** 12 a; Arbeitnehmerentsendung **74** 1; Arbeitsvertrag (Verhältnis) **12** 105; Arbeitszeitregelungen **54** 7; Arbeitszeitregelungen (Übergangsvorschriften) **54** 25; Ausgleichsregelungen für Nachtarbeiter **54** 6; Aushang **72** 8; Aushang und Aushändigung bei abweichenden Regelungen über Arbeitszeit **54** 16; Ausschlussfristen **72** 4; Auswahlrichtlinien **20** 1; Beachtung durch Arbeitgeber und Betriebsrat **81** 2; Begriff **72** 1; Bekanntgabe **72** 4; Bemessungsgrundlage in der Entgeltfortzahlung **18** 4; Beschäftigung von Jugendlichen **59** 21 a; Beschwerdeverfahren (BetrVG) **81** 86; Betriebliche Altersversorgung **22** 17; betriebliche Normen **72** 3; Betriebsübergang **11** 613 a; Betriebsverfassung (Änderung) **81** 3; betriebsverfassungsrechtliche Normen **72** 3; Einigungsstelle (Vergütung) **81** 76 a; Freistellung von Betriebsratsmitgliedern **81** 38; gerichtliche Entscheidungen **72** 9; Gesamt-, Jugend- und Auszubildendenvertretung **81** 72; Gesamtbetriebsrat (BetrVG) **81** 47; Grundsätze **71** III; Heimarbeit **60** 17; Konzernbetriebsrat (BetrVG) **81** 55; Kündigungsfrist **11** 622; Kurzarbeit **20** 19; Luftfahrt (BetrVG) **81** 117; Mitteilung an Arbeitnehmer **15** 2; Nachwirkung **72** 4; Öffnungsklausel **81** 77; ordentliche Kündigung **20** 1; örtliche Zuständigkeit **91** 48; Parteien **72** 2; Register **72** 6; Schlichtungsstelle **81** 76;

Magere Zahlen = Artikel bzw. Paragraphen **Sachverzeichnis**

Schriftform **72** 1; Sozialauswahl **20** 1; Spitzenorganisationen **72** 12; Tarifbindung **72** 3; Tarifordnungen **72** 10; Übersendungs- und Mitteilungspflichten **72** 7; Überwachung durch Betriebsrat **81** 80; Unternehmensumwandlung **83** 325; Urlaub **19** 13; Verwirkung **72** 4; Verzicht **72** 4; Wirkung **72** 4; Zustimmungsverweigerungsgrund **81** 99
Tarifvertragspartei, Gleichbehandlung (AGG) **14** 18; Soziale Verantwortung (AGG) **14** 17
Tarifvertragsparteien, Begriff **72** 2; Streitigkeiten **91** 2
Tarifvorbehalt, Begriff **81** 77
Tarifzuständigkeit, Beschlussverfahren **91** 2 a; Verfahrensgrundsätze **91** 97
Tatbestandsberichtigung, Vorsitzender **91** 55
Tätigkeitsinhalt, Mitteilung an Arbeitnehmer **15** 2
Tätigkeitsort, Sozialversicherung **43** 11
Tätowierung, Krankenversicherung **44** 52
Täuschung, Anfechtung **11** 123
Technische Anlagen, Betriebsrat **81** 90 f.
Technische Einrichtungen, Mitbestimmung **81** 87
Teilarbeitslosengeld 42 150
Teilleistung, Ablehnung **11** 281
Teilversammlung 81 42
Teilzeit, Erziehungsgeld **58 a** 2
Teilzeitarbeitnehmer, Begriff **16** 2; Geringfügig Beschäftigte **16** 2
Teilzeitarbeitsverhältnis, Ablehnung **16** 8; Abrufarbeit **16** 12; Änderung (nach Verringerung) **16** 8; Ankündigungsfrist **16** 8; Anspruch auf **16** 8; Arbeitsablauf **16** 8; Arbeitsplatzteilung **16** 13; Ausschreibung (Arbeitsplatz) **16** 7; Aus-/Weiterbildung **16** 10; Begriff **16** 8; Benachteiligungsverbot **16** 5; Diskriminierungsverbot **16** 4; Erörterung **16** 8; Förderungspflicht (Arbeitgeber) **16** 6; Gleichbehandlung **16** 4; Information (Arbeitsplatz) **16** 7; Kleinbetrieb **16** 8; Kosten **16** 8; Kündigungsverbot **16** 11; Mindestarbeitnehmerzahl **16** 8; Tarifvertrag (Ablehnungsgründe) **16** 8; Verlängerung (Arbeitszeit) **16** 9; Verteilung (Arbeitszeit) **16** 8; Wartezeit **16** 8; Zielsetzung **16** 1; Zustimmung (Arbeitgeber) **16** 8
Telearbeit, Arbeitnehmer (BetrVG) **81** 5
Tendenzbetriebe, Betriebsverfassung **81** 118; MitbestG **86** 1; Sprecherausschussgesetz **84** 1
Textform, Abrechnung (Arbeitsvergütung) **12** 108; Begriff **11** 126 b; Betriebsübergang **11** 613 a

Transferkurzarbeitergeld 42 216 b
Transferleistungen 42 216 a
Treu und Glauben 11 242
Trinkgeld, Arbeitsvergütung **12** 107; Besteuerung **24** 3

Überbetriebliche Dienste, Arbeitssicherheit **52** 19
Überbrückungsgeld, Besteuerung **24** 3
Übergangsgeld, Arbeitslosenversicherung **42** 26; Arbeitsunfähigkeit (Nachweis) **42** 311; Besteuerung **24** 3; Nebeneinkommensbescheinigung **42** 313
Übergangsmandat, Betriebsrat **81** 21 a
Übermittlungsfehler, Anfechtung **11** 120
Überraschende Klausel, Allgemeine Geschäftsbedingungen **11** 305 c
Überstunden, Arbeitnehmerentsendung **74** 1; Entgeltfortzahlung **18** 4; siehe auch *Mehrarbeit*
Überwachung, Mitbestimmung **81** 87
Umgehungsverbot, Allgemeine Geschäftsbedingungen **11** 306 a
Umgruppierung, Auswahlrichtlinien **81** 95; Mitbestimmung **81** 99
Umschulung, Begriff **32** 1; Gleichbehandlung **14** 2; Grundsätze **32** 58; ordentliche Kündigung **20** 1
Umsetzung, Nachtarbeiter **54** 6
Umwandlung, Betriebsrat **83** 322 ff.; Betriebsübergang **11** 613 a
Umweltschutz, betrieblicher (Begriff) **81** 89; Betriebsrat (Aufgabe) **81** 80; Betriebsräteversammlung (Bericht Arbeitgeber) **81** 53; Betriebsvereinbarung **81** 88; Betriebsversammlung (Bericht Arbeitgeber) **81** 43; Betriebsversammlung (Thema) **81** 45; Wirtschaftsausschuss **81** 106
Umzug, Arbeitslosigkeit **42** 121
Umzugskosten, Sozialplan **81** 112
Unfallanzeige, Betriebsrat **81** 89
Unfallverhütung, Arbeitssicherheit **52** 1 ff.
Unfallverhütungsvorschriften 46 15; Mitbestimmung **81** 87; Überwachung durch Betriebsrat **81** 80; Zustimmungsverweigerungsgrund **81** 99
Unfallversicherung, Arbeitsunfall **46** 8; Aussetzung **46** 108; Befreiung **46** 5; Freiwillige Versicherung **46** 6; Gesetzlich Versicherte **46** 2; Leistungen **46** 26; Seefahrt **46** 107; Versicherungsfall **46** 7
Unglücksfall, Unfallversicherung **46** 2
Unmöglichkeit, Leistung **11** 275; Vertrag **11** 323; Vertretenmüssen des Gläubigers **11** 324; Vertretenmüssen des Schuldners **11** 325
Unpfändbare Bezüge, Begriff **92** 850 a
Unsicherheitseinrede, Vertrag **11** 321

815

Sachverzeichnis

Fette Zahlen = Nummern

Unterhalt, Pfändung **92** 850 d
Unterhaltsgeld, Altersteilzeit **17** 10
Unterhaltsverpflichtungen, Sozialauswahl **20** 1
Unterlassungsanspruch, Betriebsverfassung **81** 23
Unternehmensmitbestimmung, Abspaltung und Ausgliederung **83** 325; Arbeitnehmervertreter (DrittelbG) **89** 4 ff.; Arbeitsgerichte **91** 2 a; Ausnahmen (DrittelbG) **89** 1; Konzernunternehmen (DrittelbG) **89** 2; MitbestG **86** 1 ff.; MontanMitbestErgG **88** 1 ff.; MontanMitbestG **87** 1 ff.; Wahlordnung (DrittelbG) **89** 13
Unternehmenssprecherausschuss, Begriff **84** 20; Beschlussverfahren **91** 82
Unternehmer, Begriff **11** 14
Unterrichtung, Betriebsübergang **11** 613 a
Unterrichtungsfreiheit 1 5
Unterstützungskasse, betriebliche Altersversorgung **22** 1 b
Unverfallbarkeit, betriebliche Altersversorgung **22** 1 b
Unzeit, Außerordentliche Kündigung bei Vertrauensstellung **11** 627
Urheberrecht, Arbeitsgerichte **91** 2
Urkunden- und Wechselprozess, Arbeitsgerichte **91** 46
Urlaub, Abgeltung **19** 7; Anspruch **19** 1; Arbeitnehmerbegriff **19** 2; Arbeitnehmerentsendung **74** 1; Arbeitslosengeld II **41** 16; Baugewerbe und sonstigen Wirtschaftszweigen **19** 13; Berufsausbildungsvertrag **32** 11; Bescheinigung bei Arbeitende **19** 6; Dauer **19** 3; Elternzeit und **58** 17; Erwerbstätigkeit während **19** 8; Festlegung durch Arbeitgeber **19** 7; Gewährung durch früheren Arbeitgeber **19** 6; Jugendliche **59** 19; Krankheit **19** 9; Landesrecht **19** 15; Medizinische Vorsorge oder Rehabilitation **19** 10; Mitbestimmung **81** 87; Mitteilung an Arbeitnehmer **15** 2; Teilurlaub **19** 5; Übertragung **19** 7; Übertragung (Wehrdienst/-übung) **21** 4; überzahltes Urlaubsentgelt **19** 5; Unabdingbarkeit **19** 13; Urlaubsentgelt **19** 11; Wartezeit **19** 4; Wehrdienst/-übung **21** 4; zusammenhängende Gewährung **19** 7; Zusatzurlaub von schwerbehinderten Menschen **47** 125
Urlaubsabgeltung, Arbeitslosengeld **42** 143; Elternzeit **58** 17; Voraussetzungen **19** 7
Urlaubsentgelt 19 11
Urlaubsgeld, Arbeitnehmerentsendung **74** 1
Urlaubsgrundsätze, Mitbestimmung **81** 87

Urlaubsplan, Mitbestimmung **81** 87
Urteil, Arbeitsgerichte **91** 60 f.; Berufungsverfahren **91** 69; Festsetzung einer Entschädigung **91** 61; Revisionsverfahren **91** 75; Streitwert **91** 61; Übergabe an Geschäftsstelle **91** 60; Unterschrift der ehrenamtlichen Richter **91** 60; Verkündung **91** 60; Verspätetes **91** 72 b; Zustellung (Arbeitsgerichte) **91** 50
Urteilsverfahren, Ablehnung eines Prozessbevollmächtigten **91** 51; Alleinentscheidung durch den Vorsitzenden **91** 55; Angriffs- und Verteidigungsmitteln **91** 56; Befugnisse des Vorsitzenden **91** 53; Befugnisse des Vorsitzenden (Berufungsverfahren) **91** 64; Beschleunigungsgrundsatz (allgemeiner) **91** 9; Beschleunigungsgrundsatz (Kündigungsschutzverfahren) **91** 61 a; Beweisaufnahme vor der Kammer **91** 58; Einspruchsfrist gegen Versäumnisurteil **91** 59; Grundsätze **91** 46; Güteverhandlung **91** 54; gütliche Erledigung **91** 55; Kammerverhandlung **91** 57; Klagezustellung und Einlassung **91** 47; Kündigungsschutzklagen **91** 61 a; Öffentlichkeit **91** 52; örtliche Zuständigkeit **91** 48; persönliches Erscheinen der Parteien **91** 51; Rechtswegzuständigkeit **91** 2; Richterablehnung **91** 49; Streitwertfestsetzung **91** 61; Urteilsübersendung **91** 63; Vorbereitung der streitigen Verhandlung **91** 56; Zurückverweisung **91** 68; Zustellung **91** 51; Zwangsvollstreckung **91** 62

Verantwortlichkeit, Haftung (Schuldner) **11** 276; Verzug **11** 287
Veräußerungsverbot, Insolvenz **23** 80
Verbandsvertreter, Beschwerdeschrift **91** 89; Kostenerstattung **91** 12 a; Zustellung von Schriftstücken **91** 50
Verbotene Klauseln 11 308
Verbraucher, Begriff **11** 13; Verzugszinssatz **11** 288; Widerrufsrecht **11** 312
Verbrauchervertrag, Widerrufs- und Rücktrittsrecht **11** 355
Vereinfachte Wahlverfahren, Durchführung **82** 28 ff.
Vereinigungen, Gründungsfreiheit **1** 9; Strafgesetz **1** 9
Vereinigungsfreiheit, Grundrecht **1** 9
Vereinsfreiheit, Grundrecht **1** 9
Verfassungsmäßige Ordnung, Grundrecht **1** 2; Länder **1** 28; Vereinigungsfreiheit **1** 9
Verfassungstreue, Lehrfreiheit **1** 5
Verfügbarkeit, Arbeitsförderung **42** 119 f.
Vergleich, Arbeitsgerichte **91** 57; Befristung (sachlicher Grund) **16** 14; Beschluss-

Magere Zahlen = Artikel bzw. Paragraphen **Sachverzeichnis**

verfahren **91** 83 a; Gerichtlicher (Form) **11** 127 a; Mindestarbeitsbedingungen **73** 8; Schiedsgericht **91** 107
Vergütung, Handlungsgehilfe **13** 64; *siehe auch Arbeitsvergütung*
Verjährung, Allgemeine Geschäftsbedingungen **11** 309; Beginn **11** 199; Betriebliche Altersversorgung **22** 18 a; Betriebsvereinbarung **81** 77; Entgeltfortzahlung (Erstattung) **18 a** 6; festgestellte Ansprüche **11** 201; Gegenstand **11** 194; Grundstück **11** 196; Handelsvertreter **13** 88; Hemmung **11** 203; Hemmung (Wirkung) **11** 209; Herausgabe (Eigentum) **11** 197; Insolvenzverfahren **11** 197; Leistungsverweigerungsrecht **11** 205; Neubeginn **11** 212; Rechtskraft **11** 197; Rechtsnachfolge **11** 198; Rechtsverfolgung (Hemmung) **11** 204; regelmäßige Verjährungsfrist **11** 195; Schadensersatz **11** 199; Sexuelle Selbstbestimmung **11** 208; sonstige Ansprüche **11** 200; Sozialversicherungsbeiträge **43** 25; Surrogat **11** 213; Unfallversicherung **46** 113; Vereinbarungen **11** 202; Verhandlungen (Hemmung) **11** 203; Vollstreckungstitel **11** 197; Vorsatz **11** 202; Wettbewerbsverbot **13** 61; Wirkungen **11** 215; Zwangsvollstreckung **11** 212
Verkehrsbetriebe, Ruhezeit **54** 5
Verlängerung, Befristetes Arbeitsverhältnis **16** 14
Verletztengeld, Arbeitslosenversicherung **42** 26
Vermittler, Zuordnung der leitenden Angestellten **81** 18 a
Vermittlungsgehilfe 13 75 g
Vermögensbildung, freiwillige Betriebsvereinbarungen **81** 88
Vermögensübergang, Betriebliche Altersversorgung **22** 9
Versäumnisurteil, Berufung **91** 64; Einspruchsfrist **91** 59; Vorsitzender **91** 55
Verschleiertes Arbeitseinkommen 92 850 h
Verschmelzung, Betriebsübergang **11** 613 a
Verschulden, Allgemeine Geschäftsbedingungen **11** 309; Haftung (Schuldner) **11** 276
Verschwiegenheit *siehe auch Betriebs- und Geschäftsgeheimnis*
Versetzung, Auswahlrichtlinien **81** 95; Begriff **81** 95; Betriebsratsmitglied **81** 103; Mitbestimmung **81** 99
Versicherungspflicht, Krankenversicherung **44** 5
Versicherungsverein, Aufsichtsrat **89** 1
Versicherungsvertrag, Benachteiligungsverbot **14** 19

Versicherungsvertreter 13 92
Versorgung, betriebliche Altersversorgung **22** 1 b
Versorgungsausgleich, betriebliche Altersversorgung **22** 18
Versorgungskapital, betriebliche Altersversorgung **22** 1
Verspätetes Vorbringen, Beschlussverfahren **91** 83; Kündigungsschutzprozess **91** 61 a; Urteilsverfahren **91** 56
Verteidigung, Arbeitszeitregelungen **54** 15
Vertrag, Allgemeine Geschäftsbedingungen **11** 305; Allgemeine Geschäftsbedingungen (Abwicklung) **11** 308; Anfechtungsfrist bei Drohung oder Täuschung **11** 124; Annahmefrist (Abwesenheit) **11** 148; Annahmefrist (Anwesenden) **11** 147; Antrag **11** 145; Auslegung **11** 157; Dienstvertrag **11** 611 ff.; Erlöschen des Antrages **11** 146; fehlende Annahmeerklärung **11** 151; Formerfordernisse **11** 126 ff.; Fristen und Termine **11** 186; Haftungsminderung bei Gläubigerverzug **11** 300; neuer Antrag **11** 150; Nichterfüllung **11** 320; Nichtigkeit **11** 125; Schuldverhältnis **11** 311; Unmöglichkeit **11** 323 ff.; verspätete Annahmeerklärung **11** 149; Vertreter ohne Vertretungsmacht **11** 177; Vertreter ohne Vertretungsmacht (Haftung) **11** 179; vorübergehende Annahmeverhinderung **11** 299; Widerrufsrecht (vollmachtloser Vertreter) **11** 178
Vertragsstrafe, Allgemeine Geschäftsbedingungen **11** 309; Handlungsgehilfe **13** 75 c ff.
Vertragsverhandlungen, Schadensersatz **11** 311
Vertrauensvolle Zusammenarbeit, Betriebsverfassung **81** 2
Vertretung, Befristung (sachlicher Grund) **16** 14; einseitiges Rechtsgeschäft **11** 180; fehlende Vertretungsmacht **11** 177 ff.; Grundsätze **11** 164 ff.; Handelsvertreter **13** 91 a; Selbstkontrahieren **11** 181
Verwaltung, Grundrechte **1** 1
Verwirkung, Betriebsvereinbarung **81** 77; Tarifvertrag **72** 4
Verzicht, Betriebsvereinbarung **81** 77; Mindestarbeitsbedingungen **73** 8; Tarifvertrag **72** 4; Wettbewerbsverbot **13** 75 a
Verzichtsurteil, Vorsitzender **91** 55
Verzögerung, Kosten **93** 38
Verzug, Annahmeverzug **11** 293 ff.; Dienst- oder Arbeitsverhältnis **11** 615; gegenseitiger Vertrag **11** 326; Haftungsminderung **11** 300; Verantwortlichkeit **11** 287; Voraussetzungen **11** 286; Zinsen **11** 288

Sachverzeichnis

Vollmacht, Außenvollmacht **11** 171; Dauer **11** 170; Erlöschen **11** 168; Erteilung **11** 167; Handelsvertreter **13** 91; Kenntnis des Erlöschen **11** 173; Kraftloserklärung **11** 176; rechtsgeschäftliche **11** 166; Vollmachtsurkunde **11** 172; Zurückweisung bei einseitigem Rechtsgeschäft **11** 174
Vollstreckungsklausel, Verjährung (Hemmung) **11** 204
Vollstreckungstitel, Verjährung **11** 197
Vollzeitarbeitnehmer, Begriff **16** 2
Vorabentscheidungsverfahren, Europäischer Gerichtshof **3** 234
Vorbehalt, Nichtigkeit **11** 116
Vorbereitungsdienst, Anrechnung von Wehrdienst/-übung **21** 12
Vorbildung, Anrechnung (BBiG) **32** 7
Vormundschaftsgericht, Dienst- oder Arbeitsverhältnis des Minderjährigen **11** 113
Vorruhestand, betriebliche Altersversorgung **22** 1 b
Vorsatz, Haftung (Schuldner) **11** 276; Verjährung **11** 202
Vorschlagsliste, Bekanntmachung **82** 10; Betriebsratswahl **82** 6; Nachfrist **82** 9; Prüfung **82** 7; ungültige **82** 8
Vorschlagwesen, Mitbestimmung **81** 87
Vorschuss, Abrechnung **12** 108; Arbeitsgerichte **93** 9; Insolvenzgeld **42** 186
Vorsorge, Urlaub **19** 10
Vorübergehender Bedarf, Befristung (sachlicher Grund) **16** 14

Wahlausschreiben, Begriff **82** 3
Wahlbewerber, Außerordentliche Kündigung (Verfahren) **81** 103; Außerordentliche Kündigung (wichtiger Grund) **20** 15; Versetzung **81** 103
Wahlen, Grundsätze (GG) **1** 28; *siehe Betriebsratswahl*
Wählerliste, Begriff **82** 2; Bekanntmachung **82** 2; Einspruch **82** 4
Wahlniederschrift, Inhalt **82** 16; Inhalt (eine Vorschlagsliste) **82** 23
Wahlrecht, Wählerliste **82** 2
Wahlvorgang, Betriebsratswahl **82** 12
Wahlvorschlag, Gewerkschaft **82** 27
Wahlvorstand, Arbeitsgericht **81** 16; Aufgaben **82** 1; Auflösung des Betriebsrats **81** 23; Außerordentliche Kündigung (Verfahren) **81** 103; Außerordentliche Kündigung (wichtiger Grund) **20** 15; Bekanntgabe des Wahlergebnisses **82** 18; Benachrichtigung **82** 17; Bestellung/Zusammensetzung **81** 16; Betriebsversammlung (Wahl durch) **81** 17; Bordvertretung **81** 115; Einberufung von Sitzungen **81** 29; Ergebnis der Betriebsratswahl **81** 18; Ersatzmitglied **81** 16; Feststellung des Ergebnisses der Betriebsratswahl **81** 18; Geschlechter **81** 16; Jugend- und Auszubildendenvertretung **82** 38 ff.; Kleinbetriebe **81** 17 a; Kündigungsschutz **20** 15; Niederschrift über Wahlergebnis **81** 18; Pflichten **81** 18; Sitzverteilung **82** 5; Übermittlung der Wahlniederschrift **81** 18; Wahlakten (Aufbewahrung) **82** 19

Wartezeit, allgemeiner Kündigungsschutz **20** 1; betriebliche Altersversorgung **22** 1 b; Soldaten **21** 12; Teilzeit (Anspruch) **16** 8
Wegezeit, Arbeitslosengeld **42** 121
Wehrdienst, Arbeitslosenversicherung **42** 25; Befristung (Verlängerung) **16 a** 2; Ruhen des Arbeitsverhältnisses **21** 1
Wehrübung 21 1 ff.; freiwillige **21** 10
Weisungsrecht, Arbeitnehmerbegriff (Sozialversicherung) **43** 7; Arbeitsvertrag **12** 106
Weiterarbeit, Befristetes Arbeitsverhältnis **16** 15; Befristung (Klagefrist) **16** 17
Weiterbeschäftigung, Anspruch **81** 102; Sozialplan **81** 112; Widerspruch des Betriebsrats **81** 102
Weiterbildung, Befristetes Arbeitsverhältnis **16** 19; Nachtarbeiter **54** 6; Teilzeit **16** 10
Weitere Ausschüsse, Betriebsrat **81** 28
Weltanschauung, Gleichbehandlung (AGG) **14** 9
Werkstätten für behinderte Menschen, Anerkennungsverfahren **47** 142; Arbeitsentgelt **47** 138; Aufgaben **47** 136; Aufnahme **47** 137; Ausgleichsabgabe **47** 140; Begriff **47** 136; Blindenwerkstätten **47** 143; Öffentliche Aufträge **47** 141; Rechtstellung behinderte Menschen **47** 138; Werkstattrat **47** 139
Werkstattrat, Bildung und Beteiligungsrechte **47** 139
Werkvertrag, Begriff **11** 631
Werkwohnung, Mitbestimmung **81** 87; Wehrdienst/-übung **21** 3
Wertguthaben, Arbeitslosengeld **42** 131; Insolvenzschutz **43** 7 b; Krankengeld **44** 47; Kurzarbeitergeld **42** 170; Sozialversicherung **43** 7 a; *siehe auch Altersteilzeit*
Wettbewerbsabrede, Kündigung (Handelsvertreter) **13** 90 a
Wettbewerbsausschluss, Arbeitnehmerentsendung **74** 6
Wettbewerbsverbot, Arbeitsverhältnis **12** 110; Handlungsgehilfe (gesetzliches) **13** 60 f.; Handlungsgehilfe (vertragliches) **13** 74 ff.

Magere Zahlen = Artikel bzw. Paragraphen **Sachverzeichnis**

Wichtiger Grund, Arbeitslosengeld 42 143 a f.; Außerordentliche Kündigung 11 626; Betriebsvereinbarung (Insolvenz) 23 120; Datenschutzbeauftragter 56 4 f; Entgeltfortzahlung 18 8; Kündigungsschutz für Mandatsträger 20 15; *siehe auch außerordentliche Kündigung*
Widerruf, Haustürgeschäft 11 312; Verbrauchervertrag 11 355
Widerspruch, Anfrageverfahren 43 7 a; Arbeitslosengeld (Wirkung) 42 149; Betriebsübergang 11 613 a
Wiederaufnahme des Verfahrens, Arbeitsgerichte 91 79
Willenserklärung, Abwesende (Wirksamwerden) 11 130; Allgemeine Geschäftsbedingungen 11 308; Anfechtung bei Drohung oder Täuschung 11 123; beschränkt geschäftsfähiger Vertreter 11 165; Kenntnis des Vertreters 11 166; Vertretung 11 164
Winterausfallgeld, Antrag 42 323 ff.; Auskunftspflicht 42 317; Besteuerung 24 3; Pflichten (Arbeitgeber) 42 320
Wintergeld, Antrag 42 323 ff.; Auskunftspflicht 42 317; Kurzarbeit 42 175 a; Pflichten (Arbeitgeber) 42 320
Wirtschaftsausschuss, Benachteiligungsverbot 81 78; Beschlussverfahren 91 82; Bildung 81 106 f.; Sitzungen 81 108; weitere Ausschüsse 81 107; Zuständigkeit 81 106
Wissenschaftliches Personal, Befristung 16 a 1
Wissenschaftsfreiheit 1 5
Wochenarbeitszeit, Verringerung (Anspruch auf) 16 8
Wochenarbeitszeit, Teilzeitarbeitnehmer (Begriff) 16 2
Wucher, Rechtsgeschäft 11 138

Zeitbefristung, Begriff 16 3
Zensurverbot 1 5
Zeuge, Arbeitsgerichte 91 9; Beeidigung (Arbeitsgerichte) 91 58; Unfallversicherung 46 11
Zeugnis 11 630; Arbeitnehmer 12 109; Auszubildender 32 16

Zinsen, Verzug 11 288
Zivildienst, Arbeitslosenversicherung 42 25
Zivilschutz, Unfallversicherung 46 2
Zoll, Rechtsweg (Schwarzarbeit) 25 23
Zugang, Allgemeine Geschäftsbedingungen 11 308
Zug-um-Zug, Leistung 11 298; Verurteilung 11 322
Zulage, Abrechnung 12 108
Zumutbarkeit, Arbeitslosengeld 42 121; Sozialplan 81 112
Zurückbehaltungsrecht, Handelsvertreter 13 88 a; Verjährung 11 215; Voraussetzungen 11 273; Wirkungen 11 274
Zurückverweisung, Beschwerdeverfahren 91 91; Urteilsverfahren 91 68
Zusatzversorgung 22 18
Zuschlag, Abrechnung 12 108
Zuschuss-Wintergeld, Kurzarbeit 42 175 a
Zuständigkeit, örtliche (Arbeitsgerichte) 91 48; Vorsitzender (örtliche) 91 48
Zustellung, Arbeitnehmerentsendung 74 4; Klage 91 47
Zustimmungsverweigerung, Betriebsrat 81 99
Zutrittsrecht, Gewerkschaften (BetrVG) 81 2
Zwangsarbeit, Zulässigkeit 1 12
Zwangsgeld, personelle Maßnahme 81 101
Zwangslage, Rechtsgeschäft 11 138
Zwangsvollstreckung, Arbeitseinkommen 92 850 ff.; Arbeitsvergütung (Insolvenz) 23 114; Beschlussverfahren 91 85; Insolvenz 23 80; Schiedsspruch 91 109; Urteilsverfahren 91 62; Verjährung 11 212; Vorsitzender 91 55
Zweckbefristung, Beendigung 16 15; Begriff 16 3
Zweifel, Allgemeine Geschäftsbedingungen 11 305 c
Zwei-Wochen-Frist, Außerordentliche Kündigung 11 626
Zwischenmeister 60 2; Sozialversicherung 43 12
Zwischenprüfung, Berufsausbildung 32 48
Zwischenurteil, nachträgliche Klagezulassung 20 5